U1062887

师凿精神　忆记与传习

——韦庆远先生诞辰九十周年纪念文集

主　编　李庆新

科 学 出 版 社
北　京

内 容 简 介

韦庆远教授（1928—2009），广东顺德人，中国人民大学档案学院教授、广东省社会科学院历史与孙中山研究所客座研究员，蜚声国际的历史学家、档案学家。为纪念他在明清史研究领域的卓越贡献，2010 年 5 月 15 日，由广东省历史学会中国社会经济史专业委员会、中山大学历史系和广东省社会科学院历史研究所联合举办了“纪念韦庆远教授暨明清史学术研讨会”。

本书内容主要包括：韦庆远教授的生平、治学资料；韦庆远教授故交好友、门生弟子的纪念文字；2010 年“纪念韦庆远教授暨明清史学术研讨会”与会学者的发言和论文以及后辈学人向韦庆远教授致敬的明清史研究论文。

图书在版编目（CIP）数据

师凿精神　忆记与传习：韦庆远先生诞辰九十周年纪念文集 / 李庆新主编. —北京：科学出版社，2019.12

ISBN 978-7-03-062792-6

Ⅰ. ①师…　Ⅱ. ①李…　Ⅲ. ①中国历史-明清时代-文集　Ⅳ. ①P7-093.1 ②K248.07-53

中国版本图书馆 CIP 数据核字（2019）第 235714 号

责任编辑：耿　雪 / 责任校对：张　霞　张亚丹

责任印制：师艳茹 / 封面设计：黄华斌

联系电话：010-64005207

科学出版社 出版

北京东黄城根北街 16 号

邮政编码：100717

http://www.sciencep.com

北京九天鸿程印刷有限责任公司 印刷

科学出版社发行　各地新华书店经销

*

2019 年 12 月第　一　版　开本：787×1092　1/16

2019 年 12 月第一次印刷　印张：65 1/2　插页：6

字数：1 356 000

定价：450.00 元

（如有印装质量问题，我社负责调换）

韦庆远先生年届八旬仍笔耕不辍，2008 年，柏桦先生提供

韦先生伉俪在桂林，2002 年

韦庆远先生（前排右二）与孔飞力先生（Philip Alden Kuhn，前排中）、杨国桢先生（后排左三）、叶显恩先生（后排左四）、吴奇衍先生（后排左五）、谭棣华先生（后排左六）等访问广东省档案馆、广东省社会科学院并合影，1984 年 8 月 4 日，杨国桢先生提供

韦庆远先生（右）与蓝厚理先生（Harry J. Lamely，中）、杨国桢先生（左）在厦门大学，1987 年，杨国桢先生提供

韦庆远先生（前排左三）与科大卫先生（David Faure，前排左二）等在牛津大学，
1993 年，程美宝教授提供

韦庆远先生（中）与罗仑先生（右一）、王锺翰先生（右二）、叶显恩先生（右三）、杨国桢先生（左三）
等在第八届全国清史学术讨论会上留影，1998 年 5 月 12—16 日，杨国桢先生提供

韦庆远先生（前排左一）与许倬云先生（前排中）、叶显恩先生（前排右一）等在中山大学人类学系合影，2002 年

韦庆远先生伉俪（中）与王贵忱先生（左）、叶显恩先生（右）合影，2002 年 2 月

韦庆远先生（中）与王贵忱先生（左二）、叶显恩先生（右二）、陈忠烈先生（右一）、李庆新先生（左一）合影，2002 年 2 月

韦庆远先生（前排左三）与广东省社会科学院历史研究所科研人员合影

庆祝韦庆远教授八十华诞暨《正德风云：荡子皇帝朱厚照别传》首发式，2008 年

蔡鸿生先生（右三）、叶显恩先生（左二）、滨下武志先生（左三）、范岱克先生（左四）、李塔娜女士（右一）、章文钦先生（右二）、蔡鸿生先生（右三）等在韦庆远教授藏书捐赠仪式上合影，2009 年 7 月 20 日

广东历史学会、中山大学历史系、广东省社会科学院历史研究所联合举办“纪念韦庆远教授暨明清史学术研讨会”，2010 年 5 月 15 日

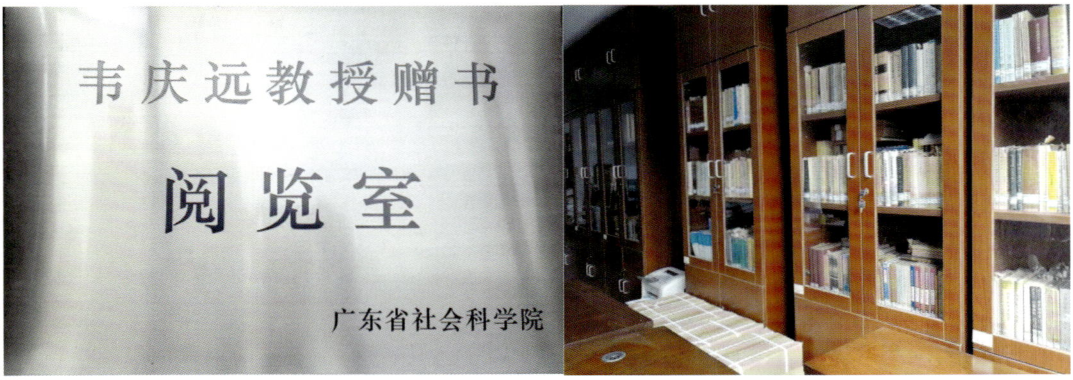

广东省社会科学院历史研究所“韦庆远教授赠书阅览室”暨韦庆远先生部分赠书，2009 年 7 月

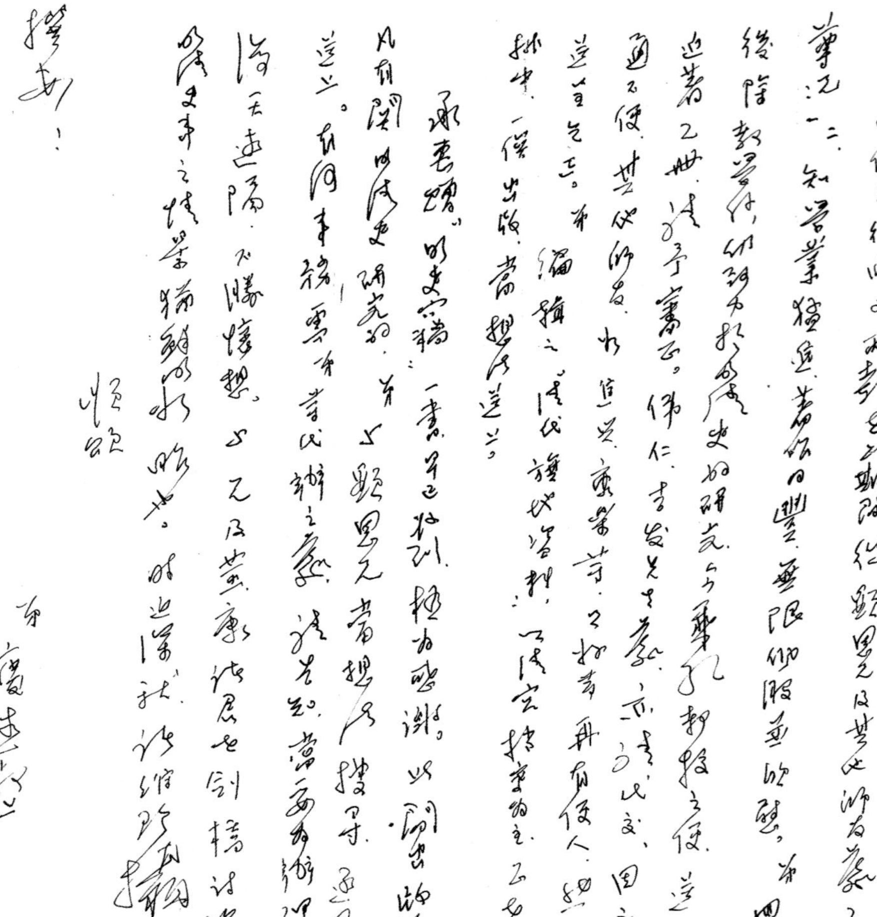

韦庆远先生写给刘石吉教授的书信，刘石吉先生提供

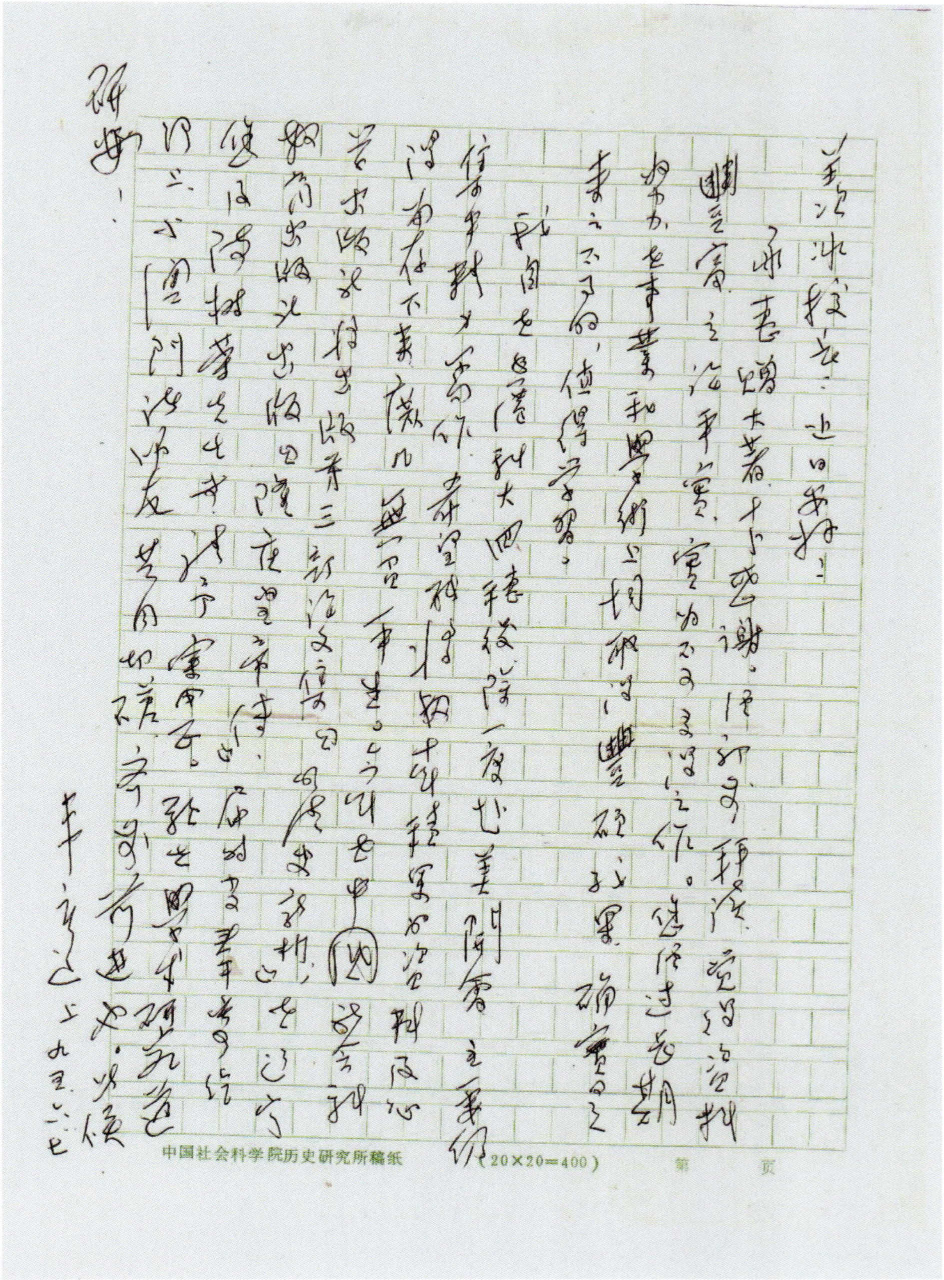

韦庆远先生写给刘羡冰先生的书信，1995 年 6 月 7 日，刘羡冰先生提供

编辑委员会

顾　　问：叶显恩　陈春声　郭松义　冯尔康
　　　　　陈捷先　杨国桢　邓开颂

主　　编：李庆新

执行编辑：周　鑫　罗燚英　徐素琴　杨　芹
　　　　　王　潞　王一娜　江伟涛　吴婉惠

韦庆远先生传略（代序）

柏　桦[*]

1979年，我成为韦庆远先生的助教，此后一直受先生提携，成为先生所指导的唯一博士生。30多年间，已经形同父子，无话不谈。我曾经想过给先生写个传记，故此在平日经常让先生讲一讲人生经历。先生谦逊，每每话题转向学问，却很少讲自己。即便是如此，以我与先生的关系，所知道的事情还是要多一些，兹将我所知道的先生情况写出，以示纪念。

一、人生经历

韦庆远先生于1928年2月28日出生在广东顺德，三岁时随母到广州。先生的父亲是广州颇有名气的商人，故此生活条件较为优越。少年时在香港、澳门读书。先生自幼喜欢读书，对文学与历史则情有独钟，十一岁那年就发表过文章。可惜的是当年先生提到此事的时候，我没有追问是在何处发表，文章内容是什么，总以为先生身体康健，还会有机会再问，却没有想到先生突然离去，也只能怪我当时为什么不问清楚，若是能够找到先生少年时的作品，那是多么好的事情。

1938年10月23日，日军攻占广州，先生随父亲去了香港。1941年12月25日，香港也被日军攻占了，先生转移到澳门读中学。目睹日军的暴行，先生非常愤慨，与几个爱国少年在一起，决定弃笔从戎。1942年初春，先生与几个少年瞒着父母，整理行囊北上去从军抗日。他们当时只不过是十四五岁的少年，从来没有离开过父母，也没有出过远门，更不知道世道不安定。先生等人刚刚到了广州，就遇到一伙强盗打劫，先生与几个少年除了身上的衣服之外，所有行装都被抢劫一空，欲要前进却不知何处才能够找到中国军队，欲要回家又身无分文，只能够沦为乞丐。少年学生，哪里会当什么乞丐？整整一天，水米未

* 柏桦，南开大学周恩来政府管理学院及法学院双聘教授。

打牙，眼见得天黑，尚不知道何处能宿。先生等人又饥又困，还迷了路，他们在街廊之下，拥挤在一起相互取暖。

几个被洗劫一空的少年，在困苦万分时，还是遇到了好人。时有谭老先生者（谭棣华教授之祖父），得知这几个少年的情况，把他们带到家中，教导他们说："少年乃是中国的希望，若是没有本事，以少年之命去与强敌搏，非但于事无补，更失去中国之未来。只有努力学习本领，待长大成人，才能够成大事而完成大业，等将来你们从军习文，都可以报效国家。"先生等人刚刚要走上社会，就遭受此危难，对谭老先生鼎力相助与教诲深表感激。先生每次谈到此情此景时，总是感慨万分，相信世间自有真情在。

先生少年投身抗日之志未酬，便潜心学习。从澳门培英中学毕业以后，考入广东省立法商学院。1946 年，先生再次以优异成绩考入北京大学文法学院，自己孤身一人到北京。先生为什么要考法律专业呢？这是因为法律专业是公费生，家庭原本富有的先生，考公费生，就是不想依靠家庭，要自己生活独立。当时的北京大学文法学院在宣武门内国会街北大第四院（即现在新华通讯社所在地）。一提起中国民主运动的发源地，人们就会想起北京大学，现在的沙滩"红楼"，殊不知真正发源地是北京大学文法学院。1946 年 12 月 24 日，当时北京大学先修班法文组新生沈崇，在东单遭到美军强暴。12 月 26 日，北京大学文法学院学生开始上街游行，一场强大的抗议美军暴行的学生民主运动从此开始。先生当时是"热血青年"，沈崇又是同学，这样的运动当然要参加，由此也引起国民党警方的注意。1947 年 5 月又掀起了"反饥饿、反内战"运动的高潮，先生也都参与。在学生民主运动中，不论贴标语、办壁报、上街游行、奔走呼号，先生总是站在前列，从不落于人后，不但引起国民党当局的注意，被纳入"黑名单"，也引起共产党的关注，纳入发展对象之列。

1948 年春夏之际，北平学生们数次举行示威游行，抗议国民党的高压统治。学生们示威游行，遭到军警武力镇压，已经上了"黑名单"的先生，被国民党军警逮捕入狱，关押在北平警备司令部，上过特别法庭。为了营救儿子，先生的父母亲自来京进行担保，才将先生保释出狱，这也成为"文化大革命"期间先生被打成"叛徒"的缘由。实际上先生在狱中从没有揭发过任何人，当时也不是共产党员，何谈叛徒。先生因游行入狱之事被北京大学勒令退学，便转到朝阳大学法律系学习。

朝阳大学始建于 1912 年，位于东城海运仓，其法科在当时很有名气，曾在朝阳大学任教的陶希圣曾经说过："中国法学和司法界，朝阳大学出身的人才是第一流，亦可以说是主流，法学教育史上，朝阳大学应居第一位。"可见，朝阳大学在当时很有影响。因为朝阳大学最初仅有法商二科，不符合《大学组织法》的规定，1929 年，更名朝阳学院，其名气并没有受损。先生转到该校，一是被逼无奈，二是慕名而来，三是父母帮助。据先生同窗好友徐大同先生讲："我与韦庆远同岁，他来自广州，我来自天津，一南一北。当时我们还是南腔北调，交谈起来还很费力。我们讲的国语都有家乡调，但都能够听懂对方的话。我长得老成，韦庆远长得帅气，自以为我比他大，一论年齿，我也只能够呼他为兄了。韦庆远是正月初八出生，属于龙头。我是八月初五出生，乃是龙腹。龙头离不开龙腹，龙腹少不了龙头，这是我们几十年的交谊吧！”这是徐大同先生 80 岁庆典时对我讲的话。听到徐大同先生说起他与先生同学时的经历，想到他们对 60 多年前的事情，还能够如数家珍，这同学的友谊应该是多么深厚呀！

1949 年，人民政府接管朝阳学院，在原址建立了中国政法大学，先生则成为首届毕业生。1950 年 2 月，中国政法大学与华北大学、华北人民革命大学合并，成立了中国人民大学，先生则成为中国人民大学的年轻教员，最初在中国历史教研室工作。1952 年 10 月，中国人民大学创办中华人民共和国第一个档案专业，先生被调整到档案教研室，在主任吴宝康的领导下，编写教材，参与教学工作。最初的专修科档案班，是为了培训全国在职档案工作干部而创办的。1953 年，改为档案专修科，面向全国招生。1955 年，扩大为历史档案学院，有干部专修科、本科、研究生设置，先生主讲《中国档案史》《中国国家机关史》等课程。当时的课程设置，都是在苏联专家指导下设定的，既要按照苏联学校教育的要求，又不能够丢失中国特色，为此历史档案学院请先生出头编写《历史档案参考资料》，内中的《中国古代史官之建置及职掌》《简策说》《论史料之种类》《中国历代史官建置沿革》等，都由先生执笔。为了适应课程的需要，先生撰写了《中国档案史稿》，此后撰写《中国国家机关史讲授大纲》，得到苏联专家认可之后，1957 年完成《中国国家机关史讲义》，为油印校内用书。

那个时候，档案系、档案局、档案馆是三位一体，先生在编写《历史档案参考资料》《中国档案史稿》《中国国家机关史》的时候，关注到在南京后湖保存的黄册，在 1957 年就完成《明代黄册制度》一书，因为种种原因，直到 1961 年才由中华书局出版。这是一部研究明代的户籍、征调赋役制度的专著。据 1961 年《历史研究》的书讯讲：“这部专著试图运用马克思列宁主义的观点探讨这一制度的建立、演变、败坏的经过，以及它在明代各个时期对社会经济、政治所起的作用。作者特别注意把这个制度放在社会经济、政治和阶级关系的总体中进行考察，并研究它和其他的规章制度之间的内在联系和相互影响，如在研究黄册上把全国人户分成不同户类、分别规定应充不同差役的问题时，联系到当时的军户世袭兵役制和匠户徭役制度；在研究明王朝使用黄册管理户口的问题时，涉及里甲制度的编组和作用；在研究明王朝使用黄册作为征调赋役的根据时，联系了当时对最主要的生产资料——土地的管理方法，因而必须结合鱼鳞图册制度进行分析，等等。作者做这部专著时候，曾经参考了大量的历史文献，其中包括研究明代黄册制度的基本史料‘后湖志’，有关的明代官私记载、各家文集、各种笔记，以及明代的各种诏令、奏议、题本、图册、户帖、供单、契约等原始资料，特别是作者所收集到的洪武户帖和卖身契等极罕见的珍贵史料。”该书被列入《剑桥中国明代史》的参考书，至今仍为国内外明史专业的必读参考书。

先生并不以资料垄断来支持自己的学术研究，中华人民共和国成立前他从民间购得明代洪武户帖两件：一件捐献给中国人民大学档案系，一件捐献给中国历史博物馆。这种户帖全国只有三件，另一件现藏中国社会科学院历史研究所。先生认为："要在平等资料基础上，表示出你的成绩来，而不能采取垄断资料来出成果。假如从我个人来说，这些珍贵资料全国绝无仅有，我不给别人看，我可以写出很多文章。但我考虑，我首先是一个共产党员，共产党员搞学问，可不能搞垄断！让大家共同分享这些资料，不是能出更多的成果吗？"这就是先生学术品德和治学精神。

由于先生教学与科研方面的突出表现，1960年，先生被评为副教授。这个职称在今天看来不算什么，可在那个时候是很不容易的事情，学校通过以后，还要报省市教育主管单位审核备案。中国人民大学的首任校长吴玉章，是"延安五老"之一，人大在所有高校中级别最高，故此职称评定极为严格，以至于当时在中国人民大学，无论是多有名气的学者，没有一人被评为一级教授，先生能够被评为副教授，在当时乃是引人瞩目的事情。

20世纪60年代初，中国处在三年经济严重困难时期，这一点从《明代黄册制度》出版用纸就可以看出。在这种困难时期，先生一方面为了家庭温饱而操劳，曾经为了一些红薯及白菜，经常骑车到近郊丰台、远郊顺义农村去购买，一天往返近百公里路；一方面没有中断学术研究，准备撰写《清末宪政史》。先生当时住在北京东城区铁狮子胡同1号（现张自忠路3号），为了查阅资料，要到西郊温泉镇中央档案馆的明清部，往返需60多公里。往往天不亮就要骑自行车前往，一直到档案馆闭馆，回家已经天黑了，真是披星戴月，路上就要消耗近五个小时。除了到中央档案馆之外，北京图书馆、故宫博物院明清档案部，也是先生常去的地方。那个时候没有复印设备，照相技术也不发达，而且价格昂贵，所有资料大多数是先生自己摘抄。好在当时雇工抄写比较便宜，每抄千字8分钱。面对众多的档案史料，先生只好自己斥资请人抄写，累计有三箱资料，多达千余万字，先生花费精力财力是巨大的，其中有非常珍贵的文献，如叶恭绰先生保留的清末资政院会议记录。

那个时候"运动"一个接着一个，要想安心进行学术研究是十分困难的。1959年秋后，先生被下放到北京郊区丰台区看丹乡农场劳动，与同时被下放的高放先生成为室友。高放先生是先生在北京大学时的同学，中国人民大学成立以后，在马列主义教研室任教，与先生既是同学，又是邻居，如今在一屋居住，则难免要谈论学术。先生邀请高放先生一起撰写《清末宪政史》，却也难以动笔，资料收集也成为地下工作，只能够利用业余时间，还不能够让别人发现。

1964年春，研究党史的胡华教授被点名作为重点批判对象。胡华教授是先生的好友，先生也隐隐约约感觉到危机即将来临，《清末宪政史》的研究也就中止了。1964年秋后，先生被派往湖南参加农村的"四清"社会主义教育运动，直到1965年夏才返回学校。先生以为可以安心进行研究了，在继续搜集摘抄清末宪政资料的同时，努力发掘第一手资料，状态可以用执着入迷来形容。先生当时年轻，学术研究成绩突出，教学深受学生欢迎，除了收集清末宪政资料之外，在修订《中国国家机关史讲义（初稿）》3 册的基础上，拟扩展为《中国政治制度史》。

先生原本可以大展宏图，再干出一番事业，却不想“文化大革命”开始了。先生因为学术上有些建树，被打成“资产阶级反动学术权威”“叛徒”。我曾经问先生：“您被打成资产阶级反动学术权威，当时有何感受？您真的是叛徒吗？”先生说：“资产阶级是因为我出身资本家，但我早已经离开家乡到北京了，与资产阶级已经不沾边了，更不知道什么是反动。学术权威我还谈不上，当时就是出版一本书，发表几篇论文，编写一些教材，这教材还是油印的，属于内部发行，怎么能够成为学术权威呢？至于叛徒，更是莫须有的罪名了。解放前的学生运动，参加的人很多，当时被国民党抓起来的学生又不是我一个，大家都可以作证。这个问题，中国人民大学党委已经审查定案了，认为本人在狱中表现较好，无任何历史问题，可是在当时你跟谁去说理去呀！”我说：“您不觉得委屈吗？那个时候最让你伤心的是什么事呢？”先生说：“觉得委屈有什么用呢？只有打掉牙齿往肚子里咽。最让我伤心的是在批斗会上，我最喜欢的学生，上台打我嘴巴，要与我划清界限。作为老师，对喜欢的学生谈些学问，请他们到家里吃个饭，乃是最正常不过的了，也没有什么见不得人的。为了撇清自己，就打老师，揭发老师要他走白专道路。我当时真的是很伤心，现在想起来也还觉得心里堵得慌。我希望这样的运动永远不要再有了，师生也不要因此设防，连交心的话也不敢讲。”当先生讲这些事时，我看到先生十分伤感的样子，也就不敢多问，却暗自发誓，绝不当背信弃义的学生。

“文化大革命”中先生不但被批斗，而且被抄家，还被关押在牛棚，接受“群众”监督审查。当时许多干部、教师被遣送原调单位监督审查，没有被遣送的干部、教师，都被下放到江西余江县“五七干校”劳动。1969 年，先生成为第一批被下放者，乃是全家下放，师母王伊俊及儿子韦肯、韦聪，女儿韦燕来，也把户口迁到“五七干校”。先生在江西余江县刘家站打石头，每天拿着凿子、锤子将石头打方开沟，使之成为石材，既有工作量，又要竞赛，这样一天下来，总要敲打几万锤。先生此时已经过了不惑之年，虽然身体尚为强壮，但体力恢复却也不如年轻之时，腰酸腿痛在所难免，却也没有免去被批斗之苦。

先生在江西余江县“五七干校”是酸甜苦辣咸五味俱全。说起酸乃是心酸，当时先生在刘家站打石头，师母与孩子们在锦江镇居住，一个季度准许探亲一次，两地相距 50 多里，很难相互照顾，所住的房子很小，韦肯与韦聪住的是上下铺。一次韦聪从上铺摔到地上，当时就昏迷过去，镇上的医疗条件有限，经过抢救，虽然没有生命之忧，却也留下难以治愈的病症，大脑受损，难以像正常人一样工作学习。1970 年底，余江县流行肝炎，韦肯不幸染上肝炎，虽然因为年轻得以度过此关，但也因此留下后遗症，后因肝癌英年早逝，便是当时留下的病根，也成为先生难以消除之痛。说起甜乃是一种回味，当时一起到“五七干校”“改造”的，都是学者，他们原本在不同的系所，如今编到一个班组，彼此之间难离学者习气，在一起也难免谈学术。在谈学术有禁忌的当时，他们得以进行学术交流，也不能够说不是一种甜蜜。如冯其庸在那个时候手抄《红楼梦》，先生得以分享，在劳累一天之后，借助昏暗的油灯，得以看一些史籍，那种慰藉，只有当事人才能够体会。说起苦则难以名状，工作辛苦只不过是劳其筋骨，家庭难聚也只是思念妻子儿女，没有罪责却要寻找罪责，为了过关，先生一次一次地检讨自己，言不由衷，却也不得不为之，其苦何人能够予以谅解呢？说起辣那是辛辣，先生既然是“资产阶级反动学术权威”，这资产阶级与反动的帽子，有如泰山压顶，让人难以抬头，不但要接受“人民”的监督，还要受“人民”的歧视，些许小事，就能够上纲上线，接受批斗。说起咸乃是沉积，一直在优越条件下生活的先生，从不知道种地做工之苦，如今不但学习种地做工，而且善于钻研，打石头能够棱角分明，种地能够穷尽地力。先生在房前屋后种植蔬菜，不但可以改善伙食，而且收获颇丰，特别是所种的南瓜，个头很大，连当地老乡都赞不绝口，纷纷跑来参观，不但使老农刮目相看，而且通过交流，得到老乡们的好感。朴素的农民，全然没有把这些学者当成“反动分子”，也使先生深有感慨。以此之故，先生后来回到教学工作岗位，对待普通工友，都如家人一般，使人感觉到和蔼可亲。

江西余江县“五七干校”给先生留下深刻的记忆，不但给自己书房起名为“师凿书室”，而且撰写《师凿书室记事》，讲述自己在干校打石头的经历，不无感慨地讲：“采石生活给我留下深刻的印记。当时对于挥钎打凿的劳动并不厌烦，反而觉得这在百般无奈中还不失为一种工作寄托，总算还能为社会做一些有益的事，甚至也想过，此后愿长为石工以终老，总比置身于思想政治混乱的‘文革旋涡’为好。”因此能够苦中作乐，在自己凿成的石头上，凿刻一朵梅花以为标记。能够让先生感觉温暖的，还有当地的老乡。先生特别提到一位石匠肖师傅，当时看到先生被批斗走“白专”道路，众人毫不留情，各种恶毒的语言都讲出来，先生也只能够低头接受。批斗会之后，肖师傅不顾嫌疑，还是找先生说：“这全是瞎胡闹，疯疯癫癫，嘈嘈杂杂，听不出乱嗡嗡的是啥道理，你休放在心上。”先生不仅从肖师傅那里学得打石手艺，而且学得如何做人做事。做人要老老实实，做事要踏踏实实，做研究工作就不能够轻率马虎，且自铭云：“拜凿为师，持凿为志，执凿为业，勉力做一个在学术上的凿石工。”此后先生一直秉着这种态度进行研究，扎扎实实地在开凿一片学术天地。

1971 年 9 月 13 日，林彪乘飞机外逃事件发生。1972 年，展开了批林批孔运动，也为了纪念毛泽东《关于红楼梦研究问题的信》发表 20 周年，一场“评红”运动开始筹备。在中央“文革”小组直接干预的情况下，从各高校及“五七干校”抽调一批学者参与“评红”

与批林批孔，先生则在被抽调之中。当时中国人民大学已经解散，先生被分配到北京师范大学清史研究所参与“评红”运动。能够回到北京，从事学术研究，这对先生而言，乃是天大的喜事，却也是天大的忧事。如何才能够做到既能够进行学术研究，又能够免除政治的困扰呢？先生决定从史学的基本资料建设基础研究开始，力主编纂一些资料书。当时筹备编纂《康雍乾时期城乡人民反抗斗争资料》《清代的旗地》《清代的矿业》《清代的官营手工业》《清代的典当业》《清代的农业》《清代的政治制度》等 7 部资料书，由中华书局出版，后来仅仅出版了前 3 部。在编纂资料书的过程中，先生与教研室的同仁们，在中国第一历史档案馆、北京档案馆（获鹿县档案就是先生最先在该馆发现的）、北京图书馆柏林寺街古籍部、首都图书馆、北京大学与北京师范大学图书馆等，翻阅大量的档案与史籍，分门别类地收集资料，以大量利用历史档案为主，辅以各种官书、政书、私人著述笔记材料，汇编成为专题性的参考书，也给此后的相关研究奠定了基础。先生大量翻阅档案与史籍，不但奠定了自己今后深入研究的基础，也避免了因事因时因人而论的困扰，这是先生在那个时代的特别过人之处，因为这样既可以避免按照某种特定的政策而曲解历史，又可以完成政治任务而不承担政治责任。

在承担编纂清代各种资料书的同时，《清末宪政史》的写作纳入日程，当时确定了 13 章规模的写作提纲，先生承担其中 7 章的撰写任务。因为这种研究乃是业余工作，先生不可能将精力全部投入其中，而编纂清代各种资料书工作才是重点，因此写作缓慢。先生当时是编辑组组长，为了收集资料，除了在北京之外，还到山东、广东等地收集资料，花费了大量的时间与精力。最先完成的《康雍乾时期城乡人民反抗斗争资料》，于 1974 年交稿，一直到 1979 年 8 月才出版。

1978 年 7 月，中国人民大学复校，先生回到已经改名为档案系的中国政治制度史教研室，讲授《中国档案史》《中国国家机关史》《中国政治制度史》《明清档案与明清史研究》《明清社会经济史》等课程。同年，申请到全国第一个中外政治制度专业的硕士点，1979 年招生，当年招收了郑秦、张立忠、侯建良、柏桦等四名硕士。此后郑秦又考上中国政法大学博士，成为中华人民共和国首位法学博士，后为中国政法大学教授、图书馆馆长，2000 年去世。张立忠回到国家税务总局工作，在深圳市税务局局长位置退休。侯建良分配到国家人事部工作，在副部长位置上退休。柏桦则继续深造，先到日本大阪大学攻读博士，后投师清史泰斗王锺翰先生门下，再到南开大学法学院与周恩来政府管理学院任教。由于种种原因，先生在退休前没有获得博士生导师资格，所指导 10 余名硕士研究生，在学界政界也多有建树。先生所指导的 10 余名外国进修生中，现在驰名于中外者则不在少数。如欧立德（Mark C. Elliott）、王国斌（R. Bin Wong）、安乐博（Robert Antony）等，在明清史研究中多有建树。

中国人民大学档案系设中国政治制度史教研室，也是中华人民共和国第一个以中国政治制度史为名的教研室，先生任教研室主任。在复校初期，先生广招人才，教研室兴盛之时，曾经有 11 人之多，不但开设中国政治制度史课程，而且开设通史、近代史、文书史等课程，教学与科研也日新月异。以中国政治制度史而论，在 1984 年出版校内发行《中国政治制度史》上下册，1989 年由中国人民大学出版社出版《中国政治制度史》（按朝代），1992 年由高等教育出版社出版《中国政治制度史》（按专题），此后在 2005 年由中国人民大学出版社出版《中国政治制度史（第 2 版）》，是国内大部分高校所采用的教材。

在继续编纂清代各种资料书的同时，《清末宪政史》的写作全面展开了。因为中国人民大学刚刚复校，先生与高放先生都成为教研室主任，教学研究及社会工作繁重，故邀请刘文源先生参与撰写工作。刘文源（1927—2010），四川巴中县（现为巴中市）人，1953 年毕业于西南政法学院，1956 年在中国人民大学法律系攻读硕士，1958 年留校在历史档案系任教，1963 年评为讲师，1983 年晋升副教授，与先生长期共事，为人忠厚老实，勤奋好学，埋头苦干，任劳任怨，平易近人。刘文源先生撰写先生与高放先生未完成部分。1988 年，这部从筹划收集资料到完成写作，历经 30 余年的《清末宪政史》终于交稿了。此书若是当时出版，刘文源先生可以顺利晋升教授，先生也可以因此申请到中外政治制度博士点。由于宪政问题的敏感，中国人民大学出版社一直拖延，直到 1993 年 10 月才出版，此时刘文源先生与先生都已经退休了，先生最终没有成为博士生导师。直到 1995 年，先生被聘为中央民族大学兼职教授，参与王锺翰教授主持的满族史与清史博士点工作，专门负责指导柏桦的博士论文，也使柏桦成为先生唯一指导毕业的博士研究生。

改革开放后，学术交流也逐渐增多，先生因为早年有《明代黄册制度》出版，在国外有一定的知名度，故此哈佛大学费正清东亚研究中心孔飞力（Philip Alden Kuhn），耶鲁大学白彬菊（Beatrice S. Bartlett），加利福尼亚大学黄宗智（Philip C. C. Huang），日本大阪大学滨岛敦俊等教授先后来中国人民大学访问，在先生指导下查阅明清历史档案，对他们日后的研究起到至关重要的作用。

从 1981 年起，美国的何炳棣、黄仁宇、孔飞力、居密、白彬菊、黄宗智、刘广京、李中清等学者，日本的山根幸夫、滨岛敦俊、神田信夫、细谷良夫、松村润等学者，以及众多中国的学者，包括台湾陈捷先、徐泓、张哲郎、王明荪、林丽月、朱鸿、刘石吉等诸多学者，我国港澳地区有赵令扬、逯耀东等学者，都曾经到恩师家中拜访。那时候先生经济并不富裕，不可能有多余的钱财到外面请客，只好在家里设宴，粗通厨艺的我，常常就成为厨师，在先生家里一展身手，以至于家里的锅碗瓢盆在何处，我无不知晓，已经完全融入家庭之中。

20 世纪 90 年代初，先生的经济条件有所好转，再有学者前来拜访，便开始在外面请客了。记得陈春声、刘志伟、郑振满等来拜访，先生让我在“白魁老号”订了一桌。我因为与陈春声等是同辈，便力主由我来出钱请客。先生说：“这不用你出，什么时候你的工资超过了我，就让你出。”当时我说：“我这辈子工资也超不过您，您还永远不让我请客了。”先生笑着说：“青出于蓝而胜于蓝，你的工资早晚会超过我。”果不其然，1993 年，先生退休，因为是 1950 年参加工作，不能够享受离休待遇，而我东赴日本攻读博士，教学打工，收入果然超过先生。回国以后当教授，所得还是比先生多，这时先生才不与我争出钱请客了。

先生曾在中国香港大学任客座教授，还曾任美国哈佛大学费正清东亚研究中心任客座研究员、哈佛燕京学社访问学者，英国牛津大学东亚研究系客座教授、圣安东尼学院兼职院士。多次在美国、日本等国家和中国香港、澳门等地区的高校和学术团体参与研究和进行专题讲演。先生在参加国际学术交流中获得海外学者的尊重，美国哈佛大学东亚研究中心曾致函中国人民大学原校长成仿吾，内谓：“韦庆远教授作为哈佛燕京学社研究员来此期间，对清代历史的研究和我们两国之间学术的合作，作出了很大的贡献。”“1981—1982 年的学术年会中，韦教授是我们清代历史和档案研究小组的领导成员。在培养研究生搜集和注释档案材料的能力上指导了我们的工作。他的历史档案的熟练知识，对于费正清研究中心的清代研究有巨大的价值。”他讲学研究活动，“对美国学者的学术研究是一种鼓舞。韦教授做了许多提高我们学术水准、使我们懂得新的研究方法和范围的工作。他为我们各大学间建立进一步的学术关系定下求实的、客观的学术调子。他带着学者普遍的尊敬和我们进一步加强中美学术合作的决心离开了这里。我们非常感谢他能够同我们共度了这一年。”

1992 年 9 月，承蒙台湾大学历史系主任兼历史研究所所长陈捷先教授邀请，先生作为大陆历史学界第一批赴台湾学术交流的学者之一，参加“海峡两岸清史档案学术研讨会”。当时国内任命的代表团团长是国家第一历史档案馆馆长徐艺圃，成员为中央民族大学教授王锺翰，中国社会科学院历史研究所研究员王戎笙，南开大学教授冯尔康，北京社会科学院研究员阎崇年，中国戏曲学院副教授林岷，中国人民大学教授韦庆远、副教授刘耿生、讲师柏桦等 9 人。会后参观台北故宫博物院，台北“国史馆”，到台湾大学、台湾师范大学、政治大学、成功大学、东海大学、中兴大学，与历史学系和历史研究所的师生们进行学术交流，自此先生与台湾学界的来往更加密切了。此次访问为期 9 天，我们的通行证是 14 天，当其余代表离开以后，我与先生及王锺翰先生留下来，由台湾“中国文化大学”教授赖福顺为司机兼向导，除了在台北游览之外，还沿北宜公路，盘山到宜兰县游览访问，住在台湾“中国文化大学”教授吴智和家中。吴教授自 1978 年以来，在繁忙的教学和学术研究之余，由个人出资创办《明史研究专刊》，在海内外很有影响。吴智和教授不幸于 2012 年 7 月 16 日凌晨突发心脏病去世，享年 66 岁，当年我正在台湾，与陈宝良兄一起慰问吴教授遗孀，她对我们 1992 年到他们家居住的事情，记忆犹新，当听说王锺翰先生及韦先生已经去世，在吴教授遗像前，念叨老朋友来看望他，我和宝良兄也随之泪下了。这次我们在台湾多滞留了 5 天，在当时两岸关系尚不太开放的当时，应该是受到影响的。先生于 1993 年退休，虽说是按制度，不是博士生导师，就是 65 岁退休，但先生已经完全具备博士生导师水平，中国人民大学清史所也拟聘先生为博士生导师，那样就可以 70 岁退休了，此次退休应该与这次在台湾滞留有关。王锺翰先生因为资深，没有受到牵连，而我当年已经有 80 余万字论著，却不允许我报名晋升副教授。先生退休，我更失去依恃，在先生的推荐下，我到日本大阪大学，师从滨岛敦俊先生攻读博士，而先生退休则阖家搬回广州居住。

先生自 1993 年退休之后，又受聘为香港科技大学人文学部客座教授，台湾政治大学历史系、所客座教授，香港城市大学中国文化中心客座教授，香港珠海书院史学研究所客座教授，台北“中央研究院”历史语言研究所和近代史研究所、香港大学中文系和历史系访问学者，广东社科院历史研究所客座研究员。期间不但进行专题演讲，而且发表许多学术论文，得到国内外学界高度重视。

先生退休后来到广州，在侍奉老母的同时，也迎来第二个学术春天。一是完成《张居正和明代中后期政局》达 70 余万字的著作，获得第二届“郭沫若中国历史学奖”三等奖。该奖是中国史学最高荣誉，第二届评选出一等奖 1 部、二等奖 6 部、三等奖 14 部，独立完成者仅有 4 部，先生居其一。二是完成《正德风云：荡子皇帝朱厚照别传》，是 2008 年由广东人民出版社出版的历史小说。三是未能够成书的《大明才子：杨慎传》。先生认为杨慎的一生，与自己一生经历有相同类似之处，为此在台湾、香港等地复印了三纸箱资料，谈论起来也是胸有成竹，只是天不假先生完成此著，留下遗憾。

我自 2001 年回国，在南开大学周恩来政府管理学院与法学院为双聘教授，每年正月初五都飞往广州看望先生。两年一度的明史学术讨论会，先生总是列席。即便是如此，天津与广州两地遥远，在一起的机会还是不多。先生已经把我当成家人，每次我去广州，都住在先生家，从最初的犹如祠堂的平房，到先生自购的简易楼房，再到番禺丽江花园的住房，我都在先生的书房架起行军床休息，能够与先生探讨学问，了解先生当时的研究情况。从《张居正和明代中后期政局》到《正德风云：荡子皇帝朱厚照别传》，再到《大明才子：杨慎传》，先生的讲述，让我终生难忘。2006 年，先生到北京开会之后，来南开大学做学术报告，当时南开大学南炳文、冯尔康、郑克晟、林延清、杜家骥教授等，设宴款待先生，席间谈笑风生，先生尚能够饮茅台酒半斤，想先生活到百岁当不在话下。此后参加我所指导的博士答辩（图 1、图 2），为答辩委员会主席，而身为明史学会会长的张显清先生为答辩委员，引起学生们的好奇，前来旁听者人数众多，最终都被先生的博学所感动，认为先生当答辩委员会主席则是名副其实。先生则因为薪火能够相传而欣慰，其乐融融也。

图 1　韦庆远先生与南开学生合影

图 2　韦庆远先生主持南开大学博士答辩

2007 年 8 月，在大连市召开的第十二届明史国际学术研讨会，先生与女儿燕来、女婿邬耀君及外孙女一起到来，虽然看上去比春节的时候显得衰老（这大概是因为师母王伊俊去世的缘故），但精神矍铄，无论是大会发言，还是主持会议，都是条理清晰，但走起路来，却不如以前那样雄赳赳了。由我搀着在海滩散步，也时不时要休息一下再走。我劝先生应该静养了，不要再写什么论著了。先生讲自己平生无所嗜好，现在烟戒了，酒也戒了，只有读书写作这点乐趣，若是再戒了，人生还有什么乐趣？先生此时颈椎有病，不能够低头，他在书桌上架起一块木板，形成 30 度倾斜，这样便可以不低头写字了，就这样，每天还要坚持写三千字，《正德风云：荡子皇帝朱厚照别传》，就是这样写作而成的。

2008 年时逢先生 80 大寿，考虑到先生的身体，我不能够在京津地区为先生贺寿，便委托广东省社会科学院历史研究所承办此事。当时叶显恩、邓开颂、黄启臣等研究员及李庆新学友慨然应允。“庆祝韦庆远教授八十华诞暨《正德风云：荡子皇帝朱厚照别传》首发式”在广东省社会科学院召开了（图 3），与会者 80 余人，新朋老友共聚一堂。会后我入住先生家中，感觉到先生有些劳累，先生却精神不减，与我谈起写作《清代地方行政制度史》之事。

图 3　庆祝韦庆远教授八十华诞暨《正德风云：荡子皇帝朱厚照别传》首发式，2008 年

从 1978 年到 1986 年，我们在中国第一历史档案馆，断断续续地查阅大量明清档案，几个研究生及雇用的三个抄写人员，摘抄大量的档案资料。先生要利用这批档案写出《清代地方行政制度史》，如今力不从心了，就要我承担此事，采取我们一贯合作的方式，由我来撰写初稿。说实在的，此时的我在南开大学为法学院和周恩来政府管理学院双聘教授，还担任中央电视台 12 频道《法律讲堂（文史版）》的主讲人，工作之忙，实在不想再开辟新的战线，但看到先生大有不完成此书誓不罢休的决心，我还是应允下来。就这样，先生将当初我们在中国第一历史档案馆抄录的 3000 多万字的档案，装满 19 箱，寄送到天津。

2009 年春节，我和夫人一起到广州看望先生（图 4），得知先生得病了，做了大手术，身体已经大不同于以前。那时先生已经病得难以坐上半个小时，因为我们的到来，先生居然力疾陪我们两个多小时。仅仅一年多时间，先生身体竟然发生这样大的变化。即便是如此，先生对自己仍然很有信心，相信自己一定能够恢复，从先生消瘦的脸上，还能够看到其坚定的眼神。只是在谈到自己是否还能够完成《大明才子：杨慎传》时，先生才不由得有些伤感，觉得自己力不从心。看到先生消瘦的面庞，一种不祥的预感涌上心头，殊不料这是我最后见先生之面了。

图 4　与韦庆远先生最后留影，2009 年 1 月 31 日

2009 年 5 月 11 日上午 8：50，先生离开这个世界。消息传来，说不上五内俱焚，却也是百感交集。先生居然将骨灰扬之珠江，流入海洋，使弟子祭奠而无凭借，岂不痛哉！伤心之余，回想往事，我与先生 30 余年的不解之缘历历在目。今逢恩师九十岁诞辰，广东省社会科学院历史研究所筹划出版纪念韦庆远教授的文集，李庆新学友及叶显恩先生委托我撰写《韦庆远教授传略》，我也只能够勉为其难。

二、为人处世

说起先生为人，我等一辈无不认为先生是忠厚长者，这是我等在先生五十岁左右才得以交往之故。如李庆新学友称先生“慈祥仁厚，平易近人，关心后学，名师风范，学界无不交口称颂，道德文章，堪称学界楷模”。吉林大学孟昭信教授，自 1983 年学术讨论会上相识，一直到先生去世，彼此通信不辍。2017 年 12 月，我到长春拜访孟昭信教授夫妇（夫人陈瑞云，近现代史专家），在谈起先生时，孟教授特别提出他曾经希望得到港台的一些资料，写信给先生，没有想到先生很快地将复印资料寄来，所费邮资很高。孟教授给先生汇款，却被退回来，盛赞先生仗义而热心助人，实为学人的楷模。吉林大学梁希哲教授是“文化大革命”以后认识先生的，他认为“先生在事业上强学力行，激情似火，精神执着”。对先生“于 1988 年后在学术上所取得的累累硕果而感到由衷敬佩”。他谦逊地讲：“无论是道德文章，韦先生都是我尊敬的前辈师长。”黑龙江大学胡凡教授则是在 1987 年学术讨论会上结识先生的，在交流中加深友谊，2005 年出版《中国政治制度史（第 2 版）》，先生让他写个书评，胡凡教授认为先生所托，足见先生对他的器重，特别对先生那种“锲而不舍、勤于耕耘的精神感到敬佩，为中国学界及高等教育所做的建树令人仰慕”。王春瑜研究员，在“文化大革命”前就认识先生，在讲到先生为人时说：“如同他在学术上的坦荡胸怀，热情好客，平易近人，尤其是奖掖后进，与一些中青年学者结下了深谊。”中央民族大学彭勇学友则认为先生“在黄册、政治制度史和张居正等方面的研究对我的读书和研究都有很大的启发”。他是在 2005 年南京明史国际学术研讨会才认识先生的，向先生请教，总是有问必答，因此印象深刻，后撰写博客以示纪念。

自中华人民共和国建立以后，先生一直活跃在明清史与明清档案研究的舞台上，结识的学人也越来越多，帮助过的人也不在少数。先生的教龄有 40 余年，聆听先生讲课者总要有数千人之多，所带的硕士研究生虽然仅仅十几名，但都学得先生的治学与为人，在教学、科研与政界也多有建树。可以说，先生桃李满天下，朋友遍五洲。然而，先生的朋友不见得是我所熟悉，先生的学生是我的师兄弟，因为年代关系及工作原因，也不能够使我完全了解他们对先生的看法，因此只能够择印象所及，略提一二，以谈先生之为人。

“文化大革命”以前认识先生的，也有先生教过的学生。毛佩琦是 1962 年考入中国人民大学历史档案系的高才生，每每谈起其研究明史之路，乃是受先生的影响。毛佩琦对当年先生让他花四分钱乘公共汽车，从张自忠路到国子监，去看朱元璋留下的大石碑之事，一直铭记在心，因为那是他关注明史之始。中国人民大学复校之后，毛佩琦考上历史系韩大成教授的研究生，虽然没有再跟随先生，但一直与先生来往密切，即便是他后来声名显著，对外也一直称是先生的学生（图 5）。1969 年毕业于中国人民大学历史档案系的国家档案局副局长郭树银，因为听过先生讲课，曾给先生查阅历史档案提供方便，“文化大革命”时也没有批斗过先生，故此他们私交甚好。他认为先生“向以勤勉为人所称道”。1968 年毕业于中国人民大学历史档案系的浙江省档案局局长娄德生，深念师恩，在“文化大革命”时先生被关牛棚期间，曾经偷偷地给先生送过营养品。这种患难时结下的友谊是持久的，20 世纪八九十年代，先生曾经多次带领国内外学者到浙江调查及查阅资料，不管是先生直接带来，还是先生嘱托，他都热情接待。他说：“先生是我最尊敬，也最信得过的学者，能够与先生交往的人，肯定都是好人。”我曾经问过娄德生：“你这样说未免有些太偏激了，先生为人善良，也难免会有人打着先生的旗号招摇撞骗，‘文化大革命’的时候，先生最喜欢的学生不是上台打先生嘴巴，要划清关系吗？”娄德生说：“是有这样的人，但‘文化大革命’结束以后，那个学生不是到先生家痛哭流涕吗？先生不计前嫌，不但给其出具‘文化大革命’历史清白证明，还帮助他找工作，推荐其到美国哈佛大学费正清东亚研究中心做访问学者吗！即便是恶人，也应该被感化呀！老实人，人不忍欺嘛！所以我认为先生推荐来的人，都应该是正人君子，帮助他们也是应该的。”我们师兄弟都知道先生心慈善良是他的弱点，容易轻信他人。“文化大革命”中挨了打，当事人哭一通先生就原谅了他，并且还是千方百计地帮助他，殊不知这种人最不值得同情。后来小有名气，曾经多次贬低先生的研究者，还是此人。这种“弱点”，影响到先生的政治前程，既没有当上校级领导，也没有当成系主任，一个教研室主任的职位，后来先生也让给他人。无官一身轻，塞翁失马焉知非福，先生没有行政工作，得以在学术上有所建树，这是那些身兼领导的教授们望尘莫及的，固然他们身上有众多的光环，却没有学术生命。先生曾经多次对我们师兄弟讲：“写文章不能够只顾眼前，要有长远的目光，不要求你们的作品流传百年，至少也应该有五十年的生命力。”先生是这样践行的，《明代黄册制度》一书，出版已经60多年了，至今学者们还时常提起，而一些年轻人则开始以先生为对象进行研究。如岳天雷《评韦庆远先生对高拱的研究》（《河南工程学院学报（社会科学版）》2010年第1期）；刘红《模式及其转型：明史研究视阈中的历史小说创作及其解读——韦庆远先生〈正德风云：荡子皇帝朱厚照别传〉读后》（《保定学院学报》2009年第5期）；孙丽、刘京京、徐少龙《韦庆远与中国档案史研究》（《兰台世界》2012年第11期）；李许燕、房洁《档史结合 尊崇实学——关于韦庆远的档案学理论》（《兰台世界》2013年第5期）等，都是以先生为研究对象的。

图5 韦庆远先生与毛佩琦在香港大学，1989年

“文化大革命”以前认识先生的，多是志同道合的学友。如叶显恩教授是在20世纪60年代初，经过梁方仲先生介绍与先生相识的，彼此不但在学术研究上有共同之处，在生活上更是相互照顾，特别是先生回到广州以后，他们比屋为邻，交往密切，视先生为兄长，先生也视之为知己，《档房论史文编》《明清史辨析》都是请他做序跋的。杨国桢教授是通过傅衣凌先生认识先生的，几十年的交往，使他们无话不谈。谭棣华教授乃是儿时便与先

生相识，早就是一家人了。邓开颂研究员、黄启臣教授，都是20世纪60年代与先生结识的，他们视先生为师，而先生一直把他们当兄弟。先生是广东人，与闽粤的学者关系密切，有关这一点，厦门大学的陈支平、郑振满教授，中山大学的陈春声、刘志伟教授，他们知之甚多，不容我言。先生退休以后回到广州，承蒙广东省社会科学院、中山大学、华南师范大学、广州大学等各位师友的照顾，先生每每提及，总是情深意切，足可见他们相交甚得，对先生了解更深，想必各有回忆文章，我若讲述，乃是多余。

在北京的学者，与先生结识的也很多，仅以王锺翰、陈梧桐两先生为例。王锺翰先生与先生定交于20世纪50年代初，是先生诣邓之诚先生处请教时相识的，王锺翰先生比先生大15岁，原本差一代人，却亲如兄弟。正如白寿彝先生为《庆祝王锺翰教授八十五暨韦庆远教授七十华诞学术论文合集》作序所讲："二君既同受邓师教诲，治学趣旨途径亦大体仿佛，论事评人，又多相投契。'文化大革命'中王、韦二君往来第一历史档案馆核对清代档案稿本达数年之久，沉溺于明清档案中。相似的地位和处境，又使二君成患难之交。"两位先生都是我的恩师，与他们相处的时间很多。王锺翰先生在谈起先生时，在称赞之余，总是讲先生为人善良、热心助人、奖掖后进之类的话，特别指出先生豪爽，因为先生身材魁梧，办事痛快，类似北方大汉，若不开口，绝对没有人知道他是广东人。陈梧桐教授认识先生较晚，是在1987年，其在《怀念韦庆远教授》一文中讲到先生"没有架子，和蔼可亲，乐于助人"。陈梧桐教授将20余年与先生的交往过程描述，其深情的表述，足可见先生待人处事之一斑。

在中国人民大学与先生共事的同事们，对先生的为人都是深有体会的。如高放先生与先生在北京大学读书就结下伯仲之谊，彼此交往60余年，一起撰写《清末宪政史》，可谓是志同道合，情深意笃。在先生70华诞的时候，高放先生曾经以《人生有为 学术无涯》为题，回忆他们之间半个多世纪的交往，将从老同学、老朋友变成知己、知心、知音和莫逆知交的过程写出来，"彼此肝胆相照，超越世俗的偏见和个人得失的顾虑"。2012年，《清末宪政史》被纳入"中国文库"而重新出版，当时参与的作者，先生与刘文源教授都已经作古，修订本则由高放先生一人承担，原本他可以署名在前，但他依然将先生署名在前，则可见他们二人是真诚的友谊，都是心口如一之人。刘文源教授从20世纪50年代就与先生一起共事，他虽然比先生年长一岁，但视先生为楷模，几十年来任劳任怨，先生交代的事情，总是尽心尽力地去办。每当听到刘文源教授一口一个"老韦"的称呼，则可见他对先生的敬佩，故此先生邀他参与《清末宪政史》的撰写。唐世儒先生是正白旗满人，20世纪50年代初与先生共事的，1957年唐世儒先生因为给学校领导提意见，说他们"自作主张多，商量少；命令多，检查少；号召多，具体帮助少；批评多，表扬少"。后唐世儒先生被打成右派，一直赋闲。先生从江西干校回来，编纂清代各种资料书，特请唐世儒先生前来协助，当时他已经70多岁，比先生年长20余岁，却能够听从先生的安排，与我等年轻的硕士们一起在中国第一历史档案馆查阅档案，也足见先生的魅力。吴奇衍教授是福建永定人，与先生很是相得，一起发表学术论文多篇。鲁素教授、潘喆教授，最初是历史档案系资料员，协助先生收集明清资料，先生的研究论著也经常将她们署名在上，则可见先生从不忘记别人的一点一滴付出。中国人民大学复校，先生为中国政治制度史教研室主任，延揽人才，教研室全盛时有 11 人之多，想 20 世纪 80 年代的那几个春天，大家一起春游，老少在一起爬山、划船，其乐融融，是一个非常和睦的群体，也可见先生的人格魅力。

先生为人坦荡正直，在生活上很简朴，却乐于助人，无论是教研室同事，还是认识的人有困难，不但能够倾囊相赠，而且千方百计地帮助他们解决困难。无论是对学生，还是对同事工友，他都能够亲近，给人一种和蔼可亲的感觉。更为难能可贵的是，先生能够不计前嫌，善对恩怨。“文化大革命”结束以后，在清算的时候，先生对“文化大革命”整过他的人，从来不说坏话，还力所能及地帮助他们，其博大胸怀于此可见。对于帮助过的人，先生更是念念不忘，离开江西“五七干校”已经 30 余年，先生对当时帮助过他的石工肖师傅，还是时常怀念，对当年肖师傅传授他打石技艺也没有忘怀，在《师凿堂记事》中，先生把自己当年所做的笔记抄录于上，时常查阅，从中“领会到他的话真是鞭辟入里，精粹透彻，铿锵有金石声，具有普遍意义，绝不止限于打石一事，更绝不止适用于工技一途”；从中感悟工作态度与人生道路；从中亦可见先生择善而从，化恶为良的精神。

图 6　韦庆远先生在首届清史学术研讨会期间与台北朋友聚会

自 1980 年以来，先生对外来往日益频繁，多次到国外及我国港澳台地区访问（图 6），结识学界许多名人，我能够知道姓名者不下百人，他们对先生都是敬重有加。先生是明清史与明清档案专家，外国人最初来中国查看历史档案，无不经过先生安排，先生还多次陪同他们到外地考察，可见先生的热忱及乐于助人。先生在国内外名声很大，仅以先生 70 华诞颂寿文集而言，当时从筹备到出版，不到一年时间，就收到论文 89 篇，国外及中国港台地区就有 30 篇，其中有美国的何炳棣、孔飞力、白彬菊、居密、刘元珠、欧立德等学者，日本的神田信夫、松村润、中见立夫、田口宏二郎等学者，韩国的金钟博、金弘吉、元廷植、金在善等学者，意大利的思大理、俄罗斯的庞晓梅、英国的科大卫等学者。中国台湾地区有陈捷先、吕士朋、庄吉发、徐泓、林能士、吴智和、赖福顺、陈慈玉、蓝美华、蔡世明、林文仁，中国香港则有张威瑞等学者。这是提交论文者，平素来往密切者更多。以徐泓先生所言，与先生“谈学问、评人物、饮小酒”。这是先生与众多朋友交往的常态，在一起总是要讲学问之事，所评论的人物都是历史人物，而先生的酒量则非一般人可比。台湾历史学者中有号称前三雄、后三雄、酒中四杰者，都与先生一起喝过酒，无不甘拜下风。我问他们为什么？陈捷先先生言：“韦公为人豪爽，且学问好，其气势早已经把我们压倒。”（图 7）杜维运先生言：“韦兄的气度，连我这个山东大汉，也敬畏他三分，况且我们是同龄人，不会在酒上较劲的。”张哲郎教授曾经请先生到台湾政治大学任教，亲自驱车带先生游览全台湾，他们两人都是身材魁梧，络腮胡须，待人接物也十分类似，形成莫逆之交，亦可见先生之为人。与先生有来往的国内外学人甚多，他们在与先生会面的时候，我在场的时候也比较多，看到他们在一起，无拘无束地畅谈学问，讲治学方法，我从中学到不少知识，也以先生德高望重而感觉到骄傲。

图 7 韦庆远先生与陈捷先先生、柏桦、陈龙贵伉俪畅游漓江，2002 年

总而言之，先生一生为人胸襟坦荡，友善待人，忠厚仁爱，宽厚谦让。对上孝敬父母，

为了照顾老母，举家搬回广州，为的是在母亲膝前尽孝，每每见到先生给母亲布菜，领母亲散步，常令见者感叹不已。对兄长恭恭敬敬，先生父亲是有名的富商，留下许多家产，先生之兄多次要将家产分给他，先生都婉言谢绝，认为自己生活已经无忧，家产对于他也不过是身外之物，亦可见兄弟之谊。与师母王伊俊，更是伉俪情深，相濡以沫，抚养二子一女。师母随先生到江西干校，又到广州，如影相随，惜早于先生去世。若不是师母去世，先生也不会这么快地就离我们而去。先生经历过人生的不幸，老年丧子，长子韦肯英年早逝，留下一孙；次子韦聪，青年去世，先生不曾提及，我等不敢问及，怕先生伤心。好在爱女韦燕来、爱婿邬耀君及两个外孙女一直与先生在一起生活，每每见到先生与外孙女一起谈笑，心情愉快，其弄孙之乐，难以言表。长媳是美国人，自丈夫去世，也没有改嫁，带着孩子来中国工作，为的是给先生一些慰藉，彼此关系融洽，中国传统的女性且不能够及也。

三、学术成就

先生现在留下可以查找到的论文百余篇，著作包括再版修订重印的30部，著述可谓丰富，研究所涉及的领域广泛。兹就所见，将先生学术研究归纳如下：

第一，将治史和治档相结合，以整理档案作为史学研究的准备，以史学研究作为对历史档案功能的发挥。

先生一直强调，历史学是研究既往事实的科学，而明清以来的历史档案，则是最丰富最系统史料的载体，能“补史之缺，参史之错，详史之略，续史之无”。即便如此，先生也没有对档案产生迷信，而是清醒地看到，所有现存明清档案，相当一部分乃是当时朝廷、官府、官僚及其仆从制作的官文书，只能是浸透着统治阶级的立场和观点，从各个方面维护着他们的既得利益，其中也不乏造假的成分。先生强调在利用官文书的同时，应充分重视契约、谱牒、信札等民间档案的史料价值，又绝不能排斥其他图书文献资料的作用，必须对它们参详比较，进行具体的估量和分析，然后有选择地审慎使用。对此先生概括云：“用书不如用档，用档不忘用书，尽信档不如无档，尽信书不如无书，史档结合又相攻，混沌史实可分明。”先生的研究一直是按照这种方针，总是在继承前人研究成就的基础上力求再上一层楼，不满足于前人已经用过的史料和一般的历史分析与推论，采用各种公私档案及罕见史料进行论证，做出新的论断。正如梁希哲教授所评价：“利用明清档案研究明清史，韦先生不是先行者，但是，他应该属于拓荒者的行列。从50年代起，他把利用档案以研究历史，确定为自己终生的学术方向与努力的目标，几十年如一日，坚持将图书文献与历史档案结合起来，重视并发掘明清档案在明清史研究中的史料价值与特殊地位，多次撰文并竭力倡导利用历史档案进行历史研究，重视第一手资料的作用。在这方面，他甘心耐烦，甘于坐冷板凳，肯于花大力气，下大功夫，不畏艰辛，不辞劳苦，不顾年逾花甲，不顾年近古稀，老而弥坚，锲而不舍，这是韦先生治学特点中最突出的，也是最难能可贵的。”郭松义先生认为：“大量利用档案，又不拘泥或迷信档案，也是庆远教授所遵循的治学方式。”这里则印证先生对明清档案利用的原则，与史料相互取长补短，相互比对，研究深度也为时人所公认。

第二，政治制度研究与社会经济研究相结合，务求从社会基础的深入了解对上层建筑做出相吻合的解释。

从20世纪50年代初起，先生就专门从事中国历史的教研工作，1952年开设档案理论与实践课。1953年人民大学开始建立档案专业，1956年建立历史档案系以后，先生又讲授《中国档案史》，而后改为《中国国家机关史》，再改为《中国政治制度史》。先生能够将教学与研究结合起来，在通盘掌握学科重点内容的基础上，以新的独立科研成果来充实教学内容。先生认为，必须对政治制度与各该时期的典章、人物、事件作动态的研究，区分出不同时期，从中了解体制总体和具体规章的结合和矛盾，发现政策方针与其实际执行状况的一致和歧异，从中找出规律性的内容，看到发展趋势。以先生主编的《中国政治制度史》而言，1957年有油印校内用书《中国国家机关史》，1984年有铅印校内用书《中国政治制度史》，直到1989年才由中国人民大学出版社出版高校文科教材《中国政治制度史》，1992年再由高等教育出版社出版全国高等教育自学考试教材《中国政治制度史》，2005年则由中国人民大学出版社出版高等学校文科教材《中国政治制度史（第2版）》，历经40余年，不断进行修订，从最初40余万字，到后来86万字，都是在具体教学实践中获得反馈而成的。该教材不仅把各个时期总的国家体制以及行政、立法、司法、军事、监察、人事、财政、文教、民族等方面的典章制度的形成和执行情况加以介绍，而且还将其置于各该时期不同的社会经济结构、阶级关系和政治局势的总体中进行分析，从发展的角度来论述其兴革演变。郭松义先生认为：“该书贯通时间如此之长，涉及面又如此之广，这确实不是件容易的事，可以说是目前有关此类著作中颇为成功的一部。”胡凡教授认为该教材有三大特色：一是体例精当、涵盖面广、结构合理、颇便自学；二是博采众长、多元熔铸；三是纵横交错、史论结合、突出重点、兼顾全局。孟昭信教授认为该教材体裁益臻完善，专题式体裁的优点甚多；内容更加丰富、充实；对中华民国政治制度史的研究提出了新的见解。李庆新研究员认为该教材有三大特点：一是体系庞大，博采众长，理论色彩浓厚；二是制度变迁千头万绪，纲举目张不失要领；三是在大量细致纵深的实证研究基础上，注重观点创新，以独到的观点确保全书在整体水平上超过前人。这本教材影响较大，全国大部分高校都予以采用，其中香港中文大学及台湾一些院校也将该书民国前部分列为教材。这种宏观与微观相结合的研究方法，不仅加深了学员对中国政治制度史的认识，而且提高了他们的学习兴趣。先生讲课每每有新见解、新材料，有自己的独到之处，很受学生欢迎，至今听过先生讲课、已经毕业多年的本科生、硕士生，每每谈起先生讲课，仍然是赞不绝口。

第三，在政治人物的研究方面，先生对明清时期一些关系到历史进程、具有典型意义的政治人物作了评估。

先生认为，不但应对每一历史人物所处的客观社会、政治环境及人物经历的转折特点、功罪等进行实事求是的论述，还应该对有关人物较深层次的心理状况进行有根据的分析。从先生的论著中可以看到，研究涉及明代洪武、永乐、洪熙、宣德、正统、正德、嘉靖、隆庆、万历诸帝，清代顺治、康熙、雍正、乾隆诸帝。在人物方面，明代有杨士奇、杨荣、杨溥、徐阶、李东阳、潘季驯、张居正、高拱、杨一清等，清代则有多尔衮、年羹尧、隆科多等。先生认为："有史以来，社会一切发展变化都是离不开一定人物活动的。历史学基本上是人学，主要记载和评述历史人物、人性、人际、人生的学问。明清时期的历史波谲云诡，屡次出现重大变化，社会开始转型，新生与腐朽的形态并存，处于方生未死，拼争极端复杂尖锐的时刻，此正为许多人物提供发挥才能胆识，体现学养素质，并检验各自执持的政策纲领和学术主张，为当时和后代留下了极其丰富、可进行反复评估的宝贵资料。这些人物或是纵横捭阖、煊赫一时，或是失意败落、有志难酬，或是罪恶昭彰、身名俱裂。但亦必应注意到，确有一些人的是非功罪未有定评，长期聚讼，有待史学工作者赓续努力，再深入探索。"先生确实是如此，其分析人物，不是仅仅关注一时一事，而是通观其人一生，分为早、中、晚期，进行阶段性分析，认为："人分早、中、晚期，思想行动并爱憎观念等亦随而变化。早年坚持的，可能正是晚年摒弃的；早年反对的，可能正是晚年迷溺依恋不舍的。"梁希哲教授认为："韦先生对历史人物研究方面的重大突破是，他真正破除了以往长期盘踞在人们头脑中的公式化、概念化的束缚，而还原一个有血有肉有思想有感情有性格特征的人的本来面目，其中最重要的是对人物心态、心理结构、个性和性格特征的分析与研究。"郭松义先生认为先生"十分注意他们的内在心态和各人的行为特点。因为人总有感情爱憎、七情六欲、生活情趣，以至独特的癖好和心理活动，不同的是作为像皇帝这类人物，由于地位独特，他们的感情爱好，对周围、对社会会产生更大的影响"。以先生对张居正的研究而言，《张居正和明代中后期政局》一书，分为22章，多达70余万字，对张居正的研究具有推动意义。徐泓先生在《序言》中讲："这部书，不同于前人作品的最大特点，在于他运用包括罕见的丰富史料。""是自有为张居正立传以来最深入、最公正、最能'美恶不掩，各从其实'的巨著。"孟昭信教授总结四个特点：一是"此书主题鲜明，通过论述张居正一生兴衰成败，写出了明代中后期嘉、隆、万三朝政局，风云迭起变幻莫测的时代特征"；二是"此书多有创见和开拓，其中又以隆庆朝及其与前后两朝交替的历史表述尤为精彩"；三是"对张居正柄政时期的功过是非，评论全面、公允"；四是"对张居正实学思想的形成与应用反映透彻"。因此认为："是近年来难得见到的大部头高质量学术专著。"吴量恺先生认为该书“有很多启人思考的深刻分析，为明史研究开辟了新的领域，展现了新的视野”。进而总结特点云：“是弘扬了我国优秀的史学传统和名史家良史的大笔法，坚持了史学研究必须实事求是，一切从求真求实出发，从不随意臆想。故能力排众议，独申己见。”特别是韦先生的“广博的资料积累，深厚的功力，不仅增加了学识，加深了认识，扩大了视野，而且形成了精辟而深邃的见解”。总之，先生为了能够准确把握政治人物的评析，退休以后，开始认真地阅读了一些政治心理学著作和外国人物传记，试图从政治心理分析的角度，在占有大量资料的基础上展开研究，才能够振笔直书，不溢美、不丑化，以求真求实的精神来分析历史人物，其中新意耐人回味。

第四，先生对明清社会经济史的研究，不但研究内容比较广泛，而且在区域社会经济史研究方面也多有建树。

从先生的论著来看，有关明清经济政策、财政金融、高利贷、矿业、商业、盐业、制造业及运输业等方面的论文达到三分之一以上。先生采取了“人弃我取，小题深造”的办法，对过去从未有人研究过的问题进行研究。比如说清代的皇当、官当、当铺业中的官僚资本以及“生息银两”制度的研究，认为研究清代的皇当、官当以及“生息银两”制度，必须揭示出其中隐含的重大政治内涵，不能就典当言典当，就经济论经济，而是应当将这些问题纳入清代中叶社会经济政治的总体中，放在一定历史条件中加以考查，进而指出二者相互渗透，有密切的内在联系，乃是清王朝具有一定统治意图的特殊手段，是统治集团精心创建并曾巧妙运用的特殊手段，体现出政治的金融制度，既是当时总的财经政策的侧翼，又是皇帝以及许多官僚贵族赖以进行搜括盘剥的渠道，是有关国政吏治及社会民生的重大问题。在当时的政治体制下，这些金融制度虽可以在某种程度上成为辅助性的财政网络，甚至成为推行朝廷某些经济政策的重要杠杆，但也成为各级官吏、皇亲贵族的生财之道。官吏们兼开当铺或兼放钱债是极为普遍的，一时成为官场中的流行风气。官吏开当，必然严重腐蚀政治体制，成为清王朝趋向衰亡的催化剂之一。到了乾隆中叶，“生息银两”制度已经成为管理者和经营者牟取各种不法收入的“利窟”，成为各级贵族官僚营私舞弊的重要渠道。亦官亦商，国之大蠹，这是统治阶级自己总结出来的教训，也是他们无法自拔的泥沼。先生在这方面所作具有开创性的研究，令人信服。王春瑜研究员认为：“其学术价值，固不待言，其现实意义，也是显而易见的。”先生还特别注意区域社会经济史的研究，对江南、闽粤和台湾等地区的经济发展，台湾与大陆的经济联系等，都写过专门的论文。先生认为，区域经济史的研究重点应放在各地区的特点和专门性问题上，放在各地区经济发展的不平衡上，绝不能人同一脸，地同一式，绝不能从既定的框架进行史料填充。如《明初“江南赋税畸重”原因辨析》一文，通过对明初统一战争、永乐迁都、北部边疆的军事形势以及官僚政治中的因循保守等方面的分析，将江南赋税畸重这一事实与当时全国的政治形势紧密地联系起来，从而澄清了这方面长期存在的混乱认识。《明初江南地区经济政策的若干问题》一文，则进一步论述了明初政府既有对江南地区实行苛征重索的一面，同时又注意扶植其经济发展的双重政策，特别是明初政府在江南地区积极推广种植棉桑等多种经营，在客观上促进了明中叶以后商品性农业的发展，为明中叶以后江南地区商品经济的发展创造了一定的物质条件。再如，利用美国国家档案馆《台湾公私藏古文书影本》结合各种文献资料，对清代台湾的开发历程、台湾发展水利工程和农业生产的特殊结构形式，以及台湾高利贷等问题，提出了自己的见解。《论 1884—1885 年反法侵略的台湾保卫战》一文，也是利用美国国家档案馆藏档案，对当时“沪尾大捷”（也称“淡水大捷”）的过程、法国政府与清王朝的外交过程进行描述，澄清多年来对这一问题的种种不正确说法。《从族谱、契约文书看清代闽台间的宗法关系》一文，以翔实的族谱、契约文书等档案资料为依据，对清代闽台宗法关系的建立、表现及发展演变等进行了深刻论述，认为闽台之间不但有着较为密切的血缘联系，而且在社会结构、经济发展、思想文化、伦理观念等各方面也一直是同根同源，一直是相互促进和影响的。而所有这些方面，又都直接或间接与当时的宗法关系有关。《澳门在清代康熙时期的特殊地位和作用》一文，也是以翔实的档案史料论述澳门在清代康熙时期的特殊地位和作用，对研究澳门地域史及 17 世纪、18 世纪澳门与祖国内地的关系很有参考价值。

第五，先生因国学基础深厚，研究问题涉及广泛，追求知识勤奋不倦，即便是对细小的题目，也能够有大制作。如《清王朝的缔建与红衣大炮的轰鸣》一文，对清王朝的热兵器从无到有，从小到大，由劣势到优势的发展过程进行描述。红衣大炮在清初战争中，作为最犀利的武器，对清王朝的缔建和巩固起到重要作用。先生也看到大炮诚威武而难以救危亡，能够提出发人深省的问题。《论清代官场的陋规》一文，将陋规视为清代官场一种不可救药的顽症，在列数中央及地方官署各种陋规种类之后，对清王朝关于陋规的态度进行分析，指出由于统治者对于陋规态度的模糊，使之一直处于半合法的地位，因此陋规能够大行其道，活跃于各级衙门官署和官吏之间，作祟于社会各个角落。这是清史中具有重大意义的研究课题。《清代的抄家档案和抄家案件》一文，根据大量抄家档案，探讨了各级官僚是如何处置这些抄家财产，得出抄家是当时权力与财产再分配的形式之一，是地主总头子皇帝增殖财富的手段之一的结论，进而指出各级官吏、贵族、绅商将巨额财富冻结起来，不加或很少利用，这一部分占社会可流通财富相当数额的资金，不是被“窖藏”起来，就是用于买卖土地房产、放高利贷、开当铺钱庄等千百年来传统的经营方面，而当时采矿业、纺织业、陶瓷业、造船业等工商业却严重缺乏资金，亟待投资。这从一个侧面说明了中国传统社会自给自足的小农经济和小生产的土地经营方式左右着社会经济的发展，即使是城市经济活动中，流通领域也是为居住在城市中的统治阶级及其随员服务，为统治阶级提供吃喝玩乐等奢侈性的消费服务，致使工业、商品经济不能得到发展，这是具有深度及开创性的研究。《〈庄头家谱〉与清代对旗地的管理》一文，通过较为罕见的历史档案《庄头家谱》所记载的内容，对其功能及制度本身的架构、编制程序，与丁档的连锁关系、有关定期检核、续修的规定进行分析，指出这套制度之所以会在乾隆后期建立，并一度雷厉推行，显然是与当时总的局势，特别是在旗地管理上出现的大量问题有关，进而探讨其逐渐废弛的原因。《〈明清档案〉与顺治朝吏治》一文，在系统阅读了张伟仁主编《明清档案》已出版的220余册的基础上，结合官书政书、碑刻、地方志、私人文集笔记等，对顺治一朝吏治进行评析，既看到在多尔衮和顺治帝的主持下，毅然断然大力整肃吏治的一面，也看到体制、官僚素质、管理等方面的问题，在各级各环节中往往为贪贿者留存着许多可乘之机，特别是在分析官、吏、役之间复杂微妙关系时指出："彼此间的戒备必严，防范必深，排挤必列，倾轧变成常态，权术阴谋形成攻守必备的伎俩。人性的卑鄙龌龊，人心的阴狠毒辣，人际关系的尔虞我诈，都会在官场中更为集中更易暴露。"可谓是鞭辟入里，且能够与整个政治体制、人事规章联系在一起，都是小问题而大制作，引人深思。

第六，从先生论著学科门类看，既有历史学、档案学、政治史、经济史等，又有民族史、地方史、谱牒学以及钱币学等内容，研究可谓跨学科多角度。

先生因为在历史档案系工作，按照课程安排，《中国档案史》及《中国政治制度史》是主讲内容，早期在这方面用功甚巨。20世纪50年代就写就《中国档案史稿》《中国国家机关史讲义》。20世纪60年代出版《明代黄册制度》，且关注清末立宪运动。从20世纪70年代末到退休，创作达到顶峰，这是因为先生要把"文化大革命"耽误的十年抢回来。退休以后，先生没有教学的羁绊，受聘于港台一些高校，又成为广东省社会科学院客座研究员，既能够比较愉快地读书写作，又可以选定饶有兴趣的新课题，因此涉猎更广，进而形成跨学科多角度的研究特色。以档案学与历史学而言，先生至少有10篇以上论文专门谈及利用明清档案研究明清史的问题。利用明清档案，先生不仅是先行者，也是属于拓荒者，从进入中国人民大学时起，就把利用档案以研究历史，确定为终生的学术方向与努力的目标，特别是在1979—1985年，由先生提议并参与的全国历史档案调查，在国家档案局领导下，抽调中国人民大学档案系、中央档案馆、第一历史档案馆、第二历史档案馆等一些人员，对全国历史档案进行普查，至今学者们利用的各地方历史档案，都是那个时候发现并报国家档案局备案的。有些则因为归属问题，至今还没有得到利用，如江苏省泰州博物馆保存的《清代扬州三帮档案》，浙江省博物馆保存的《宋代到民国萧山县民间契约》等。先生几十年如一日，坚持将图书文献与历史档案结合起来，重视并发掘明清档案在明清史研究中的史料价值与特殊地位，倡导利用历史档案进行历史研究，重视第一手资料的作用，且用自己亲身体会，现身说法，言辞肯綮而卓有见地。在民族史方面，有《清代对西南少数民族地区的统治和少数民族档案》《有关锡伯族史研究的几个问题》等文章。在社会经济史方面则用功甚巨，不但主编清代资料丛书，而且在牙商、皇商、典当、矿业、铸钱、旗地、手工业等方面都有深度研究的论文。在中国政治制度史方面不仅出版多部教材，还曾出版《中国官制史》。孟昭信教授总结先生治政治制度史的特点：一是注重对官制史作动态的研究；二是对官制史体裁有改进；三是为官制史增添新内容；乃是“作者数十年研究政治制度史的心得”。先生退休以后，所研究的历史人物，都重视政治心理分析。如认为万历帝是研究中国古代高层人物心态行径最具有典型特点的人物之一；在分析隆庆帝时，认为“复杂畸形的宫闱生活，异于常态的夫妇、父子、兄弟、君臣的人际伦理关系，必然形成有关人物的心态畸变。心理的变态铸造了行为活动的变态，而行为活动的变态又促使心理上进一步变态”。这是先生潜心阅读各种政治心理著作以后，在爬梳史料而深入研究的力作，连自视甚高的王春瑜研究员，读起先生的文章，都感觉到“虎虎生气，力透纸背”，认为像先生“那样不断在国内外访档、抄档，埋首书斋的学者，并不多见。让人钦佩的是，经他长期辛勤地努力，掌握和积累了大量珍贵的档案资料，却从未以奇货可居。”则可见先生在多学科知识积累下，文章总是有深度、有力度，学界推崇，也是实至名归。

第七，文史哲无不涉猎，注重历史知识普及，特别是晚年撰写历史小说，扩大了明清史与明清档案的影响。

早在 1979 年，先生就出版中国历史小丛书《明代的锦衣卫和东西厂》。这套中国历史小丛书是在吴晗先生倡议下，由中华书局出版的通俗历史读物，撰写者都是当时的名家，从 1959—1966 年，共计出版 147 种。“文化大革命”以后，重新启动出版计划，1979 年出版 18 种，《明代的锦衣卫和东西厂》是其一，定价 8 分钱。不要小看历史小丛书的作用，许多后来从事历史研究的学者，都曾经受到影响。我就是看了这些小丛书才喜欢上历史的，而看了先生的小册子，才有机会投身于先生门下的，亦可见历史知识普及的重要性。先生在历史普及方面还有《祸由笔墨生——明清文字狱》（台北：万卷楼图书股份有限公司，1999 年）。这部书因为出版商的问题，影响力受到了影响，先生不但没有稿费，连样书也没有收到，送给我的，还是先生在香港自费购买的。因为这种原因，此书没有在大陆出版，只好收录到《明清史续析》之中。对研究明清史所不能够回避的文字狱问题，先生使用明清时期的各种官书、政书、文集、笔记等第一手资料。清代部分则采用现存当时查办案件的原始记录，诸如皇帝的诏谕、大臣的章疏及以“犯人”的“亲供”等，用通俗易懂的语言进行讲述，可读性甚高。先生退休，有些闲暇，也看一些有关历史题材的小说、电视剧，对低级、庸俗作品的泛滥，歪曲、篡改、戏说历史的小说和电视剧大行其道，则深感不满和忧虑。他们能够把一个比康熙帝大 40 岁的蒙古侍女苏麻喇姑，说成是康熙帝的德妃，而德妃是雍正帝的生母，康熙帝生雍正帝时 26 岁，若是如此便成为 60 多岁女人生孩子；把正德帝说成爱情专一人，将大臣们都视为玩物，不但歪曲历史，也混淆视听，使历史研究陷于被动的局面。先生想到历史学者的责任，有必要进行历史知识普及，应该写一些雅俗共赏的普及读物，向普通大众传播正确的历史知识。自 1996 年起，先生开始以正德帝为题，撰写历史小说，历经10余年，终于在先生80寿辰得以出版，取名为《正德风云：荡子皇帝朱厚照别传》（广东人民出版社，2008 年）。陈捷先先生认为：“书中对政事人物的细微分析与宏观论述，多彩多姿，可以说是一部富于学术性的专书，又是一部真正的历史小说。”毛佩琦教授认为：“积五十年学术研究之功力，展开宏大的历史叙述；熔庙堂文化和市井生活于一炉，全方位构建纵深的历史画卷；用精到的心理分析和深入的思想解剖，塑造了一个个鲜活的文学形象。”历史学家写历史小说，当然不如畅销书那样会引人注意，也没有电视、电影、戏剧那样马上见效，但也引起不小的轰动。且不论互联网如何评价，仅以学术期刊发表的评介论文来说。陈梧桐教授以历史事实和历史真实，一部正德历史的活剧，成功塑造了性格鲜明的人物形象等方面进行评析，认为：“小说描写的近百个历史人物分别建立了档案，详列其生平事迹。由于前期的准备工作做得认真、细致、扎实，小说中铺叙的重大历史事件，包括涉及的人物、起讫的时间和地点，都于史有据。”乃是一部严格意义上的历史小说，“既形象生动，又要言不繁，增添了读者的历史知识，有助于人们了解当时的社会风貌”。毛佩琦教授是最早知道先生写历史小说的学者之一，对先生曾经有些担忧，但当他看到摞起来一米多高的书稿，也不得不震撼了。感慨之余，撰写欣赏论文，认为先生“在努力使人物语言个性化的同时，还创造了一种既有古代语文特点，又易于为当代读者理解接受的语言风格，显然区别于一些历史文艺作品的古代人物口中充斥白词儿、水话、时髦语言的情况，显出作者炉火纯青的语言功力”。《美术观点》编辑部的刘红女史，从巧妙地解决了学术研究与历史小说创作的关系问题；摆脱传统历史小说的写作视角，再现了明武宗时期的另类历史；合理地运用艺术手段，虚构故事情节；成功地挖掘人性深处的东西，塑造不同人物的文学形象；借助历史小说艺术形式，传播正确的历史知识等五个方面，对先生的历史小说创作进行分析。刘红女史为此还走访中国社会科学院历史所王曾瑜研究员进行探寻，认为：“《正德风云：荡子皇帝朱厚照别传》完全符合历史小说的写法学术性、思想性、文学性甚于当下流行的历史小说。”以为史学家必须具备一双人性之眼，“才能为历史碎片还原精致的纹理，复活缤纷的色彩”。韦先生的历史小说让学术研究充满趣味性，如此评价当之无愧。

上述七个方面，是不可能完全涵括先生的学术成就的，因为先生不论是处在何种困境，都能够把学术研究置于首位，不计个人名利，埋首书桌，潜心于史籍与历史档案，数十年如一日。先生讲：“学术本为天下公器，治学应无老幼之分；闻道容有先后，唯在力行而已。正因为自己年事渐高，故更需要锲而不舍，更需要加倍的刻苦勤奋，庶几争取在老而未朽之际，仍能做出自己微薄的贡献。”故此在退休之后，依然与学术研究为伍，以期给后人留下更多的作品。可惜天不假先生之年，以至于先生认为与自己一生经历相仿佛的《大明才子：杨慎传》没有写出，也就留给我们许多遗憾。

四、先生主要论著目录

（一）论文（按年代排序）

1.《中国古代史官之建置及职掌》，载《历史档案参考资料》，北京：中国人民大学历史档案系，1956 年。

2.《简策说》，载《历史档案参考资料》，北京：中国人民大学历史档案系，1956 年。

3.《论史料之种类》，载《历史档案参考资料》，北京：中国人民大学历史档案系，1956 年。

4.《中国历代史官建置沿革》，载《历史档案参考资料》，北京：中国人民大学历史档案系，1956 年。

5.《试论档案工作与历史学研究的关系》，载《人文杂志》1957 年第 4 期。

6.《简谈金石档案问题》，载《中国档案》1959 年第 5 期。

7.《论谘议局》（与高放、刘文源合著），载《近代史研究》1979 年第 2 期。

8.《重读〈清代文字狱档〉》，载《读书》1979 年 第 3 期。

9.《做好历史档案工作为四化作出积极的贡献》，载《档案学通讯》1980 年第 2 期。

10.《对广东地区历史档案保管、利用情况的初步调查》，载《档案学通讯》1980 年第 4 期。

11.《试论中国资产阶级的历史和作用》（与高放、刘文源合著），载《人文杂志》1980 年第 4 期。

12.《辛亥革命前革命党人对马克思主义的介绍和探索》（与高放、刘文源合著），载《东岳论丛》1980 年第 2 期。

13.《“万寿无疆”考——读〈诗经〉有关篇章的札记》，载《读书》1980 年第 3 期。

14.《清代奴婢制度》（与吴奇衍、鲁素合著），载《清史论丛》第 2 辑，北京：中华书局，1980 年。

15.《明清史研究与明清档案》，载《历史档案》1981 年第 2 期。

16.《清代著名皇商范氏的兴衰》（与吴奇衍合著），载《历史研究》1981 年第 3 期。

17.《西方代议制度在中国的最早试验——试论清末的资政院和谘议局》（与高放、刘文源合著），载《天津师范大学学报（社会科学版）》1981 年第 5 期。

18.《论资政院》（与高放、刘文源合著），载《辛亥革命七十周年纪念学术讨论会学术报告》，北京：中国人民大学出版社，1981 年。

19.《清代前期的商办矿业及资本主义萌芽》（与鲁素合著），载《中国资本主义萌芽问题学术讨论会论文集》，北京：中国社会科学院经济研究所，1981 年。

20.《试论鸦片战争前的中国海关》，载《抖擞》第 48 期，1982 年 1 月。

21.《参观哈佛大学档案馆记》，载《档案学通讯》1982 年增刊第 1 期。

22.《美国国家档案馆访问记》，载《档案学通讯》1982 年第 5 期。

23.《清代的抄家档案和抄家案件》，载《学术研究》1982 年第 5 期。

24.《清末资政院第一次常年会》（与高放、刘文源合著），载《社会科学战线》1982 年第 4 期。

25.《谈谈怎样在历史研究中利用历史档案的问题》，载《浙江档案》1983 年第 1 期。

26.《清代前期矿业政策的演变（上、下）》（与鲁素合著），载《中国社会经济史研究》1983 年第 3、4 期。

27.《再论明清史研究与明清档案》，载《文史知识》1983 年第 3 期。

28.《论 1884—1885 年反法侵略的台湾保卫战》，载《台湾研究集刊》1984 年第 1 期。

29.《康雍乾时期高利贷的恶性发展》，载《档房论史文编》，福州：福建人民出版社，1984 年。

30.《论明初对江南地区的经济政策》，载《明史研究论丛》第三辑，南京：江苏古籍出版社，1985 年。

31.《清代牙商利弊论》，载《清史研究通讯》1985 年第 4 期。

32.《利用明清档案进行历史研究的体会》，载《文史知识》1985 年第 11 期。

33.《论清代的“皇当”——清代典当制度研究之一》，载《香港大学国际明清史学术研讨会论文集》，1985 年。

34.《充分利用历史档案提高对北京地方史研究的水平》，载《北京档案史料》1986 年第 1 期。

35.《论清代的“生息银两”与官府经营的典当业——清代典当制度研究之二》，载《中华文史论丛》1986 年第 2 期。

36.《从〈台湾公私藏古文书影本〉看清代台湾经济史研究的几个问题——兼论近代台湾省地方性历史档案的整理利用》，载《中国史研究》1986 年第 2 期。

37.《论封建皇权和皇位继承问题》，载《中国历史博物馆馆刊》1986 年第 3 期。

38.《论朱元璋的整肃吏治和严惩贪污》，载《平准学刊》第 3 辑，北京：中国商业出版社，1986 年。

39.《康熙时期对“生息银两”制度的初创和运用——对清代“生息银两”制度兴衰过程研究之一》，载《中国社会经济史研究》1986 年第 3 期。

40.《雍正时期对“生息银两”制度的整顿和政策演变——对清代“生息银两”制度兴衰研究之二》，载《中国社会经济史研究》1987 年第 3 期。

41.《有关中国封建社会政治制度史的几个问题》，载《中国人民大学学报》1987 年第

5 期。

42.《乾隆时期盛京地区的“生息银两”制和官店》，载《社会科学辑刊》1987 年第 4 期。

43.《国际明清史研讨会及港台地区档案工作与历史研究情况》，载《档案时空》1987 年第 1 期。

44.《乾隆时期“生息银两”制度的衰败和“收撤”——对清代“生息银两”制度兴衰研究之三》，载《中国社会经济史研究》1988 年第 3 期。

45.《明初“江南赋税畸重”原因辨析》，载《中国封建社会经济史诸问题论文集》，福州：福建人民出版社，1988 年。

46.《三杨与儒家政治》，载《史学集刊》1988 年第 1 期。

47.《〈历史文书用语词典〉评介》，载《档案学通讯》1988 年第 5 期。

48.《从档案工作进入史学研究》，载《中国档案》1988 年第 6 期。

49.《清代区域社会经济史研究概况》，载《学术研究》1988 年第 2 期。

50.《论清代人事回避制度》，载《历史档案》1989 年第 2 期。

51.《从族谱、契约文书看清代闽台间的宗法关系》，载《史学集刊》1989 年第 4 期。

52.《论康熙时期从禁海到开海的政策演变》，载《中国人民大学学报》1989 年第 3 期。

53.《〈中国政治制度史〉前言》，载《中国档案》1989 年第 6 期。

54.《档案馆进行史学研究之我见》，载《中国档案》1989 年第 8 期。

55.《论“八旗生计”》，载《社会科学辑刊》1990 年第 5、6 期。

56.《邓绍兴著〈人事档案学〉评介》，载《档案学研究》1991 年第 1 期。

57.《论清代的典当业与官僚资本——清代典当制度研究之三》，载《清史论丛》第 8 辑，中华书局，1991 年。

58.《论雍乾交替与治道同异》，载《史学集刊》1991 年第 1 期。

59.《论陈垣对明清历史档案事业的贡献》，载《历史档案》1991 年第 3 期。

60.《清王朝的缔建与红衣大炮的轰鸣》，载《中国文化》总第 3 期，北京：生活·读书·新知三联书店，1991 年。

61.《顺治朝铸钱及其存在的问题》，载云南大学历史系编《纪念李埏教授从事学术活动五十周年史学论文集》，昆明：云南大学出版社，1992 年。

62.《澳门在清代康熙时期的特殊地位和作用》，载《中国史研究》1992 年第 1 期。

63.《江南三织造与清代前期政治》，载《史学集刊》1992 年第 3 期。

64.《中国政治制度史研究的回顾与前瞻》，载《中国人民大学学报》1992 年第 5 期。

65.《论隆庆》，载《史学集刊》1993 年第 2 期。

66.《有关锡伯族史研究的几个问题——兼对《锡伯族档案史料》一书的评介》，载《纪念王锺翰先生八十寿辰学术论文集》，北京：中央民族大学出版社，1993 年。

67.《清代典当业的社会功能》，载《台湾政治大学历史学报》第 6 期，1993 年。

68.《论清代官场的陋规》，载台北《历史月刊》第 69 期，1993 年 10 月。

69.《论清代文官制度》（与柏桦合著），载《求是学刊》1994 年第 2 期。

70.《〈明清档案〉与顺治朝吏治》，载《社会科学辑刊》1994 年第 6 期。

71.《对于中国大陆各省区现存清代历史档案的介绍》，载《明清史新析》，北京：中国社会科学出版社，1995 年。

72.《清代对西南少数民族地区的统治和少数民族档案》，载《明清史新析》，北京：中国社会科学出版社，1995 年。

73.《中国政治制度史研究的回顾与前瞻》，载《明清史新析》，北京：中国社会科学出版社，1995 年。

74.《杨廷和、杨慎父子两代孤忠》，载台北《历史月刊》第 92 期，1995 年 9 月。

75.《刘铭传与中法战争期间的台湾保卫战》，载台北《历史月刊》第 96 期，1996 年 1 月。

76.《明朝皇帝的“御驾亲征”》，载台北《历史月刊》第 100 期，1996 年 5 月。

77.《承前启后新义不穷——何炳棣著〈中国历代土地数字考实〉读后》（与王锺翰合著），载《中国史研究》1996 年第 3 期。

78.《从族谱看珠江三角洲的宗族伦理与宗族制的特点》（与叶显恩合著），载《学术研究》1997 年第 12 期。

79.《论徐阶与严嵩的关系和斗争》，载《台湾政治大学历史学报》第 14 期，1997 年。

80.《喜读〈人生不是梦〉》，载《档案与建设》1998 年第 1 期。

81.《论万历早年》，载《明史研究专刊》第 12 期，台北明史研究小组印行，1998 年。

82.《喜读〈明清时期上海地区的著姓望族〉》（与叶显恩合著），载《中国社会经济史研究》1998 年第 3 期。

83.《〈葡萄牙东波塔档案馆藏清代澳门中文档案汇编〉序》，载《历史档案》1998 年第 3 期。

84.《有关张居正研究的若干问题——〈张居正和明代中后期政局〉一书的序言》，载《史学集刊》1998 年第 3 期。

85.《论雍正其人》，载《史学集刊》2000 年第 3 期。

86.《明代黄册档案的最后流散》，载《中国史研究》2001 年第 2 期。

87.《〈庄头家谱〉与清代对旗地的管理》，载《中国社会经济史研究》2001 年第 2 期。

88.《嘉靖时期商业的兴衰》，载《史学集刊》2002 年第 1 期。

89.《博览档卷求信实 论析雍正功力深——评介杨启樵著〈揭开雍正皇帝隐秘的面纱〉》，载《史学集刊》2003 年第 1 期。

90.《〈东西望洋〉评介》，载《学术研究》2003 年第 3 期。

91.《〈澳门专档〉的重要学术价值》，载《历史档案》2004 年第 4 期。

92.《试论李东阳》，载《明史研究论丛》第六辑，2004 年 8 月。

93.《综述规章嬗变　析论政事风云——对张显清、林金树等著〈明代政治史〉的读后感》，载《光明日报》2004 年 8 月 12 日。

94.《汉唐皇权与道家方士——阅读陈垣教授编纂〈道家金石略〉的札记》，载《中国文化研究》2004 年第 4 期。

95.《拓荒者的步伐和学术的里程碑——序叶显恩著〈徽州与粤海论稿〉》，载《广东社会科学》2005 年第 2 期。

96.《“百粤行将遍，三春思转穷”——论潘季驯巡按广东的政绩》，载《学术研究》2005 年第 5 期。

97.《明清时期的善人、善事和善书——为游子安著《善与人同》一书写的序言》，北京：中华书局，2005 年。

98.《张居正与〈历代帝王图说〉》，载《明清史续析》，广州：广东人民出版社，2006 年。

99.《师凿书室记事》，载《明清史续析》，广州：广东人民出版社，2006 年。

100.《明代中叶从抑商到恤商、惠商的政策转变》，载《明清史续析》，广州：广东人民出版社，2006 年。

101.《清代内务府的多方面功能》，载《明清史续析》，广州：广东人民出版社，2006 年。

102.《清代内务府匠役和御用手工业》，载《明清史续析》，广州：广东人民出版社，2006 年。

103.《明清时期的“非礼逢迎”和“反非礼逢迎”》，载《明清史续析》，广州：广东人民出版社，2006 年。

104.《评介李庆新〈明代海洋贸易制度研究〉一书》，载《中国史研究动态》2008 年第 3 期。

105.《从澳门历史发展放眼国内外风云——为〈澳门史新编〉写的总序》，澳门：澳门基金会，2008 年。

备注：一些期刊没有进入期刊网，先生也没有给我详细论著目录，还有在国外发表的论文，期刊网查不到，因此只能够列举先生送给我及我所知的部分，这里肯定不是全部，因为在 1992 年时，先生就说已经发表论文百余篇，这里至少缺有数十篇，望各位师友知之者予以补充。

（二）著作（按出版时间排序）

1.《中国国家机关史讲授大纲》，北京：中国人民大学校内教材，1956 年。

2.《中国档案史稿》，在《档案工作》杂志连载，1957 年；中国人民大学校内教材，1980 年。

3.《中国国家机关史讲义》，北京：中国人民大学校内教材，1958 年。

4.《明代黄册制度》，北京：中华书局，1961 年。

5.《康雍乾时期城乡人民反抗斗争资料》（主编），北京：中华书局，1979 年。

6.《明代的锦衣卫和东西厂》，北京：中华书局，1979 年。

7.《清代奴婢制度》（与吴奇衍、鲁素合著），北京：中国人民大学出版社，1982 年。

8.《清代的矿业》（主编），北京：中华书局，1983 年。

9.《档房论史文编》，福州：福建人民出版社，1984 年。

10.《中国政治制度史》（主编，按朝代），北京：中国人民大学校内教材，1984 年。

11.《明清史辨析》，北京：中国社会科学出版社，1989 年。

12.《中国政治制度史》（主编，按朝代），北京：中国人民大学出版社，1989 年。

13.《清代的旗地》（主编），北京：中华书局出版，1989 年。

14.《中国政治制度史》（与王德宝主编，按专题），北京：高等教育出版社，1990 年。

15.《清代全史》第 5 卷（与叶显恩主编），沈阳：辽宁人民出版社，1991 年。

16.《档案学专业教程教学大纲——中国政治制度史》（主编），北京：中国科学技术出版社，1991 年。

17.《大百科全书——政治学》（副主编），北京：中国大百科出版社，1992 年

18.《清末宪政史》，（与高放、刘文源合著），北京：中国人民大学出版社，1993 年。

19.《明清史新析》，北京：中国社会科学出版社，1995 年。

20.《隆庆皇帝大传》，沈阳：辽宁教育出版社，1997 年。

21.《祸由笔墨生——明清文字狱》，台北：万卷楼图书股份有限公司，1999 年。

22.《张居正和明代中后期政局》，广州：广东高等教育出版社，1999 年；

23.《中国官制史》（与柏桦合著），上海：东方出版中心，2001 年。

24.《澳门史论稿》，广州：广东人民出版社，2005 年。

25.《中国政治制度史（第 2 版）》（与柏桦合著），北京：中国人民大学出版社，2005 年。

26.《明清史续析》，广州：广东人民出版社，2006 年。

27.《隆庆皇帝大传》修订本，北京：中国社会文献出版社，2008 年。

28.《正德风云：荡子皇帝朱厚照别传》，广州：广东人民出版社，2008 年。

29.《清末立宪史》（修订版，与高放、刘文源合著），北京：华文出版社，2012 年。

30.《暮日耀光——张居正和明代中后期政局》，南京：江苏凤凰文艺出版社，2017 年。

（三）评介先生的论文（按作者姓氏拼音排序）

柏桦：《历史档案和明清史专家——韦庆远》，《中国人民大学学报》1992 年第 5 期。

编辑部：《韦庆远写成专著“明代黄册制度”》，《历史研究》1961 年第 3 期。

编辑部：《〈张居正和明代中后期政局〉出版》，《历史档案》1999 年第 2 期。

编辑部：《〈张居正和明代中后期政局〉一书问世》，《广东社会科学》1999 年第 2 期。

陈梧桐：《怀念韦庆远教授》，《博览群书》2010 年第 5 期。

陈梧桐：《一部正德历史的活剧——读〈正德风云：荡子皇帝朱厚照别传〉》，《博览群书》2008 年第 7 期。

高放：《人生有为 学术无涯——贺史学家韦庆远教授 70 华诞》，《广东社会科学》1998 年第 3 期。

郭树银：《档房论史著新篇——访著名历史档案专家韦庆远教授》，《图书情报知识》1985 年第 1 期。

郭树银：《清代社会经济史研究的新收获——读韦庆远〈档房论史文编〉》，《中国社会经济史研究》1986 年第 2 期。

郭松义：《喜读〈明清史新析〉》，《中国史研究动态》1997 年第 1 期。

郭松义：《制度史研究的新成果——〈中国政治制度史〉》，《中国社会科学》1991 第 4 期。

鸿生：《韦庆远副教授来穗讲学》，《学术研究》1980 年第 5 期。

胡凡：《蕴廿年功力 献精美华章——读韦庆远、柏桦著〈中国政治制度史（第 2 版）〉》，《历史教学》2006 年第 5 期。

李京：《韦庆远教授来杭作报告》，《浙江档案工作》1982 年第 12 期。

李庆新：《体系重构与整体超越——韦庆远、柏桦教授〈中国政治制度史〉读后》，《广东社会科学》2006 年第 1 期

梁希哲：《学力根深方蒂固——从〈明清史新析〉谈韦庆远先生的学术道路》，《史学集刊》1997 年第 3 期。

刘红：《模式及其转型：明史研究视阈中的历史小说创作及其解读——韦庆远先生〈正德风云：荡子皇帝朱厚照别传〉读后》，《保定学院学报》，2009 年第 5 期。

毛佩琦：《欣然读历史 触目满珠玑——历史小说〈正德风云：荡子皇帝朱厚照别传〉欣赏》，《广东社会科学》2008 年第 5 期。

孟昭信：《读〈张居正和明代中后期政局〉》，《史学集刊》1999 年第 3 期。

孟昭信：《千锤百炼，精益求精——读韦庆远、柏桦著〈中国政治制度史〉》，《史学集刊》2005 年第 3 期。

孟昭信：《〈中国官制史〉评介》，《史学集刊》2002 年第 2 期。

潘缉贤：《〈明清史辨析〉出版》，《民国档案》1990 年第 1 期。

任晓兰：《立宪悲歌：谁能破解末世危局？——读高放先生重修〈清末立宪史〉有感》，《法律史评论》2013 年第 6 期。

孙丽、刘京京、徐少龙：《韦庆远与中国档案史研究》，《兰台世界》2012 年第 11 期。

王春瑜：《读〈明清史辨析〉》，《史学集刊》1990 年第 3 期。

王锺翰：《评介韦庆远、刘守诒等编的〈清代的旗地〉》，《清史研究》1991 年第 3 期。

吴量恺：《读韦庆远〈张居正和明代中后期政局〉》，《中国史研究》2000 年第 1 期。

许宝蘅、许恪儒、马忠文：《清代及北洋政府时期中央机构档案及其管理——答韦庆远问》，《清史研究》2014 年第 4 期。

许燕、房洁：《档史结合 尊崇实学——关于韦庆远的档案学理论》，《兰台世界》2013 年第 5 期。

杨国桢、陈支平：《明清经济史与政治史渗透研究的新成果——评介〈明清史辨析〉、〈明代政争探源〉》，《中国社会经济史研究》1990 年第 3 期。

叶显恩：《韦著〈档房论史文编〉跋》，《档案学通讯》1984 年第 3 期。

岳天雷：《评韦庆远先生对高拱的研究》，《河南工程学院学报（社会科学版）》2010 年第 1 期。

浙江省档案局：《中国人民大学档案系韦庆远教授在浙江省档案学会举办的报告会上讲话（记录稿）》，《浙江档案工作》1982 年第 12 期。

（执行编辑：杨　芹）

目　录

CONTENTS

纪念韦庆远教授暨明清史学术研讨会发言摘编

杨　芹　罗燚英 整理*

2010年5月15日，由广东省历史学会中国社会经济史专业委员会、中山大学历史系和广东省社会科学院历史研究所联合举办的“纪念韦庆远教授暨明清史学术研讨会”在广东省社会科学院举行。来自北京、天津、上海，厦门、广州以及台湾、香港、澳门等地的学者，共一百多人出席了此次会议。部分学者因故不能前来，亦寄来纪念文章，或来电表示怀念之情。

图1　纪念韦庆远教授暨明清史学术研讨会，2010年5月15日

在开幕式上，与会学者高度评价韦庆远先生孜孜不倦地追求和奉献学术的一生，颂扬他把学术研究与对社会、对国家、对人类的终极关怀相结合的高尚情怀，纪念他为明清史、档案学学术研究以及人才培养所做出的巨大贡献，回忆与韦庆远先生交往的往事。这些回忆情真意切，使与会者充分领略到韦庆远先生高尚的人格魅力、学术风范，现将诸位先生的发言摘编如下。

叶显恩（广东历史学会中国社会经济史专业委员会）　今日，我们在这里举行的纪念韦

---

*　杨芹、罗燚英，广东省社会科学院历史与孙中山研究所副研究员。

庆远教授逝世一周年学术研讨会。首先，我代表会议筹办小组对前来参加这一隆重的研讨会的学者，表示热烈欢迎和衷心感谢。此次会议的主旨是为了追思、缅怀韦庆远先生，尤其是为了学习韦先生一生孜孜不倦地追求和奉献学术的精神，是为了传承和弘扬他“档房论史”（亦即以档治史）的业绩和丰硕成果，是为了高扬他把学术研究与对社会、对国家，对人类的终极关怀相结合的情怀。

韦先生的著作洋洋大观，十分丰富，专著就有十余部之多。就同辈学者论，难以同他相比肩。尤其难得的是，他孜孜不倦地追求学术的精神，老来弥坚，他治史50年如一日，甘于淡泊，甘于坐冷板凳，对学术的专注和敬业精神令人感佩。韦先生退居广州后，在学术上的创获、建树愈加丰硕，对明清史学界影响深远。

早在20世纪60年代，韦先生与广东学术界已有密切联系。他与梁方仲先生及其助手谭彼岸、汤明檖，以及黄启臣、鲍彦邦、叶显恩等皆有学术上的交往。70年代以后，多次在中山大学、广东省社科联等做学术讲演，与广东的学术同仁结下了不解之缘。不仅如此，他也为推动闽粤学术上的合作做出了重要的贡献。90年代，他常住广州之后，对广东经济史学界更起到指导的作用。他的逝世对我们而言是一重大损失。

至于我本人，与庆远兄订交长达45年，其间未曾间断。在“文化大革命”期间，他自江西打石苦役回京后，被分到北京师范大学。中山大学曾派人往北京商调他南来，旋因中国人民大学复办而未果。他每次来广州都同我交流学术、交换对时局的看法。终其一生，他既潜心于学术，又始终关注人类社会面临的种种问题。这从他与朋友的交谈和通信中都能体现出来。眼看祖国近几十年的辉煌成就，他喜形于色，津津乐道；目睹社会的腐败现象和种种陋习，他痛心疾首，忧心忡忡。这是他对人类社会，人类命运的深切关怀。到了晚年，四五点钟起床后，他还一边漫步一边听新闻广播。我和韦先生，虽远隔河山，但时时不胜云树之思，彼此的心是贴近的。改革开放之后，我们之间的来往、通信、通话越发频密。庆远兄文思敏捷，来信动辄千言。彼此的两地书便达数百封之巨。他每来广州必下榻寒舍，更使我们有促膝倾谈的机会。

1993年，他退居广州石溪。我们几乎每星期都彼此过从，以相见为快。后来他搬到丽江花园后，我们联合接待共同的朋友。我们经常沿丽江河畔散步谈心，事无巨细，都彼此交换意见，学术上更是互相切磋。我虽尊之为师，但他却虚怀若谷。他的新作譬如《张居正和明中后期政局》《正德风云：荡子皇帝朱厚照别传》等，每写出一节或一章，往往着家人送来，让我先睹为快。

关于韦先生一生的学术生涯，关于韦先生的为人为学，已经先后有高放、吴保康、杨国桢、徐泓以及他的嫡传弟子柏桦等人做了详细的论述。这里，我只谈一点简括的看法。韦先生的成就是多方面的，其最大的特点是“以档治史”。他不仅出版了系列的清代历史档案资料书，而且写出一批以历史档案为特色的历史著作。他的第一部论文集就以《档房论史》为书名。他在发掘、整理、研究历史档案这一学术富矿中，做出了里程碑式的贡献，因而，他也成为我国治历史学与档案学结合得最好的专家。他借整理《红楼梦》历史背景为名，在国家第一档案馆，搜集了大批珍贵的档案资料。此举，既坚持了独立自由的学术精神，也使其学术成果得以传世。

韦先生的学术成就也得到了海内外学人的称赏、赞誉。60 年代初，梁方仲先生对他的大著《明代黄册制度》表示称赏，并向我们推荐。与我同辈的外国学者，每每同我谈起当年读过此书受到的启发，见面亦称他为老师。中国读者所熟悉的美国学者黄仁宇，本比他要大十几岁，但在哈尔滨明史学术研讨会上，也亲至他的住处，拜他为师，感谢他的著作所给的启发。正因为他成名早，同辈学者亦视他为前辈，如 1978 年赵令扬教授在中山大学的学术报告会上讲述明史研究状况时，将他与梁方仲、吴晗并列为一辈学人加以介绍。后来赵氏到北京，不管当时的外事规定，径直闯入他的住家，而引起了轰动。美国学者陈张富美在对“宋至 1900 年经济社会史中美学者讨论会”的报道中也称他为第一代，误认为他与严中平、邓广铭、王毓全等同辈，而杨国桢和我等则是第三代。由于他的学术饮誉海外，他成为最早受聘为哈佛大学的访问学者之一。此外，在我看来，《张居正和明代中后期政局》是他的第二个学术高峰，此书曾荣获“郭沫若中国历史学奖”。评奖时，我作为推荐者之一，曾为此书向给郭沫若中国历史学奖评奖委员会写过“推荐者意见”，简述了我对此书的看法。

庆远兄淡泊耿介的为人风范也是令人景仰的。无论是在国内，还是在国外讲学，他的生活都一样简朴。嚼得菜根，百事可做。他就是嚼得菜根的人。他常常光顾街边的三五块钱的理发师，为此，他嫂子在世时曾多次要我规劝他到好一点的理发店，单从这一点就可以理解他的生活态度。

综其一生，他给史学界留下了丰硕的研究成果。而他孜孜不倦追求学术的精神，淡泊耿介的为人风格，以及在其著作中所体现的以档治史的特点、治学方法，乃至学术规范，都为后学者树立了榜样，也必将成为后学者得窥学术门径，走向学术道路的指针。

谢谢大家！

陈春声（中山大学） 各位前辈、各位学者、各位同事、各位同学：在这个初夏羊城雨后的周末早晨，我们聚集在这里，追思韦庆远教授，缅怀这位学界同仁尊敬和爱戴的长者，重温他的教诲和嘉言懿行，再次感受他不朽的精神与高尚品德，纪念他为明清史、档案学学术研究以及人才培养所做出的巨大贡献。韦老师是去年 5 月 11 日离开我们的，他生前多次嘱咐，离世后不举行任何形式的告别会、追思会，骨灰撒向珠江水，表现了一位以学术为志业、心灵纯粹的学者的高尚情怀。去年这个时候，韦老师的子女们严格遵循他的嘱咐，办理他的身后事。而就是在那个时候，几位韦老师的朋友及学生也就有了一个约定，在韦老师逝世一周年的时候，我们再举办一个简朴而隆重的学术研讨会，来寄托、表达同行们的怀念与崇敬之情。今天由广东省历史学会中国社会经济史专业委员会、中山大学历史系和广东省社科院历史研究所合作主办的“纪念韦庆远教授暨明清史学术研讨会”依约举行，感谢在座的和为本次会议撰稿的各位师长、同事和同学！

我们在这里怀念老师，讨论学问，为的是学术的传承。我们都是学习、研究明清史的学子，也大多是韦庆远教授的好友、同事和学生，大家对韦老师的学术成就都有很深的理解，刚才叶老师也作了非常系统而深刻的介绍。在韦老师身上，我们还看到了以学术作为生活方式的一个好学者的榜样。韦老师是广东人，对岭南这片土地，对广东学术界有特殊的情感。感谢他从 1992 年开始选择定居羊城，让我们在这十多年的时光里有更多与他朝夕相处、向他请教学术与为人、聆听他的教诲的机会。大约从 2000 年开始，每逢正月初一的午餐，我和志伟我们两家人，还有叶显恩老师，都是与韦庆远老师和师母一起聚会的。将近中午的时候，我们都会相约在丽江花园韦老师的家中聚会，席间听到韦老师兴奋地讲起自己的研究和写作。我们也多次目睹韦老师演示他如何利用书桌上那大约倾斜 30 度的木头架子阅读和写作。

退休之后的韦老师出版了七部著作，我以为不大适用平常惯用的毅力、责任、奉献之类的词语来描述韦老师的境界，我们都能感到，他在做这些外行人看来很累、很苦、很枯燥的事情时，充满了发自内心的愉悦。不断阅读，不倦思考，并辛勤地写作，对于一位真正的学者来说，真的是日常生活、大道自然的主轴。韦老师是一位卓越的学者，但相信对于他来说，研究与写作只是其作为普通人的日常所为。

人文学科与自然科学的一个明显不同之处，就在于人文学科的价值标准更多地是以本学科最优秀学者活生生的榜样为准绳，学术更重要的是一种思想与生活的方式。感谢韦老师把他生命最后的一段辉煌留给了他的家乡，让我们这些后辈有机会亲身感受到这样一种令人亲切而敬畏的生活方式和生活态度。这也是我们在广州为韦庆远教授举办纪念活动的主要缘由。我们举办纪念杰出人文学者的活动，有意无意之间常常希望这样的活动能具有学术传承和文化传承的意义。与日常生活中依靠家庭内部和社会的口耳相传就可以一直沿袭下来的风俗习惯不同，一个民族的文化精神是需要许多有心人的悉心守护，需要制度化的教育才能够生生不息地延续下去。在现代社会，这样的文化传承工作成为人文学科的责任之一，而且这个责任主要是通过杰出人文学者的学术和思维活动体现出来的。我们常常会纪念各个学科的著名学者，以他们的事迹作为刚刚步入学术之门的青年学生的榜样。但在学术史上，被人们提到最多的还是人文学科的卓越学者。人们在提到这些学者的名字时，更有一种特别的情怀，其原因之一就在这些学者身上寄托了人们对民族文化精神传承的希望。韦庆远老师无疑就是这样的杰出学者。很高兴看到有许多年青学子出席今天的研讨会。作为会议的主办方，我们当然也希望，韦老师的学问和为人能对后起的同行有更多的影响。二十年后，大家回忆起这次会议时，能更多地想起其学术传承的秉性。我们永远尊敬和怀念韦庆远教授！

王经纶（广东省社会科学院） 尊敬的历史学界的各位前辈学者、各位专家、朋友们，上午好，很高兴有机会出席“纪念韦庆远教授暨明清史学术研讨会”。在广东省社会科学院，我分管人文学科，我代表广东省社会科学院对各位前辈学者、各位嘉宾的到来表示热烈欢迎和衷心感谢。

已故的韦庆远教授是蜚声国际的历史学家、档案学家，在明清史、经济史、澳门史、档案学等领域有精深的学术造诣和贡献。早在20世纪60年代，而立之年的韦庆远教授就撰写出版了著名的《明代黄册制度》。这部著作至今仍是这个学术领域最为重要的参考书目之一。他倡导广泛发掘和利用原始档案文献进行历史研究的方法论，在中国历史学研究领域具有奠基意义。

他慈祥仁厚，平易近人，关心后学，一直享有崇高的声誉。

韦庆远教授1993年从中国人民大学退休回到广东定居，一直关心支持广东学术研究的发展，特别着意于明清史、澳门史研究等方面的学术队伍建设。在许多不同的场合，他多次倡议广东各大高校、研究机构互相支持，加强合作，把老一辈学者开创的明清史事业发扬光大，把广东建设成中国乃至世界的明清史研究重镇。今天广东历史学科的繁荣发展，显然是离不开韦庆远教授的关心和推动。

韦庆远教授与我院有深厚的学术渊源。1984年，韦庆远教授与美国哈佛大学孔飞力教授一起应邀来我院做《朱元璋的吏治问题》的学术演讲。当年聆听韦教授讲座的社科院同事，至今记忆犹新。从中国人民大学光荣退休后，韦庆远教授受聘为我院历史研究所客座研究员。他长期关心我院历史学科建设，为明清史、经济史、港澳史等研究倾注了大量心血，做出重要贡献。特别值得一提的是，韦庆远教授在他去世后将毕生藏书2549种捐赠给我院历史研究所，供学术研究和研究生培养之用，充分表现了老一辈学者对后学的殷切关爱和期待。

今天，韦庆远教授已经离开人世一周年了。我们在此召开“纪念韦庆远教授暨明清史学术研讨会”，学界同仁共聚一堂，除了表达对老一辈学者的深切怀念之情，更重要的，还在于体现学术薪火相传、生生不息的光荣传统。我注意到，本次研讨会议程当中，除了纪念主题之外，还将有一批年青学者最新研究成果的发表。我相信，沿着韦庆远教授指示的学术研究路径前进，新一代的研究者一定能够不断传承和光大学术事业。

最后，我预祝本次研讨会圆满成功。谢谢各位！

郭松义（中国社会科学院历史研究所） 今天，这么多人聚集在这里纪念韦庆远先生，说明他的人格、学问有很多地方值得大家怀念和追思。在这里，我主要想讲讲我和他之间的交往。

我一直把韦先生当作兄长。这可以从两个方面来理解“兄长”的含义：一层意思是友情上的含义，我们之间可谓无所不谈，人与人的交往有的只能谈学问，有的则只能谈其他而不能谈学问，韦兄与我一直都是可以随便谈论任何事情的；另一层意思则是他的学问值得我尊敬。

我和韦公的交往始于20世纪70年代末80年代初。那时，中国刚刚从一场大浩劫中恢复过来，百废待兴。我记得在1978年，当时的院领导要求对全国社科院的社会科学人才进行一次摸底，历史所也派了人出去，我是被派往上海、江苏这一线，其间开了座谈会，访问了学校、图书馆，总体情况并不乐观。至于明清史方面，我们也做过一次摸底，当时全国大概也就百八十人。当时，清史方面主要想搞几个项目，包括办一个清史刊物（即后来的《清史论丛》），编辑出版《清史资料》及《清史资料论丛》。由于这些项目的开展都需要清史方面的人才，在这种情况下，我就与韦公认识了。

此后，我们的接触渐多，并了解到他与他的同道已经在档案馆里看了很多档案。在筹备《清史资料》《清史资料论丛》时，我们得到了他极大的帮助和支持。他不仅给我们提供文章，也给我们提了很多宝贵的意见。“文化大革命”以后，他的第一本著作《清代奴婢制度》最早是在《清史论丛》中发表，随后才扩充成为著作。这部著作在申请评奖时，他请我来写推荐书，我自然是义不容辞，其他如政治制度史等著作，他都曾让我写推荐书、书评。而我也基本上参加了他所指导的学生（如柏桦）的论文答辩。当时我们的关系相当密切。后来，由于经费关系，《清史资料》无法进行下去，尽管如此，韦公仍然表示他的相关著作属于清史资料丛刊，出版时与中华书局谈好要在封面上标示出来。其后的十卷本《清史》，我们所负责前面六卷，当时想请韦公担任主编，他很爽快地答应了。虽然我们谈的是这项工作，实际上我们之间已经形成了一种默契，主要是想推动清史的工作。

韦公退休回广东后，我们见面自然就少了，但每次来京，他都捎信表示想见面，我们也一般都争取能见上面。最后一次见面是他来北京开会，三天会议期间，我们就谈了两个晚上。第一天晚上聊到十点多，由于他年纪比较大了，我提议下次再谈，他马上提出要次日晚上继续谈，而第二天晚上我们又聊到十点多。我没有想到这一次竟然是最后一次见面。我知道韦公过世的消息比较晚，他们主要是怕我年纪大了，突然听到这个噩耗会难受。确实如此，我听到这个消息后非常难受，过往的情景一幕一幕地浮现眼前。

韦公是一个很率性的人，他看不惯的事情，他就会直说，难免会得罪一些人。在与他交往的过程中，我了解到，他虽然对一些事情不满、对一些人不满，但他都是想把这些事情做好，也是从对这些人好的角度出发来说的。有些事本来想做结果却没做好的话，他就会很生气。他是一个很真诚的人。

冯尔康（南开大学历史学院） 我对韦先生是抱着亦师亦友的态度：之所以为师，是因为我学习他的著述，从中得到很多教益；之所以为友，是因为承蒙他不弃，以朋友相待。今天我们怀念他，深深地感受到他学术遗产的丰厚。我所认识的韦先生才华横溢，治学勤奋执着，终生不渝，留下大量传世之作。而他的为人热情友善，借用郭先生的一句话——为人直率，这一点我的感受也非常深。现在我就学习他的著述、与他的接触谈一点感受。

韦先生的成名作《明代黄册制度》出版后，我立刻到书店买了这本书，并反复阅读此书第一章和第二章的大部分。这次我来开会之前，又把这本书找出来，看到书上的笔记是用多种颜色的笔写的，这是我多年来反复阅读此书的思考印记，我将此书作为经典来阅读，借以了解明代最基本的制度。当时，我非常佩服韦先生的学问，特别是他在书中提到的档案，是在那时我也非常希望看到档案，由于当时中国第一历史档案馆的明清档案由中央档案馆来管，那个时候我还没有资格去看，所以对韦先生运用档案资料来进行研究，我倍加佩服。

后来在 70 年代末 80 年代初，我进档案馆的次数多了，也到第一历史档案馆去看了很多档案，于是 80 年代初，我写了一部小书，名为《清史史料学初稿》（后来改名为《清史史料学》），其中专门有一章讲档案的史料价值，如何利用档案。在撰写这一章时，我阅读了韦先生的内府档案类编和其他档案文章，帮助我提高对档案与历史研究的关系的认识。在这部小书里，我不仅引用了韦先生的话，还把韦先生的著述做了简要介绍。

我一直都在学习韦先生的著述。他的那部巨著《张居正与明代中后期政局》送给我之后，我立刻就拜读了。后来由于研究涉及明代嘉靖、隆庆、万历朝的历史，我又把这部巨著找出来重新阅读。我觉得这是一部学术价值非常高的著作，我特别同意徐泓教授序言里说到的，韦先生的著作是自有张居正研究以来最深入、最公正的著作，对于张居正本人瑕瑜共见。正是因为如此，我才反复阅读这部著作。徐泓教授对此已是定评，可见韦先生的学术建树是永垂不朽的，也就是说，这是传世的，是我们研究这个问题不可规避、不可绕过的。

关于韦先生的著作，还有一点让我印象很深。前面提到的都是学术著作，看起来似乎韦先生只是一个纯学者，但是在收到韦先生的《祸由笔墨生——明清文字狱》——这样一部笔记、小品或是杂文类的著作时，我觉得他非常关心社会，希望这个社会能够健康发展。因此我想他不仅仅是一个书斋型的学者，他还要用他的著作对我们社会的健康发展提供一些可供参考的学术意见。

说起我和韦先生的接触，也将近三四十年了。我们认识后，曾在多种场合、多次学术会议上一起欢聚、一起畅谈。1987 年，韦先生将他的《明清史辨析》赠送给我，并题字："尔康同志审正。庆远敬赠"。我拿到手后很不安，因为我很崇敬韦先生的学术成就，他的题字让我不敢领受，而"敬赠"二字让我更加钦佩韦先生的胸怀、谦逊的学者风范。20 世纪末，在大连举办的一次清史会议上，我和韦先生、黄仁宇教授同游大连湾。在大连湾滨海的俄罗斯风景区，我们一路交谈，一路郊游，合影留念，我现在还保存有很多帧永远的纪念。1998 年，在柏桦教授主编的《庆祝王锺翰教授八十五暨韦庆远教授七十华诞学术论文合集》中，我写了一篇小文章《简述族谱中清代人物的传记史料》，为王锺翰先生、韦庆远先生祝寿。2000 年，我们在桂林开会，当时坐船去阳朔游览，在游船上也是一路叙旧交谈。会议期间，我们谈到那一年在英国出车祸的凤凰台记者刘海若是中国台湾“中研院”近史所刘凤翰教授的女儿，韦先生便提议给刘教授发一封慰问电报，可见他对友人真诚相待。2003 年，台湾召开清史研讨会，当时很多大陆学者都是公派过去的，我和韦先生并不属于公派学者。台湾陈教授对韦先生和我有一些特别关照，当时我看出韦先生为此很激动，因为这是基于友情的关照。我感觉韦先生是非常重视友情的人，而他的感情是直率的、表露的。我和韦庆远先生的这类友情故事一直萦绕在我的脑海中。

另外，我还想说说此次来参加这个会的感受。刚才叶显恩先生和陈春声教授都提到韦先生和岭南、和广东的关系，他为他的故乡在学术研究上培养后辈做出巨大的贡献。我觉得，今天我们广东的同行们、学者们对韦先生真挚的怀念之情也让我非常感动。特别是韦先生将藏书赠送给广东省社科院历史所，而历史所则成立专门的阅览室，把他的著作和藏书放置在专门的地方，并向大家开放，还将 2500 多种藏书做成目录。据我所了解，这在当今即便不是独一无二，那也是很难得的。因为现在有一些很有名的学者的图书捐不出去，没有人接受，接受之后也只是放在一个角落里头，也就没办法发挥它的学术作用，没办法为读者所利用，更不用说还要做成书目。而韦庆远先生得以实现他的意愿，并让他的藏书继续发挥其学术作用。他所受得的友情关照，我觉得是他的为人应有的回报。这也反映了韦先生为人值得我们尊敬的地方。同时我也非常佩服我们广东的学者。

最后再提一句，在来开会前，陈捷先教授从加拿大打电话给我说，韦先生的纪念会他来不了，如果会议有敬献花篮之类的安排，请我代办。可见陈教授和韦先生的交情很深，虽然韦先生走了一年了，但是海内外的学者都在怀念韦先生。而对于一个学者而言，对韦先生最好的怀念就是认真研读他的著作，让它在我国的文化建设中继续发挥积极的作用。今天，我们缅怀韦先生，就让我们持续地、更好地学习他的学术著作。谢谢大家！

陈支平（厦门大学国学院） 今天非常高兴有机会到广州来参加韦先生的纪念会。关于韦先生的道德文章和学术风范，前面诸位先生的讲述让我听了非常的感动。我今天想顺着陈春声校长的两句话来谈。

一是陈春声校长提到每年年初一都要和韦先生一起吃饭。关于吃饭这个事情，我个人是有所体会的。吃饭大概分三种：一是吃得很高兴，二是吃得很不高兴，三是吃得很不自在。和韦先生吃饭，可以说是我吃饭吃得高兴的一个典型。韦先生地位那么高，又是我们的师长一辈，但是和他吃饭，他总是以一种平等、关爱的态度，所以我们和他吃饭的时候就会忘记他是先生，交流也变得更随意。这是我体会非常深的一点，韦先生是非常平易近人、体贴后辈、对后辈没有任何架子的人。虽然和韦先生吃饭吃得很高兴，但我每次的心情却不大好。为什么呢？前面诸位都提到韦先生和岭南、广东的渊源很深，其实韦先生和厦门大学的渊源也很深。我曾任傅衣凌教授的助手，每次研究生答辩多是由我任答辩秘书，傅先生喜欢请韦先生来参加答辩。那时由于没有什么经费，每次请韦先生来都是让他坐火车来，当时北京到厦门的火车要六十几个小时，非常辛苦。而我不仅没有经费给韦先生，也没钱请韦先生吃饭，只能请韦先生去学生食堂吃五毛钱的饭，所以每次想起都觉得对不起韦先生。后来每次来广州，我都尽可能去看看韦先生。韦先生对晚辈非常关爱，我今天借陈春声校长的话题，重提往事，也是表示我对韦先生的抱歉之意。

二是陈春声校长提到的学术传承。这一点我非常赞成。中国古代常常把文章和道德联系在一起，也就是经常提到的道德文章。很多学术传统的传承往往是一种影响下一代人的学术风范。韦先生把他的著作（除了早期的《明代黄册制度》外）基本都赠送给我，我收到后都会仔细拜读。韦先生有一句话给我印象非常深刻，相信在座诸位也有不少人听到过。那是他退休回到广东后，有一次和他一起吃饭，他多次对我说："支平，我现在虽然年纪大了，大事做不了了，但我对自己有一个小小的要求，每年写东西不能少于 10 万字。"这个话听起来很平常，去年他逝世后，我就想到这句话，再回顾韦先生在广东这些年的著述，已远远超过每年 10 万字。这就是一种学术风范，对我们的影响很大，就这么一句话，让我想起来就不禁扪心自问，想想自己现在正在做的事情，心里就不是很踏实。

今天只是借这两件事情来回忆韦先生，以此表示对韦先生的怀念。谢谢大家！

科大卫（香港中文大学） 主席、各位朋友，我相信，韦庆远教授对我们这些海外研究中国历史的人最重要的影响是，介绍我们利用清史档案。我记得他曾经说过，他对明清档案的发现和利用是用来比较敦煌史料和甲骨文的发现。国外开始进行清代档案史料的研究，最初是利用台北故宫博物院的材料。最早应是 1977 年，故宫博物院召开故宫档案会议，那时候有一批人和台湾学者进行合作研究，尤其是后来去了耶鲁大学的白彬菊教授，他与韦教授的关系非常好。（韦教授过世以后，我写信通知了他，他也多次写信给我说，如果有什么纪念活动一定要通知他。我这次通知了他。另外，有一位和他同时在台湾做研究的，后来去了香港的魏白蒂教授今天早上也准备赶来参加这次会议。）我们先接触到台湾的一批档案，在中国开放后，马上就有一小群人来到北京看档案。费正清最早在大学开一门课教导如何使用清代档案，其后由孔飞力接替教授。孔飞力曾在 20 世纪 80 年代到北京找韦教授，接下来就是韩书瑞等人，学术就是这样一步一步延续下来的。至于我自己，并不是纯粹地在档案馆里进行研究，不像韦教授曾经说的历史研究要坐得住冷板凳，亦即在档案馆里一篇一篇地看档案。在这里要提一句，那个年代不像现在有这么多档案的影印出版，当时要看档案就要跑到北京、台北去。

我和韦教授个人的接触，其实时间比较短，我记得有几个事情令我印象深刻。正如刚才陈春声教授所说的，和韦教授相处，就会明白做学问其实就是学者的平常生活，这是我们生活的乐趣，而不是一件辛苦的工作。我与韦教授结识是叶显恩老师介绍的。1989 年，我参加明史会，那次韦教授也去了。那一次让我很感动，也是我第一次接触到北京的学者平常在学术上没表现出来的一面。那时，大家在交谈中总会有意无意地提到当年苏联发生的事情，在这些讨论中可以发现其中蕴含的感情，而不只是对事情的分析。到了90年代，我很高兴有机会请韦教授去英国讲学，因而带动我们的学生利用档案进行清史的研究。我记得他当时提到做学问要有两个条件：一是要坐得住冷板凳，一是不要跟风。这句话我记得非常清楚，此后我自己做学问也常常以此提醒自己。那次在英国，我曾邀请韦教授去参观教堂。一次我们一起去教堂，当时一边是天主教在进行仪式，而我就一边用道教的概念来解释。但是这样的场合让我发现了韦教授的另一面。我感觉到，韦教授可以和你聊很多事情，尤其是谈到很多天下大事，他有意见他就随便讲。但有一件事情他是从来不讲的，就是他的内心如何沉痛，他是藏在里面的。有一次我和他去教堂，我还记得他就是一个人静静地坐在那里，当我走的时候，他还坐在那里，好像要坐下去。当时我有一种很奇怪的感觉，后来我曾回想过很多次，我知道他不是信教的人，但在那样的场景下，他可能想起了自己生活中的一些事情。由此，我就看到他生活当中的另一面，非常感动。

在这里我没有详细谈韦教授的学问，只是说一些回忆。今天档案已经开放了，这是多么好的研究条件，此外，也还有很多档案以外的材料需要大家继续去挖掘的，我相信纪念韦教授最好的形式就是以他为榜样，做好学问！

吴志良（澳门基金会） 已经记不清楚了，是在研究会还是在其他场合认识韦庆远老先生的，但记忆犹新的是，我们一见如故，并且很快地成为忘年之交，并在那一刻起，我在澳门历史研究上得到他无私的帮助和深刻的教诲。在研究过程中，每有疑难都能得到他的及时指导。无独有偶，我身边的许多朋友在研究中也得到他的帮助和支持。在我认识的前辈中，韦庆远老先生无疑是一位最谦虚和蔼的学者，也是一位最可敬的师长。

值得强调的是，澳门历史研究能有今天这样繁荣的成绩，这与韦庆远先生大力支持是分不开的。早在20世纪90年代中期，澳门历史研究就直接受到韦庆远老先生的启迪。长期以来，澳门历史在相当意义上是作为中葡交往史来叙述的，其内部社会的演变没有得到足够的重视，它与祖国历史不可分割的联系也没有得到充分的认识。澳门与内地的极大依赖性不言而喻。韦庆远先生在《中国史研究》中的一篇文章——《澳门在清代康熙时期的特殊地位和作用》对18世纪中期以来中西关系史背景下的澳门地域史加以研究，这篇文章直接影响了我的澳门历史观，让我收获很大，而这篇文章也为当今澳门历史研究指明了方向，自此步入健康发展之路。换言之，他是我从事澳门历史研究的重要启蒙人之一，也是澳门历史研究的重要奠基人之一。近二十年来，我们基本是沿着他指引的方向和道路来展开澳门历史研究的，并且取得令人瞩目的成就。澳门回归前夕，澳门基金会与中国第一历史档案馆合作影印出版《明清时期澳门问题档案文献汇编》从始至终一直得到他的支持和指导。作为中国档案学的一位权威专家，他还为《汇编》写了一篇长序，此序不仅肯定我们在发掘澳门历史档案方面的努力，更重要的是，大大促进了澳门史界对档案文献的重视，也大大推动了明清史学界对澳门历史的关注。21 世纪初，中国明史学会在南京举办了一次研讨会，大会安排我和韦庆远先生一起在闭幕会上发言，我因为另有工作安排提前离会了，我就请他代我说几句话，大意是中国的明史研究要取得更大的突破，必须要关注澳门，关注澳门相关的档案资料，特别是西方的澳门档案资料，相对中文档案，西方档案有更加详尽的历史记载，这也对明史中一些未解问题的研究有所帮助。这是我们多年研究澳门历史的经验之谈，这一观点在《东西望洋》一书中有详尽阐述。我十分赞同澳门史不仅要放在中国的格局中，更要放在亚洲及世界中去研究的做法，因为只有这样，才能充分体现澳门的历史意义、历史地位和作用。事实上，无论是明史学界还是清史学界，甚至世界史学界，近年来都越来越关注澳门历史研究的成果，把澳门作为中西文化交流的平台。因此韦老先生不仅为澳门研究指引了方向，也把澳门史带入了明清史学研究的范畴，大大推动了澳门史研究的长足进步。因兹，澳门历史研究今天的繁荣景象首先要归功于韦庆远老先生，他对澳门研究的杰出贡献并不是一篇短文可以讲清楚。我作为他的追随者，在他去世一周年之时，我们不仅对他有不尽的追思，也有无尽的敬意。

韦庆远老先生自中国人民大学退休回到广东后，对当今历史学界的发展也有自己独特的思考。记得一次在番禺韦先生家中的长谈，他对历史学界的当前现象也表示极大的关注。他认为，“三分史实、七分制作”这种情况对史学研究将造成颇大困扰，致使年青一代和普罗大众对历史产生误读。他不顾年事已高，仍披甲上阵，在短短的时间内完成了《隆庆皇帝大传》《张居正与明代中后期政局》两部著作。两年前，台湾出版了“七分史实，三分创作”的《正德风云：荡子皇帝朱厚照别传》。他为普及历史知识身体力行，维护正确的历史观。这种精神值得我们认真学习，这种做法也值得我们发扬光大。

韦庆远老先生的离开是澳门历史学界的重大损失，也是中国史学界的重大损失，今天我们在这里纪念韦庆远教授，就是要弘扬他的精神，颂扬他的人格，学习他的研究方法，继续他的事业！

张平安（广东省档案局） 今天非常高兴参加这次会议。我非常感动，大家放弃休息，特别是外地学者和境外学者，聚集到这里表达对韦先生的怀念。我深切地体会到大家为什么这么怀念韦先生。一是韦先生为人平和善良，潜心学问，他的学养、修养让人动容，在他身上，没有文人相轻的习气；二是韦先生一生低调，不喜欢浮夸造作。

我和韦先生的认识是在 1982 年。当时我作为中国人民大学的一个进修生，听过韦先生的课，当时就知道韦先生是明清史的权威。其后，由于工作关系，多年没有与韦先生联系，直到后来有幸和韦先生“一起”来到广东（韦先生是退休回到广东，而我是从外地调到广东），才在某些工作中又和韦先生有联系。对韦先生的很多名衔，我都是在他去世后才知道的。在与他的接触中，他很少谈自己，谈得更多的是工作上的事情，即便谈到生活，韦先生也是很平等地对话。我想大家怀念他，首先是他的品格感动了我们。

在澳门回归前，1995 年，我们经邓开颂老师牵线，与澳门基金会吴志良先生合作，出版《广东澳门档案史料选编》一书，此书主要利用了广东省档案馆的馆藏档案，选出其中与澳门有关的档案史料汇编而成。在出版前，我们请韦先生作序，原本以为韦先生只是写一篇一般的序言，对这个书加以评价。结果没想到，在很短的时间内，韦先生就亲自从家中送来了一份 5000 多字的长序。这篇序稿长达二十几页，而且还是用钢笔手写的，这让我们非常感动。这篇序言不仅对澳门历史进行了详细的介绍，而且把我们选编的 39 万字的档案史料加以分类，从澳门回归祖国的高度对档案的价值加以肯定。我看了以后，非常感动，从中也学到了很多东西，比如澳门与中央政府的关系演变等。韦先生的序使这部书增色不少，此书出版后得到学界的好评，这与韦老师的序也有密切关系。

韦老师之所以有这么高的学术境界，与他一生注重运用档案史料有非常大的关系。韦老师作为广东学者，又是我们档案人的骄傲，我们想根据广东省人民政府的规定，为韦老师建立一个名人档案，把他所有的研究成果和出版著述、来往书信及相关史料收集起来，以供大家研究。

现在档案开放的程度越来越高，特别是广东省档案馆的开放程度已经超过了其他省份，我们开放了“文化大革命”时期的档案，这为国外很多媒体所报道，这件事情还被外交部专门反映给政治局。我们欢迎研究历史的学者和专家能到广东省档案馆来查阅，我们会竭尽全力为你们做好服务。另外，我们现在接触的档案范围也有变化。过去留下来的档案大部分是政府机构的档案，民间档案和其他社会档案非常少，即便是官方机构留下的档案也主要是明清以后的，明清以前的很少，这是我们档案馆的缺憾。不过现在已经有所改变，档案收集的范围也扩大了，在省档案馆里，档案的范围包括官方机构的、民间机构的、企业的、地域的和专门方面的档案，还包括公证档案，对于研究个案也非常方便。我们一定会继承韦老师的精神，把我们的档案工作做好，把我们广东有历史价值的档案尽可能地收集起来，这也是我们档案人对韦老师最好的纪念。

周振鹤（复旦大学历史地理研究所） 谢谢大家，本来我在这里是没有资格讲话的。在座的除了年轻人外，很多人都是我的老师辈，他们出名的时候我还在煤矿里挖煤，所以我是没有资格在这里讲话的。大概会议组织者不仅想从认识韦先生最久的人中选出代表，也想从认识韦先生最浅的人中选出代表，而我就是代表后一种人发言的。

我对韦先生非常仰慕。他的《明代黄册制度》是我们必读的书，虽然我那时还在挖煤，但我也看了这本书，所以后来才会冒昧地去考历史地理学专业。不过我一直都不认识韦先生，直到数年前在肇庆参加泛珠三角与南海贸易的会议，我才认识韦先生，至此我才知道韦先生不仅身材魁梧，而且肚量很大。前两年在珠海开会，再次领略先生风范。对我们这些后辈，他也非常客气，和我们进行了很深的交流，让我非常敬佩。韦先生的学识和学术传承，前面诸位都已说过，我在这里就不多说了，这里有一点感想，韦先生去世了，我们都还不知道，李庆新说：他生前就嘱咐不要宣扬。这样的老先生和现在的社会风气是完全不合拍的，而老先生的这种觉悟更是值得我们学习。

关于档案学，这里想多说两句。我们现在不仅要挖掘国内的档案，还要挖掘国外的档案。国外档案可能包括两个方面。一方面是流失到外国的中国档案，中国人在过去习惯留下档案，但是保留了一段时间后就没有了，比如总督府档案，当时确有档案存在，但是没有一份留存下来的。据说叶名琛的两广总督府档案确有被带到印度，然后又被带到英国。我们能否看到这份档案呢？我想这是一个很有意思的问题。这类流失海外的中国档案，应该引起大家的注意。另一方面是外文档案。我很想告诉韦先生，我给广西师范出版社出了一个主意，让他们影印出版美国领事馆的档案。我曾到美国领事馆的文化处去看了整整四天的档案，他们的解密档案里有很多胶卷，我无法全部都看，我就挑了晚清近代相关的部分来看。后来我就向广西师范大学出版社提议，并帮助他们策划出版这批档案。对最先出版的中美来往照会档案，我还写了一篇小文章介绍这批档案。现在广州领事馆的档案也出版了，以后还陆续会有新的档案出版。总而言之，我认为，档案方面还应该注意这两个方面——中国流失海外的档案和关于中国的外文档案，这两方面还需要我们继续努力，这样我们研究历史就更具备厚实的基础。谢谢大家！

徐泓（台湾东吴大学历史系） 各位先进，各位朋友，今天在这里我们一起来怀念韦老师，对我来说，这是我的人生中一个非常重要的场合。正式和韦老师见面是在1985年赵令扬先生举办的明清史会议上。第一次见到韦老师，和韦老师握手，韦老师的手非常厚而温暖。两年前，最后一次见到韦老师，我去丽江花园看他，他请我们吃饭，我记得他又一次和我握手，那个感觉至今还在。两年前我到医院看他那一次，当时是韦师母在照顾他，可是没想到韦师母却比他更早走了。大概去年五月的这个时候，当时我一直在想，为什么最近都没有韦老师的消息。刚好刘志伟到台湾讲学，我见到志伟就问他，韦老师近来怎么样。他说赶快问一下，结果得来的消息是，韦老师的后事都办好了。这完全没让人知道，这是韦老师不愿意打扰大家。韦老师真的是一位忠厚长者。虽然大家都说他讲话很直率，可是我感觉他讲话很委婉，完全没有像有的人那样讲话很刻薄。他就不喜欢刻薄的人，这就是他为什么在张居正传里面特别提到张居正这方面的缺点。

第一次认识韦老师是在1961年出版的《明代黄册制度》，这本书是我的老师给我的，而且是另一位学长在出国回来时偷偷带进来的。这个1961年的本子现在还在，大家都知道1961年是很困苦的时期，这个本子的纸张很粗，纸张颜色也不一样，可是并不妨碍这本书的重要性。我当时做的论文是关于明代盐的生产，主要是盐户的问题，而什么是盐户，我原来是完全不知道的，是在读完韦老师的书以后，我才搞清楚什么是盐户、军户。刚才邓老师讲的故事与事实有一点出入。1949年，国民党当局把没有跟随而来的学者的著作一律封禁，1949年以后出版的书自然是不能看的。我手上有韦老师的这本书，就有人要来调查我。当时我想：这该怎么办呢，烧掉吗？烧掉真是太可惜了。于是我就想了一个办法，我爬到屋顶上，把屋顶的瓦拿开，用塑胶包着这本书，再藏到瓦里面，藏了一个多月，好像没有人来找我麻烦。我就又把它拿下来看。我的论文里还是引了韦老师的书，只是当时由于当局不承认“北京”，我就把“北京”改为“北平”，写的是“北平，中华书局，1961 年”。1978 到 1979 年，我到哈佛大学作访问研究，临走前得知孔飞力先生已经接洽好，第二年要请韦先生到哈佛讲学，这样我就错过了和韦先生见面的机会。由于研究盐的问题涉及众多盐务档案，包括长芦盐运史衙门的档案，我很想当面请教韦先生如何利用档案。直到 1985 年，我第一次见到韦先生，那时真是高兴得不得了。这里多说两句，长芦盐运史衙门档案最初藏在天津，后来移交给第一历史档案馆，可惜至今我都还没有看到。上次我到第一档案馆想查阅这些档案，被告知这些档案在 1958 年移到第一档案馆后还没打开过，更谈不上整理。我这辈子可能没办法做这个题目了，不过如果将来这个档案开放了，诸位有兴趣的话，可以好好利用。

刚刚科大卫先生也提到，韦先生对他真正的内心是不讲的。韦先生是一个非常爱国的人。他也从来没和我讲过。我们都知道，他在香港培正中学读中学，好像还没读完，他就北上参加抗战。但是他的爱国不是盲目的。我们看到他为张居正写传，其原因在序里没有讲，文章里面如果不仔细看也看不出来。这大概是中国传统史家的做法，绝不明说的，读者看不懂就算了，聪明的人才看得懂。张居正被人关注，主要在于他的任事很负责任，不计较毁誉，是一个危机时代非常需要的领袖。韦先生在书中说了很多张居正的事迹，同时韦先生也强调他的缺点。我想韦先生的意思是，现在中国在崛起，也处在一个危机时代，需要有任事的领导人，我们应该注重做事的过程以及这个过程中不该做的事情和不该得罪的人，这样改革才能顺利。历史上的改革大多都不成功，王安石就是一个例子，他的人缘太差，真正的好人都不愿意帮他的忙，帮忙的都是小人，最终导致了改革的失败。张居正也是如此。韦老师想说的是，我们真的要记取历史的教训。我们现在流行新文化史，讲衣食住行，声色娱乐。其实有很多大问题，像韦老师关注的这些大问题，还是需要我们关心的。而且他关注这些问题时，不是乱发议论，而是实事求是。研究明史并没有太多档案，现在留存下来的也就那么一点，而且张居正的档案是没有的。可是有一些第一手的资料保存在他的文集里。韦先生与众不同之处在于他不仅仅只看张居正的文集，他还把与张居正有交往的、与张居正事迹相关的文集、书信都看过了。那一年韦先生到台湾政治大学讲学，讲课之余，他充分利用了台湾图书馆收藏的那一批明代文集（这是非常好的本子，是在抗战时期，为躲避日本人的空袭，当时的北京图书馆收集了一批版本很好的明代文集，存到美国，其后在 20 世纪 60 年代初期还给了台湾），解决了一些尚未解决的问题，如张居正与高拱之间的问题。这个问题早有人关注，自民国以来，不少学者（如梁启超）颂扬张居正，尤其是朱中润先生，在抗战时，为了提升民族的能量，他以张居正为模范。其后，更有甚者，有人完全否认了“内谏”与高拱的事情。韦先生则指出，在这一事件上，张居正不仅逃不脱责任，而且高拱的奏折是经他修改的。可见，张居正确实使用了心机和政治斗争的手腕。虽然韦先生并没有评价说这样做好还是不好，可是我看出韦先生似乎认为这种做法不够光明正大。通常说“目的可以使手段神圣”，可是手段如果不太正当，在走向目的时会发生偏差，最终也无法达到目的。韦先生写完这本书后，曾专门请我吃饭，并请我作序。对此我非常惶恐，在我内心想来，我哪有资格来为韦先生写序。我素来尊韦先生为老师。这次接到会议通知，因为时间所限，无法写就一篇新的文章，就把此前写的序拿来重新修改，并加上注，以此献给大会，也表示我对韦先生的纪念。可是没想到大会把它作为主题报告，我就更加惶恐。大会已经将这篇文章印发给诸位，如果有兴趣可以看看，在这里我就不多说了。

我们台湾的朋友都非常怀念韦先生，有很多人都想来参加这次会议，可是由于现在是开学期间，很多人都没办法抽空来，就让我作为代表来参加纪念韦先生的会议。总而言之，韦先生对家人、朋友、国家都有很深的感情，而感情越深，他反而不讲，这是我对他的了解。他表现在学术上就是实事求是，尽量采用第一手档案资料，但又不被第一手档案资料所束缚。我的不少学生也在利用档案进行研究，看到档案就心喜，常常就把一些不相干的也写进去，这主要是因为好不容易在档案的茫茫大海中找到一些有意思的档案，不写出来就觉得太可惜了。我常常劝他们不要这样做，并建议他们好好学习韦老师如何运用档案来研究。韦先生的实事求是真的古为今用，但这并不是为现实政治服务，而是为他的现实关怀服务，所以韦先生不会走影射史学的道路。这样的史学才是真正对我们有用的。我们不要被狂热的想法牵着鼻子走，而是要看具体情况来做。皇当如此，生息银两也是如此。我们以前一看到皇当就认为是高利贷剥削，韦先生在他的文章里谈到事实并非如此，它也有其正面的意义。韦先生曾和学生讲，历史并不是非白即黑，而是要根据具体情况来分析。

以上就是我的报告，谢谢大家。

柏桦（南开大学法学院） 2009 年 5 月 11 日上午 8 时，我最崇敬的老师、犹如父亲一般的韦庆远教授离开了这个世界。先生遗嘱要求将骨灰撒向珠江。消息传来，内心说不上是五内俱焚，却也是百感交集。追思往事，我与恩师三十多年的不解之缘历历在目。

1979 年，恩师来信约我前去见面。其实，我那时已经业余学习了十来年。“文化大革命”时期我在工厂工作期间一直都在偷偷收集古籍，后来得到恩师的《明代黄册制度》，读过后觉得考证缜密，资料翔实。虽然 1978 年恢复了高考制度，但那时并不是人人都可以参加高考，存在很多限制。被同事誉为拼命三郎的我，在工厂很难有机会参加考试。无奈之下，我把初稿《汉初官制索引》刻钢板油印了 15 册，按照当时我所知道的著名学者分别寄了出去。恩师在我寄出一个星期内就回复约我相见，这让我感到很意外。那时恩师一家五口住在门房内，住房狭窄，书籍堆积如山，我就是在难以转身的书案墙前和恩师见面。恩师仔细询问了我的学习情况和想法，并给我提了一些要求。一周后，我骑着自行车，将自己这些年所抄的 2 米高的书稿送给恩师。恩师遂将我调到中国人民大学当资料员。自此，我和恩师三十年的师徒、父子关系就开始了。

恩师自 20 世纪 50 年代就在档案专业教学，与历史档案结下不解之缘。我进入中国人民大学后，最先的功课就是跟随恩师、教研室的其他老师和第一批清代政治制度专业的研究生到第一历史档案馆去看档案。这一看就是三年，不但了解了历史档案的分布，而且我们摘抄了三千多万字清代政治制度方面的资料。这原本要纳入恩师主编、中华书局出版的七种资料书之中，后来只出版了《清代的矿业》《康雍乾时期城乡人民反抗斗争资料》《清代的旗地》三种，其他四种由于出版社开始自负盈亏而未能出版。这些资料是研究清代政治制度的基础资料。比如恩师的《论清代官场的陋规》，洋洋三万余言，运用了大量的档案，迄今为止，研究这一方面的人还很难超越。资料虽然不能出版，但是利用这些资料进行研究却是我和恩师的难解情怀。记得恩师八十华诞暨《正德风云：荡子皇帝朱厚照别传》发行的时候，恩师向我讲述他今后的研究计划：他要利用这批档案写出清代地方行政制度史。年过八旬，还有这么大的计划，我感叹之余，还是劝他凡事要以身体为重。不料，三个月后恩师来电话约我谈谈，但没讲到底是什么事。我当即就订了机票，怀着忐忑不安的心情来到广州，直奔恩师家。原来恩师此时已经感觉到身体有点不适，他认为很难再写成此书，于是就邀我参加，以我们一贯合作的方式，让我写初稿。说实话，我当时在南开大学已经升为法学院和周恩来政府管理学院的双聘教授，工作繁忙，实在难以胜任此事。但是看到恩师大有不完成此书誓不罢休的决心，我还是应了下来。就这样，当初我们在第一历史档案馆抄录的三十余万字档案材料被装为十九箱，运到天津。2009 年春节，我带着书稿到广州，给恩师过生日。此时恩师已经难以坐到半个小时了，由于我们的到来，恩师居然陪我们谈了五个小时。看着恩师消瘦的面庞，当时已经有一种不祥的预感。这是我最后一次与恩师见面。

继承恩师未竟的事业，是我义不容辞的责任。我与恩师合作研究始于中国人民大学出版社 1989 年出版的《中国政治制度史》。1986 年，恩师让我撰写其中的《先秦政治制度》一章。书稿完成后，恩师进行了修改，认为尚可，让我继续往下写，不料一写就写到了明代。通过恩师的指点，我对中国政治制度的认识加深了。此后，高等教育出版社又出版了按职责系列撰写的《中国政治制度史》。这两部书合起来发行了三十多万册，影响很大。写完这书，也使我得以接替恩师在中国人民大学给本科生授课。后来，我又把《中国政治制度史》修订而成第三版，本来想寄给恩师审阅，突然接到恩师的噩耗，使我六神无主，书稿至今尚未交给出版社，生怕辜负恩师的期望。

以恩师的学术、人品，他本来可以成为博士生导师，1993 年退休时，恩师居然没有被评上博导资格。1995 年，我考上了中央民族大学王锺翰先生的博士，王先生力主恩师也作为我的博士生导师，于是中央民族大学聘请恩师为博士生导师。我在王先生和恩师的悉心指导下，获得了中央民族大学历史学博士学位。也就是说，我就成为恩师唯一的一个博士。恩师退休回到广州后，我离开了中国人民大学（后文简称人大），并在恩师的推荐下，东渡日本，师从日本大阪大学滨岛敦俊先生，攻读博士，获得学位后回到南开。在日本期间，我与恩师的联系从未中断。1996 年，我去台湾开会，也来到广州，与恩师叙旧长谈。他谈了他的《正德风云：荡子皇帝朱厚照别传》，还让我看书稿，也谈了他一生的经历。我们相谈甚欢。我因此萌生了给恩师写一个大传的想法，后来和师弟相约，我们俩有空的时候，以提问的方式，了解恩师一生的经历，以备将来撰写恩师的传记。当时恩师的身体非常强壮，并有工作到九十的想法。而我们总觉得机会甚多，故而没有完成这个访谈录，恩师突然离我们而去，岂不哀哉、痛哉！写传之事，乃是我们两人之责。我在日本的时候，恩师应约，与我合作写了《中国官制史》，并于 2001 年出版。自 2001 年回国后，几乎每年我都到广州探望恩师。我们谈的话题很广泛，探讨学术、生活，俨然是一家人。2006 年，恩师到北京开会，我请恩师到南开大学做报告，学生们为恩师的博学而感动，恩师也以薪火有相传而感到欣慰。

恩师的学问、人品为人所称道。20 世纪 80 年代，恩师很有声望，为国内外学者所仰慕。一大拨知名学者到恩师家中拜访。那时生活比较拮据，恩师拿不出钱在外面请客，只好在家中设宴。粗通厨艺的我常常就充当厨师，在恩师家里展身手，以至于他们家里的锅碗瓢盆、柴米油盐放在什么地方，我比师母还清楚。我已经完全融入恩师家庭之中。现在想来颇为感叹，我也永远记得当时亲如一家的生活。1998 年，我主编了《庆祝王锺翰教授八十五周年暨韦庆远教授七十华诞学术论文合集》，收入当时中外学者八十余篇论文。后来，我还琢磨着在恩师八十岁时出庆祝文集，而对于王锺翰先生，也可以出这类庆祝文集。当时两位恩师的身体都非常健康，尤其是王先生，活百岁是应该没问题的。按王先生的说法，当他百岁的时候，再与韦先生出一个合集，那将是多么有意义的事！殊不料，两位恩师先后离开了我们，他们已经不能再看到合集的出版了。但是我来之前，王门弟子聚集在一起，仍然没有忘记这个百年之约，准备筹备一部多达二百余万字的追思文集，收录两位恩师的故交、弟子的论文，另外还选择十到二十位颇有成绩的弟子之弟子的论文，以示两位恩师的薪火有人相传。届时还望诸位予以支持，赐以大作，纪念两位恩师。时间并不遥远，2013 年是王先生百年诞辰、韦先生八十五诞辰，我们现在正在筹备，寄出约稿函，在此希望诸位赐大作。

恩师与我有三十多年的交往，值得回味的东西甚多，往事历历在目，思念之情不能自禁。我这里所讲多言不达意，还望各位海涵。我希望能够完成恩师未竟之业，写完《清代地方行政制度史》，与师弟一起完成恩师的评传。到那时，我们仰望蓝天，一起到大海深处去告慰恩师在天之灵，谢谢大家！

邓开颂（广东省社会科学院历史所） 各位朋友，来宾们：韦老师是属于我们大家的，我们大家都有一个共同的记忆，一年前韦老师离开了我们。韦老师生命中最后的一段时光充分体现了他的高尚人格。韦老师在医院住了九个月，当时手术后医生说是胃癌，而且已经扩散了。韦老师没有告诉任何人他病重住院的事，也不让人去医院看他。主要是韦老师关心大家，怕影响大家的身体和工作。在那段日子里，韦老师一如既往地关心大家，也很想念大家。有一次我和李庆新所长去看他，约了五点，他四点就在门口等着我们。现在韦老师离开了，但他对他的学术人生是满意的，也是满足的。韦老师的学术贡献和高贵人格充分体现了他的人生价值和意义。韦老师把中国近百年的历史和他自己一生八十年的经历结合起来，这构成了韦老师的精神和人格，我们在座诸位都见证了这一点。今天主讲的徐泓教授和柏桦教授就是最好的见证人，徐泓教授是台湾东吴大学历史系教授，著名的明史学家。他和韦老师交往已久。20 世纪 60 年代，由于两地关系紧张，台湾也规定禁止阅读大陆书籍，徐泓教授得到韦老师的《明代黄册制度》后，只能把封面、版权页撕去，并藏在书架顶上，深夜时分才拿出来看，他冒着被发现的危险认真阅读韦老师的著作。可见早在 20 世纪 60 年代，他就非常敬仰韦老师。

柏桦教授深情的发言，这也是这次会议最好的发言！韦老师已经离开了我们，在他的学术生涯中留给了我们众多的回忆。韦老师 81 岁去世，他 14 岁离开澳门中学，北上抗日，18 岁违抗去香港学做生意的父命，到北京朝阳大学读书，读书期间参加学生运动，被国民党关押在北平警备司令部和特刑庭。1949 年见证了五星红旗在天安门升起，然后大学毕业，留在北京工作，直到 1993 年回到广州。在这一节会议议程中，两位教授谈到了韦老师的学术生涯、著作。韦老师的学术生涯分为三个主要阶段，每一阶段都给我们留下了宝贵的学术遗产。曾有学者说过，韦老师的书好像一座宝藏，研究明清史、澳门史、港澳史的人进入这座宝藏中就一定会有收获。

今天上午的会议让我们大家产生了不少共识，举办纪念韦老师的会具有现实意义，弘扬韦老师的精神，促使我们把工作做得更好。我们充分了解了韦老师献身学术的精神和人格魅力，具体表现为以学术为终身事业、具有高尚品德和独立的人格、坚持真理、治学严谨、和蔼可亲、淡泊名利、关心爱护后辈。韦老师给我们留下了一笔宝贵的精神财富。

魏白蒂（香港大学） 第一次见到韦庆远教授时，我刚刚回到香港。记得那时香港大学有一个学术会议，来了一批内地来的学者。韦老师对我说：你看，韦庆远三个字全都被简体化，而魏白蒂三个字一个也没有被简体化。后来我们俩就成为了酒肉朋友。什么是酒肉朋友？这也是有故事的。那时，内地出去开会的人每天只有三十元，我说：那就由我请客吃饭吧。当时外子是银行大亨，家里有厨子，我就请了一大批朋友到家里吃饭，没想到内地来的朋友还是头一次看到圣诞树，当然也请了韦老师，不过那时并不知道韦老师的学问。第二次是在 1991 年复活节，我在北京香格里拉酒店请人大的朋友来吃自助餐。我打电话给韦老师，他说他生病住院，来不了。到晚上吃饭，他居然来了。我说，你不是生病住院吗？他说，我们在内地是很自由的，住院也可以签名请假离开。在这里说起这两件往事，借以怀念韦先生。

冷东（广州大学） 非常高兴有机会参加这次纪念韦老师的会议。回想起来，我第一次见到韦老师是在 1983 年。当时，我还在东北师范大学师从李洵教授攻读明清史。那一年，李洵教授带着我们到北京拜访名师，在人大就拜访了韦庆远先生。初次见面是在韦先生的家里。韦先生对我们亲切的关怀，深厚的学术指导功底，以及独辟蹊径地运用档案作为研究史料的治学方法都使我记忆犹新。从此，我在明清史的各种学术交流活动中都得到过韦先生的指导。后来，我也调到广州工作，遂有更多的机会继续向韦先生学习。如今二十几年过去了，回想起来，韦先生对我的影响应该说是非常大的，一是如何做人，二是如何做学问，三是对国家、社会以及整个世界的关怀。韦先生虽然已经仙逝，但他的学问、他的影响将激励着我们这些晚辈继续努力工作、发扬光大，我想他在天之灵也会非常欣慰。谢谢！

刘羡冰（澳门教育会） 我和韦庆远教授是交情最浅的，但他对我的影响是最深的。可以说我是他第二个学术黄金期的见证人。1993 年，韦教授退休回到广州，自此我有机会常常到广州向他请教。韦教授对我影响最大的是：他退休以后还在不断地为国家、为学术做出贡献。我退休以后，决定以他为榜样，每年写十万字，出一些书，也要像他一样生活。1994 年韦庆远教授应邀到香港科技大学作客座教授，曾邀我和老伴去小住，分享读书、写作的幽静环境。当时由于我还没退休，限于公务，我们只去探望过他一次，老伴在港经商的哥哥，热心高等教育，非常景仰韦教授。有一次他要求我们介绍认识。并特别宴请韦教授，因而我们有了一次融洽的聚会。韦教授温文尔雅，和我们谈及中外档案的馆藏、整理和使用，对自己的成就和际遇却没有提及。至于他父亲韦秩初参加黄花岗起义敢死队，冲锋在前的事迹，还是最近他的侄儿告诉我的。他家既有爱国传统，又有一定的人际脉络。他在大学生时代因参加了地下党，在学运中被国民党政府关押，最后被营救出来。

韦教授先后送我巨著多本。1999 年 4 月他送给我在七十高龄完成的、七十万字的《张居正和明代中后期政局》，使我特别震撼，对我影响很大。之所以说震撼，是因为我觉得在功利浪潮冲击、思维怠惰风行的今天，读书人往往被选择题、是非题练就了“非黑则白”等等寻求僵化、统一答案的思维，成年人也以趋同舆论一律最为保险。习染二元对立的简单思维是十分可怕、可恶和可悲的！而我从韦教授身上可以看到，他是实事求是的。

关于他在抗战期间的这段历史是比较有代表性的。我研究澳门抗日战争这一段历史。据我所了解，很多归国华侨、港澳同胞在救国、建国期间都做出了很多高尚的行为，而且他们的杰出贡献与国家兴亡息息相关。但是，“文化大革命”时期，还是经历了一些波折。

我觉得，我们这一代应该好好地反省，我们的国家才真的有希望。现代社会要求我们有能力解决复杂的、深层次的问题，这就必须具有广博的、深邃的认知和反复的、综合的考虑，要培养创造型人才，起码要跳出陈腐的框框，另辟创新的思路，首先就要像韦教授这样，具有独立的思考能力和气魄。2005 年我出版了四本书，其中首册《学史鉴史》求韦教授赐序。他在序中谈到他的心情特别激动，有一种“特殊的亲切感”，一写就写到天亮。我读到这五千字的序文也非常激动。原来我这一堆书稿，让他时光倒流大半个世纪，回顾了国人抗战的艰苦历程，缅怀了他朝阳灿烂的少年岁月。在这里，我要说明一下，他不是香港培正的学生，而是澳门培正的学生，这是他亲口告诉我的。他从小学五年级到初中二年级，都在澳门念书，而且在老师教育下，14 岁就准备参加抗日。他在序言中，感谢我“发潜德于幽光”，其实韦教授在历史研究上一直都“发潜德于幽光”，做出重要贡献，是我们学习的好榜样！

刘志伟（中山大学） 我认识韦老师也比较早，大概在 70 年代就认识了。80 年代，我每次去北京基本上都会去他家。在他家还存有一张 90 年代初的照片，前几年他曾找出来给我们看，我们都还很多感慨。30 年来，韦老师一直都对我很关照，我也有很多话想说，时间关系，我不能多说。刚才柏桦兄提到韦老师最后要做的档案整理和研究的事情，我觉得这是让我非常遗憾，也非常感动的事情，所以这里想多说两句。

2008 年，韦老师曾经和我提到这一批档案抄写的卡片（大概有 3000 多张）。他说要把这些卡片整理出来。我说：韦老师您现在年纪这么大了，还是找学生来帮您整理吧。韦老师对此表示同意。当时，我建议由陈贤波博士来负责整理这批档案材料，韦老师也同意了。后来陈贤波博士毕业了，到了广东省社会科学院历史所工作，韦老师为了这个事情专门找我，提出不要让陈贤波来做了，因为他到了庆新那里，庆新又刚刚担任所长，肯定很多事情要做，不要因为我的事情影响到庆新这边社科院历史所的工作，也不要影响到陈贤波自己的研究。后来韦老师生病，而且很快就离开了我们。在我内心来说，这个事情让我觉得很对不起韦老师，我没有坚持把这个事情推进下去，如果当时再找学生把它整理出来，可能对研究会有所帮助。这件事让我再次觉得韦老师是一位非常值得我尊敬的师长。他知道自己身体已经不大好，但仍想着要把自己的研究进行下去，并对我说，完全让学生来整理出来，为学术界留下一笔宝贵的财富。他还是想着我们年青一代学子的学术，而不是考虑他自己。一方面对学术界来说，这是一个遗憾；另一方面，也让我们明白，作为一个学者，应该具有怎样的情操和风骨。

李庆新（广东省社会科学院） 各位老师、各位同学，今天我们怀着一样的心情，纪念敬爱的韦老师。韦老师一辈子孜孜不倦，献身学术，追求真理，对每个人而言，都是极佳的道德文章示范和优良传统教育。去年这个时候，遵照韦老师的遗愿，我们没有举行悼念活动，只有默默地哀思，但与春声、志伟兄约定，在韦老师逝世一周年的时候，一起举办一次追思会。今天听到各位老师的深情发言，我们商定把这个计划落实下来，并且出版一个纪念文集。

我想这部纪念文集，内容包括几个方面：一是韦老师相关的生平、治学资料；二是今天各位的发言，也包括未能到会的学者发来的文章和发言稿；三是韦老师故交好友、门生弟子的纪念文字。这部文集是纪念性的，同时也是学术性的、资料性的文集，我们希望，它能承载我们对韦老师的深切而长久的缅怀。

（执行编辑：李庆新）

韦庆远、梁方仲之忘年交

——从梁方仲所写一“交代”材料所见

梁承邺　叶秀粦*

韦庆远（1928—2009），历史学家、中国人民大学档案学院教授，专长明清经济史、政治制度史，在国内外享有盛名。他曾兼任中国香港科技大学、城市大学客座教授和台湾“中央研究院”历史语言研究所、近代史所访问学者，还曾兼任美国哈佛大学费正清东亚研究中心研究员、英国牛津大学东亚研究院客座教授、圣安东尼学院兼职院士。韦氏退休后于家乡广州长期居住，并被广东省社科院聘为客座研究员，直至辞世。在广州完成并出版了一大批重要著作，如《张居正和明代中后期政局》（广东高教出版社，1999 年）、《澳门论稿》（广东人民出版社，2005 年）、《明清史续析》（广东人民出版社，2006 年）、《正德风云：荡子皇帝朱厚照别传》（广东人民出版社，2008 年）等。今年（2018）是其诞辰 90 周年，广东社科院将举行纪念会，并拟编纪念文集。会议组织者提议笔者最好能奉上一文。盍韦先生与先父梁方仲（1908—1970）于 20 世纪 60 年代结识后，两人旋生了深厚的友谊。鉴于手头材料问题，最初本拟婉拒。然最近整理《梁方仲遗稿》时，发现了其一份“交代”材料，发觉它对了解韦先生与先父如何相识相熟之过程颇有参考价值，或许从另一方面可更具体、全面地验证、补充韦先生所写的有关文字介绍。故决然写下拙文。

一、梁方仲所写一份交代材料《我所知道的韦庆远的情况》

《我所知道的韦庆远的情况》（以下简称《情况》）全文如下：

大约是在 1961 年暑假里，韦庆远来到我的家中，通过自我介绍，说是写了一本关于明代黄册制度的研究的书，不久便将出版，希望该书出版时，我给提意见。当时我

---

* 梁承邺、叶秀粦，梁方仲先生之哲嗣与夫人。

就想起来还在不久之前我看到了《光明日报》有一段关于他这部著作的消息报道，可是作者的名字，我却早已忘记了，想不到他今天居然来找我，而且看他很年轻，所以很乐意地和他交谈。从他的谈话中，知道他看了不少比较难得的史料，其中有些是我没有看过的，如明代户帖原件等等；又有些是我以前虽然看过，但在广州却无法找到的，如明代《后湖志》等，对于这些材料他都答应帮忙。果然，回京不久，他就陆续给我寄来了，《后湖志》一书是人大图书馆的抄本，只有两册，其中就最后一卷（第十卷），大约原书（南京图书馆藏的）本来就缺失此卷，故抄本也不全。该书两册我大约借用了一年多，已挂号寄还给韦庆远，这是公家财产，我相信是不会失掉的。其余，为明代户帖照片及清册清单照片数张，还有铜版两块，都是他在他的书中影印出来的，他也借给我用，作为我编写的《中国历代户口田地田赋统计》一书的插图，这些据说是他私人的东西，是送给我的，所以我就转寄给上海人民出版社，准备选择影印出来，现尚存该出版社编辑部里。此外，我还托过他在京代购古书数种，但仅购的（得）一种，即黄虞稷的《千顷堂书目》，书款是由我直退汇给中国书店的。

韦庆远回京后不久，他的著作便已出版，于一九六二年二月寄赠我一册。我读过以后颇有些意见。是年暑假（也可能是六三年暑假），他又到广州来招考，他到我家中来时，我和他谈了一些我的看法，由于时间关系没法深入。后来，我就叫黄启臣（本校历史系研究生）读这部书，并将意见写了出来。第二年黄启臣到北京去，就是拿了那份意见书和韦庆远当面讨论的，那份材料是黄启臣执笔的，但也有我的意见在内。我认为从明封建政府对劳动人民进行剥削的角度来考察，里甲制才是根本的，黄册制只是为它服务罢了。韦庆远把本末倒置过来，使人看不清明封建王朝的剥削实际。其次，他没有掌握阶级分析的方法，例为该书页 130-131 说是在明初的历史条件下，“广大贫苦人民”没有“弄虚作假”的必要，殊不知“弄虚作假”的只有豪强大户才能办到，至于贫苦人家既无力行贿唯有备受剥削而已，就（即）令他们虚报了， 也是一种反抗封建压迫和剥削的斗争行动，与“贪污舞弊”无关。还有他把和黄册性质不同的户帖二者混淆起来，以及其他对于史料分析的错误等等，以其无关紧要，此不备述。今天看来，我们讨论的题目都是比较专门的，甚至可以说是“钻牛角尖”的，可见我们受旧史学影响之深，而我把自己指导的研究生黄启臣也引入这个歧途，更是不应该的了。

自从韦庆远第一次和我会面以后，他又来过广州两次或三次，据说都是人大派他回来的（最后一次可能是从长沙“四清”工作过后顺便回穗省亲）。他每次都来看我，我知道他有一高龄的老父住在西关，有个妹妹在省人民图书馆服务（旧文德路）。他的老父大约以前在香港经商，早已退休了，他们二人我都没有会过面，但你们不妨去了解了解。

一九六五年八月我带了三个研究生到北京搜集史料，他招待我们几个人在东来顺吃了一顿涮羊肉，其后我又带我的儿子到过他的家里（张自忠路人大宿舍），主要是从我寄存他家中的书箱取出先父藏书。这几个箱子原来是先父寄存在北京新京畿道五号黄老婆婆的家里的，大约是 1964 年本校讲师谭彼岸（时在科学院经济研究所参加编写中国近代经济工作）代我向黄宅取了出来转存韦家里的。箱子里尽是些古书，但多残缺的，我挑拣了一部分准备带回广州之外，其余有些《大清律例》残本等，他说还用得上，我就送给了他，剩下来的我请他能卖便卖，否则当字纸烧了，或扔掉也没有什么可惜的了。当时我还送给他一个茶杯，也是原来放在箱子里的。我在北京时，大约和他见过三次面，第一次他到北大招待所来看我，有一人大同事张某陪他来的，第二次就是他请我们到东来顺吃饭，第三次我到他家取书。

回忆起来，我和他在穗在京大约一共见过十次左右的面。每次见面都是有人陪着的。对于他的政治面貌，我只知道他在解放前参加过地下工作，坐过国民党反动派的牢。他是一个共产党员。关于政治问题方面，我们根本没有谈过什么。但有以下几件事应当交代的：

其一，他第一次来穗时，北返之前，我写了一封信介绍他和吴晗认识，并请他代带香烟一条给吴晗。我以为他研究明史，和吴晗谈谈也许有帮助。后来他把烟和信都送去了，但那次是否见到了吴晗我说不清。因为他给我来信时没有提到这点，不过我是晓得他是见过吴晗的，因为其后他来穗时和我说过吴晗用史学会名义请北京市史学界吃饭，他也有份，并且他说过："吴晗这顿饭是不好吃的，因为每个人都是要替史学会写文章。"他认下来的题目，大约就是《明代厂卫》这本小册子，究竟他写出来没有我不晓得。我知道解放后出过王易写的这样一本书，我还托他代我在北京搜购这本书，但是他没有找到。

其二，他告诉过我明清两代的档案数目最近已经统计出来，因此我就托他代查这两代的黄册尚存有多少本。后来，他给我寄来《明代档案部所存清代各系统档案统计表》等共六份，这些统计表现已检出，请查看。还有一件事，1965 年我到北京时，他对我说明清档案的材料是可以借看的，因此几个研究生就去了汤山一趟，才晓的必须党委证明才能取看，他们因为手续麻烦，没有进去（我因为有事情，并没有和他们一齐去，但明清档案部主任单士元是我卅多年没见过的老相识。）

其三，从韦庆远和我多次谈话中，我所得的印象，他的交际范围是相当广泛的，他认识了一些旧社会中的老先生和资产阶级的"名流学者" 他自己已读过相当多的古书和看过不少历史档案，他颇为自负，有个人英雄主义，马列主义理论水平较差，学术思想较为保守甚至有些落后，关于这些我在去年九月底已经写了一份材料交给人大的红卫兵了，至于反动言论，他确是没有和我谈过。

其四，韦庆远每次来中大时，我总找些历史系同志陪他倾谈，系主任金应熙和中国古代史教研组秘书曾庆鉴都和他吃过一顿饭，是我请的。其余如谭彼岸、汤明檖和我带的几位研究生都和他见过好几次，而谭彼岸（1963—64年？）在北京有一年多，他和韦庆远的接触一定比我还多，我那几个书箱也是谭自己作主给我送去韦家的——我当时只托谭向黄宅取回书箱转运回穗，大约谭认为那些破烂的书箱价值不大，同时谭也晓得我大约不久也会到北京去，所以他自作主意代我寄存韦家，事后才告诉给我听的。1965年我到北京时，韦庆远给我介绍过两个人大的教师：一个姓张的，大约有四五十岁，戴眼镜的；另一个姓王（？）的，三十左右，姓张的和我见过两次，姓王的仅见过一次，名字都忘记了。

其五，关于以上种情况，我多数已向以前来过的人大工作人员谈过，他们一共来过三次：第一次是去年八月卅一号来了四位工作人员，是×××同学陪伴来的谈了一个下午，他们有两个人做了记录；九月七日那两位中之一人，在×××同学陪伴之下，再来我家中，把那天的笔记（整理过的）交给我看，我校正了数处后，就签字交还给他；同时他取去了韦庆远给我的信件，大约有五六封，我是请他自己动手在我的旧信堆中捡出来的。第三次是九月二十二日，由×××和×××领我往教学大楼见了一位人大的红卫兵，我们谈了两个多钟头。过了三天我还给他写了一份关于韦庆远的材料，这就是你前天晚上看过的，这里就不再重复了。

其六，我和韦庆远认识以后，彼此都赠送过一些礼物。我一共给过他两三条香烟，他也送一幅康有为写的中堂给我，上书“咬断菜根香”等字，他说“这句话反映了读书人生活朴素的作风”，所以我还留下一点印象，没有忘记。但这幅字一时还没有找出来，找到后，拟送给领导处理。

关于韦庆远的事情，我能提供的只是以上各点。我以为你们不妨找他的老父亲和妹妹谈谈，还有件事似乎他有一个哥哥或堂兄在香港经商，这点我是不能十分确定的，也可能是我记错了。谭彼岸和我以前带往北京研究生三人：黄启臣、鲍彦邦（均团员）、叶显恩（党员），你们也可以一问。

1967. 5. 13 夜

附件：照片档案部统计六份

二、读《情况》有感

首先，了解到了先父与韦先生是如何认识的；而认识后他俩之间确实有许多交往。简而言之，自韦先生1961年主动造访先父，一开始先父便乐于与这位年轻有为的明史学者交往，很快两人在学术切磋、资料交换，荐介友人以及生活照料诸方面均有了相当密切的交集，可谓一见如故，很快成了忘年之交。韦先生每次来穗时都往唔先父。1965年秋天先父出差北京前，曾专门函致他认为必须预告的友人，韦先生属其中之一。[①]后来先父及其所带三位研究生（黄启臣、叶显恩、鲍彦邦）在京都受到了韦先生的热情接待。

其次，或者说更深之一点体会，乃明白了他俩友谊之建立与发展，主要基于他们学术认知和追求上有很强之共同点。先父对韦先生之《明代黄册制度》甚为欣赏，指出韦先生"看了不少比较难得的史料，其中有些是我没看过的，如明代户帖原件等；又有些是我以前虽然看过，但在广州都无法找到的，如明代《后潮志》等，对于这些材料他都答应帮忙。果然，回京不久，他就陆续给我寄来了。"后来韦先生还借寄了《明清档案部所存清代各系统档案统计表》六份给先父，韦先生助人为乐的精神，着实使人敬佩。切磋学术乃真正学人之间经常的做法。从《情况》可知先父遵照韦先生的意愿，对其《明代黄册制度》认真阅读，对某些问题提出商榷，与韦先生进行了坦率而深入的讨论（包括请黄启臣写出报告）。尽管先父所言乃一家之言，却充分反映了学人间友谊之真谛。至于《情况》中有对韦先生学术评论一段话，笔者认为，与其说是"批评"韦先生，还不如说是一种惺惺相惜的感同身受，即"自负，有个人英雄主义（按：实指自信），马列主义理论水平较差（实指不流于教条、空泛），学术思想较为保守甚至落后（实指实事求是，不媚俗追风），"这其实也是在"批评"自己，要知道在改革开放前，某些史坛主流人士就是如此批评先父的。先父在《情况》中为此有一结论性的表述："可见我们（指韦与他）受旧史学影响之深。"将自己与韦先生归为同类学人，这才是真意。《情况》一文写于1967年5月，其时正是"文化大革命"高潮，先父被当成"反动学术权威"被批斗；看来，韦先生当时处境亦不安全，有多批人士多次来穗向"反动权威"询查之。先父的《情况》就是于此压力极大历史背景下写成（估计为最后一篇有关调查韦先生的交代材料）。人们对此类"命题"应答材料所表述之内容以及其用词的分寸乃至背后的真意皆应认真阅读，客观分析。应该特别指出，父亲在《情况》中再三强调："我知道他在解放前参加过地下工作，坐过国民党反动派的牢，他是一个共产党员。关于政治问题，我们根本没谈过什么。""至于反动言论，他确是没有和我谈过。"反映出，先父在大风大浪中，坚持了实事求是，与人为善，保护朋友的底线。也由此看出他对韦先生的敬佩与信任。韦先生在先父辞世后曾在其一篇自述中深切缅怀他与先父忘年交的情谊，说自己早年得到尚钺、尹达、沈士远、单士元、单仕魁、张德泽、于石生、傅振伦、聂崇歧、王锺翰、叶恭绰等一大批前辈的教诲、指点：

> 不过在这些老前辈中，对我鞭策最殷切，指导最具体的，是梁方仲教授。在我开

---

① 先父案头日历记事（1965年6月30日）记有"上午刘子植自北京回来谈，商锡永来。致函韦庆远、陈序经、杨生民（按：先父原研究生）。"

> 始对明代社会经济史研究的过程中，总离不开读方仲教授的著作。1961年，拙著《明代黄册制度》出版以后，方仲教授又屡加鼓励，并介绍他的学生叶显恩、黄启臣、鲍彦邦等和我认识，希望我们加强切磋。对我着手做的专题研究，方仲教授又是关心备至，有时还函示必应读的书。①

可见，韦先生在与先父、黄启臣等交换意见后，并无不忤，反而感激。虚心态度，跃然现于纸间。

最后，应该指出先人情谊往往惠及同事、晚辈后人。笔者对此感触殊深。如同先父《情况》以及韦先生《我和明清档案、明清史》所述，韦先生每次与先父晤面时，汤明檖、谭彼岸等或叶显恩、黄启臣、鲍彦邦都在座，创造、增进了他们与韦先生的友谊。他们之间不仅来往，切磋频繁，进而开展合作。例如，叶显恩与韦先生便曾共同主编了《清代全史》，第五卷（1991年）；又如，韦先生曾对先父学生李龙潜的《明清经济史》讲义进行了评价。②人们还可发现，与此“友谊”渊源有关，陈春声、刘志伟、李庆新、罗一星等广东晚辈学人后来跟韦先生也变得十分熟络，有着良好私谊和工作关系。

至于笔者受惠于韦先生之事例，亦甚多。记得1965年底，笔者陪同先父去北京张自忠路韦先生家，受到了热情细心的款待。韦太太亲自下厨弄了一桌颇具家乡特色的大餐，我父子大快朵颐；饭后大概是希望先父能恢复体力、精神，他夫妇俩坚持要我俩在其家中午休，明显看出，午休下榻之房是事先整理布置过的，甚见其细心和热情；临走时韦先生夫妻送我俩上了车后始离去。虽然这是50多年前往事，然记忆犹新，往事真不是如烟啊！韦先生来广州居住工作后，笔者与先生亦有多次晤面，有一次我与显恩兄去看望他，畅谈至午间去用饭，我想尽后辈之礼，他夫妇俩坚决不让付款，说他们才是地主（住区主人）要尽“地主之谊”；2002年先父藏书捐赠中大仪式会时，他身体已相当差，行动颇不便，他却请显恩兄陪伴，吃力地赶来赴会；最使我感动的是，笔者《无悔是书生——先父梁方仲实录》一书初稿（草稿）曾请病中的韦先生看过全稿，他对拙稿之肯定，更指出稿子文字在简约上要注意。此指导性意见，成为后来拙稿修改时心中牢记的一条指导性原则，如今《无悔是书生》已印出，反映较好这是韦先生对我最大的帮助。在韦先生诞辰90周年之际，特书上以上数语，以表深深的悼念和无限之谢意。

（执行编辑：李庆新）

① 韦庆远：《我和明清档案、明清史》，载张世林编《学林春秋二篇》，北京：朝华出版社，1999年，第453-454页。

② 韦庆远：《评介〈明清经济史〉》，《中国史研究》1990年第10期。

偶遇犹未忘友情

——怀念韦庆远教授

郑学檬*

我认识韦庆远先生是在20世纪80年代初，那时厦大历史系傅衣凌先生的明清史研究如日中天，吸引许多国内外学者前来交流，韦公即是其一。我帮着傅先生做些历史所"中国经济史研究室"的杂事，所以傅先生的客人，不少与我有过从，韦公也是其一。

一来二往，偶缘而来的友情，竟然渐渐有些投机。记得是1985年上半年什么日子，韦公来厦，恰好我被学校任命为系主任，弄来一身烦恼之时，我们有过一次令我难忘的交谈。他侃侃而论，大意是"官位"是暂时的，学问才是长远的。其言虽属常谈，但其情恳切之至，俨然一长兄，令我感到，对我当时处理若干人事实有帮助。从此我很尊重他的建议，我对他的睿智幽默、豁达风度极为欣赏。

虽然我治唐五代经济史，他治明清史、档案史，有点"隔行如隔山"，但我们仍然互赠著作，不忘彼此。即使他退居广州，交往渐少，他也不忘嘱咐出版社寄来《正德风云：荡子皇帝朱厚照别传》《明清史续析》等大作，使我倍感他的深情厚谊。

在二三十年的交往中，我慢慢感受到他刚正不阿的信念和对黑暗政治的憎恶。例如，他的力作《祸由笔墨生——明清史文字狱》一文，就是一例。在这篇长文中，他历数明太祖朱元璋、明成祖朱棣、清康熙帝玄烨、雍正帝胤禛、乾隆帝弘历等人制造的骇人听闻的文字狱，读后令人扼腕长叹。文章告诉我们："文字狱向来是政治狱案的副产品"，皇权和相权、将权矛盾的产物，乃至与文士冲突的结果，其中又与皇帝的性格、心理因素颇有关联。如朱元璋当过乞丐、游方和尚、造反的红巾军，所以他既自豪又自卑，疑"作则"为"作贼"，"生知"为"僧智"，"法坤"为"发髡"（秃子即和尚），凡有这些犯忌的诗句、文句，一律定罪。更有甚者，他会搞无聊的拆字游戏，有人作诗，内有"殊域及自惭，无德颂陶唐"句，朱元璋竟然指斥说："汝用殊字，是谓我歹朱也。"把"殊"字拆成"歹""朱"，说是咒他朱元璋，锻成冤狱，对于今人来说，是匪夷所思的把戏。韦公在论及此案时指

---

* 郑学檬，厦门大学历史研究所教授。

出："这样强词夺理，歪曲原意，原诗作者只能饮恨于九泉！"他对黑暗政治的憎恶之情跃然纸上。

清代文字狱之酷，不亚于明王朝。著名的"维止"文字案就是一例。雍正帝胤禛篡位做了皇帝，所以，他和朱元璋一样猜忌成性，杀戮无情。年羹尧案中一条罪状就是"大不敬"罪，说年的奏文中将《易经》"朝乾夕惕"写成"夕惕朝乾"，就是有"大不敬"罪。浙江海宁人查嗣庭，在任江西考官时出过一道试题：《维民所止》，被人告发是故意砍去雍正的头，实为叛逆。结果查被拘捕，死于狱中，再遭戮尸；子亦被杀，家人被流放。

在封建社会"言者无罪"是很难做到的，以言治罪、以文治罪则为通例，此即为专制统治，封建专制及其余毒的清除，任重而道远。韦公的研究，唤醒人们去总结历史经验，其精神值得我辈长忆和推崇。

在我的印象中，韦公是很幽默的人，他偶尔也说说自己许多想不通的事，但多幽默自解，并无剑拔弩张、激烈难容之状；况且他见到我，常常笑容可掬，所以我便把他和"大肚能容天下难容之事"的弥勒佛联系起来。做人能在幽默中忍让自解，也是一种难能可贵的品格。

今年我印出拙作《点涛斋诗文存稿》，寄给叶显恩教授，附上一本，请他代转韦公，在电话中叶兄说韦公仙逝了！我听到这个消息，顿时惊愕不已。真是"故人云雨散，满目山川多。"（唐刘禹锡诗句）

（执行编辑：徐素琴）

典范如君　春风被我

——追思韦庆远先生

杨国桢*

韦庆远先生是我敬佩的师长。他早年由史学转行档案学，是中国人民大学档案专业（今档案学院）的创业元老。他游刃于档案学和历史学之间五十余载，著作等身，成绩斐然，却始终谦称自己是档案学和历史学战线上“一个不称职的列兵”，为后来者架梯开道，发挥承前启后的作用，在海内外留下佳话。

我初识韦庆远的大名，是在 1962 年 6 月，北京中华书局寄给我一本他的成名作《明代黄册制度》，拜读之下，对他利用档案以研究历史的功力和特色印象深刻。那时，我刚奉命从厦门大学历史系中国近现代史教研室调到中国古代史教研室，改任明清史助教，兼任傅衣凌教授学术助手，治明清社会经济史方才起步，这本新书遂成了我学习的入门向导之一。而和他结识过从，则迟至“文化大革命”结束之后。1980 年 6 月 5 日至 11 日，厦门大学举办中国经济史学术讨论会，会前在中国人民大学任教的系友吴奇衍学长写信给傅衣凌先生，提及韦庆远先生有意参加，傅先生嘱我发出邀请书。初次见面，我就为他酷似山东大汉的魁伟体格、充沛的精力和豪放的言论所倾倒。其时他正当盛年，经历各种坎坷艰困之后，迫切希望有所作为，为百废待兴的中国历史学打开新路，酝酿宏大的研究计划，有意把以档治史方法运用于明清社会经济史领域。记得会议之余，我们一起从厦大校园“映雪二”会场漫步到群贤楼，兴奋地谈论建立交流关系发展学术的前景，深受鼓舞。10 月 26 日至 11 月 1 日，我们又在北京举行的“自宋至 1900 年中国社会和经济史”中美学术研讨会上相见，聆听他关于清代著名皇商山西范氏的高论，从此结下了学术因缘，交往渐多。尔后，他迭发长篇宏论，赴美讲学研究，屡赠大作《清代奴婢制度》《档房论史文编》以及《清代的矿业》等清代档案资料集，让僻处海角，无缘到北京利用档案的我，增益识见良多。

最令我难忘的是，韦先生关心故乡广东史学界与福建史学界在明清社会经济史领域的

* 杨国桢，厦门大学历史系教授。

合作，并为此做出了突出的贡献。1984 年 7 月 28 日，韦先生、吴奇衍学长陪同美国哈佛大学费正清研究中心主任孔飞力（Philip Alden Kuhn）教授南下闽粤学术考察，来到厦门，当时正值暑假，邀我陪伴同行，直到 8 月 20 日在广州话别，一起度过二十多天的学术之旅。

来到厦门的第二天，7 月 29 日，我邀请孔飞力教授和韦先生在厦门大学专家楼一楼外事办的会议室里，为在校的厦大历史研究所老师和研究生做学术报告，30 日陪同他们造访泉州，参观泉州市档案馆、开元寺，住华侨大厦。31 日，与孔飞力一行乘车到漳州，参观漳州市档案馆、南山寺，住漳州宾馆。

图 1　孔飞力（右一）、韦庆远（右二）、杨国桢（右三）、吴奇衍（左一）

图 2　韦庆远（右二）、孔飞力（右四）、吴奇衍（右六）、杨国桢（右一）

图 3 韦庆远（前排左二）、孔飞力（前排左三）

8 月 1 日，从漳州乘车到汕头，住龙湖宾馆，晚汕头大学宴请。2 日，参观汕头大学、汕头档案馆，晚汕头社科联宴请。3 日，从汕头乘车到广州，住中山大学外宾招待所，晚中山大学宴请。4 日，和叶显恩、谭棣华兄等广东同行会合，参访广东省档案馆、广东省社会科学院，晚广东社科院宴请。5 日，在中山大学历史系学术交流。6 日上午，孔飞力应邀在广东省社科院历史研究所作学术报告，中午与叶显恩餐叙。下午，邓开颂在沙河饭店请吃沙河粉宴席。

7 日，在叶显恩、谭棣华兄陪同下，我们一起参观珠江三角洲，从广州乘车到顺德，住清晖园，当晚大家围坐在旅馆房间内的电视机前，观看洛杉矶奥运会中美女排决赛的直播。8 日，访陈村。9 日，从顺德乘车到中山市，住华侨大厦。10 日上午，参观翠亨村孙中山故居；下午参访小榄，住菊城宾馆。11 日上午，从中山市乘车到江门市，在逢城宾馆宴。下午去新会，住圭峰宾馆。12 日上午，乘车到茶坑乡，参观"小鸟天堂"、梁启超故居。下午去台山，住湖滨酒家。13 日上午，参观台山科技馆、一中、桥林村；下午去佛山，参观佛山市档案馆（图 3），住佛山宾馆。14 日上午，参观石湾陶瓷厂；下午返回广州，住中大外宾招待所。15 日晚，与陈胜粦、段云章兄餐叙。16—19 日，住沙面宾馆。

这次学术之旅，让我有比较充分的时间，向广东史学界的前辈和同行先进学习，拉近双方的关系，特别是与韦先生、显恩兄就"六五"国家哲学社会科学重点项目"闽、粤明清区域经济史"课题彻夕倾谈，得到他俩的不吝指教，在研究方法、研究手段上得到一致的认识，相约为弘扬梁方仲、傅衣凌先生开创的中国社会经济史学，携手共进。显恩兄还转述童本道先生的建议，和我商讨编选一部反映傅先生治史历程的文集，韦先生深表赞同。我回厦门后，即禀报傅先生，得到允准，动手编选了《傅衣凌治史五十年文编》。

1985 年春我赴日本访问道经北京，1986 年秋自美国归来到北京，我都曾到东四张自忠路人大红楼寓所拜谒韦先生。1987 年，韦先生又牵头联络北京、广东、福建三地研究清代社会经济史的中青年学者，合作编写由他和显恩兄为主编的《清代全史》第 5 卷，叙述雍正元年至乾隆六十年（1723—1795）的经济史。

这年 5—6 月，美国夏威夷大学教授蓝厚理（Harry lamely）来厦门大学访问研究，和南来的韦庆远先生一起到白城寒舍，顿使蓬荜生辉，内子翁丽芳下厨招待，其意殷殷（图 4、图 5）。6 月，美国耶鲁大学萧凤霞教授来校学术交流，我们在厦大招待所与她和蓝厚理教授餐叙，博士研究生陈春声陪同（图 6、图 7）。20 世纪 80 年代，闽粤两地明清社会经济史的研究形成合力，掀起一个新的高潮，是和韦先生的热情推动分不开的。

图 4　蓝厚理（中）与杨国桢（左）、翁丽芳（右）

图 5　韦庆远（中）、蓝厚理（左）、杨国桢（右）

图 6 萧凤霞（左一）、陈春声（左二）

图 7 翁丽芳（左一）、萧凤霞（左二）、蓝厚理（右一）、杨国桢（中）

最令我终生受用的是，韦先生与时俱进，老而弥坚，开拓创新的治学精神。年近花甲，他以唐诗“自古逢秋悲寂寥，我言秋日胜春朝”自许，挑战自我，开拓新的课题，从明清档案与社会经济史到中国政治制度史、明清历史人物研究，无不站在学术的前沿。五六年工夫，就出版了《中国政治制度史》《清末宪政史》《明清史新析》等教材和新著。1995 年 3 月，他在《明清史新析》前言中袒露心怀说：

或有论者认为，对于一个年过花甲的人说来，迄今才开拓新的较为重大的选题，为时似乎过晚，也有点太不自量力了。但我却认为，学术本为天下公器，治学应无老幼之分；闻道容有先后，惟在力行而已。正因为自己年事渐高，故更需要锲而不舍，更需要加倍的刻苦勤奋，庶几争取在老而未朽之际，仍能作出自己微薄的贡献。

年届七十之期，韦先生完成七十一万字的巨著《张居正和明代中后期政局》，还表示：“时间是非常宝贵的，我应该更努力工作。”犹记 1998 年 5 月 12—16 日，到武夷山出席第八届清史学术讨论会，与韦先生在登山途中，和王锺翰、罗仑、叶显恩诸先生在路边茶桌小歇，品味佳茗大红袍，谈古论今，豪气入云，放浪形骸，难以忘怀。

进入 21 世纪，他又有《中国官制史》《中国政治制度史》（第 2 版）等等力作问世。他感于学术成果难以发挥社会教化的作用，毅然撰写历史小说，更为常人所不可及。只是这个时期的我，学术兴趣转到了海洋，偶尔在广州、香港、上海等地见过几次面，问候起居。对于韦先生屡赠的大作，除了佩服之外，不敢轻议，有违先生的盛意，至今引为憾事。

我在年近花甲之际，也面临学术转型的抉择，韦先生的榜样给了我勇气和力量。正所谓“鬓微霜，又何妨，持节云中，何日遣冯唐”。如今我也年届七十，重新翻阅韦先生惠赠的大作，更加感悟韦先生的述怀具有“典型宛在，风范长存”的深刻意涵。我将抓紧宝贵的时光，趁头脑还清楚的时候勉力前驱，为维持国家海洋权益做好力所能及的事，以不负时代的召唤，并报答韦先生的知遇之恩。

广东历史学会中国社会经济史专业委员会、中山大学历史系与广东省社会科学院历史研究所拟于 5 月举办“纪念韦庆远教授暨明清史学术研讨会”，来函盛邀出席。余恰因他事羁绊，届时不能参加，特此恳请大会的原谅。遥望南溟，天人两隔，回首往事，情何以堪！略抒数语，以表我对韦庆远先生的追思。

2010 年 3 月 3 日夜拜书于厦门市会展南二里 52 号

2017 年 11 月 22 日修订，补充了照片

（执行编辑：王　潞）

以档治史取得辉煌成就的典范

——纪念韦庆远教授明清史学术研讨会上的发言

叶显恩*

今日，我们在这里举行的纪念韦庆远逝世一周年学术研讨会，是由广东省历史学会中国社会经济史专业委员会、中山大学历史系和广东省社会科学院历史研究所联合举办的。出席此会的有韦先生的好友、学生共七十多人。除广州本地以外，还有来自北京、天津、上海、厦门，以及台湾、香港、澳门等地的学者。我代表会议筹办小组对前来参加这一隆重的研讨会的学者，表示热烈的欢迎和衷心的感谢。

我们此会的主旨是为了追思、缅怀韦庆远先生，尤其是为了学习韦先生一生孜孜不倦地追求和奉献学术的精神；是为了传承和弘扬他“档房论史”（亦即以档治史）的业绩和丰硕成果；是为了高扬他把学术研究与对社会、对国家、对人类的终极关怀相结合的情怀。

韦先生的著作洋洋大观，十分丰富。专著就有十余部之多。就同辈学者论，是无以同他相比肩的。尤其难得的是，他孜孜不倦地追求学术的精神老来弥坚。他治史50年如一日，甘于淡泊，甘于坐冷板凳，不与时逐；时移岁进，其志益笃，其功弥深，他对学术的专注和敬业精神令人感佩。退居广州后，学术研究的创获和建树愈加丰硕。这期间便推出了七部著作。对明清史学界的影响是深远的。

韦先生与广东学术界的联系，早在60年代，已经同梁方仲先生及其助手谭彼岸、汤明檖，以及黄启臣、鲍彦邦、叶显恩等有学术上的交往。70年代以后，多次在中山大学、省社联等做学术讲演，与广东的学术同仁结下了不解之缘。不仅如此，他对推动闽粤学术上的合作也做出了重要的贡献。正如杨国桢先生在《追思韦庆远》一文中所说的“1987年，韦先生又牵头联络北京、广东、福建三地研究清代社会经济史的中青年学者，合作编写由他和显恩兄为主编的《清代全史》第5卷叙述雍正元年至乾隆六十年（1723—1795）的经济史。20世纪80年代，闽粤两地明清社会经济史的研究形成合力，掀起一个新的高潮，是和韦先生的热情推动分不开的。”90年代，他常住广州之后，对广东经济史学界更起到

---

* 叶显恩，广东省社会科学院历史研究所研究员。

指导的作用。他的逝世对我们是一重大损失。

至于我本人，与庆远兄订交长达45年，其间未曾间断。在“文化大革命”时期，他从江西干打石苦役回京后，他被分到北师大。中大曾派人往北京商调他南来，旋因人大复办而未果。他每来广州便同我交换对时局的看法。在“四人帮”横行的岁月，他便坚信这种社会局面必将结束。终其一生，他既潜心于学术，又始终关注人类社会面临的种种问题。从他与朋友的交谈和通信中都体现出来。眼看祖国近几十年的辉煌成就，他喜形于色，津津乐道；目睹社会的腐败现象和种种陋习，他痛心疾首，忧心忡忡。表现了他对中国社会，人类命运的深切关怀。他到了晚年，四五点钟起床后，还一边漫步一边听国内外电台的广播。

我和韦先生，京穗之间，远隔河山，时时不胜云树之思，彼此的心是贴近的。改革开放之后，我们之间的来往、通信、通话越发频密。远兄文思敏捷，来信动辄千言。彼此的两地书便达数百封之巨。他每来广州必下榻寒舍，更使我们有促膝倾谈的机会。

1994年他退居广州石溪，几乎每星期都彼此过从，以相见为快。2001年他移居洛溪新城，与我同居一地，过从更方便了。后来我入住海龙湾，与他的住家丽江，更是一墙之隔。我们联合接待共同的朋友，我们经常沿丽江河畔，散步谈心。事无论巨细，都彼此交换意见。学术上，更是互相切磋。我虽尊之为师，但他却虚怀若谷。他的新作，譬如《张居正和明中后期政局》《正德风云：荡子皇帝朱厚照别传》等，每当写出一节或一章，往往着家人送来，让我先读为快。

关于韦先生一生的学术生涯，关于韦先生的为人为学，已经先后有高放、吴保康、杨国桢、徐泓，以及他的嫡传弟子柏桦等人，做了详细的论述。这里我只谈一点简括的看法。韦先生的成就是多方面的。一个最大的特点是“以档治史”。他不仅出版了系列的清代历史档案的资料书，而且写出一批以历史档案为特色的历史著作。他的第一部论文集就以《档房论史》为书名。在发掘、整理、研究历史档案这一学术富矿中，做出了里程碑的贡献。因而，他也就成为我国治历史学与档案学相结合最好的专家。“文化大革命”期间，他借整理《红楼梦》历史背景为名，在国家第一档案馆，搜集了大批的珍贵的档案资料。此举，既坚持了独立自由的学术精神，也使其学术成果得以传世。

韦先生的学术成就，得到海内外学人的赞誉。他的大著《明代黄册制度》，60年代初，业师梁方仲先生表示称赏，并向我们推荐。与我同辈的外国学者，每每同我谈起当年读过此书受到的启发。见面称他为老师。就是大家所熟悉的美国学者黄仁宇，本比他要大十几岁，在长春明史学术研讨会上，也亲来他住房，拜他为师，感谢他的著作给了自己启发。正因为他成名早，同辈学者视他为前辈，如赵令扬教授，在1978年中山大学为他举办的学术报告会上，讲明史研究状况时，以他与梁方仲、吴晗并列为一辈做介绍。由于我的介绍，赵氏到北京，不管当时的外事规定，径闯入他无卫生间的住家，而引起轰动。美国学者陈张富美撰写的关于“宋至1900年经济社会史中美学者讨论会”的报道，也称他为第一代，误列为与严仲平、邓广铭、王毓铨等为同辈，而杨国桢和我等却称为第三代。也因为他的学术饮誉海外，他是最早受邀为哈佛大学访问学者之一。再是他的《张居正和明代中后期政局》，在我看来是他学术的第二个高峰。此书曾荣获“郭沫若中国历史学奖”。评奖时，我是推荐者之一。我曾为此书向给郭沫若中国历史学奖评奖委员会写过“推荐者意见”，简述了我对此书的评价。（见附件）

他淡泊耿介的为人风范也是令人景仰的。他在国内，乃至在国外讲学，生活都一样简朴。嚼得菜根，百事可做。他就是嚼得菜根的人。他理发每每光顾街边的三五块钱的理发师。为此韦太太曾多次要我规劝他到好一点的理发店。单从此就可以理解他的生活态度了。

韦先生驾鹤西去，但他的治学精神，他留下的学术硕果将永存！

附件：为韦庆远教授《张居正和明代中后期政局》一书给郭沫若中国历史学奖评奖委员会写的“推荐者意见”

韦庆远先生的《张居正和明代中后期政局》一书，是经过数十年的资料积累、十几年的考据、思索、研究，苦心孤诣地写出的。韦先生已经先后出版了十几部专书（内有专著、论文集、教材、资料汇编等）。在我看来，此书是他继西方学者誉为经典的《明代黄册制度》（美国学者黄仁宇语）之后最能代表他学术成就的著作。

在着手撰写此书之前，韦先生已经就明代前中期的政治、经济、文化等各个方面分专题做了专题研究，其成果已经分见于《明清史新析》《隆庆皇帝大传》等专书之中。他是在总体把握明中期史事的基础上剖析传主，又通过论述传主反映处于社会转型时代的16世纪。

张居正身后的评价，一直是毁誉互见，褒贬不一。为之作传者，不乏其人。最有代表性的是1911年梁启超的《中国六大政治家》。此书把张居正与管仲、商鞅、诸葛亮、李德裕、王安石并列，加以褒扬。再是1945年朱东润的《张居正大传》。此书把张居正写成救世的杰出政治家。由于梁、朱都有感于时代，投入现实的情怀，借古人来抒发自己的政治理想，对张居正的评价虽然不乏精当的见解，但难免偏颇。韦庆远先生为了逃脱前人的窠穴，持平而公允地再现张居正，首先他没有满足于前人所引用的资料。他花大力气去做“钩沉索隐”的功夫。他利用在美、英、日等国家和中国港台澳等地区访问、讲学的机会，搜寻国内所缺失的有关资料。他用功之勤，受到牛津大学的科大卫等邀请者的钦佩和赞扬。从本书所征引的史籍、资料看，已达近400种，其中地方志有65种，私人文集、书信150种，有关隆万时期的历史档案图谱10种。他对史料的搜寻，能做到的他都竭尽其力了。对史料的考据和诠释，也是煞费苦心的。既要解读字面的意义，又要揭露作者在纸背的隐喻。尤其是张居正与部属、同僚的书信，如不了解当时的情景，不处身于当时与受书者同作感悟，是很难洞察书信的秘诀与隐喻的。其次，为了将张居正置于君臣、同僚、师友等人际关系环境中考察，对相关的人物约60人，分别立档，逐一加以审视、分析，以从中看出人际环境如何制约了传主的思想与行为，传主又如何改造客观世界，推出“隆万大改革”的政治局面。这种写法是把传主分色，泼出一代风云。本书所达到的境界，作者的学术功底和涵养，于此体现。这就是所谓大家手笔。戴震所说的“考据、义理、辞章”，本书皆兼得。

作者治史50年如一日，甘于寂寞，甘于坐冷板凳，不与时逐。时移岁进，其志益笃，其功弥深。史坛上，或有数月出一部巨著，韦先生却十余年磨一针。此书对于学术界目下浮躁、急于求成之风，不失为一个针砭。他退居广州后，同居一地，作为后学，因得韦先生的垂爱，此书撰写过程中，每得一章或一节，便着家人送来舍下，让我先读为快。他写此书的甘苦，我最得知。此书所取得的成就和贡献，我前曾以“实、真、全、新”四字概括其特点，今当补充指出的是，此书堪称张居正研究的里程碑，代表了当今研究的最高水平。我认为就目前的研究水平而论，此书得奖是合乎条件的。

（执行编辑：周　鑫）

难以忘却的纪念

黄启臣*

“纪念韦庆远教授暨明清史学术研讨会”即将在广东省社会科学院召开，十分高兴。本人因此前出差外地，不能赶回来参加会议，特写此短文表示歉意和祝贺。并借此向韦庆远教授表示无限的怀念，向他的家属表示深切的慰问。

我是1962年认识韦庆远教授的。当年春天，我遵导师梁方仲教授之命和指导，撰写一篇《评韦庆远著〈明代黄册制度〉》（中华书局1961年版）的读书报告，作为学期作业交给老师。后经梁老师悉心修改后抄正，高度评价该书是观点新颖、资料丰富翔实、论证充分确凿的第一部研究明代黄册的专著。夏天暑假，梁老师命我持抄正的读书报告稿去北京中国人民大学档案系找作者韦庆远先生交换意见。我遵师命去北京找到韦庆远先生。他非常热情接待我，还请我在家吃午餐。下午，韦先生认真细心地阅读我写的读书报告，然后把他利用明代档案研究和撰写《明代黄册制度》一书的过程和经验告知我，使我得益匪浅。分别时，他一再叮咛我回广州后一定代他问候梁方仲教授和感谢他指导我写读书报告（当时他未认识梁方仲教授）。

从此之后，47年来，我与韦庆远教授一直联系不断，而且我始终视他为师；他亦一直视我为后学，时时关爱和帮助我成长。记得1976年“文化大革命”结束，中国人民大学复办后，他为我不能按所学明清经济史专业从事教学和研究工作感到惋惜，于是积极向中国人民大学历史系推荐我调入工作，经他多方努力争取，征得校方同意。后因当时家属三人户口不能随调迁北京，我不愿只身前去而作罢。但我对韦庆远教授的真诚关爱和帮助是终生铭记不忘的。

1981年春，我回到母校历史系工作后，韦庆远教授一如既往关心和指导我研究明清经济史，并将他数十年收集积累的明清档案资料，无私地把与我研究专题有关的资料抄寄给我，使我的研究工作得以顺利开展。他主编《清朝全史》第五卷时，又关照约我参加编写其中的一些章节，帮助我在学术研究中不断成长。

---

* 黄启臣，中山大学历史系教授。

抚忆往事和自己成长的过程，我深深意识到，我之所以有今天，是离不开韦庆远教授的长期关爱和帮助的。在此纪念韦庆远教授的会议上，我要向他的在天之灵表示衷心的感谢！向他三鞠躬！

去年春节，我按惯例从加拿大多伦多市打电话给韦庆远教授，祝福他春节快乐、身体健康，在电话中亦聆听到他的洪亮声音。但是无论如何想不到，5 月间，竟然惊悉他仙游的噩耗。但毕竟已是事实。现在开会纪念韦庆远教授，我只有怀着万分悲痛的心情写此短文、并为会议提交《从江河到海洋——论广东古代经济发展的路向》论文，以表示对韦庆远教授的哀思和难以忘却的纪念。

（执行编辑：李庆新）

迢迢旧梦感深情

——追忆韦庆远先生

范金民*

2009 年 7 月 23 日上午，我看到《中华读书报》上学生刘舒曼博士的书评，感觉可以向韦庆远先生汇报了，立即往他家打电话。可是一连几次，都说是空号。心中有预感，先生年龄大，因夫人去世身体不好，会否有异常。次日打电话给中山大学陈春声教授，方知先生早已去世（后从柏桦兄处知是 5 月 11 日），真如晴天霹雳！我愧悔交加，我这么懒，这么晚才知道！春声说，韦先生很低调，他也是事后才知道的，去世当天就火化了，悼念仪式也不要，事后其哲嗣才告诉他。韦先生，一个待人特别宽厚，言谈举止特别儒雅，对史学晚辈特别提携鼓励，于明清史学研究成就卓著而特别执着，直到晚年撰论，仍自励须有三分之二以上新材料的饱学之士，就这么悄悄地走了，没有惊动任何人，没有让他的亲友、同行、学生去看他送他。

年前冬日，已记不清是哪一天了，打电话给先生，感谢他又寄来一套亲自题签的《正德风云：荡子皇帝朱厚照别传》（书刚出版，先生即安排由出版社直接寄来一套）。先生气喘吁吁地说："听毛佩琦教授说，你准备写书评，那就写吧，我很想听听同行的意见。"没想到，这竟是我听到的先生最后的声音！余音绕梁，言犹在耳。2007 年 8 月大连明史会期间，21 日晚上吧，我去拜访先生，又一次聆听先生教诲，其时师母辞世不久，先生神情不如以前爽朗，但持重大气仍如往常。告别时，先生嘱咐有空再来坐坐。没想到，那次竟是与先生的永别。其情其景，恍如昨日。

抚摩着先生的封笔之作——洋洋 80 万字的《正德风云：荡子皇帝朱厚照别传》，谛视着扉页上的手书"金民教授雅正"的题词，回想着当年先生撰稿第一章即寄来"征求意见"的情景，凝望着先生赠送的《明清史辨析》、《明清史续析》、《明清史新析》和《张居正和明代中后期政局》等杰作，翻检出先生饱含期许的多次复信，我的眼泪夺眶而出，思绪滚滚如潮，先生对我这个后辈的关爱、教导和提携历历如在目前。

---

* 范金民，南京大学历史学院教授。

初次拜见先生是在 1983 年 11 月无锡的明代经济史讨论会上。其时先生好像刚从日本访学归来，大家听他畅谈出国见闻。先生面色红润，头发稀疏，举止温文尔雅，谈吐慢条斯理，给我留下了博学通达、平易近人的深刻印象。

转眼再次见到先生，已是 1987 年 12 月上旬深圳的清代区域史国际学术讨论会，会议规模盛大，中外学者云集，似乎未能有机会专门向先生请益，但先生在大会开幕式上关于清代区域社会经济史研究的学术综述性发言，令人印象深刻。先生在介绍清代区域史研究的内容、范围、阶段后，着重就学风和方法评论同行学者的既有研究成就，认为 20 世纪二三十年代开始，老一辈学者就在本研究领域中初步奠定了一些优良的学风，那就是尊重事实材料，尊重证据，不惜下大功夫搜集和整理原始资料，审慎做论断。这种优良学风大体上被后学继承下来了，并且在近十年的工作实践中得到了较普遍的认可和发扬。他认为，老一辈学者在当时的条件下，已经力图运用历史学、社会学、经济学、统计学和人类学的知识，既对区域社会经济进行典型的个案分析、量化统计，又做出综合性的论断。这样的工作方法，在近年各学科新的理论发展和科学技术发展的条件下，又得到了发扬，在这些方面，我们可以举出若干为国内外同行公认的范例。先生依次列举了傅衣凌教授、邓拓同志、洪焕椿教授、叶显恩研究员、章有义研究员、从翰香研究员、吴天颖和冉光荣教授、罗仑教授等人的研究成就，说他们所取得的卓越成果都是寸积铢聚，都是经过辛勤刻苦的劳动而获得的。其中他提到洪焕椿教授“从 40 年代迄今，一直从事浙江地方史，尤其是社会经济史的研究”；罗仑教授“为研究山东的经营地主经济结构，亦进行过长时期的调查和考察”（参见韦庆远《清代区域社会经济史研究概况》，《学术研究》1988 年第 2 期）。洪先生是本人的业师，罗老师是本人的老师，韦先生对他们的学术予以肯定和颂扬，我也倍感荣光，格外亲切。先生的发言高屋建瓴，评点肯綮，作为晚辈和后学，我深受鼓舞和激励。先生发言后对我说，相信他的发言同行也是会认可的，足见先生对明清区域经济史研究的评述是深思熟虑的。

1989 年 11 月，我们南京大学历史系明清史研究室承办国际清史学术讨论会暨全国第五届清史学术讨论会，先生应邀赴会。其时办会条件差，吃住都较简陋，先生提前报到，会后继续开中国政治制度史书稿会议，均住在南京大学招待所，毫不计较。大会开幕式，设有主席台，按先生的资历和声望，自然应该就座，然而他非代表参会单位，就座似乖成例，只能屈坐台下，似乎有人为其鸣不平，先生却毫不介意，会间始终心情舒畅。

1990 年 3 月，中国社会科学院经济研究所方行先生召集开清代经济史研讨会，先生出席会议。会间，先生回忆起“文化大革命”期间如何在故宫明清档案部整理档案，抓紧时间搜集自己所需要的档案材料，其时先生即已敏感地认识到档案对于清史研究的重要性。会上讨论到康熙盛世与嘉道衰落问题，先生又提及三年困难时期及稍后时期的生活状况，以探讨前清的农民生活水平。一个熟悉清代材料，又经过民国到中华人民共和国成立初年生活切身经历的人，所持观点体现出历史的厚重感。会后，先生邀请厦门大学陈支平兄、中山大学刘志伟兄与我三数人，到其张自忠路三号府上做客。师母精心准备了丰盛饭菜，先生招待我等后学时，不时夸奖师母的厨艺，语言出于至诚，又不失幽默。与席者还有他的一位邓姓女生和来自香港的女研究生，先生向人介绍我等，说支平是傅衣凌先生的高足，我是洪焕椿先生的弟子，志伟是梁方仲先生的再传弟子，相当客观到位，却令我受宠若惊。

1991 年元月八日，大概是我年前向先生寄了新年贺卡，先生特意回复，稿纸二帧。信中奖掖一番后说："当今学术荒漠，人才流失，能够坚决留在此一岗位上并极力保持质量的人不多，更是难能可贵。希望继续努力，人弃我取，共勉自重。"接下来更较详细地列举先生近期完工的著述和今后的研究打算，谓："今后或可集中时间精力于自己的专题，教材性东西当坚决不承担。"先生手书，说不上飘逸雄健，但自有章法，别具一格，用语诚挚，殷殷教导后学的同时，真正以身作则，不时勉励鼓舞。

同年，我承担的国家社会科学基金课题成果《江南丝绸史研究》完稿，由农业出版社出版，不想惊动任何人，然而校样出来，出版社说最好还是请名人写一序言。于是匆忙之间求请先生施以援手。先生说一周后他即去日本访学，不过还是可将书稿寄去。十月，如期收到先生高度肯定热情洋溢的序言，捧读之下，我既感惭愧，又有一种负罪感。如今的我，偶尔为人作序或被人约写书评，通常很不情愿，更何况临行忙杂之际，对比先生所为，不禁汗颜。

1993 年，我访学美国郡礼大学半年回国，致信先生请安，汇报访学经过。先生不久即回信，先通报他的研究撰作情形道："我已经办了退休的手续，其所以亟于办理，无非是为了更好地掌握有限的时间和精力，用以完成自己计划中的功课。目前集中于两个题目：一为明代张居正的传记，取名《人与巨人——张居正全传》，其所以谓全，是指全面评述而言，张为不世出之人，但亦有私心私欲，亦有失误，亦有弄权用术之处，将之作为一个伟大的、但又是常人行为心态来研究，似亦有益于纠，或亦有益于世道；二为《清代官僚政治研究》。前题正在集中精力撰写，已得二十余万字，后者则只限于历年收集来的资料和思考，尚未动笔也。如以五六年的时间完成此两部大书，我算是勉强可以交卷了。"先生所言，如实反映出他不停思考、勤奋著述的学者风貌。接下来，先生又告以起居状况道："目前我居住在故乡广州寒寓，因无会议、无教学任务，除偶尔与粤中师友晤谈讨论外，工作时间比较有保证，效率似高于在京时。京寓仍保留，每年夏天会回京小住。"先生口吻，似在向友人通报近况，而不以我之微末稍有轻视之意。大概是我在去信中感慨了国内学者居住工作条件之差（我当时一家三口住在筒子楼朝北的一间房内，终年不见阳光），先生在最后勉励告诫道："劝君莫羡黄金屋，灯前窗下亦自足。当此治学艰难之时，更需有志之士坚持不舍，立志承前继后也。"如今在宽敞明亮的书房里，读此文字，既感佩先生的远见，更感谢先生的提点。我等学人，能够始终坚持在史学研究与教学一线，未尝不是先生教导鞭策之所成。

1994 年 8 月底，第七届全国暨国际清史学术讨论会在沈阳举行，先生出席大会，我也躬逢其盛。先生刚退职，专项研究日有所进，心情舒畅，与他合影，神采飞扬，听他传授治学经验，他说他力求撰文每篇有三分之二以上新材料，尤其是关键性材料。仅此一点，即使在资讯发达的今天，对于一个退职高龄的研究者来说，恐怕也甚为不易吧。

1995 年 8 月，第六届明史国际学术讨论会在凤阳召开，会后紧接着又在江苏高邮召开邮驿文化国际学术讨论会，我紧随先生参观刚刚修复的盂城驿，听先生谈明代驿送史事，大长见识。

1997 年 8 月，第七届明史国际学术讨论会在长春举行，我随先生游览伪满皇宫。记得时为东北师范大学副校长的赵毅兄说，像韦先生这样德高望重的老先生，一定要设法解决费用参加明史讨论会。

1998 年 5 月，第八届清史学术讨论会在武夷山召开，先生与王锺翰先生、叶显恩先生、杨国桢先生、罗仑老师，及台湾的李学智先生，未攀一线天，在山下歇息，纵谈史林掌故，何乐如之。

2001 年 3 月，我应香港城市大学中国文化中心主任郑培凯教授邀请，去彼做学术讲座。其时先生正偕师母客座香港，我们一起应张瑞威和卜永坚两博士到中环的宁波会馆晚餐，席间有广东谭棣华先生，听他们谈老辈逸闻，颇长见识。

同年 8 月，第九届明史学术讨论会在武夷山召开，再次见到先生。

2002 年 8 月，清史讨论会在大连召开，会间，先生与我们一起游览旅顺等地，参观辽宁省博物馆，步履稳健，谈笑风生。

就这样前后 25 年间，我有幸平均两年能在学术会议期间见到先生一次，间或通通电话，感觉先生总是乐观通达，大会发言总是要言不烦，无论时间长短，总是把握精进恰到好处，也从不发过激之言辞，平时所谈，类不出学术或专业范围，背后则从不道人之不是，谈到个别学者人所共知的小毛病或突出的特性，先生顶多说某某是有个性的，或某某是有特点的，对待晚辈，满腔热忱，总是予以鼓励，若有尺寸之长，即褒扬表彰不已。长者忠厚，在先生身上体现得十分突出。可以说，从为人到学问，先生于我虽无授业名分，而所见所知所悟，我得之于先生者正难以量算。现在又是 8 月，先生早已含笑于九泉，暑期的学术会议再也不会有他健壮伟岸的身影，我等后学再也听不到他的思维绵密、抑扬顿挫的高论，但我等受其教诲，承其余泽，还会不停地出没于明清史学界，不停地参加各种学术会议，只是能否绍承其明清史事业，实难预料。

（执行编辑：李庆新）

我与韦庆远老师相交20年

邓开颂*

韦庆远老师比我年长12岁，可以说是同一时代的人，但我一直把庆远教授看作是长者前辈，是自己十分尊敬和学习的榜样。今年是他诞辰九十周年，我写下这篇纪念文章，送上我一份深深的思念之情。

一、韦老师是我十分尊敬的长者前辈

出生在20世纪20年代末的韦老师，具有中国知识分子的可贵情操。他们经历了残酷战争和激烈的社会变革，具有平常人所没经历的人生，大多数在求学的年龄和刚入社会之际接受过抗日战争和解放战争的洗礼，参加过抵抗侵略和反对专制统治的活动，并为建设社会主义新中国做出贡献。由于历史原因，这一代知识分子命途多舛。艰难过后，他们就像韦老师一样，“热爱祖国的决心和建设社会主义的信念并未泯灭，疴疾在抱仍愿舍弃一己的得失恩怨，甘愿继续殚精竭虑以做最大的努力，自觉地要尽力弥补国家和社会遭受到的损失”。韦老师自诩是“凿石工匠”，这种顾全大局的觉悟，这种为国为民的高风亮节，正是中国知识分子最可贵的情操，永远是我的学习榜样。

韦老师从中国人民大学退休返广州，住在石溪村亲戚的一套古式老屋里，食住简朴，他和师母不改其乐。他经常去西关故宅探望老母亲，当年交通不变，路途艰辛，出入村落街口，无论是徒步、骑单车还是挤公交，他都是神采奕奕，毫无怨言。叶显恩教授、黄启臣教授、谭棣华教授和我等好友常与他相伴。我们4人中，或许我年岁较小，活动能力较强，住居又与韦老师相邻近，所以联络和照顾他的衣食住行等生活琐事较多地落在我身上。

---

* 邓开颂，广东省社会科学院历史与孙中山研究所研究员。

韦老师祖籍顺德，对家乡菜特别嗜爱。叶显恩、谭棣华、陈春声、刘志伟、李庆新和戴和等一群好友时常陪韦老师聚会，上凤城菜馆，品尝鲮鱼球、清蒸榄角、桑基塘鱼和秘制活鸡等，回味无穷。韦老师对财富和朋友的关系有自己独特的见解，常对我说“钱多烦死人，钱少很省心，够食够用刚刚好”。“朋友不在贵贱，知音胜过黄金。”

我记得韦老师患病住院期间，他反复叮嘱我：“不要告诉朋友们，人家都很忙，来病房探病很不方便的。”在最后弥留的日子里，病情恶化，我和庆新去珠江医院探望，只能通过 ICU 病房外面的视频见他，通过护士在纸上写上我俩的名字带进病房，让他知道我们前来探望，传达我们的祈愿，内心多难受啊！

二、韦老师对澳门史、粤澳关系史造诣深厚，贡献良多

20 世纪 80 年代，我开始接触“澳门港”问题，在香港史研究开拓者与奠基人之一的金应熙教授指导下，与大学时代的同学黄启应开始收集研究澳门的资料。1983 年，金应熙教授主持推动香港港史研究。1987 年，他赴香港开拓香港史的研究并撰写《香港概论》，同年把国家社科规划项目“香港史”和“澳门史”课题交给我负责，并委托我接手省社科院港澳史研究室主任工作。在金应熙教授指导下，我组织研究团队，引进陆晓敏、杨仁飞和徐素琴等硕士研究生，还有聘请一批客座教授，有中国人民大学教授韦庆远，中国社科院研究员刘存宽、刘蜀永和南京大学教授黄鸿超等。在这些著名教授直接指导和参与下，港澳史和粤港澳关系史的研究工作蓬勃开展，也引起韦老师的关注和支持。

30 多年来，我出版过有关澳门史、粤澳关系史的专著有 20 余部，论文 50 多篇，文章 150 多篇。韦老师指导我完善多篇论文，修改审定文章，如《明清时期的澳门海上贸易》、《葡萄牙逐步占领澳门的历史过程》和《清政府对广东海外贸易的特殊政策》等，赠送我有关明清档案中的手抄资料 900 多条。还为我的四部著作作序，分别是《澳门港史资料汇编（1553—1986）》（广东人民出版社，1991 年）、《粤澳关系史》（中国书店，1997 年）、《明清时期澳门问题档案文献汇编》（人民出版社，1999 年）、《广东澳门档案史料选编》（中国档案出版社，1999 年）。他的每篇序言，都饱含他对澳门历史研究的真知灼见，扩大了我研究视野，拓宽了我的研究领域，提高了我的学术水平。

1987 年，韦老师为我和黄启臣合著的《澳门港史资料汇编（1553—1986）》作序：

> 我在阅读本书原稿和撰写这篇序言的时候心情是很兴奋的。这是由于：第一，我本人的儿童和少年时代是在澳门度过的，许多亲戚师友一直仍在那里生活。我终生绝难忘记，抗日战争时期，在澳门地区曾开展过的如火如荼的爱国救亡运动，我一直受

到当时的老师、哥哥姐姐们卫国忧时的热情的感染和鼓舞。对于这个远在祖国南疆的美丽半岛，我一直怀有同于故乡故土的深厚感情，东望洋、南湾、三巴门、路环和氹仔岛，都常萦魂梦。当今它即将重归祖国版图之际，又读到开颂和启臣二位编纂成的有关澳门史的大型资料书，欣慰感奋之情实难自已。

在洋洋 4 万多字的《明清时期澳门问题档案文献汇编》序言中，韦老师阐述了他对澳门史研究的深邃思维与独到见解：

一是认为澳门史是中国和世界历史上的一个特例。他把宣统三年（1911）前的澳门历史分为三阶段，阐述了每个阶段的社会性质、变化及其演变的深层次的原因，形成了澳门研究史的基本体系。

回眸四百多年来澳门问题的历史发展，必然会为它的特殊曲折历程，为其跌宕起伏，波澜翻腾而惊叹。澳门以弹丸之地，因其特殊的地理位置和特定的国内国际环境，一时成为举世注目的地域。它在中国和世界历史上都是一个特例：在不同阶段间形式变化幅度之大，在不同时期与国际风云变幻、“列强”的利益角逐、东西方贸易和文化交流都存在着悠久和密切的关系，澳门的工商业，曾经有过畸形的繁荣，又有过几度急遽的衰替，近代则成为转贩鸦片和贩卖华工的渊薮，极大地激化了中葡关系和粤港关系。中葡之间截至 1949 年前进行过马拉松式百年交涉谈判，侵占和反侵占斗争的长期尖锐持续，都构成了澳门作为一个敏感性的特殊地区，澳门问题作为一个复杂的研究课题。

明清澳门历史的发展过程，似可分成三个不同的大阶段，即：从明代正德、嘉靖时期到清初顺治时期（约从 1506—1661），历经 150 余年，葡萄牙人交替使用着要挟和恭顺两手，以贿赂开道，取得了在澳门居留和租住的地位，是为第一阶段。从清代康熙年间（1662—1722），特别是二十二年（1683）开海禁以后，继之以康雍乾盛世，以迄嘉庆、道光朝，在道光二十年（1840）鸦片战争壹仟，澳葡当局对清王朝和广东地方官极力表示感戴忠顺，“愿为外臣，代守疆土”，基本上不敢违规越境，历时将近 180 年，是为第二阶段。1840 年中英爆发鸦片战争，清方战败，被迫割让香港岛，签订丧权辱国的不平等条约。葡萄牙政府在这样的大气候下，幡然改态，反恭为倨，咄咄逼人。从道光二十九年（1849），单方面撕毁纳租借住惯例，逐步扩界侵权，企图将澳门及其临近地域侵占为殖民地，中国官民为此持续的抵制抗拒，海内外人民群众展开此伏彼起的保土护权斗争，历时六十余年，以至于宣统三年（1911）清朝灭亡，是为第三阶段。

二是阐述清代康、雍、乾三代鼎盛兴隆时期，在牢牢把握对澳门各方面主权的同时，还对蕞尔小国葡萄牙实行特殊政策的历史缘由。

清代康、雍、乾时期的鼎盛，国势的兴隆，又一直牢牢掌握着对澳门各方面的主权，为什么还让蕞尔小国葡萄牙仍旧租住？仍能俯允继续维持前朝的许诺？按照当时的国力对比，宣布废除旧约，敕命葡人撤走，将澳门重新划回香山县辖区，在澳葡方势力是绝难抗拒的。其所以弃此而不为，显然不是由于最高决策的疏忽或姑息，而是由于存在着从另一角度出发的政策考虑：一则以为，既然保有可以充分行使的对澳门在行政、司法、财政、贸易防务的统率监管之权，又严定了澳葡当局的管理范围和必应恪守的禁约，认为仅准许葡人借住居留，并未有损主权；二则看到，由于历史和地理的原因，百余年来，澳门已成为东西贸易的枢纽转口埠，中西科技文明的汇合处，人员来往的孔道和居留所，亦可以在必要时，作为外国与中国内陆间的一个缓冲区，对有些来华人物或涉外事件，先让停留在澳门，经过考察或初步处理后，再决定时候准许有关人物入境。有关船只也必须在澳门经估算并征纳关税，卸除为航海自卫的枪炮后，才准许其驶入内河。澳门实处于由中方控制的“外港”的地位。清朝亦思有以运用之，继续发挥其特殊作用。清朝前期对澳门问题的处置，是强者在清醒权衡后的抉择，而非弱者昧于形势的屈从。

康熙之所以颁布如此特殊的规定，并不是一时性的随意措置，而是基于对某些国内外事务的郑重考虑。事实上，要完全隔断已经长期存在的中国与南洋诸国间的贸易，不但绝不可能，而且还有许多涉及南洋的问题，仍将继续存在并有待处理，利用澳门的特殊地理以实现大禁小开，有意保存一个半公开的合法通道，即可堵杜私卖船只、私运粮食和人口私留外国诸弊，又仍可以保持着某些重要商品的进出转口，某些人物讯息的往来，有利于接回滞留在南洋的中国居民，便于遣回那些遭海难盗劫等流入中国的南洋“难民”，等等，保持着机动。

三是阐述了鸦片战争后至20世纪40年代的100年间，中葡政府从未间断的侵占与反侵占斗争。澳门人民始终站在斗争的前哨。

从道光二十年到清末宣统三年（1840—1911），即到清王朝覆亡之前，大体上集中一下三个方面：一作为葡方贪念大炽，要求永远侵占澳门，并扩大到附近地区，作为自己的殖民地；二为葡萄牙一直依靠法、英、美等所谓“西方列强”的庇护以牟取侵略利益，法英等国为共同利益，也一再出面支持葡方，遂使中国反对葡萄牙侵澳的斗争必然与反对国际的侵略斗争汇合起来；三为与清朝廷的软弱畏懦相反，中国海内外同胞，包括少数广东的督抚大吏和地方官在内，对葡方侵占澳门的抵制抗争日趋激烈，舆论与措置逐渐有力；迫使葡方侵略意图部分受到遏阻。

反对澳葡侵占，反对签订丧权辱国《通商条约》的高潮，大体上是从光绪十年（1884）以后日趋高涨的，直到清朝在1911年灭亡，一波接一波，从未停息。望厦村村民为反对“澳葡越界收租”，反对“驻澳葡人收钞勒索”，一再向清朝官府呼吁维护主权，切不可将寸土片地轻让于人。稍后，在中葡关于澳门划界问题交涉期间，香山县各界，香港各界，广东省各界，各界人士，以及包括旅居欧、美、东南亚各地的侨胞，均以同乡会、商会、勘界维持会、中葡界务研究社等等名义集会和发表宣言，或献上原葡方租居澳门岛界址的地图，或探求数百年来澳门被租住以至被逐步侵占的历史过程，用以供反抗侵占谈判的参考。有些人士甚至连续数十次上述，泣血椎心，要求废止条约，收复国土。

还应该注意到，也是从光绪初年开始，在清朝统治集团内部，有一些督抚大吏，如先后任两广总督的刘坤一、张之洞、张人骏等人，曾任广东巡抚的吴大澂，曾经一再实地复勘，剖陈利害，多次向清廷上奏，表示坚决反对签订有损国权的条约，反对让葡萄牙“永驻管理澳门”，认为此是“肘腋之患”。到光绪三十四年（1908）和宣统元便是爆发武昌起义的日子了。可以说，是上溯到明末，又完整地包括了有清一代有关澳门问题的起伏跌宕，复杂变化的全过程，“黑龙王气黯然消，莽莽神州革命朝”。维护澳门主权的斗争，是与辛亥革命的浩荡潮流汇合在一起的。

在《粤澳关系史》和《广东澳门档案史料选编》序言以及《有关粤澳关系史研究若干问题——对邓开颂、吴志良、陆晓敏主编〈粤澳关系史〉的评价》论文中，韦老师详细阐释了他对粤澳关系史研究的见解：

一是概述粤澳关系史的脉络体系和关系性质。

粤澳之间而有关系问题，乃是从16世纪中叶，即在明代嘉靖三十二到三十六（1553—1557）年间开始的。自明代嘉靖年间到清代道光二十九年（1849）以前，为期近三百年之久，中国在澳门一直委派有文武官吏，驻扎有军队，持续有效地掌握着行政、司法、防务、征收赋税关税，管制海内外贸易等职任，对澳葡当局的自治范围有严格的规定和限制。澳葡当局每年应向香山县交纳地租515两（白银），以表明仅是居于租赁客居的地位。对于葡人租住澳门，明清朝廷绝未认为是已把它和广东省分割，更丝毫未认为是存在一个相对立的政治实体。不过葡人既可在租住范围内拥有一定的自治权力，澳门与内地其他地区在体制上终究有所不同，广东省的总督、巡抚、粤海关监督、主管澳门事务的广州知府和香山县知县、县丞，有些事务还是会通过澳葡的理事官，督饬他们承办禀复。粤澳遂从一体演变为比邻。应该说，直到道光二十年（1840）爆发中英鸦片战争。

在国际风云剧变的大气候，“外臣”自居的澳葡当局也反恭为倨，暴露出咄咄逼人的面目，拒绝继续履行已历经三百年在界内尊重中方统治主权，拒缴地租，动用武力捣毁中国香山县丞和粤海关设置在澳门的衙署，驱逐驻澳的中国官吏兵役，强行征收居澳华人的人头税、土地房产和货物关税，甚至以蚕食方式作为扩界的手段，相继提出要拥有所谓葡属领土、领海的主权，纵容葡方军警不断在边界挑衅，制造事端，虐杀中国平民。最后，竟公然宣布“澳门是葡萄牙的殖民地”，所谓“澳门省”。所有这些倒行逆流的侵占活动，理所当然地引起中国历届政府的反对。自此以后，中葡以致粤澳之间，矛盾纠纷不断，交涉谈判迭起，时局进入急剧的演变之中。回顾四百多年的粤澳关系史，实亦可从此视角观察到中国从明代后期的衰弱腐败转进到盛清的崛起，然后又陷入晚清的痛受侵凌屈辱，民国时期的分裂和混乱，中华人民共和国的成立及其成就；观察到中葡关系，以至整个中外关系出现过的多次大幅度的变化，优势与劣势的转变和再转变，还可以观察到中国人民若干代人前仆后继地救国图强，为捍卫国权和民族尊严而进行不屈不挠的斗争。而所有这些问题，又较多聚焦在鸦片战争以来的中国近代史和现代史阶段。

二是粤澳本为一体，关系密切，兴衰与共。

澳门一直作为广东省地方行政管辖的一部分。不论从历史沿革、地理区域、社会经济、宗族种姓、文化和民情风俗等方面，均与广东省珠江三角洲各县基本相同，体现出粤澳本为一体。粤澳同胞虽然分居两地，但血脉相通，经济关系密切，可说痛痒相关，兴衰与共。《选编》收载了澳门地区近代有关贸易、通商、社情、灾害等方面的资料，说明了只有国家政治稳定，经济繁荣，澳门的工商业贸易才可能真正兴旺发达。澳门弹丸之地，从来都依赖祖国内地作为生存的泉源。数百年来，全澳地区生活所需的粮柴果菜主要都是由内地供应，偶有短缺，全澳即陷入匮乏恐慌。据《选编》披露。澳门地区的转口贸易，长期以来约有 50%以上是输入内地的。故每逢内地局势动荡，澳门的经济即受到沉重的打击。例如抗日战争爆发之后，一度造成澳门工商业急剧萎缩，1940 年就曾有过长达 6 个月的基本停顿，足以说明内地的生产和市场，实是澳门的经济的命脉。数百年来，不论广东内地抑或澳门发生水、旱、风灾，总是表现出对对方的由衷关怀，竭力捐输救济，充分体现出密切的手足情谊。

三、韦老师的史学思想和治学方法永远值得我学习

韦老师为我的澳门史、粤澳关系史研究费尽心血和辛劳，对我们后辈的学术研究充分肯定，激励我们不断进取，奋勇前行，在《粤澳关系史》序言中，他写道：

邓、陈、陆三位主编的《粤澳关系史》仅以数十万字的篇幅，对自明代嘉靖年间以至将于1999年由中国收回澳门主权的史事，划分几个重要阶段，针对每阶段的特点和要点，进行较为全面的分析和论述，无疑是一项重要的学术工程。

本书的编者和作者们深切地认识到，广东和澳门的关系不能游离于中国葡萄牙两国关系之外，也不能说离开波涛诡谲、风云多变的国际格局，故此，他们在书中即充分注意到将粤澳关系置于国际形势和中葡关系的总体中，但又绝不是将粤澳关系史与写微型的中葡关系史，而是充分注意到着重叙述粤澳两地在历史、地理、经济和人文诸方面的密切连锁，利害与共。对于葡萄牙从租住以至逐步侵占澳门对广东的影响，粤澳居民世代以来相互的关怀和支持，都以浓笔重墨作出较为详细的论述。对于粤澳人民为爱国爱乡，四百年来世代辛勤，共同将澳门从一个渔村孤岛，逐步建设成为国际金融贸易中心之一的业绩，都给予充分的肯定；对于澳门以广东为依托，在发展国际贸易，促进东西文化科技交流等方面占有的特殊地位和起过的重要作用，都作出公正的评估。凡此，都是较前此的著作有所深入的地方。

近年来，中国两岸和葡萄牙的档案和学术部门，编纂整理出版了一些有关澳门史问题的重要历史档案汇编，而且本书的主编在此同时，又参与主持正在进行中对同一问题方面的编纂档案的工作。将这些最新公布的第一手资料，作为编写《粤澳关系史》的重要史料来源，自然有助于提高本书的资料水平和研究质量，可以有理有据地说明史实，澄清混乱。历史科学是研究既往事实的科学，它要求严谨、准确，言而有据，论从史出。本书的编者和作者们注意到这一点，提倡有分析地优先使用历史档案，并且将写书档案部门合作编纂出版有关档案的工作结合起来。当然由于受本书出版时间和编纂历史档案进度的限制，在即将出版的《粤澳关系史》中，还未能更广泛地采用整理中的档案史料，但方向正确，在未来重版时将有明显的体现。

用新编《粤澳关系史》来庆贺1999年澳门回归祖国，是一件很有意义的事。它可以促使我们温故知新，从四百多年巨大的历史剧变中，从中葡两国政治势力及国际关系消长中，并在促进澳门顺利回归的合作中，获得到鼓舞和教益。前事不忘，后事之师，是编写和出版这本书的意义。

韦老师认为，澳门史、粤澳关系史应该置于国际形势和中葡关系的总体中考察，才能得出正确的结论。要注意历史的科学性，社会科学是在不同流派、不同方法和观点的争论中前进的，所以要放眼世界、博纳广收。他认为历史科学是以历史事实为研究对象，史学研究是以史料为根据的。没有必要的史料准备，遑言着手进行任何认真的高质量的历史科学研究；当然，有了较为充实的史料，还必须具有正确的立场、观点、方法，还需要对头绪繁杂、内容矛盾交错的史料进行认真的审查甄别和准确运用。史料的搜集和初步加工仅是完成了第一步的基础工作而已，但是，没有这第一步就绝难进入第二步或第三步。至于治史的方法，要懂得取长补短、中西融合。对待国内外研究成果取其精华去其糟粕。

（执行编辑：徐素琴）

瑰玮奇特的韦庆远教授

袁钟仁*

韦庆远教授（1928—2009）是德高望重的长者、著作丰富的学者、立场鲜明的革命者。韦老祖籍广东顺德县（今佛山市顺德区）陈村，其父在广州长堤经商，抗日战争期间，商店遭到破坏，那时他 11 岁（一说 14 岁），便参加抗日活动。中华人民共和国成立前去北平（今北京）读大学，因参加学生民主运动被捕入狱，坚贞不屈。中华人民共和国成立后在中国人民大学任教，曾任档案学院院长，为国家培养大批档案工作人员，堪称桃李满天下。他待人厚道，治学严谨，坚持原则，令人尊敬和怀念。

为人厚道　德高望重

1990 年春末夏初，我有幸在寒舍接待韦庆远教授，这次交谈很融洽，我得以亲聆韦老略述自己的简历。

韦老说，他年仅 11 岁，便去参加游击队，来到南海县（今佛山市南海区）和三水县（今佛山市三水区）交界之处。这里有一间小学，校长谭景裕见他年纪小，便劝他在这间小学读书。1946 年，他去朝阳大学，后转北京大学读书，因参加学生民主运动被捕。北京和平解放，敌人法庭的档案保管完整，证明他在狱中经得起考验，因而中华人民共和国成立后历次政治运动都通过历史审查。

世事往往富有戏剧性。当初那位谭校长安排他读小学，中华人民共和国成立后，谭校长的儿子到北京读大学，他就近予以热情照顾，这种友好关系长达数十年。他微笑地对我说："从此成了通家之谊。"我国传统道德对"通家"予以很高评价。

就我所知，韦老对前辈十分尊重，对平辈谦和有礼，对晚辈奖掖扶持。1952 年，他从中国人民大学中国历史教研室调去本室档案学教学组，为此先后向沈士远、单士魁、单士

---

* 袁钟仁，暨南大学古籍研究所副研究员。

元、张德泽、陈垣、许宝蘅、叶恭绰、郑天挺、梁方仲等人虚心求教。事隔半个世纪，1985年他撰文说："当年问难解疑的情景，在我的记忆里仍然鲜明深刻，恍如发生在昨日一样。对于这些师长，我永怀尊敬和铭感之情。虽然他们之中，大多数人已经辞别人世，但典型宛在，风范长存，他们时常激励着我，使我感到必须坚决矢志努力，坚定拼搏到底的决心。"这段报恩酬德的叙述，读了令人感动。尤其突出的是：1990年，广东举办"纪念陈垣教授诞生一百一十周年国际学术研讨会"，为解决会议经费问题，他在北京向梁尚立等人募捐，尽了很大力量。

1999年，他的巨著《张居正和明代中后期政局》出版。张居正是我国历史上著名的政治家，颇受中外学者重视。我读后当即去电话说："尊著比朱东润的《张居正大传》充实很多。"因为朱著约30万字左右，而韦著则70多万字。韦老著此书耗时十多年，不仅在北京、广州、香港、台湾等地的大型图书馆查阅文献，还收集了美国哈佛大学哈佛燕京图书馆、英国牛津大学东亚研究系图书馆中有关张居正的资料，甚至研读日本学者有关论文和韩国的明朝汉文史料，其用功之勤，令我敬佩。不料对方的电话回答："你不宜这样说，朱东润是我的老师，你说我的作品好过我的老师，这样说不妥。"语气十分诚恳，谦逊之情，溢于言表。韦老这时年逾70，他在此书《后记》中开列一长串名单，认为能够成书，"实凝聚着以上师友的大量心力"。他的某些著作在《后记》中都开列大批友人名单，认为其作品"凝聚着他们深厚的学术情谊"。这充分显示一位忠厚长者待人诚挚的高尚品德。他虽在北京生活数十年，但在广州仍有不少挚友，如关履权、李锦全等教授。我在一些学术会议上遇见韦老的知交，如葛荣晋教授等，他们都向我称赞韦老的为人。

韦老对于后学，除指点辅导，解答疑难，还提供资料，使其有成果面世，这种扶掖实在难得。至于韦老对慈母十分孝顺，在友人中更是传为佳话美谈。

治学严谨　著作丰富

韦老是中国人民大学档案学院教授、院长，同时还担任国内外十多所大学的客座教授或研究员，如中央民族大学、香港科技大学人文学部、台湾政治大学历史系，美国哈佛大学费正清东亚研究中心、美国牛津大学东亚研究系，等等。其主要学术著作，包括个人专著、与人合作以及主编的有二十多部，如：《中国档案史稿》《明代黄册制度》《明代的锦衣卫和东西厂》《档房论史文编》《明清史辨析》《明清史新析》《明清史续析》《澳门史论稿》《中国官制史》《中国政治制度史》《清代奴婢制度》《清末宪政史》《隆庆皇帝大传》《张居正和明代中后期政局》等等。在致意史学鸿著之际，还耗费十多年的精力，撰写80万字的长篇历史小说《正德风云：荡子皇帝朱厚照别传》。正德皇帝掌权16年，明朝危机四伏。

韦老的小说忠实于历史，受到学术界好评。众所周知，史学专著枯燥乏味，读者不多，而历史演义任意涂改史实，曲折离奇，颇能吸引广大读者，以致造成读者对历史的错误认识，引起非议。韦老的历史小说则不如是，台湾大学历史学系主任、美国麻州大学客座教授陈捷先称赞此书："韦教授虽以章回小说形式写成《正德风云：荡子皇帝朱厚照别传》一书，但他参考了很多官方文献档册与私人的诗文别集，与一般野史迥然不同。书中又有对政事人物的细微分析与宏观论述，多姿多彩，可以说是一部富于学术性的专书，又是一部真正的历史小说，它对有心研究明代中期史事的人来说，无疑是一座宝山，入山者可能会满载而归。"

韦老在学术界享有很高声誉。20世纪，曾任台湾大学历史学系主任、香港科技大学人文学部主任徐泓教授读了韦庆远的《明代黄册制度》（中华书局，1961年），撰文说"书中对明代户籍制度的制定及其演变深入的叙述，有较清晰的了解。对韦先生的为学，景仰之心油然而生。"他高度评价："《张居正和明代中后期政局》可说是自有为张居正立传以来最深入、最公正、最能'美恶不掩，各从其实'的巨著。"

明清两朝是我国封建社会皇权专制发展到顶点的时期，大搞文字狱，大杀功臣名将，社会黑暗腐败。对此，韦庆远撰写《明代的锦衣卫和东西厂》，主编《康雍乾城乡人民反抗斗争史料》，与人合著由他执笔的《清代奴婢制度》，以及在其他著作中，对专制主义痛加鞭挞，所以中国社会科学院教授王曾瑜写《黎澍批判专制主义》（刊于《炎黄春秋》2010年第8期），盛赞"黎澍先生当然是看穿庐山真面目的真正的共产党员中最杰出的一位"，文内列举几位知名学者，特别提到"还有不久之前逝世的韦庆远先生，仍步着黎澍先生的后尘"。对韦老的称赞，是因为批判专制主义对促进思想解放、推动政治改革有很好的作用。韦老的历史研究，不是单纯为古代唱赞歌挽歌，而是古为今用，对我们有启发意义。

两千多年前，《孟子》云："大匠诲人必以规矩。"这是说：出色的工匠不仅画出方形圆形，而是教人掌握圆规曲尺，可以自行画出各种方形圆形。韦老的著作也是这样，不仅呈献自己的研究成果，而且说明治学之道，使得读者可以自辟蹊径，开拓研究领域。如果细心阅读他和柏桦合著的《中国政治制度史》的《前言》及《绪论》，在治学方面一定得益不少。

韦老是著名的档案学家，在这方面有很多真知灼见。他解说明清档案的内容："对社会经济、内政、外交、军事、民族、文教科学、天文、地理无所不包，而且都是原始的记录。其史料价值当然是极高的。""实关系着我们研究质量和所能达到的学术水平。"但同时指出：明清档案"绝大部分又形成于地主阶级的各级政治代表人物。"有的为了维护本身利益，有的囿于本身地位的局限性，因而"这些档案往往会是不全面的，甚至是不真实、不准确的，真中有假，假中又有真，其邪正、是非、曲直，往往被混淆，甚至被颠倒了。"由于"历史是错综复杂的，反映历史事件的一切图书档案的内容也必然是错综复杂的。"要弄清历史真相，这就“需要我们尽可能好地学习运用辩证唯物主义和历史唯物主义的理论原理，对每件档案的内容进行实事求是的认真的鉴定和分析。”他总结前人经验：“重视档案而不迷信档案，不但注意以档证史，亦不忽视以史检档，从而做到史档结合。”其实，不仅明清档案中某些史实混乱不清，古今中外的档案也都如此。“重视档案而不迷信档案”，确是至理名言。有人利用档案材料不加细察而被旁人批驳，可为鉴戒。韦老以其丰富的学识指引读者不要在档案的大海迷失方向。

我曾聆听韦老讲学，他神态雍容，声音洪亮，不快不慢，吐字清楚，逻辑严密，用语简洁，颇有吸引力，取得很好的效果，这显示出他在学术上的深厚功力。

立场鲜明　坚持原则

韦老在政治上立场鲜明，在学术上坚持原则，表现出一位革命者的高大形象。韦老曾对我说：他作为有数十年党龄的共产党员，面对黑暗腐败现象感到羞愧。我听了十分惊愕，他只是一位学者、教授，窗前灯下著书立说，讲坛课室传业授徒，社会问题不用他承担责任，他无须引咎自疚，造成精神压力，有损健康。韦老作为革命者，对一些黑暗腐败现象难以容忍，因而对学术上的不正之风亦曾痛加抨击。

早在 1985 年，他在《利用明清档案进行历史研究的体会》一文中说：“前一个时期，我们史学界存在过一股不正之风，其重要表现之一就是拒绝在反映历史事实的原始资料上下苦功，到了写文章时现找几条二手、三手的冷资料点缀一下，于是便放言高论，好像煞有介事。其实不论犹可，愈论愈加深混乱，离开历史真实愈来愈远。人们戏称这种学风为‘回锅肉史学’，因为它不过是在别人的成果上再加些佐料，回一下锅而已。也有人戏称之为‘议论史学’，因为它除了空发议论之外，实在并没有在史学研究上做出任何真正的贡献。至于一些着手于看所谓气候，观察风色，所谓先摸准脉搏再写文章，一听到风声便抢先写文章，气候一变又赶快写相反观点文章的做法，即人们所戏称的‘风派史学’，就更是下马者了。”韦老这段议论，痛快淋漓，理直气壮，明确指出史学症结所在。他说是“前一个时期”，但至今仍然存在。这批评显然得罪一些人，作为革命者，可就顾不得那么多了。他为此而蒙受委屈，也就很易理解。韦老提出：“只有在正确理论指导之下，再加以精心地对所掌握的资料进行分析权衡、合理剪裁取舍，然后才能得出自己的论断，我们的研究工作才能称得上是扎实的，有学术价值和有生命力的。我主张史学工作者和档案工作者，都应该尽可能学好用好理论，原因就在这里。但这绝对不是说可以乱贴理论标签、可以肆意对档案文件所反映的大量事实取其所需，妄加曲解，作为自己某种结论框架的填充物，所谓‘以论带史’‘以论代史’，或改换包装，称之为‘史论结合’等等，这种无视客观的历史存在，强史就我的做法，名曰重‘论’，实际是对历史唯物主义的亵渎。”韦老的见解十分精辟，堪称对症下药。多年来，“以论带史”“以论代史”“史论结合”不知误了多少人。正确的做法应该是“论从史出”，而且这“史”必须是“客观的历史”，要经过考证核实，准确可信。否则各取所需，强史就我，必然产生错误的结论。

韦老认为：“做学问是一件老老实实、要付出非常艰苦的劳动的事，不认真从原始资料入手，不尊重客观的历史事实，不恪守必应具备的职业道德（史德），光持空论瞎论，终究不过是无本之木，即使有千寻之高，但其萎黄枯谢以至倒塌也必然是很快的。喧哗于一时，徒然制造混乱。因此，我们必须重视学习和运用理论，但又必须反对空论瞎论。”这和好些史学前辈的观点一致，即学术研究是“非常艰苦的劳动”。如果心智浮躁，急功近利，弄虚作假，投机取巧，想走捷径，哗众取宠，不肯痛下苦功，恪守职业道德，必然误己误人，后果恶劣。

韦老继承了中国史学的优良传统，强调史德、史才、史学、史识。他认为“历史学家的功力很重要的一点是表现在对混乱复杂、相互矛盾的史事能够缕分寸析，能够化混沌为分明，并且能抓住问题的本质，其论断又是扎实稳固，符合历史的真实，经受得起时间和科学的考验。这就需要我们狠下苦功”。由于中国的史籍史料浩如烟海，一位史学工作者尽毕生之力，不能穷其万一；而且还要独具慧眼，富于胆略，在研究工作上始有创见，为世人提供历史上的经验教训，推动社会的改革前进。不少中外史家能吸取前人智慧而为国家做出巨大贡献，可见史学工作者的任务十分艰巨，非比寻常。所以韦老的金玉良言，应是我们遵守的圭臬。

韦老身体力行，在数十年辛勤治学中，积累了大量史料。他曾对我说：“退休之后，打算在 10 年内，每年出书一部。”他把自己的书室名为“师凿书室”，要求对自己作品像加工石材一样，进行精雕细琢。他在《师凿书室记事》中写道：“我将拙室取名师凿书室，本来为的是自勉和自我督责，但是检核自取用室名以来，虽还不敢追逐时尚，不敢追慕虚名，不敢粗制滥造，但在文章发表、拙著出版之后，仍发现有不少瑕疵，甚至错误……可见要名实相副地做一个勤奋扎实的学术工作者，自己还存在相当的距离。”对此，他引用唐朝王勃的诗句：“青山高而望远，白云深而路遥。”表示“仍愿意勉力上进，愿意在有生之年，继续发挥余热，做一些有益的工作，改正存在过的粗疏荒谬，庶几不复师凿的夙愿。”可是由于长期过度劳累，再加上接连遭遇丧母、丧妻之痛，导致他疾病缠身，正值学术研究成果丰收之际，宏愿未遂，遽尔仙去，实在令人不胜惋惜之至！

（执行编辑：吴婉惠）

发民族的潜德于幽光

——来自第二故乡的怀念

刘美冰*

韦庆远教授1992年退休，决心和年迈的慈母团聚广州，这也是他的第二个学术黄金期的开始。他1995年6月7日给我的信上说：“我自在香港科大回穗后，除一度赴美开会，主要仍集中精力写作，希望能将数十年积累的资料和心得留存下来，庶几无负生平。……愿在学术研究道路上与澳门诸师友共同切磋，齐步前进也。”刚巧我从1993年开始连续当了两届广东省政协委员，每年都到广州参加会议，差不多每年都有拜访、请教韦教授的好时机。那时常和邓开颂教授、章文钦教授等一起与韦教授小聚，俨然以史鉴今的研讨会。我年过半百才业余参与学术活动，史识最浅，获益自然最多。而对韦老能集中精力写作，我们不单是他第二个学术黄金期的见证人，而且他言传身教，我们得到直接感染。2000年我退休以来，就一直以他为榜样，笔耕不辍，每次接到他的新成果，都是对我鼓励和鞭策。

1994年韦庆远教授应邀到香港科技大学作客座教授，享受过去只有英国专家才有的待遇，他颇为学术平等而自豪。曾邀我和老伴去小住，分享读书、写作的幽静环境。限于公务，我们只去探望过他一次，老伴在港经商的哥哥，热心高等教育，景仰韦教授，那天特别宴请他，因而也有一次融洽聚会。韦教授温文尔雅，和我们谈及中外档案的馆藏、整理和使用，对自己的成就和际遇都没有提及。至于他父亲韦秩初参加黄花岗起义敢死队，冲锋在前的事迹，还是最近他的侄儿告诉我的。他家既有爱国传统，又有一定的人际脉络。他大学生时代因参加了地下党，在学运中被国民党政府关押，后被营救出来。

韦教授先后送我巨著多本，1999年4月送我他七十高龄完成的、七十万字的《张居正和明代中后期政局》，使我特别震撼。张居正是读过中国历史的人，都了解的改革家，是谁也免不了在测验考试中得分或失分的重要教材；但史家评论的天平上，张居正却是在瑕瑜两端摆动不断的历史人物。韦教授这七十万字来自浩瀚如海的史料，来自多角度、多层次

* 刘美冰，原澳门中华教育总会理事长。

的条分缕析、来自对前人丰沛研究的比较推敲，来自他精细的、敏锐的、准确的辨别、判断能力，写出正如徐泓先生在序言中所说的：“自有为张居正立传以来最深入、最公正、最‘美恶不掩，各从其实’的巨著。”如此严肃认真的写作，也实践了他自己的治史的四宜要求：“阅读宜广，搜集宜勤，选择宜精，加工宜细。”（引自叶显恩：《写在〈档房论史文编〉后面》，福建人民出版社，1984）这对我辈常写杂文、小品的人，无疑是严肃的标尺，是长鸣的警号。早前我读《档房论史文编》有关抄家的史实后，立即改写已发表的、谈大贪官和珅的旧作，为他日结集不再误导读者，心才稍安。

我说震撼，自然远不在这一点，在功利浪潮冲击，思维怠惰风行的今天，读书人往往被选择题、是非题练就了“非黑则白”等寻求僵化的、统一的答案的高分，成年人也以趋同舆论最为保险。于是习染二元对立的简单思维，是十分可怕、可恶和可悲的！导向人格的愚庸、思想的反智、社会的倒退！从鸦片战争以来，多少华侨、港澳同胞出于救国、建国的赤子之心，回祖国参军和参加建设，这是忘我的高尚行为，中国没有这种牺牲小我完成大我的精神认同，如何能强大？现代社会要求我们有能力解决复杂的、深层次的问题，就必须具有广博的、深邃的认知和反复的、综合的考虑；要培养创造型人才，起码要跳出陈腐的框框，另辟创新的思路，首先就要培养出独立的思考能力和气魄。韦教授的四宜治学要求，不单是做学问的真谛；还针对着当前的政风、学风，针对社会急功近利、盲从附和的通病；期望恢复实事求是、认真负责作风。韦教授认为从没写过“风派”的文章，是他一生可以告慰的事。这句话是十分深刻的。

我最早认识韦教授是他在20世纪80年代第一次来澳门参加学术活动，会后陈树荣兄和我陪同他参观澳门历史档案馆并游主教山。在主教府门前刚巧有石匠在打石，他突然告诉我们，他也懂得凿石，那是“文化大革命”下放江西干的活。这原来还是他丽江新居命名“师凿书室”灵感之源。在游览中他告诉我这是旧地重游，抗日期间，他小学、初中都在澳门培正就读。2005年我出版“刘羡冰系列”，首册《学史鉴史》求韦教授赐序。他在序中也谈当年在澳门赌城的见闻，对我有关澳人深受黄赌毒祸害，化成洁身自爱的传统，以他的亲身领会，表示赞同；特别是澳人团结爱国，同仇敌忾的抗日行动，引起他难忘的记忆，竟“心潮澎湃……产生特殊的亲切感……因兴奋地乘春夜煦风披拂，伏案撰写这篇序言，意酣笔顺，竟不觉东方已白。”

当我读到这篇元宵竟夕完稿的五千字长序的时候，既惊且喜，感动得热泪盈眶！原来我一堆书稿，让他时光倒流大半个世纪，回顾了国人多年抗战的艰苦历程，缅怀了他朝阳灿烂的少年岁月，澳门是他十四岁奔赴抗日的启蒙地，教授视为自己的第二故乡！当年澳门青年学生不愿做奴隶，决心以自己的血肉之躯筑成卫国的长城，澳门总理纪念中学（即现中山纪念中学）、崇实中学、镜湖护士学校、濠江中学、培正中学，都有师生投身抗日洪流，这也是澳门教育史光荣的一页。作为赐序的长者，竟感谢我“穷搜史料，为读者重新披露了当年历次爱国活动可歌可泣的一些少为人知的人物和事迹”。赞扬我“发潜德于幽光，可贵的爱国行为不受泯没，真是莫大的功德”。这正说明艰苦卓绝的一场卫国战，在史家心中的分量，他不正在希冀、寄语更多人继续发民族潜德于幽光，让可贵的爱国行为不受泯没吗？我越来越感到抗日多年，国共合作，全民抗战，是民族性的一场洗礼，是一场四万万五千万人发潜德于幽光的民族复兴的契机，应该作为珍贵的历史遗产，永远继承和发扬光大！为韦教授的遗勉，我将在这方面再尽绵力，发澳门人的潜德于日渐微弱的幽光。

（执行编辑：王一娜）

谦谦的学者，可敬的师长

吴志良*

已经记不清楚了，是在研讨会还是其他什么场合认识韦庆远老先生的，但记忆犹新的是我们一见如故，并且很快成为忘年之交。自认识他那一刻起，我一直在澳门历史研究上得到他无私的帮助和深刻的教诲，在研究过程中每有疑难都能得到他的及时指导。无独有偶，我身边的许多朋友在研究中也都得到过他慷慨的帮助和有力的支持。在我所认识的前辈中，韦庆远老先生无疑是一位最谦逊和蔼的学者，也是一位最可敬可佩的师长。值得强调的是，澳门历史研究有今天这样的成绩，更与韦庆远先生的大力推动和支持分不开。

早在20世纪90年代中，我写博士论文的时候，就直接受到韦庆远老先生的启迪。众所周知，长期以来，澳门历史在相当意义上只是作为中葡交往史来叙述的，其内部社会的演变没有得到足够的重视，它与中国历史不可分割的联系也未能得到充分的认识。澳门的生存发展，虽与本身的运气和作用及其把握时机化解危局的技巧不无关系，但对中国内地的极大依赖性也不言而喻。韦庆远先生在《中国史研究》1992年第1期刊登的《澳门在清代康熙时期的特殊地位和作用》一文中提到："澳门一隅，其兴旺繁荣与中落衰败，实息息与祖国的际运、朝运的决策有关。言17世纪、18世纪的中西关系，实不能忽视澳门的特殊地位与作用功能；对此一时期澳门地域史的研究，亦必须将之置于当时全国、国际关系的总体中加以考察。"

就是他的这几句话，直接促成了我的澳门历史观，令我受益匪浅；也是他的这几句话，高瞻远瞩地为当今澳门历史研究指明了方向，使之步入健康发展之路。换言之，他是我走入澳门历史研究的重要启蒙人之一，也是当今澳门历史研究的重要奠基人之一。近二十年来，我们基本上是按照他指出的方向和道路来展开澳门历史研究的，并且取得令人瞩目的成就。

澳门回归前夕，澳门基金会与中国第一历史档案馆合作整理出版《明清时期澳门档案文献汇编》（六卷本），从始至终，一直得到他的支持和指导。作为中国档案学的一位权威

---

* 吴志良，澳门基金会行政委员会主席，兼任澳门教科文中心主任。

专家，他还为《汇编》写了一篇长序。此举不仅肯定了我们在挖掘澳门历史档案文献方面的努力，更为重要的是，大大促进了澳门学界对档案文献的重视，也大大推动了明清史学界对澳门历史的关注。

21 世纪初，在中国明史学会于南京举办的一次研讨会上，大会安排了我和韦庆远老先生一起在闭幕式上发言。我因为另有工作安排提前离会，就请他代我说几句话，大意是中国的明史研究要取得更大的突破，一定要关注澳门，关注澳门相关的档案文献，特别是尚未挖掘整理出来的西方史料，因为相对于中文档案，西方档案有更加详尽的历史记录，而这些记录对解决明史研究中一些悬而未决或极具争议的课题十分有帮助。这是我们多年研究澳门问题的经验之谈，其实也是韦庆远老先生的观点。此一观点在他为金国平和我所著的《东西望洋》这本书写的序中得到进一步的阐述，他十分赞同我们不仅将澳门史置于中国的格局中、更要放在亚洲及世界的大视野中去研究的做法，认为只有这样，才能充分体现澳门的历史意义、地位和作用。

事实上，无论是明史学界还是清史学界、甚至世界史学界，近年来都越来越关注澳门史研究的成果。而澳门作为中西方文化交流的平台作用，也日益彰显。因此，韦庆远老先生不仅为澳门史研究指出了正确的方向，又把澳门史带入了明清史学界的研究视野，大大推动了澳门史研究的长足进步。因此，澳门历史研究今天的繁荣景象，首先要归功于韦庆远老先生，他对澳门史研究的杰出贡献，并非一篇短文可以讲清楚。作为他的追随者，在他去世一周年之际，我们不仅对他有不尽的追思，更有无限的敬意。

韦庆远老先生在中国人民大学退休回到广东之后，对当今历史学的发展也有自己的独特思考。记得一次在他番禺家中的长谈中，他对历史剧的大量出现表示出极大关注。他认为，许多历史剧只有三分史实、七分创作，这种情况对史学研究者造成莫大的困扰，更使年轻一代和普罗大众对历史产生误读。他不顾年事已高，披甲上阵，完成了《隆庆皇帝大传》和《张居正和明代中后期政局》两本著作。两年前，他还出版了自称七分史实、三分创作的《正德风云：荡子皇帝朱厚照别传》，不遗余力地普及历史知识，身体力行地维护正确的历史观。这种精神值得我们认真学习，这种做法也值得我们发扬光大。

韦庆远老先生的离开，是澳门历史学界的重大损失，也是中国史学界的重大损失。今天我们纪念韦庆远教授，就是要弘扬他的精神，赞颂他的人格，学习他的研究方法，继续他未竟的事业。

（执行编辑：罗燚英）

忆记那缓缓的步伐

程美宝*

一直不敢答应给纪念韦庆远老师的文集投稿：一是由于自己的专业并非明清史，随便拿出一篇关系不大的旧文新作，恐怕有沾光之嫌；二是自己属晚辈中的晚辈，在我心目中，韦老师永远都站在最高、最远的位置，我只能高山仰止、远眺瞻望，倘若在纪念文章中写出一些过犹不及的文字，未免会显得矫情。我知道，沾光与矫情，都不是韦老师所乐见的，所以也就一直不敢动笔。

但我忽然想到，我是有幸上过韦老师的课的，我还把这门课的笔记和阅读材料，完好地置放在一个档案盒里。我当年已经不是一个好学生，很多讲课内容都记不得了，如果我今天不借此机会重温这些笔记，摘记其中一些点滴，岂不更有失历史学系学生的职责？于是，我打开那尘封已久的盒子，重新捡拾哪怕只剩下丁点儿的记忆。

那是 1993 年的春季，韦老师应业师科大卫之邀，到牛津大学开设一门档案与史学的课程。上课的同学包括张瑞威、刘思行、松原健太郎、柯丽莎（Elisabeth Köll）、朱立芸、沈艾悌（Henrietta Harrison）、钟宝贤，以及我自己。科大卫老师是每课必到，另外两位中国史的老师 Laura Newby 和 Robert Chard 也总是尽量抽空出席。当年的牛津大学没有什么助教制度，科老师不愿意花学生的时间去做复印等杂务工作，因此我们这门课的阅读材料，大多是科老师亲手复印的。张瑞威是当年同学中唯一研究清代经济史的，对明清档案比较熟悉，他做了一份牛津大学 Bodleian 图书馆馆藏明清档案目录，供大家参考。就这样，我们恭恭敬敬地开始每周到东方研究所的教室上韦老师的课了。

牛津大学每年共三个学期，每学期为时八周，韦老师的课是在称为“Hilary Term”（希拉里学期）的第二学期开设的。翻开笔记，可知当年课程安排如下：

---

* 程美宝，香港城市大学中文及历史学系教授、中山大学历史人类学研究中心研究员。

日期	内容
2 月 2 日	明清民国档案与史学之关系 初步介绍明清档案发现与使用的背景；中国档案馆的概况；各地如辽宁、山东、河北、四川的档案；民国档案；介绍运用档案进行研究的代表性著作；辨识档案材料的真伪等
2 月 9 日	明清档案种类 谕、旨、诰、敕、题、奏、册、图等各类档案的定义、写作格式、词汇的含义；旁及官制、刑罚等
2 月 16 日	奏折的定义、格式、作用；康熙起居注、雍正汉文朱批奏折等材料选读；旁及各级政府部门费用开支等
2 月 23 日	续谈起居注。万历起居注、光绪起居注等材料选读；旁及相关官制
3 月 2 日	讨论实录。介绍云南傣族档案、黑图档、辽宁省档案馆藏满文档案；明朝民间契约、附片、附单材料选读
3 月 9 日	有关典、当、押店的档案及各类契约选读
3 月 16 日	土地契约、丈单等材料选读
3 月 19 日	明清政府机构及人员的级别介绍及相关材料选读

当年肯定有些什么特别的理由，把最后一课提前到 3 月 19 日上完。恰好那天我带了相机，就请东方研究所的 porter（中文译作“杂工”，总觉词不达意，在我的眼中，牛津大学不少这样的 porter 都是文质彬彬的君子）帮我们一群师生与韦老师在研究所门前拍了一张合照（见图版）。如今，这张照片已发黄了，但从照片中的光影看来，当日的阳光是明媚的。我现在猜想，我们拍过这张照片之后，应该是大伙儿步行往圣安东尼书院的食堂吃午饭吧。

在我这个档案盒里，这门课程的复印材料应该算是完整的，但我手写的笔记因能力所限是片段的，最惭愧的是，遗留在我脑海中的记忆竟如纸屑般零碎。我现在已记不起韦老师在课堂上给我们讲过的内容，只能凭这些笔记去想象和重构。

但我最不能忘怀的，是韦老师的语调和语速，还有他那与他的语调和语速相一致的缓缓的步伐，这种记忆是由于我有幸多次陪伴他徒步走回宿舍而留下的。当时韦老师住在位于 Banbury Road 上一家名为“北牛津海外中心”（North Oxford Overseas Centre）的国际学人宿舍。房间里有简单的煮食设备，但宿舍附近没几家商店，要买价格相宜的食品，便得到市中心的超级市场或有盖市场（covered market）。宿舍离市中心较远，坐公车至少要花上 70 便士，我们往返市中心与宿舍或校园之间，都习惯徒步；韦老师也不例外，每次购物后也是走路返回宿舍。为了稍稍减轻他的负担，我很多时候会陪他购物，或每逢周三早上到价格更便宜的露天墟市（open market）帮他先买好一些食物，然后下午带着一起跟他走回宿舍。韦老师的饮食非常简单，印象中，他每次交托我帮他买的不过就是两三根青瓜。

二三月的牛津，春寒料峭。我陪着韦老师沿着 Banbury Road 走回宿舍，全程约 40 分钟。记忆中，天色一般都是澄明得令人心旷神怡的；又或者，现在忆记起这种天色是由于我与韦老师同行感到无比幸福所致。按理说，我沿路应该是听过韦老师不少训诲的，但我这个愚钝的学生，至今竟没有记住其中的内容，而只记住那缓缓的步伐。这缓缓的步速，我很难诉诸文字去形容。它不能说是从容不迫，但也不是年迈体衰的表现；它不是小心翼翼，也不是故作庄严。它似乎是一种有意识的放缓，使每一步都平稳、踏实、隐忍、恒久。我感觉这种步伐也是韦老师治学的步伐——不张扬、不急躁，但也不搁延拖沓，在每一阶段总是有计划地稳健向前，历久常新。

韦老师晚年定居广州，我有幸跟着几位明清史的同事，每年春节到他家拜年，得以一睹他的书室，窥见那满夹纸条的书籍，聆听他用一如既往的缓缓的语调诉说他最新的写作计划，与他在他居住的小区同行，得以再次感受他那缓缓的步速。

我也不是完全记不住韦老师的话的，我至少记住了五个字——“甘坐冷板凳”。我印象中，在牛津跟他闲聊的时候，他反复说得最多的就是这五个字。我们都知道，这五个字从韦老师的口中道出，虽是无怨无尤，淡如烟水，但这五个字实际上是何等的刚强有力，因为支持着韦老师走过许多艰辛岁月的，正是他在治学过程中长年坐冷板凳的经历。今天，我辈绝大部分都不会真正感受到“冷板凳”的冰冷，反而更多是热乎乎地为职称、项目、经费、出版等俗谛奔跑竞逐。但愿我日后的记性即使变得再坏再坏，都不会忘记韦老师“甘坐冷板凳”这空谷之音，更不会忘记当年跟他一起走在 Banbury Road 上所感受到的那缓缓的步伐。

谨以此文铭之。

（执行编辑：杨　芹）

明史专家自比凿石工

许黎娜*

韦庆远，广东顺德人，1928年2月28日出生，2009年5月11日去世。中国人民大学档案学院教授、广东社会科学院历史研究所客座教授；美国哈佛大学费正清东亚研究中心客座研究员、哈佛燕京学社访问学者；英国牛津大学东亚研究系客座教授。著有《明代黄册制度》《中国政治制度史》《隆庆皇帝大传》等。

在1997年所著的《隆庆皇帝大传》中，韦庆远引用德国文豪海涅的一段话作为题记："每一个人，都是一个与他共生同死的世界，每一座墓碑下都有一部这个世界的历史。"

今年5月11日，这位著名历史学家在广州走完81岁的人生旅程。他自比"学术上的凿石工"，一生甘于寂寞，埋首于浩如烟海的故纸堆中，发掘一段段历史真相，雕琢一个个人物的真实性情。但他拒绝为自己树碑立传，甚至坚持死后不举行追思会、告别会。

31岁力作写成名扬海外

30年后，南开大学法学院教授、博士生导师柏桦还清楚地记得这一天——1979年1月7日，韦庆远先生与他在家中第一次见面。

当时的柏桦，还是北京首都钢铁厂一个普通工人。"文化大革命"末期，他偶然在旧书店里花了4角钱买到韦先生所著的一本《明代黄册制度》。书中引用大量档案史料，详尽论述明朝各地布政司用黄纸做封面呈报户部的户口总清册制度，令柏桦如获至宝。他给韦先生写了一封信，表达自己读后感想，辗转多时后，收到韦先生回信，约他面谈。

柏桦原以为作者是位"资历深厚的老教授"，见面后大吃一惊，韦先生其实正值壮年，"身材高大魁梧，大把络腮胡"。

写成《明代黄册制度》时，韦先生年仅31岁，任教于中国人民大学。这是韦先生第一

---

* 许黎娜，《南方都市报》记者。

部学术力作，亦是他的成名之作，在海内外影响甚巨。韦先生的北大同窗、人大国际关系学院教授高放 1995 年访问台湾时，听著名明史专家、台湾大学历史系徐泓教授说：20 世纪 60 年代，他得到这本《明代黄册制度》后，当成珍本珍藏。因为当时台湾当局严禁台湾学者阅读大陆书刊，一经查出就要以“通匪”罪名严惩。徐泓为免遭迫害，只好把这本书的封面和版权页撕毁，书页藏在书房顶层隔板上，到深更半夜才取下悄悄拜读。

学术创见折服黄仁宇

20 世纪 80 年代初国门初开，韦先生先后被多所国际名校聘为客座教授，曾任哈佛大学费正清东亚研究中心客座研究员、英国牛津大学东亚研究系客座教授等。

美国哈佛大学费正清研究中心主任孔飞力在论述清代割辫巫术恐怖案的著作《叫魂》一书的致谢中，第一个提及的就是韦先生。在大众视野里，韦先生的知名度或许逊于写下《万历十五年》的美籍华裔历史学家黄仁宇，不过，据广东省社科院研究员叶显恩说，1987 年，在哈尔滨举行的一次明史学术会议上，比韦先生大十岁的黄仁宇还敬佩地要拜韦先生为师。

1993 年，韦庆远年届 65 岁，从中国人民大学退休。这一年，他携家眷告别居住了近半个世纪的京城，回到了家乡广州。“自古逢秋悲寂寥，我言秋日胜春朝。”正如韦先生所规划的，在广州，他迎来了学术生活中的另一个黄金阶段：写就《明清史新析》《隆庆皇帝大传》《张居正和明代中后期政局》《正德皇帝》等多部力作。

番禺丽江花园内那间十余平方米的“师凿书室”，依然保持着韦先生在世时的模样。

书室名为“师凿”，这两字是韦先生从“文化大革命”下放江西干校打石经历中领悟，致力于历史研究同样需锲而不舍，他愿“拜凿为师，持凿为志，执凿为业，勉励做一个学术上的凿石工”。

韦先生的一生或许注定是走读书治学之路：年少时，他拒绝富商父亲为他安排到香港开金店的前途，18 岁考入北京大学；求学期间，他是学生民主运动的积极分子，曾被国民党当局逮捕入狱；“文化大革命”中，他被打成“叛徒”，甚至一度做好思想准备，要与历史研究诀别。韦先生钻研中国政治制度史，时有以古鉴今的深刻看法，但他个人却自觉地与“政治”保持距离。柏桦说，20 世纪 80 年代，汕头大学副校长、国家档案局副局长等职位对韦先生虚位以待，他一一婉拒。韦先生坚持，一旦做了官，就难以安心读书，做学问就荒废了。

“我性驽钝，惟甘于耐烦，甘于下功夫而已。”在生前给友人的信中，韦先生如此评价自己。

（执行编辑：徐素琴）

《正德风云：荡子皇帝朱厚照别传》序言

陈捷先[*]

很高兴读到韦庆远教授新著历史小说《正德风云：荡子皇帝朱厚照别传》的修订稿。

我们现在处于一个知识爆炸的时代，报纸、杂志、电视、网络随时随地向人们传布各种知识，叫人目不暇接，甚至有不堪负荷之感。

就历史这门学问来说，除了专家学者们撰写很多具有极高学术价值的论文与专著，深入探讨各朝代政治、经济、文化、军事、宗教和艺术等不同领域的专题之外，也有不少作家以演义、野史的方式写成小说，编成剧本，或是出版专书，向社会大众讲述历史。前者由于学术性过重，常常在义理上或考据上下功夫，呈现的内容多半是冗长的、艰深的，加上对文献史料的征引，必然显得枯燥，因而阅读者不多，对社会大众的影响有限。后者因为不是严谨的学术作品，经过作者的编造加工，或刻意布局，或无中生有，甚至篡改史实，以致情节离奇，故事生动，变得趣味性特高，反而容易得到大众喜爱。因此这些作品刊印成书问世时，常是洛阳纸贵，大为畅销；若是改编成电影或电视连续剧，也是收视率很高，而且经久不衰。

然而，目前写野史的作家，有人“野”得过分了，实在不可取法。以大家熟知的清宫小说和电视剧为例：孝庄太皇太后竟下令她的孙子康熙皇帝娶苏麻喇姑，并封她为德妃！且不说德妃本来是雍正帝的生母，确实另有其人；而苏麻喇姑则是孝庄后早年从蒙古陪嫁来满洲的侍女，年纪与孝庄后差不多，至少比康熙大上四十岁，他们如何可以婚配？真是莫名其妙！又如施琅领军收复台湾时，电视剧竟演出他与郑经在台湾做了一场殊死大战，郑经后因战败而自刎死去。这又是一项荒唐的安排，因为郑经在两年前已在台湾逝世，一个死了两年的人还能参与大战役，实在离奇！其他如田文镜在乾隆元年还出现在银幕，继续当清廷大官，殊不知田氏在雍正十年已谢世，死者能在三年后复生任官，当然又是笑话一摊！像这样不符史实的例子还有很多，这里不拟赘举了。

这些内容不忠于史实的作品，可谓是挂着正史招牌，做些戏说勾当，向大众传播不正

---

* 陈捷先，台湾大学名誉教授，南开大学历史系客座教授。

确的历史知识，对一般观众实在为害匪浅。清史学界大佬王锺翰教授看了这些清史“专书”与连续剧，曾经感慨地说：“我们积数十年研究清史所得的一点成就，全被时下的野史破功了。”听起来叫人既感伤又愤慨。南开大学著名教授冯尔康先生在无奈下出版了一些如《清人生活漫步》的书，希望让人们在轻松的气氛下阅读，既能增长知识，又从而借以纠正野史带给人们的错误观念，以尽一份史家的责任。

韦庆远教授是知名史学大家，对明清史有精深的研究，他的著作等身，多年来确实在补充与阐明史事方面做出过很多贡献。他对野史与不符史实的小说以及电视连续剧的大行其道也十分关心，因为他了解这种风尚对社会文化心理上的影响是深邃巨大的，他认为高深有学术价值的研究成果当然要越多越好，但是史学家们若仍有余力的话，也应该写些人人可读，人人能读的通俗历史著作，因为与其曲高和寡，阅读专门论著的人不多，远不如出版一些龙虫兼雕，但能传达正确知识的历史文章，嘉惠大众，岂不更好！韦教授在这样的思维与背景下，完成了这部费时十年，长达八十万字的《正德风云：荡子皇帝朱厚照别传》巨著。

正德是明朝武宗的年号，一般人也就俗称这位名叫朱厚照的武宗为正德皇帝了。我读了《正德风云：荡子皇帝朱厚照别传》这部历史小说，至少有以下的一些想法：

第一，我们知道，正德一朝历时仅仅十六年，不算很长，但是在明代历史上确实是一个盛衰存亡的关键时刻。正德皇帝的祖父是英宗成化皇帝，在位二十三年，他死前已有大臣指出时政六弊为近幸干纪、大臣不职、爵赏太滥、工艺过繁、进献无厌、流亡未复，可见当时形势已面临中衰了。继承宪宗的是孝宗弘治皇帝，尚知恭俭自持，也能勤政爱民，亲贤远佞，可以称得上是明代中期的贤君。然而当时仍有外戚作恶，太监揽权，这也说明了他宽仁有余，而果断不足，且当时国家存在的问题相当之多，韦教授在《正德风云：荡子皇帝朱厚照别传》一书中，借大学士谢迁的谈话说明了梗概：“目前时局外似升平，中实溃败。近两年来，应天、浙江、山东、河南、湖广俱闹灾荒；全国的户口、军伍、赋税都有耗损，内帑亏空；云南、琼州相继发生变乱，荆州、襄阳流民集聚，剿抚两难；蒙古小王子部入寇大同、进迫河套，火筛诸部则进犯固原。皇上虽屡颁整顿官常、裕财防边之诏，慨然要搜剔弊端，但内府诸库及仓场，俱由宦官掌管，户、兵两部无权检核；京边各军空名支饷，冒功讳败已成风气，皇上健在，犹可维持，一旦不测，实难了局……”这是孝宗弘治皇帝临终前夕，大学士们讨论国事时对外内形势分析。文字不多，但已可看出孝宗末年不是太平时代，国家已潜伏着不少危机。孝宗死后，他的唯一儿子朱厚照继承皇位，改年号正德，大家对他寄予厚望，希望“新君自正其德，然后能正人之德”，并把国家从危机中化为转机，如此明代的中兴就可以预期了。可是令人失望的是武宗即位之后，不思振作，耽于淫乐，甚至不理政事。正德元年，即新君上台一年的光景，中枢清流高官几乎全被罢职或休致回家，朝廷里群丑猬集，依附宦官，成为小人当道的局面。正德二年，皇帝又在宦官刘瑾等人的诱惑下，筑宫殿称“豹房”，内有番僧与教坊司乐工，供皇帝淫乐，终至人民苦不堪言，中兴不但无望，反而步入衰亡之途。

第二，明武宗享国十六年，不过这期间却发生了不少重大事件，对明代中衰确实有极密切的关系，具有极深远的影响。他登基后，昵近群小，不能自拔，宠幸奸佞、尽斥忠良。任命太监刘瑾掌司礼监，马永成、谷大用等分掌东、西厂，对朝臣中上书批评时政的都加以迫害，轻则降调、谪官，重则廷杖、系狱诛杀。当刘瑾权势极盛之时，朝廷臣工如焦芳、刘宇、曹元、陆完、张彩等随风趋附；还有娈童班头钱宁等猛刮阴风，时人称之为阉党。尽管有忠义臣工挺身抗旨、愤斗凶顽，但多数是正不胜邪，落得个囚禁黑狱或尸横天街的悲惨下场！据史载，豹房亦称新宅："初帝令内侍仿设里肆，身衣估人衣，与贸易，持簿算喧询不相下，更令作市正调和之，拥至廊下家，廊下家者，中宦于永巷所设酒肆也。帝至，杂出帝衣，醉即宿其处。"在豹房里又召乐工来承应，人数以百计。军头江彬引导武宗出幸宣府、大同与江南各地，寻欢猎艳，扰民伤财，真是不成体统！他如藩王在外地起兵，想趁武宗溺于淫乐、政事败坏之时，取而代之，自即帝位。前有安化郡王朱寘鐇于正德五年四月起兵宁夏，后有宁亲王朱宸濠于正德十四年发难于江西，两王声讨中央虽未成功，但十年中先后兴兵也体现出正德的治道与政权处于风雨飘摇之中了。

第三，正德皇帝确是一位昏狂无道的君主，宦官刘瑾用事之时，权"居内阁上"，"朝中列卿多争先献媚"，朝政败坏到极点。宦官的恶名昭彰在中国历史上是由来已久的事了。然而宦官的祸国殃民、弄权干政，致令国家频将覆亡的事例，似乎以明代最为显著。而武宗正德之世，宦官的用事更专，为恶更烈。以刘瑾为首的宦官"八虎"，引导武宗游戏。他们"置造巧伪，淫荡上心，或击球走马，或放鹰逐兔，或俳优杂剧，错陈于前，或导万乘之尊，与人交易，狎昵媟亵，无复礼体，日游不足，夜以继之，劳耗精神，亏损圣德。"皇帝不务正业，无法理政，宦官便从而掌握中外大权。在帝制中国，每个朝代的中央政府里，都免不了存在一些忠良与奸佞的臣工，可是在正德时期，忠奸大臣的表现似乎显得特别的鲜明而强烈。先以刘瑾弄权专政的时期来看：顾命大臣大学士刘健、谢迁、李东阳等重臣，在小皇帝继位后就上疏为请，甚至坚决主张诛杀以刘瑾为首的"八虎"。除此之外，吏部尚书马文升、兵部尚书刘大夏也痛切进言，户部尚书韩文更以"不死不足以报国"的决心，指出民穷财匮，已面临崩溃边沿。但是，所有这些逆耳忠言，都被加以"抗旨"的罪名，不但将重臣刘健、谢迁清洗出内阁，而且将以上多人俱列入"奸臣榜"，悉数罢官夺职，驱逐回乡。朝野对此无不愤慨失望。

第四，但值得重视的是，不但高层官僚群起抗争，而且已经引发起中下层官僚和青年士子的强烈反弹，相继奋起抨击：当时被称为"八大才子"之首，时任户部郎中的李梦阳主动请缨，慷慨激昂，以如椽巨笔，辛辣尖锐揭露腐败丑恶；南京御史蒋钦虽在受酷刑被囚禁在黑狱，但仍负重伤继续上书，甚至坚决拒谢幻觉中祖先鬼魂为免家族沦亡而劝降的请求，不惜以一身的生命和百口之灾申明信念；另一御史张钦则横剑坐镇雄关，力阻正德冒险轻出居庸；以后被推崇为一代大儒，被称为“阳明先生”的王守仁也拍案而起，上书反对暴政，不惜受杖和身陷锦衣黑狱，并被远戍贵州。这些事件都是可歌可泣，动人心魄的。尤其是当时的反抗活动形成了一定的规模，前仆后继，戴铣、蒋章徽等为挽留刘健、谢迁而遭廷杖，但两京御史，给事中等五十余人又联名上书，再申正议，参加的人数竟占该等职位官员数额五分之一以上，有人因以未被列入名单而引为羞疚。除此之外，翰林院庶吉士（颇相当于现代的研究生）、国子监监生等年轻学子也都闻声而起，在院、监内外声援鼓动。城乡庶民也敢于表现出爱憎分明的态度。这是明史中仅见的老中青三代官僚士子和官民一致进行的“政潮”和“学潮”。千夫所指，意味着时局动荡，在位的皇帝已成为众人心中的独夫民贼。这是当时历史发展的主流。韦庆远教授撷取这些史事的精华，选择之作为聚焦点，以史事为根据，加以文学的推演，文史融合，写出激荡感人的情节，实在是独具慧眼，妙手著为文章。

第五，正德五年，刘瑾伏诛，阉党人士有被处死，有被降调的，厂、卫也被罢革了，一时颇有太平之象。可惜不久之后，因京畿动乱，又召军头江彬入朝，成为正德的新宠人物。江彬原是大同游击，得宠后掌握军权，引导皇帝离开豹房，走出京师，不顾国势危殆，到塞北轻启战役和到江南寻欢作乐。皇帝出巡时常夜入民家索妇女，有时在回京时也“掠良家女数十车以随”，伤风败俗到了极点。朝臣中有兵部郎中黄策等上书请皇帝“戒游幸”，翰林院修撰舒芬等劝诫不能以巡狩为乐，因为四民告苦，地方必有人乘势作乱；吏部员外郎夏良胜与礼部主事万潮、太常寺礼宾官陈九川及其他官员也连番上书，恳请停止出巡。正德帝给他们的答复仍然是或关进牢房，或罚跪阙下五日，也有像陆震、余廷瓒、何遵等十多人被廷杖致死的。

以上史事在《正德风云：荡子皇帝朱厚照别传》一书中有精彩的论述外，韦教授以他对明史研究的扎实功底，深入浅出的解释了很多明史上专有的典章制度，诸如票拟、中旨、白本、留中、厂卫、九卿、廷杖、枷具、缇骑、凌迟、内相、外相、承运库、居守敕等等，就事顺理，与书中的实事紧密契合，并无生硬堆砌之感，这就有助于了解了若干学术性的问题，增添不少宝贵的知识，是给读者的另一项贡献。还有书中记载的若干关键大事的人物、时间、地点和起讫终始，都是于史有据的，不同于一般“历史”的瞎造乱编，因此，《正德风云：荡子皇帝朱厚照别传》不单是小说，而且也是另一形式的史书，因为史书必要的内涵在本书里都具备了。我个人认为，一般学校的历史教学，常限于呆板枯燥，学生的接受率不高，可以考虑试用《正德风云：荡子皇帝朱厚照别传》作为必读参考书以讲授明代中期史事，或可收稍有不同的效果。

第六，在人物的塑造上，作者也用力甚勤。关于作为主要角色的正德皇帝，既揭露他起居无节，性格反复无常，近小人、远君子、筑豹房、好嬉戏、贪女色、爱浪游的一面，可说众恶具备，的确是一个荒唐昏狂已极的君主，理应受到历史的谴责。但另一方面，书中又探微索隐，从深细处发掘出其人心理和行为的复杂隐秘。例如，他有着强烈的恋母情结，为此与所谓“嫡母”的张太后长期对立，并且严重影响到朝本国政，更加深了他蔑视传统和伦理礼仪的行为活动；他曾披戴甲胄，手执刀枪亲赴战争前沿，这不论在战略上和战术上都是鲁莽愚蠢的，但却也表现出他为实现建立不世武功的强烈幻想，表现出反乎常态的勇敢。他表面狂妄任性，顽固坚执谬见，酷狠地摧击异议，似乎信心十足，其实在内心深处，特别在当政的最后期，也处处流露出战栗惶恐，色厉内荏，对自己统治前景的忧心忡忡。他讳猪为朱，下诏在全国禁止畜猪吃猪；千方百计强行南游，但最后还是放弃了前去最繁华的苏杭；班师北返，却停留在京郊通州四十余日，不敢贸然进入北京。凡此，都充分显示出他的多重性格和复杂心态。在本书中都做了认真的描述和分析，并不是单纯斥责他的荒淫昏狂，而是深入到传主不轻易示人的内心世界，能够活脱脱地较为完整地写出一个接近真实的正德。

在本书中出现了近百个人物，因其不同重要性而占用长短不同的篇幅。但作者还是尽量注意描述出不同人物的不同个人特点、人品、政治倾向和轻重迥异的历史作用。例如，在奸佞方面，钱宁的阴谋恶行不同于刘瑾，而江彬又大异于钱宁，至于第二流的焦芳、刘宇、陆完、张彩等也多有自己突出的丑恶嘴脸和手段，并没有用脸谱化的介绍。更又如，在坚持正面抗争的人物，因所处的不同时段和地位，也由于性格和器识不同，李东阳不同于刘健和谢迁；马文升、刘大夏、韩文又不同于刘、谢、李；杨一清更不同于马、刘、韩；而王守仁却又迥异于杨一清。他们各有着不同的行为风采、举止言谈和因时因势采取的谋略，并未流于忠奸之分的格式化。作者娓娓道来，有些地方写得栩栩如生，在阅读有些章节时，如临其境，如闻其声，如见其人，感到有所启发，耐人细读。

韦教授虽以章回小说形式写成《正德风云》一书，但他参考了很多明代官方文献档册与私人的诗文别集，与一般野史迥然不同。书中又有对政事人物的细微分析与宏观论述，多彩多姿，可以说是一部富于学术性的专书，又是一部真正的历史小说，它对有心研究明代中期史事的人来说，无疑是一座宝山，入山者可能会满载而归。

韦庆远教授万里来书，命我作序，我不能辞，也不敢辞，谨书写以上各条，作为对《正德风云》的读后感言，并为推毂之资。

2007 年 11 月 12 日

陈捷先于加拿大温哥华

（执行编辑：吴婉惠）

欣然读历史　触目满珠玑

——历史小说《正德风云：荡子皇帝朱厚照别传》欣赏

毛佩琦*

这些年，关于历史的文艺作品很走红。电视剧、电影、图书一窝蜂地涌向了历史，摆满了我们的银屏、银幕和书架。但是，平心而论，历史类文艺作品好的并不多。为什么？因为作者大多缺少历史知识的积累。由于准备不足，没有能力创作出好的历史类作品，或者在创作中从来就没把历史当回事，只能以戏说了之。惑乱视听，渎人耳目，误人子弟，莫此为甚。也许，他们是创作高手，善于做戏，善于写人，善于煽情，但是偏要往历史堆里搅，除了一些作品侥幸骗得满钵满碗外，大都成了转瞬即逝的文化垃圾，文艺史上不会有他们的位子。很多人告诉我，他们从来不看历史剧（小说）因为他们不愿意被骗，不愿意自己仅有的一点历史常识也被搞乱。

我早就听说韦庆远先生在写一部历史小说。先是惊讶，接着是期待，继而是担忧。惊讶的是韦先生已年近八旬，从事了 60 年的历史研究，砖头般的史学专著出版了 20 余本，可谓著作等身，是享誉海内外的历史学家，怎么忽然作起历史小说来了？期待的是，以韦先生的深厚学养驾驭一段历史将会游刃有余，一扫那些戏说、乱说、胡说，将要给我们展示以真的历史和切实的感觉。担忧的是，韦先生以八旬之高龄，本可轻松地颐养天年，却自找苦吃，身心的劳累不说，这还是个吃力不讨好的活！

什么也别说了。一部大块城砖样的《正德风云：荡子皇帝朱厚照别传》已经摆在了我们面前。就让我们看看这部书吧。

我的第一个感觉是惊讶，乃至震撼！

全书完成的手稿摞起来有将近 1 米高，打印在 A4 纸上有半尺厚。我仿佛看见一个 80 岁老人每天黎明即起，孜孜矻矻伏案写作的身影，整整 8 年时间啊！韦老师用 50 多年时间做准备，用 8 年时间进行写作，杀青定稿 80 余万字，仅凭这一点，难道就不该惊讶，乃至震撼吗？

---

* 毛佩琦，中国人民大学历史系教授。

我翻开书读下去，给我带来的是接连的愉悦和不断的赞叹。我用三句话来概括对这部书的印象：积 50 年学术研究之功力，展开宏大的历史叙述；熔庙堂文化和市井生活于一炉，全方位构建纵深的历史画卷；用精到的心理分析和圆熟的文学笔法，塑造了一个个鲜活的文学形象。

武宗正德年间，是明朝历史上的一个转折时期。在明太祖、成祖开国奠基之后，经过仁、宣，以至于成、弘，持续了近百年的承平，举朝上下都在萌动着裂变。安化王朱寘鐇、宁王朱宸濠先后发动叛乱，各地的民众反叛也接连不断：江西、四川流民，北直隶、山东的刘六刘七，河南的杨虎、赵鐩，此起彼伏，而蒙古小王子部、火筛部也在北部边境构成骚扰。此时明朝可谓内忧外患百孔千疮。在人们期待一个铲除奸恶、勘定祸乱的皇帝时，就是这个不愿做皇帝，也不适于做皇帝的人登上了皇位。

武宗朱厚照是孝宗朱祐樘和张皇后之子，也是明朝立国二百余年唯一皇后生的嫡长子。但有传说，朱厚照的真正生母并非张皇后。特殊的身份地位、生母真相不明，再加上亲眼见到父亲朱佑樘惧内，不敢亲近女色，造成了朱厚照心灵的扭曲和性格的缺陷，叛逆，恋母，变态的色欲，耽于逸乐，等等。孝宗朱祐樘遗嘱内阁大臣“辅导他做个好人”。年号正德，就寄托了大臣们对武宗期望和规劝。武宗 15 岁即皇帝位，在位 16 年。他的怪念奇行，一直是人们关注和热议的话题，他的偏执尚武，豹房隐秘，微服出行，奇异恋情也往往是人们猎奇的资料。武宗是个有争议的皇帝，但对他的批评几乎是压倒性的。

韦庆远先生作为一位资深的明史专家，对明史有深刻的见解，对明武宗也有独到的认识。描写明武宗，当然离不开对他最龌龊角落的揭示，但韦先生所着眼的，则是通过明武宗展现整个时代的历史，涵盖朝到野，从政治经济到社会文化，他要将自己几十年潜心研究的心得，通过另一种方式传达给读者。

作为历史小说，作者首先强调了历史的真实。人物、事件、制度，笔笔有来历。所有的“硬件”都有文献根据，都是经过认真考证而来，经得起推敲，经得起问难。全书说的是 500 多年前的一段往事。是一幅以正德皇帝为中心，从前朝到后宫，从皇帝到朝臣，从宫廷到民间，达官显贵、文人学士，乃至市井里巷、贩夫走卒，全方位的立体画卷。有一句老话说，“要知朝中事，山后问道听”。朝中的一举一动，在穷乡僻壤都会有所反映，皇帝的贤明昏庸，官员的清正贪酷，老百姓心里都一清二楚。历史本是一个整体，尤其皇帝和朝廷，为天下所系，只有对历史做整体观察，才能更深刻地了解它的本质。而且，作为文学作品，只有深入到社会的每个细节，才更有真实感和观赏性。

历史的真实，并不仅仅是人物、事件、时间、地点的准确无误，不论是史家还是小说家，他们笔下的历史真实，应该是对历史的深刻理解和感悟，是对历史本质的把握。作者凭借自己掌握的材料，依据他自己所理解的理论，对历史做出评判。所谓言而有据，言之成理。反之，言而无据，言之无理，就是对历史的歪曲。当然，对历史的见解言人人殊，学养的丰薄，见识的高下，都会影响对历史的评判。一个在历史文献和史学理论中磨炼了几十年的专家，他对历史的判断是可信的，至少堪称一家之言。那么，在采用文学笔法讲述历史时，是不是可以异曲同工呢？

中国有句老话，叫作“文史不分家”。大概越古，文史就越不分家。《尚书》《左传》不用说了，后出的《史记》《汉书》，许多篇章后人也常作为文学作品来读的。但是，随着社会分工的细化，文史渐渐成为两途。所谓“术业有专攻”，小说家所练的那套家什把戏，史家是不怎么玩的。但是，一个优秀的史学家从来就不缺少文学功力。历史除了考据论证外，还需要叙述，文字功夫必不可少。而史家之研究，同样需要文学的想象力。留下的历史文献再多，研究者用力再勤，也永远无法复原完整的历史，残缺和断线是不可避免的。完整的历史是什么样子？这就需要发挥想象力了，以想象和推理指出其可能，断定其真伪，弥补其残缺。对此，白话圣人胡适说过：“史学有两方面：一方面是科学的，重在史料的搜集与整理；一方面是艺术的，重在史事的叙述与解释”。“没有高远的想象力，不能构造历史的系统”①。史学家陈寅恪也说：研究者必须以“艺术家的眼光”，进行“神游冥想”，从而做到“与立说之古人处于同一境界，而对其所持论所以不得不如是之苦心孤诣，表一种之同情，始能批评其说之是非得失，而无隔阂肤廓之论”②。史学家在长期的历史研究中，练就了“艺术家的眼光”和“高远的想象力”，虽然他们一般不怎么玩的小说家那套家什把戏，但那套家什和身手还是具备的。现在，韦先生把它运用到历史小说的创作中，岂不是信手拈来吗？

的确，我们看到韦先生使用了各种各样的文学手法，塑造了一个个鲜活的文学形象，玩起小说家那套家什把戏来，也是行家里手。

历史小说毕竟不是历史专著，它必须具有小说的属性。作者须要通过虚构和想象，使故事更完整，人物更丰满。然而这些虚构和想象，只能是此时此刻历史发展的合理推演，人物的言行只能是特定角色、特定身份、特定性格的自然延伸。本书作者使用心理分析的方法，解剖人物的内心世界，摹写人物思想行为的逻辑进程，对历史事件进行了大刀阔斧的剪裁组合，并虚构人物，编织故事，营造场景，以强化戏剧冲突。由于作者对历史的深刻理解，其虚构和想象不仅没有违背历史的真实，反而使情节更集中，故事更精彩，人物个性更突出，达到了艺术的真实。

全书从孝宗辞世后动荡的政局开始。小皇帝即位后，外廷的内阁和内廷的宦官之间展开了激烈的夺权斗争。外廷老臣借重先帝顾命的权威，要打掉引诱小皇帝逸乐的权阉八虎，执行孝宗“辅导皇帝做个好人”的遗嘱。宦官们则靠多年侍奉与皇帝结下的亲密关系，作

---

① 胡适：《国学季刊发刊宣言》，《胡适文存》二集，合肥：黄山书社，1996年，第10-12页。

② 陈寅恪：《冯友兰中国哲学史上册审查报告》，陈美延编：《陈寅恪集·金明馆丛稿二编》，上海：上海古籍出版社，1980年，第279页。

为保护伞。结果因外廷官员疾恶太甚，操之太急，造成了皇帝的抵触与逆反。希望摆脱约束，不愿循规蹈矩的朱厚照，倒向了宦官一边。宦官不仅掌控了内外兵权，而且正直的宦官王岳被撤，狡诈的刘瑾掌管了至关重要的司礼监，斗争形势全面翻盘。以内阁首辅刘健为首的一批大臣纷纷落马。刘瑾等人的密室策划，大学士们的慷慨陈词，明争暗斗，软硬兼施。人物关系错综复杂，每个人的心态各异，作者娓娓道来，引人入胜，读者犹如身临其境，不免随之鼓舞，随之唏嘘。

皇帝驾驭下的内阁与宦官，虽属两个营垒，但都是皇帝拨弄的棋子。而皇帝也是他们抢夺争取的对象。作者准确描写了三者之间的关系，揭示政权运行的内幕，展现了明朝权力中心的真实面貌。

作者在书中写了上百个人物，为了写好这些人物，作者为他们一一做了档案，尽可能详细地搜集材料，仔细推敲，细致描摹，务求每个人物都个性鲜明，形象鲜活，都是独一无二的“这一个”。同是投靠宦官刘瑾的文士，徐正与张文冕表现不同；同是清官，刘大夏与王守仁面貌各异，李梦阳的倨傲，李东阳的无奈，蒋钦的刚烈，无不绘形绘声，生动感人。

刘大夏被罢官，即将起解时，书中写道：

起解当日，年已七十三岁的刘大夏，只由一个老仆刘德陪同，身穿皂布棉袄，脚蹬便于跋涉的用麻线扎绑的厚实棉鞋，缠绑裹腿布，头戴一顶连带披肩的防风帽，脸颊皱纹遍布，两道寿眉修长而紧致，花白长髯在寒风中飘拂。他颤颤巍巍地步行到承天门下，严肃静穆，眼含清泪，遥向朝南的宫阙殿堂三跪九叩首，向历代先皇和当今皇上告辞谢恩。老臣远戍，未忘君国。他跪伏在广场阶下默祷上苍，祈求皇上幡然觉悟，重整朝纲，国运能从危殆转回昌隆，自己虽横死于戍所，亦无怨无悔。祷罢，起立，深情远眺广场对面的兵部衙门，雄踞大门两侧象征忠勇威武的巨大獬豸石雕，似乎也在回望着这个老熟人。当年大夏以新科进士进入这个衙门，风风雨雨四十多个春秋，大半生的精神心血几乎耗尽，而今垂老，却被驱逐于外，加罪于身，此去很可能成为永别。孤臣吁天泣血，申诉无门。

刘大夏带着迷惘悲凉的回忆，木然呆立，陷入痛苦的沉思之中。蓦地听到解差一声喝叫：“时已近午，该起行啦！”

李东阳与刘健、谢迁同在内阁，政见并无根本差别，但性格不免软弱，刘谢被罢官，李东阳被留任，在诗会上他收到了无名氏的嘲讽诗篇：

东阳拿着这张不寻常的诗笺，一再诵读，逐字逐句地推敲玩味，由衷佩服这位匿名作者的鞭辟入里。他对自己的处境和心态了如指掌，但是并不真正理解。自己并非不知道“不如归去”，而是“不能归去”，自己不但受到时人的扼腕和唾弃，还必然会

> 招致千秋万代的骂名，这才是东阳心中最深的创痛。思虑至此，他心烦意乱，推开房门踉跄步出庭院。
>
> 北京暮春的风沙正在猛刮，院子里尘土飞扬，树木摇曳，天际不见星斗，只有一弯昏月朦胧地照着人间。东阳倍觉氛围惨淡，在飒烈春寒中站立，思绪万千，无法自解。他不顾扑面而来的黄沙和尘土，只觉胸臆之间痛楚难禁，不觉仰天唤道："苍天呵，苍天！"

真是如见音容，如亲声胲，而其文亦可击节而颂之。在书中我们还能读到很多精彩场景，比如，官员士子们在北京前门大街珠市口恒来顺饭馆的聚会，大学士刘建罢官回乡面对的人情冷暖，蒋钦被投入监狱死于杖下的黑幕，等等，无不令人如身临其境，仿佛那些事就发生在昨天。妙笔如此，虽小说家之高手无多让也！

朱厚照心理近乎变态。追溯其原因，其特殊的身份地位是重要原因，但还有更为广阔的社会背景。为此，作者虚构了八虎之一罗祥的经历，把笔触深入到了社会底层，根据大量民俗材料和历史记载，编织了市井无赖罗祥从妓院到宫廷的故事。把这样一个人安排在正德皇帝身边，就使整个社会被浓缩在了一个屋檐下，使读者感到了历史的厚重。也使得这样一个时代为什么会出现这样一位皇帝，更容易理解。

明武宗和一位卑贱的乐户女子的恋情广为人知，以此演绎的《游龙戏凤》是京剧的保留剧目。一个无视《祖训》，不受任何羁绊牢笼的皇帝，却偏偏在乐户女子刘良女面前显示了依恋和柔情。作者用弗洛伊德的精神分析法来解释朱厚照的心态和行为。作者设计了朱厚照与刘良女初次会面的场面：刘良女奉命操琴，拈轴拨弦，情随乐起，在《霸王卸甲汉高奇兵》和《咏月》的精彩演奏之后，更以一曲《秋月村居》深深打动了武宗一向放荡不羁的灵魂，乐曲描绘的小户人家的琴瑟和谐、淡泊平静，令武宗为之神往。可是此时武宗却另有所思：

> 对于正在操琴的刘良女，感觉她随着旋律的变化，不时并闪现出一种母性温柔的眼神，十分酷肖抚育自己成人王氏太皇太后的目光，激发起对自幼受到王氏疼爱和保护，以及老人临终前难舍难弃的回忆。甚至想到，如果自己的生母健在，也必然会用同样的眼神来抚望自己的。他想象联翩，更加忘情地凝望着这个中年妇女。刘良女不知端的，只是手抱"浑不似"，危坐在矮凳上，专心致志地弹奏乐曲。脸庞的表情随着内容的悲欢哀乐的旋律而变化，她是凝注全神投入到音乐的意境中间，只偶然间露出一种温柔宽和的笑靥。她从不敢仰望端坐在上的皇帝，而皇帝却是凝眸不移地凝望着她，似乎她是母性的化身，似乎正在填补着自己坎中的一片空白，又似乎是在捕捉着一种久已企盼而又从来未得到过的，或者说是茫然的感情。

与一些笔记和戏剧不同，正德和刘良女的故事打破了红颜祸水的俗套。作者笔下的刘良女并不为得以攀龙附凤而张狂得意。相反，她对自己家庭被拆散，平静生活被打破感到极为悲痛。反之，朱厚照的心灵却在刘良女这里找到了平静的港湾：良女之吸引他，并不是由于那种撩拨人心的惊艳，而是一个在内心深处不时朦胧涌现和期盼出现的角色。对于良女，他似曾相识，又相见恨晚。朱厚照总是要“将良女当作自己可以完全信赖的知己和知音，是自己有生以来唯一挚爱的女人。并且渴望在她那里得到关怀和抚慰”[①]。刘良女则利用自己受到眷顾的特殊地位，去保护更加可怜而渺小的生命，对皇帝进行尽可能地规劝，以减轻对百姓的扰害。一个卑贱女子的见识，有时竟高于那些饱读诗书的内外君臣。

朱厚照的性格是多面的。他厌倦宫中的繁文缛节，想尝试市井生活；他以宦官为鹰犬，放手让刘瑾去整治文武百官，却又以一言置刘瑾于死地；他尚武，在宫廷中习武，组织宦官内操，而且要到边境耀武。他不愿受礼法约束，甚至不用天潢玉牒规定的名号，改名朱寿；他不喜欢别人称他为皇帝，却要当威武大将军，到处炫耀在阵前亲斩敌首一级，并封自己为镇国公。他的以讨伐宁王为名义的南巡如同游戏，但他的内心却是想效法太祖高皇帝当年扫灭群雄。他极为精明机敏，南巡返回，但并不马上进京，滞留通州 40 天，召文武百官一律来通州面见，确信绝无异常，才起驾进京……明武宗大事不糊涂。他有收有放，说收就收，说放就放，紧握权力，玩公卿百官于股掌，完全不受人左右。所以，他可以任意处置宦官、处置大臣，能够从始至终控制局面。毕竟他的血管中流淌着朱明皇族的血液。

在君主制社会中，皇帝是天下之主，也是一项神圣的职责，明武宗的个人品德行为是与之不相符的。作为一个有血有肉的人，祖制礼法、道德规范对他是严重的桎梏，他渴望得到自由和解。他的做法是将其彻底打碎，因为他有极大的权力。朱厚照集神圣和邪恶于一身，是极度矛盾的人物，他作为一个符号，有着多重意义，后人对他有着不同的解读。韦庆远先生以其独特的视角，艺术地为我们展现了一个活生生的明武宗。他对明武宗的诠释，给我们以新的启示。

《正德风云：荡子皇帝朱厚照别传》可以说是满目珠玑。书中关于明代制度，风俗掌故，人情事理的描述，色彩纷呈，笔到生花，处处显现作者的广博知识和深厚学养。比如，关于东厂：

> 东厂内部有自己特殊的等级森严的组织系列，被任命为总督校事太监的人，多由司礼太监担任，是最受皇帝宠信、关系最密切的宦官，厂内称他为督主，或称厂公。在督主底下设有掌刑千户一员，理刑百户一员，这两个人被称为“贴刑”，都是从锦衣

① 韦庆远：《正德风云：荡子皇帝朱厚照别传》，广州：广东人民出版社，2008 年，第 681-682 页。

卫精选而来，被认为是最阴狠狡黠、精于办案的人物。在“贴刑”底下，又分别有掌班、领班、司房等四五十人，这些中级头目头戴圆帽，脚蹬皂靴，身穿束袖过膝长袍。实际在京内外和官民各界担任侦察缉访的人叫作役长和番役。役长又叫“档头”，共有一百余人，分为十多班办案。这些人一律戴尖帽，着白皮靴，穿着青色或灰色带褶贴身衣服，腰束布带，便于随时执行缉捕。每一役长的手下，又各有番役数名至十数名，这些人被称为“番子”，又叫“干事”，是随同该管役长属下的“马仔”，也都是从锦衣卫中“最轻黠猸巧”的兵痞中挑选充当的。有些“番子”还在社会中招徕一些流氓恶棍，充当自己的线人狗腿。

又如，关于凌迟之刑：

在施刑之前一日，要在杀人法场竖立一根大柱，行刑时将犯人的头脖、腰身和四肢都紧紧捆绑住。行刑时的人要使用专门的短柄薄刃锋利的法刀，先割下两眉眼帘，盖住犯人双目，让犯人不辨黑白，不知宰割自己的刀刃是从何处下手，再逐处剐割犯人的肢体，随割随扔在地上喂狗。按照惯例，要分三天共割三千三百五十七刀，每十刀一歇一换人一吆喝。第一天应剐三百五十七刀，第二天剐一千五百刀，第三天再剐一千五百刀。初动刀时会流血小许，再动刀时要做到只伤肤体不流血。等剐数已足，就挖割生殖器，再用大斧开膛取脏腑，剁碎骨头，斩下脑袋枭示，画影图刑，榜示天下，才告毕刑。毕刑之前，不许先让犯人断气，要保持心脏跳动，血脉流通。如果犯人未挨够刀数，在未毕刑前便毙命，有关官员吏役都要被追查责任和判罪。被判凌迟的犯人，如果是“皇差”的，便由监刑御史写一道专门本章上奏。是“官差”的，就由主判的官府验收，申报刑部存案。

如此等等，不一而足。

另外，作者在努力使人物语言个性化的同时，还创造了一种既有古代语文特点，又易于为当代读者理解接受的语言风格，显然区别于一些历史文艺作品的古代人物口中充斥白词儿、水话、时髦语言的情况，显出作者炉火纯青的语言功力。

80 多万字的书已经掩卷，而 500 多年前的人物和场景还在眼前，久久不能散去。

作者称“正德风云”是一位荡子皇帝的别传，其实，它是以正德皇帝朱厚照为中心展开的一幅广阔的时代画卷。读这部书，使我们得以近距离地观察这位风流皇帝，也使我们真切地感受 500 年前那段历史；从中我们得到的不仅有艺术的享受，还有历史的认知和深刻的思考。历史小说的品格，不同于一般的小说，它首先应该有历史。正如历史剧并不是古装剧，不是借用历史上的朝代名、人名胡乱编出来的故事。人们对历史类的文艺作品是有需求的，而人们期盼的是，不仅仅读到生动的故事和鲜活的人物，而且要在欣赏娱悦之余，得到准确的历史知识。

我们要庆贺韦庆远先生的成功。他给我们奉献了一部堪称精品的历史小说，而且通过它还开创、确立了历史小说的一种范式，使人们对什么是历史小说，历史小说应该怎样写，有了进一步的认识。《正德风云：荡子皇帝朱厚照别传》是对历史小说创作的一大贡献。相信这本书的成功，能给我们带来更多、更优秀的历史小说。

（执行编辑：王一娜）

体系重构与整体超越

——韦庆远、柏桦教授著《中国政治制度史》读后

李庆新*

摘要：20世纪以来，我国学者对中国政治制度史的研究已经取得众多成果，并且逐步建构起学科体系。韦庆远、柏桦教授长期致力于中国政治制度史研究，在以往研究基础上重新编写《中国政治制度史》，这是一部体大思精、颇有特色的政治制度史力作。

关键词：《中国政治制度史》；体系重构；整体超越

> 从前人学历史，必特别注重政治制度方面。亦可说中国历史价值，即在其能涵有传统的政治制度，并占有极重要的地位。若不明白到中国历代政治制度，可说就不能懂得中国史。①

这是钱穆先生在20世纪60年代初在香港新亚书院演讲的一段话。确实如此，在“政治主导”、数千年政治传统赓续不断、政治文化积淀极其丰厚的中国社会，研究中国历史，有什么比政治制度更值得关注？！

自古以来，中国历代统治集团和文人学者都十分重视政治制度研究，总结前朝经验，政治制度研究逐渐成为探索治国安邦之道的专门学问。明清时期，随着东西方文化的接触和对话，西方国家政体和政治学说进入国人视野，不仅开启了中国政治制度研究的新思维，而且引发百日维新等影响中国历史进程的政治运动。进入20世纪，这门古老的学问伴随着中国近代化进程进入大学讲堂，前辈学者梁启超、王国维、陈寅恪、吕思勉、陶希圣、萨孟武、钱穆等筚路蓝缕，从通史、断代或专题研究等角度钻研中国历代政治制度，40年代末以前，各种有关中国政治制度史的教材和专著林林总总，接近40部之多。80年代以来，政治制度史研究在改革开放与世界学术潮流催动下，吸收国外先进成果，引入其他社会科

---

* 李庆新，广东省社会科学院历史与孙中山研究所研究员。

① 钱穆：《中国历史研究法》，北京：生活·读书·新知三联书店，2005年，第18-19页。

学理论，不断开拓创新，无论在深度和广度上都取得突破性进展，并且逐步完成中国政治制度史学科体系的重构。一项统计数字显示，1981—2003 年，全国出版相关著作有 100 多部，论文接近 10 000 篇，成果蔚为大观。

韦庆远教授长期致力于中国政治制度史、明清社会经济史、明清档案、明清人物和澳门史研究，成果丰硕，在国内外学术界拥有崇高声誉，对中国政治制度研究尤有心得，自成体系。20 世纪 70 年代以来，韦先生先后主编两部主题相同而体裁有别的《中国政治制度史》，第一部按朝代顺序编写，1989 年由中国人民大学出版社出版；第二部按单项制度发展为线索编写，1991 年由高等教育出版社出版。这两部政治制度史著作成为国家教委指定的高等院校文科统编教材，颇受读者欢迎，在海内外很有影响，我国台港地区及日本一些院校有关专业也选用为教材，或指定为必读参考书。近年来，他与高足柏桦教授互相激励，通力合作，默默耕耘，不断深化政治制度史研究，创获良多，相继出版了《清末宪政史》（中国人民大学出版社，1993 年）、《中国官制史》（上海东方出版中心，2001 年）等著作，柏桦教授还出版有《明代州县政治体制研究》（中国社会科学出版社，2003 年）、《明清州县官群体》（天津人民出版社，2003 年）等专著。

根据高等院校教学与科研发展需要，以及海内外读者要求，韦先生与柏桦教授决定在以往研究基础上重新编写一部适应新形势要求，兼容国内外研究成果，反映学术前沿水平的政治制度史著作。2005 年，一部 86 万余字的新编《中国政治制度史》由中国人民大学出版社公开出版。这是一部体大思精、颇有特色的政治制度史著作。

本书特点之一：体系庞大，博采众长，理论色彩浓厚

要在学科体系比较完善、研究起点高、相关成果比较丰富的领域里重新撰写新著，必然要求在体系上有新建构，内容上有新突破，水平上有大提高，其难度可想而知。首先碰到的重大问题，是重构中国政治制度史结构体系，在叙述体裁上选用哪一种更为合适？哪一种体裁的表达较为简明，提供的政治制度史知识较为切于实用？事实上，按照朝代顺序的先后，以某一朝代的政治制度作为叙述对象的横切性叙述，与打破朝代间隔、按照不同专门制度的传承调整和更新的竖切性论述，是中国政治制度史研究中并行不悖的两种叙述方式，各有优长。前者以朝代的政治制度为叙述对象，可以更清晰地看到某朝代政治制度的规模和特点；后者按照专门问题纵向地论述，则便于看到 4000 余年来相关制度的嬗变和利弊兴革。本书采取竖切为主体裁，兼采两者优长，以各种重要典章制度发展变化为经，以各个时期国体和总的政治体制为纬，同时注意各单行制度之间存在着横向的紧密联系和协调，以及不同朝代单行制度的运作特点，充分体现不同朝代的统治规模和政治特征，考其源流，纵横相济，互相补充，互相关照，经纬分明，线索清晰。

政治制度是指国家的政治体制，包括国家的政权机构、统治政策、治国方式、统治理念等众多内容。任何政治制度又不是独立存在的，它与整个社会发展紧密相连，涉及社会的方方面面。政治制度史研究内容极为复杂，牵涉面广，既是历史学、政治学研究的基础，也是社会学、法学、军事学、行政管理学、经济学、伦理学、宗教学、心理学等学科关注的对象。因而加强学科交叉，借鉴相关学科理论与方法，是开拓中国政治制度史研究必不可少的途径。20世纪初，运用新的史学和政治学理论方法，将研究中国政治制度史引入新的历史阶段，至30—40年代则已经成风气。改革开放以来，历史学界和政治学界除在重大理论问题方面有所突破之外，在研究方法上也有所创新，并关注到域外有关的研究，在注意吸收域外研究成果的同时，与域外的同行保持切磋沟通，使这门重要的学科再度进入繁荣发展的时期。

90年代初，韦先生在研究江南三织造与清前期政治时对典章制度研究提出精辟的见解，他说：

> 研究典章制度，必须与其历史背景和历史条件相结合，必须与各该时期的政治和政局相结合，必须与决策人物和执法人物的思想行为活动相结合，必须与各该时期发生的重大事件相结合。只有将典章制度置于各该时期社会经济政治的总体中加以检验，才可能抉其要而寻其源。[①]

这些论断确实是制度史研究的经验之谈，本书无论从谋篇布局到论述具体问题，都蕴涵着这些深刻的见识与思辨。

本书以马克思、恩格斯的理论为指导，博采众家学说，大胆吸收西方的政治学理论与方法，与中国传统政治思想和主张相参照，并把中国传统政治体制置于世界政治文明之林，审视中外政治实践与制度运作，总结中国传统政治的经验与得失，在理论层面展示中华政治文明的博大精深与独特之处，同时指出它的局限性。在本书中，古希腊哲圣亚里士多德，法国哲学家孟德斯鸠、伊曼纽埃尔、雷纳·格鲁塞，美国思想家路易斯·亨利·摩尔根、戴维·S. 兰德斯、费正清，日本学者岛田正郎、箭内亘等人的理论和观点，在相关研究中得到精彩的演绎。因为理论准备的充分与运用的娴熟，本书不仅在宏观建构上呈现博大圆融气势，而且在微观分析中散发着思辨的气息。

特点之二：制度变迁千头万绪，纲举目张不失要领

政治制度作为上层建筑最为重要的一部分，覆盖面可谓无所不包，涉及军、政、法、财、文，以至宗教、民族、民俗等各个方面，历来被认为是开启中国历史与传统社会的必备钥匙。一本教材要容纳如此之多的历史内容，需要突出重点，围绕中心，以主带次，以点带面，多线条、多角度展示中国政治制度五千年赓续不断的绵长历史和无与伦比的丰富内涵。

---

① 韦庆远：《明清史新析》，北京：中国社会科学出版社，1995年，第410-411页。

全书以《绪论》扼要介绍中国政治制度史研究的对象、状况、方法、意义和参考资料；主体内容分上、下编：上编叙述1911年以前中国历代政治制度，包括王权与皇权制度、中枢辅政制度、中央政务体制、地方政治体制、法律制度、监察制度、军事制度、财政经济制度、科教文卫制度、文书玺印制度、行政辅助人员制度、职官管理制度等；下编叙述中华民国政治制度，包括政党制度、议会制度、元首制度、政府体制、法律制度、监察、考试与任用制度。这样既避免了许多不必要的重复，又充分展示历代政治制度的发展更迭，从而使本书以新结构、新风貌呈现在读者面前。

马克思在谈到中世纪法国社会特点时指出："行政权力支配社会"，中国传统社会与法国很相似的，正如刘泽华先生所说，最大特点也是"王权支配社会"，这里的"王权"与"君权""皇权""封建君主专制"等意义相同；王权主义是中国传统政治的核心，基本上是各种文化的归宿。[①]新编《中国政治制度史》总结中国五千年政治制度史的特点，君主专制也置于首位。这一制度与个人集权、宗法血缘关系、婚姻裙带关系贯穿中国政治制度始终。所以，本书把皇权制度作为重中之重，以皇权制度开篇，条分缕析皇权专制主义下各种重要制度的演变，清晰展现不同朝代政治与制度互相作用、关键人物对制度的影响所体现的时代特征。

在皇权专制主义之下，天下事无大小，皆决于君主，而君主事实上又不可能包揽所有大小事务，能够辅助君主执政、体现君主统治意图，又不超越皇权的宰相辅政制度在中国历代政治体系中占据相当重要地位，不可或缺；宰相制度的运作，相权与皇权的冲突，宰相个人行为，始终成为影响历代政治的重要因素。这在中国政治制度中是极特殊的，在西方也少有同样的制度堪与相比，本书把宰相辅政制度作为重头戏，进行重点推介。

对于其他各种政治制度，本书精选不同时期不同性质的典型事件作为筋骨脉络，又以不同类型的政治人物的活动作为血液精神，注意论述各种制度在各个朝代不同社会背景下的新变化与新动向，赋予制度变迁鲜明的时代气息，丰满鲜活的魅力。钱穆先生说："研究制度，不该专从制度本身看，而该会通着与此制度相关之一切史实来研究。"很显然，本书与钱先生的想法不谋而合。

特点之三：在大量细致纵深的实证研究基础上，注重观点创新，以独到的观点确保全书在整体水平上超迈前人

吕思勉先生是现代著名的历史学家，曾经出版《中国通史》《先秦史》《秦汉史》《两晋南北朝史》等著作，对中国通史研究贡献很大，但由于体例限制，他的许多创见蕴藏在体系庞大的通史之中而不易被发现。对此，吕先生1952年不无遗憾地说："予所述作，多依附学校讲义而行，故中多普通材料，现甚想将其删去，全留有独见之处，卷帙可简什（十）

① 刘泽华：《中国的王权主义》，上海：上海人民出版社，2000年，引言第1-3页。

七，即成精湛之作矣。”[①]后来严耕望先生也指出：“他实有很多创见，只是熔铸在大部头书中，反不显露耳。”[②]确实，教科书式的通史、断代史，由于主要面向初学者，在内容、体例与要求上都迥异于专题性研究著作，因而难免存在某些不足，例如，面面俱到而缺乏深度，四平八稳而缺乏创见等。

本书作者显然意识到如何避免以往通史性教科书的通病，除了在体系创新、理论建构上下功夫外，尤其注重从实际出发，做扎扎实实的专题实证研究，索隐钩沉，明辨是非，每下判断必深思熟虑，把新颖独到的见解充实到本书之中。

一般史家都认为秦朝肇建的国家制度对后代产生过重大的影响，所谓“二千年皆秦制”，这样的说法无疑是有符合历史事实的方面，因为秦代确立了以皇帝作为最高统治者，又设置三公九卿作为辅助统治的中央行政体制，在全国各地则设立郡县。这样的政治体制模式确实基本上为以后的朝代经久沿用。但本书认为，考察制度变迁不能停留在外在层面上，而应该穿透表象探索精微，从实在的运作和实质性的变化做出准确的说明。应该看到，不论三公九卿抑或地方郡县制，在不同朝代亦屡有重要的、实质性的调整，有些方面已与秦代的定制迥异。从这个意义上说，学术界以往对秦以后中国政治制度的认识，确实显得有点粗糙，未能准确反映历史上各种制度运作的实质情形。

史家每言：“汉承秦制”“清沿明制”，此话大体上是不错的，但略加推敲，似乎又有“似是而非”的感觉。作者认为，认真考究历史，西汉初数帝，虽然沿袭了秦代政制的外壳，实行中央集权，但文帝刘恒、景帝刘启执行的却是轻徭薄赋“与民休息”的政策，武帝刘彻更是“独尊儒术”，摒斥法家学说，都与秦始皇推行法家理论执行严刑苛法、租重役繁的做法大异其趣，可谓形同而神不同。至于满族入关后建立起清王朝，虽然在形式上也仿明官制，沿用《明律》，也移植了明代的内阁六部及院、寺、监、府等部门，但为确保满族作为统治民族的地位，特设掌握实权的议政王会议于内阁六部之上，又推行按民族定额分授官缺，八旗驻防全国等制度，清制实际上也是明制的变型。作者以严谨的态度，缜密的思维，梳理出改朝换代后政治制度流变实况，得出无可指摘的结论，令人叹为观止！

明代推行“一条鞭法”是中国赋役制度的重大变革，影响深远，历来受到学界的重视，并给予高度评价，有些学者甚至认为，“一条鞭”以后中国税制已经进入近代形态。然而，不少学者肯定这一税制的积极意义时，并没有从中国传统政治特质洞悉这一制度运作特点及其局限性，只有少数如梁方仲先生那样，从更高更远眼光，注意到“自摊丁入地的办法盛行以后，一切苛捐杂税，凡可以由田赋负担的莫不尽量摊入田赋以内，大开田赋附加的方便大门，给明清以迄民国的财政史上写下最黑暗的纪录和一笔烂糊涂账”。[③]韦、柏二先

---

① 俞振基：《蒿庐问学记：吕思勉生平与学术》，北京：生活·读书·新知三联书店，1996年，第227页。

② 严耕望：《通贯的断代史家——吕思勉》，《治史三书》，沈阳：辽宁教育出版社，1998年，第183页。

③ 梁方仲：《明代一条鞭法的论战》，《社会经济研究》1951年第1期，收入《梁方仲经济史论文集》，北京：中华书局，1989年，第367页。

生也在本书肯定了唐代以来两税法、一条鞭法和摊丁入亩三次赋税制度改革的意义，但是指出，“赋税本应有一定限额，但古代国家往往视自己消费支出状况来增加税额，正赋不足，往往增加杂税。”“一条鞭”法与摊丁入亩的实施，也没有改变这一结局；清朝愈演愈烈的“陋规”不仅是官场顽症，而且也是皇权专制国家赋税制度难于避免的后果。因此，他们视“陋规”为清史研究具有重大意义的课题。韦、柏二先生对从“一条鞭”法到摊丁入亩的制度演变视角与梁先生略有不同，但结论相当接近，可谓殊途而同归；他们对中国古代政治特质及其制度流变的准确把握，显示出过人的独见卓识。

作者把提高水平、保证质量作为追求的目标，毫无保留地把自己的学术成果和研究心得奉献给读者，同时尽量吸收国内外新观点和新成果，加以融会贯通，精心提炼，从而使得本书内容显得丰实饱满，蕴藏着大量难得信息和真知灼见，体现了当代中国政治制度史研究的前沿水平。

本书是韦、柏二先生长期潜心研究、苦心经营的力作，即或存在某些不足，微不足道也！此书洋洋大观，嘉惠学林，不独为芸芸学子架起一座通向中国传统社会的桥梁，亦为中国政治制度研究树立一新的丰碑，贡献莫大焉！

（执行编辑：王一娜）

“新清史”论争：从何炳棣、罗友枝论战说起*

徐　　泓**

摘要：“新清史”论争起于20世纪90年代中期罗友枝对何炳棣《清代在中国历史上的重要性》的批评及何炳棣的反驳，随后，西方学者和华裔学者分别就研究立场、运用史料及论争议题核心——“汉化”问题，开展论争。2000年以后，随着论争相关论著的陆续译介，两岸史学界也加入讨论，论争剧烈而白热化，甚至出现某种程度的意气相争。本文由论争缘起、西方学界一些争辩以及其后引发两岸学界论争，简介这场“新清史”论争，希望厘清“新清史”论争关键，既点明论争蕴含的某些政治性质，也呼吁学者谨守学术规范以使日后讨论更能回归学术本质。

关键词：“新清史”；何炳棣；罗友枝；欧立德；汉化；汪荣祖；满族中心论

1967年，何炳棣在美国亚洲研究学会的一个小组会议上，发表 *The Significance of the Ch'ing Period in Chinese History*（《清代在中国历史上的重要性》）一文，刊载于 *The Journal of Asian Studies*（Vol. 26，No. 2. Feb.，1967）。[①]同年，何炳棣与邹谠合办一个为期十天的大型中国问题国际研讨会，讨论中共政治与国际问题，并论述中国的历史传统。何炳棣以《清代在中国历史上的重要性》为基础，将讨论的时段扩及整个中国历史，题为 *Salient Aspects of China's Heritage*（《中国历史遗产的几个值得思考的显著特色》），分析中国具有现实意义的历史遗产。[②]这次发言得到当时汉学界的普遍认同，在三十年后却引发了一场论战。

---

* 本文原刊登于《首都师范大学学报（社会科学版）》2016年第1期，1-13页。《新华文摘》2016年第10期，第57-62页。今稍加修补更新。

** 徐泓，福建建阳人，南开大学历史学院讲座教授、台湾暨南国际大学荣誉教授、厦门大学人文学院终身讲座教授。

① 陈秋坤译：《清代在中国史上的地位》，《史绎》1968年第5期，第60-67页。又陈一中：《陈秋坤教授在〈清代在中国历史上的重要性〉后写的附记》，http://okplaymayday.pixnet.net/blog/post/41816017, 2015.08.30下载。

② Ping-ti Ho, “Salient Aspects of China's Heritage,” in Ping-ti Ho & Tang Tsou. (ed.), *China in Crisis,* Chicago: The University of Chicago Press,1968, Vol.1, Book 1, 1-92.

何炳棣从兴与衰的对立面讨论清代的重要性及其局限，并延伸出传统中国制度与儒家文化解体的议题，其论点包括：（一）历代中国的疆域，基本上是以长城以内的本部十八省为主，汉、唐、元疆域虽扩及中亚，甚至更广阔，但都不能维持长久；只有清朝，经康熙、雍正、乾隆三朝的努力经营，将长城以外的东北、蒙古、青海、宁夏、新疆、西藏纳入实际统治的版图，结成一个以汉、满、蒙、回、藏、苗为主的多民族国家，而为1912年成立的中华民国及1949年成立的中华人民共和国所继承。（二）传统中国官方人口总数，汉唐以前不过六千万，宋、明才超过一亿多，至康雍乾太平盛世，全国人口暴增，道光末年已增至四亿三千万，到20世纪60年代后期中国人口更达七亿，这不能不说是清代留下来的遗产。（三）清廷由于采用制度性的汉化政策，以程朱理学为汉化政策核心，有利于满族八旗封建政权向统一的中央集权帝国演变。因此，清朝成为中国历史上最成功的征服王朝。（四）传统的政治、经济和社会制度到清代臻于成熟，区域间经济与社会的整合，达到历史上的新高。（五）清代在物质文化、艺术、印刷和图书文库方面，取得丰富而辉煌的成就。（六）清朝由于人口暴增导致一连串当时的科技无法解决的经济难题；乾隆朝以后贪污侵盗公款的情况普遍而严重，盛世危机下，爆发白莲教乱及其他不断的民变；太平军之乱后，政治非中央化，地方势力兴起，无法掌控，加上大行捐纳制度以解决财政困难，进一步造成官僚制度的败坏，以及面对历史上从未有的西方优势现代政治的风暴，最后导致衰亡的命运。

何文关怀的议题以及阐述历史脉络的方式，已经超越清朝断代的限制，可以说是从历史发展动因及历史遗产造成现代中国危机的深层思考，对中国历史的长期发展的总结。此一观点在20世纪70年代“帝制晚期”的学术讨论中，并未受到质疑，却在20世纪90年代西方汉学研究路数渐有更易之后，引起广泛讨论，甚至发展出所谓的“新清史论争”，其原因及过程值得深究。

一、“新清史”论争：何、罗论战与西方史学界的反应

过去对清朝有许多负面评价，主要受清末革命宣传“反满”，及将近代中国衰落的关键归咎于明清海禁、闭关自守以及钳制思想等因素的影响。何炳棣此论一出，读者咸以为其评价公正，多为清史研究者与教师所引用，大大地改变清代在读者心目中的地位。近年来，受人类学家的族群理论、帝国主义理论及边缘和区域视角的影响，西方史学界开始批判欧洲中心论，改以中国中心观来进行中国史研究。但由于去核心与去霸权的学术走向，使得中国中心论仍无法满足学者的新需求；因此，他们进一步批判以汉族为主的中国中心观。于是有学者批判以汉族为中心的清史研究，倡议改以满族为中心的角度

治清史。[1]

“新清史”论争始自1996年罗友枝（Evelyn S. Rawski）当选美国亚洲研究学会主席时的就职演讲：*Presidential Address：Reenvisioning the Qing：The Significance of the Qing Period in Chinese History*，（《再观清代：清代在中国历史上的重要性》），全文刊载于1996年11月出刊的《亚洲研究学报》（*The Journal of Asian Studies*）第55卷4期。[2]罗友枝不同意何炳棣对清廷“汉化”问题的论断。他认为清王朝能维持近三百年统治的关键，主要原因不在于“汉化”，而在于他们对不同地区采取不同文化政策。透过整合各种不同语言，信仰不同宗教，维持不同文化的民族和地区，清朝统治者将帝国打造成一个多元民族的国家。因此，能有效地处理与内陆亚洲蒙、回、藏、维等非汉族的关系，从而良好有效地统治清帝国。

接着，知名的《国际历史评论》（*International History Review*），于1998年6月出版了一期讨论清朝帝国主义的专号（*Special Issue on Manchu Imperialism*）。不久之后，所谓的“新清史四书”：《清代宫廷社会史》《半透明之镜》《满与汉》《满洲之道》陆续出版[3]，“新清史”

---

① 欧立德：《满文档案与新清史》，《台北故宫博物院学术季刊》2006年第24卷2期，第1-15页。亦收入刘凤云、刘文鹏编：《清朝的国家认同：“新清史”研究与争鸣》，北京：中国人民大学出版社，2010年，第377-393页。李爱勇：《新清史与“中华帝国”问题——又一次冲击其反应？》，《史学月刊》2012年第4期，第106-118页。

② 另参见张勉励译：《再观清代在中国历史上的重要性—介绍一篇西方研究清史问题的论文》，《清史研究》1999年第2期，第113-117、124页。刘凤云、刘文鹏编：《清朝的国家认同：“新清史“研究与争鸣》，第1-18页，张婷译，李瑞丰校：《再观清代——论清朝在中国历史上的意义》。译者云：“由于语境差异，删去‘清史和中国的民族主义’一节”。删去部分，互联网上最近流传两种补译版本：一为台湾中正大学历史所硕士生王婷译、甘德星教授校定的版本 http://ccumanchustudies.blogspot.tw/2014/11/blog-post_13.html（2014.11.13）；一为山东大学笔名“乾隆皇帝专属微博”的研究生补译的版本（http://www.weibo.com/p/1005051969647674/home?is_search=0&visible=0&is_tag=0&profile_ftype=1&page=2#feedtop（2015.07.31）。

③ 新清史重要著作有：

Evelyn S. Rawski（罗友枝）, *The Last Emperors: A Social History of Qing Imperial Institutions*（《清代宫廷社会史》）, Berkeley and Los Angeles: University of California Press, 1998.

James A. Millward（米华健）, *Beyond the Pass: Economy, Ethnicity, and Empire in Qing Central Asia, 1759-1864*, Stanford, CA: Stanford University Press, 1998. 贾建飞译，《嘉裕关外：1759—1864年新疆的经济、民族和清帝国》，北京：国家清史编纂委员会内部刊印本，2006年。

Pamela Kyle Crossley（柯娇燕）, *A Translucent Mirror: History and Identity in Qing Imperial Ideology*（《半透之镜：清帝国意识形态中的历史与族性认同》）, Berkeley: University of California Press, 1999.

Edward J. M. Rhoads（路康乐）, *Manchus & Han: Ethnic Relations and Political Power in Late Qing and Early Republican China, 1861-1928*（《满与汉：清末民初的族群关系和政治权力》）, Seattle: University of Washington Press, 2000.

Mark C. Elliott（欧立德）, *The Manchu Way: The Eight Banners and Ethnic Identity in Late Imperial China*（《满洲之道：八旗制度和中华帝国晚期的族群认同》）, Stanford: Stanford University Press, 2001.

James A. Millward（米华健）, ed. *The New Qing Imperial History: The Making of Inner Asian Empire at Qing Chengde*（《新清帝国史：清朝在承德所建立的内亚帝国》）, London: Routledge, 2004.

Peter C. Perdue（濮德培）, *China Marches West: The Qing Conquest of Central Eurasia*（《中国向西迈进：大清征服中亚记》）, Cambridge, Mass.: Harvard University Press, 2005.

学派逐渐成形。[①]2004年，卫周安（Joanna Waley-Cohen）在《激进史学评论》（*Radical History Review*）全面评述"新清史"，"新清史"学派正式成立。[②]

何炳棣认为罗友枝的批评漏洞百出，两年后强力反击。与罗友枝在同一份学报——《亚洲研究学报》上进行辩论，此即著名的《捍卫汉化：驳斥罗友枝的〈再观清代〉》一文出现的缘起。[③]何炳棣的文章以极大篇幅论述汉文化及汉化发展历史的各个方面，并讨论非汉族政权如何采用汉化政策，统治以汉族为主的中国。何炳棣说：国际学界依据汉文化的内涵和成就的丰富所做出的总体评价是，中国文明"比任何一个西方国家的文明都广博和复杂"。[④]又说：汉化是一个持续不断的进程，中国人不断引进吸收外来文化，包括今天的西方文化，并随着时代的变化调整，其影响力由中国周边的东亚和东北亚扩展到全球。在此一过程中，中国的人本信仰，推己及人的文化本质，给异族留下了良好的印象；而且汉族又虚心地、能动地借用外来的宗教、思想和物质文化，不断丰富汉文化的内涵，使汉文化充满生命力，而能不断扩展。

何炳棣对于罗友枝的批评主要有两个方面。首先，《清代在中国历史上的重要性》一文以宏观、多面性的论题进行论述，罗氏却单就汉化这个单一主题来讨论，模糊原文的真实观点。何炳棣举出甚多罗友枝曲解原文论点之处，强调其基本论点是满族创造了一个包括满、汉、蒙、回、藏和西南少数民族的多民族国家，罗友枝却无视于此，在汉族和满族及非汉民族关系之间，构建一个错误的二分法。其次，罗友枝忽视满族之所以能够有效地统治人口最多、政治传统和文化最悠久的中国，在于他们成功地运用汉族传统和制度。罗友枝提出辽、金、元、西夏政权统治汉人与汉地，都只任用汉族官员，但在意识形态上却拒绝汉化的说法，是片面而错误的。[⑤]何炳棣《捍卫汉化》一文中特别分析辽、金、元、西夏这四个政权最终都采用汉文化和制度，甚至意识形态上以汉族五德终始的正统论合理化其政权。何炳棣还批评罗友枝忽视国际学术研究的共识，全然不顾各种前人研究中关于征服王朝要巩固其统治，汉化是不可避免的结论。何炳棣质疑罗友枝讨论中国历史文化，只强

---

① 欧立德：《满文档案与新清史》。李爱勇：《新清史与"中华帝国"问题》。

② Joanna Waley-Cohen（卫周安），"The New Qing History," *Radical History Review* 88（Winter, 2004）：193-206. 译文见董建中译：《新清史》，《清史研究》2008年第1期，第109-116页。本文语境中的"新清史"概念，是借用中外学界共识，首先是欧立德等美国学者的表述，而非学者本身是否认同；柯娇燕等人就一再否定自己是"新清史"的一分子。

③ Ping-ti, Ho, "In Defense of Sinicization: A Rebuttal of Evelyn's Rawski's 'Re-envisioning the Qing'," *The Journal of Asian Studies* 57：1（Feb.1998）：第123-155. 张勉励译：《捍卫汉化：驳斥伊芙琳•罗斯基的〈再观清代〉（上）（下）》，《清史研究》2000年第1期，第113-120页；2000年第3期，第101-110页。

④ John K. Fairbank（费正清） and Denis Twichett（杜希德），"General Editors' Preface," *The Cambridge History of China*, Vol. 1: *The Ch'in and Han Empires, 221 BC-AD 220*（Cambridge and New York: Cambridge University Press, 1986），v-vii.

⑤ 陶师晋生认为罗友枝的金代历史知识有限，对女真人尤其华北女真人汉化（陶师认为称"华化"较恰当）的史实并不了解却坚持己见。详见陶晋生：《宋辽金史论丛》，台北：联经出版公司，2013年，第417-438页。

调占少数的3%的民族，放弃对占97%的汉族及其文化之关注，这样的论述怎么站得住脚？何强调抛弃汉化因素，就无法理解清帝国统治成功原因。

何炳棣批驳罗友枝之后，罗友枝并无回应，其他学者亦无多大反响。①撰文回应的西方学者仅能举出寥寥数人，如：2003 年，出身北京大学在加州大学圣塔巴巴拉（UC Santa Barbara）校区任教的郑小威博士，发表一篇 *Sinicization vs. Manchuness: The Success of Manchu Rule* 以赞同罗友枝的立场，讨论"新清史"论争的核心，述及美国对汉化问题的研究脉络。但司徒琳（Lynn A.Struve）主编，2004 年出版号称"新清史"新作的《世界时间与东亚时间中的明清变迁》（*Time, Temporality, and Imperial Transition: East Asia from Ming to Qing*. Honolulu，Hawaii：University of Hawaii Press，2004）论文集中，就看不到任何对同罗友枝"新清史"的讨论或回应；似乎西方学界的"新清史"论争已沉寂下来。反而是何炳棣的论点后继有人，尤其是华裔学者反应热烈，如赵刚（Zhao Gang）与黄培（Huang Pei）。2006 年，赵刚在《近代中国》学报（*Modern China*） 上发表《重造中国：清帝国意识形态与 20 世纪初近代中国民族认同的崛起》（*Reinventing China Imperial Qing Ideology and the Rise of Modern Chinese National Identity in the Early Twentieth Century*），他指出满文的 *Dulimbai Gurun*（"中国"的直译）与汉文的"中国"在清朝官方文书中均指包括满洲、蒙古、西藏、新疆在内的大清帝国领土，外交文书如《尼布楚条约》《恰克图条约》满文本也都使用"*Dulimbai Gurun*"（"中国"）一词代表清帝国；因此，"新清史"将"中国"一词只等同于"汉"的论断是不能成立的。②赵刚的论点，也得到一些西方史家的支持，周锡瑞（Joseph Esherick）与白莲娜（Elena Barabantseva）先后发表同样的

---

① 据柯娇燕的说法，美国学界没人回应何炳棣对罗友枝的驳论，是美国学界的文化使然，他们对不友善的书评保持沉默，尤其对一位健康情形已不太稳定的退休老教授，是不会有人去惹怒他的。因此，根本没有什么"新清史论战"。而且说何的 1998 年驳罗友枝的论文，是与讨论主旨极不相干的。这种说辞已背离学术讨论的正常说理。其实，当时何先生的健康相当良好，而且著述不辍，一直活到 14 年后的 2012 年。柯娇燕的说法不过是一种遁词。柯的原文是：We do not respond to unfavorable book reviews except in very rare instances（as rare as publishing a "rebuttal" of a disliked AAS presidential address）, and we try to tolerate in silence as much petty insult as we can. It is the culture. Ho, a revered scholar then retired and known to be in uncertain health, would have been the last individual against whom other scholars would evince indignation. We know that even geniuses can have a bad day and produce a ponderous irrelevance such as Ho 1998. Only a crude sort of person would have forced Ho into more strenuous and probably equally sideways disquisitions by provoking him further. And any reply would have been rather short —basically "That is not what we are talking about.""Was There Ever a LUNZHAN（论战）between Ho Ping-ti and Evelyn Rawski?—No, there wasn't. But manufacturing one is an essential element of the mythology of 'New Qing History'."2016 年 2 月 20 日发表于 http://www.dartmouth.edu/～crossley/comment.shtml，现在已被删掉，但仍可于《豆瓣》上找到 https://www.douban.com/group/topic/83965152/。还有一篇由署名惠男的中文译本发表于《明清史研究信息》，http://mp.weixin.qq.com/s?__biz=MzA4Nzg0OTgxNA== &mid=403540289&idx=1&sn=583464cc0e10abfa46a15257e091c15c&scene=23&srcid=0229wwdFYWPR1OKWJqI9a9Wr#rd）。

② Gang Zhao（赵刚）, "Reinventing China Imperial Qing Ideology and the Rise of Modern Chinese National Identity in the Early Twentieth Century," *Modern China 32*: 1（January 2006）: 3-30.

看法。[①]

2011 年，黄培（Huang Pei）更出版了一本专书《满人的再定位：一项汉化的研究（1583—1795 年）》（*Reorienting the Manchus：A Study of Sinicization，1583-1795*. Ithaca：Cornell University East Asia Program），公开支持何炳棣。黄培论述了满人如何借用汉人的统治方法与生活方式，以及从努尔哈赤起兵至乾隆末年之间，满人在经济、法律、社会制度等方面的种种改变，强调此时的满汉交流并非单向的过程，满洲文化同样影响“汉文化”。满人并非完全的异民族政权，因为女真的汉化历程早在入关前就已开始。黄培与“新清史”的分歧主要是对汉化定义不同，他采用广义的定义，认为满人虽仍保有满族的身份认同，但不妨碍其接受汉文化；而“新清史”学者的汉化定义则严格得多，他们认定汉化意味着满人完全接受汉文化与族群认同。对于“新清史”强调的内陆亚洲民族对清朝的重要性方面，黄培认为清朝统一中国主要靠汉人降将、降兵之力，蒙古军队的作用不大。“新清史”学者及其支持者并不认同黄培的说法，欧立德批判黄培是汉文化和汉字优越论者，认为黄培的“18 世纪以后，满人失去勇武精神成为懒散、挥霍的特权阶级”等观点，不过是护卫 50 年代中国史家的老旧论调。虽然有赵刚、黄培等华裔学者的撰著支持，但其他西方史家大多数以沉默态度对待何炳棣的论点；可以说西方学者似乎已一面倒向“新清史”。[②]

二、“新清史”论争再起：两岸史学界的反响

2000 年以后，随着罗、何论争相关论著陆续的译介，两岸史学界注意“新清史”的人多了起来。定宜庄于 2008 年发表《由美国的“新清史”研究引发的感想》（《清华大学学报（哲学社会科学版）》，2008 年第 1 期）呼应“新清史”，引起不少反响。2010 年，刘小萌发表《关于“新清史”的几点看法》，阐明“新清史”在理论方法、研究角度和观点的创新，并提出应对之方。[③]其后，由中国人民大学清史研究所刘凤云和刘文鹏选辑国外“新清史”的代表性论著，并汇集国内学术界的相关论述与评议，出版了《清朝的国家认同：“新清史”

---

① Joseph Esherick（周锡瑞）,“Empire, Nation, and Beyond: Chinese History in Late Imperial and Modern Times, ”*China Research Monographs* 61（June 30, 2006）. Elena Barabantseva（白莲娜）, *Overseas Chinese, Ethnic Minorities and Nationalism: De-centering China*（London: Routledge, 2010）. 按：当年乾隆在马戛尔尼来华时给英国国王的回信。关于“赴洋行发货夷商亦不得擅入省城”的规定，乾隆皇帝解释天朝此举的目的是“原以杜民夷之争论，立中外之大防”。在京城不许西人“妄行传教”，则是因为“华夷之辨甚严”。这里清楚透露乾隆指西方人为“夷”与“外”，而自己则居于“中”与“华”（中外、华夷）的位置。他已经不觉得自己是“夷”了。

② 黄培著、董建中译：《满族文化的转向（1583—1795 年）·导言》，《清史研究》2012 年第 3 期，第 136-149 页。Mark C. Elliott, “Review of Pei Huang’s *Reorienting the Manchus,*” *Journal of the Economic and Social History of the Orient* 54：4（2011）: 584-588. 蔡伟杰：《评黄培著〈满人的再定位〉》，《史原》2013 年第 25 期，第 319-330 页。

③ 刘小萌：《关于“新清史“的几点看法》，《近代中国研究》（中国社会科学院近代史研究所主办），http://jds.cass.cn/Item/8536.aspx（2010.09.21）。刘小萌：《清朝史中的八旗研究》，《清史研究》2010 年第 2 期，第 1-6 页。

研究与争鸣》；另外还召开“清代政治与国家认同”国际学术研讨会，出版了《清代政治与国家认同论文集》（北京：社会科学文献出版社，2012 年），更引发讨论的热潮。

在这次会议中值得注意的是，为了将有关“新清史”的争论置于学术范围之内，避免将其政治化，在出版《清朝的国家认同：“新清史”研究与争鸣》一书时，将罗友枝批评何炳棣的文章中最富政治性的一节“清史和中国的民族主义”，以“语境差异”为由，完全删掉。书中，中国学者多强调清代的民族融合、政治整合和文化交流，与“新清史”学者注重清代的武力征服，强调民族特性与文化隔绝的论点形成对比。美国学者认为中国学者有意迎合官方意识形态，有损学术独立，认为他们有民族主义支配的偏见。会议原始的学术目的似乎没有达成，反而招来更多非学术性的评论。此后，西方“新清史”学者的观点得到一些中国学者的回应和读者的关注，报章杂志和网络上的论争也就多了起来。

中国台湾学者也关注“新清史”的学术发展，台湾“中央大学”的王成勉教授就敏锐地看出“新清史”论争的盲点在双方的各说各话，于 2006 年发表《没有交集的对话——论近年来学界对“满族汉化”之争议》（汪荣祖、林冠群主编：《胡人汉化与汉人胡化》，嘉义：台湾中正大学台湾人文研究中心，2006 年）。台湾“中央研究院”学者因为关注族群问题，也对“新清史”产生兴趣。2013 年，由台湾史研究所领头组织“新清史研究读书会”，研读西方“新清史”论著。2012 年 11 月 30 日，台湾“中央大学”人文研究中心汪荣祖教授召开“ 清帝国性质研讨工作坊”，约集了两岸清史学者十余人，讨论清帝国的性质，编成《清帝国性质的再商榷：回应“新清史”》，于 2014 年 8 月出版（台北：远流出版事业股份有限公司）。由于主编汪教授对“新清史”持批判立场，激起支持“新清史”的学者不满；这本书的出版，尤其对大陆“新清史”的论争，无异于火上添油。2015 年 4 月 12 日，姚大力发表《不再说“汉化”的旧故事——可以从“新清史”学习什么》，在《东方早报·上海书评》挑战汪荣祖的观点。接着，汪荣祖于 5 月 17 日发表《为“新清史”辩护须先懂得“新清史”——敬答姚大力先生》；5 月 31 日，姚大力再发表《略芜取精，可为我用——兼答汪荣祖》；6 月 21 日，汪荣祖再答姚大力，发表《学术批评可以等同于“打棒子”吗？》，一来一往，互不相让；两人的文章在网络上疯传，引起更多人对“新清史”论争的关注。

同时，中国社会科学院主办的《中国社会科学报》和《中国社会科学网》，也注意到“新清史”论争的影响，发表多篇文章，直指“新清史”的学术问题及其隐含的政治主张。其中，李治亭在第 728 期发表的《“新清史”：“新帝国主义”史学标本》（4 月 20 日），指出“新清史”“肆意歪曲清史，旨在分裂中国”，旗帜最为鲜明，言语最为激动。中央民族大学钟焓教授也接受《中国社会科学报》的访问，指出：“新清史”学派的着力点，不在于史实重建，而在于话语构建，以族性或民族主义语境下的认同决定论，帝制晚期的征服叙事和后帝制时代的“民族帝国主义”话语才是构筑其学术体系的三大基石，且为证明其理论模式的有效性，“新清史”学派不惜曲解史实以强证己说。[①]相关讨论并未平息，2015 年 7 月 25 日，中国社会科学杂志社《历史研究》编辑部与东北师范大学历史文化学院还联合主办《“清代多民族统一国家的历史建构”学术研讨会》，回顾与反思“新清史”研究。[②]

三、“新清史”论争应重视学术的本质

1. 秉持纯粹学术立场

在改革开放与全球化和网络普及无远弗届的今天，如何对待西方关于中国历史的各种新观点及其影响，的确是我们要严肃对待的问题。我们无法关起门来，无视其存在。

定宜庄与现今“新清史”主要领头学者欧立德，在 2013 年联合发表《21 世纪如何书写中国历史：“新清史”的影响与回应》(《历史学评论》，第一卷)，此文可视为西方学者与部分中国学者对于“新清史”的共识与展望，希望学者们从更多元的视角看待清朝历史发展。文中特别提到“如何面对西方学术观念与理论的问题”：

> 当我们评判一项史学研究成果的好坏、一种新的研究范式或理论的成败时，标准应该首先是它在学术上的价值，具体地说，它征引的史料是否坚实可靠、它的分析是否规范合理、它的结论是否给人以启示，至于它是来自西方还是东方、中国还是外国、是否“建立在西方的现代话语体系上”，反而应该列为其次。……更多强调要反思自己研究的不足，持的是一种较为理性和客观的态度，也为学界所普遍认同并接受。我们认为，对于“新清史”，何不也参照一下这种态度呢？……由于我们现代的知识体系源于西方，目前我们生活世界中的一切似乎也只能在西方的概念框架中获得自我表述，原先只是作为一种他者的西方文化，如今在全球化时代之下，无论我们愿意与否，已经成为文化本身，成为我们的当代历史与现代经验的组成部分，从而当代中国的问题也变成完全是整个现代性文化自身的内部问题。我们无法跳出世界（历史）的语境讨论中国，更无法在西方之外建构出一个自给自足的中国。[③]

定宜庄之外，刘小萌也在《关于“新清史”的几点看法》提出回应“新清史” 应注意的问题：

第一，要端正我们的态度，从“新清史”的研究中汲取有益启示。

---

① 唐红丽：《“新清史”学派的着力点在于话语构建——访中央民族大学历史文化学院副教授钟焓》，《中国社会科学报》2015 年 5 月 6 日，第 734 期。

② 耿雪：《清史研究应具整体视野》，《中国社会科学报》2015 年 8 月 10 日，第 785 期。

③ 定宜庄、欧立德：《21 世纪如何书写中国历史：“新清史”的影响与回应》，《历史学评论》第一卷，北京：社科文献出版社，2013 年，第 116-146 页。

第二，对“汉化”的涵义、“汉化”与汉文化“涵化”的差别做出说明。不可因表述的便利，而造成“今人”对“古人”的一种理解错位。

第三，应承认研究取向上的差异，特别是在满汉关系、清朝特色、八旗社会、民族认同等议题的讨论，“新清史”学者与中国学者侧重的角度与讨论重点有明显差别，这些差异的形成，有着复杂的背景与原因，应承认差异，明确差异，进而通过讨论，取长补短，求同存异，在弥合差异的基础上求得比较接近历史真相的共识。

第四，回应“新清史”，不必回避它的某些偏差或错误。美国“新清史”标榜从满族角度研究是其特色，与清史研究的本意明显抵牾。刘小萌认为，真正意义上的清史研究，应包括清朝（清代）这一时段内、任何与清帝国庞大空间相关的历史现象。从这个角度讲，美国的“新清史”在定义上是有问题的。“新清史”否定满族所建清朝（还引申到历史上蒙古族所建元朝）是中国历史的一部分，或以汉满民族冲突对立取代彼此融合的主流，或强调满族特色却无视汉族和汉文化的主导作用；这些论述均有悖中国历史发展及满汉关系发展的基本事实。刘小萌指出：“新清史”的说法与日本帝国主义侵略中国时，提出“满蒙征服论”相似，“新清史”倘不能与之划清界限，就会陷入很尴尬的境地。[①]

面对“新清史”的挑战，三位学者都提到，应该站在纯粹学术的立场面对外来的新观念，“无论是研究角度、理论方法，还是具体观点中‘汲取有益启示’；要正视中西学者研究取向的差异，差异可通过研究讨论来增加学术的内涵。也就是依据坚实史料与合理的分析，以理性客观的态度研究的成果，以理服人。这个态度普遍为学界所认同。[②]例如在面对西方学者对明清科举与社会流动关系的质疑时，笔者就曾运用计量方法，以 57 个科次新出版、公开的明代进士登科资料，提取有效样本 15 528 件（多于何炳棣的 22 科 6228 件），实证地研究明代向上社会流动。[③]

---

① 刘小萌：《清朝史中的八旗研究》；《关于“新清史”的几点看法》。东亚研究所编：《异民族の“支那”统治史》，东京：讲谈社，1941 年。韩润棠、张廷兰、王维平译：《异民族统治中国史》，北京：商务印书馆，1964 年。日本学者总结出来的经验是：当异民族进入中国之后，要“采用汉人王朝原有的机构和文化”，并使“采用汉人治理汉人，统治民族采取从旁监督的态度”，以使其从表面上看来，“和原来汉人王朝并没有多大差别”。异民族进入中国之后，“以汉族以外的其他民族，作为自己的股肱，并视为准统治者加以优待”。对于边疆各地汉族以外的其他民族，则采用“分而治之”的办法。依据他们的看法，这纯粹是策略应用，并无所谓以内亚民族为主体统治中原汉人的事。

② 在遵守学术规范方面是不分中西的，一般总以不遵守规范来批评中国学者，其实有这种弊病的学者中西皆有。参见美国 The University of Akron 历史系赵刚教授：《“新清史”可以无视史学规范吗？——评柯娇燕对清代皇帝中国观的新说》，《中国社会科学报》2016 年 10 月 13 日。Jon Wiener, *Historians in Trouble: Plagiarism, Fraud, and Politics in the Ivory Tower*, New York: The New Press, 2004.

③ 笔者对明代向上社会流动的实证研究，还比对明清制度及明清社会变迁面貌，调整分类属性，较何炳棣《明清社会史论》（*The Ladder of Success in Imperial China: Aspects of Social Mobility, 1368-1911*. New York: Columbia University Press, 1962.）原先的分类更为严谨，证明何炳棣的方法在解释问题的有效程度上，并没有因为资料样本量的差异而产生偏差，并发现随着社会经济发展，社会财富分配趋向富者愈富和贫者愈贫的两极分化，科举制度的开放性亦随之逐渐下降。参见徐泓：《〈明清社会史论〉的译注及其后续研究：重论明代向上社会流动》，《中国社会历史评论》第 17 卷（上），2016 年第 10 期。

2. 对"新清史"强调运用"内亚民族"文字史料的反思

"新清史"学者对何炳棣的质疑，主要来自于他们声称研究清史必须运用满文、蒙文、维吾尔文等"内亚民族"史料，认为从不同语言类型的"新史料"才能看到一些过去看不到的事物。甚至有人极端地提出：不识满文就不能研究清史。但事实上，"新清史"学者运用的"内亚民族"文字史料并不如他们声称那么丰富，那么具关键作用。①路康乐的著作未涉及任何满文材料；罗友枝的著作引用大量未刊档案史料，却只是汉文史料，基本上没有她主张的新见满文史料；柯娇燕使用满文史料也仅限于早已广为利用的《满文老档》。②只有欧立德的著作确实引用过一些未刊的乾隆朝满文朱批奏折，但这些奏折早在该书问世前已经译成汉文。其他作者在引用新见满文史料上也是雷声大雨点小。至于其他语种的民族文字史料更是"难觅影踪"；"新清史"学者的著作依据的主要史料仍然是以"汉文"为主。其实，百多年来，中、日学者早就一直致力于运用满文、蒙文、维吾尔文等"内亚民族"史料研究历史，尤其用满文史料研究清史。③中国研究清史的前辈学者王锺翰先生就一贯重视运用满文文献，侧重从满族角度作研究。④日本学者自内藤湖南、神田喜一郎、神田信夫等也早就关注满文档案的收集、整理与译注，作为研究清史的基础。⑤从这个角度看，"新清史"学者在运用非汉文史料方面并不比以前的"旧清史"学者先进。其实研究清史应具备的语文能力，应视研究对象、范围与性质而定，如有关清朝本部十八省及朝廷各衙门的

---

① 据钟焓的研究，"新清史"学者群在满语等非汉文史料的开发与利用上并未较"旧清史"学派取得多么重大的突破性进展。经过比对，"新清史四书"并未大量引用具关键性的满文史料，详见钟焓：《北美"新清史"研究的基石何在（上）——是多语种史料考辩互证的实证学术还是意识形态》，《中国边疆民族研究》第7辑（北京：中央民族大学出版社，2013年），第156-213页。（排印时注释有若干错误和遗漏，更正本见于 http://www.lsjyshi.cn/pdf/xqs.pdf, 下载于2015.10.05）

② 《满文老档》记载天命纪元前九年至天命十一年（1607—1626）、天聪元年至六年（1627—1632）和崇德元年（1636）共27年史事。今存原本、重抄本（包括草本、正本、副本）共4部。原稿本37册，再加上1935年发现的3册，共40册。原本存于台北故宫博物院，草本、正本及《无圈点字书》存于中国第一历史档案馆，副本存于辽宁省档案馆。1918—1929年，金梁主持翻译沈阳崇谟阁藏副本，1929年出版，题为《满洲老档秘录》，亦称《满洲秘录》；1933—1935年，又将部分内容在《故宫周刊》连载，名为《汉译满洲老档拾零》。1969年，台北故宫博物院将院藏《满文老档》，分10册出版，题为《旧满洲档》，并进行译注工作，于1977—1980年出版《旧满洲档译注•清太宗朝》2册。广禄老师与李学智从1964年开始译注老档，1970年由"中研院"出版《清太祖朝老满文原档》两册，止于天命六年（1621）六月。金梁主持的译本错误较多，而台北故宫博物院与广禄老师与李学智译本也不全。1978年，中国第一历史档案馆与中国社会科学院历史研究所合作以乾隆朝重抄《满文老档》为蓝本，全部译成汉文，1990年3月由北京中华书局出版发行，题为《满文老档》，从此，《满文老档》有了汉文全译本。第二次世界大战后，日本学者神田喜一郎等组成《满文老档》研究会，开始《满文老档》日文译注，于1965年完成，分7册，于1955—1963年由东洋文库出版。另外，神田信夫、松村润与冈田英弘等又译注藏于台北故宫博物院藏的《天聪九年档》，于1972—1975年由东京东洋文库出版日文译本《旧满洲档. 天聪九年》。参见陈师捷先：《〈旧满洲档〉述略》，《旧满洲档》，台北：台北故宫博物院，1969年。

③ 满文档案的概况，参见吴元丰：《清代满文档案述论》，《满学研究》第6辑，北京：民族出版社，2000年。

④ 刘小萌：《王锺翰先生的学术成就》，《清史研究通讯》1990年第3期，第50-53页。

⑤ 神田信夫：《日本学者利用满文史料进行的清史研究》，《亚洲研究》1988年第53期（台北）。

汉文史料浩若烟海，汉文解读能力实为必须具备的能力。如研究边疆少数民族、清朝军政、内务府、八旗等专题，满文、蒙文、藏文等原始文献的利用当然至关重要，具备满、蒙、藏等非汉语文能力自然不可或缺。但是随着关键性的满文档案如《满文老档》《康熙朝满文朱批奏折全译》《雍正朝满文朱批奏折全译》等翻译印行，其他相关满文史料也正陆续译编中，似乎“新清史”标榜的精通满文渐渐不是研究清史学者绝对必须具备的特别本领，反而精通中文和日文，能够阅读、理解清史文献与档案及近人研究论著，才是研究清史学者必不可缺少的关键本领，从美国“新清史”学者的著作引用非汉文档案史料不多，却不妨碍他们的研究，可以知之。[①]总之，满文、汉文档案具有同等的史料价值，清史研究中必须坚持满、汉史料并重，才是正确的治史方法。由于与满文史料相比，汉文史料数量之多、内容之丰富、涵盖范围之广泛，均远超前者。以汉文史料为主，满文史料为辅，互相参照，互相印证，方能得出正确的历史结论。[②]

诚如以上所说的，“新清史”论著引用的满文资料虽不够多，而中、日史家在整理和运用满文史料上，也早有传统，卓然有成，不必等待“新清史”的提倡，人们才懂得重视满文史料。但是对西方清史学界来说，“新清史”带动的研究风气还是值得关注的，学习满文，运用满文档案，如今成为热潮。“新清史”已在美国学界占一席之地。由于美国的学术霸权地位，这一风气对世界其他各地史学界颇有影响，甚至对两岸史学界，尤其是青年学子，

---

① 唐红丽：《“新清史”学派的着力点在于话语构建——访中央民族大学历史文化学院副教授钟焓》《中国社会科学报》第734期，2015年5月6日。刘小萌：《清朝史中的八旗研究》也举八旗研究众多成果说：“中日学者自20世纪50年代以来已有长期实践，尤其在利用满文、蒙文文献考证史实方面，取得令世人瞩目的成绩。”除《满文老档》已译成中文、日文外，在现存于中国第一历史档案馆可供使用的两百多万件满文档案（邹爱莲：《中国第一历史档案馆所存清代档案基本情况调查报告》2017-07-02，mp.weixin.qq.com, 2017.07.04 下载），近年来，许多相继译成为中文，如中国第一历史档案馆译编：《清初内国史院满文档案译编》（北京：光明日报出版社，1989 年）、《盛京刑部原档：清太宗崇德三年至崇德四年》（北京：群众出版社，1985 年）、《乾隆朝满文寄信档译编》（长沙：岳麓书社，2011 年）、《康熙朝满文朱批奏折全译》（北京：中国社会科学出版社，1996 年）、《雍正朝满文朱批奏折全译》（合肥：黄山书社，1998 年）、《盛京刑部原档》（北京：群众出版社，1985 年）、《清代中俄关系档案史料选编》（北京：中华书局，1981 年）、《清代锡伯族档案史料选编》（乌鲁木齐：新疆人民出版社，1987 年；汉文版改名为《锡伯族档案史料》，沈阳：辽宁民族出版社，1989 年）、《清代西迁新疆察哈尔蒙古满文档案全译》（乌鲁木齐：新疆人民出版社，2004），辽宁省档案馆、辽宁社会科学院历史研究所、沈阳故宫博物院合编编译：《三姓副都统衙门满文档案译编》（沈阳：辽沈书社，1984 年），季永海、刘景宪译编：《崇德三年满文档案译编》（沈阳：辽沛书社，1988）及关嘉录等译编：《天聪九年档》（天津：天津古籍出版社，1987 年）、《雍乾两朝镶红旗档》（沈阳：辽宁人民出版社，1987 年）及《雍正朝镶红旗档》（长春：东北师范大学出版社，1985 年）等至少有二十多种。另外日本学者也译了一些满文档案，如东洋文库清代史研究室译注：《内国史院档·天聪七年》（东京：东洋文库，2003 年）和楠木贤道、加藤直人等译注：《内国史院档·天聪八年》（东京：东洋文库，2009 年）。参见王锺翰：《清史研究与民族古籍》，《中央民族大学学报》1996 年第 4 期，第 42-44 页。吴元丰：《近百年来满文档案编译出版综述》，《满语研究》2011 年第 2 期，第 37-46 页。

② 杨珍：《满文史料在清史研究中的局限》，《光明日报》2016 年 6 月 1 日。现存清代档案，绝大部分由中国第一历史档案馆典藏，据邹爱莲馆长的调查报告称：可供使用的一千多万件中，汉文档案八百多万件，满文档案两百多万件，大约现存清代档案中，汉文档案约占 80%，满文档案约占 20%。满文史料虽很重要，但从数量论，局限可知。

也颇有影响。运用新史料诠释历史，本来就是史学界的共识。而两岸老史学家也一直在教后辈学子学习满文和运用满文史料研究清史，王锺翰老师就培养出优秀的史学家如定宜庄、刘小萌等，甚至欧立德也曾在王锺翰门下学习；广禄老师也在台湾培养出如陈捷先、李学智、庄吉发等运用满文史料治清史的重要专家。[①]受“新清史”影响，清史研究再兴热潮，确是好事，值得鼓励。但对“新清史”提出的一些论争议题如“汉化”、如“满族中心”、如论争的政治性质等问题还是应该进一步讨论厘清，而不是一味地跟着走的。

3. 对“汉化”问题的讨论

有的“新清史”学者认为：八旗是一个封闭制度，而此一封闭性，形成了满族自我认同。但实际上原本设计为隔离满人为主体的“旗人”与汉人为主体的“民人”的封闭性八旗制度是行不通的，[②]各地满城（或旗城）中，有许多世代为兵（还有少数出仕）的旗人，“国语骑射”以外，别无生计，其日常生活对满城周围以汉族为主的民人严重依赖；导致旗人社会不可能脱离“民人”社会，无法保持较长时期“独立”或“封闭”。随着时间推移，旗人对民人的依赖逐渐加深，范围不断扩大，彼此关系越来越密切。尤其满、汉不能通婚的限制也逐渐打破，满语（或“清语”）也渐遗忘，旗人多只会说汉语，“国语骑射”又不能坚持；满族自身特性逐渐剥蚀，其族群自我认同自然削弱。[③]

另一方面，满洲原以八旗为核心，然而八旗各支的旗人只忠于旗主，而非皇帝本身。

---

① 台湾清史学界能够运用满文的学者皆出自台湾大学历史系广禄教授（孔古尔氏，锡伯族）门下，广老师辞世后，主要是庄吉发教授在教授满文，提倡用满文史料与汉文史料互证，以挖掘历史真相，台湾中青年清史学者多出其门。他常提一例为说：康熙三十六年（1697）四月初九日，抚远大将军费扬古（1645—1701）以满文奏报准噶尔部首领噶尔丹（1644—1697）“在三月十三日早晨生病，晚上就死了，是什么病不知道”。但与《圣祖仁皇帝实录》一对照，遂发现噶尔丹的死亡日期从三月十三被《实录》改为闰三月十三日，死因由病死改为饮药自尽，系配合康熙皇帝（1662—1722年在位）御驾亲征的时间，暗示噶尔丹乃因慑于皇帝天威而自尽。详见管佩文的《庄吉发老师专访》一文。

② 刘小萌：《清代北京旗人社会中的民人》，《故宫博物院八十华诞暨国际清史学术研讨会论文集》，北京：紫禁城出版社，2006 年。

③ 只要读过刘小萌那本以大量满、汉文档案，契书、碑文、家谱、笔记、曲词、小说、舆图、绘画、口述等史料撰著的《清代北京旗人社会》（北京：中国社会科学出版社，2008 年）及汪利平：《杭州旗人和他们的汉人邻居：一个清代城市中民族关系的个案》（《中国社会科学》2007 年第 6 期）和赖惠敏：《从杭州满城看清代的满汉关系》（《两岸发展史研究》2008 年第 5 期，第 37-89 页），就知道这个论断是站不住脚的。刘小萌《清代北京旗人社会》有云：“西方学者研究旗人社会，或强调其特殊性与封闭性。有学者提出，八旗制度在维护旗人利益、旗族认同（以及“满族认同”）、满洲文化独立性方面，起到关键的作用。而笔者关注的，则是旗人与民人（很大程度上就是满人与汉人）在八旗制度阻隔下，其关系是如何发展的，文化是如何交流的，感情是如何融通的。笔者认为，八旗制度作为清初满洲人的一项重大发明，对旗人社会的发展实际起着双重作用：一方面，它为旗人社会的运转和延续提供了组织保证；另一方面，它对旗人的束缚，又注定旗人对民人的严重依赖。尤其都市中的旗人，世代为兵（还有少数出仕），不能不在日常生活的各方面，对民人产生严重依赖。这是八旗制度的致命缺陷，也是导致旗人社会不可能脱离民人社会，并保持较长时期‘独立’或‘封闭’的根本原因。随着时间推移，旗人对民人依赖逐渐加深，范围不断扩大，彼此关系越来越密切，其自身特性也逐渐剥蚀。这是北京旗人社会变化的一条基本线索，也是本书立论的基础。”（第 8-9 页）常建华也指出：盛京地方的满人军官，到乾隆年间已“清语完全不能”，伊犁军人也是“清语生疏”。（常建华：《从 “新清史”研究看〈乾隆朝满文寄信档译编〉的史料价值》，《历史档案》2011 年第 1 期，第 132-137 页。）随着时间推移，“国语骑射”已不能坚持，旗人自我认同的削弱，正与满族统治阶层之汉化，互相呼应。

这对于要将部落合议制改成君主专制的满洲皇帝来说，是相当不利的。他们必须借助儒家思想，特别是经过朱熹强化后的忠君观念，来转化旗人们效忠的对象。过去“新清史”学者往往否认汉化和清朝国祚长久的关系，认为清统治者的汉化和儒化不过是笼络汉人而已。但入关之后，清廷就大量翻译经、史、子、集汉文经典著作至少一千多种为满文，给满人看，足证清朝的“儒化”是自觉自愿的政策。[①]举康熙二十五年御定《资治通鉴纲目全书》为例，这部书先于康熙三十年先译成满文，刊刻发行，供满人阅读，而针对汉人所发行的《御批资治通鉴纲目全书》，却要等到康熙四十四年才开始整理，康熙四十六年方印行至全国；可知清廷对于宣扬“尊君”观念的《资治通鉴纲目全书》的刊印，是先满后汉，主要是供满人研读的。再联系康熙皇帝为满文本《资治通鉴纲目全书》所做的序文来看，满洲君主不只是将儒家文化作为统治汉人的手段，而且是要借重《资治通鉴纲目全书》强化满人的“尊君”观念及重视纲常教化的功用。[②]由此可知，满洲统治者运用儒家思想绝非只局限于笼络汉人，事实上他们也用汉文化的道德价值观来教化本民族。即使在政治、经济、法律上，满洲统治者依然采取“首崇满洲”的政策，即使满洲统治者大声疾呼要保持本民族精神，也要旗人学习儒家为主的华夏文化，用儒家思想来教育满人，使得他们的道德观念逐渐转变成儒家式的；就这一层面来说，满洲人的确已经汉化或儒家化了。

虽然“新清史”学者不愿把清朝当作传统的中国王朝，但他们还是不得不承认：“满洲人有时也称呼自己的帝国为‘中国’，即使是称呼边疆地带。”[③]在讨论清朝是不是“中国王朝”和满洲人是否认同自己是“中国人”时，“新清史”学者及其支持者多持否定态度。但“中国人”的定义是随华夷之辨来的，“夷狄之入中国者则中国之”；华夷接触之后，并非华全同化了夷，华夷彼此互相学习，相互影响，西方学者谓之“涵化”，中国学者称为“融合”。[④]满洲的统治者追求中国文化的精髓，他们熟读儒家经典，纯熟地运用汉文写作，诗文、书法与绘画造诣深厚，超乎一般汉人文士之上。他们早就认为自己是中国人的皇帝，如雍正皇帝所说，他们也是中国人。《大义觉迷录》说得很清楚：“本朝之为满洲，犹中国之有籍贯。”而且“自我朝入主中土，君临天下，并蒙古极边诸部落，俱归版图，是中国之疆土开拓广远，乃中国臣民之大幸，何得尚有华夷中外之分论哉！”[⑤]在清朝统治稳固后，一个多元族群组成的帝国已经形成。清朝入关以前，即有建立多元民族国家的意图，以满、

---

① 北京市民族古籍整理出版规划小组办公室满文编辑部：《北京地区满文图书总目》，沈阳：辽宁民族出版社，2008 年。

② 柯淑芳：《〈御批资治通鉴纲目全书〉康熙御批析论》，台湾东吴大学历史系硕士论文，2015 年。

③ 欧立德：《满文档案与新清史》，第 1-15 页。

④ 中国人民大学清史所教授刘凤云：《从有关“明清鼎革”的话语，看清人的民族与国家认同》，《满学论丛》第 4 辑（沈阳：辽宁民族出版社，2014 年），透过明末清初的“汉奸”“贰臣”来探讨当时的民族观与国家观，指出当时文献上的“汉奸”“贰臣”一词所表达的民族认同，都是出自华夷之辨的传统文化谱系，而非今天意义上的民族国家认同。

⑤ 雍正皇帝撰：《大义觉迷录》卷 1，《清史资料》第 4 辑，北京：中华书局，1983 年。

汉、蒙、藏为一体，官方立碑时，均以“国书（满）、正书（汉）、蒙古、西番（藏）四体书”书写，入关后并颁布《御制四体清文鉴》，为满、汉、蒙、藏合璧对照民族语言文字辞典，以示民族多元一体。①乾隆末，又将维吾尔文列入，颁行《御制五体清文鉴》，清帝国为满、汉、蒙、回、藏多元一体民族国家从此确立。②隆裕皇太后主导的《清帝逊位诏书》说道：“总期人民安堵，海宇乂安，仍合满、汉、蒙、回、藏五族完全领土，为一大中华民国。”这样的论述显然是清朝多元一体的民族政策之自然结果。③

更重要的是，清朝以夷人入主中国，从发式和服式改变了“中国人”的定义，改以剃头辫发为“中国人”的服饰。因此，当明郑与清朝谈判统一时，明郑提议：“比朝鲜不剃发，愿进贡投诚。”康熙帝不准，他说：“朝鲜系从来所有之外国，郑经乃中国之人”，必须剃头辫发。终清之世，剃头辫发和长袍马褂遂为中国人服式，甚至民国初年，贤如国学大师王国维也始终拖条辫子。④

法律上，除了在外交文书上清朝政府自称“中国”称其子民为“中国人”外，与清朝政府订约的国家亦以“中国”称之。⑤宣统元年（1909），清廷制定的中国第一部国籍法，没有定义“大清国人”的国籍，而是定义了“中国人”国籍。换言之，被“新清史”学者认为不认同“中国”的“满族政权”，用国际规范的法令定义了自己的“中国人”国籍，以

① 《皇朝通志》卷 118《金石略》，上海：商务印书馆，1935 年。《御制四体清文鉴》，三十六卷，清高宗弘历敕撰，清乾隆年间武英殿刻本。例加《盛京护国广慈寺碑记》末就记载：“学士黑德译汉文 厄者库石岱译蒙古文 东古藏古习译西域文”。原碑已毁，承美国卫斯理学院刘元珠教授赠摄自哈佛大学克立夫教授（Francis Woodman Cleaves）藏拓本相片，谨此致谢。

② 《御制五体清文鉴》是清朝中期乾隆末年编成的中国民族语言辞书。该书收词包括满、藏、蒙、回、汉五种语言，是在《御制四体清文鉴》基础上增加维吾尔语而成。晓春：《乾隆帝敕修民族语文辞书及对民族语言发展方面的作为》《满语研究》2016 年第 1 期，第 62 页。

③ 清帝逊位诏书成为帝国主权转移至民国的重要合法性文献，对中华民国建国意义深远。作为原帝国所辖领土的辽阔的边疆民族地区从此被纳入民国法统之下，中华民族成为政治实体的国族，原居于中原的汉族与边疆诸族群独立建国的合法性遂归于逐渐消灭。参见高全喜：《立宪时刻：论〈清帝逊位诏书〉》，桂林：广西师范大学出版社，2011 年。杨昂：《清帝〈逊位诏书〉在中华民族统一上的法律意义》，《环球法律评论》2011 年第 5 期，第 8-25 页。

④ 《明清史料》丁编（北京：中国科学院，1951 年），第三本，《敕谕明珠等郑经比例朝鲜不便允从》（康熙八年九月，日不详）。复印件见张伟仁主编：《明清档案：“中央研究院”历史语言研究所现存清代内阁大库原藏明清档案》（台北：联经出版社，1986），A038-041。参见陈捷先：《不剃头与两国论》，台北：远流事业出版股份有限公司，2001 年。

⑤ 清朝虽然不以中国为国号，却在许多条约里自称中国。如 1689 年《中俄尼布楚条约》、1842 年《中英南京条约》、1844 年《中美五口贸易章程》（即《中美望厦条约》）、1858 年《中俄天津条约》、1858 年《中英天津条约》、1858 年《中法天津条约》、1860 年《中英北京条约》、1860 年《中法北京条约》、1860 年《中俄北京条约》、1890 年《中英会议藏印条约》等等，无一不是以“中”为国名。《中俄尼布楚条约》一开头就称康熙为“中国大圣皇帝”，条约中多次使用“中国”字样，如“将流入黑龙江之额尔古纳河为界，南岸属中国，北岸属俄”。其中未见“清国”或“满洲帝国”字样。有时把“中国”和“大清”并用，作为同义词。《中英南京条约》第八条称：“凡系大英国人，无论本国、属国军民等，今在中国所管辖各地方被禁者，大清皇帝准即释放。”1906 年《中英续订藏印条约》说：“案查光绪十六年二月二十七日及十九年十月十八日，中国与英国所定两次藏印条约，其所载各款，西藏并未认为确实，亦未允切实遵办……兹大清国大皇帝、大英国全境大皇帝兼五印度大皇帝……”

及作为“中国人”的身分。[①]

4.“新清史”论争的政治性质

“新清史”的讨论，尤其在华人学术圈内，大多视之为学术讨论，只有少数以之为政治论争。但正如刘小萌所提到的，西方学者的观点往往“超出纯粹学术研究的范畴，而表现出鲜明的政治性”。西方学者常指责中国学者研究中国历史的民族主义倾向，有政治目的，并持以否定中国学者之研究成果。[②]例如他们批评中国学者的资本主义萌芽问题的讨论时，就曾引用苏联史家的话，说中国学者的研究是“毫不掩饰的民族主义与种族主义的观点（openly nationalistic and racist views）”。[③]而个别学者也有人附和这种指责，认为有些学者对“新清史”的批评的背后是民族主义，也有学者认为“新清史”被批评为“分裂史”是误读。

但事实上，国内“新清史”论著有时存在文本转译过程中刻意地忽略或删节，以致有讨论并不完整的问题。绝大多数读者和学者并未读过“新清史”论著的原文或全文，而是透过中文译本来了解；而这些中文译本往往有错译、节译或漏译之处。不少学者就曾提出“新清史”的讨论：有英文原著的中文翻译问题，定宜庄在不久前，中国人民大学清史研究所召开的国际清史研讨会上，就此有专题发言，批评了随意翻译甚至望文生义等现象。这虽然是文本转译经常出现的问题，但因此说中国学者对“新清史”的批评完全是误读了“新清史”论著，却也未必。

维护“新清史”的人说到“罗、何”论争，已有意气之争的现象，支持“新清史”的学者常将妖魔化的民族主义者标签，妄贴在反对“新清史”学者的身上，例如说：“何炳棣是个‘无可救药’不自觉的民族主义者（Ho is a “hopelessly” unconscious nationalist）。”[④]尤其在中国崛起的当下，反对“新清史”的学者常被人同“执行维稳”画上等号，反对“新清史”的学者在学界的处境就更加困难了。其实主导“新清史”的西方学者并没有那么无辜，他们的文章所表达的政治意图，其实很清楚，只是华人学者在中国发表译介时，常常

---

① Dan Shao（邵丹），“Chinese by Definition: *Jus Sanguinis*, Nationality Law, and State Succession,” *Twentieth-Century China* (Winter, 2009).

② 欧立德在他和定宜庄合撰的《21 世纪如何书写中国历史：“新清史”的影响与回应》说：“美国德州大学的李怀印教授说，自从‘五四’以后，写历史变为一种要显示自己政治思想的途径，而不是自己对于过去的理解和解释。无论是 1930 年代、1950 年代，还是 1970 年代，无论是自由主义和现代化理论，还是马克思主义和革命理论，在很大程度上，20 世纪的中国史学都变成了服从于政治的工具。”“为解决这一危机，历史学进入到一个新的阶段，即寻找可以被历史学恰当使用的模式的阶段，这个模式，就是全球化。我们同意李教授的意见，但还要强调的是，史学的全球化并不意味着它的去政治化，而是刚好相反，现在的政治家更加依赖历史，尤其是清史，来达到政治上的诉求，正因为如此，人们才开始将目光回溯到清朝，来寻找现代民族国家合法性的基础。”

③ Albert Feuerwerker（费慰恺），ed. *History in Communist China*（Cambridge: Massachusetts Institute of Technology Press, 1968）. 参见徐泓：《明史在中国历史上的地位》，收入陈支平主编：《明朝在中国历史上的地位》，天津：天津古籍出版社，2011 年，第 1-7 页。

④ Xiaowei Zheng（郑小威），“Sinicization vs. Manchuness: The Success of Manchu Rule,” (2003) https://ucsdmodernchinesehistory.wordpress.com/2010/05/01/1039/accessed August 18, 2015.

故意把这一部分完全割弃。读者甚至学者一般是通过译介了解的；因此，他们误以为不同意"新清史"的学者，不是狂热民族主义者，就是不了解西方学术传统的井底之蛙。罗友枝的《再观清代》(*Reenvisioning the Qing: The Significance of the Qing Period in Chinese History*)的译介是个典型的例子，这篇关键性的论文一直没有全文中译本发表，除了张勉励的译介(《再观清代在中国历史上的重要性——介绍一篇西方研究清史问题的论文》,《清史研究》，1999年第2期)之外，只有《清朝的国家认同："新清史"研究与争鸣》刊登的节译，而这个译本被删节的部分，就是罗友枝文章最具政治争议的内容，题为"清史与中国民族主义"。(*Qing History and Chinese Nationalism*)直到最近，互联网上才出现补译本，但读到的人并不多。支持"新清史"的文章，不知是故意的，还是没读到，对罗友枝这段论述总是略而不谈，似乎是怕读者读到之后会引起对罗友枝论文学术性的怀疑。反对"新清史"的人，似乎也没读到原文，甚至全不知道罗友枝这段议论的存在。因此，评论时也就不能直攻要害。其实罗友枝通篇文章的主旨在排除汉民族在清帝国中的政治地位，尤其在"清史与中国民族主义"一文的结论，强烈抨击近现代中国政治与学术，认为"汉化"是来自梁启超、孙中山等汉民族主义者的"诡辩"，并非国家民族主义的概念，意味着它必须去除。

罗友枝这样的观点，很难令人信服她只是在从事纯学术讨论，更难相信《再观清代》完全没有现实政治的考虑。西方史学家多认为近代民族主义乃世界动乱之源，在这股思潮下，自20世纪80年代末以来,"促进现代中国崛起的民族主义"，就成为西方舆论攻击的对象。①20世纪90年代伊始，西方学者对待中国及中国史的态度翻转，本来在不友善的气氛中，出现这种评论并不足为奇。②尤其，近二十年以来，西方政界、学界对中国的崛起与西方政经优势的衰退，十分焦虑，多以人权为理由，支持藏独、疆独，抨击中国的民族政策。由于罗友枝文章最关键一节《清史与中国民族主义》在译介时刻意被省略，支持"新清史"的中国学者更是不提，而将讨论焦点引导至西方流行的后殖民、族群的新理论诠释。于是，模糊了新清史论争的焦点，隐藏了参与论争学者的潜在政治立场及其对现实中国政治的关怀和反响。

---

① Dan Shao (邵丹), *Remote Homeland, Recovered Borderland: Manchus, Manchoukuo, and Manchuria, 1907-1985*(Honolulu: University of Hawaii Press, 2011). 邵丹：《故土与边疆：满洲民族与国家认同里的东北》，《清史研究》2011年第1期，第21-38页。邵丹云："美国学者近年来对东亚边地的研究对民族主义（nationalism）框架下的国家史多加批判，弃之一隅。"

② Arif Dirlik, "Reversals, Ironies, Hegemonies: Notes on the Contemporary Historiography of Modern China," *Modern China* 22：3(Jul., 1996): 243-284. Dan Shao（邵丹）, *Remote Homeland, Recovered Borderland.* 《故土与边疆：满洲民族与国家认同里的东北》。邵丹云："有一些（美国）学者将非汉民族的历史与中国近现代国家史割裂甚至简单对立起来。然而，对于近现代边地纷争与发展的研究，他们仍然时常只注重现今存在的政体，忽视当地族群的变迁。"

四、结　语

中、美学者，各有自己的国情，存在着文化背景、历史传统、学术环境、研究角度、理论方法的诸多差异。“新清史”无论怎么强劲，毕竟是在异文化的视野中观察中国，而运用西方理论和话语系统诠释中国历史，始终存在一个是否符合中国实情的问题。套用美国国内族群理论诠释满族形成，声称满族先是文化共同体，后来成为血缘共同体，与满族的历史实际显然枘凿不合。把自我认同作为近代满族形成的基本尺度，是否合理，也值得思考。历史研究发展多元视角而去中心化，是正确的。但继去欧洲中心论和去中国中心论之后，“新清史”强调满族中心论，岂不是跳出一个陷阱之后，又跳进另一个陷阱吗？①清史研究固然需要引入西方理论方法概念观点，但只有适应中国的实际情况，才会有落地开花的可能。研究者的“主体性”，不但西方学者有，中国学者也是有的，不会轻易地舍己从人。

学术讨论如何摆脱当代政治思潮的影响，让讨论回到学术的范围内，似乎仍有很长的路要走。就如刘小萌所说的：“有些差异，通过讨论是可以弥合的，但是也有一些差异，即使讨论也难以陶融。”“中国史研究则是一门带有鲜明本土特色且根基深厚的学科。清史研究固然也需要引入西方理论方法概念观点，但毫无疑问，我们更希望能够根据史实修正西方理论，甚至自创理论。”②

面对西方学者研究中国历史类似“新清史”新观念的挑战，固然应视为攻玉的他山之石，借以启发我们从更多角度看历史。③但我们也要警觉西方学者尤其是培养“中国通”的

---

① 柯文（Paul A. Cohn）摆脱欧洲或西方中心观，主张改以“中国中心观”研究中国历史，但他认为“中国中心观”不适应对中国境内非汉族群体的研究。虽然他没明说他支持以“满族中心观”研究清史，但他认为美国“新清史”研究还是有贡献的。参见朱政惠：《美国中国学发展史》，上海：中西书局，2014，第555-566页，第十一章《“中国中心观”》。陈支平与刘婷玉评介“新清史”说：“研究者们为了反驳何先生的清朝‘汉化’理论而走向了‘满族中心论’，如果从族群研究的角度来思考，这和‘汉族中心论’在研究理路上近乎如出一辙。”参见陈支平与刘婷玉：《2012年清史研究评述》，《清史研究》2013年第4期，第130-143页。

② 刘小萌：《清朝史中的八旗研究》；《关于“新清史”的几点看法》。

③ 例如“新清史”以族群理论挑战过去的研究，就启发有些学者主张重拾阶级理论来研究。陈支平与刘婷玉就主张：“从历史唯物主义的角度进行思考的话，作为统治者的‘满族’，与其视作一个‘族群’，更应该视作是一个‘阶级’——统治阶级。其在清晚期进行的加强族群文化特征的种种举措，与其说是‘族群’性的体现，不如说是其‘阶级’性的体现更为恰当。再者，如果研究者把所有的关注点都放在一个族群上，不论是‘满族’还是‘汉族’，这难道不是和当今世界多元化的研究理念背道而驰？中国的民族学研究已经对我国的五十六个民族都有相当丰硕的研究成果，深入发掘其他民族在清代历史中的活动及其与清朝统治者的关系，有助于我们对所谓清朝的‘满族’特性究竟是‘族群’性还是‘阶级’性进行进一步判断。”（参见陈支平与刘婷玉：《2012 年清史研究评述》）章健也认为满、汉之分与其说族群，不如说是统治阶级与被统治阶级的差别：“由于满洲人（或八旗）在清代等同于吃官俸的统治集团的代名词，‘汉儿’一词已经成为‘老百姓’‘民’的同义词。”满人的政治、社会地位优势并不来自其种族性，而来自其既得利益群体的社会属性。（章健：《满文朱批、满汉畛域——对欧立德的质疑》，《深圳大学学报（人文社会科学版）》2013年第5期）

东亚研究学者[①]，其持论背后的动机及其为政治服务的考虑。[②]最重要的还是坚守学术研究的原则，秉持理性客观的态度，检验征引史料是否坚实可靠，分析问题是否规范合理。以坚实史料与理性分析，以理服人，则“新清史”的挑战也可以是对中国清史研究的一种启发和促进，这才是学术应有的态度。部分西方学者虽难免有政治动机，但他们为文，不论撰写格式和文字用语却仍能谨守学术规范。因此，我们参与“新清史”讨论，要谨守学术规范，切忌意气用事而使用情绪化文字；否则有理竟成无理。[③]

（执行编辑：周　鑫）

---

① 1958年美国国会通过《国防教育法案（National Defense Education Act）》，于是许多基金会拨款资助中国研究，其中尤以福特基金会出钱最多；在他们资助下，各重点大学如哥伦比亚、耶鲁、普林斯顿、华盛顿、匹兹堡等二十三所大学成立东亚（以中国为主体）研究机构，而已有中国研究与教学机构的大学如哈佛、芝加哥、加州大学伯克莱分校等，也接受资助培养中国通。参见韩铁：《福特基金会与美国的中国学》（北京：中国社会科学出版社，2004）与朱政惠：《美国中国学发展史》（上海：中西出版社，2014年），第347-354页，第八章《中国学研究新契机. 国防教育法和福特基金会》。何培忠主编：《当代国外中国学研究》（北京：商务印书馆，2006年），第48-58页，《冷战时期的美国中国学和费正清时代》。Mark Selden, “Introduction,”“Asia, Asian Studies, and the National Security State: A Symposium,” *Bulletin of Concerned Asian Scholars* Vol. 29, No. 1: January-March 1997.

② 2016年5月20日欧立德在香港大学举办的“Ethnic Studies in China”座谈会上答复刘小萌的提问：“美国‘新清史’有没有政治？”时说：“当然有政治，做学问都有政治。”（出自《从“新清史”到满学范式》，《二十一世纪评论》双月刊，2016年10月，第23页。）但欧立德后来又说：“新清史提供一种不同的叙事，并没有政治企图。”（参见《东方早报・上海书评》2016年11月27日）其中透露的信息，不言而喻。

③ 如梁展：《族群转向与近代中国的国家认同》，《中华读书报》2013年01月23日13版，被观察者网改为《潜在的分裂意图——美国“新清史”研究剖析》发表，引起热议。

“中国传统经济再评价”讨论和我的思考

李根蟠*

摘要：本文介绍了“中国经济史论坛”1993-2004年关于“中国传统经济再评价”的讨论，分析了它的背景、缘起和特点，着重对讨论中的两个焦点——“发展”的标准和劳动生产率问题进行了评议，从土地生产率与劳动生产率的关系、农牧关系、经济开发与生态变迁的关系阐述了传统经济的演变，并就经济史研究中理论的继承、借鉴和创新问题发表了意见。

关键词：传统经济再评论；经济发展；劳动生产率；商品经济；西方中心论

关于“中国传统经济再评价”的讨论是20世纪90年代以来经济史坛引人注目的事情。国内外许多学者以不同方式参与了这一讨论。笔者仅对“中国经济史论坛”有关讨论情况作简要的介绍，并谈谈笔者的一些思考。

一、“再评价”讨论的背景、缘起和特点

中国经济史论坛是以中国社会科学院经济所、历史所、首都师范大学等单位为中心，由京内外学者自行结合、自由讨论的开放式的研讨方式。它的肇始可以追溯到1993年。“文化大革命”结束后史学界一度把经济史作为史学发展的突破口，经济史研究受到空前的重视。中华人民共和国成立以来人们关注的重大课题的研究继续深入，又围绕现实生活和现代化建设提出的问题开拓了新领域，形成了新热点，如对中国封建社会长期延续、中国封建社会经济结构、小农经济、商品经济和传统市场等问题先后展开了热烈的讨论，实际上是对传统经济的特点及其现代化道路做全面的再认识。但这些问题的讨论在热闹了一阵子

* 李根蟠，北京师范大学历史学院教授，中国社会科学院经济研究所研究员。

以后，于 20 世纪 80 年代后期趋于沉寂。为了推动讨论的继续深入，《中国经济史研究》编辑部与其他研究和教学单位合作，从 1993 年开始，以“中国传统经济与现代化”为总主题，陆续召开了一系列小型学术研讨会。1997 年，在林甘泉、方行、宁可等同志的倡导和推动下，中国社会科学院经济所、历史所、近代史所、世界史所、首都师范大学等单位的学者正式组成“中国经济史论坛”。论坛规模不大，但议题比较集中，准备比较充分，参加会议的有不同断代、不同学科的学者，大都有较好的研究基础，因而能够比较深入地探讨一些长时段的、全局性问题，使得研讨有较高的学术含量，对推动学科的发展起了一定的作用。

“中国传统经济再评价”是中国经济史论坛的中心议题之一，论坛已经分别于 2001 年 12 月、2002 年 9 月和 2004 年 5 月召开以此为主题的三次学术研讨会。实际上，与此有关的讨论还可以追溯到 1993 年对黄宗智学术理论的讨论和 1997 年关于中国封建社会前后期经济发展比较的讨论。可以说，这是论坛历时最长、涉及面最宽、探讨有关理论问题最多的一个讨论系列。

这一讨论具有以下特点：

1. 这是在对既往研究的“反思”，尤其是对西欧中心论批评中产生的不同认识的争论

在中国史的研究中，西欧中心论和中国停滞论曾经长期产生着重大的影响。西欧中心论和中国停滞论可以说是一对双胞胎；后者是站在以近代西欧为中心的立场上观察和剪裁中国历史而形成的偏见。20 世纪三四十年代，它甚至成为日本帝国主义侵华的借口和依据之一。二战以后，西欧中心论和中国停滞论在日本和欧美都受到了批判。中国学者也对中国停滞论及其形形色色的变种提出批判。20 世纪 80 年代，吴承明首先打出了彻底发展论的旗帜，批评近代经济史研究中的“沉沦观”。1993 年 6 月，《中国经济史研究》编辑部组织了关于“中国传统农业与小农经济”的学术研讨会，整理了一个相当详细的有关讨论的述评，述评中有“‘增长’论与发展论”一节，介绍了围绕中国传统经济是否有所发展问题的不同观点[①]。时值黄宗智发表了《中国经济史中的悖论现象与当前的规范认识危机》一文的中译本[②]，这个问题遂成为讨论中的热点。又由此引出对黄宗智有关理论的两次讨论：1993 年 7 月《中国经济史研究》编辑部召集经济所部分学者讨论黄宗智的小农经济理论；同年 12 月，《史学理论研究》《中国经济史研究》《中国史研究》联合举办的关于黄宗智学术理论的研讨会。黄宗智在对华北和长江三角洲小农经济实证研究基础上提出：中西学界的中国史研究虽然存在不同的以至对立的理论模式，如中国的“封建主义”模式和“资本主义萌芽”模式，西方的“传统中国”模式（“冲击—反应”模式）和“近代早期中国”模式，但实际上却共同默认某种“不言自明”的规范认识，例如，认为商品经济的发展必然导致

① 叶茂、蓝鸥、柯文武：《传统农业与现代化——传统农业与小农经济研究述评（上）》，《中国经济史研究》1993 年第 3 期。

② 该文载《史学理论研究》1993 年第 1 期。

经济发展和近代化。这些规范认识是建立在西欧经验的基础上的；中国经济史却出现了一系列与之相悖的现象，如明清以来高度的商品化和糊口农业长期并存，有增长而无发展，城市工业化和农村不发展并存等等，对这种规范认识提出了挑战。因此，必须对商品化理论本身进行反思，在中国经验的基础上建构新的理论体系。对黄宗智上述学术理论的讨论实际上揭开了关于“中国传统经济再评价”讨论的序幕。在讨论中存在各种不同意见，但论辩的各方都对西欧中心论持批评态度，都力图找出中国传统经济的特点和自身发展的轨迹。

2. 国内和国外有关学术研究的相互激荡和相互呼应

如前所述，这次讨论的揭幕是由国内外有关研究相互激荡所引起的。而在整个讨论中，中西有两股学术潮流最为引人注目，成为这次讨论的重要推动力量。在国内，以中国社会科学院经济所为中心的一些学者，认为清代经济的发展比原来的估计要高，不但没有走下坡路，反而是中国封建经济发展的高峰。1997 年夏天，在方行提议下论坛召开了“中国封建社会前期和后期经济发展比较”学术研讨会，主要批评对象就是“明清停滞论”和“宋代高峰论”①。方行等人的观点是在长期实证研究的基础上形成的，其综合性成果是《中国经济通史・清代卷》（上中下三册）②。该书的主要撰稿人之一的李伯重在他的关于明清江南农业的专著中着重批判了明清停滞论。他又发表了关于宋末明初江南农业发展的系列文章，否定“宋代经济革命”说，并在这基础上撰文从方法论高度批判“宋代经济革命”说。③这些论述实际上都是围绕着“清代是中国封建经济的高峰”这一轴心展开的。在国外，“加州学派”最为活跃，他们相继问世的一系列著作很快介绍到中国，如王国斌的《转变的中国——历史变迁与欧洲经验的局限》④、安格斯・麦迪森的《中国经济的长远未来》⑤、贡德・弗兰克的《白银资本——重视经济全球化中的东方》⑥、彭慕然的《大分流：欧洲、中国及现代世界经济的发展》⑦等。这些著作对中国前近代经济的发展做出了与传统观点截然相反的高度评价。例如，弗兰克认为中国直到 1800 年仍然是世界经济的中心，明清在世界贸易中曾吸引了世界生产的白银的一半。彭慕然认为西欧在 19 世纪以前并不具有比世界其他地区的优势，中国的江南在许多方面甚至优于西欧；西欧经济发展拉开与中国的差距（“分流”或“分岔”）是在 1800 年以后，原因是煤矿离经济核心地区较近和开拓了海外殖

---

① 当时孙达人撰文提出，战国秦汉的“五口百亩之家”的“个体农民”，不同于明清时期“小、少、散”的“小农经济”的观点（《重评“五口百亩之家”》，《中国史研究》1997 年第 1 期），漆侠提出中国封建经济宋代达到高峰，明清走下坡路的观点（见《宋代经济史》等），这些观点在会上成为批评的对象。

② 《中国经济通史・清代卷》（上、中、下），主编方行、经君健、魏金玉，经济科学出版社，2000 年。

③ 李伯重：《“选精”、“集粹”与“宋代江南农业革命”——对传统经济史研究方法的检讨》，《中国社会科学》2000 年第 1 期；《历史上的经济革命与经济史的研究方法》，《中国社会科学》2001 年第 2 期。

④ 王国斌：《转变的中国——历史变迁与欧洲经验的局限》，南京：江苏人民出版社，1998 年。

⑤ 安格斯・麦迪森：《中国经济的长远未来》，北京：新华出版社，1999 年。

⑥ 贡德・弗兰克：《白银资本——重视经济全球化中的东方》，北京：中央编译出版社，2001 年。

⑦ 彭慕兰：《大分流：欧洲，中国及现代世界经济的发展》，南京：江苏人民出版社，2003 年。

民地这两个偶然的因素。在以上两股学术潮流中，虽然各人的学术观点并不完全一样，但显然是相互呼应的。加州学派大量引用了吴承明、方行、李伯重等人的研究成果；有人甚至把李伯重列为加州学派的一员。论坛正式以“中国传统经济再评价”为主题的第一次研讨会，重点就是由李伯重、史建云、张芝联、马克垚等人介绍了西方学者的这些新论。第一次研讨会结束以后，第二次研讨会开始以前，美国学界发生了围绕彭慕然“分流论”的大辩论。先是《亚洲研究评论》2002年第1期刊登了黄宗智等人对彭慕然《大分流》的批评及李中清等人的回应文章，接着，2002年6月3日加州大学UCLA社会理论与比较史中心以“大分岔？中欧经济发展与不发展的根源”为题，组织了两派不同观点的学者（分别以黄宗智和彭慕然为代表）面对面的辩论。这次辩论的信息很快反馈到国内。张家炎发来了有关辩论情况的第一手材料[①]，龙登高也根据李伯重、李中清等人提供的材料撰写了《加州学派与研究范式革命》一文[②]；这两篇文章都作为“中国传统经济再评价”第二次学术研讨会材料印发给与会代表，而对彭慕然“分流论”和黄宗智“内卷论”的评价也就成为讨论中的重要议题。第三次研讨会前，黄宗智发来了他对彭慕然反批评的回应[③]。国内外研讨活动如此紧密的联系和互动，在中国经济史学科的发展史上是空前的。

3. 讨论以清代经济评价为中心辐射到传统社会经济的各个方面

如前所述，这次讨论的缘起与西方学者和中国学者提出的新论有关，所以讨论聚焦于对明清（主要是清前期）经济发展的评估上。不过，讨论不是孤立进行的，而是从封建社会不同发展阶段的比较以及中西比较中探讨清代经济发展的地位和特点。同时讨论不是就经济谈经济，而是涉及政治、社会、文化等各种方面。这就使得讨论具有综合性和长时段研讨的特点。

4. 具体历史问题的讨论与理论方法和研究范式的检讨相结合

这次讨论很大程度上是从检讨以往的研究范式开始的。经济史研究应该采取什么样的理论方法，经济史学科应该如何继续发展，始终为与会学者所关注。即使是具体问题的讨论，也无不与有关理论方法联系在一起。例如，评价清代经济是发展还是停滞，首先就要弄清发展与增长的关系和衡量发展与否的标准；讨论劳动生产率高低，不能不涉及如何理解劳动生产率的概念以及它在经济发展中的地位；讨论商品经济的发展，不能不涉及中国封建地主制下商品经济的特点以及商品经济与小农经济的关系，等等。讨论既立足于具体

---

① 张家炎：《要点与评述——2002年6月加利福尼亚大学洛杉矶校区（UCLA）〈大分岔〉讨论会简介》，“中国传统经济再评价”第二次研讨会材料。他后来在此基础上撰写了《如何理解18世纪江南农村：理论与实践——黄宗智内卷论与彭慕兰分岔论之争述评》一文，刊载在《中国经济史研究》2003年第2期。

② 龙登高：《加州学派与研究范式革命（未定稿）》，“中国传统经济再评价”第二次研讨会材料。文章经作者修改后以《中西经济史比较的新探索——兼谈加州学派在研究范式上的创新》，刊载于“中国经济史论坛”网，2004年2月18日。

③ 黄宗智：《续论十八世纪英国与中国 ——对彭慕兰的反驳的回答》，《中国经济史研究》2004年第2期，“中国传统经济再评价”第三次研讨会材料。

的历史问题，又超越具体的历史问题，使得它带有浓厚的理论探讨的色彩，并大大增加了它的学术深度。

关于这次系列讨论的具体情况，我们已经整理了一个比较详尽的综述[①]，有兴趣的同志可以参阅。在这里，仅就讨论中的若干问题进行评议。

二、对“再评价”中两个争论焦点的评议

围绕对清代经济发展的评估，讨论中逐渐形成了两类不同的意见。一类对清代经济发展估计较高，认为是中国封建经济发展的最高峰，姑且称之为“高峰论”[②]。“高峰论”的主要论据可以概括为以下四点：第一，经济总量（体现在人口、垦田、亩产、总产等方面）空前增长；第二，劳动生产率比前代有所提高（但在这个问题上，清代经济发展高峰论者之间也有不同的认识和处理，详后）；第三，商品经济空前发展（全国性市场网络形成、民用日用品的长途贩运兴盛、大商帮出现等）；第四，无论生产关系和生产力方面都出现了一些新的因素（包括资本主义萌芽在内）。另一些学者对“高峰”论提出质疑，他们当中观点也有差异，或认为清代经济停滞（这主要是就劳动生产率立论，并不否认其他方面有所发展）[③]，或认为清代经济发展迟缓（相对于西欧和前代）[④]；或承认清代经济有较大发展（如经济总量增长、土地利用率提高、商品经济发展等），是中国封建经济的高峰之一，但在劳动生产率、农牧关系、生态环境等方面存在着严重的制约因素，不但在一些重要的方面落后于西欧，而且发展势头和速度也逊于秦汉和唐宋[⑤]。这类观点，姑以“制约论”概括之。

讨论中不同观点的分歧集中在以下三个问题上：一是衡量经济“发展”的标准不同；二是对清代劳动生产率的估计不同，或对劳动生产率概念及其在经济发展中的地位理解不同；三是对清代商品经济发展水平和特点认识的不同。以下就前两个问题分别予以评述。[⑥]

---

① 叶茂：《记中国经济史论坛关于“中国传统经济再评价”的讨论》，待刊稿。

② “高峰论”可以《中国经济通史·清代经济卷》为代表，讨论中比较系统阐述这一观点的有：魏金玉的《高峰、发展与落后：清代前期封建经济发展的特点与水平》（《中国经济史研究》2003 年第 2 期）和方行的《再论清代是中国封建经济发展的高峰》（《中国经济史研究》2003 年第 3 期）。

③ 姜锡东：《中国传统经济的再评价问题》，《中国经济史研究》2003 年第 1 期。

④ 宁可在 1997 年“中国封建社会前期和后期经济发展的比较”学术研讨会上的发言，参见卓荧《中国封建社会前期和后期经济发展比较学术研讨会纪要》，载《中国经济史研究》1997 年第 3 期。

⑤ 李根蟠：《鸦片战争前的中国农业：“先进”掩盖下的落伍》，《中国社会科学院院报》2002 年 3 月 12 日；《略谈明清农业经济的发展与制约——与战国秦汉和唐宋的比较》，《河北学刊》2003 年第 3 期。

⑥ 关于商品经济问题的讨论情况，见叶茂《记中国经济史论坛关于“中国传统经济再评价”的讨论》。本人的一些看法，参阅拙文《关于明清经济发展中的一个“悖论”》（“传统经济再评价”笔谈之五），《中国经济史研究》2003 年第 1 期。

（一）关于衡量经济“发展”的标准

关于“发展”标准的讨论，可以分为两个阶段：第一阶段，它是讨论黄宗智学术思想时的主要话题之一；第二阶段，它是判断清代经济是发展还是停滞，是高峰还是低谷的重要前提。不同意见可以归纳为以下几种：

第一种强调劳动生产率。黄宗智认为明清以至近代的中国经济是一种“过密化”类型的经济，是“没有发展的增长”。在黄宗智看来，判别“增长”与否看总产量的增减，判别“发展”与否看劳动生产率的升降，后者以单位工作日的边际报酬为其指标。所谓“没有发展的增长”，就是指在单位工作日边际报酬递减条件下的增长。黄宗智的观点获得庞卓恒支持和高度评价。[①]有的学者虽不同意把劳动生产率简单归结为单位工作日的边际报酬，但肯定劳动生产率对衡量经济发展的重要性。如姜锡东认为，“评价中国传统经济时，首要的是比较劳动生产率的高低，至于国民生产总值（或农业总产量）只能放在第二位。”“比较劳动生产率时，必须既看人均产值或产量，又看决定劳动生产率水平的各种具体要素，后者是前者的基础。”并具体化为科学技术、生产工具和人均产值三条标准。[②]

第二种强调资源配置。在讨论中，黄宗智上述观点受到了一些学者的批评，被认为是变相的停滞论。吴承明回顾了西方经济学中“增长”与“发展”概念的变迁与分合，指出学界实际上并没有关于“发展”的统一定义。他提出衡量发展的标准应包括生产关系的进化和生产力的进步；后者则表现为资源配置的合理化。资源配置合理不合理，是优化还是劣化这在历史上从两方面反映出来：一是国富，二是民富。国富是综合国力，国家的总供给能力，可以从人口和土地的宏观数据来推测，属宏观经济范畴。民富则属微观经济范畴，主要从亩产和家计即家庭消费上体现出来。[③]

第三种兼顾资源配置利用和劳动生产率。李根蟠认为，强调以劳动生产率为衡量发展的标准，是有意义的，但不要把它绝对化。他用人类学的材料说明：劳动者单位劳动时间收获的多少，不但与劳动手段优劣有关，而且与他所能占有的自然资源的丰啬有关。因而，衡量经济的发展与否不能不与整个社会的进步、文化的积累相联系，不能不考虑比“工作日报酬”更多的因素。他把农业的各种要素——人的劳动、农业环境、农业生物等（古人概括为“天、地、人、稼”）视为农业资源（劳动力资源、光热资源、水土资源、生物资源等），提出可以农业资源利用的广度、深度及其效率来衡量农业的发展程度。后来拓展为：“衡量经济发展与否，归根结底要看资源利用的广度、深度和合理程度；而劳动生产率也应

① 庞卓恒：《新的研究路线的开拓》，《史学理论研究》1994 年第 2 期。

② 姜锡东：《中国传统经济的再评价问题》（“传统经济再评价”笔谈之四），《中国经济史研究》2003 年第 1 期。

③ 吴承明在 1993 年和 1997 年两次学术研讨会上的发言，分别见于叶茂《商品化、过密化与农业发展》（《史学理论研究》1993 年第 4 期。按：当时由于某种原因隐去了发言者的姓名，现予恢复。以下引用该文时同此。）和卓荧《中国封建社会前期和后期经济发展比较学术研讨会纪要》（《中国经济史研究》1997 年第 3 期）。

是考虑的一个重要方面。”[①]

究竟应该如何理解“发展”，如何正确选择衡量“发展”的标准呢？这里谈谈我最近的一些思考。“发展”是现在非常时髦的话题，但这个词却不见于《四库全书》等古籍，它是近代才出现的。它原是一个哲学概念，表示事物的上升状态（由少到多、由简到繁、由低级到高级等），运用到经济领域则是表示经济的上升运动。二战后出现发展经济学，是研究不发达国家如何实现工业化和现代化的。从那时到现在，“发展”观几经变化：20 世纪 50 年代发展与增长没有区别，发展等同于经济增长，20 世纪 60 年代以后，发展和增长的概念分开了，发展等于经济增长加结构变迁，或者说，增长是量的扩展，发展是质的变化；20 世纪八九十年代以后，人们越来越认识到，发展不但包括经济增长和结构变化，而且要考虑经济与环境、经济与社会是否协调，于是有新发展观、可持续发展观、科学发展观的提出，形成以人为本的综合发展概念。并由发展经济学衍生出发展社会学、发展政治学、发展文化学、发展哲学等。由此可见，“发展”这个概念本身也是发展的。[②]这种变化，不但反映了人们对经济与社会前进运动本质的认识，也包含了对经济与社会前进运动的目标选择和价值取向，并非纯客观的东西。但应该承认人们的认识是不断进步的；这种进步，不是完全否定原有的认识，而是由浅入深，由片面到更多的方面。不管发展观怎么变，经济增长都是它的重要内容之一。

我们现在讨论的是如何衡量历史上经济的“发展”。古人有言：“有人斯有土，有土斯有财。”[③]传统经济主要是农业经济，而农业经济是以劳动力和土地为主要生产要素的。上述说法正确把握住传统经济的关键。而且土地和人口是古代国家赋税的主要来源，所以历代正史都有人口数和垦田数的记载。这实际上包含了以人口和垦田的盈缩衡量经济良窳和国力强弱的思想，可以视为一种衡量经济发展的标准。这在当时是很合理的。我们现在研究传统经济状况仍然要把人口和垦田数作为重要指标。不过，历史的航船驶入近代以后，现实的运动和人们的认识都发生了变化。黄宗智说：“劳动生产率的发展是近代化的核心含义，”[④]我看是有道理的。封建时代的劳动生产率是发展缓慢或相对停滞的，劳动生产率明显和持续的提高是资本主义兴起和发展时代的事情。劳动生产率的明确概念也只能在资本主义时代出现。这就给我们提供了一个分析历史上的经济运动新的视角，使我们的认识进

---

① 叶茂、蓝鸥、柯文武：《传统农业与现代化——传统农业与小农经济研究述评（上）》（“‘增长’与发展”节），《中国经济史研究》1993 年第 3 期；叶茂：《商品化、过密化与农业发展》，《史学理论研究》1993 年第 4 期；李根蟠：《略谈明清农业经济的发展与制约——与战国秦汉和唐宋的比较》，《河北学刊》2003 年第 3 期。

② 在发展经济学出现以前，西方已经存在经济发展的思想，起码可以追溯到重农学派。谭崇台著《西方经济发展思想史》（武汉：武汉大学出版社，1993 年）叙述了西方经济发展思想的发展变化，但他认为封建时代没有经济发展思想。中国近代也有经济发展思想，并不比西欧晚。李守庸认为中国古代已有经济发展思想，见所著《中国古代经济发展思想初探——兼论经济发展思想不始于西方近代》（载《经济评论》1993 年第 2 期）和《经济发展思想不始于西方近代补论》（载《经济评论》2003 年第 3 期）。笔者认为，从广义看，中国古代也存在没有“发展”这个词的经济发展思想。

③ 这一说法始见于《大学》，原文是“有人此有土，有土此有财”。

④ 黄宗智：《中国经济史中的悖论现象与当前的规范认识危机》，《史学理论研究》1993 年第 1 期。

入一个新的层次。在这种情况下，研究传统经济的发展，如果不作劳动生产率的分析，仍然以人口垦田等量的扩张为主要的指标，是说不过去的。提出以劳动生产率作为衡量经济发展的标准，是对经济前进运动本质认识的一种进步。现在，历史的航船又从20世纪驶进21世纪，人们的发展观发生了新的革命性变化，认识到经济发展不能不与资源、环境、社会相协调，不能不把近期的利益和长远的利益相结合。例如，以前人们用GDP或人均GDP来衡量经济发展，现在人们认识到它不能反映财富分配、资源损耗、环境变迁等情况，现实生活已经暴露了这种衡量标准的弊端，从而提出“绿色GDP”、“科学发展观”等新概念。这给我们提供了一个分析历史上的经济运动更新的视角，使我们的认识进入一个更新的层次。我们现在研究历史上经济发展，如果不作经济与环境、经济与社会等关系的分析，把衡量经济发展的标准仅仅局限于经济总量和劳动生产率，显然是远远不够的了。①

（二）关于劳动生产率

中国传统经济主要是农业经济。中国传统农业土地生产率很高，而且直到清前期，土地生产率基本上是上升的；劳动生产率在战国秦汉时期有较大的提高，以后长期发展缓慢，以至下降。这种看法为多数学者所认同。至于从缓慢上升到下降的转折点，或认为在唐代，或认为在宋代。一些学者在“再评价”时仍然坚持这种观点②，但也有一些学者试图突破它。在1993年的讨论中，有些学者认为，如果不是光看人均粮食产量，而是把经济作物和家庭副业考虑进去，清代劳动生产率就不是下降而是上升的。不过，当时还没有具体论证。在2000年出版的《中国经济通史·清代卷》第一编第五章中，作者李伯重第一次以江南为例试图用实证材料系统论证清代农户劳动生产率上升的观点。他淡化农具和畜力的因素，强调“合理的经营规模和合理的劳动分工”的意义，认为明代江南农家占有耕地较多，大田生产夫妇并作；清代农家经营才实现了“人耕十亩”的最佳规模和“男耕女织”的最佳劳动分工。而清代农家劳动生产率的提高正是以“人耕十亩”和“男耕女织”为基础的。在生产技术上他强调稻麦复种只是到了清代才有真正的发展，并对清代江南的水稻亩产做出较高的估计。据他的计算，清代前中期农业劳动生产率比明代后期有大幅度的提高。不同意这种观点的学者，或质疑其理论支柱是否牢靠，或对其具体计算提出异议。李根蟠指出：“人耕十亩”只是明清江南小农在不使用牛耕的条件理想的耕作规模，如果使用牛耕，这种

① 现在看来，以资源利用的广度、深度和合理程度为标准，大体上可以兼顾经济发展中量的扩展和质的提升，可以兼取“劳动生产率说”和“资源配置说”之长，也能和科学发展观衔接。但笔者不敢说这就是全面准确的衡量标准。笔者这种观点的产生得自吴老（承明）的启发。吴老的“资源配置说”突破了以劳动生产率衡量发展的传统思路，引导人们把发展标准和发展动力联系起来考察，令人耳目一新。笔者体会吴老似乎更看重市场机制优化资源配置和推进经济发展的作用。但衡量经济发展，没有把劳动生产率包容在内，难免使人觉得有所欠缺。又提出以“国富民富”衡量清代经济发展，量的扩展考虑较多，如何体现资源配置状况，尚待进一步的说明。

② 参见叶茂、蓝鸥、柯文武：《传统农业与现代化——传统农业与小农经济研究述评（上）》，《中国经济史研究》1993年第3期；叶茂：《记中国经济史论坛关于“中国传统经济再评价”的讨论》，待刊稿。

规模就谈不上“佳”了，而且，它是按人口和耕地比例计算的大体的平均数，由于存在明显的贫富分化，清代江南许多农户实际上并没有达到“人耕十亩”的水平，以此计算，肯定会与实际情况有较大的误差。我国自战国起即已形成男耕女织的农民家庭经济，并延续至近代，清代江南耕织结合可能比明代紧密，但也只是程度的差别。把程度的差别夸大为不同的模式，以此作为计算的基础，难以令人认同。①曹树基指出，在《中国经济通史·清代卷》中，李伯重和郭松义对粮食产量的计算相差很大，而郭的计算更为可信。“既然亩产量没有增加或没有明显的增加，作者所称‘农夫劳动生产率的提高’就成为无本之木……”②夏明方也指出李伯重对江南农户劳动生产率计算中的失误，并认为这些失误“对他的理论应该说是致命的”③。

与李伯重强调劳动生产率对经济发展的重要意义不同，吴承明、方行倾向于对劳动生产率作“淡化”处理。如前所述，吴承明提出的经济“发展”标准并不包含“劳动生产率”在内，他论述清代经济的发展也避开了劳动生产率问题。方行对李伯重的计算有所保留，谨慎地表示：“清代农业劳动生产率是提高还是下降……一时难以作出判断。”他认为农业生产总体经济效益是由农业的土地生产率、劳动生产率和农产品商品率三者的统一所构成。三者中何为重点，根据不同国情而异。清代人多地少，农产品供应紧张，广大农民把发展农业生产的重点放在提高粮食亩产量、增加有效供给上，不能要求农业劳动生产率也有大的提高。他又指出：“粮食劳动生产率，或农业劳动生产率与工业劳动生产率相比，具有一种天然的缺陷。农业的社会再生产过程与自然的再生产过程是紧密结合在一起的。这就会出现马克思所说的情况：‘在农业中（采矿业中也一样），问题不只是劳动的社会生产率，而且还有由劳动的自然条件决定的自然生产率。’在生产力和科学技术发展还比较低的条件下，农业生产力的一个重要特点就是其中存在着强大的自然生产率。这就是我们通常所说的‘靠天吃饭’。在传统经济中，不论是粮食劳动生产率，还是农业劳动生产率，都不是完全意义的劳动生产率。”宋代粮食劳动生产率可能比清代高，但那在很大程度上是自然生产率的差异，因为清代开垦的多为贫瘠土地。劳动生产率严格讲应该指劳动者个人智力、体力所能达到的生产力水平；但我们现在实际上把各种要素（如工具、土地、自然条件等）的生产率都包括进去，相当于西方所讲的综合生产率。马克思所讲的劳动生产率主要是用于工业的概念，用于农业时很大程度上包含了自然生产率。鉴于“劳动生产率”概念的不确定性，今后可以考虑不使用它。④方行的观点引起与会者的兴趣，同时也提出了需要进一

① 参见李根蟠：《略谈明清农业经济的发展与制约——与战国秦汉和唐宋的比较》，《河北学刊》2003年第3期。

② 曹树基：《经济史学的方法论：描述与分析——评〈中国经济通史·清代经济卷〉》，《中国经济史研究》2001年第3期。

③ 夏明方：《老问题与新方法：与时俱进的明清江南经济研究》，“中国传统经济再评价”第三次研讨会材料。

④ 方行等主编《中国经济通史·清代卷》绪论；方行：《再论清代是中国封建经济发展的高峰》，《中国经济史研究》2003年第3期；“中国传统经济再评价”第三次研讨会记录整理稿。

步探讨的问题。

马克思“劳动生产率”概念的内涵，尤其是自然生产率和社会生产率的关系，应该如何理解？劳动生产率在衡量经济发展中究竟占有何种地位？

正如方行所指出的，马克思说过：“在农业中（采矿业中也一样），问题不只是劳动的社会生产率，而且还有由劳动的自然条件决定的劳动的自然生产率。”[①]他甚至把农业劳动中一定的“自然生产率”称之为“一切剩余劳动的基础”[②]。但马克思也说过：“机器的制造和使用所必需的主要要素如铁、煤炭、木材等的自然财富，在这里表现为资本的自然生产率，并且是一个不以工资的高低为转移的决定利润率的要素。”[③]如果撇开资本这种独特的形式，这里讲的正是工业劳动的自然生产率。可见，在马克思看来，“自然生产率”并非仅仅存在于农业之中。马克思指出决定“劳动生产力”的诸要素包括：“工人的平均熟练程度，科学的发展水平和它在工艺上应用的程度，生产过程的社会结合，生产资料的规模和效能，以及自然条件。”[④]显然不是单指农业，甚至主要不是指农业。农业生产以自然再生产为基础，自然条件作用固然很大；工业生产虽然不直接以自然再生产为基础，但其原料直接间接均来自自然，自然条件同样发生作用。所以不应用自然生产率把农业劳动生产率和工业劳动生产率分开，而应该研究在劳动生产率中自然生产率与社会生产率之间的关系，以及它们在农业生产和工业生产中的不同表现。

我们知道，马克思的劳动生产率理论是建立在劳动价值论的基础上的。在《资本论》里，劳动生产率是用单位产品所凝结的劳动量来衡量的，而劳动量既包括活劳动，也包括过去劳动（或称物化劳动）。无论自然生产率还是社会生产率，都表现为生产同样产品所需要投入的劳动量上，但它们对活劳动和物化劳动的影响各不相同。自然生产率主要影响活劳动的投入：自然条件优越，投入较少的活劳动可以生产出较多的产品，反之亦然；但过去劳动没有相应的变化。社会生产率则对活劳动和过去劳动都有影响：社会生产率提高，活劳动减少，过去劳动增加，活劳动的减少大于过去劳动的增加，反之亦然。马克思说：“劳动生产率的提高正是在于：活劳动的份额减少，过去劳动的份额增加，但结果是商品中包含的劳动总量减少；因而，所减少的活劳动要大于所增加的过去劳动。”[⑤]因而，可以用凝结在产品中的活劳动和过去劳动的比例，用一定的活劳动所能承载的过去劳动的量，来衡量劳动的社会生产率。马克思说：“如果撇开土壤肥力等等自然条件，撇开分散劳动的独立生产者的技能（这种技能更多地表现在质量即制品的优劣上，而不是表现在数量即制品

① 马克思：《资本论》第三卷，北京：人民出版社，1975年，第864页。

② 马克思：《资本论》第三卷，第712-713页。

③ 马克思：《资本论》第三卷，第122页。

④ 马克思：《资本论》第一卷，第53页。按：这里的“劳动生产力”即劳动生产率，在《资本论》中“劳动生产力”基本上与“劳动生产率”同义。

⑤ 马克思：《资本论》第三卷，第289-290页。

的多寡上），那么，社会劳动生产率的水平就表现为一个工人在一定时间内，以同样的劳动力强度使之转化为产品的生产资料的相对量。工人用来进行劳动的生产资料的量，随着工人的劳动生产率的增长而增长。”在这里，工人劳动是活劳动，生产资料是过去劳动（物化劳动）。马克思又指出，这些增加的生产资料，一些是劳动生产率增长的条件（生产工具、生产设施等），另一些是劳动生产率增长的结果（劳动对象、加工的原料等）①。例如，使用拖拉机耕田，可以节省活劳动，同样劳动力就可以耕种更多的土地；这里，增加的拖拉机是劳动生产率增长的条件，增加的土地则是劳动生产率增长的结果。显然，在与劳动生产率提高相联系的物化劳动（生产资料）的增加中，第一类最为关键。决定劳动生产率的社会诸因素，如“科学的发展水平和它在工艺上应用的程度，生产过程的社会结合，生产资料的规模和效能”，都会最终体现为工具的改进和设施的完善。正是这一部分物化劳动的增加，导致了活劳动以至总劳动的减少，构成劳动生产率提高和社会生产进一步发展的物质基础。

区分劳动生产率中的自然生产率和社会生产率，对我们认识历史上经济的发展具有重要的意义。自然生产率可以减少生产过程中活劳动的消耗，却不能增加生产过程中的物化劳动的积累，不能增强导致社会进步的物质基础。自然生产率可以提供剩余劳动的可能性，却不能提供它的现实性。没有其他社会条件的配合，光靠优厚的自然条件，并不能增加社会财富的积累，促进社会的发展。而且，自然条件的开发利用毕竟要通过人的劳动，毕竟要使用一定的工具②，这种开发利用的深度和广度、自然条件利用价值的发掘和所起作用的大小，视社会生产力发展程度而异。在文化初期，主要利用对象为生活资料的自然富源，例如土壤的肥力，渔产丰富的水等等；在较高的发展阶段，则可以进一步利用劳动资料的自然富源，如奔腾的瀑布、可以航行的河流、森林、金属、煤炭等等。③传统农业由于生产力比较低，相当程度上“靠天吃饭”。现代大工业由于使用了自行操纵的机器，把自然力和科学技术并入了生产过程，从而大大提高了劳动生产率。马克思说：“劳动生产率也是和自然条件联系在一起的，这些自然条件所能提供的东西往往随着由社会条件决定的生产率的提高而相应地减少。”④在劳动生产率中，占据主导地位、真正能够体现劳动生产率的本质，代表其发展方向并促进社会进步的是社会生产率而不是自然生产率。

研究经济发展历史，劳动生产率的演变是绕不过去的。在中国历史上，社会变迁最为

---

① 马克思：《资本论》第一卷，第681-682页。马克思还说过：“由于社会劳动生产率的增进，花费越来越少的人力可以推动越来越多的生产资料。”（《资本论》第一卷，第707页）；“如果同量劳动推动较多的不变资本，劳动就有了较高的生产效率。”（《资本论》第三卷，第228页）意思基本上是一样的。

② 马克思说：“正像人呼吸需要肺一样，人要在生产上消费自然力，就需要一种‘人的手的创造物’。要利用水的动力，就要有水车，要利用蒸汽的压力，就要有蒸汽机。”（《资本论》第一卷，第423页）

③ 马克思：《资本论》第一卷，第560页。

④ 马克思：《资本论》第三卷，第289页。

激烈的春秋战国时代，封建地主制之所以能够战胜封建领主制，根本原因就是前者创造了比后者高得多的劳动生产率。在风雷激荡的世界近代史上，资本主义之所以能够战胜封建主义，根本原因也是前者创造了比后者高得多的劳动生产率。列宁说：社会主义要战胜资本主义，也要创造出比资本主义高得多的劳动生产率[①]。因此，在对传统经济的再评价中，劳动生产率是淡化不得的；在对历史上劳动生产率的分析中，工具、设施等生产资料的状况又是淡化不得的。

三、从三对关系看传统经济的演变

我们讨论的是传统经济的“再评价”。其实，史学的发展一定意义上就是一个不断再评价、再认识的过程。每一代人都是根据当代所提出的新问题和当代所达到的新的认识水平去重新审视既往的历史，所以一代人有一代人的史学。因此，现在对传统经济再评价，应该站在时代认识的制高点上。这个制高点就是党中央最近提出的科学发展观。科学发展观并非中央领导同志拍脑瓜拍出来的，而是几十年来国际国内学术界、思想理论界根据当代社会经济的实践经验不断探索而总结出来的理论。根据科学发展观，考察历史上经济的发展变化时，不仅要看经济总量的盈缩和劳动生产率的升降，而且要看经济与环境、经济与社会以及经济内部的各种关系是否协调。这里牵涉的问题很多，兹选取其中的三对关系——传统农业中土地利用率和劳动生产率的关系、传统经济中的农牧关系、传统经济发展和生态环境变迁的关系，根据时贤的研究成果，参以己见，做些粗略的分析[②]。

（一）传统农业中土地利用率和劳动生产率的关系

中国传统经济主体是传统农业，传统农业的主流是精耕细作，这是它不同于西欧中世纪农业的一个显著特点。精耕细作是以提高土地利用率为轴心的。西欧中世纪长期实行休闲耕作制，中国则在战国时代已经由休闲制逐步转为连作制，后来又创造了丰富多彩的轮作倒茬间套复种的耕作方式，围绕着提高土地利用率，采取了耕作、施肥、灌溉、育种、田间管理、植物保护等一系列措施，农产品单位面积产量达到很高水平。中国传统农业在农艺、单产和土地利用率方面长期居于古代世界的前列，用有限的耕地养活越来越多的人口。精耕细作的传统农业具有很强的生命力。中国历史上由于长期战乱导致赤地千里、人

---

① 《列宁全集》第29卷，北京：人民出版社，1960年，第388页。

② 在“再评价”的讨论中，笔者曾在两次发言的基础上撰写了两篇短文：《鸦片战争前的中国农业：“先进”掩盖下的落伍》（《中国社会科学院院报》2002年3月12日），《略谈明清农业经济的发展与制约——与战国秦汉和唐宋的比较》（《河北学刊》2003年第3期）。前者着重在横向的中西比较，后者着重在纵向的中国封建经济主要发展阶段的比较。本文这一部分可视为上述两文的延续和补充。

口耗减三分之一以上的严重局面并不鲜见，但古代劳动人民总能安然渡过险境。清代人口高峰期比明代盛期不是增长百分之几、百分之十几、百分之几十，而是成倍地增长，这种情况如果发生在外国可能会把经济压垮，中国却经受住了这种压力，大体上维持了总需求和总供给的平衡。重要原因之一是中国有精耕细作的农业。著名农史学家石声汉曾经把中国的传统农业比作一棵有旺盛生命力的大树，砍掉一个大枝，很快就会生长出一个新的大枝来替代，不但依然绿荫满地，而且更加枝繁叶茂。应该说这是很了不起的。决不能把中国的传统农业说得一钱不值。土地利用率和土地生产率的提高，本身就是经济的一种发展。这样说，不仅是因为它属于"资源利用广度、深度和合理程度"的一种提升，而且因为它符合人类社会经济发展的大方向和长远利益。地球上的土地是有限的，人口却不断增长，要解决这个矛盾，只能走精耕细作提高土地利用率和土地生产率的道路。

至于精耕细作传统农业的劳动生产率，则需要加以分析。有人把精耕细作等同于多劳集约，认为它是不讲效率的，这未免简单化了。本来，通过精巧的农艺提高单产，可以成为提高劳动生产率的有力手段。但精耕细作需要与其他经济和社会条件相配套，由于配套的条件不同，遂形成不同的发展模式或发展路径，在这些不同的发展模式中，土地利用率和劳动生产率的关系也各异。这可以用汉代两种丰产农法——代田和区田为代表予以说明。

汉武帝时赵过推行的代田法以垄甽"岁代处"得名，采取半面耕和半面锄相配合的方法，与耦犁、耧车等"便巧"农器相配合，不但能够"亩增一斛"，增产约25%，而且"二牛三人"可耕田五顷（大亩，每顷相当240周亩），如果以一个农户有五六口人、两三个劳动力算，这约略是"一夫（以男性家长为首的一个农户）百亩（周亩）"的12倍，故史称"用力少而得谷多"[①]。代田法所代表的这种精耕细作类型，姑称之为"节劳型"，其特点是：农法的进步与农器的改进同步，增加单位面积产量与提高劳动生产率并重。根据上文的分析，劳动的社会生产率提高的途径，在于通过工具的改进、设施的完善、规模的扩展等增加物化劳动的比重，来减少活劳动的投入，而且活劳动的减少要大于物化劳动的增加，从而达到总劳动的节约。"花费越来越少的人力可以推动越来越多的生产资料"，代田法完全符合这一标准和要求。

西汉末年氾胜之在关中地区提倡区田法属于另一种类型。它不要求有大片的耕地，可以在小块土地以至荒坡、废城墙上直接作"区"。由于它"不耕旁地"，"不先治地"，所以不采用或不一定采用铁犁牛耕，但作"区"、施肥、灌溉、管理，却要求投入大量的劳力。区田法主要适应西汉中后期在激烈的土地兼并中缺乏牛犁农具、经济力量薄弱的少地或无地小农的需要，试图用精巧农艺和加大活劳动投入的办法，弥补耕牛、农具和土地的不足，大幅度提高产量，实现少种多收。设计者给小农描绘了一幅诱人的图景：号称"亩产百斛"（相当于2787市斤/市亩），"丁男长女治十亩……支二十六年"，但这里有很大的虚夸成分，

① （汉）班固撰，（唐）颜师古著：《汉书》卷24《食货志》，北京：中华书局，2013年，第1139页。

实际上是做不到的。[①]历代效仿和试验者不乏其人，产量虽有提高，但达不到这个标准，由于耗费劳力太多，始终无法大面积推广。区田法所代表的这种精耕细作类型，姑称之为“多劳型”，其特点是：农法的进步不与农器的改进同步，虽然可以增加产量和土地利用率，但劳动生产率却难以有相应的提高。这显然是与增加物化劳动、减少活劳动的要求相悖的。

这两种类型的精耕细作在中国历史上的命运各不相同，它们的此消彼长直接影响着中国传统经济劳动生产率的变化。

代田法在汉代曾一度推广，但实行的时间不长，即被平翻低畦农田所取代。不过，作为代田法提高劳动生产率主要物质基础的牛耕及其配套的犁具，却被继承下来，并且继续改进[②]。因此，凡是建立在铁犁牛耕基础上的精耕细作技术在一定意义上均可视为代田法的延续。区田法即使在汉代实行的范围也有限，后世也只是作为济时救急的手段被推行于一时一地。但历代贫苦农民为了弥补耕牛农具和土地的不足，往往用多投劳动、精耕细作的办法力图获得高产；而类似区田的特殊的高产抗旱栽培法，在民间也断断续续被人们所采用。也就是说，以代田法和区田法为代表的“节劳型”和“多劳型”精耕细作在中国历史上是长期并存的。大体说来，唐宋及其以前，“节劳型”精耕细作占主导地位，明清时代则逐渐向“多劳型”精耕细作偏斜。

作为代田法核心之一的耦犁牛耕的推广，一开始就遇到了如何与战国秦汉以来形成的分散经营的小农经济体制相适应的问题。由于代田法对牛力和农具的要求较高，不大适合分散经营、经济力量薄弱的小农，当时基本上只有边郡屯田、政府公田及某些富豪之家能够实行。在相当一段时间内，耦犁牛耕的推广引起生产单位扩大的趋向，导致豪强势力的膨胀和劳动者人身依附关系的强化。不过，地主田庄所役使的主要是虽然有严重人身隶属关系、但仍然保持了独立经济的劳动者。这就是说，小农经济的体制虽然受到冲击，但毕竟延续下来。精耕细作要求有较高的独立性和主动精神的劳动者，劳动者严重的人身依附关系不能完全适应精耕细作的需要。魏晋南北朝精耕细作继续获得发展，注定这种状况迟早是要发生变化的，而且变化确实发生了。一是耕犁从“二牛三人”到二人二牛，到一人一牛，最后，比较轻便灵巧的曲辕犁得到普及，主要就是向着适应小农经济的方向发展的。二是北魏隋唐实行均田制以来，独立性较强自耕农再度活跃，隶属性佃农逐渐转化为契约性佃农。这种历史变迁，在一定意义上可视为西汉中期以来以牛耕推广为标志的“节劳型”精耕细作与封建地主制下小农经济体制相互磨合的过程。

---

① 参见卢嘉锡总主编，董恺忱、范楚玉主编：《中国科学技术史·农学卷》第二编第五章第四节，北京：科学出版社，2000年。

② 西汉中期以后，牛耕方式的改进主要是一人一牛的曲辕犁取代了二牛三人的“耦犁”在传统农业时代，采用牛耕是提高劳动生产率的主要途径。如前所述，使用“耦犁”二牛三人耕作能力是“一夫百亩”的12倍。一人一牛的曲辕犁推广以后，据顾炎武《天下郡国利病书》的说法，“人日耕一亩，率十人当一牛”。比起“耦犁”，劳动生产率又有所提高。

唐宋是我国封建社会中牛耕最为普及的时代（详后），也是传统农具发展到巅峰的时代。不但传统耕犁臻于成熟，水田耕作农具日益完善和配套成龙，而且还出现用水力、风力或畜力推动的大型、高效灌溉机械和加工机械。耕作规模虽然没有扩展，但农户仍然拥有较多的耕地。同时，南方水田精耕细作技术体系形成并臻于成熟。以上这些标志着我国精耕细作的传统农业进入一个新的阶段，并继续在农法与农器同步、产量与效率并重的“节劳型”轨道上前进。在这种情况下，唐宋的农业劳动生产率应该比前代有所提高。

明清时期，尤其是清代，情况发生了较大的变化。由于人口激增，每个农户平均占有的耕地明显缩小，小农经济变得更加细碎。为了缓解人口激增所产生的民食问题，除了垦荒、引进和推广高产作物外，还大力推广多熟种植，土地利用率达到了传统农业时代的最高峰，施肥和育种等技术也有相应的发展。但是，另一方面，牛耕的使用倒退了（详后），农具基本上没有发展。由于生铁淋口技术的应用，明清某些小农具的质量有所改进，但除了适应个体农户小规模经营的某些细小农具有所创新外，绝大部分农具是沿用前代的（这从《农政全书》和《授时通考》所载农具完全抄自王桢《农书》便可知道），已失去了战国、秦汉和唐宋那种新器迭出的蓬勃发展的气象。实际上，唐宋时代的某些大型农具反而鲜见使用了。在经济最发达的江南，铁搭竟然在很大程度上代替了耕犁。或谓中国传统的铁农具，从战国秦汉到宋元，已形成定制，没有多少改进的余地。清代农民不能自由选择自己的生产工具，但他们把传承下来的生产工具的功效发挥尽致了[①]。这种说法值得商榷。诚然，明清的农具是从前代继承下来的，但不能说这些农具就此定格不能改进了。因为农具毕竟是人创造的。唐宋传统农具发展得比较成熟，增加了明清改进农具的困难，但更根本的问题在于，在人多地少的条件下，细小的分散经营的小农经济缺乏改进农具和使用大型农具的内在动力。从牛犁和大型灌溉、加工机械比前代较少使用看，也很难说清代从前代传承下来的工具的功效已经发挥尽致了。如前所述，劳动的社会生产率提高的基础在于工具的改进和设施的完善，而传统经济时代劳动生产率的提高主要依靠牛耕及其配套的农具的推广。在牛耕普及程度比前代倒退、农具基本上没有改进，农民耕作规模缩小的情况下，怎么能奢望清代农业劳动生产率比前代有大幅度的提高呢！[②]

清代农业继续实行精耕细作，但这时的精耕细作已出现了某种转向。清代的农业技术基本上是前代的延续，除了局部以外，可以说没有突破性的发展，但却更多依靠增加人力的投入，而不是依靠牛耕的普及和工具的改进。清代的农谚是“粪大力勤，不用问人”，与代田法的“用力少而得谷多”异趣。作为“多劳型”精耕细作的极端形式的区田法又变得

---

① 方行：《再论清代是中国封建经济发展的高峰》，《中国经济史研究》2003 年第 3 期。

② 李伯重试图撇开畜力、农具的因素，在“人耕十亩”和“男耕女织”的基础上论证清代江南劳动生产率的提高。这两根“支柱”是否牢靠，是否切合历史实际，已经受到质疑。还应指出的是，这种论证不但有悖马克思关于社会劳动生产率的理论，实际上也不符合他所宣扬的“斯密型经济成长”的理论。因为斯密讲分工促进商品交换和经济发展，其“分工”是指社会分工，未可与男耕女织的自然分工混为一谈。

特别的诱人，清代进行区种试验的人空前增多，人们试图从中找到农业的出路。这种种迹象表明，清代精耕细作农业日益偏离“节劳”的方向，在“多劳”的轨道上滑行，高土地利用率和低劳动生产率形成巨大的反差。

研究历史上的劳动生产率需要根据有关数据作具体的计算。由于资料和数据的残缺以及各个时代各个地区度量衡的复杂，要精确计算出各个时代各个地区的劳动生产率相当困难。[①]在这种情况下，把个案的分析、具体的计算和宏观的考察结合起来，相互印证或相互校正，或许是解决问题的一条途径。以上对精耕细作两种类型中土地利用率和劳动生产率关系及其演变的分析，正是试图从宏观的视角、从劳动生产率的物质基础变化，疏理出它的发展线索，庶几有助于这一问题的解决。[②]

精耕细作是我国农业的宝贵遗产。我国农业今后仍然要走提高土地利用率和土地生产率的道路。但历史也昭示我们，农法和农器的改进应该同步，农业生产才能更加健康全面地发展。如何使精耕细作从“多劳型”的轨道转移到“节劳型”的轨道上来，仍然是当前需要着力解决的历史性课题。

---

① 传统经济主要是部门是农业，农业主要由个体农户经营。个体农户一般既种粮食，又种植经济作物和从事家庭手工业等副业。由于有关经济作物和家庭手工业的情况十分复杂，而资料又十分缺乏，人们在计算历史上的农业劳动生产率时不得已求其次，一般只算粮食账——人均粮食产量或劳均粮食产量。由于传统经济一般以粮食生产为主，人均粮食产量是农业劳动生产率中最基础和最核心的部分，大体可以代表当时劳动生产率的水平，但毕竟是不够全面的。

② 我们还可以从另外的角度进行考察和比较。劳动生产率也可以用必要劳动和剩余劳动的比例来衡量：必要劳动比重越小，剩余劳动比重越大，劳动生产率越高，反之亦然。我国古代没有形成劳动生产率的精确概念，但是在劳动生产率显著提高的战国时代，出现过与劳动生产率有密切关系的一些概念。如估算农民自身消费占其总产品的比重。《管子·臣乘马》中有“民食十五之谷”之说。这“十五之谷”是必要劳动，另外的“十五之谷”就是剩余劳动。战国时出现的“见税什五”的租佃制度，就是建立在“民食十五之谷”的劳动生产率基础上的。值得注意的是，从战国到清代，“见税什五”的对半分成租长期延续下来。这是由于亩产提高了，但耕作面积减少了，农户总产量和自身消费的比例和以前差不多，“见税什五”的地租率也就维持下来了。变化还是有的：一是“见税什五”由局部到普遍；二是从宋代开始，农民实行稻麦复种，地主只收谷（稻）租，小麦收获归佃农，农民剩余劳动部分应是增加了。不过总的说来，从对半分成租长期延续看，战国以后劳动生产率变化不会很大。

战国又有关于一个农业劳动力能够供养多少人口的记载。如《管子·揆度》说“中农挟四”，指一个农业劳动力除了自己以外还能供养 4 人，合计 5 人。假如一个五口之家有两个劳动力，能供养 10 口人，也就是说，他们生产的粮食自己的家庭消费一半，另一半可以再供养一个五口之家。这和“民食十五之谷”完全吻合。清代的劳动生产率，按史志宏《清代前期的小农经济》的计算，每个农业劳动力负担耕地 9 亩余，生产 3200 斤粮食；4 亿多人口，1 亿农业劳动力，每个农业劳动力供养包括他自己在内的共 4.13 人。这个数字还达不到《管子》“中农挟四”的水平。当然，史志宏估算的是清代全国的情况，而《管子》所反映的可能是黄河流域比较先进地区的水平，或者带有某种理想的成分，需要打些折扣。即使是这样，也很难算出清代劳动生产率水平比《管子》反映的时代有多大的提高。

农业人口与非农业人口的比例、城乡人口比例在相当程度上决定于社会必要劳动和剩余劳动的比例，这个角度也可以窥测劳动生产率的大致变化。战国时代的银雀山竹简《田法》有“什八人作者王，什七人作者霸，什五人作者存，什四人作者亡”的记载，若按“霸”的标准，非农人口占 30%。又据周长山的《汉代城市研究》，汉代的城市人口占总人口的 25%—30%。清代情况如何呢？就拿魏金玉在《高峰、发展与落后：清代前期封建经济发展的特点与水平》一文中引述郭松义的研究来说，“鸦片战争前，农业人口约占全国人口的 9/10”，“全国的城镇人口不超过全国人口总数的 6%”。非农人口和城市人口比例这么低，怎么说明清代劳动生产率比前代有所提高呢！

（二）传统经济中的农牧关系

农牧关系是传统经济生产结构中最主要的关系之一。不少学者注意到中国和西方农牧关系的不同特点。一种流行的观点是：西欧农牧并重，中国重农轻牧——黄宗智在比较前近代中西经济时也强调这一点。这种观点早已有之。20 世纪 50 年代农史界的一些前辈学者就曾以“跛足农业”概括中国传统农业的特点之一，70 年代末有人提出中国自春秋以来形成所谓“单一小农经济结构”，它是中国几千年来贫穷、动乱、落后的总病根，把这种看法推向极端。笔者曾撰文批评这种观点之片面性，指出中国历史上不但有小农经营的小规模畜牧业，而且有规模较大地主经营的畜牧业和规模更大的国家经营的畜牧业；除了农区畜牧业以外，广大牧区又有发达的游牧经济。笔者用“两个并存”概括中国历史上农牧关系的特点，认为中国和西欧都是农牧结合，只是属于不同类型[①]。笔者现在仍然坚持这一基本观点。

不过，这只是问题的一个方面。另一方面，我国历史上农区的民间畜牧业确实主要是以农业的副业的形式存在的，国营畜牧业不能说与经济没有关系，但主要是用于军事目的，国营畜牧业和民营畜牧业之间，农区畜牧业和牧区畜牧业之间在某种意义上是脱节的。同时，从总体看，确实存在种植业排斥畜牧业、农田挤占牧地、农区蚕食牧区的长期趋势。这些因素制约了中国传统畜牧业的发展。中唐时，由于河西牧场沦于吐蕃，国营畜牧业极盛而衰，成为中国畜牧业走上下坡路的标志。不过，在相当一段时间里，牧区畜牧业、农区民间畜牧业并没有跟着衰落。元朝为了消弭汉族人民的反抗，多次大规模括马括畜，对民间畜牧业是一个沉重的打击，但也说明此前的民间畜牧业仍有一定规模。随着元蒙帝国的覆灭，中国牧区游牧经济的黄金时代也一去不复返了。明清时代，人口激增，耕地吃紧，传统牧区大片大片被垦辟为农田，农区内可供放牧的草山、滩涂和休闲地、农闲地大量减少，畜牧业萎缩，终于出现农牧结构畸重畸轻的格局[②]。

中国养牛业和牛耕的发展变化值得着重谈谈，它比较典型地表现出中国传统农牧关系的特点和局限性。

我国新石器时代开始养牛，在很长时期内，养牛业是相当发达的。例如，卜辞中记载祭祀用牛动辄数百头乃至有达千头者。《周礼》中有“牛人”“牛田”之设。《墨子・天志》云：“四海之内粒食人民，莫不刍牛羊，豢犬彘。”《荀子・荣辱篇》也说：“今人之生也，方知畜鸡狗猪刍，又畜牛羊。”可见直至春秋战国时代，民间养牛仍然十分普遍。牛始供食

---

① 请参阅拙文《我国古代的农牧关系》，《平准学刊》第一辑，北京：中国商业出版社，1985 年。“两个并存”是：农耕民族占统治地位的，以种植业为主的地区和游牧民族占统治地位的、以畜牧业为主的地区同时并存并明显地分隔开来；在以农为主的地区内部，则是以养马业为基干、主要用于军事目的、规模较大的国营牧场和以养猪为主、主要服务于农业生产的、规模较小的民营（农民和地主经营）牧业同时并存。

② 参见拙文《我国古代的农牧关系》，载《平准学刊》第二辑。

用，继则牵挽——拉车和耕田。在黄河流域，春秋战国时牛耕已经习见，但当时的铁犁比较原始，汉代出现框形犁，牛耕才臻于成熟。所以，黄河流域牛耕的真正普及的过程，是从赵过作“耦犁”开始的。从此，中国养牛业走上主要为农业服务的轨道，肉用牛的发展却因而受到限制。从汉代开始，制定了禁止杀牛的法令。西汉时，国有喜庆，政府往往在民间普赐“牛酒”；这种事，至东汉几乎绝迹，政府行为的这种转变，显然蕴涵着保护耕畜的意图。

铁犁牛耕是中国封建地主制生产力发展的主要标志，耕作和运输都离不开牛，牛被称为“耕农之本”，农民和政府都很了解牛耕的重要性。但中国封建社会牛耕的推广，却受到两种因素的制约，一是小农经济体制，二是农牧矛盾，因而呈现出倒“V”字形的发展曲线。

就在“耦犁”出现，政府大力予以推广的汉代，农户缺牛已经成为突出问题。赵过推广耦犁时，鉴于“民或苦少牛，亡以趋泽”，“教民相与庸挽犁”[①]。东汉郫县残碑载犀浦地区农户的财产，在 18 户中有牛仅 5 户[②]。这和上引墨子和荀子所言老百姓“莫不刍牛羊”的情况显著有别。是畜牧业衰落了吗？不是的。据《史记·货殖列传》，从事商品性畜牧业的，若养牛达“蹄角千”（167 头），贩牛达“千足”（250 头），其收入就可比“千乘之家”。两汉史书中不乏牛马成群的大牧主，有的甚至“马牛羊豕，山谷不能受”[③]。更别说农区国营牧业和牧区游牧族的庞大畜群了。问题出在封建地主制取代封建领主制以后，一般农户经营畜牧业的条件发生了变化。以前实行授田制，农民被授予份地，有相应的休闲田，村社又有可资利用的公共牧地，虽然依附性强，但生产条件稳定，饲养牛马等大牲畜较有保证。授田制废止后，土地买卖发展起来了，土地占有不均，一方面是占有大量耕地并往往控制大量公荒地的地主，另一方面是少地或缺地的农民，农民虽然人身相对自由些，经营的独立性加强，但生产条件不稳定，经济力量薄弱，饲养牛马等大牲畜缺乏必要的物质保证。南宋陈旉说：“古者分田之制，必有莱牧之地，称田而等差，故牧养得宜，博硕肥腯，不疾瘯蠡也”；“后世无刍牧之地，动失其宜”[④]。他看到了在封建地主土地所有制下一般农户发展畜牧业所受到的制约。

封建朝廷是在小农经济体制占主要地位的条件下推广牛耕的，为此，他们采取一系列的措施，例如：政府贷款农民买牛，或政府直接买牛借给或赐给农民使用；引导和鼓励农

① （汉）班固撰，（唐）颜师古著：《汉书》卷 24《食货志》，第 1139 页。

② 谢雁翔：《四川郫县出土的东汉残碑》，《文物》1974 年第 4 期。

③ （南朝·宋）范晔撰，（唐）李贤注：《后汉书》卷 49《列传第三九·仲长统》，北京：中华书局，2012 年，第 1648 页。

④ （宋）陈旉：《农书》卷中《牧养役用之宜篇第一》，《文津阁四库全书》子部，北京：商务印书馆，2005 年。北魏至隋唐实行均田制期间，农民耕牧土地缺乏保障的情形稍有改善，但无根本改变。均田制破坏以后，这种情况就越来越严重了。

民发展其他家庭副业，积蓄资金购买耕牛；采取免税等优惠措施鼓励养牛，鼓励产牛区向缺牛区供应耕牛，活跃耕牛市场；组织有牛户与无牛户的互助——无牛户可以通过租借或换工的方式使用有牛户的耕牛等等。应该说，封建国家的这些措施是有成效的，从秦汉到唐宋，牛耕被逐步推广到更多的农户和更广阔的地区。最近笔者看到厦门大学乜小红的博士论文《唐五代畜牧经济研究》，她提出唐政府努力实现"农户都有耕牛"论断，举出不少事例，是颇能说明问题的。唐政府虽然没有完全达到这一目标，但接近了这一目标。时人张廷珪说："民所恃在食，食所资在耕，耕所资在牛。"①看来，耕牛是当时每个农户在正常情况下所必备的生产资料。正因为这样，陆贽在贞元九年（793）建议募民屯边时，把"至者家给牛一，耕耨水火之器毕具……"作为安置屯民的重要条件提出来②。唐玄宗开元廿二年（734）规定："定户口之时，百姓非商户，郭外居宅及每丁一牛，不得将入货财数。"这是鼓励养牛、保护小农的政策，如果不是当时的农户像拥有自己的居宅那样普遍拥有耕牛，这种规定就没有意义了。唐中叶以后，中国的国营牧业虽然由盛而衰，但宋代民间养牛业未见萎缩，耕牛市场依然活跃。京西是当时北方重要的产牛地。北宋时房州的焦氏养牛多达千头③，规模可与汉代的大牧主媲美。宋代经济重心已转移到南方，南方许多地方已开发为良田，但草山草坡尚多，养牛盛于北方，如浙东、福建和广西均盛产牛只；江西等地的农民，冬天往往到广西贩牛。宋代农户养牛的普及程度，从下面的事例可以窥见一斑。据《朱子语类》载，南宋初年，魏安行在京西计口括牛，"每四人共百亩田"仅留耕牛 1 头，民间因而"大扰"④。可见当时京西民间平均不到四"人"百亩即有一牛，比如说，每两三个劳力、五十来亩耕地就可能有一头牛⑤。果如此，则牛耕在京西地区的农户中基本上普及了。在南方，尤其是经济最发达的江南地区，农民养牛不会比京西地区少⑥。这比起上述汉代的情况，真是不可同日而语了。在封建地主制度下，总有贫困缺地的农民存在，不可能百分之百实现每个农户都有耕牛的目标，但是否可以作这样的估计，唐宋时代中等以上的农户基本上都拥有耕牛，而贫穷的下户也可能合养耕牛或租借耕牛使用？这种估计，虽不中，亦不远矣。

明清时代情况又有新的变化。由于人口不断增加，耕地的垦辟跟不上人口增长的速度，

---

① （宋）欧阳修，宋祁撰：《新唐书》卷 118《张廷珪传》，北京：中华书局，2013 年，第 4262 页。

② （宋）欧阳修，宋祁撰：《新唐书》卷 157《陆贽传》，第 4930 页。

③ （南宋）洪迈：《夷坚志・支乙》卷 4《焦老墓田》，北京：中华书局，1981 年，第 825 页。

④ 《朱子语类》卷 130。以上两条史料均转引自程民生：《宋代地域经济》第 1 章第 4 节，郑州：河南大学出版社，1996 年。

⑤ 上引《朱子语类》中的"人"，疑指劳动力或成年男子，而不是泛指人口；因为当时不大可能达到平均 4 口人拥有耕地 100 亩的水平。咸平四年，陕西转运使刘综古原州建镇戎军置屯田"开四五百顷，置下军二千人、牛八百头耕种之"（《宋史》卷 176《食货志上四》）。平均每 2.5 个士兵、0.4—0.5 顷耕地一头耕牛。当时民间耕牛的拥有量可能与此相差不远。

⑥ 牛耕的普及（尤其是在南方的普及）与耕犁的改进（单牛牵引的曲辕犁基本上代替了二牛抬杠的牛耕方式）是分不开的。

农户占有的耕地缩减，经营规模更加细小，饲养耕牛也就更加困难。也就是说，在新的条件下，小农经济体制对牛耕普及的制约日益严重。而传统经济中农牧之间内在的矛盾经过长期的发展，到明清时期更为尖锐和显露了。

从唐宋至明清，随着人口不断增加，原来可供放牧的牧场、草山不断被转化为农田，原来农田中可供放牧的空间也不断被压缩。曾雄生指出，由于用于养牛的土地面积不断减少，中国的传统农区养牛方式经历了从“牧牛”到“放牛”再到“縻牛”的演变过程，从而导致传统农业跛足状态的出现[①]。“牧牛”是以有专门的牧地为前提的；牧地与农田分开，畜牧业和种植业不至于直接撞车。“放牛”是在秋冬收获后的农田或在农田的周围放养牛只，它以农田秋冬休闲、农田周围尚有较多可供放牧的空间为条件。当农田秋冬复种发展起来，而农田周围的边角地也种上庄稼以后，为了防止牛只伤害庄稼，就只好把牛拴起来，把牛只的活动限制在以树桩为中心、以牛绳为半径的范围内。这就是“縻牛”。“縻牛”导致了养牛业的萎缩。中国历史上多熟种植较大的发展始于宋代，尤其是南宋以后长江下游的稻麦复种制的推广，至明清，各种形式的多熟种植发展得更为普遍。北宋陈旉在其农田规划方案中，设计加宽陂塘堤岸和田塍，以供系牛放牛之用。至明清，耕地紧缺，田塍也被蚕食，或种上庄稼，如南方许多田塍都种上田塍豆，养牛的空间进一步被压缩，获取水草饲料更加困难了。这必然成为养牛业和牛耕发展的制约因素。明末宋应星说：“愚见贫农之家，会计牛值与水草之资，窃盗死病之变，不若人力亦便。假如有牛者，供办十亩，无牛用锄，而勤者半之。既已无牛，则秋获之后，田中无复刍牧之患，而菽、麦、麻、蔬诸种，纷纷可种，以再获偿半荒之亩，似亦相当也。”[②]从唐宋的有关诗文中可以看到，农民只要收成较好、手头较宽，总是尽量置办耕牛的。到了明清，放弃牛耕却成为贫苦农民的“理性”选择。当时经济最发达的江南地区，铁搭之所以在很大程度上代替了耕犁，主要是由于养牛业萎缩的缘故[③]。

目前还没有找到清前期农户占有耕畜的数据资料，但清末的数据是有的。如据陆保善《望都县乡土图说》，光绪三十一年，望都县（今河北唐县）有耕地 224 066 亩，役畜（注意：包括马、骡、牛、驴）2966 头，平均 75.5 亩耕地有役畜 1 头。据记载，当地有田六七十亩为上户。也就是说，一般只有地主富农才养得起役畜。如孙家庄“居民虽有四十余户，可养牲者，不过四五家而已”。丘庄村 120 户，耕地 2400 余亩，而所有牲畜不过 20 头。[④]这是晚清的情况，清前期情况估计相差不远。清代民间养牛业和农户拥有和使用耕牛，比起唐宋时代显然是后退了。

---

① 曾雄生：《跛足农业的形成——从牛的放牧方式看中国农区畜牧业的萎缩》，《中国农史》1999 年第 4 期。

② （明）宋应星：《天工开物・乃粒・稻》。

③ 曾雄生：《从江东犁到铁搭：9 世纪到 19 世纪江南的缩影》，《中国经济史研究》2003 年第 1 期。

④ 李文治：《中国近代农业史资料》第一辑，北京：生活・读书・新知三联书店，1957 年，第 749 页。民国以后农户缺乏耕牛铁犁的数据资料更多，不具引。

总之，中国封建社会后期养牛业的萎缩和耕牛的紧缺，不但反映了封建地主土地所有制对经济发展的制约，而且是中国传统经济农牧关系的内在矛盾发展所致。其后果，既影响了人民肉食消费和生活质量的改善，也极大地制约了农业劳动生产率的提高。

（三）传统经济发展与生态环境变迁的关系[①]

中国是世界上农业起源最早的地区之一。黄河流域远古时代的农业开发曾经广泛采取火耕的方式，或以火猎和火耕相结合来垦辟耕地，大大拓展了人类活动的空间，但也一度造成了自然资源的大量损耗和生态环境的破坏。所谓“黄帝之王，[童山竭泽]，谨逃其爪牙，不利其器，烧山林，破增薮，焚沛泽，逐禽兽，实以益人，而天下可得而牧也”[②]，就是这种情况的反映。但人们很快就从正面和反面的经验教训中，懂得了要尊重自然界的生态规律、有节制地利用自然资源的道理。我们知道，现代保护自然、保护环境的思想是在工业化过程中生态环境遭到严重破坏以后人类对人与自然关系的一种反思；作为一种世界性的思潮形成于 20 世纪 60 年代以后。而我国，早在先秦时代就已经形成了一套相当成熟的保护和合理利用自然资源的理论，在许多地方与现代的环保思想、生态理论惊人地吻合，令人不能不赞叹我们祖先生态意识的早慧。[③]

我国古代以“三才”理论为指导的传统农学和传统农业，体现了有机统一的自然观，比较正确地处理人和自然的关系，包含了丰富的生态意识和可持续发展的理论与实践。例如，承认农业中自然再生产的基础地位，人们不能凌驾于自然界之上，违背生态规律，只能“顺时宣气，蕃阜庶物”[④]，农业生产要“不违农时”，采伐渔猎要“以时禁发”。把土壤看作有血脉的活的机体，认识到土壤肥力是可变的，人们可以通过施肥、耕作等措施使“地力常新壮”[⑤]，土地耕作了几千年而总体上地力不衰。巧妙地利用农业生态系统内部各种因素之间的关系，趋利避害，合理安排生产秩序，充分利用天时地利，使各种生物“相继以生成，相资以利用”[⑥]。广泛收集农业生产和生活中的各种废弃物质，返回土地，用作肥料，使之“变恶为美”[⑦]，并进一步提出农业生态系统内部物质循环利用的“余气相培”[⑧]的理

---

① 传统经济发展与生态环境变迁的关系是双向的：一方面是生态环境的变化影响经济的发展；另一方面是经济的发展引起生态环境的变化，这种变化又反作用于经济的发展。这里只谈后一个方面。

② 《管子·揆度》。引文方括号中的字据颜昌峣：《管子校释》（长沙：岳麓书社，1996 年）增补。

③ 参阅拙著《先秦保护和合理利用自然资源的理论及其基础——兼论传统农学在现代化中的价值》，载《中国传统社会经济与现代化》，广州：广东人民出版社，2001 年。

④ （汉）班固撰，（唐）颜师古著：《汉书》卷 91《货殖列传》，第 3679 页。

⑤ （元）王祯：《王祯农书》卷 3《农桑通诀三》，《四库提要著录丛书》子部 14 册，北京：北京出版社，2011 年，第 465 页。

⑥ （宋）陈旉：《农书》卷上，《文津阁四库全书》子部 242 册，第 394 页。

⑦ （元）王祯：《王祯农书》卷 3《农桑通诀三》，第 466 页。

⑧ （清）杨屾：《知本提纲》，乾隆十二年，崇本斋刻本。

论。认识到“地力之生物有大数，人力之成物有大限”[①]，要想持续发展，不但要“生之有道”，而且要“用之有节”，统治者的消费不能超过自然界所能负荷的限度，也不能超过老百姓所能承受的限度等等。[②]在世界的古文明中，中华文明是唯一虽有起伏跌宕，但始终没有中断过的文明，重要原因之一就是中国拥有发达的、具有强大生命力的、包含了可持续发展因素的传统农业。这些可持续发展的理论和实践，凝结着我们祖先的智慧，符合今后农业发展的方向，是中国和世界弥足珍贵的文化遗产。

但这只是问题的一个方面，另一方面，中国历史上确实出现了经济发展导致生态环境恶化的现象，有的问题还比较严重。为什么一个生态意识早慧的国度，会发生生态环境遭到严重破坏的情况？这一方面是由于传统理论本身的缺陷。注意了调节物质生产和环境生产的关系，注意调节物质生产中人与自然的关系，但忽视了人类自身生产与物质生产、环境生产的协调；我国历代都鼓励人口的增殖，而不知人口生产也应有所节制。精耕细作农业提供了在一定的土地上养活更多人口的可能性，但人口增长过快，就会对环境形成巨大的压力。历史上生态环境的问题，相当程度上是人口问题引起的。另一方面是制度方面的制约。在封建地主制经济下，基本上是小农的分散经营，政府对经济虽然有所干预，但不可能从总体上安排好农林牧的协调发展、经济与环境的协调发展。合理的生产方式要有合理的消费方式作保证，要实现合理的有节制的消费，就必须控制人类自己的消费欲望，不要让它过度膨胀。中国古代很早就有人提出“节用御欲”[③]的主张。但统治阶级的贪欲是管不住的。王朝初建百废待举时可能收敛一些，一俟经济稍微恢复，穷奢极欲的消费就成为一种时尚，自然界所能负荷的限度、老百姓所能承受的限度，统统被突破了，为统治阶级奢侈消费服务的逐利之徒，在生死线上挣扎的贫困破产农民，纷纷走上盲目的不合理的开发的道路，生态环境的破坏遂不可避免地发生了。[④]

中国历史上生态环境的破坏有一个过程。大体说来，隋唐时期黄河流域中下游生态环境已趋恶化，但长江流域及其以南地区，生态环境仍然是比较好的。

影响生态环境变迁的有人类经济开发的因素，也有自然的因素。合理而适度的经济开发，不会破坏反而会优化生态环境，但不合理的经济开发，或经济开发超过一定限度，就会导致生态环境的恶化。

黄河中下游农业开发到唐宋时期已有几千年的历史，在这个过程中自然的植被、地貌、

---

① （唐）陆贽：《陆贽集》卷22，北京：中华书局，2006年，第715页。

② 参阅拙文《循环经济、传统农业与可持续发展》，载“中国经济史论坛”网，2005年4月12日。该文的删节本以《生态之链：中国传统农业的启示》为题，发表于《经济-社会史评论》第一辑，北京：生活·读书·新知三联书店，2005年1月。

③ 《荀子·集解》，北京：中华书局，1998年，第68页。

④ 《先秦保护和合理利用自然资源的理论及其基础——兼论传统农学在现代化中的价值》，载《中国传统社会经济与现代化》，广州：广东人民出版社，2001年。

水文状况都发生了很大的变化。唐宋农业开发掀起新的高潮，从平原扩展到丘陵山地，所谓“高山绝壑，耒耜亦满”[①]，“高山峻坂，并为人户耕种”[②]，天然的植被进一步受到破坏。加之宫室建筑、黄河堤防、矿冶、陶瓷、煮盐等工业以及城乡居民日用，都耗费着巨量的木材。黄河中下游平原和丘陵山区的天然林木因而被砍伐殆尽。[③]唐宋成为中原地区历史上天然森林逐年递减速率最快的时期。[④]由于森林破坏、水土流失、湖泊堙废，黄河经过八百年的相对安流以后，从唐末起又进入了一个频繁泛滥、屡屡改道的时期。[⑤]唐代是我国气候史上的一个温暖期，两宋进入寒冷期，北方气候变冷变干，严重影响了森林植被的恢复，加速湖泊的涸缩，干旱和冷害频繁发生，使过度经济开发造成的生态环境的恶化火上加油[⑥]。黄河流域生态环境的恶化[⑦]，是我国经济重心南移的重要原因之一。

长江流域及其以南地区的大规模开发开始比黄河流域晚，至唐宋时期，森林等天然植被的破坏仍然是局部性的。南方的开发方式又与北方有所不同。北方主要是旱作，南方主要是种水稻。种水稻不容易导致水土流失和地力衰退，相反，有利于把下湿的涂泥和贫瘠的红壤改造成肥沃的水稻土。在湖滩荒洼开发稻田导致塘埔圩田系统的形成，在丘陵山地开发稻田导致梯田的出现。唐宋时期，南方人民在长期实践的基础上，吸收了北方旱作精耕细作技术体系的精华，形成了南方水田精耕细作技术体系，标志着我国精耕细作传统农业进入一个新的阶段，对南方的农业开发也起了良性导引的作用。这个技术体系比较注意对各种土地和水体的全面规划和综合利用，注意多种作物的全面发展和合理安排，使之“相继以生成，相资以利用”[⑧]，不但充分利用天时地利获取更多的产品，而且最大限度地扩大绿色植物在农田中的覆盖面积和覆盖时间。又十分重视施肥，尽量把城乡生产和生活中的废弃物返回土地。这些都对生态环境有利。破坏生态的事也是有的，如某些山区的“畲田”，宋代盲目的围湖导致水利系统的紊乱等等。但这在当时仍然是局部的。总的说来，唐宋时期南方以水田稻作为主的农业开发没有过度，没有破坏生态环境，反而优化了生态环境。这也和“天公作美”有关。在两宋的气候寒冷期，南方由于纬度低，气温的变幅小于北方，对水稻生产基本上没有影响，反而有利于小麦的春化。南方雨量依然充沛，湖泊面积继续

---

① 元结：《问进士（永泰二年通州问）》，《全唐文》卷380，北京：中华书局，第3860页。

② 《文忠集》卷116《乞罢刈白草札子》，《四库提要著录丛书》集部第90册，北京：北京出版社，第2011年，第251页。

③ 黄河流域森林的破坏，可参阅史念海《河山集·二集》，北京：生活·读书·新知三联书店，1981年版，第261、279页。北宋中叶的沈括也说过：“今齐鲁间松林尽矣。渐至太行、京西、江南，松山太半皆童矣。”（《梦溪笔谈》卷二四《杂志一》）

④ 据徐海亮的估测，战国秦汉是中原开发的第一高潮，天然林消耗为每年43 000亩至65 000亩；唐宋是第二高潮，年消耗45 000亩至81 000亩；清中叶起进入第三高潮，年消耗45 000亩。见徐著《历代中州森林变迁》，载《中国农史》1988年第4期。

⑤ 赵德馨总编，葛金芳编：《中国经济通史》第五卷第三章。

⑥ 倪根金：《试论气候变迁对我国古代北方农业经济的影响》，《农业考古》1988年第1期。

⑦ 不过这一时期黄河流域生态环境的恶化，未可与明清时代及近代以来的变化等量齐观。

⑧ （宋）陈旉：《农书》卷上。

扩大，又有利于稻田的灌溉和水利建设。同样的寒冷期，对南北两地的影响竟然如此不同！我们知道，长江流域及其以南的生态环境原来并不是很理想的，地势卑下，遍地榛莽，气候湿热，瘴疫流行，“丈夫早夭”，中原人视为畏途；曾几何时，变成了适合人类生息的人文荟萃之区。在《禹贡》所反映的时代，江南被称为“厥土惟涂泥，厥田为下下”，中唐以后至宋代，却一跃成为全国经济最发达的地区。这是古代人民长期开发改造的结果，这一开发改造的过程，从其主流看，无疑是生态环境优化的过程。当北方生态环境明显恶化时，南方却保持了比较好的生态环境，这正是全国经济重心南北易位的自然基础。[①]

无论南方或北方，生态环境全面恶化，是明清时期的事情。造成生态环境恶化的，有自然的因素（明清是中国气候史上另一个寒冷期），但主要是由于相当范围内和相当程度上的不合理经济开发。

明清时期面临的突出问题是人口的急剧增长。中国历史上人口长期趋势的增长是从宋代开始的，五代以前中国最高人口不超过六千万，宋代最高人口突破一亿。明代盛期人口约在一亿二千万左右。到清代又上了新的台阶，康熙末年恢复到明盛世人口水平，乾隆末年人口猛增为三亿，至鸦片战争前夕，人口已突破四亿大关。我国原有耕地的人均水平本来不高，在人口几度翻番后就更形紧缺，千方百计垦辟新耕地成为十分迫切的需要。但经过几千年的开发，无论南方北方，宜农的土地基本上已垦辟殆尽。这就是说，清代的土地垦辟是在人口膨胀导致严重的生存压力的驱动下，在原有的垦殖程度已经很高的基础上进行的，在封建地主制下，清政府又不可能提供全面的规划和指导，在生死线上挣扎的丧失土地或缺少土地的农民，突破各种禁限，像决溢的洪水，无孔不入地迅速涌向一切可以获取新耕地的地方，顾不上什么“合理”和“适度”，也顾不上什么长远的后果了。清代新垦的土地，相当大一部分不但条件十分恶劣，而且是不适宜作耕地的。人们最大限度地与山争地、与水争地、与牧场争地，许多原来作为涵养水源调节气候的绿色屏障的山林被芟伐、许多原来用于蓄泄水流的湖泊，以至用于农田灌溉的陂塘被填淤，传统牧区的大片草场牧地也被垦辟为农田，等等。有时为缓解燃眉之急到了“饥不择食”的地步。如明代的湖南，“人满地尽，更无可垦之土，其拼力攫种者，只幸获于万一。故重梯作垄，不能一收；半岭凿塘，不藏勺水；有挖种陡塄，一雨翻成石块者；有挖种深坡，十耘仍系土莱者；或防川堵套，川溃而套作深潭；或担土填沙，土去而沙成积岛……随垦随废。”[②]为了眼前急需而罔顾长远。这些新垦土地的经营，往往是极其粗放的，尤其是荒僻山区的开发，多采用刀耕火种、种两三年即放弃而另觅新地的原始方式。有人把清代农业垦发的特点概括为“三性”：“强争性”、“盲目性”和“经营的粗放性”。[③]应该指出，这种强争性、盲目性和经营

① 本段主要吸收了郑学檬先生的观点，参阅所著《中国古代经济重心南移和唐宋江南经济研究》，“第一章：总论：三、唐宋时期自然环境的变化对经济重心南移的影响”，长沙：岳麓书社，2003 年。

② 同治《平江县志》卷 14《赋役》。

③ 赵德馨总编：《中国经济通史》，第八卷（上）第八章第四节，长沙：湖南人民出版社，2002 年。

的粗放性的农业开发，以前历代也是多少存在的，但基本上属于局部性质，而明清则是相当普遍的，已带有全局性。而且清代的农业垦发是在前代不良开发的负面效果已经积累，自然界所能容纳的限度已被突破的条件下进行的，因而，它所造成的生态后果也就特别严重。清代，森林破坏、水土流失、湖泊淤塞、生物资源耗竭、土地大面积沙漠化，是空前的；自然灾害的频繁也是空前的。自然灾害频繁在农学上的反映就是前代比较罕见的防灾救荒类农书明显增多。据赵冈、刘永成等人的研究，清代乾隆以后粮食亩产下降，主要原因就是生态破坏、灾害频仍。[①]这就是说，清代不合理的农业垦发，在取得短暂的经济效益以后，它所导致的生态环境恶化，已经反过来制约经济的发展了，并成为以后经济发展的沉重包袱。[②]

有关的清代生态环境恶化研究和论述很多，事实比较清楚，也是史学界所公认的。最近出版的《中国经济通史》第八卷（上），有对“资源开发与生态环境演变”、“农业自然灾害的巨大影响”总括性的专题论述。[③]这里就不详论了。

评价某一时代的经济，要作纵向和横向的比较，要紧紧把握基本的历史事实和基本的历史联系，否则，认识容易走偏。当我们把清代经济放在传统经济发展的长河中考察并与同时代的西欧比较的时候，不难发现以下一些基本的事实：清代经济总量比前代有较大的增长，土地生产率达到传统时代的最高峰，依靠传统农业自身力量养活了急剧增长的庞大人口，市场机制的作用有进一步的发挥，导致某种地区分工和商品经济超越前代的发展，资本主义萌芽在一些生产部门出现并缓慢发展，以上这些事实说明清代的经济的确是向前发展的，也说明中国的传统农业具有很强的适应力和潜能。但清代经济的发展又遇到很大的制约：畜力不足，农具没有改进，精耕细作农业在多劳集约的轨道上滑行，劳动生产率停滞以至下降；传统农牧关系内在矛盾的发展导致农牧比例畸重畸轻局面的出现，人口压力下不合理的过度的土地垦辟使生态环境受到严重的破坏，传统农学虽然仍在发展，但比起同时代的西欧，在基础理论和研究手段上均无新的突破，等等。这些制约是带有根本性的，它使得清代经济的发展的速度和势头不但远远落后于同时代的西欧，而且逊于先前的战国秦汉和唐宋时代。清代的经济是发展与制约并存。不承认清代经济的发展是说不过去的，夸大清代经济发展的程度也是不妥当的。

---

① 赵冈、刘永成等：《清代粮食亩产量研究》，北京：中国农业出版社，1995 年。

② 清代解决人口激增所产生的民食问题的办法主要有三条，一是推广多熟种植，提高土地利用率，二是引进和推广红薯、玉米等高产作物，三是垦辟新的耕地。新耕地的垦辟对解决当时的民食问题的贡献是巨大的，这一点不宜否定。当时新垦的土地中，并非都是贫瘠的土地，也有沃土；新垦土地的经营并非都是粗放的，也有精耕细作。明清时期在合理安排和利用各种农业资源，构建优质高效的人工生态系统方面也有新的创造，如江南和珠江三角洲的基塘生产方式等，但只是局部的。

③ 赵德馨总编：《中国经济通史》，第八卷（上）为清前期，著者陈锋、张建民、任放；上述两专题的撰写人是张建民。

四、理论的继承、借鉴和创新

在2004年的研讨会上，夏明方在题为《老问题与新方法：与时俱进的明清江南经济研究》的主题发言中，试图对明清江南经济史的研究作一个学术史的梳理。他指出，当中国资本主义萌芽研究达到它的巅峰的时候，忽然趋于沉寂，开启了“去资本主义化”的过程，并形成了以市场经济学说为基础的“现代化范式”。当前，明清史研究出现了一股“泛近代化”的潮流，举凡政治、法律、宗族、文化、教育、思想、观念、社会保障乃至社会性别、人口生育等各个方面，在一些学者看来，无不打上了近代化的烙印。“康乾盛世”变为充满生机与活力的蓬勃向上的近代社会，至少逼近近代社会的门槛。随着全球范围的“后现代转向”和生态环境问题的突显，人们又从明清中国寻找到了某些“后现代因素”或生态经营模式。这样，我们从同一个明清中国看到了近代以来人类历史曾经发生以及正在孕育着的各类社会经济形态。夏明方表示不同意有人把吴承明倡导的“现代化范式”仅仅看作一种“新瓶装旧醋”的“资本主义萌芽新论”[①]；提出“现代化范式”是有意义的。他赞同张家炎的概括，认为“资本主义萌芽论”与“封建主义论”的同归于尽，以及“近代早期中国论”（其进一步的演化形式即“明清中国现代化论”）与“传统中国论”双双向中国的位移，反映了整个中国经济史学界更深层次的规范意识的转移——从阶级斗争学说向市场经济学说的转变，生产力的研究取代了生产关系的研究，阶级分析的方法让位于新古典经济学理论或制度分析。他不赞成在范式转换过程中把新范式与老范式对立起来，否定过去的一切。他认为范式的转换固然是一个革命性的过程，但是由于许多学者对这一过程有所误解，以致在进行学术创新时将旧范式中内在的合理因素也一概抛弃掉了。他问道：“当我们在改宗一种新范式时，我们是不是应该更加谨慎地对待所谓的旧范式或竞争性范式，而非断然宣布它们的‘不成立’‘不适用’或已经过时了？我们是否应该更进一步地放大我们的学术胸襟，以更加包容的态度，认真对待由各类模式所各自观照到明清中国印象，然后以一种批判的态度把它们整合成一个多元而统一的解释模式，从而完成中国经济史研究的一种新的格式塔转换？”[②]

夏明方在这里对当前经济史研究中的某些现象提出了委婉的批评，他提醒我们在学术研究的理论创新中，一不要完全否定过去的研究，要继承和吸收过去研究的积极成果，二不要过于“赶时髦”，把传统中国近代化过于夸大。尽管有些问题的概括和提法尚可斟酌，

---

① 周东华：《新瓶与陈醋：早期工业化、现代化还是资本主义萌芽新论？》，载北京大学世界现代化进程研究中心主编：《现代化研究》第一辑，北京：商务印书馆，2002年版，第326页。

② 夏明方：《老问题与新方法：与时俱进的明清江南经济研究》，“中国传统经济再评价”第三次研讨会材料。

但就其基本精神而言，我认为这些提醒是有意义的。

在学术研究中应该创新，包括理论的创新；没有创新，学术的生命就停止了。但这种创新应该是在继承以往研究积极成果的基础上进行，而不应该立足于对以往研究的“颠覆”。

像历史本身有延续性那样，历史研究也有延续性。现在的“再评价”的讨论，实际上是20世纪有关讨论的延续。在20世纪初的社会史论战中，嵇文甫、邓拓在30年代中期就已经对“中国停滞论”进行批判。抗战期间，日本军国主义御用学者秋泽修二鼓吹停滞的中国需要外力冲击来解套，为日本侵华制造理论依据，受到吕振羽等学者的批判。因此，在当时史学界的有关讨论中，“中国社会停滞”的命题逐渐被“发展迟缓”“发展阻滞”“封建社会长期延续”等提法所取代。“发展迟缓”“长期延续”，是在中国始终没有突破旧的封建制度进入新的社会经济形态这个意义上讲的，并非否定发展。20世纪40年代，吕振羽、侯外庐等人已经对明清中国的资本主义萌芽进行了探讨。资本主义萌芽就是“发展”。封建社会长期延续和资本主义萌芽成为新中国史学研讨的两大热点。这两个问题是相互联系的，以至可以说是同一问题的不同侧面。现在有些学者把“资本主义萌芽”和“封建社会长期延续”的讨论视为中国史学界陷入“西方中心论”的例证①，殊不知这正是中国史学界批判西方中心论的肇始。因为对中国停滞论的批判，也就是对西方中心论的批判。我们今天争论的传统经济的“发展”与“制约”（或“不发展”）与当时讨论的封建社会的“发展”（资本主义萌芽）与“不发展”（长期延续）是一脉相承的，只不过今天的讨论重点是生产力（也牵涉生产关系），当时讨论的重点是生产关系（也牵涉生产力，甚至是以生产力为基础的）罢了。我们现在的视野比以前更宽，对许多问题的认识比以前深入了，但仍然是以以前的研究和讨论为基础的。因此，不应该采取否定一切的态度。有人否定资本主义萌芽的讨论，但不管变换什么名词和提法，所要探讨问题的核心没有变化，而且现在的研讨也不可能完全脱离以往研讨所积累的认识成果②。不管你承认不承认前近代中国是封建社会，也不管你把前近代中国经济发展估计多高，当时的中国没有摆脱旧的经济体制建立新的经济体制，仍然是不争的事实，近代中国被迅速兴起的西方资本主义世界远远甩在后面，也是不争的事实。把鸦片战争前的中国估计得太高，鸦片战争后的落后挨打反而无法理解了。

“文化大革命”结束以后，经济史学界根据新形势提出的新问题，开拓或加强了某些研

---

① 李伯重：《史学与变化——重新认识历史上的江南农业经济及其变化》之二“西方中心论与江南经济史研究”，载《新史学：多学科对话的图景（下）》，北京：中国人民大学出版社，2003年，第463页。

② 有人把包括资本主义萌芽问题讨论在内的“文化大革命”前史学界的“五朵金花”说成是“假问题，真学问”，但如果一代学者甚至几代学者长期探索这一问题连问题的真假也分不清，何谈真学问！人们不谈“资本主义萌芽”，而改谈“市场经济萌芽”“现代化萌芽”，但其所要探讨的问题实质上仍然是旧的社会经济体制如何向新的社会经济体制转换。而近代历史上难道存在脱离资本主义的“市场经济”和“现代化”吗？笔者倒是同意夏明方发言中下面这段话：“我们从哪里来，就如同我们向何处去，无论何时何地，都将是人类无法摆脱的重大理论话题。所以，尽管一个个理论模式可以不断被更替和证谬，但它们所探讨的某些核心问题仍然会以‘剪不断，理还乱’的形式再现，显示其弥久常青的活力。”

究领域，例如，历史上的自然经济与商品经济、传统市场及其演变，传统经济与现代化，等等。中国经济史论坛的总主题正是"传统经济与现代化"。这些研究拓宽了我们的视野，形成了新的生长点，促进了中国经济史学科的繁荣发展。作为这些研究领域的重要开拓者倡导者的吴承明先生，对此做出了不可磨灭的贡献。与此相联系，20世纪后期以来，经济史学科的研究重点发生了某些调整，由社会经济形态、生产关系或经济制度等问题的研究为主，逐步转向以经济发展和与经济建设和现代化有关问题的研究为主。我认为这种转移有其合理性和必然性，在今后一段相当长的时期内仍然会是这样[①]。但我并不认为这意味着要以一种什么新的研究范式来代替过去的研究范式。也不认为经济史界总体上已经发生了"规范意识的转移——从阶级斗争学说向市场经济学说的转变，生产力的研究取代了生产关系的研究，阶级分析的方法让位于新古典经济学理论或制度分析"[②]。不过，一种倾向掩盖另一种倾向，从一个极端走到另一个极端的现象是有的。例如，以前一度把阶级斗争学说和阶级分析方法教条化和绝对化，现在一些学者干脆放弃了阶级斗争学说和阶级分析方法。以前一度不重视生产力研究，现在生产力研究受到重视了，但一些学者又自觉或不自觉地取消了生产关系研究，取消了生产关系考察的视角。以前一度对历史上的商品经济研究不够，现在商品经济和传统市场的研究都受到重视，但在一些学者中，又出现了不加分析地美化历史上的商品经济和市场机制的倾向。似乎只有市场机制才是经济发展和社会进步的动力，所有商品经济都必然导致经济的发展和人民自由度的提高。其实，历史上的商品经济发展带有两重性，既有促进经济发展和社会进步的一面，也有给受压迫受剥削的劳动者（用现在时髦的语言说，就是弱势群体）带来苦难，从而损害经济发展基础的一面。而且中国封建地主制下存在着不同类型的商品经济，并不是所有的商品经济都是与经济发展相联系的。不应该夸大历史上市场机制的作用，单纯用玫瑰色来描绘历史上商品经济和市场的发展。[③]

现在让我们回到批判西方中心论的问题上。"再评价"讨论就是由于在批判西方中心论中出现了不同的认识引起的。记得90年代末起草《二十世纪的中国古代经济史研究》时曾写下以下一段话："现在我们研究中国经济史所能利用的理论工具多为外国货，其概括的历史模式所依据的素材并不包括中国历史。在这种情况下，很容易不自觉地以外国的模式或观念来衡量以至剪裁中国的历史，尽管他主观上未必如此。摆脱形形色色的西欧中心论的影响，真正从中国的历史实际出发，掌握中国经济史自身的特点和规律，成为越来越多的中外中国经济史研究者的共识。"[④]该文稿征询意见时，陈高华先生问笔者："有那么多西欧

① 参阅拙文《二十世纪的中国古代经济史研究》，《历史研究》1999年第3期。

② 夏明方：《老问题与新方法：与时俱进的明清江南经济研究》。"中国传统经济再评价"第三次研讨会材料。

③ 参阅拙文《汉代农村集市及相关问题》中关于"战国秦汉农民与市场联系的两重性"部分，载《中国社会历史评论》第4辑，北京：商务印书馆，2002年。

④ 李根蟠：《二十世纪的中国古代经济史研究》，《历史研究》1999年第3期。

中心论吗？”近年的讨论让笔者常常想起这句话。在“再评价”讨论中，对西方中心论及其影响有截然不同的估价。例如，在李伯重看来，“西方中心论”统治着经济史界，经济史研究之所以出问题，就是因为“戴着西方的眼镜看中国”①；而在秦晖看来，“西方中心”之为“论”，是一个不知所云的“伪问题”②。对秦晖的论断，笔者不敢苟同，西方中心论是有相当影响的思潮，不宜否认；但现在泛化“西方中心论”的现象也是确实存在的。引进和运用从西方经验总结出来的外国理论都有“西方中心论”的嫌疑，马克思主义的社会经济形态学被一些人说成是典型的“西方中心论”自不必说，连“李约瑟难题”也竟然被戴上“西方中心论”的“桂冠”。又有人认为，拿中国跟西方比，本身就暗含着“西方中心论”，只有反过来再拿西方跟中国比，才能突破“西方中心论”。甚至不同观点争论的双方互相指责对方是“西方中心论”，似乎只要把这个标签贴到对方身上，自己就占了道义的优势，无理也可以胜三分。由此看来，“西方中心论”未免太多太滥了，难怪陈高华先生要发出“有那么多西方中心论吗”的预警了。回头看笔者90年代末的那段话，虽不能说错，但没有把界线说清楚，容易引起混淆和误解。因此，有必要做进一步的讨论和说明。

首先，应该区分西方中心论、西方中心论的影响以及一般认识上的偏颇。认为西方比东方天然优越，是世界历史永恒的中心和主宰；东方则永远是幼稚、停滞的，缺乏自身发展的动力，只能充当西方的附庸或走西方化的道路——这是西方中心论，其经典形态是黑格尔的历史哲学。吴承明先生指出，要区分两种“中心”：近世海运和贸易发达以后，西方资本主义国家兴起，形成“世界经济中心”，这是事实；认为人类文化或文明历来都是由一个中心传播或主宰，即所谓“历史中心”，则是哲学上的一种虚构。需要批判的是后者。③与西方中心论相联系的“中国停滞论”，要害是不承认中国有自身发展的能力，需要外力的冲击和解救。因此，认为近世西方比东方先进，东方相对落后和停滞，只要没有把西方的先进绝对化，视为历史的顶峰或“终结”，没有否认东方发展的内在潜力，即使认识中包含某些不大正确的地方，也不能视为西方中心论。诚然，西方兴起以后，许多西方人产生了一种优越感，或囿于自身的经验和视野，容易以西方的观念、标准和价值观来衡量东方的事物，这些可以认为是西方中心论的影响，有的甚至是西方中心论的一种表现形式。在中国

① 李伯重说：“近代中国的经济史学是从西方和苏联引进的，它们又都以19世纪的西方学术为基础。19世纪西方社会理论的主要特点之一，是以西方为中心，把西方的经验（特别是近代早期以来西方的经验）视为人类社会变化的共同的和必然的规律。非西方社会中的变化也被认为基本上是沿着与欧洲相同的道路，尽管在这条道路上走得很不成功。这种西方中心论的历史观，也成为中国经济史学的基本观点之一。尽管马克思主义历史学家在政治上和感情上都强烈反对那种把西方看得至高无上的帝国主义观点，但是依然相信近代早期以来西方经济变化的道路是近代经济的唯一道路，中国经济变化也一定会沿着这条道路前进。”见《史学与变化——重新认识历史上的江南农业经济及其变化》之二“西方中心论与江南经济史研究”，载杨念群等：《新史学：多学科对话的图景（下）》，北京：中国人民大学出版社，2003年。“戴着西方的眼镜看中国”是李伯重最近在中国社会科学院“中国历史学论坛”上所做报告中的比喻。

② 秦晖：《谁，面向哪个东方？——评弗兰克〈重新面向东方〉兼论“西方中心论”问题》，载《传统十论》，上海：复旦大学出版社，2003年；“中国传统经济再评价”第二次研讨会材料。

③ 吴承明：《西方史学界关于中西比较研究的新思维》，《中国经济史研究》2003年第3期。

学者中，有的也接受了某些西化的观念，但大多数中国学者，是努力寻找中国自身的发展规律的，即使在这过程中认识出现某些偏颇和失误，也不能与西方中心论混同起来。

其次，应该正确分析和对待基于西方经验的外国思想理论。是否引进和运用外国理论都会导致西方中心论？不是的。自从西方列强的大炮轰开了中国的大门，古老帝国的腐朽充分暴露了，为了救亡图存，中国人不得不向西方学习，除了学习西方的科学技术外，还大量引进了西方的社会科学。从西方引进这些理论学说，无疑主要是从西方的经验中总结出来的。但西方的经验虽有其特殊性，也包含了普遍性。近代西方经历了文艺复兴、宗教改革、产业革命、启蒙运动、资产阶级民主革命，在世界上处于先进地位；西方率先实现了现代化，虽然我们不应把西方现代化的模式绝对化，但其中包含着具有普遍意义的东西，也是不容置疑的。因此，这些引进是完全必要的，大大推动了我国社会科学的发展。我们现在的社会科学理论，大部分来源于外国；如果不用这些理论，我们的研究将寸步难行。就拿眼镜来打比方吧。眼镜本来就是外国发明的，从原创的意义上说，所有眼镜都是“外国眼镜”。“资本主义萌芽”是“外国眼镜”，难道“斯密动力”就不是“外国眼镜”吗？经济史学科中最普通的概念——自然经济、商品经济、资源配置等等，都是外来的，如果因为是“外国眼镜”而弃置不用，经济史就只能讲“轻重”“本末”“食货”了，这可行吗？因此，问题不在于是外国眼镜还是中国眼镜，而在于镜片是优质的还是劣质的，以及这些镜片是否符合你的视力状况。也就是说，问题不在于这种理论源出西方还是源出中国，而在于这种理论是否正确，以及我们对它的运用是否正确。西方理论有正确的，有错误的，有先进的，也有腐朽的。我们应该吸取正确的、先进的，拒绝错误的、腐朽的。即使是正确的、先进的，也要与中国实际相结合，而不能囫囵吞枣，食洋不化。引进理论与中国实际相结合，就是所谓“民族化”和“本土化”。经过“民族化”和“本土化”，这些理论就成为我们自己的财富了。马克思主义与中国实际相结合，产生了毛泽东思想，我们能够认为毛泽东思想是纯粹的外国货吗？这和引进和改良外来作物的道理是一样的。[①]中国共产党和真正的马克思主义者的这种一贯的指导思想，与西方中心论当然是毫不相干的。对待学习外国的社会科学，也有另外的态度：一种是全盘西化，这就是真正的西方中心论；另一种是“保存国粹”，这是文化保守主义或文化相对主义。这两种表现为不同极端的态度，在认识论上却有一个共同点，它们都不能摆正特殊性和普遍性的关系。西方中心论夸大了西方传统的普遍性，无视其特殊性；文化相对主义把本民族的特殊传统绝对化，否认不同民族传统之间也包含有普遍性。这两种态度都是我们反对的。我们当然要反对不顾实际把西方模式硬套到中国历史上，我们当然要用极大的努力寻找中国历史发展自身的规律，发现

① 例如，我们的祖先几千年前从西亚引进了小麦，经过长期栽培，适应了中国的风土条件，终于成为中国的第二大粮食作物。辣椒是明末引进的，经过几百年的培育，我国已成为拥有世界上最丰富的辣椒（包括各类甜椒）品种的菜椒品种输出国。它们都已成为中国自己的财富，我们也不会因为它们原产外国而拒绝食用小麦和辣椒。

这种规律中特殊性与普遍性的关联；但如果过分强调中国的特殊性，完全否认西方经验中所包含的具有普遍意义的成分，就难免会陷到文化相对主义的泥坑中去了。

将中国与西方比较，以西方为研究中国历史的参照系，是否会导致西方中心论？我们知道，鸦片战争以前的中国是封闭的，以自我为中心，藐视外部世界，人们观察中国历史时根本不会把西方世界作为参照系，顶多是把当今与往古比较。鸦片战争打开了中国的国门，中国人不得不正视外部强大的西方世界，开始拿中国历史与西方比较。在比较中不但发现了中国与西方的“异”，也从“异”中发现了“同”，发现中国和西方历史发展中存在某些共同的规律性的东西，大大开拓了人们的视野，这实在是中国史学的一大进步。中国人进行中西历史比较，自然是以西方为中国的参照系，这并不等于以西方为中心和标的，不能说这样做就已暗含了西方中心论，只有把西方的历史道路绝对化，把它变成僵死的模式或绝对的“标准”来剪裁中国历史，才会陷到西方中心论中去。因此，比较本身不会产生西方中心论，如果有西方中心论，那它是早就存在于比较者的头脑中。也不能说只有“双向比较”才能避免西方中心论。比较本来就是相互的，而不是单向的。对于比较的一方来说，另一方是参照系，而不是“标准”，是视其异同，而不是量其臧否。比较中双方互为标准的提法并不妥当。正如一块布和一张纸比较，我们不能将布或纸当成尺子一样。当然，比较研究中更自觉地从各种不同视角进行比较，既以中视西，又以西视中，有利于开阔视野，避免片面性，是有意义的。但我不相信这种视角“转换”，就会产生多么神奇的效果。因为这其实并没有超出“比较”题中应有之义，说这一来就创造了一种新的历史观，未免言之过甚[①]。而且比较基础是对比较双方历史的深入研究和真切把握。衡量“比较”的成败和优劣，要看对基本的历史事实和历史联系把握的程度，要看是否真切地揭示历史的真相和本质，而不是靠主观的夸张。如果这些研究做不到家，以为靠如此这般的视角“转换”，就可以彻底突破几代学人陷溺不返的“西方中心论”，就可以彻底推翻几代学人研究的结论，那就不是学术而是魔术了。

指马克思主义为西方中心论，在一些学者中成为一种时髦。我们知道，马克思、恩格斯在创立马克思主义的时候，曾经吸收了黑格尔学说中的合理内核，同时扬弃了他的学说中包括西方中心论在内的糟粕。马克思、恩格斯不但指出了西方资本主义社会包含的深刻矛盾和必然灭亡的命运，而且对西方中心论表现形式之一的德国中心论和世界主义进行了深刻的剖析和批判。马克思主义与西方中心论本质上是对立的。或谓马克思主义关于社会经济形态的学说是从西方经验中总结出来的，以此作为普遍规律，即是西方中心论的表现。不错，马克思、恩格斯对历史上各种社会形态的概括主要根据西欧的经验事实做出的，但也并不仅仅局限于西欧。即使是西欧经验，虽有其特殊性，但也包含了普遍性的一面。马克思、恩格斯从中总结出规律性的认识，这些分析和概括当然可以作为我们新的研究的指

① 乔新华：《近五十年来美国中国史研究的两次转向》，《光明日报》2004年11月2日。

南。马恩并没有把这些分析和概括绝对化，他们十分重视各民族基于不同自然条件和社会条件的历史发展的特殊性和多样性[①]。把马克思主义关于社会经济形态演进的理论变成僵死模式的是教条主义，而马克思主义与教条主义本质上是不相容的。

对待马克思主义的态度，与教条主义处于另一极端的是修正主义或经验主义。无论是教条主义、修正主义、经验主义，或是上文谈到的西方中心论和文化相对主义，从认识论上说，都是属于个别与一般、特殊性与普遍性的关系。

马克思主义认识论认为，世界上的万事万物都包含特殊性和普遍性。每个具体事物都是以其特殊形式存在的，而其中也包含了某种普遍性。一方面，普遍性不能脱离表现为特殊性的具体事物而独立存在。另一方面，没有一个特殊的具体事物可以穷尽全部的普遍性，作为普遍性的完整体现而存在。世界上没有不包含普遍性的特殊性，也没有不依附于特殊性的普遍性。事物是无限的，特殊性是无限的，普遍性同样是无限的，人们对它们的认识也是无限的。人们的认识是从个别到一般，又从一般到个别的无穷无尽的过程。认识从具体的事物开始，人们在特殊性中发现其包含的普遍性，以及特殊性与普遍性的相互关联，概括为理论，又以这种理论指导对新的具体事物的研究，在研究中检验、修正和发展理论。以上是马克思主义认识论的“ABC”，现在来温习它，仍然不无意义。马恩从对西欧等地的历史研究中概括出社会经济形态演进的理论，正是从个别到一般的认识过程。我们运用这一理论研究中国历史，则是从一般到个别的认识过程。在后一过程中，马克思主义的理论是指南，是方法，而不是教条和僵死的模式。而且，我们还应该从对中国历史实际的研究中做出新的理论概括，校正我们以前的认识，丰富和发展马克思主义的史学理论。这也就是马克思主义与中国历史实际的结合。我们的前辈马克思主义史学家运用马克思主义社会经济形态理论研究中国历史，创立了关于封建地主制的理论，就是这种结合的成功例子[②]。但总的说来，我们这方面做得还很不够。中国无论现实的运动和历史的运动都是极其丰富多彩的，我们应该从现实的和历史的实际出发，在马克思主义的指导下，并吸收其他外国理论的优秀成果，建立反映中国实际的具有中国特色的理论体系。

在《中国“封建”概念的演变和“封建地主制”理论的形成》一文中，笔者曾经指出：“在反对西欧中心论的旗帜下可以有不同的思想路线：一条是承认各地区各民族历史的发展既是特殊的，也有普遍性的一面，承认马克思主义理论包含了对人类历史发展普遍性的认

① 例如，马克思说过：“任何时候，我们总是要在生产条件的所有者同直接生产者的直接关系——这种关系的任何形式总是自然地同劳动方式和劳动社会生产力的一定的发展阶段相适应——当中，为整个社会结构，从而也为主权和依附关系的政治形式，总之，为任何当时的独特的国家形式，找出最深的秘密，找出隐蔽的基础。不过，这并不妨碍相同的经济基础——按主要条件来说相同——可以由于无数不同的经验的事实，自然条件，种族关系，各种从外部发生作用的历史影响等等，而在现象上显示出无穷无尽的变异和程度差别，这些变异和程度差别只有通过对这些经验所提供的事实进行分析才可以理解。”（马克思：《资本论》第三卷，第891-892页）

② 李根蟠：《中国“封建”概念的演变和“封建地主制”理论的形成》，《历史研究》2004年第3期。

识，运用马克思主义指导研究而反对把它当作教条，反对把西欧历史变成僵死的模式来剪裁中国的历史，强调从各国历史实际出发，找出其间的特殊性、普遍性及其相互联结；另一条是强调各国历史发展的特殊性，否认这些特殊性中也包含了普遍性，否认马克思主义理论所揭示的人类历史发展的共同规律性，把运用马克思主义指导研究中国历史等同于教条主义和西欧中心论。我们赞成第一条思想路线，反对第二条思想路线。"①在"再评价"的讨论中，我们不是也可以看到这两种不同思想路线的存在吗？

20世纪开始的时候，中华民族正处于危急存亡之秋，与社会革命相呼应，进步的史学家倡导"史学革命"。整个20世纪的中国史学，可以说都是在"革命"的旗帜下进行的，它完成了从传统史观到进化史观，又从进化史观到马克思主义唯物史观的两次飞跃，先后出现了新实证主义史学和马克思主义史学这两大流派。无论是新实证主义史学还是马克思主义史学，都是20世纪留给新世纪史学的宝贵财富。现在和20世纪开始时的情况大不相同，我们不应该对所谓"史学危机"作过分的渲染。新世纪的史学应该而且完全可以在继承上一世纪史学积极成果的基础上创新，而不必另起炉灶。作为中国史学指导思想的马克思主义唯物史观，需要发展，需要完善，需要从国外的新理论中吸收新的营养，需要从丰富多彩的中国历史实际中提炼新的理论，需要把已见成效的马克思主义民族化和本土化进程继续下去，但是，它的基本理论是经过了实践检验，不需要用什么别的理论来取代它，到目前为止，也看不出有什么别的理论能够取代它。

后　记

韦庆远先生是笔者最尊敬的前辈学者之一，他的教诲和关怀，令我感铭终生。1983年秋天在成都举行的中国经济史学术研讨会上，我第一次见到韦先生，聆听了他的发言。他说："研究明史的人不了解清史，叫作'明史不清'；研究清史的人不了解明史，叫作'清史不明'。"听众雀跃。三十几年过去了，这句话我始终忘不了。风趣的语言揭示了深刻的哲理：断代史研究固然要立足该断代，但知识和视野则应超越该断代。在20世纪末和21世纪初，我在《中国经济史研究》编辑部工作时曾组织"中国经济史论坛"，对中国经济史上的重大问题开展跨断代、跨学科的系列研讨活动。其用意就是弥补断代研究的不足，突破断代研究的局限。《"中国传统经济再评价"讨论和我的思考》是我在论坛发言的基础上写成的，曾刊登于《中国史研究》增刊，兹转发，以寄托我对韦先生的怀念。

（执行编辑：周　鑫）

① 李根蟠：《中国"封建"概念的演变和"封建地主制"理论的形成》，《历史研究》2004年第3期。

反思“新经济史”：回顾、分析与展望

李伯重*

摘要：在经历了20世纪80年代反思之后三十年，中国经济史学今天又到了一个反思的时代，需要对前一个时代（大略为1980—2015年）的情况进行的反思。在前一个时代，经济史学科发生的最重大的变化，是新的经济史的出现与发展。这种新的经济史与美国的新经济史（即计量经济史）不同，指的是中国经济史学在1980年以后出现的新学术，其中也包括从美国引入的计量经济史。从学术史的角度来看，中国和美国的两种“新经济史”都是经济史学科学化的产物。二者各有优点及缺陷，但也有着共同的基本原则：用科学的方法重构历史。对于二者，我们既要看到其自身的不足，也要充分认识其不可替代的优点。更重要的是，对于各种旧的和新的研究方法，只要有用，我们都应当敞开胸怀，积极接纳。只有这样，我们才能克服经济史学现在正在遭遇的危机，把经济史学的科学化不断向前推进。

关键词：反思；新经济史；回顾；分析；展望

一、反思的时代，时代的反思

今天是一个反思的时代，需要我们进行时代的反思。科学家施一公近来指出：“现在无论是在政治领域，还是在教育领域，深层次的思考和变革，这个大潮真正地开始了。”他这句话道出了今天中国的当务之急：反思。有意思的是，他认为要进行“深层次思考和变革”，就“一定要看看历史，不仅仅是中国现代史，也要去看科学发展史，看看各个国家强大的地方是如何起来的，而不是想当然地拔苗助长”①。在这个大背景下，对史学进行反思也是题中应有之义。

---

* 李伯重，北京大学人文讲席教授。

① 施一公：《中国大学的导向出了大问题》，《记者观察》2015年第9期，多家网站转载，题目大多改为：《深层次思考和变革的大潮真的开始了》。

然而，在史学发展的历史上，不断进行反思乃是一种常态。斯塔夫里阿诺斯（Leften Stavros Stavrianos）说："每个时代都要书写它自己的历史。不是因为早先的历史书写得不对，而是因为每个时代都会面对新的问题，产生新的疑问，探求新的答案。这在变化节奏成指数级增长的今天是不言自明的，因此我们需要一部提出新的疑问并给出新的答案的新历史。"[①]希尔（Christopher Hill）也说："每一代人都要重写历史，因为过去发生的事件本身没有改变，但是现在改变了；每一代人都会提出关于过去新的问题，发现对过去都有一种新的同情，这是和他们的先辈所不同的。"[②]要重写历史，就必须对过去的史学研究进行反思，因此反思是史学发展长河中的永恒话题。在西方史学界，反思是经常性的，不仅以"反思历史"（Rethinking history）为标题的论著比比皆是[③]，甚至还出现了以此为专门讨论的杂志[④]。每次大的反思，都催生了新的一波"新史学"（New History）的出现。先前的"新史学"，至此却变成了被批判的"旧史学"，而新出现的"新史学"随后又变成了"旧史学"。这些"新史学"（或者"新新……史学"）不断接踵而来，可谓一波未平，一波又起，前后相接，后波推前波，形成了近代史学发展过程中连绵不断的"新史学"运动。[⑤]

在中国史学界，虽然情况与欧美有所不同，但反思也十分频繁。在中国的近代史学建立之初，学者们对传统史学（即"旧史学"）进行了深刻的反思，其结果是 20 世纪前半期的"新史学"运动的兴起和近代史学的建立。到了 20 世纪 50 年代，中国史学界对这种"新史学"进行了猛烈的批判。这种批判也可以说是一种特殊的"反思"。经过这个"反思"，以往的"新史学"几乎被全面否定，代之而来的是以苏联史学为范本的"新史学"。到了 1958 年的"史学革命"中，又对前几年建立的"新史学"进行了"反思"和批判。这种特殊的"反思"不断上演，结果是"阶级斗争史学""儒法斗争史学"这些更新版本的中国"新

① 斯塔夫里阿诺斯：《全球通史——从史前史到 21 世纪》（第 7 版修订版），中译本，北京：北京大学出版社，2006 年，第 18 页。

② Christopher Hill: *The World Turned Upside Down: Radical Ideas During the English Revolution*, Harmondsworth: Penguin Books, 1984, p.15。

③ 其中较新、较全面并且引起较大反响的反思，有真金斯（Keith Jenkins）从后现代主义的角度对史学进行的反思。见 Keith Jenkins: *Rethinking History*. London: Routledge, 1991; Keith Jenkins: *Refiguring History: New Thoughts on an Old Discipline,* Abingdon: Routledge, 2003，等等。

④ 如 *Rethinking History: The Journal of Theory and Practice*（反思历史：理论和实践杂志），London: Routledge, ISSN (print): 13642529, ISSN(online): 14701154, URL: http://www.tandfonline.com/toc/rrhi20/current.

⑤ 奥拉巴里（Ignacio Olabarri）总结说：自 20 世纪 20 至 70 年代，各种"新史学"不断出现，这些"新史学"包括年鉴学派（the Annales school）、马克思主义史学（Marxist historiography）、美国的社会科学史学家（the American social science historians）、"过去与现在"团组（the Past and Present group），以及比勒费尔德学派（the Bielefeld school）等。而这些"新史学"又都是之前德国历史主义（German Historismus）的延续。由于一波接一波的"新史学"不断出现，因此只好称较晚出现的"新史学"为"新的'新史学'"了。见 Ignacio Olabarri: "'New' New History: A Longue Duree Structure". In *History and Theory*, Vol. 34, No. 1 (Feb., 1995), Published by Wiley for Wesleyan University (Wesleyan, US).

史学”应运而生，并在20世纪六七十年代统治中国史坛达十余年之久。[①]

“文化大革命”结束后，中国史学的演变进入了一个新的阶段。在80年代，历史学界对以前三十年的中国史学状况进行了深刻的反思。[②]这个反思对于之后三十年的中国史学发展起了至为关键的作用，可以说是这三十年中国史学得以取得重大成果的关键之一。这是一个反思的时代，进行的是具有时代意义的反思，即时代的反思。

到了今天，中国史学似乎又到另一个反思的时代了。王学典说：“‘文化大革命’结束已经快40年了。30年河东，30年河西。历史几乎每隔30年都要出现一次轮回：从1919年到1949年，从1949年到1979年，从1979年到2009年，几乎都是如此。从进入新世纪的第二个10年开始，像中国的整个人文社会科学各个门类一样，中国史学事实上又面临一次再定向，或者说，已经进入又一次再出发的前夜。”[③]如果说，20世纪80年代是一个对中国史学的“前三十年”（1950—1980）进行反思的时代，那么今天则是一个对“后三十年”（1980—2010）的史学进行的反思的时代。这次反思是对先前是反思之反思，借用一篇文章的标题来说，今天就是一个“反思反思的时代”[④]。在这个时候进行的反思，如同前一次反思一样，也具有时代意义。因此，今天也是一个是反思的时代，而今天进行的反思也是时代的反思。

上一次反思的主要成果，是使中国历史学家的思想得以从“前三十年”中盛行的许多框框套套中解放出来，并且破除了中国史学界这三十年的封闭状况，使得中国历史学家得以“开眼看世界”，形成了“西学”引进的热潮。陈春声指出：“三十年前，在刚刚改革开放的社会背景之下，有点生吞活剥地介绍和学习欧美的人文社会科学理论，以几乎没有与日常生活相联系的功利色彩的理论热情，甘愿冒着各种风险，反思当时我们认为关系到整个历史学发展路向和学术基础的一系列‘重大理论问题’，与之同时，中国史学研究的问题意识、书写或表达形式、研究规范与学术价值观也就随着改变了。”[⑤]“后三十年”中国史学的发展很大程度上是中国史学在上一次反思的基础上进行“改革开放”的结果，因此到了今天，“新的学术世代正在数据可视化、数字仓储、文本发掘、多媒体出版、虚拟现实等所谓‘数字人文’的背景下成长起来。在我们的学生中，懂得‘叛师’的最优秀者，其问题意识、书写或表达形式、研究规范与学术价值观，已经呈现出与我们这一代人迥然不同

---

① 李伯重：《迎接我国的第二次“新世纪，新史学”》，《中国社会科学院历史研究所集刊》，2005年；李伯重：《回顾与展望——中国经济史学百年沧桑》，《文史哲》2008年第1期。

② 王学典：《近五十年的中国历史学》，《历史研究》2004年第1期。

③ 王学典：《从反思“文革”史学走向反思改革史学——对若干史学关系再平衡的思考》，《中华读书报》2015年3月18日。

④ 季国清：《反思反思的时代》，收于中国自然辩证法研究会编：《中国自然辩证法研究会第五届全国代表大会文件》，北京，2011年，转载于中国知网（http://cpfd.cnki.com.cn/Article/CPFDTOTAL-CSDN200102001028.htm）。

⑤ 陈春声：《新一代史学家应更关注“出思想”》（新时期史学理论研究的回顾与展望笔谈二），《史学月刊》2016年第6期。

的样貌”[①]。然而，在“后三十年”中形成的“新史学”中，到底有哪些积极因素值得发扬，哪些消极因素应当扬弃？在这个新的世代交替的时候，对“后三十年”进行反思，无疑对中国史学未来的发展具有重要意义。

在欧美史学界的历次重大反思活动中，经济史都是主要领域，因此反思所催生的“新史学”也以在经济史领域中最为成功[②]。中国史学界也不例外。在20世纪80年代的史学界反思中，经济史起了特别重要的地位。这是由于经济史学在近代中国史学中的特殊地位所决定的。由于自1950年以后中国史学以马克思主义的历史唯物主义为指导，而后者高度强调“经济基础”在社会发展中的决定作用，因此经济史在“前三十年”中的“正常时期”[③]，在中国史坛上一家独大，成为中国史学的主体[④]。到了“后三十年”的前二十年，经济史学仍然是中国史学各学科中实力最大者[⑤]。正是因为这种地位，20世纪80年代中国史学界的反思，也是从经济史学开始、并在中国社会经济史研究中最为成功的。由中国社会经济史开始的反思，对“后三十年”中国史学的发展起了至为关键的作用[⑥]。因此以经济史学为重点来反思“后三十年”这个时代的中国经济史学，是很有意义的。

在“后三十年”中国经济史学中出现的最值得关注的新事物之一，是一种与前不同的经济史研究的出现。这种经济史研究与“前三十年”中的那种“老”的经济史研究有很大的不同，所以我称之为“新”的经济史研究。从广义上来说，这种新的经济史研究，就是使用“后三十年”才出现或引进的新研究理论、范式、方法，对新的领域和问题进行研究的经济史研究。这个新的经济史是“后三十年”中国经济史学的主要成果，也是中国经济史学赖以出现繁荣局面的学术根基。

然而，上面所说的新的经济史，不等同于美国学界所说的“新经济史”（New Economic History）。前者泛指我国史学界在“后三十年”出现的不同于“前三十年”的经济史研究，而后者则是一个有着特定含义的专门名词[⑦]。但是两者都是经济史研究科学化的产物，而且

---

① 见陈春声：《新一代史学家应更关注“出思想”》。

② 例如前面提到的奥拉巴里（Ignacio Olabarri）所列举的20世纪西方“新史学”各主要流派中，年鉴学派、马克思主义史学、社会科学史学等，都以经济史为主要研究对象。

③ 即政治运动相对较少的时期，如1950-1956年、1960-1964年。

④ 王学典指出：“从1949年后，对历史的‘宏观研究’成为主流，‘五朵金花’的盛开，‘亚细亚生产方式’，‘中国封建社会为何长期延续’等问题的讨论，遂成为历史研究的常态。”见王学典：《“文革”史学走向反思改革史学——对若干史学关系再平衡的思考》）。而他列举的这些在20世纪50年代及60年代初期中国史学研究的中心问题以及他未提到的“资本主义萌芽”问题，都是经济史研究的内容或者以经济史研究为基础。

⑤ 见李伯重：《回顾与展望——中国经济史学百年沧桑》。

⑥ 例如，20世纪80年代以及90年代的中国史学界的反思的主要对象，是“前三十年”中史学研究中的那些居于不可怀疑的支配地位的理论和方法，例如社会发展的“五种生产方式”模式、“阶级斗争是历史发展的主要动力”的理论、“以论带史”的研究范式等。经过反思，摆脱了这些理论与方法的束缚，不仅社会经济史学，而且整个史学，才进入繁荣的“新时期”。

⑦ 关于美国的新经济史派的历史，隋福民作了系统的研究，其专著《创新与融合——美国新经济史革命及对中国的影响（1957—2004）》（天津：天津古籍出版社，2009年）是中文世界关于这个问题研究的最系统和全面的成果。

彼此之间也有着密切的联系。下面，先从美国的新经济史说起。

二、计量经济史的盛衰：狭义的新经济史在美国

现在许多学者心目中的新经济史，乃是美国的新经济史。这种新经济史最主要的特点，依照福格尔（Robert W. Fogel）的诠释，乃是“重新建立起过去曾经存在、但却没有发扬的计量方法，强调重新组合原始资料，使之能以前所未有的方式得到计量处理，强调去发现那些无法直接计量的经济现象”①。简言之，就是充分运用计量方法进行经济史研究。因此新经济史也被称为计量经济史或经济计量史（Econometric History）、数量史学或量化史学（Quantitative History）以及历史计量学（Cliometrics），等等②。虽然这些名称的含义不尽相同，不同的学者在对某个名称的选择上也有各自的偏好，但是它们谈的实际上仍然是同一门学科。由于我国学界主要采用计量经济史，因此在本文中也采用这一名称。

计量经济史最早出现于20世纪中期的美国，以于1958年康拉德（Alfred Conrad）和迈耶（John Meyer）的《南北战争前南部奴隶制经济学》的发表为标志。而后发展迅猛，诺斯（Douglass North）和福格尔也因在这方面的贡献于1993年同获诺贝尔经济学奖。计量经济史的出现和发展，在西方学界掀起了一场“新经济史革命”。这个革命对经济史学这个学科产生了巨大的影响，以致古德里奇（Carter Goodrich）说：“新经济史的出现是经济史研究历史上的一件大事。定量研究方法的采用使得传统的经济史研究正在面临一场严重的挑战，这是一次新的‘知识革命’，就好像工业革命时期机器织布对手工织布是一次革命一样”。其结果，使得“经济史研究已经分成两个阵营，一个是以文字形式表现，一个是以数据形式表现，前者可以称之为‘经济史’，后者已经不能称之为‘经济史’了，需要另外起一个名称。”③

计量经济史虽然以计量研究为特色，但其内也包括了不同的研究途径和方法。依照雷德利克（Fritz Redlich）的总结，计量经济史研究中有三种倾向：第一种倾向是“数据处理”，以戴维斯、休斯和菲什洛等为代表。与以前的运用数据的传统经济史学家相比，他们在研究中使用了更多的和更为复杂的统计工具，但兴趣依然在收集信息；第二种倾向是“经济史学”，以道格拉斯·诺思为代表。他通过计量，对各种假设进行翔实的探讨，并根据这些经过验证、定义明确的假设，构建经济史学；第三种倾向是“准经济史”，以福格尔、康拉

① Robert W. Fogel: “The Reunification of Economic History with Economic Theory.” In *American Economic Review*, Vol. 55, No. 1/2 (Mar., 1965)。参阅隋福民《创新与融合——美国新经济史革命及对中国的影响（1957-2004）》，第70页。

② 孙圣民：《经济学和史学范式的冲突、融合与发展：历史计量学五十年》，《中国社会科学》2009年第4期。

③ Carter Goodrich: “Economic History: One Field or Two?” In *The Journal of Economic History*, Cambridge: Cambridge University Press, Vol. 20, No. 4 (Dec., 1960)。参阅隋福民：《创新与融合——美国新经济史革命及对中国的影响（1957—2004）》，第160页。

德和迈耶为代表。他们基本上都是模型构建者，通过定量方法依靠想象和虚构进行历史研究，所提出的假说既不能证实也无法证伪，顶多能够自圆其说。他们的成果是准经济史，或者说是一种历史模式[①]。

虽然有上述差别，但是计量经济史的各种流派都具有共同的基本特征，即强调在经济史研究中运用定量分析方法。因此可以说计量是计量经济史的基本特征，因此我国学界也更多地称之为计量经济史。而依照安德森（Margo Anderson）的说法，量化历史是一系列利用数据分析的方法来研究历史的技艺的总称[②]。

任何一个新生事物，其发展都不是一帆风顺的，计量经济史也不例外。

在美国，计量经济史兴起之后，出现了一个热潮。美国历史学会（the American Historical Association）在 20 世纪 60 年代中期意识到了“历史中的量化”会促使新型分析技术和新型研究机构的诞生，于是为此专门设立了“定量资料协会”（Quantitative Data Committee），于 1965 年、1967 年和 1973 年，先后在密歇根大学、康纳尔大学和哈佛大学开设暑期讲习班，为历史学家们讲解量化方法。1968 年起，密歇根大学的国际政治科学研究联盟开始在其“定量方法培训班”中提供一门量化历史分析课程，为期四周，一直持续到现在。到了 20 世纪 80 年代早期，全美 40%的历史系在研究生培养计划中加入量化历史的相关训练[③]。

然而，这个热潮并未能够延续下来。余英时指出：“量化史学在 60 年代极受重视，社会史（如家庭关系）、政治史（如投票行为）都曾予以援用。但时间久了，大家发现统计数字的解释甚难确定，这样的‘科学的史学’还是无法达到自然科学关于建立规律、精确、预言或预测等等的需求。…80 年代以来，美国史学界对它的热烈期望终于逐渐冷淡了。”[④]

有些计量经济史学者可能不同意余英时的看法，但是更多的学者则对余氏看法持有相同或者相似的观点。早在 1986 年，梅纳斯（Roger E. Meiners）和纳迪涅里（Clark Nardinelli）就已提出这样的问题：新经济史发生了什么？[⑤]。到了 2001 年，克拉尼斯（Peter Coclanis）和卡尔托（David Carlto）在题为《经济史的危机》文章中明确指出：“量化史学一度风光无限，但是近来其用来研究经济史的所有方法的却似乎失去了根基”，从而出现倒退[⑥]。

为什么新经济史会遇挫败？原因当然很复杂。在我看来，主要原因有二：第一是计量经济学本身的问题，第二是未能得到历史学家的理解和协助的问题。下面，我就对这两个

---

① 隋福民：《创新与融合——美国新经济史革命及对中国的影响（1957—2004）》，第 161 页。

② Margo Anderson: “Quantitative History.” In William Outhwaite and Stephen Turner, eds: *The Sage Handbook of Social Science Methodology*. New York: Sage Publications, 2007, pp. 246-263.

③ 同上。

④ 余英时：《两种文化的百年思索》，转载于爱思想网站（http://www.aisixiang.com/data/7246.html）。

⑤ Roger E. Meiners and Clark Nardinelli: “What Has Happened to the New Economic History?” in Journal of Institutional and Theoretical Economics (JITE) / Zeitschrift für die gesamte Staatswissenschaft, Vol. 142, No. 3 (1986).

⑥ Peter Coclanis and David Carlton: “The Crisis in Economic History.” In *Challenge*. Abingdon: Taylor & Francis, Ltd. Vol. 44, No. 6 (Nov.-Dec., 2001), pp. 93-103.

问题逐个进行讨论。

第一，计量经济学本身的问题

经济史研究必须以经济学所提供的理论和方法为研究基本分析工具，这是没有异议的。正因如此，经济史就是一个介乎经济学和历史学之间的交叉学科。由于离不开经济学所提供的理论和方法，经济学理论和方法所发生的变化，必定对经济史研究有重大影响。

经济学向来被称为“社会科学皇冠上的明珠”。这不是经济学家的妄自尊大，而是因为经过两百多年的发展演变，经济学已经变成了一个高度科学化的学科，即如英国历史学会前会长巴勒克拉夫（Geoffrey Barractbugh）所言：“经济学在形成一套完整的理论方面远远走在其他社会科学前面。”①然而，经济学也是一个不断变化的学科，所以傅斯费尔德（Daniel Fusfield）调侃说：“一个变化着的世界，给一个变化着的学科带来变化着的问题。因此经济学是一个永远变化着的学科。”②既然经济学本身在不断变化，那么就不能指望某种或者某些特定的方法会永远有效，永远正确。由此来看，计量方法也不是经济学的万能灵药。

计量研究的基础是数学。经济学之所以成为科学，一个原因是它与数学有密切关系。马克思认为一种科学只有成功地运用数学时，才算达到了真正完善的地步③。萨缪尔逊（Paul Samuelson）也指出：“如果不是用严格的数学方法，牛顿、麦克斯韦、爱因斯坦、玻尔就不可能完成那些科学革命。仅仅阅读 19 世纪的经济学著作或者由教书匠和空谈家炮制的现代改写本，是不能使人超越经济科学的幼儿园的，这就是严酷的现实。”④温特劳布（E. Roy Weintraub）则具体地说明了数学与经济学的关系：“数学简化了经济学原理。在数学中，一些变量与另一些变量之间关系的函数表达，可用来描述经济现象之间的关系。对有关经济变量的命题描述越丰富，解释也就越有力量。”⑤由于经济学是社会科学各学科中最早、也最成功地运用数学的学科，因此也成为最早、也最成功科学化了的社会科学学科。

数学在经济分析中的使用越来越多，越来越深，一方面促进了经济学的精确化、形式化和科学化，另一方面也出现了过度数学化的一些弊端，引来诸多批评。王国斌（R. Bin Wong）指出：“自 19 世纪后期起，经济学的主题变得越来越狭隘；而到最近三十年中，更是日益变成一些用正规数学语言表述的专题。对于一些经济学家来说，经济学近来已达到

---

① 巴勒克拉夫：《当代史学主要趋势》，上海：上海译文出版社，1987 年，第 75、114 页。

② 原文为 *A changing world brings changing problems to a changing discipline. So economic is ever-changing discipline.* Daniel R. Fusfeld: *The Age of the Economist* (the fourth edition). Glenview: Scott, Foresman and Company, p. 5.

③ 这句话是马克思的女婿拉法格说的（见保尔·拉法格：《摩尔和将军——回忆马克思和恩格斯》，北京：人民出版社，1982 年，第 95 页），国内不少出版物都误作马克思自己的话。有关辨析见胡世华《质与量的对立统一与数学》（《哲学研究》1979 年第 1 期）。

④ 萨缪尔逊为其《经济分析基础》中文版（北京：北京经济学院出版社，1990 年）写的前言。

⑤ E. 温特劳布：《经济数学》中文版，北京：经济科学出版社，1999 年，第 1 页。

了危机点。”[①]而特纳（Adair Turner）更指出：“传统经济学为了数学上的优美和得出确定的结论，忽视现实，把现实中重要的问题假设其不存在。”[②]

“新经济史革命”后，上述倾向变得越来越严重。1985年，索洛（Robert Solow）直率地批评“当代经济学脱离历史和实际，埋头制造模型”[③]。德赛（Meghnad Desai）对新经济史研究的方法论进行了概括说：新经济史的特点在于用数学公式把使用经济学理论得出的分析变成可以验证的形式，并通过统计方法加以检验。因此新经济史研究方法的目标是建立一种明确的模式，并试图从统计学的角度来计算该模式中的各种关系。判断某一经济模式是否有效的基本标准，就是该模式中的方程能否被清晰地识别，而识别问题对于历史研究来说很难[④]。由于今天的经济学在数学化的方面走得太远，许多学者惊呼经济学已经面临危机。事实上，这个危机在计量经济学的鼎盛时期就已出现不过当时未受到重视[⑤]。随着时间的推移，到了1987年，费尔德（Alexander J. Field）在他主编的《经济史的未来》一书的第一页中断言“计量经济学革命已经死去”[⑥]。

由于经济史学与经济学之间的特殊关系，经济学所遇到的问题自然也严重地影响到经济史学。索洛批评一些西方经济史学者过分尾随经济学，说：当代经济史也像经济学那样，“同样讲整合，同样讲回归，同样用时间变量代替思考”，而不是从社会制度、文化习俗和心态上给经济学提供更广阔的视野。因此“经济学没有从经济史那里学到什么，经济史从经济学那里得到的和被经济学损害的一样多”。他呼吁经济史学家可以利用经济学家提供的工具，但不要回敬经济学家“同样的一碗粥”[⑦]。有鉴于这种情况，罗林斯（Neil Rollings）的一篇文章，干脆就取名为《经济史与当今的经济学危机》[⑧]。

在此情况下，经济史如果依然过分尾随计量经济学，当然问题也就不可避免了。

第二，历史学家的理解和协助问题

经济史学本是一个经济学与历史学的交叉学科，要进行经济史研究，必须经济学与历史学双方良好配合。但事实是这种配合并未得到重视。之所以出现这种情况，有经济学家

---

① 参见 Daniel Fusfeld: *The Age of the Economist*, p.4；王国斌：《转变的中国：历史变迁与欧洲经验的局限》，南京：江苏人民出版社，1998年，上编小序。

② 特纳：《债务和魔鬼：货币、信贷和全球金融体系重建》，转引自张维迎：《人类史上的大危机都是由通货膨胀造成的》，发布于凤凰财经网站（http://finance.ifeng.com/a/20160511/14376475_0.shtml）。

③ Robert Solow: “Economic History and Economics.” In *The American Economic Review*, Pittsburgh, Vol.75, No.2 (1985).

④ Meghnad Desai: “Some Issues in Econometric History”, in *the Economic History Review*, Malden MA, New Series, Vol. 21, No. 1 (Apr., 1968)。参阅隋福民：《创新与融合——美国新经济史革命及对中国的影响（1957—2004）》，第162页。

⑤ 见 W. Coats: “The Current “Crisis” in Economics in Historical Perspective”. In *Nebraska Journal of Economics and Business*, published by University of Nebraska at Lincoln, Vol. 16, No. 3 (1977).

⑥ Alexander J. Field: *The Future of Economic History*. Boston: Kluwer-Nijhoff Publishing, 1987.

⑦ Robert Solow: “Economic History and Economics”.

⑧ Neil Rollings: “Economic History and The Current Crisis in Economics”. In *Journal of Scottish Historical Studies*, Edinburg, 1994.

和历史学家双方的问题。

在今天的西方学界，经济学已经成为一个高度自我封闭的学科①。拉塞尔（Edward Lazear）说：经济学人往往将基于数学语言的形式建模和依靠统计工具的精确因果推断视作最高级、最“科学”的方法取向。由于历史学并未具有这个特点，因此许多从事计量经济史研究的经济学家往往忽视甚至藐视历史学家所做的工作。在这种社会心态的支配下，经济史学者自然会紧紧尾随经济学，“同样讲整合，同样讲回归，同样用时间变量代替思考”。

在这样的氛围中，历史学家的工作受到许多经济学家的忽视。但是这些经济学家却没有充分意识到：没有历史学家做的工作，经济学家的研究可能一钱不值。余英时说得好：“史学论著必须论证（argument）和证据（evidence）兼而有之，此古今中外之所同。不过二者相较，证据显然占有更基本的地位。证据充分而论证不足，其结果可能是比较粗糙的史学；论证满纸而证据薄弱则并不能成其史学。韦伯的历史社会学之所以有经久的影响，其原因之一是它十分尊重经验性的证据。甚至马克思本人也仍然力求将他的大理论建筑在历史的资料之上。韦、马两家终能进入西方史学的主流，绝不是偶然的。”②

在历史学家方面，问题也同样严重。早在40多年前，巴勒克拉夫就已尖锐地指出：“当前在历史学家当中的一个基本趋势是保守主义。”这是因为史学家有“根深蒂固的心理障碍”，“只满足于依靠继承下来的资本，继续使用陈旧的机器。这些机器尽管低于现代最先进的标准，却仍然能够使企业在尽可能少地追加资本的前提下，提供一定数量的拥有现成市场的老牌传统产品”。因此，“百分之九十的历史著作，无论从研究方法和研究对象，还是从概念体系来说，完全在沿袭着传统”③。

由于这种保守心态，许多经济史学者对计量研究怀有一种疑惧和排斥的心态。这是很可以理解的：对于大多数只受过史学训练的经济史学者来说，计量研究是一种全新的方法，要掌握这种方法，就必须从头学习经济学、统计学等社会科学乃至数学的许多相关知识和技能，而这绝非易事，也非可一蹴而就的。因此许多历史学家拒绝学习这些方法，更无论更新和更专业的数据技术了。职此之故，许多学者即使是使用计量方法，也只是其中最简单的种类（例如简单的统计等）。

---

① 在美国社会科学界，各学科的自我封闭倾向都很严重，但经济学在自我封闭方面可谓是王中王。1997年的数据显示，经济学论文的引用文献中高达81%来自本学科，而政治学、社会学、人类学的这个数字则是59%、52%和53%。2006年的一项问卷调查中，高达57.3%的经济学教授反对“跨学科知识优于单一学科的知识”。作为对比，在政治学和社会学教授中，反对比例分别只有28.0%和25.3%。见张跃然：《经济学家：社科世界中的殖民者？》，发布于政见CNPolitics.org（https://zhuanlan.zhihu.com/p/19972418）。

② 余英时：《关于韦伯、马克思与中国史研究的几点反省》，收于余英时：《文化评论与中国情怀》（第2版），台北：允晨文化实业股份有限公司，1990年。

③ 巴勒克拉夫：《当代史学主要趋势》，第327、330-332页。

以上两个问题，严重地影响了计量经济史的发展，也使得计量经济史在美国之外未能取得重大进展，因此也未能为大多数经济史学者接受①。

三、科学的经济史的变迁：广义的新经济史在中国

如前所言，本文所说的中国自20世纪80年代出现的“新经济史”，与西方学界所说的“新经济史”并不等同，因为前者所包含的内容比后者更为宽广。②不过两者有一点是共同的：无论前者还是后者，都是国际学坛过去一个多世纪连绵不断的史学科学化过程的产物，也是长江后浪推前浪般的“新史学”运动中的一个方面。

无论在欧洲还是中国，史学都出现很早，有“人类的最古老的学问”之称。但是今天我们的史学早已不是传统史学，而是出现于19世纪后期的欧洲的近代史学。这种史学属于人文学还是社会科学，学界一直在争论不休，不过似乎越来越多的学者倾向于将其归入社会科学的范畴，因此历史科学国际委员会（The International Committee of Historical Sciences，简称ICHS）这个国际历史学界最大和最高的学术组织也以此为正式名称。既然是社会科学，史学研究也就必须遵从科学研究的原则，换言之，史学研究必须“科学化”。

这个史学的科学化过程发轫于19世纪后期，经历了整个20世纪，至今仍然在进行。余英时对此做了一个总结：“自19世纪末以来，西方（英、美、法）史学主流便是要把它变成一种‘科学’（即所谓‘科学的史学’，Scientific History）。20世纪西方史学的流派多不胜数，但其中最有势力的几乎都企图从不同的角度与层面把史学化为‘科学’。……20世纪初叶美国‘新史学’继‘科学史学’之后，其目的仍然是为了扩大史学的‘科学化’，不过不是直接与自然科学接轨，而是与社会科学合流，而社会科学当然奉自然科学为最高的知识典范。这一潮流在美继长增高，至五六十年代而登峰造极。”③计量史学就出现在这个20世纪中叶，是这个史学科学化的潮流到达登峰造极阶段时的产物。

然而，史学的科学化绝不只是计量方法的运用，而是整个研究方法的科学化。计量方法尽管非常重要，但是毕竟只是经济史研究方法科学化诸多内容中的一种。史学研究是科学研究，而美国资源委员会对科学研究的定义是：“科学研究工作是科学领域中的检索和应

---

① 这一点，从国际经济史学会（International Economic History Association）举办的每三年一次的大会（International Economic History Congress）的情况亦可见之。在近几届大会所定的各专场讨论会（sessions）讨论主题中，计量经济史并未占有主要地位。

② 关于中国在“后三十年”中出现的、不同于以前的“新”经济史研究的情况，参阅李伯重《回顾与展望——中国经济史学百年沧桑》。

③ 余英时：《两种文化的百年思索》，转载于爱思想网站（http://www.aisixiang.com/data/7246.html）。

用，包括对已有知识的整理、统计以及对数据的搜集、编辑和分析研究工作。”[①]量化方法只是对数据进行的分析研究的一种手段，而这种方法只能建立在对已有知识的整理、统计以及对数据的搜集、编辑等工作的基础之上，其分析研究得出来的结果也需要用别的方法进行验证。因此我们应当从更宽广的视野来看待史学的科学化问题，而不能把史学的科学化等同于计量化，也不能把史学科学化导致的一波接一波的“新史学”以及所催生的新的经济史等同于计量经济史。

20 世纪 80 年代以来中国的经济史研究取得了可观的成就，形成了中国的新经济史，但这主要并不是表现在计量方法的引进和运用方面，而是在其他方面。大体而言，可以分为史料学的科学化与研究方法的科学化两个方面。

（一）史料学的科学化

科学研究必须以事实为基础，而科学的史学研究必须以可靠和充分的史料为基础。因此获得可靠的史料是进行史学研究的第一步。为了获得可靠的史料，必须对史料进行考辨，以去伪存真。这就是史料学的任务。吴承明指出：“史料是史学的根本，绝对尊重史料，言必有证，论从史出，这是我国史学的优良传统。治史者必须从治史料开始，不治史料而径谈历史者，非史学家。由于史料并非史实，必须经过考据、整理，庶几接近史实，方能使用，因此史料学和考据学的方法可以说是历史学的基本方法。从乾嘉学派到兰克学派，中外史家都力图通过考证分析，弄清历史记载的真伪和可靠程度。”[②]

正如前引余英时所言，史学的科学化始于 19 世纪末。而这个科学化的开端乃是史料学的科学化。在西方近代史学史上，兰克（Leopold von Ranke，1795—1886）被认为是近代史学的主要奠基人，因此有“近代史学之父”、“客观主义史学之父”和“科学的历史之父”之称。兰克学派也成为 19 世纪和 20 世纪前半期西方的主流史学学派。兰克史学是最早的“新史学”，因为它强调“信史”，而信史是建立在严格的学术基础上，所以历史非仅是史料搜集，而更须使用科学的方法详加考定整理，故被称为“科学的历史”（scientific history）。以后的各种“新史学”都是在兰克史学的基础上出现的。

兰克所进行的工作开启了史学的科学化的进程。传统史学在史料的鉴别方面存在着严重的问题。钱乘旦指出：“兰克之前的历史学著作写作比较随意，包括司马迁的《史记》和希罗多德的《历史》都是这样。你不知道这些记录的来源和出处，无法判断其真实性，也不知道它们运用了哪些史料，或者根本就没有史料、而只是凭道听途说甚至想象。比如‘霸王别姬’，威武悲恸、气壮山河，但后人却无法求证。英国历史学家马考莱的《英国史》写

---

① 转引自百度百科“科学研究”词条。https://baike.baidu.com/item/科学研究/7477070?fr=aladdin。

② 吴承明：《论历史主义》，《中国经济史研究》1993 年第 2 期。

到光荣革命，也是生龙活虎，但也无法验证。”①到了兰克，史学才开始把科学化，因此被称为“兰克革命”，而兰克创建的新的史学则被称为“科学的史学”。兰克认为史学是通过搜集、辨析原始的文献资料，并依靠这些经过考证的史料，用文字复原曾经存在的客观事实。“兰克革命”的核心是用一种非常严谨的方法研究历史，并为此制定了一套规范，从各种资料中搜寻有用史料，并证明其可靠性，才可以使用。通过使用这种科学化的史料学而得到的可靠史料，才能写出真实的历史。因此，历史学的科学化开始于史料学的科学化。

研究经济史必须以可靠的史料为基础，否则就会导致严重错误②。由于这种科学的史料学对于经济史至为重要，经济史学的科学化也始于史料学的科学化。虽然经历了一个多世纪的长期过程，但是直到今天，史学的科学化过程并未结束，科学的史料学依然是经济史学的基础。

在中国，20世纪初兴起的“新史学”运动，就是在西方的史学科学化浪潮的激荡之下出现的。③自梁启超开始，“新史学发展的主流始终在‘科学化’，历来的巨子，莫不以提高历史学的‘科学’质素为职志”，但是当时主流史学所追求的科学方法，主要仍然是“以校勘、训诂为本的文献材料整理术”和“以内外考证为主的史料审定术”。④这一点，清楚地表现在傅斯年的见解中：“现代的历史学研究，已经成了一个各种科学的方法之汇集”，但“近代的历史学只是史料学，利用自然科学供给我们的一切工具，整理一切可逢着的史料”。⑤因此，除了少数学者在研究中开始使用社会学、经济学和统计学方法外，绝大多数经济史学者使用的仍然主要是史料收集、整理和考证的方法⑥。中国史学本有乾嘉考据学的传统，与兰克学派有颇多共同点，都是强调史料，注重考证，以致有“史料即史学”之说⑦。因此中

---

① 钱乘旦：《兰克传统与20世纪“新史学”——钱乘旦教授在上海师范大学的讲演》，转载于全国哲学社会科学规划办公室网页（http://www.npopss-cn.gov.cn/n/2013/0401/c219470-20982513.html）。

② 例如赵冈估计南宋中国城市人口在总人口中所占比重高达 1/5，而该估计的基础主要是霍林斯沃斯（T. H. Hollingsworth）根据《马可·波罗游记》中所说的杭州胡椒消费量对南宋杭州城市人口做出的一个推测（即杭州城市人口多达500万甚至600—700万）。麦迪森（Angus Maddison）认为赵氏据此所得出的结论“证据极其不足”，并借助于史学家谢和耐（Jacques Gernet）和巴拉兹（Etienne Balaz）对南宋杭州人口数量所做的考证，指出霍氏之说严重不符史实。见 Angus Maddison: *Chinese Economic Performance in the Long Run*. Published by Development Centre of The Ogranisation for Economic Co-operation and Development, Paris, 1998, p.25。

③ 以下论述参阅李伯重：《迎接我国的第二次“新世纪，新史学”》；李伯重：《二十世纪初期史学的“清华学派”与“国际前沿”》，北京：《清华大学学报（哲学社会科学版）》2005年第4期；李伯重：《回顾与展望——中国经济史学百年沧桑》。

④ 许冠三：《新史学九十年》，香港：香港中文大学出版社，1986年，上册自序，第140页。

⑤ 傅斯年：《历史语言所工作之旨趣》，收于傅斯年：《史料论略及其他》，沈阳：辽宁教育出版社，1997年，第44页。

⑥ 即使是张荫麟，其2/3以上的文章亦涉及考辨。其弟子李埏说：“荫麟先生的史学著作，用心最多的是《史纲》，而分量最大的却是考据论文”，“考据不是荫麟先生治史的目的，而只是他的手段”。见李埏：《张荫麟先生传》，《史学史研究》1993年第3期。

⑦ 张广智：《克丽奥之路——历史长河中的西方史学》，上海：复旦大学出版社，1989年，第160、162页。

国史学家很容易接受兰克学派的方法。以此为基础而形成以史料考订学派，成为此时期中国史学的主流[①]，并被认为是进入了西方史学的主流[②]。

在史学科学化的这个阶段，形成了此时期中国经济史学的特点：虽然在研究的方法论方面强调理论的重要性，但是仍然以史料的收集和考据为主。这集中地体现于陶希圣在“中国社会史丛书”的《刊行缘起》中所发出的号召：“多做中国社会史的工夫，少立关于中国社会史的空论”；“多找具体的现象，少谈抽象的名词”。[③]《中国近代经济史研究集刊》在《发刊词》中也声明：“我们要知道过去的经济最要紧的条件便是资料”，欲开展经济史的研究，首先要“注意于经济史料，尤其是近代经济史料的搜集”，“现在我们希望就着所能得的资料，无论题目大小，都陆续的整理发表，以就正于经济史的同志”。这一立场在该刊中得到反复申述：“我们认为整理经济史最应注意的事有两点：一是方法，二是资料。关于前者，我们以为一切经济史的叙述必须根据事实，不可凭空臆度，所采用的方法应与研究其他的严格的科学无异。关于后者我们认为最可宝贵的要为原始的资料，尤其是量的资料，有了这种资料才可以将经济的真实意义表达出来。”[④]在此学风的引导下，此时期的经济史研究的一个主要特点是非常注重史料的考订[⑤]。可以说，这是经济史研究的科学化在中国的第一步。

1950 年以后，中国史学界对 1949 年以前的成就，强调批判而忽视继承。“以论带史”的口号，后来演变为“以论代史”的做法。在 1958 年的“史学革命”中，重视史料考据的学风受到猛烈批判。这种轻视史实的风气，到了“文化大革命”更发展成为无视史实乃至捏造史实的恶劣手法。在此时期，原来居于中国史学主流地位的史料考订派，通过历次“批判资产阶级学术”的运动，作为一个整体已经不复存在。[⑥]在经济史学领域中，虽然重史料、重考据的研究学风并未完全消失[⑦]，但是总体而言，即如王学典所总结的那样：“随着毛泽东史学思想对史界全局的规范，史料考订派的存在显得尤不合时宜了。而 1958 年的‘史学

---

① 这种以乾嘉考证学和西方兰克以后的历史主义的汇流为其最主要的特色的“新史学”，可以胡适的“实验主义”史学与顾颉刚的“疑古史学”为代表的史料学派为代表，形成一种以批判史料、考证史实为圭臬的学术规范，乃是中国史学的主流。

② 20 世纪二三十年代之交，即“中央研究院”历史语言研究所诞生前后，陈寅恪明确指出：“敦煌学者，今日世界学术之新潮流也。”敦煌学的中心和正统在法国，“法国汉学”遂被看作是“新潮流”之所在，而“步法国汉学之后尘，且与之角胜”，就是陈氏所谓的“预流”，而“其未得预者，谓之未入流”。见王学典：《唯物史观派史学的学术重塑》，《历史研究》2007 年第 1 期。

③ 陶希圣：“中国社会史丛书”的《刊行缘起》及卷首《附言》，转引自向燕南与尹静：《中国社会经济史研究的拓荒与奠基：陶希圣创办〈食货〉的史学意义》，《北京师范大学学报（社会科学版）》2005 年第 3 期。

④ 转引自陈峰：《两极之间的新史学：关于史学研究会的学术史考察》，《近代史研究》2006 年第 1 期。

⑤ 如马乘风在《中国经济史》中对王宜昌有关中国用铁时代研究的批评，就有很多地方涉及史料的来源和解释问题。

⑥ 王学典：《近五十年的中国历史学》，《历史研究》2004 年第 1 期。

⑦ 一些重要的著作如梁方仲的《明代粮长制度》（1957 年），傅衣凌的《明清时代商人及商业资本》（1956 年）、《明代江南市场经济试探》（1957 年）、《明清农村社会经济》（1961 年）等，较少当时流行的教条和八股气味，大都有考证、有材料。参阅王学典：《近五十年的中国历史学》，《历史研究》2004 年第 1 期。

革命'，可以看作是对考订派的最后一击，这是以往历次所谓'批判资产阶级学术'运动的总汇，其后果是史料考订派作为一个潜在的整体已经不复存在。"[①]

计量经济史研究高度依赖充分和可靠的史料，因此史料学的科学化进展如何对计量经济史的影响尤其重大。刘子健（James Liu）指出："年鉴学派收集资料，加以排比，试寻其关联与背景。但往往花了莫大力气，却无从判其所以然。"这在中国史研究中更需注意："由于中国历史变乱相循，资料散失，社会调查不易进行，所以也不必强寻历史全貌。而量化学派统计数据来综合各方面的资料，这是可行的，只是必须要有足够的数据。当前研究中国历史不能采用的原因，在于数据不足。"[②]在中国，"前三十年"的那种高度政治化的学术氛围中，科学的史料学几乎扫地以尽。这对于经济史研究来说是一个灾难。因此即使是受过良好的西方经济史学训练的经济史学者，也只能从一些经过自我进行的政治性筛选后得到零星的史料，对所研究的问题进行揣测[③]。由于缺乏坚实的史料支撑，这些揣测的结果未必符合历史的真实[④]。

到了"后三十年"，中国史学的外部环境有了巨大变化，中断多年的史料工作也重新开展。收集、发掘和整理史料的工作在此时期取得了重大进展，大批经济史的文献档案资料得以整理刊布[⑤]。其中由中国社会科学院经济研究所与中央档案馆合编的《中华人民共和国经济档案资料选编》和中国第二历史档案馆《中华民国档案资料汇编》都规模巨大。大陆中国社会科学院经济研究所与台湾"中央研究院"经济研究所等单位合作，将清朝大内档案中的粮价资料录入电脑，建成有关资料的数据库；中国社科院经济所等单位开展了中华人民共和国经济档案的大规模整理出版工程。满铁资料的整理和出版也已开始。气象、水文、地理变迁等资料以及各种民间资料不断出版公布[⑥]。各地政府、各经济部门也广泛开展方志

---

① 王学典：《近五十年的中国历史学》，《历史研究》2004年第1期。

② 刘子健：《史学的方法、技术与危机》，《新史学》第一卷第一期（创刊号）（1990年）。

③ 例如陈振汉说：由于"无法获得关于明清农民经济的准确资料"，因此只能根据自己的估计，对农民的农业劳动生产率和生活水平进行揣测，结论是"地租额不仅侵吞了（农民）全部的剩余劳动，甚至已榨取了大部分的必要劳动，使得农民所有，甚至不足'维持肉体生存'"。见陈振汉：《明末清初（1620－1720年）中国的农业劳动生产率、地租和土地集中》，《经济研究》1955年第3期。

④ 例如对于前引陈振汉关于明清江南农民生活水平和劳动生产率非常低下的看法，在史料中可以看到大量的记载，说这个地区是"富甲天下"。因此我对陈氏的结论提出了质疑。参阅李伯重：《"最低生活水准"与"人口压力"质疑》，《中国社会经济史研究》1996年第1期；李伯重：《（清代江南）农民劳动生产率的提高》，收于方行、经君健、魏金玉主编：《中国经济通史》（清代卷），北京：经济日报出版社，1999年。

⑤ 例如航运、盐务、商务等部门和行业史资料书，英美烟草公司、满铁、鞍钢、伪满中央银行、金城银行、上海商业储蓄银行、中国银行、聚兴诚银行、汉冶萍、裕大华、大生、刘鸿生企业、吴蕴初企业等大型企业史料书，关于旧中国海关、海关税收和分配统计、清代外债、民国外债、华侨投资国内企业、江苏省工业调查统计、天津商会、苏州商会、南开经济指数资料、自贡盐业契约、张謇档案、盛宣怀档案、自然灾害档案资料等专题资料书，抗战时期主要革命根据地等根据地财经史料书相继出版；不少地方政府及业务部门也组织力量，编纂本地方本部门史志，所出版的地方工商史、农林史、金融史、财政史、港史、公路史、邮政史等资料书更是不胜枚举。

⑥ 包括各种民间文书、族谱、碑刻等。其中敦煌吐鲁番文书、徽州文书以及上海、苏州、佛山、北京等地有关经济史的碑刻资料都已整理出版。

和专业史志的编纂和出版。特别是到了近年来，史料收集和整理工作更以空前的速度进行，一些大学收集和整理的史料都达到了惊人的数量[①]。这些，都为经济史研究提供了丰富的资料。

当然，这些史料的收集整理工作还只处于史料学的科学化的起始阶段，但是这也是非常重要的一步。要把这些史料变为可以信赖和便于使用的数据，还需要付出更多的努力。唐传泗就近代经济史数据资料的搜集、考察、审定和加工整理等问题指出：数据错误比文字错误“往往更不易为人们所察觉”，因而必须精细小心，强调做计量研究应先要打好数据资料基础工作[②]。章有义也指出：“计量材料的缺乏给我们带来了难以克服的困难，但绝不能采取‘饥不择食’的态度，而必须付出艰苦的劳动，对已有的不准确的材料，逐一进行细致的审订和校正，变无用为有用。计量分析对于历史尤其经济史的研究，固然重要，但必须有比较切实的数量可据。”[③]因此，如果不充分认识史料学的科学化对于史学的科学化的重要作用，就很难进行史学研究，而对于严重依赖大量和可靠的史料的计量经济史研究来说，这个问题尤为重要。

（二）研究方法的科学化

吴承明指出：“即使做到所用史料尽都正确无误，仍然不能保证就可得出正确的结论。”[④]要得出正确的结论，研究方法也必须科学化。计量方法也正是科学化研究方法中的一种。

计量方法是一种数学的方法。经济史与数学二者之间有一种特别的关系。希克斯（John Hicks）说：“在史学的任何分支中，我们都会发现自己在寻求统计学上的一致性”，而特别是历史上的经济现象（亦即经济史研究的对象），更是如此：“凡是一种历史理论可能适用的历史现象，从我们对其兴趣而言，都可认为具有统计学特征。经济史上的大多数现象（无论我们如何广泛地看），都确实具有这些特征。我们要问的经济史的问题，大都涉及那些可以具有此特征的类别。”[⑤]巴勒克拉夫说得更直率：“经济史永远具有计量化的方向。”[⑥]在中国，吴承明也告诫我们：“在经济史研究中，凡能计量统计的都应尽可能做计量的分析。定性分析只给人以概念，要结合计量分析才能具体化，有时并可改正定性分析的错误。”[⑦]既然具有统计学特征，就需要使用统计学方法，而统计学方法正是一种

---

① 例如山西大学中国社会史研究中心，在过去二十年中收集、整理的山西地方社会历史档案逾千万件；上海交通大学历史系近年来以上海郊区、苏南、浙北地区为中心兼及中西部地区的“县级档案与契约文书的收集、整理与研究项目”，已汇集8省50县约档案600万页和民间契约30多万件；浙江大学地方文书与编纂中心与浙江龙泉市档案馆合作整理出版的该馆所藏晚清至民国时期地方司法档案总计17 333卷宗，88万余页，等等。

② 唐传泗：《关于中国近代经济史研究的计量问题》，收于《中国近代经济史研究资料》，上海：上海社会科学院出版社，1985年。

③ 章有义：《关于近代农业生产计量研究的几则根据》，《中国社会经济史研究》1990年第2期。

④ 吴承明：《论历史主义》；吴承明：《中国经济史研究的方法论问题》，《中国经济史研究》1992年第1期。

⑤ John Hicks: *A Theory of Economic History*, P.4.

⑥ 巴勒克拉夫：《当代史学主要趋势》，第92页。

⑦ 吴承明：《经济史：历史观与方法论》，上海：上海财经大学出版社，2006年，第242页。

计量方法。

经济史与数学之间具有这种特殊的关系，而数学又是一切科学的基础，被称为“一切科学之母”。正是因为这个原因，计量方法在经济史研究中也有非常重要的作用，计量经济史也因此而在今天的美国被视为经济史的正宗。

但是，经济学并不等同于计量经济学。经济学的方法除了计量方法外，还有其他多种研究方法。每种方法都有其不可替代的功用，但也各有其适用范围。如果对某一种方法的使用超出了其适用范围，则难免出差错。阿斯兰白奎（Nahid Aslanbeigui）和崔（Young B. Choi）主编了一本讨论经济学危机的论文集，书名就是《经济学的边界》（Borderlands of Economics）。而该书第三部分的标题是“对于新古典模式的多种取代研究方法”（Alternative approaches to Neoclassical modeling）①。换言之，任何一种方法，无论有多好，但都不是万能的。因此不能过分强调某一种方法而排斥其他的方法。

由于经济学内部包含许多不同的方法，因此经济史从经济学中获得的方法，也绝非仅只计量方法一种。吴承明说：“按照诺斯的说法，目前用于研究经济史的经济理论不外古典经济学、新古典经济学、马克思主义经济学，等等。”他进一步指出：“具体而言，在中国经济史研究中可以利用的经济学方法，特别值得重视的有经济计量学方法、发展经济学方法、制度经济学方法（也可称社会学方法）、区域经济史方法，等等。”②

这些经济学的方法，在国际经济史学发展过程的不同阶段、不同领域和不同国家，都起过、并且仍然还在起着重要的作用。不仅如此，这些方法自身也在不断更新改进，因此在美国之外，这些方法仍然是经济史研究中运用更加广泛的方法。因此之故，即使是在西方经济史学界，计量经济史也只是在美国具有较大的影响，而在英国以及欧陆则否③。

在中国，自 1950 年以后，马克思主义成为史学研究的主导，导致了经济史研究在理论与方法上的变革。这个变革一反过去主流史学“有史无论”的偏见，提出“以论带史”的口号。这种对理论的高度重视，同 20 世纪 50 年代国际“史学革命”的领袖、年鉴学派的旗手布罗代尔（Fernand Braudel）的著名口号“没有理论就没有历史”，有不谋而合之处。

---

① Nahid Aslanbeigui & Young B. Choi eds: *Borderlands of Economics: Essays in Honour of Daniel R. Fusfeld*, London: Routledge, 1998。关于 approach，吴承明的解释是：研究方法，英语常称 approach，原意“接近”，即如何进入本题，或译“思路”。他还指出：“马克思的世界观和历史观，即历史唯物主义，是我们研究历史的最高层次的指导，但它也只是一种方法。”因此也是一种 approach。参阅吴承明：《经济学理论与经济史研究》；吴承明：《中国经济史研究的方法论问题》，《中国经济史研究》1992 年第 1 期。

② 吴承明：《经济学理论与经济史研究》，《中国经济史研究》1995 年第 1 期；吴承明：《中国经济史研究方法杂谈》（1986 年 12 月在中国经济史学会成立大会上的讲话），《中国近代经济史资料》1987 年第 6 辑。

③ R. M. Hartwell: “Is the new economic history an export product? A comment on J. R. T. Hughes.” In Donald N. McCloskey. ed. *Essays on a Mature Economy: Britain After 1840*, Princeton: Princeton University Press, 1971. 这篇文章的第一句话就是：“Why does the new economic history flourish in the U.S.A. and not in Britain?”（为何新经济史在美国兴旺和在英国则否？）。他在文章中明确宣称：在英国，新经济史对现存的经济史研究构成一种挑战，但并非一种威胁。在英国，新经济史也绝不会像在美国那样发展。

马克思主义史学也强调对过去被历史史家漠视的人民大众在经济活动中的作用与地位进行研究，这对于促进经济史研究范围的扩大，也有重要意义，即如巴勒克拉夫所言：“马克思促进了对人民群众历史作用的研究，尤其是他们在社会和政治动荡时期的作用。”①在马克思主义的框架内，中国经济史学（实际上是社会经济史学）也有一些创新，提出了“中国封建社会”“中国资本主义萌芽”等理论，表现出了一定程度的中国特色。但是，由于特定的政治氛围，这个变革出现了严重偏差，导致史学政治化，教条主义盛行，以往的非马克思主义史学的学术成就基本上被否定，逐渐演化成为“阶级斗争”史学，而最后结果则是在“文化大革命”十年中盛极一时的“儒法斗争”史学。这种“史学”毫无学术价值可言，完全是一种政治斗争的工具。

1980年以后，随着改革开放的开始和发展，中国的经济史学摆脱了以前所受的束缚，取得巨大进展，出现了空前繁荣的局面。因为理论与方法不同，中国经济史学逐渐分化出了以傅衣凌为代表的社会史学派和以吴承明为代表的新的经济史学派。这两个新学派的形成，表现出中国经济史学真正出现了百花齐放的局面。吴承明前面说到的各种经济学方法，在中国经济史研究中得到了运用，是导致新的经济史学派形成的原因之一。

各种经济学方法的引进和运用，导致了“后三十年”中国的新经济史的出现和繁荣。这里我要强调的是：（1）尽管中国经济史学出现分化，但是总的来说，其社会经济史学的性质并未改变；（2）上述分化与国际潮流不谋而合。在西方，在20世纪60年代，经济史的分化日益扩大，其主要产物有二：一是以美国为中心的计量经济史（即美国的新经济史）的兴起，另一则是以英国为中心的经济—社会史的出现。英国在20世纪60年代新建立的社会科学研究协会（Social Science Research Council），于1966—1967年间就经济史发展方向进行了讨论，决定拓宽经济史的研究领域，将其调整为“经济—社会史”学科，并予以资助。这个“经济—社会史”学科成立了自己的学会，有自己的研究经费。英国经济史学会创办于1927年的《经济史评论》是西方经济史研究的权威杂志，自1991年起，该杂志增添了副标题“经济社会史杂志”，标志着它自20世纪70年代以来，从单一经济史杂志向经济社会史杂志转变过程的完成。②到了今天，国际经济史学越来越多的学者采取“经济—社会史”的研究取向。我国的经济史学在此时期的变化，也与这个国际大趋势相一致。③

因此，比起美国的新经济史，中国的新经济史拥有更加多样的方法，具有更加宽广的内涵。不过，二者仍然都是经济史学科学化的产物，代表了不同的研究取向和风格。

---

① 巴勒克拉夫：《当代史学主要趋势》，第27页。

② 参见徐浩：《英国经济社会史研究：理论与实际》，龙秀清编译：《西方学者眼中的经济—社会史》，收入侯建新主编：《经济—社会史：历史研究的新方向》，北京：商务印书馆，2002年。

③ 参阅李伯重：《回顾与展望——中国经济史学百年沧桑》。

四、排斥还是接纳：计量经济史在中国

美国的新经济史（即计量经济史）和中国的新经济史（即在“后三十年”出现的新经济史），虽然都是经济史学科学化的产物，但是彼此之间确实有很大的差异。那么，二者之间到底是一种什么关系呢？只有清楚地认识这种关系，才能正确对待计量经济史这一经济史学中的新生事物。

在中国经济史研究中使用计量方法，始于 20 世纪 30 年代。在这个时期兴起的社会经济史研究，表现出了明显的社会科学化取向。社会经济史研究的中心是 1934 年创立的以清华大学学者为主的“史学研究会”。在这些学者的研究中，统计学方法受到重视并被广泛采用。经济史的研究内容，如户口、田地、租税、生产情况，以及财政收支等等，均须借助统计学的方法加以量化。1935 年，梁方仲在《中国近代经济史研究集刊》上发表《明代户口田地及田赋统计》一文，并对利用史籍中的数字应当注意的问题做了阐述。由此他又被称为“把统计学的方法运用到历史学研究的开创者之一”。张荫麟在《北宋的土地分配与社会骚动》一文中，也从北宋时期主客户分配的统计数字上说明当时几次社会骚动与土地集中无关。汤象龙对张氏运用统计法上的缺失还提出过批评。这些都表现了经济史学者使用计量方法的尝试[①]，尽管使用的还只是比较简单的统计方法。在中国，更加专门的计量经济史研究的开创者，一般认为是巫宝三。1947 年，巫氏团队的《国民所得概论》出版，引起了海内外的瞩目，成为一个标志性的事件。之后，在海外的中国经济史学界，继续有这方面的研究成果出版。其中比较有代表性的如张仲礼、刘大中、叶孔嘉以及费维凯（Albert Feuerwerker）、柏金斯（Dwight Perkins）、埃克斯坦（Alexander Eckstein）、罗斯基（Thomas Rawski）等在 20 世纪五六十年代和 70 年代关于 20 世纪中国经济的著作都使用了计量的方法。[②]但是除了柏金斯等少数学者的著作外，这些研究的对象基本上是当时的“当代”经济问题，虽然有时也会回顾之前的情况，但都很简略，而且回顾涉及的时期也很短。因此真正意义上的计量经济史，还处于萌芽阶段。

在中国，计量经济史的出现是较晚的事，其主要原因是计量经济学很晚才引入中国。如前所述，经济史研究必须以经济学的理论方法为指引，而在“前三十年”中，我国的经济学是马克思主义政治经济学，因此经济史研究也是在马克思主义政治经济学的框架内进行的。马克思主义政治经济学重视定性研究，因此我国的经济史研究也基本上是定性研究。

---

① 王学典：《中国新史学的摇篮——为清华大学历史系创建 90 周年而作》，《清华大学学报（哲学社会科学版）》2016 年第 5 期。

② 参阅仲伟民、邱永志：《数据估算与历史真实——中国史中 GDP 估算研究评述》，《史学月刊》2014 年第 2 期。

经济计量学引入我国很晚，引进的标志性事件是有名的“颐和园讲习班”。1980 年夏，当年的诺贝尔经济学奖得主克莱因（Lawrence R. Klein）受时任中国社会科学院副院长的许涤新之邀，率领 7 位美国知名经济学家来中国，举办经济计量学习班，地点在北京颐和园，故称“颐和园经济计量学讲习班”。100 多位中国学者接受了此次培训，这是数量经济学在中国的拓荒性事件，标志着计量经济学引入中国。[①]自从之后，计量经济学在我国发展迅猛，成为经济学的主流。[②]

随着计量经济学的引进和走红，经济史学家也开始关注在研究中使用计量方法。首先是一些海外使用计量方法在的经济史著作开始进入中国，令中国经济史学者大开眼界。其中柏金斯（Dwight Perkins）的《中国农业的发展（1368—1968 年）》（*Agricultural development in China, 1368-1968*）经宋海文、伍丹戈译为中文，由上海译文出版社于 1984 年推出。该书出版后，在中国经济史学界引起轰动。[③]到了 1990 年，张仲礼发出呼吁：“经济史作为一门学科，在计量方面应比一般的史学有更高的要求，能用数量统计的应尽量用数量统计，以显示事物量的变化过程，能定量的尽可能做定量分析，以确定事物变化发展的程度。只有建立在大量扎实的资料工作基础上的研究工作才是真正扎实的、经得住考验的研究工作，其成果也必定是坚实可靠的。”[④]在此情势下，一些经济史学家开始尝试在研究中使用计量方法，并得出了一些以往使用定性方法无法得到的结论。[⑤]不过，在 20 世纪最后 20 年的中国经济史研究中，计量方法的使用还很局限，一方面是使用的人不多，另外一方面则是所使用的大多还只是简单的统计方法。

到了 20 世纪末和 21 世纪初，中国的计量经济史研究开始进入一个新阶段。彭凯翔对此做了一个综述，分四个方面综述了近年来中国经济史的计量研究的重点：第一，历史时期中国经济发展水平（尤其是 GDP）的估计；第二，对发展模式的争论和相关检验；第三，关于市场制度及其效率的讨论与量化研究；第四，对国家能力、社会控制与外生冲击等问题的反思及其因果性检验。这些研究深化了对“马尔萨斯陷阱”“斯密增长”等经典命题的认识，也有助于进一步探索国家、市场、家族、文化等因素之间的复杂关系。[⑥]此外，仲伟

---

① 柳红：《颐和园讲习班》，《经济学家茶座》2009 年第 3 期。

② 到了 2006 年，高等学校财经类专业开设《计量经济学》课程的比例已达到为 98%，而在《经济研究》这一中国经济学最高刊物上发表的论文中，以计量经济学模型方法作为主要分析方法的论文占到 53%。在其他经济类刊物如《金融研究》《世界经济》等，也无不如此。因此计量经济学模型已经成为经济理论研究和实际经济分析的一种主流的实证研究方法。见李子奈：《我国计量经济学发展的三个阶段与现阶段的三项任务》，《经济学动态》2008 年 11 期。

③ 在出版之前，伍丹戈在一些场合已就此书做了介绍。在 1986 年的中国经济史学会成立大会上，他又应邀做了关于此书的专门报告。

④ 张仲礼：《理论研究资料开拓和选题调整》，《中国经济史研究》1990 年第 1 期。

⑤ 例如章有义对苏州府长洲县三册鱼鳞簿进行计量研究后得出如下结论：“由康熙初年至 1949 年的二百七八十年间，地主（包括富农”同农民占地的比率几乎稳定在 65∶35。看来，人们设想的地主所有制支配下地权不断集中的必然性，在这里没有得到证实。”见章有义《康熙初年江苏长洲三册鱼鳞簿所见》，《中国经济史研究》1988 年第 4 期。

⑥ 彭凯翔：《历史视野下中国经济的长期变迁——近年中国经济史之计量研究综述》，《经济研究》2015 年第 5 期。

民、邱永志也对中国计量经济史研究的最新热点——中国历史上的 GDP 的估算的研究状况，进行了综述和分析。①

为了推进计量经济史的发展，陈志武与清华大学、北京大学和河南大学合作，于 2013 年开始，举办了四届“量化历史讲习班”，参加讲习班接受培训的学者来自国内高校和研究机构，人数总计达五百余人。尽管培训的实际效果还需要时间检验，但是如此众多的中青年学者踊跃报名参加培训这件事本身，就已表明中国经济史学界对计量经济史的期盼。因此在今天的中国经济史坛中，虽然计量经济史还只是一个较小的分支，但是其影响正在迅速增长，成为中国的新经济史的未来发展的一个亮点。然而，计量经济史要为中国经济史学者真正接受是一个很长的过程，而现在仅仅是开始。

大多数中国经济史学者对于计量经济史持有一种将信将疑的态度，而一些比较资深的学者则抱有排斥的情绪。这一方面是因为我国经济史学家在方法论上比较保守②，而根本原因即如巴勒克拉夫所指出的史学家“根深蒂固的心理障碍”③。另一方面则是因为计量经济史方面的问题，例如一些计量经济史的研究成果在史料方面存在差错（有时甚至是严重的错误），研究缺乏充分的史料支撑，对所研究对象所处的整个历史环境的了解不够（有时甚至是完全不了解），而且也往往未能摆脱索洛批评一些西方经济史学者过分尾随经济学的做法。

但是，计量方法在经济史研究中的重要性，是无人能够回避的。特别是到了今天这个大数据时代，如果经济史学者忽视这一点，势必被时代抛到后面。2014 年，一位名为尼克的作者在《东方早报》上发表了一篇广为传播的文章，题为《大数据时代的读书》，宣称“‘科学化的历史学’搁现在就是‘计算历史学’”，并把历史学家狠狠地调侃了一番④。该文并非学术文章，所言也有些哗众取宠的味道，但是有一点是值得历史学者思考的：如果不正视今天的现实，自己所进行的研究或许就会被时代淘汰。

当然，计量研究并不等同于大数据研究。计量研究有诸多方法，适用于不同题目的研究。这里，就以我本人的一项研究为例，看看计量方法在经济史研究中的有用性和重要性⑤。

在中国经济史研究中，长江三角洲地区（即江南地区）一向是最受注意的地区。但是

---

① 仲伟民、邱永志：《数据估算与历史真实——中国史中 GDP 估算研究评述》，《史学月刊》2014 年第 2 期。

② 吴承明：《中国经济史研究的方法论问题》，《中国经济史研究》1992 年第 1 期。

③ 巴勒克拉夫：《当代史学主要趋势》，第 327、330-332 页。

④ 尼克：《大数据时代的读书》，转载于 http://chuansong.me/n/510748。尔后此文以《计算历史学：大数据时代的读书》为题，为多家网站转载。

⑤ 李伯重：《从 1820 年代华亭—娄县地区 GDP 看中国的早期近代经济》，《清华大学学报（哲学社会科学版）》2009 年 3 期；李伯重：《中国的早期近代经济——1820 年代华亭—娄县地区 GDP 研究》，北京：中华书局，2010 年；Bozhong Li & Jan Luiten van Zanden: “Before the Great Divergence? Comparing the Yangzi Delta and the Netherlands at the beginning of the nineteenth century.” in *The Journal of Economic History*, Cambridge: Cambridge University Press,Vol. 72, No. 4 (December 2012).

虽然在过去一个世纪中中外经济史学家在西方到来之前江南的经济状况的研究上付出了巨量的努力并取得了丰硕的成果，但是对于这个地区在19世纪初期的经济总体状况到底如何这样一个最基本的问题，依然未能得出一个共同的结论，以致出现了“极端贫困”和“富甲天下”两极化的看法。我认为，依靠以往的研究方法是无法解决这个问题的，因此我采用历史国民账户系统（The Historical System of National Accounts）的方法，对19世纪初期江南的华亭—娄县地区的GDP进行研究，然后在与荷兰学者范·赞登（Jan Luiten van Zanden）使用同样方法对同一时期荷兰GDP进行研究的结果进行比较，从而判定当时江南的经济状况和发展水平。这个研究所使用的主要就是计量方法，因此获得了用其他方法无法获得的成果，并且给予江南地区到底是“极端贫困”还是“富甲天下”，以及江南地区在鸦片战争前夕的经济发展水平等学界聚讼不已的问题以一个合理的回答。

不仅如此，计量方法在史料辨伪方面也可以发挥重要的作用。在一些情况下，对于即使是那些通常被视为“原始资料”的史料来说，计量方法在其辨伪方面是很有用的，有时甚至是无可替代的。[①]这里还要强调的一点是，在今天这个“史料爆炸”的时代，面对新发现的史料排山倒海般的出现，不使用数据处理，这些史料是无法使用的，许多研究也是难以进行的。而数据的处理就是建立在计量方法基础之上的。

因此，对于历史学出身的经济史学者来说，因为不熟悉而拒绝计量方法，乃是很不明智的做法。当然，要接纳这种新方法，就必须投入精力去了解它。尽管要花费相当的精力和时间，但是这是很值得的，因为我们研究的目标是尽可能地得到历史的真相，而计量方法在其适用范围内，确实是一种达到这一目标的很有用的手段。

五、开放与交融：新经济史的未来发展之途

如前所述，史料学的科学化和研究方法的科学化是经济史学的科学化的两大组成部分。对于科学的经济史研究来说，二者都有不可替代的重要作用，但也都有其不足之处。因此，从事其中一个方面的学者，必须重视另一方面的学者的工作，加强交流和了解。历史学家和经济学家必须相互学习，相互了解，从而开展真正的合作。

席德（Ralph W. Hidy）号召重在定性研究的“传统经济史学家”和重在定量研究的“新经济史学家”之间，应该在研究方法上多沟通。一方面，前者需要学习一些新的理论和方法，另一方面，后者需要学习历史学方法，需要尊重史料。他在1972年当选为美国经济史学会主席的就职演说中，特别强调计量史学家向传统史学家学习，说：“没有以往史学家所

① 参阅李伯重：《史料与量化：量化方法在史学研究中的运用讨论之一》，《清华大学学报（哲学社会科学版）》2015年第4期。

做的各种定性研究，计量史学家可能就会误解了他们用以量化研究的材料的意义；没有史学家所积累的研究成果，理论学者也很难设定各种近乎真理和实际的模型。”[①]

在经济史研究中，经济学方法是主要的研究方法。这是因为经济学为经济史研究提供了主要的理论框架。凯恩斯说：“经济学与其说是一种学说，不如说是一种方法，一种思维工具，一种构想技术。”[②]如果没有经济学提供的思维方法和构想技术，是无法进行经济史研究的。一些经济史学者拒绝经济学提供的思维方法和构想技术，但实际上他们也在不自觉地使用某种思维方法和构想技术。至于这些思维方法和构想技术是否正确，他们却并不去考虑。正因如此，他们往往在无意之中会得出错误的结论。[③]因此，从事经济史研究的历史学家应当向经济学家学习，尽可能多地了解经济学的方法。

另外一方面，从事经济史研究的经济学家也要向历史学家学习。历史学家认识和处理史料的经验是进行经济史研究不可或缺的。在选定和整理好原始史料后，对史料中包含的具体信息的分类与编码也需要依赖历史学家的专业知识。由于时代背景错综复杂、史料建立和涵盖的时间长短不一，史料记录的内容可能不一致或不完整，且难以今日的常识直接理解。此外，单一历史材料也可能包含多种类型和层次的信息，需要细致、全面地理解和辨别。更为重要的是，研究者需要有对特定历史背景的准确把握，才能选择合适的定量分析方法并正确解读分析结果。只有对数据来源的选择性有充分认识，才可能避免错误解释分析结果或过分夸大结论的代表性。而这些必要的历史背景往往是通过传统文本分析获得的。特别是在计量经济史研究方面，历史学家的帮助，一方面可以深化对定量分析结果的理解和解释，另一方面也可以对定量分析结果和定性研究结果进行经验比较，通过多种研究方法的结合减少主观性风险的影响，提高对研究对象全面、深入的整体认识。历史学家进行的定性分析，对于以复杂的人类行为为研究主题的社会科学必不可少。[④]因此，经济学家必须取得他们的帮助，方能把自己的分析建立在坚实的基础之上。

这里我还要强调：除了经济学和历史学的方法外，未来的新经济史还需要更多的方法。史学研究的最高目标是尽可能正确地重现过去，而要做到这一点，就必须把所研究的对象放在一个特定的历史框架中，考虑到各方面的因素，才能把问题弄清楚。因此，虽然研究对象是局限的，但研究却是全方位的。克里吉（Eric Kerridge）说：“只有整合的历史才能使我们穿越现时，看到那已逝去的我们不熟悉的世界，更重要的是运用这种对那个已逝世界的知识，与当今世界做出对比，从而加深我们对现实的认识，这才是历史学家最伟大、最崇高的目标。”经济史也不例外，“经济史是从通史或总体史中抽取出来的，而农业史、工业史、商业史等又是从经济史中抽取出来的。这种专门化的目标只有一个，那就是集中

① 引自隋福民：《创新与融合——美国新经济史革命及对中国的影响（1957—2004）》，第6章。

② 转引自吴承明：《经济学理论与经济史研究》。

③ 参阅李伯重：《历史上的经济革命与经济史的研究方法》，《中国社会科学》2001年第4期。

④ 梁晨、董浩、李中清：《量化数据库与历史研究》，《历史研究》2015年第2期。

思考总体史的某一具体方面，以揭示整体的发展”。然而现实是，“现在各门专业壁垒高筑，互不理会，经济史也沾上了这种毛病。首先，经济学家渗入经济史学带来了一种非历史的观念（unhistorical cast of mind）。其次，统计学家的侵入也使经济史变得面目可憎。最后，经济史也受到‘历史假设’的困扰，‘历史假设’不仅违背事实，也违反最基本的常识”。他接着说：“要摆脱这些困扰，经济史家与社会史家应该联合起来，开始新的综合。”[①]鲁宾斯坦（William D. Rubinstein）则指出：“经济史常常围绕两种方法打转，即以美国为主导的计量经济史和以英国为中心的强调历史学与社会学方法的经济史。但是问题是，强调社会学方法的经济史家不能使用计量经济学的公式与参数系统，而社会史也不断分化出许多小分支（如城市史、劳工史、女性史等），变得支离破碎。”[②]这种情况当然无助于我们认识历史上的经济实践的真相。因此，只有把放到总体史中才能充分认识经济史。

要达到这个目标，绝非仅只使用经济学和历史学的方法就可以奏效。因此经济史研究还应当从其他学科借用方法，并采纳这些学科新近取得的成就。斯波义信引用弗里德曼（Maurice Freedman）的话总结说：经济史研究所涉及的社会科学学科，至少包括经济学、政治学、社会学、社会心理学、人口学、社会地理学、经济地理学等。这些学科的研究方法与模式，都可以参考借用。例如，经济学家的研究模式（由抽象到具体，先假说后论证）、社会学家的研究模式（从具体入手，注重统计）以及别的研究模式（如把以社会横断面比较为基础的复数指标进行组合，根据对各种指标的比重及组合方式的适当处理进行归纳，等等），都可用到中国经济史研究中。[③]此外，经济史研究也需要从向自然科学借用方法，并从自然科学的研究成果中受益。近年来史学科学化的趋势，除了表现为史学日益社会科学化外，还表现为自然科学研究方法向史学的渗透。许多自然科学研究的成果，对于经济史学研究来说也非常有帮助。[④]

总之，韩愈有言：“术业有专攻。”从事经济史研究的学者都各有专长，有自己最熟悉、最喜欢、运用最为得心应手的方法。但是使用所有方法的共同目的，都是揭示历史的真实。同时，各种方法也都有自身的优点和缺点，因此我们应当对其他学者使用的与自己不同的方法持有一种开放的心态，而不能抱有偏见。吴承明说得好：“就方法论而言，有新、老学派之分，但很难说有高下、优劣之别”；“新方法有新的功能，以至开辟新的研究领域；但就历史研究而言，我不认为有什么方法是太老了，必须放弃”；“我以为，在方法论上不应

---

① 参见龙秀清编译：《西方学者眼中的经济—社会史》，收入侯建新主编：《经济—社会史：历史研究的新方向》，北京：商务印书馆，2002 年。

② 龙秀清编译《西方学者眼中的经济—社会史》；徐浩《英国经济社会史研究：理论与实际》。

③ 斯波義信：《宋代江南経済史の研究》，東京：汲古書院，2001，第 31 頁。

④ 例如从自然科学的角度来看，农作物的生长是一个物质变化和能量转换的过程。在此过程中，物质和能量均不会凭空产生和凭空消失。换言之，农作物的生长，取决于光、热、水、气（二氧化碳）以及各种物质养分的供给及其相互配合状况。因此单位耕地产品的数量，也取决于作物从自然界中所能摄取到的物质和能量。

抱有倾向性，而是根据所论问题的需要和资料等条件的可能，作出选择。”[①]因此，正确的态度是根据所研究的题目，采用最好的方法，即如刘子健所言：“余英时说‘史无定法’，研究历史的题材不同，自然没有一成不变的方法，所以更妥帖地说应当是‘史采佳法’。”[②]

因此，经济史学者对于各种方法应当采取开放和包容的态度，既不能因循守旧，也不可以盲目推崇新方法而扬弃旧方法。只有这样，才能把今天的新经济史推向新的高峰。多年前，巴勒克拉夫就已警告说：“历史学已经到了转折时期这个事实并不意味着它必定会沿着正确的方向前进，也不一定意味着它有能力抵制住诱惑，避免陷入歧途。”[③]经济史也不例外。经济史学家只有敞开胸怀，努力相互学习，并向其他学科学习，不断改进研究方法，使得我们对过去的认识尽可能地接近真实，经济史学才能在新的挑战前面立于不败之地。我认为：这就是新经济史未来的发展之路。

（执行编辑：江伟涛）

① 吴承明：《中国经济史研究的方法论问题》，《中国经济史研究》1992 年第 1 期。

② 刘子健：《史学的方法、技术与危机》，《新史学》第一卷第一期（创刊号）（1990 年）。

③ 巴勒克拉夫：《当代史学主要趋势》，第 330 页。

民间文献与中国历史与文化研究的反思

陈支平*

摘要：长期以来，学界对于明代海上丝绸之路的研究存在着某种惯性思维，值得反思。明代的朝贡体系是最受近现代以来人们所诟病的外交政治体系，而这种诟病，存在着明显的殖民主义语境。明代朝贡体系是建立在国与国、地区与地区之间和平共处的核心宗旨之上的，值得肯定。而随着 15 世纪、16 世纪欧洲国家进入资本主义原始积累阶段，开始向世界的东方进发，“大航海时代”已经形成，明朝社会也被进入到一个前所未有的“世界史”的国际格局之中。社会各界面对新的世界格局，有所调试，有所适应。而明代以来中国海上丝绸之路发展所伴随的海外移民，使得以往被人们所忽视的由沿海商民迁移海外所传播过去的一般民众生活方式、基层文化的文化传播途径，成了 18 世纪以后中华文化向海外传播的主流渠道。显然，中国海上丝绸之路所产生的文化传播作用，是很值得我们今天重视的。

关键词：民间文献；中国历史；文化研究

所谓民间文献，在一般意义上，指的是契约文书、谱牒家乘、碑文账簿、书函信件等属于民间私家所拥有的文字记录材料。自 20 世纪三四十年代以来，以傅衣凌先生为代表的史学前辈们，率先运用契约文书等民间文献来开展中国的历史学研究，取得了引人注目的研究成果，于是这种运用民间文献来进行中国历史学研究的方法，逐渐形成风气。特别是到了 80 年代以后，随着“区域史”研究的兴起，运用民间文献从事区域史研究的史学队伍不断扩大，形成了中国当代历史学的一个重要流派。

近 40 年来，运用民间文献从事中国历史与文化史研究所取得的成果是毋庸置疑的，民间文献的搜集整理与学术研究因而也得到中国历史学界的高度重视，但是值得我们注意的是，在这一重视的过程中，似乎出现了某些无限拔高和滥用史料的偏颇现象，有些学者甚至赞誉民间契约文书的发现，是继中国历代典籍、地下考古、敦煌吐鲁番文书、简帛文书

* 陈支平，系厦门大学国学研究院院长。

之后的“20 世纪中国历史文化的第五大发现”[①]。在这样的文化思维语境之下，我们是否应该对运用民间文献研究历史与文化的过程中所出现的这种无限拔高和滥用史料的偏颇现象，进行必要的反思？

一、区域史研究的情感因素

自从 20 世纪 80 年代中国历史学界兴起“区域史研究”或“区域研究”以来，“区域史”的概念似乎一直就含混不清，我们实在很难分清什么是“区域史研究”，什么是“地方史研究”。为了叙述上的方便，我在这里也只能把“区域研究”同“地方史研究”暂时地混为一谈了。[②]

无论是“区域史研究”还是“地方史研究”，他们都是有地域界线的。这种天然的地域界线在很大程度上决定了各个不同的“区域史”还是“地方史”研究队伍的人员结构。换言之，不论是哪个区域或地方的历史与文化研究，从事这种研究的人员绝大部分是本区域或本地方的人士，基本上是当地人研究当地事；非本籍人士的介入只能在这些队伍中占有少数。

当地人研究当地事，这就存在着“故乡情感”与“学术客观”相互冲突矛盾的问题。这就像信仰某个宗教而来研究这个宗教的人士一样，对于自身信仰的宗教持有天然的偏好。而信仰某一个宗教而来研究这一宗教，其学术研究的客观性和公正性往往受到局外人的质疑。作为区域史研究来说，当地人研究当地事，这种“故乡”情感上的偏好，往往也是不可避免的，其学术的情怀或多或少地带有某些天然的“敝帚自珍”的倾向。即使是学术立场较为严明的学者，在论述故乡的历史与文化时，基本上也是不愿涉及故乡历史文化中所存在的某些不良的、阴暗的方面，而多多发掘故乡历史文化中的辉煌一面。这种情感因素的影响所及，使得我们现在所能看到的中国各个不同区域的历史与文化的描述，基本上是正面辉煌的，较少看到某个地域有存在着什么不良的记述。以我的家乡福建闽南地区为例。众所周知，明清时期福建的闽南地区是中国著名的“海盗之乡”，但是在这些年的闽南历史与文化研究中，闽南历史与文化被描述为“爱拼就会赢”的“海洋文化”之区。当地人从事“闽南历史文化”乐此不疲，热情高涨，但是对于“海盗”二字，全不相干。

族谱家乘是民间文献最重要的一个组成部分。近年来全国各地搜集整理和典藏族谱家乘已经蔚然成风，业已公布的族谱目录数以十万计，许多出版社也陆续正式整理出版了各种不同类型的族谱汇编，数量不下数十种。在中国传统的学术认知中，族谱家乘是一些不

---

① 见《黄山日报》2013 年 11 月 25 日“明清契约文书与历史研究国际学术研讨会在黄山举行（2013.11.23）”。

② 参见陈支平：《历史学的困惑》第四章《区域研究的两难抉择》，北京：人民出版社，2004 年，第 56-57 页。

足为训、难于据为典要的私家杂记。族谱家乘原本固然是属于民间私下传承记录的文献，但是也正是这种不待闻名于世的私家记载，可以在官书要典中所忽视的领域里，比较真实地保存下来那些属于社会基层的历史与文化变迁的轨迹。而这种社会基层的历史与文化变迁轨迹，与王朝政治的更替及那些与政治相伴相随的伦理道德，共同构建了中华民族历史与文化的整体面貌。从这点上看，族谱家乘是中华民族历史文献的重要构成之一，是中华文化得以体现的一个极富特色的表现形式。

我们说族谱家乘是中华民族历史文献的重要构成之一，但是这不等于族谱家乘中所有的文字记录都是真实可信的。族谱家乘的确保存了许多那些属于社会基层的历史与文化变迁的真实轨迹，但是族谱家乘作为乡族的私家文献，它的编撰很少受到公共学术的约束；族谱家乘的编撰，其本身的目的就在于溯根追源、光宗耀祖、垂裕后昆，标榜乡族的门楣是族谱家乘编撰的一项必不可缺的行为。大家比较普遍使用的编撰方法是，尽可能多地把历史上的同姓氏的帝胄贵族、名宦名人与本乡族联系起来，而把同姓氏的奸臣败类排斥在外，或者视而不见。这样的族谱家乘编撰方法，造成了族谱家乘在史料价值上的两面性：既有珍贵史料价值的一面，同时又是虚假史料的重要来源地。

关于民间族谱家乘在史料价值的两面性，前辈学者不断有所指出。谭其骧先生曾论及族谱与移民史研究的关系时说：“谱牒之不可靠者，官阶也，爵秩也，帝王作之祖，名人作之宗也。而内地移民史所需求于谱牒者，则并不在乎此，在乎其族姓之何时至何地转徙而来。时与地既不能损其族之令体，亦不能增其家之荣誉，故谱牒不可靠，然惟此种材料，则为可靠也。”[①]

罗香林先生于20世纪三四十年代运用族谱资料研究客家历史，从而开创了客家学研究的先河。然后罗先生过分偏重客家族谱记载的真实性，造成了客家民系是“中原最纯正的正统汉人的后裔”，“客家人是汉族里头一个系统分明的、富有忠义思想和民族意识的民系”的偏颇论断。这一论断，一直为后来的许多客家人所推崇。以至今日，福建省内的一部分客家人，一看到有学者提出与罗先生观点不同的客家学论文，立即抱团组织，群起而攻之，甚至不惜上纲上线，施予政治棍子。本来，与罗香林先生的论点进行讨论，这是十分正常的学术活动，经过这种活动才能推进客家学研究的不断进步。但是由族谱家乘资料所引起的这种学术僵化和学术霸道，不能不说是一种学术的“反动”行为。

近几年来，由于国家政府提倡继承、弘扬中国优秀传统文化，各地也纷纷起来响应，努力寻找本地区值得继承、弘扬的历史与文化。于是，族谱家乘中的记载再次引起各地人士的高度重视。运用族谱家乘中的私家记载资料夸大地方历史与文化的现象似乎有愈演愈烈的强劲势头。

---

① 谭其骧文原载燕京大学《史学年报》第四期，转引自罗香林《客家源流考》三，注释 1，载 1950 年香港崇正总会三十周年特刊。

略举两个例子如下。

南宋状元姚颖、姚勉，分别为浙江鄞县人、江西新昌人，见载于浙江、江西二省方志的《选举》《人物》《艺文》等卷目中。姚颖、姚勉的个人文集中亦多有提及。清晚期之后，福建地方的一些姚姓家族为了标榜自己家族的门楣，把姚颖、姚勉的籍贯拉到福建自己的家族谱系之中，成了福建姚姓家族的子孙。这种附会名人为祖宗的族谱编撰方法，本来在福建民间相当普遍，不足为奇，也不可厚非。但是，福建的一些所谓文史专家竟然依据民间私家族谱的这些记载记述，煞有介事地论证出南宋状元姚颖、姚勉为福建省福州府长乐县籍。前些年，全国各地纪念郑和下西洋活动。由于郑和曾经在长乐县拜祭妈祖海神，留有《天妃灵应之记》的碑文。姚氏族人又把明代前期的名臣姚广孝拉到自己的世系之中，称郑和是奉了姚广孝之命，才屡屡到长乐拜神出海。这种家族杜撰的历史资料，显得相当的不妥。

近年来，不少地方的文史专家出于对故乡的热爱之情，在编撰地方志书时，总是希望家乡的好事越多越好。于是在采择历史文献资料的时候，往往不做认真审慎的考察鉴别，而是一见到有利于光大家乡历史文化的材料就如获至宝，唯恐遗漏。比如各省各地撰修《教育志》一类的章节，历代举人、进士、状元的人数普遍比旧志呈上升趋势，很少有比旧志有所少减的情况。相比之下，旧志中关于各地举人、进士、状元人数的记载，可能更加具有可靠性；而现今新志的增补，有许多是源自私家族谱的记载，其可靠性是值得怀疑和考订的。现今新志的作者们也许受到故乡情感因素的干扰，就忘乎所以，把所谓有利于光大家乡历史文化的谱牒资料，匆匆引入地方志书之中。如上述的福建长乐姚氏族谱中的南宋状元姚颖、姚勉，不仅写入县志，而且还写入省志，[①]写入专门论述福建省历史上的科举状元的著作之中。[②]显然，这样的族谱资料对于中国历史与文化的研究是有害的。

明朝靖难之役之后，建文帝的去向有所不明。《明史》记载："宫中火起，帝不知所终。燕王遣中使出帝后尸于火中，越八日壬申葬之。或云帝由地道出亡。正统五年，有僧自云南至广西，诡称建文皇帝。思恩知府岑瑛闻于朝，按问，乃钧州人杨行祥，年已九十余，下狱，阅四月死。同谋僧十二人，皆戍辽东。自后滇、黔、巴、蜀间，相传有帝为僧时往来迹。"[③]由于这么一则记载，引发了近年来全国许多地方的研究建文帝的热潮。迄今为止，在全国自称有建文帝的地方不下十余处。连偏于海边的福建东部地方，也大张旗鼓地营造建文帝的胜迹和举行学术研讨会。

建文帝属于明朝的皇帝，各地为了壮大声威，经常来找中国明史学会来参与。本人出于与明史学会的关系和好奇寻找资料的缘故，也被邀请到一些地方的所谓建文帝胜迹去考

① 福建省地方志编纂委员会编：《福建省志》《人物志·历代一甲进士表》，北京：中国社会科学出版社，2003 年，第 662 页。又《福建省志》《教育志·福建历代进士前三名表》，北京：方志出版社，1998 年，第 81-82 页。

② 参见卢美松主编：《福建历代状元》，福州：福建人民出版社，2006 年。

③ 张廷玉：《明史》卷四《恭闵帝》，北京：中华书局 1972 年标点本，第 66 页。

察和参加研讨会。大部分地方的所谓建文帝的文献资料，还是来自族谱家乘的资料。并且在这些族谱家乘的记载中，基本上没有直接的证据。当地的热心人士，大多采用了“索隐”加“想象”的办法。不少地方的行政当局也很肯出钱出力，营造建文帝的种种胜迹，叹为观止。这样的族谱家乘资料，就更加云里雾里，与所谓的“史料”就相去甚远了。

运用族谱家乘的记载来夸大地方历史事实和光大地方文化，从家族内人士和当地社会人士的角度来说，热爱家乡的情感，似乎值得珍惜（当然，这里面还牵涉到旅游经济、文化政绩等诸多因素），因此他们的许多行为也还是有值得理解之处。但是如果我们自身是历史学和文化学的学术研究者，以及地方志书的编撰者，对于民间族谱家乘进行无限夸大，不加以鉴别考察，则显然是不应该的。

二、民间文献的雷同性和散乱性

民间文献的另外一个重要组成部分即民间契约文书，近二十年来在搜集和整理方面取得了突飞猛进的发展。大约在十余年前，我在一篇短文中评估中国学界“在民间文书的搜集、整理和研究方面取得了十分可喜的成绩，新发现的民间契约文书不下十万件”[①]。但是十多年过去了，我的这种评估已经大大落伍，根据现今较为保守的估计，新涌现出来的契约文书数以百万份计算。仅贵州省清水江契约文书就多达四五十万份。契约文书发掘的地点也从早先的华南、山西、河北等区域，扩展到全国各地的大部分地区。以往发现的契约文书大多集中在传统的汉人区域，现在则扩散到许多少数民族区域。各地的书籍出版部门，也十分愿意为契约文书出版大型的丛刊，一时间，图书馆里有关契约文书的精装册籍琳琅满目，蔚为壮观。报刊电视等新闻媒体也经常发布惊人的消息，声称某地某人发现了珍贵的契约文书，其价值无可估量，每张契约文书都饱含着重要的历史文化信息符号在里面，从此某地的历史文化研究将得到空前的提升，等等。

但是学术研究的事实似乎并不是如此乐观。这十多年来，虽然中国各地新发现的民间契约文书数量以成倍、成数十倍的速度增长，但是学界利用民间契约文书进行历史与文化的研究好像遇到了一个严重的瓶颈，即新发掘的契约文书不断问世，但是有分量的研究新成果却是相对少些，或者说是屈指可数，二者不成比例。

利用民间契约文书进行史学研究跟不上民间契约文书搜集的步伐，根据我的理解，其中一个很重要的原因是民间契约文书存在着太多的雷同性。虽然这些契约文书分布于全国各地，但是其中的大部分，书写格式和内容大致相同，基本上是以土地、房产的交易契约文书为主。这种雷同性的契约文书，一叶可以知秋，一张较为典型的契约文书的学术研究

① 现收入陈支平：《史学水龙头集》，福州：福建人民出版社，2016年，第488页。

价值，也许可以等同于若干张甚至成千上万张的同类契约文书，民间契约文书数量的增多并不等于其学术运用价值的同步增长。

利用民间契约文书进行史学研究跟不上民间契约文书搜集的步伐的另外一个原因，是这些契约文书的来源不一，存在着严重的散乱性。中国改革开放之后，许多民众的商业经济意识大大增强。随着20世纪八九十年代民间契约文书学术价值的提升，一些精明的商人也意识到收购贩卖契约文书的奇货可居。从此之后，许多民间收藏的契约文书逐渐地转入到商人的手中。商人收藏契约文书的目的在于营利，而不是从事学术研究，因此他们重视的契约文书的年代与数量，对于契约文书的来源出处并不关心，甚至刻意隐瞒。这样的商业行为，就使得许多契约文书失去了它们赖于存在的社会基础与环境。

1998年，我在台湾暨南大学授课，其中内容有一部分关于民间文献。台湾的一位朋友带我去见识一位台湾的收藏家，说是其家里收藏了许多台湾的契约文书，希望我去结识一下。果然，收藏家家里一捆一捆的契约文书，数量不少。我仔细辨识了一番，竟然发现里面有不少来自福建内地的契约文书。早些年台湾的经济比较好，文物价格较高，大陆则相对低廉，于是台湾的商人们来大陆收购文物，想必福建内地的契约文书就是这样到了台湾收藏家的手中。不料到了近年，大陆的文物行情飙升，居然有台湾商人来到我的办公室，向我推销台湾契约文书。我翻阅之下，里面同样有不少福建及其大陆其他省份的契约文书。这两年，我协助广东人民出版社搜集整理出版客家契约文书。客家契约文书的来源，大部分是从客家区域的文物收藏家那里购买。购买之时，收藏家们无不斩钉截铁，声称这些契约文书全部是客家的。但是购回仔细整理，依然发现其中的不少是源自非客家区域的。商人们的辗转购买贩售行为使得契约文书变成了无本之木、无源之水。这不能不大大削弱了契约文书原有的史料研究价值。这样的契约文书是很难进行学术性研究的，成了名副其实的文物摆设品。契约文书的学术史料价值不应该是以数量来衡量的。我们不能因为哪里发现了一大批契约文书，就大呼大吹有了什么重大发现。

再者，从专题性的研究上看，运用族谱家乘、契约文书等民间文献进行区域史的学术研究，这些年来确实取得了不少很好的成果。但是由于许多民间文献具有明显的地域适用性特征，以及它的雷同性和散乱性，许多专题性研究往往陷入就事论事、就地论地的狭隘境地，比较缺乏宏观性的历史审视，甚至出现某些以偏概全、孤芳自赏而又想当然的学术短视。

特别是从21世纪以来，中国的研究生招生过多注重于数量。中国历史学科每年所招收的硕士研究生和博士研究生，不下数千名。20世纪七八十年代中国开始恢复招生研究生的时候，每年招收的数量有限，入学的研究生，基本上是朝着从事历史学学术研究的目标而来。毕业后的研究生至少有一半是一直从事历史学的教学和科研工作的。但是到了90年代后期以至21世纪，中国的研究生培养有了大跃进，数量成倍地增长。就学的研究生，有相当一部分是朝着硕士、博士学位而来的，并没有做长远历史学学术研究的理想与规划。在这样的动机促使下，不少在读的研究生，不愿从历史学的基本做起，而是寻找可以混成学位论文的捷径。这样一来，民间文献就成了一部分研究生及所谓研究者的重要捷径之一。一方面，只要是民间文献，自然就是别人未能见过的“珍贵史料”，另一方面，由于民间文献的狭隘地域性，由此撰写出来的论文，局外人也很难进行评述鉴别。由此撰写出来的论文，就成了“独一无二”了。

正因为如此，近年来，运用民间文献进行中国历史与文化学术研究所涌现出来的一部分成果，往往受到人们所谓“碎片化”“雷同化”“老鼠打洞”的批评。这些批评有时很难为人接受，但是却也不无道理。由于中国历史学基础学养的缺失，贸然运用民间文献进行地域十分狭窄的空间史研究，势必无法做到“以小见大”，无法较为宏观地把握区域史与细部考察的典型学术意义与历史时代特征。这种“碎片化”“雷同化”“老鼠打洞”的运用民间文献从事中国历史与文化的研究尝试，从另一个侧面大大降低了民间文献的史料价值。

三、运用民间文献进行中国历史与文化研究的两点思考

笔者认为，以上所述两个方面，都显示了民间文献运用于中国历史与文化的研究，还是具有一定的学术局限性的。我们在从事民间文献的搜集整理和学术研究时，不应过分夸大民间文献的史料价值。为此，笔者对如何运用民间文献进行中国历史与文化研究，试做若干思考如下。

民间契约文书从表面形式上看，大部分是属于土地、房屋等物权的交易文书，即存在大量的重复性和雷同性。民间契约文书的研究跟不上搜集整理步伐的另一个重要原因是观察视野和研究方法的单一化。我国学界从事民间契约文书的搜集和学术研究工作，起始于20世纪中期。那个时期学者们所关注的史学研究，除了推进学术进步的自身意义之外，更多地注重于学术研究与现实社会的关系。正因为如此，人们的观察视野自然而然地放到当时社会上矛盾最为突出的农村土地占有等生产关系问题的讨论之上。而存世的民间契约文书，大部分是土地等物产的交易文书。这样一来，运用契约文书进行土地关系史的研究，必然成为20世纪中期之后很长一段时间内的热门课题。但是到了20世纪末，随着改革开放的不断深入和史学理论方法论的日益多元化，历史学者们所关心的研究命题，已经大大突破了以往以生产关系为核心的思考模式，经济史的研究领域也不断地向社会史、法制史、家族史、宗教史、民俗史，以及历史人类学等多方面拓展。相比之下，以前盛极一时的土地占有等生产关系史的研究课题，由于寻求新的创新颇为不易，热过冷却，反而为许多学者所淡忘。从学术发展的规律上看，20世纪末以来中国土地所有制等生产关系史研究的由

热入冷是一种必然的趋向。因为把丰富多彩的历史现象仅仅局限于生产关系、阶级斗争等狭小的观察视野之中，那么其将逐渐走入困境也是毫无疑问的。因此，要进一步推动明清契约文书与史学研究的发展，就应当尽可能地摆脱旧有的研究框架，放开我们的观察视野，改进我们的研究方法，拓展新的研究局面。

任何一种的物权交易形式都依托在那个时代的政治、法律制度以及社会、经济模式和民风习尚的大背景之内。我们通过民间契约文书这样的一个表现形式，将有助于从各个不同的细部来加深考察这个时代的政治、法律制度的形成和运作实态，以及社会、经济模式的演化变迁历程。显然，要做到这一点，单单从生产方式和阶级分析的视野来考察是远远不够的。我们应当借助于诸如社会学、人类学、法学、宗教学、民俗学等多学科的理论和方法论来深化我们的研究工作。正如前面所说，自 20 世纪末以来，许多志在创新的历史学者们，已经在社会史、法制史、家族史、宗教史、民俗史方面进行了一系列有关多学科结合研究的有益尝试，我们何不乘上这股清新的东风，也在民间契约文书的搜集整理和研究上进一步开展多学科结合的深入探索？

事实上，自 20 世纪末学者们进行多学科结合来深化史学研究的探索以来，民间契约文书的运用已经引起了人们的重新认识。如研究社会史、家族史的学者，从契约文书分析了社会的基层结构和家族的管理模式，提出了许多重要的学术论点；而研究法制史的学者，则从民间契约的书写格式、签订过程、执行状况、纠纷争讼等现象，探究了中国官方法律与民间习惯法的各个不同层面。然而就整体的情景而言，这种运用契约文书进行多学科结合的史学研究还是比较有限的，需要我们作进一步的努力。除了社会史、家族史、法制史之外，我们同样可以通过借鉴不同学科理论思维方式，从不同的角度和层面充分发挥民间契约文书这一独特的史料价值，来探索不同区域间民风习尚的演变历程及其文化特征；了解宗教与民间信仰的社会基础和组织形式；解剖政府与民间社会、士绅与乡邻民众错综复杂的相互关系，以及分析商业经济、市场经济、借贷经济、农村经济、乡村共有经济等各个不同领域的经济关系。只有这样，历史的本来面目才能显得更加多姿多彩。尤其是近十多年来大量契约文书的涌现，其中除了大量的土地、房屋等物产交易的文书之外，其他各种不同类型诸如商业市场、聚落开发、乡村变迁、民间信仰、人口变动等的文书也时有出现。这些不同类型的契约文书的出现，为开拓新的研究领域提供了重要的史料基础。

其次，把社会调查等研究方法与契约文书搜集整理研究工作紧密结合起来。契约文书散落于民间社会，它的搜集和整理必须通过学者们的辛勤劳动，深入城乡进行社会调查、访谈寻求，这是众所周知的事实。然而，对于民间契约文书的研究工作，同样需要做社会调查，这恰恰是以往学者们所忽视的一个重要环节。我们以往研究契约文书，往往是就契约文书论契约文书，比如研究土地买卖关系，就把同一地区的土地买卖契书搜集在一起，从中寻求带有一些普遍规律性的线索，形成自己的论点。其他如田地、房产以及借贷的交易，也大多通过这样的分析方法，形成论点。这种就契约文书论契约文书的研究方法，必然出现上面所述的那种有了一纸典型文书之后就可以等同于若干纸甚至成千上万纸契约文书的情景。

就契约文书论契约文书的最大缺陷就是忽视了对产生这些契约文书的社会背景的了解。我们现在搜集民间契约文书，由于与契约文书产生的时代相对遥远，时过境迁，许多契约文书的获见是带有偶然机遇性的，有些甚至是经过商人们辗转交易得来的。但是所有的契约文书在其产生之初都不是凭空而来的，而是有它的交易签约各方的社会背景以及经济、文化背景的。如果我们完全脱离了契约文书所存在的这个社会背景，那么也就只能是就契约文书论述契约文书。为了弥补这一研究缺陷，我们就应该深入到这些契约文书产生的所在地去进行社会调查，尽可能地了解这些地方的经济状况、乡族结构以及民风习俗的各个方面，然后根据这些社会背景材料，结合对于契约文书的分析，才有可能得出更加接近当时历史事实的论述来。比如，当我们通过社会调查知道了这批契约文书的主人是什么身份时，我们就可以有效地利用这些契约文书，分析他们拥有多少的土地、房产，有多少的租谷收入，有多少的市场商品交易，有多少的借贷亏损，以及他们的社会关系和人事往来，从而对契约文书的主人乃至他的乡族作比较典型的个案剖析。这样的典型个案剖析，无疑比以往那种缺乏社会背景的就契约文书论契约文书的研究要大大提高一个层次，同时也就避免了所谓一张契约文书等同于若干纸甚至成千上万纸契约文书的尴尬境地。

通过社会调查、了解契约文书的社会背景，不仅可以更加有效地发挥契约文书的史料价值，而且还可以与当地的其他民间文献结合起来进行综合性的考察。契约文书、民事合同等离开了其背后的社会背景，我们就无法对这些契约文书、民事合约做全面的分析。而当我们把社会调查与契约文书的分析结合在一起的时候，我们的考察视野就得到了扩展，研究也就深入了。特别是民间族谱中也保存着大量的契约文书，这就更加需要深入实地调查，把契约文书和实地访谈资料，以及族谱、碑刻等民间文献资料作一综合性的考察，这样才能够更加全面地对当地的乡族组织和社会结构进行富有创新的研究。在这方面，目前部分学者运用民间文献所从事的江西鄱阳湖区域、洞庭湖区域、西南边陲区域的区域史研究，都是一些很有学术意义的创新之举。

把社会调查等工作与契约文书搜集整理分析工作紧密结合起来的研究方法，归根到底，也还是如何运用多学科理论方法论的问题。社会调查、数量统计等并不是传统历史学的专业长项，而更多的是借助作用。但是史学研究一旦结合了社会学、人类学、统计学等其他学科的研究方法，就有可能可以比较有效地推进中国历史与文化的学术研究。我以为，多学科的综合考察与研究是今后能够使契约文书、族谱家乘等民间文献得以发挥其更多史料价值的一个重要方向。

民间文献文书所涉及的历史文化内涵虽然十分丰富，但是它毕竟只能反映某一地域范围内的情景，如果把分析某一地域范围内契约文书的论点推广于其他地域甚至用于说明全国的一般情景，这就未免有些以偏概全了。反过来，如果仅专注于某一地域的研究，而不顾及其他地域特别是相邻区域的情况，同样也会出现“老鼠打洞”式的偏颇。因此，我们在从事民间文献的搜集整理和研究时，应当同时进行一些针对性的比较研究，开展不同区域间民间文献研究的比较分析，这样才能更为全面地把握不同区域间乃至全国范围内历史现象的共性和特殊性。傅衣凌先生是中国较早开展民间契约文书研究的一位学者，他提出的研究民间文献必须“以小见大”“以大见小”的方法论，是很值得我们重视和继承的。

民间文献确实成了 21 世纪以来中国历史学与文化学研究的一个重要资料来源，但是我们对于民间文献的搜集、整理与研究，既不可盲目夸大它的史料价值，无限拔高；也应当避免目前学界所存在的对于民间文献重搜集、轻研究的现象，在不断尝试多学科综合研究的基础上，尽可能提升民间文献的运用价值和研究水平，从而把这一领域的研究工作，推向一个新的高度。

（执行编辑：江伟涛）

国家与族群：从华南得出的印象

科大卫*

摘要：自宋以来，王朝对人群的身份分类存在“民”与“疍”、“瑶[①]”之别。“民”的身份与王朝的承认、赋税制度以及礼仪上的表达都联系在一起。游离于王朝行政体系之外的人，往往会被冠之以“疍”“瑶”等“他者”之名。但是，这些带有族群色彩的“他者”之名由于不同原因，在不同时期产生，其含义以及所指涉与运用的人群也经历着历史变化。比如，宋代“瑶”是指“羁縻州峒”之外，居住山里面的人，明清时期这个分类由湖南运用到了两广；“疍”则从宋代指采珠的人演变为明清时期代表岭南边缘化的异类。到了清代，还有“客家”的出现。本文简单地追溯了这几类历史身份的演变过程，说明这样的分类造成的后果的多面性。由于明清时期政府越来越希望通过“教化”把不同的人群归纳到皇权的范围之内，因此，原本由于行政体系或生计方式而产生的身份之别，成为加诸地方社会中地位低微之人身上的族群标签，造成了所谓的“贱民”。

关键词：国家；族群；身份

在三角洲的研究中，笔者不知不觉地涉猎了自南宋以来约1000多年的历史。珠江三角洲在这段时间才变成中国的一部分。当然，远在秦汉，皇朝已经声明这些地区是属其权力范围之内，并且，比派遣官员更为重要的是，关于中国南方包含在内的理念已经形成很久了。这一理念的形成跟宗教的地理和正史中关于汉代征服广州并以此为基础建立南越的记载有关。它也跟远在宋代以前这个地方利用共同的文字以及文本的传播有关。这里肯定也有关于国家的概念——国家随着皇朝及其礼仪可以上溯到商代。两千年前南越王的玺就是他模仿北方帝王传统的结果。通过由湖南到广西的灵渠商路，并通过那些视野早已超出南越王墓之所在地——广州的雇佣人及他们带来的宗教习俗，我们的风俗一直在转变。

然而，南越王不仅有他自己用汉字的玺，他也有个镌刻着南方酋长征战图的铜提筒。

---

* 科大卫，香港中文大学历史系教授。

① 以前史料用“猺”字，系古代对这一民族的蔑称，本文使用瑶字表示。

这些酋长头戴羽翎，手中拎着人头，站在战船上，船的尾端挂着另一个人头。但是，他们的文化融合只是昙花一现。即使在当年他们已经采用北方皇朝的礼仪，向汉朝臣服后的几个世纪内，这些现象消失得无影无踪。只到三国时，作为吴国的一部分而重新露面。到了晋代，道士葛洪在罗浮山寻找长生不老之药时，还碰到黄野人。进入唐朝，广州成为阿拉伯商人经过印度洋和中国海的海路的一个港口。这些阿拉伯人的定居点在 8 世纪以前已经在珠江边形成了。卢钧，于 8 世纪末曾任广州知府。根据《新唐书·卢钧传》的记载，“蕃僚与华人错居，相婚嫁，多占田营第舍”。[①]卢钧下令禁止，但有无成效我们不得而知。

这些外国人定居点的东面就是广州城。相较于宋朝所建的围城，唐代的围城很小。围城里面有什么我们已经无法弄清了，也许是府衙之所在，但并不包括唐代宗广德年间所建的市舶使。市舶，也许需要建立在靠近港口的城外。除衙门之外，似乎很多其他的建筑都在唐代的围城之外，尤其是像今天被称为光孝寺、六榕寺和华林寺等宏大佛寺。传说光孝寺曾经是某位南越王住过的宫殿。一个被三国时期的吴国流放的学者——虞翻（164—233）曾住在这里，佛寺由其宅改建。主殿中，宏伟的木结构建筑至今留存，它是南北朝时期由一个印度僧人所修建的。之后的两百年，光孝寺，一如其他广州寺庙，为印度僧人提供住宿。华林寺就是坐落在最有名的“西来初地”，梁朝间由僧人达摩建造。广州当时是翻译佛教经典之地，其中的光孝寺记载六祖惠能（638—713）的传承。惠能的面貌充分表现出南方土著的特征。

唐朝曾派官员来到广州。当时众所周知，被任命到广州意味着很快发财。然而，官员的权力似乎依赖于他能否控制城外罕为人知地区的酋长们。仅从广州得来的税收也许不足以支持军队的开支，但只要南方的珍奇异产被运到北方的朝廷中，这似乎就并不是什么问题了。此时，广州是一个阿拉伯人与地方土著在政府军队的保护下进行贸易的前哨。

可以理解，岭南地区（岭在广东、广西以北）充满异域风情。在唐之前，岭南的典型特征已经存在。汉代杨孚的《异物志》载，稻米一年两熟，鸟在它们的蛋孵出来之后将巢搬到较低的树上，漂亮的孔雀，美味的荔枝、槟榔、椰子以及耳朵垂到肩上或紧贴在脸上的怪人。[②]唐代刘恂的《岭表录异》更把南方的异域风情加色加彩。书中提到在山中聚集的毒瘴和台风造成的破坏。他说台风的影响与广州只是距离海岸 200 里有关。它提到蛮酋的铜鼓以及那些追随卢循造反而逃到海上，吃贝类，且住在用贝壳做的房子里面的卢亭人。[③]在另外一部唐代的书《广异记》中提到半人的山魈，他们蹲在树上向过往的行人要钱。[④]之后的著作频繁地引用这些南方的异事。

这种关于边境的异域图景将想象的主题边缘化。这些奇怪的南方人相信奇怪的事情，

---

① 欧阳修、宋祁等：《新唐书》卷 182《卢钧传》，北京：中华书局，1975 年，第 5367 页。

② 梁廷楠：《南越五主传及其他七种》，广州：广东人民出版社，1982 年，第 34-47 页。

③ 刘恂：《岭表录异》，丛书集成初编本，上海：商务印书馆，1936 年，第 1、4-5 页。

④ 戴孚：《广异记》，北京：中华书局，1992 年，第 169-170 页。

这些事情似乎处处显示是一些宗教活动。这些岭南人和其他诸如居住于长江流域等地的南方人一样，常常被看到举行一种相当“淫”的仪式：

> 岭南风俗，家有人病，先杀鸡鹅等以祀之，将为修福。若不差，即刺杀猪狗以祈之。不差，即杀太牢以祷之。更不差，即是命也，不复更祈。[①]

然而，与对鬼神施以祭品不同的是，通过运用皇帝的权力来使他们听话。最早关于其作为一种控制地方鬼神方式的记载是狄仁杰的故事。狄仁杰利用王权的保护将一个地方神的庙宇夷为平地，并且成功地将地方神的权力瓦解，代之以王朝的秩序。[②]

狄仁杰被派去的地方不在岭南，而在江南。因此故事归属于端州（肇庆）是个谣言。但是，另一个故事提及的，来自于广州上游的悦城龙母，原是征召将士征服岭南的统治者——秦始皇的妃子。可以看到，较之直接镇压更为普遍的是将本地的神祇整合到大范围的信仰中。正如麦大维（David Mcmullen）指出的那样：“当与宋代理学家对照时，唐代的学者对信仰的态度相当包容，他们没有被正统性观念独占。”[③]即便他们不这样做，事实上他们也阻止不了岭南本地的信仰。征服的尝试是少之又少的。历史一再上演的是北方人和南方的行为达成协调，全部人都信仰北方地位的高贵。相应地，王朝敕封在珠江口的扶胥（今天的黄埔）长期以来被崇拜的神为南海神，并法定举行周期性祭祀。唐朝文献中也有关于在罗浮山的朱明洞的记载，那是天下十大洞天之一。朱明洞，像一个用大石头围起来所界定的山坡而不像是个山洞。这样的地形可能与地方上的某种仪式相关。特别有意义的是，现在仍流传着关于晋代道士葛洪和他妻子鲍姑的故事。葛洪曾在罗浮山上炼长生不老药，他的妻子与广州的关系并不直接，但在唐代故事的记录以及后来的传说中，她因为在艾火方面的医术而广为人知。今天在三元宫还可以看到鲍姑庙，它位于广州的一个小山上，并在宋朝建立的城墙之内。罗浮山的故事不应该仅仅看作是一个已经消逝了的趣事而了事。在主要由北方记载的文献中，类似于葛洪这样穿梭于南北之间的人物的存在，意义重大：本地信仰的整合等同到一个另类地理，这不是一个由中央的军事扩张或权力等级所界定的地区。在这个层面上，南方一如中国的其他地区，屈服于皇帝的中央权威和地方神祇的分离权威。

时至宋代，在府城所在地修建儒学和学宫的传统传到南方。到元朝早年（13 世纪），南宋的文人传统一直在持续。但到了下一代，文人的传统消失了，直到 14 世纪的明初才再度出现，可以继续原来的理学传统。在国家支持下建立的学校对礼仪的关注，科举考试以及其为社会地位上升所提供的途径、土地开发的机会等，所有这些都引发了传统感。从南

---

① 李昉：《太平广记》卷 288《岭南淫祀》，《笔记小说大观》，南京：江苏广陵古籍刻印社，翻印上海进步书局 1983 年版，第 33a 页。

② 引自《广异志》，《太平广记》卷 298，第 23b 页。

③ David Mcmullen, *State and Scholars in T'ang China*, Cambridge: Cambridge University Press, 1988, p. 250.

宋至清末（1127—1911），“传统”分别于12世纪、16世纪和18世纪三次被创造与再创造。这一过程最终的产物便是帝国文化传统中的单一性的文人意识，不管他们当中政治目的有没有分歧。

过了一定的时间，理学传统成功地改变了中国社会的基本形态。到了16世纪，珠江三角洲的文人，一如明帝国内其他地区的文人，将自身解释为理学承认的“礼”的卫道者，并且把自身树立成为其他地方应该仿效的典范。这一趋势也对原地文化很有影响：理学的意识形态越成功，早前的传统在历史记录中的消失就越明显。到了明朝，我们已经很难理解那个虽小但在不断成长的理学范围之外的社会。主导社会理论的出现减少了被认为是非正统意识形态中的社会行为。对那些仅仅依赖文字材料的历史学家而言，希图能将他（她）自己从极度简单地区分有文化的“我们”和没文化的“他们”的观点中抽离出来，是非常困难的。文字记录不可避免地强调了文人的文化标签。在这些标签之外，仅在有些时候，才能够看到一些极为微弱的关于前儒家社会的图像。

行政社团与它的“他者”

从国家形成的初期开始，地方社会就是通过一个行政运作的群体与中央王朝建立联系。然而，官员必须超越自己。政府的理念对于征税和维持秩序的渴求，都要求官员那样做。宋代的法令出于征收赋税与调拨劳役的考虑，规定人户进行登记。当时，签派劳役就必然牵涉地方衙门的运作。如果没有辅佐人员，州县官员无论如何也不可能得到任何严谨的户口登记记录。与之相反，正如包税制度一样，地方上的人可以负责某些数目的户口。南宋的地志《太平寰宇记》记录了广州之所辖地域拥有16 059个主户，以及不知其数的客户。这些数字与其后的统计大不相同。到了元大德八年（1304），登记在册的户口数目达到了180 873户。①

宋史学者往往不得不依靠着这些数字来处理宋代的人口规模。然而，笔者对人口规模的关注远远没有对于社区发展的探讨来得殷切，所以，数字的精确与否于笔者而言无伤大雅。笔者关心的是，较之于前代的情形，南宋时期官员们为了增加赋税以及加派劳役在南方的努力，无疑是有所增强的。地方志中所载之官员的传记是系统的文献，它展现出在北宋与南宋之间的王朝财政的重点发生了转变。在地方志中，北宋的官员之所以得以入传，在于其向进口的商品征收商税，从而对于王朝财政有所贡献。而南宋的官员之所以青史留名，则在于其征税之时在地方上采取了轻徭薄赋的惠政。族谱的资料同样证实了征收赋税到宋代才开始：宋代极少有族谱记录征税的记载；及至明代，有关赋税的事宜成为族谱记

① 乐史：《太平寰宇记》卷157《南岭道一·广州》，文渊阁四库全书本。

载的内容之一。香山程氏家族是一个个案，它展现了一个关系的网络，正是这个网络构成了管理地方行政的力量。宋代部分没有记录户籍登记。他们源于程师孟，熙宁四年（1071）广州经略使，于侬智高乱后，主持重修城墙。在延祐四年（1317）的续修族谱中，有序言提到，当师孟任职广州之时，其子担任东莞“邑政”。依照宋代成例，他是可以不经科举而得以任职的。族谱还记录，在任命之前，这个独子被安排管理香山的盐田。毫无疑问，这是一个有利可图的差使。师孟的三个孙子继续留在香山生活；直至明朝初年，仍至少有一个程氏宗族的成员继续控制盐田。[①]

在州县的政治中，官府对于赋税的渴望以及承担赋役者的意愿相遇碰撞。蔡志祥通过描述这一背景之下的两个强家豪族间的冲突，阐明这样的政治正是南宋绍兴二十二年（1152）建立香山县时存在之核心问题。[②]通过爬梳和查阅族谱，我们可以更多地重建珠江三角洲某些家族的历史。这些家族从土地中聚敛财富的同时，亦在官僚机构中占据着一席之地。然而，新的士大夫阶层正在兴起，他们移风易俗，教化地方。这些家族渐渐绊倒于这个崛起的社会阶层脚下。这个阶层包括地主，或许还包括登记在册的人户，他们依照维持王朝正常运作的理念来界定自身的旨趣。

行政社团本身是没有名称的，它由人丁和家户构成。对于那些游离于王朝行政体系之外的人，则被排外地加以类别，给予定义。有两类值得特别注意的人，他们在行政控制的范围之外，被标识为“疍”和“瑶”，以别于他人。在某个时期，当以广州为中心的地方行政力量试图与更为广阔的区域建立联系的时候，他们将这些地方视为边缘地带，并从珠江三角洲以外的地方借用了名词来标识生活于其中的人群。

显而易见，早在5世纪，“疍”作为一个族群的概念已经出现。不过，它是用来指称那些生活在四川内陆的人。直至宋代，“疍”仍保持其族群方面的含义，它亦被用来描述在广西发现的一群人，这些人操舟行船，是水上人家。通过延展“疍”的描述范围，10世纪晚期，《太平寰宇记》用其形容新会县的水上人，该记载为：“疍户县所管生在大海，居于舟船，随潮往来，捕鱼为业。若居平陆，死亡即多。”[③]这或许是关于广东疍家的最早叙述。到11世纪，陈师道将处于广东与广西两省边缘地区的人分成了三个族群：疍、瑶和黎。他解释道：“二广居山谷间，不隶州县，谓之瑶人；舟居，谓之疍人；岛上，谓之黎人。”[④]明清时期，这样的区分仍基本不变。然而，及至12世纪，广东的疍被视为熟练的采珠者，他们主要在面向海南岛的合浦海域采珠。由此可见，即使是“疍”亦有种类之别：一为善操舟打鱼之鱼疍，一为善没海取蚝之蚝疍，一为善伐木取材之木疍。周去非也作出类似的分

---

① 《初修序》，载《程氏族谱》，光绪二年（1876）刊，广东省图书馆藏。

② Choi Chi-cheung (蔡志祥), *Descent Group Unification and Segmentation in the Coastal Area of Southern China*，东京大学博士学位论文，1987年，第17-18页。

③ 乐史：《太平寰宇记》卷157《岭南道一・广州》。

④ 陈师道：《后山集》卷21《谈丛》，文渊阁四库全书本。

类。他曾生动描述疍家小儿嬉戏的场景，疍家“以长绳系其腰，于绳末系短木焉，儿忽堕水，则缘绳汲出之”。他还提到，“疍儿聚戏沙中，冬夏身无一缕，真类獭然”。[①]然而，即使是宋代，陈氏与周氏的评述都没有言明他们所指的是否是珠江三角洲的疍家。周去非有致仕广西的经历，而陈师道似乎根本就没有在南方生活过。

延祐六年（1319），张惟寅奏请罢采东莞县（即今天香港之新界）珠池。这篇名为《上宣慰司采珠不便状》的奏折可视为本地人对于珠江三角洲地区的疍家最早的描述。[②]张氏称采珠之疍为“疍蛮”，这个名称原先被用于称呼居住于四川以及海南岛附近的人。他谈到，疍蛮饥寒褴褛，甚于他处。他们在本地督采者“首目”的管理下采珠。直至贡珠之役中止，均由首目负责缴纳定额的珍珠。采珠是极其危险的事情，张氏描述到，疍蛮需要“祷神邀福，投牲醪于海”，以求庇佑。疍蛮衣不蔽体，有的甚至裸体出没鲸波之间，“有类水獭”。这种视疍蛮为某种动物的描述可能起源于在一百年前周去非的笔端。但是，并不是所有的疍都靠采珠为生，还有其他疍蛮活跃于海边的深山绝岛，这些人“兽形鴃舌”，与动物无异。

嘉靖本《广东通志》的编者、富有学问的黄佐，明白类比描述的脆弱。黄佐描述道：“疍户以舟楫为宅，捕鱼为业，或编蓬濒水而居，谓之水栏。”疍户，“见水色，则知有龙”，故又称为“龙户”。黄佐注意到，普通民户对这一群人是另眼相待的，“齐民则目为疍家”。所谓“齐民”，是指登记入王朝里甲册籍的人，即“编户齐民”。“编户齐民”是一个根深蒂固的观念，它也深深镌刻于黄佐的脑海。他解释道：在洪武初，这些舟楫之人已“编户，立里长，属河泊所”，并且岁收渔课。尽管如此，仍无法弥合疍户与其他编户齐民的分别。因为，在黄佐看来，他们有着与其他人迥异的风俗，如，“同姓婚姻，无冠履，礼貌愚蠢，不谙文字，不自记年岁”。但是，这些分别不是绝对的，在黄氏的笔下，随着王朝声教日益远播，某些疍人已登陆附籍，“与良民同”。甚至“亦有取科第者”。黄佐意识到，“良民”和疍的分别在于依赖于不同的力量，因为罾门多为土豪所夺。疍人往往不愿意登陆居住。某些疍人亦啸聚为盗。[③]

疍人的传说引起了注意，广为流传的传说也逐渐增多。至17世纪，这类描述仍强调水上人与陆居之人的差别。屈大均的《广东新语》称，人们普遍认为疍人状类鲸鲵之族，甚于世人。他力图抛弃前说，而将对疍的理解根植于疍家生活中。尽管如此宣称，屈大均的描述依然展示出疍家是如何被突兀地区别开来：婚时，疍人“以蛮歌相迎，男歌胜则夺女过舟”。女子与男子一样，“皆嗜生鱼能泅泅”。但是，屈大均承认，计户稽船，征其渔课之疍家，“亦皆以民视之”。某些疍人，“居陆成村”且“亦渐知书”。广城西之周墩、林墩等村即源自于疍。但是，值得注意的是，“良家”与这些村落不通婚姻。然而，在屈大均的时

① 周去非：《岭外代答》卷3《“疍”蛮》，北京：中华书局，1985年，第29页。

② 嘉庆《新安县志》，香港，1981年，第179-180页。

③ 嘉靖《广东通志》，第68卷，第48a-49a页。

代，疍家在海边势力强大。有的疍家大姓，拥船数百艘；还有疍贼以红旗、白旗为号。他们流劫东、西二江，为害商旅。并且在沙田地区抢割田禾，农人以钱米与之，方可收获。①

直到 18 世纪，王朝的法令才赋予疍家略为公正的地位。雍正七年（1729），皇帝颁布敕令，广东疍家可以登岸居住，而不受豪强土著之侵扰。②人们常常将这份敕书与雍正颁布的其他改变身份歧视之敕书相比较，如他也曾给予浙江绍兴的堕民以及山西的乐户颁发敕令。谈到根深蒂固的贱民地位，我们值得细细推敲这份敕书的内容。在敕书里，雍正针对陆上人抵制水上人登岸居住的禁令，下令各省行政大员出示各地，无法谋得其他生计之疍家，遵其意愿，准其继续舟楫为生。凡有能力建设房舍篷户者，准其登岸安身，这些人将被登入册籍，并且，王朝勉力他们用力于畎亩，垦种余田。在此后数年里，广东省官员颁发的法令补充和完善了这篇敕书。乾隆二年（1737），给予疍人泊舟港口的权利，除非有其他人可以提供契约，显示其购买此港并缴纳赋税。乾隆十一年（1746），禁止将那些在明代就投靠于势家大户，以求庇护的疍人视为家生奴仆。这些法令中体现着官员正试图消除陆地人对于疍家的歧视。但是，它们也同时更显示了朝廷迫使人们登记田土的努力：无论你是否源于疍家，只有通过这种方式，才可以将你对土地的权利合法化。直到乾隆三十六年（1771），才有敕令明确表示允许疍人拥有和普通民户一样的平等地位。敕令规定，凡贱民，例如广东之疍人，浙江的九姓渔户，在其通报官府另觅他业的四代之后，可以准许参加科举考试。③当然，要想见到这道敕令所带来的任何实在的改变，恐怕只有等到 19 世纪了。贱民地位的根深蒂固是不证自明的：我们试图从文献记录以及民族志中了解这些贱民。关于他们地位的最恰如其分的描述也许只有那么一行，它出现在香港新界大埔区一座小庙里。在庙里，竖立于 1785 年岁末的捐款题名碑上，赫然写着“碑内无名，子孙永远不得在此读书”④。我们可以原谅观察者忽略这块碑刻的弦外之音，直到他或者她意识到在这座庙里还树立着另一块碑刻。在同样立石于 1785 年的这块碑刻上镌刻着捐款的疍人的芳名。只有寥寥无几的疍人可以捐两块银圆，而大多数土著居民都捐了这个数额。诚然，捐款数额的大小是无关大旨的；只是，水上人虽然可以捐款，但是一旦在庙里延师设讲，他们孩子一样无缘接受教育。

在远离海边的地方，从宋代开始被称作“瑶”的人，是地方社会面临的另一个威胁。瑶的历史错综复杂。同样地，这种复杂性部分缘于“瑶”这个字同“疍”一样，在宋代以前运用于广东之外。大约到南宋，该字才被运用于广东。正如李默所言，“瑶”紧接着“黎僚”而出现，“黎僚”则取代了更早的称呼“越”。“越”是指称南方土著居民的词汇，广东

---

① 屈大均：《广东新语》卷 18《舟语》，香港：中华书局，1974 年，第 485-486 页。

② Ye Xian’en (叶显恩), “Notes on the territorial connections of the Dan,” 载 David Faure (科大卫)与 Helen F. Siu (萧凤霞)合编, *Down to Earth, the Territorial Bond in South China*, Stanford: Stanford University Press, 1995 年, 第 83-88 页。

③ 经君健：《清代社会的贱民等级》，杭州：浙江人民出版社，1993 年，第 233-236 页。

④ 科大卫、陆鸿基、吴伦霓霞合编：《香港碑铭汇编》，香港：香港市政局，1986 年，第 45-47 页。

人自然也包括其中。[①]在北宋，“瑶”被用于指称五岭山脉以北的居民，低处的居民对“瑶”的想象充满恐惧。所谓低处，主要指湖南省洞庭湖周遭的地区，也就是今天长沙一带。其后，“瑶”被借用来描述广东和广西两省（区）生活在五岭山脉南麓的土著群体；通过延展其范围，亦指称活跃在两省（区）的其他地区的人们。在借用这一名称的历史的背后，是贸易的进步，以及与之相伴的人们对于边缘地区认识的深入与拓展。尽管在16世纪，广东的官员对于瑶区的地理分布有着明确的概念，但是在此之前，当我们上溯到比文献记载更早的时间，只能捡拾到一些模糊不清的描述，提及瑶人的地理分布。

在湖南洞庭湖南部生活的人，被称为“莫瑶”。这一称呼的含义并不清楚，但《隋书》中有一段地方上为这个称呼辩护的描述，认为这群人实际上是因为祖先的功绩而被免除了徭役的人，这可以在稍晚的材料中得到印证。[②]环洞庭湖地区长久以来都与瑶人（现在用来指称这群人的词）的传说紧密相连，坐落在这一带的梅山，在传说中是他们的发源地，接下来的历史则可以追溯到分布在这一地区的人群，暗示了他们和后来被称为“瑶”的人群之间的关联。

官方纪录焦点的转移是随着王朝南迁导致的变化引起的。一个大的变化就是因为淮南地区盐的阻滞而令从两广到湘赣的盐业贸易增加。另一个变化就是朝廷允许商人从广东购盐运至广西贩卖，这一贸易直到淳熙元年（1174）还维持不堕。还有滇桂边境的马匹贸易。宋王朝失去了北方战马的供应地，于是在绍兴元年（1131）转求于广西。广西南部的横山镇成为马匹贸易中心，从远至云南边境买来的马，由这里运到桂林，再通过灵渠北运到长江。也是从南宋开始，广西的米开始运至广东销售。周去非写于南宋初的评论，认为之所以广西的米有外销的余地，不是因为当地生产量高，而是因为人口少。他注意到广西米价较低，这也可能是它运至广州销售的原因之一。[③]全汉昇概析了南宋的报告，注意到出口的主要部分实际上是从广州装船，运往福建和浙江了。他的例证清晰显示，两广这一时期是以稻米过剩著称。[④]另有记录显示江西卖牛到两广，每年冬季，大量江西人赶牛到南部，给地方官员带来了相当多的法律秩序难题。[⑤]

只是到了南宋时候，才出现大量有关西江流域贸易繁盛的描述。大城市之间以及整个地区的频繁接触，导致文人对于这一地区原住民的认识增加，于是涌现出了大量用以指称这些人群的词汇。然而大部分都还是被当作“溪峒蛮”，这一个名词被广泛用在两广多山地区的人身上，但逐渐地，这一词被特别用来称呼湖南和两广边界几个州，也即岭南山脉两侧的人，通过分类，这个词被赋予了功能性的意义。例如绍熙四年（1193）诏湖广郴、桂、

① 李默：《广东傜族与百越族（俚僚）的关系》，《中南民族学院学报》1986年第23期。

② 魏徵：《隋书》卷31《地理下》，北京：中华书局，1973年，第898页。

③ 周去非：《岭外代答》卷4《常平》，第46-47页。

④ 全汉昇：《宋代广州的国内外贸易》，收全汉昇：《中国经济史研究》，香港：新亚研究所，1976年，第85-158页。

⑤ 徐松辑：《宋会要辑稿》蕃夷5之50，台北：世界书局，1964年，第5106-5107页。

衡、道诸州溪峒瑶户，“不系‘省民’者，并免随税均纳夏秋免役钱”。嘉定七年（1214）的一份奏折解释了这个词，“省民”与“熟户”是辰、沅、靖三州居住在“内地”的人，而“山瑶”和“峒丁”则被认为是“居外”的人。①

范成大于乾道九年（1173）至淳熙二年（1175）任广西经略安抚使，他所写的一段简洁描述显示了这些术语和行政安排之间的关联。广西经略安抚使所辖之范围外，即“羁縻州峒”，或简称为“峒”。随着宋朝“开拓浸广”，朝廷在这些人中，“推其雄者为首领，籍其民为壮丁。”但是，“其人物犷悍，风俗荒怪，不可尽以中国教法绳治，姑羁縻之而已”。②“瑶”则是指居住在桂林附近深山地区的人，他们无需交税和服役。值得注意的是桂林是正规的而非“羁縻”的府，因而桂林的官员不得不处理这些深山中的人，和政府行政体系下纳税的居民之间的争端。范成大的叙述显示，瑶并没有和纳税户截然分开，他们彼此通婚贸易，瑶人出售石板和山货来换取米和盐。范成大是经略安抚使，驻在桂林，他招收了7000当地民人成为驻军，在他们帮助下，范氏成功迫使瑶人酋长宣誓不再惹是生非。桂林的瑶和从湖南来的瑶是连续体，也就是说从广西到湖南通过灵渠的贸易路线，就是通过瑶人的地区。在瑶人的东部和被定义为“垌”的拱形地区以外，是住在山区的“僚”人。这些人“居于深山，既无酋长，也无登记”。在其他地方，云南和贵州是被描述为“蛮”的人。他认为峒也是蛮的一种，不同在于峒交税，并且比蛮人更接近省的行政管理，蛮人则真正在“化外”。

元代“瑶”和“僚”的字眼，被宽泛地用在广西北部山区以外和邻近广东部分地区的人身上，两个词之间的含义也经常不加区分。宋亡后，记录显示西江和其北部山区的瑶人开始出现骚动。至元二十六年（1289），政府指挥军队镇压他们的冲突，发生在靠近广州周边的肇庆府和清远县，越出了珠江三角洲的最北端。一份较晚的元代记录（刘鹗《惟实集》）指广东半数的人都是瑶和“僚”，这一宽泛的说法不应看作是对广东族群构成的称呼，而是14世纪，这些名词在广东省内如何被使用。③瑶人居住在珠江三条主要支流（即西江、北江和东江）的想法，到了明代被固定下来，不仅《明史》记载了在统治的第一个世纪中，这一地区瑶人首领次第投降，并且嘉靖四十年（1561）的《广东通志》能够列出一张所有省内瑶人居住地区的清单（被描述成瑶山），包括清远106处、从化35处，以及新会1处，它们都在广州府的范围内。④如同疍一样，瑶人以动物秉性著称。《广东通志》承袭了宋代范成大的描述，他们十分凶残，风俗奇异，但保留了在葬礼上唱歌的特性。显然他们是行政管理体系区分开来的一种人群分类。

到了清代，记录较少提到瑶人，但更多是涉及客家的武装械斗。近年，梁肇庭已经重

① 徐松辑：《宋会要辑稿》蕃夷5之70，第7777-7787页。

② 范成大：《桂海虞衡志辑佚校注》，成都：四川民族出版社，1986年，第179页。

③ 刘鹗：《广东宣慰司同知德政碑》，收刘鹗《惟实集》卷3，文渊阁四库全书本。

④ 嘉靖《广东通志》卷67，1561年本，第1b-2a页、第13a-26b页。

建了客家人从广东东北部丘陵迁移至东江流域，在珠三角及周边地区建立移民地的历史。他将第一波移民的时间，定在16世纪平定了丘陵地区的畲民后的时期。他追溯他们迁移到惠阳和博罗，从那里再到海丰的东南沿海地区。第二波发生在迁海后的康熙二十二至二十三年（1682—1684）。客家移民再一次到东江下游的惠州府，可能在18世纪的时候，再次越过这里到达增城、东莞和新安县。两次移民潮的另一路线是翻过粤北的山脉进入广西，然后环绕西江到达高州半岛，再从那里进入珠江流域的西部边缘恩平、新宁和鹤山县。①

比起之前的作者，梁肇庭小心地将客家族群问题与移民的历史分开。他充分认识到广东北部族群的复杂性，包括客家原居地的丘陵地区居住着被称为瑶、畲以及其他各种名称的人群。近年来很多作者注意到客家与畲族语言的接近，使问题更加复杂，如陈永海指出，早期的记录并没有将客家和畲区分开来。②梁肇庭的贡献在于指出只是在1802—1808年客家人也卷入其中的骚动后，所谓“客家精神”才出现。也就是说，位于广东北部丘陵的嘉应州是移民的故乡的神话，正是在这一时期开始。另外重要的是，梁肇庭指出嘉应州之所以重要，是因为在18世纪末期，它在科举考试上的辉煌成就，这无疑是正确的。他注意到的一个例子，发生在江西赣州，但并没有将它放入关于广东移民的讨论。参加考试的人必须在他们户籍登记的地方考试，客家所暗示的移民的地位，变成一种将客家居住的县排除在外的工具，即使他们已经在那里登记了。在珠江三角洲，如同在赣州一样，必须为这些客家设立特别的科举名额，东莞直到嘉庆六年（1801）才设立，新安县是嘉庆七年（1802）设立的。③

梁肇庭认为移民导致了居住在远离客家原乡的地方，对那段历史的认识以及客家族群的建构就是据此而来。然而，从16世纪末期开始的移民的肇端，移民者对于原居民来讲是他者是毋庸置疑的。需要指出的是15世纪的记录的确有提到从广东山区一部分到另一部分的迁移。假如如梁肇庭指出的，直到万历年间，乡村联盟传入广东北部山区，所以移民者的后裔进入珠江三角洲，或者更广泛的，17—18世纪，他们在更为富有的原居民乡村大量建祠堂和置祖产的时候来到。这种可能性和19世纪以来客家入侵的说法相当吻合。但是，如果建构客家历史的论述是建立在原居民已经建了作为定居人群的象征，实行被国家所承认的礼仪，这就必须注意到原居民这一行动在建立起了原居者地位的同时，也将移民定义为外人。19世纪早期，当移民者也采纳了和他们的原居者邻居一样的政治认同和礼仪，并且为他们的出身编制了高起点的神话，他们不仅把自己和原居者区别开来，并且也同被他

① Leong Sow-theng (梁肇庭), *Migration and Ethnicity in Chinese History: Hakkas, Pengmin, and Their Neighbours*, Stanford: Stanford University Press, 1997.

② Chan Wing-hoi, “Ethnic labels in a mountainous niche: The case of She ‘bandits’, in Pamela Kyle Crossley, Helen Siu and Donald Sutton, eds., *Empire at the Margins: Culture, Ethnicity, and Frontier in Early Modern China*, Berkeley: University of California Press, 2005, pp.255-284.

③ 宣统《东莞县志》卷26，第5a页；嘉庆《新安县志》，第99页。

们视为族群上次等的畲区分开来。这一论断暗示了明代的不均衡的地位结构更容易被穿越，但清代则少得多。这并不是因为政府执行了任何族群的“政策”，而是因为在明代，里甲在珠江三角洲逐渐推行开来，在地方社会脉络里，里甲上地位的不同使原居者和外人的不同固定下来。

由宋至元，再到明初，广州作为行政中心的地位逐渐被确认，城外的地区也不再被看作奇怪生物定居的地方。认为这些半动物的人也许可以通过教导转化的观念逐渐深入人心。第一份将瑶人视为这一文化工程对象的表述见于元统元年（1333）[①]，紧跟着的是一些理学家的宣传。16 和 17 世纪，这一工程推行得相当成功，一方面，疍和瑶人被纳入到行政体系，其起源已不着痕迹；另一方面，这两个族群用语具体化到专用来称呼贱民。这些看起来相反的潮流必须通过世系关系和国家策略来探讨。他们通常都非常成功，重塑了人们的历史记忆。清代客家地位的历史也是同一故事的扩展，必须和这一故事的副本互读，作为广州珠江三角洲的定居者的化身，尤其是那些在广州周边地方的人如何融入广州人当中。

珠江三角洲之外

在珠江三角洲地方礼仪表现的历史变化中，凸显了两个形塑地方社会的主要趋势：其一与地方行政机关的发展有关，地方政府制造出地权，作为对地方豪强效忠明王朝的反馈；这一趋势的反动主要发生在 18 世纪，雍正的税制改革给了地方官员相当程度上的财政独立。其二则发源于国家礼仪向地方社会的渗透，这一过程并非强迫性的，而是通过社会流动的吸引。向文人的方式看齐，意味着有更多机会通过科举考试，以及获得更高的社会地位。在珠江三角洲，地方行政机构扩展的影响相当急剧，很大程度上是因为这里的土地在明代以前大部分都没有开发，户籍登记提供了一个渠道，可以将这些未开垦地的权利确定下来。在宋怡明关于福州外南台岛的例子中，也发生了类似的过程，包括通过自定义，将相当一部分人同“疍”的贱民地位区分开来。[②]在莆田地区，因为里甲的实施和 16 世纪的礼仪改革，也发生了类似的过程。然而，由于莆田的大部分地区已经开发，并被与国家有密切关系的人群所控制，这一过程的发生也建立在早期的结构基础之上，即保护寺庙拥有的权力。

从对江西和福建地方社会研究的简单回顾，不难看出地方社会整合进国家的过程，对于社会地位的确认及它的礼仪表现都有相当的冲击。莆田纳入到宋王朝过程的表征是它的

---

① 危素：《危太朴文集》，《元人文集珍本丛刊》，台北：新文风出版公司，1985 年，第 6 章，第 2a-b 页。

② Michael Szonyi (宋怡明), *Practicing Kinship: Lineage and Descent in Late Imperial China*, Stanford: Stanford University Press, 2002.

神祇系统。进入明代，当里甲和祠堂成为国家与地方社会整合的标志时，这其实是建立在宋代就已开始形塑的文化上的。[①]在珠江三角洲，宋王朝的影响非常有限，大部分地区是明代才整合进国家体系的，礼仪建立在户籍登记并发展成宗族的基础上。从这些研究中，推演出一个非常有趣的假设，也许适用于整个中国南方，即形塑地方社会的礼仪很大程度上和地方社会吸纳进国家体系的时间，以及当时社会风气有关。王朝行政管理的建立与正统的礼仪同样重要，但不管这些是否在地方上建立，地方社会都会将之付诸实施。

我们也可以运用这一观点来考察西南中国碰到的复杂情况。瑶和壮几乎可以肯定是在明王朝的地方行政管理中发展出来的族群定义。里甲制度实施后，在里甲之下的便被定义为王朝的“民”。被称为壮的人，是在这一体系之外，为土司所控制的人。瑶则是既未登记在里甲，也未被土司所统治的人。台湾地区在 17 世纪，成为福建及邻近的广东地区的移民地，也承袭了这些地区的礼仪传统。地域组织和闾山的礼仪紧密结合，以建立寺庙的多姓同盟的形式出现。书写契约的大量应用，以及表示地位的称呼附着于特定人群（例如 19 世纪的客家）意味着台湾的开放。因此，一旦定居下来，便立即通过运用契约来获得土地，即使法律和土地登记要求保障原住民的地权。苗的情况也非常类似，谢晓辉现在的研究显示，在湘西扩散的人群最后被定义为“土家”，苗则是抵制这一扩散的人群。清代，苗人居住在贵州山区，在 18 世纪的时候，由于木材贸易对经济发展的推动，导致运用地契作为地权的证据，强化了他们与来自湖南的移民之间的族群边界。他们开始建造汉人村落样式的木屋，19 世纪的时候，还编纂族谱，彰显他们在帮助王朝镇压太平天国中的贡献。[②]然而，云南的模式并不相同，是因为王朝不得不面对之前的王朝结构。9 至 11 世纪的大理和爨王国，不同于同一时期沿海的南汉和闽政权，在文字书写对地方社会形成影响之前，并没有整合进王朝体系。西南的佛教王国在明朝时，以在土司统治下的族群的面貌重新展现，这时大宗族开始出现。[③]

地方社会的人接受王朝的礼仪并整合进明王朝的过程，带来了族群上的均质化。但几乎用同样的方式，土司接受了礼仪，便将统治下的人不仅与王朝的“民”区别开来，也与土司自己区分开。这一发展的痕迹，显然要从礼仪的连续性中寻找。例如，在广东边缘地区，神与祖先流行的过程重叠。高州地区（在珠江三角洲西部）的冯姓将他们的祖先追溯到唐代冼夫人的丈夫冯宝；而从明代开始编纂的佛山冼氏的族谱则没有任何将自己的历史与这位传奇女性联系起来的征兆，尽管他们也是这一地区的早期定居者。历史与地区间的比较可能会让我们更清楚模式如何运作。高州地区早在西江，成为在宋代（大概在 13 世纪）主要贸易通道之前，就是连接湖南的主要通路。在这条路线的其他地点可以看到雷州半岛

---

① Kenneth Dean (丁荷生)与 Zheng Zhenman (郑振满), *Ritual Alliances of the Putian Plain*, vol. 1, Leiden: Brill, 2010, pp. 285-368.

② 谢晓辉：《延续的边缘：从宋到清的湘西》，香港中文大学博士学位论文，2007 年。

③ 连瑞枝：《隐藏的祖先：妙香国的传说和社会》，北京：生活·读书·新知三联书店，2007 年。

拜祭雷神庙，而湘赣边界则是飞山公。类似广州附近肇庆的龙母和黄埔的南海神庙，都是香火鼎盛的庙宇，吸引了临界之外广大地区的人前来拜祭。原因当然是它们在早期主要的贸易据点上。在高州以外，冼夫人的庙可以在海南岛上沿着从雷州过来的宋移民路线上发现（不同于连接阿拉伯和东南亚贸易的路线）。在海南最主要的冼庙和雷州的雷神庙，都可以发现原住民的石雕像，他们双手反绑，跪于神像前。雷神庙还有两个不同的神殿，显示出它有不同的宗教传统。一边神龛是鸟嘴的半人形雷神，手里握着生雷的大斧，主要的神龛上则是陈文玉的人形塑像，他是从一蛋中诞生的。庙中的捐款牌显示，至少从明代开始，陈姓就是这一地区的主要捐赠者。类似飞山公，也即唐代的杨再思，都是祖先及地方神。①

族群和国家一样均有自己特性的概念，是行政管理逐渐完善的产物。就中国而言，族群也与文字、教育和税收，以及相关的地方社会紧密相关。由此引申，在中国国家历史背后是中国民族的历史，而它的形成不是 1911 年，而是明王朝的建立。明代文献中找不到“民族国家”的字眼，因为那是西方观念翻译过来的词汇。但是你可以发现明王朝所做的就是西方国家定义民族国家所做的一切：公民权、公民承担防卫责任，交税，大众的语言和文化出现（或相信它出现）。清王朝是一个帝国，但明王朝创造了民族。它非常成功，许多人即使在王朝行政区域之外也仍通过他们与皇帝的关系，定义他们自己；那些因各种原因在明王朝之外的人，就是原住民。

后　记

我与韦庆远教授相识于 20 世纪 80 年代，有幸邀请他到牛津大学讲学。他为我们介绍清代的种种档案，我和同事以及学生都受益良多。与韦庆远教授相处，我们感受到的不只是他的学问，还有他的为人：沉默、实在、想问题的执着。我当年还不知道他的家庭的悲伤，他也完全没有流露。韦教授是一位有深度修养的读书人，从不向人炫耀他的学问，也从不寻求朋友的同情。

感谢李庆新教授为他编写这本纪念集，让我参加，我义不容辞。我认识韦教授的年代，还在研究珠江三角洲，我曾将这些年在中国南部研究中所得的一些感想记录下来。因此，在此我与师友们分享这一些感想，以为回应，也是对于韦教授的缅怀。

（执行编辑：杨　芹）

① Zhang Yingqiang (张应强), “The Venerable Flying Mountain: patron deity on the border of Hunan and Guizhou,” 载 David Faure 与 Ho Ts’ui-p’ing (何翠萍)合编, *Chieftains into Ancestors, Imperial Expansion and Indigenous Society in Southwest China*, Vancouver: UBC Press, 2013, pp. 66-85；贺喜：《亦神亦祖：粤西南信仰构建的社会史》，北京：生活•读书•新知三联书店，2011 年。

粤海关史研究的传承与创新

陈春声*

尊敬的李克农会长，叶显恩、李庆新研究员，各位前辈、各位领导、各位同行：

非常高兴在这样一个秋高气爽的季节，来到具有历史意义的沙面，出席这场研讨粤海关和海上丝绸之路历史的学术盛会。中山大学历史学系有机会作为会议的承办单位，我也非常高兴。我先代表中山大学祝贺这次会议顺利进行！

刚才，李克农会长讲到，广州在中国对外贸易、对外交往方面有着非常重要的地位。史前的历史先不讲，从中国有历史记载开始，广州进入这个国家的历史就很重要。作为一个对外贸易和对外交往的口岸，从康熙二十四年设立粤海关到现在，粤海关这个名字已经运用了几百年。其间，粤海关的性质一直在改变，但是粤海关的长期设置也突显了广州在海上丝绸之路大格局里面的地位。刚才李会长在整个报告里面对这方面做了非常好的阐述，我完全赞成。

我们这个会议另外一个特别的主题是海上丝绸之路。这与海关史是分不开的，这是一个非常有价值的学术题目。我们现在推进“一带一路”倡议，“一带一路”是 21 世纪中国对外交往，在整个大的国际格局里是一个非常重要的决策。非常有意思的是，我们国家在制定这样一个倡议的时候，用了历史名词“丝绸之路”或“海上丝绸之路”。这让我们做历史研究的人有机会在这样的背景下面发表自己专业的见解，做我们专业的研究，这是一个非常难得的机会。

做历史最难得的事情就是亲历历史，现在我们在做历史的研究，其实我们也在亲身经历一个重大的历史变化。回到学术史上，20 世纪初至今的一百余年，我们有一个非常优秀的学术研究传统，就是对西域、南海史地的研究。这是在中国最特别的一个事情——做西域的、做西北的和做南海的是同一批学者。所以，西域、南海的史地研究传统，其实跟我们“一带一路”的整个倡议格局是吻合的。这说明两个事情：第一说明我们国家提倡“一带一路”的研究是很有历史深度和历史渊源的，是一个在历史上、在我们整个亚洲甚至是

---

* 陈春声，中山大学党委书记、历史系教授。本文系作者在 2016 年 10 月 9 日，在“粤海关和海上丝绸之路”学术研讨会上的致辞。

在亚欧交往格局基础上提出的。这说明“一带一路”倡议的提出有非常深厚的人文历史基础，这个是我们比起那些域外的国家最不一样的地方。这是我们强调“一带一路”的一个方面。还有另外一个方面，也告诉我们，其实有的时候站在学术研究领域里面，一百年前的学者在做西域、南海史地研究的时候，也许他们不会想到一百年后，在21世纪，中国到一个新的历史发展阶段，我们的国家会提出“一带一路”这样的倡议，而我们百年前的研究，为现世整个国家发展提供了服务。他们应该不会想到历史就是这样。

所以，很多历史学或者说学术的基础工作，也许在当时我们做的时候不知道有什么用，但到后来会不断有一个新的意义的解释，这是很特别的一个道理。回到历史去看，上一代的学者，甚至上上一代的学者，他们在做西域、南海史地的时候，中国在经历边疆危机，为什么那一代学者在做？他们在讲国家的兴亡，他们做西域、南海史地的研究，其实背后一个很强烈的愿望是“救亡图存”。我们现在做“一带一路”研究很不一样，我们中国在世界上是第二大经济体，我们是在这个国家、这个民族面临着新的发展机遇，面临着不一样的国际形势，面临着我们可能有不同的国际地位的情况下做“一带一路”研究。一方面我们感觉到历史在发展，历史在传承；另一方面又感觉到时代在变化。我们在这里讲“一带一路”的时候，我们在“走出去”，可以用对外发展来描述。当年我们在做西域、南海史的时候，做得非常好，那时面临的情况真的不一样。所以，做历史最难的是要把时间看远一点，我们不但在研究历史，我们也在亲历历史。

讲到学术史，我很高兴。我昨晚九点钟回到家里，花了三小时把电子版的研讨会论文集翻了一遍，很高兴看到这一次论文质量相当高，也有很多新的材料，很多跨国的视野，特别是很多年轻的学者出现，这个是让人真正感觉到高兴的事情。回到海关史，中国做海关史研究的老一辈学者，如果健在的话都是一百多岁了。我们马上会想到汤象龙先生。汤先生是清华大学研究院第一届的毕业生，当年在故宫、在午门整理近代海关的档案和文献。他后来到了四川财经学院，就是后来的西南财经大学，去组织创办这个学校。他是梁方仲老师的师兄。刚好我爱人是成都人，所以时不时我回岳父岳母家的时候就会去看看汤老师。他会回想起20世纪30年代，比现在还晚一点的冬天在东街的故宫午门上面整理几百沓海关档案的那种辛苦日子。当时，我在厦门大学读书，汤老师也曾经把我们带到鼓浪屿见陈诗启老师，陈先生是我们海关史研究的另外一位老前辈。他们在那个时代所做的工作，其实到现在我们都还在受惠，还在得益于他们那个时代的积累。我也知道，汤象龙老师当时很希望陈诗启老师给我影响，让我也去做近代海关史，不过我本人受的训练是明清史，所以，后来没有顺从老师的期待，还在继续做另外一个领域的研究。

当我们回忆起这些，就知道学术就是这样传承下来的。这次有这么多年轻的朋友撰写大批论文，能看到老一辈学者们开创的学术事业后继有人，真的非常高兴。我昨天看论文，感觉有一些还是要跟老一辈学习的，特别是他们的胸襟和眼界，和他们对国家、对民族的责任，我觉得我们还是要好好地学。

这次会议的研讨论文粗粗一读，有很多新的材料，这是非常非常难得的。做历史研究，还是得有新材料。不足的有两点：第一点，制度史的研究还是不够，特别是跨国的制度，因为我们做海关史也好，做海上丝绸之路史也好，我们其实在跟贸易制度，跟商业制度，跟货币制度，跟经济制度打交道，我们不仅仅是在做中国的制度，我们还要做中国以外其他国家的制度，在这方面我感觉还有努力的空间。另外一点，海外资料用的不够。如果有可能，我们还要更多地使用外面的资料，因为我们还是有机会到吕宋去，到巴达维亚去，真的还有很多很多材料，我们要多用一点。

有个高兴的事情，是有一大批非常好的论文是海关的同行们写的，这跟传统做历史的很不一样，大家对海关的专业非常熟悉，论文揭示出来很多海关独有的制度、独有的想问题方法、独有的范畴，我相信这是一般的历史学者想不到的。所以，感觉特别好，这是一个历史学者跟从事海关工作的研究者结合得非常好的范例，我感觉非常高兴。

我今天来开这个会议，一方面是代表中山大学来，另一方面还是因为作为一个做历史研究的人来谈一谈。祝会议圆满成功！

谢谢！

（执行编辑：徐素琴）

东汉回避规定“三互法”辨正

侯建良*

摘要：在中国古代文官管理制度中，有一项很有特点的制度叫回避制度。它是以防止官员利用亲属关系及相关便利条件朋比结党和徇私枉法为目的，对官员在任职或执行职务时避开亲属或者某些特定地区等的限制性规定。回避制度源远流长，汉代开始形成，唐宋时期基本成熟，明清时趋于完备。

关键词：东汉；回避制度；三互法

在我国古代文官管理制度中，有一项很有特点的制度叫回避制度。它是以防止官员利用亲属关系及相关便利条件朋比结党和徇私枉法为目的，对官员在任职或执行职务时避开亲属或者某些特定地区等的限制性规定。回避制度源远流长，汉代开始形成，唐宋时期基本成熟，明清时趋于完备。

研究者普遍认为，东汉的“三互法”在回避制度初创时期占有重要地位。但对“三互法”的基本内涵是什么？人们却众说纷纭。笔者翻阅了有关“三互法”解释的一些书籍、文章，认为目前的几种解释皆难以令人信服。而令人遗憾的是，有的不正确解释却逐渐成为“权威”解释，不断被一些文章、书籍所引用。为了避免以讹传讹，陈陈相因，有必要进一步加以辨析，给“三互法”一个正确解释。

一、目前几种解释均不符合原意

历史文献中有关“三互法”的记载，最早见于《后汉书·蔡邕传》。它是这样说的：“初，朝议以州郡相党，人情比周，乃制婚姻之家及两州人士不得对相监临，至是复有三互法，禁忌转密，选用艰难。”其后，《册府元龟·铨选部·条制一》与《文献通考》卷三十六《选

* 侯建良，原中华人民共和国人事部副部长。

举考九》也采信这段记载，编入各自书中。《文献通考》辑录时，在文字上略有增减，并在文后加了注解："桓帝时纲纪惰紊，凡所选用莫非情故。时议以州郡相阿，人情比周，乃制婚姻之家及两州之人不得相临，遂有三互法。"（注解将在下文详述）除加了两句三互法产生的时代背景外，其他内容相同，文字更加简练。

我们先看看这段话的大致意思。这段话首先讲了三互法产生的背景，关键词是"州郡相党，人情比周"。"相党"（或"相阿"）就是搞团团伙伙、结党营私。"州郡"相党，并不是指州郡的所有人士，而是指州郡的头面人物，包括州郡长官和地方世族豪门。弄清这一点很重要，这关系到三互法的回避范围。"人情"是指当时的社会风气，"比周"[①]也是结党营私的意思。既然州郡长官之间、长官与地方世家大族之间已经结党成风，那么确实需要采取一点限制性措施了。接下来便是该段话的核心内容，即"乃制婚姻之家及两州人士不得对相监临，至是复有三互法"。正确理解这句话，有两个关系回避范围的关键词容易被今天读者们所误解：一个是"及"，不能理解为"以及""和"的意思，而应理解为"涉及"的意思。第二个词是"监临"或"临"，在这里是"监管临民""临民治事"的意思，这是指地方长官而言的，并不是所有地方官员都适用这个词。将这句话译为白话文，便是："于是就规定凡婚姻涉及两州的人士不得相互到对方所在州郡担任长官，至此便有了三互法。"从上下文的逻辑关系里，我们不难看出三互法的基本内容就是"婚姻之家及两州人士不得对相监临"。虽然今天的我们不能从这句话里直观地看出究竟是"哪三互"，但起码应该承认，三互法与这句话有着直接的密切关系，对"三互"的推测不应脱离这句话的基本含义。

专家学者们对三互法做出了各种不同的推测性解释，其中具有代表性的有三种。我们现在就具体看一看，这三种解释是否符合历史文献的原意。

第一种解释："甲州人士有监临乙州，同时乙州人士有监临丙州者，则丙州人士不但不能监临乙州，且不能监临甲州；又若有人为甲州刺史而婚于乙州之女，则甲州人士亦不能任刺史于乙州。"[②]这种解释里实际包括两个方案。先说方案一，这里的甲州人士、乙州人士、丙州人士皆是泛指，他们只是异地任职，并没有强调他们必须有婚姻关系；既然他们之间没有亲属关系，那又回避什么呢？这显然不符合"婚姻之家""不得对相监临"的意思。再说方案二，某人任甲州刺史，他的妻子是乙州人，那么其他甲州人便都不能到乙州任刺史了。那么，我们要问：与甲州刺史并无亲属关系的其他甲州人，为什么不能到乙地任职呢？这显然也不符合"婚姻之家""不得对相监临"的意思。

第二种解释："第一，如果甲家与乙家通婚，乙家又与丙家通婚，而三家又分别属于不同的州或郡，那么，甲家的男子要对丙家所在的州郡回避，丙家之男子也要对甲家所在的州郡回避。第二，在全国十三州的任何三州中，如果甲州之人已出任乙州刺史，乙

---

① "比周"原出于《论语》的"君子周而不比，小人比而不周"。

② 严耕望：《中国地方行政制度史：秦汉地方行政制度》，上海：上海古籍出版社，2007年，第350页。

州之人又同时出任丙州刺史，那么，在他们同时任职的期间，丙州人士要对甲州回避。第三，如果甲家与乙家通婚，两家分别居于不同的州郡，乙家之男子又已出任丙州刺史，那么，在其任职期间，丙州人士要对甲家所在的州郡回避。第四，如果甲州之人已出任乙州刺史，乙家又与丙家通婚，那么，在甲州之人出任乙州刺史期间，丙家之男子要对甲州回避。”①

三互法应该是三种情况，而这一解释却列了四种情况；或许说，这四种情况里，每一种都含“三互”，那么便是四个“三互”了，而原意分明是一个“三互”；也有可能这里是将所有能够想到的情况全部列入，任由读者从中选择。我们且看一看，这四个“三互”里，有没有符合原意的解释。方案一，甲、乙、丙三家有连带的婚姻关系，但奇怪的是，不要求有直接婚姻关系的甲、乙两家或者乙、丙两家回避，却要求无直接婚姻关系的甲、丙两家回避（甲、丙两家属于姻亲的姻亲），舍近而求远，与“婚姻之家及两州人士不得对相监临”的意思也合不上。方案二，实际与前面已分析过的第一种解释的方案一基本相同，不再赘述。方案三是说，甲、乙两家分居两州且通婚，但对他们两家不加限制；而如果乙家到第三州当了刺史，那么，这第三州的人就倒霉了，要限制他们到甲州做官。很显然，这既不公平，也不符合原意。方案四实际是方案三的翻版，也不用再分析了。

第三种解释：“三互回避应有如下三类：地方官自身本籍，婚姻之家的对方之籍，两州之士的对方之籍。”②这三类推测是怎样得出来的呢？持此种解释的先生认为：“三互法必然要遵循和包括制书规定的‘婚姻之家’和‘两州人士’交互回避对方之籍的两项内容。”所以便把“婚姻之家的对方之籍”“两州人士的对方之籍”各做一类。还差一类怎么办呢？于是便推论说，既然连婚姻之家的籍贯都回避，“则回避本籍应是情理中之必然”。因而又加了一个回避本籍。但是这里却发生了一个错误，就是把“婚姻之家及两州人士”的“及”，理解成“和”了。我在前面说过，这里的“及”是“涉及”的意思，即“婚姻之家涉及两州的人士”需要回避。如果将“及”理解成“和”的话，那么，原话就成了“婚姻之家和两州人士不得对相监临”，这就讲不通了：“婚姻之家”如不涉及两州，哪还谈得上“对相监临”；“两州人士”如离开“婚姻之家”，也就说不清是哪两州了。至于回避本籍，东汉时并无这样的规定（后面还要说），更未“成为惯例”。再说，回避本籍用不着说“不得对相监临”，顶多算一种回避，算不上一“互”。

通过以上粗略分析，读者们不难得出结论：上述三种解释所涉及的七种方案，皆不符合历史文献所说的原意。

---

① 方北辰：《东汉“三互法”辨析》，转引自《中国历朝行政管理》，北京：中国人民大学出版社，1998年，第185、186页。

② 王士伟：《中国任官回避制度的历史经验与现实构想》，载梅小璈、王好立、张志铭主编：《中国社会科学文丛·政治学卷》，北京：中国政法大学出版社，2005年。

二、这些解释错在何处

大凡制定政策法规，首先是制定者（国家最高统治者或国家主管机构）感到有较强的必要性，其次是制定出的规定要能够操作，具有可行性。我想，这一道理，古今应是一样的。然而，上面列举的三种有代表性的解释却恰恰忽略于此，因而完全变成了只是对“三”与“互”的附会推测。它们共同的缺点是没有必要性，缺乏可行性，同时也不符合回避制度发展的规律性。

第一，关于必要性。

东汉统治者为什么要制定三互法？原文虽然很短，仍然没忘了讲它的必要性：“朝议以州郡相党，人情比周。”当时东汉朝廷最怕的就是地方长官之间、长官与地方豪强之间拉山头、搞宗派、结党成势。这种情况是由当时的历史背景所决定的。东汉后期，中央集权逐渐衰弱，地方豪强、世家大族势力日益强大。他们逐渐把持了地方推荐选拔官员的权力，一些世家大族世代为官，变成了权势官族。官族、世族利用各种办法，其中包括联姻办法，互相勾结、融合而形成更加强势的世家大族。这些世家大族一旦得势，则子弟亲党布列朝廷内外。世家大族的势力是今人无法想象的，如东汉外戚邓氏一家，封侯的就有 29 人，做大将军、将军的 13 人，校尉 22 人，中央部门长官 14 人，州牧、郡守 48 人。一些世家大族甚至成了产生高级官员的“专业户”，如弘农杨氏四世出了三个公卿，汝南袁氏更是“四世五公”。在这种情况下，限制高级官员之间、高级官员与世家大族之间利用婚姻手段实现跨地区强强联合，实际是为了限制世族门阀势力的加速膨胀对皇权构成的重大威胁。因此，对于朝廷来说，制定三互法很有必要。

然而，我们今天一些推测方案却不是围绕上述必要性展开的，甚至与这一必要性风马牛不相及。前面所述几种有代表性的解释方案，从基本思路上大体可以分为三类：一是循环型回避法，二是舍近求远型回避法，三是随意型回避法。循环型的基本模式是甲监临乙地，乙监临丙地，则丙就要回避甲。而丙、甲两家并无任何亲属关系。前引第一种解释中的方案一、第二种解释的方案二都属于这种类型。舍近求远型，如第二种解释的方案一、方案三、方案四都属此类。其特点是有婚姻关系的两家不用回避，而其中一家却要与无婚姻关系的第三方回避。随意型，如第三种解释的第三类，随便两州的人士就不能互到对方之籍做官了。

以上三类回避思路，有一个共同缺陷，就是要求回避的人士之间都没有直接的亲属关系（包括婚姻关系）。回避制度最完备的清代，将回避分为“避亲”（含直系亲属、旁系亲属及姻亲）、“避籍”（含原籍、寄籍、商籍）两大类，现代专家学者们一般将回避分为亲属回避、地区回避、公务回避三大类（科场考试回避、司法审案回避等，在古代是被包括在“避亲”里，现代学者将其划出，称为“公务回避”）；但无论怎么分，都应该承认：亲属回避是回避制度的核心与实质。因为，回避籍贯，主要因为那里有众多的远近亲属；回避某些公务（如科考、审案），是因为公务中遇到了与亲属有关的事。像以上所分析的诸解释方案，彼此之间既然没有亲属关系，那回避还有什么必要呢？

第二，关于可行性。

制定政策法规，不但要看必要性，可行性更为重要。因为它不同于写文章，不是仅仅表达制定者的思想倾向和理想愿望，也不是为了好看，而是为了让规定能够付诸实践。这就要求规定出来的东西要具有可操作性，实施有可行性。回避规定的可行性主要表现在三方面：一是回避对象要明确，如果回避对象模糊或者随意，则无法落实。二是回避标准要公平，要使回避人员感到心服口服。三是在保证基本效果的前提下，涉及人数要尽量少；若涉及人数过多，则会严重影响任用工作中量才授职、适才适所原则的贯彻，大大增加任用工作的难度，甚至根本无法操作。

顺便说一下，对于不谙实际人事管理工作或对可行性研究注意不够的专家学者及其他同志来说，往往容易认为对官员们的限制性规定，适用人数越多越好，规定越严越好。其实这是一个误区，说不定就是这一误区引导我们做出了烦琐而又不切实际的种种推测。其实，任何事情都是过犹不及，对于法律法规的适用，更是要求宽严适度，公平公正，注重实践效果，切忌带有主观倾向。为了说明白这一道理，不妨说一个现实例子。在我国公务员回避规定研究制定之初，有一种意见就认为，公务员的回避应该范围从宽，限制从严，例如地区回避可以规定县、乡两级公务员任职一律回避本籍。后经广泛调研座谈，认为这样做既无必要，也不切合实际。县乡公务员大部分家在农村，异地任职将带来住房、家属工作、子女上学、父母养老等一系列实际困难，国家为此要增加大量财政支出，造成在人财物上的巨大浪费。经过反复研究论证，最后公务员法规定只有县、乡两级机关的主要领导职务和县级有关部门的主要领导职务实行地域回避，既抓住了主要领导职务这个关键，保证了回避制度在廉政建设中的应有作用；又坚持了实事求是，避免了全国范围内徒有虚名的大折腾。由此可见，可行性是各种规章制度的生命线！

而前面所列举的几种三互法解释方案，恰恰在可行性方面都非常欠缺：第一，回避对象模糊，具有不确定性。比如甲乙丙循环型，丙本来很希望、也有资格到甲地去当刺史，现在有个乙州人在丙地当刺史，这并不影响丙实现自己的愿望；但突然有一天，甲地有个人被任命到乙地当了刺史，这本来与丙毫无关系，可是丙却不能到甲地去做刺史了。至于随意型回避法，任意两州的人士都要互相回避，就更无法操作了。第二，按照舍近求远型方案，被要求回避的人肯定大呼冤枉：他们有直接关系的不回避，为什么让我回避？这不是别人有病而让我吃药吗？第三，按照原意，只是跨州郡联姻的刺史或郡守在回避之列，人数有限。而按照循环型方案，甲、乙、丙的位置是相对的，在州郡大循环中，实际上谁都有机会担任甲、担任乙、担任丙。也就是说，每个州郡的刺史或郡守都在回避范围之内。无形中，回避范围被扩大了若干倍，造成官员管理中人财物的巨大浪费，严重影响行政效率。

值得提出来的是，近年来在介绍回避制度的书籍、文章中，采用甲乙丙循环型方案的居多，而且把其中的"监临"和"出任刺史"改成了"做官"，即变成"如果甲州人到乙州做官，乙州人到丙州为官，丙州人就不能到甲、乙两州为官"。[①]如果将所有"做官"的人都纳入视野的话，常识会告诉我们：每个州都会有人在各州做官，每个州在职官员中都会有各州人。也就是说，不论哪个州，它既是甲州，同时又是乙州和丙州。如果一定让他们按照循环型方案彼此回避的话，那只能是各州只能用本州人，谁也别想到外地做官。如果再加上回避本籍，那官员们简直就没有可以任职的地方了！

第三，关于规律性。

回避制度的发展经历了由简单到复杂、由不规范到规范的漫长过程。大致说来，东汉时回避制度初创，很不健全，有过硬的确切记载的只有三互法。经历了魏晋南北朝及隋代，唐代才逐步健全起来，亲属回避、籍贯回避、科考回避等几种类型才基本成型。宋代进一步严格。到明清时，特别是到了清代，回避制度粲然大备，形成了系统而明确具体的回避制度体系。

在今天，对亲属回避、地区回避、公务回避等各类回避都已了解的同志，容易对东汉的回避规定产生疑问：它为什么不首先规定对本身籍贯的回避，而要规定回避婚姻亲家的籍贯？其实，这正符合制度初创时期的规律性。回避制度初创时，人们对回避制度还没有系统而完整的认识，只能是摸着石头过河，最高统治者感到什么迫切就规定什么。正如前面说过的，当时最迫切的是"州郡相党"已成风气，直接威胁到中央集权，所以首先作出三互法的规定。至于回避本籍，东汉时恰恰未见这样的规定，相反，当时风气还以在本地做官为荣。例如，东汉末年，张既做了本州刺史，曹操祝贺他说："还君本州，可谓衣绣昼行矣。"[②]可见，当时回本州做长官，就如同穿上华丽衣服大白天在街上走一样，多么荣耀啊！直到唐朝有了回避本籍的规定后，这种遗风还时有表现，如《旧唐书·姜谟传》记载，姜谟被任命为秦州刺史，唐高祖对他说："衣锦还乡，古人所尚。今以本州相授，用答元功。"意思是说，古人崇尚回本籍做长官这种做法，现在虽然一般不这么做了，但我授你本州长官，是为了报答你对国家立有大功啊。这一句"古人所尚"，恰好成了东汉未做回避本籍规定的说明。

三、应该如何解释

对三互法的含义，古人早有解释。唐高宗的儿子李贤做太子时，"招集诸儒""共注范

① 完颜绍元：《轻松为官：破解千年隐蔽秩序》，北京：中央党校出版社，2007年，第55页。
② 《三国志·魏书·张既传》，北京：中华书局，1959年。

晔《后汉书》”。李贤等人的注释具有权威性，中华书局印的《后汉书》采用的就是该注。李贤在注释《蔡邕传》中所述“三互法”时说：“三互谓婚姻之家及两州人士不得交互为官也”[①]。《文献通考》卷三十六《选举九》也是这样注释的：“三互，谓婚姻之家及两州，不得交互为官。”这里的意思很明确：“三互”的含义，就是婚姻之家涉及两州者，不得互为对方州郡的长官。

然而，现在很多人在解释三互法时，大多不提李贤的这一注释。有的学者注意到了李贤的注释，但认为“李注有不确之处”，干脆否定了。我想，人们对李贤注不认可的原因，主要是因为没有弄明白这“三互”究竟是哪三互。

其实，所谓“三互法”，就是指实施“婚姻之家及两州人士不得对相监临”这一规定的三项具体办法。根据“三互”的基本含义，特别是李贤注的启示，对于“三互”之具体所指，应当这样理解：

假设甲、乙两家分居甲、乙两州（或郡），且两家是婚姻亲家，甲为男方，乙为女方。由于古代女子是不能做官的，所以只需要考虑两家的男性就可以了。那么根据“婚姻之家及两州人士不得对相监临”的规定，则：

（1）甲翁不得到乙州（或郡）担任长官；

（2）乙翁不得到甲州（或郡）担任长官；

（3）甲子（婚姻当事人）不得到乙州（或郡）担任长官。

我想，这大概应该是“三互法”的具体所指吧。

有人可能会问：你这一推测可以印证吗？可以印证。李贤在注解之后，曾举当时一例加以说明。《文献通考》也采用了这一例子来做说明。这一实例是：当时史弼要升为山阳郡（今山东省境内）太守，而其妻是巨野薛氏家族的女儿，巨野隶属于山阳郡，因此史弼提出按三互法应当回避，于是改任他为平原相。请看，这一实例正好符合上面所说第（3）种情况。只要第（3）种情况能站住脚，那么第（1）（2）种更会被大家所认可。

有人可能会说：这也太简单了。事情本来就不复杂。唯有简单才符合逻辑：第一，东汉时回避制度刚处于起步阶段，凡事在起步时都比较简单，由简单到复杂，由低级到高级，才合乎事物发展的规律性。第二，李贤注和《文献通考》注为何只说“三互”就是“婚姻之家及两州人不得交互为官”，而不具体说明是哪三互，大概就是因为太简单了，当时人一听就明白的事再一一列出，有失烦琐和低级。另一方面，由于简单才易行。如果一开始就搞得很复杂，像清代那样系统完备，能行得通吗？新生事物刚产生，即使很简单，也总有人出来反对的，蔡邕就是如此，他借口幽、冀两州一时找不到当刺史的合适人选，就要求皇帝破除“三互法”的规定，结果未被采纳。其实，两个州找不到合适人选，原因是多方面的，如果真像他说的那样，如此简单的回避规定就使任用工作难以进行，那回避制度就

---

① 这里的“为官”按上下文仍是“监临”，即做长官的意思，与我们现在所说的“做官”“为官”不尽相同。

不可能继续发展并逐渐趋于完备。不过，蔡邕要求破除“三互法”的理由正好从另一个角度说明回避规定的适用范围不是越大越好，范围过大会严重影响任用工作的正常进行。

还有人可能会说：按你的上述解释，合乎回避条件的实际人数确实不多，因而实施相对容易了，然而这样的三互法在限制“州郡相党”方面还能起多大作用呢？其实三互法规定的作用更在法外，这样规定，实际也是警告那些异地为官的刺史、郡守们，不准在任职所在地为自己或自己的儿女找亲家，这对遏止当时地方长官利用结亲方式朋比为党的风气，无疑具有普遍意义。

后　记

1979 年我考入中国人民大学档案系，读“中国政治制度史”专业研究生，指导教师就是韦庆远教授、吴奇衍副教授。与我同做韦老师研究生的还有另外两位同学。韦老师当时已是国内外知名学者了，他在历史研究以及历史学与档案学的结合研究上，做出了很多开创性的贡献，但他与我们研究生在一起时总是平易近人，谦和亲切，他指导我们如何读书，如何积累资料，如何写文章，经常用“板凳要坐十年冷”激励我们，要我们不务虚名，做一辈子踏踏实实的学问。韦老师的渊博学识、在学术研究上的刻苦精神和奉献精神，给我留下了难以磨灭的印象，他是我们尊敬的师长！

毕业后我们走上各自的工作岗位，韦老师仍然关心着我们，每次会面都要询问我们的工作情况，对我们的每一点进步都表示赞许和鼓励。2009 年当听到韦老师去世的消息时，我感到十分突然，倍感痛心和惋惜，因为他本来可以对我国的历史学研究做出更多的贡献！

今年是韦庆远教授诞辰九十周年，广东省社科院历史与孙中山研究所、广东海洋史研究中心筹划出版纪念韦庆远教授的文集。我想借此机会奉上一篇拙文，虽然文字浅陋，但纪念之情同大家是一样的！

2018 年 6 月 30 日

（执行编辑：徐素琴）

“良医良相”说源流考论

——兼论宋至清医生的社会地位

余新忠*

摘要：长久以来，人们均毫不怀疑地认为“不为良医，则为良相”为代表的“良医良相”说出自范仲淹之口，现代的医史研究者则更进一步认为范氏的这一名言促进了宋代儒医阶层的兴起及此后医生社会地位的提高。然而本文通过对“良医良相”说源流的系统考察发现：这一几无争议地被视为范仲淹所说的名言，非但不是范氏所言，甚至很可能与他本人无关。范氏 “愿为良医”的故事，即便不是完全空穴来风，至少在 12 世纪中期以前并未对社会造成什么实际的影响，“良医良相”说在 13 世纪以降，影响日渐加深，含义也被不断阐发和引申。虽然它的不断被引述和发挥，不无意义，但在国家相关的制度性规定和社会指标性身份认定的束缚下，其实反映出了明清时期医生的身份和地位难以真正“向上提升”的窘境。而且，“良医良相”说本身，无助于作为职业的医生的地位的独立和提升，反而强化了人们将其视为儒的附庸的意识。个中，国家政策和制度的重要性显而易见。

关键词：良医；良相；范仲淹；儒医；社会地位

“不为良相，则为良医”，是现代国人耳熟能详的一句古代名言，不仅颇为广泛地出现在各种报端杂文之中，而且也在众多的医学史论著中被广为征引，借以表明医学的重要以及宋元以降儒医的出现与医生社会地位的提高。对于该语，今人几乎均毫无疑义地认为其出于北宋著名的政治家、文学家范仲淹（989—1052）之口，而相对于该语，范氏还有一句更脍炙人口的名言——“先天下之忧而忧，后天下之乐而乐”。不过与后者在语辞上的确定无疑不同，前者则明显不够统一和确定，在宋元以来的文献中，还存在着相当多不尽相同的表述，比如“不为良相，愿为良医”，“达为良相，穷为良医”，“不为良相，必为良医”，“不为宰相，则为良医”以及“良相即良医”等等。造成这种状况的原因，当为后者明确出

* 余新忠，南开大学历史学院暨中国社会史研究中心教授。

自范仲淹的文集之中①，而前者则源于范仲淹死后约一百年后刊出的一部笔记中，而且还只是类似的语句。

关于这些表述，至少从13世纪以来，绝大多数人均认为出自范仲淹之口②，而且除了极个别的例外，人们也未对该语的来历给予过关注③。将这类表述归于范仲淹的认识延续至今，不过相较于以往的述而不论，目前的医史研究者已多有论说，其中较具代表性且较为专门的探究当属马伯英，他在出版于1994年的一部著作中指出，“不为良相，则为良医”这句话的源头出自大约初版于1150年代的笔记《能改斋漫录》中一则有关范仲淹的记载，他完全未对此的真实性产生疑问，不过进而将其放在宋代儒医的兴起的脉络中来考察该语的出现，认为范仲淹的这一箴言，促进了宋代儒医传统的形成，进一步推动了医生社会地位的提升④。马氏的这一论述广为医史学界所接受，尽管表述的方式和角度各有不同，但基本的认识则完全一致，即都毫无疑问地认为，“不为良相，则为良医”为范仲淹所言，范氏的这句名言积极促进了儒医的兴起和医生社会地位的提高⑤。不过海外的相关研究则早已就此零星地发出了不同的声音，比如，美国学者韩明士（Robert P. Hymes）早在1987年就因该语不见于范氏本人的著作中，而怀疑有可能是南宋时人的伪托。不过他并未就此做专门的考证⑥。对于这一怀疑，我国台湾学者陈元朋则表达了不同意见，他认为吴曾这样的士人，又有什么动机要去作伪呢？但他也只是在一个注释中提出想法，并未做更多的引证。不过他也不赞同马伯英有关该语促进了儒医的生成这样的论断，认为马过高地估计了范仲淹这句话的实际影响力，但同样也未予申论⑦。

由此可见，目前关于宋元以来一直较为流行的“不为良相，则为良医”一语的来龙去脉还缺乏较为系统深入的探究，多有以讹传讹和令人疑问之处，而海外零星的对通行说法

---

① 范仲淹：《岳阳楼记》，载李勇先、王蓉贵校点：《范仲淹全集》，成都：四川大学出版社，2002年，第194-195页。

② 人们在引述类似的表述时，除非不言作者或笼统称之为古语及古人言，一般都说是范仲淹所言，不过也偶有例外，比如明代就有多人将其归之为司马光。如陶华：《伤寒琐言序》，北京：中华书局，1985年影印丛书集成本，第1页；吴旻：《重刊扶寿精方序》（1534），载裘庆元辑：《珍本医书集成》第三册《医方类》，北京：中国中医药出版社，1999年，第811页；萧京：《轩岐救正论・自序》，北京：中医古籍出版社，1983年，第15页。）而晚清大儒俞樾则在一则笔记中说是狄梁公（仁杰）之语（俞樾：《茶香室四钞》卷七，光绪二十五年刻春在堂全书本，第19a页），但他并没有提出根据，我们也找不到相关的依据，而他自己在另一篇文章中亦言为范仲淹之语。（《春在堂杂文三编》卷四《邹母张太夫人七十寿序》，光绪二十五年刻春在堂全书本，第33b页）。

③ 就管见所及，仅清末的医生杨熙龄表达过一点疑问，他在一则笔记中说：“‘不为良相当作良医’，相传为宋范文正公语，而《冬夜笺记》谓崔与之父尝曰，‘不为良相，则为良医’，岂范语为崔所尝称述之者欤？”（杨著园编著，沈洪瑞，刘志华校注：《著园医药合刊》，太原：山西科技出版社，1992年，第71页）。

④ 马伯英：《中国医学文化史》，上海：上海人民出版社，1994年，第476-482页。

⑤ 最新比较重要而具代表性的论述可以参阅李经纬、张志斌主编：《中医思想史》，长沙：湖南教育出版社，2006年，第417-439页。

⑥ Robert P. Hymes, “Not Quite Gentlemen? Doctors in Sung and Yuan”, *Chinese Science*, 1987, Vol,8, pp. 43-44.不过他在注释中提示了一条未收录四库全书颇为重要的资料，曾丰《缘督集》中的一篇文章。

⑦ 陈元朋：《两宋“尚医士人”与“儒医”——兼论其在金元的流变》，台北：台湾大学出版社委员会，1997年，第33-34、253页。

的质疑也几乎未受到国内学界的关注。有鉴于此，本文拟对该语缘起做一系统的考证，力图尽可能清晰地呈现这一话语的形成过程、缘由和意义，以及与范仲淹之间的关系，并进一步对这一话语在宋元明清的被不断复述的情况和所表达的含义做一梳理，借此来考察当时医生的心态和社会地位。

一、“良医良相”说渊源考论

（一）“良医良相”说的出典

“良医良相”说最早的出典，现有的研究均指出，乃为南宋吴曾的《能改斋漫录》中一则名为《文正公愿为良医》的笔记，其内容如下：

> 范文正公微时，尝诣灵祠，求祷曰：他日得相位乎？不许。复祷曰：不然愿为良医。亦不许。既而叹曰：“夫不能利泽生民，非大丈夫平昔之志也。”他日有人谓公曰：“丈夫之志于相，理为当然；医之技，君何愿焉？无乃失于卑耶？”公曰：“嗟乎！岂为是哉！古人有云：‘常善救人，故无弃人；常欲救物，故无弃物。’且丈夫之于学也，固欲遇神圣之君，得行其道；思天下匹夫匹妇，有不被其泽者。若己推而内之沟中，能及小大生民者，固惟相为然。既相不可得矣，夫能行救人利物之心者，莫如良医；果能为良医也，上以疗君亲之疾，下以救贫民之厄，中以保身长生，在下而能及小大生民者，舍夫良医，则未之有也！”[①]

吴曾生卒年不详，大约生活在12世纪中前期，曾官至吏部郎中，生前对医学颇有兴趣。该书成编撰于1154—1157年，出版不久，即因仇人告发而遭禁毁，直到1190年才重新梓行。[②]这则笔记所载的相关内容，在范氏的著述和由其后代编撰的年谱等资料中均未见有任何的蛛丝马迹，而吴曾记录这一轶事时，范氏已经过世百余年了。正因如此，韩明士对其真实性表示了怀疑。这样的怀疑自然有其合理性，但若没有证据，似乎也不能随便断言吴曾造假，这正像陈元朋所说，吴曾这样士人，又有什么动机作伪呢？而且笔记本来就是一种记录见闻和札记等内容的文体，吴曾这一记载当是他对当时所听闻的有关范仲淹轶事的记录，虽然时间过去了一百多年，但社会上流传着有关范仲淹这样的名人在尚未显贵时的一些逸闻，也没有什么不合理。但是，我们若仔细检视这则记载，还是颇有些令人感到疑惑的地方。首先，一个人去神祠求祷，应该是私密之事，旁人又何以知之？其次，更为重

① 吴曾：《能改斋漫录》卷十三，上海：上海古籍出版社，1979年，第831页。

② 吴曾：《能改斋漫录·出版说明》，第1-4页。

要的，在这则故事中，范仲淹针对他人的问题洋洋洒洒地说了一长段话，表明他愿为良医的原因以及做良医的重要性。即使是简单一两句话，在长期流传过程中也可能变味，而那些长篇大论，又怎么可能在一百多年后，还能完整准确地记录下来呢？即使是大概，恐怕也早已在流传过程中变得面目全非了。最后，范氏那些话语，征诸他留存下来的文字，也找不到丝毫的类似之处。故而，我们完全可以认为，即使范仲淹有类似的故事，那些长篇大论，肯定是吴曾根据语境和自己的意思附会上去的。其实，稍晚，沈作喆的另一则类似的记录则相对简朴可信一些：

> 范文正公微时，尝慷慨语其友曰：吾读书学道，要为宰辅，得时行道，可以活天下之命。时不我与，则当读黄帝书，深究医家奥旨，是亦可以活人也[①]。

沈作喆是绍兴五年（1135）的进士，生活年代可能稍晚于吴曾，据《四库全书总目提要》的考证，该书为沈 1174 年以后所作。如果对比这两则记载，我们看不出两者在文字上有何渊源关系，应该是各自对于当时社会上流传的范仲淹轶闻的记录。这说明，当时社会上应确实流传着范仲淹从小就怀有“利济生民”的远大抱负，并且有意将做良医作为不能成为宰相的其次选择这样的逸闻故事。不管这一传闻是否属实，吴曾应该也算不上是有意作伪。

也许有人会说，既然范仲淹将医和相放在一起来进行类比，那么即使“不为良相，愿为良医”这样明确的说法非范氏所言，将“良医良相”说归之于范氏，亦无不可。当然，如果我们相信这则范氏轶闻的内容基本属实，而且范氏乃是历史上以医比相的首创者，那么，这样的说法亦属允当。不过，实际上，即使我们相信这则轶闻属实，范氏也非第一个以医比相的人，这类类比很早就已经存在。比如，在《尚书》中就有武丁以医生治病来比喻人臣为相的记载[②]。而《国语》中则有“上医医国，其次疾人”的说法[③]。汉代的贾谊则曾言：“吾闻古之圣人，不居朝廷，必在卜医之中。”[④]而韩愈则直接将“医师之良”类比于“宰相之方”[⑤]。差不多就是“良医比良相”的滥觞。

尽管范仲淹不可能是以医比相的第一人，不过，也应该指出，这些类比的立足点主要在为医和为相在道理上具有相通之处上，范仲淹故事中另外具有的医道重要和从医非鄙方

① 沈作喆：《寓简》卷五，“文渊阁四库全书”本，台北：商务印书馆，1986 年，第 864 册，第 134 页。

② 《尚书·商书·说命上》，参见王治民主编：《历代医德论述选译》，天津：天津大学出版社，1990 年，第 15-16 页。

③ 左丘明著，焦本校点：《国语》卷 14《晋语八》，沈阳：辽宁教育出版社，1997 年，第 108 页。

④ 司马迁：《史记》卷 127《日者列传》，北京：中华书局，1982 年，第 10 册，第 3215 页。

⑤ 韩愈在其名篇《进学解》中言：“夫大木为宊，细木为桷，欂栌侏儒，椳闑扂楔，各得其宜，施以成室者，匠氏之工也。玉札丹砂，赤箭青芝，牛溲马勃，败鼓之皮，俱收并蓄，待用无遗者，医师之良也。登明选公，杂进巧拙，纡馀为妍，卓荦为杰，校短量长，惟器是适者，宰相之方也。”（载卞孝萱、张德华编选：《韩愈集》，南京：凤凰出版社，2006 年，第 314 页。）

面的含义，显然是这些类比所没有的。若抛开范仲淹的这则记载，在11世纪，我们并没有发现从这些意义上，来类比医和相的相关记载。不过，随着宋代朝廷对医药事业和医学教育的日渐重视，特别是庆历四年（1044）太医局的设立、熙宁九年（1076）太医局的正式设局以及北宋徽宗年间国家“医学”的设立（1103）[①]，社会和士人对医学的态度开始发生变化，士人中的尚医风气逐渐形成[②]，从11世纪中期以降，我们不时可以在诸多文献中看到表达医道重要的言论。比如，好医术，官至工部侍郎的郎简[③]（968—1056）在庆历七年（1047）为王衮的《博济方》所写的序中言：“救灾恤患，阳秋之大谊也；博施济众，仁者之首善也。”[④]将医术的施济视为仁者之首善，显然表明了对医道的看重。而一则有关庆历年间（1041—1048）太医赵从古的记载，则对此作了更多的阐发。据《历代名医蒙求》引《名医录》的记载称，庆历中，进士沈常因为人廉洁，处性寡合，而未能得到地方的荐举，于是到京师谋生计。他因偶尔看到翰林院医官在大街上很威风，于是就产生了学医的念头，但又心有不甘。后在朋友的劝说下，遂去拜访当时著名的太医赵从古，希望拜师学艺。赵看穿了沈常内心以医为鄙，不太情愿的心思，遂跟他说了一大段医道重要的话：

> 医术比之儒业，固其次也。盖动关性命，非谓等闲。……吾道非贱士能矣。……吾闻儒识礼义，医知损益。礼义之不修，唯昧孔孟之教；损益之不分，最害命之至切。……至于汤药，小小不达，便致寿夭……岂可轻哉？[⑤]

稍后，林亿也在《新校注针灸甲乙经序》（1066）中开宗明义地指出：“臣闻通天地人曰儒，通天地不通人曰技，斯医者虽曰方技，其实儒者之事乎。”这些议论均表明了医道关乎性命，不可轻贱，甚至与儒亦不无相通之处。北宋中后期以降，这样的议论渐趋增多，

---

① 有关宋代朝廷对医药事业的重视和宋代医学教育情况，可以参阅李经纬：《中医史》，海口：海南出版社，2007年，第167-189页；王振国主编：《中国古代医学教育与考试制度研究》，济南：齐鲁书社，2006年，第195-310页。

② 陈元朋在前揭论著中从物质条件、现实因素和士人的思想等三个方面探讨了宋代士人“尚医风气”的形成原因，研究颇为深入，但未涉及官方重视医药的影响，亦无不缺憾。（参阅氏著：《两宋“尚医士人”与“儒医”——兼论其在金元的流变》，第45-111页。）

③ 参阅脱脱等：《宋史》卷299《郎简传》，北京：中华书局，1977年，第29册，第9926-9927页。

④ 郎简：《博济方序》，载王衮编撰，王振国、宋咏梅点校：《博济方》，上海：上海科技出版社，2003年，第1页。

⑤ 周守忠：《历代名医蒙求》卷下《赵言沈羞》，续四库全书1030册，第216页。《历代名医蒙求》刊于嘉定十三年（1220），若无相关的依据，这样的故事自然亦不可遽信。不过该书实际是对以往著述中有关名医事迹的汇编，并非作者所撰。每条记录均标明出处，而这个故事出自《名医录》。《名医录》一般都认为是唐代甘伯宗的《历代名医录》或《历代名医传》的别称。而且今人在介绍甘伯宗的该书时，也大多会说道，该书今已亡佚，但在《历代名医蒙求》等书中留下了其中一部分内容。不过只要稍稍仔细地读一读《历代名医蒙求》《医说》等书中留下的有关《名医录》的内容，就会发现，这样的说法实在是以讹传讹，因为书中记录了很多五代和北宋前期的事迹，怎么可能是唐人的作品呢？仅就《历代名医蒙求》记录的内容来看，《名医录》中载有较多北宋真宗和仁宗朝的事迹，最晚的一条记载为皇祐年间（1049—1054）之事。由此，笔者认为《名医录》乃北宋中期之人所撰的一部有关名医故事的著述。这样，这则记载即为当时之记录，故相当可信。

到北宋末，名医许叔微更是直接发出了“医之道大矣。可以养生，可以全身，可以尽年，可以利天下与来世，是非浅识者所能为也”[①]这样的声音。

同时，自 11 世纪后半期开始，士人中将医和相、治国和医疾联系在一起的说法也开始渐趋增多。比如，北宋著名文人黄庭坚（1045—1105）、南宋最著名的诗人陆游（1125—1210）和词人辛弃疾（1140—1207）都留下了“诚求活国医，何忍弃和缓”“胸次岂无医国策，囊中幸有活人书”“万金不换囊中术，上医元自能医国”这样的诗词[②]，这样类比在日趋尚医的风气下，自然也就相当容易让人从诸如医道重要、重视从医等更多的角度来类比医和相。南宋另一位著名诗人杨万里（1127—1206）在 12 世纪六七十年代，在给《陆氏集验方》作跋时，就中唐宰相陆贽贬居忠州后，只集古方而不著书的行为[③]议论道：

> 宣公之心，利天下而已矣。其用也，则医之以奏议；其不用也，则医之以方书。[④]

这一议论，与吴曾所记录的范仲淹的表述用词虽然不同，但含义实为异曲同工。另外，《宋史》中的一则记载，也反映了类似的观念。这则记载称：

> 崔与之，字正子，广州人。父世明，试有司连黜，每曰“不为宰相则为良医”，遂究心岐、黄之书，贫者疗之不受直。[⑤]

崔与之（1158—1239）是南宋的名人，曾官至宰相。按崔的年龄推算，其父说这样的话的时候，大致应为 12 世纪的三四十年代，即南宋初。虽然《宋史》乃元人的作品，我们很难认为“不为宰相，则为良医”就是崔世明的原话，但至少表明，从医非小道、不以从医为鄙的角度来联系医和相的认识已存在于当时的社会中。综上所述，则不难认为，医道非鄙，如果无法做到达则利济天下，那么做一个良医以活人，也不失为体现儒道，实现自我之道的观念已经较为普遍地存在于 12 世纪的南宋社会，即吴曾生活的时代。

这也就是说，在 12 世纪的南宋社会，出现吴曾有关“愿为良医”的记载显得非常自然。但若把这则故事放到范仲淹“微时”的北宋初年（1010 年前后），则相当突兀。当时不仅

---

① 许叔微：《普济本事方自序》，伊广谦主编：《中医方剂名著集成》，北京：华夏出版社，1998 年，第 79 页。

② 黄庭坚：《见子瞻灿字韵诗次韵三首》，黄庭坚著，刘琳等校点：《黄庭坚全集》，成都：四川大学出版社，2001 年，第 2 册，第 911 页；陆游：《小疾偶书》，载《陆游集》，第四册，北京：中华书局，1976 年，第 1625 页；辛弃疾：《菩萨蛮·赠张医道服为别且令赠河豚》，载徐汉明编：《新校注辛弃疾全集》，武汉：湖北人民出版社，2007 年，第 175 页。有关诗词部分的内容可参阅陈庆元、陈贻庭：《古典文学与中医学》，福州：福建科学技术出版社，1996 年，第 142-143 页。

③ 关于陆贽的相关事迹，可参阅刘昫等：《旧唐书》卷 139《陆贽传》，北京：中华书局，1975 年，第 12 册，第 3818 页。

④ 杨万里（1127—1206）：《诚斋集》卷 98《跋陆宣公古方》，四部丛刊初编本，上海：上海书店，1989 年据商务印书馆 1926 年版重印，第 198 册，第 5b 页。

⑤ 脱脱等：《宋史》卷 406《崔与之传》，北京：中华书局，1977 年，第 35 册，第 12-257 页。

未见有从医道重要和从医非鄙等角度来讲医和相联系起来的说法，而且当时宋代重要医药事业的政策影响尚未显现，士人中对医道重要的论述也未见出现。不仅如此，如果认为范氏的这则故事属实，那就很难理解为什么这则故事要在范仲淹过世一百余年后才见诸记录，而一旦在吴曾的记载中出现后很快就被广为引述。毕竟这个故事并没有什么需要隐讳之处，而且名人轶事又是历代文人笔记最喜欢记录的题材。除此之外，以下两个事实，也从另外的侧面进一步表明这一故事并不属实。其一，在前述“赵言沈羞”的记载中，故事发生的庆历中正是范仲淹声名显赫之时，若范氏真有这一则故事，赵从古不加引用以表明医道的重要，也就很难理解了。按说，这一故事对于一个医生来表明医道的重要是最有说服力的。如果要说这是偶然的例外，那么又怎么可能从 11 世纪中期以降日渐增多的表达医道重要的论述都忽略这一重要的素材呢？其二，在范仲淹留下的文字中，较少涉及医药，不过也曾在“庆历兴学”的过程中上过重视医学人才培养的奏章。庆历三年（1043）他针对“今京师生人百万，医者千数，率多道听，不经师授，其误伤人命者，日日有之”的情况，奏请仁宗，请求下旨京师和各地简选名医教授生徒，并定期考选人才①。现有的很多医史研究论著往往据此认为这是范对其年轻时“愿为良医”之志的实践。在笔者看来，这不过是既定观念指引下的过度解读。因为从宋朝廷重视医学事业这一历史背景中来看，范氏的这一建言实不足为奇，而他有关医学专门的言论仅此一则，在他整体的思想观念和施政方略中无足轻重。所以他的这一建言实在无法说有什么特别的心机。何况，他的奏章只是针对社会中存在的人才培养问题提出建言，完全未见有何诸如“愿为良医”故事中所表达的为医之重要之类的表述，如果故事属实，他为什么不借机表达自己一贯的认识呢？实际上，这更从一个侧面显示了故事的缺乏根据。

因此，这个有关范仲淹的故事，基本可以说和范氏无关。而很可能是在范仲淹去世后，在当时尚医风气渐趋增强和士人希望以医谋生的社会背景下，坊间出现了类似的故事，并在流传的过程逐渐被附会到了范仲淹的身上。而之所以会附会于范氏，我想首先是范仲淹是当朝特别有名而形象非常正面的人物，以其为主人公，自然有利于扩大其影响；其次，范仲淹在任期间，也在医学教育和人才培养上也有所建言②；最后，以范氏之口来表达愿为良医的意愿明显符合那些科场失利的士人以医为自己的谋生之道的心意。这样，范氏有关良相和良医的故事也就应运而生，被推上了历史舞台。

就此，我们可以说，范仲淹愿为良医的故事并不属实，基本上可以说和范氏无关，自然也就更谈不上他曾推动宋代儒医的兴起和医生地位的提高了，事实上，反而很有可能是后者催化了范仲淹故事在“历史”上的诞生。

---

① 《奏乞在京并诸道医学教授生徒》，载李勇先、王蓉贵校点：《范仲淹全集》，第 641-643 页。并可参阅方健：《范仲淹评传》，南京：南京大学出版社，2001 年，第 437-438 页。

② 范氏的建言虽然不能说明故事的真实性，但人们若有意附会，其也完全可能成为一个理由。

（二）“良医良相”说表述的流变

前文所述，可以看到，范仲淹愿为良医的故事基本上跟他本人没多大关系，而后来颇为流行的“不为良相，则为良医”或“不为良相，愿为良医”之类话语，则更与范氏无关。其实即使我们退一步相信吴曾的记载，范氏也未直接说过这句话中的任何一句。后来流行的这些箴言，其实都是再后来的文人学士根据吴曾的故事加以概括或改编的。

自吴曾和沈作喆有关范仲淹有关良医的记载问世后，各种文献中有关这一议题的记载和议论也随之纷纷出现了。就管见所及，最早在自己的文章中引用范仲淹的典故的，是吴曾的抚州同乡曾丰，他在庆元五年（1199）为一位医生所写序文中称：“余惟范文正公得志为相，不得志为医，为皆可活人故尔。”[①]稍后，僧人居简（1164—1246）则在一篇作于 1213 年的文章中做了不尽一致的引述，他说：“昔范文正公尝愿达则为贤相，穷则为良医。”[②]在表述上似乎与后来通行的说法更为接近了。差不多同时的章如愚则谓：“前辈尝谓：达则愿为卿相，穷则愿为良医。”[③]而序刊于 1250 年的俞文豹则在引述时将“卿相”改称“宰相”[④]。应该说，宋人这类的引述，是比较符合吴曾的原意的。比较例外的是方大琮（1183—1247）在一篇约撰于 1230 年代的文章中称：“昔文正公谓大丈夫不为宰相必为良医，盖活人之功相等耳。”[⑤]不仅与当时人一般的表述多有差异，而且也与吴曾的原意也颇有距离，在吴曾的笔记中，范仲淹只是在穷时愿为良医，与必为良医明显不同。值得注意的是，方大琮死后，虽然由其子编辑了文集，但并未见刊刻流传，现在见到的他的文集《铁庵集》最早是由他的后代于明代正德八年（1513）根据宋代底本增补辑佚而成[⑥]。虽然我们没有理由和证据怀疑该文是后人的伪托，但由于年代久远，底稿有些部分出现漫漶不清，而出现由编辑者根据文意揣摩补写的情况，是完全可能的。再考虑到方大琮的表述与时人不合，而且除了他的这篇文章外，“必为良医”的说法要到明初才出现（详见后文），我们似乎有理由怀疑“不为宰相必为良医”是否是方大琮当初的表述，很有可能是其明朝的后代无意的篡改。

---

① 曾丰：《赠刘晋卿医者序》，载曾枣庄、刘琳主编：《全宋文》卷 6281，上海、合肥：上海辞书出版社、安徽教育出版社，2006 年，第 277 册，第 305 页。

② 释居简：《湖州宝云彬文仲净业记》，载曾枣庄、刘琳主编：《全宋文》卷 6804，第 298 册，第 317 页。

③ 宋章如愚编：《群书考索续集》卷三十七《官制门·县令》，文渊阁四库全书本，第 938 册，第 463 页。该书成书于 1208—1224 年。（参阅赵含坤编著：《中国类书》，石家庄：河北人民出版社，2006 年，第 115 页。）稍后，而吴曾的另一位江西同乡（非抚州）陈文蔚（1154—1247？）约在 1236—1238 年间做了同样的引述：“先朝巨公有言：达则愿为卿相，穷则愿为良医。”（陈文蔚：《起堂记》，载曾枣庄、刘琳主编：《全宋文》卷 6608，第 290 册，第 402 页。）

④ 俞文豹：《吹剑录外集》，文渊阁四库全书本，第 865 册，第 488 页。

⑤ 方大琮：《赠医者范安常》，载曾枣庄、刘琳主编：《全宋文》卷 7396，第 322 册，第 173 页。

⑥ 有关《铁庵集》版本流传情况，可参阅陈姿萤：《方大琮和〈铁庵集〉研究》，台北：东吴大学历史系硕士班论文，2008 年 7 月，第 7-36 页。

另外，南宋后期的一些诗词，也就这一主题做了一些更为简洁的表述，比如谢枋得（1226—1289）的“莫把眼前穷达论，要知良相即良医”“好看良医作良相”[①]，黎廷瑞（1250—1308）的“古今良相即良医”[②]，熊禾（1253—1312）“古称良医即良相”[③]，等等。

由此可见，及至宋末，后来最为流行的“不为良相，则为良医”或“不为良相，愿为良医”的表述仍没有出现，不过与后者非常接近的表述已经不少。到元初，王义山（1214—1287）在一篇序言中，则对此类表述做了进一步的简化和改编，他说：“范仲淹不为良相，则愿为良医。”[④]这一表述与以前的表述相比，有两个变化，一是省略了达和穷之类的条件，二是将卿相和宰相变成良相。显然已相对接近后来通行的箴言而稍稍远离吴曾的本意。随后，王旭在 1290 年前后撰写的文章中又做了更为简洁的表述，“昔人有言：不为良相，则为良医”[⑤]。干脆将“愿”字也省略了，虽然离本意更远了，但因为其更为简洁和朗朗上口，而且也更显得良医的重要，受到后代越来越多的征引，并最终成为最常用的箴言。由此可见，现代流行的良医良相的所谓范仲淹的箴言，乃主要是在 13 世纪经众多文人根据吴曾的记载不断概括和改编而逐步形成的。

当然这一表述出现后，也并没有完全影响别人采用另外的表述，实际上，自此之后，较为重视吴曾本意的表述仍时有出现并被进一步精简，比如元初的陈栎（1252—1334）表达为“穷愿为良医，达愿为良相”[⑥]，而稍晚的许有壬（1286—1364）则名之为：“达为良相，穷为良医。”[⑦]而且，与此同时，还进一步出现了含义上有所不同的新表述，比如，明初的贝琼则将其改编为“不为良相，必为良医”[⑧]，医生作为职业的选择，在语义上显然较“不为良相、则为良医”更为加强，离吴曾的原意亦更远。还有的则模糊地称之为“范文正公良医良相之言”[⑨]。不过总体而言，自元以降，还是以“不为良相，则为良医”这样简洁

---

① 谢枋得：《叠山集》卷一《赠儒医陈西岩》、卷三《赠何古梅学医》，四库丛刊续编本，上海：上海书店 1984 年据商务印书馆 1934 年版重印，第 70 册，第 3b、5b-6a 页。

② 史简编：《鄱阳五家集》卷一《宋黎廷瑞芳洲集一·送李性夫赴召时李以端午采药后行》，文渊阁四库全书本，第 1476 册，第 281 页。

③ 熊禾：《勿轩集》卷八《赠医士詹翠峰》，文渊阁四库全书本，第 1188 册，第 837 页。

④ 王义山：《稼村类稿》卷五《刘宣使秉忠家谱序》，载李修生主编：《全元文》卷 81，南京：凤凰出版社，2004 年，第 3 册，第 119 页。虽然《全元文》在版本的选择、全面性和作者考订不详与漏收等问题，特别是版本上，往往采择四库本而备受诟病，原因主要在于清人对元代的人名和地名做了大量的窜改，从而造成了很多的麻烦（参阅刘晓：《〈全元文〉整理质疑》，《文献》2001 年第 1 期，第 251-260 页）。不过就本文探究的主题来说，并不存在这方面的问题，所以本文仍采用比较常见的四库本和《全元文》。

⑤ 王旭：《送韩子新序》，李修生主编：《全元文》卷 606，第 19 册，第 496 页。

⑥ 陈栎：《送汪存耕之建宁医序》，李修生主编：《全元文》卷 570，第 18 册，第 89 页。

⑦ 许有壬：《一真堂记》，李修生主编：《全元文》卷 1191，第 38 册，第 222 页。

⑧ 贝琼：《清江文集》卷三十《中都集·同寿堂记》，文渊阁四库全书本，第 1228 册，第 504-504 页。据笔者的检索，必为良医的说法，除了前面谈到的方大琮的文章外，这是首次出现，此后，在明清的文献中，时有出现，但不如“则为良医”说法普遍。

⑨ 王都中：《瑞竹堂经验方序》（1326），载萨谦斋撰，浙江省中医研究所文献组、湖州中医院重订：《瑞竹堂经验方·原序》，北京：人民卫生出版社，1982 年，第 1 页。

而选择做医生的语义相对较强的表述最为常见。

综上可见，不管我们是否承认范仲淹“愿为良医”的逸闻是否存在真实性，“不为良相，则为良医”一类的表述都与他本人无关，乃是从吴曾开始的文人医士根据时代的需要和自己的意愿逐渐编撰形成的。当然，要说范仲淹因该语而推动了儒医兴起和医生地位的提高，更是言过其实。

二、宋至清引述“良医良相”说的含义演变

自范仲淹的故事在12世纪后半叶出现后，其关于“良相良医”的说法就开始不断被引述，在引述的过程中，文人学士往往根据自己的喜好和意愿不断地概括和改编有关这一话题的具体表述。由较早的依据原意而言的“达则愿为卿相，穷则愿为良医”，逐渐衍生出“不为良相，愿为良医”、“不为良相，则为良医”以及“不为良相，必为良医”等多种流行的说法。这几种说法是随着时间的推移而渐次形成的，而且其所表达的选择为医的意愿也呈强化之势。不仅如此，随着时间的推移，人们对这些说法的引述也在日渐增多，而且使用的范围也日趋广泛。就笔者收集到的资料来看，宋代基本只是出现在文人的诗文集中。到元代，开始在文人为医书所做的序文[①]和《宋史》中。而到明代，除了诗文集外，在医书中出现已经非常频繁，除了在他序和自序[②]中被引用，在医书的正文中也时有出现[③]。同时，还出现在史书[④]、尺牍[⑤]等文献中，并且为明末清初的著名作家李渔在其描述晚明社会情景的小说《连城璧》所引用[⑥]。进入清代后，影响更见扩大，康熙年间，范仲淹的“良医良相”说被编入在清代具有广泛影响的类书《广事类赋》的医部中[⑦]，到嘉庆年间，邹圣脉更将华氏的表述增补进当时风行全国的蒙学教科书《幼学琼林》[⑧]，遂成为家喻户晓之言。而到晚

---

① 比如前引王都中的序言即为一例，又如左斗元曾于1298年为赵大中的《风科集验名方》作序。（参阅丹波元胤：《中国医籍考》卷51《方论29》，北京：人民卫生出版社，1956年，第854-855页）

② 比如陶华在1445年所做的《伤寒琐言》的自序中引述了“达则为良相，不达则为良医”一语。（陶华：《伤寒琐言序》，北京：中华书局，1985年影印丛书集成本，第1页）

③ 比如李时珍在其著名的《本草纲目》第八卷中称金石的功能“亦良医良相之所当注意者也”。（李时珍：《本草纲目》卷八《金石部》，文渊阁四库全书本，第772册，第600页。）

④ 比如焦竑：《国朝献征录》卷78《太医院·石山居士汪机传》，四库存目丛书史部104，济南：齐鲁书社，1997年，第317页。

⑤ 汤显祖著，石良编注：《玉茗堂尺牍》卷一《答王宇泰》，上海：上海远东出版社，1996年，第29页。

⑥ 李渔著，于文藻点校：《连城璧》第八回，杭州：浙江古籍出版社，1988年，第181页。

⑦ 其表述为“此范文正所以等为医于为相”。华希闵：《广事类赋》卷十五《技术部·医》，续修四库全书，第1248册，上海：上海古籍出版社，2002年，第320页。

⑧ （明）程登吉原本，（清）邹圣脉增补：《增广幼学琼林》卷四《技艺》，喻岳衡主编：《传统蒙学书集成》，长沙：岳麓书社，1996年，第298页。

清，在一些与医药完全无关的话题中，也不时出现引述“良医良相”说的情况[①]。

吴曾最初关于范仲淹愿为良医的故事，其含义大概不外乎以下几方面：一是范仲淹从小就胸怀利泽生人的大志；二是医虽是被人视为卑下的技艺，但在救人利物方面，与相不无相通之处；三是大丈夫若不能出相入仕，做良医亦不失为实现自己救人利物之志的途径。而沈作喆《寓简》中的记录，主要表达的则是君子应重人命，具仁心，范仲淹正是怀着这样的君子之心，才会立志在不能行道时愿意习医以活人。当然，作者在做这一表述时，暗含了相和医在活人这一点上是共通的之意。其后，赵善璙成书于13世纪上半叶的《自警篇》则将吴曾的记载置于“济人”的篇目之下[②]，显现了编者在意的乃是范仲淹的济人利物的仁人君子之心。就此概括来说，有关范仲淹“良医良相”故事最初的含义主要有三：一是君子当有利泽生民之志和救人利物的仁心；二是医和相在活人这一点上具有共通之处；三是做良医可以活人，亦不失为君子在不得已的情况下实现自己救人利物之志的途径。

上文已经谈到，范仲淹的这一记载问世后，良医良相说便开始不断被人所引述，后人在引述中，其含义虽然大抵都与以上三点有关，但随着时间的推移和历史情境的变化，其含义也不断地有所丰富和改变。在宋代，含义变动尚小，关注点主要在医和相的关系上，比如最早（1199）引述的该说的曾丰，认为，范仲淹所以说不得志愿为良医是因为相和医“皆可以活人”，儒主道，医主技，但若心怀救人之心，技亦可以“进乎道”[③]。释居简则借该语为行医之行为辩护，认为其并不可鄙[④]。俞文豹和方大琮等人则强调良医和相济人、活人之功相同[⑤]。而陈文蔚则引用该说表达儒者应具有爱人利物之仁心，若欲行仁心却无其位，则为良医的思想[⑥]。由此不难看出，宋人在引述时，所表达的含义基本没有超出最初的原意，只不过对医技非鄙做了一定的强调。

到了元代，文人学士对该说的引述不仅日渐增多，而且内涵上也有所丰富和引申。首先在医和相的关系上，元初的姚燧在一篇文章中，开宗明义：“医之为业，有相道焉。”因为两者同为易危为安者[⑦]。生活于1300年前后的王旭则进一步论述说，医和相，不仅道相通，而且良医治病和良相治国的“术”，即方法也相似[⑧]。而许有壬（1286—1364）更言：良医和良相不仅“活人一也”，而且良医的“活人之功，又岂下于相哉”[⑨]！那么两者如何

① 比如晚清大宦陈夔龙在一首《示幕客》的诗中写道：“愿向使君商治谱，胜为良相与良医。”（氏著：《松寿堂诗钞》卷4，续修四库全书，第1577册，上海：上海古籍出版社，2002年，第30页）

② 赵善璙：《自警篇·济人》，北京：中华书局，1985年，影印丛书集成本，第208页。

③ 曾丰：《赠刘晋卿医者序》，载曾枣庄、刘琳主编：《全宋文》卷6281，第277册，第305页。

④ 释居简：《湖州宝云彬文仲净业记》，载曾枣庄、刘琳主编：《全宋文》卷6804，第298册，第317-318页。

⑤ 俞文豹：《吹剑录外集》；方大琮：《赠医者范安常》，载曾枣庄、刘琳主编：《全宋文》卷7396，第322册，第173页。

⑥ 陈文蔚：《起堂记》，载曾枣庄、刘琳主编：《全宋文》卷6608，第290册，第402页。

⑦ 姚燧：《易安斋记》，载李修生主编：《全元文》卷306，第9册，第461-462页。

⑧ 王旭：《送韩子新序》，载李修生主编：《全元文》卷606，第19册，第495-496页。

⑨ 许有壬：《一真堂记》，载李修生主编：《全元文》卷1191，第38册，第222-223页。

才能相通呢？元末的王礼认为，两者的结合点在于读书，无论是良相还是良医，“有不由读书乎”？凸显了儒道的重要性，表达了对“以儒术济医道”的赞赏[①]。同时，还出现了有些士人因为科举入仕之途上的受困，而引该语而学医的记载，比如吴兴的庄子正，就因在考试中连连失利，而喟然曰：“君子存心于爱人，不得为良相，愿为良医。”遂开始习岐黄之业[②]。虽然这些文人不再鄙视医术，但内心念兹在兹的还是儒业，为良医不过是他们暂时或不得已情况的一种济世之策，在那些文人的笔下，为医者真正期待的还是业儒为官，即使自己没有可能，也冀望后代能由良医而良相。比如，陈栎（1252—1334）在送其朋友汪存耕出任建宁医学教授的送别序文中称：

良相医国，时来则为，纵或不在君之身，必将在君子孙。[③]

值得注意的是，由于元代国家对医学的相对重视，医生不仅有可能像汪存耕那样担任在国家官僚体系中占有一定地位的医官，而且还有可能更进一步，实现由医而“相”的期待。比如，河南的谷杲，幼年习儒，学成未能如愿入仕，便引“良相良医”说而习医，后因医术精良而入太医院，并最终官至广平路总管[④]。虽还不是宰相，但能成为地方大员，也算显赫了。

元代继承了宋代重视医学的传统，而且有所创新，医官的品级是历代中最高的，医生向上晋身的管道也相对较为通畅[⑤]。而且与其他朝代相比，元朝也是最为贬抑儒士的朝代。在这样的背景下，元代士人对“良医良相”说的引述及其对其内涵的引申和发挥，一方面固然可以说是现实中医生地位提升的认可甚至倡扬，另一方面更重要的可能还是通过密切医与儒之间的关联[⑥]，以及为医最终还是期待由医而相这样的愿望的表达，来表明儒的正统性，医唯有附着于儒，才为正道。当时文人这一引述和阐发，多少包含着他们为维护儒学的独尊地位的一种努力，且在无意中贬抑了医作为一种技艺的地位和价值。正因有这样的考虑，陈栎才会说：

盖以仁心行仁术，活人之功亚于医国相天下，惟儒者深知之，族庖未必知也[⑦]。

---

① 王礼：《赠萧同礼序》，载李修生主编：《全元文》卷 1852，第 60 册，第 589 页。

② 杨维桢（1296—1370）：《来德堂记》，载李修生主编：《全元文》卷 1312，第 41 册，第 471-472 页。

③ 陈栎：《送汪存耕之建宁医教序》，载李修生主编：《全元文》卷 570，第 18 册，第 89 页。

④ 刘敏中（1242—1318）：《河南谷氏昭先碑铭》，载李修生主编：《全元文》卷 403，第 17 册，第 635-636 页。

⑤ 参阅梁其姿：《宋元明的地方医疗资源初探》，《中国社会历史评论》第三卷，北京：中华书局，2001 年，第 222-223 页；王振国主编：《中国古代医学教育与考试制度研究》，第 314-322 页。

⑥ 关于元代文人对儒医的认同，可参阅陈元朋：《两宋“尚医士人”与“儒医”——兼论其在金元的流变》，第 289-295 页。

⑦ 陈栎：《送汪存耕之建宁医教序》，载李修生主编：《全元文》卷 570，第 18 册，第 89 页。

到了明代，儒学的正统而独尊的地位无疑又得到重新恢复，而国家对医学和医疗事业的态度却几乎完全丧失宋以来的热情，明清时期，国家在医疗领域势力开始全面退缩①。不过在明初，从元代延续下来的地方世医制度尚在，地方医学人士还有可能因此获得低阶的官职。但就是这一制度，到明代中后期也开始崩坏，变得有名无实②。而到清代，地方医学机构已基本形同虚设。③也就是说，医学人士，依靠自己的技艺入仕的正规渠道基本丧失了。④

进入明代后，虽然国家的医疗政策出现了重大转变，但时人对“良医良相”的关注度则非但没有降低，反而持续提高，“不为良医，则为良相”之类的说法差不多是越来越普遍而广泛地出现在明清时期的各种文献之中，而且人们在引述时，对其内涵做了更进一步的引申和发挥。在此，我们将分明中前期、明后期（16 世纪中期以后）和清前期（1840 年以前）⑤三个时期分别加以论述。

检视明代中前期文献中有关对“良医良相”说的引述，可以看到时人在元人的基础上，进一步引申和发挥该说的含义。首先在医和相的关系上，继续强化两者之间的关系，比如明初的陈谟以“良医良相”说称誉医士谢礼卿，认为他“独以方技取重于时，不失为士类”。⑥而顾清（1460—1528）则在引述范仲淹的故事时说：“良医良相之喻，自古有之，然未有视之为一也”，进而认为“医之良者，果无慕于相也。”⑦在具体的论述上，除了继续论述两者在活人之功、治理之术、济人利物之道等方面相通外，还特别关注良医之心志，认为良医之心也是“岌岌于王道”，与良相是相通的。⑧同时还认为医作为仁术，通于相，是有条件的，即必须良。比如明初的贝琼（1297—1379）认为良医和良相虽然其心一也，然必须术精之良医才可谓“全仁”，与良相同。⑨对此，明中期的鲁铎进一步说，医必须心和术都良，才可谓大道，才能与良相相比，若“其心与术不至于良，则小矣”⑩。也就说，医必须拥有精湛的技艺，而且还需要像儒者那样拥有仁人君子之心，如同周是

① 参阅梁其姿：《宋元明的地方医疗资源初探》，第 223-224 页；Angela Ki Che Leung: “Organized Medicine in Ming-Qing China: State and Private Medical Institutions in the Lower Yangzi Region”, *Late Imperial China* Vol. 8. 1 (1987), pp. 134-166.

② 关于明代的世医，可以参阅邱仲麟：《明代世医与府州县医学》，《汉学研究》2004 年第 22 卷第 2 期，第 327-359 页；邱仲麟：《绵绵瓜瓞——关于明代江苏世医的初步考察》，《中国史学》第 13 卷，第 45-67 页。

③ 参阅 Angela Ki Che Leung: “Organized Medicine in Ming-Qing China: State and Private Medical Institutions in the Lower Yangzi Region”, pp. 134-166；余新忠：《清代江南的瘟疫与社会——一项医疗社会史的研究》，北京：中国人民大学出版社，2003 年，第 249-251 页。

④ 当然，明清朝廷仍设立太医局，但那毕竟人数有限，对整个社会来说，影响甚微。而且其品级也大为降低。（参阅王振国主编：《中国古代医学教育与考试制度研究》，第 372-380、394-400 页。）

⑤ 1840 年以后，因为涉及西方因素的进入及其影响的不断加强，故本文不作处理。

⑥ 陈谟：《海桑集》卷五《赠医士谢礼卿序》，文渊阁四库全书本，第 1232 册，第 601 页。

⑦ 顾清《东江家藏集》卷四《赠医士陈世文序》，文渊阁四库全书本，第 1261 册，第 299-300 页。

⑧ 庄昶：《定山集》卷六《为余生谢程医序》，文渊阁四库全书本，第 1254 册，第 277-278 页。

⑨ 贝琼：《清江文集》卷三十《中都集·同寿堂记》，文渊阁四库全书本，第 1228 册，第 504-505 页。

⑩ 鲁铎：《鲁文恪公文集》卷十《题世德卷后》，四库存目丛书集，第 54 册，影印隆庆元年（1567）刻本，第 146 页。

僑（1354—1402）笔下的名医刘友谦那样，“不玄能，不矜名，不计利”[①]，才可比之于相，不负良医良相之喻，否则仍不过是小道而已。这样的想法，在当时文人的观念中，甚为常见，比如明初的赵撝谦，本不认同范氏“不为良相，则为良医”之语，但后来看到眼科医生汤道人，能“处己济人”，淡于名利，遂感叹道：“医岂小道小艺哉！”[②]这表明，当时的文人，已经不再一味阐述医和相为什么相通、可比，显然无论你如何强调，医和相的差距都是巨大而显然的，所以开始审视医如何才可能与相相通。并进而有人提出，“相不可幸而致，医又安可幸而为耶！”[③]同时通过这样的比较，让医在与其他方技的比较中，取得了优势，比如明初的金寔认为良医乃不得为相而有爱物之心者的必然选择，且负精艺者往往声名显赫，故认为其与“他方技不同”[④]。明中期的李濂（1488—1566）则以名医比名臣，认为比之其他方技，医更切实用且有道，故“古之君子修己治经之余，鲜有不致力于医者”[⑤]。除此之外，我们在文献中看到比元代更多的受该语的激发而弃儒从医，以及那些名医或儒医期待自己或子孙仍能获得一官半职，或像宋代崔氏父子那样，由良医而良相[⑥]。

到晚明，与此前相比，该说更多地出现在医生的著述中。时人引述该语时，在以下几个方面又有了更进一步的阐发：首先，关于医与相的关系，晚明的名医孙一奎（1522—1619）提出，古人之所以说不为良相，愿为良医，乃是因为“惠溥当时，泽流后世，是惟相与医乃克践之矣”[⑦]。因为医者可以以医书泽流后世。故当时名医儒士往往引该语来称颂医者的著书之举[⑧]，或冀望刻医书者成为良相[⑨]。而范凤翼则进一步批评世医私密其器，以取利为能，认为只有技艺精良、品德高尚的医生，其行道才与相道合[⑩]。这样，医通过与相和儒的比附，使医这一职业更具开放性。其次，在强调医的重要性上，时人进一步凸显了医在众方技中的地位。比如，晚明著名的学者、大臣董裕（1537或1546—1606）称，医者技艺至精者不仅近乎儒，而且可以传于世，故非其他方技“所敢望也”。于是，他在《方术传》中

---

① 周是僑：《刍荛集》卷五《赠名医刘友谦序》，文渊阁四库全书本，第1236册，第77-78页。

② 赵撝谦：《赵考古文集》卷一《赠医者方彦明序》《赠眼科医汤道人序》，文渊阁四库全书本，第1229册，第656-657页。

③ 周恭：《续医说会编・自序》（1493），载丹波元胤：《中国医籍考》卷49《方论27》，第808页。

④ 金寔：《觉非斋文集》卷十九《赠医士周以宁序》，续修四库全书，第1327册，影印成化元年（1465）刻本，第159页。

⑤ 李濂：《医史序》，载黄宗羲编：《明文海》卷316，北京：中华书局，1987年，第3册，第3258-3259页。

⑥ 这样的例子不少，这里仅举略具数例：郑本忠（明初人）：《安分先生文集》卷一《半间云记》、卷三《凝翠堂记》，四库全书存目丛书集，第26册，影印民国抄本，第15-16、34页；陶华：《伤寒琐言序》，第1页；边贡（1476—1532）：《华泉集》卷十《记庆屋舟翁序》，文渊阁四库全书本，第1264册，第182-183页。

⑦ 孙一奎撰，凌天翼点校：《赤水玄珠・凡例》，北京：人民卫生出版社，1986年，第17页。

⑧ 张介宾撰，夏之秋等校注：《景岳全书・范序》，北京：中国中医药出版社，1994年，第2页。

⑨ 龚信著，达美君等校注：《古今医鉴・刘序》，北京：中国中医药出版社，1997年，第1-2页。

⑩ 范凤翼：《范勋卿文集》卷二《外科正宗序》，四库存目丛书集，第112册，影印明崇祯刻本，第321-322页。

独取医者而传之[①]。同时在强调医非小道的同时，还出现了认为医不易为，必须重视医者的素质的论述。比如张采（1596—1648）引用魏晋时期的杨泉之语：“医非仁爱不可托，非聪明理达不可任，非廉洁淳良不可信”，认为这样的人才足以治理天下，所以说“不为良相，愿为良医”[②]。张凤翼（1527—1613）亦认为，医者唯有具备这三种素质，才可比之于相[③]。而名医萧京则呼吁：“达则为良相。不达则为良医。其可以贱简为哉！”[④]这显然在明中期有关良医亦不易为的认识上更进一步了。再次，引用该语而开始习医的记载明显增多，而且不只是因为医道通于相，还表达了读书求用，借此行志的志趣。比如晚明名医王肯堂（1549—1613）自叙其学医经过时称：他很小就听闻范仲淹之故事，后因母病，遂锐意学医，“虽万万不敢望文正公，然其志不敢不立，而其具不敢不勉，以庶几无负父师之教”[⑤]。又次，儒者亦以该语来称誉亦医亦儒之人[⑥]，提出“贵医如贵儒”，认为“其良者率有儒徒业”[⑦]。最后，时人还常常以该语引发对时事的评论，希望以良医之术来救国家之难[⑧]。

到清代，“良医良相”说的影响更见扩大，乃至成为家喻户晓的名言，时人的引述也更为常见，不过人们在引述该说时所表达的含义，比之明代，倒也未见有特别新奇之处，或许在社会政治体制未出现大的变革的情况下，经过数百年的阐释，人们已经较少有兴趣和机缘去做新的发明了。尽管如此，清人还是在以下两个方面，在明人论述的基础上作出进一步的引申。首先，沿着明人良医不易为，应关注医生的素质的思路，清人更明确提出，当时医生队伍的人才素质不足以堪医之重责，进而认为应改变国家选拔人才之法。比如清初的顾靖元就对当时行儒道者多，而医虽任重责大，从事者却轻微等医道的积弊详加铺陈[⑨]。稍晚，医家王三尊在撰于1721年的一部医书中进一步论述道：

> 古之创为医者，非立极大圣不能，其次则鸿儒宿学，念天下苍生，惟有拯救夭折为急务，故医道得以洞明造化之理，缘有不为良相，则为良医之说，为其在德不在利也。今之号为医者，其上智之士，志在读书干禄，致身华月无不屑于兹，中智之士，每改业学医，其才智可想见矣，甚有仅识之乎而文理全然不晓，亦滥竽于其间者……

---

① 董裕：《董司寇文集》卷五《方术传》，四库未收丛书五辑，第22册，影印雍正十三年（1735）刻本，第618-619页。

② 张采：《知畏堂诗文存》卷四《钱振河六十寿序》，四库禁毁丛书集，第81册，影印清康熙刻本，第597页。

③ 张凤翼：《句注山房集》卷十二《赠德甫刘君疗疾有效序》，四库禁毁丛书集，第70册，影印明刻本，第230-231页。

④ 萧京：《轩岐救正论·自序》，北京：中医古籍出版社，1983年，第15页。

⑤ 王肯堂著，吴唯等校注：《证治准绳·杂病·自叙》，北京：中国中医药出版社，1997年，第3页。

⑥ 何三畏：《云间志略》卷八《何孝廉翠谷公传》，四库禁毁丛书丛刊·史部，第8册，影印明天启刻本，第321页。

⑦ 汪道昆：《医方考引》（1585年），（明）吴昆著，郭君双主编：《吴昆医学全书·医方考》，北京：中国中医药出版社，1999年，第3页。

⑧ 释德清（1546—1623）：《憨山老人梦游集》卷十一《赠良医杏山梁先生序》，载曹越主编：《明清四大高僧文集》，北京：北京图书馆出版社，2005年，第390-391页。

⑨ 顾靖元：《医学积习通弊论》，载顾松园：《顾松园医镜》，郑州：河南人民出版社，1961年，第1-9页。

盖医之理，即经纶之理……又何以治天下以上智，习医以中智以下之人哉？设使圣天子加以赏罚，以衡文之法衡之，吾恐岐黄之徒，无孑遗矣①。

虽然其医之所以能比之于相，在于医生应有行德利人之心这样的思想并不新鲜，但他以良相比良医，重点不在于论述良医的重要，而是在对人才的要求上进一步比较现实中医和相之间的不匹配，而要求改革现状，这无疑是一种值得关注的新思考。与晚清呼吁“医学考试”思潮的兴起不无关联。其次，在医和相关系的论述上，进一步突出医和相同样具有救世的功能，甚至在救世上，医还比相更为便捷并深入民间。比如清初的文人钱澄之（1612—1693）在引范语表明医和相皆能救世后，进一步论述道：因人往往不得行其道于世，故“世不可以相救时，而犹可以医救”②。而孙奇逢（1584—1675）则以医能“惠及于愚夫愚妇”，而认为医有将相不及者③。而丁希文则“谓相之良者，能造一世之命，医之良者，能造万世人之命。盖一方有良医，天下师其术者，既利赖之矣，转转相承，历之数十世，世而无不利赖之，此其功不小于相，而且永于相。”④故此，袁枚（1716—1797）在医生黄蓉江立传时，并未谈及他弃儒从医，而是认为虽然凭借其才华和财力，博取一官半职不难，但他却甘心做一个良医，是一个明智的选择。⑤显然这样的解说，更加便利了大量在科场或官场失利的寒士借以获得安身立命的途径，以摆脱“百无一用是书生”的窘境。

到了明代，随着儒者相对受压抑历史的结束，文人学士自然无须再通过突出名医、良医的仁心儒道来彰显儒学的正统性，但是，“良医良相”的说法仍一以贯之并更加广泛被引述，出于对儒的尊崇以及现实生活中，科举考试越来越成为世人几乎唯一的跻身上流社会途径，医学必然需要通过这样的比附来凸显自身与儒道的亲密，并进而提升自己的影响和声誉，而仆仆于科举之途的士人也显然需要借此为自己在科场或官场的失意留下后路。在明清时期，人们在日渐频繁的引述该说中，也不断地对良医、良相之间关系做出了越来越细腻而深入的阐发，不仅医和相在道、术、功、心等方面的共通之处日渐加增，而且，在活人救世上，相还有不如医的地方。只要能读书明理，医虽为术，也可以“进乎道”。这样的比附无疑为医制作了一身可以随时涂上儒的靓丽色彩的外衣，便利了医儒之间的流通。

---

① 王三尊：《医权初编》附录《重梓〈古今名医方论〉序》，裘庆元辑：《珍本医书集成》第4册《医案、杂著类》，北京：中国中医药出版社，1999年，第812页。

② 钱澄之：《田间文集》卷十二《证治大还序》，四库禁毁丛书集，第145册，影印康熙二十九年（1690）刻本，第6页。

③ 孙奇逢：《夏峰先生集》卷三《医隐说》，载张显清主编：《孙奇逢集》（中），郑州：中州古籍出版社，2003年，第597页。

④ 丁希文：《罗遗编序》，陈廷铨：《罗遗编·叙》（1764年），北京：中医古籍出版社，1984年影印本，第17-18页。

⑤ 袁枚：《黄君蓉江传》，载袁枚著，周本淳标校：《小仓山房诗文集》，第4册，上海：上海古籍出版社，1988年，第1839页。

这一比附还使得医在“百工”（众多的技艺）中脱颖而出，成为最为儒亲近和看重的技艺，而且像李濂这样儒医还希望以名医比名臣，通过医学道统的梳理来进一步拉近和儒的关系[①]。当然，这样的表述并不表示时人会天真地认为良医真的可以和卿相相提并论了，实际上，他们做这样的引述和阐发，不过是特定语境下，比如文人为医者撰写序文或传记，以表达自己对医者治愈自己或家人的疾病的感激之情，或应付他人的托付，以及医者为了表明自己为医仍不坠儒者之志，等等，就特定问题的有感而发，尽管这多少可以显现儒和医在情理上关系的日趋接近，但显然绝不表示人们已经模糊良医和卿相之间相去天渊般的鸿沟。他们其实很清楚，这样说不过是要表明医可以向儒和相看齐，医应该怀有儒和相的仁心和志向，如果医能够“不玄能，不矜名，不计利”，以济人利物为目的，那么也就在道和心志等方面和相接近或相通了。无论是文人还是医生，念兹在兹的无疑还是儒和仕，行医不过是暂时或退而求其次的行为，内心真正冀望仍然自己或子孙由医而相、由“工”而儒和仕。不过另一方面，这样的比附自然也有利于人们去不断地阐述和明了医在现实生活中的重要价值和意义，认为不仅仅是相，医其实也不易为。并进而有利于引导人们去观察和思考现实生活中医学人才的素质，从起初的专注于医生的道德修养，到开始强调为医亦需“聪明理达”，再到开始批评现实中的医学人才的才智不足以当大任，并到最后提出应该将医学纳入国家的科举考试。

大概从一开始，“良医良相”说的产生和最初的引述起，就包含其适应了“医固寒士之退步”[②]的需要的因素[③]。而到明清时期，特别是明代中后期以后，一方面，医生通过医学而晋身的途径几乎完全丧失，另一方面，随着人口的不断增多，而科举录取名额和官缺却未相应增加，使得社会上科举和官场失意者的队伍也日渐庞大[④]，与此同时，当时社会也出现医学知识普及化和作为一种职业渐趋开放的趋向[⑤]，而医又最与儒亲近，这必然使得有越来越多的科场失意的寒士选择以医生作为自己谋生之道。当越来越多的失意寒士于无奈之中意欲以医为业时，自然也越来越多地需要这样的比附作为自己的指导或为自己提供心理的安慰。故而，“良医良相”说的愈益频繁而深广地被引述和阐发也就不足为奇了。

---

① 关于宋明医史的撰写及其社会文化含义可参阅祝平一：《宋明之际的医史与“儒医”》，《“中央研究院”历史语言研究所集刊》2006年9月第77本第3分，第401-446页。

② 程岱葊：《野语》卷二，续修四库全书，第1180册，影印道光二十五年（1845）刻本，第23页。

③ 关于宋和元大量儒生因仕途无望而习医的情况，请参阅陈元朋：《两宋“尚医士人”与“儒医”——兼论其在金元的流变》，第162-176页；Robert P. Hymes, “Not Quite Gentlemen? Doctors in Sung and Yuan”, pp. 33-56.

④ 参阅邱仲麟：《医生与病人——明代的疫病关系于医疗风习》，李建民主编：《从医疗看中国史》，台北：联经出版事业股份有限公司，2008年，第257页。

⑤ 参阅梁其姿：《明清中国的医学入门与普及化》，《法国汉学》第8辑，北京：中华书局，2003年，第155-179页；余新忠：《清代江南的瘟疫与社会——一项医疗社会史的研究》，第305-315页。

三、"良医良相"说的意义：兼论宋至清医生的社会地位

万历四十四年（1616），晚明官员张惟任在宋代名医朱肱（1050—1125）的《南阳活人书》的重版序言中开头便写道：

> 自朱紫阳（熹）训医为小道，儒者皆卑琐置之而不谈，不谈则不习。习医而获名称者，皆业儒不成者也。①

尽管作者真正想要表达的对当时托业于此者却多为卑琐之人的担忧，不过其开头的判断就像陈元朋所言，恐非事实，不仅对朱熹的判断有断章取义之嫌，而且自宋代以降，儒者谈医习医者更是比比皆是。②在宋元时期，由于国家对医学和医疗事业的相对重视、由于印刷术的发明而带来的知识传播条件的改善、民间医疗卫生资源的缺乏以及士人的增多等诸多影响下，士人的尚医风气逐步形成，一个新的儒医阶层日渐兴起，医生的社会地位也相应地有所提升。③进入明代以后，虽然国家对待医学和医疗事业的政策发生了很大的转变，但医和儒日趋亲近的趋势并未随之发生转向，"不为良相，则为良医"有意彰显医非小道与儒和医关系密切的名言在明清时期，不仅日渐广泛地被引述，而且其含义也被不断地充实、引申和发挥。从前面的论述中，我们不难看到，通过诸多文人和医者的不断阐发，良医与良相之间的共通的内涵愈益丰富，良医的重要价值也被越来越多挖掘出来，儒在情理上与医的关系日显密切④，而且也使其借此在与其他技艺的比较中获得更为凸显的地位。不管这些作者在引述时的动机和语境为何，通过这样的引述和阐释，至少会让他们在意识上加深对医的印象和认识，并促发其在情理上更多地接受医。应该可以说，"良医良相"说的存在及其被广泛引述，对当时士人的尚医风气、儒与医关系的密切，不无积极的推动作用。而且该说的存在和被引述，不管是激励，还是提供心理安慰，都无疑对社会上大量寒士进入医生队伍具有正面的效应，而大量读书人的加入，对医生群体的整体文化素养的提升，自然也会有所促进。另外，寒士的大量进入，一方面固然促进了通俗性的入门医书的大量出现⑤，另一方面也会促进了医学图书市场的繁荣（包医书的撰著、出版和销售）和民间医疗资源的丰富，并进而促进学术医学传统的不断发展⑥。

---

① 田思胜主编：《朱肱、庞安时医学全书》，北京：中国中医药出版社，2006 年，第 9 页。

② 参阅陈元朋：《两宋"尚医士人"与"儒医"——兼论其在金元的流变》，第 103-104 页。

③ 参阅注 14、15 以及 Robert P. Hymes, "Not Quite Gentlemen? Doctors in Sung and Yuan", pp. 9-76。

④ 谢娟对明代医生与儒之间的紧密关系有较为细致描述，参阅氏著：《明代医人与社会——以江南世医为中心的医疗社会史研究》，载范金民主编：《江南社会经济研究·明清卷》，北京：中国农业出版社，2006 年，第 1196-1258 页。

⑤ 梁其姿：《明清中国的医学入门与普及化》，《法国汉学》第 8 辑，第 155-179 页。

⑥ 学术医学传统是指有尚医士人和医儒者为楷模的医者构建的医学传统，相对的私相授受的通俗医学传统。参阅 Angela Ki Che Leung: "Medical learning from the Song to the Ming", in Paul Smith and Von Glahn eds, *The Song-Yuan-Ming Transition in Chinese History*.2003.

毫无疑问，历史上的众多现象，肯定不是单独地由概念所能决定的，不过一些概念不断被重复又确实可以在很多方面持久而细密地影响人们的观念和行为。从上面的论述，我们不难看到，尽管“良医良相”说的存在和被反复引述，不可能单独发挥决定性的作用，但无疑也已在诸多方面对明清时期的医生群体、医学和民间医疗资源等产生了不少积极的影响。

显然，明清时期，医和儒之间形成了相当密切的关系，医的重要性也不时为文人学士所强调，那么这是否意味着当时医生的社会地位有了进一步的提升呢？要回答这一问题，我们还是先回头看看本节开头张惟任的说法，张对历史的解说虽然有误，但对现实的观察则值得我们注意，他本人“素不愿薄医为方技”，但现实中习医成名者皆为业儒不成者，却不能不让他对这些人医疗的效果感到担忧[①]。这一认识与我们前面谈到时人在阐发“良医良相”说时的一些观察和思考是相一致的。即他们从一味强调良医的重要性中跳脱出来，反过来思考医学从事者的才智是否与医学的重要性相匹配，并最终提出应该将医学也纳入国家的科举考试的主张。对此，清中期的名医徐大椿（1693—1771）也有类似的思考，他说：

> 医，小道也，精义也，重任也，贱工也。……任重，则托之者必得伟人；工贱，则业之者必无奇士。所以势出于相违，而道因之易坠也。[②]

这一矛盾颇为充分地表明，尽管包括官僚儒者在内的时人往往都能从道理上和情感上认可医道的重要，但由于习医人士向上流动的国家正规渠道几乎堵塞，以及医生基本上被排斥于国家的正式的官僚体系之外，这种认可甚至情感上的亲近，显然都无助于从根本上改善医生群体的才智水平，既然职业医生多为中下才智的卑微之人，医生的地位也就不难想见了。实际上，关于医生的社会地位，有一个非常具有指标性的身份分类，那就是正史和地方志中人物传的分类，直至清末民国初年，医生仍无一例外被置于“方技”、“技艺”或“艺术”等名目之下，与卜师、书画艺人和棋手等并而立之。在国家的制度性规定和社会的指标性身份认定的框架下，医生身份的提升也就很难有什么空间了。其实，“良医良相”说的不断被引述和阐释，表面上看，似乎是突出了医的意义和价值，但实际上背后真正的含义还是尊儒崇相，只要稍作考虑，便很容易发现，这样的比附其实说明，世人真正认同和尊崇的仍是相和儒，医只有尽量地与其比附，才可能获得地位和声誉。医之所以能跟相相提并论，医之所以“非小道”，并不是医自身具有独特的价值，而是它与相在诸多方面存在着共通之处，而良医又都是怀有儒者的心态和道德品行之人。如果仅仅将医当作取利的谋生之道，即当作职业，那就非但仍是被轻视的“小技”，而且也不可能真正成为良医。对

---

① 田思胜主编：《朱肱、庞安时医学全书》，第 9 页。

② 徐大椿：《医学源流论・自序》（1757 年），徐灵胎著，赵蕴坤等校勘：《徐灵胎医书全集》，太原：山西科学技术出版社，2001 年，第 97 页。

此，无论是官僚士人，还是医生，都不仅心知肚明，而且也颇为认同，比如，清代名医叶桂的弟子华岫云（？—1753）在为其师的著作所做的序言中称：

如范文正公虽不业，而其所言不为良相，即为良医者，斯纯以利济为心者也。俗谚有云：秀才行医，如菜作齑者，此浅视医道仅为衣食之计者也。夫以利济之心，则其学业必能日造乎高明，若仅为衣食计，则其知识自必终囿于庸俗。[①]

而19世纪的官僚兼著名的通俗医书作家陈念祖（1753—1823）则就此表达得更为明确：

不为宰相便为医，贵之之说也；秀士学医，如菜作齑，贱之之说也。[②]

也就是说，医只有行儒道，才贵如相，若只是为了谋生，那就贱如“齑”了。故而可以说，“良医良相”说的不断被引述和阐发，非但无助于作为职业的医的地位的独立和提升，反而强化了人们将其视为儒的附庸的意识。“良医良相”说的被反复引述，其实反映出了明清时期医生的身份和地位难以真正“向上提升”的窘境[③]。

可见，“良医良相”说既不曾在11世纪、12世纪推动了儒医的兴起和医生社会地位的提高，也未能在后世不断地被引述和阐发中对改善和提升医生的职业地位起到正面的促进作用。而且，其非但没有在事实上起到这样的作用，而且在内在机理上，也不可能有这样的功能。由此可见，目前医史著述中关于范仲淹“不为良相，则为良医”之说促进宋以后医生地位提高的通行说法，于实不合，于理无据，可谓是未加深思的想当然之说。

四、结　语

通过以上的论述，我们可以得出以下几点结论：

第一，“不为良相，则为良医”这一或类似的名言，是以吴曾在12世纪中期根据社会传言和己意记录的一则范氏轶事为蓝本，经后人不断地概括和改编而于13世纪逐步形成的。这一几无争议地被视为范仲淹所说的名言，并非范氏所言，甚至与他本人无关。

第二，范仲淹“愿为良医”的故事，即便不是完全为空穴来风，至少也在12世纪中期以前全然未对社会造成什么实际的影响，更何况其并不属实，故而所谓范仲淹愿为良医之

① 叶桂：《临证指南医案·华岫云序》，四库存目丛书·子部，第53册，影印乾隆三十三年（1768）刻本，第531-532页。

② 陈念祖：《医学从众录·自序》（1845年首刊），氏著：《新校注陈修园医书》第三辑，福州：福建科学技术出版社，2003年，第227页。

③ 祝平一通过对宋明医史撰著的考察，亦有一致的认识。参阅氏著：《宋明之际的医史与“儒医”》，第401-446页。

说推动宋代儒医的兴起和医生地位的提高的说法，不过是以讹传讹的无稽之论，实际上，应该是后者催化了范仲淹故事在“历史”上的诞生。

第三，从 12 世纪末开始，范仲淹有关卿相与良医的说法开始被人所引述，此后随着时间的推移，人们对其的引述日渐频繁，而且引述者的身份、引述的文献范围也不断扩展，到清代还进入蒙学教科书，遂成了几乎家喻户晓的名言。

第四，后人在引述时，除了以自己的方式和意愿做文字上的修整外，也不断地对其含义做出引申和发挥。后代，特别是明清时期，人们日益细腻而深入地对良医和良相之间的关系做了阐发，不仅密切了儒和医之间的亲近关系，也让医在“百工”中的地位得到了凸显。这样的比附，不仅便利了医成为社会上大量“寒士之退步”，为寒士习医提供的引导或心理的安慰，而且也促发士人开始反观医生的素质，并觉察到医的从业者的才智与其重要性不相匹配。

第五，“良医良相”说的出现和反复被引述和阐发，虽然在一定程度上有助于医生群体文化素养的改善，并促进了医学图书市场的繁荣和民间医疗资源的丰富，进而推动学术医学传统的不断发展。但在国家相关的制度性规定和社会指标性身份认定的束缚下，明清时期医生的社会地位其实缺乏可能提升的空间。而且，“良医良相”说本身，也无助于作为职业的医生的地位的独立和提升，反而强化了人们将其视为儒的附庸的意识。所以那种认为“良医良相”说促进了宋以后医生地位提高的通行说法，并不成立。

最后，无论是宋元时期医生社会地位的有所提高，还是明清时期医生身份和地位的难以提升，虽不无社会文化的诸多因素的配合，但根本的还是主要由国家对医学和医疗事业的态度和制度规定所决定的。“良医良相”说这类被不断重复的概念，虽然也会在社会上产生细致和持久的影响，但显然无力突破国家的制度框架和社会主流身份认定所形成的束缚和局限。国家政策和制度的重要性显而易见。

（执行编辑：王一娜）

《资治通鉴》与朝鲜世宗朝之历史教育

孙卫国*

摘要：《资治通鉴》与《资治通鉴纲目》，高丽末年先后传入朝鲜半岛，产生了深远影响。朝鲜王朝国王经筵、世子教育、科举考试中，《通鉴》与《纲目》都是重要的史书。朝鲜世宗国王想法从明朝求书，刊印《通鉴》与《纲目》，组织文臣编纂《资治通鉴训义》与《资治通鉴纲目训义》，充分显示对二书的重视。他熟知《通鉴》故事，日常政事中经常引用，以为资政之策。《通鉴》与《纲目》对朝鲜的影响，既是朝鲜政治与史学的重要内容，也是中朝史学交流的重要例证。

关键词：《资治通鉴》；《资治通鉴纲目》；朝鲜世宗；朝鲜历史教育；中朝史学交流

司马光《资治通鉴》是中国古代第一部编年体通史，在中国以至东亚古代史上，都有重要地位。无论是在中国，还是在朝鲜半岛、日本列岛上，都有深远影响。有关《资治通鉴》在朝鲜半岛的传播与影响，早在20世纪70年代，韩国留学生权重达在台湾政治大学中国文学研究所方豪教授等指导下，完成了题为《资治通鉴对中韩学术之影响》的博士论文，开启了《资治通鉴》对朝鲜影响的研究。①到21世纪初，有中国学者发表论文，论及《资治通鉴》和《资治通鉴纲目》在朝鲜的传播与影响问题。②事实上，《资治通鉴》与《资

---

* 孙卫国，南开大学历史学院教授。

① 权重达：《〈资治通鉴〉对中韩学术之影响》，台湾政治大学中国文学研究所博士学位论文，1979年。全文497页，共四章，其中第三章《通鉴学之东传与其反应》、第四章《通鉴学之对李超学术思想之影响》，重点论述了《资治通鉴》对高丽与朝鲜王朝的影响。韩国对《资治通鉴》的东传，发表了一系列论文，参见吴俊涣、宋日起、金有理：《朝鲜时代〈资治通鉴〉的刊行与流通研究》，《书志学研究》第50辑（2011年12月）；崔昆洪：《朝鲜前期组织著述的刊行研究》，《书志学研究》第42辑（2009年6月）；鲁耀翰：《朝鲜前期通鉴学的钻研：以世宗朝通鉴类书籍的刊行为中心》，《语文研究》（2016年秋季号）第44卷第4期，等等。

② 参见杨雨蕾：《〈资治通鉴〉在朝鲜王朝的传播及其影响》，《中华文史论丛》2001年第4期；《〈资治通鉴纲目〉在朝鲜半岛的传播》，《世界历史》2002年第3期。前一篇文章，从《资治通鉴》的早期传入、《通鉴》与《通鉴纲目》在朝鲜王朝的传播（分进书、印书、讲书、撰书四个部分展开）、《思政殿训义资治通鉴》和《思政殿训义资治通鉴纲目》、《通鉴》和《通鉴纲目》在朝鲜王朝的影响等四个部分展开论述，比较系统地论述了《资治通鉴》和《通鉴纲目》对朝鲜的影响。

治通鉴纲目》，对朝鲜王朝的影响是全方位的，从政治文化到史书编纂都能看到其深远的影响，而在朝鲜王廷的历史教育中，亦能体现其深厚的影响力。本文将选取朝鲜王朝世宗时期《资治通鉴》在王朝历史教育上的作用，略加探讨，以就教于海内外方家。

一、《资治通鉴》之特色及其东传朝鲜

北宋史学家、政治家司马光（1019—1086）及其助手刘攽、刘恕、范祖禹等人历时19年，编成《资治通鉴》。全书294卷，记载了从战国到五代共1362年的历史，是我国第一部规模空前的编年体通史巨著。编书之初，适逢王安石变法，司马光政治上受到排挤，故将其政治思想，全都灌注于此书之中。“温公之意，专取关国家盛衰，系生民休戚，善可为法，恶可为戒者以为是书。”[①]北宋神宗元丰七年（1084），书成，元祐七年（1092）初刻，神宗皇帝赐书名《资治通鉴》。诚如王夫之所言“旨深哉！司马氏之名是编也”，王夫之进而就书名论道：

> 曰“资治”者，非知治知乱而已也，所以为力行求治之资也……“鉴”者，能别人之妍媸，而整衣冠、尊瞻视者，可就正焉……其曰“通”者，何也？君道在焉，国是在焉，民情在焉，边防在焉，臣谊在焉，臣节在焉，士之行己以无辱者在焉，学之守正而不陂者在焉……故曰“通”也。[②]

可见，此书意在经世致用，且内容广泛，史实详尽，《资治通鉴》实为中国古代资政之最佳指南。司马光在叙述政事时，多有评论，以“臣光曰”寄托其政治情怀，以为后人之鉴戒。开篇即曰：“臣闻天子之职莫大于礼，礼莫大于分，分莫大于名。何谓礼？纪纲是也；何谓分？君臣是也；何谓名？公、侯、卿、大夫是也。夫以四海之广，兆民之众，受制于一人，虽有绝伦之力，高世之智，莫敢不奔走而服役者，岂非以礼为之纲纪哉！”[③]开宗明义地说明“礼”的重要性，实际上是强调君尊臣卑的纲常思想，也是维护封建王朝君权神圣的根本大法。故胡三省强调：“为人君而不知《通鉴》，则欲治而不知自治之源，恶乱而不知防乱之术。为人臣而不知《通鉴》，则上无以事君，下无以治民。为人子而不知《通鉴》，则谋身必至于辱先，做事不足以垂后。”[④]可见，《资治通鉴》是中国古代有关为政、历史、

---

① 胡三省：《新注〈资治通鉴〉序》，参见司马光编著，胡三省音注《资治通鉴》，北京：中华书局，1956年，第24页。

② 王夫之：《读通鉴论》卷末《叙论四·释资治通鉴论》，参见《船山全书》第10册，长沙：岳麓书社，2011年，第1181-1182页。

③ 司马光：《资治通鉴》卷1《周纪一》，第2页。

④ 胡三省：《新注〈资治通鉴〉序》，《资治通鉴》，第24页。

社会、人文等的重要典籍，重要性自不待言。《资治通鉴纲目》59 卷，乃朱熹在阅读《资治通鉴》的基础上，创立新的纲目体裁，重新编纂的一部史书。此书内容严分正闰之际、明辨伦理纲常，注重春秋笔法，可以说是《资治通鉴》衍生出来的一部史书，其影响亦极其深远。

宋元以后，历朝历代的统治者都非常重视对《资治通鉴》与《资治通鉴纲目》的学习，一直是宫中经筵日讲的重要史书，既是习读历史之本，也是为政之资。此二书先后传入朝鲜和日本，[①]也引起极大的关注，产生深远的影响。《资治通鉴》何时传入朝鲜半岛，并无定论。金富轼所撰《三国史记》中，引用《资治通鉴》有九处，而金富轼曾三次出使宋朝，故权重达推测，《资治通鉴》乃金富轼最初出使宋朝（徽宗政和年间，1111—1117）至撰《三国史记》之间，由他携来高丽的。[②]朝鲜王朝官修《高丽史》中，发现最早提及《资治通鉴》的记载为："（明宗二十二年，1192）夏四月壬子，命吏部尚书郑国俭、判秘书省事崔诜、集书筵诸儒于宝文阁，雠校《增续资治通鉴》，分送州县雕印以进，分赐侍从儒臣。"[③]忠烈王十二年（1286），高丽王朝宫中已开始讲授《资治通鉴》。[④]高丽忠宣王对《通鉴》甚为熟悉，元世祖二十九年（1292），他在元宫廷中为侍卫，被元世祖召见，"帝召王入寝殿问曰：读何书？奏云：读《通鉴》。"[⑤]可见，在高丽王朝后期，《资治通鉴》就是高丽国王学习历史的重要史书，国王对于《通鉴》都很熟悉。高丽末期，《朱子四书集注》及相关著作传入朝鲜，《资治通鉴纲目》也随之传入。程朱理学被朝鲜王朝官方所遵奉，《资治通鉴》（下文简称《通鉴》）与《资治通鉴纲目》（下文简称《纲目》）越来越受到重视，成为朝鲜君臣必读之书，是朝鲜王朝历史教育的权威经典。

二、世宗朝经筵、科举政策与《资治通鉴》的地位

1392 年，李成桂取代高丽幼主自立为王，当即以"权知国事"的名义，派使臣请国号于明朝，积极谋求建立以明朝为宗主国的宗藩关系。明太祖赐其国号为"朝鲜"，李成桂欣然接受，通过箕子朝鲜接受周武王册封的传统，争取明朝的册封，以确立其正统性，[⑥]也从

---

① 有关《资治通鉴》传入日本的情况，参见李春光：《〈资治通鉴〉传入日本及其影响》，《社会科学研究》1988 年第 3 期。

② 参见权重达：《资治通鉴对中韩学术之影响》，第 276-278 页。

③ 郑麟趾：《高丽史》卷 20《明宗二》，《四库全书存目丛书》第 159 册，台南：庄严文化事业有限公司，1996 年，第 424 页。

④ 郑麟趾：《高丽史》卷 30《忠烈王三》，第 618 页。

⑤ 郑麟趾：《高丽史》卷 34《忠宣王二》，第 694 页。

⑥ 陈尚胜：《论朝鲜王朝对明朝的事大观》，参见《第三届韩国传统文化国际学术研讨会论文集》，济南：山东大学出版社，1999 年，第 924 页。

此奠定了双方友好往来的基石。朝鲜定期派使臣朝贡，政治上以事大为准则，文化上以慕华为依托，积极向明朝学习。同时，寻求朝鲜王朝自身文化的发展，在以明朝为“大中华”的体系之下，凸显朝鲜“小中华”的特性。在朝鲜王朝的政治与教育体系中，无论是国王日常经筵，还是世子与宗室子弟的教育，抑或在培养儒生的成均馆和乡校之中，《资治通鉴》和《资治通鉴纲目》都是极其重要的阅读与讨论的对象，也是科举考试必选之科目。

朝鲜经筵日讲相当重要。朝鲜第二位国王定宗于即位第二年（1400）正月初一日，首开经筵，特设立知经筵事的官员，主导国王经筵。经筵制度如何展开呢？朝鲜初年对于各项制度制定、颇有功绩的梁诚之曰：

> 一、经筵官以他官兼，今政府六曹郎官之有文行者，亦择兼之，以广论思。一、经筵每夜进讲，今承旨皆兼经筵，亦每入参。讲毕，以其房公事，从容面启，以资治道。一、艺文馆奉教以下，以《通鉴》《左传》诸史中考讲用之，泛称诸史未稳，请改《左传》《通鉴》《续编》三史考讲用之。①

首先，朝鲜王朝经筵官是兼职，并非专职，六曹郎官以上有“文行者”皆可兼任。其次，讲授内容以经史为主，《资治通鉴》是必讲书目，但讲史要联系现实政治，“以资治道”。最后，经筵大多晚上进行。世祖即言：“经筵，人主与儒臣讲道义、论政治者也，不可或废。”②经筵成为朝鲜国王日常政事中，非常重要的活动。

定宗初年，权近知经筵事，曾进讲《通鉴撮要》，曰：“人主之学，不但读其书而已，必先正其心。是以傅说对高宗曰：‘惟学逊志。’逊者，虚心之谓也。心有所蔽，则一言一事之应，必不得其正。”③这里讲的是“人主之学”，也就是探讨如何成为国王的学问。通过学习《通鉴》，使国王明白，要当好国王，不仅要读书，更要正心、虚心。太宗元年（1401）六月乙未，再御经筵，河仑、李詹等进讲《通鉴纲目》。八月丙申，签书三军府李詹负责经筵，再讲《通鉴纲目》。可见，从太宗开始，与《通鉴》相关的著作，就是经筵中经常讲授的书籍。

太宗四年（1404）十一月丙寅，太宗令权近等撰《礼经浅见录》，权近上笺乞免，不允。太宗特别以司马光撰《资治通鉴》为例，予以鼓励，曰：“昔宋神宗命司马光编《资治通鉴》，以成一代之史，至今钦慕，予于卿亦若是矣。卿其展尽所蕴，参互考证，以成其书，既不负师教，又不负予意。岂惟有补于当时！殆将寿斯文于不朽，顾不伟欤！”④把司马光撰《资

---

① 梁诚之：《讷斋集》卷4《校定大典四十五事》，韩国民族文化推进会编刊：《影印标点韩国文集丛刊》第9册，1988年，第343页。

② 《朝鲜世祖实录》卷1，世祖元年闰六月丁巳（13日），韩国国史编纂委员会编刊影印第7册，第61页。

③ 《朝鲜定宗实录》卷3，定宗二年正月丙寅（1日），第1册，第162页。

④ 《朝鲜太宗实录》卷8，太宗四年十一月丙寅（28日），第1册，第315页。

治通鉴》作为其效仿的目标，大加鼓励。

世宗即位之初对文化建设就相当重视，尤其重视历史学习与历史教育。世宗二年（1420），“始置集贤殿于禁中，妙选一时文学之士，备顾问、掌雠校，日引经幄，讲论经史”①。宫中亦实行经筵之策。最初世宗要求讲《通鉴》，但柳观以为：“（《资治通鉴》）卷数甚多，恐未可遍览。”遂改讲《近思录》。②世宗五年（1423）九月乙酉经筵中，世宗云：“予不欲观诸子百家之书，唯四书五经、《纲目》《通鉴》，循环讲读。”③把《通鉴》《纲目》与四书五经视为同等重要的经典，要求反复讲读。在《通鉴》与《纲目》之间，经常是先讲《纲目》。同年十二月庚午，《纲目》讲毕。世宗对同知经筵事尹淮说：“真西山云：‘《通鉴纲目》卷帙多，人主未易尽览。’予自庚子年始讲，以至于今，其间或有读至三十余遍，或有二十余遍，诚未易尽看之书也。”④到世宗八年（1426）十二月癸亥，又再次开讲《纲目》。

经筵之中，讲《通鉴》经常会联系到现实政治。如世宗二十一年（1439）二月丙辰，讲《通鉴》至汉昭帝赈贷贫民，世宗当即谈及义仓问题曰：“义仓敛散，实切于民，不可不谨，故每于守令拜辞之时，必以此劝勉之。我国收税之法，已轻矣。然古之帝王但赈贫民，而我国则民皆受粜，以资生业，国家廪无所储。倭人尝称美曰：‘我等恨不生于朝鲜，不得受粜以为农业。’夫义仓之设，仁政之大端，不可废也。然征纳之际，鞭挞甚惨，其弊多端。守令若择贫民而给之可也，然其择之也固难。”⑤可见，经筵讲读《通鉴》是有很强的现实关怀的，所谓“观览之间，因以起意，施诸政事者颇多”。⑥

世宗对《通鉴》与《纲目》非常熟悉，在处理政事时，往往能引《通鉴》故事，以为例证。世宗十六年（1434），大司宪虑闬、执义赵遂良等掌管监督官员之人，被诬告受贿，虑闬等启奏国王：“宪府职掌弹劾，虽小失义，不可复仕，况今有璜以臣等受人贿赂，听人请托，扬言讼庭，臣等腼面复仕，非特心有所嫌，且恐物议。”世宗安慰他们道：“有璜奸恶，予已知之。且予读《通鉴》，讼者詈辱按问官吏，使官吏就职，罪其讼者，正合此事。况讼者以所讼外事，或扬说，勿听科罪，载在《六典》，卿等勿疑就职。”⑦引《通鉴》故事，劝告他们。

世宗也要求世子必须阅读、掌握《通鉴》等书。他曾说：“世子既读四书、五经、《通鉴纲目》。人主学问，不必该博，然岂可以此为自足而间断哉？”⑧传说世宗亲自给世祖讲

---

① 《朝鲜世宗实录》卷68，世宗十七年六月戊申（8日），第3册，第633页。
② 《朝鲜世宗实录》卷2，即位年（1418）十一月己未（13日），第2册，第282页。
③ 《朝鲜世宗实录》卷21，世宗五年九月乙酉（7日），第2册，第555页。
④ 《朝鲜世宗实录》卷22，世宗五年十二月庚午（23日），第2册，第569页。
⑤ 《朝鲜世宗实录》卷84，世宗二十一年二月丙辰（7日），第4册，第187页。
⑥ 《朝鲜世宗实录》卷80，世宗二十年三月癸卯（19日），第4册，第137页。
⑦ 《朝鲜世宗实录》卷66，世宗十六年十二月乙卯（12日），第3册，第605页。
⑧ 《朝鲜世宗实录》卷80，世宗二十年三月癸卯（19日），第4册，第137页。

授《资治通鉴》，“丙辰二月，世宗以世祖好文学，亲授《资治通鉴》”[①]。朝鲜宗学中，亦要学《通鉴》，不过是《少微通鉴》，“传旨宗簿寺：赴宗学宗亲内通《小学》、四书一经者，年满四十则放学，通《小学》、四书、二经、《少微通鉴》者，不拘年限放学。其放学者，每年每一月一度会讲，三不通者，依已成格例拟罚。其中不勤学业，不通《小学》、四书一经者，待满五十岁放学；五十岁以上人，毋令会讲”[②]。可见，《通鉴》相关的史书是世子与宗学必读必会之史籍。

朝鲜王朝立国之初，在儒生教育与科举考试中，《通鉴》与《纲目》都是重要史书。朝鲜王朝设立成均馆，成为王朝最高的学府，地方上有乡校、书院。最初设立成均馆时，是经史并重的，各设讲官。“精择艺文兼官二十人，因其所长，分为理学、史学二业。定置治《周易》《易学启蒙》《性理大全》者五人。《胡传春秋》《左传春秋》《史记》《前汉》者五人。《通鉴纲目》《续编纲目》《宋元节要》者五人。《三国史记》《东国史略》《高丽全史》者五人”[③]。在梁诚之的建议中，尽管只提了《通鉴纲目》，但李成桂立国之初，在立国教问中，谈及科举之法时，将《资治通鉴》视作与四书五经同等重要的经书。其曰：

> 今后内而成均正录所，外而各道按廉使，择其在学经明行修者，开具年贯三代及所通经书，登于成均馆长贰所，试讲所通经书，自四书、五经、《通鉴》已上通者，以其通经多少，见理精粗，第其高下为第一场；入格者，送于礼曹，礼曹试表章古赋为中场；试策问为终场，通三场相考入格者三十三人，送于吏曹，量才擢用，监试革去。其讲武之法，主掌训炼（练）观，以时讲习武经七书及射御之艺，以其通经多少、艺能精粗，第其高下，入格者三十三人，依文科例，给出身牌，以名送于兵曹，以备擢用。[④]

可见，最初设立的科举之法，第一场乃是在成均馆，试讲四书、五经与《资治通鉴》，《资治通鉴》与四书五经几乎同等重要。“以其通经多少，见理精粗，第其高下”，合格者方能进入下一场考试。《资治通鉴》是朝鲜科举考试最基本的书籍，与经书同等重要。太宗四年（1404）八月，司谏院上疏言：“择其能通五经、《通鉴》而德行著闻者，方许赴试；其轻薄不谨之辈，虽才学出众，屏斥不纳。”[⑤]是否精通《通鉴》，依然是生徒入试的基本条件。太宗十一年（1411），司谏院上疏谈及考试之法，提到：“愿令受三馆职事者，于四书五经、《通鉴》、《大学衍义》、《楚辞》、韩柳之文，悉皆通晓；成均艺文校书长官，无时劝勉，毋

---

① 《朝鲜世祖实录》总书卷 1，第 7 册，第 55 页。
② 《朝鲜世宗实录》卷 100，世宗二十五年六月庚子（17 日），第 4 册，第 484 页。
③ 梁诚之：《讷斋集》卷 2《请殿讲兼讲史学》，第 9 册，第 312 页。
④ 《朝鲜王朝太祖实录》卷 1，太祖元年七月丁未（28 日），第 1 册，第 22 页。又见《增补文献备考》卷 186，第 155 页。
⑤ 《朝鲜太宗实录》卷 8，太宗四年八月己丑（20 日），第 1 册，第 303 页。

令与岁季十学之试，每等春秋仲月赋诗之际，令聚于艺文馆，讲论经学，于某仲月讲某经某书，明白置簿，则经无不通，理无不明，庶合右文崇儒之意。”①事实上，朝鲜科举考试，分文科和武科，诚如梁诚之所言：

文武科法。盖今文科初场讲经之时，四书五经外，如韩文、柳文等书，任意试讲，实无定规。中场则并试古赋，本非急务。又进士以此取之。终场则诸史时务，虽参酌出题，至论历代之事。权辞以对曰：汉唐之治，何足论于今日，取之者亦不以为意。以此史学不明，甚为不可。且武科试，并讲四书五经，亦为未便。乞武经七书外，只讲《将鉴》《兵鉴》《兵要》《陈说》。文科则四书五经外，只讲《左传》《史记》《通鉴》《宋元节要》《三国史记》《高丽史》。中场试表笺，以习臣子事上之文；试诏教，以习君上令下之文。终场，历代时务，迭出为题。如今年试历代，明年试时务，以此定制，以新科举之法。②

特别强调史学的重要性，《资治通鉴》与《史记》等皆是文科必讲之书，似乎武科不需要讲论史书。不过，世宗年间情况有变化，世宗十二年（1430），兵曹论及科举考试时说：“愿自今于终场，并试四书一经及《通鉴》，每一书一问，经史中通一书，四书中通三书，武经中通三书以上者取之，五经中自愿讲读者，并试给分。”③提出改革朝鲜科举考试，武举也要考试《通鉴》，有曰：“又命试取时，先骑射，次击球，次一百五十步，次试五经、四书、《通鉴》、《将鉴博议》、《小学》、武经七书中，从自愿讲一书。”④世宗二十四年（1442）八月，提出五条武举的条件，其中有一条特别强调：“武经七书、四书五经、《通鉴》、《小学》中，从自愿讲考，通一书者取。”⑤世宗二十九年（1447），国王特别传旨：

将取文武科重试、别试，时散从三品以下赴试。文科别试成均、五部诸生，今八月初五日以前赴学者及成众爱马八月初八日以前呈单子者，许赴。汉城试、馆试，试策问一道，各取五十人；殿试，试策问一道，四书五经、《通鉴》中，从自愿讲二书；重试，试策问表各一道。欲赴武科别试者，亦于初八日以前呈单子许赴。观试，试二百步骑射、击球、弄枪，取一百人；殿试，试二百步五十步骑射、击球，四书五经、《通鉴》、武经七书、《将鉴博议》、《小学》中，从自愿讲一书；重试，试一百八十步二百步骑射、击球，讲经依别试例。别试则二百步，讲经不入者，不取；重试则二百步，讲经一入者，取之。⑥

① 《朝鲜太宗实录》卷22，太宗十一年十一月戊午（1日），第1册，第608页。
② 梁诚之：《讷斋集》卷2《便宜二十四事》，第9册，第298页。
③ 《朝鲜世宗实录》卷48，世宗十二年六月庚午（1日），第3册，第239页。
④ 《朝鲜世宗实录》卷63，世宗十六年三月辛巳（4日），第3册，第546页。
⑤ 《朝鲜世宗实录》卷97，世宗二十四年八月壬辰（5日），第4册，第427页。
⑥ 《朝鲜世宗实录》卷117，世宗二十九年八月甲子（5日），第5册，第32页。

从中可见，《资治通鉴》乃文科与武科别试中殿试的选择科目之一，是与四书五经、武经七书同等重要史书。可以说，《资治通鉴》是当时朝鲜士人学习历史最重要的史籍。

对于地方乡校，世宗国王赐书给他们，也有《资治通鉴》。如世宗二十六年（1444）八月庚申，“命赐《通鉴训义》、《性理群书》、《近思录》、《通鉴纲目》、柳文、韩文、《通鉴节要》、《集成小学》、《丝纶集》各一件于清州乡校，令生徒习之。生徒等上笺称谢。”①与《资治通鉴》相关的数种书籍也在所赐书目中。

三、《资治通鉴》与《资治通鉴训义》在世宗朝之刊印

世宗大王李裪（1397—1450）为朝鲜王朝第四位国王，好学不倦，为朝鲜王朝第一位文化之主，在文化事业上颇有作为。在他统治时期，不仅创制谚文，颁布《训民正音》，对于搜罗史籍、编纂史书、印刷书籍，也非常用心。对于《资治通鉴》，也做了许多工作，包括搜集遗书，编纂《资治通鉴训义》，重新刊印等。

首先，世宗一朝，广泛搜集《资治通鉴》相关著作。朝鲜立国之初，书籍缺乏，尤其是《资治通鉴》一类书籍，于是朝鲜王朝派使臣前往明朝之际，经常从明朝购买书籍，或者请求明朝赐书。

如太宗元年（1401）十二月癸亥，领议政府事李舒、总制安瑗等从明朝归来，进《大学衍义》《通鉴集览》《事林广记》各一部、角弓二张、色丝二斤。②太宗三年（1403）九月戊子，“成石璘、李原、李庭坚进《通鉴纲目》及《十八史略》，得之中国也。”③不仅朝鲜使臣从明朝购买《通鉴》等书，明朝使节前往朝鲜，亦赐赠《通鉴》类书籍。太宗六年（1406）十二月丁未，明廷派内史韩帖木儿、杨宁等来。“赐王珊瑚间茄蓝香帽珠一串、纻丝三十匹、熟绢三十匹、象牙二只、犀角二个、《通鉴纲目》、《汉准》、《四书衍义》、《大学衍义》各一部、片脑等药材十八味。”④

世宗深感书籍缺乏，“盖虑我国书籍鲜少，史学未博也”⑤。凡跟《资治通鉴》相关史籍，或请求赐赠，或到处搜罗。世宗八年（1426），朝鲜进献使佥总制金时遇奉敕而回，“今赐王五经四书及《性理大全》一部共一百二十册、《通鉴网目〔通鉴纲目〕》一部计十四册，至可领也。”⑥可见，明朝初年，经常赐书给朝鲜，《资治通鉴》或《通鉴纲目》常

---

① 《朝鲜世宗实录》卷105，世宗二十六年八月庚申（14日），第4册，第581页。

② 《朝鲜太宗实录》卷2，太宗元年十二月癸亥（9日），第1册，第219页。

③ 《朝鲜太宗实录》卷6，太宗三年九月戊子（13日），第1册，第277页。

④ 《朝鲜太宗实录》卷12，太宗六年十二月丁未（22日），第1册，第381页。

⑤ 朴彭年：《朴先生遗稿》之《送金大博奉使岭南序》，韩国民族文化推进会编刊：《影印标点韩国文集丛刊》第9册，1988年，第469页。

⑥ 《朝鲜世宗实录》卷34，世宗八年十一月癸丑（24日），第3册，第49页。

在所赐之列。

同时，令朝鲜官员在本国四处搜求，又是一途。当时，有朝臣因搜求跟《通鉴》相关书籍有功，礼节上犯错，世宗不加问罪。世宗十七年（1435）三月丁丑（5日），进士赵须进胡三省音注《资治通鉴》一百卷，此书尽管多有脱落，世宗还是予以嘉奖，“令乘驲往求余秩于骊兴、砥平，须受命往来，有自得之色。时服母丧，入城不下马，为宪府所劾，上命勿问。”[①]赵须服母丧，入城不下马，礼节有亏，被弹劾，世宗因为他进呈了胡三省的书，未加其罪。其实，当时赵须乃戴罪在身。过了几天，世宗与朝臣再议曰：

> 赵须之父瑚，与于不忠之党，未尽推核，死于狱中。太宗闵之，追释其罪，须法不延坐，有司力请曰：“庶兄希敏，既犯不忠，弟何独脱？”须以此见窜，盖有年矣。然尹穆亦不忠之党也。弟向延坐被窜，寻蒙恩宥，位至省宰。今者令文臣撰集《通鉴训义》，须进胡三省音注书，虽不完，解释详尽，其于后学，嘉惠无穷。予嘉须志，欲还职牒，仍除官职，何如？[②]

诸臣皆以为妥当，即命吏曹还给职牒，赵须从此得参朝列。因为进呈了胡三省音注《资治通鉴》，赵须失礼之罪，未加惩处，且原来因为其父连坐之罪，亦被赦免，得以恢复官职，可见，世宗极其看重所献之书。随之，晋州道购求遗典官鱼孝瞻，进别侍卫崔河家藏胡三省音注《资治通鉴》，自一百九十二卷至二百六十卷，世宗甚悦。[③]庆尚道安东道购求遗典官李甫钦将永川人幼学曹孝顺的胡三省音注《资治通鉴》九卷，合部一册以进。[④]

尽管朝鲜诸官进献了三部胡三省音注《资治通鉴》，但都是残本，略有遗憾。当时，朝臣商议是否上奏礼部，讨论“《资治通鉴》胡三省音注及源委”，世宗说：“然予之欲见此书至切，令赴京副使沈道源购求何如？”[⑤]当即决定派使臣前往明朝购求此书。世宗十七年（1435）七月庚午，“谢恩使通事辛伯温、进贺使通事许元祥、偰振等，回自京师，赐衣有差。以贸得胡三省《资治通鉴》也。”[⑥]终于从明朝购得了全本。同年八月，世宗遣刑曹参判南智赴明朝贺圣节，世宗亲率王世子及群臣拜表于景福宫。此次遣使主要任务，乃是求书：奏请胡三省《音注资治通鉴》、赵完璧《源委》、金履祥《通鉴前编》、陈桱《历代笔记》、脱脱《宋史》等书。从事官赍去事目曰：

> 一、太宗皇帝朝撰集《四书五经大全》等书久矣，本国初不得闻，逮至庚子，敬

① 《朝鲜世宗实录》卷67，世宗十七年三月丁丑（5日），第3册，第617页。
② 《朝鲜世宗实录》卷67，世宗十七年三月甲申（12日），第3册，第618页。
③ 《朝鲜世宗实录》卷67，世宗十七年三月甲午（22日），第3册，第619页。
④ 《朝鲜世宗实录》卷68，世宗十七年四月丙午（5日），第3册，第622页。
⑤ 《朝鲜世宗实录》卷67，世宗十七年三月壬午（10日），第3册，第618页。
⑥ 《朝鲜世宗实录》卷69，世宗十七年七月庚午（1日），第3册，第649页。

> 宁君赴京受赐，其后累蒙钦赐，披阅观览，详悉精微，实无余蕴。乃知朝廷所撰书史类此者应多，但未到本国耳。须细问以来，可买则买。一、今奏请胡三省《音注资治通鉴》、赵完璧《源委》、金履祥《通鉴前偏〔通鉴前编〕》、陈桱《历代笔记》等书，若蒙钦赐，则不可私买。礼部如云御府所无，则亦不可显求。一、理学则《五经四书》、《性理大全》，无余蕴矣，史学则后人所撰，考之该博，故必过前人，如有本国所无有益学者，则买之。《纲目》《书法》《国语》，亦可买来。凡买书，必买两件，以备脱落。一、北京若有大全板（版）本，则措办纸墨可私印与否，并问之。一、曩者传云：已撰《永乐大传〔大典〕》，简帙甚多，未即刊行。今已刊行与否及书中所该，亦并细问。一、本国铸字用蜡，功颇多，后改铸字，四隅平正，其铸字体制二样矣。中朝铸字字体印出施为，备细访问。①

世宗对这次出使，寄予厚望，但并没有完全如愿请回相关书籍。十二月，“圣节使南智赍敕，回自京师，上以时服，率群臣幸慕华馆，迎敕如仪。其辞曰：王奏请书籍，今发去音注《资治通鉴》一部，其余书板损缺，待刊补完备颁赐，王其知之。”②尽管只收到音注《资治通鉴》一书，世宗也很高兴，世宗十八年（明正统元年，1436）正月，世宗特遣中枢院副使南宫启前往明朝，谢赐胡三省《音注资治通鉴》，上率群臣拜表如仪。表曰：

> 圣明御极，运启隆平。海甸沾恩，情深感佩。抚躬罔措，铭骨何忘！窃念弊封，僻处荒徼。故载籍之罕见，乃孤陋而寡闻。莫究道义之源，实惟墙面；讵知安危之辙！秖自棘心。冒陈敷奏之烦，敢望俞允之亟！今值贱价之返，特颁秘府之藏。惟胡氏音注之精微，炳如指掌；集诸家训解而纤悉，诚宜服膺。且刓缺之诸书，许刊补而续赐。殊私至此，前昔所稀。兹盖化洽同文，仁敦率育。稽《虞典》之敷教，乐《周诗》之作人。遂令孱资，叨荷异宠。臣谨当手披目睹，博观百代之编；日升月恒，恭伸万年之祝。③

此表深深地表达了世宗对明朝英宗的感激之情。当时明英宗即位不久，且尚未成年，政事由太后掌控，“三杨”（杨士奇、杨荣、杨溥）辅佐，明朝与朝鲜的关系也越来越密切。

其次，世宗深感《资治通鉴》“文义难晓”，故组织文臣编纂《资治通鉴训义》，以解决阅读理解问题。这也是世宗向明朝求书，尤其是求胡三省《音注资治通鉴》最直接的原因。尽管世宗从世子时起就开始阅读《通鉴》与《纲目》，但要完全读懂，并非易事，朝臣

① 《朝鲜世宗实录》卷 69，世宗十七年八月癸亥（24 日），第 3 册，第 649 页。

② 《朝鲜世宗实录》卷 70，世宗十七年十二月戊午（21 日），第 3 册，第 662 页。

③ 《朝鲜世宗实录》卷 71，世宗十八年正月乙酉（19 日），第 3 册，第 664 页。

亦然。“世宗尝留意于《资治通鉴》，谓其笺释未尽，句读不明”[①]，“以司马公《资治通鉴》，史学之渊源，而诸家训注，详略不同，难于编考”[②]。故自世宗十六年（1434）秋开始，召中枢院事尹淮、礼曹左参判权蹈、集贤殿副提学偰循等，会于集贤殿，“召会文臣，取诸家之注，兼广阅书传，参而校之，附于《通鉴》本文”[③]。“聚诸禁掖，探穷史传，会粹（荟萃）成书”[④]，考阅《资治通鉴》，“参究《源委辑览释义》，以至诸书，撰其所解，逐节附之，名之曰《通鉴训义》。”[⑤]当时朝中重要文臣，包括集贤殿应教金末、校理柳义孙、集贤殿修撰李季甸、副修撰崔恒、吏曹佐郎南季瑛、世子左司经鱼孝瞻、司宪监察姜孟卿、奉常录事闵媛等全都参与，又以左承旨权孟孙兼掌之。甚至，任职台谏的右献纳李中允与前右献纳李师曾等都参与此书的编修，且不得不于本职“告课”，使得司谏院左正言崔庵上疏言：“台谏之于诸都监，古无执书卷告课之例。今中允新执书卷告课，提调与常员无异，提调暂不动容。在中允之心，固无嫌矣，于国家待台谏之意何如？不得已而用，则改职衔何如？”[⑥]明确指出台谏之官不宜参与书卷编纂，以至于耽搁本职。世宗只是以“予将考前例”为辞答复，并未听从其言。

对个别撰集官之失当行为，世宗亦能宽容待之。吏曹参议偰循“性粗率不分辨”，过昌德宫门洞口不下马而失态，被司宪府弹劾，“时循撰集《通鉴训义》，上急于撰集，特命就职”[⑦]，竟不问其罪。此书编纂由大提学尹准主持，“每夕入内，上亲校谬误，或至夜分”，世宗国王竟然每晚亲自校阅，且说：“近日因看此书，乃知读书有益，聪明日增，眠睡顿减也。”尹准提醒夜晚看书，恐伤眼睛，世宗才说“予其小休”。[⑧]可见对此书的撰集是多么用心。

为了尽可能调动撰集官的积极性，世宗想法予以鼓励。“命馈《资治通鉴训义》撰集官，自是每十五日一次设之”[⑨]。每十五天，世宗国王要设宴招待撰集官们，以兹鼓励。世宗十七年（1435）六月戊申，此书大体编成，世宗特地在庆会楼宴请《通鉴训义》撰集官，他列举前代文臣李穑、郑梦周等“经学之美”，令赴宴文臣各赋诗，尹淮等进笺谢恩，遂编应制诗为轴，承旨权采作序，称颂世宗曰：

> 自即位以来，日御经筵，缉熙之学，终始不厌，深虑东方书籍鲜少，人不能学。

---

① 徐居正：《四佳文集》补遗一《输忠劲节佐翼定难翊戴纯诚明亮经济佐理功臣大匡辅国崇禄大夫蓬原府院君兼领经筵事赠谥忠贞郑公神道碑铭》，韩国民族文化推进会编刊：《影印标点韩国文集丛刊》，第11册，1988年，第294页。

② 《朝鲜世宗实录》卷68，世宗十七年六月戊申（8日），第3册，第633页。

③ 《朝鲜世宗实录》卷68，世宗十七年六月戊申（8日），第3册，第633页。

④ 朴彭年：《朴先生遗稿》之《送金大博奉使岭南序》，第469页。

⑤ 《朝鲜世宗实录》卷64，世宗十六年六月辛未（26日），第3册，第575页。

⑥ 《朝鲜世宗实录》卷64，世宗十六年六月癸酉（28日），第3册，第575页。

⑦ 《朝鲜世宗实录》卷65，世宗十六年七月壬寅（27日），第3册，第582页。

⑧ 《朝鲜世宗实录》卷66，世宗十六年十二月甲寅（11日），第3册，第604页。

⑨ 《朝鲜世宗实录》卷65，世宗十六年七月丙子（1日），第3册，第577页。

乃出自宸衷，命有司新铸字之规，无书不印，无人不学。又虑遗文新集之未尽得也，因使介旁求于上国，遣文臣广购于国中，于是书典之至，日益月增，建藏书(阙)〔阁〕，籍而藏之，充溢栋宇。自东国以来，文籍之多，未有如今日之盛也。由是进讲之书，有所疑谬，则遍考诸书，皆得其真而正之，以至礼乐、钟律、天文、仪像、阴阳、历算、医药、卜筮之书，皆修而整之，印而颁之。今又撰修《训义》，便于考阅，极其精博，而编辑之臣，优其给使，厚其供亿，至于亲锡宴以劳之，命赋诗以悮之，使萤窗铅椠之辈，皆得与鹿苹、《鱼藻》之欢，与汉朝白虎、石渠之事同规，而宠渥过之，其斯文之荣幸，而儒苑之美谈，诚千载一时也。[①]

将世宗一朝之文化政策以及编辑《资治通鉴训义》之原委，全都予以陈述，一年以后，世宗又组织朝臣编辑了《资治通鉴纲目训义》，并让柳义孙作序，序曰：

臣窃谓史籍之行于世者多矣，莫详于《通鉴》，而莫要于《纲目》，实天下万世之龟鉴也。然其诸儒注释，颇有详略。且相抵牾，固未易遍观而折衷。恭惟我主上殿下天纵圣学，潜心经史，万机之暇，翻阅二书，参究诸注之异同，俾归于一，毫分缕析，粲然可考，诚史书之大全也。读者苟能仰体圣训，先明经学，然后博之于《通鉴》，约之以《纲目》，则本末兼该，内外融贯，而庶不谬乎明体适用之学矣。倪或躐等而徒务于涉猎，则岂吾圣上倡明道学，垂世立教之美意哉？后之观是书者，当自警省云。[②]

这样两部《训义》的编成，有助于朝鲜君臣阅读、理解这两部史书，为朝鲜君臣的历史学习与历史教育，扫清障碍。同时，世宗亦借编纂此二书以振文风，世宗以为："文武并用，国家久安之道。近因撰修《通鉴训义》，聚儒臣于集贤殿，遍考典籍，文风稍振。"[③]世宗十八年（1436）二月癸亥，"颁赐《训义通鉴》于文臣"[④]。书成不久，主事者艺文大提学尹准卒。世宗赐祭文中说："予观《通鉴》，诸家注释。得失详略，纷纭杂错。欲会于一，须资博洽。肆予命卿，精加搜辑。书未告成，遽闻不淑。倚任方重，天夺何速！"[⑤]可见，世宗对于参修此二书的作者予以特别关照。

最后，世宗重视对《通鉴》类史书的刊印，刊行了大量相关著作。世宗年间设立通鉴厅，乃临时性机构，专门主管《通鉴》之编纂、印刷、刊布、发行之事务。

朝鲜金属活字印刷有传统，太宗三年（1403），设置铸字所，铸金属活字，时年丁亥，称丁亥字，达数十万之多。世宗以为其字并不精美，世宗二年（1420），改铸新字，时年庚

① 《朝鲜世宗实录》卷68，世宗十七年六月戊申（8日），第3册，第633页。
② 《朝鲜世宗实录》卷74，世宗十八年七月壬戌（29日），第4册，第25页。
③ 《朝鲜世宗实录》卷74，世宗十八年八月庚辰（17日），第4册，第27页。
④ 《朝鲜世宗实录》卷71，世宗十八年二月癸亥（27日），第3册，第667页。
⑤ 《朝鲜世宗实录》卷72，世宗十八年四月辛酉（25日），第3册，第673页。

子，字小而正，为庚子字。世宗十六年（1434），又改铸大字。这几次改铸字皆与《资治通鉴》与《资治通鉴纲目》的印刷刊行有关。随后文宗、世祖、成宗年间，皆因印刷《通鉴》与《纲目》，而再铸新字，使得朝鲜活字印刷得以进一步发展。

世宗三年（1421）三月，世宗就重视活字印刷事宜，改进印刷技术，意为印刷《资治通鉴纲目》，“（世宗）赐铸字所酒百二十瓶，前此印册，列字于铜板，溶为黄腊，坚凝然后印之，故费腊甚多，而一日所印，不过数纸。至是，上亲指画，命工曹参判李藏、前小尹南汲改铸铜板与字样相准，不暇溶腊，而字不移，却甚楷正，一日可印数十百纸。上念其功役之劳，屡赐酒肉。命印《资治通鉴纲目》，令集贤殿正其谬误，自庚子冬至壬寅冬乃讫”[①]。实际上，这次所用的乃是“小而正”的庚子字。

世宗十六年（1434），已铸大字，世宗想用大字刊印《通鉴》，以便老人阅读。上曰：“今铸大字，为宝重矣。予欲印《资治通鉴》，颁诸中外，使老人易于观览。若备纸三十万卷，则可印五六百件矣，其纸墨备办之策，承政院布置。”[②]当即开展行动，次日，“命造印《资治通鉴》纸五万卷于造纸所、十万五千卷于庆尚道、七万八千卷于全罗道、三万三千五百卷于忠清道、三万三千五百卷于江原道，共三十万卷。”[③]于是，又印大字本的《资治通鉴》。可见，世宗铸庚子字、大字，尽管并非完全为了刊印《资治通鉴》与《纲目》，但首先想到刊印的就是这两部书，则并非巧合，充分说明世宗对这两部书的重视。

四、结　　语

朝鲜世宗对于《通鉴》与《纲目》的重视，编纂与刊行了许多相关书籍，为朝鲜后世奠定了基础。事实上，世宗年间编订、刊印了许多经史书籍，《通鉴》与《纲目》只是其中代表而已。诚如世祖重臣李克堪所言：“我世宗右文兴儒，留心载籍，凡所证定之书非一，如《资治训义》《纲目训义》《左传》《杜诗批注》《大小丝纶集》《兵要》《三纲行实》等书非一。然有关于治体而为后嗣之所观监者：一则《训义》二书，一则《治平要览》也。”一方面论及世宗所定诸书甚多，另一方面特别强调《训义》二书的重要性，接着论道：“臣伏观《资治通鉴》，温公之所编摩，而加之以范祖禹、刘恕之赞助，经十九年而乃成。臣观凡例及师友之间往复尺牍，用意勤矣。然今观唐末以后，去就不精，日月差错者亦多有之。不惟臣之管见为然，先儒亦以议之，著书之难如是也。然《资治》一书，人敬之如神明、仰之如日星，不敢有议者，以其所益多也。”[④]指出尽管《资治通鉴》也有不精之处，但是

① 《朝鲜世宗实录》卷 11，世宗三年三月丙戌（24 日），第 2 册，第 427 页。
② 《朝鲜世宗实录》卷 65，世宗十六年七月辛卯（16 日），第 3 册，第 580 页。
③ 《朝鲜世宗实录》卷 65，世宗十六年七月壬辰（17 日），第 3 册，第 580 页。
④ 《朝鲜世祖实录》卷 17，世祖五年九月癸未（4 日），第 7 册，第 346 页。

“人敬之如神明、仰之如日星”，故而无人敢加议论。从一个侧面也反映了《资治通鉴》在朝鲜君臣心目中至高无上的地位。

从朝鲜立国之初，就把《资治通鉴》与《纲目》作为历史教育、时事政治等方面不可或缺的教材，国王经筵、世子教育、儒生科举等都离不开这两部书。世宗年间，为了更好地发挥这两部书的作用，编纂两部《训义》，为朝鲜后世的阅读与学习提供了内容更为简易的书籍；多次刊印，亦提供了更多可资获取的书籍。朝鲜王朝与《通鉴》《纲目》相关的活动与书籍，可以说是中国“通鉴学”的延伸和发展，对于我们了解《通鉴》与《纲目》，以及中朝文化与史学的交流都有非常重要的参考作用，理应得到相应的重视。

（执行编辑：杨　芹）

一份明初户帖的历史价值

——崇祯《嘉兴县志》辑录的林荣一户帖

陈学文*

摘要：明初为了稳定社会秩序，克服财政危机，首先要建立户籍管理制度，为国家征收赋役提供基本依据，于洪武三年正式颁行户帖。明初的户帖存在仅短短十年左右，且户帖实物存世不多。本文通过对明初户帖的制定、式样和内容、林荣一户帖的文献价值的具体研究，指出明初户帖制度的施行为后来的黄册制度奠定了基础。

关键词：明初；户帖；格式；黄册制度

明初的户帖在中国户籍管理制度史上是一大创造，虽然存在仅短短约十年，却为后来的黄册制度奠定了基础。前人曾对此作过研究。[①]但由于户帖样张留存不多，对它的研究尚待深入[②]，对它的内容、性质等还需结合样纸进行具体研究。

一、明初户帖的制定

洪武初年历经多年战争的劫难，满目疮痍，遍地哀鸿，户口版籍流失。“北方郡县，近城之地多荒芜”；南方“百姓稀少，田野荒芜”。[③]为了安定社会，支撑国家财政，必须先从整版籍、定赋役着手，而先决条件必须对户籍进行整理登记，洪武元年十月《克复北平诏》：

---

* 陈学文，浙江省社会科学院历史研究所原所长、研究员，日本大阪大学、丹麦哥本哈根大学客座教授。

① 对于明初户帖的研究有梁方仲：《明初的户帖》，《人文科学学报》第2卷第1册，1943年；《明代黄册考》，《岭南学报》1950年第10卷第2期；二文均收入《梁方仲经济史论文集》，北京：中华书局，1989年；韦庆远：《明代黄册制度》，北京：中华书局，1961年；栾成显：《明代黄册研究》（增订本），北京：中国社会科学出版社，1998年。

② 陈学文：《明初的户帖》，《文史》第62辑，北京：中华书局，2003年；陈学文：《明初户帖制度的建立与户帖格式》，《中国经济史研究》2005年第4期。

③ 《明太祖实录》卷53，台北：台湾“中研院”历史语言研究所，1962年影印本，第1049页。《太祖宝训》卷4《仁政》，台北：台湾“中研院”历史语言研究所，1962年影印本，第310页。

“户口版籍……已令总兵官收拾，其或迷失散在军民之间者，许赴官司送纳。”[①]因为朱元璋深知户口版籍对国家的重要意义。“夫有户口而后田野辟，田野辟而后赋税增”[②]。朱元璋遂令精明能干的部属陈灌要关注民间疾苦，稳定人口，制定户口管理入手。陈灌曾随徐达北征，任宁国知府。“时天下初定……访问疾苦，禁豪右兼并，创户帖以便稽民，帝取为式，颁行天下”[③]。“宁国知府庐陵陈灌作户帖以定版籍，民甚德之，后以其法诏行天下”[④]。洪武三年十一月诏令天下实行户帖制。“核民数，给以户帖。先是上谕中书省臣曰：‘民，国之本，古者司民岁终献民数于王，王拜受而藏诸天府，是民数，有国之重事也。今天下已定，而民数未（未）核实，其命户部籍天下户口，每户给以户帖。’于是户部制户籍户帖，各书其户之乡贯、丁口、名岁。合籍与帖，以字号编为勘合，识以部印。籍藏于部，帖给之民，仍令有司岁计其户口之登耗，类为籍册以进，著为令”[⑤]。

洪武三年十一月正式实行户帖制，遂将陈灌设计试行的户帖著为法令向全国推行，夏燮《明通鉴》卷三：“辛亥，诏户部籍天下户口，置户帖户籍，有司岁计登耗以闻。”[⑥]《明会典》记曰：“籍天下户口，及置户帖，各书户之乡贯丁口名岁，以字号编为勘合，用半印钤记。籍藏于部，帖给于民。令有司点验比对，有不合者，发充军，官吏隐瞒者处斩。”[⑦]

二、明初户帖的式样和内容

有关明初户帖现有记录在案约有 13 种，这是不完全信息，也许以后还有新的发现。现先将户帖收藏或记录在案的列举如次：

洪武四年徽州府祁门县汪寄佛户帖，藏于中国社科院历史研究所，见刊《中国史稿》第 6 册图版三，人民出版社，1987 年。

洪武四年嘉兴府嘉兴县杨寿六户帖，刊于盛枫《嘉禾征献录》卷三十二《卜大同传》（上海图书馆藏本）。

洪武四年嘉兴府嘉兴县林荣一户帖，刊于崇祯《嘉兴县志》卷九《食货志·户口》（日本宫内省图书寮藏，明崇祯十年刻本）。

---

① 《皇明诏令》卷 1。

② 叶伯巨：《万言书略》，《昭代经济言》卷 1。

③ 张廷玉等撰：《明史》卷 281《陈灌传》，北京：中华书局，1974 年，第 7186-7187 页。

④ 谈迁：《枣林杂俎》智集《逸典·户帖式》，罗仲辉、胡明校点校，北京：中华书局，2006 年，第 5 页。

⑤ 《明太祖实录》卷 58，台北：台湾“中研院”历史语言研究所，1962 年影印本，第 1143 页。

⑥ 夏燮：《明通鉴》，王日根等校点，长沙：岳麓书社，1999 年，第 193 页。

⑦ 申时行等修，赵用贤等纂：《明会典》卷 19《户口》，《续修四库全书》第 789 册“史部证书类”，上海：上海古籍出版社，第 331 页。

洪武四年嘉兴府崇德县张得肆户帖，刊于胡琢《濮镇纪闻》（乾隆）卷一。

洪武×年十一月南直隶江阴县×××户帖，刊于李诩《戒庵老人漫笔》卷一《半印勘合户帖》。

洪武四年安徽贵池县杏花村郎礼卿户帖，刊于康熙《杏花村志》卷十一（北京图书馆藏，康熙二十四年聚星楼刻本）。

洪武×年开封府钧州密县傅本户帖，刊于谈迁《枣林杂俎》智集，《逸典·户帖式》。

洪武四年徽州府祁门县江寿户帖，见《中国历史博物馆馆刊》总第7期，1985年。

洪武四年徽州府祁门县谢允宪户帖，藏于第一历史博物馆。

洪武四年徽州府祁门县谢允护户帖，藏于中国社会科学院历史研究所。现下落不明。

洪武四年×××××××××户帖，藏于北京图书馆，未公开。地址、户名不详。

洪武四年平江×××户帖，刊于许元溥《吴乘窃笔》·《洪武安民帖》。户名不详。为许元溥祖上的户帖，苏州人。

洪武十二年徽州府祁门县叶诏寿户帖（残），中国社科院历史研究所藏。

从现存户帖登记所在地看，以安徽祁门县最多，计5件，浙江嘉兴府3件，江苏2件，安徽贵池1件，河南开封府钧州密县1件，另一件地址户名均不详。从各户帖内容来看基本上是相同的，只是各地复制翻刻时文字略有小差异。[①]

关于户帖样张和文字内容如何？还原户帖样纸式样：长一尺三寸，阔一尺二寸，但也有尺幅大小不同。[②]户帖周边饰有梅花状的边栏框。明人亲见记为："周围梅花栏，大不满二尺，号数处用户部印，合同半钤，年月日下空处用全印，后有一大部字，印下花押。直连者三，又横并者三，无官吏职衔姓名。背后沿边，县刊一小牵长腔宕印于其上。首行云：江阴县提调官，下分注知县钱文德，县丞傅学。第二行司吏麋宗文。第三行典史朱贯道。每人皆有花押。末行：洪武三年十一月口日。县印向前，不在年月处。"[③]李诩说"此帖人罕得见矣，余从一处觅来，录之以备典故。"他倒是有心人，幸得他详细记录下来以供后人参考。比照谈迁《枣林杂俎》、许元溥《吴乘窃笔》、康熙《杏花村志》所记，其内容大同小异，只是文字语气上略有小差异而已。[④]

明初户帖的内容，康熙《杏花村志》有详细记载，其式为下[⑤]：

---

① 有关各户帖内容格式小差异的考释，请参见拙著《明初户帖制度的建立和户帖格式》，《中国经济史研究》2005年第4期。

② 徽州府祁门县汪寄佛户帖为35厘米长，35.5厘米宽（参见栾成显《明代黄册研究》27页，北京：中国社会科学出版社，1998年）。

③ 李诩《戒庵老人漫笔》卷1《半印勘合户帖》，四库全书存目丛书·子部，第111册，济南：齐鲁书社，1995年，第26页。

④ 有关户帖的差异，参见拙著《近世中国的经济、社会和文化》第163页《多户帖互勘表》，北京：方志出版社，2005年。

⑤ 康熙《杏花村志》卷11《户牒》，四库全书存目丛书·史部，第245册，济南：齐鲁书社，1996年，第245页。

户部洪武三年十一月二十六日　钦奉圣旨说与户部官知道：如今天下太平了也，正是户口不明白俚，教中书省置下天下户口的勘合文簿户牒，你户部官家出样式，那有司将他所管的应有百姓都教入官附名字一一写着，他家人口多少写得真着，与那百姓一个户牒上用半印勘合都取勘来了，我这大军如今不出征了，都教去各州县里下着绕地里共点户比勘合，比着的便是好百姓，比不着的便拿来做军。比到其间有司官吏隐藏了的将那有司官吏处斩，百姓每自躲避了的，依律置罪，便拿来做军，颁此除钦遵外，今给半印勘合户牒付本户收执者。

一户　郎礼卿，池州府贵池县杏花村居住

男子四口，成丁二口：

本名年五十四岁，男贵和年二十八岁。

不成丁二口：次男观音保（贵懋乳名），年七岁；孙　佛保，年七岁。

妇女二口：妻阿操，年四十二岁；男妇阿尹，年二十八岁。

事产：屋五间，基地八分。

右户牒付　郎礼卿收执，准此。

洪武四年　月　日

安字二百另二号，　　　（六）花押

印

户帖的基本内容有三：

（1）朱元璋诏令，说明制订户帖的依据，申明官员必须严格登记，不准隐瞒，如犯，处斩；百姓亦须遵法登记，如违犯将充军；并动员军队官兵参与户口登记工作。诏令口语化通俗易晓，正如许元溥所说："知高皇不徒用法之严，安民至意，何等明白晓畅，视盘庚之佶屈聱牙，岂可同日语哉！"[①]

（2）户籍户口居住地（主体部分）

户主名，籍贯、居住地。户籍分一般户，也有匠户。

户口数，成丁、不成丁；年龄。妇女，年龄，与户主关系：妻女。

（3）事产

房屋、田地、车船、孳畜

（4）编号、年月日、官吏签押，部印（户部半印）

明初户帖的特点有五：

（1）可以多人合户。兄弟不（未）分家合并一户，如汪寄佛户帖为一家五口，实是兄弟二家合居，却以弟为户主。杨寿六户帖，一家八口四代四姓合为一户。

---

① 许元溥：《吴乘窃笔·洪武安民帖》，丛书集成初编，第3156册，上海：商务印书馆，1937年，第12页。

（2）男妇都入户。并不歧视妇女，还将妇女姓名年龄一一列出。

（3）事产与户口并列。这将表明了户帖不仅是户口户籍制，还含有保护私有财产的意义，防止侵占财产。

（4）严格执行登记事项。不准躲避，不准漏登，随时派员按册检查，对执法官吏有严格措施，如犯可处极刑，可见明初对户帖登记的重视。

（5）勘合比查。除了官吏签押外，在户帖设计上用合同形式的勘合，使户帖与存册（户籍册）合二为一，为一完整的户籍，用半印相勘合，二纸以一印比照合勘，吻合为一印始可成立户帖，防止造假，便于查对。

三、林荣一户帖的文献价值

在诸多户帖中最有价值的要算林荣一户帖了，该户帖收录在崇祯《嘉兴县志》中，该志卷九《食货志·户口》：洪武三年命户部籍天下户口，每户给以户帖，重民事也。于是户部制户籍，各书其户之乡贯丁口名岁，合籍与帖以字号编为勘合，识以部印，籍藏于部，帖给于民，仍令有司点户比对，其法甚严，故以籍无一隐漏者。今里人杭州府儒学训导林春华家有先世户帖一纸，如式录后：

户部洪武三年十一月二十六日钦奉

圣旨说与户部官知道如今天下太平了也只是户口不明白俚教中书省置下天下户口的勘合文簿户帖你每户部家出榜去教那有司官将他所管的应有百姓都教入官附名字写着他家人口多少写得真着与那百姓一个户帖上用半印勘合都取勘来了我这大军如今不出征了都教去各州县里下着绕地里去点户比勘合比着的便是好百姓比不着的便拿来做军比到其间有司官吏隐瞒了的将那有司官吏处斩百姓每自躲避了的依律要了罪过拿来做军钦此除钦遵外今给半印勘合户帖付本户收执者

一户林荣一　嘉兴府嘉兴县零宿乡二十三都宿字圩民户计家五口

男子二口

成丁一口本身年三十九岁

不成丁一口男阿寿年五岁

妇女三口　妻章一娘年四十岁　女阿换年十二岁　次女阿周年八岁

事产　屋一间一披　田自巳（己）民田地六亩三分五毫

右户帖付民户林荣一收执准此

洪武四年　月　日

×字一百九十号

部　　　（印）

（户帖长一尺三寸阔一尺二寸合同填号处有户部半印）

据《明史·食货志》记："太祖籍天下户口，置户帖、户籍，具书名、岁、居地。籍上户部，帖给之民，有司岁计其登耗以闻。及郊祀，中书省以户籍陈坛下，荐之天，祭毕而藏之。"[①]虽记有名岁居地，但只有见到户帖样纸才可具体了解户帖的基本内容。林荣一户帖就是详记其户籍为府县乡都圩的籍贯居地，说明户籍是落实到最基层的都圩。还记明一户五口，男女、成丁与否、年龄、岁数、与户主关系。还登录事产。该户帖样纸外框边饰为梅花图案，特别是边框左侧注明："户帖长一尺三寸，阔一尺二寸，合同填号处有户部半印。"这是其他 12 份户帖所未见，足见此户帖的价值了。

崇祯《嘉兴县志》是一部优志，崇祯十年知县罗炌修，纂者却皆是江南一代名士，有屠中孚、李日华、沈德符、陈邦俊、姚士粦等，累计天启、崇祯二朝纂修者达 16 人之多，主纂为黄承昊。黄历任江西布政使司右参政、河南按察司副使、福建按察使分守建南道等职的高官。黄序称："皆一时艺苑之名流"参与纂修。全志 24 卷，各卷分署纂者姓名。此志实是天启、崇祯二朝合志，前志 10 卷，署名汤齐修，李日华纂。后志 14 卷，罗炌续修，黄承昊续纂，沈德符、姚士粦等分纂。李日华，万历壬辰进士，太仆寺少卿，著有《六研斋笔记》、《紫桃轩杂缀》等。沈德符，万历戊午进士，著有《万历野获编》等。姚士粦，"卓然自立，盖亦奇士云"[②]，著有《见只编》等。一部县志，竟有如此饱学俊杰之士参与修纂，实属罕见！亦折射了晚明江南文化之辉煌。他们修纂自有一定见解和取材标准，尤重人文，卷十九《艺文志·遗文》："宇内缥缃宏富，凡高文典册绮语佳吟，各自具有载籍，孰有从志乘中探讨艺文也者。志载艺文，备掌故耳。"正是他们具有高见远识和超人体识，当得知里人林春华保存有先人数百年前的明初户帖，视如珍宝，修纂者千方百计将它收录在《嘉兴县志》中"以备典故"，全文照录，特别加上边注，别小看这 22 个字的边注，高明就在于注明尺幅和特征，体现了修纂者的苦心和存史意识。明修方志也只有此志有收录明初户帖。[③]

四、结　　语

崇祯《嘉兴县志》辑录了林荣一明洪武四年户帖是一份很有价值的珍贵历史文献，以

① 张廷玉等撰：《明史》卷 77《食货志》，北京：中华书局，1974 年，第 1878 页。

② 纪昀：《钦定四库全书总目》，北京：中华书局，1997 年，第 5 页。

③ 崇祯《嘉兴县志》，明刻本收藏于日本宫内厅书陵部，国内缺藏。1991 年文献书目出版社出版了《日本藏中国罕见地方志丛刊》已收录了该志，国内读者就可看到该志的复制本。

实物见证了明初户帖的格式、内容及样纸范本，这是存世珍贵的实物文献。

洪武初年面临着战争后版籍流失、土地荒芜、人口流散、户籍失登的严重社会现象，巩固政权，完成国家赋役征收，促进社会安定都是急需解决的社会问题，宁国知府陈灌关注民谟，首创了户帖制并试行成功，洪武三年十一月朱元璋果断诏令推行全国，《明书》记："洪武三年，诏户部籍天下户口，置户帖，户具其姓名、年岁、贯址，夫家之数为帖，已著之籍，编勘合，州县用半印钤记之，籍上公府，而帖给之民。令有司以时清核，岁郊祀，中书省以户籍陈坛下，荐之天，祭毕而藏之。"[①]作为立国之本之一的户帖制受到明政权高度重视。

明初户帖从内容来看，是从社会结构的基层乡都里居民集结点开始，计口列户登记造册，男女一视同仁都上户帖。户籍不一定限于一家一户，可以是兄弟合户。详记户主年龄、成丁不成丁男口和妇女年龄，与户主关系、姓名等，这与传统的重男轻女不同。在中国户籍制度上有一创造的是将事产也列入户帖中，实际上已是户口与财产的统一登记，以保护私有财产。

韦庆远先生著有《明代黄册制度》，此为他研究明史的第一部著作。户帖为黄册的前身，他已有简略论及。今以此小文以延续他对明代户籍制度的研究，并以此以纪念与韦先生多年的友谊。

2010年7月16日记于杭州西湖

附　　记

当然主观上是与征收赋役有关，所以从严格意义上说户帖性质不仅是户口户籍的登记册，还是财产产权的登记册。

明初户帖从洪武三年十一月推行，至洪武十四年改用黄册以取代户帖，这是一大发展也是户帖制的完善。

现存明初户帖样张不多，林荣一户帖有着特殊价值，它将户帖样张尺幅格式特加边注以注明，结合李诩《戒庵老人漫笔》卷一对户帖式样的文字说明，使人对明初户帖有一完整的认识，所以崇祯《嘉兴县志》修纂者有着"以备典故"的存史观念，为我们研究中国户籍管理制度史提供了很好的范例。

（执行编辑：罗燚英）

---

① 傅维鳞：《明书》卷68《赋役志》，四库全书存目丛书·史部第38册，济南：齐鲁书社，1996年，第685页。

“迈注”之“迈”何许人也

——复旦本《明史列传稿》研究之一

南炳文*

摘要：复旦大学图书馆藏二六七卷本《明史列传稿》，是迄今所知张廷玉《明史》现存数种篇幅长、价值高的拟稿中的一种，但学界对之研究相对较少，迄今只知其于乾隆后的流传状况，本文通过对该书所保存的一个校对题签中“迈注”二字之研究，从本书乾隆嘉庆时曾存海宁拜经楼、海宁人许汝霖家于康雍年间曾存《明史》拟稿之明朝大臣传部分之抄本、海宁人朱尔迈与许汝霖是好朋友、朱许二人与康熙时《明史》总裁陈廷敬也是好朋友、康熙二十八年至三十年以上朱许陈三人曾同处《明史》纂修馆之所在地北京、康熙二十二年纂修各官撰写的《明史》列传拟稿已经基本完成、康熙二十六年四月《明史》监修徐元文等改修为初稿的《明史》纪传部分已达十之六七、校对题签中的“迈”字、“万”字、“卷”字与现存朱尔迈一封信件中的“迈”字、“卷”字结构和笔画特点十分相似等，推断海宁人朱尔迈当即题签中的名“迈”之人。这一研究对于了解该书之早期形态以及进一步推动关于张廷玉《明史》拟稿状况这一史学史上重大课题的讨论深入发展，具有积极的意义。

关键词：复旦大学本《明史列传稿》；朱尔迈；张廷玉《明史》拟稿状况

一

复旦大学图书馆藏有四函六十四本二六七卷万斯同《明史列传稿》一部，这是迄今发现的张廷玉《明史》拟稿中数种学术价值重大、篇卷较多者之一。迄今为止，学界关于这部史稿的来龙去脉，所知的情形大体如下：约自乾隆年间起，该书收藏于浙江海宁著名藏书家吴骞（1733—1813）的拜经楼之中，后转入吴兴刘氏之嘉业堂。再后与嘉业堂主人刘

* 南炳文，廊坊师范学院特聘教授，南开大学历史学院荣誉教授。

承幹关系密切的王欣夫（1901—1966），将此书购买到手。王氏去世，该书最终为复旦大学图书馆所收藏。其详可参见李春博《复旦大学藏万斯同〈明史列传稿〉述略》（载虞浩旭、饶国庆主编《万斯同与〈明史〉》下，宁波出版社，2008 年 12 月版）。至于其在乾隆之前的情形，则尚不清楚。笔者近日在校勘张廷玉《明史》的过程中，承蒙中华书局樊玉兰先生、南开大学王薇先生和复旦大学图书馆工作人员的帮助，获得了关于该书的若干具体资料，兹据之对该书的早期状况试作探查如下。

二

复旦大学图书馆藏《明史列传稿》之中夹有若干题签，从其内容判断，当为此书全部或部分抄写过程中进行校对时，或抄写后进行校对时所留。其中第一函第九册卷首所夹题签之文字为："万稿列传第九册卷五十三至五十八校录已毕，迈注。"这一题签表明，名字中有"迈"字之某人曾对该书进行过校对。名字中有"迈"字并对该书进行过校对的这个人，其全名及身世怎样？搞清这二点，对于该书的早期情况，或能提供若干帮助。于是，笔者对此产生了强烈的研究兴趣。

查汪庆柏《清代人物生卒年表》（人民文学出版社，2005 年），发现其中载有一个名中有"迈"字的人物，其名为"朱尔迈"，生于崇祯五年，卒于康熙三十二年，浙江海宁人，字号为"人远"及"日观山人"。此外还指出，其人之传记，载于许汝霖之《德星堂文集》卷三。这一发现，使笔者眼前一亮，因为"许汝霖"其人与《明史》拟稿的列传部分有直接关系。以布衣身份修《明史》的万斯同有子名万世标，万世标于雍正三年撰有万斯同老家《明史》原稿流散目录，其中称："名臣列传（自韩林儿起至田尔耕止全无，陈实斋、许时庵、蔡瞻岷三家有抄本）。"其中"许时庵"中的"时庵"乃"（许）汝霖之号，海宁人"（以上见万世标撰、冯贞群辑注《万季野〈明史稿〉流散目录》，载虞浩旭、饶国庆主编《万斯同与〈明史〉》上）。朱尔迈与许汝霖既然都是海宁人，许汝霖家中又曾收藏有万斯同《明史稿》部分列传之抄本，这就使得朱尔迈有可能为许汝霖校对过其所收藏的那部万斯同《明史稿》部分列传的抄本；进一步推论，并可认为朱尔迈有可能是现存复旦大学图书馆、曾被名中有"迈"字之人校对过、乾隆时曾藏在海宁吴氏拜经楼的那部《明史列传稿》的校对者，换言之，现存复旦大学图书馆《明史列传稿》书内所夹题签中的"迈注"，实为"朱尔迈注"。

许汝霖能为朱尔迈写传，表明二人之间存在某种特殊的关系。而进一步阅读该传记即可发现二人之间不仅为同乡、互有交往，而且交往甚多、关系甚密，是多年的好朋友。《德星堂文集》（清康熙刻本）卷三《同学朱人远传》载：

日观山人，余（指许汝霖——引者注）畏友也，长余生八岁。丁酉（顺治十四年），同课艺于临云阁，订交伊始。庚子（顺治十七年）春，鼓箧北山，丙午（康熙五年）夏，谈经灵鹫，晨钟暮鼓，日夕与俱。而平昔之把酒雄谈，歌呼于道游堂（此"道游堂"乃朱尔迈之父亲朱嘉征的堂号，在这里即指朱尔迈的家，参见杨廷福等编《清人室名别称字号索引》上，上海古籍出版社，2000 年版）、咏年堂及德星堂（此"德星堂"乃许汝霖之堂号，这里指许汝霖的家。参见上揭《清人室名别称字号索引》上），二十年如一日也。庚申（康熙十九年），余舌耕京邸，君集诸同人，酌卮判袂，山川虽隔，鸿鲤时通。戊辰（康熙二十七年），余试蜀过里，懽晤三、四日。己巳（康熙二十八年），君率长郎赴京，拈题把盏，畅握年余。辛未（康熙三十年）春，归别维扬。癸酉（康熙三十二年）忽闻讣，设位奠。讫甲戌（康熙三十三年），过西村凭棺一恸。迄十余年，梦寐中若与君相往还者无虚月。

如此等等表明，朱尔迈与同乡许汝霖虽相差八岁，但自二十几岁始，在临云阁、北山、灵鹫两人同学近十年；平昔两人更把酒雄谈、歌呼咏志于两人家中等处，二十年如一日；许汝霖于康熙十九年离开故乡后，两人又书信时通，联系始终不断。想到两人是这样一对数十年感情深厚至极的好朋友，应当会非常相信，由于许汝霖家中藏有《明史列传稿》之部分抄本，朱尔迈为之校对该书之事的发生是很自然而可以不加怀疑的。

上揭朱尔迈的传记还详载康熙二十八年传主赴京及赴京后的情形，称：

合肥李先生闻之，笃旧好、贻札敦请（朱尔迈赴京——引者补），陈泽洲、王阮亭两先生亦先后遣人至。君（指朱尔迈——引者注）徘徊不欲赴，诸先生往复再三，不获已，偕长郎同行。馆合肥第，陈、王两先生日一往还，而馆阁诸公以诗文质者，户外屦常满，旗亭古墅，高会狂吟，余（指许汝霖——引者注）亦藉素心稍慰晨夕。庚午（康熙二十九年）冬，忽负疴，诸先生不敢坚留，春正月，余适督学江左，同舟南下。

这一记载中，应予特别注意者，为陈泽洲其人。他姓陈，名廷敬，泽州为其家乡（参见汪庆柏《清代人物生卒年表》）。其人于康熙二十一年起为《明史》总裁（见《清圣祖实录》卷一〇三康熙二十一年六月甲申），至康熙三十一年丁忧回籍（《东华录》康熙五〇康熙三十一年八月乙酉）。由上引朱尔迈传记之文，结合其下文所述陈廷敬之生平，可知朱尔迈与陈廷敬关系亦甚密切，而陈廷敬在这次朱尔迈赴京期间，其身份为《明史》总裁。另，许汝霖《德星堂诗集》（清康熙刻本）卷三载有《贺泽州陈座师同月予告》及《同泽州陈座师石槽接驾》两首诗，这又表明许汝霖与《明史》总裁陈廷敬有门生、座主之关系，其关系之密切自应同样超过一般。朱、许二人与《明史》总裁陈廷敬之间的这种关系，当进一步使人联想到现存复旦大学图书馆、曾为名中有"迈"字之人校对过的、乾隆时期曾藏在海宁吴氏拜经楼的那部《明史列传稿》，在最初乃由许汝霖抄（或指派、雇请书手抄）并由朱尔迈校对过。换言之，现存复旦大学图书馆《明史列传稿》书内所夹题签中的“迈注”当更可认为实指“朱尔迈注”。因为陈廷敬作为《明史》总裁，有能力在这件事上帮助许、朱二人，并使二人之合作更加方便和被给以促进。

另，朱尔迈上揭传记又记明，朱尔迈是一个在明清之际政局变动之时对于明朝甚为忠诚之人。其中称：

> （朱尔迈）夙禀异质，酷嗜读书，而忠孝根于至性。年十三闻煤山之变（指崇祯皇帝自杀——引者注），尊先生（指朱尔迈之父——引者注）着芒鞋，提孤剑，欲弃家渡江，君（指朱尔迈——引者注）慨然愿随行，母吴夫人固止之乃止，其矢志固已异矣。

又称：

> 顾中所耿耿极不忘者，自十三龄矢志，结愿终身，虽浮沉随俗，而风雨鸡鸣，独与同邑张待轩、姚江黄梨洲、三楚黄九烟诸遗老，穷经砥节，声垂天壤，以续止溪先生未遂之隐。

这里所说之“止溪先生”，据本传所记乃朱尔迈之父朱嘉征，其人忠于明朝，不肯出仕于清，但因客观原因，未能如其本心：“为新例所迫”，曾任“叙州司李（狱官）”。这里所说的张待轩，海宁人，待轩为其号，名次仲（见杨廷福、杨同甫《清人室名别称字号索引》下）。天启辛酉（元年）举人，居乡耿介。入清后，“闭门著书，不复出”，“以经学为学者所宗”。里人陈之遴仕于清，“荐之，命有司具驾，次仲不行，有却聘书，世以方谢枋得之书焉”（见《南疆逸史》卷四二《张次仲传》，清大兴傅氏长恩阁抄本）。这里所说的黄梨洲即黄宗羲，如所周知，为明清之际著名的思想家、史学家，入清后拒不出仕。这里所说的黄九烟，本名黄周星，九烟为其字。本湘潭周氏子，幼为金陵黄氏抚养，遂冒其姓。崇祯庚辰（十三年）进士。为著名隐士。性狷介，诗文奇伟。入清后，变姓名为黄人，字略似，侨寓湖州（见《小腆记传》卷五八《逸民·黄周星》）。清初的明朝遗民，在康熙年间清朝官府组织撰写《明史》时，一般都积极参加其相关活动，以表其不忘故朝之心，黄宗羲、万斯同师生二人是最著名的代表。由上述可知，朱尔迈在清初的政治表现，堪称忠于明朝的相当标准的遗民，由此推测，其之为许汝霖之抄本《明史列传稿》作校对，应是十分自然而可以理解的事情。换言之，由朱尔迈的政治倾向与实际作为来判断，将现存复旦大学图书馆《明史列传稿》书内所夹题签中的“迈注”，解释为“朱尔迈注”也当是合乎情理的。

关于朱尔迈为此书作校对的时间，笔者的推测为当是康熙二十八年至二十九年。其理由有六。①此一时期朱尔迈正在北京。②此一时期许汝霖亦在北京。③此一时期与朱、许关系密切的《明史》总裁陈廷敬同样在北京。以上三点回顾前文有关引文即知。四、此一时期特别是康熙二十八年《明史》馆本身及其主要负责人多在北京。此点参见朱端强《万斯同与〈明史〉修纂纪年》康熙二十八年至二十九年记事部分（中华书局2004年6月版）。五、在康熙二十八年前约六年即康熙二十二年纂修各官撰写的《明史》列传拟稿已经基本完成，参见北京图书馆出版社2004年4月版徐蜀编《〈明史〉订补文献汇编》所收尤侗《明史拟稿》卷首自序、方象瑛《明史分稿残本》卷首自序，及前揭《万斯同与〈明史〉》上所收黄爱平《〈明史〉稿本考略》一文。在康熙二十六年四月，监修徐元文等修改为初稿并能从中选出部分卷篇交皇帝审看的《明史》纪传已达十之六七（这里的"徐元文"实亦可用"万斯同"代替，此乃学者的共识，兹不赘论）；参见清刻本《含经堂集》卷十三《四月四日初进明史入奏乾清门》及卷十八《恭进明史事宜疏》。到康熙二十九年，徐元文等修改成的《明史》初稿全部基本完成，清人杨椿称："历十二年（即自康熙十八年始至康熙二十九年——引者注）而史稿粗就，凡四百一十六卷。"见清嘉庆二十四年杨鲁生刻本《孟邻堂文钞》卷二《再上明鑑纲目馆总裁书》。六、康熙庚午二十九年冬正在北京的朱尔迈，"忽负疴，诸先生不敢坚留"，第二年春正月离京南下回故乡，至康熙癸酉三十二年五月死去，参见上揭本传。以上六个原因，使得朱尔迈与关系密切的许汝霖、陈廷敬只能够于康熙二十八年至二十九年同在京城相聚，并能因陈廷敬身为《明史》总裁的条件，得以很方便地接触和利用明史馆中已经写出的《明史》列传初稿以抄出新本，并加以校对，而在此之前与之后，皆无这些条件。

上引万世标所撰万斯同老家《明史》原稿流散目录中，除许汝霖外，还记有陈实斋、蔡瞻岷两家与许汝霖一样拥有过《明史稿》中的自韩林儿至田尔耕止的传记抄本。其中蔡瞻岷在有关资料中显示，其为扬州人，一说休宁人。名廷治，字瞻岷、润汝，私谥德文先生。其人"抱伟略、具实学"，"学圣人之道"，能"言理河、言御边、言足饷、言救荒数大经济"，"尽通'六经'、百家之说"，尤"长于治《易》"，曾作《大易观玩》一书，又"别注《书》《诗》《礼记》《春秋》《论语》《孟子》《大学》《中庸》八书，各有序文一篇，以揭其旨"，"晚年则专治《庄子》"，"作《庄子序》一篇"。卒于康熙四十六年，享年六十八（见明文书局1985年印行《清代传记丛刊》综录类五《碑传集补》卷四十五之刘师培《蔡廷治传》、费锡璜《蔡德文先生墓志铭》）。但皆未谈及其与名字中含"迈"字之人有关系。另，关于复旦大学图书馆藏万斯同《明史列传稿》，今所知其最早收藏者为乾隆时海宁吴氏拜经楼，而蔡非海宁人。可见，蔡虽曾拥有"自韩林儿起至田尔耕止"之万斯同《明史》列传稿抄本，而他所拥有之抄本，当不大可能与复旦大学图书馆藏万斯同《明史列传稿》有关，换言之，蔡虽曾拥有"自韩林儿起至田尔耕止"之万斯同《明史》列传稿抄本，但不能由此而妨碍关于将现存复旦大学图书馆《明史列传稿》书内所夹题签中的"迈注"解释为"朱尔迈注"之推论。上引万世标所撰万斯同老家《明史》原稿流散目录中，记陈实斋曾拥有

“自韩林儿起至田尔耕止”之万斯同《明史》列传稿抄本一事，也不能推翻这一推论。按：陈实斋，本名陈诜，实斋为其号。海宁人，卒于康熙六十一年，享年八十。康熙壬子十一年举人，“自补中书，三迁而副长御史，开府贵州、湖南，入为尚书，皆特擢，不由阶资”（见咸丰元年戴均衡本《望溪先生文集》卷十三《礼部尚书陈公神道碑》，《清人室名别称字号索引》下）。但他虽为海宁人，而史料中不见其与名字中含“迈”字之人有关系的记载，这成为得出上文所作其虽拥有《明史》列传稿抄本、但也不能推翻所谓“迈注”中之“迈”当指“朱尔迈”之判断的根据。

查光绪戊申三十四年仲夏月上海集古斋石印《昭代名人尺牍小传》（吴修编）之卷十一，收有摹刻朱尔迈手书书信一封，其中“迈”“卷”二字之结构、笔画特点，与复旦大学图书馆藏万斯同《明史列传稿》中上述题签的“万”字、“迈”字及“卷”字，十分相似（参见本文附图，两者虽十分相似，但并非绝对相同，此当与其书写背景、书写纸张及摹刻变形有关，对非绝对相同可予忽略）。这也为判断复旦大学图书馆所藏此书当为原藏许汝霖家、经朱尔迈校过的抄本《明史》列传稿，提供了根据。

讨论至此，如下的结论似可得出：今藏复旦大学图书馆的《明史列传稿》大体可认作在康熙二十八年至二十九年经过海宁人朱尔迈校对过，至于其由许汝霖（或其所用书手）开始抄写的时间又当比之略早，具体说来似当不会早于上文谈及的监修徐元文（或称布衣万斯同）等修改完成《明史》纪传十之六、七初稿之康熙二十六年四月，因为再往前推则被许汝霖（或其使用之书手）作为抄写依据的原本尚未问世。

三

现藏复旦大学图书馆的万斯同《明史列传稿》，于其第六十四册末页有原收藏人拜经楼主人吴骞于乙丑年（嘉庆十年、公元 1805 年）所写的一段话，其中说：

> 此书予藏之数十年。姚江邵予桐编修见而热爱之，以为此《旧唐书》也。在西湖书局中借阅累年，后竟携以入都，屡索不还，无可如何。属武林友人往取之，酬以二十金始得。昔人以借书还书等为一痴，殆是之谓欤！然予实一片苦心，终不以是为悔。

本书第一册末页有同人于嘉庆丁卯（嘉庆十二年、公元 1807 年）所写的一段话，其中说：

> 万季野先生所撰史稿，方望溪侍郎以为四百六十卷，诸志未成，全谢山庶常以为

五百卷。今此仅列传二百六十七卷，虽似未全，盖华亭开雕时亦尚有删并也。昔邵二云太史在西湖书局尝从予借观，甚悦，谓此《旧唐书》之流也，携入都中十年余。后属朱郎斋索之，始见还。

按嘉庆之前为乾隆，乾隆凡六十年，其云"予藏之数十年"，"在西湖书局中借阅累年，后竟携以入都，屡索不还"，"携入都中十年余"，说明其收藏此书大体始于乾隆中期。其云"今此仅列传二百六十七卷"，说明今复旦大学图书馆所藏者当即乾隆时吴氏所藏之原书，内容未曾增加，因为今存复旦大学图书馆该书正好为列传二百六十七卷。又，此书第一册末页又有吴骞所书未记书写时间之一段话，其中称此书"六十一本"；道光二十七年蒋生沐刻本吴骞后人吴寿阳纂《拜经楼藏书题跋记》卷二《明史稿列传》条，亦载此书六十一册，称："右六十一册。"而现存复旦大学图书馆此书共六十四册。这种册数的差别，当是由于后人调整全书各册或部分册内所含页数、重新装订造成的，并不意味着乾隆嘉庆后至今全书卷数以致内容含量有所改变。

如上所说，许汝霖家所藏之名臣列传抄本仅包括"自韩林儿起至田尔耕止"。而查现藏复旦大学图书馆之《明史列传稿》，韩林儿传在其卷八，田尔耕传在其卷二〇九。由此推测许汝霖家所藏明史列传之稿，似即复旦大学图书馆藏《明史列传稿》之卷八至卷二〇九部分。另，据《清代人物生卒年表》，许汝霖生于崇祯十三年，卒于康熙五十九年。由此推测其家中所存明史列传之抄稿，又当主要或全部抄自康熙年间。如果此说不误，联系上文似又可推测，复旦大学图书馆所藏二百六十七卷本《明史列传稿》至少卷一至七以及卷二百一十至卷二百六十七，当为抄写于雍正初至乾隆中期，倘其中也有抄自康熙年间者、甚至全部抄自康熙年间，则其所据当为许汝霖家藏者以外的版本。

众所周知，康熙皇帝之子胤礽，于康熙十四年十二月被立为太子，至康熙四十七年九月被废，在康熙四十八年三月至五十一年九月又一度复立。因此，在《明史》拟稿中，凡写于康熙十四年十二月至四十七年八月及康熙四十八年三月至五十一年九月者，"胤"字要全按避讳字处理。用此特征来对复旦大学图书馆所藏《明史列传稿》之卷八至卷二〇九检查，即曾在许汝霖家中收藏的那部分《明史》拟稿之抄件进行检查，则会发现卷一六五《张佳胤传》中之"胤"字按原字书写，不予避讳，这表明这一传记的抄写时间当在康熙四十七年九月至四十八年二月之间或在康熙五十一年十月以后之康熙末年。由此而联系上文关于许汝霖家所藏经朱尔迈校对过的那些列传其抄写最早可至康熙二十六年四月以后之判断，即可得知，许汝霖家所藏《明史》全部列传之抄写，似所用时间长可达二十年以上，最晚者可至康熙四十年代末至五十年代末。由此以及上文关于复旦本《明史列传稿》卷一至七和卷二百一十至卷二百六十七的抄写时间等论述，而再反观本文所讨论的朱尔迈似校对过复旦大学图书馆藏万斯同《明史列传稿》这一核心问题，就可更多得如下一项收获：

倘朱尔迈从事这一校对的说法能被证实，亦不可过分夸大这一贡献，因为他所校对的，在整个书中只是一部分，在该书之早期形态中可能也只是一部分。注意这一点，只是为了实事求是，有一说一，有二说二，而不是为了否定研究和弄清朱尔迈与复旦大学图书馆藏万斯同《明史列传稿》相互关系的意义，因为这一发现和论证对于了解该书的早期形态有所帮助，对于进一步加深关于张廷玉《明史》拟稿这一史学史上重要课题的了解，亦有不可忽视的价值。

本文所论，因限于客观条件，所见资料有限，提出的意见仅是试谈，不敢称为定论。抛砖引玉，期盼得到同行的指正，并期盼这一研究能深入地开展起来，以求获得全部真相。

附图：

（万）

（卷）

（迈）

复旦本《明史列传稿》第一函第九册卷首题签所书

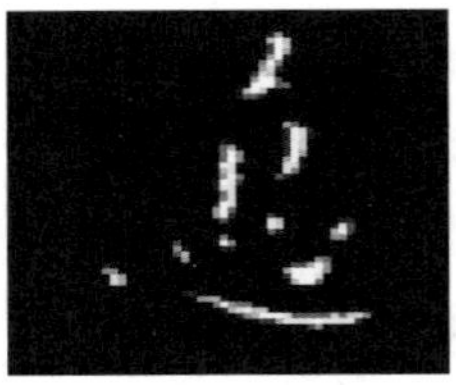
（迈）

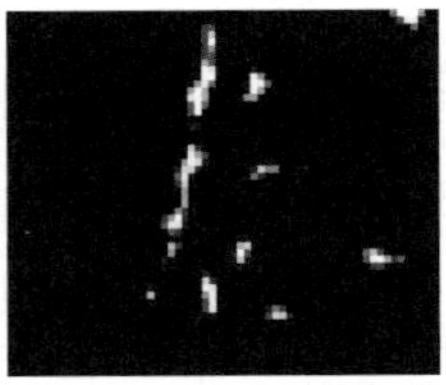
（卷）

《昭代名人尺牍小传》卷十一朱尔迈手书信函所书

（执行编辑：王　路）

传统国家近代转型的开端：张居正改革新论*

万　明**

摘要：张居正改革是中国历史上的重大改革之一。改革以世界连成一个整体的全球化开端为历史大背景，与全球化市场的初步形成，白银货币形成世界货币，即经济全球化有着密切的联系。改革是一个过程，不是一个事件，改革源自市场的萌发，以长达一个半世纪的赋役改革作为前期准备；改革没有推行一条鞭法的全国法令，《万历会计录》和《清丈条例》是改革迄今遗存的两部重要文献；改革的核心是财政，改革重建的新财政体系，是从以实物为主向以白银货币为主的财政体系的全面转型，是中国两千年财政体系的根本转型，也标志着史无前例的中国传统国家向近代国家的转型。历史并非如既往所认识的，张居正改革人亡而政息了，相对王安石变法而言，张居正改革是成功的。

关键词：张居正改革；白银货币化；财政体系转型；国家转型

16世纪出现的张居正改革，是中国历史上最著名的改革之一。关于张居正改革，研究成果极为丰硕。迄今为止，肯定改革的是主流，然而，学界也一直存在质疑之声，有些学者认为张居正改革够不上改革的评价，他只是政治家，够不上改革家；更多的质疑则是认为他没有提出新的改革方案，认为一条鞭法是早已在嘉靖年间就出现了的改革，于是有学者提出了“隆万改革”①，还有学者主要从政治角度提出了“嘉隆万改革”②。那么，在16世纪全球经济化开端的时候，中国发生了什么？16世纪末万历初年究竟有没有一场改革？这场改革的意义何在？仅是以往嘉靖或隆庆改革的余脉，还是具有独特的作用？这些都是

---

* 本文系国家社会科学基金项目“十六世纪明代财政研究——以《万历会计录》的整理为中心”（项目编号：08BZS023）的阶段性成果。

** 万明，中国社会科学院历史研究所研究员。

① 韦庆远：《张居正和明代中后期政局》，广州：广东高等教育出版社，1999年，第4页。

② 田澍认为：“明朝中后期的改革不是始于传统所认为的万历初年，而是始于嘉靖时期，因为永乐之后的正德、嘉靖之际出现了由大礼议而引起的明朝最彻底的一次人事更迭。”（《嘉靖革新视野下的张居正》，《学术月刊》2012年第6期）

今天有必要探讨的问题。历史事实说明，万历初年为了挽救明王朝面临的财政危机，张居正作为首辅，无疑是一位政治家，但他的改革核心是财政，不遗余力地从行政到财政采取了一系列举措，试图重建明朝中央集权财政体系，那么，他要重建的是一个什么样的财政体系呢？这是以往没有探讨过的，但却是一个关键问题，与关于张居正改革的评价紧密相连。

从更广阔的历史视角来看张居正改革，改革有一个历史大背景，即世界连成一个整体的全球化开端的历史大背景。当然，从明代历史文献中，迄今我们看不到任何直接反映明代中国财政与全球化之间有具体关联的记述，在张居正本人的奏疏或文集中，也看不到任何直接关于16世纪全球市场与中国赋役财政改革之间关联的记述，这类记述不仅从未出现在明朝的诏令文书中，全球贸易也从未完整地出现在明人的文集中。尽管如此，但事实上，明代中国出现的经济变革，特别是张居正改革这一重大事件，与全球化市场的初步形成，白银货币形成世界货币，即经济全球化有着千丝万缕的联系。如果我们仍然以政治史的框架描述张居正改革，就遮掩了改革的真实意义与价值。研究全球化市场初建时期中国与世界的市场连接这种不容忽视的内在关联，认识白银货币化是中国与世界之间关键的连接点，并以此作为探寻张居正改革之全新的切入点，张居正改革尚有再探讨的空间。本文尝试重新审视这一历史特殊阶段的改革，阐释其未经发掘的重要意义，以期促进研究的深入，进而“重新全面认识明代历史”。

一、改革的先声：长达一个半世纪的前期准备

张居正改革前，自嘉靖年间南倭北虏，朝廷已经出现财政危机，这一点在史学界已达成共识。明代赋役财政改革与货币变革紧密联系在一起，密不可分。早在洪武末年，市场萌发带来的白银货币化自下而上的崛起就已开端，其后在国家层面，一方面力图维护宝钞地位，另一方面在宝钞的制度结构性缺失情况下，逐渐以赋役改革的形式，以白银货币手段来调节，达到均平赋役以稳定统治的目的。国家与市场、社会的博弈由此开端。以往的考察证明，白银货币化是一个自下而上崛起于民间，再得到国家认可从上到下全面铺开的过程。到嘉靖初年以后，白银在流通领域越来越占据主导地位，这种主导地位的取得，与改革的前导——赋役改革密切相关。

明代赋役改革以一条鞭法最为著名，中外学者对于一条鞭法的研究，以梁方仲贡献最大。早在20世纪30年代，他就开始进行了系统而全面的探讨，形成了一个里程碑。其实，明代赋役改革并不始自一条鞭法，文献证明，在张居正改革之前已发生了一系列赋役改革，经历了长达一个半世纪的时间。虽然名称不一，但经过笔者考察，无一例外地都把折银征

收作为最主要的一项改革内容和改革手段。折银成为明代赋役改革的一条主线，从明宣宗宣德五年（1430）周忱改革算起，发展至明世宗嘉靖初年（约1530年前后）出现一条鞭法，再到一般所认识的明神宗万历初年（约1580年前后）张居正改革，整整经历了一个半世纪的时间。我们有理由认为，张居正改革是此前明代一系列赋役改革的延伸与总结，换言之，张居正改革具有长达一个半世纪的前期准备。

在这一个半世纪中，发生了一系列赋役改革，虽名称不一、实行时间不一，内容也不尽相同，但是明代的一系列赋役改革大多与折银相联系，这是值得特别关注的现象。白银货币化与赋役改革是同一过程，呈现出一个总的趋向，即朝着赋役合一和统一征银的趋向发展转变。这一发展转变过程具有更为广阔的社会意义。如果我们从三农出发考察，可以看到促进中国历史发展的三个进程。

进程一：赋役折银→农民从纳粮当差到纳银不当差→从身份到契约→农民与土地分离→雇工人和商帮群体形成→市场化进程。

进程二：赋役折银→农业从单一到多元→经营权与所有权分离→农业产品商品化→商业化进程。

进程三：赋役折银→农村从封闭、半封闭到开放→市镇兴起→城市化进程。

以上三个进程，总括起来是一个农民、农业、农村的大分化，国家与社会大重组的过程，表明晚明社会所谓“天崩地解”就由此始。追溯以往，赋税折征并不特别，是历朝常有的举措。在唐代建中年间杨炎施行两税法的时候，就已开始采用折钱。由此看来，明代的折征似乎也没有什么特别之处。然而，我们之所以说明代的折征又是特别的，就在于明代赋役折征的是贵金属白银，而且最终导向统一以白银作为征收的计量单位，统一征收白银，这是中国历史上史无前例的。因此，笔者提出正是明代赋役改革统一折银征银，才是明代赋役改革有别于历朝历代的根本特征。[①]这在中国历史上是亘古未有的变化，具有划时代的意义。

张居正改革的核心问题是财政。财政部“中外财政史研究”课题《惊心动魄的财政史（总报告）》称：“翻开历史长卷，因财政危机引发的政治风波和经济巨变从来没有停止过，一个社会的发展、变革，往往是从财政改革起步的。每一次财政改革都是那样的波澜壮阔和惊心动魄，深深地影响着经济社会发展的格局和进程。”[②]张居正改革的意义即在于此。张居正改革的核心在财政，是一个半世纪赋役改革的延续，也是一个半世纪赋役改革由渐进到突进的拐点。明代的改革从总体上说，张居正之前的改革是局部的渐次推进的，发展到张居正“勇于任事”，表现在他一步到位的改革思想：清丈田粮，全面推进统一以白银作为财政计量单位，赋役合一、统一计银征税，从而重构了一个新的财政体系。这一改革意

---

① 参见拙文《白银货币化视角下的明代赋役改革》，《学术月刊》2007年第5、6期。

② 财政部办公厅、财政部财政科学研究所课题组：《惊心动魄的财政史（总报告）》，《经济研究参考》2009年第40期。

义是前所未有的，至此，发生了中国古代财政史上的重大变革也是中国古代货币史上的最大变革。因此，将张居正称为改革家，应该是名实相符的。

二、改革的进程：以迄今所见遗存于世的两部改革文献为中心

在梳理了明代白银货币化自下而上而又自上而下的发展过程，考察了明代张居正改革前长达一个半世纪的地方赋役改革过程之后，我们合乎逻辑地进入国家层面财政改革的探讨。史学研究的基础在于史料，让我们回归文本去具体考察。

早在隆庆二年（1568），张居正就向皇帝朱载垕上了《陈六事疏》，提出了六项改革的主张：一为“省议论”，二为“振纪纲”，三为“重诏令”，四为“核名实”，五为“固邦本”，六为“饬武备”。[①]这是一个全面的改革规划。其中的“重诏令”，值得我们特别注意。万历初年，张居正改革的核心是财政，而他首先是从诏令，即国家法令贯彻执行的行政整顿开端的。考成法的实施，一般称为整肃吏治、提高官僚机构的行政效率，实际上也可视为张居正财政改革的前奏。

考成法的具体内容，可从张居正《请稽查章奏随事考成以修实政疏》中得知，列举如下：

> 请自今伊始，申明旧章。凡六部、都察院遇各章奏，或题奉明旨，或覆奉钦依，转行各该衙门，俱先酌量道里远近，事情缓急，立定程期，置立文簿存照，每月终注销。除通行章奏不必查考者照常开具手本外，其有转行覆勘，提问议处，催督查核等项，另造文册二本，各注紧关略节及原立程限，一本送科注销，一本送内阁查考。该科照册内前件，逐一附簿候查，下月陆续完销，通行注簿。每于上下半年缴本，类查簿内事件，有无违限未销。如有停阁稽迟，即开列具题候旨下，各衙门诘问，责令对状。次年春夏季终缴本，仍通查上年未完，如有规避重情，指实参奏。秋冬二季，亦照此行。又明年仍复挨查，必俟完销乃已。若各该抚按官奏行事理，有稽迟延阁者，该部举之。各部院注销文册有容隐欺蔽者，科臣举之；六科缴本具奏有容隐欺蔽者，臣等举之。如此，月有考，岁有稽，不惟使声必中实，事可责成，而参验综核之法严，即建言立法亦将虑其终之罔效，而不敢不慎其始矣。致理之要，无逾于此。[②]

他在疏前重提以前在隆庆帝时上疏论便宜六事的“重诏令”一款。从总体来看，考成法中最重要的，是建立一种簿册制度，严格考核，全面整顿吏治，为朝廷政令的雷厉风行

---

① 张居正：《张太岳集》卷三十六《陈六事疏》，上海：上海古籍出版社，1984 年，第 454-459 页。

② 张居正：《张太岳集》卷三十八《请稽查章奏随事考成以修实政疏》，第 483 页。

下达与全面贯彻做好准备和提供保障。在中国历史上，以皇帝为中心建立的帝国体制运作中，皇帝的“王言”——诏令是古代国家立法治国的基本形式，王朝依靠诏令的传达，实施对国家与社会的全面治理。明太祖自开国以来，就重建了明朝“以文书御天下”的政治体制。[①]作为内阁首辅张居正深谙“以文书御天下”的治理模式，改革前行的是整顿国家治理的运行机制，旨在提高行政效率。下面所谈《万历会计录》的编纂，正与考成法施行同时，认识到这一点极为重要。

关于张居正改革，长期以来存在一个重大研究误区，就是清修《明史》所谓张居正在全国推行一条鞭法。其实，清修《明史》肇端的普遍认为张居正推行一条鞭法之说，并没有史料依据。日本学者清水泰次早就对万历初年张居正推行一条鞭法提出了质疑[②]，而一条鞭法相关资料的零散、阙失、矛盾和不成系统，也说明了这一点，这已为梁方仲先生卓越的研究所证明。更重要的是，即使遍检张居正的文集，我们也找寻不到他将一条鞭法推行全国的言论和举措，这都说明万历初年并没有在全国推行一条鞭法的法令颁行。迄今我们所见到的，万历初年遗存于世的张居正改革重要文献只有两部：一是《万历会计录》，一是《清丈条例》。张居正执政期间的改革，目的主要是挽救明王朝当时面临的财政危机，最终是要维持和巩固明王朝的统治。在这里，让我们回到本文开始的部分，提出的问题是张居正不遗余力地试图重建中央集权财政体系，那么，他要重建或者说是重组的是一个什么样的财政体系呢？这是以往没有探讨过的，却是一个极为关键的问题，让我们从《万历会计录》和《清丈条例》出发来考察。

（一）《万历会计录》

16 世纪末，万历初年明代户部编纂的《万历会计录》（以下简称《会计录》），不仅是中国古代唯一一部存留于世的国家财政总册，而且是中国史上著名的改革之一——张居正改革的直接产物，是张居正改革的历史见证。《会计录》四十三卷，约百万字。作为明代国家财政总册，主要是万历六年（1578）户部掌握的中央财政会计数字文册。《会计录》最初由户部尚书王国光与侍郎李幼滋等人于隆庆六年（1572）七月编辑，万历四年二月进呈；万历六年，由新任户部尚书张学颜主持再行订正，万历九年四月进呈，拟名《万历会计录》。其后重加磨算增订，计四十三卷，于万历十年二月进呈。经万历帝批准刊行，颁发全国，一体遵守。因此可以说万历初年产生的《会计录》，是张居正改革时代的直接产物，也是张居正改革的重要组成部分。

这一大型数据文献之所以具有特别的价值，不仅在于它是 16 世纪末明代张居正改革期

① 笔者曾以诏令为中心，考察明初政治过程实态，探讨明代政治体制的建构与重构，参见拙文《明初政治新探——以诏令为中心》，中国社会科学院历史研究所明史研究室编：《明史研究论丛》第九辑，北京：紫禁城出版社，2011 年。

② 清水泰次：《中国近世社会经济史》，东京：西野书店，1950 年。

间所颁布，还具有更为重要的意义，那就是它是迄今存留于世的中国古代唯一的一部国家财政总册。[①]根据我们的估算，《会计录》中包括有4.5万余个经济数据[②]，这使我们有可能对张居正改革历史时期的明代财政发展状态进行量的分析，这一条件在研究中国古代历朝历代财政时难以具备。因此，对于中国古代财政史的研究，特别是对于中国古代财政改革的研究，《会计录》具有十分重要的地位和意义。在改革进入攻坚阶段，户部提供了一部详尽的财政会计总册，作为张居正治国理财的主计账簿，从而使决策者对当时财政的整体状况有所把握，为进一步改革提供了重要参考。通过《会计录》的颁行，重新厘定全国上下各级行政区的收支，规范各边镇的粮饷数额，清点各库供应的数量，重订文武百官俸禄，以及盐、茶、钱和钞关船料、商税等项的征收额度，经皇帝批准后，一体颁行，具有国家法令的重要作用。下面，笔者主要从整理《会计录》的若干认识出发，重新审视和诠释张居正改革。

财政是了解古代帝国最基本特征的一把锁钥，是国家的经济基础。中国古代国家财政的主要来源是赋役。赋役是针对田赋、力役而言。田赋是土地税，除田赋外，国家还要征调纳税人为国家无偿劳动，称为力役。中国古代以农立国，田赋是帝国存在的基础，是国家财政收入最基本的来源。明初建立了一个基于自给自足自然经济基础上的以实物为主的中央集权财政体系。明初田赋几乎全部征收本色实物，实行两税法，夏税、秋粮分别以麦、米为主，其他农桑丝、绢、苎布、麻布、棉花绒、枣子等，税目繁多。根据梁方仲先生的考察，洪武时田赋税目有14种，查弘治时夏税达到24种，秋粮达17种，到万历六年(1578)，夏税达到21种，秋粮已达31种之多。[③]实物财政体系以实物作为计量单位，财政收入以实物为征收形态，财政支出也均采取相应的实物方式，可以说，明初财政是中国传统社会典型的以实物为主的中央集权财政体系。

二百多年以后，万历初年明朝户部编纂的《会计录》凸显出了巨大的变化。最重要的变化，就是白银在国家财政中的出现，并呈现越来越多的态势；田赋的原有税目，已不再都以实物为计量标准，也不是都以实物为征收形态。同时，出现了以白银作为计量单位的总额数字。

《会计录》依据全国各地呈报的财政报告编制而成，是16世纪七八十年代明代国家户部掌控的中央财政实态记录，有大量的记载，为我们研究明代财政提供了极其宝贵的、不

① 需要说明的是，除了这部明朝万历初年的《会计录》，在近三百年后的清代光绪元年（1875），才出现李希圣纂《光绪会计录》，仅有三卷；又光绪二十七年刘岳云编《光绪会计表》，也仅有四卷，二者均为个人所编，与《万历会计录》由户部编纂颁布全国一体遵行的国家财政总册，在性质和规模、内容上不能同日而语。

② 此处对于这部明代户部编纂的大型中央财政册籍，笔者采用了财政总册的称谓，而没有采用预算书的说法。笔者认为，财政学是现代国家财政活动的理论抽象，与古代国家财政具有相当的距离。运用财政学的理论方法，将明代财政置于“国家预算”架构中考察，是将现代财政学理论体系直接套用到古代财政史研究中，难免出现较大的偏差。

③ 《明会典》卷二十四《税粮》一至二，北京：中华书局，1989年，第161、168页。

可替代的数据资料。重要的是，《会计录》卷一《天下各项钱粮见额岁入岁出》后，有一段极为关键的编纂者“按语”，兹录全文于下：

> 臣等谨按：国家疆域尽四海，田赋户口逾于前代，载在《会典》者可考也。今额视先朝增者少，减者多，何哉？田没于兼并，赋诡于飞隐，户脱于投徙，承平既久，奸伪日滋，其势然也。顷荷明旨，清丈田粮，原额可冀渐复。但今每年所入本折各色通计壹千肆百陆拾壹万有奇，钱钞不与焉。所出除入内府者陆百万余，数莫可稽。他如俸禄、月粮、料草、商价、边饷等项，逾玖百叁拾壹万有奇，是一岁之入，不足供一岁之出。虽岁稔时康（廪）已称难继，况天灾流行，地方多虞，蠲赈逋欠，事出意外，又安能取盈也。怀已安已治之虑，清冗费冗食之源，去浮从约以复祖制，臣等深于朝廷有至望焉。[①]

根据这段文字我们了解到，至此，明代户部已经有以白银作为统一计量标准的会计总账，这一点从“但今每年所入本折各色通计壹千肆百陆拾壹万有奇，钱钞不与焉”，即通计 1461 万有奇而表露无遗。尽管这里没有出现“银”与“两”，然根据《会计录》本身分析，“本”是本色实物，“折”在当时已多折以白银，因此我们认为这里应该是指白银。主要考虑到两点：其一，按照当时白银货币化的情况，流通领域以白银为主币已经发生，所见方志和地方赋役册籍的记录，各地赋役改革都是以折银征银为手段，越来越多地以白银作为计量单位；中央财政除了白粮与其他一些地方特产外，也越来越多地朝向以白银作为主要收入，当然也就会以白银作为统一的计量标准。其二，所谓“通计”中的“计”，一定有一个计量标准，而除了白银之外，当时不可能还有别的计量标准。既不可能是米麦布绢（单位无法统一），也不可能是铜钱（单位太小），当然更不可能是根本不值钱的宝钞了，如此以排除法，这里可以确定为白银，而不是实物的加和，是以白银作为计量标准的总额。关键是，这种新的计量标准的出现，是当时明朝人财政观念转变的历史见证。

那么，探讨促成这个重大转变的契机何在？梁方仲先生的学术视野至今深刻影响着研究的趋向，中外学者长期以来集中探讨的是明代一条鞭法，换言之，一条鞭法的研究始终长盛不衰。对一条鞭法的作用，学界早已形成了共识，主要是赋役合一，统一征银。[②]早在嘉靖初年一条鞭法开始施行之时，御史傅汉臣就说明了一条鞭法无论是“粮”，还是“丁”，都以银审编的特征：

---

① 《万历会计录》卷一，北京：书目文献出版社，1989 年影印万历十年（1582）刻本，上册，第 21-22 页。

② 以往明代财政史的研究，几乎所有论著和教科书都集中于一条鞭法的研究与认识上，以为赋役合一、统一征银是一条鞭法的主要内容。笔者认为赋役合一的趋势早已有之，均平赋役是历史上数不清的赋役改革的共同特征，但是统一征银，则是史无前例的，是明代赋役改革不同于历朝历代改革的主要特征。

顷行一条编法，十甲丁粮，总于一里。各里丁粮，总于一州一县。各州县总于府，各府总于布政司。布政司通将一省丁粮，均派一省徭役，内量除优免之数，每粮一石，审银若干，每丁审银若干，斟酌繁简，通融科派，造定册籍，行令各府州县，永为遵守。①

《会计录》是为进一步深化改革而编纂的大型财政数据文献，《会计录》的性质及其反映出的改革折银—征银的反复过渡形态，为我们探讨财政的各种形态和实际数量，了解晚明国家与社会的全貌提供了绝佳例证。事实上，在 16 世纪明代财政史中，一条鞭法不可谓不重要，但是从《会计录》来看，一条鞭法却并非张居正改革时期中央财政向全国重点推行的一项改革。《会计录》中大量数据资料证明，白银具有越来越多地占据中央集权财政的份额，即将形成中央财政主导地位的发展趋势。这种发展趋势与前此一个半世纪的赋役改革一脉相承，却并非是张居正改革的创新。张居正改革自有其不可替代的重要作用，这就是下面将论及的《清丈条例》向全国的颁行。之所以首先清丈，从一条鞭法"每粮一石，审银若干，每丁审银若干"，可知条鞭编审的全面推行，重要前提就是清丈田粮。

上文已经提及，伴随白银货币化的进程，嘉靖初年白银在社会流通领域形成了主币，并以赋役改革的形式迅速扩张，进入国家财政的层面。《会计录》显现出明代财政从实物折银到征银的曲折反复过程，这无疑已将原有的以实物为主的财政结构破坏殆尽，使得国家财政状况异常的混乱无序。财政危机表明，对于原有财政体系需要一个改革与重组。张居正改革正是应对这样的挑战与危机而出现的，是在白银通货的盛行中应运而生的。

前此的研究证明，明初国家的货币制度——宝钞制度没有得到确立。市场萌发，白银货币化自下而上地强有力崛起，迫使国家认可后自上而下地全面铺开，在经历一个半世纪的赋役改革之后，白银已经渗透于国家财政之中。白银的盛行于世，意味着明朝的货币垄断权丧失殆尽。白银货币化的重要意义即在于，它标志着君主垄断货币一统天下的结束。中国自春秋战国以后就开始了铸币的历史，造币权一直掌握在君主手里，此后一脉相传，由王朝代表的国家全面控制货币的铸造或发行，为此历朝历代都严禁民间私铸。到了明朝，由于白银的货币化，白银成为流通的主要货币，又由于白银是贵金属，取之于天然矿藏，在明朝处于秤量阶段，银矿出产有限，在白银货币化以后，国家将再也不能像以往那样，为所欲为地垄断控制货币，也就是垄断和控制所有社会资源。与此同时，国家与市场、社会的作用也存在一种此消彼长的过程。因此，白银货币化这一重大改变，不仅具有货币史上的重要意义，还意味着国家垄断货币权的丧失殆尽，更由此引发国家权力的削弱以及这

① 《明世宗实录》卷一二三"嘉靖十年三月己酉"，台北："中央研究院"历史语言研究所校勘影印本，1962 年，第 2971 页。

种至关重要的削弱而导致的社会失控，几乎伴随明朝始终。[①]

关于张居正改革，遍检明代史籍，迄今所见作为国家法令颁布的文献，只有《会计录》和在全国推行清丈田粮的法令文书《清丈条例》。起初，我们对此不能理解，为什么始终不见向全国推行一条鞭法的法令？在对《会计录》全面系统地整理与研究以后，才开始对此有了新的认识。一条鞭法是一种赋役征收方式的改革，主要内容是赋役合一、统一征银。在先前探讨赋役改革时，我们已认识到赋役合一的内容在一条鞭法出现前后都存在着，更有学者归纳出“黄宗羲定律”[②]，那么只有统一征银才是明代赋役改革相对历朝历代改革独有的特征。

联系到《会计录》中财政实态的披露，文献表明，实物折征银的过程曲折反复，新旧混杂，说明国家财政面临艰难转折。在《会计录》中，明显可见国家财政已出现以白银为计量单位的会计收支总账，财政二元结构业已形成，并具有全面转向白银货币的明显趋势；而我们计算所得的万历六年（1578）财政收支总额显示，当时财政状况收不抵支，有着150多万两白银的赤字，印证了万历六年确实存在无可置疑的财政危机。[③]而从明代财政中白银收支不抵这一关节点来看，张居正财政改革的症结再清楚不过，增加白银货币收入已迫在眉睫。因此，我们的认识是，财政危机也必将促使明朝改革提速，将白银货币的增收提上日程。张居正改革正是在社会经济结构变化、国家财政迫切需要增加白银货币收入的前提下，面对白银货币化形成的重大冲击采取的有效回应，他试图重组中央集权财政体系，以确保帝国的正常运行。由此可见，明朝国家财政全面转向以白银计税、征收白银，是一个合乎逻辑的选择。《会计录》是反映财政改革情况最可靠、最详备的文献资料。《会计录》表明，国家财政改革正在进行中，福建的清丈试点改革已经完成。

重要的是，白银货币在财政中的大量出现，突破了原有的以实物为主的旧框架，形成制度更迭的一个重要面相，制度和理念的变迁均蕴含在其中，亦新亦旧的过渡状态表现明显，《会计录》恰可成为一个整体财政结构与制度变迁的绝好见证。改革正在进行之中，我们注意到财政紊乱的状况，制度败坏的表现，以及收支体系的混乱无序，形成各地举措不一，标准各异，而在实际运行中的多样性也是我们必须关注的，需要进一步研究。

---

① 参见拙文《明代白银货币化与明朝兴衰》，中国社会科学院历史研究所明史研究室编：《明史研究论丛》第六辑，合肥：黄山书社，2004年。

② 秦晖在《农民“减赋”要防止“黄宗羲定律”的陷阱》（《中国经济时报》2000年11月3日）一文中指出：“中国古代的赋役制度，总是将旧的苛捐杂税归并统一征收，以图减少加派之弊。但是改税后，随着统治者的需求，又生出新的加派名目，每次赋役改革，就成为加征加派事实上的承认，简化征收，成为此后加征的起点。随着加派日繁，又开始孕育下次的改革。”

③《会计录》中主要数字是万历六年（1578）的。赖建诚先生对于1461万有奇之数，明确提出“也不知如何折算成此数”，并说：“依《会计录》的书写方式，大概不易计算出确切的盈亏额。”而赖先生“所得的结果，与《会计录》的结语相反”。以为“万历六年的银两收支，在中央政府（国库）方面是有盈余的”。见赖建诚：《边镇粮饷：明代中后期的边防经费与国家财政危机》，杭州：浙江大学出版社，2010年，第40-41页。笔者认为，当时已有以白银为计量标准的财政账目存在，赖先生与明朝人自己所说相反的结果，又如何能是历史的事实？

（二）《清丈条例》

明朝户部没有掌握明代财政的全部收入，张居正在《请蠲积逋以安民生疏》中云：

> 昨查户部，自隆庆元年起，至万历七年止，各省直未完带征钱粮一百余万，兵、工二部马价、料价等项不与焉。①

田赋是户部掌握的王朝财政最大宗收入。在全国推行清丈田粮，实际上是计亩征银的奠基之举，没有这样一个改革基础的整体奠定，赋役合并、统一征银都将是无的放矢。如果没有全国清丈田粮的坚实铺垫，也就无法彻底在全国推行统一征银。正是在全国清丈的基础上，不待法令推行，一条鞭法即可全面铺开。事实也正是如此。因此笔者认为，以往由于梁方仲先生的卓越贡献，学界长期以来将张居正改革的认识集中在一条鞭法，是过分强调了一条鞭法的作用，与当时明朝人的认识有了距离。

张居正将清丈田粮推行全国，奠定了全国改革的根基，从此明朝改革在地域范围上从局部向全国广泛铺开，白银货币成为国家财政推行全国的赋税计税与征收的法定货币。更重要的是，张居正清丈标志明朝的经济改革由渐进式向突进式变化发展，为白银货币最终成为财政主体奠定了基础。张居正改革在全国推行的不是明文一条鞭法，而是清丈田粮条例，这就使明朝改革的走向清晰可见，即走向现代货币财政。换言之，清丈以后，一条鞭法水到渠成，白银货币化——财政白银化，中国古代以实物与力役为主的财政体系全面向以白银货币为主的货币财政转型，中国的货币财政正式开端。

张居正改革编纂《会计录》，并于万历八年（1580）向全国颁行《清丈条例》，下令在全国丈量土地，清查漏税的田产和追缴欠税，将均平赋役的改革原则推行于全国，为白银货币最终成为财政主体奠定了基础。《会计录》中记载了试点福建布政司在万历八年的田粮数字②。追寻起源，福建的清丈是从万历六年十一月，“以福建田粮不均，偏累小民，令抚按着实清丈明白具奏”开始③，这一年福建巡抚耿定向到任不久，就上疏建议在福建清丈，张居正曾复信：

> 丈田一事，揆之人情，必云不便，但此中未闻有阻议者，或有之，亦不敢闻于仆之耳。“苟利社稷，死生以之”，仆比来唯守此二言，虽以此蒙垢致怨，而于国家实为少裨。愿公之自信，而无畏于浮言也。④

---

① 张居正：《张太岳集》卷四十六《请蠲积逋以安民生疏》，第578页。
② 《万历会计录》卷五，上册，第195页。
③ 《明神宗实录》卷八十一“万历六年十一月丙子”，第1732页。
④ 张居正：《张太岳集》卷三十一《答福建巡抚耿楚侗谈王霸之辩》，第383页。

张居正将“丈田”看得如此之重，引用春秋时期政治家郑国子产“苟利社稷，死生以之”名句来明志。“生死以之”之典出自《左传·昭公四年》：“郑子产作丘赋，国人谤之……子产曰：‘何害？苟利社稷，死生以之。’”

其后福建左布政使劳堪被任命为右副都御史巡抚福建，奉旨稽核，履亩丈量。万历八年（1580）九月，福建清丈田粮事竣，劳堪上闻，“部覆谓宜刊定成书，并造入黄册，使奸豪者不得变乱。上可其奏”[①]。同年十一月，户部根据诏令，拟定《清丈条例》，作为法令颁行天下。这一条例在改革中具有重要地位，现录内容如下：

> 一明清丈之例。谓额失者丈，全者免。
>
> 一议应委之官。以各布政使总领之，分守、兵备分领之，府、州、县官则专管本境。
>
> 一复坐派之额。谓田有官、民、屯数等，粮有上、中、下数则，宜逐一查勘，使不得诡混。一复本征之粮。如民种屯地者，即纳屯粮，军种民地者，即纳民粮。
>
> 一严欺隐之律。有自首历年诡占，及开垦未报者，免罪。首报不实者，连坐。豪右隐占者，发遣重处。
>
> 一定清丈之期。
>
> 一行清丈磨算之法。一处纸札供应之费。

明神宗批准举行：“令各抚按官悉心查核，着实举行，毋得苟且了事，反滋劳扰。”[②]

由此，在全国各地揭开了清丈田粮的序幕。清丈之议，小民实被其惠，而不利豪宦之家。丈田的目的是清查隐田，不免触动勋贵、官宦、豪绅的利益，引发他们群起抵制。对此，张居正以坚定的信心开展清丈运动。他写信给山东巡抚何来山：

> 清丈事，实百年旷举，宜及仆在位，务为一了百当。若但草草了事，可惜此时徒为虚文耳。已嘱该部科，有违限者，俱不查参，使诸公得便宜从事。[③]

朝廷敕各该抚按：“丈田均粮，但有抗违阻挠，不分宗室、官宦、军民，据法奏来重处。”[④]

《清丈条例》八款颁行天下，是整顿财政的重大举措，当时规定了各级官员的职责及其完成期限。万历九年七月，河南获嘉知县张一心所报招垦人户田地俱抄写旧册，即以旧册数字报充清丈数字，被指为“虚文塞责，着降俸二级管事”[⑤]。同年十二月，松江知府阎邦

① 《明神宗实录》卷一〇四“万历八年九月庚辰”，第 2031 页。
② 《明神宗实录》卷一〇六“万历八年十一月丙子”，第 2050-2051 页。
③ 张居正：《张太岳集》卷三十三《答山东巡抚何来山》，第 419 页。
④ 《明神宗实录》卷一一二“万历九年五月庚午”，第 2141 页。
⑤ 《明神宗实录》卷一一四“万历九年七月乙丑”，第 2164 页。

宁、池州知府郭四维、安庆知府叶梦雄、徽州掌印同知李好问“以清丈亩怠缓”，“各住俸，戴罪管事”。[①]

清丈田粮是财政改革统一征银的基本前提条件，难怪张居正对全国的土地清丈极为看重，不仅作为政令颁于全国推行，而且他本人对清丈的意义有着明确阐释：“此举实均天下大政。”[②]在《答山东巡抚何来山言均田粮核吏治》中云：“清丈事，极其妥当，粮不增加，而轻重适均，将来国赋既易办纳，小民如获更生。”[③]乃至重复春秋时期政治家子产“苟利社稷，死生以之”的话，表达改革的决心。[④]这是一个改革家在重大决策中的选择。无疑，他当时已经清醒地认识到：清丈田粮是一条鞭法或其他一系列名称的赋役—财政改革的基础，没有清丈，赋役合并与统一征银都将失去根基，均平赋役也就无法实现。因此，张居正改革的核心是财政，而他的财政改革最重要的内容之一，不是在全国推行一条鞭法，而是在全国推行清丈田粮，从而完成了中国古代历史上最具规模和实效的全国土地调查。这次土地清丈影响深远，王业键先生曾评价：清帝“将万历年间的税额，特别是此时期编制的《赋役全书》，作为确定田赋和劳役的依据。因此，当时参照的原额就是万历年间官方统计中的面积”[⑤]。

学术界一般认为“清丈田粮”的目的是制止土地兼并，堵塞偷漏，保证田粮额度的完纳，“原额可渐复”。这是表层的意义。我们不应将问题简单化，还应该看到明代财政的“钱粮”主要出自田亩，但此时的“钱粮”实际已徒有其名，已经越来越多地经历了货币化，变成了白银的现实。张居正对此是心知肚明的。重新认识张居正改革，我们应该看到在全国清丈土地的背后，不仅是保证税粮原额的不失，消除贵族地主的土地兼并，而且应该看到推行全国清丈的奥秘，还表现在清丈背后统一的计亩征银上。正是在清丈推行全国的前提下，一条鞭法在全国才能够水到渠成，这样才有可能彻底改革原有的统一的实物财政体系，也就是以统一白银货币作为财政计量标准和财政收支主体，建立一种全新的中央集权货币财政体系。这是实施标准化管理的根本大计。以往认为的所谓万历九年（1581）全国推行一条鞭法，既无朝廷法令可见，又无张居正文集及其奏疏可以佐证。揆诸历史事实，揭示历史上被遮蔽的真实，在当时人们的日常生活之中，白银已经是司空见惯的流通货币，白银货币在财政上也已被安之若素，视为当然。司空见惯的事物往往遮蔽人们的眼睛，令人熟视无睹，当时人不必明言，后人要探明真况，就得深入历史的细部，回到历史发生的语境。《清丈条例》的全国颁布，使一条鞭法随之遍行。在此，我们可以切实认识到张居正作为杰出改革家的高瞻远瞩。

万历十年（1582），京畿、保定、蓟辽、山西、大同、宣府、应天、浙江、广东、广西、

---

① 《明神宗实录》卷一一九“万历九年十二月乙未”，第2224页。
② 张居正：《张太岳集》卷三十三《答江西巡抚王又池》，第422页。
③ 张居正：《张太岳集》卷三十三《答山东巡抚何来山言均田粮核吏治》，第421页。
④ 张居正：《张太岳集》卷三一《答福建巡抚耿楚侗谈王霸之辩》，第383页。
⑤ 王业键：《清代田赋刍论》，北京：人民出版社，2010年，第29页。

凤阳、淮安、山东、河南、湖广、四川、陕西陆续上报清丈完成。次年，宁夏、甘肃、云南也告完成，至此，中国古代一次重大的清丈运动告竣。通过清丈奠定了赋役财政改革的基础，全国十三布政司和南北直隶，以及大同、蓟州、宣府、辽东等边镇，共增地亩 1 828 542.73 顷，约占万历六年全国地亩总额 7 013 976 顷的 26%，说明万历清丈的结果是显著的。[①]

重要的是，通行丈量田亩这一全国性的国家决策，为财政进一步改革奠定了基础。如果我们只是看到清丈是为了均平赋役，充裕国家财政收入，那显然是不够的。归根结底，张居正改革的目的是什么？学界一般认为是推行一条鞭法；而一条鞭法的意义，梁方仲先生称为“可以说是现代田赋制度的开始”[②]。林丽月先生认为：“清丈田亩与推行一条鞭法，俱为江陵当国期间经济改革的荦荦大端，对万历初年财政之整顿，贡献极大。”[③]进一步说，对于财政整顿的贡献，比田赋制度更为深广的，是清丈以后达成的统一计税征银的结果，遂使财政体系从实物税全面转向货币税，从而促成了中国古代财政体系的全面转型。就此而言，这是中国历史上亘古未有的一次财政大改革。

还应该提到的是，迄今为止徽州文书中存在大量散在的万历以降的明代税票。笔者曾根据所见徽州文书中的税票，对于明代税票的历史，税票名称的出现过程，税票出现的背景，税票的主要分类、基本内容、基本特点、主要功能作了初步考察[④]，认为明代万历年间税票的出现及其多样性的特征，与张居正财政改革密不可分。税票首先是从杂税的契税发展而来，直至包括了财政赋税改革实行一条鞭法后赋役合一、统一征银的所有税收征收与纳税的凭证，是明代赋税征收交纳白银货币的真实见证，也就是我们了解和研究明代财政赋税改革历史实态的第一手资料，值得进一步研究。

财政为庶政之母，就制度变革而言，在革故鼎新的过程中，财政变革显然是张居正改革的核心。而大力收集准确的财政数据可以视为改革的前提，如此看来，张居正的财政改革首先奠基于《会计录》，其次奠基于清丈田粮。在全国清丈的基础上，旧有财政体系转轨，全面转向货币财政。

笔者认为，历史上不存在张居正向全国推行一条鞭法，清修《明史》的高度概括再次误导了后人。但《明史·张居正传》赞曰：“张居正通识时变，勇于任事。神宗初政，起衰振隳，不可谓无干济才。”[⑤]这段评价一语中的。“通识时变，勇于任事”，张居正“通识”的所谓“时变”，正是白银在社会流通领域已经占据主导地位的现实，前此一个半世纪改革

① 参见张海瀛：《张居正改革与山西清丈研究》，太原：山西人民出版社，1993 年，第 130 页。

② 梁方仲：《一条鞭法》，《梁方仲经济史论文集》，北京：中华书局，1989 年，第 36 页。

③ 林丽月：《读〈明史纪事本末·江陵柄政〉——兼论明末清初几种张居正传的史论》，《台湾师范大学历史学报》1996 年第 24 期。

④ 参见拙文《明代税票探微——以所见徽州文书为中心》，中国社会科学院历史研究所明史研究室编：《明史研究论丛》第十辑，北京：故宫出版社，2012 年。

⑤ 张廷玉等撰：《明史》卷二一三《张居正传》，北京：中华书局，1974 年，第 5653 页。

量的积累已经达到一个临界点，他迈出了全面改革的关键一步——在清丈基础上推进国家财政的全面白银货币化，从而为白银货币最终形成财政主体奠定了坚实基础，也就是在明代中国促成了现代货币财政的开端。

三、改革的实效：《赋役全书》所见财政体系的转型

通过系统整理《会计录》以窥测明代财政的全部结构，我们得以了解张居正力图摆脱财政困境、明朝人不得不如是之苦心孤诣。如果再来看清丈在全国推行的结果，便会更清楚张居正的目标与良苦用心所在，从而对于明代赋役——财政改革有一个整体性的认识。

考察现存明代《赋役全书》，最早为万历年间刊印[①]，是张居正改革后之产物。清丈之后，全国各地官方编纂《赋役全书》定为制度，至明末遍及全国，完全制度化了。张居正改革后，黄册制度已经弃置，明代赋税征收秩序的全面整顿，通过重新编纂《赋役全书》来体现。《赋役全书》是全国各地赋役税则和税收法规以及具体征收数额之汇编。作为征收赋税法律文书，《赋役全书》起着规范和制约社会经济关系的作用，改变了明前期基层社会的赋役运作方式。在万历年间《赋役全书》中如此记载：

> 司有各府之总，府有各县之总，县照册以派单，民照单以纳银，纲举目张，条分缕析。外如鱼油课钞、商税麻铁、屯粮子粒，悉附于内，至详至备，一览了然，诚全书也。[②]

重要的是，其中已经全部规范为征银的序列，可以看到以实物为基准的标准不变，而在实物数后，一律是“该银”若干，也就是说，在全国各地官方财政册籍中，全部以白银作为财政的计量标准，也全部是以白银作为财政征收形态了。《会计录》中所显示的计量标准的混杂现象，在《赋役全书》中一扫而光，成为清一色的白银计量和征收，形成了标准化的征收与管理。根据文献记载，到万历后期，即使一些地方仍不免有实物征收，但以白银作为统一的计量单位，是以排山倒海之势遍及全国的。实际上，《赋役全书》是全国各级地方官吏汇总档案资料，编纂而成的一种官修赋役册籍。天启五年（1625）四月，户科给事中张士升题议：

---

① 赵镗《衢州府知府韩公邦宪墓志铭》，记韩邦宪在浙江衢州府知府任上的政绩：“其大者则《两浙赋役全书》是也。”见焦竑：《国朝献征录》卷八十五，第 3623 页。查韩邦宪任衢州知府在任三年，于万历三年（1575）卒于任上，由此可见《赋役全书》在万历初已经出现，但是遍及全国应是清丈田粮以后。《明实录》关于《赋役全书》的最早记载，是在万历十三年，见《明神宗实录》卷一六〇“万历十三年四月丁未”，第 2930 页。

② 《江西赋役全书》卷首《案照》，万历三十九年江西布政司刊本，台北：学生书局，1970 年影印本，第 2 页。

> 请饬各省抚按与一二良有司，将《赋役全书》细加研核，何项为必不可已之需，何项为得已之派。即将可已者抵充派饷，而奸胥无所窦，钱谷亦得清楚矣。[①]

崇祯元年（1628）起用毕自严任户部尚书，在任期间启动重新汇纂《赋役全书》之事。其《度支奏议》中有云："夫《赋役全书》，肇自条鞭法始，距今已四五十年矣。"崇祯二年正月有给事中等朝臣题议"通造《赋役全书》"事，由户部议请行文"各省直、抚按、司府将原刻成书刷印三部，解进磨勘，以防脱落差讹之弊"。毕自严《清赋开列条款备陈划一之规疏》述编纂之详，是清丈后全国都已通行编纂《赋役全书》的明证。由于当时各省直送到户部的《赋役全书》"规划不一""碍难汇编"，所以兵部主事周梦尹上题本"为赋役册式，既呈，专官督造"。毕自严申饬各地有八，其中，"钱粮之规宜明"云："某地系某则，应该粮米若干斗升，该科银几分几厘，须开载明白"；"新旧之粮额宜晰"云："省直钱粮既有则例，当以万历初年赋额为准，从前钱粮，每石纳银几钱几分，后于某年因某事每石增银几分；又于某年因某事又增银几分，合旧额共增若干。"都须明白记载。[②]这充分证明了直至明末赋役以银计并征纳的制度化是一个历史事实。

从《会计录》到《赋役全书》，明代财政正在进行脱胎换骨的转型，不仅是财政会计主体的转型，更是整个财政体系的转型。万历后期《赋役全书》的大量出现，《赋役全书》作为改革的产物，是在明代黄册制度败坏殆尽以后国家确立的征收赋税的新依据，标志着明代以实物为主的中央集权财政体系已经历了从以实物为主向以白银货币为主的财政体系的全面转型，这是中国两千年前所未有的财政变革，具有划时代的意义。历史事实证明，这是在世间已无张居正以后不过几十年的事情，不由得我们不为张居正改革的实效及其深远影响而赞叹。我们认为，历史并非如既往所认识的，张居正改革人亡而政息了，相对王安石变法而言，张居正改革是极为成功的。

清承明制，保留了这种财政册籍的编纂，也是张居正改革没有人亡政息的见证。清朝延续明朝的做法，以《赋役全书》为指导各省府州县赋税实际征收的直接依据。顺治初年，下令各省拟定《赋役全书》，订正旧籍。顺治十一年（1654），下令自十二年"汇造全书"。至顺治十四年，户部裁定各直省《赋役全书》，顺治帝特下长篇谕旨，云：

> 兹特命尔部右侍郎王宏祚，将各直省每年额定征收起存总撒实数，编列成帙。详稽往牍，参酌时宜。凡有参差遗漏，悉行驳正。钱粮则例，俱照明万历年间。其天启、崇祯时加增，尽行蠲免。地丁则开原额若干，除荒若干，原额以明万历年刊书为准，除荒以覆奉谕旨为凭。地丁清核，次开实征，又次开起存。起运者，部寺仓口，种种

---

① 《明熹宗哲皇帝实录》卷五十三"天启五年四月丁酉"，明抄本。

② 毕自严：《度支奏议》陕西司卷二《清赋开列条款备陈划一之规疏》，上海：上海古籍出版社据崇祯刻本影印，2008年，第8册，第619-621页。

分晰，存留者，款项细数，事事条明。至若九厘银，旧书未载者，今已增入。宗禄银，昔为存留者，今为起运。漕白二粮，确依旧额。运丁行月，必令均平。胖袄盔甲，昔解本色，今俱改折。南粮本折，昔留南用，今抵军需。官员经费，定有新规。会议裁冗，改归正项。本色绢布、颜料、银、硃、铜、锡、茶、蜡等项，已改折者，照督抚题定价值开列。解本色者，照刊定价值造入。每年督、抚再行确查，时值题明，填入易知单内，照数办解。更有昔未解而今宜增者，昔太冗而今宜裁者，俱细加清核，条贯井然。后有续增地亩钱粮，督、抚、按汇题造册报部，以凭稽核。纲举目张，汇成一编，名曰《赋役全书》。颁布天下，庶使小民遵兹令式，便于输将；官吏奉此章程，罔敢苛敛。为一代之良法，垂万世之成规。①

清朝对于“钱粮则例，俱照明万历年间”，即清初赋税征收额以明万历年间的赋役册籍所载内容为基本依据，清廷在顺治年间完成了各直省的赋役改折，除漕粮和军米仍征本色外，其余一律折银征收。折色银占主要地位②，以及沿袭明末《赋役全书》的编纂，均可视为张居正改革的继承与延续。

到康熙二十四年（1685），由于人口土田增长，若仍按旧规定征收，对国家财政收入不利。于是在康熙二十四年再次重修《赋役全书》，名曰《简明赋役全书》。③我们知道，此后康熙五十一年清朝在赋役上实行“盛世滋丁，永不加赋”；雍正帝即位后，推行了“摊丁入亩”，并有《赋役全书》重修之举。清修《赋役全书》具有特殊价值，标志明代改革的延续与完成，更是张居正改革没有人亡政息的典型例证。

四、明朝财政体系转型：国家的转型

16 世纪的张居正改革是一个过程，不是一个事件，改革源自市场的萌发，以长达一个半世纪的赋役改革作为这场改革的前期准备。张居正改革后以白银货币为主导的财政体系的建立，具有中国古代两千年国家财政体系重建的意义，从以实物和力役为主导，走向以白银货币为主的财政体系的转型，表明了国家的转型。现代财政是货币财政，向货币为主的财政体系转型，无疑是国家转型走向近代的历程。晚明国家与社会对于白银的需求，不是简单的皇帝与官僚的贪欲可以简单解释的，时值经济全球化开端，国内外市场的扩大发展与运作，国家与市场的双重启动，产生的巨大的白银货币需求，推动了明朝改革从渐进到突进。事实上，全国清丈土地完成，一条鞭法水到渠成，明朝新的财政体系出现端倪，

---

① 《清世祖章皇帝实录》卷一一二“顺治十四年十月丙子”，清抄本。

② 参见何平：《从李之芳〈赋役详稿〉看清代赋税征课额的构成》，《学术研究》1997 年第 6 期。

③ 《清圣祖仁皇帝实录》卷一二〇“康熙二十四年三月癸亥”，清抄本。

标志的是明代中国从古代赋役国家向近代赋税国家的转型。

以往我们的研究过度集中在一条鞭法上，极大地忽略了对于明代财政体系整体性的研究，更没有关注张居正改革对于明朝财政体系转型的重大意义。黄仁宇先生认为，明朝财政与税收始终是在“洪武型财政”的旧框架内。这是以西方国家发展为参照系来理解中国历史的发展，从西方的经验出发，曲解了明代历史。明代以农立国是基本国情，晚明中国经历了从实物为主的财政体系向货币为主的财政体系的转变，这一巨变对于晚明社会引发了巨大波动。明初建立在分散的小农经济基础上高度集中的中央财政管理体系，随着白银货币化而彻底颠覆。白银的巨大需求，导致财政旧体系的瓦解和经济管理秩序的混乱。为了适应国家对于白银货币的巨大需求，向货币税转变的要求极为迫切，张居正所面临的问题，是财政危机，也是货币危机，是如何重建货币征收为主的新的中央集权财政体系，而这是一种全方位的重建，包括社会基层组织里甲制的改革等，从某种意义上说，白银货币化发展进入全面推进的新阶段，既是国家转型与社会转型相互交叉重叠的过程，又是国家与市场、社会博弈与互动的过程。转型的国家表现在国家与社会的关系上，是总体性社会的不断弱化和解体，并由此产生了重建的问题。

中国传统社会大一统帝国以农立国，农业经济是国家的命脉，长期以来，传统中华帝国正赋都是采用实物税，这是古代社会经济发展基础所决定的。两千年的古代财政税收，国家都是规定以米麦、绢麻等实物形态为主来缴纳的。在自给自足的农业经济条件下，作为连接生产与消费的中间环节的分配，只能是实物形态的使用价值的分配，从而用于缴纳税收的形态也只能是以实物为主。货币起初只限于用来缴纳各种次要的杂税。古代实物税是商品货币经济不发达的产物，国家直接掌握实物形态的社会产品，在一定程度上方便社会供给，但却不便于税收的缴纳和征收管理。而实物形式的赋税建立在稳定的自给自足农业经济的基础上，反过来又维护着这种古老的生产方式，只有在商品货币经济发展达到一定水平和规模时，实物税才会逐渐被货币税所代替。这种转化的进程，取决于商品货币经济总的发展状况，如果不具备转化的客观条件，人为地以货币税取代实物税，则往往会归于失败。唐代两税法规定了以资产为宗、以铜钱为计量单位的纳税原则，但是事实上商品货币经济没有发展到相应水平，唐代两税中的田税仍征实物，只是户税一度可收钱。[①]宋代有征钱和征银的现象发生，但王安石变法的青苗法征钱仍不免失败，征银更不可能全面铺开[②]，这是实行货币税的条件仍然不成熟的缘故，当时的社会经济发展尚未达到足以支持改革成功的条件。历史事实表明，在一定社会经济条件下，以实物形式缴纳赋税有着历史的必然性。

---

① 李志贤：《杨炎及其两税法研究》，北京：中国社会科学出版社，2002 年，第 358-359、367 页。

② 参见汪圣铎：《两宋货币史》（下），北京：社会科学文献出版社，2003 年，第 849、853 页；《两宋财政史》（上），北京：中华书局，1995 年，第 199、64 页。

在中外变革的历史大环境下，走向逐步建立以白银货币为主的新的财政体系，这正是张居正改革的功绩。在中国财政史上，实物税大量为货币税所代替，自明朝始。明代白银货币化，白银在明代成为完全形态的货币，并逐步形成社会流通领域的主币，与世界市场接轨，货币税的基础前提正式奠定了下来。财政上统一以银计税，并统一征银，这是中国古代历朝历代前所未有的重大变革，具有划时代的意义。具体来说，明前期中央财政体系的基本特征，是以实物税收为主，是建立在农业经济基础上的财政体系，财政的岁出岁入，虽有数字可据，但因金、帛、银、钱、粮米、柴草等单位各不相同，既有数字无法汇总；或简单相加，既不合理，也不科学；加以各部分割，各有财源及支付项目，互不一致，无从统计。值得注意的是，这基本上是明代以前历朝历代的财政会计特征，明朝只是沿袭而已。以白银货币作为财政计量单位，并作为统一的征收形态，是在明代史无前例开端的。从货币形态来看，铜钱在历史上从未成为统一的赋役征收形态，元代纸钞也没有成为统一的征收形态，直至明代中国出现了强劲的白银货币化趋势，以及张居正大刀阔斧的财政改革。至此，明代张居正改革具有的财政体系重大转型意义得到阐释，进一步说，也揭示了中国古代赋役国家向近代赋税国家的转型，即国家转型的重大意义。以往的转型研究，一般仅关注社会变迁与转型的层面，而我们关于张居正改革的研究，则推进到国家转型的层面。就此而言，张居正改革是重大的，也是成功的，虽然世间已无张居正，但 16 世纪末明朝财政改革是成功的，也正因此清初才能完整沿袭万历年间的改革成果。但成也萧何，败也萧何，明代财政体系从实物为主向货币为主的转型到明末已基本完成，由于货币经济的冲击，农业经济遭受重创，旧有财政体系的根本基础动摇，在重大改革行进中激发了社会一系列矛盾与冲突，结合多种综合因素的爆发导致了明朝灭亡。

赋税是国家统治的经济基础。明代改革不是突如其来的，而是一种渐进式的发展过程。关于明代赋役财政改革模式、类型及其特点的探讨，在以往关于明代改革的研究中，是付之阙如的。明代的赋役改革是自下而上的发展过程，而不是如王安石的改革那样自上而下的发展过程，是明代社会与国家互动的结果。我们可以将明代经济改革按照渐进阶段和突进阶段两个阶段来划分，明代白银货币化是一种不可逆转的经济发展趋势，以张居正改革为标志，改革进入了突进阶段，是将改革推向深化和广度的关键之举。通过清丈在全国的推行，使白银成为统一的国家赋税征收标准，白银前所未有地取得了国家合法性的认证。改革使白银的法律地位明确，可视为白银货币化进程的基本结束，也是中国白银经济的开端。明代中国的白银经济于此奠基，白银作为中国主币不可逆转地在中国社会行用了长达近五百年之久，形成事实上的银本位，一直持续到 1935 年才终结，是国家转型所呈现的独特的发展道路，对于中国社会发展进程的影响可谓既深且巨，值得我们深入研究。

从古代赋役国家到赋税国家，是走向近代的历史发展走向。财政是政治与经济的枢纽，财政转型既是张居正改革的成果，本身也是推动国家转型的重要过程。《会计录》清楚地表明，明代中国要走新路却难以摆脱对过去路径的依赖。财政过程反映了不同财政主体间，即农业经济与货币经济间的竞争与消长，进而对社会经济的长期发展产生激励或抑制作用。财政改革是对于财政主体进行调整的集中体现，财政职能随着经济发展阶段与社会经济结构的变化而变化。白银货币化崛起于民间社会，在国家与社会、市场的博弈中，明初建立的实物财政难以面面俱到地适应财政收支各方面需要，财政困境充分显露了出来。最终国家不得不妥协，于是由以折银为主要形式的白银货币化自上而下地全面铺开。这反映出实物财政已不能适应商品货币经济发展的势头，国家必须做出相应的调整。明代税负本来不尽合理，折银有利于均平赋役，有着“民以为便”的社会基础。均平的追求，也就是公平的追求，反映了民间社会的诉求，成为财政改革追求的重要目标。

历史事实说明，白银货币化是国家与社会的双重启动，在中国国家与社会结构的转型过程中，国家与社会表现为两种不同的推动力量，国家与社会直接影响作用于明代财政体系的转型，财政从属于国家和社会经济的发展而发展变化。白银作为国家赋税征收形态以后，国家由此可以弥补垄断铸币的缺失，以及货币供应的被动状态。中央财政体系的基本特征，相对明初已经迥然不同，出现了向货币经济基础上的货币税收为主的财政体系的转换，这无疑是中国古代财政史乃至中国史上划时代的变化。赋役征收的货币化，农民的赋税徭役负担，原则上转化为货币形态，意味着明代国家财政体系的根本性转变。重要的是，实物税是一定历史条件下的产物，它没有货币税所具备的有利于财政统一结算、方便缴纳和避免运途损耗等优点，所以，在商品货币经济发展基础上，在白银货币化进程之中，货币税代替实物税，促使明代财政体系全面转型，这是一种历史发展的进步趋势。

由于白银货币不是由国家以某种形式向农民直接提供的，所以征收货币本身就意味着农产品的商品化；更由于白银货币处于称量形态，不是由国家铸币，国家需要依靠从社会收取白银货币来购买所需要的各种物资，于是，国家从商品流通的创始者、管理者，转化为依赖于社会、市场的需求者。这正是明代国家不同寻常的变迁过程，也即传统国家向近代转型的开端。传统向近代转型，二者不是截然二分的，从传统向近代的转型发生在传统之中，我们认为晚明国家财政体系的转型，是中国传统国家向近代国家转型的重大标志之一。

白银货币在财政领域的流动性加速，货币需求结构发生了很大变动，生产要素的货币化进程加速，徽州文书中的交易，土地、房屋、商业资产等均大规模变为可交易品，农产品以货币为媒介在市场上大量交易，导致中国白银货币需求不断升高，通过海外贸易，以中国丝绸、瓷器等商品的输出，更促使大量外银流入中国。由此，白银颠覆了明前期缴纳税粮采用的里甲催征、粮户上纳、粮长解送、州县监收的民收民解，和以黄册作为税粮征收缴纳的依据的传统，导致国家治理模式的调整与重建。

传统国家与现代国家是一对相对的概念。“近代”与“现代”在英文中词出同源，即

modern 一词。社会从传统向近代转型，与之对应的是国家从传统赋役国家向近代赋税国家转型。这里所指的近代国家，不是现代西方民族国家的含义，而是特指从赋役向赋税，即实物税和力役向货币税的转型，财政体系的转型意味着国家的转型。我们认为，在自给自足农业经济条件下，传统国家财政分配主要采取力役和实物形式，而近代国家财政则建立在相对发达的商品货币经济的基础上，税收是近代国家主要的财政收入。具体说来，古代经济是农业经济，传统国家财政依靠田赋的征收与徭役的征发，形成以实物与力役为主的财政体系，发展到明代，发生了从实物与力役为主的财政体系向以白银货币为主的财政体系的转型，特别是古代徭役制度走向衰亡，可以判定是传统走向近代的历史趋势。因此，认为近代赋税国家是区别于传统中国建立在自给自足农业经济基础上，以实物征收和力役征发为主的国家形态，表现为建立在商品货币经济基础上以货币税收为主的国家形态。进一步说，晚明中国从赋役向赋税，从实物经济向白银经济的转换，是中国经济货币化的进程，也就是中国从传统国家走向近代国家的历史进程。

但从另一角度看，财政改革不仅带来巨大的正面效应，还存在很大的负面效应，也应重视和研究。改革的过程从根本上说是利益格局调整的过程，使利益差距拉大的同时也伴随着各种利益摩擦和冲突。与此同时，在结构转型时期，各种结构性要素都处于变化之中，具有极大的流动性、过渡性和不稳定性。就此而言，改革成败利弊相因而成，明末形成的综合性危机中，财政白银货币化——体系转型的步伐是否迈得过快了，形成了统治危机中的重要因素之一，直接影响到明朝灭亡，也需要进一步加以研究。

五、结　语

财政是国家经济的命脉，与国家具有共生的关系。张居正改革改变了中国两千年传统财政体系，改革前以实物和力役为主，改革后以白银货币为主，财政体系的转型，是传统中国走向近代国家的历程，无疑是中国近代化的历程。

经济改革的最初动因是经济结构的不适应和管理体制的缺乏效率，因此，张居正改革从管理体制的行政效率抓起，考成法的实施说明首先推行的是行政改革。行政改革之后，便是改革的核心——财政改革，张居正改革与白银货币化重叠，改革首先体现在货币体系的变革，随后是财政体系的转型，这都可以纳入经济货币化的进程。鉴于 16 世纪是经济全球化的开端，明代中国形成的经济转轨是全球经济趋同的过程。可以说在张居正改革之前，持续一个半世纪的赋役改革，是渐进式改革的过程，发展至张居正改革，是从渐进改变为突进，形成震荡式转轨，在全国清丈田粮的基础上，明代财政开始在全国统一以白银作为计量单位，也以白银作为统一的征收形态，这意味着明朝对于明初建立的以实物征收与力役征发为主的财政体系，朝向以白银为主的财政体系急剧转型。白银货币化对经济的影响巨大，在漫长转轨过程中出现的制度及政策，对于中国的经济发展具有正负两面的长期效应，由此建立了白银为主币的货币体系，中国的白银经济自此开端，一直持续至1935年，长达近五百年之久。以白银为主导的货币体系的确立和以货币为主导的财政体系的建立是紧密相连的，表明国家与社会的转型是同步的。

明代是一个大改革的时代，其中最重要的改革是张居正改革。历史发展到了16世纪七八十年代，从明朝财政来看，改革没有设立专门机构，户部的规模也没有明显扩大，但是，基本制度发生变更的基石已经奠定，这种基本的制度变迁瓦解了明朝前期的财政体系，也瓦解了明朝前期的社会基层组织结构，乃至明前期国家对整个社会的治理机制。

归纳起来，对于张居正改革需要重新诠释，这一改革有一个半世纪赋役改革的前期准备，有坚实的社会基础，有理念变迁的先行，张居正改革表明明代改革进入了突进阶段，其内涵绝不仅是赋役制度或者田赋制度的变化，而是意味着旧的社会经济结构与国家治理模式的深刻变化；改革标志着古代财政体系向现代货币财政体系的转型，重要的是，财政是国家的命脉，财政体系的转型意味着国家的转型。《会计录》印证了国家财政体系转型的过渡形态；清丈田粮是推行改革——财政体系转型的根基；从《会计录》到《赋役全书》，见证了财政体系转型的艰难与成功。

以往对于白银的探索主要是一种静态研究，白银货币化研究把白银与社会变迁全过程联系起来，在白银货币化过程中考察社会结构的变动与社会转型。在此基础上继续探讨，有了新的突破，白银货币化——中国经济货币化，深刻地影响了中国历史发展的进程。财政体系的转型，将研究推进到国家的转型。笔者的认识也从以往晚明社会变迁向近代社会转型更推进了一步，提出晚明是中国古代赋役国家向近代赋税国家转型开端的观点。无论是国家的转型，还是社会的转型，转型是中国近代化过程中的一个过渡性阶段。

16世纪末张居正改革得益于三方面条件：一是顺乎民心，以民为便，具有社会基础；二是坚持贯彻了传统均平原则；三是顺应了历史发展的大趋势。关于张居正财政改革及其意义，可以归纳为下面六点：

第一，改革明确了白银货币在国家财政中的重要而不可替代的地位，不仅形成了以白银为计量标准的国家财政总体估算，而且出现了实物与白银货币的二元财政结构，并显示出以白银货币为财政收支主体，从实物税向货币税全面转变的财政发展总趋势。

第二，通过清丈田粮，一条鞭法统一征银的具体操作得以在全国实现，奠基并构成财政整体性框架的重建——新的财政体系雏形已现。

第三，最终奠定了明代中国银本位的事实，也就是最终奠定了白银经济在中国的地位，这一白银经济对于中国历史进程影响深远，一直持续到1935年才告结束。

第四，由此明代中国在财政上开始清除历史上存留的原始性，古代徭役制度走向衰亡和变异。

第五，明代中国开启了现代的货币财政，也开启了现代货币财政管理体制。

第六，晚明财政体系的转型，标志着中国古代赋役国家向近代赋税国家的转型。

总之，晚明中国进入了一个由货币商品经济发展启动的大动荡、大转折、大变革时代。危机与转型是时代赋予的特征，张居正改革前面临的危机不仅是财政危机，也是统治危机；张居正改革后转型的不仅是国家财政体系，而且是中国传统国家向近代国家的转型。处于时代拐点的张居正改革的意义正在于此，而我们则面临一个重新全面认识明代历史的过程。

（执行编辑：江伟涛）

明代生员与地方社会通释

陈宝良*

摘要：生员是科举制度的产物，是士大夫的下层。明代士大夫的上、下层已经开始分化，生员从士大夫群体中游离出来，形成一个相对独立的群体，其人数在明末达到 60 万人之上，并被分流到社会之中。明代生员比较常见的社会流动方式有：训蒙处馆，养家糊口；入幕，成为幕宾；儒而医，成为职业医士；弃儒就贾，甚而士商相混；包揽词讼，成为讼师；弃巾，成为山人或名士。如此种种，无不说明生员群体力量趋于增强，进而控制了地方社会。与此相应，作为知识占有者的生员，其身份角色亦随之转换，即从“士大夫”转变成为“知识人”。

关键词：明代；生员；士大夫；地方社会

引论：从顾炎武《生员论》说起

所谓生员，通常是指儒学生员，主要为地方府、州、县学校的学生，亦包括运司学校、卫学的学生。生员是科举制度的产物，是科举功名（即科名）的最低层级。

毋庸讳言，生员问题是一种社会病，是典型的儒林病态的症候，进而成为明代官场病的一部分。当然，发现生员群体内部所滋生出来的种种病态，且加以淋漓尽致揭示者，当数顾炎武以及他所撰写的《生员论》三篇最为闻名。作为清初思想界与学术界的著名思想家与学者，顾炎武本身就是从明朝末年过来的人，而且自己就是“纳谷寄学”的生员，[①]亦即与他自己所批评的通过“以钱鬻之”的“武生”、“奉祀生”之属相类。[②]既然顾炎武是明

* 陈宝良，西南大学历史文化学院教授。

① 陈舜系：《乱离见闻录》卷上《补证》，载《明史资料丛刊》第三辑，南京：江苏人民出版社，1983 年，第 87 页。

② 顾炎武：《亭林文集》卷 1《生员论》上，载氏著：《顾亭林诗文集》，北京：中华书局，1983 年，第 21 页。按：更有甚者，至崇祯年间，出现了“蝗虫秀才”的名色。如崇祯十三、十四年（1640、1641）之间，山东发生重大蝗灾。朝廷下令，凡是能“收蝗五十石”，就可以补为诸生，当时称为“蝗虫秀才”。参见谈迁：《枣林杂俎》和集《丛赘·蝗虫秀才》，北京：中华书局，2006 年，第 616 页。

代病态的科举制度的受益人与受害人，那么一旦跳出这种体制，进而从更为广博的视野出发，重新解读明代的生员问题，势必会有洞若观火之感。[①]

若是将清初思想界所谓的“三大家”加以适当的比较，无疑很有意思。过去的论者，大多把顾炎武、黄宗羲、王夫之三人置诸明末清初共同的社会背景之下，指出他们在贬斥诸多社会问题上的一致性，甚至被一致提升为“启蒙”思想家。其实，这样的论点看似“合理”，却并不“合情”，尤其缺乏对他们三人的差异性作更为深入的探析。笔者多年解读顾炎武、黄宗羲、王夫之三人的作品，依稀得出一些印象，或许其科学性尚待进一步证实，但不妨先将这种印象记录下来。这就是说，就思想性而言，他们三人之中，思想最为激进者，当数黄宗羲；最为保守者，又属王夫之；而顾炎武则是一位最为平实的学者，思想深度介于黄、王二人之间，温火相宜。尽管如此，顾炎武亦有针砭社会的激进之作，而《生员论》即为典范之作。

《生员论》分为上、中、下三篇。细加分析，上篇从根本上揭示作为科举制度产物的生员，已经违背了国家设此“成德达材”并进而借助他们与天子“分猷而治”的本意，反而成为“嚣讼逋顽，以病有司”之人；中篇则以事实为基础，进一步揭示生员给“官府之政”、“百姓之困”、“门户之习”和“用世之材”所带来的危害；下篇则提出解决生员问题的具体方案，即通过行“辟举之法”以及聘任教官，最终解决生员之弊。[②]

《生员论》的可贵之处，在于第一次系统地将生员问题上升到一个社会问题加以认知。这是时代的共同取向，显然得到当时很多学者的呼应。黄宗羲《明夷待访录》中的“学校”和“取士”两篇，尽管尚未明确揭示生员问题，但显已将批判的矛头对准作为科举附庸的学校以及科举取士的弊端。[③]一方面，王夫之批评科举制下的士人，“自授经成读，昧偏傍，盲语助，老死童子者，皆有怨心”[④]；另一方面，则又说学校中的生员，无不“局促井里，狎昵习气”，其心陷溺于“钱粮”“讼狱”之事。[⑤]

综合上述诸家所论，可见生员已经成为明末较为重要的社会问题。尤其是顾炎武《生员论》三篇，就生员对国家、政府、社会所带来危害的揭示，更是入木三分。细言之，大抵有：生员“嚣讼逋顽，以病有司”；生员“出入公门以挠官府之政”；生员“倚势以武断于乡里”；生员“与胥史为缘”，甚至“身自为胥史”；“官府一拂其意”，生员则“群起而哄”；生员“把

① 正如顾炎武所言，生员给明末社会所带来的“大患”，尽管已经被“一二识治体能言之士”所知晓，但因为他们均“身出于生员”，故“不敢显言其弊”（顾炎武：《亭林文集》卷1《生员论》中，载《顾亭林诗文集》，第22页）。而顾炎武则不同，其生员身份的取得，并未经过正常的提学院道的考试，而仅仅是“纳谷寄学”，所以才敢于挺身而出，直言生员之弊。

② 顾炎武：《亭林文集》卷1《生员论》上、中、下，载《顾亭林诗文集》，第21-24页。

③ 黄宗羲：《明夷待访录》之《学校》《取士上》《取士下》，载《梨州船山五书》，台北：世界书局，1988年，第9-19页。按：“梨州”，误，当作“梨洲”。

④ 王夫之：《黄书》第4《慎选》，载《梨州船山五书》，第20页。

⑤ 王夫之：《噩梦》，载《梨州船山五书》，第33页。

持官府之阴事，而与之为市”；生员无杂泛之差，导致差役“尽归于小民”，百姓为之大困，甚或一切考试科举之费，“皆派取之民”，使生员成为“病民之尤”；五方不相识之人，聚集一处，构成生员群体，必然导致“朋党”“门户之习”的形成；生员“聚徒合党，以横行于国中”。[①]诸如此类，无不都是生员群体给当时之人留下的负面印象，而今人恰恰可以通过关于生员的负面记载，转而读出生员群体力量增强，甚至控制地方社会的历史进程。

一、生员群体的形成

生员是士大夫（或作绅士，gentry）的一部分，更确切地说，是士大夫的下层。从明代的实际状况来说，士大夫的上、下层确乎是在逐渐分化。根据顾炎武《生员论》的记载，诸如：生员“聚徒合党，以横行于国中”；地方官府一拂生员之意，生员就“群起而哄”。至于生员的活动，更是形成了群体行动的基本态势，即“前者噪，后者和；前者奔，后者随”。所有这些，无不证明生员已经从士大夫群体中游离出来，形成一个相对独立的群体。所谓“相对独立”，一方面，是指生员是士大夫的一员，有其诸多的共同利益，亦即在代表地方利益方面，他们可以表现出一致性；另一方面，一至晚明，由于生员的相对贫困化，生员层与士大夫的上层已开始在利益方面发生一些冲突。

生员群体的形成，究其主要原因，可以从主观与客观两个方面论之。就主观方面来说，正如顾炎武所言，生员中的绝大多数，在具有生员身份之后，其主观意愿并非在于“慕功名”，而是仅仅在于“保身家而已”。何以如此？还是在于明代的制度决定了读书人成为生员之后，既可以“免于编氓之役，不受侵于里胥”，这是一种经济上的免役特权；又可以“齿于衣冠，得于礼见官长，而无笞、捶之辱”，这是名誉礼貌的优待权。[②]就客观方面来说，科举仕进的特殊性，决定了只有部分的生员，才有机会获中举人，进而通过得中进士而步入仕途，而其中的绝大多数，仅仅是保有衣巾，并进而通过这种特殊的身份而维持自己的生计。

至于生员群体形成的客观原因，则又可以概括为以下三个方面：一是明代中期以后，全国生员数急剧增加。[③]按照顾炎武的估计，不下 50 万。据笔者的考察，估计在明末已达 60 万之上。尽管在嘉靖和万历初年均有沙汰生员之举，然由此而导致生员层的流动，以及生员身份的特殊性，即一旦倡谋起事，“由其智力相并，动足致人”[④]，最终迫使统治者不

① 顾炎武：《亭林文集》卷 1《生员论》上、中、下，载《顾亭林诗文集》，第 21-24 页。

② 顾炎武：《亭林文集》卷 1《生员论》上，载《顾亭林诗文集》，第 21 页。按：吕坤在所作《刑戒》中，有“五莫轻打”之说，其中包括“生员莫轻打”，不难看出生员具有一定的体面。他说：“干系诸生体面，有事，轻则行学责戒，重则申究如律，彼自无词。”参见陈宏谋辑：《从政遗规》卷上《吕新吾刑戒》，载氏编：《五种遗规》，清道光三十年重刊本，第 84b 页。

③ Ping-ti Ho, *The Ladder of Success in Imperial China* (New York: Columbia University Press,1962), pp. 173-179.

④ 张宁：《重修海盐县儒学碑》，载黄宗羲编：《明文海》卷 67，北京：中华书局，1987 年，第 608 页。

得不取消此举。二是在生员数大量增加的同时，科举的录取率却基本保持不变，使生员中举的难度相对增大，于是，保持生员身份的时间也相对稳定，甚至不乏衣巾终生者。三是古无闲民，士有定业。明初生员多在学校肄业，大多具有兢兢实功。明中叶以降，由于附学生员的大量增加，又不在学宫斋宿肄业，致使生员养成一种闲散虚乐的习气，亦即游惰之习，饱食终日，无所用心，群居终日，言不及义。生员是否在学校肄业，对生员的人格影响颇大。在学校，明伦堂镌有卧碑，明有“学禁”。提学道到任后，在学校门首置木粉牌一座，上横书“提学道禁约”，下二行，大书：“生员不许结党陈言，嘱托公事，揽拖钱粮，主唆词讼，违者黜退为民。”[①]可见，生员若聚于学校，其行为会受到种种制约。而生员一旦流入社会，以志趣相结，声气相应，其群体的力量就不容忽视。

自明代中期以后，无论是附学生员的设立，附学生员并无定额限制[②]，以及新设府、州、县学校的增加，还是各地文事渐兴，教育得到长足的发展，以及地方学校生员退学数少、生童进学数多，无不说明学校生员已呈渐趋增长之势。至明末，生员数更是骤增，并进而成为一个社会问题。当然，生员层从士大夫中游离出来，并成为一个相对稳定、独立的社会阶层，这已是明末的事情。明末，时人已经将生员视为独立的社会力量。譬如，顾炎武将乡宦、生员、胥吏并列，将其视为病民的三种社会力量。[③]费密也认为明季有“五蠹”：衙蠹，即州县胥吏快皂；府蠹，即投献王府，武断乡曲者；豪蠹，即民间强悍之人；宦蠹，即缙绅家义男作威作福；学蠹，即生员喜事害人。[④]显然，均是将乡宦、生员并称，说明生员层已不再依附于乡宦。

已有的研究成果揭示，明代儒童入学率为 2.5%—5%，而明代生员中举比例多为三十取一，其中举率大约为 3.3%。[⑤]这就说明，进学易，出身难，儒童中生员显然要比生员中举人容易得多，于是生员这一层次，成了进身之阶中的瓶颈。一方面，生员数在无限地增加；另一方面，则中举率有限额，获出身更加不易。这也是导致生员数增多的原因。换言之，生员本身是一种暂时性的身份，士人获取这种身份，无非是为了中举人、进士，释褐通籍。毋庸讳言，确有一部分生员，过不了几年，即中举人，甚至第二年即联捷者也不乏其例。[⑥]然由于中举率太低，三年一科能中举人者毕竟只是属于幸运的少数人，大部分人十几年甚至几十年仍无望中举，只好一直保留生员的身份，无奈之下，在年五十以后，放弃

---

① 毕懋良：《两浙学政》，明万历三十八年刻本，第 15b 页。

② 如嘉靖十五年（1536）知府李默所著的《宁国府志》，记载附学生员为府学 100 人，宣城县学 80 人，南陵县、泾县、太平县学各 70 人，宁国县学 30 人，旌德县学 40 人。又嘉靖初年侯定训所著《泗州志》，更是记载盱眙县附学生原本只有 30 人，于是“募子弟可百人教之，明年复补诸生三十五人，余督教如旧”。正是从这两则记载中，清初史家谈迁才得出“往时附学生犹寥寥也”的结论。然自嘉靖以后，各地学校附学生员数，已是趋于膨胀。参见谈迁：《枣林杂俎》圣集《科牍・附学生》，第 179 页。

③ 顾炎武：《亭林文集》卷 1《生员论》中，载《顾亭林诗文集》，第 22-23 页。

④ 费密：《荒书》，杭州：浙江古籍出版社，1983 年，第 153-154 页。

⑤ 陈宝良：《明代儒学生员与地方社会》，北京：中国社会科学出版社，2005 年，第 204-205 页。

⑥ 在明代士人中，颇有一些早达的例子。如何景明，10 岁即中乡试举人，杨玄锡也是 14 岁中乡试。张怡：《玉光剑气集》卷 1《帝治》，北京：中华书局，2006 年，第 40 页。

科举，以衣巾或冠带终身。

在明代科举制中，一方面，乡试中举相较于会试中进士以及童试中生员而言，机会较小，难度较大，故有很大一部分生员保持生员身份较长一段时间。另一方面，正如明人所言，“秀才至年过三十，即素抱负者，亦渐渐心灰意懒”[①]。一旦心灰意懒，那么中举求进取之心渐消，仅以维持生员身份为苟安之计。这就使生员成为一个相对稳定并具有一定数量规模的社会阶层，从而引起社会各方面的注意。

顾炎武曾说：“今则不然，合天下之生员，县以三百计，不下五十万人，而所以教之者，仅场屋之文。”[②]经过笔者的考察，若以顾炎武的估计数为准（即每县 300 名），那么，明末全国生员总数将突破 60 万。再加上各类不参与科举的生员，其数字将更大。[③]据有的学者研究，宋代地方学校的生员数达 20 万。若与户籍人口作比较，即为每 220—230 人中，有一位地方学校的生员。[④]生员数占人口的 0.43%—0.45%。而在明末，若以 50 万生员数作为统计的数字，那么，生员数约占人口的 0.38%。若以 60 万生员数作为统计的数字，那么生员数约占人口的 0.46%。由此可见，明末生员数占人口的 0.38%—0.46%。[⑤]与宋代相比，尽管明代全国地方学校生员数的绝对数是宋代的三倍，然生员数占人口的比例大体相当，甚至有所下降。这反过来可以说明，明代学校生员数的增加落后于人口的增长。这正好与施坚雅（G . William Skinner）的研究结论若合符节。施坚雅指出，自唐代直至清人口的五倍增长，并非与国家级的官僚增长表现出一致性。[⑥]从这一角度而言，明代生员数并非过剩，而相对于生员之无出路（即仕途之窄）来说，生员数方显过滥。

二、生员群体的社会流动

在学校肄业，接受教官的课试与约束，无不说明生员仍然是一种学生身份，其主要职责是学习儒家经典，读书仕进，然后再治国平天下。换言之，朝廷视学校为人才的养成所，生员为人才的后备力量。有鉴于此，明朝廷给生员提供诸多的便利与特权，举凡廪膳以养

---

① 唐文献：《唐文恪公文集》卷 16《家训》，收入《四库全书存目丛书》集部，第 170 册，台南：庄严文化事业有限公司，1997 年，第 629 页。

② 顾炎武：《亭林文集》卷 1《生员论》上，载《顾亭林诗文集》，第 21 页。

③ 陈宝良：《明代儒学生员与地方社会》，第 210-215 页。按：关于明代生员的考察，亦可参见吴金成：《明代社会经济史研究》，东京：汲古书院，1990 年，第 61 页。

④ Thomas H. Lee, *Government Education and Examination in Sung China* , Hong Kong: The Chinese University of Hong Kong Press, 1985, p.125.

⑤ 关于 16 世纪明季的人口数，据何炳棣的考察，大概为 1.3 亿人。此处的统计，即以何氏的研究成果为基础。参见 Ping-ti Ho, *Studies on the Population of China, 1368—1953*, Cambridge: Harvard University Press, 1959, p.264.

⑥ Skinner, G. William, “Introduction: Urban Development in Imperial China,” in idem(ed.), *The City in Late Imperial China*, Stanford: Stanford University Press, 197, pp.17-21.

家，号舍以供肄业，免役以示优惠，并尽量限制生员与政治接触。

欲达到此，至少需要有以下两点给以保证：一是学校有足够的号舍供生员斋宿肄业，二是生员大多可以通过科目步入仕途。而事实并非如此。一方面，自明代中期以后，学校制度已败坏不堪，尊经阁号称“尊经”，却内无一经。其弊尚不在无经书，而是在无习经之士。换言之，士之穷经者，多不在学校，而在学校者，又非穷经之士。另一方面，生员仕进无门，大约只有十分之一的生员能获得出身，若北方之士，犹能勤苦力作，自谋生计；至于南方之士，则不农不工，不商不贾，乘学政积宽，怠业荒嬉，整日游荡，不过是一些游惰之民而已。其中的寡廉鲜耻之徒，更是终年不到学宫，联袂携巾，日伺于府县之门，触捍文网，反而成为有司的患苦。

由此可见，学校乃生员之家。生员不在学校肄业，犹人而失家，无所依归，只好流向社会。这些无归而又无出路的游惰之士，到了明末，其数量着实不少。那么，他们的流向又是如何呢？不妨引用下面两段史料以说明之。先看郭子章之论：

> 受书几何，则芥视青紫；稍知搦管，即奴婢屈宋。矜激意气，则鄙乡之老成者为枯钝；羡艳声势，则结当路之子弟为党与。嘱托公事，而凌轹有司；起灭词讼，而比伍隶卒。纵摴蒲为高致，狎娼优为逸兴。摇笔端以造歌谣而撼官府，碎舍锋以道长短而中善类。私委巷，则乡贤乡饮举及匪人；图餔餟，则名宦节孝概扬恶德。青盖翩翩，殊非布衣之义；高冠峨峨，大犯不衷之戒。未尝检括，则自文曰负俗之累；稍有操技，则共訾曰世故未谙。甚之白衣者，钻刺以图青衿；枵腹者，妄冒而觊米廪。①

郭子章之论，尽管是从“士风”趋坏的角度着眼，却确实部分道出了明代生员的社会流动状况。明人张宁亦记道：

> 今士之所学，益无向用，绝于授受，或就耰锄，或附刀笔，或迫为军伍，或困为屠庸，苟避时禁，不复审义。一旦倡谋起事，由其智力相并，动足致人，大约皆出乎无归之人。②

无论是郭子章所言，诸如：或“羡艳声势，则结当路之子弟为党与”；或“嘱托公事，而凌轹有司”；或“起灭词讼，而比伍隶卒”；或“纵摴蒲为高致，狎娼优为逸兴”；或“摇笔端以造歌谣而撼官府，碎舍锋以道长短而中善类”；或“私委巷，则乡贤乡饮举及匪人”；或“图餔餟，则名宦节孝概扬恶德”；还是张宁所言，说生员“或就耰锄，或附刀笔，或迫为军伍，或困为屠庸”，所有这些记载，无不说明，生员群体一旦成为“无归之人”，就只

---

① 郭子章：《学政》，载席启图辑《畜德录》卷1《立志》，上海扫叶山房石印本，第10a页。

② 张宁：《重修海盐县儒学碑》，载黄宗羲编：《明文海》卷67，第608页。

能流向社会。

士为四民之首。生员头上戴顶方巾，脚上穿双朱履（或皂靴），在街市上摇摆，又可在县府面前说得硬挣话，确实很是体面。可是，仕途无望，不能不使生员对自己的生计有所考虑，只好退而求其营业。生员欲保身家，求营业以维持生计，手段很多，与官府交易，不过是其一例而已。于是，生员所求者，不再是“为圣贤之人”，而是“为富贵利达之人”；而不能遂愿者，又只好借生员以保身家，通过种种手段，以谋生计，混同一般世俗百姓。[①]这就需要对生员群体的社会流动（social mobility）加以适当的探析。

社会流动无疑包括纵向流动和横向流动两部分。而纵向流动又包括“向上流动”（upward）和“向下流动”（downward）两部分。明代生员的向上流动，主要以读书仕进为主，这在明代的小说中被归于“上等”秀才。他们在做秀才的时候，埋头读书，博古通今，天文地理，礼乐兵刑，错综贯穿，而后中举人、进士，为朝廷干番事业。[②]明代生员的向下流动，则在小说中被归于“次等”“下等”秀才之列。譬如，一些生员学问不甚涉猎，一日念几篇时文，五经古书粗粗记得，不干己事，一毫莫管。富的明户讲解，穷的随分处馆。这是此等的秀才。至于一进了学，似戴了一顶平天冠。有趁妓串戏者，有插科篾片、图肥酒肉吃者，有今日告张、明日告李，这边干证、那边公举者，有包揽钱粮、硬帮中保者，得了二三钱轿马银，肩膀上都硬朗起来，大荤饭店、扁食酒家，烧刀炒豆，细嚼横吞。等到提学院道要进行岁考，方拆造几文钱，买盏油，去温习那《摘段》《袖珍》。[③]这属于最下等。

在传统中国，读圣贤书的读书人多鄙视体力劳动，信奉的是“安贫乐道”的主张，并以自己作为一介“寒儒”或“贫儒”而自豪。[④]儒家经典中圣贤所言，诸如“饭疏食饮水，曲肱而枕之，乐亦在其中”，“一箪食，一瓢饮，不改其乐”。如此等等，不一而足。但正如明人所言，圣贤说这样的话，毕竟自己的地位还挨得过日子，所以可以安得贫，乐得道。但对那些连一亩之宫，环堵之室，负郭之田半亩也没有的穷秀才来说，最重要的还是“学必先于治生”。[⑤]显见，在仕进无门的窘况下，生员为了维持生计，必须与社会接触，凭借种种手段，谋取钱财，无论这种手段是合法、合乎社会道德的，抑或非法、为社会公德所唾弃者。

何炳棣在他关于社会流动研究的例子中，对生员群体的谋生手段作了最好的论证[⑥]，显然有利于我们对这一问题作更进一步的探讨。探究明代生员的社会职业流动，尽管也有替

---

① 徐芳：《三民论》上，载黄宗羲编：《明文海》卷100，第994页。

② 华阳山人：《鸳鸯针》，第三卷第一回，沈阳：春风文艺出版社，1985年，第116页。

③ 华阳山人：《鸳鸯针》，第三卷第一回，第116页。

④ Tien Ju-K'ing, *Male Anxiety and Female Chastity: A Comparative Study of Chinese Ethical in Ming-Ch'ing Times*, Leiden: E. J. Brill, 1988, p.100.

⑤ 西周生：《醒世姻缘传》，第三十三回，上海：上海古籍出版社，1985年，第478页。

⑥ Ping-ti Ho, *The Ladder of Success in Imperial China*, pp. 267-318.

人考试、作枪手者[①]，或如前述张宁所云，去当农夫、从军甚至为屠庸，但仅仅是个别现象而已，终究不是一种经常性的职业。相对说来，下面这些可视为明代生员比较常见的社会流动方式：训蒙处馆，养家糊口；入幕，成为幕宾；儒而医，成为职业医士；弃儒就贾，甚而士商相混；包揽词讼，成为讼师；弃巾，成为山人或名士。[②]

明代生员的向下流动，亦即生员流向社会，处馆、游幕、习医、经商甚至成为讼师，若换一个角度加以分析，同样也可说明明代社会流动的频繁性与广泛性。生员处馆，有助于明代基础教育的发达，转而为科举教育甚或社会向上的流动提供帮助；科举导致明代官僚行政管理经验的缺乏，为生员游幕提供了方便，而生员对行政事务的参与，显然又会弥补明代官僚体制的不足。尤其是生员经商现象的出现，正如余英时所言，是明清社会变迁的主要现象之一。这就是说，到 16 世纪，士人阶层与商人阶层的传统界限已经变得非常模糊。[③]而另一个现象则是文化转变，也即知识分子主动参与所谓的通俗文化，诸如三教合一趋势而导致善书风行[④]，以及小说、戏曲兴起以后与商业文化的紧密结合。生员弃巾以后成为山人，是晚明知识界的基本特点。而明代那些从事民歌、戏曲创作的知识人，大多由这些弃巾以后的生员组成。[⑤]更有一些学者，对生员这些科举中受挫的下层文人给以足够的重视，并进行了重新评价，称之为“读书种子”，甚至称其为“乡曲之导师，地方之柱石，一方文家重镇”。[⑥]揆诸明代生员群体大量流入馆师，从事基础教育的事实，这种评价无疑是切合实际的。

三、生员群体生计及其形象

在民间百姓的记忆中，明代生员群体已经程式化为三种固定的形象：一是“穷秀才”的形象；二是“无学秀才”的形象；三是“酸秀才”的形象。

---

① 如明人梁士济《直陈科场弊习疏》云：“臣乡远在天末，淳朴未离，乃以邻近闽省学术不端之辈，纷纷来游，不屑生儒渐为濡染，始而与之代考，渐而诱之怀挟，虽诈冒粤籍，半入黉宫。”可见，福建生员入粤替人代考，已成一时风气。康熙《南海县志》卷 15，载中国科学院图书馆选编：《稀见中国地方志汇刊》，北京：中国书店，1992 年，第 45 册，第 698-699 页。

② 明代生员的社会职业流动，其详细的讨论，可参见陈宝良：《明代儒学生员与地方社会》，第 296-357 页。

③ 余英时：《明清变迁时期社会与文化的转变》，载余英时等：《中国历史转型时期的知识分子》，台北：联经出版事业公司，1992 年，第 35-42 页。

④ 关于生员参与“功过格”一类善书的撰写，可参见包筠雅（Cynthia Brokaw）著，杜正贞、张林译：《功过格：明清社会的道德秩序》，杭州：浙江人民出版社，1999 年，第 2-3 页。

⑤ 如李平通过对青阳滚调的考察，亦证明了它们的作者只是一些厕身民间、不见经传的布衣之士。说具李平：《乐府玉树英残卷对青阳滚调的探讨价值》，收入朱立元、裴高主编：《中西学术》（二），上海：复旦大学出版社，1996 年，第 170-194 页。

⑥ 王尔敏：《明清社会文化生态》，台北：商务印书馆，1997 年，第 59-60 页。

毫无疑问，“穷秀才”的形象，建立在生员群体生计艰难的物质基础之上。在明代，生员除了具有一定的社会地位之外，尚可享受一些实际的经济利益。生员不但享受廪粮、膏火，而且免除徭役，甚至可以凭借自己的身份，到府、县衙门去说人情，吃荤饭，谋取种种的好处。

尽管如此，生员的贫困化，亦即生员中贫生数量的渐趋增多，则是明代的基本趋势。这显然是由科举的相对公平性特征所决定的。换言之，科举使得大量出身贫寒之家的读书人有幸进入学校而成为生员，从而加大了贫困生员在整个生员总数中的实际比例。即以贵州一省来说，至晚明，其贫困生员总数已达810名。①这仅仅是官方有册籍登记者，其数量之大已不可等闲视之，而实际的贫困生员数量，则当远远超过此数。

这些贫困生员，尤其是大量的增广、附学生员，一方面依赖官方的赈济，另一方面，则由学田收入给以适当的资助。然官方赈济不常，简直如同杯水车薪；而学田一节，虽可优给贫士，然学田已为黠佃、奸徒所把持，养士之资，徒以饱黠佃而饵奸徒。无奈，只好向同学告助，借此体现“斯文一脉”。

明人唐文献对自己做秀才时之贫窘之状，有如下直言不讳的记载：

> 我往时做秀才，每至岁残，则有贫窘奔波之苦，必□事一两月。至新春开卷，甚觉粗疏。②

显然，每到年末，生员为生计所迫，到处奔波，影响了自己学业的进修。在明代的生员中，“贫不能葬，身无完衣，长无家室”之事③，并不罕见。有些廪生，虽有廪食供给，但家仍甚贫，只有靠朋友助赀，方得贡于太学。④更有甚者，在有些地方，贫困生员占学校生员总数的一半以上。⑤其无奈者，只好凭借妻子织纫取利，维持家计，继续科举学业。⑥

明代生员一般学问浅陋低劣，尤其是自明中期以后，因捐纳而导致大批无学之人获取生员头衔，从而使其素质更加低落，最终形成一种“秀才学问”，即“举业科目”。关于生员学问，明代有很多笑谈加以嘲讽。如一则笑谈云：

> 昔有一僧人与一士子同宿夜航船。士子高谈阔论，僧畏慑，卷足而寝。僧听其语有破绽，乃曰：“请问相公，澹台灭明是一个人，是两个人？”士子曰：“是两个人。”

---

① 郭子章：《蠙衣生黔草》卷10《湖广解到饷银赈济碑》，收入《四库全书存目丛书》集部，第155册，第324-328页。

② 唐文献：《唐文恪公集》卷16《家训》，收入《四库全书存目丛书》集部，第170册，第629页。

③ 万历《永安县志》卷3《建置志》，载《稀见中国地方志丛刊》第33册，第982页。

④ 李维桢：《大泌山房集》卷23《秦京诗序》，收入《四库全书存目丛书》集部，第151册，第10页。

⑤ 如福建海澄县，“澄故斥卤，士籍于庠，居贫强半”。此即其例。崇祯《海澄县志》卷2《学校》，载《稀见中国地方志汇刊》第33册，第453页。

⑥ 譬如，清江县学生熊崇文，贫而好学，其妻“织纴给之”。敖英：《熊烈妇传》，载黄宗羲编：《明文海》卷413，第4296页。

> 僧曰："这等，尧舜是一个人两个人？" 士子曰："自然是一个人。" 僧人乃笑曰："这等说起来，且待小僧伸伸脚。"①

平日不勤读书，腹中空空如也，这是明代生员学问的普遍特点。正因为如此，才导致在夜航船中高谈阔论时，闹出种种笑话，以致亦为僧人所不齿。

尽管学问浅陋，生员却喜咬文嚼字，掉书袋，全然一副"酸秀才"的形象。下面一则笑话，颇能说明问题：

> 一秀才买柴，曰："荷薪者过来。"卖柴者因"过来"二字明白，担到面前。问曰："其价几何？"因"价"字明白，说了价钱。秀才曰："外实而内虚，烟多焰少，请损之。"卖柴者不知说甚，荷担去了。②

秀才咬文嚼字，养成一股酸腐之气，干不了甚事。读书误人，于此可见。

在明代生员的职业流动中，尤以从事塾师职业者为主。在童蒙眼里，塾师不过是"腐儒"与"冬烘先生"而已，如明人汤显祖所作戏曲《牡丹亭》中之陈最良，就是一个"腐儒"的典型形象。老儒陈最良上场之时，已经年值六旬，上来自己就唱出"灯窗苦吟，寒酸苦禁，蹉跎直恁"。这是腐儒的寒酸样。正是这个陈最良，在教学上尽心尽责，对女弟子杜丽娘管束甚严，但在生性活泼的春香丫头看来，陈最良不过是个"村老牛" "痴老狗"而已，"一些趣也不知"。即使是女弟子杜丽娘，对陈最良有所尊重，却亦一心想着后花园中的景致。③

师道尊严，由来已久。所不幸者，至明清两代，从事教学之塾师已经成为读书人的"下场头"，是仕进无望者的谋生手段，塾师形象随之衰微。从"先生"至"师傅"的称谓演变，塾师地位转衰已初显端倪。根据明代史料记载，福建莆田民间通常称授经之师为"先生"，而浙江吴兴则称宦家童仆为"先生"。这是"先生"一称荣耀性下滑的反映。又山西洪洞称秀才为"师傅"，而别处则称工匠曰"师傅"。④尽管从起源上讲，"师傅"一称亦属尊称，但一旦工匠也通称为"师傅"，则塾师已经从称谓上沦落为与工匠齐名。至"学匠"一称出现，塾师形象更是一落千丈。考"学匠"一称，至迟在明代末年已经出现，如在明代的馆师中，其身份通常以生员居多。所以，明代的生员又有一种别称，即"学匠"。⑤到了清代，更是出现了"教书匠"的称谓。

---

① 张岱：《琅嬛文集》卷1《夜航船序》，长沙：岳麓书社，1985年，第49页。

② 赵南星：《笑赞》45《秀才买柴》，载《明清笑话四种》，北京：人民文学出版社，1983年，第20页。

③ 汤显祖：《牡丹亭》第四、七出《腐叹》《闺塾》，载氏著，钱南扬校点：《汤显祖戏曲集》上册，上海：上海古籍出版社，1982年， 第243、254-257页。

④ 姚旅：《露书》卷9《风篇》中，福州：福建人民出版社，2008年，第206页。

⑤ 西周生：《醒世姻缘传》，第十六回，第235页。

四、生员群体与地方社会

按照明代制度，士各有分。出仕的缙绅，食君之禄，为君做事，有民社之责。生员被称为“朝不坐、宴不与”之身，自然无官守，无言责。明朝廷认定生员不应参与国家大事，而这种观念在一定程度上也成为社会大众的基本认识。[①]

朱元璋创立大明帝国以后，恢复建立从国子监到府、州、县各级儒学。有鉴于生员在元末之种种不法行为，专门就生员的管理做出规定，其中心主旨就是使生员远离朝政，一心读书。相较而言，缙绅可以通过上奏而影响朝政。而生员则无言责，其影响力相对较小，只能参与地方事务。可见，生员的影响力局限于地方社会，而正是在地方社会，生员方始发挥较大的影响。尤其是到了明末，当生员人数大增，形成众多的生员社团，并清醒地认识到学校为公论之所时，生员的影响力逐渐扩大到全国，而生员问题随之也成为明朝廷深感头疼的全国性的社会问题。

若从政治参与的角度入手，那么明代生员与地方社会之间的关系，大抵体现在以下几个方面：一是从生员不许言事到生员上奏言事，说明生员对于参与政治具有更多的主动性；二是官方法律或制度赋予生员一些合法性公事，包括参与地方上的乡饮酒礼，通过向地方官员上呈子，决定与礼宾客的人选；春秋二仲丁祭祀先师，或乡贤祠祭丁，生员亦可参与其间，并对乡贤具有评说的权利；地方上有讲乡约之事，生员作为一方较有体面的人物，亦位列其中；年长而又资历较深的廪膳生员，可以位列乡绅之列，一起讨论地方大事；三是参与很多地方性事务，包括举乡贤、节妇，出入衙门，具呈讨论民间利弊，造歌谣、投揭帖以影响地方衙门，成为捍卫乡里的干城，以及参与修志；四是生员通过结社，形成形形色色的生员社盟，以及形成统一的生员社盟联合体，借助“声气”与“清议”干预政治，甚或借助社稿或选政，把持科举进身之阶。[②]

明代地方社会的乡宦势力，大抵由以下两部分构成：一是士大夫家族，亦即所谓的“故家名族、公卿勋旧之子孙”。这部分人的运数，堪称“与国家为长短”，对明代国运的影响尤为明显。以降职甚至罢职的官员为例，等到他们回到自己的家乡，还是可以“广顷亩，益陂池，敞榭邃房，鼓钟妖舞”，过着“春容鱼雅以终其天年”的生活，甚或“有司宾之，乡社祝之，闾里畏之”，在地方社会保持着很大的势力。即使是他们的子弟，“发其赢余，买越娃，拥小史，食游客，长夜酣饮，骤马轻纨，六博投琼而散犹未尽”[③]，显赫之势，尚可苟延一时。二是“强豪”，既包括具有功名且在地方上声闻不佳的“恶宦”，又包括没有

---

① 关于此，陈国栋有详细的讨论。见陈国栋：《哭庙与焚儒服——明末清初生员层的社会性动作》，载《新史学》1992年第3卷第1期，第76页，注19。

② 陈宝良：《明代儒学生员与地方社会》，第358-386页。

③ 王夫之：《黄书》第6《大正》，载《梨州船山五书》，第20页。

功名的“土豪”。事实上，由于朝廷赋敛无恒，以及墨吏猾胥，奸侵无已，再加上徭役之征，并入田亩，最终导致普通百姓“以有田为祸”，愿意将田土投献到强豪名下，借此苟免逃亡、起死回生。[①]两者相合，进一步扩大了乡绅在地方上的势力。

尽管就其总体而言，只有乡绅才有“一邑之望”的特点，而生员中的多数学问低劣，仅堪称“四民之首”，无论其财力、声望均无法成为地方社会的领导阶层，然乡绅、地方官任何有关乡里政治、经济或社会措施的实施，绝不能抛开生员群体，在某种程度上尚需要依赖生员群体的协助。假若说乡宦力量的特点是既不完全倾向于中央对地方的控制，也不完全代表地方庶民，而是一种有其本身的利益考虑、斡旋于地方社会与中央朝廷之间的势力[②]，那么，生员群体可以说是介于地方官、乡宦与庶民之间的一股中间势力。

生员群体在明代地方社会中的作用，主要凭借两种手段：一是都市舆论；二是群体力量。

自古以来，中国的士就有一个共同的理想性格，即以“道”自任，以批评政治社会为职志。孔子说：“天下有道，则庶人不议。”反过来就是“天下无道则庶人议”。[③]俗言：公道在学校。明代学校生员自然亦以公道自任，通过集体对地方有司及其所行地方事务进行延誉讥评，参与地方社会的诸项事务。地方官的声闻，“起于黉舍”，地方官的贤否，也有待于生员舆论裁定。[④]生员舆论的形式多种多样，或用四书文，或用戏曲、歌谣，甚至通过采用匿名文书、揭帖及递联名呈状，借此对地方政务进行讥评。尤其到了明末，由于生员结社的普遍，不同府、州、县甚至跨省的生员通过声气结合在一起，使生员舆论更是突破了地域，从而引起朝廷的注意。

尽管生员具有不同于一般庶民百姓的声望，其拥有的知识和头衔以及由此带来的体面也能令庶民百姓肃然起敬，然与乡绅相较，其声望与影响力远远不如。设若生员凭借单个个体的力量，不但会受到地方官、乡绅的压制，甚至乡绅家的家奴、地方有司衙门的皂隶亦可欺凌生员。[⑤]所以，生员动辄称“通学”，以学校生员的群体力量，对付地方官与乡绅。为此，斯文一脉，在明末不再是空言，而是客观的事实。而明末生员结社、结会风气的形成，更使这种群体力量突破学校的界限，而趋向于以地域为联结的纽带。

生员周旋于地方官、乡绅、庶民百姓之间。当地方官、乡绅欲建设乡里社会时，需要生员的协助；而当地方官、乡绅对生员有所欺辱时，生员即可借助群体的力量，起而抗争。

---

① 王夫之：《噩梦》，载《梨州船山五书》，第4-5页。

② Shigeta Atsushi, “The Origins and Structure of Gentry Rule,” in Linda Grove and Daniels (eds.), *State and Society in China: Japanese Perspectives on Ming-Qing Social and Economic History* (Tokyo: University of Tokyo Press, 1984), pp.335-385.

③ 余英时：《中国知识分子的古代传统》，《史学与传统》，台北：时报文化公司，1983年，第73页。

④ 王以旂：《王襄敏公集》卷3《赠大京兆翩庵柴公考绩序》，收入《四库存目丛书》集部，第68册，第85页。

⑤ 譬如，据祁彪佳记载，昆山知县衙门皂隶承牌索诈，“将生员胡浪翔当场丛殴，裂衣重伤”；又有乡绅及其子弟、豪奴将生员捆杀的事例。参见祁彪佳：《宜焚全稿》卷2，载《祁彪佳文稿》（一），北京：书目文献出版社，1991年，第52、78页。

而生员本身，也往往恃才妄作，出现一些欺虐乡里百姓或武断乡曲的事情。明季为地方官者，出于自己的利益考虑，不得不采用这样一种手段，即百姓与诸生讼，不论是非，而以诸生为非，及诸生与士大夫讼，不论曲直，而以士大夫为曲，借此保持地方社会中各种势力的均衡，维持社会的稳定。如此种种，无不说明百姓、生员势力在晚明已获显著增长。

值得注意的是，明代生员不但结交衙役、无赖，使学宫变成狗窦，士子一如乞丐，而且士行日趋轻薄，劣衿、学霸辈出，生员本身亦渐趋无赖化。一至明季，生员与无赖、乡绅、衙役（或胥吏）有冲突的一面，亦有相互依存甚至勾结的一面。于是，乡绅、生员、衙役、无赖已合为一体，成为左右明代地方社会的主要社会力量。换言之，明代的地方社会，不是绅士层独自在扮演领导者的角色，而是绅士层与无赖层互相妥协、互相渗透，共同管理与控制地方社会。

余论：从“士大夫”到“知识人”

生员俗称“秀才”，是才智秀出于众之人；又俗称“相公”，是“宰相之苗”，将来或可入相。换言之，“学而优则仕”是生员的正途。唯有如此，才能赋予儒家经典知识以至高无上的地位。

然吊诡的是，生员群体中的绝大多数人，并未能顺利走上读书仕进之途，只得退而求其次，靠所学的儒家经典知识求其营业。为此，生员的志向亦随之转变，亦即从治国平天下之志，转而成为限于“保身家”。与此相应，作为知识占有者的生员，其身份角色也就随之转换，即从“士大夫”转变成为“知识人”。士大夫与知识人尽管均为儒家经典知识的占有者，但他们对知识的运用却大有区别：士大夫凭借知识而治国平天下，而知识人则仅仅将知识作为维持生计的手段。除此之外，知识人的知识结构亦发生了很大的改变，即从仅仅把知识局限于儒家经典知识，进而扩大到医学、天文历法等自然科学知识，甚至还包括占卜、星相及其他“形而下”的技艺。

生员原本应该属于“有职”之士，然科举制度的特点，导致绝大多数生员成为“失职”之士，成为明代知识人的最大来源。此外，明代的知识人群体开始逐渐壮大：一方面，声势浩大的讲学会，培养出来众多出身灶丁、商贩、瓦匠、樵夫、农民、佣工的讲学家，这些人原本不是名教中人，却开始承担维护名教的职责；另一方面，一些布衣、工匠、武将、僧人、妓女，亦多喜吟咏之事，开始加入到“诗人”的行列。随之而来者，士人与一般民众之间的藩篱开始打破，甚至出现了互动的征候。

（执行编辑：王　潞）

明朝隆万之际的族群关系与帝国边略

赵世瑜*

摘要：明朝历史上的“北虏南倭”问题已逐渐被纳入全球史的框架中加以考量，但在明代的南部山区、西南地区，以及西部地区，都不同程度地出现了族群关系的动荡，其动因与前者是大体相同的，甚至是相互关联的。明朝隆万之际的主政者或许是被动地触摸到了时代变化的脉搏，所以尽管是短暂的，他们也采取了积极应对的策略，使此时期的帝国边略具有了时代性和整体性。

关键词：“倭乱”；“瑶[①]乱”；“西番”；帝国边略

16 世纪到 17 世纪，是世界历史发生重大变化的时代。在以往以中国历史为中心的学术脉络中，已为学者充分重视的“北虏南倭”问题，已开始在世界史或全球史的学术脉络中得到新的诠释。但是，对这一时期西南边疆的关注，似乎仍与上述变化缺乏契合。北方边陲、东南沿海发生的一系列事件与西南边疆毫不相干？还是一个整体中相互关联的部分？在传统的研究中，学者们的思路通常是一种单向的观察，即如明朝廷与蒙古、明朝廷与西域、明朝廷与沿海或西南，不同的后者之间似乎没有太多联系。那么，在明朝版图的整个周边，是否存在共同的问题？不同的边陲地区是否曾以互动的形式对历史产生影响？

从 16 世纪初到 17 世纪初，即约略是嘉靖、隆庆、万历三朝，不仅是新航路开辟与欧洲人东来的时期、以“一条鞭法”为标志的新型财税制度出现的时期，也是新形势下明朝边疆族群呈现新格局的时期。[②]深入理解这一点，对于认识 16 世纪的时代转折、认识明清

---

* 赵世瑜，北京大学历史系教授。

① 以前史料用“猺”字，系古代对这一民族的蔑称，本文使用瑶字表示。

② 在近年来的区域社会史研究中，已有不少学者从新的视角论及明代中叶以来边疆地区不同人群的“动乱”，如陈春声、科大卫、唐晓涛等对两广地区“瑶乱”的研究、陈春声对广东沿海“倭乱”的研究，以及笔者对“北虏”问题的重新认识，等等，都在不同程度上揭示了这些“动乱”背后复杂的地方动因，构成本文的重要出发点。但是，如何看待明代国家在这一时期集中“平乱”的举措？是被动地充当“救火队员”的角色，还是另有他图？国家与地方是否产生了某种因应，还是形成了某种“共谋”？

之间的连续性，具有重要意义。[①]

一

《明经世文编》的编者认为："国家外夷之患，北虏为急，两粤次之，滇蜀又次之，倭夷又次之，西羌又次之。"[②]明朝边患多以"北虏南倭"为代表，在明朝的大部分时间里，北方蒙古人的威胁是显而易见的，但陈子龙把两粤和滇蜀的问题放在"倭患"之前，而后又提到"西羌"的问题，这究竟是其独到之见还是时人的共识？

陈子龙是明末江南几社的骨干，几社的成员身处特殊的时代，对兵事极为关注，并于崇祯九年（1636）编写了《兵家言》一书。[③]上述判断见于两年后编纂的《明经世文编》的《凡例》中，为几社成员、《兵家言》的编者之一宋徵璧所撰，应体现了他们的共识。几社的文人之所以重视兵事，是因为他们"愤愤于天下之大而知兵者鲜也"，所以他们要提出自己独到的看法。由于他们站在明末这个特殊的时代的节点，回望整个明代的边事，有可能对明代的边疆问题做出比较全面的判断。

在野文人对天下时局的判断未必与庙堂之上的主政者完全相同，那么庙堂上的主政者是如何看的呢？围绕着这一时期的边疆族群问题，庙堂之上，经常是众议纷纭。但在高拱和张居正相继主政时期，他们的强势态度往往能形成最终的决议，如在广东"海盗"问题上，张居正回忆说，"广事自区区力主夹剿之议，及请发帑银先治海贼诸事，人皆未以为然"[④]；又如俺答封贡及平古田僮乱等事，"皆大违群议，而仆独以身任其事。主上用仆之策，幸而时中矣。乃异议者犹欲搜求破绽，阻毁成功，以快私指"[⑤]；在朝廷议征川南都掌蛮时，据称张居正厉声驳斥反对者："蜀在中国为西南重镇，叛不速讨，诸夷将望风起事，蜀岂得全？……所不成者，吾不得复平章国事。"[⑥]因此，他们的意见可以代表当时的国家立场。

当然，高拱、张居正的边略能够得以实施，也在于他们任用了一批与其见解一致的地方督抚。张居正曾说："仆自去岁曾面奏主上曰：今南北督抚诸臣，皆臣所选用，能为国家

---

① 本文系香港卓越领域计划（AoE）项目"中国社会的历史人类学研究"的阶段性成果。在香港中文大学历史人类学中心以本题进行演讲时，承蒙各位听者提出有启发性的问题，特致谢忱。

② 宋徵璧：《明经世文编·凡例》，北京：中华书局，1962年影印本，第53页上栏。

③ 参见冯玉荣：《晚明几社文人论兵探析》，《军事历史研究》2004年第2期。

④ 张居正：《张太岳集》卷21《答蓟镇戚总兵》，影印复旦大学图书馆藏明万历刻本，上海：上海古籍出版社，1984年，第258页上栏。

⑤ 张居正：《张太岳集》卷23《答两广殷石汀论平古田事》，第274页上栏。

⑥ 任翰：《平蛮碑》，见虞怀忠、郭棐等纂修：万历《四川总志》卷28《碑文》，《四库全书存目丛书》编纂委员会编：《四库全书存目丛书》史部200，影印北京图书馆藏明万历九年刻本，济南：齐鲁书社，1996年，第57页下栏。

尽忠任事者。主上宜加信任，勿听浮言苛求，使不得展布。主上深以为然。”[①]胸怀抱负的内阁首辅与熟悉边情的封疆大吏共同造就了此一时期的帝国边略。

明朝建立之初，便将蒙古视为头号敌人，这一点在朝野双方都是有共识的。“隆庆和议”是重要的转折点，但其意义不仅限于明蒙关系的改善，300年后魏源评价说：“高拱、张居正、王崇古张弛驾驭，因势推移，不独明塞息五十年之烽燧，且为本朝开二百年之太平，仁人利溥，民到今受其赐。”[②]魏源认为清朝接受的遗产，是明朝主政者那种“张弛驾驭，因势推移”的策略，其中所因之“势”，又不仅是蒙古草原上的形势和走向，还是整个国家周边的大势。

明穆宗朱载垕对高拱的评价也颇值得注意：“且值国家多事之时，先为社稷万年之计。乃通海运，乃饬边防，乃定滇南，乃平岭表。制降西虏，坐令稽颡以称藩；威挞东夷，屡致投戈而授首。盖有不世之略，乃可建不世之勋；然必非常之人，斯可济非常之事。”[③]在朝廷看来，高拱的最大功绩就在于他对边疆的经营，不仅对于蒙古，而且对于西南和东南地区的经营均获得进展。

清康熙年间，高拱在边事上的主张被编为一书，名为《边略》，其中谈到“俺答封贡”的意义：一是“可以息境土之蹂践，可以免生灵之荼毒，可以省内帑之供亿，可以停士马之调遣，而中外皆得以安”；二是“可以示舆图之无外，可以见桀犷之咸宾，可以全天朝之尊，可以伸中华之气，即使九彝八蛮，闻之亦可以坚其畏威归化之心”。但“要领之图”和“本意之所在”则是“但得三五年宁静，必然安顿可定，布置可周，兵食可充，根本可固，而常胜之机在我”。[④]

这里所谓“九彝八蛮”“畏威归化”只是一种场面话，还是此时帝国的最高决策层已有统一的规划？从字面来看，这只是出自安定北部边疆的考虑；但至少是北部边疆的形势相对稳定，为朝廷对南方的经略提供了重要的条件。所以四川巡抚曾省吾在征讨都掌蛮时便说：“兹值明良交泰之会，正当中外协攻之时。险莫险于海倭，每见骈首就戳；强莫强于塞虏，已看稽颡称臣。矧兹鼠首蜂腰，岂足润戈膏斧？……且朝廷以征剿尽绝为期，主将以荡平图报自誓。”[⑤]

二

陈子龙等将两粤和滇蜀的问题置于“倭夷”之前，一方面是因为嘉靖时期达到高潮的

① 张居正：《张太岳集》卷26《答殷石汀言宜终功名答知遇》，第315页下栏。

② 魏源：《圣武记》附录卷12《武事余记·掌故考证》，长沙：岳麓书社，2010年，第519页。

③ 高务观编：《东里高氏家传世恩录》卷2《少师兼太子太师吏部尚书加勋柱国进兼中极殿大学士兼掌吏部事高拱并妻》，载高拱著，岳金西、岳天雷编校：《高拱全集》附录一，郑州：中州古籍出版社，2006年，第1321页。

④ 高拱著，岳金西、岳天雷编校：《高拱全集·边略》卷4《款敌纪事》，第596-597页。

⑤ 《明巡抚曾公省吾征蛮檄》，江亦显等纂修：光绪《兴文县志》卷6《艺文志·檄》，《中国方志丛书·华中地方》第372号，影印清光绪十三年修民国二十五年重印本，台北：成文出版社有限公司，1976年，第619页。

“倭乱”已大体平息，另一方面则是因为华南与西南地区的区域开发引发的社会矛盾此时日益凸显。

高拱在分析广东这个“旧称富饶之地”为何近来“盗贼充斥”的原因时，主要将其归咎于“有司不良所致”。其中谈到“广乃财贝所出之地，而又通番者众。奇货为多，本有可渔之利，易以艳人”[①]。两广总督殷正茂在给他的信中提到“倭奴猖獗，土寇相勾为乱”的情形，都说明广东沿海的动乱与嘉靖“倭乱”有着相同的私人海上贸易的背景。

当时广东与“倭”有关的动乱集中发生于惠州、潮州地区，高拱也说“惠、潮多事”[②]。又在给殷正茂的信中说，“然倭尚可平，而地方之贼难于卒灭。地方之贼不可灭，固倭之所以来也。”[③]按陈春声的研究，潮州地区这种“民盗不分”的情形由来已久，屡抚屡叛，“海盗”即使接受招抚，也不入里甲，更以合法外衣继续进行私人海上贸易。直到隆庆末年，林道乾等几支大的“海盗”势力被明军消灭后，这一地区的大量人口才逐渐被“编户齐民”。[④]

正是因为这一时期东西方贸易的大背景，使得沿海居民以海上贸易作为重要的生计手段，而地方官府也以此为牟利之机，所以殷正茂在善后策略中专门提到海外贸易问题。对此，《明史》的记载是，“殷正茂总制两广，欲听民与番人互市，且开海口诸山征其税”[⑤]；高拱则在给他的信中表示：“番人市舶一节，尊谕极是。”[⑥]其结果就是我们今天熟知的“隆庆开海”。

但此时广东或者两广的问题不止“倭乱”，还有“瑶乱”和“僮乱”。在明代，随着大量汉人向两广瑶、僮地区迁徙，拓垦经商，土客矛盾日益激化。成化年间，除了著名的“大藤峡瑶乱”之外，在桂林以北的古田地区也因土地赋税的争执不断发生瑶人起事。隆庆初殷正茂为广西巡抚，发兵14万平之，设三镇土司以管辖，又于其下设里甲，形成亦土亦流的过渡性管理体制。

嘉靖四十四年（1565），总督吴桂芳言：“广东肇庆府上下江一带，地名罗旁、渌水，介东西二山之间，竹木丛翳，素为瑶渊薮。其罗旁西山瑶人，先年都御史韩雍经略堤防，颇就安辑，惟东山诸瑶阻深箐而居，时出剽掠。有司每岁发卒戍之，费广力疲，无益实效。”[⑦]“督

① 高拱著，岳金西、岳天雷编校：《高拱全集·边略》卷5《疏·议处远方有司以安地方并议加恩贤能府官以彰激劝疏》，第603-604页。

② 高拱著，岳金西、岳天雷编校：《高拱全集·边略》卷5《疏·议留副使王化立功赎罪疏》，第608页。

③ 高拱著，岳金西、岳天雷编校：《高拱全集·边略》卷5《书·答两广殷总督五》，第619页。

④ 陈春声：《从“倭乱”到“迁海”——明末清初潮州地方动乱与乡村社会变迁》，载朱诚如、王天有主编：《明清论丛》第2辑，北京：紫禁城出版社，2001年。

⑤ 张廷玉：《明史》卷229《沈思孝传》，北京：中华书局，1974年点校本，第6005页。

⑥ 高拱著，岳金西、岳天雷编校：《高拱全集·边略》卷5《书·答两广殷总督四》，第619页。

⑦ 方孔炤：《全边略记》卷8，载王雄编辑点校：《明代蒙古汉籍史料汇编》第3辑，呼和浩特：内蒙古大学出版社，2006年，第307页。

抚殷正茂既讨平惠、潮寇，上疏言罗旁当诛。廷议不能决。居正毅然言当诛，举兵部尚书凌云翼，请赐玺书，属之讨贼。”①可见当政者将解决“倭乱”和“瑶乱”问题看成是密切相关的一盘棋。而且张居正似乎比殷正茂更为坚决，在他给继任的两广总督凌云翼的信中说：“罗旁、渌水之事，石汀公在任不能处，乃诿难于后人，诚为不恕。然此地不沾王化数十百年，义所当讨。”②

罗旁山区瑶人显然没有编入国家户籍，在此之时，又有大量流动人口涌入，被称为“浪”。他们不仅占据其中的肥沃土地，更以开发经济作物和矿藏为生。成为“脱治”之民：

> 罗旁广一千五百里，在万山中，多林木岩洞，道里皆蹊径。一旦有缓急，辄走他旁近寨罔匿。一姓而二名，如孔子成曰孔绍太、庞力王曰庞公定；一人而数名姓，如谢月兰、黄朝泰、简总管、庞胜龙，曰邓胜龙。籍第令毋罔匿，固无能辨识矣。而又有四方亡抵于巢者，号曰浪。……见旁近美田宅，尽夺而有之。今其下，厥田沃壤，颇有砂仁、藤蜡、蜜漆可采以为利。……贼度我师必不能入，乃以请款尝试我，我名降瑶曰良瑶，降浪曰抚民。然干戈未及倒载，牛马未及放散，而瑶、浪则从中起矣。③

明廷发兵30万，平定564峒，斩杀4万余人，并在该处设立罗定州等州县。按张居正的设想，应“多方招徕，开其生路，随宜处置，务绝后患”④。

经此数役，山区瑶、僮的问题暂告解决，但在张居正看来，海盗的问题却难以终结：“广中防御山盗，闻已略备，惟海防甚疏。”⑤主要的原因，在于对山地新开发地区，可以沿用传统的编户齐民办法加以管理，而对沿海居民的海上贸易问题，则需要有新的制度安排。

三

元明时期，广西地区的瑶、僮起事不断。明中叶大藤峡之役和晚明古田之役后，广西的族群问题虽未完全解决，且一直延续入清，但毕竟没有了大规模的动荡和大规模的军事行动。不过，就包括云、贵、川的西南地区来说，帝国的深度经营才刚刚起步。

---

① 谷应泰编，河北师范学院历史系点校：《明史纪事本末》卷61《江陵柄政》，北京：中华书局，2015年，第949页。
② 张居正：《张太岳集》卷28《答两广凌洋山计剿罗旁寇》，第336页下栏-337页上栏。
③ 瞿九思：《万历武功录》卷3《罗旁“猺狼”列传》，《续修四库全书》编纂委员会编：《续修四库全书》第436册，上海：上海古籍出版社，2002年，第246页下栏。
④ 张居正：《张太岳集》卷29《答两广凌洋山》，第348页下栏。
⑤ 张居正：《张太岳集》卷30《答两广刘凝斋条经略海寇四事》，第376页下栏。

就在两广之交的罗旁之役进行得如火如荼之时，明廷又在川南的叙、泸之间地区发动了征剿都掌蛮的战争。就像张居正迫切希望殷正茂在讨平惠、潮“海盗”后立即发动罗旁之役一样，万历初年同时开辟西南战场，也不是一时的心血来潮。

在北宋时期，川南与云贵交界地区仍设羁縻府州，北宋的直接管辖到达长江一线。随着北宋势力渗入长江以南，这一地区的“蛮夷”开始骚乱，从而引发了元丰之役，以乌蛮为主的势力遭到极大削弱。到明代，这一地区则像其他许多边陲地区一样，以卫所—土司双重体制加以管理。在明前期，这里的“蛮夷”亦不断起事，成化、正德年间朝廷屡次征剿，最后只有戎县大坝的都掌蛮，一直在与明军反复拉锯。万历元年（1573），四川巡抚曾省吾开始剿灭都掌蛮的行动。一年后，明军将都掌蛮消灭。①

张居正曾给曾省吾写信说，“都蛮为害多年，不容不除”②，表明朝廷或他个人早已考虑将这一地区真正纳入国家的管治。明军获胜后，他大喜过望，“十月十四日，闻九丝捷音，不觉屐齿之折。殄此巨寇，不惟蜀民安枕，且国家神气，借此一振，四方有逆志干纪之人，亦将破胆而不敢恣睢矣。喜甚！喜甚！”③兴奋之情溢于言表。后来他又表示，“仆以剪劣，谬司鼎轴，际兹盛会，窃以为荣，可不谓大幸欤？！”④认为这是他在主政时期取得的一件大功，也说明他对此事的高度重视。

此事的直接起因，仍然是汉人移民渐次进入叙、泸以南少数族群居住地区，意图开发其腹地的利益驱动。在善后过程中，四川的豪强势家希望把那些“众蛮残孽”迁走，趁机占其故地。张居正知道后者“恋其故土”，“一旦欲别处之，祸萌当自此生矣”。因此他叮咛曾省吾说：“都蛮未平之先，蜀中士大夫求免其毒害而不可得。今既克复，遂欲窥其土田而有之，此私情之难徇者也。……蜀人有倡为余党未尽之说者，皆欲利其土地耳。公宜熟计其便，毋徇人言，坐堕前功。”⑤

川南叙、泸以南地区，地接云、贵，是深入开发西南边疆的交通要道。在明代隆万之前，叙、泸两地人民逐渐编入里甲，其扩展的方向：一是从宋代已逐渐控制的淯井（长宁军）地区继续向南，进入过去的“生界”；一是从宜宾向西，向马湖地区扩展。这时，云南地方官已有打通川滇通道，进一步开发西南的建议，但张居正当时似未有定见。张居正曾于隆庆年间给云南巡抚陈大宾写信，提到“但通道马湖，蜀中士大夫咸以为未便。俟其论定，当有处也”⑥。所谓“马湖通道”，即从叙州府（宜宾）向西到马湖府，沿金沙江向南，穿越乌蒙山，可直抵昆明。

---

① 参见屈川：《都掌蛮——一个消亡民族的历史与文化》，成都：四川人民出版社，2004 年，第 90-95 页。
② 张居正：《张太岳集》卷 25《与蜀抚曾确庵计剿都蛮之始》，第 297 页下栏。
③ 张居正：《张太岳集》卷 25《答蜀抚曾确庵》，第 307 页上栏。
④ 张居正：《张太岳集》卷 25《与曾确庵计平都蛮善后事》，第 310 页上栏。
⑤ 张居正：《张太岳集》卷 26《答蜀抚曾确庵计都蛮善后事》，第 322 页上栏。
⑥ 张居正：《张太岳集》卷 21《答云南巡抚陈见吾》，第 249 页下栏-250 页上栏。

云南的矿产资源在清代得以大规模开发，在此时也已有人提及。张居正在给云南巡抚饶仁侃的信中提到，“广右铸钱，议欲采铜滇中，乃场屋经生之谭”[①]，意思是开采云南的铜，用于广西铸钱，是书生之见。虽不清楚张居正不予采纳的理由，此处也并不是指川滇通道，但却说明人们开始认识到云南矿产资源的价值。而清代的滇铜京运，恰恰就是沿着这条路线到达泸州总店，再行北上的。

虽然张居正高度重视川南，但此时他对云南的经营方略还是比较慎重，甚至是保守的。就在川南地区，叙、泸以南，分布着永宁、乌撒、东川、乌蒙四个土司和贵州水西、云南沾益两个土司的辖地，即云、贵、川三省的交界地带，是为有姻亲关系的安氏和奢氏的势力范围，明清之际这一地区的大规模动乱，同样是在汉人逐渐涌入后土司面临改流的威胁背景下发生的。在隆庆末，这一局面已初现端倪。

张居正认为，云南这个地方“得其地不可耕也，得其人不可使也”。为什么太祖不在这里全部设置郡县呢？因为这里的人民不是可以完全用“汉法”管理的。“近年之事，皆起于不才武职、贪渎有司，及四方无籍奸徒窜入其中者，激而拘煽之。星星之火，遂成燎原。”[②]这种说法与他对广东“瑶乱”和“海盗”之所以发生的解释是一样的，因此应该意识到了云南的资源对外来者的吸引力，否则为什么有各地的流民到这里来，还引发了社会动荡呢？但张居正并未像对两广和川南那样重视对云南的经略，因此他一再强调对这里要“因俗为制”，“轻动大众”。[③]万历元年（1573），缅甸宣慰使莽瑞体起兵，传闻“有兵百万，战象万余，西南诸夷尽为所并，交趾亦半属之”，张居正仍质疑“其言不知何所据”，表示“修内治，饰武备”便可。[④]由此可见，张居正在对云南问题的处理上，方略与两广、四川不同。

在西部地区，除了西南的川、滇以外，还有甘、青、藏地区的西番问题，也就是陈子龙所说的西羌，包括这里的土著族群、藏传佛教势力和西迁到这一带的蒙古诸部。由于西迁蒙古无法在河北、山西等地的边市中满足需要，发现明朝与西番之间的互市有利可图，便频频“抢番”，双方不断发生冲突。由此，张居正认为，“大抵西之番族，广之瑶僮，事体略同”[⑤]；“西凉重地，番虏杂居，措画稍差，便成乖阻。”[⑥]所以张居正对于蒙古的“西抢”以及俺答的西行采取不予理会和放任的态度。

俺答西行之后，曾向朝廷转达西藏意欲仿照俺答与明朝通贡的意愿。张居正通过甘肃巡抚以他的名义回复俺答，“渠西行劳苦，既得见佛，宜遵守其训，学好戒杀，竭忠尽力，

① 张居正：《张太岳集》卷32《答云南饶巡抚》，第392页下栏。
② 张居正：《张太岳集》卷28《答云南巡抚何莱山论夷情》，第347页下栏。
③ 张居正：《张太岳集》卷27《答云南巡抚王毅庵》，第328页上栏。
④ 张居正：《张太岳集》卷29《答滇抚王凝斋》，第361页上栏。
⑤ 张居正：《张太岳集》卷27《答三边总督论番情》，第327页上栏。
⑥ 张居正：《张太岳集》卷27《答甘肃巡抚侯掖川》，第325页上栏。

为朝廷谨守疆场。……所言番人追贡事，此种僧人久失朝贡，本当绝之，兹因渠之请乞，特为允许，但只可照西番例，从陕西入贡”①。张居正还希望俺答“早归建寺”，因为“归则贡市愈坚，而西镇可安枕矣”②。

张居正希望通过笼络俺答，营造西北地区的和平环境，因此对于其在西北地区的扩张，甚至称霸的企图，采取了默许的态度。他又希望通过封赐三世达赖索南坚措能“化虏有功”，后者则表示“阁下吩咐顺义王早早回家，我就吩咐他回去”③。这样就形成了一次明朝与蒙古及西藏格鲁派三方之间的良性互动，以期“此后中华、番、虏合为一家，永享太平，垂名万世矣”④。

四

明朝隆万之际是中国历史上一个重要的变化时期，已成为研究者的共识。论者以往多关注这一时期美洲白银的流入、商业经济的发展、赋役制度的变革、思想界的变化以及社会风气的改变，对边疆、族群问题虽多有讨论，但或就事论事，或较少地将其与上述社会变化联系起来，视其为相互关联的整体。⑤在从“边缘”的视角对此问题加以考察的相关研究中，也缺乏对这一时期的讨论。⑥

正如我们今天不满于以往从中心看边缘，故而试图从边陲的角度理解帝国一样，隆万之际的主政者们在制订并且实施其边略的时候，是否也有可能，至少在某种程度上，将他们对边陲的了解作为其边略的基础和出发点呢？从本文前面呈现的材料来看，这是可能的。在当时的信息传递条件下，高拱和张居正试图从各种渠道知晓地方的情况，所以经常会看

---

① 张居正：《张太岳集》卷30《答甘肃巡抚侯掖川》，第373页。

② 张居正：《张太岳集》卷31《答贵州巡抚何莱山》，第378页上栏。

③ 张居正：《张太岳集》卷43《番夷求贡疏》，第552页上栏。

④ 张居正：《张太岳集》卷31《答甘肃巡抚侯掖川》，第378页下栏。

⑤ 《剑桥中国明代史》下卷的第4章与第7章分别讨论了明朝与蒙古、西藏、西域、东北及东南沿海地区，但颇简略，且互无关联。参见崔瑞德、牟复礼主编：《剑桥中国明代史》下卷，杨品泉等译，北京：中国社会科学出版社，2006年。《晚明社会变迁问题与研究》并未将边疆、族群问题纳入讨论，在有关人口流动的章节中，也没有涉及边疆地区的人口流动与族群关系。参见万明主编：《晚明社会变迁问题与研究》，北京：商务印书馆，2005年。惟展龙对张居正主政时期的边疆民族政策撰写过一系列论文，如《论张居正改革时期的明蒙贡市关系》，《黑龙江民族丛刊》2009年第5期；《论张居正改革时期的西南民族政策》，《西南大学学报》2010年第4期；《张居正改革前周边民族形势之透视》，《西北民族大学学报》2010年第3期；《张居正改革时期南方民族政策述论》，《历史教学问题》2011年第1期，等等，但均与本文的着眼点不同。

⑥ 例如，*Empire at Margins, Culture, Ethnicity, and Frontier in Early Modern China*, edited by Pamela Crossley, Helen Siu and Donald Sutton, University of California Press, 2006. 10篇论文中大多讨论清代，只有科大卫的文章讨论的是明代中叶的“瑶乱”。这说明，人们认为清代的族群问题或边疆问题比明代凸显或重要得多。这在相当程度上是事实，但也或多或少造成了“传统的”偏见。

到他们调整策略，或者不同地方采取不同策略的事发生。在张居正与地方督抚的通信中，经常会出现这样的词句：

> 剌麻僧来，曾备问彼中事。其板升诸逆倡为流言，殊为可恶。
>
> 闻西省自府江平复，道路开通，客旅无阻。
>
> 近闻虏酋与察罕构隙日深，此正吾用奇之日。
>
> 近来彼中人来，皆言此地在四府之中，素称沃壤，与广右边徼不同。且远近之民愿受廛者众，不设官建治，何以统之？[①]

所以后来陈子龙称赞说，“先臣张居正之为辅臣也，凡边镇之臣、郡国之长，所行之事，纤悉毕闻。有善则移书以奖劝之，有失则必呵让之”[②]，说明这是广为人知的。近多有论者论及明蒙之间的封贡，从汉文史籍看多显示为蒙古向明朝俯首称臣，而从蒙古史料看则更多体现为双方是在平等地位上达成和议。[③]强调从当事各方的材料出发去全面理解当时的情形无疑是非常正确的，但同时也要注意各方的表达往往是官方言辞，是从各自的“面子”出发的，并不等于某些决策者并不了解实际情况。当张居正把中华、番、虏相提并论的时候，认为他不知道明朝与蒙古和西番处在同等的地位上是难以置信的，只不过他们认为自己的文明比后者程度高而已。

正因此，本文对帝国边略的讨论似乎回到一种“自上而下”的视角，但高拱、张居正时期边略的制订和实施，却是这一时期周边族群关系变动的结果，而后者的重要动因就是普遍性的人口流动与边疆开发。在上文中，已经提及两粤、滇蜀边陲不同族群的“动乱”与汉人的大量涌入有关，他们或开发土地，或经营其他资源，或从事商业，国家随之即欲在这里设立管理机构，将这些流民编入户籍，如云南的阿迷州在明代为土州，“汉民自明始盛于阿，或宦于斯，贾于斯，后遂家而聚族于斯。如楚如蜀，如江之左右，杂然封内，今悉汉民远祖也”[④]。到清康熙三十五年（1696）便改土归流，“自奉旨裁土归流，历年涵濡渐摩，乃渐知诗书之宜读，而礼义之可行也”[⑤]。将少数族群变为“化内”之民的背后，是将他们变为国家的编户齐民。这在许多地方，便引发了地方社会的动荡。

这种情况不仅发生在明代中叶以来的两粤、滇蜀地区，也同样是隆万之际长城沿线一

---

① 以上分别参见张居正：《张太岳集》卷26《答方金湖》，第316页上栏；卷27《答两广总督殷石汀》，第324页上栏；卷28《答方金湖》，第346页下栏；卷29《答两广凌洋山计罗旁善后》，第361页上栏。

② 陈子龙著，王英志编纂校点：《陈子龙全集·安雅堂稿》卷10《策·尚有为》，北京：人民文学出版社，2010年，第1234页。

③ 如于默颖：《蒙古对明蒙封贡的看法》，载《朔方论丛》第2辑，呼和浩特：内蒙古大学出版社，2012年。

④ 王民皞：《风俗志论》，载陈权修、顾琳纂：雍正《阿迷州志》卷10《风俗》，《中国方志丛书·华南地方》第258号，影印清抄本，台北：成文出版社有限公司，1975年，第116页。

⑤ 刘鹏鲲：《风俗志论》，载雍正《阿迷州志》卷10《风俗》，第118页。

系列事件的背景。汉人大量前往蒙古地区，张居正是了解的，“近见山西巡按疏中，言边人叛入虏中者甚众”[①]，他们逐渐在边外形成聚落，称为板升。张居正对此非常重视，称“西北边患，无大于板升者”[②]；后又说，“今东患在属夷，西患在板升。二患不除，我终无安枕之日”[③]。张居正起初将这些汉人视为“倚胡为患”的“叛逆”；后来听说“彼中荒旱饥窘，人思南归”，策划将这“数万之众，皆可渐次招来”；再后则建议，“此辈正宜置之虏中，他日有用他处，不必招之来归，归亦无用。第时传谕以销兵务农为中国藩蔽，勿生反心”。实际上是认可了这些汉人在蒙古定居的既成事实，虽然其负面效应是“他耕田种谷以供虏食”，但客观上在塞外形成农耕聚落，日后有可能为明朝所利用。[④]

除了蒙古与西番之外，我们不能假设“北虏”“南倭”“西南夷”之间一定没有什么联系。南岭走廊和西江流域把东南沿海与西南山地连接了起来，这里的瑶、僮、畲、苗等亦具极大的流动性，所谓“湖南所属，西连云贵，南接两广，北枕四川。红黑苗瑶，杂处境内”[⑤]。我们期待能找到这些族群之间在明代的直接联系。从事情的结果来看，这些地区之间的联系显然加强了。罗旁之役后，“广右今已大定，闻西省自府江平复，道路开通，客旅无阻。梧州之盐，方舟而下；南交通贡，贸迁有无，桂林遂为乐土”[⑥]。而隆庆和议后朝廷允许向蒙古出口广锅，已为学界熟知，不赘述。[⑦]甚至长城内外蒙汉联手，在山西镇口堡开矿，“利之所在，人争趋之，且虏人不知所谓矿，皆板升之徒导之；板升之人虽得矿，亦不知煎取之法，又内地之人导之”[⑧]。

虽然明朝对待蒙古、西番与两粤的瑶、僮，滇蜀的蛮夷有着明显的区分，但隆万之际的主政者却采取了大体相同的策略，即使对沿海的“海盗”也不例外，即先施以武力，然后通贡或安抚。“俺答封贡”、“达赖封贡”以及“隆庆开海”是一种模式[⑨]，在东南和西南瑶、僮、蛮夷地区平息动乱后设置州县、卫所或改土归流，将其纳入帝国直接管辖是另一种模式。这两种模式都是在保证帝国边陲安定的前提下，承认移民的流动和开发，接受商业贸易需求不断增长的现实，同时，尽可能地使国家获利并对地方实施更为有效的管理。

论者对隆万之际变革印象最深的当属以“一条鞭法”为标志的财税改革，从梁方仲到

---

① 张居正：《张太岳集》卷28《与总督方金湖以奕谕处置边事》，第343页下栏。

② 张居正：《张太岳集》卷21《与蓟镇督抚》，第251页上栏。

③ 张居正：《张太岳集》卷22《与蓟辽总督谋俺答板升之始》，第264页下栏。

④ 分别参见张居正：《张太岳集》卷22《答蓟镇抚院王鉴川论蓟边五患》第263页上栏；卷22《答王鉴川计贡市利害》，第270页-271页上栏；卷26《答蓟辽总督方金湖计处板升逆种》，第314页。

⑤ 《偏沅巡抚金廷献揭帖》（顺治七年十月二十日到），“中央研究院”历史语言研究所编：《明清史料》甲编第3本，上海：上海商务印书馆，1936年，第272页。

⑥ 张居正：《张太岳集》卷27《答两广总督殷石汀》，第324页上栏。

⑦ 亦可参见拙文《时代交替视野下的明代“北虏”问题》，载《清华大学学报》2012年第1期。

⑧ 张居正：《张太岳集》卷32《答宣府总督郑范溪》，第399页下栏。

⑨ 已有学者指出，面对不断东来的欧洲势力，张居正当局在外贸制度、欧侨管理、沿海防务等方面都做出了调整。参见庞乃明：《明朝张居正时代应对欧力东渐之得失》，载《求是学刊》2009年第4期。

当今的研究者，都认识到赋役折银乃是“一条鞭法”的核心，而国家之所以采取此种办法，是人口流动加剧等因素造成旧的编户体制瓦解、赋役征派出现严重问题的结果。明代中叶以来的边陲动荡，则或因脱籍人口涌入边陲进行开发，或因国家加强了对边陲地区不同族群的直接管辖，或因普遍性的商业化趋势。所以，上述帝国边略两种模式的原则和出发点与“一条鞭法”等财政制度的改革是一样的，只不过一个是针对版籍之内的编民，另一个则是针对不在其内的边民。虽然我们看到高拱和张居正等人的言论多为就事论事，还需要寻找更为明确的证据证明它们之间的关联，但有理由相信它们同属隆万之际朝廷方略的整体。

万历二年（1574）十二月，神宗小皇帝连续数日御文华殿讲读。张居正为了“天下幅员广阔，山川地理形胜，皇上一举目可以坐照”，从而用人得当，故以成祖、仁宗故事，“造为御屏一座。中三扇绘天下疆域之图，左六扇列文官职名，右六扇列武官职名，各为浮帖，以便更换。……其屏即张设于文华殿后、皇上讲读进学之所，以便朝夕省览”①。高拱也曾提出，“今边徼用兵之处，是蓟辽、宣大、延绥、宁夏、甘肃，而南则闽、广。是数处者，风土不一，事体各异。……臣愚谓，宜于是数处之人，择其有才力、知兵事者，每处多则二人，少则一人，使为本兵司属”②。虽然强调的是知人善任，但可以看出主政者确是有整体考虑的。这个总体考虑就是：“边方之实政日兴，中国之元气日壮，庙堂得坐胜之策，而宗社有永安之庥。”③

显然，明代中后期边疆地区不同族群的动荡不是孤立的和偶然的，它们是东亚历史乃至世界历史之时代变化在中国的表现与结果。虽然没有从根本上改变传统的天下观和朝贡理念，但隆万之际的主政者或许是被动地触摸到了这个时代变化的脉搏，而此时期的帝国边略正是对这一变化的应对。

（执行编辑：徐素琴）

① 《明神宗实录》卷32，万历二年十二月壬子条，台北：“中央研究院”历史语言研究所校印，1966年，第753-754页。已有很多学者注意到明代中叶以后国家非常注意各类地图的绘制，除了全国性的方舆图之外，还有跨区域的像《蒙古山水地图》这样的作品（参见林梅村：《明代山水地图》，北京：文物出版社，2011年），亦有上呈兵部职方司的万历《泉州府舆地图说》这样的文图并茂的地方舆图（原件藏美国国会图书馆），笔者认为应把这一现象放到本文所论的时代框架和帝国边略中去理解。

② 高拱著，岳金西、岳天雷编校：《高拱全集·掌铨题稿》卷2《议处本兵司属以裨边务疏》，第195页。

③ 高拱著，岳金西、岳天雷编校：《高拱全集·纶扉稿》卷1《虏众内附边患稍宁乞及时大修边政以永图治安疏》，第168页。

明代均徭中的银差与力差

刘志伟*

摘要： 明代均徭是在正统以后从杂役中划分出来的一些经常性差役的总称，成化、弘治以后，各项差役折银越来越广泛，在弘治、正德之际，均徭中开始出现了银差、力差的分类，并在正德以后越来越普遍并逐渐成为定制。银差与力差的含义本来是明确的，但随着明代徭役制度的变化，力差也出现折银趋势。在本来的意义上，银差本是重差，力差本是轻差，但随着解户、库子、斗级等力差的应役者不但要提供劳务，还要应付官府的种种需索，其实际负担比银差更重。在嘉靖以后，徭役负担不均的弊病，尤其突出地表现在这一类力差的征佥上，改革这些力差的征派方式，遂成为一条鞭法的推行者有力理由和主要目的之一。

关键词： 均徭；银差；力差；折银

中国封建国家赋税的征纳形式，总的来说，分为实物或货币赋税和徭役两类，徭役本来是人民直接向国家提供的劳务，但出钱代役的办法很早就出现了。在汉代，戍卒、更卒可以每月纳三百钱雇人替役。唐代租庸调法也有“凡丁岁役二旬，无事则收其庸”，以绢为代价，“每日三尺”的规定。①唐初货币制度是：“钱帛兼行”，纳绢也有以钱代役之意。唐建中元年（780）开始实行“两税法”，规定：“其租庸杂徭悉省”②，“定税之数，皆计缗钱，纳税之时，多配绫绢”③。北宋王安石变法，实行募役法，征收免役钱和助役钱来代替力役征发。这些事实，反映出在中国封建社会中，徭役折纳货币有着相当长久的渊源。

但是，尽管有过上述规定和改革，直到明代，在赋税制度中占有重要地位的徭役征发，一直都还是以力役为主要形式。虽有纳钱代役的规定，但在劳动生产率还比较低下，商品

---

* 刘志伟，中山大学历史系教授。

① 《大唐六典》卷 3《尚书户部》，台北：文海出版社，1974 年，第 68 页。

② 《旧唐书》卷 118 列传第 68《杨炎传》，北京：中华书局，1975 年点校本，第 3421 页。

③ 《陆宣公翰苑集》卷 22《均节赋税恤百姓六条》奏议 6，《四部丛刊初编》第 0668 册，上海：商务印书馆，1936 年影印本，第 108 页。

经济相对不发达的情况下，贫苦农民要缴纳货币来雇人应役是困难的，许多人实际上还是要亲身应役。唐代除了庸之外，还有按户等和丁额征发的徭役，“两税法”改革后，庸虽并入了“两税”，但徭役并没有废止。[①]北宋王安石变法实行募役法，虽亦反映出当时社会经济有了一定程度的发展，但发展的程度还是有限的，故实际上也还是不可能取消力役，其执行的结果是，官府“假免役之名以取之，而复作他名以役之”，人民则“庸钱白输，苦役如故”[②]。其后果不过是加重了人民的赋税负担而已。

明代初期，赋役制度基本上沿袭了“有田则有租，有身则有役”[③]的原则，力役之征是丁身税的主要形式。明初徭役分为里甲正役和杂役两大类，里甲正役是指负责催征钱粮、勾摄公事的里长、甲首，本文不打算讨论。杂役是里甲正役之外的包括所谓“均工夫役”在内的各种名目繁多的差役。本文主要讨论的均徭，就是在正统以后从杂役中划分出来的一些经常性差役的总称，其项目主要是，在各种官府衙门中服役的皂隶，其中在公堂上听从使唤的是直厅皂隶，跟随官员，服侍于左右的叫随从皂隶或跟随皂隶。此外，看管监狱的禁子，守门的门子，管仓的斗级，守库的库子都属于皂隶。但他们均有自己的名称，故一般作为单独的项目；还有运送税粮的解户，征收商税的巡栏，为各级官府和学校做饭的斋夫、膳夫，维持秩序的弓兵、机兵、民壮，以及接送官员、运输官物、传递文件的驿递中的马夫、水夫、递运所夫、铺兵等（明中叶以后，有的地方将民壮和驿传从均徭中分出，和里甲、均徭并称“四差”）。

在明代初期，无论里甲正役还是杂役，征发的主要方式都是由应役者亲身应当。然而，正如中国封建社会很早就存在以钱代役的办法一样，明初役法也存在着雇役的因素，如均工夫役的征发，洪武三年（1370）有规定：

> 田多丁少以佃人充夫，其田户出米一石资其费用，非佃人而计亩出夫者，其资费则每田一亩出米二升五合，百亩出米二石五斗。[④]

这里所规定出米雇募他人代役还只是实物的方式，但就免除亲身应役来说，可以看作明代雇役之法的最早形式。

另一种具有徭役折纳货币意义的方式是所谓帮贴的办法。明初对驿递诸役规定可以众户合充一夫，其办法是以一户为正户，数户为贴户，贴户纳钱给正户以帮助其应役。这种方式在明代徭役征派中相当常见，下面我们还将讨论到。

以上两种方式虽然都有折征实物或货币的意味，但在明初只不过是作为亲身应役的补

① 参见黄永年：《唐代两税法杂考》，《历史研究》1981年第1期，第102-113页。

② 《文献通考》卷12《职役考一》，上海：商务印书馆，1935年，第133页中栏；卷13《职役考二》，第139页下栏。

③ 《明太祖实录》卷165，洪武十七年九月，台北：“中央研究院”历史语言研究所，1962年影印本，第2545页。

④ 《明太祖实录》卷54，洪武三年七月，第1060页。

充或附属的方式而已，和明中叶以后发生的徭役折银的发展趋势有着不同的性质。

均徭的折银，经历了一个发展的过程。

真正的折纳银两代替亲身应役的大约以随从皂隶为最早，《明会典·卷一五七·兵部四十》载：

> 宣德间，令随从皂求不愿应当者，每名月办柴薪银一两。[①]

又，明成弘时人陆容撰《菽园杂记》云：

> 国初诸司皂隶，主驺从而已，宣德间始有纳银免役者，闻宣庙因杨东里言京官禄薄，遂不为之禁，名曰柴薪银。天顺以来，始以官品隆卑，定立名数，每岁银解部以巨万计。[②]

这是某一特定的徭役项目折银的最早记录，尽管宣德时均徭还没有从杂役中分出，但我们可以视为均徭法下银差的前身。

明英宗正统年间以后，各地陆续推行均徭法，其基本办法是，编制均徭册，“以税粮多寡为差，官为定其徭役”[③]，一些经常性的杂役，都以均徭册为依据，按原来的里甲编制，每年轮流由一甲人户应当，在应役时间上和应正役的年份错开，“五年而正役之，又五年而杂役之”。[④]均徭法的实行，一方面反映出这些徭役仍以力役征发为主，因为在力役的方式下，并不需要每年由全体人户亲身应役，而且如果年年亲身应役，也会令应役者不堪负担，故要以分开逐年轮流应役的办法来扩大应役面，求得负担的均平。另一方面，均徭法的实行又与徭役折银有关。这个时期，白银的使用越来越广泛，统治阶级对白银的需求迅速增长。均徭法推行后，赋役折银的趋势进一步发展了。与均徭法的实行有直接关系的，是出现向所谓“剩余户”征收钱或银。丘濬《大学衍义补》卷 31 云：

> 均徭之法，十年而一役，其间有九年之歇，且足以革里长吏胥放富差贫之弊，固为一时良法。行之江南大县，固为民便。但民多役少之外，往往多有剩余户，编次者每用中下户而留上户，俾出钱以为公用……[⑤]

成化二年（1466），礼科给事中丘弘上疏亦言：

---

① 《明会典》卷 157《兵部（四十）》，上海：商务印书馆，第 29 册，1936 年，第 3229 页。

② （明）陆容：《菽园杂记》卷 5，《丛书集成初编》第 0329 册，上海：商务印书馆，1936 年，第 55-56 页。

③ 《明英宗实录》卷 281，天顺元年八月，第 6032 页。

④ 《明英宗实录》卷 198，景泰元年十一月，第 4202 页。

⑤ 丘濬：《大学衍义补》卷 31《傅算之籍》，清初梅墅石渠阁藏版（日版），广东中山图书馆藏，第 34 页 a。

今也，均徭既行……孤寡老幼，皆不免差；空闲人户，亦令出银。①

均徭法的精神是要扩大应役面，使负担近于均平，但在人多役少的情况下，往往不须每人都亲身应役，于是有些地区除了亲身应役的人户外，还向其他人户征派银两，其意本用以备不时之需或应付其他杂项开支，但实际上往往入官吏们的私囊。②这一征银项目和后来的银差不同，它不是某一具体的差役项目的折征，只是一种备用银性质的征派，但也是均徭名下的一个征银的项目。

真正由差役折征银两的较早记载，除了上举宣德时随从皂隶办纳柴薪银外，还有马文升在《革大弊以苏军民疏》中提到的：

至宣德、正统年间以后，或装载荐新品物及南京所造筛簸等项，用船数多，所过州县，动拨人夫千百名，其夫俱系附近州县卫所出办银两雇觅，少则用银十数余两，多则三五十两……③

用于此项雇役的银两，全是向人民征派，是否编入均徭，这里未明言，但这条材料，作为与后来均徭中的银差性质相同的征银雇役的较早记载，也是值得注意的。

成化、弘治以后，徭役折银的项目逐渐增加，一些项目由政府法定折征银两来代替力役。有可举者数例如下：

《明会典》卷206《工部（二十六）》载：

成化四年奏准：每名（砍柴夫）一季收脚价银三两。④

又载：

成化二十一年奏准：每名（抬柴夫）一月征银一两二钱。二十三年奏准：照旧起夫。弘治元年奏准：每名月征银一两四钱。⑤

《天下郡国利病书》原编第6册《苏松（华亭县志）》载：

洪武间，以北方地广人稀，于江浙苏松等府照粮佥拨赴各处养马走递，粮佥不足，又以市民益之。……正统十二年，巡抚尚书周忱因集价买马重为民患，议于秋粮带征

---

① 《明宪宗实录》卷33，成化二年八月，第650页。

② 《明会典》卷20（《户部》，上海：商务印书馆，第5册，1936年，第532页。）载，弘治元年禁止征收此项银两，但这正说明了这项银两的征派比较普遍存在。

③ 《明经世文编》卷63《革大弊以苏军民疏》，北京：中华书局，1962年，第522页上栏。

④ 《明会典》卷206《工部（二十六）》，上海：商务印书馆，第37册，1936年，第4105页。

⑤ 《明会典》卷206《工部（二十六）》，第4108页。

耗米易银代之，今义役马价米是也。……弘治十六年知府刘琬以马价既于秋粮带征，而马夫各役犹为民累，奏准革去，每岁比照御史陈金奏定事例征米易银，雇募当地土民充役，南北两便，至今行之。[①]

《明会典》卷78《礼部（三十六）》载：

弘治三年奏准：膳夫每名岁出柴薪银四两，以备会馔之用，八年令膳夫每名岁出柴薪银十两。[②]

《明会典》卷157《兵部（四十）》载：

（弘治）六年题准：今后该解京班皂隶，除原系直厅等项者照旧解正身并工食银两外，若系各官名下跟随皂隶办柴价银两，总收在官……[③]

宣德时，随从皂隶中只是不愿应当者才解柴薪银代役，后来所有随从皂隶都改为办柴薪银了，所以就有弘治六年（1493）的这条规定。从这条规定还可以看出，直厅皂隶除解正身外，还有解纳工食银两的，也不全是力差了。

以上记载，反映出成弘以后，各项差役折银越来越广泛了。随着折银项目的增加，均徭中的项目逐渐被按照其征纳的方式是用银或用力来划分。成书于成弘之际的《大学衍义补》卷31《傅算之籍》云：

……今之杂役，亦惟纳户、解户、斗级为难，此二役者，必须家道殷实，丁口众多，平目有行检者充之，然后上不亏于官，下不破其家也。若夫皂隶之设，除监狱守库外，凡直厅守门跟随者，皆可用雇役之法。而在两京，尤为切要。今后各府州县，签皂隶解京者，于民间应役人户，选其驯谨强健耐劳者，以身供监狱守库之役。其余跟随导从者，每户俾其日出银三分，以雇人代。[④]

这里所说的监狱守库者即所谓禁子、库子，直厅守门跟随者即所谓直厅皂隶、门子和随从皂隶。丘浚在这部书中讨论均徭的文字不少，但没有使用银差、力差的名称，表明成弘之际似乎还没有银、力差的划分。也有可以注意者，丘浚在这里将均徭中的一些项目分

① 《天下郡国利病书》原编第6册《苏松（华亭县志）》，《四部丛刊三编》第138册，上海：商务印书馆，1935年影印本，第88页。

② 《明会典》卷78《礼部（三十六）》，上海：商务印书馆，第17册，1936年，第1810页。

③ 《明会典》卷157《兵部（四十）》，第3230页。

④ 丘濬：《大学衍义补》卷31《傅算之籍》，第38页a-b。

为可用雇役之法的和应亲身应当的两类，以银、力差分类之端倪就已略为可见。有的日本学者指出，弘治时已有些方志对办银和用力加以分类，同时在某些地方并开始使用银差、力差这名称，最初使用银差一词的史料是正德元年巡抚顺天等府都御史柳应辰的一个奏疏。[①]由此可见，大约在弘治、正德之际，均徭中开始出现了银差、力差的分类。这种分类到正德以后越来越普遍并逐渐成为定制。《天下郡国利病书》原编第 28 册《广东中（雷阳志略）》云：

均徭为杂役，成弘以前莫考，正德后始定银差之例。[②]

《天下郡国利病书》原编第 27 册《广东上（肇庆府赋役志）》云：

正德十五年，御史程昌奏定银差力差之例，一时称便。[③]

这里记载的是奏为定例的时间，实际上出现银差、力差的分类稍早于此是完全可能的。正德以后的地方志，在刊载均徭各个项目时，大多都是分为银差、力差两大类，只有少数不是这样划分，如嘉靖《高淳县志》是分为上差、中差、下差，嘉靖《江阴县志》则分为京役、府役、县役。

均徭之中，究竟哪些项目属于银差，哪些项目属于力差呢？从明代方志记载的情况看，银差力差项下包括的项目各地略有不同，一般地说，嘉靖年间，库子、斗级、禁子、弓兵、门子、铺兵等多是力差，斋夫、膳夫、马夫、祇候等多是银差，皂隶中，除了柴薪皂隶是银差外，两京直厅皂隶亦是银差，而府州县的皂隶则多是力差。其划分的原则大体上是："所待于府州县境内者"，一般是力差；"所待于京师职署及他州县驿递之类"，一般是银差。[④]

银差、力差的含义本来是很明确的，银差是"入其庸之值而听官转募者"[⑤]，力差是"身亲充役，不得雇代者也"[⑥]。但实际上，随着明代徭役制度的变化，"力差或不能亲供，转雇以应"[⑦]的情况常常发生，如机兵本属力差，但"村落之民，未能去农亩而羁縻于官府，富室之子未能脱履屐而甘列于戎行，则必出银若縠，募市井游手之徒，以冒名代役"[⑧]。又

---

① 参见［日］岩见宏：《均瑶法、九等法和均徭事例》，《中华文史论丛》1981 年第 02 辑，第 57 页。
② 《天下郡国利病书》原编第 28 册《广东中（雷阳志略）》，《四部丛刊三编》第 172 册，第 96 页。
③ 《天下郡国利病书》原编第 27 册《广东上（肇庆府赋役志）》，《四部丛刊三编》第 171 册，第 108 页。
④ 《天下郡国利病书》原编第 2 册《北直中（大名府志）》，《四部丛刊三编》第 134 册，第 59 页。
⑤ 《天下郡国利病书》原编第 2 册《北直中（大名府志）》，《四部丛刊三编》第 134 册，第 59 页。在有些地区，银差还包括一些属于公费的项目，但不是很普遍，有些地区则将这些项目另列一项称为"听差"。
⑥ 《天下郡国利病书》原编第 6 册《苏松（嘉定县志）》，《四部丛刊三编》第 138 册，第 37 页。
⑦ 《天下郡国利病书》原编第 28 册《广东中（雷阳志略）》，《四部丛刊三编》第 134 册，第 97 页。
⑧ 《明经世文编》卷 97《与江西巡抚任公宗海书》，第 859 页下栏。

如，“狱卒隶兵等役，虽严为之禁，不能令其不替役也”[①]。正如康熙《宁化县志》卷5所云：“力差者，差役法也，亦计银者准工食也，顾小民畏见官吏，即巨室亦不利亲充，往往募人代之。”[②]这反映出力差的折银趋势。

力差折银的另一方式是帮贴的形式。沈榜《宛署杂记》卷6《山字（力役）》中记载明代宛平县的徭役分为两种：一曰实役，一曰募役，其中所谓“实役”即力差，其佥派办法是：“择丁之有力者，佥为正户，次为贴户，各照丁则银数，取足所定工食，而止编给由票，自行收讨。”[③]

这种帮贴的形式还常常和雇募的方式结合起来。《天下郡国利病书》原编第15册《山东上（户役论）》云：

> 旧时力役之法，每夫一名，该银若干，即审有力一人佥充头役，而以花户贴之，代当之人，只向头役打讨……[④]

可见充“头役”之户（即“正户”）的任务只是向贴户收足雇役银，负责雇募“代当之人”而已，并不是亲身应役。这样一来，正户和贴户实际上就只是有出钱多少的不同，如唐顺之在《答王北涯郡守论均徭》中所说：

> 又如一力差，约银十两为率，往时十年一编，正户约银五粮，贴户约银一两……[⑤]

可见所谓“力差”虽有其名，实际上并不一定要亲身充役，而是“但准银以定差，而不征银，听其身自执役或倩人代役”[⑥]。随着力差中雇役因素的发展，力差“亦计银准工食”的现象越来越普遍，在政府法令上也反映出来。《明会典》卷20《户部（七）》载：

> （嘉靖）十五年题准：今后凡遇审编均徭，务要查照律倒，申明禁约，如某州县银力二差，原额各若干，实费银若干，从公查审，刊刻成册，颁布各府州县。[⑦]

---

① 嘉靖《惠州府志》卷7《赋役（下）》，《天一阁藏明代方志选刊》，上海：上海古籍出版社，1963年景印本，第599页。

② 康熙《宁化县志》卷5《岁役志》，《中国方志丛书（福建省）》，台北：成文出版社，1966年影印本，第242页上栏。

③ （明）沈榜：《宛署杂记》卷6《山字（力役）》，北京：北京古籍出版社，1980年点校本，第52页。

④ 《天下郡国利病书》原编第15册《山东上（户役论）》，《四部丛刊三编》第151册，第48页。

⑤ （明）唐顺之：《荆川先生文集》卷9《答王北涯郡守论均徭》，《四部丛刊初编》第1586册，第69页。

⑥ 《天下郡国利病书》原编第22册《浙江下（永康县志）》，《四部丛刊三编》第164册，第137页。又同书原编第8册江宁庐安（《应天府志》）云：“力差者派与银数，自当，雇役，悉听其便。”（《四部丛刊三编》第141册，第101页）

⑦ 《明会典》卷20《户部（七）》，上海：商务印书馆，第5册，1936年，第533页。虽然嘉靖初年已有少数地区施行一条鞭法，但“一条鞭法的盛行，始于嘉靖四十年前后”（参见梁方仲：《明代一条鞭法年表》，《岭南学报》1952年第1期，第33页）。所以这里题准实行的还不是一条鞭法下的制度，而是均徭法。

我们从嘉靖以后的地方志中，确实看到不但银差各项标明了应纳的银两，力差下各项亦多标记了工食银两，作为法定的标准。这是“力差变为银差”[①]的嚆矢，是徭役折银化进程的一个值得注意的变化。

明代均徭中的银差、力差，究竟谁重谁轻，似乎存在着不同的理解。梁方仲先生认为：“大抵力差较银差为重，力差多派于富户，银差多派于下户。”[②]近来左云鹏同志发表的《明代徭役制度散论》则认为银差比力差负担更重。[③]笔者翻阅了一些文献，知道明人的说法也多有歧义之处，兹列数例如下：

海瑞《兴革条例》：

> 均徭，富者宜当重差，当银差，贫者宜当轻差，当力差。[④]

《天下郡目利病书》原编第28册《广东中（雷阳志略）》载：

> 正德十年，知府王秉良复编作三等九则，上四则银差多，力差少，中一则银差少，力差多，下则俱力差，其法颇详，民始便之。[⑤]

万历五年（1577）十一月甲寅，吏科给事中郑秉性条陈赋役一款时，拿一条鞭法与均徭法作比较，认为条鞭之不善者在于尽数征银，贫富无等，因而主张：

> 宜分银力二差，审户定则，编上户银差，以至上中户，力差则编下户以至中下户。[⑥]

以上几条，都认为银差重，力差轻，故上户应编银差，下户应编力差。但也有完全相反的说法。唐顺之《答王北涯郡守论均徭》中说：

> 曩时轮岁编差，则豪民以贿避力差而请银差。[⑦]

既然豪民要以贿赂的手段来逃避力差，那自然是力差比银差为重的缘故。又正德元年（1506）十一月乙酉巡抚顺天等府都御史柳应辰言：

> 论差虽有出银出力之异，而下户不免于银差。[⑧]

---

① 《天下郡国利病书》原编第6册《苏松（松江府志）》，《四部丛刊三编》第139册，第4页。
② 梁方仲：《明代一条鞭法的论战》，《社会经济研究》1951年第1期。
③ 参见左云鹏：《明代徭役制度散论》，《中国史研究》1980年第2期，第18-20页。
④ （明）海瑞：《兴革条例》，陈义钟编校：《海瑞集》上编，北京：中华书局，1962年点校本，第61页。
⑤ 《天下郡国利病书》原编第28册《广东中（雷阳志略）》，《四部丛刊三编》第172册，第93-94页。
⑥ 《明神宗实录》卷69，万历五年十一月，第1489页。
⑦ （明）唐顺之：《荆川先生文集》卷9《答王北涯郡守论均徭》，《四部丛刊初编》第1586册，第66页。
⑧ 《明武宗实录》卷19，正德元年十一月，第561页。

据此可知，银差是编派给下户的，与上面海瑞的说法截然相反。《天下郡国利病书》原编第 26 册《福建（福州府志）》说得更清楚：

> 往者岁一编之，以见年里甲后五年应役，其中银差稍轻，力差如斗级、铺兵、馆夫诸属所费溢额派倍蓰，其甚者则库子……[①]

本来，均徭中的银差多是在两京或外地服役的项目，力差则多在本地服役，一般情况下，“均徭差役，在州县者易当，在府远者难当，在三司者尤难当”[②]。因此，银差往往是重差，如驿递马夫一役，自洪武时就是一项极重的差役，尤其是从江南佥赴北方成役的马夫，有“诸役之中，其最重难无如远方马头者矣”[③]的说法。从笔者所见到的明代方志中列举的各项徭役的额定编银数也可以看出，皂隶之中，作为银差的柴薪皂隶的负担一般比其他皂隶要重，儒学斋夫、膳夫亦被列入上差。[④]总的来说，银差所编银的额数较力差为高，如广东惠州府，在嘉靖三十五年（1556）以前，岁编银差九百〇一人，计银五千六百〇六点〇九两，平均每名约编银六点二二两；力差一千九百五十八人，计银差七千二百二十八点三两，平均每名约编银三点六九两。[⑤]又如浙江浦江县，正德十五年定，银差八十四役，共编银六百三十一点五两，平均每役编银七点五二两；力差一百九十一役，共编银一千一百九十七点四两，平均每役编银六点二七两。[⑥]可见，说银差为重差，力差为轻差不是没有道理的。

然而，实际情况要比这复杂得多。一方面，银差或力差都是一个总的名称，各自包括为数众多的徭役项目，银差项下的一些差役，如马夫、斋膳夫等确实比力差中的一些项目，如门子、禁子等要重，但另一些项目，如柴薪皂隶等又比力差中的库子、斗级、解户等要轻。故未可一概而论。另一方面，要值得注意的是，各役的额定编银数，并不能真正反映出徭役负担轻重的实际。嘉靖《惠州府志》卷 7 云：

> 今有司注差，其假手吏算者，轻重固听之矣。然不能知各差轻重之实，即一出自裁，犹未得其平也。夫差有名轻而实重者，不可不察也。故额编之银不足据，惟察其实费以为准。[⑦]

徭役名轻而实重的情况如朱健《古今治平略·国朝户役》所云：

---

① 《天下郡国利病书》原编第 26 册《福建（福州府志）》，《四部丛刊三编》第 169 册，第 76 页。
② 《明经世文编》卷 209《钦奉敕旨陈言民情疏》，第 2195 页上栏。
③ 《天下郡国利病书》原编第 22 册《浙江下（永康县志）》，《四部丛刊三编》第 164 册，第 138 页。
④ 参见嘉靖《高淳县志》卷 1《赋课（徭役）》，《天一阁藏明代方志选刊》，第 71-72 页。
⑤ 参见嘉靖《惠州府志》卷 7 下《杂役》，《天一阁藏明代方志选刊》，第 579 页。
⑥ 参见嘉靖《浦江志略》卷 5《财赋志》，《天一阁藏明代方志选刊》，第 140 页。
⑦ 嘉靖《惠州府志》卷 7 下《杂役》，《天一阁藏明代方志选刊》，第 598-599 页。

所当之差，有编银一两而止纳一两者，有加二、加三、加四、五、六者，有倍纳四、五，倍纳七、八者，甚至相什佰。①

这种情况，力差更甚于银差，这与银差、力差征役方式的不同有关。银差按定额纳银于官，尽管官僚胥吏往往也恃势向应役人户勒索多收，但官定的额数还是作为一个基本的标准，而且应役人户纳银于官后，要雇募人充役就由官府负一概之责，应役人户则不再负有责任，故实际负担一般不会离定额太远。力差则不同，无论是亲身应当或是自行转雇他人代当，该役的一切劳务和费用都责之应役人户。若雇人应当，雇值一般多由双方议定，官定之额并不一定作为基准，受雇者所索之值往往超出定额数倍，而且中间往往还有所谓“包当人”居间勒索，这就是所谓“力差或不能亲供，转雇以应，其费亦倍”②，至于亲身应役的，更是赔累不堪，如《天下郡国利病书》原编第22册《浙江下（海盐县志）》云：

均徭之役，于各衙门者，远则为银差，雇值费尤有限；近则为力差，身家累更无穷，巡拦、斗级，倾产于官物之包赔，应捕、巡盐、忘躯于仇对之报害。③

又同书原编第7册《常镇（武进县志）》载隆庆二年（1568）巡抚林润说：

力差中，如州县总解户、斗库、船头等役，所费十倍，极重，民壮巡拦等役，费一、二倍，稍轻。④

超出定额一二倍已算稍轻，应力差人户的实际负担与额定编银数相差之远就可想而知了，特别是库子一役，明中叶以后成为极重之役，“应者往往破家”⑤。《天下郡国利病书》原编第7册《常镇（武进县志）》说得很清楚：

先是一应库贮纸价赃赎等项银两，俱责架阁库吏经收，嘉靖十一年，巡抚陈令每岁于均徭人户内审编库子收掌，遂为均徭第一弊政。⑥

嘉靖四十三年，巡抚陈瑞查得库役专司看守，非供应役也，乃近来有司以库子为铺户，有花假卓席之烦，有收支赔贼之苦，他如公堂拜见，纸笔下程，各衙油、炭、椅、卓、日用果菜之类，无不取给焉，是以千金之家，费八九百不能当一年之役，累

① 《经济汇编食货典》第142卷《赋役部总论（五）》，《古今图书集成》第687册，北京：中华书局，1934年影印本，第127页中栏。
② 《天下郡国利病书》原编第28册《广东中（雷阳志略）》，《四部丛刊三编》第172册，第97页。
③ 《天下郡国利病书》原编第22册《浙江下（海盐县志）》，《四部丛刊三编》第163册，第21页。
④ 《天下郡国利病书》原编第7册《常镇（武进县志）》，《四部丛刊三编》第140册，第35页。
⑤ 万历《黄岩县志》卷3《食货志》，《天一阁藏明代方志选刊》，第164页。
⑥ 《天下郡国利病书》《附注》原编第7册《常镇（注六）》，《四部丛刊三编》第180册，第20-21页。

六、七年载不能了一年之差，至于河下斗级供应，亦令库役预借支给。[①]

由此可见，在本来的意义上，银差本是重差，力差本是轻差。斗级、库子之娄所谓重役，本来的任务也不过是专司看守仓库而已，负担亦不会太重。但到后来，应役者不但要提供劳务，还要应付官府的种种需索，“所谓陷失责之偿，费用责之供也”[②]。故此，在“银差输官，加者不过权衡之赢，力差则注榜数两而费至数百两者有之”[③]的意义上，应该说，力差的实际负担一般比银差为重。

值得注意的是，力差中的解户、库子、斗级等重役之所以重而难当，是由于应役者不仅要出力，还要出钱、出物，它们实际上已经不是纯粹的力役了。但又正是因为官吏们可以从应当这些徭役的人户身上任意搜刮，把这些徭役当作一个财源，所以它们迟迟不能改为银差，直到嘉靖后期，仍有意见认为这些重役不可以用雇役之法，而应当佥殷实大户。[④]实际上，缙绅地主拥有优免特权，自然不必应役，非缙绅的大地主又往往以贿赂等手段逃避这些重差，将负担转嫁到中小地主甚至贫苦农民头上。因此，在嘉靖以后，徭役负担不均的弊病，尤其突出地表现在这一类力差的征佥上，改革这些力差的征派方式，遂成为一条鞭法推行者的有力理由和主要目的之一。庞尚鹏在推行一条鞭法之前，就是首先“将馆夫、库子改为银差，斗级役满免其守支，盐捕征银抵补额课”[⑤]。于是，力役的方式就由货币的方式代替了，这是向一条鞭法过渡的重要一步。实行一条鞭法后，力差之名，只不过是政府制定赋税征收定额时沿用的一项名称而已，其力役之征的本意已丧失殆尽了。[⑥]至于一条鞭法后又出现的力役，那是需要另外讨论的一个问题，与本文所讨论的均徭中的力差有所不同，这里就不予讨论了。

均徭中银差与力差的产生和演变，烘托出明中叶赋役制度变革的一个侧面。它对我们了解一条鞭法下徭役一概折收银两的社会经济意义，了解明代封建制度的发展史，都会有一定的帮助。本文所搜集的材料不够广泛，故未能做出更深入的探讨，只是将一些现象列举出来，更深入的研究，仍有待于努力。

（执行编辑：江伟涛）

---

① 《天下郡国利病书》原编第7册《常镇（武进县志）》，《四部丛刊三编》第140册，第32页。

② 《天下郡国利病书》原编第27册《广东上（肇庆府赋役志）》，《四部丛刊三编》第171册，第108-109页。

③ 《天下郡国利病书》原编第26册《福建（福宁州志）》，《四部丛刊三编》第169册，第127页。

④ 参见嘉靖《惠州府志》卷7下《杂役》，《天一阁藏明代方志选刊》，第600页。

⑤ 《明经世文编》卷357《题为均徭役以杜偏累以纾民困事》，第3834页下栏。

⑥ 注：如万历《通州志》卷4《物土志（徭役）》，中开列了银差、力差各项，力差项下注明：“原系正户应当，今奉条鞭征银募役。”（《天一阁藏明代方志选刊》，第542页）

明代中叶以降淮河流域社会经济的持续发展及其不平衡格局的形成

卞　利*

摘要：黄河全面夺淮而入的12世纪中后期，向来被认为是淮河流域由盛到衰的转折点，之前那种"走千走万不如淮河两岸"的繁盛局面，逐渐被"大雨大灾、小雨小灾、无雨旱灾"的灾荒图景所取代。尽管在各种自然和人为灾害的交互作用下，明代中叶以降，淮河流域社会经济发展总体水平在全国地位有较大下降。但在明代前期流域社会经济繁荣发展的惯性作用下，在流域土著居民和流域客户，即流民的辛勤开发下，在"弘治中兴"政策的刺激下，明代中叶以降淮河流域社会经济发展的总体水平，依然处于持续发展、稳定繁荣的状态，只是流域内部之间各地的经济发展总量、速度与水平出现了不平衡的格局。

关键词：明朝中叶；淮河流域；社会经济

尽管在河患和淮患不断加剧、自然灾害频繁发生、土地兼并异常激烈、赋役负担十分沉重、社会矛盾日趋激化的背景下，淮河流域社会经济发展的总体水平在全国地位不断下降，并远远落后于经济发达的东南沿海等地区，流域内部社会经济发展的不平衡格局亦逐步形成，但是，在明代前期流域社会经济繁荣发展的惯性作用下，在流域土著居民和流域客户，即流民的辛勤开发下，在"弘治中兴"政策的刺激下，明代中叶以降淮河流域社会经济发展的总体水平，依然处于持续发展、稳定繁荣的状态，只是流域内各地区之间经济发展的总量、速度与水平出现了不平衡的格局。

---

* 卞利，南开大学中国社会史研究中心暨历史学院教授。

一、明代中叶以降淮河流域农业生产持续发展的原因分析

（一）人口数量依然继续增长

明代中叶以降，淮河流域的人口数量除个别地区因自然灾害频繁、土地兼并激烈和赋繁负担加重而略有减少外，大部地区在四面八方流民的大量涌入下，人口总数绝对值依然呈现出继续增长的态势，这与全国人口数量的锐减形成了鲜明的反差。

为说明问题，笔者谨将洪武二十六年（1393）、弘治四年（1491）和万历六年（1578）全国和淮河流域部分地区的人口数列表如下（表 1）：

表 1　洪武二十六年、弘治四年和万历六年全国及淮河流域部分地区人口一览表

地区	户数（户）			口数（口）		
	洪武二十六年	弘治四年	万历六年	洪武二十六年	弘治四年	万历六年
凤阳府	79 107	95 010	111 070	427 303	931 108	1 203 349
淮安府	80 689	27 978	109 205	632 541	237 527	906 033
扬州府	123 097	104 104	147 216	736 165	656 547	817 856
徐州	22 683	34 886	37 841	180 821	354 311	345 766
全国	10 652 870	9 113 446	10 621 436	60 545 812	53 281 158	60 692 856

为了进一步阐明问题，笔者再分别选择淮河上、中、下游地区的明代前期和明代中期户口增长数据，将其列表统计如下（表 2）：

表 2　明代前中期淮河上、中、下游地区户口情况一览表

时间	户口数	地区		
		光山	颍州	盐城
洪武二十四年	户	3 924	1 700	8 912
	口	22 849	缺	61 080
永乐元年	户		1 550	8 558
	口		缺	70 540
永乐十年	户	4 314	1 623	
	口	32 504	缺	
成化十一年	户			12 089
	口			91 212
成化十八年	户	3 879	8 900	
	口	35 125	缺	

续表

时间	户口数	地区		
		光山	颍州	盐城
弘治十五年	户	4 813		12 014
	口	84 843		90 515
正德三年	户	4 909		
	口	72 173		
正德七年	户		8 900	13 100
	口		66 179	90 180
嘉靖元年	户		9 752	13 290
	口		113 716	73 940
嘉靖二十四年	户	4 833		
	口	52 214		
嘉靖四十年	户			18 000
	口			99 220

从表 1 和表 2 所列数字，我们不难发现，明代中叶以降，淮河流域户口的绝对数呈不断增长的趋势，个别地区的减少则是相对的。在封建自给自足自然经济条件下，人口本身即是生产力的重要组成部分，人口数量的增减与多量，直接反映了社会和经济是否稳定与繁荣，所谓“观户而知国运之盛，观口而知藏富之仁”①。正是凭借相对较为安定的社会环境，包括淮河流域部分地区在内的全国一些地区人口才能得到较快的增长，在盐城“国初户口尚寡，蒙累朝涵育生养之泽，至嘉靖季年，户增逾倍，口增三分之一，亦殷庶矣”②“户口之盛衰，足见国家之治忽。其盛也，本于休养生息；其衰也，必由土木兵戎”③。这一记载正确地揭示了社会治乱与户口增耗之间的辩证关系。因此，明代中叶以降，包括流移客户和土著居民在内的淮河流域人口的大量增加，不仅为灾害频仍而深重的淮河流域社会经济的发展提供了开垦荒地的充足的劳动力，而且，其户口增长本身即是淮河流域社会经济持续发展的重要标志。诚如《固始县志》所云：“天下治乱视乎民……固始东南大邑，编户颇多，载详往牒，丁口渐繁，国运之隆，从可知也。”④

（二）招抚流民，开垦荒田

在自然灾害频繁、赋役负担沉重和内外矛盾交困的条件下，明代前期之末和明代中叶

① 嘉靖《固始县志》卷四《民物志·户口》。

② 万历《盐城县志》卷三《民事志·户口》。

③ 龙文彬：《明会要》卷五十《民政一·户口》。

④ 嘉靖《固始县志》卷四《民扬志·户口》。

以降，全国各地特别是黄河与淮河流域出现了人口大量逃亡的现象，形成了十分突出的流民问题。

在淮河流域，明初强制性的移民措施，曾使淮河流域的社会经济得到了迅速开发。但进入明中叶以后，伴随旱涝灾害的频繁发生和苛捐杂税的加重，这些迁徙至淮河流域、来自祖国四面八方的移民大量回流原籍，打着“凤阳花鼓”，唱着诅咒朱元璋的“凤阳歌”，以讨饭名义举家举族回迁江浙地区的移民，就是明代中叶淮河流域人口大规模流亡的集中反映。据《凤阳新书》记载：凤阳县“洪武之初，编民十有四万也。自时厥后，旧志尚在丁口四万三千八百九十四口”①。在流域下游地区，据嘉靖二十八年（1549）巡抚凤阳御史龚辉奏云：“淮安、赣榆、沭阳、安东、清河及海、邳等州县，连岁灾伤，户口逃亡大半。”②盐城县“自隆庆三年以来，鸿（同“洪”——引者注）水频仍，流民就食他郡，百姓皆空，户口凋落”③。

淮河流域人口的大量逃亡迁徙，使原先开垦成熟的大量良田重新抛荒，所谓“凤、淮土广人稀，加以水灾，民半逃亡，二千里皆成灌莽”④。在此前后，黄河流域的陕西、山西、北直隶、河南和山东等地的人民，也因频繁的自然灾害和沉重赋役剥削，携家挈口向南方迁徙就食，并在荒田广阔的淮河流域困住耕垦。“凤阳、颍川一带，所见逃民，动以万计，扶老携幼，风餐露宿。询其所自，皆真定、保定、山东诸处之民，比因累岁荒歉，税粮、孳牧逋负者，多不能陪纳。有司不量民情，又且责偿远年赈济粮米，饥窘日切，棰楚日加。”⑤宿州“所辖地名龙山、湖坡等处，俱系湖水退滩，土膏地饶，易为耕种。山东、山西诸处逃来之人，动以万计，往往于彼团住。已招抚男妇四千一百余口，计七百八十余户，分拨田地，省令生理，相继来者，络绎于道”⑥。

为开垦因人口逃亡而造成的淮河流域大片荒地，统治者也采取了许多招徕流民、鼓励垦荒的措施。早在正统时期，统治者即针对大量流民迁往淮河流域的状况，提出了编户入籍和免除一定时期差役的建议。正统七年（1442），颍州即收编了来自山东、山西等地流民338户，至成化十八年（1482），收编的客户更多达6356户，而此时颍州土著居民因大量逃亡而仅存2544户。⑦淮河下游的盐城县自隆庆三年（1569）后户口锐减，万历七年至十年（1579—1582），知县杨瑞云“殚力招抚，宽其赋税。于是流民复归，凡得户3461口9696云”⑧。由此可见，淮河流域招徕流移之民的措施，在一定程度上说收到了显著的效果。

---

① 天启《凤阳新书》卷四《赋役篇第二》。
② 《明世宗实录》卷三百五十五，嘉靖二十八年十二月己未条。
③ 万历《盐城县志》卷三《民事志·户口》。
④ 《明神宗实录》卷五十八，万历五年正月乙酉条。
⑤ 《明英宗实录》卷一百二，正统八年三月庚申条。
⑥ 《明英宗实录》卷一百二十九，正统十年五月庚子条。
⑦ 正德《颍州志》卷三《顾图》。
⑧ 万历《盐城县志》卷三《民事志·户口》。

为给被招抚的流民提供保障生活、发展生产的必备条件，淮河流域的统治者采取了很多优惠措施。其一是蠲免逃亡人口的赋役并为回籍流民以救济。正统十二年（1447），山东巡御史史濡奏云："兖州府沂州累岁旱涝，逃移者五千五百余户，遗下税粮等项，请蠲免。"明英宗批准了这一奏清，"命移文布政司，逃移者设法招抚，饥馑者验口赈济"[①]。弘治十二年（1499），针对凤阳等府逃户所遗荒芜之田，统治者规定："凤阳、淮、庐等府有逃户遗产，请听贫民垦种。五年之后，如例征银。"[②]其二是鼓励垦荒并由政府提供牛种督垦。嘉靖十三年（1534），在"凤阳连岁旱疫，多亡徒"的条件下，直隶巡按御史李禖奏"请敕有司查勘荒田，召集流民，给以牛种，督劝耕垦。仍免其逋负，岁祲则重加赈给"[③]。结果，明世宗不仅批准了这一奏清，而且责令户部将"垦田劝课之法，宜通行天下"[④]，向全国推广。其三是将招抚流民开垦荒田多寡作为考核地方官员政绩和提拔官员升迁的重要标准和依据。隆庆二年（1568），明穆宗册曰："山东、淮（安）、扬（州）、凤阳等处抛荒田土数年，许诸人告官承种，仍免粮差五年，之后方照常办纳。各州县有能招抚流民复业及开垦荒田数多者，抚按官保荐擢用。"[⑤]

经过各级官员的招抚和土著、流民的辛勤开垦，淮河流域许多抛荒的田地重新变成了良田，只是由于地主及王府、勋戚、士绅和商人的疯狂兼并，与明代前期特别是明初相比，淮河流域的耕地面积从总体上看的确减少了许多，如凤阳府洪武二十六年（1393）的耕地面积为 41 万多顷，而至弘治十五年（1502）和万历六年（1578）时，则分别减至 61 263 顷和 60 192 顷。[⑥]尽管耕地面积因种种原因而减少了很多，但明代中叶以降包括农业生产在内的淮河流域社会经济还是呈现出了缓慢增长的态势。

（三）打击豪强侵占水利设施，整修水利设施

淮河流域是个水、旱、蝗、雹等自然灾害多发比较严重的地区之一，明代前期，为尽快恢复和发展生产，从中央最高统治者到地方各级官府，十分重视水利建设，先后投入财力和物力，兴修了一大批水利工程，为保证社会经济尤其是农业生产的稳步健康发展创造了良好的条件。然而，进入明代中叶以后，随着统治阶级的腐朽和土地兼并的愈演愈烈，不少水利设施不是受到自然的损坏，就是遭到人为的破坏，不少甚至被豪强势力所侵占，从而严重地影响了社会经济的顺利发展。

明孝宗作为"弘治中兴"的开创者，对水利工程与设施的整治，是其重要的政绩之一。明孝

① 《明英宗实录》卷一百五十五，正统十二年六月丁卯条。
② 《明孝宗实录》卷七十五，弘治十二年十月丙辰条。
③ 《明世宗实录》卷一百六十六，嘉靖十三年八月乙未条。
④ 《明世宗实录》卷一百六十六，嘉靖十三年八月乙未条。
⑤ 《明穆宗实录》卷十八，隆庆二年三月辛酉条。
⑥ 《明会典》卷十七《户部四·田土》。

宗即位伊始，就采取了许多有力的措施，打击豪强势要任意侵占水利设施行为，大力整修水利，从而为明代中叶淮河流域社会经济尤其是农业生产继续保持发展势头打下了良好的物质基础。

弘治六年（1493）正月，直隶寿州同知董豫在“应诏建言”的三事中，明确提出了“修陂塘”的建议，指出：“[寿]州民塘地，比来为军士所据，阻截水道。乞严为之禁，每岁督人修筑，以为蓄泄。”户部复议并经明孝宗同意“下巡抚官勘理”①，从而揭开了明孝宗打击豪强、军士霸占水利和整修水利活动的序幕。同年十月，明孝宗在接到河南巡抚徐恪关于河南府尹、洛二渠、许州衹河渠、汝宁府桃陂等堰，以及“其他故渠废堰在在有之”，要求委派参政朱瑄全权负责浚治的奏疏后，专门赐朱瑄以敕书，并严厉地指出：“迩者，官奏河南郡县逾时不雨，辄赤地相望，流移载道。水利一事，所当预图，其河南等府尹、洛等渠，岁久湮芜，多被王府屯营侵塞，及势要之家占作碾磨。虽已行令分守、分巡官提督修举，然百责攸归，顾此失彼；且更代不一，难以责成。……尔其亲诣前项渠堰，再行的量时宜，以此兴举。合用木石等料，于各该田多有力之家，从公劝谕，或别为措置。量起所在附近军民人夫，相兼整理。选委的当官员人等提调，务臻时效，无事虚文。原置闸处，仍旧置立，以时启闭。仍将得利之家地土顷亩，逐一勘明，籍记在官。遇旱则官为斟酌，验亩分水，以杜纷争。以后湮塞，就令得利军民并工开浚。有溃决之处，亦就培筑堤防，务图经久。其豪强军民，敢有仍前截水安置碾磨，占作稻田者，依律究问。”②这一敕文不仅为专领水利之事的朱瑄提供了兴修水利整治豪绅的尚方宝剑，而且表明了最高统治者坚决打击豪强势要阻截河道、侵塞水流、破坏水利设施等行为的决心。

经过弘治朝整修的如河南淮河流域地区的水利工程等，对明代中叶流域上游地区经济发展特别是农业生产发展起到了重要作用。其后的嘉靖、隆庆、万历等朝，对水利的兴修与整治，也都多少收到了成效。寿州安丰塘“大抵起于明之前，至明而其制益备也”③，嘉靖二十七年（1548），在知州粟永禄主持下，重修芍陂，使得寿州“地势高毕多陂池灌溉之利，土地沃而农事勤”④，而万历蒙城知县有鉴于该县“不知兴沟洫之利，一月旱赤土也，十日之霖巨津也，岁比不登”的窘状，极力“设法开浚沟塘”，终使蒙城成为“遇涝则水有所注，遇旱则桔槔可取，民始得尽地力”⑤的旱涝相对保收之区。至于潘季驯“定计蓄淮攻黄，以清刷浊，坚筑高堰”⑥，“平治两河”之举⑦，虽然加剧了明祖陵及泗州城的水患，但毕竟使下游地区的“淮[安]、扬[州]免患”⑧，有效地保障了里下河流域社会经济的持

① 《明孝宗实录》卷七十一，弘治六年正月甲戌条。
② 《明孝宗实录》卷八十一，弘治六年十月戊辰条。
③ 乾隆《寿州志》卷四《水利志》。
④ 乾隆《寿州志》卷四《水利志》、《赋役志》。
⑤ 万历《蒙城县志》卷三《食货志・田赋》。
⑥ 郭起元：《淮水考一》，载《小方壶斋舆地丛钞》第四帙。
⑦ 万历《盐城县志》卷三《民事志・户口》。
⑧ 郭起元：《淮水考一》载《小方壶斋舆地丛钞》第四帙。

续发展。

然而，我们也应看到，明代中叶以降，淮河流域的水利兴修与整治，毕竟是在社会矛盾尖锐、土地兼并激烈、统治阶段腐朽和自然灾害加剧的背景下展开的，与明代前期特别是明初声势浩大的大兴水利运动相比，它只能算作是小修小补。而正是这些小修小补和明代前期所奠定的水利基础，才为明代中叶以降淮河流域经济的持续发展，创造了有利的条件。

二、明代中叶以降淮河流域社会经济持续发展的主要表现

（一）农业生产持续发展，农作物品种空前增多

明代中叶以降淮河流域的农业生产，虽然自然灾害加剧、土地兼并激烈、社会矛盾尖锐、政局动荡，但大部分地区则依然承接了前期的发展势头，继续向前发展，其中最突出的表现就是各地农作物品种的大量增加。一些高产作物如玉米等也被率先引进至流域的个别地区，并被迅速得到推广和普及，从而成为广大贫苦百姓在灾荒与饥馑中赖以维生的主要食粮。

具体而言，淮河中游北岸的颍州，其谷物的品种大量增加，其中稻类 17 种，麦类 5 种，类 3 种、谷类 4 种、秫类 6 种。尤其值得一提的是，原产美洲的抗旱能力强的高产作物玉米，也被率先在颍州引进种植。据权威专家考证，正德《颍州志》是目前所知最早记载玉米，即“珍珠秫”在我国种植的文献。[①]蒙城县则有麦类 3 种，豆类 12 种，另有稻、黍 、稷、芝麻、蜀秫、粟等作物 6 种。[②]

在淮河上、中游之交的光山县，据嘉靖《光山县志》记载，该县所种植的农作物中，有稻类 16 种、粟类 4 种、秫类各 3 种、菽类 12 种、黍类 2 种。[③]而固始县仅稻类就有 40 个品种之多，其他诸如菽类更是多达 20 种，黍秫类 11 种、稷类 10 种、麦类 8 种、芝麻 5 种。[④]鄢陵本是淮河上游地区的一个经济欠发达县域，但在明代中叶以降，该县所种植的农作物中，“五谷惟粟类最夥，其色有青、白、红、黄，其各有六月先、七里香、八百光、铁坝齿者，皆嘉；他如鸡肠、兔蹄、龙爪、猴尾，随象立名，动以百计”[⑤]。

在淮河流域下游地区的盐城县，其农作物种植中，稻、黍、麦、菽和芝麻等五谷俱全。[⑥]

---

① 正德《颍州志》卷三《土产》。

② 万历《蒙城县志》卷三《食堂志·土产》。

③ 嘉靖《光山县志》卷四《民物志·物产》。

④ 嘉靖《固始县志》卷四《民物志·产货》。

⑤ 嘉靖《鄢陵县志》卷三《田赋志·物产》。

⑥ 万历《盐城县志》卷一《地理志·物产》。

在流域的其他地区，有关地方志书和其他资料记录的明代中叶以降农作物品种增多的事例还有很多，不胜枚举。尽管我们所列举的以上这些典型地区，其文献记录中对农作物品种的划分并不科学，还带有“随象立名”的随意性。但是，如此品种繁多农作物的普遍种植至少说明，与明代前期相比，明代中叶以降淮河流域的农业生产呈现出长足发展的态势。

明代中叶以降，淮河流域农业生产的发展还表现在水稻种植面积的扩大，以及因地制宜种植适合本地区发展的其他作物上。我们知道，淮河以南地区素以种植水稻等稻作农业为主，而淮河以北地区，则向以种植麦、粟等旱作农业为主。但明代中叶以降，这一传统的种植模式发生了新的变化，不仅淮河以南地区“有稻田，种稻颇多”①，而且淮河以北地区水稻种植面积也在河网密布之地得到了推广和扩大，如宿州的“灵［璧］，有稻田，种稻颇多”②，颍州则是“土沃民夥，有鱼稻之饶”③。而远离淮河之北的典型旱作区——许州更是因地制宜，在潩水、西湖余波所汇之处，“宜秫稻，尤多鳖莲茨之利……乡人取给焉”④。至于颍州稻告品种达 17 种之多，恐怕在今天也是难以达到的。这些事实说明，明代中叶以降，淮河流域的水稻生产取得了令人瞩目的成就，而因地制宜地发展农业生产，其经验也很值得我们认真加以总结与发展。

（二）药材和棉花等经济作物大面积种植

独特的自然、气候条件和传统的社会风俗，使得历史上淮河流域的中药材生产一直处于长盛不衰的状态。明代中叶以降，淮河流域在前期药材普遍种植和发展的基础上，进一步走向繁荣，形成了独具特色的地区优势产业。

我们在有关淮河流域的方志资料中，集中摘录了各地中药材种植的品种数量，现仅列表说明如下（表 3）：

表 3　明代中期淮河流域中药材种植品种一览表　　单位：个

地名	海州	颍州	汝州	寿州	蒙城	固始	亳州	宿州	夏邑	光山	盐城
药材品种	59	49	49	43	40	37	28	26	23	22	10

由表 3 可见，与明代前期中都和颍州中药材种植的品种数量相比，嘉靖时期颍州、汝州和寿州都超过了明前期颍州的 40 个品种，而超过中都 31 个品种的地区，表 3 中所列极不完全的资料也有 4 个州县之多。而且在这些中药材种植中，一些地区还出现了质量堪称

① 嘉靖《寿州志》卷四《食货志·物产》。
② 嘉靖《宿州志》卷二《食货志·物产》。
③ 乾隆《颍州府志》卷一《舆地志·风俗》。
④ 嘉靖《许州志》卷四《学校志·庙学》。

上乘的佳品，如宿州的何首乌“西北乡所产者最佳”。[①]此时的全国四大药都之一——亳州更是繁盛一时，各地商人如山陕商人和徽州商帮等富商大贾云集亳州，使这里的药材加工、炮制与贸易形成了一条龙的格局，出现了“工商交作”的繁荣景象。[②]

棉花种植面积进一步扩大，元代人称“关、陕而外，诸郡土地不宜吉贝”的局面，已完全为“今之艺贝者，所在是焉”所代替。[③]淮河上游和下游的河南与山东地区棉花生产继续保持旺盛发展势头，在全国著名的棉花品种中，山东、北直隶一带所产的棉花，同三吴和浙江余姚地区所产的被誉为“浙花”的棉花一样，赢得了“北花”的盛誉。明代中叶，淮河流域盛产的棉花，已被远近商人贩运至江南纺织业中心——松江等地，呈现出“吉贝则泛舟而鬻诸南，布则泛舟而鬻诸北”的局面。[④]由此可见，明代中叶，淮河流域的棉花，无论就其种植面积，还是就其产量和质量，都取得了极为显著的成就。

除了中药材和棉花等经济作物在明代中叶淮河流域得到大面积种植和长足发展之外，淮河流域各地还因地制宜，开发和发展具有本地特色的种植业与养殖业，出现了“高者麦，低者稻，平衍则木棉桑麻，皆得随宜树艺”的喜人景象。[⑤]淮河流域下游的山阳县，永乐十二年（1414）陈瑄自城西管家湖枣渠二十里，导湖入淮后，“漕舟直达于河，南北经行，遂为孔道。东南汇巨浸，沮洳弥望有萑苇菱蒲之属。居民伐苇取鱼，待日而饱，或编苇作箔，以食其业”[⑥]。因地制宜地发展生产，终使山阳之民免除了饥馑亡徙之苦。而明初陈瑄所发明的运河“缘堤皆树杨、枣，二木并淮北所宜，且杨枝可薪，枣实可啖，又易长多荫”[⑦]，则不仅可护运河大堤，且又可供民采薪鬻枣，其一举多得之利极为显著。正是在这一思想指导下，河南鄢陵等地地方官都想到了“因民之利而利之”的策略，在开浚“上自洧川南河至文家冈河共十三里，下自扶沟至洧川河界共四十九里，宽凡八丈”的新河之时，鄢陵知县下令“沿河树种以防堤岸之善崩”。[⑧]这一举措既加固了堤防，发展了林业生产，又美化了环境和生态。

尤其值得一提的是，淮河南岸贫困山区——大别山区的霍山县，这里“山多田少，道路险阻，舟楫不通。……筚路之民荷锄挟矢，日与豹狼争此土，斩刈而耕之，所入几何”[⑨]。就是在这样一个“崇山绝谷”的贫瘠山区，却因地制宜地发展了茶叶生产和贸易，最终使其发展成为商贾云集的茶叶交易中心。所谓“江南地暖，故独宜茶。大江以北，则

① 嘉靖《宿州志》卷二《食货志》。
② 顺治《亳州志》卷一《版舆志二·风俗》。
③ 徐光启：《农政全书》卷三十五《蚕桑广类·木棉》。
④ 徐光启：《农政全书》卷三十五《蚕桑广类·木棉》。
⑤ 张翰：《松窗梦语》卷四《三农纪》。
⑥ 吴昆田：《山阳风俗物产志》，载《小方壶斋舆地丛钞》第六帙。
⑦ 杨仪：《明良记》。
⑧ 嘉靖《鄢陵县志》卷七《补遗·冯侯开河祛患记》。
⑨ 乾隆《霍山县志》卷首《旧序》。

称六安，然六安乃其郡名，其产实霍山之大蜀山也。茶生最多，品名亦振”。每当采茶季节，霍山山区都是“男妇错杂，歌声满谷，日夜力作不休。校尉、寺僧、富商大贾，骑纵布野，倾橐以值。百货骈集，列布开肆，妖冶招摇”[①]。抓住了具有地方特色的茶叶生产与贸易，僻处大别山区的霍山县竟然吸引了来自四面八方的茶商，这不仅使贫困山区因粮食匮乏而引发的饥馑得到了缓解，而且繁荣了多种经营和贸易，收到了一举多得的功效。

明代中叶，淮河流域因地制宜地种植经济作物，发展副业生产，取得了突出的成就，渐次形成流域自身独特的经济优势。这是我们在分析和探讨淮河流域经济和社会发展历程中，不能不加以认真对待的现象。

（三）手工业生产起步晚，发展快

明代前期，淮河流域的手工业发展基本停留在较为落后的状态，明太祖大规模营建凤阳中都城时，使用的砖瓦基本上是官府强制性生产的，尚不能称得上是严格意义上的手工业，顶多也只是官营手工业。明代中叶以后，这一局面开始被打破，淮河流域的手工业在农副业生产持续缓慢发展的基础上，有了长足的进步，呈现出起步晚、发展快的特点。

首先，棉纺织业生产迅速崛起。明代前期至明代中叶近二百年时间里，淮河流域的棉花种植得到迅速推广，产量和质量有了大幅度的增长和提高。丰富的原材料的资源，极大地刺激了流域棉纺织业的发展。早在洪武二十年（1387），明王朝就著令“山东诸府民造战袄二十万袭，给大宁戍卒”，旋因登州、莱州诸府民贫，乃罢，转令“济南、济宁及直隶淮安、徐、邳、宿州分造之”。[②]这或许是明代淮河流域棉纺织业的最早文字记录。发展到明代中叶，淮河流域棉纺织业逐渐开始崛起，出现了一批享誉遐迩的优质棉布。在山东邹县，最初是“民不织而资布于邻”，明代中叶后，邹县没有棉纺织业的历史开始改写，不仅该县能织出好的布匹，实现布匹自给，而且还远销外地，所谓“邻不来鬻布”“鬻布于邻”。[③]更有甚者，由于淮河流域棉纺织业的迅速崛起，南北棉纺织业的格局发生了变化，出现了“今北方自织花，南方几弃织作”的现象。[④]虽然这一记载不乏夸大之词，但它客观地反映了明代中叶淮河流域棉纺织业迅猛发展的历史事实。

其次，在棉纺织业开始起步并超常规发展的同时，明代中叶淮河流域的麻纺织业和丝织业也有了一定程度的发展。种植苎麻和葛及饲养蚕，向来是淮河流域的主要的家庭副业，很多文献对此都有记载，有些地区甚至被要求作为贡品，每年向朝廷进贡。在河南光山县，葛的种植远远满足不了当地葛布纺织业的需求，不得不向临近的商城和六安购买。所谓“光

---

① 许然明：《茶疏》。

② 《明太祖实录》卷一百八十五，洪武二十年九月壬寅条。

③ 吕坤：《实政录》卷六《风宪约·宪纲十要》。

④ 万历《嘉定县志》卷六《物产志》。

之俗，贫民多治葛以给，然葛生光土者不多，且不良，必市之商城、六安”[①]。嘉靖三十五年（1556）夏，工部奉旨取河南葛布200匹，上司乃将任务分给汝宁府，而汝宁府则“分取光（山）、罗（山）二县，他邑不与焉”[②]。这一事实一方面说明了光山县和罗山县杂税负担的沉重，另一方面，也反映了光山和罗山二县葛布生产的规模和产品质量的过硬。在下游的淮安府，“恒产之民百无一二……惟女红巧手凿履舄之外，更工麻枲、丝蚕、织纫也”[③]。女红从事麻枲纺织，作为家庭副业，实际上已成为淮安之民极其重要的家庭收入来源。在流域个别地区，甚至出现以丝绢等纺织业而致富者，如淮河上游地区的汝州，“男耕女织……民有丝枲绸絁之富”[④]。

复次，矿业开采是明代中叶淮河流域手工业发展的又一重要部门。淮河上游地区的汝南，淮河下游地区的山东沂州、沂水、蒙阴、费县、滕县等州县，盛产金银等矿。明代中叶以来，随着作为流通货币——白银的需求量不断扩大，以及统治阶级贪婪欲望的膨胀，银矿的开采得到了迅猛的发展，仅在嘉靖十六年，明王朝就在沂州开采银矿“七十八所，得白金一万一千三百两”[⑤]。此外，民间私人开采更是遍地开花，比比皆是，以致明政府不得不屡屡申严矿禁。金银铜铁等冶炼业的发展，增加了对燃料的需求，直接推动了煤炭开采业的发展。而人们对煤炭认识的不断深化，则又使蕴藏丰富煤炭资源淮河流域的煤炭开采业，作为一种新兴的产业，得到了长足的发展。我们不仅在淮河流域的方志中发现大量关于煤和石炭的记载，而且在许多文献资料中阅读到流域煤炭开采业的记述，如在淮河上游地区的河南，其河南府所辖的14个州县，以及汝州府属鲁山县，淮河中游地区的宿州、徐州和下游地区的山东峄县等地，都是盛产煤炭的地方，明代中叶大都有开采的记载。[⑥]李时珍在《本草纲目》中亦云：“石炭，南北诸山产处亦多，昔人不用，故识之者少。今则人以代薪炊爨，锻炼铁石，大为民利。土人皆凿山为穴，横入十余丈取之。”[⑦]宋应星在《天工开物》一书中也指出：“凡煤炭，普天皆生，以供锻炼金石之用。”[⑧]在山东峄县，煤层储量相当丰富，煤矿开采业极为繁盛，到处都是“煤井之凿”[⑨]。在淮河上游地区的河南怀庆府，“怀、孟间，家家用之，黑坚如石，以斧捶碎，拌以黄土同烧同燃”[⑩]。可见，明代中叶以后，煤炭不仅成为金属冶炼业的重要燃料资源，而且已成为普通百姓生活的主要燃料，

---

① 嘉靖《光山县志》卷四《田赋志·物产》。
② 嘉靖《光山县志》卷四《田赋志·物产》。
③《古今图书集成·职方典·淮安府部风俗考》。
④ 正德《汝州志》卷三《风俗志》。
⑤《续文献通考》卷二十三。
⑥ 参见祝慈寿：《中国古代工业史》，北京：学林出版社，1988年。
⑦ 李时珍：《本草纲目》卷九。
⑧ 宋应星：《天工开物》卷中《煤炭》。
⑨《古今图书集成·职方典》卷二百八十三《兖州府部风俗考》。
⑩ 汪价：《中州杂俎》卷二十《物类十四》。

其煤矿开采业之盛，由此可见一斑。

最后，明代中叶以降，淮河流域部分地区的造船业和制盐业也获得了飞速发展的机会。淮安府“滨海业盐者各有盐场，每场亩许”[①]“凡盐，淮、扬者质重而黑，其他质轻而白。以量较之，淮、扬者一升重十两。”[②]由于盐业生产和贸易之盛，扬州逐渐发展成为全国著名的盐业贸易中心，各地富商大贾如晋商、徽商等纷纷云集扬州，“四方贾人，新安贾最盛，关陕、山西、江右次之”[③]，形成“在天下之大利，盐为政”的繁荣局面[④]，扬州也成为“聚四方之民”的“江北一大都会”[⑤]。

明代中叶，淮河流域的手工业发展呈现出多业并举、全面发展的新特征，个别行业甚至出现享誉全国的名优产品，如淮河上游地区开封府的尉氏县，尽管该县志书说“为工者少”，但翻开嘉靖《尉氏县志》，其所罗列的各种手工业部门和工匠，又否定了这一结论。其实，尉氏县不少“为工者少”，恰恰是为工者多。据嘉靖《尉氏县志》记载，尉氏县明代中叶“有攻木之工，有攻皮之工，有攻竹之工，有染工，有缝衣絮衣之工，又有巾帽、麻鞋、线屦、柳斗、簸箕、织布、结网、熬糖、编萋席、织箔子之工。其攻金、攻石者，间有之”[⑥]。区区一个小县城，竟然拥有近 20 种手工业者从事不同的手工业制作，几乎囊括了百姓生产与生活的各个方面，这在全国都是屈指可数的，反映了该县手工业全面发展的事实。

值得关注的是，明代中叶以降淮河流域还涌现了一批驰誉全国的优质拳头手工业品，如酿酒业这一淮河流域传统的优势产业，这一时期就形成了几大独特的名优产品，“淮安之[绿]豆酒、苦蒿酒，高邮之五加皮酒，扬州之雪酒、豨莶酒……扬州之蜜淋漓酒……中州之西瓜酒、柿酒、枣酒”[⑦]，皆可谓一时之名品、众酒之佳酿。难怪名士薛冈要发出“南茶北酒……余走北方五省，足迹遍，所至咸有佳酿”的感慨了。[⑧]至于金银铜业之发达，各种贵重金属工艺品制造业盛极一时。淮河流域中游的砀山县刘贞甫所造铜妻“精巧绝伦”，成为闻名遐迩的工艺大师。他“尝为彭城万年少寿祺造准提像，高二寸许，三年而成，臂十八，手中各有所持，一手擎七级浮屠，每级四面各佛一尊。法像庄严，无毫发遗憾，所谓神工鬼斧也”。刘氏铜器微雕技艺之高、之巧，实在无与伦比。

综合上文所述，我们不难看出，明代中业以降，淮河流域虽然历经自然灾害和社会矛

---

① 顾炎武：《肇域志·江南九》。
② 宋应星：《天工开物》卷上《作咸》。
③ 万历《扬州府志》卷一《郡县志上·总论》。
④ 万历《扬州府志》卷首《祝世禄序》。
⑤ 万历《扬州府志》卷首《于若瀛序》。
⑥ 嘉靖《尉氏县志》卷一《风土类·市集》。
⑦ 顾起元：《客座赘语》卷九《酒》。
⑧ 薛冈：《天嚼堂笔余》卷二。

盾尖锐之扰，但承接明代前期社会经济繁荣发展的惯性，其几乎是空白的手工业，却独能后来居上，起步虽晚，但发展迅速。个中经验，很值得我们加以深思。

（四）商品经济发达，城乡贸易繁荣

明代中叶以降，随着全国其他地区尤其是江南地区和南京、北京等大都市商业的繁荣发展，淮河流域的沿海、沿运和重要的水陆交通枢纽城市及其商业，也迅猛崛起，并在明代前期的基础上，继续前进，出现了一派繁荣的景象。与此同时，如雨后春笋般兴起的农村集镇（市）贸易也在规模上盛极一时。

在农业、副业和手工业繁荣发展的基础上，明代中叶以降，淮河流域的城市及其商业也出现了繁荣发展的局面。在深得水陆之便的地区如沿运、沿淮和沿海地区，城市的发展速度迅猛，规模庞大，且已形成各具特色与优势的城市经济特征，所谓“天下码头，物所出所聚处。……淮阴之粮，维扬之盐，临清、济宁之货，徐州之车赢”①。

在扬州，因滨运河、临长江、近东海等得天独厚的地理优势，使得这里的经济获得了发展的先机。特别是其盐业的生产与贸易，可谓达到了极盛的地步。四方富商大贾和五方流寓的云集及人口的空前膨胀，都说明扬州已经发展成为国内著名的商业中心，“人烟浩穰，游手众多”②。正如祝世禄所云：“顾扬之为天下雄，列郡莫与京焉。延袤千里，包江海而亘南北，有腹背咽喉之系。在天下，盐为政。”③特别是在弘治时以纳银取代纳粮的开中折色法的实施，各地富商大贾纷纷会集扬州，“聚四方之民，新都最，关以西、山右次之，大都土较沮洳五之一，田畴较贾十之一，土著较流寓二十之一。……青油列戟，红粉吹箫，竞奢斗华，不可谓不胜也”④。扬州盐业在为明王朝所贡献的财政收入中，占据了举足轻重的地位，“淮盐岁课七十万五千一百八十引，征银六十万两，可谓比他处独多矣”⑤。正是由于人口的众多及商业的繁华，宋元时期旧扬州城，其规模与建制，已无法满足经济发展的需要。嘉靖三十五年（1556），扬州新城建设拉开序幕。不久，一座规模拓展拥有 7 个城门、周长 8 里有余的扬州新城建成。同时，为适应越来越多商人交易的需要，以经纪人为生的牙侩职业应运而生，并形成一支人数达万余人之多的牙侩队伍，“四民自士农工贾而外，惟牙侩最多。……扬州、瓜、仪经纪不下万数”⑥。经济和文化的繁荣，使得扬州赢得了“富甲天下”的美名。⑦

① 王士性：《广志绎》卷一《方舆崖略》。
② 万历《扬州府志》卷二十《风物志·俗习》。
③ 万历《扬州府志》卷首《祝世禄序》。
④ 万历《扬州府志》卷首《于士瀛序》。
⑤ 王士性：《广志绎》卷二《两都》。
⑥ 万历《扬州府志》卷一《总论》。
⑦ 万历《通州志》卷八《遗事序》。

位于扬州以东的淮安，是明代中叶崛起的又一座繁华的商业中心。自陈瑄开通运河之后，淮安便成为南北漕运通道上的一座水陆交通枢纽城市，商贾辐辏，贸易繁荣，“淮安、济宁、东昌、临清、德州、直沽，商贩所聚”[①]。不独漕运繁忙发达，而且盐务与榷关也极为繁盛。“天下盐利，淮为上。夫关漕、关盐非一县（指清代从淮安析出建立的山阳县——引者注）事，皆出于一县。”[②]这段文字直接反映了淮安作为漕运中心与转输贸易枢纽的重要地位。淮安府的这一地利优势，吸引了各地逐利之辈的云集，“四方辐辏，百工居肆，倍于土著。……若布帛盐卤诸利薮，则皆晋、徽侨寓大力者，负之而趋矣”[③]。淮安城西之清江浦闸东西二坝，因漕船由此通过而设置，并迅即发展成为交通要津和商业枢纽，“舟车鳞集，冠盖喧阗，两河市肆栉比，数十里不绝”[④]。清江浦经济的迅速崛起，使其在清代成为新建清江县治所在地。

“居运道之中”[⑤]的济宁是淮河流域运河沿岸的又一重要商埠。这里南临运河段的会通河，西接马肠湖，土地肥沃，交通便利，物产丰饶。该州南门外置有会源闸，以调节和控制运河水量，南来之漕河由泗水北上至会源闸汇聚，然后开闸放行。这一特殊的地理位置，使其很快成为商业和贸易中心，南北舟车云集，商贾辐辏，十分繁荣。万历《济宁州志》说：“济当河槽要害之冲，江淮百货走集，多贾贩。民竞刀锥，趋末者众。”[⑥]在四方商贾集中居住和贸易的义井巷，因人口众多而促使其商业特别发达，“其居民鳞结而托处者，不下数万家；其商贾之踵接而辐辏者，亦不下数万家”[⑦]。这一描述，客观地反映了明代中叶以降济宁城市及其商业繁荣的景象。

淮河中游地区的古都开封，虽屡经黄河泛滥之苦，但作为地当全国之中、八省要冲、河南布政司驻地和王府聚集之所，明代中叶以降也获得了飞速的发展。人口密集、物产丰富、商贾聚集、店铺林立，这是明代中叶开封真实情况的记录。“京师以南，河南当天下之中，开封其都会也。北下卫、彰，达京、沂；东沿汴、泗，转江、汉。车门之交，达于四方，商贾乐聚。地饶漆、絺、枲、苎、纤、纩、锡、蜡、皮张。……土地平广，人民富庶。其俗纤俭习事，故东贾齐鲁，南贾梁楚。”[⑧]据《如梦录》记载，明代中叶的开封城店铺林立，数量难以统计，商业极尽繁华，城中各种行业应有俱有，达百十余种之多。举凡居民日常生活、生产所需，市面上皆有经营，粮店、米行、雨伞、木器、棉布、棉花、染坊、

① 《明史》卷八十一《食货志五・商税》。
② 康熙《山阳县志》卷首《张鸿烈序》。
③ 天启《淮安府志》卷二《舆地志・风俗》。
④ 乾隆《淮安府志》卷五。
⑤ 《明经世文编》卷二百四十五《丘浚・漕运河道议》。
⑥ 康熙《济宁州志》卷二《风俗志引万历旧志》
⑦ 道光《济宁直隶州志》卷四《建置志引万历杨定国〈义井巷创修石路记〉》。
⑧ 张翰：《松窗梦语》卷四《商贾纪》。

剪刀、门锁、茶馆、酒店乃至所谓淫药等，也都有专门的店铺进行经营，专业化程度很深。京山王府前，“通是六陈行，买卖日夕不断。关王庙前菜市，肉菜俱全”[①]。有些粮店如县南之大米行，“所有郑州、辉县、光州、固始等处运来各色大米，俱归入行内”[②]。开封甚至享有“人间天上”之美誉。[③]

明代中叶以降，在城市及其商业空前繁华的同时，淮河流域农村集市（镇）贸易也以前所未有的规模与速度向前发展（表4）。农村集市（镇）的大量涌现，规模集聚扩大，是这一时期农村集市（镇）贸易的显著特点和鲜明标志。

淮河流域的上游地区，河南怀庆府武陟县木栾店，因地理位置较好，“临河，通商贾，饶物质，称最大”[④]。汝宁府商城县金家寨市“通舟楫，物质交集，一巨市也”[⑤]。归德府柘城县关厢集原本“间日一集”，到正德五年（1510），因规模扩大和集市贸易繁荣，间日一集已无法满足市场发展需要，被“易为常市”。[⑥]

在淮河流域中游地区，由于幅员辽阔和水陆交通便捷，农村集市贸易尤称繁盛，不少水陆交通交汇之处，逐渐发展成为驰名遐迩的商品集散地和贸易中心。凤阳府太和县北八里旧县集，“军民稠密，生理繁华，南北商贾舟车凑集……徽州、山、陕之人多，太和之第一镇市也”[⑦]。寿州正阳镇、瓦埠镇和隐贤集也延续了明代前期发展的惯性，继续呈现繁荣发展势头，“舟楫商贩，往来不绝，亦州之大镇也”[⑧]。怀远县因“涡、淮交通，商贾凑集，五方逐末者居其地，服食器用，多尚奢华”[⑨]，农村集市贸易相当繁荣。

在淮河下游地区，山东济宁鲁桥镇因为濒临运河，“位于州南六十里，居民稠密，商贾辏集，本郡一大镇也”[⑩]。南直隶淮安府山阳县运河东西湖嘴市，“舟楫往来多舣于此，淮上称繁华者居最”[⑪]。沭阳县下埠集，“与湖相近，居民稠密，往来商贾，络绎不绝”[⑫]。濒临东海、盛产鱼盐的海州，“板浦、徐渎、临洪三场，海壖晒池，累累如阡陌。沿河至安东，商船无虑千艘，昼夜络绎不绝”[⑬]。市镇和集市贸易为此而大为兴盛。

---

① 许钧：《如梦录》卷六《街市纪》。
② 许钧：《如梦录》卷六《街市纪》。
③ 许钧：《如梦录》卷六《街市纪》。
④ 万历《武陟县志》卷二《建置志》。
⑤ 嘉靖《商城县志》卷二《建置志》。
⑥ 嘉靖《柘城县志》卷一《地理志·市集》。
⑦ 万历《太和县志》卷一《舆地志·镇市》。
⑧ 嘉靖《寿州志》卷一《舆地志·坊乡》。
⑨ 雍正《怀远县志》卷一《舆地志·风俗》。
⑩ 康熙《济宁州志》卷二《市集》。
⑪ 正德《淮安府志》卷五《规制一·街市坊镇》。
⑫ 正德《淮安府志》卷五《规制一·街市坊镇》。
⑬ 隆庆《海州志》卷二《山川志·土产》。

表 4 明代中叶淮河流域部分地区集市（镇）数量一览表

所在省	府	州县	时间	集市（镇）数量	材料出处
河南	光州	固始	嘉靖	31（镇）	嘉靖《固始县志》卷三
南直隶	凤阳府	颍州	弘治	1 镇	弘治《中都志》卷四
			嘉靖	14 镇	嘉靖《南畿志》卷八
			嘉靖	1 镇 15 集	嘉靖《颍州志》卷二
		亳州	弘治	1 镇	弘治《中都志》卷四
			嘉靖	1 镇 16 集	嘉靖《南畿志》卷八
		太和	万历	27 集	万历《太和县志》卷一
		蒙城	弘治	2 镇	弘治《中都志》卷四
			嘉靖	2 镇	嘉靖《南畿志》卷八
			嘉靖	18 集	嘉靖《寿州志》卷一
		霍丘	弘治	2 镇 1 市	弘治《中都志》卷四
			嘉靖	2 镇 14 集	嘉靖《寿州志》卷一
			万历	48 市、镇、集	万历《霍丘县志》卷三
		寿州	弘治	2 镇	弘治《中都志》卷四
			嘉靖	3 镇 11 集	嘉靖《寿州志》卷一
		怀远	弘治	1 镇	弘治《中都志》卷四
			嘉靖	8 市、集	嘉靖《怀远县志》卷一
			万历	23 镇、集	万历《怀远县志》卷一
		凤阳	嘉靖	5 市	嘉靖《南畿志》卷八
		临淮	弘治	3 市	弘治《中都志》卷四
			嘉靖	3 市	嘉靖《南畿志》卷八
		定远	弘治	4 镇	弘治《中都志》卷四
			嘉靖	4 镇	嘉靖《南畿志》卷八
		宿州	嘉靖	67 集	嘉靖《宿州志》卷一
			万历	66 集	万历《宿州志》卷一
		灵璧	弘治	2 集	弘治《中都志》卷四
			嘉靖	14 集	嘉靖《宿州志》卷一
		泗州	弘治	2 集	弘治《中都志》卷四

续表

所在省	府	州县	时间	集市（镇）数量	材料出处
南直隶	凤阳府	泗州	嘉靖	4 市 3 镇 15 集	嘉靖《南畿志》卷八
		盱眙	弘治	2 镇	弘治《中都志》卷四
			正德	2 镇 12 集	正德《盱眙县志》卷一
		天长	弘治	4 镇	弘治《中都志》卷四
			嘉靖	1 市 5 镇	嘉靖《南畿志》卷八
	庐州府	霍山	嘉靖	1 镇 4 市	嘉靖《南畿志》卷三十六
			万历	5 市	万历《庐州府志》卷三
	淮安府	山阳	正德	16 市 3 镇 5 集	/
			嘉靖	13 市 3 镇	嘉靖《南畿志》卷三十二
			天启	13 市 12 镇、集	天启《淮安府志》卷三
		盐城	正德	5 市 7 镇	正德《淮安府志》卷五
			嘉靖	5 市 9 镇	嘉靖《南畿志》卷三十二
			万历	13 市	万历《盐城县志》卷二
		清河	正德	7 市	正德《淮安府志》卷五
			嘉靖	7 市	嘉靖《南畿志》卷三十二
		桃源	正德	6 镇 4 集	正德《淮安府志》卷五
			嘉靖	10 镇、集	嘉靖《南畿志》卷三十二
		安东	正德	6 市 3 镇	正德《淮安府志》卷五
			嘉靖	6 市 3 镇	嘉靖《南畿志》卷三十二
	淮安府	沭阳	正德	4 市 11 镇	正德《淮安府志》卷五
			天启	45 市、镇、集	天启《淮安府志》卷三

续表

所在省	府	州县	时间	集市（镇）数量	材料出处
南直隶	淮安府	海州	正德	16 镇	正德《淮安府志》卷五
			嘉靖	15 镇	嘉靖《南畿志》卷三十二
			隆庆	44 镇	隆庆《海州志》卷一
		邳州	正德	2 镇	正德《淮安府志》卷五
			嘉靖	13 市 21 集	嘉靖《邳州志》卷二
		宿迁	正德	1 市	德《淮安府志》卷五
			嘉靖	2 市	嘉靖《南畿志》卷三十二
			天启	9 市	天启《淮安府志》卷三
	徐州	徐州	弘治	1 镇 17 集	弘治《徐州志》卷二
			嘉靖	2 镇 17 集	嘉靖《南畿志》卷六十一
		丰县	嘉靖	5 集	嘉靖《南畿志》卷六十一
			隆庆	20 集、店	隆庆《丰县志》卷上
		沛县	嘉靖	3 集	嘉靖《南畿志》卷六十一
			隆庆	2 市 3 集	隆庆《丰县志》卷上
	扬州府	江都	嘉靖	4 镇	嘉靖《南畿志》卷二十八
			嘉靖	14 镇、集	嘉靖《维阳志》卷七
		泰兴	嘉靖	7 市	嘉靖《维阳志》卷七
			万历	3 市 7 镇	万历《泰兴县志》卷一
		高邮	嘉靖	10 市	嘉靖《维阳志》卷七
			隆庆	31 市 7 镇	隆庆《高邮州志》卷一
		兴化	嘉靖	7 市	嘉靖《维阳志》卷七
			万历	6 镇	万历《兴化县志》卷二
		泰州	嘉靖	4 市 6 镇	嘉靖《南畿志》卷二十八
			嘉靖	14 市	嘉靖《维阳志》卷七
		如皋	嘉靖	10 市	嘉靖《南畿志》卷二十八
			万历	7 市 4 镇	万历《如皋县志》卷二

续表

所在省	府	州县	时间	集市（镇）数量	材料出处
南直隶	扬州府	通州	嘉靖	2 市 5 镇	嘉靖《南畿志》卷二十八
			嘉靖	2 市 6 镇	嘉靖《通州志》卷一
		宝应	嘉靖	5 市	嘉靖《南畿志》卷二十八
			嘉靖	8 市	嘉靖《维阳志》卷七
	滁州	滁州	嘉靖	16 市	嘉靖《南畿志》卷五十九
			万历	14 市 13 集	万历《滁阳志》卷三
山东省	兖州府	单县	隆庆以前	36 集、市	隆庆《单县志》卷上
			隆庆以后	40 集市	隆庆《单县志》卷上

资料来源：韩大成：《明代城市研究》，北京：中国人民大学出版社，1991 年，第 666-689 页

明代中叶淮河流域各地农村集市（镇、店）数量的集聚增多，集市贸易的空前活跃，确实是淮河流域社会经济发展的一个极其重要的组成部分。然而，我们也应看到，并不是所有的集市（镇、店）贸易都是当时的商业贸易中心。诚如正德《姑苏志》所云："郊外民居所聚谓之村，商贾所集谓之镇。"[①]这一定义实际上代表了农村集镇的一般意义。就淮河流域而言，个别地区的镇，显然还具有居民联户自保的基层组织性质，如淮河下游滨海地区的海州，隆庆时虽然拥有 44 个镇，但这些镇中有不少镇并不是农村集市贸易的单位和组织，而是联户自保的组织，所谓"海州地广而盗贼多窃伏草野，故民聚数十家而为镇。其散在各村，以便田事者，不过四五家，皆与镇为声援。镇设老人二人，以主勾摄、游徼，大镇倍之，亦古之闾胥党正之遗意也"[②]。显然，海州的镇更像是明初里甲制下里老人的乡村基层组织。因此，我们绝不能因为海州镇数量的增加，就认为是该地区农村集市贸易繁荣发达的标志。

三、明代中叶以降淮河流域社会观念变革与经济发展不平衡格局的形成

（一）明代中叶以降淮河流域部分地区社会观念的变革

明代中叶以降，淮河流域农业特别是商品性农业、手工业的持续发展，沿淮、沿运

① 正德《姑苏志》卷十八《乡都志·市镇村附》。

② 隆庆《海州志》卷一《舆图志·市镇》。

等城市商业和农村集市贸易的空前繁荣，使得一些经济较为发达地区发生了社会观念的变革，传统“重农轻商”“农本商末”的观念，在一些地区逐步为“重商逐末”“商本农末”等观念所代替。经济愈为发达、商业愈为繁荣地区，这种社会观念的变革就愈加强烈和凸显。

地处淮河上游地区的河南固始县，“吴楚交会，淮、汝辐辏，民繁货殖。水陆转输，借贸易以利，民资末以通变。是故，货聚有集，民趋为市”①。优越的地理优势，使得固始之民在观念和行为上逐渐摆脱了传统“农本商末”的束缚，“资末以通变”“民趋为市”已成为明代中叶固始诸多社会转型与变革的一种极为重要的变革。

淮河中游地区重要的码头和商埠怀远，因“涡、淮交通，商贾辐辏”逐渐发展成为重要的商业贸易中心，以致“五方逐末者居其地，服食器用多尚奢华，故人务末忘本”②。徐州是黄、淮之间四通八达水陆交通枢纽，“舟车会通，颇称要津”，这里的人民“往往竟趋商贩而薄农桑”。③这种“趋商薄农”观念的形成，既是传统“农本商末”观念的历史性变革，也是“重商薄农”观念形成的标志。淮河南岸、江淮腹地的庐州府，自明代中叶以来，从事工商业的人口一直在增加。经过积累，至万历时期，开始实现了从传统“重农轻商”观念的转变，形成了“昔以务本，今以逐末”的局面。④

在淮河流域的运河沿岸，由于漕运和其他商贸运输的繁荣，人民竟相弃本逐末的现象，实际上是明代中叶社会变迁与转型的一个集中反映。山东兖州府宁州，地“当河槽要害之冲，江淮百货走集”，从事商业远比从事农耕有着更为可观的利润收入，因此，“民竞刀锥，趋末者众”⑤。郓城县更是“里中无老少，率习浮薄……逐末营利，填衢溢巷”⑥。弘治以前还是“人情简朴，务稼穑”的山东峄县，隆庆以来，竟也出现了“民弃本业，好游惰”的变化。⑦

在淮河下游地区，因赋役负担的沉重和土地兼并的激烈，使得这里的民户“多弃业逃徙，以兴贩为生”⑧，而且丰富的鱼盐之利和便捷的交通条件，也确实为逐末者提供了优越的弃农经商的资源。因此，从事商业人数之众，“轻本务末”，其观念和行为的变革，比淮河流域其他地区更为显著和突出。扬州作为“当江淮之冲要”的“五方都会”，早在明初即已形成“喜商贾，不事农业之俗”。⑨至嘉靖、万历年间，作为成熟的商业城市，扬州更是

---

① 嘉靖《固始县志》卷三《建置志·集市》。
② 雍正《怀远县志》卷一《舆地志·风俗》。
③ 顾炎武：《天下郡国利病书》卷十一《淮徐引〈徐州志〉》。
④ 万历《庐州府志》卷二。
⑤ 康熙《济宁州志》卷二《风俗志引万历旧志》。
⑥ 崇祯《郓城县志》卷五《方舆志·风俗》。
⑦ 乾隆《峄县志》卷一《地理志·风俗引外史氏语》。
⑧ 《明世宗实录》卷一百六十九。
⑨ 《古今图书集成》卷七百六十《职方典·扬州府部风俗考》。

发展成为“东南一大都会”[①]和四方之民的聚集之区，“田畴较贾十之一”[②]。盛产鱼盐的淮安府，“细民弃本事末”[③]，已成为正德年间社会风俗变化的一个集中表现。该府所属滨海之地——海州，因“土虽远而瘠薄，海产鱼盐”，从事农业已基本无利可图，故“民多逐末”，以致“田野不辟，米粟不丰”，出现了“小民不出境事商贾”[④]、粮食全部依仗他方输入的局面。

明代中叶，淮河流域部分经济发达地区出现的由“重本轻末”向“本末并重”，再到“务末忘本”观念的变化，实际上正是流域经济繁荣所导致的社会转型与变迁的结果，它促进了社会文明的进步，从另一个侧面反映了明代中叶经济持续发展的事实。

（二）明代中叶淮河流域经济发展不平衡格局的形成

我们在上文中曾经分析指出，明代中叶淮河流域是一个多灾并发、社会矛盾尖锐的重要地区之一。但是，由于来自祖国四面八方的流民的开垦与开发，以及地方统治者相对采取的一系列垦荒行利的举措，加上前期社会经济发展积累的惯性作用，因此，尽管就整体来说，明代中叶淮河流域社会经济发展总水平在全国的地位发生了下滑的趋势，但与明代前期相比流域本身情况相比，整个明代中期，淮河流域绝大部分地区社会经济还是呈现出持续发展的态势。

毋庸否认的是，由于所处的地理区位等各种因素的差异，尽管明代中叶淮河流域社会经济总体上处于持续发展的状态，但流域各地区之间发展水平存在着不平衡的现象。一些地理区位优越、气候条件较好和经济基础较为深厚的地区，其社会经济发展的总量和水平，不仅在流域内处于领先地位，即使是在全国，也处于先进行列，如开封、徐州、济宁、扬州和淮安等地区，其经济发展的总量和水平不逊色于东南沿海较为发达的城市和地区。相反，流域内部一些地理区位较差、气候条件恶劣和经济基础薄弱的地区，受自然灾害侵扰、赋役负担苛重和土地兼并激烈等因素的影响，其社会经济发展的总量和水平，则不仅在全国地位有较大幅度的下降，而且在流域内部，同明代前期相比，也出现较大的滑坡，如淮河中游地区的凤阳府所属的不少地区，因土旷民稀、水利失修及广种薄收等粗放式经营等综合因素的影响，其生产力发展水平与抵御自然灾害的能力都显得较为低下和脆弱，所谓“一月之旱赤土也，十日之霖巨津也”[⑤]，加上“农家不知粪其田，种入土则望收，又无沟洫以蓄水涝，故颍（州）之丰歉，天时七八，人力近一二耳”[⑥]，完全处于一种消极的靠天

① 万历《扬州府志》卷首《鲁扬洵序》。
② 万历《扬州府志》卷首《于若瀛序》。
③ 正德《淮安府志》卷二《舆地志·风俗》。
④ 隆庆《海州志》卷二《山川志·风俗》。
⑤ 万历《蒙城县志》卷三《食货志·田赋》。
⑥ 嘉靖《颍州志》卷八《食货志》。

吃饭的状态，全然没有了明代前期那种克服自然条件不利因素“人工足以兴地利”[①]的进取精神与意志。曾经担任庐州知府的张翰就曾深有感慨地指出：“江北地广人稀，农业惰而收获薄。”[②]在往来淮凤一带的路途中，当映入其眼帘的“一望皆红蓼白茅，大抵多不耕之地。间有耕者，又苦天泽不时，非旱则涝。盖雨多则横涝弥漫，无处归束；无雨则任其焦萎，救济无资，饥馑频仍，窘迫流徙，地广人稀”的荒凉景象时，也只能苦涩地得出“坐此故也”的结论。[③]万历《蒙城县志》的作者在描述了该县“士风惮奔竞，甘贫淡……田无灌溉之源，家乏再世之富”之后，自问自答地指出其根源在于“农惰商啬”。[④]其结论可以说与张翰不谋而合。

总之，淮河流域部分地区“务农为业”[⑤]“农工多不以粪堕者”[⑥]，以及“闾阎不蓄积，乐岁则尽数粜卖，凶年则持筐箧、携妻子逃徙趁食。俗又好赌，贫人得十文钱不赌不休”[⑦]等不思进取、懒惰成习的观念，加上“非旱则雨”[⑧]恶劣的自然条件等因素的制约，直接造成了上述地区经济发展的衰退，从而在整体上影响了明代中叶淮河流域社会经济发展的水平。这与那些“终岁勤动，无游惰纷华之习”[⑨]、“往往竞趋商贩”、“仰机利而食”[⑩]的经济发达地区相比，的确形成了鲜明反差。两种迥然不同的观念和行为，加上诸多因素的束缚，明代中叶淮河流域各地区之间经济发展不平衡格局的形成，也就在所难免，势在情理之中了。

（执行编辑：江伟涛）

---

① 乾隆《江南通志》卷八十六《食货志·物产》。
② 张翰：《松窗梦语》卷一《宦游纪》。
③ 张翰：《松窗梦语》卷四《三农纪》。
④ 万历《蒙城县志》卷五《省观志·风俗》。
⑤ 嘉靖《宿州志》卷一《地理志·风俗》。
⑥ 嘉靖《光山县志》卷一《风土志·风俗》。
⑦ 王士性：《广志绎》卷三《江北四省》。
⑧ 天启《凤阳新书》卷四《星土篇第一》。
⑨ 乾隆《寿州志》卷十一《风俗志》。
⑩ 康熙《滕县志》卷三《风俗志引嘉靖时王元宾语》。

略论晚明福建漳泉地区对吕宋的移民

周振鹤*

摘要：明朝隆庆元年（1567），长期实行的海禁政策宣布“弛禁”。这使得福建省南部的漳州、泉州地区原本一直存在的海上贸易非法活动变得畅通无阻，大量闽南人来往于马尼拉与漳州的月港之间，进行获利颇丰的合法贸易，有的甚至长期居住于吕宋，组成一个规模不小的华人社会。

关键词：晚明；漳泉地区；吕宋；移民

菲律宾最大的岛称为吕宋，从很早的时候起，中国福建省的漳泉地区就有与该地进行贸易活动的记录，但一直要到 1565 年（明嘉靖四十四年），西班牙入侵菲律宾以后，这种贸易才迅速演变成为大规模的活动，并引起了在吕宋——更具体而言是在今马尼拉的华人社区的形成。

以 1565 年为始，连接菲律宾到墨西哥的大帆船航线正式开辟，这一航线的垄断贸易活动维持了 250 年之久，一直到 1815 年才予以废除。大帆船每年 6 月乘西南季风自马尼拉启航北上，顺北太平洋上的“黑潮”东行，抵达阿卡普尔科港，翌年回程马尼拉。大帆船将中国、印度、波斯与日本等国的丝绸、瓷器、漆器、棉布、象牙、地毯、茶叶等商品，运抵墨西哥，并销售于墨西哥及西班牙的其他美洲领地，且转销西班牙本土。回程主要载运西班牙银元、铜、可可等。而实际上最重要与最核心的贸易是以墨西哥银洋来换取中国的丝绸、瓷器等物。所以中国与菲律宾之间的贸易，实际上是中国与墨西哥或者说是与西班牙的贸易。故《东西洋考》云：“今华人之贩吕宋者，乃贩佛郎机者也。”佛郎机是其时中国人对西班牙与葡萄牙人的统称。

非常凑巧的是，中国的明朝政府原来一直实行海禁政策，直到隆庆元年（1567）才弛禁，允许中国人合法进行航海贸易。此后，从中国到马尼拉的航海活动迅速发展起来。本来中国的东南沿海，其中主要是福建省南部（即闽南地区）的漳州与泉州地区，就一直有

---

* 周振鹤，复旦大学历史地理研究所教授。

非法的海上贸易活动；弛禁以后，大量闽南人来往于马尼拉与漳州的月港之间，进行获利颇丰的合法贸易，有的甚至长期居住于马尼拉，成为当地称为 Sanley 的一个人群，组成一个规模不小的华人社会。Sanley 应该是从闽南语的“生理”（即生意）一词而来。①西班牙殖民者以及商人与传教士都必须经常与这些华人打交道，以维持统治，进行贸易与传教活动。于是在西班牙语（当时或称卡斯蒂里亚语）与闽南语之间发生接触，形成了极为珍贵的一些两种语言对照的辞书与语法书。这些书籍都以写本的形式存在，多年以来，许多学者对其进行了研究，取得了丰硕的成果。

这些研究的更深一层的核心问题之一，是这些文献所体现出来的汉语方言到底是漳州方言还是泉州方言？据龙彼得（Piet van der Loon）研究，这些方言不但是漳州方言，有的还明显是海澄腔。②海澄是隆庆元年的前一年，即嘉靖四十五年（1566）才刚成立的新县（四十四年奏设）。当时，对外海上贸易的最大港口——月港，就在海澄县管辖范围内。而据最近韩可龙（Henning Klöter）的研究，认为这些文献代表的方言是居住于马尼拉的闽南人社区的一种通用的混合方言，既有漳州方言也有泉州方言的特征。③这个课题或许有些纯粹语言学研究的意味，暂且搁下，先看看 16—17 世纪之际，马尼拉华人社区里的华人成分到底如何，能否从侧面来帮助解决上述问题。

泉州在宋元时期一直是重要海港，政府在此设有市舶司，以管理海外朝贡贸易事宜。明代嘉靖年间，市舶司迁往福州，加之实行海禁，泉州港就此走向没落。与此同时，作为走私贸易港的漳州月港却悄悄地兴盛起来。福建是中国地少山多的地方，沿海居民光靠种田无以维生，因此以海为田始终是民间盛行的治生方针，即使是在海禁时期，也经常有人铤而走险，不做海盗即做海商，或者时盗时商，以走私贸易维持生计。明代正德、嘉靖年间，大臣桂萼（？—1531）在《福建图叙》中说道：“而海物互市，妖孽荐兴，则漳浦、龙溪之民居多。”④漳浦与龙溪是福建漳州府的两个沿海县份，显见，远在隆庆元年开放海禁前，漳州比泉州走私的人明显要多。

明代虽严厉海禁，但实际上对以海为田的福建人是禁不了的。《读史方舆纪要·漳州府·海澄县》“云盖山”条云：“又胡、使二屿，在海门上下，延袤数里。先是居民凭海为非，正统初，移其民而虚其地。”是漳州沿海一带的人藉海为生，早在正统年间（1436—1449）便已如此。虽有严禁而不止。

其时的走私港口以原漳州龙溪（后分置海澄）的月港为典型（其实不止月港，如诏安、

---

① 对于 sangley 一词与汉语闽南方言对音的推测有两种意见，一种认为对应于“常来”，另一种则为“生理”。笔者趋向于后者。这个词义直到今天仍在使用。而“常来”这样的词在闽南并不成为一个固定词语，尽管对音有点相近。

② Piet van der Loon, “The Manila incunabula and early Hokkien studies (part 1)”, *Asia Major* 12(1966): 1-43; “The Manila incunabula and early Hokkien studies (part 2)”, *Asia Major* 13(1967): 95-86.

③ 2013 年 9 月 28 日，韩可龙在复旦大学中华文明研究中心“闽南语与西班牙语接触研究及其他”工作坊上的主旨报告。

④ 桂萼：《福建图叙》，载《明经史文编》卷 182，北京：中华书局，1962 年。

梅岭等处，恐亦有走私港口。隆庆元年（1567）弛海禁时，先欲从该处发舶，为盗贼所阻，方改月港），比较利于走私的路线是从月港到菲律宾马尼拉的航路。《读史方舆纪要·漳州府·海澄县》云："正德间，土民以番市起寇。嘉靖二十七年始议设县，不果。三十年，建靖海馆于此……隆庆初，始设县治。"该书又在海澄县下之"月港"条引道："志云：正德中，土民私出月港，航海贸易诸番，遂为乱阶。嘉靖九年，于县东北十余里海沧澳置安边馆，委通判一员驻守。二十七年，议设县治于月港，寻增建靖海馆，以通判往来巡缉。"是月港欲设县以靖海氛，早在嘉靖中。接着又云："隆庆五年，滨月港为县城，而安边馆仍为守御处。"

月港本身的港口条件并不好，水不够深，远逊于中左所（今厦门岛西南部），但地点隐蔽。吕宋与闽南相去不算远，航程约为半个月，是以自然成为海商或海盗经常光顾的地方。但菲律宾本身出产无多，并不能为中国与吕宋之间的贸易带来多少真正的利益，一直到西班牙大帆船从墨西哥到来，白银与丝茶的贸易才得以成立，大量的闽南人才会对吕宋——具体即今菲律宾马尼拉——趋之若鹜，走私贸易因而大大兴盛起来，1567 年明朝政府的弛禁实在是被迫的行为。自此之后，既然海上贸易合法，来往方便，出洋贸易的人数大大增加，在贸易地就会出现因种种原因而形成久留不归的华人。所以《东西洋考》中有如下记述："华人既多诣吕宋，往往久住不归，名为'压冬'。聚居涧内为生活，渐至数万，间有削发长子孙者。"《东西洋考》成书于明万历四十五至四十六年（1617—1618），而此前则有更原始的记述，这就是思想开通的福建巡抚许孚远（1535—1604）的有关疏奏。《东西洋考》上述语句就引自许孚远《疏》："我民往贩吕宋，中多无赖之徒，因而流落彼地者不下万人。番酋筑盖铺舍，聚札一街，名为'涧内'，受彼节制，已非一日。"①

旅居吕宋华人的籍贯并无专门的史料予以分析，但却可根据许孚远的上述疏奏与《东西洋考》略作推想。许孚远在他的另一道《疏通海禁疏》里又有如下说法："东西二洋商人有因风涛不齐，压冬未回者，其在吕宋尤多。漳人以彼为市，父兄久住，子弟往返，见留吕宋者盖不下数千人。"这里明确说到，漳人以吕宋为市，居留于彼处的漳人不下数千人。说明在马尼拉居留的华人以漳州人为多，占前述"不下万人"的华人中的大多数。许孚远于万历二十年十二月（1593 年元月）到任福建巡抚②，对福建情况相当熟悉，其说当有所根据。从另一方面看，传统上中国人以文莱为界，将东南亚地区分为东洋、西洋两大部分。西洋国家虽较东洋国家数量为多，但东洋部分的吕宋与中国的贸易获利最丰，成为漳、泉人出外贸易的主要对象。以至于万历二十二年后，有泉州官员建议，漳、泉两府分贩东、西洋，仿漳州府样，在中左所设官抽饷。但此议为漳州官员所激烈反对未成。由此亦可见，

① 按：此疏为张燮：《东西洋考》卷 5《东洋列国考·吕宋》所引（北京：中华书局，1981 年）。中国国内不存许孚远之《敬和堂集》全本，故无法直接引述。

② 据许孚远《请计处倭酋疏》自述。

漳州人出贩吕宋者恐怕是比泉州人要多。

许孚远在《疏通海禁疏》中还说道："东南滨海之地，以贩海为生，其来已久，而闽为甚。闽之福、兴、泉、漳，襟山带海，田不足耕作，市舶无以助衣食，其民恬波涛而轻生死，亦其习使然。而漳为甚。"也就是说，福建沿海的福州、兴化、泉州、漳州四府都有出海贸易的民众，但其中以漳州府最突出。而在漳州府中，自然又以滨海诸县为最，故许氏又说："臣又访得是中同安、海澄、龙溪、漳浦、诏安等处奸徒，每年于四五月间告给文引，驾驶鸟船，称往福宁卸载北港捕鱼，及贩鸡笼、淡水者，往往私装铅硝等货，潜去倭国。徂秋及冬，或来春方回。亦有藉言潮、惠、广、高等处籴买粮食，径从大洋入倭。无贩番之名，有通倭之实。此皆所应严禁。"这里所举走私日本的人，以同安等五个县为最。这五个县只有同安一县为泉州府属，其余四县皆属漳州府。去倭者如是，去吕宋者当亦如是。所以前述之居于吕宋之漳人，实际上也主要是漳州府这四县的人。

而在海澄、龙溪、漳浦、诏安这四县当中，尤以海澄人为最多。崇祯《海澄县志》卷十四载："万历三十年，华人在吕宋者为吕宋王所杀，计捐二万五千人。为澄产者十之八。"当然，此段话中之"计捐二万五千人"一语，可能是抄自《东西洋考》，而"为澄产者十之八"则是《海澄县志》自己的估计。此估计或许过当，但海澄人占赴吕宋贸易中国人的绝大部分恐怕是事实。即使未达到十之八，但以一县之人，即使达到十之五，也是一个很大的比例。这对于辨识16—17世纪之交在马尼拉的闽南话的主体成分或许不无参考价值。崇祯《海澄县志》是第一部海澄县志，镌刻于崇祯六年（1633），是稀见版本，一般人所引均是乾隆《海澄县志》，而后者是照抄前者的。

关于海澄建设县前后以及月港的有关的记述颇多，无非皆证其为海外通商之最繁衍胜处，所以在吕宋的海澄人占大多数也就不为奇了。这些记述稍举如下：

> 澄民习夷，十家而七。①
>
> 海澄有番舶之饶，行者入海，居者附资，或将口子弃儿，养如所出，长使通夷，其存亡所患苦。犀象、玳瑁、胡椒、苏木、沉檀之属，麇然而至。工作以犀为杯，以象为栉。其于玳瑁或栉或杯；沉檀之属，或为佛身、玩具。夷资之外，又可得直。②
>
> 漳州府龙溪县月港地方，距府城四十里，负山枕海，民居数万家。方物之珍，家贮户口，而东连日本，西界西球，南通佛郎、彭亨诸国。其民无不曳绣蹑珠者，盖闽南一大都会也。③

---

① 高克正：《折吕宋采金议》，载张燮《东西洋考》卷11。

② 何乔远：《闽书》卷38《风俗志》，福州：福建人民出版社，1994年。

③ 朱纨：《增设县治以安地方疏》，载谢国桢编：《明代社会经济史料选编》（下册），福州：福建人民出版社，2004年，第67页。

> 方其风回帆转，宝贿填舟；家家赛神，钟鼓响答；东北巨贾，竞鹜争持，以舶主上中之产，转盼逢辰，容致巨万。若微遭倾覆，破产随之，亦循环之数也。成弘之际，称小苏杭者，非月港乎？[①]

从另一方面看，除了一般民众的贩货吕宋等航海活动外，晚明漳州士大夫阶层的海洋经济意识也比较突出，其代表性人物与论著可作如下的介绍：吴朴（约 1500—1570），诏安梅岭人，庠生。著有中国第一部记载国内航运并有海外东西洋航运的针经——《渡海方程》；又著《龙飞纪略》一书，表面上颂扬明太祖的龙兴过程，其实借“臣按”的方式表达对发展海外交通贸易的见解。沈鈇（1550—1634），诏安县人，进士。在天启年间因荷兰人占领台湾引起明朝政府再次实行海禁时，建言应允许商人“往贩东西二洋”[②]。郑怀魁（1563—1612）[③]，龙溪县人，进士。约万历三十四年（1606）著《海赋》，极赞月港开通以后的海外贸易盛况。周起元（1571—1626），海澄县人，进士，在《东西洋考·序》中极力称赞隆庆年间的部分解除海禁。张燮（1574—1640），海澄县人，举人，著有极为重要的一部海外交通史著作《东西洋考》。比起泉州府属各县来，漳州士人思想似更为开放。这也是漳人在东西洋以及其中最占重要地位的吕宋贸易往来的基础之一。

正因为到吕宋进行贸易的 Sanley 人多来自漳州府，所以在一本 1640 年（明崇祯十三年）迪亚兹（F.Diaz）所编的《汉西字汇》中，甚至在“漳”这个字头下有如下的卡斯蒂利亚语（即西班牙语的核心方言）释文：Una çuidad que se llama cham cheu［按：应即“漳州”］de donde son las Sangleyos de Manila（图 1）。日本琉球大学石崎博正教授将此句释文译为“叫漳州的城市，是马尼拉的 Sangley 们的地方”[④]。这说明当时的西班牙殖民者的眼光里，这些“生意人”都是从叫“漳（州）”的那个地方来的。

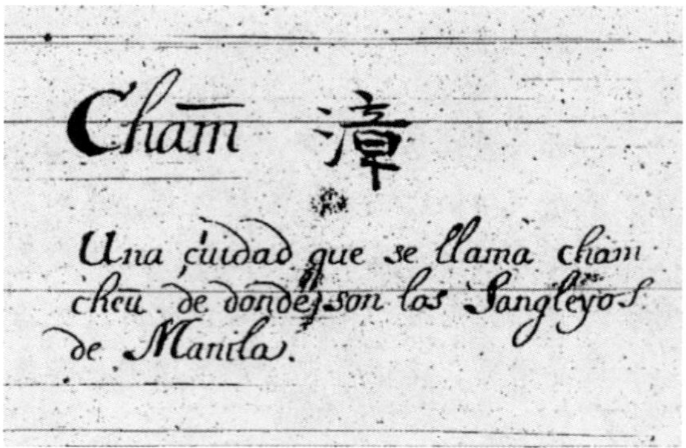

图 1 《汉西字汇》中“漳”字释文

① 梁兆阳修，蔡国桢、谢宗泽、张燮纂：《海澄县志》卷 11《风土志》，北京：中国书店，1992 年。

② 见沈鈇：《上南抚台经营澎湖六策书》第六策《通商便民之策》。

③ 陈庆元：《龙溪郑怀魁年谱》，《漳州师范学院学报（哲学社会科学版）》2013 年第 1 期。

④ 此材料承石崎博正教授提供，谨表谢意。

当然，泉州府属也有人前往吕宋，所以万历《泉州府志》卷二十提到华人在马尼拉被屠事云："是年，漳、泉人贩吕宋者数万人，为所杀无遗。"但这个记述稍嫌粗略。更为后出的《天下郡国利病书》里则载："是时，漳、泉民贩吕宋者，或折阅破产，及犯压冬境，不得归，流寓土夷，筑庐舍，操庸贾杂作为生活，或娶妇长子孙者有之，人口以数万计。"[①]不过，《天下郡国利病书》是抄撮地方志书及有关著作而成的，此话还应有更早一点年代的源头待考。

在明万历三十年（1602），居留吕宋的华人受到大规模屠杀以后，闽南与吕宋间的贸易也一度受到影响，但《东西洋考》云："（万历）三十三年，有诏遣商往谕吕宋，无开事端。至是祸良已，留者又成聚矣。"也就是三年后，居留吕宋的华人又渐渐增多。虽然西班牙当局为限制华人居留，要求每船不得超过200人，而返华之船人数不少于400人。但实际上，禁止不了居留人的增多。往往是离开马尼拉时船上有符合规定的人数，而返航中途又偷偷回到马尼拉。原来城内的"涧内"已被破坏，又在城外形成新的聚居区"新涧"。[②]

吕宋贸易之利不但于闽南地区有吸引力，其实还扩散到更远的地方。由《云间杂识》所记可知，甚至连江南松江府（治所在今上海市松江区）也有人远至彼处贸易："近来中国人都从海外商贩至吕宋地方，获利不赀，松人亦往往从之。万历三十七年，焦慎君偕一仆商于彼，归而渡海……"云云[③]，可见此一贸易航线之吸引力。

因为大帆船贸易的不断发展，到达吕宋并居留于彼者不但有海商，也有其他各种手工艺者，甚至还有文化教育以至演艺人员，以保证在马尼拉维持一个能正常运转的社会，以容留因种种原因不能归国的商人（但西班牙人对于只能业田之农民并不欢迎）。对于来到吕宋的华人数量，除了上引中国史料外，还有某西方研究者的一个估计：自1571年漳州与马尼拉之间的帆船贸易开始后的30年里，大约有630艘帆船从月港出航到马尼拉，每艘船载运的人数约300人。也就是说，在这30年里，大约有20万人次随贸易帆船到达吕宋。这些人中的绝大多数在下一次季风期即返航中国，但也有不少人留了下来。

留下来的人数可以西班牙殖民者当时征收的贡税额进行估计：在1611年（明万历三十九年），居住于吕宋的非基督教华人，每人每年必须缴付8比索的贡税（贫穷者免缴）。而在1615年（明万历四十三年），所收缴的贡税为53 832比索（意味着六七千名缴税者）；1638年（明崇祯十一年）则为116 916比索（约相当于一万五千人缴税）。而处于这两个年代之间的1635年（明崇祯八年）的统计表明有14 614名华人缴纳贡税，其中并不包括免税的穷人与漏税者。而1636年（明崇祯九年）驻马尼拉的西班牙代理商蒙法尔康（Grauy

① 顾炎武：《天下郡国利病疏》，收《顾炎武全集》，上海：上海古籍出版社，第16册，2011年，第3094页。
② 张燮：《东西洋考》卷5《东洋列国考·吕宋·交易》。
③ 李绍文：《云间杂志》卷中，清乾隆中平湖陆氏刊本。

Monfalcon）则声称居住于马尼拉的华人总数是三万人。[①]这些人基本上都是闽南人不成问题，但是漳州人偏多或泉州人占优则并不清楚。

但近代的统计结果却是相反，似以泉人占多数。菲律宾政府于近代曾对马尼拉、卡拉延、怡朗与宿务四省的华人人口作抽样调查。其中，有 80%的华人来自晋江、同安、南安和龙溪，其余少数来自安溪、惠安、海澄等县与兴化府（即莆田与仙游二县），厦门和枫亭司（今属仙游县）。其中人数最多（超过 50%）的是晋江，而后是同安、龙溪和南安。照此调查，则泉州府属县的移民超过漳州府移民。[②]有学者以为，这是清代以至近代以后的变化，但还需要作进一步的深入研究。

（执行编辑：杨　芹）

---

① Alfonso Felix, Jr. Edited, *The Chinese in Philippines*, Manila, Solidaridad Publishing House, 1966, Vol. 1, pp. 47. 转引自李金明：《闽南文化对菲律宾社会发展的影响》，《闽南文化研究》2001 年第 1 期。另有一个资料是美国学者斯科兹（W. L. Schurz）1939 年出版的《马尼拉大帆船》（*The Manila Galleon*）里的统计，从 1570—1603 年的 22 个年份（其中有的年份没有数据）里，共计有 460 艘以上的中国船只到达菲律宾。

② 李金明：《闽南文化对菲律宾社会发展的影响》，《闽南文化研究》2001 年第 1 期。

明代的“四民”说

赵轶峰*

摘要：明代君臣对于“四民”的观念，有所变化。明初盛行传统的“四民”有等观，至明朝中期，“四民”异业而同道的观念逐渐流行，到明朝末年，工商皆本的言论普遍为思想者接受。自明朝建立起，“四民”其实就不是制度性的概念，而是带有传统色彩的大致分类概念。明代社会人群分类远非“四民”可以囊括。在明人“四民”观中，关于士、农、工的言说都不及关于商的言说引人注目，其背后的社会构成演变，是“四民”界限的模糊及社会等级性的消解。这是帝制农商社会的特色，而不是封建社会的特色。

关键词：明代；“四民”；社会结构

中国上古时期就有士农工商“四民”之说，将此“四民”视为社会基本人群。这“四民”在社会体系中的地位，包括他们掌握财富与权力的状况、他们的法权地位，以及他们在社会心理中的位置，一直有所变化。尤其是在明朝中叶以后，变化更为明显。本文梳理明代人关于“四民”的言说，争取深化对时人“四民”关系观念的认识，以利于深入透视明清社会结构。

一、明太祖的“四民”等差说

明初国家政令，以恢复“四民”各安其业的社会状态为目标，“四民”之中，首崇士人，其次为农。明太祖讲道：

> 四民之中，士最为贵，农最为劳。士之最贵者何？读圣贤之书，明圣贤之道，出为君用，坐享天禄。农之最劳者何？当春之时，鸡鸣而起，驱牛秉耒而耕，及苗既种，

---

* 赵轶峰，东北师范大学亚洲文明研究院教授。

又须耘耨，炎天赤日，形体憔悴，及至秋成，输官之外，所余能几？一或水旱虫蝗，则举家皇皇无所望矣。今居官者不念吾民之艰，至有剥刻而虐害之，无仁心甚矣。①

这段言论，明确提出士在“四民”中最为尊贵，农为最劳，故极应体恤。至于工商，虽未提及，但显然其值得关注程度对于朱元璋说来逊于士、农。朱元璋的这种说法，在明代后来的士大夫言论中，仍有回响。湛若水就曾说：

先王制四民之序，农次于士而先于商贾，所以重农也。夫国之贫富兴衰，视其本末分数而已。务本者多，虽欲无富，不可得也；逐末者多，虽欲无贫，不可得也。民富而知礼义，虽欲无治，不可得也；民贫而丧廉耻，虽欲无乱，不可得也。是以先王之世，必重农事。②

朱元璋的前述言论，也非首创，基本是前人说法与社会各阶层实际关系在明朝初年的投影，如宋代审理诉讼时，就对“四民”身份加以区别：

国家四民，士农工商，应有词诉，今分四项。先点唤士人听状。吏人不得单呼士人姓名，须称某人省元，其为士而已贵与荫及子孙有官用干仆听状者，随附士人之后。干仆却呼姓名，然须有本宅保明方受。士人状了，方点唤农人。须是村乡种田务本百姓方是农人。农者国家之本，居士人之次者也，余人不许冒此吉善之称。农人状了，方点唤工匠。应干手作匠人能为器具有资民生日用者皆是。工匠状了，方点唤商贾。行者为商，坐者为贾。凡开店铺及贩卖者皆是。四民听状之后，除军人日夕在州，有事随说不须听状外，次第方及杂人，如伎术、师巫、游手、末作、牙侩、舡稍、妓乐、岐路、干人、僮仆等，皆是杂人。此外又僧道，亦吾民为之，然据称超出世俗，不拜君王，恐于官司无关，官司不欲预设此门。③

如此看来，“四民”在宋代还是渗透到官府司法行为中去的一种颇为凝重的概念，前引文所指诉讼过程中的点唤次序，带有社会地位等级的意味。同时，“四民”在宋代已是社会上受到特别重视的基本人群，并非所有人群都可以被涵盖于其中。

从明太祖“四民”有等的主张中，可以明显看出其“四民”观是倾向于保持先前传统的。相关的是他关于“四民”各安本业的政策。明代很多史籍中提到朱元璋在建国后不久对户部

① 余继登：《典故纪闻》卷五，北京：中华书局，1981年，第87页。

② 湛若水：《格物通》卷八十六，《景印文渊阁四库全书》第716册，上海：上海古籍出版社，1987年，第773页。按朱元璋称士、农重于工商，只从士人读书明道参政，农人辛苦角度立言。湛若水则更认定重农方能国富民安，工商为末，逐之必至丧乱。其论说此等严重话题，竟然不觉得需要提供任何证据或者论证过程，可见当时所谓鸿儒言说，以今日学术尺度衡量，其实并不严谨。

③ 黄震：《黄氏日抄》卷七十八，《景印文渊阁四库全书》第708册，第802页。

讲到的话：

> 古先哲王之时，其民有四，曰士农工商，皆专其业，所以国无游民，人安物阜，而致治雍雍也。朕有天下，务俾农尽力畎亩，士笃于仁义，商贾以通有无，工技专于艺业。所以然者，盖欲各安其生也。然农或怠于耕作，士或隳于修行，工贾或流于游惰，岂朕不能申明旧章而致然欤？抑污染胡俗，尚未革欤？然则民食何由而足，教化何由而兴也？尔户部即榜谕天下，其令四民，务在各守本业。医卜者，土著不得远游，凡出入作息，乡邻必互知之。其有不事生业而游惰者及舍匿他境游民者，皆迁之远方。①

努力使“四民”稳定于特定职业的思想，其实也是由来已久。《管子》甚至曾主张“四民”分隔居住。然而抵至宋代，“四民”分隔已经不再是强制的规定，更非社会实际。从朱元璋上述话中也可看到，即使“四民”各安本业，在明初也并未实现，因此他才去追问这是否为“胡俗”。到了洪武十八年（1385），朱元璋再次下达谕旨：

> 人皆言农桑衣食之本，然弃本逐末，鲜有救其弊者。先王之世，野无不耕之民，室无不蚕之女，水旱无虞，饥寒不至。自什一之涂开，奇巧之技作，而后农桑之业废。一农执耒而百家待食，一女事织而百夫待衣，欲人无贫得乎？朕思足食在于禁末作，足衣在于禁华靡，尔宜申明天下，四民各守其业，不许游食。庶民之家，不许衣锦绣。庶几可以绝其弊也。②

重农桑而禁末作，“四民”各守本业，庶民不事奢华，从朱元璋的这些政策中，大致可以看出，他是主张“四民”有等差的，但他并没有强调这种等差是社会身份地位的差别，主要还是从社会分工的意义上来强调其区分的必要性。以这种观念为基础而推行的社会政策，自然是农本主义的、自然经济的且以社会安定富庶为目标的，而不是追求发展变化的。

二、何良俊等人的“四民”定业说

朱元璋的“四民”说在他本人在位的时候，虽没有能够完全实现，但还指导着朝廷的政令，影响着官僚士大夫的言论。到了明中叶，社会流动性大为增强，不仅商人游走四方牟利，手工业者在以银代役政策下增强了流动性，以往最为稳定的农民因赋税及土地兼并

① 《明太祖实录》卷一百七十七，洪武十九年春正月壬寅，台北：“中央研究院”历史语言研究所校勘本，第2687-2688页。

② 《明太祖实录》卷一百七十五，洪武十八年九月戊子，第2663页。

等压力而发生大规模流徙，就连读书的士人中也流行起离开学校而游学讲学的风尚了。在这种情况下，士大夫中担忧社会流动性增强会瓦解社会稳定，呼吁“四民”定业的言论增多。何良俊就指出：

> 余谓正德以前，百姓十一在官，十九在田。盖因四民各有定业，百姓安于农亩，无有他志。官府亦驱之就农，不加烦扰，故家家丰足，人乐于为农。自四五十年来，赋税日增，徭役日重，民命不堪，遂皆迁业。昔日乡官家人亦不甚多，今去农而为乡官家人者，已十倍于前矣。昔日官府之人有限，今去农而蚕食于官府者，五倍于前矣。昔日逐末之人尚少，今去农而改业为工商者，三倍于前矣。昔日原无游手之人，今去农而游手趁食者，又十之二三矣。大抵以十分百姓言之，已六七分去农。至若太祖所编户口之数，每里有排年十人，分作十甲，每甲十户，则是一里总一百户，今积渐损耗，所存无几……吾恐田卒污莱，民不土著，而地方将有土崩瓦解之势矣！可不为之寒心哉？①

在这种描述中，朱元璋梦想的社会稳定结构已经瓦解，而实际上有力地推动了其瓦解的正是朝廷自己的“赋税日增，徭役日重”。就明朝前期的经济结构而言，赋税徭役的主要标的是农业和农民，所以赋税徭役造成的社会压力，首先冲击农民，因而推动农民弃农，其上者改事工商，下者为乡官家人、蚕食官府、游手趁食。后者诸种，已经游离于“四民”之外了。何良俊主要是文人而不是政治家、思想家，他的忧虑反映社会变化，他的化解方案却只是简单的复古：

> 管子以为士农工商四民者，国之石民也，不可使杂处。杂处则其言哤，其事乱。是故圣王之处士必于闲燕，处农必于田野，处工必于官府，处商必就市井。使旦暮从事于此以教其子弟，少而习焉，其心安焉，不见异物而迁焉。是故其父兄之教，不肃而成。其子弟之学，不劳而能。呜呼！由今之世，苟四民皆有定业，则民志定矣。民志定，而天下有不治者乎？②

明中叶主张恢复“四民”定业的人中还包括前面提到的湛若水。他曾上疏主张“定四民”，其说云：

> 夫先王之处民也，士农工商各有其地，所以专其业也。地壹则事专，事专则业专，业专则志定矣。民志定，则天下治矣。齐桓师管子之言，犹足以成霸图，况明君圣主，本之以诚而化之以道者乎？③

---

① 何良俊：《四友斋丛说》卷十三《史九》，北京：中华书局，1959 年，第 111-112 页。

② 何良俊：《四友斋丛说》卷二十《子二》，第 179-180 页。

③ 湛若水：《格物通》卷五十五《正万民上》，《景印文渊阁四库全书》第 716 册，第 487 页。

湛氏的定“四民”，不仅要定其职业，而且要仿照管子说法，定“四民”所在之地，即将之分区定位，以空间定位来确保社会角色固定。《管子》的说法，本有战国人因时托古之色彩，汉晋时代已面目全非，至于宋元，更已支离破碎。时至明朝中叶，如何能够将“四民”再度固着在特定空间？比类主张，从实践角度看，食古不化，近于梦呓。明末顾炎武就曾经批评管子的“四民”定位说并非先王之法：“士农工商谓之四民，其说始于管子。三代之时，民之秀者乃收之乡序，升之司徒而谓之士，固千百之中不得一焉……则谓之士者，大抵皆有职之人矣，恶有所谓群萃而州处，四民各自为乡之法哉？”①

三、王阳明的“四民”异业同道说

关照社会风尚的变化背景来看王阳明的相关言论，就会看到从明初到明中叶思想领域的变化。王阳明在《节庵方公墓表》中讲述昆山方麟行实云：方麟最初为士，习举子业，后来依居其妻家朱氏，而朱氏经商。友人问：“子乃去士而从商乎？”方麟曰：“子乌知士之不为商，而商之不为士乎？”后来方麟又曾为州府吏目，复退而归农。逢岁歉，尽出所有以赈饥乏，得到朝廷赏赐冠服，遥授建宁州吏目。后来，他与妻子朱氏竭力农耕植家，并教授二子皆中进士。王阳明就此评论曰：

> 古者四民异业而同道，其尽心焉一也。士以修治，农以具养，工以利器，商以通货，各就其资之所近、力之所及者而业焉，以求尽其心。其归要在于有益于生人之道，则一而已。士农以其尽心于修治具养者，而利器通货，犹之士与农也；工商以其尽心于利器通货者，而修治具养，犹之工与商也。故曰：四民异业而同道。盖昔舜叙九官，首稷而次契。垂工益、虞，先于夔、龙。商、周之代，伊尹耕于莘野，傅说板筑于岩，胶鬲举于鱼盐，吕望钓于磻渭，百里奚处于市，孔子为乘田委吏，其诸仪封晨门荷蒉斫轮之徒，皆古之仁圣英贤、高洁不群之士。书传所称，可考而信也。自王道熄而学术乖，人失其心，交骛于利以相驱轶，于是始有歆士而卑农，荣宦游而耻工贾。夷考其实，射时罔利有甚焉，特异其名耳。极其所趋，驾浮辞诡辩以诬世惑众，比之具养器货之益，罪浮而实反不逮。②

如几乎所有儒家思想考一样，王阳明托言于上古圣王来阐释自己的主张，核心是“四民”事业固然有别，但只要存“有益于生人”之心，就同在道中，并无等差。歆士而卑农，

---

① 顾炎武著，黄汝成集释：《日知录集释》卷七《士何事》，上海：上海古籍出版社，1985 年，第 578-579 页。

② 王守仁撰，张问达辑：《王阳明先生文钞》卷十五《节庵方公墓表》，《四库全书存目丛书》集部第 50 册，济南：齐鲁书社，1997 年，第 139 页。

荣士宦而耻工贾，是王道不兴而学术乖离所致。按照这种言论，“四民”无论所业为何，只要存有益生人的道心，本质就绝无等差，“四民”之间的相互转化，即朱元璋刻意防止的“四民”迁业、迁徙，也全属自然，无须防范。从前引朱元璋的“四民”等差说到王阳明的“四民”同道说，悄然之间，已然大异其趣。

王阳明的“四民”同道说并非故作高古之论，其同时代人中大有知音，如林俊就有相似说法。林俊作《明赠文林郎监察御史昆山周公明轩墓表》，其中讲述了明赠监察御史周叏的故事。周叏也是弃士子业而经商致富，既富之后，令其子周震修士子之业，取进士，为名御史。林俊的评论是：

> 呜呼！四民之业，士先焉，商致抑末之微。然三事八政，正德厚生乎等。太公立国，张安世立家，用此也。子贡学夫子之道而好废。然则士与商通欤？曰：士以明道，禄殆非所求。食货交相为用，末业，贫者资也。商之利厚于农工，而居中应会，估不二价，非士莫之能举也。公积能散，业能谢，士未尽然者，抑计然、陶朱之术非欤？[①]

无论故事还是见解，林俊与王阳明所说都甚相似。因而当时，士商异业而同道的思想，应是一个思潮。不过林俊的说法，止于因事点评，不及王阳明的说法，已经进入社会根本观念的反思层面。

有了前人的诸多言说，到了明后期，汪道昆在《虞部陈使君榷政碑》中发表为人熟知的商农并重主张，就不足为奇了。汪道昆称：“窃闻先王重本抑末，故薄农税而重征商。余则以为不然，直一视而平施之耳。日中为市，肇自神农，盖与耒耜并兴，交相重矣……商何负于农？”[②]

四、张瀚的“四民纪”

张瀚，字子文，号元洲，浙江仁和人，嘉靖十四年（1535）进士，官至吏部尚书，后因得罪张居正致仕，万历二十三年（1595）卒，时年八十三岁。《松窗梦语》是他致仕后所作笔记，内容以关涉本朝史事者为多，且每有亲身见闻为据。该书卷四由《士人纪》《三农纪》《百工纪》《商贾纪》4 篇记述四民的文章构成，张瀚之子为该书所作跋语中将之径称为“四民纪”。

《士人纪》，由士人出处以三不朽为高尚境界之说切入，称明朝达此境界者以刘基、宋濂、方孝孺、于谦、胡世宁、孙燧、王守仁为最。其主旨在于申明士君子之人生，当以三

---

① 林俊：《见素集》续集卷十《明赠文林郎监察御史昆山周公明轩墓表》，《景印文渊阁四库全书》第 1257 册，第 546 页。

② 汪道昆：《太函集》卷六十五《虞部陈使君榷政碑》，《四库全书存目丛书》集部第 118 册，第 68 页。

不朽为志，勿为富贵虚名所累，并无从社会结构角度出发的思考，无须多议。《三农纪》所论问题，并非伦理或人生观，而是农民生计，主张安置农民生计之根本在于开垦荒田，均平田赋。此类问题的一般论说，原为老生常谈，然而张瀚的可贵处，在于能区分各地差异，并未一概混同。不过，此篇文字，毕竟也不是从社会结构角度出发的议论。其《百工纪》要旨在于主张去侈靡。大意为百工之事，固然不可废弃，然而治世之道，在俭不在奢。如今因为元勋、国戚、世胄、貂珰穷奢极欲，故有百工奔走京师等地，追逐末利，非主持世道者申明规矩，不足以引导更正。“古之为工也，因其所能，不示以奢，男效其耕，女效其织而已……是以善为国者，令有无相济，农末适均，则百工之事，皆足为农资，而不为农病。”[①]“今之世风，上下俱损矣。安得躬行节俭，严禁淫巧，祛侈靡之习，还朴茂之风，以抚循振肃于吴、越间，挽回叔季末业之趋，奚仅释余桑榆之忧也。”[②]如此言论，承认百工为社会之必需，然而判定奢靡风气，必得百工之业而成，故百工不可以过多，其事当被节制。至于百工作为人民，其生计如何，张瀚并未讨论。百工在社会中的地位，也未特别论及。

“四民纪”中独到之处者是《商贾纪》。张瀚虽在《百工纪》中一味地以禁奢从俭为言，但言及商贾，却力为弛商裕国说张目。其文之初，言商贾逐利，虽出人情，然而为智之小者，大致故为高深姿态，并无独到见解。进而回顾各代商贾政策，仿佛欲就本末关系有所分析，但也只朦胧言说。及至说到明代，笔意陡然振奋，将全国各地商贾盈缩关节，一一述说，大致展现了明代全国市场的概况，而其间对于商贾，并无刻意鄙薄之语。进而，论西北互市与开放东南海禁利弊之较，主张开放海上贸易，称：“海市所易，皆民间财货，无妨国计；互市有损而无得，海市有利而无害，主计者何不思也？”[③]最后又力陈减轻商税之必要：“至于中国商贾之税课，虽国用所资，而多方并取，亦所当禁。”“古者关市讥而不征，征商非圣朝所宜急。”[④]

通观“四民纪”，其论士、农、工，皆缺乏新意，但在讨论商贾时，的确表达了明确的主张，承认商贾对于社会繁荣的作用，主张商税不应繁重，东南海外贸易应当开放。于中可以看出，在张瀚看来，商人社会地位即使尚不能与士人比肩，至少亦不逊于农工。

对待商人的这种比先前更多肯定性的看法，在张瀚时代，也已经流行，如万历初内阁首辅张居正亦云：

> 古之为国者，使商通有无，农力本穑。商不得通有无以利农则农病；农不得力本穑以资商则商病。故商农之势，常若权衡。然至于病，乃无以济也……故余以为欲物力不屈，则莫若省征发，以厚农而资商；欲民用不困，则莫若轻关市，以厚商而利农。[⑤]

---

① 张瀚：《松窗梦语》卷四，北京：中华书局，1985年，第78页。

② 张瀚：《松窗梦语》卷四，第80页。

③ 张瀚：《松窗梦语》卷四，第86页。

④ 张瀚：《松窗梦语》卷四，第86-87页。

⑤ 张居正：《张太岳先生文集》卷八《赠水部周汉浦榷竣还朝序》，《续修四库全书》第1345册，上海：上海古籍出版社，1995年，第663页。

同是万历时人的王士性观察到，除了京城人好侈夸奢靡，因而骤富者亦易于荡尽财富外，外省各地“四民”中，皆有经营致富者。他说：“都城众庶家，易兴易败。外省富室，多起于四民自食其力。”[①]可见当时的“四民”，如就财富状态而言，社会处境在发生变动。抵至明末，黄宗羲称“世儒不察，以工商为末，妄议抑之。夫工固圣王之所欲来，商又使其愿出于徒者，盖皆本也”[②]。这显然已经是在普遍观念基础上所发的议论了。

五、“四民”之外

士农工商历来被看作社会中最主要的人群。荀悦《前汉纪·游侠论》中就说：“国有四民，各修其业。不由四民之业者，谓之奸民。奸民不生，王道乃成。”[③]然而“四民”从来不能囊括所有社会成员，游侠之类就不在“四民”之内。即使就社会基本人群而言，到了宋代，已经有很多人明显难以纳入“四民”之中，时有“六民”之说。宋真宗初即位时，王禹偁上疏称：“古者井田之法，农即兵也。今执戈之士不复事农，是四民之外又一民也。自佛教入中国，度人修寺，不耕不蚕而具衣食，是五民之外又一民也。”[④]由此，则历史上凡兵农合一之法不行时代，都有兵为“四民”之外一大人群，自佛教传入中国，即有佛教僧尼为另一大人群。此外三教九流，还有许多人群，只是并不被看作社会根基而已。

“四民”虽为中国历史文献中常用语词，但在明代，却不是制度语汇。《明史》记载明朝户籍制度：

> 凡户三等，曰民、曰军、曰匠。民有儒，有医，有阴阳。军有校尉，有力士，弓、铺兵。匠有厨役、裁缝、马船之类。濒海有盐灶。寺有僧，观有道士。毕以其业著籍。人户以籍为断，禁数姓合户附籍。漏口、脱户，许自实。[⑤]

如此，则军、民、匠为三大人群。此外则还有社会地位更为低贱的人户，如乐户、亭户之类。各人群区分职业，但又不仅为职业类别，其社会自由度也不相同。民户中，应包括“四民”中的农、商。“儒”与“医”、“阴阳”并列，应是继承了元代的说法，而元代官、吏皆不在儒户之内。故此处之“儒”，并不等同于“四民”中的士。如此，则明初所定户等，主要是关于下层庶民的分类，“士”作为一个有特权的人群已经放在各户等之外。匠户恐亦

---

① 王士性：《广志绎》卷二《两都》，北京：中华书局，1981年，第18页。
② 黄宗羲：《明夷待访录·财计三》，北京：中华书局，1955年，第41页。
③ 荀悦：《前汉纪》卷十《孝武一》，《景印文渊阁四库全书》第303册，第291页。
④ 袁褧：《枫窗小牍》卷上，《丛书集成初编》，北京：中华书局，1985年，第3页。
⑤ 张廷玉等：《明史》卷七十七《志第五十三·食货一》，北京：中华书局，1974年，第1878页。

不能囊括“四民”概念中所说的“工”，这在前引张瀚“四民纪”中可以看到消息。“军”也在“四民”之外，但却是明代社会结构中一个巨大人群。至于僧道，在明中叶以后，应接近百万之数。其中多有依托梵门而养家室者。谢肇淛说：

天下僧惟凤阳一郡，饮酒、食肉、娶妻，无别于凡民，而无差役之累。相传太祖汤沐地，以此优恤之也。至吾闽之邵武、汀州，僧道则皆公然蓄发，长育妻子矣。寺僧数百，惟当户者一人削发，以便于入公门，其他杂处四民之中，莫能辨也。按陶谷《清异录》谓僧妻曰“梵嫂”。《番禺杂记》载广中僧有室家者，谓之“火宅僧”。则它处亦有之矣。此真所谓幸民也。①

“四民”之外，还有一些地方有被社会特别歧视的人群，如绍兴惰民：

谓是胜国勋戚，国初降下之，使不与齐民列。其人止为乐工、为舆夫，给事民间婚丧。妇女卖私窝，侍席行酒，与官妓等。其旁业止捕鳝、钓水鸡，不敢干他商贩。其人非不有身手长大、眉目姣好与产业殷富者，然家虽千金，闾里亦不与之缔婚，此种自相为嫁娶，将及万人，即乞人亦凌虐之，谓我贫民非似尔惰民也。余天台官堂亦有此种，四民诸生皆得役而詈之、挞之不敢较，较则为良贱相殴。愚尝为叹息之，谓人生不幸为惰民子孙，真使英雄无用武之地。②

这类人群被整个社会歧视，表示明代中国社会结构中，仍存类似种姓制度下的世代低贱者阶层。绍兴这种因特殊原因而落于低贱地位的人群，到了清雍正年间方因政府政令而获平等地位。当时巡视两浙盐课的噶尔泰比照削除山西、陕西乐籍之例，于雍正元年（1723）七月十一日上奏折，称在绍兴府属八邑查得所谓惰民，相传为宋罪俘之遗，摈之而名以“惰民”。率习污贱，“四民中居业不得占，四民中所籍不得籍，即四民中所常服，彼亦不得服，特别以辱之者也。”其中“丐户”，自称为宋叛将焦光瓒部落，被斥为惰民，男子只许捕蛙、卖饧、逐鬼，妇女则为媒婆、伴嫁、梳发，或群走市巷谋生，与乐籍无二。请一体开除其贱籍。③此类贱籍人群，不仅存在于绍兴，其他地方也有存在，如在广东东部，有疍民。雍正帝曾说道：

闻粤东地方，四民之外，另有一种，名为疍户，即瑶蛮之类，以船为家，以捕鱼为业。通省河路，俱有疍船，生齿繁多，不可数计。粤民视疍户为卑贱之流，不容登岸居住。疍户亦不敢与平民抗衡，畏威隐忍，局蹐舟中，终身不获安居之乐。深可悯

① 谢肇淛：《五杂组》卷八《人部四》，上海：上海书店出版社，2009年，第162-163页。

② 王士性：《广志绎》卷四《江南诸省》，第72页。

③ 《世宗宪皇帝朱批谕旨》卷一百七十《朱批噶尔泰奏折》，《景印文渊阁四库全书》第422册，上第832页。

恻。蛋户本属良民，无可轻贱摈弃之处，且彼输纳鱼课，与齐民一体，安得因地方积习，强为区别，而使之飘荡靡宁乎？[①]

此类疍民在地方社会的低贱地位并非政府政令造成，而是“地方积习”所致。可知除由于政府政令之外，社会习俗本身也会衍生出社会等级来。

“四民”之外的人群并非皆为低贱者，明代宗室，名义上至为尊贵，但不准从事“四民”之业，其人群数量增至一定规模后，也构成一个值得注意的社会结构现象，“本朝宗室厉禁，不知起自何时，既绝其仕宦，并不习四民业，锢之一城。至于皇亲，亦不许作京官，尤属无谓……”[②]至万历后期确立皇太子之时，方才弛禁。

六、结　语

以上梳理，可以使我们更为明确地看到如下问题：一是，明代君臣对于“四民”的观念，有所变化。明初盛行的是传统的“四民”有等观，抵至明朝中期，“四民”异业而同道的观念逐渐流行，到了明朝末年，工商亦为本业的言论已经普遍为思想者接受了。二是，自从明朝建立，“四民”就已经不是社会结构体系的真实概念，而是带有传统色彩的大致分类概念。明代社会人群分类构成，远非“四民”可以囊括。三是，明人“四民”观的变化中，对于士、农、工的言说其实都很少，变化主要在于对商业与商人的观念。由此可见商人地位之上升。这与笔者提出的帝制农商社会中，绅商为社会主导人群的判断一致。[③]四是，这种观念背后的社会结构，既包含等级的区分，又并非依赖等级区分来建构社会主要人群的关系，其演变的趋势，主要是朝向等级的消解。这是帝制农商社会的特色，而不是封建社会的特色。总体看来，明中叶以后，中国社会各阶层的社会地位不断发生变化。缙绅依然处于较高位势，同时因商人地位上升，逐渐向“绅商支配”结构演变。其间，占人口绝大多数的农民，在国家对社会控制有效的情况下，作为分散的生产劳动人群处于整体弱势地位。独立的手工业者社会自由度增加，但被商业资本支配，分散而不构成集中的产业人群，构成手工业产品来源的农村副业劳动者本质上还是农民，故手工业生产虽然有日益增加的经济重要性，手工业者的社会权力却甚微茫。

（执行编辑：王一娜）

---

① 《世宗宪皇帝圣训》卷七（五月）《壬申》，《景印文渊阁四库全书》第412册，第102页。

② 沈德符：《万历野获编》卷四《宗室通四民业》，北京：中华书局，1959年，第128页。

③ 参见赵轶峰：《明清帝制农商社会论纲》，《古代文明》2011年第3期。

明清商业书中的伦理与道德论述

邱澎生*

摘要：由16世纪到18世纪现存明清商业书籍的流传看来，当时中国商业教育的内容与形式其实既有承续也有断裂：16世纪《客商规鉴论》与18世纪《商贾便览》确实传递了颇多共通的商业知识，但与此同时，《客商规鉴论》基本不太讨论商业道德，而《商贾便览》则纳入较多的商业道德相关论述。总的来说，无论是经由"日用类书"形式而收录的《客商规鉴论》，或是以专门商业书籍形式出现的《商贾便览》，这两类文本都可视为是透过出版而在全国传播流通的"文字建构式"商业教育；这两种不同出版形式的商业书籍，与当时存在各地的"口传心授式"商业教育彼此分工与相互补充，共同丰富了明清商业知识的累积以及商业道德论述的展开。

关键词：商业书籍；商业教育；商业知识；商业道德；商人世界观

随着16世纪到18世纪中国全国市场扩展，出现了一批涉及交通、住宿、货币、度量衡、商品、商税、应酬书信等各方面内容的商业书，反映了当时明清商业发达的一项特色。[①]这些商业书不仅有针对一般不分行业的"坐贾"（开设店铺者）与"行商"（旅途商贩者），其他像是针对从事特定一类商业的典铺与当铺，以及针对经营棉布批发与加工的"字号"业者，也都出现了一些用以传授商业经营相关知识的专门书籍，这些文本都可统称为明清中国的商业书。[②]对于估计明清中国经济发展整体概况，特别是想认识当时商业经营所需用的

---

* 邱澎生，香港中文大学教授。

① 陈国栋：《懋迁化居——商人与商业活动》，载刘岱总主编、刘石吉主编：《中国文化新论：经济编》，台北：联经出版公司，1982年，第272页。

② 对现存明清中国各种不同商业书（或称商书）比较全面的介绍，可见：陈学文《明清时期商业书及商人书之研究》（台北：洪叶文化有限公司，1997年）；张海英：《明清社会变迁与商人意识形态——以明清商书为中心》，《复旦史学集刊》第一辑《古代中国：传统与变革》（上海：复旦大学出版社，2005年），第145-165页；张海英：《明清商业书的刊印与流布——以书籍史/阅读史为视角》，《江南社会历史评论》第8期，北京：商务印书馆，2016年，第32-46页。

交通路线、数字计算、书信写作、货币换算、学徒与伙友教育训练等商业知识，以及由商业经营立场去认识或评论各类人际关系的商业伦理或是商业道德问题，这些商业书都反映了不少重要的相关论述。

目前学界有关明清商业书的研究成果已然不少，讨论主题大致包括：商业水陆交通路线的概况与变动①、客商与“车、船、店、脚、牙”等行业者在商业上的交往经验②、算盘技法与商用数学的演变③、针对学徒与伙友的商业与工业教育训练④、“日用类书”中收录的商业知识内容⑤，以及商业书中的“抄稿本”与“刊印本”问题⑥，还有商人道德与商人自觉的主要特征⑦，涉及面向可谓颇为丰富多样。

无论刊印本或是抄稿本，都可作为商人传承其经商经验的文本，故两者形式虽然可能影响其写作策略，但两者功能还是具有不少相似性。随着16世纪以后明清国内外商贸活动加速进行与扩展，各类经商相关知识也在全国范围内不断累积、传播与演变。这些商业书取材内容常有不同，既有作为标明全国商业路线及沿途风土民情的“程图”或“路引”

---

① 韩大成：《交通运输的发展》，收入氏著：《明代城市研究》，北京：中国人民大学出版社，1991年，第237-271页；谷井俊夫：《里程書の時代》，收入小野和子编：《明末清初の社會と文化》，京都：京都大學人文科學研究所，1996年，第415-455页；Timothy Brook, *Geographical Sources of Ming-Qing History*. Ann Arbor: Center for Chinese Studies, University of Michigan, 2002；张海英：《明清江南商品流通与市场体系》，上海：华东师范大学出版社，2002年。

② 鞠清远：《清开关前后的三部商人著作》，收入包遵彭等编：《中国近代史论丛》第二辑第三册，台北：正中书局，1977年，第205-244页；森田明：《『商賈便覧』について—清代の商品流通に關する覺書》，《福岡大學研究所報》16（1972年），第1-28页；水野正明：《『新安原板士商類要』について》，《東方學》60（1980年），第96-117页。

③ 本田精一：《『三台萬用正宗』算法門と商業算術》，《九州大學東洋史論集》23（1995年），第87-125页；李伯重：《八股之外：明清江南的教育及其对经济的影响》，《清史研究》2004年第1期。

④ 罗仑：《乾隆盛世江南坐商经营内幕探微》，收入洪焕椿、罗仑编：《长江三角洲地区社会经济史研究》，南京：南京大学出版社，1989年，第241-257页；范金民：《清抄本〈生意世事初阶〉述略》，收入氏著：《国计民生——明清社会经济研究》，福州：福建人民出版社，2008年，第742-748页；张海英：《从商书看清代“坐贾”的经营理念》，《浙江学刊》2006年第2期；李琳琦：《从谱牒和商业书看明清徽州的商业教育》，《中国文化研究》1998年第3期；王振忠：《启蒙读物与商业书类》，收入氏著：《徽州社会文化史探微：新发现的16—20世纪民间档案文书研究》，上海：上海社会科学出版社，2002年，第312-445页；彭南生：《行会制度的近代命运》，北京：人民出版社，2003年，第7—9章，第196-326页；余同元：《传统工匠及其现代转型界说》，《史林》2005年第4期。

⑤ 王尔敏：《明清时代庶民文化生活》，台北：“中央研究院”近代史研究所，1996年；吴惠芳：《万宝全书：明清时期的民间生活实录》，台北：台湾政治大学历史学系，2001年。

⑥ 张海英：《从明清商书看商业知识的传授》，《浙江学刊》2007年第2期。

⑦ 寺田隆信：《明清時代の商業書について》，原载于《集刊東洋学》20（1968年10月），第111-126页，后收入氏著：《山西商人の研究：明代における商人および商業資本》，京都：京都大學文學部内東洋史研究會，1972年，第297-336页；斯波義信：《「新刻客商一覽醒迷天下水陸路程」について》，收入《東洋學論集：森三樹三郎博士頌壽記念》，東京：朋友書店，1979年，第903-918页；Richard John Lufrano, *Honorable Merchants: Commerce and Self-Cultivation in Late Imperial China* (Honolulu: University of Hawaii Press, 1997)；张海英：《明清社会变迁与商人意识形态——以明清商书为中心》。

等内容宽泛的商业书[①]；也有讨论类似“买山先种松，买地先种柳”等特定商品经营技巧等所谓“致富全书”的特定商业书[②]。但无论其涉及经商事务范畴的宽泛或特定，当这类著作以刊本或是抄稿文本形式出现时，都能相当程度地反映时人整理与传承各类商业知识与相关伦理道德的企图与成果。

明清商业书的刊印本种类颇为多元，诸如用以传承“行商”经验的《客商规鉴论》（约1599年）[③]、《士商类要》（约1626年）[④]、《客商一览醒迷》（约1635年）[⑤]，以及标榜同时纳入“行商”与“坐贾”商业知识的《商贾便览》[⑥]，这些商业书大多是由书坊制作与售卖的刊印本。至于抄稿形式的商业书也有些许作品存世，如讨论“坐贾”经商事务的《生意世事初阶》[⑦]、登录当铺估价各类货品的数种“当谱”[⑧]，以及收录棉布加工生产检

---

① 中国历史上类似“程图”“路引”的文本至少可上溯到宋元时期的“行纪”，但延至明清两代，则出现更多以“路程”“图记”“程图”“路引”命名的专书。这类“程图”“路引”的种类不少，品质也各有高下。有些“图程”固然“但施抄袭”因而并“不准确”（参见：吴璧雍：《〈石渠阁精订天涯不问〉：一部院藏袖珍本旅行交通手册》，《故宫文物月刊》2003年第21卷第8期），但并非所有“图程”都是如此“不准确”，如明隆庆四年（1570）黄汴所辑《一统路程图记》（该书又名《新刻水陆路程便览》或《图注水陆路程图》），有学者认为该书“所记大多数驿站和驿路都很准确”，而这模拟较准确的“程图”“路引”在16世纪以后中国境内流行了三四百年，直至清末通信方式和交通工具发生重大变化，才为近代“交通指南”和各种新式地图所取代（参见：杨正泰：《〈一统路程图记〉前言》，收入氏著：《明代驿站考》，上海：上海古籍出版社，1994年，第133-134页）。张海英曾仔细比对不同版本的“程图”，指出明清其实存在几种不同的“路引体系”：明代隆庆年间的黄汴《一统路程图记》，“明显继承元代许衡编著的《万宝全书》”相关内容，这套路引体系确实影响其后许多明代“程图”；但明代天启年间程春宇《士商类要》的“程图”内容，则是影响清代《示我周行》等书籍甚大的另一套路引体系（参见：张海英：《明清水陆行程书的影响与传承——以〈一统路程图记〉、〈士商类要·路程图引〉、〈示我周行〉为中心》，收录于唐力行：《江南社会历史评论》第五期，北京：商务印书馆，2013年，第21-22页）。

② （明）陈继儒撰，（清）严逸叟增定：《重订增补陶朱公致富全书》卷3《诗赋：田园即事》，《故宫珍本丛刊》子部第363册，海口：海南出版社，2001年，据清康熙年间经伦堂刻本影印，第23页下。

③ （明）不著撰人：《客商规鉴论》，收录于（明）三台馆主人仰止余象斗编：《新刻天下四民便览三台万用正宗》（据明万历二十七年（1599）余氏双峰堂刻本影印，后文简称《三台万用正宗》），收于酒井忠夫監修，坂出祥伸、小川陽一編：《中國日用類書集成》第三卷，冊2，卷21《商旅門》，東京：汲古書院，1999年，第294-348页。《三台万用正宗》原刊于明万历二十七年（1599），则收录书中之《客商规鉴论》应系更早编成。

④ （明）程春宇辑：《士商类要》，书前有明天启六年（1626）方一桂叙文，杨正泰点校本，收入杨正泰：《明代驿站考（增订本）》，上海：上海古籍出版社，2006年，附录三，第299-447页。

⑤ （明）李留德：《客商一览醒迷》，书前有明崇祯八年（1635）《合刻水陆路程序》，新校本，收入杨正泰校注：《天下水陆路程、天下路程图引、客商一览醒迷》，太原：山西人民出版社，1992年，第267-329页。据瀧野正二郎先生细核崇祯八年本《客商一览醒迷》告知，此书作者不是杨正泰校注本所写“李晋德”，而应是“李留德”，此处据以改正，特此致谢。

⑥ （清）吴中孚：《商贾便览》，六集八卷本，书前有清乾隆五十七年（1792）作者自序，复印件藏于“中研院”近代史研究所郭廷以图书馆。

⑦ （清）王秉元：《生意世事初阶》，书前有清乾隆五十一年（1786）汪氏重抄本序言，现藏于南京大学图书馆。感谢范金民与张海英两位教授协助，使笔者有机会研读此份抄稿本。

⑧ 如《当铺集》（书前封面署有清乾隆二十四年增补钞本）、《论皮衣粗细毛法》（书前题有清道光二十三年“任城李氏定本，峻山氏重辑”）、《当谱》（清抄本，未著年代）、《成家宝书》（清抄本，未著年代）、《定论珍珠价品宝石沆头》（清抄本，未著年代；书末盖有民国二十六年6月10日“袁同礼先生赠”印记），这五种抄本都影印收入北京国家图书馆分馆编的《中国古代当铺鉴定秘籍》（北京：国家图书馆，2001年）中。

验与买卖营销原料各种相关技艺的《布经》[①]，这些都是当时以抄稿文本形式流传的商业书。

当然，传承商业知识的管道很多，并不必然非靠刊印本或是抄稿等文字形式，“口传心授”其实也经常发挥更为直接的功效。我们不妨将明清商业知识传承区分为“口传心授”与“文字传播”两大类：前者包括个人的亲身经历、雇主或师长的耳提面命，以及亲友的私下指点；后者则主要透过写录抄稿或是刊印书籍，借以传承商业知识。一般说来，借文字传播的商业知识，可能经常比不上口传心授者来得亲切，但却因为容易流通而具有更大的扩散性。而要进一步留意的是：即使同属文字传播的商业知识，抄稿与刊印本两者也可能在内容上存在重要区别，刊印本固然流传范围比抄稿大，但稿本却因制作时未曾特别想要公开提供给较多素不相识的读者阅读，则作者、编者或是抄者的顾忌便相对较少，反而有时记录了商人对某些敏感事物或特定人际关系更加真实的想法。[②]明清中国那些透过“口传心授”的商业知识，现今固然已很难复原，但在某个意义上说，抄稿商业书比起刊印本商业书而论，有时候却可能更接近当时中国口传心授的商业知识。

在既有的明清商业书研究基础之上，笔者将以出现于16至18世纪间的《客商规鉴论》与《商贾便览》为主要考察对象，针对其中包括的商业知识与伦理道德论述做些相关比较。

一、综论与举证交错：《客商规鉴论》的商业训练与教育

现今较易见到的《客商规鉴论》，收录于当代学者习称为“日用类书”的《三台万用正宗》[该书原刊于明万历二十七年（1599）][③]，但此书的具体写作年代与作者名姓不详。《商贾便览》则是以专书形态出现，该书编于乾隆五十七年（1792）而刊于道光二年（1822），是18世纪末的文本。[④]整体而论，无论是属于“日用类书”或“商业手册”的文本，对阅读者与编写、出版者而言，《客商规鉴论》与《商贾便览》相距约有两百年，但都具有累积与传递商业知识的作用；笔者希望能进一步对这两件商业知识文本细做区分，或许也能看

---

① 目前至少有三种不同的《布经》抄本：（清）范铜：《布经》，清抄本，影印收入《四库未收书辑刊》3辑30册，第82-110页；（清）不著撰人：《布经》，清抄本，安徽省图书馆藏；（清）不著撰人：《布经要览》，据清汪裕芳钞本影印，收入《四库未收书辑刊》10辑12册，第581-599页。

② 有关这方面问题的讨论，参见张海英：《从明清商书看商业知识的传授》，《浙江学刊》2007年第2期。

③ 《三台万用正宗》全名为《新刻天下四民便览三台万用正宗》，影印本，收于《中國日用類書集成》第三卷，東京：汲古書院。该卷计分3册，该书原刊于明万历二十七年（1599），编者署名“三台馆主人仰止余象斗”，但《客商规鉴论》则不附作者与撰著时间，被收录于《三台万用正宗》卷21《商旅门》，影印本，册2，第294-348页。

④ 现今传世《商贾便览》至少有“六集八卷”与“六集十卷”两个不同版本，两书章节基本相同，看来不过是将同类内容多添分卷数而已。两种版本比较概略，可见陈学文：《明清时期商业文化的代表作——商贾便览》，收入氏著：《明清时期商业书及商人书之研究》，第199-201页。笔者目前使用版本应是陈文所指的六集八卷本。

出当时如何建构商业知识的演变轨迹。

今日较易见到的《客商规鉴论》文本，主要收录于《三台万用正宗》卷二十一《商旅门》内。由于无法看到《客商规鉴论》作者是否也曾写有自序，只能以该文本内容及其在《三台万用正宗》全书所占位置，来与《商贾便览》进行比较，借以检视两件文本在当时如何作为"文字建构式"商业知识的书籍而被流传与阅读。

《三台万用正宗》全书四十三卷，各卷都赋以不同"门"为标题，全书共有标题四十三门：天文、地舆、时令、人纪、诸夷、师儒、官品、律例、音乐、五谱、书法、画谱、蹴踘（蹴鞠）、武备、文翰、四礼、民用、子弟、侑觞、博戏、商旅、算法、真修、金丹、养生、医学、护幼、胎产、星命、相法、卜筮、数课、梦珍、营宅、地理、克择、牧养、农桑、僧道、玄教、法病、闲中记、笑谑。

和万历年间其他日用类书的门类结构相比较[1]，《三台万用正宗》"商旅门"的设计显得有些凸出，几乎可说是《三台万用正宗》特有的一项门类[2]，明显是以商人为该门内容的最主要读者。虽然当时大多数日用类书都辟有"算法门"，这当然也与经商贸易密切关联，但计算技巧与知识，其实也很难说是只以商人为最主要读者。与此相较，《三台万用正宗》在维持设置"算法门"的同时，又再特别新辟"商旅门"，这是明清众多日用类书中较特别的一种内容分类设计。

《三台万用正宗》四十三卷，各卷内容都区画为上、下两栏。这种分栏的版式设计，普遍见于16世纪以后的日用类书，兼具节省书版空间容纳更多内容，以及减少书籍刊行成本进而降低书价的作用。[3]检视《三台万用正宗》卷二十一《商旅门》，其上栏内容被赋予"青楼轨范"的标题，看来与不少明代日用类书设置的"风月门"或是"风鉴门"内容相类似；只是《三台万用正宗》编者并不将"风月、风鉴"单独立门，而是将其相关内容并入"商旅门"内。

至于《三台万用正宗》下栏内容，则再分别放入以下二十七节小标题：客商规鉴论、船户、脚夫、银色、煎销、秤棰、天平、斛斗、谷米、大小麦、黄黑豆、杂粮食、芝麻菜籽、田本、棉花、棉夏布、纱罗段（缎）匹、竹木板枋、鞋履、酒曲、茶盐果品、商税、

① 这些民间日用类书在明清两代也常被称为"万宝全书"。有学者整理明清两代乃至民国初年的六十八种万宝全书版本与简目，其中所列五十八种刊于明万历至清道光年间的万宝全书目录（参见：吴蕙芳前引书，第641-668页），可作为检视这些日用类书有无"商旅门"分类结构的初步比较。

② 有学者指出，明代另一部日用类书《新刻天下四民便览万宝全书》（周文焕、周文炜编，32卷，四册，万历刻本）的第26卷也列有"商旅门"，且其所收《客商规略》等文字文长七百九十八字，与《三台万用正宗》卷21《客商规鉴论》文字"只有一字之差"，只是"现尚不明二个版本有何关系"，参见陈学文：《论明代商业的规范要求》，收入氏著：《明清时期商业书及商人书之研究》，第57页。

③ 吴蕙芳前引书，第34-35页。这种上、下两栏乃至于上、中、下三栏的"日用类书"版式设计，至少已见于元代泰定元年（1324）刊行而明代正统、景泰年间屡次翻印《启札青钱》中部分门类，参见吴蕙芳，同上书，第26、29、35页。

客途、占候、论世情、保摄、论抢客奸弊。[①]虽然这二十七节小标题彼此并无明显的从属关系，但细读其内容，则第一节小标题“客商规鉴论”，其实正可作为《三台万用正宗》“商旅门”下栏内容的“总论”，而其他二十六节小标题则有如《三台万用正宗》“商旅门”下栏内容之“分论”。[②]一方面因为存在这个总论、分论的实质内容从属关系，另一方面也为了行文方便，本文即以第一节小标题“客商规鉴论”名称统摄《三台万用正宗》卷 21《商旅门》下栏内容，有时候并直接以《客商规鉴论》书名做称呼。[③]

整体而论，《客商规鉴论》全书二十七节小标题，是以“谷米、大小麦、黄黑豆、杂粮食、芝麻菜籽、田本、棉花、棉夏布、纱罗段（缎）匹、竹木板枋、鞋履、酒曲、茶盐果品”等十三类有关农业、农副业与手工业产品为主体（占全部小标题的 48%；页数则达 14 页，占全书 27.5 页的 51%）。内容次多者，则属“银色、煎销、秤棰、天平、斛斗”等与度量衡有关的五节小标题，页数达 4.5 页，占全书页数的 16%。《客商规鉴论》提及当时物产与度量衡时，基本上并不限定特定区域，江南、江北、上江、下江、华北、四川、福建、广东、云南等府县镇名，都常见于这些内容之中，看来作者对当时市场的认识也有相当的空间范围为基础。而由“棉夏布”小标题该节起首处提及的“至于布匹，真正松江，天下去得”。[④]看来，作者心目中的“天下”，当然代表了 16 世纪某种大范围“市场”已经深印在他脑海中。

至于《客商规鉴论》用来表达全书内容的行文方式，也很值得留意。全书基本上是以原则性的综论与事例性的举证，两相交错，进行叙述，如“银色”一节，在起始处说道：“至于算法，乃买卖之正经，目（按：疑为“自”之误）有书传心授，银色实生涯之本领，过眼须要留心”，之后，便开始一路列举“九程本色、九二三、九五六、九七八青丝、九七八水丝、上江文银、上江水丝”等作者看来皆曾寓目的全国各地色银，介绍各银特色，并评论其高低价值[⑤]，最后再做总结：

> 大抵看银之法，必须四面参看，程色相同，方才真正。若还不一，必定跷蹊。各宜详察，仔细观之。[⑥]

---

① 寺田隆信认为万历本《三台萬用正宗》所录《客商規鑒論》全书分为二十五条（寺田隆信，《山西商人の研究：明代における商人および商業資本》，第 299 页），此应为误算，细核全文，当为二十七条。

② 这个实质内容上的从属关系，也可由《客商规鉴论》以下二十六个小标题的文字几乎都使用“且以、至于、若夫、且如、且夫、至夫、若论、是以”等词句开头，明显表达出承接上文小标题的语气。

③ 这其实也是目前许多研究者共通使用的统摄称呼方式，见陈学文：《明清时期商业书及商人书之研究》，第 57 页。

④ 《客商规鉴论》，第 324 页。

⑤ 《客商规鉴论》，第 301、306 页。对明清不同银色的区别及其各自行用概况的简介，可见：Lien-sheng Yang, *Money and Credit in China: A Short History*, Cambridge, Mass.: Harvard University Press, 1952, pp. 46-50；魏建猷：《中国近代货币史》，上海：群联出版社，1955 年，第 21-42 页。至于当时中国何以出现众多不同成色的银两货币？学者由本地市场与外地市场之间形构成为某种特殊的“水平连锁”与“垂直统合”结构关系切入，提出一些有启发性的解释，可见黑田明伸：《货币制度的世界史——解读“非对称性”》，何平译，北京：中国人民大学出版社，2007 年，第 181-201 页。

⑥ 《客商规鉴论》，第 301、306 页。

“银色”小标题全节内容达1236字，完全不做分段，并呈现出一种先“综论”，次“举证”，再“综论”的行文结构。《客商规鉴论》其余各节小标题的内容，也基本上采取这种行文方式。

这种综论与举证交错的行文风格，大致贯串《客商规鉴论》全书。第一节“客商规鉴论”虽是最多综论语句的部分，但在综述“夫人之于生意也，身携黄金，必以安顿为主；资囊些少，当以疾进为先”“若搭人载小船，不可出头露面，尤恐船夫相识，认是买货客人”等语句后，仍例举十种不同性格与行事特征的牙行（其目详后）[①]，同时，作者又不忘在行文小结处叮咛读者：“小心为本，用度休狂。慎其寒暑，节其饮食。”[②]这种小心叮咛的语句，与前引“银色”总结语句的“若还不一，必定跷蹊。各宜详察，仔细观之”，实有异曲同工之妙。

《客商规鉴论》用来例证的事物甚多，作者不仅在各节小标题内不做分段，而且其举例证之多，有时甚至是有点不厌其详。例如：“罗山葛，身重，久而变黑；福建葛，身轻，新则羊膻；广东慈溪，徒然好看；永新洪郡，终有浆头。木渎麻布，粗而真；六亩麻布，真而细；水潮广生，相类六亩真麻；福生青山，阔狭高低不等；无锡麻布，乃草不堪”；再如：“南京纱段虽多，高低不等，只有黑绿出名。镇江段绢虽少，身分却高，最有大红出色。苏州纱段有名，或硗或粉，帽料独高。杭州段绢重浆，少于清水，轻罗可也”。[③]

现今所见《客商规鉴论》全部二十七节内容都未做分段。由于这是收录于《三台万用正宗》的文本，我们已无法分辨这种分节分段方式究竟是作者原意或是日用类书编者的设计。但是，《客商规鉴论》各节内容基本上采取综论与举证交错的行文方式，却应可反映此书原貌。同时，由作者常在不惮细琐举例后而又叮咛再嘱的风格看来，《客商规鉴论》的作者，真很像是一位饱经商场世故的长者，正在对有意经商贸易者传授经验。而由笔者前面所做分类看来，《客商规鉴论》蕴含实质内容，极像是一种“口传心授式”商业知识，但在累积与传播的形式上，则又确然已经成为以刊印书籍为媒介的“文字建构式”商业知识。

限于篇幅，无法对《客商规鉴论》全书做更仔细分析，此处只挑选《客商规鉴论》第一节“客商规鉴论”再做析论。“客商规鉴论”小标题项下有七百九十个字，虽然原书未分段落，但其文意可大致区别为四段，各有不同重点。[④]为便讨论，笔者试着为其内容安上四项小标题：论旅程安全、论审择牙行、论节气物产、论买卖时机。

---

① 《客商规鉴论》，第294-295页。

② 《客商规鉴论》，第295页。

③ 《客商规鉴论》，第327-328页。藤井宏也早在20世纪50年代即已由众多明清方志整理出16世纪、17世纪间通行全国各地（四川、云南、贵州除外）的众多农商品、手工业产品名色，可见［日］藤井宏：《新安商人的研究》，傅衣凌、黄焕宗译，第131-272页。

④ 《客商规鉴论》，第294-297页。

在论旅程安全部分，该书作者除建议客商要依自身所携财货多寡而有“以安顿为主”或“以疾进为先”两种不同行进速度外，也重视减少“出头露面”机会，并劝告客商在旅途上尽量“早歇迟行，逢市可住”。此外，“半路逢花，慎勿沾惹；中途搭伴，切记妨闲”，而出门在外也要注意保健身体：“慎其寒暑，节其饮食。”

在论审择牙行方面，作者列举十种不同性格与行事特征的牙行：“好讼者、会饮者、好赌者、喜嫖者、骄奢者、富盛者、真实者、勤俭者、语言便佞扑绰者、行动朴素安藏者”，客商除了该“预先访问”所择牙行是否“多惧营生”外，也仍要不忘“临时通变”。总之，审择牙行的原则是：“义利之交，财命之托，非恒心者，不可实任。”

在论节气物产上，作者在综述“买卖虽与（牙行）议论，主意实由自心”的原则后，接着便举例证：“如贩粮食，要察天时，既走江湖，须知丰歉。水田最怕秋干，旱地却嫌秋水。上江地方，春布种而夏收成；江北、江南，夏布种而秋收割。”作者由例证再引出另一个综论：“若逢旱涝，荒歉之源。”同时，作者还进一步例举节令气候变化异常可作为不同粮食收成变动的“指标”：“冬月凝寒，暮春风雨，菜子有伤。残夏初秋，狂风苦雨，花、麻定损。小满前后风雨，白蜡不收。立夏之后雨多，蚕丝有损。北地麦收，三月雨；南方麦熟，要天晴”；例举证据后，作者又有如下综理：“水荒尤可，大旱难当。”这些似乎泰半源出农家经验的候占精句，都被作者整理成可为商人经营粮食贸易重要参考的凭据。

最后在论买卖时机方面，作者更是扣合前述论节气物产内容，由“堆垛粮食，须在收割之时；换买布匹，莫向农忙之际”，一路推导出“货有盛衰，价无常例”“买要随时，卖毋固执”“买卖莫错时光，得利就当脱手”等原理原则。而在这个举证与综断买卖时机的交错行文里，作者对“商机”做了颇为抽象的分梳与综理：

> 须识迟中有快，当穷好取，藏低再看紧慢，决断不可狐疑。货贱极者，终虽转贵；快极者，决然有迟。迎头快者，可买；迎头贱者，可停。价高者，只宜赶疾，不宜久守；虽有利而实不多，一跌便重。价轻者，方可熬长，却宜本多，行一起，而利不少，纵折却轻。①

这主要是作者依据当时各种农产品价格涨落商机而做的论断，他给客商买卖粮食的具体建议是：“如逢货贵，买处不可慌张；若遇行迟，脱处暂须宁耐。”即使提出一些外表类似道德词句的字眼，作者也并非是离却商机利润而自己徒然说教，如所谓“现做者虽吃亏，而许多把稳。有行市，得便又行。得意者，志不可骄；骄则必然有失。遭跌者，气不可馁；馁则必无主张”。

① 《客商规鉴论》，第 296-297 页。

以“客商规鉴论”第一个小标题项下的七百九十字内容而论，作者的务实性格十分明显，由重视人身与财货安全，审择牙行等商场合作对象，到观察农产品与农副手工业原料产量的时节变动，以及传授其所体会买卖最佳时机的原理原则，这些内容几乎都不出现任何提倡家族伦理或是义利之辨等所谓传统儒家道德的语句。

即使是衔接发挥“客商规鉴论”旨意的其他二十六个小标题，其实质内容也多是小心身家财货安全与如何经营谋利等极务实语句，而其形式也主要是例证与综断交错互见的行文方式，如第二十三节“客途”的表述方式：“至于客途艰苦，亦当具布其言：巴蜀山川险阻，更防出没之苗蛮。山东陆路平夷，犹慎凶强之响马。”①再如第二十六节“保摄”，在提出“意既举于远行，心当存乎保摄”的综述句后，作者即对有志经商的读者在远行前提出各项建议：“合宜药食，预可备之”，“早含煨生姜，通神辟瘴；身带真雄黄，解毒辟邪”，“干胃散加味，诸疾可治；玉枢丹调引，各毒能消；枳术丸，健脾宽中；补阴丸，固精养血；感应丸，可医泻痢；神灵散，能治心疼”。各地旅途不仅有人为盗匪窃贼之险，也还有各种动物或其他莫名的危害：“江南溪中，有射工之虫，射人影而即死；渡河者，以物击水，且宜急渡。深山草中，有黄花蜘蛛，螫人身而即伤；露行者，慎宜防之”；“更兼坟墓、遇神祠，不可轻入，进必恭诚”。②

从上述实质内容与行文方式做比较，刊行流传于16世纪末的《客商规鉴论》与编撰于18世纪末的《商贾便览》，两者之间存在一些明显的异同处，下文将续做分析。

二、体系与注释绾合：由《客商规鉴论》到《商贾便览》的演变

在《客商规鉴论》被选录刻入《三台万用正宗》后的三十至四十年间，至少又出现三份重要的商业书文本。第一种收录于约在明天启六年（1626）刊行的程春宇辑录《士商类要》，该书卷二部分内容列有十一节小标题：“客商规略、杂粮统论、船脚总论、为客十要、买卖机关、贸易赋、经营说、醒迷论、戒嫖西江月、选择出行吉日、四时占候风云”，这些标题文字大致呈现当时重要的商业知识。第二份文本是憺漪子辑《士商要览》，也刊于明天

① 盗匪经常造成经商安全的问题，也不限于巴蜀、山东发生，即使在16世纪江南部分地区，也有颇令人吃惊的例证，《客商规鉴论》作者对此似有切肤之痛：“杭有吴江塘上抢客之患，来则十数小船，百余人众，先以礼接，顺则徇情，逆则便抢，各持器械，犹强盗一般。虽有武艺，寡岂能敌众哉？将客捉拿，各分货物，客淹禁在家。纵有拨天手段，周回是水，将欲何之！至于数月，方将稀松不堪小布，准算高价，勒写收票，方才放行。虽则屡问军徒，未尝悛改。船户受贿，竟不为客传音！似此之徒，天刑诛戮，何足过哉！船户知情，通同作弊，未必无之。还有嘉定、昆山、太仓诸处亦空，亦各有之”，《客商规鉴论》“论抢客奸弊”，第348页。有关明清两代苏州城内外客商与地方官如何面对经商治安问题而做响应与改善的案例与过程，可见邱澎生《由苏州经商冲突事件看清代前期的官商关系》。

② 《客商规鉴论》，第345、346-347页。

启六年，收录了“士商规略”“士商十要”“买卖机关”等与商业知识相关的内容。[①]第三份文本出版于明崇祯八年（1635），为李留德辑《客商一览醒迷·天下水陆路程》。该书版式为双栏本，上栏为《客商一览醒迷》，下栏为《天下水陆路程》。在上栏《客商一览醒迷》收录了“商贾醒迷、悲商歌、警世歌、逐月出行吉日、憎天翻地覆时、杨公忌日、六十甲子逐日吉凶”等章节，也多与商业知识内容有关。

有学者认为《士商类要》《士商要览》《客商一览醒迷·天下水陆路程》等上述三部商书文本收录商业知识的内容，都“与《三台万用正宗·客商规鉴论》大同小异，只是文字上略有差异，看来大都宗祖于《三台万用正宗》无疑”[②]。然而，这种论断恐怕有所偏误，关键其实要看研究者以何种范围切割其所拟予比较的文本。

单由文字上看，作为《客商一览醒迷》收录商业知识主体的“商贾醒迷”内容，与《客商规鉴论》颇有不同，并非“只是文字上略有差异”而已。《士商类要》所含“客商规略、杂粮统论、船脚总论”等三部分内容，虽然确实与《客商规鉴论》前三节小标题内容基本相同，但是，《士商类要》收录的其他内容则基本属于另外来源的文本[③]，与《客商规鉴论》其余内容不同。至于《士商要览》中的“士商规略”，则也只是和《客商规鉴论》第一节内容大致相同，而与《客商规鉴论》其他章节有别。较为妥当的说法应是：《士商类要》和《士商要览》部分内容与《客商规鉴论》雷同，但《客商一览醒迷》则基本上是完全不同文本。

除了如何切割所拟比较文本的范围之外，还可再由行文方式与实际内容做更深入比较。《商贾一览醒迷》内容其实与《客商规鉴论》很不相同，这不仅因为两者文字多有不同，更重要的差异仍存在于文句内容与行文方式。已有学者针对《商贾一览醒迷》第一部分“商

---

① （明）憺漪子辑《士商要览》［有明天启六年（1626）序，日本“内阁文库”复印件］，卷三，第1-20页。感谢刘序枫先生提供其收藏来自日本内阁文库的此书复印件。《士商要览》全名也作《新刻士商要览天下水陆行程图》，这部书现存几个不同版本，杨正泰校注此书并录入所编《天下水陆路程、天下路程图引、客商一览醒迷》（太原：山西人民出版社，1992年，第345-514页）一书时，是选用现藏上海图书馆版本。但杨氏选录该书时，似乎删落了原书在《天下路程图引》以外的其他内容，诸如“士商规略”“士商十要”“买卖机关”等重要文本，都未收入。而编者“憺漪子”的身份，也仍有待考究。为此书作序的金声，其生平大略（字正希，安徽休宁人，崇祯初年进士），已有学者做过考订（陈学文：《明清之际商业、商业文化、商业道德之蠡测——〈新刻士商要览〉评述》，收入氏著：《明清时期商业书及商人书之研究》，第183页），但因编者“憺漪子”生平未明，故虽有署于天启六年的金声序文，仍无法断定此书究系明刻或是清刻本。最近，王振忠则以署名“西陵憺漪子”所编《分类尺牍新语》《保生碎事》《济阴纲目》等三部书，考定其人即是徽商汪淇，原籍徽州休宁，生于明万历三十二年（1604），清康熙七年（1668）仍健在，时年六十五岁。若此，则署名“明”憺漪子或是“清”憺漪子，其实都指的是汪淇。参见王振忠《明末清初商业书序列的再确立——徽州出版商“西陵憺漪子”生平事迹考证》，发表于“社会转型与多元文化”国际学术研讨会（上海复旦大学历史系主办，2005年6月26—28日）。

② 陈学文：《明清时期商业书及商人书之研究》，第57、138页。

③ （明）程春宇辑：《士商类要》，明天启六年文林阁唐锦池原刻，新校本，收入杨正泰编：《明代驿站考》附录，第292-304页。

贾醒迷”的260条文句，论证其中与商人道德有关的不少内容[①]；但这项论证与笔者前述有关《客商规鉴论》“多是小心身家财货安全与如何经营谋利等极务实语句”所做观察有所不同。同时，两种文本之间的更显著差异，是其行文方式迥然不同：《客商规鉴论》行文多是“综论与举证交错互见”，而《商贾一览醒迷》收录“商贾醒迷”相关文字则采用某种注释体，行文方式都以一句“正文”搭配一段“注文”，以这种位阶高低有别方式展现成一种注释体。

举例而言，《商贾一览醒迷》在录入“人生在世，非财无以资身。产治有恒，不商何以弘利”这句“正文”之后，作者即以低字格方式另起一段写道：“财为养命之源，人岂可无有，而不会营运，则蚕食易尽，必须生放经商，庶可获利，为资身策也”，这些以低字格另起一段的文字，正如同用来解释前面“正文”的“注文”。再如“声名千古，富贵一时”条下，作者同样以低字格另起一段注释道：“人但责子孙不贤不肖，竟不咎己作孽作殃。其后代之昌隆，由前人之积德。然德者岂谓捐财施舍建造、修斋作福？惟存心合乎天理，正三纲，明五伦，拯困苦，解冤讼，行方便，息是非，恤孤寡，宽贫穷，不妒不奸，毋虐毋强也。”而在批注“来之无当，去之甚速”条下，作者开始引经据典，不仅援用“先儒诗云：物如善得方为美，事到巧图安有功”，还摘述一则历史故事：“昔魏祖武，利汉之孤弱，而窃鼎未几，孤祚亦为晋所移。”[②]在《商贾一览醒迷》的“商贾醒迷”文字中，作者区别正文、注文的意图极为明显，与《客商规鉴论》各节内容不分段并以综论、举证交错行文的风格相比较，两者迥然有别；而“商贾醒迷”作者引用“先儒”诗句与历史故事的文句，甚至出现“三纲、五伦”等字眼，则更都是《客商规鉴论》未曾出现过的论述风格。

吴中孚于18世纪末编成《商贾便览》，他也采用类似“商贾醒迷”的注释体，并不沿用《客商规鉴论》那种综论、举证交错的行文方式。在《商贾便览》卷一收录的《江湖必读原书》与《工商切要》两种商业书文本里，吴中孚采取了类似“商贾醒迷”文本的注释体。不仅如此，吴中孚还有意要写成一部更富体系性的商业书，他在该书“自序”清楚地表达了此书设定的商业知识体系架构：

> 因见坊间《江湖必读》一书，确当行商要说；但既有行商之论，岂遂无坐贾之论！爰增数条，兼及土产、书算、字义、辨银、路程等类，辑成数卷，名为《商贾便览》。[③]

---

① 斯波義信：《〈新刻客商一覽醒迷天下水陸路程〉について》，第909-910页。斯波先生整理《客商一覽醒迷》260条文句，并予分类放入以下六个范畴内：A. 论才能与竞争（23条）；B. 论人格主义（58条）；C. 论经营与管理（55条）；D. 记旅行心得（10条）；E. 论批发销售机构（108条）；F. 论与官府交涉（6条）。注：斯波先生此文已有中译《〈新刻客商一览醒迷天下水陆路程〉略论》，发布于“中国经济史论坛”网页（http://www.guoxue.com/economics/index.asp），网页全文署期2004/5/20，19：10：51。

② （明）李留德辑：《客商一览醒迷》，收入杨正泰校注：《天下水陆路程、天下路程图引、客商一览醒迷》，第270、306页。

③ （清）吴中孚：《商贾便览》自序，第2页上。

《商贾便览》全书八卷，各以五种不同“便览”名称冠为各卷标题，依序为：《商贾便览》（卷一～三，包含“各省疆域风俗土产”“新增各省土产”与“异国口外土产”“外国方向”“各省买卖大马头”“各省关税”“各省盐务所出分销地方”“各省茶引”等分目）、《算法便览》（卷四）、《银谱便览》（卷五，包含“平秤市谱”与“辨银要谱”等分目）、《尺牍便览》（卷六～七）、《路程便览》（卷八）。[①]这样一种以五种“便览”组成《商贾便览》全书体系的构想，出于吴中孚的有意设计，在“既有行商之论，岂遂无坐贾之论”的编撰目标下，全书便在“坐贾之论”外，“兼及土产、书算、字义、辨银、路程等类”，于焉形成了内含“商贾、算法、银谱、尺牍、路程”五种“便览”的《商贾便览》。

严格说来，上述吴中孚编辑《商贾便览》所欲呈现的体系架构，其实并不真有太多的创新性。16 世纪末流传的《客商规鉴论》，即已载有颇为精要的“商贾”与“银谱”等内容，而当时可供商人使用的“程图”“路引”等书籍也已至少通行二三百年；此外，可资商人取用的尺牍书信范本，至迟在 17 世纪也已出现专书。[②]不过，虽然《商贾便览》在内容上并无真正新创成分，但吴中孚仍将《商贾便览》综合汇编成为五种“便览”，从这个意义上说，有学者称此书“达到了明代以来商业书发展的顶点位置”[③]，也并非没有根据的评赞。

吴中孚为职业商人，一生几乎都以商贩采买与开店经营为业。自十二岁起，吴中孚即在江西省抚州府崇仁县（凤岗）“随父兄坐店，攻买卖”。后因“邻店回禄累及”，其父乃命其赴江西省广信府贩货，吴中孚曾经回忆那段到广信府贩货的学习经商历程：

> 经营缱绻，凡事谦恭受益，是以贸过货物，略识高低。即经过市镇，其规则颇十知五六焉。[④]

有了这些“经过市镇，其规则颇十知五六焉”的商业知识与经验，吴家后来于乾隆三十四年（1769）在广信府玉山县开设粮食店时，便将此生意交由吴中孚协助打理。等到乾隆三十八年吴中孚父亲以七十高龄谢世，吴中孚便完全接掌了玉山县粮食店。掌管玉山县粮食店的日子里，吴中孚经常要赴江苏、浙江等邻省采办商货，工作实在太忙，每年甚至可能才有一次机会可以返回抚州府崇仁县老家探望母亲：“走江、浙，繁冗羁绊，不获朝夕奉养家慈。岁一归省，为太疏也。”

将近十五年间，吴中孚一直全心投入经商生意，但却于乾隆五十三年不幸碰上一场意

---

① 因此，《商贾便览》实有广狭二义之不同，广义者泛指全书八卷内容，狭义者则指卷一至三之《商贾便览》特定内容。

② 参见鞠清远《清开关前后的三部商人著作》，收入前引书。鞠氏该文讨论了《商贾便览》《江湖尺牍分韵》《酬世群芳杂编》等三部“商人著作”，《江湖尺牍分韵》刊于乾隆四十七年（1782），已是主要以商人为读者的书信范文专书。

③ 寺田隆信：《山西商人研究》，张正明、道丰、孙耀，等译，太原：山西人民出版社，1986 年，第 291 页。

④ （清）吴中孚：《商贾便览》自序，第 1 页上。

外变故：玉山县粮食店隔邻传来火灾，延烧造成人命伤亡，吴中孚因为官府究责而“陷成不白”被系监狱。不幸事情接踵而来，在狱中“接见家讣”获知母亲竟于此时逝世，噩耗令吴中孚“痛哭号天”，自责“偷生苟延，养生送死，寸志未尽”，而且“不肖不孝”！在自责声中，吴中孚等来了法官判决：他被发配到古称“芝阳”的饶州府服刑。

饶州府与广信府隔邻，而吴中孚长年开设粮食店所在的玉山县正属广信府，因而，这个饶州府的发配地其实也正是吴中孚常去采办商货的“交易熟地”。虽然身属发配人犯，但吴中孚于白天仍可见到当地老友，相互叙旧“藉契宽怀”；只是到了入晚时分，想起自己某些悲苦经历，便乃“夜卧每难安席，泣思先堂贤勤、以训不肖，继旦，若不能独生”。悲伤到了极尽，吴中孚有了更积极想法：“又思前事既不可补，且年将老至，病务交加，恐难永奠、不克继绍先人、训成后裔。”[①]有了上述几层经商历练与人生惨遇的心理转折，这才带出吴中孚前引《商贾便览》“自序”里所谓“因见坊间《江湖必读》一书，确当行商要说；但既有行商之论，岂遂无坐贾之论”的一段议论。

值得注意的是，吴中孚在《商贾便览》“自序”开头即声明“余家世业儒”，当年吴中孚父亲便曾因为身体不好（“甫冠，呕血”）故而“废书未就，计图调安”，吴中孚强调：即使父亲“后育余兄弟辈，力以家贫治生”，但在经商忙碌之余，他的父亲仍然始终认同儒家“修齐治平”等伦理价值观念，这即吴中孚形容的“儒素犹未遽改也”。

不仅父亲如此，吴中孚本人也有着原本可能持续攻读儒家经书以朝科举应试发展的一段童年：“余年七龄入小学，颇能成诵。先君指曰：儿似能读，奈居学日少，在病日多，弃书而为商贾，可也。且云，谚有之：大富由命，小富由人，是亦存乎儿之为人耳！”[②]一样因为身体不好，吴中孚才“弃书为商贾”，但父亲则提示幼年吴中孚一段重要俗谚：“大富由命，小富由人”，勉励他努力经商也能成就人生。在吴中孚编写《商贾便览》时，这段俗谚进而转化成为他编写此书的宗旨：“辑成数卷，名为《商贾便览》，以训后裔。庶几小富由人，或可加之以教，不负先严之训诲也。”看来吴中孚此时对于父亲亲口传勉他的“小富由人”观念，不仅很有确信，更想以此为宗旨，将《商贾便览》献给他心目中的商人读者：“辑成，友人力请剞劂，公诸商贾”，他自信地写道：此书付梓刊行之后，“或于生理之道，不无小补万一云尔”[③]。

在《商贾便览》多处行文中，吴中孚不时为此书读者体贴地设想，如卷三《各省疆域风俗土产》的末尾处，吴氏加了一段按语：“所录疆域，则知何境近于何地，或特往贸易，或便途买卖，皆可预先设计。且录其风俗，虽未至其地，而其人之刚柔、俗之美恶，无不

① （清）吴中孚：《商贾便览》自序，第1页下-2页上。

② （清）吴中孚：《商贾便览》自序，第1页上。

③ （清）吴中孚：《商贾便览》自序，第2页上。对《商贾便览》“小富由人”概念所做较多分析，可见魏金玉：《介绍一商业书抄本》，《安徽师大学报》1991年第1期；邱澎生：《由〈商贾便览〉看十八世纪中国的商业伦理》，《汉学研究》（台北）2015年第33卷第3期

备悉。如此，则行商之趋避，无不当矣”①，看来吴氏不仅体贴地提醒商人可以“预先设计”合宜商途以适时地买卖各地土产，同时，他其实也并不像“自序”提及“既有行商之论，岂遂无坐贾之论”那般严格区别行商、坐贾，只要有利于商人追求“小富”，无论行商或是坐贾，都是他的关心对象。

在卷三《新增各省土产》中吴氏又提醒道：“外有各省土产未录此者，附在第六卷天下路程中，可查”；同样地，在卷三《各省买卖大马头》述及贵州几种大宗土产交易时，也提醒读者“外有各处大小马头口岸，多附于第六卷天下路程中，可查”。在同卷“各省关税”节末，在列举全国十九省关税衙门驻所后，吴中孚又附上按语：“外有如江南之各闸，福建之光泽、上杭，广东之梅县、南雄，贵州之贵阳、安顺、普安、普定、白水、交水，云南之赤水鹏等处之税，或税货，或税船，或换脚子税，或讨票税，或抽分及过隘等项，俱录在第六卷水陆路程中，可查。”②可见在设计内含“商贾、算法、银谱、尺牍、路程”五种“便览”的《商贾便览》分编体系的同时，吴中孚也不忘随时以“可查”何种“便览”，来提醒读者留意此书提供的丰富讯息，这也可反映《商贾便览》另一项体系性：他不仅将全书有意识地做分编，也希望读者能够随时贯通全书各编收录的重要经商知识。

《商贾便览》预设的读者是商人，这也表现在“可查”这项书中常用词句上；对吴中孚而言，“可查”指的当然是和他一样的职业商人。可举一段引文，即可明白吴氏心意：

> 天下之大，人难遍游，志岂能悉。故各处物产诸事，不能多知。况予管测，焉识万一！但经店伙出水，或自目睹，或由耳闻，约略附录，恐遗悮甚多，企望多识君子删悮补遗，时加裁增，以便江湖查览，斯为幸也。③

吴氏强调《商贾便览》所录中国“各省风俗土产”④以及当时“异国口外土产”⑤，若非是他“或自目睹，或由耳闻”，即是来自于其店伙“出水”旅程中获致的消息。与此同时，他还欢迎“多识君子”随时增订修正本书相关讯息，“以便江湖查览”。基本上，“江湖”在此指涉的正是全国各地商人所处的经商环境；所谓“以便江湖查览”，正是为了提供商人读

---

① （清）吴中孚：《商贾便览》卷3，第28页下-29页上。

② （清）吴中孚：《商贾便览》卷3，第30页上、33下、34下-35上。

③ （清）吴中孚：《商贾便览》卷3，第31页上。

④ 有学者做了初步统计，《商贾便览》此处所列“各省疆域风俗土产”，约包含20个省255个府州以及所列各地的1800种物产。参见森田明：《〈商賈便覽〉について—清代の商品流通に關する覺書》，第21页。

⑤ 吴中孚列举来自“西番、苏方国、南番、安息国、波斯国、南海、小西洋国、安南国、高丽国、日本国、琉球国、缅甸国、暹罗国、交趾国、红毛国、扶余国、摩伽陀国、昆仑”等地区与国家的种种“异国口外土产”（第30-31页），并指出当时中国各省进口洋货情形：“凡东西南居海各外国，如暹罗、琉球、红毛、安南等十余国，买卖客广东者多，次则飘福建，再次则飘浙江。俱有定例限飘省份”（第32页）；而所谓“福建省近海，洋货多”（第32页），也是当时中国部分地区消费“洋货”的例证。至于16世纪、17世纪中国进口天鹅绒、锦缎、丝带、斗篷、丝袜等来自欧洲的丝织品和“佛郎机炮铳”等欧洲制造金属炮，以及中国仿制并出口这些丝织品与金属炮的概况，可见沈定平：《明清之际几种欧洲仿制品的输出——兼论东南沿海外向型经济的初步形成》，《中国经济史研究》1988年第3期。

者经商时的阅览与查询。此与前面提及程春宇辑《士商类要》与憺漪子辑《士商要览》二书有所不同，《商贾便览》设定的读者基本不是“士”就是“商”。

然而，《商贾便览》卷一收录的《江湖必读原书》，则有许多内容和《士商类要》《士商要览》二书共同收录的“买卖机关”基本相同。虽然不知道“买卖机关”的作者名姓，但这份商业书文本的作者也确曾留下自己撰著旨趣的一些线索：

> 斯言浅易，无非开启迷蒙；意义少文，惟在近情通俗。予著斯言，为目击经商艰于获利，渐见消替；而牙侩日坐失业，益见困惫。所以人心不古，俗习浇漓，有自来矣。然句法虽浅近无文，其中意义亦能详尽宾主之弊，指人循道义，履中正，不溺欲海。挽回淳厚，向化美俗。诸君不鄙而共之，俾可少补处世治家之万一耳。[①]

这段文字传达了作者至少两项撰著旨趣：一是“详尽宾主之弊”，以为客商（即文中所指之“宾”）与牙行（即文中所指之“主”，当时或称牙人为“居停主人”）；一是使人“循道义，履中正”而有益于“处世治家”之道。这里的确蕴含了某种后世学者所谓“商业道德”的蕴意[②]，但要特别注意的是，这些道德多半是作者观察当时牙行、客商各种互动情境而附生的议论或劝诫，有其值得分梳的特定脉络，绝非一般意义下的儒家“义利之辨”而已。

同时，由上引“买卖机关”这段引文也可看到：作者对其采用的“注释体”行文方式，其实是有意的设计：“斯言浅易，无非开启迷蒙；意义少文，惟在近情通俗。”从作者原意看，这种注释体并非是要比附儒家的经传注疏传统，而主要是为了以“浅易、少文”方式达到“开启迷蒙、近情通俗”的效果。同样的注释体风格也出现在前文述及明末李留德编辑《商贾一览醒迷》的“商贾醒迷”中，这种行文方式也同时为《商贾便览》卷一收录《江湖必读原书》与《工商切要》两份文本所承继。

《商贾便览》所录《江湖必读原书》收录了九十一条句子，不少内容都与前述“买卖机关”重复；另外，则还添入“萧廷祚续增”的七条同类内容。这两者共计九十八条句子，大概即是吴中孚所谓的“因见坊间《江湖必读》一书，确当行商要说”；而他在致叹“既有行商之论，岂遂无坐贾之论”的同时，便在卷一新增了《工商切要》内容，其体例也一如“买卖机关”、“商贾醒迷”、《江湖必读》，都是注释体，条数则共计三十一条（包括明显因为错简而被放入卷二的八条）。这些文本采用的“注释体”行文方式，都与16世纪末年《客商规鉴论》采用“综论与举证交错”的风格迥然不同。

---

① （明）程春宇辑：《士商类要》（明天启六年文林阁唐锦池原刻，新校本），收入杨正泰编：《明代驿站考》附录，第300页；憺漪子辑：《（新镌）士商要览》（有明天启六年叙，内阁文库复印件），卷三，第20页。

② 有学者即以“商业道德”概括当时商书中出现一种“‘致中和’的伦理道德观”，参见陈学文：《明清之际商业、商业文化、商业道德之蠡测——〈新刻士商要览〉评述》，收入氏著：《明清时期商业书及商人书之研究》，第193页。

《商贾便览》九十八条“行商之论”与三十一条“坐贾之论”，很难以有限篇幅做较完整说明，此处只能做些相对简单比较：《江湖必读》主要讨论客商、牙行各种正常或有弊端的相处情境，而《工商切要》则主要涉及开设店铺的区位、布置与组织，以及学徒伙计训练等原则。此外，居于“行商之论”与“坐贾之论”的共同汇通处，则另有账务管理的内容，也可做些介绍。[①]

先谈《江湖必读》中显示的客商与牙行关系。尽管“东船店脚牙，无罪也可杀”这句流传清代商业社会的谚语有其一定的真实性[②]，但《商贾便览》所录《江湖必读》描述并劝诫客商、牙行关系的众多语句内容，其实同时关心双方利益，很难说作者究系偏爱客商或牙行的哪一方。虽然作者确曾说过：“客堪扶主，十有五六；主能体客，百无二三”（此为正文，下附注文云：“客以货投牙，扶持牙人之实心；牙人不体客心，坑陷其本，往往有之。为客，可不择主而投乎？”），但即便如此，作者仍是劝告客商：“好歹莫瞒牙侩，交易要自酌量”，在此段正文所附注文里，作者有进一步阐释：“货之精粗美恶，实告经纪，以便售卖。若昧而不言，希图侥幸出脱，恐自误也。”何以牙人对客商“坑陷其本，往往有之”而仍要客商“好歹莫瞒牙侩”？此中关键主要在客商买卖货品的最佳时机，有时仍常有赖熟悉地方商情的牙行提供较好建议，所谓“现银争价不知机，守货齐行多自悮”，作者对此有所解释：“货到地头，终须要卖。若现银免（勉）强争价，亦过于自执；或听人撺撮，错过时机，以致货搁，后悔何及！”从如何不错过买卖最好“时机”的角度看，区别牙行好坏对客商而言当然是很紧要的商业知识，作者一段注文即明言：“有等经纪，惟图牙用，不当卖之物，撺掇客卖；不可买之货，撺掇客买，以致折本徒劳，其过岂小！而贤东良主，既不募人邀客，又不强客起货，任客自投，听客自便”；而另一段注文则说：“公平正直之主，当场定价，而于（疑为“牙”之误字）用是其分内，良客必不争也。”[③]

除了建议区别牙行“贤良、公平正直”与否之外，《江湖必读》作者也透露了当时牙行与客商交易的运作细节，如牙行内部也出现合伙同开的例子，不同合伙者间的内部微妙竞争关系及其间存在的不同计账方式，值得留意：“一行若有数人合伙经纪，我当择其忠厚者，付之以本；能事者，托之以鬻。他日分伙，相投亦必如是，斯可矣。”另外，客商批卖的货品也有单投一家或是分投数家不同牙行的选择，作者也分析了其间不同策略的利弊得失：“货分几主，锋快，则彼此怀疑。物在一行，迟滞，则主宾计处。”由下附注文则可清楚知道作者原意：客货分别委托数家牙行，好处是货品可能销售较快，但坏处则是不同受托牙行也可能彼此怀疑，反而会尔虞我诈而使货品难以正常发卖；而客货单托一家牙行，则表面上看来销货速度较慢，但有时反而可增强客商与牙行间的互信度而使货品

---

① 对《商贾便览》讨论“行商之论”与“坐贾之论”内容的更多分析，可见邱澎生：《由〈商贾便览〉看十八世纪中国的商业伦理》，《汉学研究》（台北）2015 年第 33 卷第 3 期。

② 鞠清远：《校正〈江湖必读〉》，《食货》半月刊第 5 卷第 9 期，1937 年 5 月。

③ （清）吴中孚：《商贾便览》卷 1，第 7 页、4 页下、5 页上、10 页下。

卖得更好价钱。[①]

而在《工商切要》三十一条“坐贾之论”中，吴中孚以其经验总结了部分语句正文并做了详细注释，另外，他也似乎采取了当时某些相关著作而摘录部分旁人著作内容而收入《商贾便览》的《工商切要》。这里先择要介绍其中有关铺面开设布置、组织章程以及学徒伙计训练等内容。

开店铺应当选择好地段，这也应该只是一般性建议，但在“行铺马头择闹热”正文之后，吴中孚则以注释方式对于“凡开行铺，须择当市马头聚集之所”的理由做了一些有趣铺陈：“取舍自有机风，来往人繁，贵贱可得权通。买卖既大，高低亦能合售。果是公平交易，客顾必定源源。”这说明了店面位置与定价机制间的密切关系，已非泛泛之论。而对于“若或吝惜租金，愿居冷市”“不顾闹中现成之处，而募冷街静巷之家”的做法，吴中孚在批评劝诫之余，也加了条但书：“惟有独行专卖，或作囤货栈所，庶几可矣。”[②]另条正文中，吴氏则劝坐贾要“立规模以壮观，定章程而不易”，他的解释是：“凡开行铺，无论大小，要有规模章程，人物整齐，屋虽旧小，虽（疑为“亦”之误）要打扫灰尘。”更且，吴中孚还建议“凡开行铺，屋宇必要土库高楼”，其原因除了可以“火烛无虞、盗贼难侵”外（如果我们还记得吴中孚店铺至少两次身受火灾回禄池鱼殃及之害，这段正文与注文内容，便更显出他自己的感同身受），也有招揽更多顾客的效果：“店高柱大，规模恢宏，人加精神，生意必兴。”[③]看来，这些吴氏形容为“店高柱大”的“土库、高楼”建筑物，也是当时部分商贾开设店铺时所讲究的重点。

而所谓的店铺要“定章程而不易”，其实更涉及店铺的组织概况，“因人授事量能论俸”条有细密的讨论，吴氏在注文中区别了以下四种店铺职员：一为“管总”，其职责为“统事库房”；二为“内、外店官”，负责“买卖水客、访市辩货、接对客友、查收各账”等业务；三为“寻船”，处理“起货下货、管栈出入、收拾货物”等事；四为“杂务”，职司“粗工、炊爨”等事。[④]于此可看出这类店铺的基本组织方式，肯定有一定程度的阶层性与决策性，绝非单凭人际关系即可处理其中复杂的商业事务。

在组织章程、店铺门面等问题外，《工商切要》也很重视伙计与学徒的训练。学徒是未来店铺经营重要职员的后备军，要如何逐步培训这些人力？吴中孚对此似有一整套理念，由区分个人性情到调教孩童、青年经商，他都提出一些具体主张。细绎书内相关文句，可将其培训人力相关主张区分为五个基本环节，这些环节都体现在《工商切要》五句正文之内：一是“习惯成性，坏在幼时”，二是“谅质授业”，三是“乘时习艺”，四是“学徒任事

---

① （清）吴中孚：《商贾便览》卷1，第9页下。
② （清）吴中孚：《商贾便览》卷1，第23页。
③ （清）吴中孚：《商贾便览》卷1，第23-24页。
④ （清）吴中孚：《商贾便览》卷1，第22-23页。

切要”，五为“初走水，当带行李”。[1]吴氏看法基本如下：“人自孩提时，初性本善”，而孩童对左近相伴的父母、师长则“无不效其贤”。孩子“年将冠”，则“察其质，授之业”，是否选择习工商为业？其考虑原则是：“父母自幼留心察识，上质者，习儒业；中质者，学工商；下愚者，务农业。”吴氏强调：“因人而授，责在于专。俗云：行行出状元，只要有志气。”而即使是让“中质者”学习工商专业，也仍不能忘记要教导其“仁义礼智信”，何以故？因为有了这样的道德教育，则“长成，自然生财有道矣”，何谓“生财有道”？吴氏由反面对此做了解释：

> 苟不教焉，而又纵之，其性必改，其心则不可问矣！虽能生财，断无从道而来，君子不足尚也。[2]

光能赚大钱，仍不能说是“生财有道”，能够不违“仁义礼智信”，这种“从道而来”的赚钱方式，才是“生财有道”，也才是吴氏在“自序”中阐述其父亲所谕勉“小富由人”理念中的应有之义。

而在训练孩童学习工商职业方面，吴氏也颇讲究细节：“凡子弟十岁以前，不可为工贾之徒，以其弱小，世故未知，授事难执，教导难明。二十岁以后者，亦属难学，以其长大，性格已定，师长叱责不便，即严督亦难随事改悔也。”吴氏的具体建议是：“学工贾，必十一二岁，至十八九岁。及时勉学，以其性未定，年渐长，世事渐知，师长可以随时教训，易为节制也。”这即是第三步骤的“乘时习艺”。

至于第四“学徒任事切要”与第五“初走水，当带行李”，交代更是异常仔细，而且彼此间实具有某种学习店铺经营知识的进阶关系，可谓学徒、伙计的初级班与进阶班之别。简言之，学徒初入店铺，先要“递茶装烟、打扫各处灰尘、抹洗各局上及桌凳物件污迹、捡齐各处要用小物件及样货”，每日要定时“燃神位香灯”；而当“店主及师长卧起”时，还要“即侍候梳洗”；至于其他包括整理“库房”杂物，或乃至司厨司杂、粗工学生等事项，都可能成为学徒训练中的一环。至于为店铺出外办事，甚或是赴“京、苏、楚、粤”置货，这便是“谋大事繁”，是进阶班学徒伙计才能做的事，吴中孚给学徒们的建议是：“慎者，宁安朴实；智者，必扬才情。”[3]进阶班的重要任务，即是要开始学习“走水”，简单地讲，也就是为店铺赴外地出差办货。个中学问，也甚有可观，吴中孚在“初走水，当带行李”条有非常细节的描写，令人想起他当年承父命到玉山县开店以及其后“走江浙，繁冗羁绊”无法经常探视其母亲的场景。

“走水”除要尽量“跟好亲友中老客同往”或“请教熟客中前辈至诚者伙行”外，伙计

① （清）吴中孚：《商贾便览》卷1，第16-17、22页。
② （清）吴中孚：《商贾便览》卷1，第16页上。
③ （清）吴中孚：《商贾便览》卷1，第22页。

自己也得多看多学，在“初走水，当带行李”正文条下，吴中孚即于注文中传授了一些“走水”的基本原则：“本银宜少带，则易买易卖。走水近处，则易来易往，货物高低易识，行情起跌易闻。”而即使是将随身带赴“买卖地头”的许多行李装箱，连如何选择箱子、如何打包，吴氏也不惮做出建议：“不可用大红皮箱，但用木蔑棕箱”，“只要坚固，将衣服等物及本银点明，开单放置箱中，扣锁妥当”。[①]

最后，另有一项与物产相关的内容，可一并带入讨论。既然某些学徒、伙计总有提升到练习“走水”的机会，而练习走水时又总少不了试验“辩货”的技艺，吴中孚在“辩货要知大概，识物务须小心”这条正文中，即对“辩货”中的物产价格问题，提出如下注释：“天下货物，各有土产不同。任是老商遍游大省名镇，惯涉江湖洋海，岂能各种皆识高低”，然则，如何对全国各地土产商货定出可买可卖的成交价格呢？吴氏接着论道：

> 货之大概，高者，总有自然，买色光亮鲜明，活润生神，细嫩结实，滋味美厚，干净均匀。而低者，色相死而不活，黯晦灰黧，枯呆竟硬，麄糙稀松，形质恶浊，鸡掺伪牵。[②]

原来土产货品的“色相”也可成为商品价格高低的重要依据，而物产本身质量是否符合“光亮鲜明，活润生神，细嫩结实，滋味美厚，干净均匀”等标准，看来即是当时部分商人“辩货”时借以买卖出价的重要凭据，这似乎是吴中孚总结出来某种“市场价格”的生成原理。吴中孚在此条注释对物产价格做了最后补充：“惯家内行，一见了然。外行初认，黑白难分。虚心求教，神而明之，存乎其人，此又不在概论者也。”

另外要注意的是，物产价格当然是变动不居，如何流通传递有关物产价格的各种重要商业讯息？也是店铺讲究“小富由人”之道的重要法门。《工商切要》提出“书信勤通，趋避两得”一条正文，吴中孚对此注释道：“商贾生理，买有地头，卖有定处。”因而在外“出水”的伙计必要与店铺总部常通书信，如此则“不但各处货物行情，时知裁办，即两地兴居，可亦藉以慰怀”，吴氏的建议如下：“勤谋生理者，不惜笔墨、吝省小费。每逢紧要，即专雇飞报，或给酒钱，附便快交，则知机风早晚，可得趋避而有益矣。”[③]吴氏再次使用“机风”一词形容商机的变动，也算是当时商业术语中的传神之笔。[④]

简介了《工商切要》与《江湖必读》的部分商业知识后，也可再谈谈无论是坐贾或是行商都会触及的账务管理问题。《江湖必读》提出“出纳不问几何，其家必败”“算计不遗

---

① （清）吴中孚：《商贾便览》卷1，第16-17页。

② （清）吴中孚：《商贾便览》卷1，第25页。

③ （清）吴中孚：《商贾便览》卷2，第4页。

④ 有关“机风”这一商书主题的分析，可见邱澎生：《“机风”与“正气”：明清商业经营中的物产观》，收入《基调与变奏：七至二十世纪的中国》（二），台北：台湾政治大学，2008年，第177-198页。

一介，凡事有成”等正文条句[①]；而《工商切要》则劝店主要小心所雇店官“浮载账簿欺主，假盛生意哄人”，并建议店主“请用店官经管（账簿）之人，须择老诚忠厚、才德兼备者。虽去重俸，实益于店。所有账簿，宜自同理查核，方无错误。则作奸舞弊之心，无自而生矣”。[②]

这些史料当然反映当时行商运贩与坐贾开店都必然重视账簿的实情，而吴中孚建议店铺主人不要舍不得“重俸”聘请“老诚忠厚、才德兼备”的管账“店官”，也令人印象深刻。不过，这些商业账册不仅无须向政府报备（在当时商业制度下，这当然是有利商人免受官吏可能勒索的好事），当时某些店铺内部的职员竟也似乎另有一些私人账册，而与店铺可与众多合伙股东结算分红的账册不同。《工商切要》对此有颇为翔实的记载：

> 迩来，有等本多之伙，除均本外，仍有余银，带做己分小伙。又有帮伙，己下有银，亦带做己下小伙。如此所为，即属公正之人，日久，不无嫌疑；况其不公者？似难免是非争论矣！莫若将银统归众做，或补公息，或照本分利，以免一身两心，岂不尽善。至有大本钱，付众，难以概理，或抽身自为，或另伙别图，庶不致一身兼二，以取嫌疑之渐耳。[③]

文中所谓的“均本”，当即是店铺可与众多合伙股东结算分红的账册，某些资深伙计早已能入股分红，然而，当时有些资深伙计仍然在店铺账册之外另行寻找买卖机会，吴中孚将此行径称为“带做己分小伙”。细绎此段文义，吴中孚应该是比较站在店主立场，对此种行径提出批评，他建议回归店铺内部既有的“均本”会计体系：“莫若将银统归众做，或补公息，或照本分利，以免一身两心”；如果伙计实在不愿意配合，吴中孚也对这些已经拥有众多本钱的伙计提出类似另起炉灶离开这家店铺的建言：“或抽身自为，或另伙别图，庶不致一身兼二，以取嫌疑之渐”，以免这些“带做己分小伙”的伙计受到店铺东主的怀疑。[④]

此外，也与店铺账务管理问题有关的现象，即是“赊账”。吴中孚不认为赊账有利商家，

---

① （清）吴中孚：《商贾便览》卷1，第6页上。

② （清）吴中孚：《商贾便览》卷2，第5页上。

③ （清）吴中孚：《商贾便览》卷2，第4页上。

④ 有关明清会计系统与账簿组织的个案研究，可见郭道扬编著：《中国会计史稿》下册，北京：中国财政经济出版社，1988年，第82-310页；许紫芬：《近代中国商人的经营与账簿：长崎华商经营史的研究》，台北：远流出版公司，2015年，第115-209页；许紫芬：《近代中国金融机构会计的变革（1823—1937）》，台北：新文丰出版公司，2017年，第83-331页；朱德蘭：《長崎華商貿易の史的研究》，東京：芙蓉書房，1997年，第1-192页；廖赤陽：《長崎華商と東アジア交易網の形成》，東京：汲古書院，2000年，第1-428页；范金民：《国计民生：明清社会经济研究》，第246-252页；和田正廣、翁其銀：《上海鼎記號と長崎泰益號—近代在日華商の上海交易—》，福岡：中国書店，2004年，第1-297页；彭凯翔：《从交易到市场：传统中国民间经济脉络试探》，杭州：浙江大学出版社，2015年，第12章“市场与资本主义：利润的核算”，第314-328页。

但他在“赊账，要择诚信”条正文下，则不但指出愿意赊账商家的无奈（有时确实不能不赊，但也要尽量选择“诚信”之人赊账），并进一步析论了赊账的三种成因：“买卖肯赊，其故有三：一为揽生意，一为图多价，一为脱丑货。”无论如何，吴氏仍以其经验在注文中对商家愿意让人赊账的三种考虑做了论断：“三者之利少，而害却无穷也。”[①]

三、小　结

无论是作为“日用类书”的《三台万用正宗》卷21《商旅门》收录的《客商规鉴论》，或是作为商业书的《商贾便览》所录《江湖必读》与《工商切要》，两类文本在累积与传递商业知识上其实各有不同行文方式：《客商规鉴论》采用“综论与举证交错”的做法，《商贾便览》的《江湖必读》与《工商切要》则取用“注释体”的做法。同时，《商贾便览》还有意汇编五种“便览”，创成当时一种更富体系性的商业知识文本，是以笔者称《商贾便览》行文方式为“体系与注释绾合”。上述两种不同行文方式，构成了《客商规鉴论》与《商贾便览》在传承商业训练与职业教育方面的各自特色。

斯波义信早即留意到《客商规鉴论》与《商贾一览醒迷》中“商贾醒迷”的文字在行文风格上的重大差异，并对此有所解释：“商贾醒迷”文字“在每条开头载有两三行的对句”，“接下来降一格进行若干补充”，“这种体裁整体而言有些散漫，论旨缺乏连贯性”，但“这正构成本书的特色：适合人们在日常起居的空闲时间边走边读，从而获得有用的训诫，平易而充实”。[②]斯波氏形容“商贾醒迷”的文字，正是本文所称“注释体”的行文格式，而如笔者前面所说，“商贾醒迷”这种行文方式正为《商贾便览》所承接，由此意义而论，这也正是《商贾便览》有别于《客商规鉴论》行文方式的最大差异。

至于两种行文方式到底带来何种不同影响？斯波氏在阅读相关文本时感受到的差异是：比起《客商规鉴论》，“商贾醒迷”的文字令人读来感到“散漫、缺乏连贯性”。持之与

① （清）吴中孚：《商贾便览》卷1，第24页。赊账其实是困扰不少明清商人的麻烦问题。王振忠留意到：无论是抄本或刊本的许多徽州商业书籍，乃至于晚清徽州商人的书信信底，都指出当时赊账问题对商家造成的困扰，如清光绪二十七年二月某日有聚集某地营业的徽州商人即共同制订一份抄本“公约”，内文有谓：“交易场中，赊欠原可通融，勤往勤来，比（彼）此皆无折耗……近来人心不古，岁终尚不能归偿，以致有伤血本。推原其由，赊欠乃交易中之第一要害也，是以我等同行公议拙见，赊欠概行停止。派班轮流查察。如有不遵者，公同议罚。”同时，抄本《日平常》中更有一段称扬开设典铺好处的文字，也由反面论及赊账危害商家之普遍：“开典当，真个稳！获得利兮容得本，估值当去无赊账，生意之中为上顶。”（王振忠：《徽州社会文化史探微：新发现的16—20世纪民间档案文书研究》，第341-342、344页）。有趣的是，即以前述光绪二十七年某地徽商“公约”而论，若赊账问题如此害人，则何以又要“派班轮流查察”徽商成员是否有人违反公约而仍令人赊账呢？看来恐怕也仍存在吴中孚在百余年前即已提出的三种赊账考虑在继续“作祟”吧？

② 斯波義信：《〈新刻客商一覽醒迷天下水陸路程〉について》，第908页。此处使用了前引网页刊载斯波义信的该文中译，特此致谢。

本文前述对《客商规鉴论》的介绍与分析，则斯波氏这个阅读感受似有一定道理。[①]同样推论也可能合适放在《客商规鉴论》与《商贾便览》的比较上，因为，后者收录的《江湖必读》与《工商切要》，也采用了与“商贾醒迷”类同的注释体格式。然而，何以“商贾醒迷”采取了注释体格式？斯波先生的解释很有趣：便于商人或学徒“边走边读”！如果这个回答有效，则或许也可适当说明《商贾便览》何以与《客商规鉴论》有此不同的行文格式。毕竟，《商贾便览》沿用了《江湖必读》这类与“商贾醒迷”、《士商类要》“买卖机关”同出一源的文本，而若假设《商贾便览》编撰者吴中孚选用文本时也难免有服从前例文本的惯性，则紧随《江湖必读》“行商之论”而出现的“坐贾之论”《工商切要》，也极可能顺理成章地采用《江湖必读》那种注释体的行文格式。

再精确些说，斯波义信提出的便于“边走边读”的推测，其实应说是便于客商、伙计与学徒在店铺中“边做事边读”，以及在旅途中“边坐船边读、边坐车边读”。而由“买卖机关”、“商贾醒迷”、《江湖必读》这一系列相沿相承的商业知识行文风格看来，一条正文、一条附注的方式，或许真是要比《客商规鉴论》那种整节长文不分段、不惮细琐举例，并使“综论与举证交错”的行文方式，更适合商人在店铺坐店办事以及在舟车旅程行进中阅读。

当然，形式不完全等同于内容，只是形式也多少限制了内容的发展方向。如果16世纪末出现的《客商规鉴论》行文格式继续发展，是否会出现更有“连贯性”的商业知识文本？如果不是流行使用《商贾便览》这类注释体的行文格式，则18世纪以后的清代中国商业书籍书写格式会不会有另外更多的新风格？诸如英国在17世纪末出现了按期记录欧洲货币汇率变动等讯息的商业报纸[②]，18世纪德意志境内也出现强调要以“理性”（reason）分析种种不同商业知识的商业书籍[③]，这些近代人类历史出现的种种不同商业书籍编写风格与方向，如何可与明清中国商业书进行更多比较？确实是考察商业知识累积与演化模式的有趣课题，需要再做更多探究与考察。无论如何，《客商规鉴论》那种针对商业经营内容所做比较富有连贯性的分析，甚至是尝试建构某种“客观式观察”的书写风格，仍是很值得注意的发展。

除了行文格式差异之外，明清商业教育的实际内容也仍可再做若干区别。从内容广度看，《商贾便览》比《客商规鉴论》更有体系性，对当时商人读者而言，一部《商贾便览》

---

① 张寿安教授曾提醒笔者，“注释体”的正文与注文其实也可以具备“体”与“用”的相辅相成关系，正文谈作为常经常规的原理原则，而注文则可供做特例变异时的弹性调整。这似乎也是可用以论证《商贾一览醒迷》与《商贾便览》等注释体行文方式的重要方向。

② Natasha Glaisyer, *The Culture of Commerce in England, 1660—1720*. Suffold and New York: The Boydell Press, 2006, pp.143-183.

③ 18世纪德意志境内出现某些强调客观与科学分析商业知识的商业书籍，参见 Daniel A. Rabuzzi, “Eighteenth-Century Commercial Mentalities as Reflected and Projected in Business Handbooks,” *Eighteenth-Century Studies*, 29, 2 (1995—1996): 169-189.

在手，的确方便查考所需“商贾便览、算法便览、银谱便览、尺牍便览、路程便览”等各项商业知识，这些内容都要比《客商规鉴论》丰富，因而算是内容更加全面的商业教育书籍。但《商贾便览》同时提及的“生财有道、仁义礼智信”，这些被学者称为带有“商业道德”色彩的内容，则几乎不见于《客商规鉴论》，因而可以说《客商规鉴论》要比《商贾便览》更不带任何“道德”色彩，这也是两者在商业教育内容上的重要差异。

当然，何谓“商业道德”？这本身即是有趣又复杂的课题。[①]陆冬远（Richard John Lufrano）分析清代乾隆年间抄本《贸易须知》等商业书籍内容，指出当时这类主要供中小商人阅读的商业知识，其中虽然也带有若干儒家道德的色彩，但其实仍然表现出更多的务实内容；基本上，这些商业书强调的“修身”等商业道德，还是与儒家修身等道德观念有所异同，不能将两者等而论之。但陆冬远还同时指出：明清商业书在讨论商业道德的相关内容时，很少由经商事务的层次向外论及诸如政治体制乃至社会演变等外在层次的问题，而“更多的只是关心商人自己的营业利益。”[②]这也值得注意。

以 18 世纪以后欧洲社会哲学与政治经济学者有关商业伦理的著作为例，他们确实讨论到不少有关“激情（passion）、德性（virtues）”与“理性、利益（interests）”之间可能存在的各种紧张或互补关系；但也应该同时留意到，这些欧洲作者的身份可能大都并非职业商人，他们撰写这些商业道德相关题材时，所关心的焦点其实是当时欧洲商业发展是否可能节制专制王权，或是商业发展如何可以促成“文明社会”发展等政治社会哲学问题。[③]若将吴中孚等明清商业书籍作者拿来和这些欧洲社会哲学家与政治经济学家一并讨论，似乎有些不够切题，甚或是不尽公平。

要之，明清商业书籍有其内部的复杂性，《客商规鉴论》所欲累积与传递的商业知识，其实很少带有商业道德的色彩，与 17 世纪、18 世纪《商贾便览》等商业书籍纳入较多商业道德内容的情况，两者的发展方向确实有所不同。

大致说来，无论是“日用类书”收录的《客商规鉴论》，或是作为商业手册的《商贾便

---

① 以 18 世纪德意志商业书而论，也有谈论“道德”的层面，当时一些商业书作者强调要以“克服激情（passions）与发展德性（virtues），来维持个人信用与追求商业上的成功”（Daniel A. Rabuzzi, *Eighteenth-Century Commercial Mentalities as Reflected and Projected in Business Handbooks*, p.175）。再以美国为例，18 世纪、19 世纪以降的美国社会也出现许多公开撰写或是演讲有关如何在商业经营过程当中提升道德意含的相关论述，有学者将此现象称为“商业伦理家”（business ethicists）的出现。若统计 1870 至 1935 年美国相关报刊与书籍数据库，可发现诸如商业道德（commercial morality）、经商道德（business morality）、经商伦理（business ethics）、商业正直（commercial integrity）、经商正直（business integrity）等词，皆是当时不少美国“商业伦理家”习惯使用的字眼。相关分析可见：Gabriel Abend, *The Moral Background: An Inquiry into the History of Business Ethics*, Princeton, N.J.: Princeton University Press, 2014, pp.5-10, 95-99.

② Richard John Lufrano(陆冬远), Honorable Merchants: Commerce and Self-Cultivation in Late Imperial China, pp. 184-185.

③ Albert O. Hirschman, *The Passions and the Interests: Political Arguments for Capitalism before Its Triumph*. Princeton, N.J.: Princeton University Press, new edition, 1997, pp.69-113. 有关 18 世纪苏格兰社会哲学思想家如何讨论商业社会与伦理道德的互动关系，也有方便而又深入的中文著作可供参考：陈正国：《陌生人的历史意义——亚当 • 斯密论商业社会的伦理基础》，《“中央研究院”历史语言研究所集刊》第 83 本第 4 分册，2012 年。

览》，这两类文本作为“文字建构式”商业书籍的流传与印售，都与当时存在于各地的“口传心授式”的商业知识，共同丰富了明清整体商业知识的累积与传递。而无论是《客商规鉴论》对农产品价格变动所做的观察：“须识迟中有快，当穷好取，藏低再看紧慢，决断不可狐疑”，“迎头快者，可买；迎头贱者，可停”，以及《商贾便览》对“取舍自有机风，来往人繁，贵贱可得权通”、“买色光亮鲜明，活润生神，细嫩结实，滋味美厚，干净均匀”等商品价格变动的总结，这些既是当时商人提出的“价格理论”，也是当时一种特殊的“经济论述”。

无论是收录于“日用类书”之中的《客商规鉴论》，或是五编本的《商贾便览》商业手册，由16世纪末到18世纪末的这三百年间，整体看来，当时中国的商业教育形式与内容，既有承续也有断裂。至于如何继续深入考察其间商业知识与商业教育的演化，则仍是有待深入探究的课题。曾有学者论及：“在明清士大夫的作品中，商人的意识形态已浮现出来了，商人自己的话被大量地引用在这些文字之中。……更值得指出的是：由于‘士商相杂’，有些士大夫（特别如汪道昆）根本已改从商人的观点来看世界了。”[①]要继续考掘当时“商人意识形态”乃至于“商人世界观”的演变，应该仍要更好地结合明清商业发展实际情形及其与商业文化之间的复杂互动关系；而明清之际商业教育形式与内容的变迁，正是回答此课题的重要一环。

（执行编辑：徐素琴）

① 余英时：《中国近世宗教伦理与商人精神》，台北：联经出版公司，1987年，第162页。

徽州文书置产簿的形成及其史料价值

——以中国社会科学院经济研究所所藏置产簿为中心

封越健*

摘要：中国社会科学院经济研究所藏有明代至民国时期的徽州文书产簿93册，涉及29个姓氏，其抄录无固定格式，即有土地置产簿、综合性置产簿等种类。相较于散件文书，置产簿的内容更为丰富，具有更高的史料价值：可以对一个家庭或者家族进行经济形态，或者专门对土地房产价格、租额等作长时间段分析；亦可以反映明清时期土地税收管理制度的变迁；同时某些置产簿抄录者还会留下对契约文书的说明文字，对于了解该契约文书形成的背景及对其进行进一步的分析具有十分重要的作用。

关键词：徽州文书；置产簿；收藏情况；史料价值

近数十年来，随着简帛、敦煌文书、黑水城文书、徽州文书、清水江文书等出土文书和传世文书的发掘利用，利用契约文书进行史学研究已是蔚为大观，成果丰硕，形成了简帛学、敦煌学、徽学等学科，新近提出创建清水江学。在相关研究的基础上，近年厦门大学郑振满教授提出创建民间历史文献学，“运用传统历史文献学的理论、方法和知识积累，对民间历史文献的系统、源流和研究方法做出完整的解释”[①]“注重实地调查和文本分析，对民间历史文献的基本类型、形成背景、传播过程、保存状况及社会功能进行综合考察”[②]。中国社会科学院历史研究所黄正建研究员等学者提出创立中国古文书学，参照日本古文书学界的定义，将研究对象划分为形式和内容两部分，形式包括物质形态（书写材料）、花押、

---

* 封越健，中国社会科学院经济研究所研究员。

① 郑振满、方勇骏：《我们为什么要进村找庙、进庙找碑？》，http://www.thepaper.cn/newsDetail_forward_1264617，2014年09月04日。

② 郑振满：《民间历史文献与文化传承研究》，《东南学术》2004年增刊，第296页。

印章、文体、书式等；内容则指文书所涉内容。[①]

笔者认为，契约文书的研究可以分为两个层面，第一层面为文书学的整理和研究，第二层面为利用文书并结合传世文献研究史学问题，即将文书作为一种史料。目前，契约文书的研究主要在第二层面，成果极为丰富，但第一层面的研究相对薄弱。第一层面文书学的整理和研究，不仅是对契约文书的收集、整理、断代、分类、定名、录文等，而更重要的是分类型从文书学角度对契约文书进行深入研究，包括形成、样式、要件、机能、效力、传承、系统、源流、比较等问题。

近年来，从文书学角度对契约文书的研究，也有若干成果。管见所及，有关契约文书形式的研究有张传玺的《中国古代契约形式的源和流》[②]、张研的《对清代徽州分家文书书写程式的考察与分析》[③]、林芊的《国内成熟文书在少数民族地区的运用：明代清水江文书契纸样式简论——明代清水江文书研究之一》[④]、吴才茂的《明代以来清水江文书书写格式的变化与民众习惯的变迁》[⑤]、赵思渊的《歙县田面权买卖契约形式的演变（1650—1949）》、[⑥]阿风的《中国历史上的"契约"》[⑦]和《宋代以来中国土地买卖文书书写格式的变迁与地域差异》[⑧]，以及范金民关于苏州房产交易文契、江南田宅买卖文书订立书写的研究[⑨]。法律史学界对契约形式也颇多研究，如王旭、冯学伟各自的专著[⑩]，以及相关硕博士论文。[⑪]不同地区文书的比较有岸本美绪、栾成显和吴才茂对清水江文书和徽州文书的比较[⑫]，以及汪崇筼的《自贡盐业与徽州商业契约文书的比

① 黄正建：《"中国古文书学"：超越断代研究》，《中国社会科学报》2012年7月25日；黄正建：《中国古文书学的历史与现状》，《史学理论研究》2015年第3期；徐义华等：《"中国古文书学"的创立——中国社会科学院历史研究所学者笔谈》，《文汇报》2012年10月29日。

② 《中国古代契约形式的源和流》，载张传玺：《秦汉问题研究》，北京：北京大学出版社，1995年，第176-177页。

③ 张研：《对清代徽州分家文书书写程式的考察与分析》，《清史研究》2002年第4期。

④ 林芊：《国内成熟文书在少数民族地区的运用：明代清水江文书契纸样式简论——明代清水江文书研究之一》，《贵州大学学报（社会科学版）》2015年第4期。

⑤ 吴才茂：《明代以来清水江文书书写格式的变化与民众习惯的变迁》，《西南大学学报（社会科学版）》2016年第4期。

⑥ 赵思渊：《歙县田面权买卖契约形式的演变（1650—1949年）》，《清华大学学报（哲学社会科学版）》2017年第6期。

⑦ 阿风：《中国历史上的"契约"》，《安徽史学》2015年第4期。

⑧ 阿风：《宋代以来中国土地买卖文书书写格式的变迁与地域差异》，载张新民主编：《探索清水江文明的踪迹——清水江文书与中国地方社会国际学术研讨会论文集》，成都：巴蜀书社，2014年，第942-970页。

⑨ 范金民：《从分立各契到总书一契：清代苏州房产交易文契的书立》，《历史研究》2014年第3期；范金民：《"草议"与"议单"：清代江南田宅买卖文书的订立》，《历史研究》2015年第3期。

⑩ 王旭：《契纸千年：中国传统契约的形式与演变》，北京：北京大学出版社，2013年；冯学伟：《明清契约的结构、功能及意义》，北京：法律出版社，2015年。

⑪ 如唐红林：《中国传统民事契约格式研究》，华东政法大学博士学位论文，2008年；云雪峰：《清代土默特地区土地契约形式研究》，内蒙古大学硕士学位论文，2016年，等等。

⑫ 岸本美绪、张微：《贵州山林契约文书与徽州山林契约文书比较研究》，《原生态民族文化学刊》2014年第2期；栾成显：《清水江土地文书考述——与徽州文书之比较》，《中国史研究》2015年第3期；吴才茂：《清水江文书所见清代苗族女性买卖土地契约的形制与特点——兼与徽州文书之比较》，《安徽师范大学学报（人文社会科学版）》2017年第3期。

较》[①]。针对某一类型文书的研究，有周绍泉、俞江、刘道胜、俞乃华、童旭等学者对合同的研究[②]；周绍泉对契尾从元代至清末长达六百多年发展史的探讨[③]；刘道胜对宗族文书的研究[④]；阿风对批契和诉讼文书的研究[⑤]。严桂夫、王国键合著的《徽州文书档案》则是综合性专著，除了叙述徽州文书的发现、收藏、数量、特点、作用外，还简要叙述了土地田宅交易文书、赋役文书、徽商文书、宗族文书、政务与法律文书、会社文书、社会关系文书的类型和主要内容。[⑥]

契约文书种类繁多，许多文书有待于从文书学角度深入研究，如徽州文书中的置产簿，仅有《徽州文书档案》一书作过简单介绍，包括其各种名称、种类、形态[⑦]，还有待深入研究。本文拟以中国社会科学院经济研究所（以下简称经济所）所藏徽州文书置产簿为中心，考察置产簿的形成目的、形态以及史料价值，敬请方家指正。

一、经济所所藏置产簿基本情况

经济所及其前身一向有重视契约文书的学术传统，是收藏、研究徽州文书最早，也是最重要的学术机构之一。早在1948—1949年，在南京的中央研究院社会研究所（经济所前身）即由梁方仲先生经手，购入契券票据簿记等史料306件，原保藏者据说是国立编译馆一职员。[⑧]除少量古籍残叶外，这批史料绝大多数是徽州文书。20世纪50年代徽州文书甫一流出，经济所即率先购藏徽州文书。笔者曾在2014年秋访问经济所魏金玉先生。据魏先生告知，当年他征得副所长严中平先生同意，前往屯溪购买徽州文书时，尚无其他机构前

① 汪崇筼：《自贡盐业与徽州商业契约文书的比较》，《盐业史研究》2011年第1期。

② 周绍泉：《明清徽州契约与合同异同探究》，载张中正主编：《明史论文集》，合肥：黄山书社，1993年；日本东京都立大学人文学部历史学研究室编：《中国史学》第三卷，1993年；中国社会科学院历史研究所编：《古史文存（明清卷）》上，北京：社会科学文献出版社，2004年；俞江：《“契约”与“合同”之辨——以清代契约文书为出发点》，《中国社会科学》2003年第6期；俞江、陈云朝：《论清代合同的类型——基于徽州合同文书的实证分析》，《法学》2014年第6期；俞乃华：《徽州文书中的合同文书探析》，《黄山学院学报》2004年第5期；刘道胜：《明清徽州合同契约与民间合约关系》，《安徽大学学报（哲学社会科学版）》2009年第1期；童旭、丁亚兰：《论清代徽州禁约合同——兼议与禁约告示、禁约碑之区别》，《西南政法大学学报》2013年第5期。

③ 周绍泉：《田宅交易中的契尾试探》，《中国史研究》1987年第1期。

④ 刘道胜：《明清徽州宗族文书研究》，合肥：安徽人民出版社，2008年。

⑤ 阿风：《明代徽州批契与其法律意义》，《中国史研究》1997年第3期；阿风：《明清徽州诉讼文书研究》，上海：上海古籍出版社，2016年。

⑥ 严桂夫、王国键：《徽州文书档案》，合肥：安徽人民出版社，2005年。

⑦ 严桂夫、王国键：《徽州文书档案》，第111、325-327页。

⑧ 据《契券票据簿记等史料》记载，此份目录是中国科学院社会研究所1952年底从南京迁至北京前所编，中国社会科学院经济研究所图书馆藏。

往购买。因簿册文书较散件文书史料价值更高，可以做长时间多方面的研究，他将一间屋子的簿册文书悉数购入，散件文书则未购。此后，经济所通过屯溪市古籍书店和徽专文物商店编印的资料目录，继续选购徽州文书。据经济所中国经济史研究室现存屯溪市古籍书店及徽专文物商店资料目录，严中平、李文治先生曾选勾拟购文书，是否还有其他先生选勾，则已不得而知；彭泽益先生曾负责保管目录。此外，经济所还从北京中国书店选购了部分徽州文书。对文书的选择，系根据经济所的科研需要，时段上以清代为主，兼有部分明代、民国文书，内容偏重经济史方面，在注重簿册文书的同时，也选购了部分散件文书，总数约 2500 件。20 世纪 50 年代以后，经济所内部一直将所藏徽州文书称为“屯溪资料”。

经济所藏“屯溪资料”全部置产簿（或称誊契簿等，本文一般称为置产簿）93 册①，其中簿内可见地点（县名）者 27 册，笔者考出地点（县名）者 63 册，另有 3 册未能考出簿主所属县份。在 90 册可知地点的置产簿中，歙县 7 册，休宁县 47 册，祁门县 21 册，黟县 5 册，绩溪县 3 册，另有 7 册不属于明清时期的徽州府：

《明嘉靖四十四年十月至清康熙六十一年正月〔淳安县〕徐氏誊契簿》；

《清道光十六年十二月至光绪六年十二月〔淳安县〕徐氏置产簿》；

《明成化二十二年十一月至嘉靖卅三年十二月〔遂安县〕陈氏誊契簿》；

《明万历二十年立〔遂安县〕张良真户新受契册》；

《明万历四十六年三月至崇祯七年十月〔遂安县〕龙溪汪氏置产簿》；

《明崇祯十五年七月至清道光六年四月〔遂安县〕郑氏置产簿》；

《清道光十年八月至咸丰四年五月〔旌德县〕江氏抄契簿》。

其中《明万历二十年立〔遂安县〕张良真户新受契册》有书店价签而无书店名称，其他文书显示，有书店价签而无书店名称的文书系徽专文物商店收购出售；其余 6 册据现存书店价签，均系屯溪市古籍书店收售。

县名不明的 3 册置产簿，《清〔某某县〕某姓休歙各产业簿》簿主当系徽州某县人；《明崇祯十三年九月至民国十年二月某某县汪氏祖遗手置产业天字号契底》，系屯溪市古籍书店收售，且簿主似亦属徽州人。《明嘉靖卅七年八月至弘光元年二月某某县陈氏置产簿》有中国书店定价签章，此簿内载天启三年（1623）三月十五日契买陈孟孙水田五号，其中一号在“水府庙下”；又载万历十四年（1586）十二月廿八日契买十八都胡仲社水田一号，“北至磻溪田”。案同时有“水府庙”和“磻溪”者，笔者所知有婺源与祁门两县。婺源县治南街明道坊有水府庙，西乡三十九都有磻溪。②祁门县二十一都二图有磻溪，该县二十一都

① 经济所收藏的全部 93 册置产簿，即将由社会科学文献出版社出版，题为《中国社会科学院经济研究所藏徽州文书类编·置产簿》。其中非徽州府所属六县的 7 册置产簿，因系屯溪市古籍书店或徽专文物商店收售，故作为附编收入该书。

② 光绪《婺源县志》卷 11《建置四·祀典》；光绪《婺源县志》卷 2《疆域四·坊都》，《中国方志丛书·华中地方·第 60 号》，台北：成文出版社，1985 年。

一图陈氏文书有万历三年九月陈学益立卖地契，其地“坐落十保土名水府庙边”。[①]虽然要确定此“陈氏置产簿”属于何县，尚需更多资料，但属于徽州府应无问题。

在93册置产簿中，按朝代分，明代18册，由明至清18册，由明至民国1册，清代51册，由清至民国5册。除4册置产簿无明确起讫年份外，跨越时间最长者为《明洪武九年至清乾隆四十九年闰三月〔休宁县〕茗洲吴氏各堂券契目录》，达409年；最短的是《明隆庆四年三月至隆庆六年二月休宁县余氏誊契簿》，仅有3年。

93册置产簿，涉及吴、王、方、罗、胡、程、汪、洪、余、黄、潘、朱、金、巴、戴、陈、孙、江、曹、徐、郑、李、康、张、饶、谢、舒、叶、高二十九个姓氏；其中歙县有吴、王、方、罗、胡、程六个姓氏，休宁县有汪、吴、胡、洪、余、王、黄、方、潘、朱、程、金、巴、戴、陈、孙、江、曹、徐十九个姓氏，祁门县有郑、李、程、吴、康、胡、陈、汪、张、饶、谢、洪十二个姓氏，黟县有舒、余、王、叶、汪五个姓氏，绩溪县有程、高两个姓氏，旌德县一册属江氏，浙江淳安县二册均系徐氏，遂安县有陈、张、汪、程四个姓氏，县名不明有陈、汪两个姓氏。另有两册不知姓氏。此外，还有两册非家族置产簿，分别为《清康熙十年十月至五十六年二月〔休宁县〕三十三都六图推收誊契簿》和《清顺治四年五月至乾隆三十五年九月祁门县赤桥约规登高约条例暨登高约置产簿》。

需要指出的是，这93册置产簿中，部分置产簿存在缺叶（双面为一叶，下同）的情况，已经并非全秩，如《明洪武二十年十一月至嘉靖二十三年九月休宁县汪氏誊契簿》第一叶首行为“中见人汪永节、汪奇员”，且原簿此叶以苏州码标有叶码三五，可见此前应有34叶已缺失。《明嘉靖卅七年八月至弘光元年二月某某县陈氏置产簿》第一叶第一行为“门前租数三年未交，将此田写出。除扣还本利轻谷贰拾贰秤，仍找〔陈〕汀价谷拾秤整”，且该叶右下标有叶码七，可见此册前缺6叶。《明隆庆四年三月至隆庆六年二月休宁县余氏誊契簿》第一叶第一行为“隆庆四年（1570）三月初四日立卖契人余新洪号契”，此前亦有缺叶。

在出版这批置产簿时，我们为了扫描方便，曾将置产簿拆开，发现一些置产簿有整叶被撕掉，仅存打眼穿线的书脑部分的情况，如《明万历二十年正月至清雍正四年十月休宁县汪氏敦叙堂田产契白》《清顺治四年十月至乾隆五十一年二月〔休宁县〕吴氏誊契簿》《清顺治十八年七月至道光二十四年七月〔休宁县〕程氏置产簿》《清康熙四十五年十月至雍正六年六月〔休宁县〕黄氏誊契簿》《清乾隆七年四月至乾隆四十二年十月〔休宁县〕江氏誊契簿》《清嘉庆十二年三月至道光廿五年二月〔休宁县〕吴氏置产券底》《清嘉庆二十一年十一月至同治七年八月〔休宁县〕吴氏抄契簿》《清道光廿一年三月至光绪十二年三月黟县余氏休黟契白簿》《清道光二十五年六月至同治十二年四月〔黟县〕王大经户丁贻罴置产簿》，

---

① 刘伯山主编：《徽州文书》第1辑第9册，桂林：广西师范大学出版社，2005年，第281页。

都或多或少发现残存的书脑。由于部分置产簿曾经修补重新装订，经过重装的置产簿是否存在这种情况已难以追溯了。这些被撕掉的叶面是否有文字亦不得而知。

章有义先生已经指出，《清道光十年八月至咸丰四年五月〔旌德县〕江氏抄契簿》第十四号田产下有注文“此号原占租廿七件。咸丰六年（1856）四月新收子厚叔占租干谷卅六件。今此号全税全业共包租利六十三件，其新契据租字列卅七号之内，查看便知”，而该簿所载田号截止卅一号，看来这家地主实有置产簿不止这一册。[①]此外，《明崇祯十三年九月至民国十年二月某某县汪氏祖遗手置产业天字号契底》原题名有“天字号契底”字样；《清乾隆二十四年十一月至乾隆四十三年十一月〔休宁县〕汪祥生户友记置业册》封面有“第一册乾隆三十年乙酉秋月立”字样；这两种置产簿应该都不止一册，但经济所均仅藏有一册。

二、置产簿的形成

关于置产簿的定义及各种名称，《徽州历史档案总目》称：“置产簿：徽州地主、宗族购置田产的登记簿册，内容有卖主、契号、田亩、买田时间、鱼鳞图册号。它又叫誊契簿、合同簿、产业簿、家产簿等名称。”[②]《徽州文书档案》解说较为详细：“誊录簿又称誊契簿、抄契簿、置产簿、堆积簿，是一个家族将名下历年购买的土地等财产契纸以及其他对宗族或家庭具有重大作用的文书档案抄录下来装订成册备案的簿册。”又说：“为了理清产权，便于管理，宗族将所有的田地山场等买卖管理契约，一起誊录在一本或数本簿册中，这种簿册即称为誊录簿，有的又称为置产簿、抄契簿、誊契簿、契底、契纸清单等。有时，一户地主也形成誊录簿，但徽州留存更多的是宗族地主，又称为公堂地主形成的誊录簿。”[③]《徽州文书类目》在“宗族文书”类中，有抄契簿，括号说明包括誊契簿、契底、契纸清单、推收底抄、租批列表，目录内还有置产簿、堆积簿等名称。[④]除上述三书所述名称外，经济所所藏的置产簿还有置业册、契录、誊抄簿、契白簿、进产簿、买契簿、契簿、契据谱、契册等。这些名称，细加区分，“誊录簿”“誊契簿”“契底”一类名称意为抄

---

① 章有义：《明清徽州土地关系研究》，北京：中国社会科学出版社，1984 年，第 209 页；章有义：《明清及近代农业史论集》，北京：中国农业出版社，1997 年，第 458 页。章有义先生将此簿地主拟为黟县或绩溪人。按：绩溪仅十五都，黟县仅十二都，但此簿内有二十二都。簿内道光十年八月江懋珩立杜卖水田契，中人有王伯明为白地人。案白地属旌德，邻近绩溪。簿主江姓在二十一都二图，恰为旌德江村江氏所在地。故笔者拟此簿簿主江氏属旌德县。

② 严桂夫主编：《徽州历史档案总目》，合肥：黄山书社，1996 年，第 38 页。

③ 严桂夫、王国键：《徽州文书档案》，第 110、325 页。

④ 中国社会科学院历史研究所收藏编纂：《徽州文书类目》，合肥：黄山书社，2000 年，第 615-619 页。

录契约或其他文书之簿册，而“置产簿”、“进产簿”及“置业簿”等名称着重表示“置产”。前者之名内涵应较后者宽泛。

将散件契约文书抄录成簿册之目的，上引《徽州文书档案》说是“为了理清产权，便于管理”。其实，其目的首先是便于查阅，但更重要的是保护产权，如《明宣德二年至万历二十四年十一月祁门县奇峰郑氏祭祀共业产土誊契簿》前有言：“权、秀、夔、敬四公分（厘米）下祭祀共业产土总立誊契一本贮匣，又四房各收一本，编作孝悌忠信四号，续有增益，随时誊录，以便检阅。”《明嘉靖四十年十月至清康熙五十三年十一月休宁县吴氏誊契簿》首行有言：“顺治丙戌年仲夏月日吴孟嘉写誊清源流，以便查□。”《清康熙五十六年二月至乾隆十七年十一月休宁县程氏仁房进产簿》前有自称“休邑云溪王崑原偶笔”的“叙言”，道出了将散件契约抄录成簿的目的和作用：

> 天下之人进业必资契墨而有成，契墨之成则又散乱而无序，一有应用，则难于检阅也，且多遗失之虑，此争端之所由肇也。以故余写立进产簿，良以此也。今将逐年营放所置产业，如某年买某处某人田地若干用价若干，依契开具于后，则契墨虽散乱，而兹簿则有序而易阅矣，故弁数言，岂不美哉。[①]

从这一“叙言”可知，当事人鉴于契约对产业的重要作用，散乱之契约不便检阅，故而将契约抄录成册，以便于检阅，更为了免于遗失，从而可以避免纠纷争端，起到保护产权的作用。

置产簿的抄录并无固定格式，在经济所所藏 93 册置产簿中，很少有这样的“叙言”或抄写说明。有些置产簿抄录时颇为郑重其事，如在叶面或两叶骑缝处钤盖个人或家族堂号等印章，个别还有官印，如《明永乐十七年五月至崇祯十七年十二月祁门县李氏官契簿》部分叶面有祁门县印，大概因此而称为“官契簿”。《清乾隆二十一年七月至民国十六年十一月〔休宁县〕贵溪曹秀堂买契簿》第一叶郑重声明“照依契税搓〔？抄〕写，壹字不差号簿”，并且几乎每叶有“贵溪号曹秀堂已〔？己〕簿永存子孙世用”字样。部分置产簿有目录编号，如《清顺治六年至同治十年〔休宁县〕汪氏置产簿》《清顺治十四年至咸丰六年〔休宁县〕汪氏契据编号簿》《清同治十年五月至光绪元年十一月〔祁门县〕洪氏誊契簿》等。有些置产簿在目录或内文契约上有以手写或钤印“清”“对”“印过”等字样。部分置产簿按地点或按类抄录，如《明崇祯二年四月至清乾隆八年十一月歙县胡氏总契底》首有“契底目录”，分为“黄蔚本处”“鸠坑源”“梓桐源”“七都源”四个部分，内文按此抄录契约，各部分内不按时间顺序，但无“七都源”。《明崇祯元年十月至清咸丰七年八月休宁县

① 此“叙言”作者自署“休邑云溪王崑原”，但该簿主人为程氏，令人不解。

朱氏置产簿》亦按地点抄录，分为“陈家坞租契（存祀）”“山九坞祖遗赤契”“千甫坦租契”“白石坞祖契”“季房板操坞祖契”。《清康熙二十六年正月至乾隆四十六年十二月休宁县巴氏誊契簿》按祖辈、父辈及续置分类，首为“大清雍正捌（八）年（1730）季冬月贰十七日祖文秀公身故祖文秀公分扒世福得受田肆丘共计叁拾砠外厨房对面楼上房壹间”，次为“父德隆公遗存房屋田山乾隆柒年（1742）贰月初七吉日祜、祯、福、�肆房每房阄分得屋田山照阄管业”，再次为“乾隆贰拾陆年正月吉日立尔常续置产业总集”。《明万历十年四月至崇祯元年七月〔祁门县〕吴氏誊契簿》分为五个部分，包括“十四都契书”、“本家亲族契书”、“山佃契”（他人承佃吴氏山场契约）、“垒（力）坌契”、“佃契”（此部分亦有卖契）。

大多数置产簿在抄录契约文书时既不分类，又不按时间顺序。93 册置产簿中，仅有《清顺治四年五月至乾隆三十五年九月祁门县赤桥约规登高约条例暨登高约置产簿》《清康熙五十六年二月至乾隆十七年十一月休宁县程氏仁房地产簿》《清嘉庆二十一年正月至道光三年十二月〔休宁县〕王智祀会置产簿》等少数几册按时间顺序抄录契约文书。

《徽州文书档案》将誊录簿分为纯粹的土地誊录簿、综合性誊录簿、节录簿三种，综合性誊录簿是将土地契约与其他重要文书抄录在一起，节录簿只抄录契约中的重要内容，如田地字号、购买年度、用价、卖主、土名、税亩、租额等。[①]

经济所所藏的 93 册置产簿也有上述三类，如《清道光十一年十一月至道光三十年三月〔歙县〕吴氏置产簿》全为他人出卖田地给吴氏的契约，属土地誊契簿。一般置产簿或誊契簿都是抄录一家或一个宗族历年置备的所有土地房产契约，但经济所所藏的土地誊契簿有两种例外。一种是仅抄录某种土地的契约，如《明景泰四年十一月至万历廿三年九月〔歙县〕方氏摽挂簿》，根据簿前方氏外甥许应春序，方氏祖先“三茔有田十余亩，以供膳茔，以奉祭祀……然条例未悉，恐其久而或怠，故欲更置簿书绘画……计其田亩之数，租利之入，与其经界疆理及牲醴楮仪之费，俾世守……忽焉……置簿书四扇并绘图本，及田亩租利疆理经……规纤悉毕纪，每各授其一，余其一摄祭事之家，以次轮授，各书每岁……于祭事必先时而戒预之，毋敢怠忽焉”（省略号文字原簿残缺），可知是专门抄录祭田契约的誊契簿；《清雍正十年正月至乾隆十年十二月〔休宁县〕程氏朱家园住后山风水契录》，顾名思义，该簿专门抄录购买“开造阡葬”及“抱护坟茔”风水山地的契约。另一种情况是并非家庭或家族置产簿，《清顺治四年五月至乾隆三十五年九月祁门县赤桥约规登高约条例暨登高约置产簿》抄录的是赤桥约与登高约两个乡约置买田产之契约；《清康熙十年十月至五十六年二月〔休宁县〕三十三都六图推收誊契簿》封面有“推收誊契丁酉限”字样，丁酉年即康熙五十六年（1717），簿内土地买卖契约卖主有方、丁、李、吴、谢、盛、胡、

① 严桂夫、王国键：《徽州文书档案》，第 110、325-327 页。

汪等姓，买主有吴、李、方、谢、倪、汪、张、刘、丁、陈、陆、许、于、卢、胡、程等姓，从契约来看，卖主或买主至少一方属于三十三都六图，簿册天头写有“某甲”、“某甲收”、“某甲推”或“某甲推某甲”等字样。因此，该簿应是三十三都六图办理土地税粮推收时，将各家买卖土地的契约誊抄汇集为簿册。显然，该簿只能是誊契簿，而不是置产簿。《徽州文书档案》说誊录簿是家庭或宗族形成。应该说，誊契簿、置产簿主要是家族或宗族形成，但由这两册誊契簿看来，誊录簿或置产簿不限于家族或宗族。近年搜集并出版的《景德镇新安书院契录》，抄录康熙二十三年（1684）至1949年景德镇徽州会馆购置房产契约[①]，也是一种非家族宗族置产簿。

综合性誊契簿以《明嘉靖二十年正月至清乾隆五十六年九月休宁县潜溪汪氏誊契簿》最为典型，这本誊契簿除抄录土地山场房屋买卖、典当、租赁契约外，还有佥业票、收税票、推单、商号议墨、借约、阄分合同、遗嘱、婚书（实系买卖奴仆契约）、抄录的黄册和编审册、祭祖文、会社序、碑记、充役合同、充当书吏文件，等等。

节录簿既有土地誊契簿，也有综合性誊契簿。前者如《清末〔休宁县〕某姓二房晴川产业簿》，后者如《明洪武九年至清乾隆四十九年闰三月〔休宁县〕茗洲吴氏各堂契券目录》。该簿全系目录，包括土地买卖兑换租佃契约、给仆婢则略、承充里长约、烟户门牌、应主文书、戒约、婚书等文书。

有的置产簿既有契约全文，也有节录，如《明正德六年四月至崇祯十四年四月祁门县奇峰郑氏誊契簿》多数抄录契约全文，但也有契约摘要，如“买居仁祖基地一块，三保土名西峰堂前，当议价艮〔？银〕十两四钱正。隆庆元年十一月廿四日立契兄居仁，代书男启魁”。《明隆庆五年十二月至崇祯十二年九月歙县罗氏置产簿》抄录罗氏置产契约，但并非每一次置产均抄录契约全文，有的仅在上手契后加说明，如“崇祯八年（1635）二月江聚奎立出便山契”，将德字六百三十八号山一厘零三丝并山上杉松木一并出便与亲人余氏为业，契后有“此契转卖与罗季明，契内价银一并收讫。余中和批”，余氏卖给罗氏的契约全文并未抄录。

三、置产簿的史料价值

较之散件文书，置产簿（誊契簿）的内容更为丰富，史料价值也更高。章有义先生曾简要论述分家书和置产簿的史料价值：

① 郑乃章编：《景德镇新安书院契录》，南昌：江西人民出版社，2012年。对该资料的研究，可参见王振忠：《商业、产业分布与城市空间——17世纪以来景德镇徽州会馆之管理与运作研究》，载李孝悌、陈学然主编：《海客瀛洲：传统中国沿海城市与近代东亚海上世界》，上海：上海古籍出版社，2017年。

> 分家书、置产簿等册籍，内容涉及多方面，包括一些必要的批注，往往可以直接从簿内材料中，查出簿主的籍贯。更重要的理由，则是分家书和置产簿乃是同一个家族亦即同一个经济单位的财产综合记录，因而可以作为一个研究对象，从中考察各相关因素的纵向变化和横向联系。比如，就纵向说，从同一宗田产新契和老契的对比，可以看出地价的变动；从现租约同原租约的比较，可以看出租制和租额的变化。就横向说，可以算出田皮（小买）和田骨（大买）的比价，活卖和绝卖的相对频率，可以统计各种地权形式或地租形态的比重，等等。所有这些重要信息，都不是孤零零的散件文契的汇编所可揭示出来的。[①]

置产簿（誊契簿）的史料价值，远比章先生所说的要丰富。就单纯的土地誊契簿而言，记录了某一家庭或家族短则数年长达数十百年的土地交易，交易形式包括买卖、找价、租佃、典当、对换、清白等，这些内容，不但如章有义先生所言，可以考察地价和租额的变动，可以统计各种地权、地租形态的比重；而且可以据此考察该家庭或家族的经济状况。另外，誊契簿往往附带抄录佥业票、收税票、归户票、吊帖等，如《清康熙四十二年十月至乾隆四十四年十二月休宁县汪氏誊契簿》在每一份契约后都有佥业票、收税票、归户票或吊帖，从此可以看出明清时期土地税收管理制度的变化。一些置产簿还抄录上首契约，有的抄录多次上首契约。如《清康熙四十二年十月至乾隆四十四年十二月休宁县汪氏誊契簿》多数契约有上首契，有的不止一份。如乾隆四十三年（1778）五月歙县十五都八图汪天其立卖地契，将土名郑五山道字三千八十一号地税一分五厘卖与簿主休宁汪氏，附有来脚契五份。这一分五厘地块，其中七厘经过几次交易，顺治十六年（1659）闰三月十七都四图谢阿方等以 4.5 两卖与本都二图吴氏；康熙四十年（1701）三月吴阿方等将之卖与十六都一图吴氏，契内写“定时值价纹贰两四钱正”，但后有说明“又一契照此契一样价艮〔？银〕廿四两正……系白头契未印，故未抄”，可见实际卖价应为 24 两。康熙四十一年又由十六都一图吴元茂卖与十五都八图汪氏，分两次立契，先是十一月以纹银 12 两卖与汪氏；至十二月又立一契，将该地以纹银 18 两卖与汪氏，契后有批：“其价原议叁拾两，前立有十贰两一契，此契拾八两，共合三十两数，其税只七厘”，可见实际卖价为 30 两。另外八厘康熙五十三年十二月吴又李等以纹银 5 两卖与十五都八图汪氏。至乾隆四十三年五月汪天其将此八厘与七厘地一并卖与簿主汪氏，价九三银 160 两。这几份契约，不但可以看出同一地块从顺治年间到乾隆年间的价格上涨情况，而且还可以看到民间利用契约的避税手段。这种避税手段还见于康熙四十年三月吴阿方卖地契，同样一次交易，一份契约价格只有 2.4 两，而另一份“白头契未印”即未加盖官印纳过税的白契上载明卖价达 24 两；另一

---

① 章有义：《明清及近代农业史论集》，第 301 页。

情况是康熙四十一年吴元茂出卖该地时立了两次契约，从下文《清康熙二十六年正月至乾隆四十六年十二月休宁县巴氏誊契簿》的事例中可以看到，这是一种少交契税的手段。这种情况提示我们，赤契所载地价未必真实。有的则以批注形式说明同一田地的出售情况，如《清雍正八年十月至乾隆二十一年十二月〔休宁县〕汪祥生聚记户田地山塘册》在"康熙十一年汪亮先立卖田契"后，有批注"此田于康熙五十九年出卖与贰都四图程名下为业，乾隆贰年四月聚远付出价纹贰拾肆两续〔？赎〕回，使用在外"。有的置产簿抄录者加入了一些批注或说明，也很有价值。如前述"汪祥生聚记户田地山塘册"记载很多田地交易的额外费用，有"包字""折席""契纸""酒水""代笔""管家""言身""签归户""印契挂号""补包""补戥""□承管""折酌""次酌""酒仪""酬仪""言身中人"等名目，如"乾隆二年七月吴征助立卖田契"后有附注："正价壹百八十八两五钱。印契八两三钱（库吏朱祥祯、金宗鲁先生）。契纸一钱二分。推税叁两。收税乙两。归户：八都三图宋村胡归户六张去艮〔？银〕九钱二分，一都七图长塘汪归户十张去艮〔？银〕六钱，廿七都三图汪溪桥金归户去艮〔？银〕。[1]中金伍两六钱五分。酒水一两六钱。管家四钱。言身晋一两，琪六钱，云六钱，共贰两二钱。"有的誊契簿有土地买卖经过的说明。如《清康熙二十六年正月至乾隆四十六年十二月休宁县巴氏誊契簿》在"尔常续置产业总集"之第六号"乾隆二十一年十月巴阿夏等立卖田契"，编号上有说明："其税在于尚礼户内起推。此税廿六年冬月收入新立巴常福户内办纳，印过契，签过业"，下述购买经过："买此下秧田，计租七砠，计税八分八厘，系敢字八十八号。将此田填成地造新屋住宅的。尔于乾隆廿一年八月廿一日，尔为此业，菱湖店中动身旱路管〔？赶〕回家，请问祖母应允，说价银廿四两正。尚婶不肯，要价银廿七两正。尔只得依他价银廿七两正。因印契推收要省头，以至〔？致〕写作贰张契。"正说明为了少交契税，将同一交易分写两张契约。第六十七号"乾隆三十九年十二月巴阿戴等立卖山契"，编号下有说明："此山估卖价不值。迎弟媳再三情说，顾〔？姑〕此与他买。中资七八钱八钱五分，酒酌钱一百四十文曾孺人、新侄媳、长龙三人分。"此簿第一叶还抄录了当地上中下则田地若干步合一亩，塘、山与田地的折算，地税与山税与田税的折算。上则田合 190 步为 1 亩，上则地合 200 步为 1 亩，塘合下则田成税，山合下则地成税，地税算田税合七三八折，山税算田税合二二一折。上述几个方面的史料价值，是散件文书所不具有的。

综合性誊契簿内容更为丰富，史料价值也更高。除了与土地交易有关的买卖、租佃、对换、典当等方面契约外，还有多种类型文书，兹就若干类型举例如下。

赋役文书，《清康熙三十六年正月至乾隆五年十二月〔休宁县〕吴尊德堂契录》有康熙四十五年（1706）至雍正四年（1726）六甲一户吴法祖、九甲一户吴保之、拾甲一户吴

---

① 此处原簿未记归户去银数量。

泉盛等三户五年一次的编审割蹊清册；《明清〔休宁县〕胡氏本房及桃李榛榴四房祖业誊抄簿》有“万历六年五月胡均等立轮流勾管里长合同勾单”“崇祯十年十一月胡凤武等立轮流应役合同”“康熙二年十一月胡熜子孙等立议贴承役之人银两合同”；《明嘉靖二十年正月至清乾隆五十六年九月休宁县潜溪汪氏誊契簿》有康熙五十五年）三月、六十年十一月、雍正九年）编审时汪高起户各宗产业、税粮清单，“顺治十八年正月汪元昌等立津贴银两代役合同”“休宁县田地山塘规则”“万历十三年五月十二日汪绍本抄写清丈皇〔？黄〕册抄白”，等等；《明嘉靖四十年十月至清康熙五十三年十一月休宁县吴氏誊契簿》有“康熙十八年四月吴钦生立出替户口听从改名顶役约”；《明万历二十一年六月至天启四年十二月〔休宁县〕黄汶公契录》有万历三十年、万历四十年、天启三年、崇祯五年、崇祯十七年黄永盛户黄册抄底。此外，很多簿册有收税票、佥业票、归户票等。

商业文书，《明嘉靖二十年正月至清乾隆五十六年九月休宁县潜溪汪氏誊契簿》有“康熙五十七年六月吴隆九等立包揽承管汪高茂字号议墨”“康熙五十七年六月吴隆九立领银约”“康熙六十一年壬寅太岁六月吉日抄誊开张汪德胜布店合墨”“康熙六十一年二月初二日汪干初立承管汪德胜布店字”，经营布、米的往来账目和米票，另有借贷契约。

宗族文书，《清乾隆十五年至嘉庆二十五年六月〔歙县〕吴氏置产簿》有（诚思会）则规、各节日祭品及“递年役使仆人定规”；《明清〔休宁县〕胡氏本房及桃李榛榴四房祖业誊抄簿》有多份宗族文书，如“天顺七年（1463）三月胡宗仁等立救阻患难族人合同”“嘉靖四十二年（1563）正月胡墙等立家规”“隆庆六年二月胡均等立议各出银两生利积作常贮作为祈保之需合同”“万历二十二年正月胡尚策等立转领银两生利以为祈保之需合同”“康熙十三年九月胡满冲等立满汉大兵进剿耿王兵变各种使费依田公派合同”“嘉靖四十四年三月胡燧立分家合同”“嘉靖四十四年正月胡燧立分家合同”“万历十年正月胡垍等立将田地山塘租数轮流转领以作祭扫之需合同”；《明嘉靖二十年正月至清乾隆五十六年九月休宁县潜溪汪氏誊契簿》有世系及图序，祭祖文，叙设置祀田及爱敬堂缘由的“爱敬堂序”，多份祀田管理及阄分合同，嘉靖三十一年“奉先祠内祭田碑记”，几分“清明会序”，多份遗嘱分单，还有“天启元年十月吉日父汪绍忠条立各项规则”；《嘉靖四十一年三月至崇祯十五年正月〔休宁县〕洪氏置产簿》有万历三十六年九月、崇祯三年四月、崇祯十四年三月三份阄书遗嘱；《明万历某年至清康熙十七年九月休宁县潘氏置产簿》有崇祯某年潘一枝等立分单合同，以及多份不得盗卖盗葬祖山的合同禁墨；《明宣德二年至万历二十四年十一月祁门县奇峰郑氏祭祀共业产土誊契簿》有“万历二十四年十一月奇峰郑应等立戒谕各房子孙不许欺克住歇守墓庄人合同”“弘治十八年（1505）二月郑仲则等立毋许变卖山场花利以备祭祀合同”；《明正德六年四月至崇祯十四年四月祁门县奇峰郑氏誊契簿》有万历三十三年十一月、万历四十六年十月、万历廿八年三份分家书；《明嘉靖四十四年十月至清康熙六十一年正月〔淳安县〕徐氏誊契簿》有“康熙三十四年五月锦里中社头首徐国诏等立为整理庙宇以祈保障照丁挨派议文”，记徐衷美助银壹拾两正，孝先及太如助银。[①]

官府文书，《明嘉靖二十年正月至清乾隆五十六年九月休宁县潜溪汪氏誊契簿》有多份汪可嘉、汪可礼充当书吏的文件，如康熙五十七年（1718）汪景文出顶安徽按察司衙门二班督捕房书缺壹名契，以及某衙门行文休宁县饬查汪可嘉顶充书吏查身家文，康熙五十七年族长汪凤仪立汪可嘉身家及无弊甘结，雍正元年（1723）六月安徽布政使司给汪可礼充督捕房典吏札等。

诉讼文书，如《清康熙二十八年十二月至乾隆六十年十二月〔休宁县〕汪氏置产簿》有康熙三十年七月汪阿程抱禀孙汪双得为楼屋纠纷告官禀文；《明嘉靖二十年正月至清乾隆五十六年九月休宁县潜溪汪氏誊契簿》有“康熙五十九年八月二十九日汪嘉会在巢县具告张东聚刘子调盗买盗买典田状及批”，还记载有诉讼过程中的各种花费；另有“雍正三年九月汪子能等回明汪乾初欠席成候布银事呈词”；《明宣德二年十月至清乾隆二十八年十一月祁门县善和程氏誊契簿》有康熙二十七年叶尚伦以冒业盗纂事控县批仰捕衙查报捕详文，四月祁门县典史宋国安为冒业盗纂事呈文，五月曹太爷亲审金参，六月郑姓愿移举甘结状及曹太爷准给叶尚伦帖；另有因雍正元年仆人王腊九挖脑盗厝中村寿公坟山，次年七月程士珍控告禀文。

服罪甘罚及投主服役文约，《明宣德二年十月至清乾隆二十八年十一月祁门县善和程氏誊契簿》有多份还文约，如崇祯十二年（1639）六月郑记立还应付文书，因住到程名下庄屋一备，“递年应付婚娶、守坟墓、兴养苗木，不许抵拒等情。又佃种莲花坛，议交硬租廖秤十三秤十二两，秋收交纳无词。自还文之后务要小心看坟兴养，不得违误，新春拜节、廿四辞岁、兴钱二分五厘。立此文书存照”；《明嘉靖四十四年十月至清康熙六十一年正月〔淳安县〕徐氏誊契簿》有“康熙五十六年十二月叶彩福等立看守坟茔听呼役用契”。

卖身约，《明嘉靖二十年正月至清乾隆五十六年九月休宁县潜溪汪氏誊契簿》有多份婚书，实为买卖奴仆契约，如“康熙四十五年四月项国正立将亲生女出继汪宅议墨婚书”“康熙四十六年十月余福盛等立卖男婚书”；《明万历十年三月至清顺治十七年〔休宁县〕王氏抄契簿》有五份婚书，都是买卖奴仆契约，如天启六年三月陈阿王立婚书，将仆人江永贵同男班九、仆妇六弟、爱珠共四口出卖与朱某名下；天启六年（1626）十一月因“服役繁苦，甚难活命”，江永贵等立卖婚书，将自己及男班九、妻六弟、媳爱珠转卖与王礼元为仆，“得财礼银壹拾陆两肆钱正，其艮〔？银〕偿还朱元成家身等价银讫”。雇工约，《明嘉靖二十年正月至清乾隆五十六年九月休宁县潜溪汪氏誊契簿》有康熙三十七年四月吴细九立工雇约。

术数文书，《明嘉靖二十年正月至清乾隆五十六年九月休宁县潜溪汪氏誊契簿》列有

① 原簿未记孝先及太如助银数量。

“阳宅宜忌”八条；《清康熙三年九月至乾隆二十五年五月〔祁门县〕胡氏誊契簿》末有乾隆二十四年春月洪都剑邑杨次超择具“谨具吉详列于左”，系择坟茔吉兆，“录此语以为后验”。又有“今将吉课详列于后”，为“吉地遇良好期获福弥永”，“谨择乾隆贰拾叁年戊寅岁十一月十四丁酉日午时扦葬上上吉”，“详此良期……录此语预贺吉兆”。

四、小　结

概而言之，抄录置产簿之目的首先是便于检阅散件文书，以免遗失，更重要的是避免争端，保护产权。置产簿不光有家族置产簿，还有非家族置产簿。置产簿的抄录并无固定形式。较之散件文书，置产簿有其独特的史料价值。第一，由于抄录了一个家庭或家族数年至数十年上百年的置产记录，既可对一个家庭家族经济形态作长时段的分析，又可对土地房产价格、租额作长时段分析。第二，从置产簿抄录的佥业票、收税票、归户票、吊帖等可以看出明清时期土地税收管理制度的变化。第三，有的置产簿抄录者对一些契约文书添加了一些背景说明，这些说明颇具史料价值。上述三方面的史料价值，都是散件文书所不具有的。第四，综合性誊契簿的内容极为丰富，本文仅据经济所所藏置产簿，且限于篇幅，仅能列举若干方面内容，但仅此即可见置产簿无疑有丰富的史料价值。

（执行编辑：江伟涛）

游走于学术与政治之间的复社

樊树志*

摘要：复社是晚明规模最大、名气最响的文社。本文一方面通过仔细考辨其成立过程中的尹山大会、金陵大会与虎丘大会，因门户之争遭遇的谣言、攻讦等政治风波观察其宗旨之演进；另一方面则以吴应箕为个案，细致描摹复社成员的政治理想与实践及其悲剧性的历史命运，对游走于学术与政治之间的复社展开深入分析。

关键词：晚明；复社；党争；吴应箕

一、复社的尹山大会、金陵大会与虎丘大会

晚明文社中规模最大、名气最响的无疑是复社，它有狭义和广义两个含义：前者是指作为众多文社之一的复社，后者是指作为众多文社联合体的复社。朱彝尊写道：

> 崇祯之初，嘉鱼熊开元宰吴江，进诸生而讲艺，于是孟朴（孙淳）里居，结吴扶九、吴允夏去盈、沈应瑞圣符等肇举“复社”。于是云间有“几社”，浙西有“闻社”，江北有“南社”，江西有“则社”，又有历亭“席社”，昆阳“云簪社”，而吴门别有“羽朋社”、“匡社”，武林有“读书社”，山左有“大社”，佥会于吴，统合于“复社”。复社始于戊辰，成于己巳，其盟书曰：“学不殖将落，毋蹈匪彝，毋读非圣书，毋违老成人，毋矜厥长，毋以辩言乱政，毋干进丧乃身，嗣今以往，犯者小用谏，大者摈。

---

* 樊树志，复旦大学历史系教授。

佥曰：诺。”是役也，孟朴渡淮、泗，历济鲁以达于京师。贤士大夫必审择而定衿契，然后进之于社。故天如（张溥）之言曰：“忘其身惟取友是急，义不辞难，而千里必应，三年之间，若无孟朴，则其道几废。”盖先后大会者三，“复社”之名动朝野，孟朴劳居多，然而敛怨深矣。①

由此可见，当时的吴江知县熊开元，聚集诸生研习科举制艺，孙淳与吴翻等创建了复社，那是崇祯元年（1628）的事。吴翻与孙淳不仅参与创建复社，而且把它扩大为全国性的文社联合体。朱彝尊写道：

扶九居吴江荻塘，藉祖父之资，会文结客，与孙孟朴最厚，倡为“复社”。既而思合天下英才之文甄综之，孟朴请行，出白金二十镒，家谷二百斛，以资孟朴。阅岁，群彦胥来，大会于吴郡，举凡应社、匡社、几社、闻社、南社、则社、席社，尽合于复社。论其文为国表。虽太仓二张主之，实引次尾（吴应箕）、扶九相助。②

孙孟朴与吴扶九草创之功是显而易见的，还不应忘记吴应箕，虽然此后在复社中成为领袖的是“娄东二张”——张溥、张采，但吴应箕并非苏松名士（池州府贵池县人），而是复社执牛耳的数人之一。

朱彝尊的说法是有根据的。夏燮写的《吴应箕年谱》提供了重要的信息：

崇祯元年戊辰，先生三十五岁。是年，娄东张天如吉士（溥）与同里受先大令（采）始倡复社之会，苏松名士杨解元（廷枢）、夏考功（允彝）、陈黄门（子龙）皆附之；大江以上则先生（应箕）及刘伯宗徵君（城）预焉。一时有“小东林”之称。③

夏燮的主要依据有两条，一是刘城（字伯宗）所写的《吴应箕传》，其中提到，“崇祯初元，三吴中倡为复社，才十余人耳，不佞（刘城自称）与次尾（吴应箕）实共之”。二是冒襄（字辟疆）为吴应箕所写的序言，谈到复社的创立，“大江以上为吴楼山（吴应箕）、刘伯宗，大江以下为杨维斗（杨廷枢）、张天如（张溥）。然则此十余人者皆执牛耳，主坛坫，为东林之中兴。先生其一也。先生是时未至吴中，而声气之通若合符节。迨庚午（崇祯三年）金陵大会，复社之名遂闻于朝野间”④。

---

① （清）朱彝尊：《静志居诗话》卷二十一“孙淳”条，清嘉庆二十四年钱塘姚祖恩扶荔山房刻本。孙淳，字孟朴，嘉兴府学生。

② （清）朱彝尊：《静志居诗话》卷二十一“吴翻”条。吴翻，字扶九，吴江县学贡生。

③ （清）夏燮：《忠节吴次尾先生年谱》“崇祯元年戊辰”条，清同治六年永宁官廨刻本。

④ （清）夏燮：《忠节吴次尾先生年谱》“崇祯元年戊辰”条。

张溥与张采志同道合，张溥比张采小六岁，却比张采早去世，张采为张溥写了传记——《庶常天如张公行状》，其中其早年读书生涯，以及主持复社的经历，极具史料价值，移录如下：

公讳溥，初字乾度，改字天如，号西铭，远近学者称天如先生最显。苏之太仓州人……公六七岁奇慧，不逐童戏……公日夜取成书断章手录，其后同采读书时，将所录本篇篇投火，复日夜手录，及十日或半月，同采高吟一过，又复投火。采问曷存斯，曰："聊用强记，奈何留滞心路。"余笑谓："世间节录本侈行，公如存者充栋矣。"用是右手握管处大指及掌心咸成茧，五六月须割去，冬月且皲，日数沃盥。其勤学殆天性，方私习举子业且一年，已成章，当年师犹未知……十五岁丧父，同金母出居西郭，颜一陋室曰"七录斋"，益读经史诸书亡厌。十九补博士弟子，声闻籍甚，交一时名贤，志为大儒。戊辰（崇祯元年）以覃恩选贡入太学。是年适余先成进士，公策款段之京师，托余邸，会所贡天下士，暨公卿雅流，咸愿获交公，幸一望见。公则循墙谢不敏，而乃拜瞻宫殿，访南北郊制，问辟雍石鼓文，上下齐鲁，伏谒阙里，气益优裕。两人先后归。冬季，采令临川，公送抵钱塘江，执手唏嘘曰："出处庸有时，弟舍我踽踽独学行，奈何？"泣数行别去。

先是六年前，公延余读书七录斋。公里出，夜分入，两人扃户下帷。公上自皇古，下迄今兹，凡治乱典废，贤愚是否，无不殚厥理要。此如行舟，公自系帆，置余作相风，舟行不干相风，辄时占颜，以故两人深相得，不能顷步离。隔三日，即信使相望。

公既别钱塘归，果踽踽颇不聊，又念友生若参昴，古学罔攸明，因集吴越间俊造，凡经明行修一辈，定规模，要计课程。既集，公扬言于众曰："不殖将落，毋陷匪彝，毋读非圣书，毋违老成人，毋矜厥长，毋以辩言乱政，毋干进丧乃身。嗣今往，犯者小用谏，大则视勿与。世教衰，兹其复起，名社曰复，共曷诸。"众咸曰诺。于是复社之名震天下，由吴越以及四方，凡其地俊造，经明行修者，以不得与为耻。①

张溥在大会上慎重地宣布复社宗旨，用一种"盟词"的形式表达出来，可见是经过深思熟虑的共识。当时张采已经出任临川知县，获悉这一"盟词"后，他评论道："善哉，张子志则广矣，难乎其后也。"②在他看来，这样的高标准对于日趋衰微的"世教"，可以起到当头棒喝的作用，令他担忧的是，今后能否坚持到底。张采所记录的"盟词"文字与朱彝尊所记载的文字，虽有一些出入，但内容是一致的。这次会议，是复社成为文社联合体

① （明）张采：《知畏堂文存》卷八《庶常天如张公行状》，清康熙十二年刻本。
② （明）张采：《知畏堂文存》卷八《庶常天如张公行状》。

的标志性事件——崇祯二年（1629）的尹山大会。

关于尹山大会，《复社纪略》是有记录的：

吴江令楚人熊鱼山开元，以文章经术为治，知人下士，慕天如名，迎至邑馆。巨室吴氏、沈氏诸弟子俱从之游学。于是为尹山大会，苕、霅之间，名彦毕至。未几，臭味翕集，远自楚之蕲、黄，豫之梁、宋，上江之宣城、宁国，浙东之山阴、四明，轮蹄日至。比年而后，秦、晋、闽、广多有以文邮致者。

是时江北匡社、中州端社、松江几社、莱阳邑社、浙东超社、浙西庄社、黄州质社，与江南应社，各分坛坫，天如乃合诸社为一，而为之立规条、定课程，曰："自世教衰，士子不通经术，但剽耳绘目，几幸弋获于有司。登明堂不能致君，长郡邑不知泽民；人才日下，吏治日偷，皆由于此。溥不度德，不量力，期与四方才士共兴复古学，将使异日者务为有用，因名曰复社。"又申盟词曰："毋从匪彝，毋读非圣书，毋违老成人，毋矜己长，毋形彼短，毋巧言乱政，毋干进辱身。嗣今以往，犯者小用谏，大则摈。既布天下，皆遵而守之。"又于各郡邑中推择一人为长，司纠弹要约，往来传置。

天如于是裒十五国之文而诠次之，目其集为《国表》，受先（张采）作序冠弁首。集中详列姓氏，以示门墙之峻；分注郡邑，以见声气之广云。①

该处所说的"盟词"与朱彝尊、张采记录的大同小异，可以看作第三种版本，值得注意的是朱彝尊、张采没有提及，张溥在大会上针对"士子不通经术"，而提出"规条""课程"，以期达到"兴复古学""务为有用"之目的，道出了之所以命名为"复社"的原因。该处所说的《国表》，是张溥把各地送来的文章编辑成的文集，张溥在序言中说，"国表之文凡更四选，其名不易，虽从天下之观，亦以志旧日、示不忘也"。由各府县的社长先行审稿，比如苏州、松江等府由周钟、杨廷枢、杨彝、顾梦麟、周勒卣负责，浙江各府由钱栴、吴昌时负责，安庆等府由吴应箕、沈寿民、刘城等人负责，江西各府由陈际泰、罗万藻、艾南英负责，湖广各府由易道暹负责，福建各府由陈燕翼、陈元纶负责，山东各府由宋继澄负责，"是以人无滥登，文无妄予"②。

张溥关于"士子不通经术"的批评，据其门生吴伟业说，是在他作为贡生进入北京后有感而发的：

先生以贡入京师，纵观郊庙辟雍之盛，喟然太息曰："我国家以经义取天下士垂三百载，学者宜思有表章微言、润色鸿业。今公卿不通六艺，后进小生剽耳佣目，幸

① （清）陆世仪：《复社纪略》卷一，续修四库全书影印湖南图书馆藏清抄本。

② （明）张溥：《七录斋诗文合集·古文近稿》卷四《国表四选序》，明崇祯九年刻本。

弋获于有司。无怪乎椓人持柄，而析枝痔，半出于诵法孔子之徒。无他，诗书之道亏，而廉耻之途塞也。新天子即位，临雍讲学，丕变斯民。生当其时者，图仰赞万一，庶几尊遗经，砭俗学，俾盛明著作，比隆三代，其在吾党乎？”乃与燕赵卫之贤者为文言志，申要约而后去。[①]

这是他对北方（燕、赵、卫）文人贤者申述的“要约”，其中所说“今公卿不通六艺，后进小生剽耳佣目，幸弋获于有司”，与他在一年后在尹山大会所讲“士子不通经术，但剽耳绘目，几幸弋获于有司”云云，几乎如出一辙。

“兴复古学”是张溥为之奋斗的目标，他极力主张“正风俗”，关键在于士子的学风与文风：

风俗之不古也，士子为甚。逆珰之乱，献谄造祠者倡于松江；奴酋之横，开城乞降者见于永平。于是天下争言士子之变沦胥已极，几甚于尧时之洪水，周初之猛兽。要之，此其人不足以谓之士子也……今日之人心莫患乎讳道学之名，而指六经为迂阔，不乐闻封疆之急，而幸目前为苟安……则为今日太平之计，欲使风俗之正，亦教之以忠义而已矣。[②]

这是复社同人的共识，张采进一步解释道：“世教衰，急趋功名，上者耽文章，不知功名是才子余事，趋亦得，不趋亦得，与其趋也，三公曷贵？文章亦才子余事，天地生之，所期不止此……所以不肖绝去两端，专事理学，非绝功名与文章也。绝功名，将绝经济；绝文章，将绝经史。经济绝，世何由治平？经史绝，世何由闻见？但理学中两者具足，离之则为枝叶。不肖正绝去枝叶，专务根本耳。”[③]宋存标感慨道：“逮世下衰，无功矜功，无才忌才，豪杰始自爱其鼎，宁贫贱而轻世肆志焉……得志者功名盛而学术衰，其智不足权变，勇不足决断，仁不能以取予，强不能有所守，一旦有事，随风靡矣。”[④]徐汧也作如是观，“与娄东张采、金沙周钟倡立复社，联络声气。时文风诡谲，见者欲呕，公一以昌明宏硕，返始持正”[⑤]。

张溥短暂的一生，著作等身，大多是经学与史学。经学方面有《周易注疏大全合纂》《尚书注疏大全合纂》《诗经注疏大全合纂》《春秋三书》《四书注疏大全合纂》《十三经诂释》等。史学方面有《宋史纪事本末》《元史纪事本末》《通鉴纪事本末》《南北史异同》《历代

① （清）吴伟业：《梅村家藏稿》卷二十四《文集二·杂文·复社纪事》，四部丛刊初编景武进董氏新刊本。
② （明）张溥：《七录斋诗文合集·论略》卷一《正风俗议》。
③ （明）张采：《知畏堂文存》卷一《答龚子书》。
④ （明）宋存标：《秋士偶编》（不分卷）《送友之金陵序》，四库禁毁丛刊影印明末刻本。
⑤ （清）邹漪：《启祯野乘》二集卷二《徐学士传》，清康熙十八年金阊存仁堂素政堂刻本。

史论》《读史管见》《皇明经济书》《历代名臣奏议》等。挚友张采谈到他的读书著述之勤奋，令人惊讶："张子日高起，夜分后息，起即坐书舍，拥卷丹黄，呼侍史缮录，口占手注，旁侍史六七辈，不暇给。又急友声，书生故人子挟册问询，无用剥啄，辄通坐恒满，四方尺牍且咄咄酬应。而张子俯仰浩落，未尝逾时废翰墨。"[①]又说："天如小予六年，所读书较予不下多几万卷，卒未尝有骄色……且文为小道，天如之文，其于十三经之表明，与二十一史之诠次，皆有撰述。每云：此书必十年可以见端，欲观厥成，其三十年乎。"[②]张溥对张采说："经学微眇，未有究畅，欲用昔人限年法，几年月毕一经，统几年月毕诸经，令各就本绪，则如三传三礼者，虽分专家，义原一贯，当条序成列，融于大通。"又说："穷经，则王道明；通史，则王事著。明王道者与立体，著王事者与适用。"[③]

看得出来，"兴复古学"在张溥那里不是一句空话，而是身体力行的。他痛感于"士子不通经术"，满足于道听途说，一知半解，进入仕途，上不能"致君"，下不能"泽民"，所以要大声疾呼："兴复古学，务为有用。"这种宗旨，与应社、几社以及其他文社的同志是遥相呼应的，因此尹山大会与会人数之多，堪称盛况空前。《复社纪略》专门记录了参加此次大会的各地人员名单，日本学者小野和子在《明季党社考》中据此列出了统计表，笔者把这个表简化为文字：南直隶 234 人，浙江 168 人，江西 123 人，湖广 64 人，福建 40 人，山东 20 人，广东 14 人，河南 8 人，山西 4 人，四川 3 人，贵州 1 人，陕西 1 人，共计 680 人。[④]

到了崇祯三年（1630）金陵大会与崇祯六年虎丘大会，复社人数飞速增加达几倍之多，令人刮目相看。

二、门户之争与政治谣言

文人结社本来都是地方性的，附近的士子相互切磋学问，赋诗作文，是令人羡慕的雅集。到了复社那里，竟然扩大成为全国性聚会，堪称前无古人的创举。虽说当时有结社的自由，但跨地域的全国性结社活动，毕竟闻所未闻。谢国桢说："复社的同志，本来仅集合太仓等七郡的人物，后来由江南而蔓延到江西、福建、湖广、贵州、山东、山西各省，吴应箕编《复社姓氏》二卷，其孙吴铭道又为《续录》一卷，著录复社同志共二千二十五人，

① （明）张采：《知畏堂文存》卷二《西铭近集序》。

② （明）张采：《知畏堂文存》卷三《天如稿序》。

③ （明）张采：《知畏堂文存》卷五《论略题辞》。

④ ［日］小野和子：《明季党社考》，京都同朋舍，1996 年，第 433 页，表 4。不知何故，人士最多的苏州府，表 5 统计为 90 人，笔者反复核对名单，却是 91 人。

那真可以说是秀才造反了。”[①]“秀才造反”云云，似乎过于夸张而失实，他们想的是如何“补天”，而不是“拆台”，怎么会“造反”？不过，一个“以文会友”的社团，规模大到这种程度，确实令人震惊。

关于复社成员名单数字，一向有不同说法。其资料来源无非是陆世仪的《复社纪略》、吴翿的《复社姓氏录》、吴应箕的《复社姓氏》。谢国桢说是二千二十五人，朱希祖的《钞本复社姓氏传略跋》则说："考复社姓氏者，有陆世仪《复社纪略》本，有贵池吴应箕本，有吴江吴本。陆氏仅取《国表》首集七百余人，其数最少；本似取之《国表》一集二集，约二千二百数十人；应箕本则取之《国表》三集至五集，约二千四百余人。其后应箕之孙铭道，汇合两吴本相对校……附于应箕本前后两卷之后，共合三千余人。”[②]日本学者井上进广泛收集资料，进行考订，著成《复社姓氏校录》，统计出复社总人数为三千零四十三人（与朱希祖所说大致相近），其成员遍布全国各地，主要集中于太湖周边的苏州、松江、常州、镇江、嘉兴、杭州、湖州七府之地，有一千二百二十六人，其中又以苏州府为最多，有五百零六人。[③]这种盛况当然是金陵大会与虎丘大会以后的事。

崇祯三年（1630）适逢应天乡试，江南士子前往金陵参加考试，复社成员杨廷枢、张溥、吴伟业、吴昌时、陈子龙等都高中举人，复社声誉一时高涨。在这种背景下，复社在金陵召开第二次大会。次年京师会试，吴伟业、张溥金榜题名，吴伟业为榜眼，张溥授予庶吉士。皇帝钦赐吴伟业回乡完婚，张溥回乡葬亲，皇恩浩荡之下，复社在虎丘召开了第三次大会，进入了鼎盛阶段。

复社原本是一个以生员为主的文社，成员的经历集中在科举制艺，也就是说为了科举考试合格，才来入社的。随着它由一个地方性文社发展成为全国性的文社联合体，其所宣扬的“尊经复古”主张招来各种非议，卷入门户是非之争。复社的精英吴伟业说：

> （崇祯）三年庚午省试，胥会于金陵，江淮宣歙之士咸在，主江南试为江西姜燕及（姜曰广）先生。榜发，维斗（杨廷枢）裒然为举首；自先生以下，若卧子（陈子龙）及伟业辈凡一二十人列荐名，吴江吴来之昌时亦与焉，称得士。而大士（陈际泰）同时始举于其乡，主者从废卷中力索之乃遇，燕及先生犹以不得介生（周钟）有余恨云。四年辛未，伟业举礼部第一，先生（张溥）选庶吉士，天下争传其文。而艾千子（艾南英）独出其所为书相訾謷。千子之学雅，自命大家，熟于其乡南丰、临川两公之言，未尝无依据；顾为人褊狭矜愎，不能虚公以求是。尝燕集弇洲山园，卧子年十

① 谢国桢：《明清之际党社运动考》，北京：中华书局，1982 年，第 135 页。

② 朱希祖：《明季史料题跋·钞本复社姓氏传略跋》，北京：中华书局，1961 年，第 16 页。

③ ［日］井上进：《复社姓氏校录》，京都大学《东方学报》第六十五册。参看［日］小野和子：《明季党社考》，第 432-434 页。

> 九，诗歌古文倾一世，艾旁睨之，谓此年少何所知？酒酣论文，仗气骂坐，卧子不能忍，直前殴之，乃嘿而逃去。已复侨居吴门，论定帖括，挟异同，贾声利，故为抑扬，以示纵横，非其读书本指已。先生既笃志五经诸史，不复用制艺与千子争短长，独取其事，折衷于介生。[①]

当时江西文坛名士艾南英与江南文坛名士周钟在制艺选文的标准上存在分歧，显示了江左与江右声气的差异。早在天启六年（1626），艾南英在给周钟的信中指出："夫文之通经学古者，必以秦汉之气，行六经、《语》、《孟》之理。即降而出入欧、苏、韩、曾，非出入数子也，曰是数子者，固秦汉之嫡子嫡孙也。今也不然，为辞章者，不知古文为何物，而猎弇州、于麟之古以为足，不知此非古也，六朝之浮艳而割裂补缀，饰之以《史》《汉》之皮毛者也。"在他看来，当今搞"制艺"的人们，根本"不知古文为何物"，对江南士子很是鄙夷。[②]周钟则认为艾南英"鄙儒不知时变"[③]。

艾南英获悉张溥与张采返回江南张扬社事，海内同人翕然公推张溥为宗主，便由客居的齐鲁赶赴苏州，约与周钟辩论。陈子龙自诩才高意广，驾一叶扁舟直驶吴门。艾南英、陈子龙二人各持己见，互相诘难。艾南英抓住陈子龙的疏漏，痛加驳斥，讥讽道："《震川集》愿足下迟迟其论，足下学至震川，文至震川，驳之未晚。贵乡有娄子柔（名坚）、陈仲醇（名继儒）两人，虽未得欧韩之深，然皆能言其本末，足下宜贽请为师，得其一言，昼夜思之，思无越畔，然后十年读书，与不佞论文，未为晚也。"[④]这是对陈子龙极大的蔑视，结果发生了吴伟业所说的，陈子龙上前殴打艾南英的事。

当时作为制艺的"房选"，出版了各家的选本，艾南英对其他各家的本子不予评论，唯独选择张溥的选本加以诋毁。他在《房选删定序》中说："今世举业家所据以为名者，曰经也、史也、子也。是三者，两汉以后立言之士莫不由之，何独至今而疑之，而有不然者？""今必赘经语以就题，复强吾意以就经，有况夫专经而不能通其解，业一经而误用其四，而号于人曰尊经。吾恐先圣有知，必以为秽而吐之矣！呜呼，今日制举之弊已至于此，一人唱之，人人和之，遂至臭腐而不可读，吾以为此皆空疏不学之故也。"[⑤]这显然是对应社、几社、复社的"尊经"主张的肆意曲解。张溥表示忧虑："世之所谓选文者，吾忧之，非忧其说之长也，以其无一辞之有，而盛矜己之色。己不自忧，而吾代之忧也。"[⑥]

---

① （清）吴伟业：《梅村家藏稿》卷二十四《文集二·杂文·复社纪事》。

② （明）艾南英：《天佣子集》卷一《与周介生论文书》，明别集丛刊第五辑。

③ （清）陆世仪：《复社纪略》卷一。艾南英，字千子，江西东乡人。万历末，科举场屋文字腐烂不堪，艾南英与同郡章世纯、罗万藻、陈际泰以兴起斯文为己任，时人翕然归之。

④ （清）陆世仪：《复社纪略》卷一。

⑤ （清）陆世仪：《复社纪略》卷一。

⑥ （明）张溥：《七录斋诗文合集·古文存稿》卷五《房稿文始经序》。

艾南英依然故我，张溥不得不给在江西临川的挚友张采写信，表示他要反击的意思："阅艾千子房选，显肆攻击，大可骇异！吾辈何负于豫章（指艾氏），而竟为反戈之举，言之痛心。兄见之须面责问其故。艾为人贪利无耻，出其本性，又在武陵最久，中间构衅者不少，且往来俱铜臭之子，不识一字之流，固宜与名教悖戾也。弟断不能嘿无一言，特以闻之老兄……"[①]吴昌时也写信给张采，痛斥艾南英："天如（张溥）、介生（周钟）负海内众望，为我党尊师，与兄主盟周旋者非一日矣，而贵治子民有心怀反侧，倡议翻局，希建奇功，遂至指介生为罪人，目天如为黠恶者。两兄当之，可付不校，吾辈闻之，耻辱莫甚于斯！且其言论狂妄，视我应社皆目不识丁，愚陋如弟，宜受之矣，如吾兄也何？如同社诸兄弟何？人非至愚，必能别白邪正。而一种未附声气，与夫外附而中怀观望者，咸窃其说以为谈资，如吾乡之金五贞，岂非门墙一大患哉……弟不揣谬陈疏妄于长者之前，伏祈深结豫章之在声气者，独摈此叛道负友之小人，使乡党弃之，天下公愤之，则鬼魅之术立破矣。"[②]

张采收到张溥、吴昌时的来信，决意出面调停，写信给艾南英委婉规劝："江右江左并为人文渊薮，在豫章向操海内衡文之柄，近时介生、天如参执牛耳，然皆声气相倚，亦未有不尊奉豫章者也。宜共遵尊经笃古之约，力追大雅，以挽颓靡，幸勿自开异同，为世口实。"艾南英却固执己见，毫不退让，回信说："吾辈声价诽谤者坏之，乃尊奉者坏之也。譬有人焉，遇周孔而知敬，及遇盗跖，亦以为周孔，则周孔何地可以自容？此不特大士（陈际泰）、大力（章世纯）、文止（罗万藻）诸兄学问渊源，尝为评其品地，不可向塩醋缸中埋杀，即老父母文章经术亦当有以自明。将来取盐醋缸中物，同类而并称之，老父母甘之乎？不肖备极苦心，独救一人，正为诸兄地步，并为老父母地步也。"[③]

从艾南英称呼张采为"老父母"来判断，这一事件发生在张采出任临川知县之后。具体的时间，据吴伟业说是在崇祯四年（1631）辛未会试之后，张溥的弟子吴伟业以会试第一名成为"会元"，张溥自己也进士及第，被选为庶吉士，"天下争传其文"，"而艾千子独出其所为书相訾謷"。就其性质而言，双方各执一词，或许可以说是学派门户之争，情况并不严重。

随着张溥与复社声誉的日趋高涨，情况发生了变化。吴伟业是张溥的门人，两年之内科举考试连连告捷，直摘会元鼎甲，皇帝钦赐归娶，天下以为无上荣耀。张溥也因吴伟业而声名大振。陆世仪写道：

> 远近谓士子出天如门者必速售，大江南北争以为然。以溥尚在京师，不及亲炙，相率过娄（太仓），造庭陈币，南面设位，四叩定师弟礼，谓之遥拜，挽掌籍者登名

① （清）陆世仪：《复社纪略》卷一。
② （清）陆世仪：《复社纪略》卷一。
③ （清）陆世仪：《复社纪略》卷一。

社录而去。比溥告假归，途中鷁首所至，挟策者无虚日。及抵里，四远学徒群集。癸酉（崇祯六年）春，溥约集社长为虎丘大会。先期传单四出，至日，山左江右晋楚闽浙，以舟车至者数千余人。大雄宝殿不能容，生公台、千人石，鳞次布席皆满。往来丝织，游于市者，争以复社会命名，刻之碑额。观者甚众，无不诧异，以为三百年来从未一有此也！[①]

复社声誉如此鼎盛，张溥、吴伟业或许没有料到，从此卷入了政治斗争的漩涡，而且是最高层的权力斗争之中。温体仁与周延儒联手，在改组内阁之际，把竞争对手钱谦益打倒，周延儒升任内阁首辅，温体仁升任内阁次辅，两人之间的矛盾逐渐激化。他们互相倾轧的第一回合，是围绕着崇祯四年（1631）的会试而展开的。按照惯例，会试的主考官应该由内阁次辅担任，内阁首辅周延儒为了扩大自己势力，破例担任主考官，引起内阁次辅温体仁不满，因此被称为“温周相轧之第一事”。[②]科举考试一向的惯例，考生与主考官之间有所谓“门生”与“座主”的关系，一直维系到官场，结成帮派。进士及第的复社诸君不由自主地都成了周延儒的“门生”，不由自主地卷入“温周相轧”的政治纷争。

崇祯六年，温体仁终于抓住机会，把周延儒赶下台，顺利升任内阁首辅。为了把周延儒的复社“门生”拉到自己麾下，他想出了一个绝妙的主意：复社在苏州虎丘召开大会时，指使其弟温育仁申请加入复社。不料遭到张溥的坚决拒绝。恼羞成怒的温育仁仰仗兄长的强大后台，雇人写了《绿牡丹传奇》，来讽刺挖苦复社。陆世仪交代了事情的始末：

当天如之选《国表》也，湖州孙孟朴淳实司邮置，往来传送，寒暑无间。凡天如、介生游踪所及，淳每为前导，一时有孙铺司之目。两越贵族子弟与素封家儿，因淳拜居周、张门下者无数。诸人一执贽后，名流自负，趾高气扬，目无前达。乌程温育仁，相国介弟也，心鄙之，著《绿牡丹传奇》诮之。一时争相搬演，诸门生深以为耻，飞书两张先生，求为洗刷。两张因亲莅浙，言之学臣黎元宽。黎与两张同盟也，因禁书肆，毁刊本，究作传主名，执育仁家人下于狱，狱竟而后归。当是时，越中皈命社局者，争颂两张夫子不畏强御，而娄江（指“娄东两张”——笔者注）与乌程（指温体仁——笔者注）显开大隙。[③]

关于此事，张鉴说得更为清楚：

---

① （清）陆世仪：《复社纪略》卷二。

② （清）陆世仪：《复社纪略》卷二。

③ （清）陆世仪：《复社纪略》卷二。

此吾乡温氏启衅于复社之原。近日读而知其故者鲜矣……据《复社纪略》，各有指斥。其于越人疑亦王元趾、陈章侯一流，而吴兴沈重者，以在朝则影黎愧庵、倪三兰，在野则影张天如、杨子常、周介生辈。大致如《风筝误》《燕子笺》，亦明季文字风气所趋，而语语讥切社长，极嬉笑怒骂之致……盖相国子弟育仁暨二子伾、伉雇人为之。①

吴梅也如是说：

余按石渠此书，为乌程相国攻讦复社之端。当张天如创建复社也，湖州孙孟朴实为司邮，介绍两浙子弟。时乌程相国弟育仁欲入社不许，因请石渠作此词诮之，浙中梨园争相搬演。②

基于这样的背景，关于张溥与复社的各种离奇的诽谤，传得沸沸扬扬。陆世仪的《复社纪略》记录了这些离奇的流言蜚语：随着复社声气遍天下，士子们都以“两张”为宗师，不敢直呼其名，称呼张溥为“西张”，称呼张采为“南张”；及门弟子则称呼为“西张先生”“南张先生”；以后又尊称为“西张夫子”“南张夫子”。更有甚者，把张溥的家乡太仓称为“阙里”，与孔子的故里相提并论，也享有配祀的待遇，他的弟子有所谓“四配”“十哲”“十常侍”。“四配”是赵自新、王家颖、张谊、蔡伸；“十哲”是吕云孚、周肇、吴伟业、孙以敬、金达盛、许焕、周群、许国杰、穆云桂、胡周鼐；张溥的昆弟十人是“十常侍”：张浚、张源、张王治、张撙、张涟、张泳、张哲先、张濯、张涛、张应京；还有“依托门下效奔走展财币”的“五狗”：黄某、曹某、陈某、赵某、陶某。③

这样的流言蜚语实在匪夷所思，在当时政治体制下，简直是胆大妄为的僭越，以张溥的人品节操与学识涵养，他能纵容或指使这种咄咄怪事吗？答案自然是否定的。细细阅读《复社纪略》关于“阙里”“四配”“十哲”“十常侍”“五狗”的文字，前面有一段带出此段文字的引语，便可看出其中的端倪：

武陵苕、霅之间为泽国，士大夫家备艅艎，悬灯皆颜复社。一人用之，戚里交相借托，几遍郡邑。久之，泖河群盗多窃效，官司多捕获，当事颇以为诟，天如病之，力禁不能止，而谤讟兴矣。④

---

① （清）张鉴：《冬青馆甲集》卷六《书绿牡丹传奇后》。

② 吴梅：《曲选》卷四《绿牡丹》，上海：商务印书馆，1930年。参考［日］大木康：《明末江南出版文化的研究》，《广岛大学文学部纪要》卷50（特集一），第126-129页。

③ （清）陆世仪：《复社纪略》卷二。

④ （清）陆世仪：《复社纪略》卷二。

这段话中，最为关键的句末的五个字“而谤讟兴矣”，所谓“谤讟”就是诽谤的意思。紧接着这五个字的，就是关于“阙里”“四配”“十哲”“十常侍”“五狗”的一段文字。从上下文语气判断，这段文字是作为事例来说明“谤讟兴矣”的，这种“谤讟”的事例，自然不能作为已经存在的事实来看待。

这也可以从吴伟业那里找到佐证，吴氏谈及此事，其结论是“傅会指目”“语皆不经”：

> 往者邑子不快于社事，谓先生以阙里自拟，曰配，曰哲，傅会指目。先生葬母，门下士以古文字书志表，误配作妃，寻手自审定，其本已有流传者。（周）之夔草《复社或问》，遂大书之，讦为僭端。又无名氏诡托徐怀丹檄复社十大罪，语皆不经。①

显然，吴伟业为张溥辩诬，是言之成理的，所谓“阙里”“四配”“十哲”之类荒诞不经的流言，不能信以为真。

至于紧接着“阙里”这段文字，下面还有一段：“而溥奖进门弟子亦不遗余力，每岁科两试，有公荐，有转荐，有独荐。公荐者，某案领批，某科副榜，某院某道观风首名，某郡某邑季考前列，次则门弟子某公弟，甚至某公孙，某公婿，某公甥，更次则门墙某等，受先门下某等。转荐者，江西学臣王应华视荐牍发时，案抚州三学，诸生鼓噪，生员黜革。应华夺官，后学臣相戒不受竿牍。三吴社长更开别径，开通京师权要，专札投递。如左都商周祚行文南直学宪，牒文直书‘仰甘学润当堂开拆’，名为公文，实私牍也。独荐者，公荐虽已列名，恐其泛常，或有得失，乃投专札。尔时有张、浦、许三生，卷已经黜落，专札投进，督学倪元珙发三卷于苏松道冯元飏，达社长另换誊进，仍列高等，是大妨贤路。局外者复值岁科试，辄私拟等第名数，及榜发，十不失一。所以为弟子者，争欲入社，为父兄者，亦莫不乐其子弟入社。迨至附丽者久，应求者广，才俊有文倜傥非常之士虽入网罗，而嗜名躁进、逐臭慕膻之徒，亦多窜于其中矣。”②

这段文字以绘声绘影的手法向人们传递似是而非的信息：张溥与复社的名声成为士子们科举考试的晋身阶梯，张溥的一纸荐书可以决定十年寒窗苦读士子的命运，于是乎有了所谓“公荐”“转荐”“独荐”的花样。有了这样的推荐，科举考试十拿九稳——“私拟等第名数，及榜发，十不失一”。那个时期，科场舞弊屡见不鲜，但都是偷偷摸摸暗中进行，如此光天化日公开操纵考试，闻所未闻，其可信度是大成问题的。我们宁可相信吴伟业所说的“傅会指目”“语皆不经”，或者陆世仪所说的“谤讟兴矣”。

谢国桢在征引上述“公荐”“转荐”“独荐”的文字之后，得出了这样的结论：

---

① （清）吴伟业：《梅村家藏稿》卷二十四《文集二·杂文·复社纪事》。

② （清）陆世仪：《复社纪略》卷二。

复社既然握了极大的黜陟之权，所以一般士子士大夫都想与复社联合，而那一般够不上与复社联合的，就竭力造谣与复社作对。然而复社的领袖又借着民众的势力，来把持政权，膨胀社中的势力。因此复社本来是士子读书会文的地方，后来反变成势利的场所。[①]

谢国桢先生看到了复社的“两面”，无疑是有眼光的，他在指出“竭力造谣与复社作对”的同时，却说复社的领袖“把持政权”，把读书会文的地方变成“势利的场所”，实在令人难以苟同。复社的领袖张溥不过是小小的庶吉士，张采不过是小小的知县，不可能神通广大到“把持政权”的地步。笔者想提醒的是，千万不要把宵小之徒的流言蜚语当成事实真相。

细细阅读陆世仪的《复社纪略》，便可找到这类谣言的来源，那就是对复社怀恨在心的宵小之徒——托名徐怀丹，捏造一篇声讨复社十大罪状的檄文。奇文共欣赏，疑义相与析，请看这篇奇文：

复社之兴主为张溥，佐为张采，下乱群情，上摇国是，祸变日深，愚衷哀痛。尝著其论于数年之前，而因循莫悟，今复举其十罪，开诉四方，共祈鸣鼓焉。

一曰僭拟天王。春秋之法，诛心为烈；素王之政，正名为先。惟天王至尊，称天以临之，莫有匹也。今张溥何人？敢僭号天如，其心之妄肆可知矣！且世有鹿马之指，而溥公然任之。张王治、张源、张浚等十人，时称“十常侍”，谚呼“十大王”。挟以江南小天子之威，聚财纳叛，隐姓埋名（一名李樽，一名沈景应），意欲何为？此罪之一也。

一曰妄称先圣。夫仲尼万世莫京，而溥、采何人？窃其位号，并以赵、张、王、蔡名“四配”（赵自新、王家颖、张谊、蔡伸），孚、肇、焕等称“十哲”（吕云孚、吴伟业、周肇、孙以敬、许焕、金达盛、胡周鼐、周群、吴国主、穆云桂十人），其诞妄如此，罪之二也。

一曰煽聚朋党。夫大道为公，而溥、采惟私声气，至于千里赴会，万艘停桡。僧道优倡，俱入社中；医卜星相，莫非友人。其品行如此，罪之三也。

一曰妨贤树权。夫赏罚为君柄，今溥、采擅之，入其社者功名可操，在社外者摈逐迭加，使人俱震其权。罪之四也。

一曰招集匪人。夫实行之士，杜门自守，今溥、采社中，或号神行太保（孙孟朴），或称智多学究（曾同远），种种奸匪，聚匿为群，有司莫敢过问。罪之五也。

---

① 谢国桢：《明清之际党社运动考》，第135页。

一曰伤风败俗。夫圣王首重彝伦，今则托名士子，熏心利欲。富贵是图，子可以逐其父；名势相轧，弟可以倾其兄。其余长幼朋友，以及君臣，又何知乎？习以成风，恬不知怪。其罪六也。

一曰谤讪横议。夫有言责者自当建议，今复社中同己者则亲之，异己者即谤之。遭其诋毁，虽公侯可骤失贵；邀其盼睐，虽寒酸可立致身。嘻，盟社如此，使人有履霜之警矣。罪之七也。

一曰污坏品行。夫士为四民之首，今社中游博马吊之戏，老传而童习；中蕃贾竖之言，途诵而口占。夸豪举于一掷，锱铢动兴诟詈；买欢笑于千觞，别袂已见睚眦。其劣薄如此，罪之八也。

一曰窃位失节。夫有才干者必建功名，今复社自称名士者几数万人，未见文追管乐之猷，武比颇牧之绩。以致有志之士，不肯与社中人同应制科，盖羞与为伍也。其为人摈如此，罪之九也。

一曰召寇致灾。夫灾盗贵乎能弭，今社党布结，横于朝野，主司无非社友，道府多是社朋。苞苴所遗，不问而收；拳勇之徒，不呼而集。大则肆其愤毒，小则开其衅端。故慾阴伏阳之变，有召而来，近日风蝗，亦由其所感。罪之十也。[①]

读者诸君看了这篇奇谈怪论，一定对其信口雌黄而感到震惊，居然能够编造出如此离奇的谎言来蛊惑人心，甚而至于把近日的风灾、蝗灾都归咎于复社——“亦由其所感”，简直匪夷所思。无怪乎此人不敢署真名，而假托“嘉定徐怀丹”，造谣者毕竟心虚。不过，他还是有点贡献的，至少让我们明白了，原来关于张溥、张采自比于孔子，把太仓自拟为阙里，还有什么“四配”“十哲”“十常侍”“五狗”之类，不过是谣言而已，其源盖出于此。

三、甚嚣尘上的攻讦

复社的成员大多是诸生，或刚入仕途的官员，由于他们的文章闻名遐迩，影响巨大，引起内阁首辅温体仁及其党羽的反感，视为政敌，必欲置之死地而后快。其中的原因是复杂的。崇祯四年（1631）会试的主考官是周延儒，得中进士的复社头面人物张溥、吴伟业等人成了周延儒的“门生”，在温体仁与周延儒的权力倾轧中，复社成员自然被他看作异己分子。正如吴伟业所说：“阳羡周挹斋先生主辛未会试，在先生（张溥）及伟业为座主，自以位尊显无所称于士大夫间，欲介门下士以收物望，寻谢政得请。而乌程窃国柄，阴鸷惨

① （清）陆世仪：《复社纪略》卷四。

核，谋于其党刑部侍郎蔡奕琛，兵科给事中薛国观，思所以刃东南诸君子。”[①]此其一。其二是，崇祯六年升任内阁首辅的温体仁，为了把支持周延儒的复社纳入自己麾下，指使其弟温育仁加入复社，遭到张溥严词拒绝。温育仁策划了《绿牡丹传奇》来攻击复社，一时间闹得沸沸扬扬。故而陆世仪说：“当是时，越中皈命社局者，争诵两张夫子不畏强御，而娄江（即“两张夫子”——笔者注）与乌程显开大隙已。”[②]更为主要的原因是，温体仁掌权以来，推行没有魏忠贤的魏忠贤路线，打击排挤东林人士不遗余力，钱谦益、钱龙锡、文震孟、郑鄤都是被他整肃的。在他心目中，复社是东林的延续，必然是他的打击对象。

几社才子同时又是复社成员的夏允彝也看到了这一点，他认为，复社卷进党争，是以前东林卷进党争的继续。他说：“而门户之说，为上所深恶。幸上神圣，知两党各以私意相攻，不欲偏任，故政府大僚俱用攻东林者，而言路则东林为多。时又有复社之名，与东林继起，而其徒弥盛，文采足以动一时，虽朝论苛及之，不能止也。”[③]在他看来，东林一派的领袖，从顾宪成、邹元标开始，继起者有杨涟、左光斗，此后又有文震孟、姚希孟，最后则是张溥、马世奇辈，都是“文章气节，足动一时”之人。而“攻东林者”，由沈一贯开始，而后有亓诗教之流，继起者有魏忠贤、崔呈秀，此后是温体仁、周延儒，最后则是马士英、阮大铖，都是“公论所不与”之人。

巧合的是，逮捕钱谦益与攻讦复社，两案几乎同时而起。钱谦益革职为民，回到家乡常熟，“闲住”了七年，政敌温体仁仍不放过他。崇祯十年（1637），温体仁指使常熟知县衙门的师爷张汉儒，捏造罪名，诬陷钱谦益以及受牵连罢官的瞿式耜在乡里横行不法，作恶多端。张汉儒不愧为刀笔吏，有一身无中生有、颠倒黑白的本领，“告御状”的状子写得十分厉害，一共列举了钱谦益与瞿式耜五十八条罪状。

与此同时，“复社之狱并起”。吴伟业写道：

> ……而乌程窃国柄，阴鸷惨核，谋于其党刑部侍郎蔡奕琛、兵科给事中薛国观，思所以刃东南诸君子。先生（张溥）扼腕太息，早夜呼愤。其门弟子从苕、雪间来者，具得相温（体仁）阴事，名为廉洁奉法，实纵子弟暴横乡里，招权利，通金钱。先生引满听之，以为笑谑，语稍稍流闻相温（体仁）。时盛修郄虞山（钱谦益），思一举并中之，未得间也。会上忧耳目壅阏，诏吏民极陈时政缺失……相温（体仁）阴计此便，遂钩致陈履谦、张汉儒与谋。履谦、汉儒者，故虞山胥吏，有罪亡命入京师，而政府

① （清）吴伟业：《梅村家藏稿》卷二十四《文集二·杂文·复社纪事》。

② （清）陆世仪：《复社纪略》卷二。

③ （明）夏允彝：《幸存录·门户大略》；（清）留云居士辑：《明季稗史初编》卷十四，上海：中华图书馆，1912 年。清初叶珍撰《明季编遗》卷三《门户始末》与《幸存录》几乎相同，只有少许文字差异。《明季编遗》写道：“时又有复社之名，吴门诸君子为社长，凡四方儒宿英畏，附名复社者，无不自谓与东林绍起。而其徒众文采足以动一时，虽朝论每苛及之，不能止也。”

遣腹心延之东第，密受记，告牧斋（钱谦益）及其门人瞿公式耜所为不法，相温（体仁）从中下其章，锒铛逮治，而复社之狱并起。[①]

于是有太仓市井无赖（所谓“驵侩无行”）陆文声、苏州府推官周之夔先后上疏诬陷复社的案件发生。

文秉《烈皇小识》卷五“崇祯十年四月”条，也有简单的记述：

太仓民陆文声疏言，风俗之弊，皆起于士子。因参太仓庶吉士张溥、前任临川知县张采，倡立复社，以乱天下。有旨：着提学御史倪元珙核奏。既而元珙回奏，极斥文声之妄。而申详者苏松道冯元飏也。有旨：元珙、元飏着该部从重议处。后部覆上，俱降三级调用。去岁张汉儒疏参虞山（钱谦益），以致逮问，故一时诡小得意，告讦四起。先是，苏州推官周之夔，以争军储事与溥、采相忤。盖溥欲利尽归于太仓，而之夔欲公普之合郡，事本甚公甚正。后之夔密揭溥等于漕抚，并伤知州刘士斗。于是众议沸然，皆归罪于夔。夔与士斗俱不安其位以去。至是，之夔亦讦奏溥等树党挟持，则曲甚矣。[②]

周之夔诬奏“复社紊乱漕规”，对于这种无端捏造，张溥十分气愤，写信给挚友侯方域，希望在朝为官的其父侯恂出面辩白。侯方域在回信中，一方面指出是温体仁在幕后操纵的报复之举；另一方面又劝他不必与周之夔这批宵小之徒“屑屑角逐”。信中写道：“承示，闽漳事有关于漕粮者即当转白家大人。闽漳（指周之夔）初以文人操入室之戈，已自支离，今乃以军国如许重务博一快己，此其心术岂尚可问哉？西铭清识至德，本末了然，亦不必屑屑与角逐也。某窃谓，朋党所以报汉，而汉亡于朋党；道学所以扶宋，而宋弱于道学。此其故在上在下固两失之，然欲为调停之说，则君子不取。盖与其失身无益，不如终守道也……而当路乃坚报复恩怨之旨，借忮刻为孤立，以耸动人主，而夙负处士，更有咄咄持空函以邀之者，不止闽漳一辈，说者亦必愿西铭针汉士之褊狭，药宋儒之阔迂，刓方就圆，与时消息，不识果遂以为可否……贵乡虞山（钱谦益）之争枚卜，长洲（文震孟）之去国，为数年来极有关系事，长洲已与日月争光，天下所观望者，惟虞山与娄东耳。”[③]信写得很有意思，所说的“当路”无疑是指温体仁，投靠他门下的不止周之夔一个。遭到诬奏，调停固然不可取，针锋相对也大可不必，清者自清，希望张溥珍惜“天下观望者”的美誉。

关于陆文声、周之夔攻讦复社一案，记载最为详细的当属陆世仪的《复社纪略》。根据他的记载，情况大致如下：陆文声，字居实，少年时在外祖父周文潜家，张采与他同学。

---

① （清）吴伟业：《梅村家藏稿》卷二十四《文集二·杂文·复社纪事》。

② （明）文秉：《烈皇小识》卷五“崇祯十年四月”条，上海：上海书店，1982年。

③ （清）侯方域：《壮悔堂文集》卷三《书·答张天如》，四库禁毁丛刊影印清顺治间刻增修本。

崇祯九年（1636）三月，两人因小事失和。陆文声怀恨在心，进京上疏，攻讦张采“交通上官，把持武断”。太仓望族王时敏是前内阁首辅王锡爵的后人，与温体仁有“两世通家之谊”，深受温体仁倚重，恩礼较其他亲信尤厚。当时太仓望族首推琅琊王氏、太原王氏、清河张氏。琅琊王氏，即万历时官至刑部侍郎的王世贞家族；太原王氏，即万历时官至内阁首辅的王锡爵家族；清河张氏，即复社的张溥家族。以前难以与琅琊王氏、太原王氏相抗衡的张溥倡立复社之后，门墙炽盛，许多望族子弟皆贽居门下。王时敏由此蓄怨于复社，陆文声正是看准了这一点，才找上门去，告以入京之意。王时敏说：“相君（温体仁）仇复社，参之正当其机，但相君严重，不轻见人，耳主局者惟德清（蔡奕琛）为政，宜就商之。”陆文声遵嘱拜访了蔡奕琛，呈进疏稿。温体仁看了蔡奕琛送来的疏稿，回应道：“谁为张采？不过三家村兔园学究耳，乌足渎圣听！今朝廷所急者张溥耳，能并弹治溥，当授官如（陈）启新也。”蔡奕琛把这一意见转告陆文声，命他修改疏稿。几天后，蔡奕琛向温体仁献计：“张汉儒讦钱、瞿，已遣缇骑。此案遽列名，当并得逮，江南一时兴两狱，恐耸上听，反至起疑。不若借端筹饷，历陈奸弊，末后指及党局，姑下地方查复，俟钱、瞿狱竟，乃具第二疏指名究处耳。”于是陆文声再次修改疏稿，从“借端筹饷，历陈奸弊”角度攻讦张溥。

皇帝很快下达圣旨：“三吴逋饷悉由奸胥揽解，分派侵吞……俱关地方重大情弊，着该抚逐款详查，明白奏夺。至太仓复社结党恣行，把持武断，提学臣所职何事？致士习嚣横如此！着倪元珙一面查究惩饬，据实回奏。”

张溥获悉后，立即派人对陆文声之子陆茂贞说：“忝在同里，与尊君素昧平生。若因他人负罪，而无故加兵，是城火池殃也，如阴骘何？”陆茂贞马上赴京，向父亲转告张溥之意。当时复社成员夏允彝、陈子龙、吴克孝等都在京，以为陆文声必定受人指使，为了社局的安定，莫如为之谋求一个“善地员缺”，让他不再参奏。到了崇祯十年（1637），得到陆茂贞的确信，张溥拜谒苏松道冯元飏、苏州知府陈洪谧，并且转告苏松提学御史倪元珙。徐汧对倪元珙说：“社中有杰才，科名恒出其中，但使社局得无恙，公祖目前虽暂屈，后必大伸。”倪元珙于是根据府道的申文，遵旨“据实回奏”：

> 臣受命督江南学政，奉有复社一案。夫结社会友，乃士子相与考德问业耳，此读书本分事，不应以此为罪。陆文声挟私憾诋欺瞒，故奏事不以实，荧惑上听，臣昧死据实以闻。[①]

倪元珙的“据实回奏”虽起到了稳定社局的作用，却付出了降级调用的代价。吴伟业说：“州人陆文声者驵侩无行……踵汉儒上章诬奏。上疑两案难并逮，下提学御史山阴倪公

① （清）陆世仪：《复社纪略》卷四。

元珙验治。倪公贤者，即苏松道慈溪冯公元飏所讽以奏曰：‘臣奉诏董诸生，而复社多高材生，相就考德问业，不应以此为罪。文声挟私憾，瞒谰抵欺，荧惑上听，所奏故不以实，昧死闻。’有诏，并（冯）元飏镌级调用。”①

谈迁《国榷》系此事于崇祯十年（1637）三月：“先是，奸人陆文声诡陈风俗之敝皆原于士子，士子皆以复社乱天下。盖太仓庶吉士张溥、前临川知县张采倡复社，海内靡然趋之。事下南直提学御史倪元珙按之，元珙奏：社有之，非有把持武断之迹。上责其蒙饰，俾更核。元珙不屈，已，降光禄寺录事。”②

邹漪在为倪元珙立传，这样写道：

> 时张太史溥、张仪部采倡立复社，四方名士络绎奔会。而苏州推官某，以漕兑事与张讦口，遂迎执政（温体仁）意，举以入告，几构党祸。事下提学御史勘议，公力护持，辩言：“诸生引徒众讲习，实非党，无可罪者。且文章为士精心，即国元气，厉治士不便。”执政恨公庇士，严旨切责，镌秩补光禄寺录事，升行人司副。③

他对倪元珙有很高的评价：“凡除害兴利，有益地方者，咸挺然身任。生平无不可告天地鬼神之事，合亲疏远迩皆乐归依。学一本诸姚江，为诸生便以天下为己任。”并且为之写了这样的评语：“迹先生去官以复社，则先生之大有功于三吴人士可知。”

案件并未就此了结，蔡奕琛以授予御史为诱饵，催促陆文声再上第二疏，重申“复社结党恣行”的意见。陆文声“佯言他事以谢”，没有再上第二疏；尔后他被选调为湖广永州府的“吏目”，离开了这个是非之地。

倪元珙离职后，苏松提学御史由亓玮继任，奉旨再次勘查复社一案。不久，亓玮因为丁艰回乡守制，提学御史由张凤翮继任，对复社一案压下不理。蔡奕琛计无所出，命前任泗州卫弁拿了他的手书前往福建，要前任苏州府推官周之夔再次挑起事端。于是周之夔的《复社首恶紊乱漕规逐官杀弁朋党蔑旨疏》“出笼”了，依然是老调重弹：

> 惟是臣职兑护漕，受翰林院庶吉士张溥、江西临川告病知县张采毒害，抚按不敢言。即近日圣明严究复社，天下共晓，而溥、采正复社首恶，宁代受谴，莫肯实对者，同党相护也。

其中连篇累牍谈到漕运事宜，说张溥、张采“把持徇饰”“逐官杀弁”，不过是一个幌子，在奏疏的末尾显露了杀机：

---

① （清）吴伟业：《梅村家藏稿》卷二十四《文集二·杂文·复社纪事》。

② （明）谈迁：《国榷》卷九十六“崇祯十年三月庚子”条，北京：中华书局，1958 年。

③ （清）邹漪：《启祯野乘》一集卷四《倪光禄》。

至溥、采自夸社集之日，维舟六七里，祖道六百人，生徒妄立“四配”、“十哲”，兄弟尽号“常侍”、“天王”。同己者虽盗跖亦曰声气，异己者虽曾闵亦曰逆邪。下至娼优隶卒，无赖杂流，尽收为羽翊。使士子不入社，必不得进身；有司不入社，必不得安位。每一番岁科，一番举劾，照溥、采操权饱壑，孤寒饮泣。恶已彰闻，犹为壅蔽。臣恐东南半壁从此不可治矣！

其他婪场弊，窝盗贼，诈乡民，有证据之赃，已累巨万。一疏难尽，容臣列款详奏。何敢冒渎？缘受害冤深，奉旨严查，犹经年寝阁，万不得已，七千里匍匐伏阙。臣孤立无援，撄此雄锋，自分必死。然生无可报国，不惜捐躯以明漕储利害，朋党罪恶。伏望皇上立奋乾纲，大破党局，提张溥、张采与臣面鞫。得实，乞斩溥、采以谢朝廷，并斩臣以谢朋党。[①]

谈迁《国榷》系此事于崇祯十年（1637）五月，“前苏州推官周之夔讦奏太仓庶吉士张溥、前临川知县张采，倡诸生立复社，树党挟持，紊漕政，逐上官。章下所司”[②]。

周之夔的用心极其险恶，企图以“四配”“十哲”“常侍”“天王”之类僭越的称呼，激起皇帝的怒气，置张溥、张采于死地，而且直截了当地乞求皇帝处死“娄东二张”。皇帝并没有发怒，只是把奏疏转发给有关部门，有关部门又把它转给苏松提学御史，张凤翮把它压下不予回复。一场“乞斩溥采以谢朝廷”的闹剧不了了之。原因就在于，事件的幕后主使者温体仁于这年六月罢官而去。八月，钱谦益案件得以平反，以处死诬陷者张汉儒等而收场。复社一案自然不再追究。

事情并未了结。新任内阁首辅张至发继承温体仁的衣钵，复社的危险仍然存在。正如当时已任翰林院编修的吴伟业所说：“首臣张至发新猷方始，故辙犹存，其近辩温体仁曰孤执，曰不欺。夫体仁当国，有唐世济、闵洪学、蔡奕琛、张汉儒、陆文声驱除异己，何得谓孤？庇枢贰，则总理可不设，而事败乃设；徇凤抚，则镇可不移，而事败乃移。何得谓执？家窝巨盗，孽子招权，何得谓不欺？今首臣涤心改行，以收实效，臣何敢议？如其不然，首臣亦何以酬主恩而塞舆望耶！”[③]张至发并没有“涤心改行”，担任首辅的时间不长；此后担任内阁首辅的薛国观也是温体仁的羽翼，一年后遭到“削籍”的处分。

崇祯十四年（1641）五月，张溥病逝于家。十一月，蔡奕琛因贿赂薛国观被逮捕，不肯入狱，上疏为自己鸣冤：“庶吉士张溥、故礼部右侍郎常熟钱谦益等倡复社，朋陷及臣。”还说：“复社杀臣，谦益教之也。”这简直是胡搅蛮缠。第一，蔡奕琛贿赂薛国观这一事实，与复社是否“朋陷”无关；第二，钱谦益并不是复社的倡立者；第三，“复社杀臣”毫无根

① （清）陆世仪：《复社纪略》卷四。

② （明）谈迁：《国榷》卷九十六“崇祯十年五月己丑”条。

③ （清）吴伟业：《梅村家藏稿》卷五十七《文集三十五·奏疏·劾元臣疏》。

据，“谦益教之”更没有根据。皇帝还是要他们三人对质。

钱谦益与“娄东二张”并不是同一代人，且与复社无关，当然不能接受这种无端的诬陷，上疏答辩道：

> 臣自往岁触权被拘，蒙皇上鉴臣无辜，宽赦归里。顶踵高厚，杜门屏迹，朝夕焚香，祝颂万寿。顷于十一月十二日接得刑部咨文，内开：“原任刑部侍郎蔡奕琛奏为再陈神通广大等事。奉圣旨：‘复社一案，屡奉明旨，延捱不结，明有把持。今观《复社或问》及《十大罪》之檄，僭妄奸贪兼备，于人才治乱大有关系，何可不问？张溥、张采、钱谦益殊干法纪，俱著回将话来，还勒限去。该部知道。钦此。’钦遵。”……臣于复社有无干涉，不容不力辩于圣明之前者，敢矢心沥血为皇上缕陈之。

奕琛疏称张溥首创复社，臣中万历庚戌科进士，溥中崇祯辛未科进士，相去已二十余年。结社会文，原为经生应举而设。臣以老甲科叨冒部堂，何缘厕迹其间？其不容不辩者一也。

> 《复社或问》系原任苏州府推官周之夔所作，及徐怀丹《十大罪檄》，原本具在，未曾只字及臣。若臣果系复社，则之夔何不先指臣，直待奕琛始拈出耶？其不容不辩者二也。
>
> 复社屡奉明旨察奏，亦未曾有臣姓名。屡旨见在御前。其不容不辩者三也。
>
> 复社一案，闻往年抚按回奏，已经部复。臣方被逮在京，无由与知。其有未经回奏者，事在所司。有无把持，诸臣见在可问。其不容不辩者四也。
>
> 复社自复社也，臣自臣也。奕琛欲纽而一之，而无端插入一语曰：谦益发纵。此所谓捕风捉影也。其不容不辩者五也。
>
> 复社自复社也，奕琛自奕琛也。复社自有周之夔之案，奕琛自有薛国观之案，奕琛又欲纽而一之，而曰复社操戈，由臣指授。此所谓桃僵李代也。其不容不辩者六也。
>
> ……奕琛以旧辅温体仁姻戚，疑臣报复。不知臣生平素无藏蓄，固未尝仇体仁于生前，乃奕琛顾欲代体仁仇臣于身后。人之不同量若此，又何言哉！[①]

钱谦益列举事实为自己声辩的同时，点明了事情的本质，蔡奕琛作为温体仁的姻戚与亲信，继承其衣钵，妄图把钱谦益拖入复社之狱的泥淖中。

已经杜门养病的张采，也遵旨回话，写了《具陈复社本末疏》为复社辩护：

---

① （清）钱谦益：《牧斋初学集》卷八十七《遵旨回话疏》，四部丛刊上海涵芬楼藏景印崇祯癸未刊本。

原任江西抚州府临川县知县告病回籍臣张采谨奏为遵旨回话事。臣系崇祯元年进士，选授前职，在官两载，以劳成疾，告病归家十余年，残废在床，不能窥户外。

今十月中忽闻邸报，有原任刑部侍郎某一本《再陈神通广大合谋拘陷事》，奉圣旨云云钦此……惟复社一案责张溥及臣回奏，惜溥已死，臣谨斋沐陈之。

我朝制科取士，因重时文，凡选乡会中式文曰程墨，选进士文曰房书，选举人文曰行卷，其诸生征文汇选曰社稿，从来已久。若复社之起，臣已为县令，不预书生事。张溥时犹未第，故选社文，以臣向同砚席，代臣作序。及溥成进士，而臣已病废矣。岂意臣里中奸人私隙中伤，有复社一款，下苏松提学。前学臣倪元珙曾经具覆，奉旨再察。既学臣亓玮以丁忧去，张凤翮以外转去，悬案未结，事会致然，罪不在溥与臣也。乃夏五月初八日溥病身死，惟臣仅生，谓复社是臣事，则出处年月不符；谓复社非臣事，则溥实臣至交，生同砥砺，死避罗弋，负义图全，臣不出此。

窃惟文者昭代之所重，社者古义所不废。推广溥志，不过欲楷模文体，羽翼经传耳，未尝有一毫出位跃冶之思也。至于《或问》及罪檄，此忌溥者罗织虚无，假名巧诋，不惟臣生者不闻，亦溥死者不知。若使徐怀丹果有其人，臣愿剖心与质；倘其人乌有，则事必诬构。独念溥日夜解经论史，矢心报称，曾未一日服官，怀忠入地，即今严纶之下，并不得泣血自明，良足哀悼。臣虽与世隔越，孤立杜门，而兢兢勉学，颇知省察，不欲一字自欺，岂敢一字欺皇上！①

张采强调复社是为了科举应试而倡立的文社，宗旨不过是“楷模文体，习翼经传”而已，没有一丝一毫“出位跃冶之思”，陆文声、周之夔之流“罗织虚无”，托名徐怀丹者“假名巧诋”，表示愿意和他对簿公堂，谅他不敢，故而说：“倘其人乌有，则事必诬构。”

皇帝终于明白真相，下达圣旨：“书生结社，不过倡率文教，无他罪，置勿问。”②邹氏写道:“公死后,复有攻公希跳狱者,再得严旨,责公及张公采各自陈。采具疏备述颠末……疏上，上亦鉴书生结社，不过倡率文教，无他罪，置勿问。”据杨彝《复社事实》说，崇祯十五年（1642），御史金毓峒、给事中姜埰，各上疏白其事，始奉旨：“朝廷不以语言文字罪人，复社一案准注销。”③

议论纷纭十几年，复社终于从皇帝那里讨回了公道，以前强加于它的种种诬陷不实之

① （明）张采：《知畏堂文存》卷一《具陈复社本末疏》。

② （清）邹漪：《启祯野乘》一集卷七《张庶常传》。

③ （明）杨彝：《复社事实》，转引自谢国桢：《明清之际党社运动考》，第137页。（清）张廷玉：《明史》卷二百九十五《金毓峒传》：“因言复社一案，其人尽缝掖，不可以一夫私怨开祸端。帝多采纳。”（清）邹漪：《启祯野乘》一集卷十一《金御史传》：“其解党锢一疏，尤诤于群小罗织清流之日，而为海内所传诵者也。”（清）万斯同：《明史》卷三百七十一《姜埰传》：“温体仁与复社之狱，七年未结，（姜）埰言：‘诸生率阐明经史，无可罪，而张溥一代著述才，赍志以没，宜责易名之典。时周延儒已复召当国，事乃大解。’”

词，诸如“操纵朝政”“把持科场”“横行乡里”“自拟阙里”云云，统统是站不住脚的。皇帝所下的结论：“书生结社，不过倡率文教”，以及“朝廷不以语言文字罪人”，对于复社和其他文社而言，无疑是最有权威性的定论，也是最符合事实真相的。

四、复社的理想政治——吴应箕的个案

崇祯时期围绕复社的政治风波，其实是东林党争的延续，吴应箕写了《东林本末》来回顾这段历史，说：“东林者门户之别名也，门户者又朋党之别号。夫小人欲空人国，必加之以朋党，于是东林之名最著，而受祸为独深。要亦何负于人国哉！东林争言真伪，其真者必不负国家，伪者或至负东林。”又说：“尝观国家至败亡，未有不起于小人倾君子之一事；而小人之倾君子，未有不托于朋党之一言。”[①]显然是针对群小诬陷复社而发的议论。

万历、天启时期党争，“实录”不实，正史多曲笔，吴应箕反其道而行之，为当代史揭示真相。对此，周钟给予高度赞扬：

> 清议所病固非一端，独如神宗朝四十八年，其大者始争、国本、晚争三案，诸疏恒芟削不详，他小人邪说倾翻，则连章累牍书之；其次者邹南皋先生论张江陵夺情，江陵败，先生除给事，既又以言事被谪，诸疏亦不尽载，诸小人之攻之者，则又连累书之……江上吴子次尾有忧之，每抵掌时政，奋髯垂涕，悲愤交作。三年以其所作诗文若干卷视周子曰：“古之君子得志则以其所行者记载之，不得志则以其所见者著明之，此予是编所由成也。”[②]

这是周钟为《楼山堂集》所写的序言。吴应箕所说的“不得志则以其所见者著明之”，就是他所写的《国朝纪事本末论》《东林本末》《两朝剥复录》等当代史，为洞察崇祯年间的“党争”提供一面镜子。

这种史论，其实就是政论，用历史委婉地批评当时的朝政。看一下侯方域所写的《朋党论》便可以明白。由于孔尚任的《桃花扇》的流传，明末四公子之一的侯方域留给人们的印象，似乎是风流倜傥的公子哥，掩盖了他的见识与才情。其实他是很有思想的才子，请看他的这篇文章：

---

① （明）吴应箕：《东林本末》卷上《门户始末》，明季稗史续编本。

② （明）吴应箕：《楼山堂集》卷首《周钟序》，清光绪六年刻本。

君子小人之不能不分也久矣。其祸必成于小人，其罪必归于君子，此二者相持不并立之势也。而小人必胜，君子必败。其小人之所以胜者，大率自称孤立；其君子之所以败者，必以为朋党……夫主上居深宫之中，与臣庶隔绝，常恐天下之欺己，而密以为防，群天下之人而有朋，群国家之臣而有党，此岂人主所乐闻哉……自世之既衰也，而党人之目在下，盖小人既逐君子，则朝廷之上可以惟我所为，而恒恐君子之在下者得而非议之。于是因其议论而指为讥刺，观其风节而诬为标榜，群天下名彦之士，而尽陷之语言文字之中，使其辨之无可辨，而逃之不可逃，则小人之势成矣！①

他在文章末尾，特别写了一句画龙点睛之笔："人主奈何不之悟也！"据文集编者徐邻唐（字迩黄）的点评："此系朝宗少年作。"文集的另一位编者徐作肃（字恭士）的点评也指出："明朝门户自四明（沈一贯）始分，至乌程（温体仁）而后，士大夫之祸始烈。朝宗家学最熟最悉，故两篇议论凿凿，无一字依傍影响。"②由此可见，这篇文章针对温体仁攻讦钱谦益、文震孟等东林人士，故而文中说"其小人之所以胜者，大率自称孤立"，因而得到皇帝的信任。其时复社声誉高涨，而招来小人疑忌，"因其议论而指为讥刺，观其风节而诬为标榜"。所以他要感叹："人主奈何不之悟也！"

由此可以透视出吴应箕《东林本末》的现实意义。

吴应箕是复社初创时期的中流砥柱，屡屡在科举考试中落第——"七试南都不第"，始终没有踏入仕途，主要精力都集中于著书立说与社事活动。据他的年谱记载，万历四十六年(1618)他二十五岁，参加金陵乡试，不第而归，从此开始"励志于学"。③天启七年(1627)，四应南都试不第，便于崇祯元年（1628）投入张溥、张采创建复社的事宜中。崇祯三年，五应南都试不第，当即投身复社的金陵大会，并与同乡刘城创办"国门广业之社"，成为复社人士的一个分支活动。所谓"国门"当然是指南京，"广业"则是南京国子监的一个厅堂的名称，每次乡试，诸生论文考艺，都集中于广业堂中。当年考试之后，诸生们在广业堂举行雅集，由吴应箕、刘城、沈士柱（昆铜）主持，并且约定，以后每三年举行一次，与会者轮流主持。④吴应箕在《国门广业序》中回忆道：

南京故都会也，每年秋试，则十四郡科举士及诸藩省隶国学者咸在焉。衣冠阗骈，震耀衢街，豪举者挟资来，举酒呼徒，征歌选伎，岁有之矣。而号为有气志能文章者耻之，键户若无闻，遇则逡巡从道旁避去。数十年来，求胜游之可传，高会之足纪者，

---

① （清）侯方域：《壮悔堂文集》卷七《论·朋党论》。
② （清）侯方域：《朋党论·下》，恭士、迩黄所写的"点评"，见（清）侯方域：《壮悔堂文集》卷七《论》。
③ （清）夏燮：《忠节吴次尾先生年谱》"万历四十六年戊午"条。
④ （清）夏燮：《忠节吴次尾先生年谱》"崇祯三年庚午"条。

盖渺耳。自崇祯庚午（三年）秋，吾党士始合十百人为雅集。其集也，自其素所期向者遴之，称名考实，相聚以类，亦自然之理也。计其时为聚者三，主之者刘伯宗、许德先、沈崑铜也。癸酉（六年）则杨龙友、方密之。再一举行，而莫盛于姚北，若丙子（九年）之役。夫吾党自庚午后，汇聚之士半为升用，其本末固已见于天下矣，攻之者且四面至，物盛而忌，夫何怪乎！于是天下方以社事为讳，而姚子独于忧疑满腹、谗口方张之日，大聚吾徒，而盟之曰："吾党所先者道也，所急者谊也，所讲求者异日之风烈事功，所借以通气类者，此文艺而假以宣彼我之怀者……"姚子独毅然行之，一无所畏，固为其难者哉！①

最能反映复社理想政治的是吴应箕写于崇祯九年（1636）的《拟进策》。他从邸报见到臣民纷纷进言，皇帝都有批示，有的人因此"骤荷进用"。但是在他看来，这些奏章"于天下大计俱有未当也，私以为言者皆负上"，因此草拟了十策。由于他是无名之辈，无法呈进朝廷，后来收入文集，成为书生论政的一个记录。这篇《拟进策》②包括十个方面：持大体、别邪正、谨信任、审言术、励廉耻、重变更、储边材、罢无用、养民财、塞贪源。略选其中若干，以飨读者：

持大体

总纪纲、挈要领，一切兵刑钱谷各责之所司而已……此所谓大体得也。体失而后务为操切，操切之过，臣下奉行不及，则益工为欺蔽，而丛脞因之。至于丛脞，则操切亦有时而穷，而废驰因之，究之，柄且为人所旁操而不觉。是故得体而治，失体而乱，自古至今，未有能易者也……臣观神宗初年，张居正为相，其荡涤振刷不可谓无功，然亦似稍刻矣。神宗一以宽大继之，迹若倦勤，而政实得体，故海宇晏如者几五十年矣。迨其末年，不无废弛惰窳之象，亦其势然也。因而（熹宗即位）□□边隅孽生宫禁，逆珰之祸，海内沸然。幸陛下神明践祚，然后人心始有所恃，于是惩先朝之失驭，创群工之积弛，手揽万机，躬亲庶政，至于闾阎铢两之奸，皆勤诏旨，虽汉宣之精励，岂能及陛下之万一哉！然臣固有虑焉，事无大小，俱自上操，使天下皆重足而立者，欺罔之藉也；言无是非，俱得达陛，使天下皆裹足不至者，奸佞之丛也。大臣无所执持，小臣相为朋比者，衰乱之征也。是故欲惩贪而愈以风之，欲革弊而愈以启之，何也？失体也。

他用张居正的操切来反衬神宗的宽大，看似倦勤，其实是"得体"，所以几十年海内

① （明）吴应箕：《楼山堂集》卷十七《序·国门广业序》。
② （明）吴应箕：《楼山堂集》卷九《策·拟进策并序》。

晏如。再谈到当今陛下手揽万机、躬亲庶政，励精图治的汉宣帝不及陛下之万一。然后话锋一转，崇祯一朝九年来，皇帝大权独揽，过于操切，天下重足而立、裹足不至，欺罔奸佞丛生，贪弊愈演愈烈。根源就在于“失体”，亦即皇帝没有“持大体”。

别　邪　正

今夫国家之患，莫大于人臣之自为朋党，而其病由于人主之不分邪正。夫不分邪正，使君子小人杂进，于是君子以小人为小人，小人亦以君子为小人；小人指君子为朋党，君子亦自以为党而不辞。始未尝不从国家起见，后不过争竞门户。迨争竞门户，而君子常易衰弱，非易衰弱也，君子难进而易退，难荣而易辱。于是小人揣得其情，攻之以必忌，持之以难久。不幸君子或授之以间，又不幸附君子者或因之为市，而君子之势孤矣。君子之势孤，国家之事去矣……陛下试观即位以来，谁为顺悦，谁为憨直？谁重气节而轻于祸福，谁矢念于国家，谁快心于报复？其挤掇阅历不可谓不熟矣。又试观神庙以来，所谓身在朋党横被攻击者，其后之孤忠劲节、甘死如饴者何如？又观天启中所谓志在进取、力攻朋党者，其时之诵德称功、嗜利无耻者何如？而邪正之数有不较然乎？今之时势又与先朝不同，则夫希名而附和，与夫伛迹而矫饰者，其苍素黑白诚难遽别，然而泾渭之源流自在也。陛下诚能穷治之源，而登进斥逐，一以其权归之于上，使众正汇进，而险小人无所缘而售其奸，将国家之治理可以计日而待。

他和李雯、夏允彝、侯方域等人一样，提及当时热门的话题：朋党与君子、小人，尖锐地指出，病根在于皇帝“不分邪正”，结果是君子日趋孤立，“国家之事去矣”。如果能使“力攻朋党”的阴险小人无以售其奸，国家何患不治！

谨　信　任

臣闻天下之患莫大乎君有疑其臣之心，而信任之不专，尤莫患乎臣有要其主之心，而信任之太笃。不专之与太笃，皆足为患，而第其轻重则无所别，而笃任之者其为祸甚深也……高皇帝神武开天，犹失之胡惟庸；肃皇帝英明绝世，犹失之严嵩。是故信任之不可不谨，其在英主为尤甚。皇上躬戡珰祸，手揽万机。念夷寇之交讧也，尚方之赐时出；悯财赋之日匮也，司农之任独久。总纪纲于中丞，归操柄于冢宰，不专之患，可幸无之。且陛下始欲借内镇以风励诸臣，未几撤之如脱槁，即昨日召置辅相，士大夫方举手加额，而旋以一人之言弃之。人方疑陛下信任之理太轻，臣即窃于此有虑者……故臣愿陛下益去其菲薄臣下之见，程力量能，执虚公以驭下。[①]

① （明）吴应箕：《楼山堂集》卷九《策·拟进策并序》。

这是在讨论理想的君臣关系，君不能有疑臣之心，否则对臣的信任就会不专；臣不能有要主之心，否则对臣的信任就会太笃。他以胡惟庸、严嵩为例，指出了皇帝对笃信宠臣的危害，特别强调“信任之不可不谨，其在英主为尤甚”，显然是在影射崇祯皇帝过于笃信温体仁。

在谈到审言术、励廉耻、重变更、储边材、罢无用、养民财之后，吴应箕的第十策是“塞贪源”。他说“今天下盗贼生于民贫，民贫由于官贪”，陛下赫然严惩，反而愈演愈烈，原因在于只治“贪之流”，而未治“贪之源”。他列举了一些“贪之源”，其一是士子金榜题名刚入仕途，就必须“营选”“钻缺”，为了打点，不息借高利贷。因此早晨刚上任，晚上讨债者就赶到。为了填补漏洞，“外官取偿于民，京官取偿于外官”，源头是相同的。各种关系都需要打点，比如，奥主、座师、同年、乡曲，哪一个都要摆平。此外还时时有各种需索，比如有考核官员的大计、京察之类，还有遭到弹劾请求从轻发落，收到推荐希望求得肥差，都是要花钱的。他慨乎言之：“凡此能虚得之乎？视其人之崇卑戚疏，以厚薄其贻馈，而其人即以其厚薄之数为效力之浅深。乡贡监吏之属，苟有所求，益愈竭其资而不恤。尤可怪者，今以功令之严，益设为简易之法，入国门者皆短刺空函，而金已达其家矣。又变白（银）为黄（金），取诸其寄，所以致之者愈巧。”[①]这就是“禁愈严而贪愈炽”的根本原因。然而要想“塞贪源”谈何容易！

五、《留都防乱公揭》

吴应箕的理想政治并不停留于口头上，有时也有实践的尝试，最值得称道的是他起草了掷地有声的《留都防乱公揭》。

陈贞慧（字定生）《书事七则》之《防乱公揭本末》说，阉党余孽前光禄寺卿阮大铖，在清查阉党逆案时，受到“削籍”的惩处。此人小有才华，却心术不正，一心想翻案，企图重登官场，来到南京招摇过市，吴应箕看穿阮大铖本性难改，如不予以迎头痛击，后患无穷。崇祯十一年（1638），他和顾宪成之孙顾杲（字子方）商议，顾杲义正词严地表示：“杲也不惜斧锧，为南都除此大憝。”两人同去征求陈贞慧的意见，陈贞慧奋然回应道：“（阮大）铖罪无籍揭，士大夫与交通者，虽未尽不肖，特未有‘逆案’二字提醒之。使一点破，如赘痈粪溷，争思决之为快，未必于人心无补。”于是吴应箕在陈贞慧寓所起草了声讨阮大铖的檄文。

① （明）吴应箕：《楼山堂集》卷九《策·拟进策并序》。

然而，为吴应箕撰写年谱的夏燮考证，此事有一个过程。他说，留都防乱的议论起于崇祯九年。这年夏，在金陵“三举国门广业之社”；秋，吴应箕与冒襄、陈贞慧、顾杲等在桃叶渡寓所，会见天启年间遭阉党迫害致死诸公的遗孤十三人，杨涟之子因故未至。就在这次会上，谈及避乱于金陵的阮大铖，“遂起留都防乱之议”。据冒襄回忆，当时魏大中之子魏学濂把其父临终前所写的血书，出示给社中同人，魏学濂为亡父鸣冤奏疏提及阮大铖，激起众人齐声痛骂阮大铖。接下来夏燮写道：“值大铖方居金陵，欲以新声高会，招徕天下，为夤缘起用地。复社诸君子适睹此疏，共愤填膺，于是始起留都防乱之议。”不过仅仅是议论而已，真正起草要到两年之后。地点并非陈贞慧所说的在他的寓所，而是在无锡顾杲家中，证据是吴应箕的《与顾子方书》。夏燮说：“证之先生集中与顾子方书，乃戊寅（崇祯十一年）在梁溪所草，虽戊寅之前早有此议，不过徒托空言。”[①]具体情况是这样的：

> 崇祯十一年戊寅，先生四十五岁。夏六月，东游梁溪，主顾子方家凡两月。游锡山，谒道南祠，与子方合刻《梁溪唱和集》。时陈定生自荆溪过访，示以沈眉生劾杨嗣昌夺情疏，遂及大铖，于是先生与子方、定生成留都防乱揭……先生与子方、定生三人共成此揭。其余列名之一百四十人皆在后也。[②]

崇祯十一年（1638）八月，吴应箕从无锡来到宜兴，入住陈贞慧家。可能此时吴应箕又修改了檄文，所以陈贞慧以为揭文起草于他家。随后是向复社成员征求对揭文的意见，因为有不同意见，所以吴应箕写了《与友人论〈留都防乱公揭〉书》。

该篇檄文分头寄给各地复社成员，获得绝大多数人的支持，只有杨廷枢表示异议，以为小题大做。陈贞慧《书事七则》中引用杨廷枢的话：“（阮大）铖不燃之灰，无俟众溺，如吾乡逐顾秉谦、吕纯如故事。在乡攻一乡，此辈窘无所托足矣。”吴应箕在给友人的书信中谈及此事，所说“小题大做”者，就是指杨廷枢。他的这封书信，把起草《留都防乱公揭》的思考写得淋漓尽致：

> 留都防乱一揭，乃顾子方倡之，质之于弟，谓可必行无疑者，遂刻之以传。当刻揭时，即有难之者二，谓揭行则祸至。此无识之言，不足辨矣。又谓，如彼者何足揭，而我辈小题大做。此似乎有见，而亦非也……夫我辈非欲自附于正人也。邪正之辨，自根人天性学问，岂待附乎？
>
> 若谓逆案已定，何待再辨？夫我正为既定而不得不辨，何也？今士大夫曾有谓此逆人也而绝之者乎？缙绅不与交欢，交欢而不为之驱使者，谁也？士子不从之游，从

---

① （清）夏燮：《忠节吴次尾先生年谱》“崇祯九年丙子”条。

② （清）夏燮：《忠节吴次尾先生年谱》“崇祯十一年戊寅”条。

之游而不互相赞诵，多为招引者，谁也?

夫法加于人，有时而尽。邪根中于人心，逆气流为风俗，天下之患可胜道哉?使我辈不言，则将来变为从逆世界，必有以钦定为非，而恨魏忠贤之不复出也。足下以为此可已乎，不可已乎?

故不若挟清议以攻之，负众力以撼之，使知名节与法纪，原表里山河，而我辈之尊君安国，为高皇帝留读书种子之心，无在不寓，又何有今日异日之别乎?①

次年，复社人士乘金陵乡试之机，在冒襄的淮清桥桃叶渡河房，召开大会，正式发布《留都防乱公揭》，声讨阮大铖，在《留都防乱公揭》上签名的有一百四十二人，领衔的是东林弟子代表顾杲，天启被难诸家代表黄宗羲。这篇檄文揭露阮大铖的逆案祸首老底，写得慷慨激昂，气势夺人：

杲等伏见皇上御极以来，躬戡党凶，亲定逆案，则凡身在案中，幸宽钺者，宜闭门不通水火，庶几腰领苟全足矣。矧尔来四方多故，圣明宵旰于上，诸百职惕励于下，犹未即睹治平，而乃有幸乱乐祸，图度非常，造立语言，招求党类，上以把持官府，下以摇通都耳目，如逆党阮大铖者，可骇也!大铖之献策魏珰，倾残善类，此义士同悲，忠臣共愤，所不必更述矣。乃自逆案既定之后，愈肆凶恶，增设爪牙，而又每骄语人曰："吾将翻案矣，吾将起用矣。"所至有司信为实然，凡大铖所关说情分，无不立应，弥月之内，多则巨万，少亦数千，以至（致）地方激变，有"杀了阮大铖，安庆始得宁"之谣。意谓大铖此时亦可稍惧祸矣。乃逃往南京，其恶愈甚，其焰愈张，歌儿舞女，充溢后庭，广厦高轩，照耀街衢。日与南北在案诸逆交通不绝，恐喝多端。而留都文武大吏半为摇惑，即有贤者，亦噤不敢发声。又假借意气，多散金钱，以至（致）四方有才无识之士贪其馈赠，倚其荐扬，不出门下者盖寡矣。②

在揭露了阮大铖种种劣迹与野心之后，最后写道：

杲等读圣人之书，附讨贼之义，志动义慨，言与愤俱，但知为国除奸，不惜以身贾祸。若使大铖罪状得以上闻，必将重膏斧锧，轻投魑魅。即不然，而大铖果有力障天，威能杀士，杲亦请以一身当之，以存此一段公论，以寒天下乱臣贼子之胆，而况乱贼之必不容于圣世哉!谨以《公揭》布闻，伏惟戮力同心是幸。③

---

① （明）吴应箕：《楼山堂集》卷十五《书·与友人论〈留都防乱公揭〉书》，第148-149页。

② （明）吴应箕：《留都防乱公揭》，谢国桢：《明清之际党社运动考》，第148页。

③ （明）吴应箕：《留都防乱公揭》，谢国桢：《明清之际党社运动考》，第150页。

真是大快人心事，复社同人举杯庆祝。夏燮如此描述当时的盛况：“时四举国门广业之社，凡揭中之一百四十余人，大半入会中，周仲驭（钟）亦至焉。于是留都防乱之揭传播南中……金沙周仲驭抗疏归，有重名，时以谢丧来南都，集门徒五百余人于高座寺。于是揭中之执牛耳者，布衣则推先生（吴应箕），缙绅则推仲驭（周钟），贵胄则推定生（陈贞慧），而东林之后推子方（顾杲），忠臣之后推南雷（黄宗羲）。日置酒高会，辄集矢怀宁（阮大铖），嬉笑怒骂以为常。”①

阮大铖慑于清议的威力，不得不躲进南门外的牛首山，暂避锋芒，派遣心腹四出收买《留都防乱公揭》文本，孰料愈收愈多，传布愈广。彷徨无计之时，他想到了刚刚来到南京的侯方域，阮大铖与其父司徒公（侯恂）有年谊，算是侯公子的父执辈，企图利用这一人脉来缓和与复社的关系，由亲信王将军代他出面示好，不惜重金撮合侯公子与秦淮名妓李香君。侯方域严词拒绝，他后来写信给阮大铖重申自己的立场：

> 执事（阮大铖）仆之父行也，神宗之末与大人同朝，相得甚欢。其后乃有欲终事执事而不能者，执事当自追忆其故，不必仆言之也……忽一日，有王将军过仆甚恭。每一至，必邀仆为诗歌，既得之，必喜而为仆贳酒奏伎，招游舫，携山屐，殷殷积旬不倦。仆初不解，既而疑，以问将军。将军乃屏人告仆曰：“是皆阮光禄所愿纳交于君者也。光禄方为诸君所诟，愿更以道之君之友陈君定生、吴君次尾，庶稍湔乎。”仆敛容谢之曰：“光禄身为贵卿，又不少佳宾客，足自娱，安用此二三书生为哉？仆道之两君，必重为两君所绝。若仆独私从光禄游，又窃恐无益光禄，辱相款八日，意良厚，然不得不绝矣。”凡此皆仆平心称量，自以为未甚太过，而执事顾含怒不已，仆诚无所逃罪矣。②

侯方域为李香君所写的传记提及此事，措辞更加直白：“初，皖人阮大铖者，以阿附魏忠贤论城旦，屏居金陵，为清议所斥。阳羡陈贞慧、贵池吴应箕实首其事，持之力。大铖不得已，欲侯生解之，乃假所善王将军，日载酒食与侯生游。姬（李香君）曰：‘王将军贫，非结客者，公子盍叩之？’侯生三问将军，乃屏人述大铖意。姬私语侯生曰：‘妾少从假母识阳羡君，其人有高义，闻吴君尤铮铮，今皆与公子善，奈何以阮公负至交乎？且以公子之世望，安事阮公？公子读万卷书，所见岂后于贱妾耶！’侯生大呼称善，醉而卧，王将军者殊怏怏，因辞去，不复通。”③

① （清）夏燮：《忠节吴次尾先生年谱》“崇祯十二年己卯”条。

② （清）侯方域：《壮悔堂文集》卷三《书·癸未去金陵与阮光禄书》。

③ （清）侯方域：《壮悔堂文集》卷五《传·李姬传》。（清）夏燮《忠节吴次尾先生年谱》记载，此事后来为孔尚任《桃花扇》渲染，以杨龙友替代王将军：“而王将军一事遂为孔东塘《桃花扇·却奁》一剧之蓝本，又以杨龙友代王将军。传奇之体，装点排场，巧配脚色，义亦无嫌，惟以侯生纳李姬，大铖办装，系之癸未三月，则不然也。”

令人赞叹的是侯方域在崇祯十六年（1643）已经察觉到，日后阮大铖一旦得志，必定大肆报复的心态，他写道："仆今已遭乱无家，扁舟短棹，措此身甚易。独惜执事忮机一动，长伏草莽则已，万一复得志，必至杀尽天下以酬其宿所不快，则是使天下士终不复至执事之门，而后世操简书以议执事者，不能如仆之词微而义婉也。"[①]不幸被他言中，后来阮大铖在弘光小朝廷的所作所为正是如此。

可惜的是，复社君子们的努力，难以挽回明王朝日暮途穷的末路，这或许是生不逢辰的悲剧吧！

六、报国无门的悲剧

吴应箕没有进入仕途，始终是一介文士，报国无门令他很无奈，写信给阁老钱士升，一吐胸中的郁闷：

> 相公阁下，某虽不肖，尝有志于天下之故，自恨不得稍藉尺寸，使有所发抒其志气。又尝欲以当世所急，及胸中所筹划可行之事，上书于公卿大僚，及巡方守土诸官，徒以势分悬绝，雅无知故，虽言之，恐不见省录，故卒郁郁，不得一吐。[②]

甲申之变以后，他又写了长篇大论，反思亡国之痛。其中《原君》《原相》两篇最有见地。

客问："古有君明而国亡者乎？"他的回答，陷入了两难境地，一则说"乌有是哉"，再则说"非主不明而亡"。其实他对崇祯皇帝是有所批评的，一是过于明察，二是过于操切。他说："夫主贵明而忌察，察则伤明也，故多恃，恃而莫予抗也，于是下务为蔽匿则生疑，疑而莫予当也，于是上益务。夫操束，则滋扰，卒于法不必信，用违其才，朝出令而夕责成，前见贤而后获罪，奸雄适以借资，庸下趋之仆负，譬之木心已蠹而枝叶尚在，方以为此翘然者可资栋梁而假荫庇也。讵知大风过而干摧根拔，遂已全无木哉。"[③]但是面对客人的提问："然以先帝之忧勤，犹无救覆亡，则岂有荒暗淫虐者足乂安保世乎？"他又为崇祯皇帝辩解，充满了同情与惋惜："崇替者运也，废兴者数也。天之所去，谁能留之？且夫以（泰）昌（天）启之末运，而承阉祸溃决之余，丞辅覆，列职负乘，独恃此一人者，兢唐业虞，挈此将羸极敝者，以累存枵枝于十七年之久。"他眼中的先帝，仅凭一人之力支撑十七

① （明）侯方域：《壮悔堂文集》卷三《书·癸未去金陵与阮光禄书》。
② （明）吴应箕：《楼山堂集》卷十三《书·上嘉善钱相公书》。
③ （明）吴应箕：《楼山堂集》卷十九《客问·原君》。

年之久，已属难能可贵；更何况他“毅然身死社稷，其风烈足以视二帝三王而无愧哉”。因此，他的结论是：“国不幸而亡也，非主不明而亡也”，“吾君非亡国者也。”[①]

在《原相》篇中，回答客人的问题：“崇祯十七年，所置相几五十人，岂无贤者？而任不专，专不久，岂无专且久者？而益不治，其谓之何？”他说得很干脆：“崇祯时谓之无一相可矣，何谓数十人哉？”在他看来，崇祯一朝的内阁辅臣没有一人值得称道：“夫蒲州（韩爌）岂非君子哉，先帝初立，即召之，天下方望其风采，而不能使人主信且惮者，则道不足而术疏也。于是乌程以矫行愎，而见谓精忠；阳羡（周延儒）以柔济贪，而舞其机用；武陵（杨嗣昌）资悍，以兵败而计穷；韩城（薛国观）意忌，卒谗行而身死。此数人者，方其人主信之，同列下之，天下士大夫附之，所谓专且久者是也。挟全盛之余资，负英主之方向，岂难强国庇民，创弊夷患，而乃强敌在门，重宝入室，封疆日蹙，门户牢持。”然后他一一列举：

温体仁执政八年，“蕴崇滔天之大变”；

杨嗣昌督师前线，“遽增饷至七百余万，用兵无丝毫功，岂惟藩国覆、巨寇张、骄镇叛，而大势亦自是不支矣”；

薛国观“未穷厥慝，卒蒙恶声”；

周延儒复出，“惘然自以为姚、宋（姚崇、宋璟）而不疑，方其起废籍，蠲积逋、撤内缉、出久系，探怀纳说，捷若转圜，岂不亦救时雅望哉？而牢笼翕张，以恩为市，如京师大贾，所居积转贩倾天下，天下廉耻，益以隳坏”。其结果是严重的——“于是使人主切齿，以为人臣无一可信，故一切按诛，而国家之事去矣”。[②]

吴应箕分析得鞭辟入里，精彩之极！由此人们可以清楚地看到，复社虽然是一个文社，却并非不问世事的“象牙塔”，间或议论时政，抨击弊端，目光之透彻，言词之锐利，一般官僚望尘莫及。

吴应箕的人生结局和大多数复社成员一样，是慷慨激烈的。弘光元年（1645）五月十五日，南京陷落。闰六月，金声在徽州绩溪起兵抗清，吴应箕在池州起兵响应。那时的他，获得了平生第一个官职——福建隆武政权授予的池州推官监纪军事，不过如同昙花一现，很快兵败被清军俘虏，牺牲于家乡贵池县之石灰冲。壮志未酬的五十二年人生以悲剧告终。

莫谓书生空议论，头颅掷处血斑斑。

一百多年后，处死他的大清王朝已然进入盛世，忽然大发慈悲，追谥他为“忠节”。这样的皇恩浩荡未免晚了一点，不过对于吴应箕的后人而言，多少是一个安慰。

（执行编辑：周　鑫）

---

① （明）吴应箕：《楼山堂集》卷十九《客问·原君》。

② （明）吴应箕：《楼山堂集》卷十九《客问·原相》。

明清之际文化近代化的萌动与夭折

刘志琴*

摘要：中国文化的近代化与中国社会的转型是互为表里，相应相称的问题。16世纪、17世纪之交是中国一个重要的历史转变时期，当时所萌动的新社会思潮对近代中国的政治运动与思想发展有重要的影响。晚明政治伦理的最高成就，是提出用分权削弱君权的思想，这在封建制度下只能起到调节君主与臣民关系的作用，不能越出用王权制衡王权的局限。因此，晚明时期虽然活跃着政治伦理启蒙思潮，但是催生新社会的力量先天不足，流传的范围也极其有限，最终在清王朝重建封建统治过程中被扑灭，夭折于发展途中。然而这一思想与主权在民的现代政治思想相结合，却具有反对封建专制主义的全新意义，在三百年后掀翻封建王朝的革命中大放异彩。

关键词："残明遗献"；文化近代化；程朱理学；陆王心学；非君思潮；政治伦理

一、中国文化近代化的起点

明清交替，是中国历史的又一次改朝换代，与历代鼎革不同的是，发生在16、17世纪之交的中国大变动，余响不绝，进入20世纪后更成为国人关注的热点，这不仅因为推翻封建王朝的辛亥革命，最初是以反清复明的种族革命为号召，以宗奉明代认同华夏子孙，

---

* 刘志琴，中国社会科学院近代史研究所研究员。

按：韦庆远先生是笔者的前辈也是挚友，虽云挚友其实相处并不久，但在短短的交往中，相谈甚欢，他的皇皇巨著和真知灼见令人触目难忘。时光荏苒，先生已离世十年了，令人欣慰的是，他的学子已成长为新一代的学者，并筹集这本书，缅怀师恩。笔者谨以与先生切磋过的一篇旧文以示悼念。

更重要的是发生在明末的政治、经济变动与社会思潮，对现代中国的政治运动与思想发展有重要的影响。

早在20世纪初，胡适在《文学改良刍议》中就提出“中国文艺复兴”的问题。1923年梁启超考察近三百年的学术思想说：“总而言之，最近三十年思想界之变迁，虽波澜一日比一日壮阔，内容一日比一日复杂，而最初的原动力，我敢用一句话来包举他，是残明遗献思想之复活。”[①]这“残明遗献”，指的是清代禁书黄宗羲的《明夷待访录》，他认为这部著作：“对于三千年专制政治思想为极大胆的反抗，在三十年前——我们当学生时代，实为刺激青年最有力之兴奋剂。我自己的政治运动，可以说是受这部书的影响最早而最深。”[②]19世纪末，提倡民权共和的思想家们将该书摘抄，刊印数万本，秘密散发；孙中山将这部书的初稿《留书》赠送给日本友人，表示反对封建专制统治的决心。1912年中华民国初建，孙中山即以临时大总统的名义发布《祭明太祖文》，以昭告天下；1944年是甲申年，恰逢明亡300年，郭沫若撰写《甲申三百年祭》，在延安被毛泽东列为整风文件，教育共产党人；中华人民共和国成立前夕，毛泽东最先召见的历史学家是著名的明史专家吴晗，与之畅谈明朝的兴亡；张学良被囚禁后，政治失意，经常阅读的是明史。一部明史尤其是晚明的思想何以有那么大的魅力，在300年后的现代中国吸引许多思想家和政治家？

20世纪中叶，一批学者对此展开了学术探讨。1945年，侯外卢的《中国近世思想学说》问世，提出“早期启蒙说”，50年代中期更名为《中国早期启蒙思想史》出版，该著作认定16世纪末的中国，在传统思想文化中发生异动。虽然在这以前梁启超与胡适都认为晚明的学术思想类似西方的“文艺复兴”，但这只是着眼于文化现象的类比，侯外卢借用明朝遗民王夫之“破块启蒙”的语词，用“早期启蒙”来概括明清之际大变动中的新思潮，并进行系统的论证。认为这是“在社会意识上产生了个人自觉的近代人文主义”，又说：“人文主义的自我解放或自由的思想，和他的政治哲学脉络相贯，而为近代启蒙者精神”，其“以天下之权寄之天下”的政治理想，体现了“市民的民主要求”。明确指出中国早期启蒙思想，表现为明清之际以李贽、黄宗羲、唐甄及其王学左派王艮等为代表的社会思潮。这就无异说，中国早期启蒙的发轫，并非受之于西方思想的刺激，而是本土思想发展的结果，这为中国传统文化近代化的内在因素提供了历史依据和理论基础。从梁启超、胡适到侯外卢对中国早期思想启蒙的发掘和研究，揭示了中国传统思想发展到明末出现异质因素，这股发自晚明的新思潮，突破封建专制主义思想体系的藩篱，萌发民主性的光华。对中国思想史的这一发现，横跨20世纪直到21世纪，主导中国思想史研究一百年之久。

这一观点所以经得起历史的检验，是因为这是现代人在西方文化大举进入中国后，参

① 梁启超：《清代学术变迁与政治的影响（下）》，载《中国近三百年学术史》，北京：中国书店，1985年，第29页。

② 梁启超：《阳明学派之余波及其修正》，载《中国近三百年学术史》，第47页。

照中西文化比较的深刻思考，梁启超早就断言，黄宗羲的“这部书是他的政治理想，从今日眼光看去，虽像平平无奇，但三百年前——卢梭《民约论》出世前之数十年，有这等议论，不能不算人类文化之一高贵产品”[①]。

百年前对晚明思想做出这样高度评价，殊属难能可贵之见，要知道，《明夷待访录》等“残明遗献”在清代被列为禁书，以致湮没无闻，沉埋二百多年之久。这股思潮的代表人物如王艮、李贽、黄宗羲等都崇奉王阳明的心学，自认为王学的传人，而清代学者对王学及其异端思潮多持以不屑的态度，甚至加以呵责。清初号称“千秋理学正宗”的陆陇其说：“考有明一代盛衰之故，其盛也，学术一而风俗淳，则尊程朱明效也。其衰也，学术歧而风俗坏，则诋毁程朱之效也。每论启、祯丧乱之事而追原祸始，未尝不叹息痛恨于姚江，故断然以为今之学非尊程朱黜阳明不可。”[②]此人是由雍正皇帝亲自下谕，第一个进入孔庙从祀的清代理学权威，他的观点对官员士大夫有举足轻重的影响，后来的学者大多承其余绪，交口责难王学，以致有明代亡于王学之说，此所谓王学也就是指与正统理学相背离的异端思潮。在这严峻的文化氛围中，一批先进的中国人发掘被清代泯灭的异端思想，并以此为“原动力”，以复古为革新，猛烈抨击封建专制主义，激励仁人志士为追求国家的现代化，抛头颅、洒热血。虽然这未必是原著的初衷，但历史的发展却选用了三百年前的异端之论，营造新一代的思想武器，尽管这里面有现代思想家和革命家的改造和发挥，但无可否认的是“残明遗献”中蕴有的民主意识和人文思想，在清末民初的社会大变革中具有振聋发聩的作用。这批沉睡二百多年的“残明遗献”，在创建现代社会之初大放异彩，首先得力于现代思想家们的远见卓识和重新解释。

百年来，学术界对明清之际启蒙思想的评价不尽相同，高低不一，有些问题也有争议。但无一例外的是，这个问题的讨论，突出了中国文化近代化（或早期现代化）的起点问题。

“近代”在古人的表述中只是表达时间远近的词汇，如《战国策》所言“近代所见”云云[③]，作为近代历史概念的使用，源于欧洲，17 世纪后的产业革命与思想启蒙运动将欧洲的历史推进到新阶段，“近代”成为新时代的代名词，这一时代以思想启蒙与工业文明为标志，所以近代化的主要内容不外于这两大特征。从社会属性来说，从前近代向近代社会的转型，经济上要从农业社会向工业社会过渡；文化上要伸张人权，追求个性解放，摆脱神权和专制主义统治。由于欧洲从文艺复兴到思想启蒙，启动了一个伟大时代的转折，成功地走出中世纪，成为人类历史上第一个完成从传统社会向近代社会转型的典型，为后发现代化国家所标榜。

从现代化历史的发展进程来看，各个国家从前近代向近代社会的过渡，几乎都要经历

① 梁启超：《阳明学派之余波及其修正》，载《中国近三百年学术史》，第 46 页。

② （清）陆陇其：《三鱼堂文集》卷八《周云虬先生四书集义序》。

③ 《战国策》卷十七：“近代所见，李兑用赵，饿主父于沙丘，百日而杀之。”

思想启蒙的阶段。欧洲从15世纪的文艺复兴到18世纪的思想启蒙运动，经过三百年的积蓄、动员和发展，方才确立科学、民主、理性的现代理念。所以文化的近代化，不仅蕴含人文主义与反封建专制的民主要求，也是从前现代的农业文明向现代工业文明转型不可分割的一部分。

中国文化的近代化与中国社会的转型是互为表里，相应相称的问题。社会的近代化不仅是意识形态的改观，更重要的是物质生产方式的变革和新的社会结构的发育，是比文化近代化更为综合的、整体意义的近代化运动。社会的近代化往往以文化的近代化为先导，文化的近代化又必然以社会的近代化为依归，这两者的发展需要同步运行，却不一定等量齐观。文化是经济的反映，却比经济拥有更为广阔的社会影响。发生在思想上的异端思潮，相互感染，不胫而走，波及社会的各个层面，两者的功能不是等量发挥，两者的步伐也不是等速前进。文化现象受制于社会背景和经济条件，又不拘于经济条件的约束，比经济现象更有生命力。当新兴的经济因素被抑制的时候，文化近代化的进程可能被打断，但文化近代化的成果却可能积淀在民族精神中，超越时空的局限，潜藏着与时俱进的活力，这也就是晚明遗献在300年后重放异彩的重要原因。

由于中国的文化转型与社会变革紧密联系，曾经被中外学者反复论证，也就是说中国社会近代化的开端起自何时，在20世纪前期就有争议，有持以宋元说、明清说、鸦片战争说，莫衷一是，1949年后大体上统一于以鸦片战争为界限。有两种情况，一种是以社会性质划分为准则，认为自鸦片战争以后中国进入半封建半殖民地社会形态，凡在这一社会形态中所发生的文化问题都属于近代文化的范畴，以与鸦片战争前相区别；再一种是美国学者费正清提出并为一些中国学者所呼应的“冲击—反应”模式，认为中国社会缺乏突破传统的动力，只有当19世纪以来中国面临西方经济、军事、政治和文化的强大冲击，中国社会和文化才被迫做出反应，一步步向近代演进。毫无疑问，这两种看法都把19世纪中叶看作中国文化近代化的开端。所以在学术界关于文化近代化的起点问题，几乎都定于鸦片战争以后，长期以来鲜有争议。20世纪50年代修改出版的侯外卢的《中国早期启蒙思想史》，书名原本是《中国近世思想史》，特地将“近世”改为“早期启蒙”，就是为适应鸦片战争后始有近代化开端一说，而为该书作的定位。

改革开放以后，文化研究中有关明清之际是中国文化近代化开端的问题重又复出，引人注目。以萧萐父为首的武汉一批老中青学者再次提出这一课题的新论证，认为明清之际出现突破封建藩篱的早期民主主义意识；重视新兴的“质测之学”，主动吸取西方科学技术的新成果；开辟一代重实际、重实证、重实践的新学风。所以就其学术思想的一般倾向看，已具有了对封建蒙昧主义实行自我批判的性质，出现了一批异端思想者和启蒙的新动向。同时指出，费正清的“冲击—反应”模式，虽然有合理因素，但由于忽视中国社会自身的变异，把中国社会的近代化看成西方文化的位移，这是西方文化中心论的偏见，并不能全面、准确、深刻地揭示中国文化近代化的进程。[①]

有的学者从社会史的视角考察文化现象，认为既有的论证往往局限在精英文化的层次，偏重以思想家的思想为研究对象，而对当时的社会效应与民众意向甚少涉猎。思想家的思想固然为一代文化之精华，但又往往高于民众，或得不到流传。事实上，黄宗羲、唐甄等人的著作在当时并未得到印行，更没有在民众中发生影响，黄宗羲也意识到这点，他的初稿署以《留书》，后又改名为《明夷待访录》留之后世，以期待未来知音的造访。一种著作的思想不论如何先进，如果束之高阁，得不到传播，那就不能发生启蒙效应。启蒙的原意正如《风俗通·皇霸》所说“祛蔽启蒙”，祛谁之蔽？向谁祛蔽？都要有受众，没有民众性的传播，就不能形成社会思潮。启蒙也并非只有一种路径，问题的多样性在于，虽然这些著作在当时没有得到传播，听不到民间的反响，但在民众中却潜滋暗长着非君、非圣、非经的思潮，一种真正属于民间的自发思想，在社会下层广为扩散，这是不同于精英著作传布的另一种渠道。研究的深入，有待扩大视野，从社会史的领域发掘这样的文化资料。由此深刻地揭示思想家的思想所具有的社会基础和理论形态，这是思潮研究者不能不具有的社会意识。[②]

外国学者对这一问题也表示了极大的关注。余英时在《现代儒学的回顾与展望》中，主张从晚明以降的儒学中发掘近代思想的源头。沟口雄三在《中国前近代思想演变》中认为，中国前近代的概念可以上溯到明清之际，这段历史可以作为近代的胚芽期或胞胎期。

上述见解在不同程度上突破了以鸦片战争为近代化起点的看法，并超越前人在精英文化求索的局限，扩大视野，到社会史的领域发掘资料，使这一问题有了重要进展。实际上也在不同程度上对美国学者费正清论述中国近代化的“冲击—反应”模式表示了异议，认为这一观念忽视了中国社会和文化自身的发展。晚明是处在时代转折的社会，从其社会形态来说，它与汉、唐、宋一脉相承，不同于汉、唐、宋末世的是，在社会母胎内部不可抑制地涌现异己的文化因素并形成社会性浪潮，伴随新兴的经济现象，不断地撞击封建经济秩序，侵蚀封建伦理的统治。这一衰变发生在明末，不只是一姓王朝的衰败，而是整个封建专制主义的经济结构和思想体系的衰变。它又不同于清末的是，16、17世纪之交的中国，尚未面临外来资本主义强权的干涉，纯系中国封建社会自身运行的事态。这时虽有欧洲传教士带来的西方科技与基督教文化，有助于扩大中国人的眼界，丰富中国人的思维方式，但只局限在上层少数官员士大夫和为数不多的教民，对社会没有发生波动性的影响，并没有对朝政和制度的干预，更没有政治、哲学、社会思想的输入。这从一定意义上说，晚明是尚未受到外来影响的、原装的封建社会，研究这一时期的文化变异，从传统文化中

① 参见冯天瑜主编：《东方的黎明——中国文化走向近代的历程·代序言》，成都：巴蜀书社，1988年。
② 参见刘志琴：《中国文化近代化的开启》，《社会学研究》1993年第2期。

孕育出什么新质因素？用今天的眼光来衡量，它又能达到怎样的高度？可能发生什么样的转向？

当欧洲已开始步向近代化的背景下，中国的经济、文化并不比欧洲逊色。据新近出版的美国著名学者贡德·弗兰克的《白银资本——重视经济全球化中的东方》估计，从16世纪中叶到17世纪中叶，即从明中期到明末，百年间流入中国的白银有七千到一万吨，相当于两亿到三亿两白银。也就是说，晚明拥有的白银约占世界白银总产量的三分之一，这庞大的数量已超过欧洲国家白银的总和；在文化上也不次于欧洲，梁启超说，具有启蒙意义的《明夷待访录》比卢梭的《民约论》还要早数十年。明朝拥有这样的优势，为什么不能突破王朝更替的内循环，迎上历史潮头，走向近代化的康庄大道？有哪些不能逾越的障碍，阻滞中国社会的前进？致使文化转型举步维艰，这是研究中国文化转型本土特征不能不面对的问题。

二、理学的裂变——从正统思想中滋生异端

16、17世纪的中国，时当明中叶以后，封建专制主义社会经历一千多年的发展，正在经受前所未有的变动，它不仅表现在经济上产生有别于封建生产关系的资本主义萌芽；还表现在文化上涌现与正统思想相叛离的因素。有关资本主义萌芽问题，在学术界有不同意见，见仁见智，有所争议；但对于文化上的异端或启蒙思潮基本上得到共识。问题是，中国早期启蒙思潮的具体内容与西方相比，有哪些相似，又有什么不同？过去习惯于以西方模式套用到中国，几乎成为思维定式，然而用西方启蒙的话语解释晚明的文化现象，是否符合历史的实际？发生在晚明社会的思想变异具有哪些特征？有没有可能走出传统文化的范畴，走向近代化？这是需要深入探讨的问题。

一种社会形态的文化，自有一种核心的意识形态作为一个族群共同的价值取向，中国自古以来就以伦理道德为本位，汉代以后又尊儒学为正统，这一思想体系发展到宋代，进一步吸收佛家和道家思想，形成以“存天理，灭人欲”为主旨的理学，被称为儒学发展的新阶段。理学由北宋的程颐、程颢奠基，南宋的朱熹完善，世称程朱理学，到明代得到统治者的尊崇，受到广泛的崇奉。明初是程朱理学的全盛时期，明太祖多次诏令官员士大夫非濂、洛、关、闽之学不讲，非《四书》《五经》不读。洪武二年（1369）规定：“国家明经取士，说经者以宋儒传注为宗，行文者以典实纯正为主。”[①]明成祖颁布《性理大全》作

① 江畲经编辑：《历代小说笔记选·清（一）·松下杂抄》，上海：上海书店，1982年。

为权威典籍，是士大夫的必读书目，不准任何人非议程朱学说，从此“世之治举业者，以四书为先务，视六经为可援：以言《诗》，非朱子之传义弗敢道也；以言礼，非朱子所授，则朱子所与也；言不合朱子，率鸣鼓而攻之”[①]。《大明律》专设《禁止搬做杂剧律令》，不准艺人在民间戏曲中扮演程朱形象，违令者都按亵渎圣贤治罪。由此可见，程颐、程颢和朱熹成为神圣不可侵犯的圣贤，程朱理学被奉为统治思想，独霸学坛，气势炙人。

明中叶以后王学兴起，首倡者王阳明，本名守仁，浙江余姚人，因在绍兴会稽山筑室阳明洞讲学，人称阳明先生。初始信奉程朱理学，自述在竹林中沉思冥想朱熹格物致知的学说，突然感悟格物之道并非在物，而在心，由此转向陆象山“心即理”的学说。认为“惟象山陆氏，简易直捷，有以接孟氏之传”[②]。陆象山是南宋著名理学家，因与朱熹在鹅湖之会中进行“道问学”与“尊德性”的论辩，开创心学一派。自朱熹被奉为理学的正宗后，心学逐渐被淡出。王阳明发掘冷落已久的陆象山心学，融合儒、佛、道三家的心性理论，以“吾心”判断是非善恶，重新确立心学体系，史称陆王心学。王阳明的主要成就是提出“致良知”的学说，所谓“良知者，孟子所谓‘是非之心，人皆有之’者也。是非之心，不待虑而知，不待学而成，是故谓之良知”[③]。又说：“知是心之本体。心自然会知，见父自然知孝，见兄自然知悌，见孺子入井自然知恻隐，此便是良知，不假外求。”[④]“良知在人心，无间于圣愚，天下古今之所同也。”[⑤]这里的良知，即道德仁义，都出自人心，不用外求，不分古今圣愚，是人人皆有的内在本性，

陆王心学的本义也是弘扬“存天理，灭人欲”，这与程朱理学并无二致，但又补正程朱理学过分拘泥一事一物，而疏于人格修养的缺陷，提出天理即良知，良知即知善知恶，天理存于人心的见解，把善恶的标准，伦理道德的根本问题，归结为人心的灵觉，因此说：“天理在人心，亘古亘今，无有终始。”“心即理也，此心无私欲之蔽，即是天理。以此纯乎天理之心，发之事父便是孝，发之事君便是忠，发之交友治民便是信与仁，只在此心去人欲、存天理上用功便是。”[⑥]

在王阳明看来，只要做到心中没有一丝人欲之私，即能洞见天理。得到天理，即是圣贤，克欲之道便是致圣之功，人人都有此良知良能，更无圣愚之分，因此满街人都可以成为圣人。这就把人们对外部现实世界的追求，引向内心世界的磨炼，而磨炼又在于如何泯灭人生的各种欲望，从心灵深处自觉奉行纲常名教，使人格的完善与认识论、本体论融为一体。

---

① （清）朱彝尊：《道传录序》。
② 《明史·王守仁传》。
③ （明）王守仁：《王文成公全书》卷二十六《大学问》。
④ （明）王守仁：《阳明全书·传习录上》。
⑤ （明）王守仁：《阳明全书·传习录中》。
⑥ （明）王守仁：《阳明全书·传习录中》。

这种学说把陆象山“万物皆备于我”主观唯心主义推到极端，心外根本没有事物的存在，更无天理可言，天理只存在心中，给“吾心”赋以极大的主观能动性和自主性。王学力图最大限度地克制人欲，不得不极度推崇内省的功能，一旦把个人的自省抬到成圣成贤的高度，以致上通天理，达到神圣化的境界，在客观上就不能不引起冲击传统圣贤的后果，动摇人们对孔孟程朱的信仰，这对长期受儒学禁锢的人心是一种释放。尤其是王学所标榜的“良知良能，愚夫愚妇与圣人同”的命题，打破尊卑贤愚不可逾越的界限，倡导在道德面前人人平等，这不仅让士大夫大开眼界，也受到庶民百姓的欢迎。在程朱理学独霸学坛，人心被禁锢之际，“致良知”一出，犹如当空霹雳，振聋发聩，引发人们对圣贤的怀疑和责难。诚如当时人的评论：“当士人桎梏于训诂辞章间，骤闻‘良知’之说，一时心目俱醒，恍若拔云雾而见白日，岂不大快，然而此窍一凿，混沌遂亡。”[①]“文成以绝世之资，唱其新说，鼓动海内。嘉靖以后，从王氏而诋朱子者始接踵于人间。”[②]

素来被尊为不可亵渎之圣贤，如今遭受前所未有的轻蔑，朝廷也为之震惊，在《明世宗实录》中可以看到皇帝与大臣这样的对话：“吏部会廷臣议故新建伯王守仁功罪，说：‘守仁事不师古，言不称师，欲立异以为名，则非朱熹格物致知之论。知众论之不予，则为《朱熹晚年定论》之书，号召门徒，互相倡和……’上曰：‘卿等议是。守仁放言自肆，诋毁先儒；号召门徒，声附虚和；用诈任情，坏人心术。近年士子传习邪说，皆其倡导。’”于是“都察院仍榜谕天下，敢有踵袭邪说、果于非圣者，重治不饶。”[③]虽然当政者对王学采取排斥政策，但王学在民间却不胫而走，愈到明后期愈益昌盛。人们声称：“时心学盛行，谓学惟无觉，一觉即无余蕴，九容、九思、四教、六艺皆桎梏也。”[④]“今天下之好称守仁者十之七八。”[⑤]这不仅打破程朱理学一统学界的局面，实际上已大有取代程朱理学的趋势。黄宗羲的《明儒学案》将明代学术分为十七家，属于王阳明心学系统的有姚江、浙中、江右、南中、楚中、北方、粤闽、止修、泰州、蕺山十家，占全书六十二卷中的二十八卷。几近小一半之多。因此有人说：“姚江之学，嘉隆以来，几遍天下。”[⑥]“门徒遍天下，流传逾百年。”[⑦]这不是过誉之词，而是社会思潮的反映。

民众乐于接受某种学说，固然因为这种学说能代表自身需求的实际利益，还可能从中寄寓对未来世界的理想和追求，从而按照自己的愿望解释、发展这种学说。最有代表性的是泰州学派，它的创始人是王艮，他是出身泰州的灶丁，从社会最底层崛起，19 岁经商，

---

① （明）顾宪成：《小心斋札记》卷三。
② （清）顾炎武：《日知录》卷十八《朱子晚年定论》。
③ 《明世宗实录》卷八，嘉靖八年二月甲戌。
④ 《明史·邓元锡传》。
⑤ （明）王世贞：《弇州史料前集》卷二十五。
⑥ （清）汤斌：《汤子遗书》卷五《答陆稼书》。
⑦ 《明史·儒林传序》。

取得致富之道，30 岁开始识字读书。他聪慧绝伦、狂放不羁，经常以先知先觉为己任，广招门徒，自称其学说非为一经，乃是“总经”“五经总义”“大成之学”，表示对传统经典的藐视。在《大成歌寄罗念庵》中自诩为孟子之后：“随大随小随我学，随时随处随人师。掌握乾坤大主宰，包罗天地真良知。自古英雄谁能比，开辟以来惟仲尼。仲尼之后微孟子，孟子之后又谁知？”①

王艮曾拜会王阳明，以阳明弟子自居。他对王学最大的贡献是，以百姓日用之学阐释致良知学说，提出：“以日用见在，指点良知。”“良知天性，往古今来从俱足，人伦日用之间举措之耳。”②从而把王学引向人人可以从日常生活中体认的天理。严格说来，百姓日用之学并不始于王艮，但他用人的自然性、尊身、人同此欲对百姓日用之学做出新的提升。

人是自然性与社会性的统一，人本身即为大自然进化的产物，以个体与个体的关系才组成社会，没有个体就没有社会的存在，所以自然性是社会性的基础，个体是社会之元。然而，在古人眼中，人不是独立的个体，而是以群体相类别的一员，《礼记·曲礼》说：“拟人必于其人”，“拟，犹比也；伦，犹类也”。没有类别即没有伦，没有伦即不成为人，人之所以为人，就是有等级的类别及其成为类别的规范，这就是《孟子》所说：“教以人伦，父子有亲，君臣有义，夫妇有别，长幼有序，朋友有信。”类别是整体性的，个人只有承担类别的义务，遵循整体的规范，才是一个称职的角色。只言人的社会性，无视自然性，以群体消融个体，导致抹杀人性，这是极权主义统治的社会通病。先秦的儒家尚且认同“食、色，性也”。承认人的合理欲望，而程朱理学公然提出灭人欲的主张，并上升为“天理”这个最高权威来进行终极裁决，从根本上否定人人都有满足生活需求的本能愿望，这是扼杀人性的理论。王艮的日用之学别树一帜，对天理作了重新解释，他说：“天理者，天然自有之理也。才欲安排如何，便是人欲。”“天性之体，本是活泼。鸢飞鱼跃，便是此体。”“良知之体，与鸢鱼同一活泼泼地。”这是“自然天则，非人力安排”。“人性上不可添一物”，又说：“君子之学以己度人，己之所欲，则人之所欲，己之所恶，则人之所恶。”③人的本性是自然，自然趋向快乐，因此作《乐学歌》：“人心本是乐”，以歌颂快乐人生。穿衣吃饭是自然需求，顺应自然要求，就是至道和快乐。从理论上提出“人同此欲”是“自然天则”的命题。一反“存天理，灭人欲”的说教，强调人欲与天理并非天生对立，以已欲度人欲，顺应自然的发展，乃是顺人意应天理的行为。在程朱理学中天理与人欲是不能两立的，王学发展到泰州学派，天理与人欲可以相互兼容，或者说人欲存于天理之中，以天理论证了人欲的合理性，这表示理学的根本问题已有所转向，这在程朱理学被尊为统治思想的明代，殊属惊世骇俗之论。

---

① （清）袁承业：《明儒王心斋先生遗集》卷二《大成歌寄罗念庵》。

② （清）袁承业：《明儒王心斋先生遗集》卷二《答朱思明》。

③ （清）袁承业：《明儒王心斋先生遗集》卷一《语录》。

由肯定人欲进而提出“尊身”的思想，认为“身与道原是一体，至尊者此道至尊者此身。尊身不尊道，不谓之尊身。尊道不尊身，不谓之尊道。须道尊身尊才是至善。”“道尊则身尊，身尊则道尊。”由此又推出“爱身如宝”的思想：“知保身者，则必爱身如宝。能爱身，则不敢不爱人。能爱人，则人必爱我。人爱我，则我身保矣。能爱人，则不敢恶人。不恶人，则人不恶我。人不恶我，则吾身保矣……能爱一家，则一家必爱我矣。一家者爱我，则吾身保矣。吾身保，然后能保一国矣。以之治国，则能爱一国矣。能爱一国，则一国者必爱吾也。一国者爱我，则吾身保矣……以之平天下，则能爱天下矣。能爱天下，则天下‘凡有血气者莫不尊亲’。莫不尊亲，则吾身保矣。吾身保，然后能保天下矣。”[①]把尊身提到尊道的地位，认为身是天地万物之本，保身与保国、保天下是一致的，这是对“身”的最高评价，显然，这“身”是依托个体的人而存在的，有身尊才能做到道尊，实际上已超越群体，属于个体性的范畴。在群体为本位的文化形态中，突出“身”的观念是对个性苏醒的呼唤。

儒学注重社会性，忽视个体。中国人文启蒙恰恰是从发现个人存在的意义开始的，王艮的最大功绩是强调了自我价值，在王学著作中，经常有“只眼”“独家”“自得”以及反自锢等类张扬自我的语词。发现自我要以承认人的自然性为前提，王艮把身与道联系在一起，说尊身即尊道，把身提高到道的地位。这“身”与“人”并不一样，中国人使用“人”的概念，往往是用作类称、众称、他称，却不是自称，如知人善任、文如其人、大人、小人、圣人、好人等诸种说法是泛称，都落不到自身。“身”却是个体的、感性的，身有喜怒哀乐，七情六欲，自己都可能沉浸之中。按程朱理学看来，“身”最忌的是受到欲的侵蚀，历来的理学家们都要求灭人欲，而王艮强调的却是人同此欲，以欲与身相连。因而提倡及时行乐、享受生活。他的不事诗书、不假文字的悟道方法，给平民百姓直入经典的堂奥打开了方便之门，受到平民百姓的欢迎。在缺少个体和民众意识的封建伦理中，增加了个性化和平民化的色彩，这就从中国传统文化中最薄弱的环节提出了前人没有提出的问题。

王艮这样重视人身的价值，提高人的生存意义，这与理学灭人欲的初衷是相违背的，这也反映他已成为王学蜕变的肇始者和创始人。王学传至李贽、颜山农、何心隐更对人生的合理欲望作了充分的论证，李贽提出：“穿衣吃饭，即是人伦物理；除却穿衣吃饭，无伦物矣。世间种种皆衣与饭类耳。”[②]又进一步从哲理上进行论证说：“夫私者，人之心也。人必有私，而后其心乃见；若无私，则无心矣。”[③]他坦言私心乃是真心，此心最可贵的是保持绝假纯真，认为：“童心者，真心也。若以童心为不可，是以真心为不可也。夫童心者，绝假纯真，最初一念之本心也。若失却童心，便失却真心；失却真心，便失却真人，人而

① （清）袁承业：《明儒王心斋先生遗集》卷一《语录》。
② （明）李贽：《焚书》卷一《答邓石阳》。
③ （明）李贽：《藏书·德业儒臣后论》。

非真，全不复有初矣。”[①]宣扬天下尽市道之交。何心隐身体力行，舍弃君臣、父子、兄弟、夫妇之义，独留朋友一伦，公然违背五伦之教，把没有血缘联结的师友作为人伦的首要关系，这对传统的宗法关系是一大挑战，有人斥之为“大奸”，也有誉之为“掀翻天地，前不见古人，后不见来者”[②]。大毁大誉引起轩然大波。对此，顾宪成从私心、利欲的角度做出分析说：“心隐坐在利欲胶漆盆中，所以能鼓动得人。”[③]至此，王学已非本来面目，后世的研究者因而有王学左派的称谓。

王阳明以灭人欲的良知说传道授业，可他的再传弟子却鼓吹利、欲乃是人的本性、正当的追求。正因为有利和欲的驱动，人们才得以不断提高生活和生产水平。王学左派以明道、践仁，来论证“私”“欲”的合理性，为新的百姓日用之学奠定了坚实的理论价值和学术基础。百姓日用之学也得力于王学的“不轨弟子”，在晚明发扬光大，风靡天下。对这变迁，黄宗羲在《泰州学案》中做出这样的总结：“阳明先生之学有泰州、龙溪而渐失其传……泰州之后，其人多能以赤手搏龙蛇，传至颜山农、何心隐一派，遂非名教之所能羁络矣。”

像这样背叛名教自非王学的本义，却又受王学的导引，这二律背反的后果使理学异化，走向它的反面，这是王阳明始料不及的后果，但作为一代理学大师，又不乏有此隐忧。晚年他在南京讲学时，风闻弟子有悖师教时，不无感慨地说：“吾年来欲惩末俗之卑污，引接深表多就高明一路，以救时弊。今见学者渐有流入空虚，为脱落新奇之论，吾已悔之矣。”在他去世后，愈益不可收拾，以致有人把风俗的败坏归罪于王阳明说：“守仁放言自恣，诋毁先儒，号召门徒，虚声附和，用诈人情，坏人心术。近士子传习邪说，皆其倡导。”[④]

理学作为明王朝的统治思想，发展到明后期孕育了异端思潮，造就出破坏自身的反对派，尽管这并非始作俑者的本意，但是 16 世纪、17 世纪的社会大潮，使他们不由自主地顺流而下，带着困惑和矛盾，冲破理学的禁锢，为启蒙思潮的喷涌打开了渠道。这是王学的“过错”，又非王学的过错。明代社会政治、经济的发展必然要在思想领域有强烈的反映。理学作为封建社会后期文化思想的主干，不可避免地“向左转”，发生分裂、蜕变，从而兴起反理学的思潮。

纵观明代思想史，程朱理学独霸学坛，至明中叶已经失控，陆王心学的崛起，更使程朱理学威信日下，二派争讼激烈，有以王学攻程朱者，也有以程朱非王学者。异端之说蓬勃兴起，有的近于佛学，有的又近于道学，有致力于经世之用的实学，还有向基督教寻求救世良方者，纷纷扬扬，多元并存。百姓日用之学如异军突起，既传之儒家的经典之教，

---

① （明）李贽：《焚书》卷三《童心说》。
② （明）李贽：《明儒学案》卷三十二《泰州学案一》。
③ （明）顾宪成：《小心斋札记》卷三。
④ （明）孙承泽：《春明梦余录》卷二十一。

又融入阐扬利、欲的新说，冲破了传统的程朱陆王、佛道儒法的禁锢，联翩地涌现非圣无法，倒翻千古是非的“危言邪说”。

这是真正撼动社会的浪潮。以异端自诩的士大夫们一反陈规旧说，“厌常喜新，慕奇好异”，“六经之训目为陈言，刊落芟夷，唯恐不力”。①在文学中，公安派独抒性灵，不拘格套的铭言，深得人心。袁宏道宣称：“世人喜唐，仆则曰唐无诗；世人喜秦汉，仆则曰秦汉无文；世人卑宋黜元，仆则曰诗文在宋、元诸大家。”②冯梦龙扬言：“天不自醉人醉之，则天不自醒人醒之，以醒天之权与人，而以醒人之权与言。言恒而人恒，人恒而天亦得其恒，万世太平之福，其可量乎？”③都以叛逆者的个性张扬于世。性灵说、醒世说、市道之交说、童心说、情教说，以及形形色色的钱神论，引得附和者如痴如狂。素来为道学家不屑的市井文艺，在民众中津津乐道。酒店茶肆，“多异调新声，汩汩浸淫，靡焉勿振，甚至娇声充溢于乡曲，别号下延于乞丐”④。“诲淫异欲”的俚曲，在民间风靡一时。评话、传奇和戏曲中放浪形骸的主人翁，追求纯情的故事，脍炙人口。从学术思想到日常生活，从官员士大夫到平民百姓，激荡着一股离经叛道，追新求异的时尚。正是这种从上到下不拘守祖宗成法的异端言行，涌现一股新鲜气息。毫无疑问，文化变异现象的出现，是社会面临变革的先兆。

三、非君思潮对封建伦理的撼动

西方文艺复兴的核心是人的发现，它以恢复古希腊人文精神的名义，反对教会的禁欲主义，重新肯定人生价值，从追求人间幸福、享受生活到确立天赋人权与民主自由的信念，完成世纪性的巨变。可以说从15世纪的文艺复兴到18世纪的思想启蒙运动，三百年来西方思想发展的起点和归宿都是以人为主题的。因此，卢梭高度评价古希腊德尔菲神庙镌刻的箴言：“认识你自己！”认为这句话“比伦理学家们的一切巨著都更为重要，更为深奥”。⑤这一论断道出了启蒙思想的普遍价值在认识人，发挥人的主体作用。晚明思潮汹涌澎湃，从学术思想到日常生活，离经叛道，追新求异，都不离人的主题，尤其是自我的发现，谱写了中国思想史的新篇章。参照西方的文艺复兴、思想启蒙，评价晚明社会的文化思潮是应有之义，在这方面国内外学术界的研究都已取得可观的成就。

---

① （明）于慎行：《谷山笔麈》卷八。

② （明）袁宏道：《袁中郎全集》卷二十二《与张幼于》。

③ （明）冯梦龙：《醒世恒言·序》。

④ 《博平县志》卷四。

⑤ ［法］卢梭：《论人类不平等的起源和基础》，李常山译，东林校，北京：商务印书馆，1997年，第62页。

然而，参照西方思想启蒙的模式研究中国文化思潮，是一个富有时代感和历史感的问题。不同的文化都是人类在一定的生存环境中的创造，普天下的文化莫不具有相通、相融的一面；但是，不同族别的文化又有各自生长、发展的空间，自然的、社会的、人文的、心理的不同条件造就不同的文化传统，这就使各个国家、民族的文化又有不同的特色。例如，有关近代化的释义，《不列颠百科全书》（电子版）的解释是："从传统的、乡村的、农耕的社会向世俗的、城市的、工业的社会转型。"这是西方社会从传统向近代化转型的标志，那是因为中世纪的欧洲没有城市，全封闭的庄园经济在乡村自给自足；教会把人生视为苦难的赎罪，压抑世俗生活。而中国并不缺少繁荣的城市，宋代拥有10万人以上的城市多达40多个。没有神权统治也就没有天堂与世俗的分野，百姓日用之学的盛行，说明中国自古以来就重视世俗生活。在不列颠的三条标准中，这两条并不适应中国的国情。但是不符合西方的转型模式并非没有中国的近代化。近代化是人类社会发展的普遍规则，是社会进步必经的历史进程，各个国家由于不同的国情和社会条件，有不同的路径选择。有关中国近代化的研究，不仅要看到与西方的共同性，更要注意与西方模式不同的民族特色。文化转型属于精神世界的问题，这比经济转型更为丰富和复杂，所以对晚明早期启蒙思潮的研究，最能揭示中国文化近代化的本土特征。

在16世纪、17世纪的中国，最现实问题是，高压在民众头上的磐石不是神权，而是政权，是封建伦理的最高权威君主专制及其意识形态，不撼动这高压在民众精神上的磐石，就不足以构成启蒙思想的主潮。

封建社会的文化以伦理为本位，封建伦理本身即是以血缘为纽带的等级隶属关系及其相应的道德规范，这是封建专制主义的社会制度，也是占据统治地位的意识形态。此种制度和思想体系沿袭数千年，它的发展变化都以越来越严密化为趋向，诸多流派，万变不离其宗，经、史、子、集一切意识形态，都以扶持名教为宗旨，以忠君为核心。汉代董仲舒的《春秋繁露》对君主予以"君权神授"和"天人感应"的论证，提出"君为臣纲，父为子纲，夫为妻纲"的三纲，说这三纲是天意的体现，"天不变，道亦不变"。《忠经》一书提出："天之所覆，地之所载，人之所履，莫大乎忠。"把忠君与尊天、敬祖融为一体，系统地建立了以忠君为核心的封建专制主义伦理体系。皇帝口含天宪，言出法随，既是人间的至尊，又兼有天子之贵，族长之荣，集皇权、族权、神权于一身，是为人世间至高无上的主宰和绝对权威，忠君成为最高的价值判断、政治原则和道德准绳。

明代是皇权统治最严酷的一个王朝，朱元璋在军事、政治、文化方面采取前所未有的集权措施，断然取消从秦代以来通行1400年的宰相制，将宰相行使的行政权收归己有，一切都由皇帝独断。为了消弭先秦儒家"民贵君轻"的影响，肆意删减《孟子》一书，取消孟子配享先圣的资格，两千年前的圣贤尚且不放过，对当朝更是严厉控制，有人因写"遥瞻帝扉"的颂词，谐音"帝非"，被处以极刑，大兴文字狱；为了确保朱氏一姓王朝的万世基业，屠杀功臣，株连数万人；在宫廷树立铁碑，警戒后世，永远不准宦官、后妃干政；窥探文武官员隐私的特务，密布朝廷上下，由此建立了中国历史上最独裁、强悍的专制王朝。过度强化中央集权的后果，是把皇帝的权威推到极致，臣民形同草芥和奴隶，匍匐在天子脚下。君主不论是昏是暴，是痴傻还是幼儿，为臣的只能顶礼膜拜，歌功颂德，不能说一个不字，任何对君主的不敬和亵渎，都要受到重处，甚或破家灭族。直到弄得君要臣死，臣不死不足以尽忠，对君主效忠到如痴如迷、若愚若傻的地步。

在忠君已成为压抑人性、扭曲人格的超强压力下，怎能设想不触动这精神重负，能有思想启蒙的发生？晚明思想启蒙与西方人文启蒙不同的是，主要是针对君主专制独裁发出的抵制和呐喊，表现在政治思想上对伦理信仰的最高原则——忠君信——的怀疑、动摇和抨击，而且下延到广大民众，蔚为社会性的思潮，这是中国思想启蒙最重要的特色。

明朝是封建专制主义中央集权制度极度发展的王朝，高度集权的建立，有赖于开国皇帝的干练和勤政，朱元璋每天要批处的公文多达数百件，这不是每个皇帝都能有的能耐。穷苦出身的朱元璋可以做到勤政有为，依靠人治集大权于一手。可他的皇子皇孙却从锦衣玉食中成长，富有四海的君主制度，造成绝对权力的绝对享受。一代又一代的世袭君王，为所欲为，骄奢淫逸的生活方式，销蚀了他们治理国家的能力和意志，庸君、昏君多而明君少是历代王朝的通病。明代最负盛名的改革家张居正这样说："自尧舜以至于今，代更几世，主更几姓矣，而其可取者三十余君而已。……卓然可为世表者，才什一耳。"[①]真正有作为的君主才有十分之一！在400多年前的中国做出这样的估计，不愧为远见卓识。诚如其言，朱元璋的后人多不争气，荒淫无道的、怠玩嬉戏的、少不更事的、数十年不上朝的，一代不如一代。依靠人治统率的集权制度，一旦人不当职，这制度就可能发生空隙而致裂变，这是制度性的危机，非人力可以挽回。梁启超在《中国历史研究法补编》中说："明代有种种特点，政治家只有一张居正。"获得如此高度评价的张居正，以他过人的智慧和胆识，辅佐十岁的小皇帝，殚精焦虑地推行改革，也不能挽救王朝的没落。恰恰在他身后，这位长大成人的万历皇帝神宗，创下31年不上朝的记录，任凭奏疏堆积如山，不审不批，把一切政事置之脑后，深居内宫，寻欢作乐。神宗以后的几代皇帝，光宗短命，即位不足一年便撒手而去；熹宗是个出名的糊涂虫，痴迷木工，整天弄斧，对政事一窍不通，一切依赖宦官魏忠贤和乳母客氏，连他的妻妾遭人毒手也不暇顾，不论是治国还是理家已到了麻木不仁的地步；毅宗在农民大起义前夕临朝，想望治平，但是大厦将倾，积习难返，纵有治国之志，也无回天之力。极度专制的封建社会结构滋养出一代又一代昏愦的帝王，再也无能驾驭庞大的国家机器。

皇帝不理国政，泱泱大国的首脑形同虚设，一些不可思议的现象也就相应而生。神宗

---

① （明）张居正：《张居正集》第一册卷三《奏疏三》。

不上朝，大臣和他见不着面，上了奏疏也不看，临到大臣辞职都没法辞，于是按惯例送上一封辞呈，也不管准不准，弃官回家。左都御史詹沂，户部尚书赵世卿、李廷机等中央大员就这样自行卸任。内阁首辅申时行、王锡爵、朱赓也一度闭门而去，管理国家事务的最高行政机构竟然空无一人。地方官员更是擅离职守，有的衙门长达十多年无人负责，到万历四十年（1612）中央六部尚书只剩下一个刑部尚书赵涣，吏部、兵部、礼部、户部、工部都没有专人负责。都察院八年没有正官，当官的跑了，下级也就不上班，有的衙门索性锁上大门。吏部、兵部因无人签证盖印，致使上京候选的数千名文武候补官员不能赴任，有的久困京城旅舍，穷愁潦倒，不得已途中拦道，攀住首辅的轿子苦苦哀求号哭。边防军请发军饷，无人签发，多年不进行军事操练。地方遇有盗匪，互相隐匿。各地解银，无人受理。边疆少数民族进京朝贡，无人接待。文渊阁大印被盗，查无踪迹。太仓库失窃，宫廷值班金牌丢失多年，无人发觉。刑部长年不审案，犯人无人问断。万历四十五年监犯家属百余人跪哭在长安门外，要求断狱，震动京师，成为旷古奇闻。

官员不理公务，却奔竞于朋党之争。官场中党同伐异，爱恶交攻。吏部选用地方官，因为竞相请托，相持不下，不得已由抽签定夺，时人讥笑吏部成为“签部”。从中央到地方，门户林立，派系深重，各有自己的羽翼，互相攻击和报复。为了一件小事，闹得不可开交，一吵就是数十年。轰动一时的宫廷三大案，成为朋党倾轧的焦点，愈演愈烈，官僚机构之分崩离析，已经到了“职业尽失，上下解体”的地步。国家机器不能正常运转，激烈的党争又导致官僚集团的严重分裂，这就极大地削弱了封建专制主义体制。

不受约束的权力是肇致政府机构瘫痪的主要原因。皇帝是封建主义集权制度的最高代表，按理说，皇帝的利益与政府利益是一致的，但是在分配财富方面也会发生矛盾，明朝政府的库藏与皇帝的私库是分开核算的，王朝的主要收入田赋、税收由户部征收，每年从中提取一定的金花银归入皇帝的私库，供皇室开销，户部银供军国之需，不能另作他用。这种规定的本意既要方便皇帝的挥霍，又要对皇室的耗费有一定的限制，这是符合王朝长远利益的措施。贪得无厌的神宗不顾这一规定，动辄向国库索银，使户部不胜负担。万历二十四年干脆踢开官府，自派宦官作为矿监税使到地方直接征税，本该是政府的税收，却源源不断地流入了皇帝的私库，这就引起矿监税使与地方官的矛盾。

从中央到地方的官僚机构，是王朝法定的组织系统，也是皇帝赖以统治社会的主要支柱。官员是国家的命臣，依据法定的统治秩序，执行管理社会的职能，他们的职权理应受到政府和法制的保护，这是维持社会稳定的底线。但是神宗无视国家的法定系统，由宦官另立中使衙门，凌驾在地方官府之上，强取豪夺，杀人越货，逍遥法外。那些忠于职守的地方官、奉法的士大夫，自然就成为他们横行不法的障碍，受到空前的迫害。这引起官员的强烈反抗，在全国掀起反对矿监税使的城市民变。在这期间批评、抨击皇帝的奏疏连篇累牍，仅在《神庙留中奏疏》所见，就有数十篇之多，载于《明史》的也屡见不鲜。户科给事中田大益说："臣观十数年来，乱政亟行不可枚举，而病根总在货利一念。"[①]又说："陛下驱率虎狼虎，飞而食人，使天下之人，剥肤而吸髓，重足而累息，以致天灾地坼，山崩川竭。衅自上开，愤由怨积，奈何欲涂民耳目，以自解释，谩曰权宜哉！"[②]工科给事中王德完指责神宗："（皇上）祗知财利之多寡，不问黎元之死生。民何负于君？而鱼肉蚕食至于此极耶！"[③]有的直指"皇上嗜利心滋，布满虎狼，飞而食人，使百姓剥肤吸髓，剜肉刺骨，亡家丧身，掘冢剖棺，抵充皇上私藏，而未曾锱铢佐国"[④]。大理寺少卿李三才疏陈矿税之害说："陛下爱珠玉，民亦慕温饱；陛下爱子孙，民亦恋妻孥。奈何陛下欲崇聚财贿，而不使小民享升斗之需；欲绵祚万年，而不使小民适朝夕之乐。自古未有朝廷之政令、天下之情形一至于斯，而可幸无乱者。今阙政猥多，而陛下病源则在溺志货财。"并警告皇帝："天人共愤，大难将作。""一旦众畔土崩，小民皆为敌国。"[⑤]有的历数皇帝犹如夏桀、商纣、周幽王、宋徽宗等六大昏君说："陛下迩来乱政，不减六代之季。"[⑥]有的痛斥神宗"酗酒""恋色""贪财""尚气"，"四毒俱全"[⑦]其言词之激烈、情绪之愤慨，简直到了破口大骂的地步。官僚士大夫以批鳞为荣，或以抵牾执政获得清流的美名。《国榷》以"批鳞君子"称誉敢于抗上的人士。由此可见，这些慷慨激昂的奏疏已超出一般的讽谏，它们所起的效果已不仅仅是规劝帝王的过失，而是对君主肆虐的揭露和控诉，客观上成为与皇帝离心的力量而汇入社会性的非君思潮。

在朝的大僚是如此，在野的士大夫更是肆无忌惮，归庄的一曲《万古愁》从秦始皇、汉高祖骂到唐宗、宋祖；王世贞的《鸣凤记》，用戏剧痛斥严嵩父子，揶揄到先帝嘉靖；讥评朝政更是到了街谈巷议的情景。

讽谏帝王并非启蒙。当王朝统治发生危机的时候，官员士大夫中会出现一些有识之士对皇帝劝谏，指出皇帝的某些过失，唤起皇帝励精图治，这本是封建伦理道德所许可的行为。中国自古以来并不乏劝谏君主的理论，在儒家典籍中有丰富的论述，《国语》说："天道无亲，唯德是授。"[⑧]《孟子》说："君之视臣如手足，则臣视君如腹心；君之视臣如犬马，则臣视君如国人；君之视臣如土芥，则臣视君如寇仇。"[⑨]《荀子》说："君者，舟也；庶人者，水也。水则载舟，水则覆舟。"[⑩]都为匡正君主过失提供了伦理依据；主张"穷天

---

① （明）文秉：《定陵注略》卷四。
② 《明史·田大益传》。
③ 《明神宗实录》卷三四九。
④ （明）文秉：《定陵注略》卷五。
⑤ 《明史·李三才传》。
⑥ 《明史·田大益传》。
⑦ 《明史·雒于仁传》。
⑧ 《国语·晋语六》。
⑨ 《孟子·离娄下》。
⑩ 《荀子·王制》。

理，明人伦”的理学家朱熹也断言：“天下者，天下之天下，非一人之私有故也。”[①]在他注释《孟子》的“闻诛一夫纣矣，未闻弑君也”说：“一夫，言众叛亲离，不复以为君也。《书》曰：‘独夫纣。’盖四海归之，则为天子；天下叛之，则为独夫。”[②]这都是儒家的千古名言。在先秦与儒家分庭抗礼的墨子也强调：“天子为善，天能赏之；天子为暴，天能罚之。”[③]主张圣君无为的道家，晋代有鲍敬言的非君论，元代有邓牧的“君道”说：“天生民而立君，非为君也，奈何以四海之广，足一夫之用邪？……今夺人之所好，聚人之所争，慢藏诲盗，冶容诲淫，欲久治长安，得乎？”[④]即使讴歌君主专制的法家，也不是听凭君主为所欲为，慎子说：“立天子以为天下，非立天下以为天子也；立国君以为国，非立国以为君也；立官长以为官，非立官以为长也。”[⑤]韩非则反对“人主释法用私”，主张以法治国可以“矫上之失，诘下之邪。”[⑥]

由此可见，不论是儒、墨还是道、法，是先秦儒学还是程朱理学，各家各派在不同程度上都提出匡正君主的见解和主张，正是因为有这样的共识，在中国形成“从道不从君”的“道统”与忠君的“政统”相应相补。每当王朝末世，朝纲腐败，颓风难振之时，都有一批官员士大夫挺身而出，大义凛然地维护道统，批评君主的过失。但是像万历时期那样抨击君主成风，直闹到街谈巷议，连说书卖唱的都肆无忌惮地抨击当朝，政府机能几乎解体，在整个封建王朝史上是空前未有的景象，清末也没有出现那样不堪收拾的局面。

朱元璋一手建立高度集权的专制制度，但是皇权至上，不受任何监督的结果，又导致自毁长城。高度集权与高度涣散在同一王朝的首末出现，这是封建专制政体不可克服的矛盾。危机表现在这种瘫痪的局势不是来自敌对阶级的冲击，而是来自统治阶级的最高层，这预示王朝已失去自我调节的功能，只能沿着瓦解的趋势走向灭亡，清代学者赵翼在《二十二史札记》记述说：“论者谓明之亡，不亡于崇祯，而亡于万历云。”指的就是这不能逆转的趋势。

真正对王朝构成威胁的是来自民间的抨击君主的思潮，它无须借助文本的传播，主要是口耳相传，也不受官员士大夫和道统的规范，按照实际生活表现民众的真情实感，以民歌、民谣，说唱、戏剧的方式自发扩散，在社会上兴起一股强劲的浪潮，猛烈地冲击了传统的忠君观念。

值得注意的是，冯梦龙对这时期的民歌、民谣进行了大量的收集和整理，提出“情教”说，把“色胆大如天”的贬词，改为“情胆大如天”的褒词，这不仅仅是鼓动情欲至上，

① （明）朱熹：《四书章句集注·孟子集注》卷九。
② （明）朱熹：《四书章句集注·孟子集注》卷三。
③ 《墨子·天志中》。
④ 《伯牙琴·君道》。
⑤ 《慎子·威德》。
⑥ 《韩非子·有度》。

重要的是把追逐情爱的行为，与忠君孝亲的理念相提并论，他说："谚云，色胆大如天，非也，直是情胆大如天耳。天下事尽胆也，胆尽情也。杨香孱女而拒虎，情极于伤亲也；刖跪贱臣而击马，情极于匡君也。由此言之，忠孝之胆，何尝不大如天乎？总而名之曰情胆。聊以试世，碌碌之夫，遇事推调，不是胆歉，尽由情寡，呜呼，验矣。"[①]在这里，儒家伦理中最高的道德准则忠孝，被改换为情感的表现，至忠至孝的行为，都是源于"情"的有胆有识，并非出自天意所归，这就撼动了忠孝的神圣性。至今在冯梦龙的研究中，只把"情教"的启蒙意义看成是对情欲的伸张，或是从文学领域评价，那就低估了"情教"说的真正价值，即对政治伦理冲击和分解的作用。

在他收集的民歌中，屡屡出现离经叛道的意识，有一首《黄山谜》说："三皇是我兄，五帝是我弟。欲罢而不能，因非而得罪。"谜底是一个"四"字。三皇五帝是历代王朝崇奉的先祖，神圣不可侵犯，可在民谣中，平民百姓不仅与他称兄道弟，这被奉为至尊的先祖若有过失，一样被问罪，这样赤裸裸、大胆地藐视圣祖权威，要求平等的意识，真是亘古未有之高论。

可这高论不是出现在庙堂，也不是出现在书斋，而是活跃在民众的口头，在市井谣谚中广为流传，这不得不使统治者震惊。万历王朝的首辅沈一贯在《请修明政事收拾人心的揭帖》中陈述1598年的社会情景说："往时私议朝政者不过街头巷尾，口喃耳语而已。今则通衢闹市唱词说书之辈，公然编成套数，抵掌剧谈，略无顾忌。所言皆朝廷种种失败，人无不乐听者，启奸雄之心，开叛逆之路。此非一人口舌便能耸动，盖缘众怀怨愤喜于听耳。"[②]刑部侍郎吕坤上疏陈述天下之安危说："今禁城之内，不乐有君。天下之民，不乐有生。怨讟愁叹，难堪入听。"[③]像这样从中央到地方的各级官员纷纷出动，抨击君主，在社会上更是家传户诵，自上而下形成社会性的风潮。

民间社会对封建伦理的冲击达到前所未有的高度，人们都熟知《西游记》孙行者大闹天宫的故事，殊不知，在明代还有一个比孙行者更有造反精神的土地神，明清刊本《土地宝卷》说的是土地公公逛南天门，受到天兵天将的阻挡，"土地曰：'乞众公方便，将门开放，我今随喜。'众神闻言，唬一大惊，众神大咤一声：'你这老头，斯不知贵贱，不晓高低！你在这里还敢撒野。'土地曰：'我从无到此，随喜何碍！'青龙神将走将过来，（舀）着土地，连推带搡。众骂老不省事，一齐拥推。土地怒恼，使动龙拐，望众打去。众将一躲，打在南天门上，将天门打开。天门开放，毫光普遍，六方振动"。

土地一出手，天兵大败，玉帝又下令："'差众神兵，左右天逢，率领天兵天将，二十八宿，九曜星官同去围住，拿将他来。'众神排阵，一拥齐来，围住土地，各使兵刃，踊跃

① （明）冯梦龙：《明清民歌时调集》上册，上海：上海古籍出版社，1987年，第4-5页。

② （明）孔贞运：《敬事草》卷三。

③ 《明史·吕坤传》。

前来，土地观见，不慌不忙，一柄拐去，指东打西，遮前打后。天兵虽多，不能前进，难得取胜，土地这拐使开，无有遮挡，万将难敌，只打的个个着伤，头破血流，天兵后退。”土地爷再次还击又大获全胜，不免得意扬扬，乐呵呵地唱道：“土地呵呵笑，我把天宫闹，神兵不能敌，听唱雁儿落。”“土地拐一根，摇动晃乾坤，神仙敌不住，听谓《柳摇金》”，待到天兵再次围攻的时候，土地又往地下抓了一把土满天一洒，害得这些天兵连眼都睁不开，弄得玉帝无奈，向佛求救，佛遣派四大天王，八大金刚助阵，岂知土地立即倒在地上，化作树木森林，烧起漫地大火，只烧的天兵袍破甲烂，奔走无门。天帝眼看招架不住，又调动大闹天宫的孙行者来对阵，谁知孙行者又败在土地手下。这故事绘声绘色地描写了土地爷使天兵天将一败再败的花招，文中还夹有大段奚落天将天兵唱词说：

土地神通不可量，大闹天宫逞高强。一切神仙都散了，行者回来战一场。
各显手段能变化，土地傍里细端详。行者变了千千个，土地一身总包藏。
撑天柱地是土地，行者见了也着忙，玉帝灵山把佛问，佛说混沌劫数长。
无极分化天和地，土生土长养贤良。诸佛菩萨地上住，从地修道转天堂。
尊敬土地休冒犯，恼了土地实难当，玉帝闻言心自悔，谢佛指教拜佛王。

这真正是“土地拐一根，摇动晃乾坤，神仙敌不住”。最后连如来佛也感叹：“土地之神，只可尊敬，不可冒犯，冒犯土地，我也难敌。”①这则故事说明地位卑微的土地神，冒犯贵贱之别的天条，把天宫闹得落花流水，此为不忠的范例。

20 世纪 60 年代出土的明代《花关索出身传》则是又一件违背封建伦理的故事，它说的是，刘备、关羽、张飞三结义时，关羽、张飞表示为了跟随刘备成其大事，决心互相杀掉对方的老小，以消除后顾之虑。于是关羽杀了张飞的全家，张飞杀了关羽一家十八口后，顿生不忍之心，放了关羽怀孕的妻子胡金定。这样一个极其残忍的杀掉自家人起事的本身，完全违反中国自古以来重视家室伦理的传统，更有悖于封建道德的是，关羽的次子花关索出生以后，练就一身好武艺，长大成人到荆州认父归宗，岂知关羽不认，花关索一怒破口大骂：

看你今朝哪里去，如何不认自家人。
好生今日认儿子，做个遮枪付剑人。
若是言声言不认，横山落草做强人。
投了六国曹丞相，领其干戈动战争。
来打兴刘铁脚寨，拿捉官员五虎人。

① 《土地宝卷》，载郑振铎编：《变文与宝卷选》。

在这段唱词中，儿子竟然威胁他的老子说，如果不依他，就要投奔曹操，挑起战争，捉拿关羽等五虎上将。儿子做到这份上，当是不孝之至。这样一个离奇古怪、有悖纲常伦理的故事，竟然编成剧本，有说有唱，在民间流传，还成为墓穴中的殉葬品，可见这已得到民间的认同和赏识。这个唱本出现在一贯以礼仪之邦自诩的中国，尤其是以纲常名教立国的明代，不能不使人耳目一新，所以有识者认为这一唱本的发现“实在并不亚于长沙马王堆的帛书”①，因为这是极为罕见的，不同于正史、实录，文化精英们记述的另一种社会现象和伦理观念。

这样忤逆的作品并不多见，但却生动地表现了另一种社会层面的价值观，郑振铎在《中国俗文学史》中指出，即使“有三五篇作品，往往是比之千百部的诗集、文集更足以看出时代的精神和社会生活来的。他们是比之无量数的诗集、文集，更有生命的”。这是非常中肯的评价。

不能小视民间的异端言行，这是对既存的封建秩序和传统文化格局的抵制和消解，启蒙思潮正是从这解构的裂隙中获得蓬勃滋长的。只要看一看流行在坊间里巷的吴歌、戏文、小说、民谣、笑话、谜语，莫不为这一时期“大逆不道”的言行和非君思潮而震撼。

毫无疑问，在这股思潮中，官员士大夫们直言不讳，激昂慷慨地抨击君主，起了带头的作用。关于这点连清代学者也为之震惊，主编《明史》的张廷玉评论说：“神宗中年，德荒政圮。怀忠发愤之士，宜其激昂抗词以匡君失。然纳谏有方，务将以诚意。绞讦摩上，君子弗为。谓其忠厚之意薄，而衒沽之情胜也。”②这是把抨击君主的思潮归罪于进谏官员的有失忠厚，这是一种偏见；同是清代人的观奕道人在《槐西杂志》中却认为这是积百年怨气的暴发，他说：“是以下伏怨毒，上干神怒，积百年冤愤之气，而发之一朝。”③清末郭嵩焘对此却赞誉说：“明人则一人言之，咻咻然群起而和之，学士大夫采其一疏，互相标榜曰，是真敢言者也。”④

四、政治伦理启蒙是时代的最强音

“从道不从君”为劝谏君主提供了道义的依据，然而非君思潮符合不符合中国封建文化模式？合情合理的是不是合法？这是思想家需要回答的问题。所谓模式，即人们在器用、

① 转引自王学泰：《游民文化与中国社会·序》，北京：学苑出版社，1999年，第3页。

② 《明史》卷二百三十四。

③ 《槐西杂志》，《历代小说笔记选》第三册。

④ （清）郭嵩焘：《郭嵩焘日记》（第一卷），长沙：湖南人民出版社，1981年，第471页。

认知、情感、道德、法权方面的综合表现及其稳定性的范式，是社会制度，也是人们自发遵循的习惯势力。中国封建文化模式表现为以礼为中心的一系列的意识形态和社会制度，它以血缘为纽带，以等级分配为中心，以伦理道德为本位，渗透政治、经济、文艺、教育、人际交往和社会生活的一切领域。所以“礼”是古人用以定亲疏，别尊卑、辨是非的准则。生活在明清之际的思想家们，受到社会浪潮的激荡，以自己的聪明才智对“非君”做出符合“礼”的论断。傅山提出“非君合于礼”的见解，对非君的合理性做出新的解释说：“非其君而君之曰‘礼也’，非礼也；而有不君之，‘非礼也’，礼也。”[①]形式上合于礼的未必真正符合礼的本意；非君虽有非礼之嫌，却体现了礼的本质要求。在他的笔下，“非君”于情、于理、于法都具有正当性。何心隐还就君主与民众的关系提出君者“群而均”的看法，把君与国家的职能理解为“均平”基础上的群众组织，说：“君者，均也；君者，群也。臣民莫非君之群也，必君而后可以群而均也。”[②]这些言论都是中国思想史前所未有的创新之论，其中最杰出的当数黄宗羲的《明夷待访录》和唐甄的《潜书》。

这两个同时代而从未谋面的思想家，不约而同地对君权至上的弊端提出质疑和抨击。黄宗羲从历史发展的角度指出，君道失落致使君主与天下人为敌的严重性：“古者以天下为主，君为客，凡君之所毕世而经营者为天下也。今也以君为主，天下为客，凡天下之无地而得安宁者。为君也，是以其未得之也，荼毒天下之肝脑，离散天下之子女，以博我一人之产业。曾不惨然。曰我固为子孙创业也。其既得之也，敲剥天下之骨髓，离散天下之子女，以奉我一人之淫乐，视为当然。曰此而产业之花息也。然则，天下之大害者君而已矣。”[③]如果说，这一见解是言人之未言，道出人人可感受的专制主义的罪恶。唐甄则一语中的，揭示君主的本质是“凡为帝王者皆贼也”。在《室语》中记述他与妻子的悄悄话说：“妻笑曰：‘何以谓之贼也？’曰：‘今也有负数匹布，或担数斗粟而行于涂者，或杀之而有其布粟，是贼乎，非贼乎？’曰：‘是贼矣。’”[④]他认为：“天子之尊，非天帝大神，皆人也。”“圣人定尊卑之分，将使亢而远之。为上易骄，为下易谀；君日益尊，臣日益卑。”这尊卑不是人的属性而是权位造成的后果，并从理论上进一步阐明，提出“势尊自蔽”的命题说：

> 人君之尊，如在天上，与帝同体。公卿大臣罕得进见；变色失容，不敢仰视；跪拜应对，不得比于严家之仆隶。于斯之时，虽有善鸣者，不得闻于九天；虽有善烛者，不得照于九渊。臣日益疏，智日益蔽；伊尹、傅说不能诲，龙逢、比干不能谏，而国亡矣。蜀人之事神也必冯巫，谓巫为端公；禳则为福，组则为殃。人不知神所视听，

---

① 《霜红龛集·礼解》。

② 《焚桐集》卷一。

③ （清）黄宗羲：《明夷待访录·原君》，二老阁刊本。

④ （清）唐甄：《潜书·室语》。

惟端公之畏，而不惜货财以奉之。若然者，神不接于人，人不接于神，故端公得容其奸。人君之尊，其犹土神乎！权臣嬖侍，其犹端公乎！无闻无见，大权下移。诛及伯夷，赏及盗跖；海内怨叛，寇及寝门，宴然不知。岂人之能蔽其耳目哉？势尊自蔽也。[①]

“势尊自蔽”尖锐地指出，位置愈高，权力愈大，愈容易受到蔽目塞听。因此，权位至上有可能肇成祸国之源，这不在于他人所为，而是权力本身造成耳目闭塞的后果，这才有《抑尊》篇章的问世，明确提出抑制权力的主张，这样深刻地对专制集权之弊的思考，已接近“绝对权力导致绝对腐败”的现代思想。

对于怎样抑制君权，明清之际的思想家们提出过许多设想，对后世影响最大的是黄宗羲的方案，其要点有三方面：

（一）用加强官僚机构职能的办法，分散君权的独揽

他说：“天下之大，非一人所能治，而分治之群工。故我之出而仕也，为天下，非为君也；为万民，非为一姓也。吾以天下万民其见，非其道，即以形声强我，未之敢从也，况于无形无声乎！”又说：“治天下犹曳大木然，前者唱邪，后者唱许，君与臣共曳木之人也。”[②]他强调的是，臣子任职是为天下不是为君主，治国理政需要君臣共同协力，像抬大木头一样此唱彼和，相互配合，用一种近乎平等的观念来看待君臣关系。他痛感君主世袭之弊在于皇帝不能进行优选，但非世袭的宰相是可以选择的，“天子传子，宰相不传子，天子之子不皆贤，尚赖宰相传贤足相补救，则天子亦不失传贤之意。宰相既罢，天子之子一不贤，更无与为贤者矣”。为了保障最高执政的贤明，主张由可以挑选的宰相与皇帝共同议政。他说：“有明之无善治，自高皇帝罢宰相始也。原夫作君之意，所以治天下也。天下不能一人而治，则设官以治之，是官者，分身之君也。”他把明朝治理的不善，归罪于宰相撤销之故，因此主张恢复宰相制，“宰相一人，参知政事无常员。今日便殿议政，天子南面，宰相、六卿、谏官东西面以次坐。其执事者皆用士人。凡章奏进呈，六科给事中主之，给事中以白宰相，宰相以白天子，同议可否，天子批红，天子不能尽，则宰相批之，下六部施行”[③]。由宰相协助或代行皇帝批文，使皇帝不能独断，宰相也不能独行其是，下面要设政事堂，参与议事的成员不设专职，任用新科进士，并经常更新，每日对国家大事进行评议，使皇帝、宰相、议事堂之间发挥互动作用。在这里，官员作为君主的“分身”参与最高决策，最大限度地避免朝纲独揽的弊病。对此，顾炎武有热烈的呼应，他在《日知录·守令》一文中提出：“以天下之权寄之天下之人的”思想，认为：“自公卿大夫至于

① （清）唐甄：《潜书·抑尊》。
② （清）黄宗羲：《明夷待访录·原臣》。
③ （清）黄宗羲：《明夷待访录·置相》。

百里之宰，一命之官，莫不分天子之权，以各治其事。”可见，以分权的措施，缓解君主高度集权的弊端，在明清之际是广有影响的社会思潮。虽然要求君主让权，不免是一种空想，最终必将沦为泡影，但这表现了忧国忧民的士大夫们殚精积虑的智慧和上下求索所能尽到的最大努力。

（二）用扩大地方权力的措施，减少中央集权之弊

从秦代实行郡县制以来，就存在中央与地方的关系，这是封建专制主义体制内部权力和利益的再分配。明代是高度集权的王朝，一切利权收归朝廷，地方事无大小，一切都要听命于朝廷，明朝的灭亡促使人们思考，过度集权未必能使国运昌盛。顾炎武在《郡县论》中指出：“封建之失，其专在下；郡县之失，其专在上。古之圣人，以公心待天下之人，胙之土而分之国；今之君人者，尽四海之内为我郡县犹不足也，人人而疑之，事事而制之，科条文簿日多于一日。”黄宗羲更从历代兴亡的考察中得出这一教训：“今封建之事远矣，因时乘势，则方镇可复也。自唐以方镇亡天下，庸人狃之，遂为厉阶，然原其本末则不然。当太宗分制节度，皆在边境，不过数府，其带甲十万，力足以控制寇乱。故安禄山、朱泚皆凭方镇而起，乃制乱者亦藉方镇，其后析为数十，势弱兵单，方镇之兵不足相制，黄巢、朱温遂决裂而无忌，然则唐之所以亡，由方镇之弱，非由方镇之强也。是故封建之弊，强弱吞并，天子之政教有所不加；郡县之弊，疆场之害苦无已时，欲去两者之弊，使其并行不悖，则沿边之方镇乎。”主张在北方辽东、蓟州、宣府、榆林、宁夏、固原、延绥等地设立方镇，这有五大好处：“统帅专一，独任其咎，则思虑自周，战守自固，以各为长子孙之计，一也；国家有一警急，尝竭天下之财，不足供一方之用，今一方之财自供一方，二也；边镇之主兵常不如客兵，故常以调发致乱，天启之奢酋，崇祯之菜围是也，今一方之兵自供一方，三也；治兵措饷皆出朝廷，常以一方而动四方，既各有专地，兵食不出于外，即一方不宁，他方宴如，四也；外有强兵，中朝自然顾忌，山有虎豹，藜藿不采，五也。”[①]方镇是统领一方的军事长官，这“一方之财自供一方”“一方之兵自供一方”的想法，是将中央的财权和军权分派于地方，用缩减中央权力、扩大地方权力的办法，巩固地方政权，以稳定王朝的统治。

（三）提高士大夫议政意识，公其是非于学校

中国自古以来就有平民议政的传统，尽管这平民要有一定的身份和地位，与今日之民众迥然不同，但却使政事在一定程度上得到公开，达到与民共议。《左传·昭公六年》有“作封洫，立谤政”的记载，《管子》有“啧室之议”，刘向的《新序》说：“齐有稷下先生，

---

① （清）黄宗羲：《明夷待访录·方镇》。

喜议政事。”对吸收士人议政的传统也有不同意见，在实行中也有各种阻挠，韩愈为此撰写《子产不毁乡校颂》，称赞子产在郑国执政时反驳禁议者说：“其所善者，吾则行之；所恶者，吾则改之。是吾师也，若之何毁之！”这些都作为三代之遗风受到后人的推崇。

黄宗羲认为设立学校的目的不仅是养士人，更重要的是协助朝廷治理天下，因此说：“学校，所以养士也。然古之圣王，其意不仅于此也，必使天下之具皆出于学校而后设党校之意始备。”把士大夫谘议国政，提升为是非善恶的价值判断，改变以君主之命是从，唯皇帝为圣明的观念，提出：“天子之所是未必是，天子之所非未必非，天子亦遂不敢自为非是而，公其非是于学校。”并以东汉的太学生的学潮为例说：“东汉太学三万人，危言深论，不隐豪强，公卿避其贬议，宋诸生伏阙捶鼓，请起李纲，三代遗风，唯此尤为相近，使当日之在朝廷者以其所非是为非是，将见盗贼奸邪慑心于正气霜雪之下，君安而国可保也。”力求以公共舆论代替天子的独断，为此太学的“祭酒，推择归世大儒，其重与宰相等，或宰相退处为之。每朔日，天子临幸太学，宰相、六卿、谏议从之。祭酒南面讲学，天子亦就弟子之列。政有缺失，祭酒直言无讳”，极大地提高了学校的政治地位，以加强士大夫议政的影响力。“郡县学官，毋得出自选余；郡县公议，请名儒主之。自布衣以至宰相，皆可当其任。”[①]郡县一级的基层学官，不分资格、身份，概由推选产生，这就充分调动了士大夫的参政意识。将朝政的是非公布于学校，实施公开监督，这是前朝列代所不能达到的高度。

在提高平民参政意识的同时，唐甄进一步提出，皇帝要以平民意识来对待自己的权位，“位在十人之上者，必处十人之下；位在百人之上者，必处百人之下；位在更下者必处天下之下。”[②]主张“贵为天子，亦可以庶人之夫妇处之”。“入则农夫，出则天子，内则茅屋数椽，外则锦壤万里，南面而临天下，何损于天子之尊？”[③]要求天子与平民同食、同住、同劳动，“入则农夫，出则天子”，表达了一介书生追求的理想社会，尽管这是不可实现的乌托邦，但此种言论出现在三百多年前，无疑是石破天惊之论。

在中国历史上，有关以天道、礼制、道德限制君权的种种主张，最终都要求在皇帝的自律中得到落实。黄宗羲、唐甄与此不同的是，力图从权力结构的本身，分解出制约君主的力量，从对君主的他律中实现“抑尊”的主张，这在一定程度上接近孟德斯鸠“以权力制约权力”的思想。当世界走向近代化的16世纪、17世纪，西方的科技、宗教思想经传教士输入中国，却从未发现有政治思想的引进。这就是说，这样接近“以权力制约权力”的言论，是在没有任何西方政治思想影响下，从中国本土萌生的社会思潮，这比卢梭、孟德斯鸠早一个世纪，这在中国并无资本主义，更无工业革命的情况下，在思想上却超越经

① （清）黄宗羲：《明夷待访录·学校》。
② （清）唐甄：《潜书·任相》。
③ （清）唐甄：《潜书·去奴》。

济的发展，先期提出限制君权，改革君主制的设想，表现出思想启蒙的早熟。从“非君”到“抑尊”，是中国政治思想史上的飞跃。

五、启蒙的“夭折”，文化转型“胎死腹中”

晚明社会不仅有这样卓越的思想家，还拥有一批学术渊博的科学家，李时珍的《本草纲目》、潘季驯的《河防一览》、朱载堉的《律吕精义》、徐光启的《农政全书》、宋应星的《天工开物》及徐霞客的《徐霞客游记》等，都具有世界级的水平。顾炎武提倡的“士当求实学，凡天文、地理、兵农、水火，及一代典章之故，不可不熟究”[①]，反映了士大夫从修身、齐家、治国、平天下的政治伦理学说，向经世致用的实学转化，以很大的热情投入科学技术的研究。这表明中国在农学、医学、音律学、地理学、工艺制造学方面的成就并不亚于工业革命前的欧洲。

此时的士大夫有强烈的聚众结社意识，有案可查的民间社团多达 170 多家[②]，从沿海到内地，广布在江浙、福建、河南、湖广、四川一带，成员多者至数千人。崇祯二年（1629）有尹山大会；崇祯三年有金陵大会；崇祯六年有虎丘大会。此类集会有很高的组织水平，在虎丘大会前，先行散发传单进行宣传、动员“至日，山左、江右、晋、楚、闽、浙、以舟车至者数千余人”，“大雄宝殿不能容，生公台、千人石，鳞次布席皆满”。那些“游于市者”，“争以复社会命名，刻之碑额，观者甚众，无不诧叹，以为三百年来从未有此也”。[③]可见成员之多，规模之盛大。

恩格斯曾经指出，文艺复兴时代是一个需要巨人，并且是产生巨人的伟大时代。晚明社会杰出的人才和思想，预兆中国有可能酝酿社会的大变革，然而这种变革终其三百年也未到来。

值得注意的是，代表晚明启蒙思想最高成就的《明夷待访录》和《潜书》都完成在清初，黄宗羲和唐甄都是明代的遗民，经历了亡国破家的灾难，黄宗羲还亲自参加了反清复明的斗争。虽然大势已去，明代的覆灭已成定局，但夷夏之辨的观念还在，堂堂的华夏民族，竟然亡于蛰居关外的满族，这严酷的事实促使他们对明朝的溃败，专制集权的弊病，作了清醒、理性的总结。正因为有种族兴亡的切肤之痛和强烈的种族意识，催熟了对君主专制的认识。虽然《明夷待访录》比《民约论》早出数十年，但与《民约论》有完全不同

① 《亭林余集·三朝纪事阙文序》。

② 参见郭绍虞：《照隅室古典文学论集》，上海：上海古籍出版社，1983 年，第 519 页。

③ 眉史氏：《复社纪略》卷二。

的社会基础。在西方，从文艺复兴到思想启蒙经历了二三百年的积蓄、动员和发展，历经宗教改革，工业革命，限制君权法案，到法国大革命形成高潮。启蒙思想伴随资本主义生产方式和新兴资产阶级的成长逐步推进。第三等级的崛起，新兴的社会力量是西方启蒙思想坚实的社会基础。洛克的自然权利说，卢梭的天赋人权论，孟德斯鸠的三权分立，从理论到实践，确立科学、民主、理性的信念，成功地完成了文化转型。

在中国，政治伦理启蒙有它难以超越的局限，表现在早期启蒙思想家的各种方案中找不到新兴的社会力量来制约君权，只能依靠皇权自身的切割：宰相与天子同议，可宰相是由皇帝来选择任命，并非出自民意；学而优则仕，士大夫依附皇权的传统很难使他们言论独立，“公其是非于学校”必将沦为泡影；复方镇也没有越出中央和地方是强干弱枝还是弱干强枝的传统格局。同样是权力制衡，是依靠皇权的自身切割，利用既定的封建官僚体制本身行使对皇权的监督，还是实施孟德斯鸠的立法权、行政权和司法权的独立和相互制衡，使三权分立，主权在民？这一步之遥，却相距一个时代。

明清之际的启蒙者往往具有双重人格和悲剧性的遭遇，本人在叛离封建主义藩篱的同时，也可能是封建礼教的维护者。王艮笔下的百姓日用之道是向平民推行儒家伦理。史书记载说，他头戴高高的五常冠，身穿三代时期的深衣，迈着方步，招摇过市。这一身古怪的服装在当时引起不小的轰动。有人说他这是狂放、乖张的性格。其实个性是次要的，重要的是他用服装穿着表明他的道德理想。五常冠，是喻以君臣、父子、夫妇、兄弟、朋友这五种伦理关系，戴在头上，高高上置；深衣是上衣下裳连在一起的长袍，这裳是一长裙，有十二个裥，代表一年十二个月的天道观，鞋子前圆后方，表示天圆地方，这是服装也是宣言，以穿衣着装来标榜他崇尚的道德伦理观念，表明他也有卫道士的一面。唐甄、黄宗羲也有此局限，唐甄在提出“乱天下者惟君”的同时，还提出“治天下者惟君”[①]，并称之“大清有天下，仁矣”[②]。黄宗羲所等待的亦是贤君的造访，所以他们反对专制并不反对皇权，追求的是明君仁政，仍然不脱儒家的社会理想。

在晚明社会活跃着一股鼓吹情欲，张扬个性，发现自我的新鲜思潮，有力地冲击了存天理，灭人欲，以公灭私的正统观念，成为思想启蒙中的一支劲旅，然而它不可能发展到主体在人的思想高度，因为人的主体性首先要有人的独立性和自主性，这是启蒙思想的核心。封建社会层层相隶属的社会关系，最大的弊病就是使人丧失自主性。在君臣、父子、夫妇、兄弟、朋友的五常伦理中，作为人，不是父即是子，不是君即是臣，不是兄即是弟。在家事父，竭其力尽孝；在外事君，致其身尽忠。忠孝都以服从为天职，只有义务，没有权利，由君臣父子推演的诸多关系，形成强大的社会关系网，人，只有隶属在他人的关系

① （清）唐甄：《潜书·室语》。

② （清）唐甄：《潜书·室语》。

中才有存在的价值。政治、经济的严格等分，附以血缘的纽带，使个人有强烈的隶属感，表现在人格上多受制于他人，实际上是受制于权力。政治伦理启蒙虽然有唤起人文觉醒的效应，但它以抨击君主专制为主要内容，最高的社会理想为开明专制，这与倡导人格独立，呼唤主体性觉醒，建立民主制的西方启蒙运动有导向之别。

这一差别还表现在中西经济思想的落差，主要表现在这些杰出的思想家们对商人资本的发展与白银的使用都持以保守、倒退，违反历史潮流的态度。

明代商品经济发展的重要突破，是一条鞭法实施赋税改革后，广泛用白银作为支付手段，正如马克思在《资本论》中所说的："商品交换越是打破地方限制，商品价值越是发展成为人类劳动一般的体化物，货币就越是归到那种天然最适于担任一般等价这种社会机能的商品，那就是贵金属。"[①]但是具有启蒙意识的思想家们，几乎都提出废除白银的主张，王夫之说："生民者农，而戕民者贾。""商贾者，王者之所必抑。"[②]认为用银使"奸者逞，愿者削，召攘夺而弃本务，饥不可食，寒不可衣，而走死天下者，唯银也"[③]。唐甄认为："古者言富，唯在五谷，至于市易，则有龟、贝、金钱、刀布之币。……自明以来，乃专以银。至于今银日益少，不充世用。有千金之产者尝旬月不见铢两；谷贱不得饭，肉贱不得食，布帛贱不得衣；鬻谷肉布帛者亦卒不得衣食；银少故也。当今之世，无人不穷；非穷于财，穷于银也。"[④]顾炎武主张"凡州县之存留支放，一切以钱代之"[⑤]。黄宗羲更为坚决："吾以为非废金银不可。废金银，其利有七：粟帛之属，小民力能自致，则家易足，一也；铸钱以通有无，铸者不息，货无匮竭，二也；不藏金银，无甚贫甚富之家，三也；轻赍不便，民难去其乡，四也；官吏赃私难覆，五也；盗贼胠箧，负重易迹，六也；钱钞路通，七也。"因此，主张恢复到唐代以前，"上而赋税。下而市易，一切无事于金银"。[⑥]

诚然，白银流通范围的扩大，未必减轻农民的负担，但这是资本积累，经济发展的现象，商品交换先后以牲畜、龟贝、五谷、布帛为一般等价物，最后稳定在金银这贵金属上，是经济近代化的普遍规律，任何国家也不例外。他们把物价上涨、贫富对立、农民逃亡的现象，封建社会的基本矛盾，归结为白银作祟的结果，似乎取消白银货币就能解决社会危机，这种认识是时代的误差。

黄宗羲不是提出"工商皆本"吗？取消白银货币，工商又以何为本！其实他的"工商皆本"是有许多限定的，他的原话是："今夫通都之市肆，十室而九，有为佛而货者，有为

---

① ［德］马克思：《资本论》（卷一），中共中央马克思恩格斯列宁斯大林著作编译局编译，北京：人民出版社，1975年，第750页。

② （清）王夫之：《读通鉴论》卷三《景帝》。

③ （清）王夫之：《读通鉴论》卷二十《（唐）太宗》。

④ （清）唐甄：《潜书·更币》。

⑤ （清）顾炎武：《顾亭林诗文集·钱法论》。

⑥ （清）黄宗羲：《明夷待访录·财计一》。

巫而货者，有为倡优而货者，有为奇技淫巧而货者，皆不切于民用，一概痛绝之，亦庶乎救弊之一端也。此古圣王崇本抑末之道。世儒不察，以工商为末，妄议抑之。夫工固圣王之所欲来，商又使其愿出于途者，盖皆本也。”他的工商为本，是以生产、销售生活必需品为本，取消一切奢侈品的生产和经营，“何谓奢侈？倡优也，酒肆也，机坊也”[①]。他所言的奢侈包括戏曲、酒楼乃至机器作坊，奇技淫巧，因此“倡优有禁，酒食有禁，除布帛外皆有禁”，废除白银，退回用钱的时代，以保持上古的俭朴生活，这是维护封建生产方式，违背历史潮流的小农思想。可见他的“工商为本”是不成体系，自相矛盾，含混不清的，并无多大实际意义。与此相比，欧洲早期的重商主义者从人文主义出发，用商人眼光看待经济发展，宣布金银货币是唯一的财富，反映了商人积累货币的要求，从而成为商人资本的代言人。怎能设想取消白银，缩小货币，坚持农民不离乡土，甚至恢复到小国寡民的上古社会，能够反映新兴的资本主义萌芽的利益？所以晚明思想家的政治思想与经济思想很不相称。思想的动力不是受之于经济发展的推动，而是明亡清兴，山河破碎，民族遗恨。正因为如此，梁启超、孙中山等思想家和革命家看重的“残明文献”是政治伦理，而非经济思想，尤其是在明亡清兴，国破家碎的特定时期，晚明遗民的反清情结，与清末推翻清王朝的民众心理引起强烈的共鸣，扩大了这些文献的影响力。

所以晚明社会虽然活跃着政治伦理启蒙思潮，但是催生新社会的力量先天不足，流传的范围也只限于士大夫和城镇居民，广大农村仍然是自然经济的汪洋大海，纲常名教在那里有稳固的基础。地主和农民是古老的阶级，年复一年地坚守小农家园，不能开辟新的生产方式；商人依附权力，勾结官府，以捐纳博取功名的倾向，使得商人不能成长为独立的社会力量；商人资本受到封建经济结构的限制难以转化为产业资本，只能买田买官，流向土地，加固了封建生产关系；社会拥有大量白银，但多用于粮草折色，田赋、税收、窖藏，很少投入生产经营；个人附着群体的文化模式，士大夫“学而优则仕”的出路，很难从封建藩篱中突围。生产方式的滞后，没有新兴社会力量的支持，肇成早期启蒙缺少个性解放和人格独立的社会基础。不挣脱层层隶属的封建等级关系，个性的张扬很难上升到人格独立和主体性觉醒的高度，从抨击君主专制而萌发的民主性光华，不可能迈向民权思想。政治伦理启蒙超越经济发展的早熟，恰恰又是不成熟的表现。

黄宗羲、唐甄等一代思想家们，身处明清鼎革之际，目击明朝的衰败而至不可振救，亲身经受国亡、家破、杀身的泣血饮恨，在痛定思痛中发出抑制君权的呐喊，虽然缺少现实的条件和经济动因，但是毕竟提出了前瞻性的思想，如果不是清兵入关，循此发展不是没有可能成为文化转型的先导和催化剂。

真正扑灭启蒙思潮的是清王朝重建的封建统治。清初定鼎以后，就抬出程朱理学，贬

---

① （清）黄宗羲：《明夷待访录·财计三》。

斥王学，实施文化专制。首先从出书、印书着手，发布一系列的禁令，封杀文本传播的源头。顺治九年（1652）规定："坊间书贾，止许刊行理学政治有益计业诸书；其他琐语淫词，及一切滥刻窗艺社稿，通行严禁。违者从重究治。"[①]康熙二年（1663）又重申此项禁令："嗣后如有私刻琐语淫词，有乖风化者，内而科道，外而督抚，访实何书系何人编造，指名题参，交与该部议罪。"[②]对于民间俚曲、歌谣，一律加以管制。康熙二十二年收复台湾，统一全国，为剪除汉人反清的种族意识，大兴文字狱，凡有嫌涉清朝声誉的文章，都以大逆治罪，制定律例发布到全国各地，所禁止的内容从淫词琐语到非圣非经之作，凡是毁谤圣贤，非议朝政，不利当朝的作品，一概禁毁勿论。康熙诏谕礼部说："朕治天下以人心风俗为本，欲正人心，厚风俗，必崇尚经学，而严绝非圣之书，此不易之理也。"[③]雍正杀年羹尧的借口之一是，进献的贺表"朝乾夕惕，励精图治"，误写成"夕阳朝乾"，以为这是对皇上的大不敬，由此还牵连一批文人学士，侍讲钱名世因给年羹尧写过颂诗，定为"名教罪人"，由雍正书写成匾额，悬挂在钱宅，令在京官员观摩，按照皇帝定的调子，各写诗文，进行揭露、讨伐，侍读吴孝登、陈邦彦因为写的不合圣意，被革职查办。这种诛心之术是清朝文字狱的一大发明，现代学者认为这是发动群众大批判的滥觞。乾隆年间文字狱扩大到市井文学，《水浒传》也遭到毁板的厄运，一批晚明的野史如《酌中志》《南迁录》《潞河纪闻》《日本乞师记》《豫亦经略》《樵史演义》等，统统销毁，有敢以私藏者，按谋逆大罪处死。每一禁令都牵连一批人死于非命。在这样严酷的迫害下，活跃在晚明社会的一股追新求异的时尚，也就烟消云散了，那离经叛道的启蒙思潮就此偃旗息鼓，"胎死腹中"。

毫无疑问，从古代社会向近代社会的文化转型，是以民主和民权思想的建树，实现文化核心的转换。没有结构性的变动，不足以完成文化转型的使命。晚明启蒙思想与现代意识接轨，必须转换文化的结构与核心，从以伦理为本位转换为以民权为本位，才能发生全新的作用。晚明政治伦理的最高成就，是提出用分权削弱君权的思想，这在封建制度下只能起到调节君主与臣民关系的作用，不能越出用王权制衡王权的局限，可是这一思想与主权在民的现代政治思想相结合，却具有反对封建专制主义的全新意义，这已是三百年后的事了。使黄宗羲始料不及的是，他的《明夷待访录》等到的不是贤明君主，而是掀翻封建王朝的革命志士。中国文化的近代化经历了开启—中断—再开启的艰难历程。历史的因缘际合，使这一过程推迟了三百年。

（执行编辑：吴婉惠）

① 《钦定学政全书》卷七《书坊禁例》。

② 《钦定学政全书》卷七《书坊禁例》。

③ 《清圣祖实录》卷二百五十八。

胡正言所刻图书见闻记

王贵忱　王大文*

摘要：本文借助于《中国古籍善本书目》的经部、史部、子部和丛部等内容，依四库分类法，介绍和重编了传世的明末清初十竹斋主人胡正言刻图书目录以及往昔见于著录之书目，同时附以收藏馆地，充分体现了胡正言在中国出版史上的可观成就和重要地位。

关键词：十竹斋；胡正言；《中国古籍善本书目》；四库分类法

明末清初间，十竹斋主人胡正言多才多艺，著述丰富，并以校刊图书严谨、纸印精美为学者所重。其彩色套印本《十竹斋画谱》《十竹斋笺谱》尤为艺林艳传，对近三百年来的美术界、出版界影响甚大。往承周叔弢丈鼓励，督促辑录胡氏十竹斋所刻书目，笔者尝撰《胡正言所刻图书简述》一文。其后续有所见，并发现所撰文中有未妥处，更以近几年来相继出版的《中国古籍善本书目》的经部、史部、子部和丛部等，揭示出相当可观的胡刻书目，遂略依四库分类法，就见闻所及，将传世的胡刻图书目录以及往昔见于著录之书目等，间附以管见，统为编次一过。需要说明的是，此次重编主要借助于《中国古籍善本书目》，如果不是这部汇编之功甚伟的全国联合古籍善本书目的出版，实无法想象胡正言刻书种类之多和流传下来的图书之富。唯编者僻居岭外一隅，孤陋寡闻，挂一漏万原在意料之中。失误之处，敬请指教。

---

* 王贵忱，中国著名的古文献版本学家、古钱币学家、金石学家、历史学家及书法家。历任广东省中山图书馆副馆长、广东省博物馆副馆长、广州市地方志编委会副主任兼办公室主任。1988 年受聘为广东省社会科学院历史研究所研究员，并为中国钱币学会理事、广东省钱币学会副会长等。本文为王贵忱先生与其子王大文先生合著。

一、经部·小学类

字书

（1）《说文解字》一卷，元周伯琦撰。崇祯七年（1634）胡正言十竹斋刊本。辽宁省图书馆、华侨大学图书馆藏有该书。

（2）《说文字原》一卷、《六书正讹》五卷，元周伯琦撰，胡正言订。崇祯七年（1634）十竹斋刊竹纸印本。中国国家图书馆藏。又见《西谛书目》著录。

（3）《六书正讹》五卷，元周伯琦撰。崇祯七年（1634）胡正言十竹斋刊本。北京大学图书馆、中国人民大学图书馆、山西省图书馆、山西祁县图书馆、山西师范大学图书馆、辽宁省图书馆、大连市图书馆、齐齐哈尔市图书馆、西北师范大学图书馆、青岛市博物馆、南京图书馆、安徽省图书馆、芜湖市图书馆、安徽博物馆、福建省图书馆、惠安县文化馆、福建师范大学图书馆、湖南师范大学图书馆、广东省立中山图书馆、广西壮族自治区桂林图书馆藏有该书。其中，中国科学院图书馆藏本，是“明末十竹斋刻清印本”。[①]此外，据《中国善本书提要》称，北京大学图书馆所藏《六书正讹》五卷，原题“元鄱阳周伯琦编注、明海阳胡正言订篆”，而封面题作“古香阁藏板”，疑原胡氏“书板已售与古香阁矣”。[②]美国国会图书馆亦藏有一部“元鄱阳周伯琦编注、明海阳胡正言订篆”十竹斋本《六书正讹》五卷。经王重民先生“以旧本照之，篆文因旧，非正言手书，特将古文改为李阳冰体耳”。[③]

据上所述可知，胡氏十竹斋所刊《六书正讹》五卷传本甚多，既有明清刻本，又有十竹斋易主后“古香阁藏板”的印本。又，沈津先生《胡正言与十竹斋》一文所引，宁波天一阁所藏清郎遂辑《杏花村志》十二卷，乃康熙二十四年（1685）十竹斋刊本，是书左角上方钤印“金陵十竹斋发兑”牌记，乃胡正言身后印本书。[④]

（4）《千文六书统要》二卷，附《千字文篆法偏旁正讹歌》一卷，明李登撰，胡正言篆。康熙二年（1663）刊本。[⑤]

（5）《千文六书统要》二卷，附《篆法偏旁正讹歌》一卷，清胡正言撰，康熙十竹斋刊本。首都图书馆、中国科学院图书馆、北京大学图书馆、北京师范大学图书馆、天津图书馆、临猗县图书馆、吉林省社会科学院图书馆、青海省图书馆、山东省图书馆、南京图书馆、安徽大学图书馆均藏有该书。

---

① 中国科学院图书馆编：《中国科学院图书馆藏中文古籍善本书目》，北京：科学出版社，1994 年，第 58 页。

② 王重民撰：《中国善本书提要》，上海：上海古籍出版社，1983 年，第 57 页。

③ 王重民撰：《中国善本书提要》，第 57 页。

④ 沈津：《胡正言与十竹斋》，载上海书画出版社编：《朵云》（第 3 集），上海：上海书画出版社，1982 年，第 133 页。

⑤ 沈津：《胡正言与十竹斋》，载上海书画出版社编：《朵云》（第 3 集），第 132 页。

(6)《千字文》二卷，清初十竹斋刊本。中国科学院图书馆藏。[①]

(7)《篆书正》四卷，清戴明说撰。顺治十四年（1657）胡正言校刊，白鹿纸印本。胡正言在本书跋文中题“敬书于蒂古堂”，是则所见胡氏刻书至此后不复用十竹斋堂号。原书系李一氓丈无是楼故物。[②]

(8)《篆书正》四卷，清戴明说撰。顺治十四年（1657）胡正言刊本。北京大学图书馆、上海图书馆、辽宁大学图书馆、吉林省社会科学院图书馆、湖南师范大学图书馆、四川省南充师范学校图书馆均藏有该书。

(9)《篆书正》四卷，清戴明说撰。清单为濂跋。山东省图书馆藏。[③]

(10)《钦颁小学》，崇祯末年南京礼部檄令胡正言校刊。[④]

韵书

(11)《韵法横图》一卷、《韵法直图》一卷，明李世泽撰，明末胡正言十竹斋刊本。南京图书馆藏。又见沈津《胡正言与十竹斋》一文著录。

(12)《交泰韵》二卷，明吕坤撰，崇祯间十竹斋刊本。[⑤]

二、史部·杂史类

(13)《敬事草》五卷，明孔贞运撰，崇祯间十竹斋刊本。广东省立中山图书馆藏。

三、史部·传记类

(14)《皇明表忠记》十卷，首一卷，明钱士升撰。《附录》一卷。崇祯间十竹斋刊本。中国国家图书馆藏。

---

① 中国科学院图书馆编：《中国科学院图书馆藏中文古籍善本书目》，第61页。

② 李一氓旧藏。在其生前已捐赠给四川省文物考古研究所。

③ 该本见中国古籍善本书目编辑委员会编：《中国古籍善本书目》（子部）著录（上海：上海古籍出版社，1996年），以该本有清单为濂跋文故作为单列载之。为节省篇幅，此后凡《中国古籍善本书目》所收胡刻书目而非单列著录者，概不收入本篇，均直记某单位所藏。

④ 智龛：《十竹斋主胡正言》，载《艺林丛录》第九编，香港：商务印书馆，1973年。

⑤ 沈津：《胡正言与十竹斋》，载上海书画出版社编：《朵云》（第3集），第132页。

（15）《苏米谭史广》六卷，明郭化辑，崇祯间刊本。①

（16）《苏米谭史广》六卷，美国国会图书馆藏。原题："宣城肩吾郭化辑，有道徐日昌阅，海阳曰从胡正言校。"明十竹斋刊本。据王重民先生称，该本封面署"十竹斋藏板"，而另见中国国家图书馆别藏一本封面署"烟雨山房发刊，龙光堂兑客"，不署年月。又称"此书剞劂精雅，疏朗悦目，在十竹斋刻书中，可与《画谱》并驾"云。②

四、史部·目录类

杂录

（17）《九十授经图》，胡正言撰。据郭味蕖先生称，该书有戴本孝题诗。③未见原书，不知何家刊本。

五、子部·儒家类

（18）《尚书孝经讲义》，胡正言撰。④

（19）《格言类编》六卷，胡正言辑。崇祯六年（1633）刊本。⑤

六、子部·医家类

（20）《古今辞命达》八卷，明胡正心辑。崇祯间刊本。该书仅见《胡正言与十竹斋》一文著录。按：胡正心是胡正言之兄，编著医家书数种，《古今辞命达》当属医家书。

（21）《薛氏医按八种》十九卷，明胡正心编。崇祯五年（1632）胡氏十竹斋刊本。中国中医科学院藏。

---

① 沈津：《胡正言与十竹斋》，载上海书画出版社编：《朵云》（第3集），第132页。

② 王重民撰：《中国善本书提要》，第135页。

③ 郭味蕖编著：《中国版画史略》，北京：朝花美术出版社，1962年。

④ 沈津：《胡正言与十竹斋》，载上海书画出版社编：《朵云》（第3集），第133页。

⑤ 沈津：《胡正言与十竹斋》，载上海书画出版社编：《朵云》（第3集），第133页。

（22）《订补简易备验方》十六卷，明胡正心、胡正言辑。崇祯四年（1631）刊，袖珍本。中国中医科学院、济南市图书馆均藏有该书。又见《胡正言与十竹斋》一文著录。

（23）《十竹斋刊袖珍本医书十三种》，明胡正心汇集。崇祯五年（1632）刊，袖珍本。①

（24）《伤寒五法》二卷、《伤寒金镜录》一卷、《伤寒秘要》二卷，明胡正心纂集。崇祯六年（1633）十竹斋刊，袖珍本。②

（25）《伤寒金镜录》一卷，元敖氏撰，杜清碧增定。《伤寒秘要》二卷，明金陵董玹撰定，新安胡正心补参；《伤寒五法》二卷，明新安胡正心编辑。崇祯六年（1633）刊，清袖珍本。③据著录为“崇正六年刊”，乃避清雍正帝名讳，改“祯”为“正”，系明刊清印本。

（26）《伤寒五法》二卷，明陈长卿撰。崇祯间十竹斋刊本。中国中医科学院藏。

（27）《伤寒秘要》二卷，明董玹撰，明胡正心补。崇祯六年（1633）十竹斋刊。中国国家图书馆、中国中医科学院均藏有该书。

七、子部·艺术类

书画

（28）《书法必稽》一卷，胡正言辑。明末刊本。④

（29）《十竹斋临古篆文法帖》，上元胡正言曰从氏摹，男其朴，其毅同校。顺治间原拓本二〇八页。该本开篇刻入书版白文圆形“十竹斋”三字双螭印、白文方印“胡氏鉴赏图章”六字印各一方。卷首有胡正言于顺治十年手写隶体前言一篇，后三年成书。所见胡氏十竹斋堂号，最后出现在本书上，顺治十四年（1657）刊本《篆书正》所署胡氏堂名则易十竹斋为蒂古堂。原书为胡艺先生藏。⑤

画谱

（30）《十竹斋书画谱》八卷，明胡正言辑。崇祯间胡氏十竹斋刻彩色套印本。中国国家图书馆、中国历史博物馆、中国科学院图书馆、辽宁省图书馆均藏有该书。

（31）《十竹斋画谱》八卷，明胡正言辑。王重民先生以该书目录改“玄”作“元”，

---

① 沈津：《胡正言与十竹斋》，载上海书画出版社编：《朵云》（第 3 集），第 132 页。

② 沈津：《胡正言与十竹斋》，载上海书画出版社编：《朵云》（第 3 集），第 132 页。

③ 孙殿起录：《贩书偶记续编》，上海：上海古籍出版社，1980 年。

④ 沈津：《胡正言与十竹斋》，载上海书画出版社编：《朵云》（第 3 集），第 132 页。

⑤ 胡艺：《胡正言石版印书——记〈十竹斋临古篆文法帖〉》，载上海书画出版社编：《朵云》（第 2 集），上海：上海书画出版社，1982 年。

为康熙间刷印本。美国国会图书馆藏。[①]

（32）《十竹斋画谱》，无卷数，明海阳胡正言辑。崇祯癸未（崇祯十六年，1643）刊本。[②]

（33）《十竹斋画谱》，不分卷，胡正言辑。天启七年（1627）刊，彩色套印本。见《胡正言与十竹斋》一文。

该书见于各家著录，间有异同，画谱与书画谱互见，八卷与无卷数及不分卷并存，原刻初印与后印本有别，又有原刊本与翻刻本之分。笔者所见原刊初印者是开花纸印本，中山大学周连宽先生著文说既有开花之本，又有棉印纸本。[③]据已故周芜先生考证，《十竹斋画谱》的“各种翻刻本、影印本不下二十种之多”[④]。我们所见康熙间芥子园翻刻本《十竹斋画谱》，刻印精审，也是开花纸印本，南京一藏家有之。椠本与芥子园翻刻本绝不多有，较常见者为晚清时期翻刻本。

（34）《十竹斋笺谱初集》四卷，明胡正言辑。崇祯十七年（1644）胡氏十竹斋刊，彩色套印本。中国国家图书馆、故宫博物院图书馆、上海博物馆均藏有该书。

（35）《十竹斋笺谱初集》四卷，明胡正言辑。崇祯十七年（1644）胡氏十竹斋刊，彩色套印本。清徐康、沈树镛跋。中国国家图书馆藏。

（36）《梨云馆竹谱》一卷，胡正言辑。崇祯间刊本。[⑤]又见《西谛书目》著录。

（37）《石谱》一卷，胡正言辑。明末刻，彩色印套本。[⑥]

篆刻

（38）《印史》，不分卷，胡正言篆。钤写本。张鲁庵先生旧藏。[⑦]

王相业为胡正言《印存》作序云：“吾友胡曰从氏所为金石古文之书既成，命曰《印史》有日矣。既而见昔有是名也，谋所以易之于雪蕉子。雪蕉子曰：是宜名《印存》。”[⑧]王相业，号雪蕉，与胡氏友善。此序文为后出钤印本《印存初集》所作，是则原钤本《印史》久已传行于世矣。往承友人智龛先生见告，张鲁庵所藏《印史》二册，有陈丹衷、杜濬两序，收七百一十三印，身后不知所归。该谱当是易代之前成书，为所知传世胡氏最早之印谱。

---

① 王重民撰：《中国善本书提要》，第296页。

② 孙殿起录：《贩书偶记续编》。

③ 周连宽：《海上书林杂记》（一）（二），《广东图书馆学刊》1985年第1期。

④ 周芜：《汪廷讷与胡正言——记明代两位出版家》，载上海书画出版社编：《朵云》（第2集），1982年。

⑤ 沈津：《胡正言与十竹斋》，载上海书画出版社编：《朵云》（第3集）。

⑥ 沈津：《胡正言与十竹斋》，载上海书画出版社编：《朵云》（第3集）。

⑦ 智龛：《十竹斋主胡正言》，载《艺林丛录》第九编。

⑧ 王相业：《印存序》，见顺治四年（1647）原钤印本《印存初集》。

（39）《印存初集》二卷，胡正言篆刻。顺治四年（1647）十竹斋开花纸钤印本。该书原为颂齐秘籍，容希白师投赠笔者。

卷首有周亮工、王相业、陈丹衷、韩诗、杜濬、钱应金六人序文。通篇版格、释文为刻版墨刷。上格为朱钤印文，下格墨刷释文，书口下刻“十竹斋”三字，朱墨相间，规制谨严。卷一半页收两印，共十五页钤五十九印；卷二半页收四印，共二十五页钤一百九十八印，两卷总钤二百五十七印。此两卷本，与广东省立中山图书馆所藏胡氏《印存初集》四卷本之前两卷版式相同，而钤印及其墨刷释文则间有异同。经查阅粤馆藏本前两卷：其卷一为十页钤三十九印，卷二为二十四页钤一百八十六印，总二百二十五印，以视笔者所藏两卷本少六页，减二十二印，查两种版本各卷之末，皆有卷终印记，知无夺页之失。又如两卷本之卷一第六页钤录“清辉阁”“稽山草堂”“飞云阁”“就园”四印，而馆藏四卷本卷一第六页则钤“东崖居士”“黄景昉”“道邻”“史可法”四印。由以见同属卷一第六页，收印不同竟至如此，非属同一版本可知。两卷本《印存初集》、初见《四库全书总目》载录，其提要称：“《印存初集》二卷《印存玄览》二卷……《初集》以朱印之，别名《玄览》者，则以墨印之。”[①]其书乾隆时为内府藏书，馆臣既称是书有本名、别名之别，应是同一部书有原钤朱印本，又有复刻墨刷本，盖如明顾从德之《集古印谱》故事，原钤本与木刻本并行者。初以为此二卷本或属四卷本残存之前二卷，嗣见《四库全书总目》著录，始知胡氏《初集》《玄览》各有二卷本行世。

（40）《印存初集》四卷，胡正言篆刻。顺治四年（1647）胡氏十竹斋钤印本。中国国家图书馆、北京市文物局、上海博物馆、山东省博物馆、南京图书馆、浙江图书馆、西泠印社、河南省图书馆、四川省图书馆均藏有该书。

（41）《印存初集》四卷，胡正言篆刻。顺治四年（1647）胡氏十竹斋钤印本。广东省立中山图书馆藏，唯不见《中国古籍善本书目》（子部）收录。

馆藏该书，往尝查阅数次。卷首六家序文和卷一卷二版式，与两卷本《印存初集》同，收印则互有损益。卷末有彭源、吴奇两篇跋文，为两卷本所无。内收胡氏为钱士升、倪元璐、范景文、杨文聪、钟惺、谭元春、王思任、史可法、周亮工、杜濬等朝野名流所刻名号印章，名画家石谿的“石谿之印”亦在其中，总七百〇八印。

此外，《贩书偶记续编》著录有胡正言《印存初集》四卷。郑振铎先生《劫中得书记》一书揭示的《十竹斋印存》四卷，据郑振铎先生的跋文知与粤馆四卷本和浙馆四卷本序跋、版式相同，仅著录书名有异，郑氏旧藏似应正名为《印存初集》四卷本。浙江图书馆所藏胡正言《印存初集》四卷，据著录序跋、版式与粤馆藏本同，以收印七百五十二方为少异[②]，

① 《四库全书总目》一一四卷。

② 夏子颐：《十竹斋印谱》，载上海书画出版社编：《朵云》（第4集），上海：上海书画出版社，1983年。

知非同一版本。

（42）《印存玄览》二卷，胡正言篆刻。墨印本。仅见《四库全书总目》著录，未知是否别有传本。

（43）《印存玄览》四卷，胡正言篆刻。顺治十七年（1660）胡氏蒂古堂刻本。中国国家图书馆、南京图书馆均藏有该书。

（44）《印存玄览》四卷，胡正言篆刻。顺治十七年（1660）胡氏蒂古堂刻，开花纸印本。郭若愚先生藏。

往蒙若愚先生出示所藏该本，因得匆匆翻阅一过。卷首有纪映钟等人序文，版本风格与钤印本《印存初集》相类而以印文、释文及版框均为刊本墨刷为不同，开本略小，并书口已易“十竹斋”为“蒂古堂”。就版式而言，以视钤印《印存初集》本略缩小版格。仓促间未及记录，不知内容与钤印本有何异同。该本印版施重墨如漆，纸墨晶莹，甚为精彩别致，与明《欣赏编》本王厚之《印章图鉴》和明顾从德《集古印谱》有天壤之别，刊印之精美与钤印本《印存初集》有异曲同工之妙。《印存初集》有两卷本与四卷本之分，《印存玄览》亦如之，可知胡氏晚年犹勤于印学如此。

此外，同治《上江两县志》著录胡正言有《十竹斋印薮》一书，叶铭《叶氏印谱目》载录胡氏别有《印薮印存初集》四卷，俱不见他家引述，姑附于此待问。

（45）《胡氏篆草》二卷，胡正言篆刻。上卷版心书口刻有“蒂古堂”三字，卷首有顾梦游等人序文，顺治间原钤本，收印三百三十二方。浙江图书馆藏。①

（46）《胡氏篆草》一卷，胡正言篆刻。顺治间蒂古堂印本。见《贩书偶记续编》著录。又，见矫毅先生《胡正言的生平和他的篆刻艺术》一文著录有《胡氏篆草》一卷。②

（47）《胡氏篆草二集》一卷，胡正言篆刻。③

杂技

（48）《牌统孚玉》四卷，题栖筠子撰。崇祯十三年（1640）胡氏十竹斋刊本。中国国家图书馆、首都图书馆、中国科学院图书馆、上海图书馆、重庆图书馆均藏有该书。

（49）《牌统孚玉》四卷，原题钟离栖筠子著，海阳胡正言校。崇祯间刊本。美国国会图书馆藏。④

（50）《牌统孚玉》四卷，附《四牌歌诀》一卷、《四牌评论》一卷，钟离迂士撰，胡正言校。崇祯十三年（1640）刊本。见《胡正言与十竹斋》一文著录。

---

① 夏子颐：《十竹斋印谱》，载上海书画出版社编：《朵云》（第4集）。

② 矫毅：《胡正言的生平和他的篆刻艺术》，载南京十竹斋研究部编：《十竹斋研究文集》，1987年。

③ 矫毅：《胡正言的生平和他的篆刻艺术》，载南京十竹斋研究部编：《十竹斋研究文集》。

④ 王重民撰：《中国善本书提要》，第302页。

八、子部·杂家类

（51）《谷诒汇》十四卷，首二卷，原题北齐琅琊颜之推著，海阳胡正言校，明滇南陶希皋辑，男琪订，孙男以鉽，以铸督梓。崇祯间刊本。美国国会图书馆藏。[①]

（52）《十竹斋雪鸿散迹》，胡正言著。[②]原书未见，不详其内容，附著于此待访。

九、子部·类书类

（53）《四六霞肆》十六卷，明何伟然辑。明末胡正言十竹斋刊本。清华大学图书馆、中国人民大学图书馆、河北大学图书馆、吉林大学图书馆、浙江图书馆、重庆图书馆均藏有该书。

（54）《重订四六鸳鸯谱》六卷，明苏琰撰。崇祯七年（1634）胡正言十竹斋刻巾箱本。见沈津先生著《书城挹翠录》著录。该书今藏香港大学冯平山图书馆，未见《中国古籍善本书目》著录，“或系天壤间仅存的《重订四六鸳鸯谱》”[③]。

十、集部·别集类

（55）《十竹斋此君轩集》，胡正言著。该书似未能刊行，仅见《金陵诗证》选录其中《山居诗》一首。详见张国标先生《胡正言的艺术之路》。[④]

十一、集部·词类

（56）《精选古今诗余醉》十五卷，明潘游龙辑。崇祯九年（1636）胡正言十竹斋刊本。

① 王重民撰：《中国善本书提要》，第352页。
② 黄惇：《篆刻家胡正言和他的印谱》，载南京十竹斋研究部编：《十竹斋研究文集》，1987年。
③ 沈津：《明十竹斋刻本〈重订四六鸳鸯谱〉》，载沈津：《书城挹翠录》，上海：上海社会科学院出版社，1996年，第127页。
④ 张国标、王大文：《胡正言的艺术之路》，载南京十竹斋研究部编：《十竹斋研究文集》，1987年，第90-93页。

中国科学院图书馆藏。[①]

（57）《精选古今诗余醉》十五卷，明潘游龙辑。崇祯九年（1636）胡正言十竹斋刊本，竹纸明印本。李氏无是楼旧藏，今归四川省文物考古研究所。

（58）《精选古今诗余醉》十五卷，明潘游龙辑。崇祯九年（1636）胡正言十竹斋刊本。附清陈淏增补刊《精选国朝诗余》一卷。原刊清印本。李氏无是楼旧藏，今归四川省文物考古研究所。

（59）《精选古今诗余醉》十五卷，明潘游龙辑。崇祯间刊本。中国国家图书馆藏。[②]

王重民先生在《中国善本书提要》中曾说亦见过"清印本多陈淏《精选国朝诗余》一卷"[③]。

十二、集部·诗文评类

（60）《诗谭》十卷，明叶廷秀撰。崇祯间胡氏十竹斋刊本。中国科学院图书馆藏。[④]

（61）《诗谭》十卷，明叶廷秀辑评。崇祯八年（1635）刊本。见《胡正言与十竹斋》一文。

（执行编辑：吴婉惠）

① 中国科学院图书馆编：《中国科学院图书馆藏中文古籍善本书目》，第607页。

② 王重民撰：《中国善本书提要》，第684-685页。

③ 王重民撰：《中国善本书提要》，第684页。

④ 中国科学院图书馆编：《中国科学院图书馆藏中文古籍善本书目》。

清代帝王敬天的政治思想浅谈

冯尔康*

清朝皇帝政纲“敬天法祖勤政爱民”。涉及天、祖、民三者及其间的相互关系；作为人君，关键在探索天人相与的奥秘，寻求高度有效的治理之道。

皇帝和清朝人对天与敬天的理解，要义在于：信仰的天，是神，是天神，是拟人的神，天有意识，司人间祸福，因此人的行事要合乎天理，要畏天，敬天；天，同时有自然神的含义，具有某种物质性，有大自然的威力，发生异常灾害，被理解为天怒、天象示警，故讲求天人感应捷于影响；天理是人的行为准则，反映人类社会君臣、父子、夫妇的理论体系，人们应当认知与顺从；帝王是膺天命，顺天应人，臣民必须服从之。

在敬天观念中，清朝的康雍乾三帝特别关注的是：

（1）探究天人相与之奥秘。康熙帝推崇理学，命大学士、理学名臣李光地等编辑《朱子大全》，将朱熹抬入十哲之次，认为理学反映“天地之正气，宇宙之大道。朕读其书，察其理，非此不能知天人相与之奥，非此不能治万邦于衽席，非此不能仁心仁政施于天下，非此不能内外为一家”。康熙帝之意有三，一为探究天人相与之奥；二为理学得天地之奥秘，明大道、正气；三是用以行仁政、治万邦、合内外。康熙帝的认知与传统的“究天人之际”观念相一致，是继续思索这个说不尽的话题。

（2）皇帝与臣民均以天心为心。雍正帝在经筵中评论《书经》讲义，“讲章内君以天之心为心，臣以君之心为心，朕谓君臣一德一心，人君钦崇天道，人臣寅亮天功，皆当以天之心为心也。总之，元首股肱原属一体，若云人君以天之心为心，人臣以君之心为心，是君臣之间尚有分析矣”。雍正帝强调，获取天心、臣子之心不在于求合君心，而是谋求合于天心。君心与臣心均源于天心，以天心为心，臣下之心遂与天心无间隔，力求合于天心，

---

* 冯尔康，南开大学历史学院教授。

于是君臣一体，休戚相关。

（3）帝王听天命，即须了解民心民愿，强调君民一体，应行仁政。《尚书》讲“天矜于民，民之所欲，天必从之”“天视自我民视，天听自我民听”。意思是上天可怜百姓，必从百姓之愿，让他们受益得福；作为治理者的君主是听天命的，但是天是顾恤百姓的，是体恤民间疾苦、倾听百姓呼声的，所以君主听天命，不如去了解民声，理会民间愿望。康熙帝云“古人所谓民可近不可下者，即孟子所谓民为贵之意。盖天视自我民视，天听自我民听，斯岂非邦本之谓乎？”康熙帝就是理会经典的本意，具有民本观念，他的理想是“愿天下安，生民乐业，共享太平之福”。雍正帝讲，“君民上下之间，休戚相同，本属一体，《论语》曰‘百姓足，君孰与不足’，是民间之生计，即国计也”。帝王尊天命，以君民一体的意识实行利民、恤民政策，是帝王受天之福，百姓从而受福，所以雍正帝对官员讲，“朕之福，即为尔等之福；尔等之福，即为万民之福。其间，实无丝毫悬隔区别”。乾隆帝在皇子时代，将居室命名为“乐善堂”，汇编诗文集，名曰《乐善堂文钞》，乾隆元年（1736）编订成《乐善堂全集》。以“乐善”为名，是予人以善的意思，因为给人以善，所以最为欢乐；而善是孝悌仁义，是孝以养亲，悌以敬长，仁以恤下，义以事上。作为皇帝，主要是仁以恤下。在文论中，乾隆帝阐发宽平之政的政治理想，他在论述唐太宗、宋太祖时，赞扬他们“以仁爱之心，宽平之政，保养百姓，治功灿然，昭于千古”。为何实行宽平之政，乃因它能赢得众人之心，他理解孔子“宽则得众”的道理，是“自古帝王受命安邦，遐迩向风，熏德沐义，非仁无以得其心，而非宽无以安其身，二者名虽二，而理则一也。故至察无徒，以义责人则难为人，唯宽能并育兼容”。他的结论是宽能得众，而宽是仁的体现。

（4）董仲舒的天人感应说仍为清帝所尊奉。当自然灾害发生，康熙帝认为是天象示警，教导臣工修省人事，弥补政事的缺失。雍正帝凡事大讲天人感应捷于影响之理，连去天坛祭天之日，路上有雪，祭典时雪止，而后又有雪飘，都认为是上天的关爱，更要求修省人事。乾隆帝与康熙帝的态度类似，不那么极端地宣传“捷于影响”。

（5）臣民通过君命而理解天命之所在，即以君命为行动准则。皇帝讲臣心民心直接源于天心，而臣工则以透过君心领会天心。李光地说“君命譬天命，最明切易晓”。臣民认识天命难，不可测，而从君命则容易知晓，他实际是强调听君命，就是听天命，令人服从皇帝及其政令。

思想指导行动，清朝敬天的政治理念，产生于落实到政治经济文化等各种措施之中，其荦荦大者有如下几点。

第一，固定农业税、人口税政策，控制赋税和加派。

清朝鉴于明代后期的“三饷”和其他加派，导致民不聊生和灭亡，制定固定农业税的政策，不得增加税收。康熙朝宣布滋生人丁永不加赋，固定人口税；雍正朝实行摊丁入亩制度，无田产者不再交纳人口税，并有平均赋役之义。制定和施行耗羡归公制度，限制、减少官员的税外赋敛。减免钱粮，平常灾荒中按灾情酌减税粮；皇家有大典加恩宽免钱粮积欠；康熙朝、乾隆朝先后普免钱粮一次，并令田主随之适量减租，康熙帝以康熙四十九年（1710）国库存银五千万两，多存无益，遂普免钱粮一次，在全国分三批进行，总计免收地丁银三千二百余万两，同时蠲免各省旧欠。乾隆帝效法康熙帝，亦普免钱粮一次。他早年批评过宋神宗，“信任王安石，用其新法，取利尽于锱铢，掊克罔不在位，于是民心已瓦解矣”。可知他的蠲免，在于收取民心。清帝这些措施，皆予民实惠。

第二，调整宽严政策。

施行仁政是理想，但政情有异，是行宽仁之政，还是行严猛之政，无有定准。乾隆帝继位一个多月后，召见总理事务王大臣，宣布宽严相济的施政方针：“治天下之道，贵得其中，故宽则纠之以猛，猛则济之以宽。而《记》称一张一弛，为文武之道，凡以求协乎中，非可以矫枉过正也。皇祖圣祖仁皇帝，深仁厚泽，垂六十年休养生息，民物恬熙，循是以往，恐有过宽之弊。我皇考绍承大统，振饬纪纲，俾吏治澄清，庶事厘正，人知畏法远罪，而不敢萌侥幸之心，此皇考之因时更化，所以导之于至中，而整肃官方，无非惠爱斯民之至意也……兹当御极之初……惟思刚柔相济，不竞不絿，以臻平康正直之治。”康熙末年，纪纲有所废弛，出现宽纵之弊，雍正帝即位乃实行严猛方针，进行整饬，于是又产生严峻之弊，形势要求予以改正，乾隆帝当政，就用宽仁方针取代烦苛之政。康熙朝的宽仁、雍正朝的整肃与乾隆朝的宽容均为形势使然，不是当政者随意采取的，也不是出自当政者个人的好恶。所谓宽严相济，当“宽政”出现弊端，就用“严政”来补救，而“严政”出了毛病，再以“宽政”纠偏，如果又发生问题，只好复行“严政”，这是因时制宜的政治思想。“严峻”并非好事，是不得已而行之，最终要走到“宽容”的政治轨道上。

第三，重视农业生产。

康熙帝在京师瀛台丰泽园种植稻米，培养修竹、花卉等植物，大约还试种西瓜，另在避暑山庄莆田丛樾栽植稻谷，他还将御田生产的稻种赐给苏州织造李煦，命其分别送给河道总督、两江总督、江宁织造以及苏州在籍缙绅，让其各自试种，他希望成功种植双季稻，指示注意节气和种法。雍正帝说“稼穑为天地之宝，实民生之攸关，我皇考圣祖仁皇帝临御六十余年，无刻不以重农力穑为先务，故朕竭诚效法”，不过他的重农，不像乃父那样关注农作物的试验，而讲求信仰形式和增加垦田两项。他认为农民勤业尚有缺欠，遂采取授予“老农顶戴”的措施，赋予督促农民生产的责任，然而该措施不起作用，似农非农的豪民却去钻营顶戴，故乾隆帝继位即予取消。雍正帝认真祭祀先农，举行亲耕耤田礼，又下令州县官设坛先农坛，置耤田，举行耕耤礼，为民祈谷，对不认真办理的官员严惩不贷。

兴修水利，是历代王朝的要务，清朝更为关注。修治黄河、淮河、运河，持续进行，康熙帝并以视察河工作为南巡的主要理由。浙江、江苏的海塘工程，康雍乾三帝发帑银修筑。康熙帝大力修治浑河、清河，并赐名永定河。

在直隶垦辟水田，明代进行过，康熙朝官员在天津种水稻，雍正朝大肆督办直隶营田，兴修水利，用南方老农指导北方农民耕植。

移民四川，康熙朝着力推行，康熙二十九年（1690）准许入川垦荒者子弟在川一体考试，此后移民入川者甚众。

康熙朝在宁夏维修汉渠、唐渠，引黄河水灌溉，经常丰收。雍正朝修治大清渠、汉渠、唐渠，与垦荒同时进行，期望能够垦田两万余顷，移民两万户，后因西北两路用兵，财力、人力不足，未能达到预期效果。

在人口增加而耕地有限的情况下，重要的是增加粮食生产，于是出现粮食作物和经济作物争田地和劳力的问题，雍正帝要求，凡是适合种粮食的土地，劝令农民种植粮食作物，不得培植果木取利，不得用谷物养猪、养鸡，有的地方官奉行时，甚至铲除经济作物，改种粮食，简直是一种破坏。

第四，赈济与慈善机构的设立。

康熙帝在京城设立普济堂，收养老病无告贫民，要求各地仿效建立，地方上陆续出现一批同类性质的善堂。此类善堂，至晚产生在唐代，宋代为“福田院”，元代在各路设立济众院，明初诏令府县设置养济院，嘉靖年间命在京师五城各设养济院一区。康熙帝是在上述这些基础上建立普济堂的。其中，江苏松江普济堂，有田地几千亩，田产来自官田和富人捐助，每年收养220人，病故给棺材、安葬费。管理人员由绅衿充任。雍正帝扩充京城育婴堂。民间建立善堂和捐助者，政府给予“乐善好施”匾额，以资鼓励。

在京师于冬季开办粥厂，供贫民取食，原来是十月初一日开始，十二月结束，康熙帝命延长两个月供给，遂成惯例，后延至三月二十日。雍正帝令五城开设粥厂，照定例每城每日发米二石、柴薪银一两，并令煮米赈银由五城御史亲身散给，务使贫民得到实惠，不让胥役侵蚀中饱，都察院堂官亦应不时察看。

第五，爱惜生命。

民间的割股疗亲行为，有伤残甚至死亡者，历朝政府为提倡孝道，多予表彰，寡妇、贞女殉夫，政府亦因妇道之故，加以旌表。康熙帝考虑到这种表彰，更令人轻生，造成死亡悲剧，为爱惜生命，一般不再旌表，唯对尤为特殊者开恩。雍正帝坚持这一原则，表示殉夫、割股疗亲“戕生者众，为上者之所不忍也”。罗源县民李盛山的母亲病了，他割肝为母治疗，母病愈而己身亡。雍正帝以其“迫切救母之心实难得而可悯”，予以旌表。但事后又发出上谕，声明下不为例——此事不能成为旌表案例，表示不赞成用伤害自己身体的方式救亲。他特别宣布：“保全生命之为正理，则伦常之地皆合中庸，不负国家教养矜全之德矣。倘训谕之后，仍有不爱躯命，蹈于危亡者，朕亦不概加旌表。”“保全生命”，爱惜身体，不鼓励戕害身体的孝亲、妇道行为，多少体现出爱惜生命之心。

第六，控制行政成本。

摊丁入亩制度实行之后，取消户籍编审，以减少行政开支。民间小纠纷交由宗族、乡约处理。控制官员数量，不增设官员，如分置县官，一县之官，分发二县，学官亦然。

清朝皇帝礼敬苍天的天坛大祭，致礼天祖及各种神灵的祭祀堂子，以及祭日坛、月坛、风神、雷神等，都很隆重。那么敬天法祖、勤政爱民政纲，皇帝是真的信仰上苍和神灵，真爱护子民吗？还是做样子，给人错觉来欺骗、愚弄百姓？笔者以为他们是真诚信仰上苍和神灵，真诚爱民，因为他们相信帝位是天授，必须敬天，否则会改授他姓，而上苍爱惜民众，皇帝也必须爱护子民。为了维护爱新觉罗家族政权，应当说他们敬天爱民是真诚的。唯在实践中，有时有做样子的成分，如京师粥厂每年开办将近半年，在雍正间，用米约一千七百石，用银八百五十两，为数实在有限。开粥厂是善政，值得称道，饥寒交迫的人能够领到粥喝。不过这是“小惠未遍”，远不能解决贫民无食的疾苦。

（执行编辑：王一娜）

清代宗室王爵袭封制度及其改革

——兼谈“铁帽子王”问题

杜家骥*

摘要：清代宗室王爵之所以有“铁帽子王”，是其王爵袭封制度改革的结果。本文重点阐述清代王爵袭封制度改革的过程及原因，认为这是清代皇帝汲取明代宗藩政策对国家衰亡造成负面影响的教训而作的改革。

关键词：清代；王爵；袭封制度；世袭罔替；“铁帽子王”

清代的亲王、郡王，有“世袭罔替”之王、“世降”之王两种，有“功封”“恩封”之别。这方面的基本概况，乾隆后期以后的官方典籍多所记述，如嘉庆《大清会典》对“世袭罔替”之王的列举如下。左翼：和硕睿亲王一人，始封多尔衮；和硕豫亲王一人，始封多铎；和硕肃亲王一人，始封豪格。右翼：和硕礼亲王一人，始封岱善；和硕郑亲王一人，始封济尔哈朗；和硕庄亲王一人，始封和硕承泽亲王硕塞，后改今封；多罗克勤郡王一人，始封岳托；多罗顺承郡王一人，始封颍亲王萨哈璘子勒克德浑。这些王爵均系“功封”，其爵皆世袭罔替。另外，左翼和硕怡亲王一人，始封允祥，本系“恩封”，乾隆三十九年（1774），诏以怡贤亲王公忠体国，其爵亦应世袭罔替。[①]这是王爵袭封改制确定后嘉庆时期所修《大清会典》的记述。此后光绪年间所修《大清会典》，在非功封而又特许世袭罔替的怡亲王允祥以下，又续记恭亲王奕䜣、醇亲王奕譞，光绪会典修竣以后，又增有庆亲王奕劻，这几个亲王也属“恩封”之王而特许世袭罔替。“恩封”之王，主要指凭皇子等[②]高贵身份而得

---

* 杜家骥，南开大学历史学院教授。

① 嘉庆《大清会典》卷1《宗人府·凡封爵有功封有恩封》，台北：文海出版社，1992年。

② 有的受封者，是前朝皇子、当朝的皇兄而被封为王爵，如康熙皇帝的皇兄福全，皇弟常宁、隆禧，都是顺治皇帝的皇子，在康熙朝被封王爵。

封的王爵。而前述“功封”王，是指清初开国建功所封、后裔世袭罔替的八王——礼亲王、睿亲王、郑亲王、豫亲王、肃亲王、庄亲王、克勤郡王、顺承郡王，人们又俗称他们为“铁帽子王”，比喻其王冠是铁定不变的，也即“世袭罔替”，即使袭爵者被降爵、革爵，再袭者仍袭原王爵。所以广义的“铁帽子王”，也可包括“恩封”而特许世袭罔替的怡亲王、恭亲王、醇亲王、庆亲王。

现在需要深入研究的是，清代的宗室王爵为什么会有“铁帽子王”？其王爵袭封制度有何特殊之处？所谓“铁帽子王”八王又是何时确定的？另外，清朝皇帝为何要实行王爵降袭？因为涉及清代皇家封爵制度的重要改革，而这一改革又对清代政治产生值得重视的影响。因而有必要进行深入的考察。本文拟就以上问题略述己见，不当之处有待大家指正，以便进一步探讨。

一、清代王爵袭封制度中降袭制的确定过程
——兼谈“铁帽子王”八王确定之时间

清朝宗室的封爵，按从高到低的排列，计有：和硕亲王、多罗郡王、多罗贝勒、固山贝子、入八分镇国公、入八分辅国公、不入八分镇国公、不入八分辅国公、镇国将军、辅国将军、奉国将军、奉恩将军。其中的王爵——和硕亲王、多罗郡王，最初也是世袭罔替，这是沿袭明朝制度，也可以说是沿袭往代中原王朝的传统制度。乾隆朝官修《皇朝文献通考》记为：

> 顺治六年定，宗室列爵十等：亲王一子封亲王（注：下划线为笔者所加，意在强调），余子封郡王。郡王一子封郡王，余子封贝勒。贝勒子封贝子。贝子子封镇国公。镇国公子封辅国公。辅国公子授三等镇国将军。镇国将军子授三等辅国将军。辅国将军子授三等奉国将军（以上镇国、辅国、奉国将军，初封俱三等，后遇加封，至二等、一等）。奉国将军子授奉恩将军。郡王以上准袭封。贝勒以下不准袭。[①]

这一规定表明，凡亲王、郡王，都可以按原爵“袭封”，也即世世代代以承袭原爵的形式受封，又称“世袭罔替”。贝勒的袭爵者就要降一等而袭封贝子，以下递减，都要降一等，即规定中所说的“郡王以上准袭封。贝勒以下不准袭封”。也就是说，当时的亲王、郡王，都是不降袭的“铁帽子王”，王爵也没有区别为“功封”“恩封”之说。

---

① 《皇朝文献通考》卷246《封建考一》顺治六年，四库全书本。

清代沿袭这一制度实行了一百多年，到乾隆三十二年（1767）改变。所以乾隆三十二年以前，非功封的王爵，也可以世袭罔替，如裕亲王福全（顺治帝皇子），康熙四十二年（1703）薨，同年，其子保泰袭裕亲王。此后福全的子孙继袭者，雍正二年（1724），广宁袭裕亲王。雍正四年，广禄袭裕亲王，广禄至乾隆五十五年（1790）薨，才由其子亮焕降袭郡王。隆禧（顺治帝皇子），康熙十四年封纯亲王，十八年薨，其子富尔伦于这一年袭纯亲王。富尔伦因无嗣，爵除。允祺，康熙帝皇五子，康熙四十八年晋封恒亲王，雍正十年薨，其子弘晊同年袭恒亲王，弘晊寿至乾隆四十年，其子永皓降袭郡王。

乾隆三十二年，乾隆帝为改革而明确表态，"恩封"王爵不应与"功封"王爵同样世袭罔替。为此，向主管皇族封爵事务的宗人府发表长篇谕旨：

> 定例，亲王、郡王薨逝，服满后，照伊父封爵，令伊子承袭。自贝勒以下，降等承袭至辅国公止等语。伊等所奏，援引成例为嗣，似以朕为必应如此办理者。不知王公等应袭封爵，原当视其祖功宗绩，分别定制，方合酬庸之义。如简亲王、信郡王等王爵，俱系我朝定鼎之初，伊祖宗竭诚宣力，懋著勋劳。或多立战功，或殁于王事。国家锡爵报功，承袭罔替，令伊子孙世世膺受朝廷渥泽，传之无穷，此断不可降等者也，虽间有如平郡王因庆恒获罪，暂降为贝子者，然不过就伊一代而然，若再应承袭时，即仍当袭封郡王，前降谕旨甚明。又因此等王公事迹历年久远，众未深知，或恐数典而忘，特命将宗室王公勋绩，作为表传，刊刻成书，分赐诸王大臣等，俾共知晓。可见王公封爵内，必有出众军功及阵亡死事者，始得永不降袭，并非谓未经著有勋劳，止因皇子加恩封受之爵，而亦得在不降等之列也。……此等王公世爵，自当于承袭时酌量定夺，岂可拘于成例，而遂谓原爵之必应承袭乎。著交宗人府，嗣后承袭王公封爵时，即将此旨叙入折内，奏闻请旨。仍永著为例。[①]

这段上谕明确说明了一点，就是王爵不应全部世袭罔替，只有因"出众军功及阵亡死事者，始得永不降袭"，并举出简亲王、信郡王、平郡王为例。这里的简亲王是济尔哈朗的子孙承袭其郑亲王而改称号之亲王爵，信郡王是多铎的子孙袭其豫郡王（因多尔衮罪牵连而由亲王降为郡王）而改称号的郡王爵。乾隆指出：他们的爵位"俱系我朝定鼎之初，伊祖宗竭诚宣力，懋著勋劳。或多立战功，或殁于王事"，因而"国家锡爵报功，承袭罔替，令伊子孙世世膺受朝廷渥泽，传之无穷，此断不可降等者"，也正因此，这种定鼎之初的"功封"之王，即使某袭爵者因罪而降爵，也只是其个人，再袭者仍袭原王爵，对此，乾隆又举出平郡王庆恒的例子，平郡王是岳托的子孙袭其克勤郡王（岳托因罪最后定爵为

① 嘉庆《大清会典事例》卷2《宗人府·封爵·袭封》；《清高宗实录》卷782"乾隆三十二年四月己未"条，北京：中华书局，1985年。

郡王）而改称号的郡王爵。袭平郡王的庆恒，虽因罪降至贝子，但只及其本人，其降贝子的乾隆二十七年（1762）就规定“出缺再袭时，仍袭郡王”[①]，也可见在乾隆三十二年以前，就已对清初有军功的开国诸王之爵另眼相待了。其强调这些开国“功封”诸王永不降袭，目的是说明非功封之王，也即“止因皇子加恩封受之爵”，不应与他们一样“拘于成例”而不降，是否降袭，须“当于承袭时酌量定夺”，也即再袭爵时，由他定夺。当时这种规定，可视为以后确定皇子“恩封”王降袭的预备性做法，或者说是过渡方式。而对开国“功封”之王，则在这一年从制度上确定其应优于“恩封”王而永不降袭。

由于当时乾隆帝计划将皇子“恩封”王降袭的做法尚未在制度上完整确定，处于过渡阶段，所以凭皇子身份“恩封”之王，有降袭、有不降袭的，如雍正帝皇五子、乾隆的皇弟和亲王弘昼，乾隆三十五年薨，乾隆帝便令弘昼之子永璧仍袭和亲王。三十七年永璧薨，乾隆才令永璧子绵伦降袭和郡王。

为了减少阻力，将“恩封”王降袭的制度完善落实，乾隆三十九年，乾隆帝又做补充规定：恩封亲王世降一等，降至入八分镇国公，可世袭罔替；恩封郡王世降一等，降至入八分辅国公，可世袭罔替。谕旨如下：

> 至向来王等袭爵，惟军功勋旧诸王，例应世袭罔替。此外如怡贤亲王之公忠体国，经皇考特恩，有世袭罔替之旨，亦应遵守勿替。其余恩封诸王，袭爵时例应以次递降……又念诸王递降之例，自贝勒、贝子、公以下，至奉恩将军，不过六七传，即至奉恩将军世袭罔替。朕心仍有所不忍，嗣后著加恩，凡亲王以次递降者，至镇国公而止。郡王以次递降者，至辅国公而止。其公爵均著世袭罔替。[②]

至此，“恩封”王爵降袭制度又经补充而以完整的规制确定，并特别规定允祥的怡亲王因对国家有特别贡献，特许世袭罔替，这是对以前雍正帝的许诺从制度上予以确定。

综上可知，将王爵定为“恩封”者降袭、“功封”者世袭罔替的规制，在乾隆三十二年已从原则上确定，至乾隆三十九年最终完备确定。

往代中原王朝，除宋朝外，一般王朝的皇家封王，从制度上讲都是世袭罔替的，其皇子所封之王，也可以说都是“铁帽子王”。清初沿袭这种制度，其后把王爵分为“功封”与“恩封”，分其为世袭、降袭，成为清代宗室封爵制度的最大特点。所以才有了所谓“铁帽子王”之称。清代宗室封爵制度的这一改革，有其重要原因，详见下一节所述。

其后的乾隆四十三年正月，乾隆帝又为开国之王功绩最著的睿亲王多尔衮平反，连带

---

① 《清高宗实录》卷663“乾隆二十七年闰五月壬午”条。

② 《清高宗实录》卷972“乾隆三十九年十二月戊子”条；《皇朝文献通考》卷246《封建考一》乾隆三十九年；嘉庆《大清会典事例》卷2《宗人府·封爵·袭封》。

其同母弟多铎。另外，规定恢复功封诸王开国时的原始封号。

其中为多尔衮的平反，发布了长篇上谕。谕旨指出（因篇幅太长，仅摘要引用），多尔衮于“定国开基以成一统之业，厥功最著”，在大清定鼎中原而成一统之业中功劳最大，又“一切创制规模皆所经画，寻即奉迎世祖车驾入都”。其为摄政王“摄政有年，威福不无专擅”，是因专擅而得罪于人，以致被“其属人首告，诬以谋逆，经诸王定罪除封”。当时“我世祖章皇帝实尚在冲龄，未尝亲政也。夫睿亲王果萌异志，则方兵权在握，何事不可为？且吴三桂之所迎、胜国（指明朝——笔者注）旧臣之所奉，止知有摄政王耳，其势更无难号召”。即使我满洲大臣不肯顺从，他也不难铲除异己。如果他有篡逆之心，为何不在那时因利乘便取世祖章皇帝而代之？告发者称其死后穿上装殓之明黄龙衮服，就是觊觎帝位的罪证，有这样的道理吗？应予昭雪，而“加恩复还睿亲王封号，追谥曰‘忠’，补入《玉牒》，并令补继袭封，照亲王园寝制度修其茔墓，仍令太常寺春秋致祭”①。再有豫亲王多铎，乾隆指出：“豫亲王多铎从睿亲王入关，肃清京辇，即率师西平流寇，南定江浙，实为开国诸王战功之最。乃以睿亲王之诬狱株连，降其亲王之爵，其后又改封信郡王，虽至今承袭罔替，但以王之勋绩，超迈等伦，自应世胙原封，以彰殊眷，岂可以风影微眚，辄加贬易乎。朕以为应复其原封。”②至此，将多铎后人袭封的信郡王，恢复为始封的豫亲王。

与此同时，乾隆帝还认为，开国功封诸王后裔现在所承袭的王爵，多是后袭者更改的王号，而不是其祖上原封的王号，也应复原。否则，容易使人误解为后裔所袭之王爵，并非开国之王所封，而是后裔所封王爵，不仅没有彰显我国家酬功泽后之义，而且于袭爵之本家也不妥，因而应恢复原爵封号，以“俾诸王子孙得知承家袭庆之由，咸勖继祖效忠之志”。于是下令将“现袭之康亲王，仍复号为礼亲王。现袭之简亲王，仍复号为郑亲王。现袭之显亲王，仍复号为肃亲王。现袭之平郡王，仍复号为克勤郡王”③。另两个王，庄亲王，没有恢复始封的承泽亲王，未见原因说明，大概是因二字王较一字王低，和硕亲王，统一应为“一字”王，因而用后来改袭的一字“庄”，不用原封“承泽”二字，且“承泽”隐含有“恩封”之义。而顺承郡王，就是始封王号。

至此，所谓功封“铁帽子王”八王才确定。④所以，笼统地称清中期以前的相当长时间内有“铁帽子八王”之说，是不确切的。多尔衮在世以前，不止八个，因为当时的“功封”王还有端重亲王博洛、敬谨亲王尼堪等人。顺治八年（1651）多尔衮被追论，削其睿亲王爵，后来，博洛、尼堪的“功封”王爵又因罪降袭，逐渐降至公爵，或爵除⑤，“功封”

① 《皇朝文献通考》卷246《封建考一》乾隆四十三年。

② 《皇朝文献通考》卷246《封建考一》乾隆四十三年。

③ 《皇朝文献通考》卷246《封建考一》乾隆四十三年。

④ 刘文鹏的《铁帽子王：清代宗室王爵世袭罔替制度》也表达了这一说法，见《中国社会科学报》2015年6月10日，第A05版。

⑤ 《清史列传》卷2《宗室王公传二·尼堪、博洛》，北京：中华书局，1987年，第75、83页。

王减少，此后的乾隆四十三年（1778）正月以前，所谓的“功封”亲郡王为“七王”，而且是四亲王、三郡王，即康亲王（原礼亲王）、简亲王（原郑亲王）、显亲王（原肃亲王）、庄亲王（原承泽亲王），信郡王（原豫郡王），平郡王（原克勤郡王）、顺承郡王。乾隆四十三年最后确定的“功封”世袭罔替“铁帽子王”八王，为六亲王、二郡王，即礼亲王、睿亲王、郑亲王、豫亲王、肃亲王、庄亲王，克勤郡王、顺承郡王。

二、清代实行宗室王爵降袭之原因

乾隆皇帝为何要将宗室王爵降袭，他的解释是：如果不加限制“则国家亿万年景祚无疆，本支繁衍，将来王封不知若何之多矣”[①]，又说：封爵“若不限以等差，则国家延祚奕世，王爵愈积愈多，既不免于冗滥，且与勋劳世及者无所区别，亦非所以昭奖劝，此展亲之恩不得不示之节制也”[②]。

如果再深究，清帝为何对皇家之“王爵愈积愈多”深表忧虑呢？曾身为皇家礼亲王的昭梿，在其《啸亭杂录》的宗室“王公降袭次第”一条中，归结为是因为“宗禄繁重”，并说未改制以前的王爵袭封制度是“盖沿明制也”[③]，也即承袭明朝制度。联系相关史事及今人研究，可知这一原因的归结是符合史实的。

清朝以少数民族满族入主中原，统辖广土众民之汉族，因而长具忧患意识。为保持长久统治，特别注意汲取往代中原王朝特别是明朝盛衰兴亡的经验教训，有效地避免了诸如宦官祸患、外戚乱政、同姓宗藩反乱等导致政乱国衰现象的发生。在财政方面，废除明末造成社会矛盾加剧、加速明朝灭亡的三饷加派，持续实行“永不加赋”的祖制，另一项涉及财政的改革，便是与宗禄密切相关的宗室封爵制度。

所谓“宗禄”，指的是皇族宗人赖以生活的禄廪，明清时期，皇族禄廪除了庄园地租收入外，主要是长期按时由国家发给的米与银钱，明代以米为主，清代银、米并给。有爵位者，凭爵级领取禄米、俸银。无爵位者，清代可凭其皇族身份领取“养赡银米”。明清时期尤其是明代，宗禄数额较大的，是发给王爵等有爵位者的禄米（有折色者）、俸银。

如果王朝存在时间较长，皇族中封爵者人数越来越多，到王朝中后期，巨额的宗禄往往造成国家财政的沉重负担，中国古代史上，明朝的情况最为严重。明朝建国二百余年后的隆庆五年（1571），中央与地方的几名官员向朝廷反映：

---

① 嘉庆《大清会典事例》卷2《宗人府·封爵·袭封》。

② 《皇朝文献通考》卷246《封建考一》乾隆三十九年。

③ （清）昭梿撰，何英芳点校：《啸亭杂录》卷7《王公降袭次第》，北京：中华书局，1980年，第204页。

> 今天下之至重而难处者，莫如宗藩。……国初亲郡王、将军，才四十九位，今则《玉牒》内见存者，共二万八千九百二十四位，岁支禄粮八百七十万石有奇，郡县主君及仪宾不与焉，是较之国初殆数百倍矣！天下岁供京师者，止四百万石，而宗室禄粮则不啻倍之。是每年竭国课之数，不足以供宗室之半也。然此特论平时耳。万一遇水旱凶荒，征输无出，将何以处之。此特论目前耳。将来传世万亿，生齿无算，又何以处之？[①]

他们甚至指出：如果“国家则苦于供给之无措，而意外之变可虞！”[②]

其实早在此前的距开国 148 年的正德十一年（1516），陕西巡抚萧翀就以韩王府一个郡王的例子，上奏指出有可能因此引发严重性事变：今“韩府郡王、将军、郡县主等，岁用本色、折色粮，共一十八万二千九百六十六石。今在仓粟米不及二千，库贮折银不及三百两，民力转输有限，宗室仰给无穷，若不早为议处，诚恐激成他变”[③]。

正因为明代宗藩及宗禄问题的严重性，因而也成为今天明史学界重点研究的问题之一。学者们以大量的史料，论述宗室禄米在国家收入中所占的相当大比例，以及造成的负面影响[④]，有的学者甚至认为：“到明后期，支付庞大的宗室禄米，成为国家财政走向绝境的重要原因之一。”[⑤]明末的三饷加派曾加剧社会矛盾，宗禄给国家财政造成的重负，不能说没有关系。

明朝衰亡的各种原因，是清朝最直接的前车之鉴，满族皇帝对此非常敏感。明代最终没有解决这一棘手问题。清代，则是以改革封爵制度解决。其核心原则是：在袭爵方面，实行高爵阶层主要是王爵的降袭制，以减少王爵人数，进而也减少了其后裔的封爵人数；在封爵方面，压低封爵者的爵级，被封者主要是低爵，低爵者又降袭。另外，限制封爵者的数额。其结果是，即使王朝长期“延祚”，高爵阶层主要是王爵也数量不多，有爵者主要是低爵者，而且大量减少。由于高爵阶层所占宗禄数额较大，高爵阶层人数的大量减少，国家支付的宗禄也大幅度减少。

这一改革难免遇到阻力，主要是“恩封”王爵的降袭。因为按照往代王朝的宗室封袭爵制度，皇帝皇子所封王爵，除个别王朝如宋朝曾有降袭的做法外，均为世袭罔替。若实行王爵降袭，实际是将其世世代代具有的政治经济特权不断降低，甚至消失，因而在乾隆

---

① 《明穆宗实录》卷 58“隆庆五年六月丁未”条，台北：“中央研究院”历史语言研究所校印，1962 年。

② 《明穆宗实录》卷 58“隆庆五年六月丁未”条。

③ 《明武宗实录》卷 139“正德十一年七月己丑”条。

④ 参见张德信：《明代宗室人口俸禄及其对社会经济的影响》，《东岳论丛》1988 年第 1 期；王守稼：《试论明代的宗室人口问题》，《中国史研究》1990 年第 1 期。

⑤ 顾诚：《明代的宗室》，明清史国际学术讨论会秘书处论文组编：《明清史国际学术讨论会论文集》，天津：天津人民出版社，1982 年。

三十二年（1767）明确提出恩封王应降袭后，为减少阻力，又于三十九年规定恩封亲王降袭至镇国公、恩封郡王降袭至辅国公，就不再降而世袭罔替。

乾隆之所以以是否凭军功封爵为理由，将王爵区分为“功封”“恩封”，强调“功封”王爵世袭不降、“恩封”王爵降袭，是表明国家封爵重视军功，看重其对国家的贡献，优待宗亲放在其次，显得出于“公”而冠冕堂皇，令被封为降袭的“恩封”王之皇家成员无话可说。[①]实际上，在乾隆三十二年以前，对只凭皇子的高身份而封的王爵，就已经有区别对待的了，只是皇帝还没有决定改变传统制度，如恭亲王常宁死后，殆因常宁无嫡子，便以其庶出子袭封为贝勒[②]，再如怡亲王允祥，雍正帝对其特殊优渥，让其“恩封”王爵世袭罔替，还要特别说明。[③]所以，乾隆帝的改革，又是基于以前对王爵之内有所区别的观念，改革并不突然。

为了平息“恩封”王爵之家的不满情绪，为以后顺利推行，乾隆帝又于乾隆四十一年向他们发布长篇上谕，先指出，“如果对王爵不加限制，则以后我朝之王爵将越积越多而冗滥。再者，王爵虽然降袭，但我已经令降袭至公爵就可世袭罔替”，这比起宋代还是优渥的：

> 昨四库全书荟要处呈进缮本《宋史》，朕几余披阅，见宗室世系表内，其燕王、楚王之子，即降为公。公之后，降为三班奉职，是其再传而后，即已下同齐庶。视现今所定恩封之亲王、郡王以次递袭者，仍得世膺公爵，其厚薄为何如耶？[④]

乾隆帝又以自己的皇子封爵为例，以示其这一王爵改革是出于公心：

> 且朕于诸子中，惟皇长子、皇五子，皆因病剧时，始加封亲王。至于皇四子、皇六子，则以出嗣诸叔，得袭郡王爵。余尚未有特予册封者。非朕沽名而薄待已子，正因理当然耳，所以昭示久远之道，无有大于此者。我世世子孙，所当遵守勿替。著将此旨录示阿哥书房，并谕令宗室王公等知之。[⑤]

高爵者亲王、郡王们的子孙，是个较大的封爵群体，恩封王爵降袭制确定后，王爵因降袭而减少，对减少整体封爵人数也具有较大意义。

---

① 实际上，后来所定的清初开国“功封”诸王，其封爵并不完全是凭军功，还有其身份高的原因，而且高身份因素在入关前尤为重要（这一点已作专文，此处不赘），乾隆为了给部分王爵降袭，才强调军功因素。

② 《清圣祖实录》卷214“康熙四十二年十一月辛卯”条：“封和硕恭亲王常宁庶出子海善为多罗贝勒。”

③ 《清世宗实录》卷97“雍正八年八月辛亥”条：“谕内阁：吾弟怡贤亲王之事朕躬，至诚至敬，翊赞勋襄，裨益于宗社国家、民生吏治者，功勋懋著，自古罕有比伦。……朕即加恩沛泽于常格之外，究不能展朕崇德酬庸、寤寐追思之念也。吾弟之子弘晓，著袭封怡亲王，世世相承，永远弗替。”

④ 《清高宗实录》卷1018“乾隆四十一年十月壬寅”条。

⑤ 《清高宗实录》卷1018“乾隆四十一年十月壬寅”条。

清朝皇帝在“袭爵”之外的“封爵”方面所做的改革，是压低封爵者的爵级、限制封爵者的数额。因为这方面改革涉及的对象大部分是王爵的后裔，也于此略述。其主要做法是，降低宗室王公袭爵之子以外的诸子之封爵等级。宗室王公，包括皇子所封之王，除了一人“袭爵”位外，其他诸子都是“封爵”，清初所封较高，如亲王一子袭亲王（袭者一般是嫡长子，下同），其他嫡子，即“余子”（或称“别子”）封郡王；郡王一子袭郡王，其他嫡子封贝勒……康熙二十三年（1684）规定，均减一等封授，亲王余子封贝勒，郡王余子封贝子。[①]雍正八年（1730），余子再降等封授，而且需考试清语、骑射，合格者才予封授：亲王余子考授镇国公，不入八分。郡王余子考授一等镇国将军。贝勒余子考授二等镇国将军。贝子嫡子考授三等镇国将军，以下至奉恩将军，以次递减。[②]按此制，比清初所封已下降四五等了。

限制封爵者的数额，主要措施是限制王公庶出子的封爵范围。嫡子以外的庶出子，有三个档次：侧室子、妾媵子、妾婢子。乾隆七年（1742）以后，对王公侧室的名额进行限定，亲王侧福晋由 10 名减到 4 名，以下郡王等递减[③]，因此而减少了庶出者中侧室子封爵的人数。乾隆十三年又确定，只有亲王以下、入八分公以上侧室子才得封授，且仅封为二等镇国将军以下至三等奉国将军的低爵（清代的低爵——镇国、辅国、奉国、奉恩将军等，又称“世职”）。妾媵子，只有王、贝勒、贝子之妾媵所生子，才受封，且仅封为三等辅国将军以下至最低等的奉恩将军。公爵的妾媵子不得封。至于妾婢子，则一律不授封，即使亲王的妾婢子也是如此，均为闲散宗室。[④]

改革后的清代宗室封爵制，与明代宗室封爵制度大不相同。明代是皇子全部封亲王，亲王一子袭亲王，余子皆封郡王，郡王一子袭郡王，余子皆封镇国将军，孙封辅国将军、曾孙封奉国将军、四世孙封镇国中尉、五世孙封辅国中尉，六世孙以下皆封奉国中尉。[⑤]所以明代宗室大部分有爵，无爵者很少，距明朝建国 200 余年的隆庆、万历之际，共亲王 24 位（不包括已夺爵的 4 位），其余“郡王二百五十一位，镇、辅、奉国将军七千一百位，镇、辅、奉国中尉八千九百五十一位，郡主县主郡君县君共七千七十三位，庶人六百二十名”[⑥]，这里的庶人是指无爵者。可见绝大部分是有爵者。其中“庆成（郡）王生一百子，俱成长，自封长子（袭郡王者——笔者注）外，余九十九人并封镇国将军”[⑦]。

而清代由于进行了前述改革，宗室中的有爵者，至清末数量也不大，接近清亡的光绪

① 《皇朝文献通考》卷 246《封建考一》康熙二十三年。
② 《皇朝文献通考》卷 246《封建考一》雍正八年。
③ 嘉庆《大清会典事例》卷 2《宗人府・封爵・封爵等级》“乾隆七年”条。
④ 嘉庆《大清会典事例》卷 2《宗人府・封爵・封爵等级》“乾隆十三年”条。
⑤ 《明史》卷 116《列传四・诸王传序》，北京：中华书局，1974 年，第 3557 页。
⑥ （明）王世贞：《皇明盛事述》卷 1《宗室之盛》，明抄本。
⑦ （明）王世贞：《皇明盛事述》卷 1《宗室之盛》，明抄本。

三十三年（1907），仅有亲王10位、郡王2位、贝勒5位、贝子3位、入八分公20位、不入八分公12位、镇国将军18位、辅国将军15位、奉国将军25位、奉恩将军57位，总计才167位。[①]因而民国年间所修《清史稿》对此颇为感慨：清室封爵“酬庸为上，展亲次之，故有皇子而仅封贝勒、贝子、公者。揆诸前祀，至谨极严”[②]。爵少，尤其是高爵人数少，国家用于宗禄的开支也大大减少。人口繁衍是以几何级数增加的，晚清时期，清朝皇族人口比乾隆时期增加更巨，当时清朝财政因多次战争赔款等而处窘境，但其皇族宗禄却没有出现像明末那样造成国家重负而加剧社会矛盾问题，正是乾隆时期及以前的宗室袭封爵制改革，起到了预防针作用。表面看清帝尤其是乾隆帝对本家具有特权的封爵限制，显得苛刻寡恩，其实这正是为保障皇家王朝的长久，以使本家得以延续享有特权的有力措施。恩养皇族的不合理制度，反而会削弱王朝统治的经济基础，加速其灭亡，失去世袭的政治经济特权。这也正是清代满族皇帝从明代宗藩制度中得出的深刻教训。[③]

（执行编辑：周　鑫）

① 据牟其汶：《宗室王公世职章京爵秩袭次全表》卷1《王公世职旗族》。

② 《清史稿》卷161《皇子世表一》序言，北京：中华书局，1977年，第4701页。

③ 这一问题的详细论述，见拙作《清皇族与国政关系研究》第九章《皇族经济及其与国政之关系》，台北：五南图书出版有限公司，1998年。

清代海防与塞防之争的研究

刘石吉*

摘要：同治十三年（1874）的海防与塞防之争有着重要的历史背景和意义，以左宗棠为首的塞防论者强调肃清西北“回民反清起事”的必要，并警觉到俄人在西北边陲的野心；以李鸿章为首的海防论者则注意到列强在东南沿海的威胁，并敏锐地体会到日本侵略的危险性。彼时朝野上下正掀起自强运动的浪潮，特着重于洋务之讲求，海防措施自为其中之要项，是为改革派津津乐道；然西北“回民反清起事”未靖，俄人虎视边陲，清廷自不能不会意及此。此二事同为急迫，其决定亦关乎清廷日后命运。在国家有限的财源下，何者应为优先的考虑，引发一大争辩，此争辩之结果影响深远。

关键词：塞防；左宗棠；海防；李鸿章

一、引　言

鸦片战争（1839—1842）以后，古老中国的门户为西洋的坚船利炮所洞开；自是而后，一连串外来的冲击，使中国自觉或不自觉地走上近代化的道路。近百年来，中国历史发展的特征就是这种外患的日迫与严重，以及知识分子所从事的变法图强运动，两股势力在作平行的发展。中西海上接触，开中国数千年来未有之变局；东南海疆所受一连串外人的威胁，均使清廷不得不措意于“洋务”，尤其是讲求海防之术，以为“师夷长技以制夷”，使中国自存于世界列强之中。清代的海防议论与海防计划，就是在这种中西接触、开空前未

* 刘石吉，台湾“中央研究院”人文社会科学研究中心、近代史研究所研究员。

有之巨变的情况下产生的。[①]

然而清季朝政之腐化、政治之陵夷、社会之动乱与经济之解体固为外力所促成，但中国国内本身所隐藏的潜在危机亦有其决定因素。[②]内乱与外患频仍，终清之世，成为一种恶性循环的态势；两者互为影响，终使政局崩解，清廷应付乏力。咸丰年间（1851—1861）、同治年间（1862—1874），太平天国运动，捻乱、西南与西北的回民反清起事，都是在外力侵逼的情况下所产生的大规模内乱。

咸同时期是中国近代史上的多事之秋：内有发、捻与“回民反清起事”，外有英国、法国两次联军之役，俄人亦在北方蠢动；内政与洋务之措置均棘手。太平天国运动使得地方督抚势力增大，更严重损害清廷固有财源，使得全国财政解体，渐次走上仰赖外债之途。[③]财政的困难使清廷无力从事大规模的改革措施，加以内乱未靖，劳师远征，所费不赀，终有同治末年的海防与塞防的争议。同治十三年（1874）的海防与塞防之争有其重要的历史背景与意义。此争论之起，实由彼时两派政治家对拯救中国所抱的方策不同。在国家有限的财源下，何者应为优先的考虑，乃引发一大争辩，此争辩之结果，多少影响到日后对日本、俄国的外交取向，亦决定中国之为海权国或陆权国的地位。[④]

终清季之世，海防与塞防之争论一直存在着。本文仅就同光之际这段时期中，各地方督抚有关海防与塞防的议论，以及后人的研究与批评做进一步的综合研讨，并尝试着去分析此种议论产生的背景及其所代表的意义。本文之作，在许多方面实得之于徐中约先生《海防塞防之争》一文（原文英文发表于《哈佛亚洲研究学报》第二十五期）的启发，因而引起笔者再度探讨此一史实的兴趣，谨此致谢。

二、海防与塞防之争产生的背景

就某种意义说，海防与塞防之争是一种“攘外”与“安内”孰为优先之争，亦是一种

① 关于清季海防论兴起之背景，可参看王家俭：《魏源对西方的认识及其海防思想》（《台湾大学文史专刊》之九，台北：台湾大学文学院，1964年）；《清季的海防论》，《台湾师范大学学报》1967年第12期。

② 参见 Kwang-Ching Liu, Nineteenth Century China: The Disintegratian of the Old Order and the Impact of the West, in by Ping-ti Ho and Tang Tsou, eds., *China in Crisis Val.1 China's Heritage and the Commumist Political System*, Book 1, Chicago: The University of Chicago Press, 1968, pp.93-178.

③ 太平天国运动后，各省督抚权大，政权与财权、军权集于地方大吏，各省厘金平均只有百分之二十解部，1861年开始举借外债以付军需，终清之世，直到民国初年，外债在中国经济发展中占极重要地位。关于中国近代之外债，可参看：王树槐：《中国近代的外债》，《思与言》1968年第5卷第6期；徐义生编：《中国近代外债史统计资料，1853—1927》，北京：中华书局，1962年；Chi ming Hou, *Foreign Investment and Economic in China 1840-1937*, Cambridge, Mass.: Cambridge University Press, 1965, pp.23-49.

④ Cf. Immanuel C. Y. Hsü, The Great Policy Debate in China, 1874: Maritime Defense vs, Frontier Defense, *Harvard Jounal of Asiatic Studies*, 1965, (25), pp. 212-228.

现代与传统的价值观念之争。以左宗棠之观点而论，可说充分反映出传统中国一向对草原民族入侵的戒惧心理；李鸿章的议论却显示出其对新崛起的日本之严重威胁及中国在世界之新处境中之敏锐觉醒。塞防论者首重西北“回民反清起事”之肃清，海防论者重在东南海疆之外患；在本质上，一切内乱、外患，所强调者不同，然其重要性则一。

先是，同治三年（1864）太平军肃清后，捻回相继起义，波及西北各省，几成燎原之势。捻乱底定后，回势更炽，陕西、甘肃动乱不安，新疆全境几全陷于回酋阿古柏之手。同治十年，俄国更趁势占领伊犁河流域。清廷于同治五年任命时在东南筹办海防的闽浙总督左宗棠为陕甘总督，以致力于西北“回民反清起事”的平定，直到同治十二年，左氏廓清陕、甘全境，完成初步使命，准备率领大军向新疆推进，以扫荡残部。[①]正当此时，日本人侵入台湾，东南沿海警报再起，清廷的海防措施再度面临挑战。东南沿海，自西方新重商主义（Neo-mercantilism）盛行，列强东来以后，屡次掀起战火。鸦片战争之后，有识之士均洞察到海防的迫切需要，而开始讲求“师夷长技以制夷”的洋务；再经过两次英法联军之役（分别为1858年和1860年），清廷传统水师的缺陷易为暴露，海防的讲求、新式海军的建立成为当务之急，自强运动就是在此种背景下产生的。同治中兴时期（1862—1874）的自强运动，固然功亏一篑，成效不大，但却使得国人对西方的认识更进一步，而西人所提供的“合作政策”也给中国带来短期的和平，使清廷得以全力应付国内乱事，以从事初步的改革运动。[②]

此种消极的改革运动，在同治十三年日本侵扰台湾事件中充分显出其弱点。明治维新以后，日本逐渐向外扩张势力，朝鲜、中国东北与中国台湾均是它侵略的目标。这一年中，日本以惩罚台湾生番杀害琉球水手为借口，派兵入侵台湾。清廷无力保护台湾，最终在同治十三年九月二十二日的专约中承认日本行为“正当”，并赔款五十万两。[③]此事件虽得以解决，然而正是山雨欲来风满楼，这是以后日本对华长期侵略的开端，也是帝国主义列强瓜分中国的一个警号，它也显示出清廷不完备的海防措施的危险性。五天以后，恭亲王奕䜣指出：日本兵据台湾番社之事，明知彼之理屈，而苦于我之备虚。……今日而始言备，诚病其已迟；今日再不修备，则更不堪设想矣。溯自庚申之变（指咸丰十年英法两次联军之役），创巨痛深，当时姑事羁縻，在我可亟图振作，人人有自强之心，亦人人有自强之言，

---

① 参见 A. W. Hummel, *Eminent Chinese of the Ch'ing Period (1644-1912) II*, Washington: United States Government Printing Office, 1944, pp.762-767；郭廷以：《从张骞到左宗棠》，《大陆杂志史学专书》第一辑第七册，第156-174页（原载《大陆杂志》第7卷第1期）。

② 参见 Wright, Mary Clabaugh, *The Last Stand of Chinese Conservatism*: *The T'ung-chih Restoration 1862-1874*, California: Stanford University Press, 1957, pp.21-42.

③ 李剑农：《中国近百年政治史》第四版，台北：商务印书馆，1967年，第156-158页；郭廷以：《近代中国史事日志》，台北：郭廷以自刊本，1963年，第582-593页。

而迄仍并无自强之实，从前情事，几于日久相忘。[①]

他更以为，“日本小国，备御已苦无策，西洋各国之观变而动，患之频见而未见者也”，主张致力于海防建设，以预防来自东南海疆的侵略。

虽然恭亲王的言论颇能刺激彼时洋务派官员的心理，使之全力倡议海防，但清廷却始终不忘情于“圣祖灾之、世宗畲之、高宗获之”的“西北周数万里之版章”。[②]盖此地区在清代历史上有其重要意义，清廷自不能随意弃守，何况左宗棠的西征军事已奏捷，正全力向回疆推进呢？在此种府库空虚，财用极绌，又不可能暂缓西征，节饷以备海防的情况下，清廷之决策实属为难，可以说是夹在“历史”与“价值”的张力（tension），亦即“传统”与“现代”的困局之中，而不得取舍。[③]

海防与塞防之争议是在同治十三年（1874）这种特殊的政治情况下产生的（这时期已是“同治中兴”的末期），此两者不能兼顾表示清朝国力衰微的征兆；而改革派人物之重视近现代化的海防设施，企图使清廷苟存于强权的世局之中，亦可见这个古老帝国覆灭前“回光返照”的一面。[④]另外，海防与塞防之争，可以说是在西方帝国主义从陆上与海上两面侵略中国的情况下，中国有识之士有所感触而发出的爱国言论；此种言论之分歧及其各自所持之观点，颇值得进一步探讨；这些救国之策，表示中国近代知识分子在面对西方文化挑战时，所做的种种不同的反应模式。

三、海防论者所持观点之分析

日本侵扰台湾事件发生后，同治十三年九月二十七日总理各国事务衙门所上奏折中，极力强调“能守然后能战，能战然后能和”，主张讲求备御海防之策，以防西洋各国之挑衅；并详拟练兵、造船、简器、筹饷、用人、持久六条，发下各省督抚复议，这段时期的海防与塞防之争议于焉开始。[⑤]

主张海防最力者在中央为恭亲王与文祥，在地方则为直隶总督李鸿章、办理船政大臣

① 《筹办夷务始末》（同治朝）卷98，台北：国风出版社影印本，1963年，第19-20页。

② （清）魏源：《圣武记》卷3，台北：世界书局，1962年。

③ 海防与塞防之争对清廷来说是一种“两难式”（dilemma）。此处用“历史”（history）与“价值”（value）冲突的观念，借自J. R. Levenson，参见J. R. Levenson, History & Value: The Tension of Intellectual Choice in Modern China, in A. F. Wright, ed., *Studies in Chinese Thought*, Chicago: University of Chicago Press, 1953, pp.146-194.

④ “同治中兴”代表清廷覆亡之前“回光返照”的一面。事实上，并没有一个真正的“同治中兴”，它的结果是失败的。参见Mary Wright, op.cit.

⑤ 《筹办夷务始末》（同治朝）卷98，第19-20页，详细条文可参考杨家骆主编：《洋务运动文献汇编》第一册，台北：世界书局影印本，1963年，第26-30页。

沈葆桢、前江苏巡抚丁日昌、山西巡抚鲍源深、署山东巡抚漕运总督文彬、盛京将军都兴阿、两广总督英翰、安徽巡抚裕禄、浙江巡抚杨昌濬、福建巡抚王凯泰、闽浙总督李鹤年、两江总督李宗羲、江西巡抚刘坤一等人。尤以李鸿章的言论最能代表时人的见解，他的眼光敏锐，最能洞识变局，了解时代潮流的归趋。他分析当时的局势，以为：历代备边，多在西北，其强弱之势，客主之形，皆适相埒，且犹有中外界限；今则东南海疆万余里，各国通商传教，来往自如，群集京师及各省腹地，阳托和好之名，阴怀吞噬之计。一国生事，诸国构煽，实为数千年未有之变局。轮船电报之速，瞬息千里；军器机事之精，工力百倍；炮弹所到，无坚不摧，水陆关隘，不足限制，又为数千年来未有之强敌。外患之乘，变幻如此，而我犹欲以成方制之，譬如医者疗疾，不问何症，概投之以古方，诚未见其效也。[①]中国处于此种“数千年未有之变局”中，其国策自应经过一番检讨，必须变成法以应付新局势。他采用易经“穷则变，变则通”的教训，以为“不变通则战守皆不足恃，而和亦不可久”，变通之道，即在于整顿海防；欲整顿海防，舍变法与用人两者外别无下手之方。可见李鸿章等海防论者是充分将变法的观念与海防的观念合而为一，亦即将洋务自强运动的中心思想付之于海防的争论上。海防论者的中心观点即是此种变通“成法”扭转国策的主张。

海防论者之思想言论正合于同光新政运动之时代潮流，其主张毋宁说是必然的。然吾人若全盘分析彼时海防论者所持之理由，或可对此种言论之产生有进一步的了解。以下，笔者试综合分析与解释海防论者之观点。

（1）以为洋人异于发捻、苗、回，海防与塞防性质不同。李鸿章指出：“发捻苗回诸贼，皆内地百姓，虽有勇锐坚韧之气，而器械不及官军之精备，可以剿抚兼施；外洋本为敌国，专以兵力强弱角胜，彼之军械强于我，技艺精于我。”[②]故洋人较难对付，必须全力整顿海防，以抵抗新的外敌，这亦是海防论者主张变更旧制的理由。

（2）以为塞防不若海防重要，海防密迩京师，关系密切；新疆则路途悬远，鞭长莫及。此种主张，当与李鸿章个人处境有关：他手下的淮军于沿海防务上担任重要角色，他本人亦于同治九年（1870）受命为直隶总督兼北洋大臣，总揽海防及海军大权于一身，靠着朝廷的支持，以推动其海防计划。他当然重视京畿的安危。[③]他认为，新疆悬远，去之不为

---

① 《筹办夷务始末》（同治朝）卷99，第14页上；（清）李鸿章撰，（清）吴汝纶编：《李文忠公全集·奏稿》卷24，台北：文海出版社影印本，1962年，第11页。

② 《筹办夷务始末》（同治朝）卷99，第15页下。

③ 同治十三年以来，时任直隶总督的李鸿章，由于局势演变与外力的入侵，逐渐总揽海防和海军大权，重视沿海防务，实行一种保卫京师的固本政策。参见王尔敏：《淮军志》，台北：“中央研究院”近代史研究所，1967年，第384-385页；Kwang-Ching Liu, Li Hung-Chang in Chihli: The Emergence of a Policy, 1870-1875, in Albert Feuerwerker, Rhods Murphy, and Mary Wright, eds., *Approoaches to Modern Chinese History*, Berkeley and Los Angeles: University of California Press, 1967, pp.68-104.

不可，新疆不复，于肢体之元气无伤；海疆不防，则心腹之大患愈棘；时山西巡抚鲍源深亦有类似之主张，反对耗费于边陲而竭财于内地。[①]盖关外西征不若海防之重要，此亦李鸿章主撤关外之饷，匀移为海防之用的原因。

（3）李鸿章更强调东南沿海为财赋之区，此与“天下根本”的京师同等重要，尤以吴淞一带更扼长江门户，必须屯重兵以守。[②]东南一带，自唐宋以来，渐成全国财赋要区，所谓“辇东南以供西北”是也[③]，亦为全国经济重心，尤以苏州一带更为江南财赋之区，国家依之为外府。元、明、清以来，苏州、松州、常州一带，重税浮粮，累世不变。[④]太平天国运动后，东南财赋破坏，故国家财政亦因之崩解，陷入极端困难。李鸿章强调，东南为心腹之区，累有财赋之利；西北则荒僻无用，徒增漏卮而已。

（4）海防论者导因于对日本的侵略野心之觉醒，故亦特别强调日本日后的威胁及其他西方列强的野心之严重性。浙江巡抚杨昌濬的言论很能表示出这种心理，他指出：西洋各国以船炮利器称雄海上已三十余年，近更争奇斗巧，层出不穷，为千古未有之局，包藏祸心，莫不有虎视眈眈之势。日本东隅一小国耳，国朝二百年来相安无事，今亦依附西人，狡焉思逞，无故兴兵屯居番社，现在事虽议结，而履霜坚冰，难保不日后借端生衅；且闻该国尚在购器练兵，窥其意纵不公然内犯，而旁扰琉球、高丽，与我朝属国为难，则亦有不容坐视之理。故为将来御侮计，非豫筹战守不可，即为保目前和局计，亦非战守有恃不可。[⑤]他已经很明显地觇出日本对琉球、高丽的侵略野心，并提出西洋各国“包藏祸心”的警语。

大学士文祥亦认为防日本为尤亟，因为：以时局论之，日本与闽浙一苇可航。倭人习惯食言，此番退兵，即无中变，不能保其必无后患……或唆通西洋各国，别滋事端，虽欲

① 《东华录》（光绪朝），台北：文海出版社，1963 年，第 5-7 页；姚欣安：《海防与塞防的争论》，包遵彭、李定一、吴相湘编纂：《中国近代史论丛》第一辑第五册，台北：正中书局，1959 年；姚欣安：《清末新疆政策底史的发展》，《西北研究》1932 年第 3 期。

② 李鸿章以为“自奉天至广东，沿海袤延万里，口岸林立，若必处处宿以重兵，所费浩繁，力既不给，势必大溃。唯有分别缓急，择尤为紧要之处，如直隶之大沽北塘山海关一带，系京畿门户，是为最要；江苏吴淞至江阴一带，系长江门户，是为次要。盖京畿是天下根本，长江是财富之区，但能守此最要次要地方，其余各省海口边境，略为布置，即有顿挫，于大局尚无甚碍”。参见《筹办夷务始末》（同治朝）卷 99，第 20 页下。

③ （清）王夫之：《读通鉴论》卷 23，台北：广文书局影印本，1967 年，第 3 页上。

④ 参见钱穆：《国史大纲》第十三版，台北：商务印书馆，1969 年，第 552-563 页；萧一山：《清代通史》下卷，台北：商务印书馆，1963 年，第 675-678 页；吴缉华：《论〈明史·食货志〉载太祖迁怒于苏松重赋》，《明代社会经济史论丛（初版）》上册，台北：台湾学生书局，1970 年，第 17-32 页；吴缉华：《论明代税粮重心之地域及其重税之由来》，《明代社会经济史论丛（初版）》上册，台北：台湾学生书局，1970 年，第 33-73 页。尤有进者，李鸿章所主持的淮军自始即以长江下游的东南财赋之区为饷源，即使淮军北上担负直隶海防任务后仍然如此。参见 Stanley Spector, (*Li Hung-chang and the Huai Army,*) *A Study in Nineteenth-century Chinese Regionalism*, Seattle: University of Washington Press, 1964, pp.142-151, 195-233, 208-213；王尔敏：《淮军志》，第 239-293 页。

⑤ 《筹办夷务始末》（同治朝）卷 99，第 34 页下-41 页上。

委屈将就，亦恐不能。[①]他以为，未雨绸缪之计，正宜乘此无事之时，认真办理，不容稍懈，否则一味迟就，后患无穷：夫日本东洋一小国耳，新习西洋兵法，仅购铁甲船两艘，竟敢借端发难，而沈葆桢及沿海疆臣等，佥以铁甲尚未购妥，不便与之决裂。是此次之迁就了事，实以制备未济之故，若再因循泄沓，而不亟求整顿，一旦变生，更形棘手。[②]

李鸿章亦以为"泰西虽强，尚在七万里以外；日本则近在户闼，伺我虚实，诚为中国永久之患"，故极力讲究海防，而以日本为其假想敌人。海防论者此种论调，对日后"联俄抗日"的外交政策，实具深远的影响。[③]

（5）财政困难，军事没法把握胜利，关外实难底定。山西巡抚鲍源深对此点争论最痛切，他认为：自古立国之经，必先足用；足用之道，必先充实内地而后以余力控制边陲，未有竭内地之藏，供边陲之用，而能善其后也。……今之内地空虚极矣，自咸丰初年军兴以来，殚竭财赋以佐饷需者，为数已不可胜计；迨发捻既平，滇黔胥靖，而各省犹协发频仍，不遗余力。以内地甘、陇未清，不得不竭力图为勉资军食，其实百计搜括，已极艰难，乃自肃州告捷，因出关师行紧要，征饷益繁。……盖关外用兵，骆驼之费，转运之资，较之关内且增数倍。然其事果有把握，计期可以告蒇，各省即设法筹措，尚冀有日息肩；无如边地荒遐，回情狡谲，恐非克日成功之举；设迟延岁月，边外之征需未已，内地之罗掘先穷；万一贻误戎机，悔将何及。[④]

关外用兵既有重重困难，且正当国家新创之后，即使勉强支持，亦是挖肉补疮，其无能勉应者，则早逞捉襟见肘之势。若果孤注一掷，而令内地空虚，则中原一旦有水旱刀兵，其奈之何？此种论调亦充分显示出海防论者着眼于京畿安危的"固本"主张。

事实上，西北远征军除财政上的困难外，所遭遇之阻碍亦很大。此时西方帝国主义浪潮扩张至亚洲各地，国际风云险恶，日本、英国固纷寻衅于东南，而西北回酋阿古柏势力已成，并与英国、俄国、土耳其等国勾结，此时进兵不独无胜利把握，反可能招致阻挠，牵动全局，且西征军事之兵力编配、军费筹措、粮食供给、交通运输等困难正多，而气候酷寒、强敌当前、孤军奋战、尚在其次。[⑤]综合这些理由，又值举国上下讲求海防的时候，新疆军事之值得进一步探讨，可说是必然的。

（6）以为新疆荒僻，恢复无用；而又强邻环伺，即是勉强恢复，将来断不能久守。此为海防论者反对西征军事的重要论点。李鸿章的议论最为理直气壮：今日财用极绌，人所共知；欲图振作，必统天下全局，通盘合筹，而后定计。新疆各城，自乾隆年间始归版图，

① 《筹办夷务始末》（同治朝）卷98，第40页下-41页。

② 《筹办夷务始末》（同治朝）卷98，第40页下-41页。

③ 《筹办夷务始末》（同治朝）卷99，第32页下；Cf.Immanuel C. Y. Hsü, op. cit.

④ 《东华录》（光绪朝），第5页。

⑤ 郭廷以：《从张骞到左宗棠》。

无论开辟之难，即无事时岁需兵费尚三百余万，徒收数千里之旷地，而增千百年之漏卮，已为不值。且其地北邻俄罗斯，西界土耳其、天方、波斯各回国；南近英属之印度，外日强大，内日侵削，今者异世，即勉图恢复，将来断不能久守。他更警觉到新疆回酋与英国、俄国、土耳其等通盟交往，以为“揆度情形，俄先蚕食，英必分其利，皆不顾中国得志于西方”，故以中国此时之国力，实不及专顾西域，否则迟延日久，所费不赀，“师老财痛，尤虑别生他变”，在这方面，他是主张暂弃关外，专清关内，并设法将塞防之饷匀移为海防之用：

> 今虽命将出师，兵力饷力，万不能逮。可否密谕西路各统帅，但严守现有边界，且屯且耕，不必急图进取。一面招抚伊犁、乌鲁木齐、喀什葛尔（喀什噶尔）等回酋，准其自为部落，如云、贵、粤属之苗裔土司，越南、朝鲜之略奉正朔可矣，两存之则两利；英、俄既免各怀兼并，中国亦不至屡烦兵力，似为经久之道。……此议果定，则已经出塞及尚未出塞的各军，似须略加核减，可停则停。其停撤之饷，即匀作海防之饷。否则，只此财力，既备东南万里之海疆，又备西北万里之饷运，有不困穷颠蹶者哉？①

由此可见李鸿章的胆识，他是此时所有海防论者之中唯一主张停撤关外之饷匀移为海防之用的人。他主张西征军屯田耕战，以节军饷，又主裁军②，此实为一个明显的退缨政策。他又将回酋与西南土司及延边藩属一体看待，意在维持传统朝贡制度下的“存祀主义”的精神，而不主武力征剿。然此实以清初诸帝艰辛得来之土地委之于不顾，盖所谓奉中国之正朔，亦不过欺人之谈。此当李鸿章蒙受后人诋毁及其政策之终于失败，不被清廷采纳的原因。③

（7）以为缓复新疆，不为不孝，而只是一权益办法而已。此点可由上引鲍源深的奏折充分表现出来：“或谓”新疆为高宗开拓之地，正当乘此兵威，力图收复。第事有宜审时量力，参酌与完全者……天下事有先本计而后末图，舍空名而求实益者，亦唯于轻重缓急间一权衡耳。夫古之圣人曰善继善述。于前人未竟之志事乘时而亟图之，固为继述之善；于前人难竟之志事审时而徐图之，亦未当非继述之善，善者，因时变通之谓也。所以他主张

① 以上所引李鸿章的议论，参见《筹办夷务始末》（同治朝）卷99，第23页下-24页下，（清）李鸿章撰，（清）吴汝纶编：《李文忠公全集·奏稿》卷24，第18页下-19页下。

② 山西巡抚鲍源深更具体的主张西征军屯田以守，他以为有六利：计口授粮，饷少易给；转输便而省费多；易战兵为防兵，可安边保境；息劳养锐，奋与士气；以逸待劳可制贼之命；所费者暂，所省者长。如此则内足以固守关塞，外足以慑服羌戎云。参见《东华录》（光绪朝），第6页；姚欣安：《海防与塞防的争论》，包遵彭、李定一、吴相湘编纂：《中国近代史论丛》第一辑第五册。

③ 姚欣安：《海防与塞防的争论》，包遵彭、李定一、吴相湘编纂：《中国近代史论丛》第一辑第五册。

于“边陲小丑”则暂示羁縻，于内地封疆则先培元气，而采取一种固守不战的政策。他建议：可否请敕下西征各军，未出关者暂缓出关，已出关者暂缓前进；挑选精锐数千，驻扎安西、敦煌、玉门一带，防守关塞，北则于河套要隘，相地布扎，扼贼东趋，其业经西进之师，可退者退，不可退者会合其他防兵，固守城池，勿轻进击，并仿赵充国屯田之议，令各处驻扎之兵，且耕且守。①

可见，鲍源深的见解与李鸿章多有相同者，他们同样认为只有如此消极的削弱塞防力量，才有助于海防的建设。即令如此，亦是一时权宜之计，旨在养精蓄锐，以海防建设而培国本，以待将来之进取恢复西北。

以上为海防论者所持观点。此外，亦有人认为海防之利，除拱卫京师外，尚可扬威海面，使内地奸匪敛迹，而免除外夷之要挟；且外洋水师，无事则分防洋汛，兵船捕盗，商船载货；有事则通力合作联为一气，兵船捕盗，商船载货；有事则通力合作，联为一气，兵船备战，商船转运；如此则海上屹然重镇，可战可守，甚是大用。②

至于海防论者所提出之解决方案亦甚复杂。其最基本者，当是建立一支近代化的海军，事实上，亦即整个自强运动“兵工文化”的内容。海防论者有鉴于西洋各国之船坚炮利，故均转而访求西法。例如，李鸿章即主张将沿海各省之艇船舢板裁并，以专养轮船。同治十一年（1872）轮船招商局成立，这是李鸿章主持之“官督商办”企业之一要项，亦是他发展海防事业的具体表征③；他以为，制造轮船，未可裁撤，为谋持久，可造商船。同治十三年，他上奏估计开办海防约计购船、练兵与简器三项，约需一千万两，主张停内府不急之需以供应海防费用，即在各省无款可存留借抵之情况下，应提部存及各海关四成洋税一款，以为开办之需，其有不敷，则拟暂借洋款抵用。此外，他又主张开矿，以为养船练兵之资；并要求沿海各省整顿货产与厘税，每省每年限定酌拨数万两以协济海防。李鸿章亦重视到彼时外国鸦片入口骤增，流毒中土的问题，他主张暂驰各省罂粟之禁，而加重进口洋药之税厘，使外洋烟土在没有厚利可图的情况下根绝，然后妥立规条，严格限制，以为戒除，如此则“民财可杜外耗之源，国饷并有日增之势”，庶几可以筹饷而议海防。④

李鸿章的海防政策，重在筹饷其法除上举“开源”措施外，又主“节流”，他认为：裁艇船以养轮船，裁边防冗军以养海防战士，停官府不急之需，减地方浮滥之费以俾军事

① 《东华录》（光绪朝），第 5-6 页。

② 此为浙江巡抚杨昌濬的看法，参见《筹办夷务始末》（同治朝）卷 99，第 37 页下-38 页上。

③ 关于李鸿章奏设轮船招商局的经过，可参见 Albert Feuerwerker, *China's Early Industrilization: Sheng Hsuan-huai (1844-1916) and Mandarin Enlerprise*, Cambridge, Mass.: Havard University Press, 1958, pp.96-188；吕实强：《中国早期的轮船经营》，台北：“中央研究院”近代史研究所，1962 年，第 225-265 页。李鸿章所创办的新式企业甚多，此处不拟赘述。

④ 参见《筹办夷务始末》（同治朝）卷 99，第 24 页下-28 页下；（清）李鸿章撰，（清）吴汝纶编：《李文忠公全集·奏稿》卷 24，第 19 页下-22 页下。

而成远谋都是节流的大要，必须在这方面上下一心，局中局外一心，以为全力讲求自强之策。此外，他又主张变通科举，以洋务取士；并派公使驻外，“外托邻邦报聘之礼，内答华民望泽之诚”，如此则有俾于中外通商交往云。[①]

此外，其他海防论者亦有极具体的主张。江苏巡抚吴元炳认为：“御外之道，莫切于海防；海防之要，莫重于水师。将领不得其人，有兵如无兵；形势不扼其要，有险如无险。”他极力强调整顿水师的重要性。[②]浙江巡抚杨昌濬亦认为，海上宜设重兵，即使所费甚巨，亦不得不如此，因为：日本以贫小之国，方且不惜重资，立师西法，岂堂堂中夏，当此外患方殷之际，顾犹不发愤为雄，因循坐误，以受制于人哉？[③]

故他主张南洋、北洋、中洋三洋宜设水陆军三大枝，分屯于闽广，江浙与直奉山东，听命于南北洋大臣节制调遣，无事则分防洋汛，有事则连为一气。丁日昌所提出的《海洋水师章程六条》、文彬与王凯泰所拟定的防海策略与部署，均有如是之主张。[④]此外亦多有提出设立制造局，以造轮船枪炮；裁汰老弱兵员，精练水师；切实整顿财政，设立官局，加收盐厘以为海防之用。并有主张注重江防，以守为战者；亦有重视东南海防，主将福建巡抚移驻台湾，以扼海疆门户者。[⑤]

虽然主张海防者之言论正合于时代要求，海防之重要性亦无可置疑，然来自塞防论者的压力仍大，彼辈主张重视西北“回民反清起事”及俄人之威胁，反对将西征军饷均移为海防之用。从两派的争论中，吾人可见出19世纪70年代西方帝国主义在东亚扩张的情形，与彼时中国有识之士之觉醒及其所提出的救国方案。

四、塞防论者所持观点之分析

同治末年，塞防论者最著名的当推当时任陕甘总督的左宗棠、湖广总督的李瀚章、湖

① 见《筹办夷务始末》（同治朝）卷99，第29页下-34页下；（清）李鸿章撰，（清）吴汝纶编：《李文忠公全集·奏稿》卷24，第23页上-24页下、27页。

② 《筹办夷务始末》（同治朝）卷100，第43页下。

③ 《筹办夷务始末》（同治朝）卷99，第36页上。

④ 亦可参见杨家骆主编：《洋务运动文献汇编》第一册，第30-33、35-38、61-62、77-78页；《筹办夷务始末》（同治朝）卷98，第23页上-27页下、31页；《筹办夷务始末》（同治朝）卷99，第37页；《筹办夷务始末》（同治朝）卷99，第44页下-46页上。尤以丁日昌海洋水师章程提出后，议海防者较从前尚实际而少空谈；此种“三洋水师”乃一崭新观念，以后议论“分洋设防”者大抵以此为本。参见王家俭：《清季的海防论》。

⑤ 此时所有设立制造局、精练水师、整顿财政、注重海防的主张俱散见于《筹办夷务始末》（同治朝）卷98、卷99、卷100；亦可参见《洋务运动文献汇编》第一册。又沈葆桢更以为“年来洋务日密，偏重在东南；台湾海外孤悬，七省以为门户，其关系非轻”，故主张福建巡抚移驻台湾。这是以后台湾建立行省的张本。见王云五主编：《道咸同光四朝奏议》，台北：商务印书馆，1970年，第2640-2643页。

南巡抚的王文韶与山东巡抚的丁宝桢，其中以左宗棠的言论最为急切，亦最能代表当时多数中国人的看法，他对新疆军事的认识与贡献，使他在历史上享有大名，成为一个杰出的政治家与军事家。

19世纪中叶，整个中国动荡不安，内有珠江流域的天地会、长江流域的太平军、黄淮流域的捻军、西南地区的苗族与回族等冲突与动荡，而陕甘的骚动更予新疆回众以有力的煽诱与良机；加以彼时西法模仿只得皮毛，保守精神浓厚，“清议”得势，士大夫虚骄腐化，致使改革人物处境艰难，且对外还要对付帝国主义的侵略：此时期英国和法国两次联军之役，使北京、天津相继失守；俄国势力东侵，使东北领土大半丧失；日本人蠢动于沿海，而英国、俄国更分由南北进入中亚，益令新疆情势趋于复杂，同时南方的法国已在越南构衅，中国“缮防固边”的政策面临严重的挑战，结果是无处不失败，除了西北方面，其余的失败均不堪言状。[①]塞防论者重视西北“回民反清起事”之肃清总算收到某种程度之效果，至少在列强蚕食鲸吞中国的情况下，为西北边陲保持了一片净土。

反对关外西征之论调，虽然为中国有力者如李鸿章等所倡，但结果终不能阻止清廷及左宗棠等恢复失地之注重塞防政策，这当与西北边陲在中国历史上的重要性有关。对大部分中国人而言，“西域”这名词实是神秘、冒险与军事上的荣耀综合而成的；自汉以降两千年，中国各朝代均有远征军以讨伐西域，此亦可看出历代严防“胡人南下牧马”之一贯边防政策，可知在传统的“骑射时代”，中国本土王朝之命运实与西部、北部边陲之控制与否息息相关。故新疆地区在中国国防决策上有其重要性，而中国与西域之关系实为各朝代兴衰命运之指标。[②]清人崛起关外，其国防政策自亦重视北部边陲，历代帝王亦是“宵旰筹边，不遗余力”[③]，即使在中西海道汇通以后，此种传统国防政策亦不可轻易变更。由此可见，彼时塞防论者之议论自有其深远之历史背景，其终得清廷之同情与接纳，毋宁说是意料中事。

但左宗棠等人的议论亦非全是本着传统，在某些方面，吾人似可看出其新颖超人的眼光。左宗棠的经验是他对中外局势有进一步的了解，而发为识见远大，理由充足的议论，他并不是一个传统主义者，他也不反对海防措施；但当沿海承平无事，外人不启衅端时，西北“回民反清起事”适起，此实不得不重视，此亦左宗棠塞防主张的重要背景。[④]

综合分析之，塞防论者所持观点如下。

（1）俄人狡焉思逞，威胁渐形，非西洋诸国可比，故必先注重西陲军务。

此以湖南巡抚王文韶之言论最为明切，他比较海防与塞防说：江海两防，亟宜筹备，当务之急，诚无逾此。然窃谓海疆之患不能无因而至，其所视成败以为动静者，则西陲军

---

① 郭廷以：《从张骞到左宗棠》；李剑农：《中国近百年政治史》第四版，第137-138页。

② Cf. Immanuel C. Y. Hsü, op.cit.

③ 魏光焘：《戡定新疆记·自序》，《新疆研究专刊第十种》，台北：商务印书馆，1966年。

④ 参看 Wen-djang Chu, TsoTsung-T'ang's Role in the Recovery of Sinkiang，《清华学报》1958年新1卷第3期。

务也，西洋各国俄为大，去中国又最近……而其狡焉思逞之心，则故别有深谋远虑，更非英国、法国、美国诸国可比也。比年以来，新疆之事，邸钞所不尽宣，人言亦不足信；然微闻俄人攘我伊犁，殆有久假不归之势，履霜坚冰，其机已见，今虽关内肃清，大军出塞，而艰于馈运，深入为难。我师迟一步，则俄人进一步；我师迟一日，则俄人进一日；事机之急，莫此焉甚，彼英国、法国、美国诸国固乘机而动者，万一俄患日滋，则海疆之变相而来；备御之方，顾此失彼，中外大局，将有不堪设想者矣。

可见，他重视西北俄国势力甚于东南沿海列强，甚能洞察俄人之野心，故主张全力西征，支持左宗棠的远征军，俄患即除，东南威胁自免，他的看法是：但使俄人不能逞志于西北，则各国必不致构衅于东南，此事势之可指而易见者。非谓海防可缓，正以亟于海防，而深恐西事日棘；将欲其历久坚持，而力有所不逮，势有所不及也。[①]

由于清廷饷绌，自不得不要求西征军速战速决，否则夜长梦多，贻误戎机。可见王文韶重视俄国帝国主义的侵略更甚于英国、法国与美国，此种辩论，在不反对海防的情况下是很巧妙的。左宗棠则不太同意王文韶对俄人的看法，他以为，俄人未必对回疆有领土野心，但无论如何不能停撤西征军事，盖即就守局而论，亦必须先回（恢）复迪化（今乌鲁木齐）后，再察看定议。[②]

伊犁将军荣全指出俄人占领伊犁，渐生异志，不但有久假不归之志，且欺凌强暴之事层见叠出，故必须大军之镇抚，先发制人，否则伊犁终不得催讨。[③]办理西征粮台的礼部侍郎袁保恒更上疏痛陈西征军事的急切，他说：肃州未复以先，外夷迟回观望而不敢遽肆者，恐我内地即平，移师西迈，不能不存顾忌耳；若内地无事，而迁延日久，外人窥我无进取之心，无恢复之力，势必益肆凭陵。自肃州蒇事，我军即声言出关，而以粮运艰阻，已误一年，戒心之启，本在意中；近闻俄患不靖，势渐东侵，倘白彦虎为所牢笼，安集延被其勾引，大局更难措手矣，况倭夷寻衅台湾，海防紧要，沿海各省相继奏停协饷，西事日艰，征饷日绌，如不早思变计，唯恐一误再误，边患棘于西北，财力敝于东南，将非徒新疆一隅忧也。[④]

新疆军事迟延日久，则内乱外患相逼而至，何况靡费东南海疆，正使西事更难措手，影响所及，实非浅鲜。袁保恒的议论也不忘怀于沿海防务，亦了解到中国历史上边境叛乱，则必有外力乘机勾结入侵的事实，故有如是安内攘外之主张，此种言论可说是合理的。

（2）西方各国志在通商贸易，不愿启衅，初无切急之险可言。左宗棠很明白地指出：窃维泰西诸国之所以谋我也，其志专在通商取利，非必别有奸谋，缘其国用取给于征商，故所历各国壹以占埠头、争海口为事，而不利其土地人民……自通商定议埠头口岸已成，

---

① 《筹办夷务始末》（同治朝）卷 99，第 60 页下-61 页下。

② （清）左宗棠撰，杨书霖编校：《左文襄公全集·奏稿》卷 46，台北：文海出版社影印本，1964 年，第 37 页。

③ 《筹办夷务始末》（同治朝）卷 99，第 42 页。

④ 《西征兵事饷事宜专责成疏》，王云五主编：《道咸同光四朝奏议》，第 2607-2609 页。

各国久以为利，知败约必妨国用也，商贾计日求赢，知败约必碍生计也，非甚不得已，何敢辄发难端……[①]

他很明显地看清了帝国主义列强经济侵略的一面而不认为有扩张领土的野心，自不会轻易地开战，此当然是他一厢情愿的想法。湖广总督李瀚章也认为东南防务宜认真图谋，但西北征军尤贵及时清理；以为新疆“回民反清起事”在尚未剿灭净尽以前，实难遽议撤兵。[②]

山东巡抚丁宝桢更明白地指出俄国之威胁大于日本；前者为心腹之疾，泰西诸国则只是四肢之病。俄人心存狡黠，意图窥伺，乘机观变，不得不预为防患，因为：外洋各国与中国水路虽通而陆路不通，且均远在数万里外，日本洋面虽近而陆路尚阻，唯有俄罗斯则水陆皆通中国，而水路较各国为近，陆路则东北、西北直与黑龙江、新疆各处连环，形势在在可虞。况该国……每遇各国与我口舌等事，彼往往两利俱存，务为见好，此即意存窥伺，乘机观变之大较也。臣窃谓各国之患，四股之病，患远而轻；俄人之患，心腹之疾，患近而重。现在东南海防渐次筹办，而北面为京畿重地，俄夷扰我之西北，尤难彼此兼顾。[③]比较丁宝桢与李鸿章的见解，吾人可见一明显对比：李鸿章以为海疆为中国心腹之区，丁宝桢则以为俄人为中国心腹之患；李鸿章是对沿海新式外敌的猛省，丁宝桢则具传统心理取向，秉承历代传统重视北方国防前线的策略。

（3）新疆为北方屏障，亦为西北国防第一线。重新疆所以保蒙古，保蒙古所以卫京师。此点可由左宗棠于光绪三年（1877）六月十六日所上统筹关外全局疏中清楚地看出：

> 中国边患，西北恒剧于东南；盖东南以大海为界，形格势禁，尚易为功；西北则广漠无垠，专视兵力强弱，兵力少固启戎心，兵多又耗国用，以言防无天险可限戎马之足，以言战无舟楫可省转馈之烦，非若东南之险阻可凭，集筹较易也。周秦至今，惟汉唐为得中策，及其衰也，举边要而捐之，国势随益以不振，往代陈绩可覆按矣。……我朝定鼎燕都，蒙部环卫北方，百数十年无烽燧之警，不特前代所谓九边皆成腹地，即由科布多、乌里雅苏台以达张家口亦皆分屯列戍，斥堠遥通，而后畿甸晏然，盖先朝削平准部，并勘定回部，开新疆立军府之所始也。是故重新疆者所以保蒙古，保蒙古者所以卫京师；西北臂指相联（连），形势完整，外患自无隙可乘。若新疆不固，则蒙部不安；匪特陕甘山西各边时虞侵轶，防不胜防，即直北关山，亦将无晏眠之日，况今之与昔事势攸殊，俄人拓境日广，由西而东万余里，与我北境相连，仅中段有蒙部为之遮阂，徙薪宜远，曲突宜先，尤不可不豫为筹谋者也。[④]

---

① （清）左宗棠撰，杨书霖编校：《左文襄公全集·奏稿》卷46，第32页下-33页上。

② 《筹办夷务始末》（同治朝）卷100，第12页下-13页下。

③ 《筹办夷务始末》（同治朝）卷100，第41页。

④ （清）左宗棠撰，杨书霖编校：《左文襄公全集·奏稿》卷50，第75页b-76页b；王云五主编：《道咸同光四朝奏议》，第3276-3277页。

可见，左宗棠充分发挥新疆在国史上的重要性的观念，他也强调保卫京师安全的必要，但他的“固本”政策与李鸿章不同：李鸿章注意到19世纪来自沿海的新式外敌，左宗棠则着眼于来自塞外草原的传统式外患。清人崛起塞外，具有一种大陆取向（Land-orientend）式的战略思想[①]，加以中国历代均置国家重心于北方的事实，使左宗棠的急切言论颇能震动人心，而得到清廷的接纳。此种思想，有其深厚的历史背景；直到光绪二十五年（1899），魏光焘在他的《戡定新疆记》里仍然有类似的主张，他说：朝廷得新疆以屏蔽西陲，关陇数千里屹然自成要区；海氛虽恶，一旦率三秦之众，卷甲东趋，真有建瓴莫御之势，匪仅聊固吾圉，以之鞭挞四夷称雄五大洲不难矣。[②]这段话反映出清代一般士大夫阶级的战略思想仍然有很浓厚的传统色彩。

（4）我有利器，则各国必不致启衅，海疆可晏然。左宗棠认为，沿海西人不敢辄发战端以毁商约，因西人固无领土之野心，我则缮固以守，西人亦不无顾忌。他说：自轮船开办，彼挟以傲我者，我亦能之；而我又抟心抑志，方广求善事利器，益为之备，谓彼犹狡焉思启，顾而他之，亦非事理所有。[③]

可见，这是一种“师夷长技以制夷”的心理反应，这在对西方的认识方面，可说仍然有其限制，这种限制，亦是整个同光新政运动失败的症结所在。

（5）以为海防无须借塞防之饷；塞防之饷奇绌，不得匀移为海防之用。这是左宗棠争议塞防最重要的基点，也是西征军事最感困难的地方，正如魏光焘所说“塞外用师，筹饷难于筹兵，筹粮难于筹饷；路阻以远，劳费倍千，百筹转运更难于筹饷筹粮”[④]，关外用兵可说十倍艰难于内地。且新疆一向是“协饷”省份，其平时经费即需内地各省接济，行军作战，所需更多；即是后方之甘肃亦不能自给，而各省及各海关应解交左宗棠之款银，积欠甚巨；东南各省关以办理海防为名，亦不肯照数实发，平均每年仍差二百多万两。[⑤]

在此情形下，西征军事之难可想而知，故左宗棠于此言之最为痛切，他认为，“论者乃议停撤出关之饷匀作海防，夫使海防之急倍于今日之塞防，陇军之饷裕于今日之海防犹可言也”，但事实并非如此，西征军饷可谓极度匮乏，每年甚至只发三个月之满饷，至同治十二年（1873）底，欠常年饷达八百二十万两，而各省关积欠之军饷则更达三千数百万。[⑥]在此种财政困难，出关粮运巨款欲停不可，欲垫不能的情况下，左宗棠尚坚持塞饷不可削减，西军不可裁撤：论者拟停撤出关兵饷，无论乌鲁木齐未复无撤兵之理，即乌鲁木齐已复，

---

① 此种战略思想可说是由于历史上中原和西域之密切关系，以及传统旧式军事技艺与作战方式所产生的。Cf. Immanuel C. Y. Hsü, op.cit.

② （清）魏光焘：《戡定新疆记·自序》。

③ （清）左宗棠撰，杨书霖编校：《左文襄公全集·奏稿》卷46，第33页a。

④ （清）魏光焘：《戡定新疆记》卷5，第1页。

⑤ 郭廷以：《从张骞到左宗棠》。

⑥ （清）左宗棠撰，杨书霖编校：《左文襄公全集·奏稿》卷46，第34页。

定议画地而守，以征兵作戍兵，为固圉计，而乘障防秋，星罗棋布，地可缩而兵不能减，兵既增而饷不能缺；非合东南财赋通融挹注，何以重边镇而严内外之防？是塞防可因时制宜而兵饷仍难于言裁也。

另外，他又认为，海防建设已能自力更生，需饷有限，而无须挪借塞防之饷。他的理由是：海防应筹之饷……始事所需如购造轮船、购造枪炮、购造守具、修建炮台是也；经常之费如水陆标营，练兵增饷及养船之费是也。闽局造船渐有头绪，由此推广精进，成船渐多，购船之费可省，雇船之费可改为养船之费，此始事所需与经常所需无待别筹者也。海防之应筹者，水陆练军最为急务，沿海各口风气刚劲，商渔水手取才非难，陆路则各省就精兵处募捕，如粤之广、惠、潮、嘉，闽之兴、泉、永、漳，浙之台、处、宁波，两江之淮、徐、凤、泗、颍、亳诸处，皆可训练成军，较之招募勇丁，费节而可持久。现在浙江办法，饷不外增，兵有实用，台防议起，浙之开销独少，似非一无可恃者比也，海防应筹者至此。[①]

陇军饷缺，海防则尚可自立维持，自无匀移塞饷以充海防经费之理。何况东南为财赋之区，饷筹较易；西北则荒瘠困窘，无饷可筹，无兵可招，故必须相互通融挹注，局面方可维持。[②]

（6）以为险要未扼不能撤兵，而规复新疆，不特无縻饷之虞，且有节饷之实。左宗棠很详细地分析天山南北两路的形势说：天山南北两路旧有富八城、穷八城之说，北自乌鲁木齐迄西，南自阿克苏迄西，土沃泉甘，物产殷阜，旧为各部腴疆，所谓富八城者也；其自乌鲁木齐迄东四城，地势高寒，山谷多而平川少，哈密迄南而西抵阿克苏四城，地势偏狭，中多戈壁，谓之穷八城。以南北两路而言，北八城广而南八城狭，北可制南，南不能制北，故当准部强盛时，回部被其侵削，后为所并。高宗用兵准部以救回部，准部既平……回部有之，腴疆既得，乃分屯列戍，用其财赋供移屯之军，节省镇迪以东征防繇费实亦不少。

故主张先复乌桓以驻守，在巴里坤、塔尔巴哈台等路屯重兵以为犄角，再兴办屯田，招徕人民以实边塞，而后始可议停饷撤军，否则必有撤藩篱，“我退寸则寇进尺，不独陇右堪虞，即北路科布多，乌里雅苏台等处恐亦未能晏然”[③]，如此，则停兵节饷固有损于塞防，亦未必有益于海防。

海防论者主新疆荒僻，恢复无用，徒增漏卮而已；塞防论者则反对此说，事实上，以

---

① （清）左宗棠撰，杨书霖编校：《左文襄公全集·奏稿》卷46，第33、35页。

② 参见（清）魏光焘：《勘定新疆记》卷5《粮饷篇》。左宗棠在光绪元年（1875）八月十五日请敕各省匀济饷需片，认为海疆经费随时随地可立办，而塞饷则需预为筹措，盖海疆皆富饶之区，为通商利源厘税之所在，且东南为泽国水稻之乡，筹饷较易，而粮与饷可合为一。西北则荒瘠落后，民不聊生，且交通运输不便，故其粮价谷价非由官方另筹津贴不可，盖必须仰赖东南各省之协饷。参看（清）左宗棠撰，杨书霖编校：《左文襄公全集·奏稿》卷47，第33页上-34页下。又西北招兵亦难。伊犁将军荣全曾指出新招的边兵，“颠沛流离，技艺生疏，一时尚难成劲旅”，且各地人众良莠不齐，殊难处置。参见《筹办夷务始末》（同治朝）卷99，第43上页。左宗棠的远征军可说是以老湘军为班底的。

③ （清）左宗棠撰，杨书霖编校：《左文襄公全集·奏稿》卷41，第35页下-36页下。

后历史发展证明新疆边陲非但不虚糜军饷，反倒有利于清廷财政。魏源在道咸年间就已经指出新疆不惟未尝糜军饷，而且可节国用。[①]光绪四年（1878）左宗棠所上《覆陈新疆宜改行省疏》中，亦以为新疆利源可开、饷银可省，何况新疆、甘肃每岁所需饷银四百数十万两，本是承平时预拨估拨常例，即于全陇澄清，西域收复之时照常指拨，于部章亦无不合，况经理得宜亦可节省，于国家经出之费实不无小补。[②]

（7）以为前代帝王经营所得之地，不应轻易放弃。此点实为清廷之主张收复失地之全部动机。这全是一种孝顺观念在作祟，故认为只有全力注重西北军事，收复故有土地，才能安慰祖先在天之灵。[③]左宗棠的塞防言论固然目光远大，颇能洞烛先机，但仍然是发挥这种孝顺祖先与历史教训的观念，而成为一种理性与情绪之微妙糅合。[④]他的塞防主张固有许多精辟的议论，但仍然念念不忘先帝的业绩：高宗先平准部，次平回部，扩地两万里。北路之西以伊犁为军府，南路以西以喀什噶尔为军府，当时盈廷诸臣颇以开边未已，耗斁滋多为疑，而圣意闳深，不为所动，盖立国有疆制，置方略各有攸宜也。[⑤]

西北边陲在清代传统上有其重要性，康熙帝经营蒙部，乾隆帝亦先后招抚准噶尔（1757）、喀什噶尔（1759），从而奠定其“十全武功”与西北百年和平安定的基础；故左宗棠的论调，可说是对清廷传统战略政策的一个强力的肯定。[⑥]事实上，清朝祖先成法的约束极严，后代帝王禀承祖制遗训，似极不可能无视历史传统而放弃前代帝王的经营成果的。

（8）以为“回民反清起事”惨烈，为谋一劳永逸之计，必尽先肃清。左宗棠以为“回民反清起事”惨烈，甲于天下，是为法所必诛，时不可缓者，为使其永久帖服计，必须全力剿讨，使其不致波及内地，一味招抚，反招后患。[⑦]盖“回民反清起事”本质上是一种内乱性质，在中国传统各朝代中，吾人极少看见王师与叛贼妥协的。中国的正统观念，以为叛贼必稽天讨，此可谓名正言顺，何况安内所以攘外，清廷必欲先肃清关外“回民反清起事”，重视边陲军务，良有其因。

西征军事终得到朝廷之正式批准，光绪元年（1875），左宗棠被任命为钦差大臣督办新疆军务，着力筹办西征事宜。新疆军事艰困重重，特别是在清廷财政困绌，军事颓敝与

---

① 参见（清）魏源：《圣武记》卷4。他指出：“西域南北二路地大物渊，牛羊麦面蔬瓜之贱，浇植贸易之利，金矿铜矿之旺，徭役赋税之简，外番茶马布缎互市之利，又皆阡陌内地”云。

② 参见（清）左宗棠撰，杨书霖编校：《左文襄公全集·奏稿》卷53，第35页下-39页上；王云五主编：《道咸同光四朝奏议》，第3537-3544页。

③ 参见姚欣安：《海防与塞防的争论》，包遵彭、李定一、吴相湘编纂：《中国近代史论丛》第一辑第五册。

④ Cf. Immanuel C. Y. Hsü, op. cit.姚欣安认为左宗棠的观点全是注意新疆本身重要地位，不是基于孝顺祖先观念，亦非确实。

⑤ （清）左宗棠撰，杨书霖编校：《左文襄公全集·奏稿》卷46，第35页。

⑥ Cf. Immanuel C. Y. Hsü, op. cit.

⑦ （清）左宗棠：《敬陈进兵事宜疏》（同治十年），王云五主编：《道咸同光四朝奏议》，第2308-2310页。

政治腐败的时候，更是显然，正如左宗棠所说，这是“自周秦以来，实亦罕见之鸿烈”①。其成功得益于中原十一省之协饷，户部大量的拨款与透过他的幕僚胡光墉的借举外债，以购置战备，而得以成。②左宗棠亦采用屯田的办法，且战且耕，以利军民，他的方法是：于师行地方，且战且耕，随地招来，难民复业，杂居耕种，比事定后，地已开荒成熟，仍还之民，民归旧业，各安陇亩，非兵屯，亦非民屯。……官军开荒，于军食有裨，于哈民故业无损；而哈民复业，得免开荒之劳，尤所心愿。所办屯务，于关外无殊，是视哈密如关外也。③

但此亦缓不济急，故仍多以采购为主，如此则需解决后勤补给与交通运输问题，左宗棠乃设后路粮台，由袁保恒与刘典负责筹划粮运。经过几年的艰苦征讨，乃先后镇压了北疆的准噶尔（1876），平定回酋阿古柏建立的喀尔噶尔回教国（1877），同年喀喇沙尔、康尔勒、库车、阿克苏、乌什、叶尔羌、英吉沙尔、和阗均先后归顺。光绪四年（1878），西北边陲除伊犁一隅被俄势所据外，大清帝国在西域全境之声威再次建立起来。④

五、对海防与塞防两派议论之批评

本文前已指出：海防与塞防之提出，表示清季两派政治领袖对西方列强帝国主义的炮舰政策（gunboat policy）之野心的觉醒，而发为不同方式的救国言论。可见他们的出发点正确，其公忠体国之心不可抹杀，不必以个人之野心，意气之争，一己私见来解释；事实上，即使主张塞防最有力的左宗棠也认为当时“时事之宜筹，谟谋之宜定者，东则海防，西则塞防”。而必须两者并重，盖所有论海防与塞防者，“皆人臣谋国之忠，不以一己私见自封者也”。⑤以后的历史已经可以证明：日本与俄国确实对中国海疆与北部边陲构成严重威胁，两国长期对华所做的蚕食鲸吞的侵略，实已构成19世纪以来整部东亚历史发展的基调，其影响日后世界格局发展亦极深远。就此意义而言，19世纪70年代的中国海防与塞

① Cf.Immanuel C. Y. Hsü, op. cit；（清）左宗棠撰，杨书霖编校：《左文襄公全集·书牍》卷20，第30页上。

② Cf.Immanuel C. Y. Hsü, op. cit；参见 J. K. Fairbank, E. O. Reichauer and A. M. Craig, *East Asia: The Modern Transformation*, Boston: Houghton Mifflin, 1965, pp. 368-370. 西征军饷从光绪元年至三年总数为两千六百七十四万余两；光绪四年至六年之经费亦达两千五百六十二万余两，参见（清）左宗棠撰，杨书霖编校：《左文襄公全集·奏稿》卷55，第52页上-70页下；（清）左宗棠撰，杨书霖编校：《左文襄公全集·奏稿》卷59，第21页上-33页上。左宗棠之西征军饷亦多赖外债，此系由其幕僚胡光墉筹措，参见 John Stanley, *Late Ch'ing Finance: Hu Kuang-yung as an Innovator*, Cambridge, Mass.: Harvad University Press, 1961, pp.12-18.

③ （清）左宗棠：《敬筹移设粮台采运事宜疏》，王云五主编：《道咸同光四朝奏议》，第2625-2629页。

④ 郭廷以：《从张骞到左宗棠》；郭廷以：《近代中国史事日志》，第623-641页；Wen-djang Chu, op, cit. 清廷传统是以新疆地区供满人发展，不用汉人统治；故左宗棠所领西征军事及其成功，打破了满人垄断回疆的局面，这对清朝传统政策而言，也可说是一大变革，参见 Wen-djang Chu, op, cit.

⑤ （清）左宗棠撰，杨书霖编校：《左文襄公全集·奏稿》卷46，第32页。

防论者可以说是时代的先觉者，他们正视日、俄侵略野心的危险性而适时提出警语，并能拟出具体的解决办法，他们可说是中国近代形式的民族主义的倡导者。[①]

李鸿章与左宗棠救国方策固暂有分歧，然两人同为同治时期的中兴人物则一，吾人检讨中兴人才盛衰及其功业之成败，必须注意到此时代的学术思想背景。李鸿章、左宗棠都是深受传统儒家思想的人物，他们的思想背景直接反映到同治中兴的成败，也影响到近代中国知识分子在面临西方文化挑战时，所做的各种抉择。尤有进者，李鸿章、左宗棠深染理学色彩，此种理学思想，在清季由于今文学的兴起，外患的刺激，逐渐具有经世致用的特色，此时的学术思想，亦由“为学问而学问”而导向于“为经世而学问”，自龚自珍（1792—1841）、魏源（1794—1857）以来，经世学风，一时称盛。[②]道咸以后，中兴人才如曾国藩、李鸿章、左宗棠、胡林翼等人均以理学家，而本知行合一之精神，扶济一时之危难，遭逢际会，乘时而兴。尤以曾国藩的学术思想，此时代已由早年崇尚义理之学转为容纳宋学、汉学于一家的礼学，由性理而达于经世，可说继承了清初经世之学的余绪，这种经世思想，在湖南省有其渊源，亦有其影响。[③]湖南学风自王船山以降，经历诸儒之阐扬，经世之风，益多弥漫。[④]左宗棠受此学术熏陶，李鸿章受曾国藩影响，此种经世思想之蓄积，又适时局动乱，自易发为爱国言论与行动，塞防海防之议各殊，然其源于彼时经世致用之学术思想则一。

海防建设是近代中国在面对西方优势文化的冲击下所遭遇的一项极端重大而严肃的课题。终清季之世，海防议论逐渐成为知识分子所讲自强论与洋务论的主要内容[⑤]，亦为近代中国对西方挑战的主要反映模式。李鸿章的海防言论本质上可说是中国近代化运动的产物，他极为强调变通成法以应付近代世界的大变局，他不但了解西方帝国主义的严重威胁，也了解到东南沿海一带在中国国防与经济上的重要性；他的救国方略是为保卫京畿与沿海各省而设计的。他具有正确超然的眼光，并能做一种客观、冷静与实际的推算[⑥]；他所发出的警语固然有点危言耸听，但事实证明这不是杞人忧天，中国领土被列强瓜分势力

① 关于中国近代民族主义的兴起，参看李思涵：《论清季中国的民族主义》，《思与言》1968年第5卷第6期。中国近代形式的民族主义是西方入侵后的产物，在此之前，中国历史上只发展出一种超民族主义式的文化主义（culturalism）。参见 J. K. Fairbank, *Trade and Diplomacy on the China Coast*, Cambridge, Mass.: Harvad University Press, 1953, pp. 23-24.

② 参看萧一山：《清代通史》下卷，第1741-2004页；王家俭：《魏源对西方认识及其海防思想》，第1-7页。

③ 萧一山：《清代通史》下卷，第732-738页；骆雪伦：《从曾国藩和魏源的经世思想看同光新政》，《大陆杂志》1968年第36卷第1期。

④ 王夫之，湖南衡阳人，明末清初大理学家，具有浓厚经世思想与民族思想，此影响了日后湖南学风很长。有清一代，湖南大儒如魏源（邵阳人）、贺长龄、唐键（善化人）、曾国藩、罗泽南、李续宾（湘乡）、胡林翼（益阳）等均以理学家而富经世思想。参见萧一山：《清代通史》，第732-734页。

⑤ 王家俭：《清季的海防论》。

⑥ Cf. Immanuel C. Y. Hsü, op. cit.

范围与沦为次殖民地之祸已不幸言中。他的议论虽然是低调，但比较合理。①他是一个不为传统所囿，而能面对现实的人。

李鸿章撤边防之议固不足称道，他对新疆经济利益之低估亦颇可商榷，但这是清朝国势微弱与此时国人一般世界知识所限使然，原不足独责李鸿章。近人多有批评李鸿章，以为他的海防议论是基于个人自身权位与利益之考虑，甚至认为他忽视塞防的主张具有一种“投降主义”的意味，企图避免与俄国开战以保存其淮军，巩固其权势地位。②这种主张实无甚根据，只是囿于晚期“地方主义”（regionalism）的观念，而发不正确的批评而已。③李鸿章自同治九年（1870）接任直隶总督，并兼任北洋通商大臣，总揽海防与海军大权，一身系国家安危；其权力之演变与坐大均来自朝廷，并非地方官以及地方政府自身权力的扩张；即使李鸿章权力之执行，亦在符合中央之愿望，而非与中央对立与抗拒，他以忠诚之心而承担国家利害大计与清室政权之命运，他所代表的是中央政府，不是地方权势。④事实上，同光时期的自强新政固为各省主政者所推动，但通常得到中央有力的支持；只有如此，才是新政计划成功的主要关键。⑤

同治十三年（1874）以后，清代的海防措施渐趋积极与主动，而迈向一个新的阶段。海防与塞防之争结果固然塞防主张被清廷采纳，但海防计划与建设并非全然停顿，相反的，在光绪元年（1875）至光绪二十年中日甲午战争之前，却是清代海防论最为高潮的时期，海防建设亦最有成绩，终在光绪十四年成立北洋舰队。⑥海防建设可说是同光新政的中枢。由于海防与塞防的争议，朝野上下更重视沿海防务，积极从事海军建设，中国近代化运动更向前迈进一步。

论者或以为同治十三年的海防与塞防之争结果西征军事得以优先考虑，此举严重削弱海防用饷而影响海军建设，亦即认为中国新建海军之贫弱与西北长期用兵有关，盖如匀移

---

① 参见蒋廷黻：《中国近代史大纲》，北京：东方出版社，1996年，第74-77页。

② Cf. Immanuel C. Y. Hsü, op. cit.

③ 以“地方主义”观念来解释晚清地方政局是国外学者的一般偏见，其最典型的譬如：Franz Michael , Military Organization and Power Structure of China During the Taiping Rebellion, *Pacific Historical Review*, 1949 (18), pp. 466-483；Regionalism in Nineteenth-Century China introduction to Stanley Spector, op. cit.

④ 王尔敏：《淮军志》，第384-385页。

⑤ Kwang-Ching Liu “Li Hung-Chang in Chihli: The Emergence of a policy, 1870-1875”, in Albert Feuerwerker, Rhods Murphy, and Mary Wright, eds., *Approoaches to Modern Chinese History*, Berkeley and Los Angeles: University of California Press, 1967, pp. 68-104.

⑥ 参见王家俭：《清季的海防论》。此期间重要的西法模仿事业约有筹办铁甲兵船（光绪元年）；派武官往德国学习水路军械技艺，又派遣福建船政学堂学生出洋学习（光绪二年，是年为中国派留欧学生之始）；购买铁甲兵舰，设水师学堂于天津，又设南北洋电报局（光绪六年）；设开平矿务局，创设公司船赴商贸易（光绪七年）；筑旅顺军港船埠，又设商办织局于上海（光绪八年）；设武备学堂于天津（光绪十一年）等，此皆为李鸿章所经营的事业。参见李剑农：《中国近百年政治史》第四版，第129-131页。

塞饷充海防之用以建立新式舰队，加以严密组织，则甲午海战中国或可不败云。①此论亦可商榷。本文不拟讨论近代中国之海军经费问题，依据 J. L. Rawlinson 最近的研究指出：19 世纪后半期中国未能成功的组织一支强大统一的近代海军之原因，财政与经济，训练与装备的问题尚属其次，最重要的乃是制度与观念的问题。此结论很可供吾人参考，从而可用以解释中国近代化运动失败的症结所在。②

以左宗棠为首的塞防论者有其深远的历史背景，从上文所列的各种议论，不难看出西部、北部边陲在清朝传统国防上的重要地位。塞防议论的背景本文前已申述，此处不拟赘述。唯左宗棠主西征之言论，固然本之于传统的价值观念，但他本人并不是传统保守主义者，他极具现代眼光与知识。他的塞防言论对守旧的士大夫来说是极动听的高调③，但他并不反对海防。同治五年（1866）他在当闽浙总督任内奏请设立轮船招商局于福州、马尾，用于捍卫东南海疆；同治十一年，他上疏覆陈福建船政局不可停止，说：

> 制造轮船，实中国自强要；西洋各国，恃其船炮横行海上，每以其所有，傲我所无，不得不师其长以制之。……此举为沿海断不容已之举，此事实国家断不可少之事，若如言者所云即行停止，无论停止制造，彼族得据购雇之永利，国家旋失自强之远图；颓军实而长寇志，殊为失算。④

可见他的思想亦不是过时的，他并没有误用传统“骑射时代”的思想于新式的“炮舰时代”⑤；他的塞防政策奠基于传统，正视中国国内的“回民反清起事”，但更强调俄帝侵略的危险性与卫护西北门户的重要性；他在危机重重的时代里，一片粉饰升平而讲求洋务的风气中，独能洞烛机微，预为防患，而主张一种稳健的政策，实在是很高明的。

六、结　　语

中西海道会通以后，中国逐渐走上近代化的道路。在近代中国的改革运动中，知识分

---

① Cf. Immanuel C. Y. Hsü, op. cit.

② 参见 J. L.Rawlinson, *China's Struggle For Naval Development, 1839-1895*, Cambridge, Mass.: Harvad University Press, 1967; China's Failure to Coordinate Her Modern Fleets, in *Approaches to Modern Chinese History*, pp. 105-132.

③ 蒋廷黻：《中国近代史大纲》，第 77 页。

④ 王云五主编：《道咸同光四朝奏议》，第 2354-2359 页；（清）左宗棠撰，杨书霖编校：《左文襄公全集·奏稿》卷 41，第 31 页上-34 页下。

⑤ 徐中约以为左宗棠误用“骑射时代”的军事观念于现代的“炮舰时代”，即使左宗棠的主张是出之于理直气壮，但在本质上可说是过时的。参见 Immanuel C. Y. Hsü, op. cit.

子（包括在朝与在野者）实扮演极重要的角色，由于他们的出身背景，思想教育与对时局的感触不同，以致所揭示的救国言论与方策颇为不一致。即如在内忧外患，危亡无日的情况下，亦颇能刺激全国有志之士，纷纷从各种角度去探讨当前面临的危机，从不同方向去为国家寻找生存的途径。如此不同的言论与方策，常能蔚为一大争论，以供朝廷与全国人民之采择。例如，道光十五至十六年（1835—1836）鸦片弛禁与严禁之争执、同治十三年（1874）海防与塞防之争议、光绪十五年（1889）津通铁路之争议，以及光绪末年至宣统初年革命与君宪两派的论战。此均可反映彼时思潮，并影响日后政局发展。

同治十三年的海防与塞防之争有其重要意义，此种言论之出现正显示出西方帝国主义在华扩张之一斑及知识分子所发出之警语。19 世纪 70 年代正是西方民族国家巩固其强权，并肆志向外扩张其帝国主义的侵略政策的时代。此时俄国亦致力改革内部，并向中亚与近东扩张其势力；日本也放弃两百年的锁国政策，开始从事维新运动，渐次向外发展。中国受制于内乱外患，元气未复，正勉力从事一个不彻底的改革运动，以图抗拒来自列强的侵凌。此时代海防与塞防的议论可说是一个防止帝国主义威胁的蓝图。李鸿章、左宗棠等人所做的警语，使中国朝野上下逐渐体会到列强的侵略本质，亦使日后全国人心普遍觉醒，民族主义得以发展。清廷西北边陲地区已招致外来帝国主义的威胁，这表示在“传统”的领域里已经遭受外来新文化的攻击。另外，东南海疆的财赋之区逐渐成为全国重心；但这个新工业的发源地带，亦将蒙受西方列强的侵逼。潮流的归趋，时局的体认，均使清廷必须变法自强，从事近代化运动，以苟存于强权的世界格局之中。

海防与塞防论者代表清季一批公忠体国并富有新思想的封疆大吏，他们言论激昂、爱国心切，颇能切中时弊、鼓动风潮，其意义深长而影响久远。但他们的认识亦有不足者，这是时代的限制使然，这种限制，加上清廷所受传统的约束，尤其处于帝国主义压迫的情况下，其影响所及，延误了中国的近代化，也注定了清廷覆亡的命运。此种历史际遇，对知识分子个人与整个国家民族来说，都是悲剧。①

（执行编辑：王　潞）

---

① 或有认为左宗棠西征的成功，使中国误以为传统文化应付近代世界强权的有效性；再加以后来曾纪泽伊犁交涉的成功，使清廷信心越增，保守势力越大，更为反对西方文明，故直到 19 世纪 80 年代，清廷仍未能从事近代化工作云。（参见 K. Fairbank, et,al., *East Asia: The Modern Transformation*, ob. cit., p.324; pp. 368-370）这种批评并不正确。近代中国知识分子的世界认识固然有其限制，但他们是中国近代化运动的先驱者，其言论思想与事业影响近代中国史极大。1880 年前，清廷已经从事改革运动，其成功亦颇可观；如果说中国近代化运动比较欧美与日本迟缓许多，那么，西方帝国主义压制中国应该是一大原因。清廷重视塞防，得以挽回新疆利权，固然加强清廷的信心，但毋宁说中国更认清西方文明（帝国主义亦是西方文化的特产）因而刺激清廷从事进一步的改革运动，虽然这种改革是被动与消极的。

清代商人与城市经济发展

郭蕴静*

摘要：清代商人无论在数量上，活动能量上，还是在资本的雄厚程度和对社会经济的影响上，均超过了前代。清统治者认识到商人在社会中的积极作用，采取了“扶商”措施，从而为商人的经营活动提供了便利，使商人队伍得以扩大。商人的经营活动不仅推动了社会经济恢复和发展的进程，而且成为城市发展的重要动力。然而，商人的种种劣行又妨碍了城市生产的进一步发展，成为城市前进的阻力。

关键词：清代商人；城市经济；“扶商”；会馆；秩序

一

清王朝与中国历代封建王朝一样，社会经济是以农业为基础的。因此，重农是治国的大政方针。所以，有“不得贪利而废农工之大，不得逐末而忘稼穑之难”①的号召；又有“崇本抑末载诸会典，著为常经”②的法条。但是，这并不就等于清统治者贯彻了剥夺或取消商人经商的政策。其实，清统治者在重农的同时，也认识到农与商之间相互依赖的关系，故而对于商人在社会中的有益作用，其观点也较明朗。

入关并建都北京的清统治者，在战争仍持续进行之时，即令招抚商人。他们说，只有

---

* 郭蕴静，天津社会科学院历史研究所研究员。

① 王先谦：（雍正朝）《东华录》卷6。

② 光绪《大清会典》卷237《关税》。

招抚商贾才有可能使“财赋有出，国用不匮”[①]。这就是说，商人乃是财政来源的重要提供者。内大臣索尼十分清醒地认识到，要想使战乱后的社会得到恢复，就必须加快物资交流，市场产品充实，才能安定百姓，其关键因素即是商人。因为只有“商贾往来贸易络绎不绝”，才可能使“四方血脉宜通”[②]，实现市场的正常供应。

康熙时期，统治者十分清楚商人在恢复和发展社会经济中的重要作用，同样得出“通财货之血脉者，惟有商贾”[③]的结论。康熙皇帝公开肯定“商人为四民之一”[④]，这就承认了商人在社会上的应有地位。与此同时，为了发挥商人的积极作用，提出了“扶商”的策略并指出，只有“扶商”，才能“便民”，民便社会才能稳定，社会经济才有可能得以恢复和发展。

雍正皇帝更是将“通商”与“裕国”、农与商密切地联系起来。他说，只有“通商”才可能“裕国”，而通商的媒介是商人，如果使“商人失业”，“通商”便不可能实现，市场必然萧条，随之出现“国帑”“常亏”的困难局面。那么，“裕国”也就成了一句空话。因此，他提出“困商”等于“自困”的论点，为了避免“自困”窘境的出现，雍正批示要“沟通各地贸易”。[⑤]关于商与农的关系，雍正则提出要“借贸易之盈余，佐耕耘之不足”[⑥]。

正是由于雍正皇帝对商人积极作用的认识和重视，所以，当湖广总督福敏因湖北歉收向他要求暂停外省前来购买产品时，雍正即予以拒绝，说：“贸迁有无，系百姓营生之道，非可能强之也。朕不便谕止。”[⑦]

至乾隆以降，统治者的商人观基本上继承了其前辈的看法。例如，乾隆皇帝认为，“商贾阜通货贿，亦未尝无益于人”[⑧]。换言之，商人的经营活动，对老百姓是有益处的。所以，“通商以裕民”，“利商”即“利民”，仍是当政者的基本观念。

鉴于清统治者对商人作用的认识，便采取了各种有利于商人活动的措施，如遏制官吏对商人强买和敲诈勒索，并用法律的形式予以公布：凡豪强土棍，“私抽诈索，播虐贾民”者，“势豪职官，立疏题参”，“地棍奸徒，枷责游示”，“从重治罪”，“监司守令各官，知情徇纵，觉察不严者，一律连坐参处”。[⑨]乾隆帝的弟弟弘瞻被削爵的原因之一，即是他利用权势贩卖人参，妨碍了商人利益。

正是由于当政者颁布了一系列有利商人经营活动的政策和措施，加之在清代基本上形

---

① 《清顺治朝实录》卷5。
② 光绪《大清会典》卷237《关税》。
③ 《皇清奏议》卷18，第5页。
④ 《皇朝经世文编》卷5《广政》。
⑤ 《皇朝经世文编》卷86《鄂尔泰：改土归流疏》。
⑥ 前引《东华录》卷1。
⑦ 《朱批谕旨》雍正五年七月二十六日。
⑧ 《东华续录》卷1。
⑨ （清）李士桢：《抚粤政略》卷5《文告》。

成了全国性的交通运输网络，这就为商人的经营提供了方便。于是，商人经营活跃，商业经济发展迅速，商人获利日增，反转过来又诱使更多的人从商。商人队伍迅速扩大，在一些地区，商人更多于其他行业，形成“逐末者众”的明显特征。譬如天津，据道光二十六年（1846）编纂的《津门保甲图说》统计，天津县城内有9914户，其中从事商业及与商业有关的计有5245户，占总数的53%。[①]徽州府所属歙、黟、休宁等县，从商者占当地人口的十之七八。山西人的特点也是从商者众，表现为少年多从商、多外出经商。据记载，乾隆年间，在扬州居住来自全国各地的大富商不下十万人。[②]

应当指出，一些地方多出商人，也非自清代始，其原因也多种多样，如交通方便、物产丰富、地少人多、沿海土地不宜耕种、即靠农养不活家口等。然而，清代商人队伍与活动能量大大超过了前代，其足迹遍及全国各地，即使穷乡僻壤也不例外。

清代商人不仅人数增多，经营地区广泛，而且商帮的数量也远远超过了前代（商帮、商人会馆出现于明代中期）。一般说来，从事大批运销的称为帮。商帮多以地区为名，如清代的山西帮、徽州帮、陕西帮、山东帮、福建帮、广东帮、宁波帮等。也有以所经营商品为名者，如山货帮、皮货帮、盐帮等。这表明，清代商人大部已不再是互不联系、单个分散的商人。也正由于此，清代的商人组织——会馆（或公所）也比前代更为盛行。这就是说，商人的经营活动以群体性为主，比单个经营前进了一大步。

以地区为中心的商帮，均以乡谊为纽带，即以“联乡情，笃友谊”“相亲相助”为指导思想。商人会馆（或公所）的成立，其目的也都如此。清代的碑刻有明确的记载：“籍同里井者，其情较洽，籍同里井，而于他乡遇之则尤洽。”[③]又说“会馆之设”，是为了“通商易贿，计有无，权损益，征贵征贱，讲求三之五之之术，无一区托足，则其群涣矣”[④]。这就是说，会馆成立的目的是同乡本籍商人之间互通信息，计算盈利与亏损，评议商价，交流经验，凝聚同籍商人与同业商人不使涣散，保持同乡、同业在所在地域经营的权益，在与其他地区商人的竞争中取胜，以及与统治者协调关系等。这便是商人会馆的宗旨。

商人会馆的出现，既是商人队伍扩大的结果，也是竞争的产物，有其积极作用，但又因时代的局限，也有较大的消极影响。例如，浑厚的封建性和地域性。1840年以后，随着西方列强的侵入，资本主义的商会也进入中国。受其影响，光绪二十六年（1900）山东首先出现了商会。[⑤]光绪二十八年大商人严信厚（慈溪人）受两江总督委托筹建上海商会。光绪二十九年（1903），清廷建立了商部。1904年1月，出台了《商会简明章程》

① 郭蕴静：《清代商业史》，沈阳：辽宁人民出版社，1994年，第170页。

② 乾隆《淮安府志》卷13《盐法》。

③ 李华编：《明清以来北京工商会馆碑刻选编》，北京：文物出版社，1980年，第23页。

④ 苏州博物馆、江苏师范学院历史系、南京大学明清史研究室合编：《明清苏州工商业碑刻集》，南京：江苏人民出版社，1981年，第19页。

⑤ 彭泽益编：《中国工商行会史料集》（下册），北京：中华书局，1995年，第970页。

（二十六条）。

在商部奏呈《商会简明章程》中有这样一段话："窃为泰西向重商学，列为专门。其为商人者，皆以经商贸易之图，视同身心性命之事，用能任重致远，凌驾五洲。"又说，"纵观东西诸国交商互市，殆莫不以商战角胜，驯至富强，而揆厥由来，实皆得力于商会"[①]。十分明显，由清廷商部下令组织的商会，是仿照西方资本主义国家的商会而成立的。按理说，它与旧有的商人会馆、公所应有质的区别。然而，事实却并不尽然，新建商会的封建性依旧十分浓厚。这是因为，绝大多数的商会是在当政者的指令下成立的，并非由于自身发展的需要、自然而然出现的。这一点可从商部公布的《简明章程》中得到证实："凡各省、各埠，如前经各行各商，公立有'商业公所'及'商务公会'等名目者，应即遵照现定部章，一律改为'商会'，以归画一，其未立会所之处，亦即体察商务繁简，酌筹举办。"[②]于是，一切商人组织便于转瞬之间都变成了商会。显然，这样的商会与原有的会馆不会有质的差别。

二

商业经济与城市的发展是相互依存的：如果没有城市作为凭靠，商业也就无法兴旺起来。同样，如果没有商业作为条件，城市也就不可能得到发展。然而，商业经济中的决定因素是商人，即商人是商业舞台上的主角。因此可以说，商人在城市经济的发展中发挥着重要作用。请看以下事实：

商人为城市提供了社会衣食住行所需的各种商品和生产原料。在商品交换中，商人是不可缺少的媒介，他们的经营活动愈频繁，经营地区愈广泛，就愈能刺激商品生产，以及生产专业化的程度。多种多样的商品又通过商人之手贩运各地。人口集中的大小城市，也是最好的商品集散地和市场，是商人汇集之地。可以说，在人口集中的城市，其所需的一切都是商人提供的。以提供城市手工业生产所需的原料为例，在《海盐县志》中有这样的记载："商贾从旁郡贩棉花列肆，吾土小民以纺织所成，或纱或布，侵（清）晨入市，易棉花以归，仍治而纺织之，明旦复持以易。"[③]这表明，商人是交换过程中的关键一环，而交换频率愈快，商品的周转率也就愈高，便在客观上加快了商品生产的速度。

不仅如此，商人的经营活动还加快了商品生产专业化的速度，从而使城市之间、城乡

① 彭泽益编：《中国工商行会史料集》（下册），第970页。

② 彭泽益编：《中国工商行会史料集》（下册），第972页。

③ 雍正《浙江通志》卷102《物产》。

之间，以及不同地区和不同民族之间的贸易交流更为频繁。毋庸置疑，这对城市经济发展极为有利。

商人的活动，不但为城市提供了高质量的商品和生产原料，还推动了手工业技术的进步。商人经营的目的是盈利，他们在收购产品时，必然要以质优价廉者为先。生产者为了将产品售出，也就千方百计地提高质量、降低成本，用优质廉价与他人竞争，以求尽快脱手。提高质量的关键是改进工艺，这就在客观上促进了手工业技术的进步。同样，绝大多数的手工业集中在大中城市，手工业的进步有利于城市经济的发展。例如，江宁从事地毯编织的手工业者，为求质量而赴陕西购买优质粗毛，并汲取西洋技术，产品备受商家欢迎，“货贸亦远”①。南雄县是有名的产烟地之一，生产者为了实现质量既好而速度又快地生产香烟，便合力改进工艺，制造出卷烟，即“用小纸卷烟叶约寸余，以火灼之，衔口中，人见如口出火，无烟管之累，随时可以藏身”②。它与今天的制品相比，虽有天壤之别，但在当时来说，则是了不起的工艺创新。贵阳的特产为皮革。为了提高质量，一些作坊制作相当精细：先用水浸，使皮子洁净，再用火烘，使皮坚硬，后用木撑开，使皮子平坦周正，最后还要“刨之、剪之、锥之、鬃之、窖之，以土定其性”③。经过如此繁多、精细的工序，最后做成备受商人青睐的优良皮革。优质产品出手快，也就加速了商品的周转率。

商品周转率的快慢直接影响生产和市场。因为商品周转率愈快，商业经济发展的速度也愈快，这时的市场繁荣，城市经济兴旺。反之，产品就会出现脱销、滞销，乃至商品积压，市场萧条，城市经济随之不振。然而，决定商品周转率快慢的重要因素是商人。所以说，商人与城市经济的发展有密切关系。

商人的经营活动，还可以促使封建经济形态发生变化，有利于资本主义因素增长。其表现为：一是促使农村中从事农业生产的农民或多或少地被推入商品市场，加快了封建经济的瓦解与新的资本主义因素的增长。而农产品的商品化又推动了商业性农业的发展，这对城市经济的发展变化具有重要意义。二是一些富商大贾投资于工矿业，较大的工场均雇佣工人。正如严如熤所说的：“铁厂、板厂、纸厂、耳菌厂，皆厚资商人出本，交给厂头，雇募匠作。”④在编织业中，就有雇佣三四千人的手工工场，又多为厚资商人投资开办。但是，有钱的富商却不一定善于管理，因而不得不雇用能力强的经营管理人员，使之为资本服务，资本的拥有者就成了不参加劳动的资本家。这样的手工业，已不再是简单的生产组织，而是在资本指挥下由专业人员组成，并具有资本主义性质的严密的管理机构。这种性质的生产，有助于城市经济向新的方向发展。

---

① 嘉庆《江宁府志》卷 11。

② （清）邓淳：《岭南丛述》卷 36。

③ 《小方壶斋舆地丛钞》七帙。

④ 《三省边防备览》卷 10《山货》。

在商人活动的推动下，商业发展迅速，市场相当繁荣，反过来既为商人提供了更广阔的用武之地，又为商人致富提供了条件。清代“富甲天下”的豪商大贾之多，超过了前代。李澄在《淮鹾备要》中说：“淮商资本之充实者，以千万计，其次亦以数百万计。”王增芳也有类似的话。他说，商人中有“挟资千万者，最少也一二百万。”[①]商人之富连皇帝都自叹弗如。乾隆皇帝感慨道：“富哉商乎，朕不及也。”[②]大量商人尤其是厚资商人麇集城市，也就意味着大量资本进入城市。不言而喻，这对城市的繁荣发展具有重要意义，而城市经济越发展，劳动者的就业机会也就越多。

还有重要的一点，即商人交纳的税款是清廷重要的财政收入。譬如，清朝初年商税为百万两，至中期即上升至千万两。可见，商人交纳的巨额税款有力地支持了各级统治机构的运作。

事实表明，如果没有商人的经营活动，城市经济就难以发展，也就不会出现商都和商镇了。这可从北京、天津、上海、广州等几个城市发展成为商业都会得到证明。

北京作为清廷的首都，是全国的政治文化中心，既是大小官僚集中之处，也是文人墨客荟萃之所。因此，它拥有的人口数量远远多于其他城镇，衣食住行的消费十分可观，急需商人贩入大量各类商品。这就是说，京师需要商人，而商人同样需要京师这样广阔的集散市场。于是，各省商民担负捆载至京者络绎不绝[③]，形成“八方兼四海，无处不来行”的局面，出现了“京师近地，民舍市场日以增多，略无空隙”[④]的繁华景象。全国各地商人麇集京师，店铺林立，商人会馆随处可见。来自全国各地的特产，以及海外商品，琳琅满目，应有尽有。乾隆年间一位朝鲜使团成员记载在京师所见，说：“崇文门外以每月初四、十四、二十四为市，远近琦奇之物皆聚。”[⑤]《清代北京竹枝词（十三种）》描述京师商业繁华称：“五色迷离眼欲盲，万方货物列纵横。举头天不分晴晦，路窄人皆接踵行。”[⑥]正是由于腰缠万贯的富商大贾，以及中小商人的涌入和经营活动，京师不仅是一个政治中心，而且又成为繁华的商业大都会。清初人说，只有“商贾往来，贸易络绎不绝，然后知京师之大”[⑦]。这句话道出了商人与城市经济发展的不可分割的关系。

天津在金代只不过是个驻兵的小寨子，名叫直沽寨，元代改名为海津镇，仍为军事据点。明代建立了天津三卫（天津卫、天津左卫、天津右卫），虽然修了城池，其性质还是军事城堡。但由于它处在南北交通的咽喉要道，是漕船商舟必经之地，北上和南下的商品均

---

① 《皇朝经世文续编》载《谨陈补救盐积弊疏》。
② （清）汤殿三：《国朝遗事纪闻》第1册。
③ 《清顺治朝实录》卷138。
④ 《清康熙朝实录》卷256。
⑤ ［朝］金昌日：《稼斋说丛·燕行录》，见［日］《东洋学报》1981年，卷26，第3-4号合刊。
⑥ （清）杨米人等著，路工编选：《清代北京竹枝词（十三种）》，北京：北京古籍出版社，1982年，第81页。
⑦ 《清顺治朝实录》卷137。

要集中于天津售出或转输他处。清代以来，尤其废除海禁后，南北商人大量涌入，形成了“逐末者众”的明显特点。正由于天津是“水陆通衢”，形成了“五方杂处”，也出现了“事务繁多，办事不易”的矛盾。为了缓和矛盾，清廷于雍正三年（1725）将天津的卫制改为州，又于九年升州为府。①行政建制的变化使天津成为多功能的商业都会。至乾隆年间是为天津商业发展的鼎盛期。这时的天津已经成为沟通四方、连接南北、冠盖相望、轮蹄若织的畿南“巨镇”与北方大港，“虽大都会莫能过焉”②。

“大海东环，九峰西拱”③的上海，与商品资源丰厚的苏、杭二州及江宁、湖州为邻，本身又是江海天然港口，然而，若是没有商人的活动，其优越的客观条件也难以发挥作用。当然，商人们也凭靠上海的优越条件而施展本领。

自康熙皇帝下达开海令至嘉道年间，上海的海上贸易直线上升。每月进入上海的大小各类商船“少则五六百只，多至七八百只不等”④。乾嘉时期，上海码头货场每月吞吐量约百万石。来自全国各地的商人在上海经营着各种行业。仅宁波商人所经营的行业就有钱业、漆业、水产业、海味业、酒业、药材业、银楼业等。宁波商人所建立的会馆既有地方色彩，也有行业类别。尤应提及的是，商人虞洽卿于宣统元年（1909）与人合资创办了宁绍商轮公司，勇敢地与英法商人开办的太古公司和东方公司的霸道行为抗衡，并取得胜利⑤，为中国近代民族轮船企业的建立与发展做出了贡献。

号称“金山珠海，天子南库”的广州，其繁荣也是与商人和商业活动分不开的。清代废除海禁后，国内外贸易发展迅速，而“豪商大贾，各以其土所宜相贸，得利不赀。故曰‘金山珠海，天子南库’”⑥。广州市场上的商品，既有国内各地产品，又有东西方国家的特产。广州成了名副其实的“百货之肆，五都之市”。之所以如此，奥秘就是“天下商贾聚焉”。⑦

即使是一些中小城市的经济发展，也与商人有很大关系。在包头，就有谚语说：“先有复盛公，后有包头城”；西宁也有“先有晋盛志，后有西宁城”之说。复盛公和晋盛志，是山西商人开设的商号。这些谚语再次证明了这样一个事实，即城市的发展与商人的活动分不开。《洪江育婴小识》（卷1）记载洪江市场情况说：这里列肆如云，川楚之丹砂、白蜡，洪江之胶油，材木之坚美，乘流东下达洞庭，绝长江而济吴越，连帆大舶衔尾而

① 《清雍正朝实录》卷103。
② （清）张焘：《津门杂记》卷上，第2页。
③ 同治《上海县志》卷1《疆域》。
④ 《见闻续笔》卷2《光大尖梅麓公文钞》。
⑤ 方腾：《虞洽卿论》，《杂志》1943年第3期，第65-66页；许念晖：《虞洽卿的一生》，中国人民政治协商会议全国委员会文史资料研究委员会编：《文史资料选辑》第15辑，北京：中华书局，1961年。
⑥ （清）屈大均：《广东新语》卷15《货语》。
⑦ （清）屈大均：《广东新语》卷17《宫语》。

上，环货骈积，率依花布为大宗，南连桂林，西趋滇黔，利市三倍，居市者长子孙，百工技艺之流襁至而辐辏，地窄人众。就是一些偏僻的地方也是连屋崇楼，栉比而居的，无游手，无闲民，“俨然西南一都会也”。显然，如果没有商人作为中介，它是不可能成为“都会”的。

地处铅山河与信江交汇处的江西河口，在明中叶以前，是个仅有两三户人家的临时集市，至中期以后，由于商业的发展而成为市镇。入清以后，一些“富商大贾挟赀而来”[①]，这里的经济得以较快地发展。据《铅山县志》记载，至乾隆年间，已是货聚八闽、川广，语杂两浙、淮扬，舟楫夜泊，沿岸尽是灯辉的商城了。商人确实是城市发展中不可缺少的力量。

三

商人的经营活动，对城市发展起了巨大的推动作用。同时，又由于有的商人唯利是图，为了攫取暴利，不择手段，道德沦丧，扰乱了市场，破坏了商品经济发展的正常秩序，有碍于城市经济的深入发展与社会的安定，也有损商人的长远利益。试举以下几例：

（1）商人将资本转向不动产，即购买土地。这一行为虽然打破了地主阶级控制土地的“一统天下”局面，但与此同时，商人也就加入了抢夺农民土地的行列，与地主阶级成为一丘之貉，使原来已高度集中在地主手中的土地更为集中。失去土地的农民被迫离乡背井，多数沦为流民。流民的增多意味着生产劳动者变成纯消费者，尤其大批流民涌入城市，增加了城市的负担。进入城市的农民又作为低廉的劳动力，被城市手工业主雇佣，导致城市劳动力失去就业机会。流民与失业者的增多使矛盾加剧，城市中的不稳定因素急剧扩大。

（2）高利贷对生产的破坏。商人为了达到扩大和积累资本的目的，进行高利贷盘剥，破坏了社会生产，加深了社会矛盾，给城市发展造成了极大困难。例如，乾隆十二年（1747）陕西道监察御史汤聘在《请禁囤当米谷疏》中揭露道：“近闻民间典当，竟有收当米谷一事，子息甚轻，招来甚众，囤积甚多。”“而奸商刁贩，遂恃有典铺通融，无不乘机收买。即如一人仅有本银千两，买收米谷若干石，随向典铺质银七八百两，飞即又买米谷，又质银五六百两不等。随收随典，辗转翻腾，约计一分本银，非买至四五分银数之米不止。”[②]

商人资本转向高利贷资本，其危害匪浅，首先是改变了商人资本的性质，严重妨碍了

① 同治《广信府志》卷1《物产》。

② 《皇清奏议》卷44，第10-11页。

作为城市经济发展助动力的商品经济的进一步发展。因此可以说，封建的高利贷愈猖獗，城市经济发展所受到的阻力也就愈大。

同时，高利贷的盘剥，使本来处境已十分困难、无力扩大再生产的小生产者更是雪上加霜，如贫困的农民，不仅无力购买新的农具、耕畜，由于生活所迫，对于原有耕畜也不得不忍痛出售。更有农民被迫逃亡。这样，田间劳动力必然锐减，土地抛荒，甚至一些肥沃土地也渐趋荒废。其结果是，农业减产，食粮紧张，而纯消费者则急剧增加，这对人口集中的城市造成严重威胁，更不利于城市经济的正常发展。

小手工业者也处于同样的命运。他们为了维持生存，动辄向巨贾预贷金钱，受到残酷剥削，有的被逼倾其家产还贷。这些连生活也难以维持的小手工业者，当然更谈不上更新技术与扩大再生产。于此可见，高利贷不仅不能改变生产方式，而且还使原本并不先进的生产方式进一步陷入困境。可以说，高利贷并没有促进生产力的发展，相反却使生产力更加萎缩，这就极大地限制了城市经济的发展。

（3）唯利是图是商人的最大特征。为了获取暴利，商人于购进货物时极力压价，售出时则尽量抬高价格，通过这一高一低的差价获取利润，这便是史籍上记载的“把持行市，高下在手”[①]，在斗、秤上做手脚。在交易中用大斗、大秤购进，用小斗小秤售出。当时官方规定十六两为一斤，严禁私造斛、斗、秤、尺。但是一些奸商于进货时使用“大秤至二十两为一斤”[②]，售出时却用不到十六两的小秤，真可谓“瞀乱权衡，百计绐筭”[③]。不仅如此，还在流通手段上坑害百姓。山西平阳府的奸商“倾造低假，鼓弄乡愚，一入其手，竟归乌有”[④]，百姓被绐，往往窘忿致死，一些小商小贩破产潦倒。还有的奸商为了谋取不义之财，竟然以假充真，以次充好，欺骗顾客。常山县生产的纸是有名的优质产品，一些商人却以次品冒其名出售。松江的紫花布颇有名气，许多商人就以次布冒充出售，而当出现灾害或国难降临之际，则此类行径尤甚。

“奸商”“无商不奸”“黑心肠”“损人利己”，是常见的平民百姓对商人的评语。上述种种不良行为虽使一些商人得益于一时，但对商品经济和城市经济的真正繁荣却有巨大危害，也不利于商人的长远利益。

（4）钱权勾结，即巨商富贾用金钱与各级掌握权力的官吏勾结。其形式有：①用金钱贿赂官吏，也即用金钱收买他们的权力，为自己的不正当竞争作“保护伞”，以恶劣手段更多地谋取不义之财。焦循在《忆书》中记载，吴县有个贩珠的大富商名叫石远梅，为巴结乾隆皇帝宠信的大学士和珅，向其呈送一匣，内以锦囊蕴裹，以赤金作丸。打开金丸，则

---

① 《襄城县志》卷2。

② 道光《石门县志》卷23。

③ 康熙《石门县志》卷2。

④ 《安邑县志》卷2。

是大珠子，重者一粒价二十万，轻者或一万，至轻者亦八千。②花钱买得官职，直接跻身于官僚队伍。既是买官，就必须付出巨资。当然，官职越高，价钱也越高。商人买官者比比皆是。乾隆二十二年（1757）五月二十二日，两江总督尹继善在奏疏中说：当时大衔商人多达百余名，其中更有二、三品的大衔。能够买到如此大的官衔，所需资金之多也就可想而知了。其结果必然是削弱了用于正当经营的资本，有损于商业的繁荣，有碍于城市经济的发展。

（5）商人的奢侈靡费之风，既不利于经营的发展，又败坏了社会风气。一些富商大贾把大量资金用于自己和家庭的奢侈生活。李斗在《扬州画舫录》卷 6 中描述了当地盐商的豪奢，说商人们“竞尚奢丽，婚嫁丧葬，堂室饮食，衣服舆马，动辄费数十万”，如大商人黄均太，“晨起，饵燕窝，进参汤，更食鸡蛋二枚”。所食鸡蛋也非比寻常，而是用“参术等物”喂养母鸡所产之蛋，“每枚纹银一两”。[①]富商江春家有两个戏班，一名春台，一名德音。戏班仅供家宴之用，“岁需三万金”[②]。扬州另一富商以顷刻之间抛尽万金为快，让门下客以金换得金箔，载至金山寺，向风飘去，顷刻而散。还有富商“以三千金尽买苏州不倒翁流于水中，波为之塞”[③]。大贾富商们就是这样用“投机得来的财富”，挥霍在“寻求开心”上，“于是享乐变成淫荡，金钱、污秽和鲜血就同归一流”。[④]

对于商人中的穷奢极侈之风，清统治者十分清楚。雍正皇帝指责说：“奢靡之风莫盛于商人。……衣服屋宇穷极华靡……金钱珠贝视为泥沙，甚至悍仆豪奴服食起居同于仕宦，越礼犯分，罔知自检，骄奢淫逸，相习成风。”[⑤]

巨贾富商们的挥霍靡费，助长了社会上奢靡之风盛行，进而败坏了社会风气。董伟业在《扬州竹枝词》中有这样的描述：“谁家少年好儿郎，岸上青骢水上航。犹恐千金挥不尽，又抬飞轿学盐商。”现代历史学家邓之诚在评述盐商时说，巨商们的“服食、器用、园亭、燕乐，同于王者。传及京师及四方，成为风俗，奢风流行，以致乱世”，对于这种局面的出现商人是“有责”的。[⑥]

由于巨商富贾的穷奢极欲，把本应用于扩大经营和再生产的宝贵资金白白挥霍，成为对城市生产的严重阻碍。可以说，这也正是中国商品经济发展迟缓的重要原因之一。

上述事实表明：①由于清统治者认识到商人在社会中的积极作用，采取了“扶商”措施，从而为商人的经营活动提供了便利，商人队伍得以扩大。②商人的经营活动不仅推动

① （清）徐珂：《清稗类钞》第 7 册，第 3271-3272 页。

② （清）李斗：《扬州画舫录》卷 6，第 142 页。

③ （清）李斗：《扬州画舫录》卷 6，第 142 页。

④ 《1848 年至 1850 年的法兰西阶级斗争》，见［德］马克思、恩格斯：《马克思恩格斯全集》卷 7，中共中央马克思恩格斯列宁斯大林著作编译局编译，北京：人民出版社，1959 年，第 15 页。

⑤ 嘉庆《两淮盐法志》卷首。

⑥ 邓之诚：《中华二千年史》卷 5，北京：中华书局，1983 年，第 443 页。

了社会经济恢复和发展的进程，而且成为城市发展的重要动力。如果没有商人的经营活动，城市的存在和发展则是难以想象的。③商人的种种劣行妨碍了城市生产的进一步发展，成为城市前进的阻力。因此，如何发挥推动社会进步的有益作用，限制乃至消除阻碍社会进步的消极作用，是商人阶层应该认真思考的重要问题。

（执行编辑：吴婉惠）

清乾隆至道光年间的聊城商业

——以山陕会馆碑刻资料为中心的考察

许　檀*

摘要： 聊城是清代中叶山东运河沿线的重要转运码头，经由该城转运的商品以绸缎、布匹、皮毛、纸张、茶叶等为大宗。绸缎、纸张、茶叶等南来商品的转销范围大致包括鲁北、冀南、豫东以及山西；棉布和皮毛制品则为东昌本地所产，主要销往西北和口外。依据会馆集资的抽厘率折算，乾隆初年，山陕商人在聊城的经营规模每年只有数十万两，嘉庆时增至一百数十万两，道光年间即便从低折算也达 210 万两。全城合计，嘉庆年间聊城的商业规模已达 200 万两；道光年间以 1‰的抽厘率折算为 300 万两，若以 0.3‰的抽厘率折算则高达 1000 万两。

关键词： 清代；聊城；商业；山陕会馆；集资；抽厘率；经营额

聊城位于山东西北部，滨运河，明清两代均为东昌府治。明代永乐年间会通河成，聊城借运河之便很快成为“商贩所聚”之处。[①]万历《东昌府志》记载：“聊城为府治，居杂武校，服食器用竞崇鲜华……由东关溯河而上，李海务、周家店居人陈椽其中，逐时营殖。”[②]东关之外是该城最重要的商业区。清代聊城商业进一步发展，山西人李弼臣的《旧米市街太汾公所碑记》记言，“聊摄为漕运通衢，南来商舶络绎不绝，以故吾乡之商贩者云集焉，而太、汾两府者尤多。自国初至康熙间来者踵相接，侨寓旅舍几不能容。有老成解事者议立公所，谋之于众，佥曰：善。捐厘醵金，购旧宅一区，因其址而葺修之，号曰太汾公所”[③]。太汾

---

* 许檀，南开大学历史学院教授。

① 永乐“二十一年，山东巡按陈济言：淮安、济宁、东昌、临清、德州、直沽，商贩所聚。今都北平，百货倍往时”。《明史》卷 81《食货五》，北京：中华书局，1974 年，第 1976 页。

② 万历《东昌府志》卷 2《风俗》，国家图书馆藏明万历二十八年刻本，第 32 页。

③ 许檀编：《清代河南、山东等省商人会馆碑刻资料选辑》，天津：天津古籍出版社，2013 年，第 353 页。

公所是山西太原、汾州二府在聊经商者所修建。据说清代各省商人在聊城建有山陕、江西、苏州、武林等八大会馆[①]，目前保留下来的只有山陕会馆一处。

山陕会馆坐落于聊城东关外运河西岸，坐西朝东，背城面河，为山西、陕西二省商人集资兴建。该会馆东西长 77 米，南北宽 43 米，占地 3311 平方米，其建筑有山门、过楼、戏楼、钟鼓楼、南北看楼、南北碑亭、关圣帝君大殿、财神大王北殿、文昌火神南殿、春秋阁、望楼、游廊以及南北跨院等。[②]会馆的南北碑亭和后夹道保存着一批该会馆创建、重修的碑铭，笔者于 1994 年、1997 年两次赴聊城考查，陆续抄录了这些碑文[③]，并利用其中一部分做过一点粗浅分析[④]。近年来，陆续有学者对这批碑文资料进行介绍和研究[⑤]，但其中所含商业信息未被深入发掘。本文主要利用这批碑文，对乾隆至道光年间聊城商业的发展脉络和特点进行考察，并借助商人集资的抽厘率对山陕商人在聊城的经营规模进行估算。

一、聊城山陕会馆的创建、重修过程

聊城山陕会馆始建于乾隆八年（1743），不过会馆地基是在乾隆元年购入的，计地 5 亩 7 分，“于乾隆元年七月二十六日税契粘尾”[⑥]。或许是募集建筑经费尚需时日，会馆在购地之后并未马上动工，直至乾隆八年才开工兴建，历时四年，至乾隆十一年告竣。会馆的创建经费来自商人捐款，乾隆十一年《山陕会馆碑记》镌有参与集资的商人商号计 401 家[⑦]，共捐银 8180 余两。其中捐银最多者为 900 两，其次为 820 两，捐银 100 两以上者共

① 张竞放主编：《山陕会馆》，聊城：聊城地区新闻出版局，1996 年，第 3 页。

② 张竞放主编：《山陕会馆》，第 9 页。

③ 这批碑文计有乾隆八年买地碑，乾隆十一年《山陕会馆碑记》，乾隆三十一年《山陕会馆重修戏台建立看楼碑记》，乾隆三十七年《重修山陕会馆碑记》，乾隆四十二年众号捐款碑，嘉庆十四年《春秋阁碑文》、《山陕会馆众商重修关圣帝君大殿、财神大王北殿、文昌火神南殿暨戏台、看楼、山门并新建飨亭、钟鼓楼序》和《会馆大工告竣碑记序》，嘉庆十五年“历年进出银两账目”碑，嘉庆二十二年《山陕会馆接拔厘头碑记》，道光三年众号厘金碑，道光二十五年《重修山陕会馆戏台山门钟鼓亭记》，道光二十五年一应使费碑，同治四年《山陕众商会馆续拔厘金碑记序》，同治六年众号乐输银两碑，光绪二十年《重建山门外石栏杆序》碑等，共 16 通，均已收入许檀编：《清代河南、山东等省商人会馆碑刻资料选辑》，第 271-352 页。

④ 许檀：《明清时期山东商品经济的发展》，北京：中国社会科学出版社，1998 年，第 183-188 页。

⑤ 笔者所见相关研究主要有赵生玲：《清代乾隆至光绪年间的聊城商业——以山陕会馆碑刻资料为中心的考察》，《聊城大学学报（社会科学版）》2005 年第 3 期；李红娟：《聊城山陕会馆碑刻分类及其史料价值》，《聊城大学学报（社会科学版）》2005 年第 3 期；王云：《聊城山陕会馆碑刻及其史料价值》，卞利、胡中生主编：《民间文献与地域中国研究》，合肥：黄山书社，2010 年等。

⑥ 许檀编：《清代河南、山东等省商人会馆碑刻资料选辑》，第 271 页。

⑦ 参与集资者共 402 家，其中罗世锦注明为“东昌府经历”，捐银二两，未计入。

20 家。该碑所列捐款金额绝大多数带有尾数，故笔者估计此次集资当以抽厘为主。[①]表 1 所列是捐银超过 100 两的商人、商号及其捐款金额，请参见。这 20 家合计捐银 5638 两，占捐款总额的 68.9%，应是山陕商人中实力最强者。

表 1 乾隆初年聊城创建山陕会馆捐银 100 两以上商人、商号一览表

捐款名号	捐款额（两）	捐款名号	捐款额（两）	捐款名号	捐款额（两）
行日章	900	李兴盛	273	郭益盛	154
刘兴隆	820	恒顺店	271	刘恒泰	139
行晋升	320	刘玉隆	245	行永兴	134
师源生	301	鲁新盛	243	柴同丰	118
鲁合义	300	行元泰	227	大有店	115
徐永和	292	崔公信	221	行义兴	100
尚义号	275	李世兴	190		

资料来源：聊城山陕会馆乾隆十一年《山陕会馆碑记》

乾隆二十八年（1763），会馆重修戏台，增建看楼。《山陕会馆重修戏台建立看楼碑记》记载其经过云："山陕会馆之设创自乾隆八年……迄于今，历二十有一年矣。第岁月既久，戏台不无飘摇之虞，大厦将覆，佥议欲修葺之。且艮、巽二隅一望无涯，未免有泄而不蓄之憾，并议欲增饰之。兹则张君裕如倡□率先，翕然者闻风景从。遂庀材鸠工，陶甓取椒，因前制而缮葺焉，旁增看楼二座。以乾隆二十八年癸未兴工作于仲春，考庆成于季秋。"此次重修捐款商号计 139 家，共捐银 1090 余两。乾隆三十六年，会馆因大殿"脊檩折损，柱梁拔坏"再次重修，至次年告竣。参与集资的"捐金店号"计有 143 家，共捐银 350 余两。乾隆四十二年，会馆增建南北亭厦及两楼游廊，参与集资的商号共 155 家，捐银 490 余两。[②]以上几次重修，从捐款金额来看规模都不大。

山陕会馆规模最大、历时最久、耗资最巨的重修是在嘉庆年间。此次工程新建春秋阁、飨亭和钟鼓楼，重修了大殿、南北二殿以及山门、戏台和看楼，兵部尚书山西太谷县温承惠所撰《山陕会馆众商重修关圣帝君大殿、财神大王北殿、文昌火神南殿暨戏台、看楼、山门并新建飨亭、钟鼓楼序》（以下简称《众商重修》碑）记言："东昌为山左名区，地临运漕，四方商贾云集者不可胜数，而吾山陕为居多。自乾隆八年创建会馆，以祀神明而联桑梓，迄嘉庆八年复从而修之。……余以为兹之重修，非第故者新之、缺者补之等寻常之经营已也，盖有修而取其新者焉，有修而求其修者焉。中殿祀关圣帝君，其后建春秋阁，已勒诸贞珉，兹不复赘。北殿祀财神、大王，南殿祀文昌、火神，三殿居西，正大高明，

① 抽厘或是认捐，从捐款金额可加以区分，认捐一般多为整数，而抽厘则即便金额较大仍有尾数。

② 许檀编：《清代河南、山东等省商人会馆碑刻资料选辑》，第 279-289 页。

为诸神凭依之所；其东有演戏台，而看楼对峙，山门屏列，此皆仍旧制而新之者也。殿前飨亭九间，陈俎豆于此，肃拜跪于此，联乡谊而饮福酒亦于此；至若礼动于上，乐应于下，则钟、鼓二楼列于戏台之左右，此则增旧制而备美者也。……迹虽修也，而功倍于创。”工程“起癸亥，迄己巳，七年而工告竣”[①]，即从嘉庆八年至十四年（1803—1809），历时七年，耗资 49 600 余两。嘉庆十五年，“历年进出银两账目”碑详细开列了此次重修的各项开支，笔者将其整理为表 2，请参见。

表 2　嘉庆年间聊城重修山陕会馆的各项开支统计

支出项目		支出金额（两）	合计（两）	所占百分比（%）
购买建材	木料	10 867.25	26 903.54	54.2
	砖瓦石料石灰	10 923.40		
	颜料金	2 208.96		
	铁货	931.40		
	煤炭	810.61		
	麻绳苇席等	251.98		
	买建材脚价盘费	909.94		
各匠工钱	木工	9 093.13	15 251.57	30.7
	石工	2 101.57		
	油工	1 700.96		
	铁工	784.02		
	小伙并裁缝工价	241.23		
	修北院并油春秋阁	123.34		
	磨石头垫河崖	50.00		
	众匠盘费用物等	1 157.32		
其他支出	买地	28.33	7481.3	15.1
	付张罗腾房钱	171.71		
	苏州捎物带银	1 500.00		
	家具零物	1 196.05		
	伙食并柴草	998.88		
	谢仪	905.00		
	立木花红	144.25		
	敬神开光等	2 203.48		
	其他杂项	333.60		
总计		—	49 636.41*	100

资料来源：据聊城山陕会馆嘉庆十五年“历年进出银两账目”碑统计

* 此系累计数，与碑文所载略有出入

① 许檀编：《清代河南、山东等省商人会馆碑刻资料选辑》，第 297-298 页。

据该碑记载，此次会馆重修的资金来源共有五项：①收布施银 6294.64 两；②收厘头银 42 980.25 两；③收利银 422.79 两；④收众号用物并房租共银 495.52 两；⑤收房价长利银 139.92 两。上述五项合计共银 50 333.12 两。[①]所谓“布施银”估计是各商号的认捐银两，“厘头银”应是各商号依据经营规模以一定比例抽收的捐款；在这五项收入中，厘头银一项即占总额的 85.4%，抽厘、认捐合计 49 270 余两，占总额的 97.9%。可见，商人捐款是会馆重修最主要的资金来源。

嘉庆十四年（1809）会馆竣工之际共立有四碑，其一即上述开列各项收支的“历年进出银两账目”碑，其余三通均镌有商号捐款。嘉庆十四年《众商重修》碑记述集资过程言：“当甫议此举，人人皆有同心而乐于捐赀，复以厘头之铢积寸累者补其不足。”《会馆大工告竣碑记序》亦言：“当夫善念一起……乃首议捐输，而慷慨仗义者彼此如出一辙；次拔厘头，而绳绳继继有加无己者层累而日上。”[②]下面分别略做考察。

嘉庆十四年《众商重修》和《会馆大工告竣碑记序》二碑碑阴开列有“众号历年共捐厘头干白银”，当即前文所言“次拔厘头”部分。二碑所镌抽厘金额相互衔接，排列顺序从高至低：前者从最高的 1373.82 两起至 3 两止，后者从 2.98 两起至最低的 6 分；二碑合计，共 697 家商号，抽收厘头银 42 960 余两。其中，抽厘超过 1000 两的商号有 6 家，超过 500 两者 15 家，超过 100 两者共 102 家。表 3 所列是捐厘超过 500 两的 15 家商号及其抽厘金额，请参见。

表 3 嘉庆年间聊城重修山陕会馆抽厘超过 500 两的 15 家商号一览表

商号名称	抽厘金额（两）	商号名称	抽厘金额（两）	商号名称	抽厘金额（两）
兴盛章	1373.82	公义先	1033.50	恒有聚	679.54
元吉正	1283.57	大魁和	977.03	永泰全	648.42
公信凤	1212.52	偕义麟	953.46	咸宁号	622.10
隆和号	1188.59	宗久合	892.42	日章号	543.38
福兴和	1138.48	兴隆祥	744.44	广源隆	520.68

资料来源：聊城山陕会馆嘉庆十四年《众商重修》碑

嘉庆十四年《春秋阁碑记》碑阴镌有捐款商号 390 家，此外，油工张清镜、木工赵聚也参与了捐款。从捐款金额看，该碑所列当就是前文所言“首议捐输”部分，由于尚未议定规则，故各随所愿，银色也未统一，各商号所捐银两有干白银、元宝银、元丝银、纹银等数种。笔者还注意到，该碑所镌 390 家商号中有 200 余家参加了抽厘，有 140 余家商号在上述抽厘碑中未见，另有 40 余家难以确定。三碑合计，参与此次集资的商号当有 800 余家。

---

① 许檀编：《清代河南、山东等省商人会馆碑刻资料选辑》，第 312 页。

② 许檀编：《清代河南、山东等省商人会馆碑刻资料选辑》，第 298、306 页。

道光年间会馆又进行了一次较大规模的重修。其缘起是因道光二十一年（1841）正月会馆演戏，“优人不戒于火，延烧戏台、山门暨钟、鼓二亭”。此次工程重建山门、戏台、左右二门、钟鼓二楼、南北殿和小鼓棚，并重修春秋楼，至二十五年竣工。碑文记载：“斯役也，梓匠觅之汾阳，梁栋来自终南”，重建的戏台、山门和钟鼓楼比原来更加雄伟，“戏台基广十数弓，高出云表，前三楹与正殿对峙，上可容梨园子弟百余……其山门、钟鼓亭亦雄壮胜昔时”。①重修工程耗资 14 850 余两，表 4 是依据道光二十五年“一应使费”碑整理的各项开支，请参见。

表 4　道光年间聊城重修山陕会馆的各项开支一览表

支出项目		支出金额（两）	合计（两）	所占百分比（%）
购买建材	木料板材	1 995.39	4 898.23	32.98
	玻璃砖瓦脊兽	922.59		
	石料石灰	735.08		
	铁货	223.52		
	桐油颜料	712.58		
	毡被席绳等物	309.07		
各匠工钱	泥木工	5 558.2	8 401.49	56.57
	石工	985.08		
	铁工	440.47		
	油工	1 009.06		
	众匠往返盘费	408.68		
其他开支	煤炭灯油烟茶等	864.44	1 552.31	10.45
	旗杆木料	56.58		
	立木花红	55.78		
	立旗杆狮子碑	10.46		
	陞台酹客一应杂项	565.05		
总计		—	14 852.03*	100.0

资料来源：据聊城山陕会馆道光二十五“一应使费”碑统计

* 此系累计数，与碑文所载略有出入

道光以后，会馆似再未进行大规模的重修。②同治六年（1867）重修大门、旗杆，捐资商号 87 家，共捐银 476 两，“共使钱三百四十三两七百二十二文，折银一百二十七两三钱一分”，剩余银两由“值年会”管理。③光绪二十年（1894）重修山门外的栏杆，将原来

① 许檀编：《清代河南、山东等省商人会馆碑刻资料选辑》，第 325 页。

② 咸同之际会馆进行了一次规模较大的集资，从咸丰八年到同治元年五年抽厘 8280 余两（同治四年《山陕众商会馆续拔厘金碑记序》），但未见重修记载。

③ 许檀编：《清代河南、山东等省商人会馆碑刻资料选辑》，第 350-351 页。

的木栏杆改为石质。捐款商号28家，共捐银164两，实际支出199.29两，差额部分30余两系“由铅元会拨入”[①]。

由以上考察可以看出，山陕会馆自创建之后于乾隆、嘉庆、道光、同治、光绪年间曾多次重修，会馆的创建、重修之经费都由商人集资而成。表5是聊城山陕会馆创建、重修工程一览表，请参见。

表5 聊城山陕会馆创建、重修工程一览表

年代	创建与重修工程	捐款商号数（家）	支出金额（两）
乾隆元年	置买会馆地基二段，共计5亩7分	不详	836.00
乾隆八至十一年	会馆始建，兴建大殿、南北二殿及戏楼等	401	8188.34
乾隆二十八年	重修戏台、增建看楼	139	1097.88
乾隆三十六至三十七年	更换脊檩柱梁	143	354.50
乾隆四十二年	增建南北亭厦、两楼、游廊，并补修各处	155	499.40
嘉庆八至十四年	重修大殿、南北二殿、戏台、看楼、山门，新建春秋阁、飨亭及钟鼓二楼	800余	49 636.41
道光二十一至二十五年	重建山门、戏台、钟鼓楼、南北殿等，重修春秋楼，以及“墨摩油洗，各处见新”	366	14 852.03
同治六年	重修大门、旗杆	87	127.31
光绪二十年	重建山门外石栏杆	28	199.29

资料来源：据聊城山陕会馆各碑统计

由表5可见，在聊城山陕会馆创建和重修的集资中，商号数量以乾隆初年会馆创建和嘉庆年间的重修为最，分别超过400家和800家；大规模的修建工程会在较大范围进行集资，一般会有较多的外来客商参与捐款，故商号数量远超过平时。至于工程规模则以嘉庆、道光年间为最，乾隆中后期的三次重修规模有限，大体可视作会馆草创之后的增补与扩建；而同治、光绪年间会馆修缮规模的下降，当与聊城商业的衰落有关。

二、从会馆捐款看山陕商人的发展脉络

通过以上考察可以看到，聊城山陕会馆创建和历次重修的资金主要来自商人捐款。嘉庆、道光年间是山陕商人实力最为雄厚的时期，当也是聊城商业的鼎盛时期。下面，笔者将对山陕会馆的捐款来源、数量做进一步的考察。

会馆的大规模修建工程除本地商号捐款之外，多会有外来客商参与集资。乾隆十一年

① 许檀编：《清代河南、山东等省商人会馆碑刻资料选辑》，第352页。

《山陕会馆碑记》记言："倡议者鸠工，闻风者踵至，豪商巨客接轨连镳。"[①]显然此次集资有不少外来客商参与，有些还是"豪商巨客"。嘉庆十四年（1809）的三通捐款碑提供了一些更为明确的信息，可以看出参与集资的外地商号主要来自鲁、豫、冀、晋四省，这些商号应都是山陕商人所开设，并与聊城有较密切的商业往来，因而才会在会馆重修之际参与集资。

来自山东的商号，如运河沿线茌平县梁家浅的通兴号，阳谷县阿城镇的双兴号、同生号；稍远些的如曹州府濮州之永隆号，济南府长清县万盛号、章丘县和兴号；最远为大清河沿线武定府蒲台县的合盛号。

河南商号多来自豫东，如开封的太来号，周口的万盛号，郑口的三元店、三和号等，尤以朱仙镇为最多，计有22家，表6所列是嘉庆十四年的两通抽厘碑中所镌来自朱仙镇商号的捐款。其中，抽厘金额最高为90.16两，最低为0.19两，合计共219.77两。此外，敬盛允、敬盛挺、天诚笃、大魁和、久成玉、久成虹、天诚佐、公信凤、偕义麟、日新岩、景新岩等商号，我们在乾隆年间朱仙镇重修山陕会馆的集资也曾见到[②]，这些商号可能在聊城和朱仙镇均设有分号；也有另一种可能，嘉庆年间它们已将经营重点从朱仙镇转到聊城。

表6　嘉庆十四年聊城重修山陕会馆参与集资的朱仙镇商号一览表

商号名称	捐款金额（两）	商号名称	捐款金额（两）	商号名称	捐款金额（两）
朱镇元利号	90.16	朱镇太盛号	5.17	朱镇太和号	1.13
朱镇义兴号	33.45	朱镇光裕店	4.21	朱镇义聚号	0.66
朱镇宏昌号	23.21	朱镇恒裕号	3.74	朱镇兴隆号	0.63
朱镇亨裕店	12.96	朱镇隆元号	3.58	朱镇玉成号	0.57
朱镇合昌号	9.55	朱镇兴盛永	3.37	朱镇鼎丰店	0.38
朱镇虹兴号	9.06	朱镇大安号	2.70	朱镇恒盛号	0.22
朱镇天生店	6.52	朱镇际盛号	2.02	朱镇永盛号	0.19
朱镇隆太号	6.29				

资料来源：聊城山陕会馆嘉庆十四年《众商重修》和《会馆大工告竣碑记序》二碑

来自直隶的商号有天津的广庆号、深州的东日升、深泽县的世长号、东明县的东兴隆，交河县泊头镇的元宏店、恒盛号等，还有来自张家口的德盛玉、合盛全、兴太和等商号。陕西商号只见到广盛号一家。来自山西的商号有太谷县源兴隆、榆次县源兴隆、介休县永义号，以及归化城的同泰号等。另有一些商号确切地点不详，如西路信成号、辛庄元吉号、

① 许檀编：《清代河南、山东等省商人会馆碑刻资料选辑》，第272页。

② 朱仙镇山陕会馆乾隆三十三年《重修关帝庙碑记》，见许檀编：《清代河南、山东等省商人会馆碑刻资料选辑》，第20、22、23页。

蕲口永盛号、大明重盛号、两门三合号、夏口德隆号，以及汶水永盛号、兴隆号等。

嘉庆二十二年（1817）《山陕会馆接拔厘头碑记》对会馆集资方法有较明确的记载，该碑记言："山陕会馆之修，得吾乡诸君子之力，规模阔大，焕然一新。于嘉庆七年起工，历八年告竣，前碑记之详已。兹犹以需用浩繁，计除支销以外所存无几，诚虞来少去多，倘有修补，仍未免左支右绌。爰集众商公同计议，既遵照旧拔四厘之例，减为一厘，约以五年为期，定于每岁夏、秋二季公同收取，轮流经营。……兹五年之期已满，又复议定减一厘为三毫，以图永久，庶几一切修补之费永取给于此。"[①]该碑碑阴镌有嘉庆十六至二十年（1811—1815）的抽厘金额，所谓"五年之期已满"当即指嘉庆十六至二十年。

依据该碑所言，聊城山陕会馆的抽厘方式在嘉庆十六年之前是按"旧拔四厘之例"，即每银一两抽取4厘；自嘉庆十六年起"减为一厘"，即将抽厘率从原来的4‰改为1‰，每银一两抽取1厘。到嘉庆二十年五年期满之时，大约是集资较丰的缘故，"又复议定减一厘为三毫"，将抽厘率再降至0.3‰，每银一两只抽取3毫了。据此，我们可依据历次集资金额对山陕商人的经营规模进行估算。

乾隆十一年《山陕会馆碑记》所列参与捐款的商人商号计401家，共捐银8180余两。该碑未记载集资年限，若从乾隆八年（1743）开工起至乾隆十一年竣工，4年平均，每年2047两；以4‰的抽厘率折算，年经营额为51.2万两。嘉庆十四年的抽厘碑共镌有697家商号，抽厘42 960余两，会馆修建过程有"起癸亥，迄己巳，七年而工告竣"和"嘉庆七年起工，历八年告竣"两种记载[②]，以8年计算，平均每年5370两，折合年经营额134.3万两。考虑到会馆集资应先于动工修建，实际的集资时间会更长，以上两次折算的经营额可能偏高。

嘉庆二十二年《山陕会馆接拔厘头碑记》镌有嘉庆十六至二十年的抽厘金额，计有363家商号，共抽厘7595.94两，5年平均为1519两。嘉庆十六年起会馆的抽厘率改为1‰，按此折算，山陕商人的年经营额为151.9万两。道光三年（1823）"众号厘金"碑开列了嘉庆二十一至二十五年261家商号的抽厘额，共计1796.13两，平均每年359两。自嘉庆二十一年起，会馆的抽厘率再降至0.3‰，按此折算，其年经营额为119.7万两。

道光元年至十七年的抽厘状况未见记载，在此期间不知会馆的集资是否中断，也不知抽厘率是否发生变化？道光二十五年《重修山陕会馆戏台山门钟鼓亭记》碑阴开列有道光十八至二十四年366家商号[③]的集资金额，七年共收银14 760.92两，平均每年2108两。该碑未记载抽厘率，如据嘉庆二十二年碑所言以0.3‰计算，平均年经营额703万两；这一数字颇令人吃惊，故笔者以1‰的抽厘率从低折算，则年经营额为210万余两。表7是依据上述不同的抽厘率对乾隆至道光年间山陕商号经营规模的折算，请参见。

① 许檀编：《清代河南、山东等省商人会馆碑刻资料选辑》，第314页。

② 许檀编：《清代河南、山东等省商人会馆碑刻资料选辑》，第298、314页。

③ 此外，监生牛允迪捐款30两，未计入。

表 7 乾隆至道光年间聊城山陕商号的抽厘金额及其经营额的折算

年代	集资商号（家）	抽厘金额（两）	折合年经营额（万两）	备注
乾隆初年	401	8 188.34	51.2	以 4‰的抽厘率，4 年平均
嘉庆初年	697	42 964.71*	134.3	以 4‰的抽厘率，8 年平均
嘉庆十六至二十年	363	7 595.94	151.9	以 1‰的抽厘率，5 年平均
嘉庆二十一至二十五年	261	1 796.13	119.7	以 0.3‰的抽厘率，5 年平均
道光十八至二十四年	366	14 760.92	210.9	以 1‰的抽厘率，7 年平均

资料来源：据聊城山陕会馆乾隆十一年、嘉庆十四年、嘉庆二十二年、道光三年、道光二十五年碑统计
* 此系累计数，与碑文集资略有出入

表 7 显示，乾隆至道光年间山陕商人的经营规模增长迅速，乾隆初年其经营总额还只有数十万两，嘉庆时增至一百数十万两；道光年间即便以 1‰的抽厘率从低折算，山陕商人的经营总额也达 210 多万两，与嘉庆年间的最高额相比增长了 38%，若与乾隆初年相比则翻了两番。

我们还可对参与集资的山陕商号做进一步分析。在乾隆初年创建会馆的集资中，捐银最多者为行日章，捐 900 两，4 年平均，以 4‰的抽厘率折算，其年经营额为 5.6 万两；位居第二的是刘兴隆，捐 820 两，平均年经营额也超过 5 万两。在嘉庆初年山陕会馆大规模重修的集资中，抽厘最高者为兴盛章号 1373.82 两，8 年平均，以 4‰的抽厘率折算，年经营额约为 4.3 万两；其次为元吉正号 1283.57 两，平均年经营额也达 4 万余两。在嘉庆十六至二十年（1811—1815）的集资中，抽厘最高者为公信凤号 430.52 两，5 年平均，以 1‰的抽厘率折算，年经营额为 8.6 万两；其次为元吉正号 295.89 两，折合年经营额为 5.9 万两。道光二十五年碑所列抽厘最高者为福兴和号 1034.73 两，7 年平均，以 1‰的比例折算，年经营额约为 14.8 万两；其次为万盛成号 564.72 两，平均年经营额约为 8.1 万两。这些经营规模数万乃至十数万两的商号应是经营大宗商货的批发转运贸易的。

按照同样的方法，我们以年经营额超过万两者作为大商号，超过一千两不足万两者为中等商号，不足千两者为小商号，对乾隆至道光年间山陕商号的抽厘金额进行分类统计，见表 8。

表 8 乾隆至道光年间聊城山陕商号经营规模的分类统计

年代	商号总数（家）	大商号数（家）	所占百分比（%）	中等商号数（家）	所占百分比（%）	小商号数（家）	所占百分比（%）
乾隆初年	401	14	3.5	46	11.5	341	85.0
嘉庆初年	697	34	4.9	156	22.4	507	72.7
嘉庆十六至二十年	363	46	12.7	128	35.2	189	52.1
嘉庆二十一至二十五年	261	32	12.3	108	41.4	121	46.3
道光十八至二十四年	366	52	14.2	200	54.6	114	31.2

资料来源：据聊城山陕会馆乾隆十一年、嘉庆十四年、嘉庆二十二年、道光三年、道光二十五年碑统计

表8可见，从乾隆至道光年间，山陕商人的队伍构成也有较大的变化。一方面，年经营额超过万两的大商号和经营额千两以上的中等商号所占比重均有所提高，其中：大商号所占比例乾隆和嘉庆初年分别仅占3.5%和4.9%，嘉庆中叶迅速增长，道光年间达到14.2%；中等商号的增幅更为明显，其所占比例从乾隆初年的11.5%升至道光年间的54.6%。另一方面，小商号所占比例则大幅度下降，乾隆初年山陕商号中小商号的占比高达85%，嘉庆年间不断下降，至道光时已降至31.2%。经营规模万两乃至数万两的商号当是以大宗商货的批发转运为主，经营额数千两的中等商号中也会有相当一部分从事批发转运贸易，而经营额不足千两的小商号当以零售商业为主。商号构成的这一变化反映出聊城作为大宗商货转运枢纽的地位在嘉庆、道光年间不断加强。

三、聊城山陕商人经销的主要商品

在聊城山陕会馆捐款商号中，可区分经营内容的店铺有布店、绸缎店、皮货店、毡店、衣帽店、粮行、粉坊、茶店、海味店、烟铺、纸局、铁货店、炭店、丹店、漆店、蜡烛店、钱店、典当铺等。不过，会馆各碑所列捐款名录中的绝大多数商号，特别是抽厘额最高的大商号都未标明行业，无法依据捐款金额对其行业构成进行考察。我们只能借助临清、朱仙镇、周口等地的档案、碑铭资料寻找相关线索。

在对临清的考察中我们看到，绸缎、布匹、粮食、茶叶、纸张、磁（瓷）器、铁货等是经由该城流通的大宗商货。[①]临清关档案记载：该关“居汶、卫两河之中，全赖江广纸张、茶叶、磁（瓷）器、江浙绸缎等货贩运北上，或直隶、山东杂豆赴南售卖，商始流通，始克征税敷额”[②]。聊城位于临清以南120里，凡由南方北上临清的商货均需经过聊城。由于聊城没有税关，不需纳税，有相当一部分西行或北上商货在到达临清之前，即于聊城卸载，由此转运分销。档案记载称：临清关“全赖汶、卫两河商船往来，但汶河即系运道，春则筑坝挑河，冬则冰坚冻阻，夏秋二季商船可行，而又有重运北上、回空南下，沿途闸座启闭以时，商船类多阻滞，所有各色细货自江苏、闽广而来者，舟至济宁、东昌等处即便起载，车驮北去，不肯经由临关”[③]。

在乾隆三十三年（1768）朱仙镇《重修关帝庙碑记》所镌捐款商号中，敬盛允、敬盛

① 参见许檀：《明清时期的临清商业》，《中国经济史研究》1986年第2期。

② 道光四年二月二十七日署山东巡抚琦善题本，中国社会科学院经济研究所藏《钞档》：山东各关。

③ 《雍正六年十月二十八日署山东巡抚岳浚奏折》，中国第一历史档案馆编：《雍正朝汉文朱批奏折汇编》第13册，南京：江苏古籍出版社，1990年，第779-780页。

挺、公信凤、大魁和、偕义麟、天成笃、久成玉、久成虹、天成佐等9家商号属于“社塘烟号”[①]，即它们在朱仙镇是经营烟业的。这9家商号也都在聊城山陕会馆的捐款中出现，且多为实力雄厚的大商号，如嘉庆十四年（1809）抽厘碑中，公信凤号抽厘1212.52两，在697家商号中排名第三；大魁和号抽厘977.03两、偕义麟号953.46两，分列第七、第八，应都是经营额数万两的大商号。[②]在嘉庆十六至二十年的抽厘中，公信凤号更是位居第一，平均年经营额达8.6万两；大魁和、偕义麟、天成笃、久成虹等商号的年经营额也都在万两以上。在道光年间周口山陕会馆的集资中，我们见到公信凤、敬盛允、大魁和等三家商号均列于杂货行下[③]，可能除烟草之外它们还经营其他商品。在朱仙镇的集资中，上述9家“社塘烟号”共捐银420两，平均每号46.7两，位居中上；在周口的集资中，公信凤号抽厘65.04两，敬盛允号、大魁和号分别为58.38两和27.58两，亦属中等，均不如在聊城显赫。看来，聊城应是这几家商号最重要的经营地。大致可以推论，聊城最有实力的商号应是以南北杂货的转运为主。下面，笔者具体考察各种商品的流向及其变化。

先看布帛服饰。明代，江南是全国的丝织和棉纺织业中心，其产品多，质量好，行销全国。运销华北、西北、辽东的绸缎、布匹大都经由运河北上，在运河沿线形成很多纺织品中转市场，而以临清为最。《临清州志》记载：“布商，店在白布巷，自成化二年苏州、南翔、信义三会合而为行，隆万间寖盛，岁进布百万有奇。每岁轮行首一人，司一岁出入。”“绸缎商，店在果子巷，亦如布行，有年首、月首，旧有数十家字号。”[④]明代万历年间临清城内有布店73家，绸缎店32家[⑤]，是华北最大的纺织品交易中心，布匹年销量至少在百万匹以上，绸缎销量亦属可观。清代的情况有很大变化，临清城内的布店、绸缎店数量锐减。乾隆年间的档案载：临清关“征收《则例》定自前明，其时百货云集，所以有一千九百余条之多。至于今日，南北货物云集于济宁、东昌两处。临清关系水路要津，并非陆路大道，绸缎等货在台庄、济宁、东昌等处起卸，直由南、北、中三大路北上，既免关津之课钞，又无漕船闸座之阻滞，所以历查旧册南来绸缎到关实少”[⑥]。此时的聊城已取代临清，成为运河沿线重要的绸缎转销地之一，临清所用绸缎反倒需从聊城批发。乾隆七年（1742），临清关税中有绸税银480余两，缎税银320余两，丝税银40余两，“查系临清店

① 许檀编：《清代河南、山东等省商人会馆碑刻资料选辑》，第20页。

② 以8年平均，4‰的抽厘率折算，其年经营额分别为37 890、30 530、29 790余两。

③ 周口山陕会馆道光十八年《重修关帝庙岁积厘金记》，见许檀编：《清代河南、山东等省商人会馆碑刻资料选辑》，第87-89页。

④ 乾隆《临清州志》卷11《市场志》，济南：山东地图出版社，2001年，第459页。

⑤ 《明神宗实录》卷376“万历三十年九月丙子”条，台北：“中央研究院”历史语言研究所，1962年校印本，第7073页。

⑥ 中国社会科学院经济研究所藏《钞档》：乾隆十一年九月初二日吏部尚书兼管户部尚书暂署直隶河道总督印务刘於义题本。

家往东昌置回发卖，照例赴关输税者”[①]。不过，我们在聊城会馆捐款中所见绸缎店铺数量不多，只有永盛缎店、兴隆绸店、隆泰绸店等3家，且捐款有限，估计大宗绸缎的转运分销系由杂货商经营。

棉布的销售也有很大变化。明代东昌府是山东最重要的棉花产区，但棉纺织业尚不发达，所产棉花多由“江淮贾客列肆赍收”，大量运往江南，再从江南返销棉布。至清代，随着自身棉纺织业的发展，乾嘉年间东昌府已成为山东重要的商品布输出区，清平、高唐、馆陶、恩县、茌平等州县均产棉布。[②]嘉庆年间聊城有布店七八家，当系山陕商人为收购本地所产土布而开设，主要销往西北或口外。在嘉庆年间重修会馆的集资中，丰泰、文盛、信成三家布店的抽厘均为170余两，年经营额约计可达5000两[③]；在嘉庆十六至二十五年（1811—1820）的抽厘中，信成布店、重盛布店先后跨入万两级商号之列。

经营丝、棉纺织品的还有衣帽店，在嘉庆年间重修会馆的集资中，至少有协盛、新丰、兴字、恒庆、正兴、和生、安吉、福兴、洪太等9家衣店和四聚、义成两家帽铺参与捐款。其中，协盛衣店抽厘98.49两，是捐款最多的衣店；其次为新丰衣店83.73两；抽厘最少的洪太衣店则只有0.5两。四聚帽铺抽厘24.23两，义成帽铺为22.69两。从抽厘金额看，这些衣帽店铺的规模不太大，当主要是为本地居民服务；规模最大的几家估计还能为周边地区提供一些货源。

皮毛制品自明代就是东昌名产，嘉靖《山东通志》称“毡，出东昌、临清者精致甲于他处”[④]；万历《东昌府志》亦载“羊裘、毡罽，出自府城、临清者佳”[⑤]。嘉庆《东昌府志》记言：郡邑“宜畜牧，毡毳之利什居六七”，货属之“多而善者”首推“聊城之毡罽”。[⑥]嘉庆年间聊城有兴盛、天成、源顺、永兴、元顺、日升、日增、永盛、益顺、九成、本立、新顺成、永盛隆等10余家皮货店以及永隆、义和等毡店，所收皮毛制品当主要销往北方各省。

布帛皮毛之外，在山陕会馆捐款碑中所见较多的还有纸、茶、烟、炭、铁、海味等店铺。

纸张曾是临清转销的大宗商货之一，主要来自江西、福建。明代临清有纸店24家，乾隆时已“减至五六家”[⑦]。在山陕会馆的捐款中我们看到，嘉庆年间聊城至少有经营纸

---

① 乾隆十一年九月初二日刘於义题本。

② 参见许檀：《明清时期山东商品经济的发展》，第43-44、90-91页。

③ 这三家商号抽厘分别为179.72两、176.96两和176.66两，以8年平均，4‰的抽利率折算，年经营额分别为5600余两、5530余两和5520余两。

④ 嘉靖《山东通志》卷8《物产》，国家图书馆藏明嘉靖十二年刻本，第4页。

⑤ 万历《东昌府志》卷2《物产》，国家图书馆藏明万历二十八年刻本，第32页。

⑥ 嘉庆《东昌府志》卷46《物产》，国家图书馆藏清嘉庆十三年刻本，第1、3页。

⑦ 乾隆《临清州志》卷11《市场志》，第459页。

张的商号 7 家，数量超过临清，可能已部分取代了临清的纸张分销功能。其中隆泰、和生、中和、隆和等 4 家为红纸局，长裕、协盛、生生等 3 家为表笺局，隆泰、和生两家分别抽厘 134.45 两、103.67 两，长裕表笺局抽厘 83.18 两，年经营额均有数千两[①]，当会有一部分中转批发业务。

聊城印书业十分发达，清代前期书业德等四大书庄已相继开业，乾嘉以后城内大小书坊达三四十家，是北方最大的坊刻中心之一。[②]书业德号创于康熙年间，财东为山西灵石人，姓郭。该字号所印书籍以版本精善著称，在纸张、印刷、校对等方面也都十分讲究，纸张主要为毛边纸、毛太纸、四则纸、粉连纸等，应主要来自南方。据说书业德最盛时雇工百余人，除聊城的总号外，在太原、祁县、介休、平遥、济南等地设有十多个分号和代销处，书籍行销京津、张家口、绥远、晋冀鲁豫四省以及上海、南京等地。[③]在山陕会馆集资中，我们也看到书业德号的捐款，不过是在同光时期；在嘉庆、道光年间的集资中，捐款较多者为书业堂和书业成，不知三者之间是否有承继关系？

临清是清代前期茶叶转运西北的重要码头，经营茶叶的店铺至少有数十家，尤以晋商经营的边茶转运贸易为最盛。茶船到临清，“或更舟而北，或舍舟而陆，总以输运西边”[④]。清代中叶临清的茶叶转运功能似仍然保持，聊城会馆碑铭中所镌茶业字号不多，我们在嘉庆年间的捐款名号中只见到轩盛茶店一家，道光年间也只有同春、信义、福毓等 3 家茶店的捐款，且抽厘金额有限，最高不过二三十两，应是以零售商业为主。不过，在嘉庆年间重修会馆的集资中，有来自张家口的德盛玉、合盛全、兴太和等 3 家商号参与捐款，而张家口是中俄恰克图贸易最重要的转运枢纽。据赖惠敏教授研究，合盛全、德盛玉都是经营茶叶的字号，它们在嘉庆四年（1799）进入恰克图的商号名册中赫然在列，合盛全号位于恰克图中街，为实力雄厚的“大铺”；德盛玉号位于西街，两家字号共用一张“部票”。到嘉庆二十一年（1816）德盛玉号已不见踪迹，而合盛全号则从嘉庆年间直到咸丰十一年（1861）一直出现在商号名册之中。[⑤]由此看来，聊城也曾是恰克图茶路的重要转运环节。

嘉庆年间聊城至少有庆和、四美、三盛、正顺、广和、玉兴、广裕、永盛、协兴、元兴等 10 家烟铺，此外，前述之公信凤、偕义麟、大魁和、久成玉、久成虹等商号可能也经营烟草。烟草，东昌属县也有出产，冠县在康熙十九年（1680）奉文征收烟税[⑥]，其产销

---

① 以 8 年平均，4‰的抽利率折算，这三家商号的年经营额分别为 4200 余两、3200 余两和 2500 余两。

② 杨轶男：《清代运河城市聊城的坊刻出版业》，《出版发行研究》2011 年第 12 期。

③ 金紫垣、胡国典、刘伯纪：《聊城四大书庄》，中国人民政治协商会议、山东省聊城市委员会文史资料研究委员会编：《聊城文史资料》第四辑（内部发行），1987 年，第 83-89 页。

④ 乾隆《临清州志》卷 11《市场志》，第 459、473 页。

⑤ 赖惠敏：《十九世纪晋商在恰克图的茶叶贸易》，陈熙远主编：《第四届国际汉学会议论文集——覆案的历史》，台北：“中央研究院”历史语言研究所，2013 年，第 597-598 页及附录一、附录二。

⑥ 康熙《冠县志》卷 3《赋役》，日本内阁文库藏清康熙三十七年刻本，第 22 页。

量应已达到一定的规模；雍正《馆陶县志》货属也列有烟草。[①]鲁西南的兖州府是山东的又一烟草产区，康熙年间滋阳已是“遍地栽种，每岁京客来贩，收卖者不绝，各处因添设烟行”[②]；乾隆年间济宁州因“五谷不胜烟值钱”而“废农偏种烟”[③]，至道光时“环城四五里皆种烟草，制卖者贩郡邑皆遍，富积巨万”[④]。以运河水道之便，聊城的烟草也会有一部分来自滋阳、济宁，唯其销售方向不明。

聊城的铁货主要来自山西泽潞地区，由河南清化镇经卫河水道转运而至。[⑤]《聊城县乡土志》商务条记载：“铁货，自山西贩来。”[⑥]乾隆年间聊城山陕会馆就有铁货行、店参与集资，如乾隆三十一年（1766）碑中镌有：同盛钉店捐银 12 两，荣兴、恒盛两家钉店各捐银 7 两；乾隆三十七年、四十二年碑中也有铁货行的捐款。在嘉庆年间山陕会馆的大规模重修中，有丽泽、益兴、悦来、日增、义兴等 5 家铁货店参与集资，其中丽泽铁货店捐款最多，为 22.91 两，是铁货店中规模最大的一家。此后，在嘉庆二十二年碑中有丽泽、义兴、日增、悦来等 4 家铁货店参与集资，道光三年（1823）碑中有丽泽、日增两家铁货店，道光二十五年碑中有丽泽、广益、文兴 3 家铁货店，同治四年（1865）碑中有丽泽、日增两家，光绪二十年（1894）碑中仍有丽泽号的捐款。从嘉庆十四年碑中第一次出现到光绪二十年，丽泽铁货店在聊城的经营时间至少有 80 余年。

在聊城山陕会馆嘉庆十四年碑中，参与集资的炭店有泰来、益泰、统成、聚成、永丰、天成、兴盛、锦隆、公顺、三益、敬成、圣书、同兴、三和、和隆、永昌、祥盛等 17 家，嘉庆二十二年碑中参与抽厘的炭店有兴盛、同兴、公顺、圣书、和隆、天成、公顺、隆和、干兴、长发、合兴、统成、德合、裕魁、玉成等 15 家，其中有 8 家在十四年碑中未见，当是新近开设的。这些“炭店”经营的“炭”估计主要是煤炭，山东博山、绎县均产煤，聊城的煤炭当主要来自本省。聊城炭店数量较多，其中兴盛、同兴、公顺、乾兴等数家属中等商号[⑦]，除供应本地外，可能会有一部分转销他处。

在嘉庆十四年碑中，参与集资的海味店有隆盛、永裕、顺昌、晋升、宁新、恒盛、庆义、亨利、隆裕、晋盛等 10 家，其中隆盛海味店抽厘最高，为 134.46 两，是规模最大的一家；其次为永裕、顺昌二店，分别为 76.65 两和 66.55 两；这几家店铺的年经营额约计

---

① 雍正《馆陶县志》卷 2《物产》，国家图书馆藏清乾隆元年刻本，第 3 页。

② 康熙《滋阳县志》卷 2《物产》，国家图书馆藏清康熙十一年刻本，第 29 页。

③ 乾隆《济宁直隶州志》卷 2《物产》，国家图书馆藏清乾隆五十年刻本，第 62 页。

④ （清）王培荀、浦泽校点：《乡园忆旧录》卷 8，《山东物产》，济南：齐鲁书社，1993 年，第 455 页。

⑤ 参见许檀、吴志远：《明清时期豫北的商业重镇清化》，《史学月刊》2014 年第 3 期。

⑥ 光绪《聊城县乡土志》“商务”条，国家图书馆藏清光绪三十四年刊本，第 54 页。

⑦ 规模最大的是兴盛炭店，在嘉庆十四年碑中抽厘 55.04 两，以 4‰的抽利率折算，8 年平均经营额为 1720 两；在嘉庆二十二年碑中该字号抽厘 24 千文，以 1‰的抽利率折算，5 年平均经营额为 4800 千文。公顺、同兴等炭店的年经营额也超过千两。

数千两[①]，当会有一部分中转批发业务。聊城距海较远，这些商号经营的海味应产自江浙、山东沿海，经运河、大清河而来，其转销方向当以河南、山陕为主。

聊城的颜料商号数量不多，最著名者当属西裕成。该字号是平遥达蒲村李氏家族开设的颜料庄，总号在平遥，在京、津等地设有分庄。嘉庆年间北京重修颜料会馆的集资中，西裕成捐银 120 两，名列捐款商号之首[②]；道光初年天津锅店街山西会馆创建之际，它是主要倡导者之一[③]。在聊城山陕会馆嘉庆年间的三次集资中，西裕成均参与了捐款，它在聊城当也设有分号；不过其捐款额不是太高，看来该字号在聊城的经营规模不如京、津两地。其他经营此业的商号，如乾隆四十二年碑中有晋魁、合顺、生生、九如等 4 家丹店，嘉庆年间有晋魁、合顺、天裕等 3 家丹店，道光年间有晋魁、合顺丹店和永盛、永顺漆店参与捐款，在同治年间的集资中仍有晋魁丹店、合顺丹店参与。其中晋魁丹店规模最大，在嘉庆年间重修会馆的集资中，该字号曾先后两次捐款，先捐干白银 50 两，又抽厘头银 287.45 两，远超过西裕成号的 5 两和 131.8 两。依据嘉庆二十二年（1817）、道光二十五年（1845）碑的抽厘额折算，晋魁丹店的年经营额应超过万两。从乾隆四十二年（1777）到同治六年（1867）最后一次出现，晋魁丹店在聊城的经营时间已超过 90 年。

四、结　语

聊城是清代中叶山东运河沿线的重要转运码头，经由该城转运的商品以绸缎、布匹、皮毛、纸张、茶叶等为大宗。绸缎、纸张、茶叶、海味等南来商品的转销范围大致包括鲁北、冀南、豫东和山西，其中朱仙镇与聊城的联系最为密切；棉布和皮毛制品为东昌本地所产，山陕商人在此设店收购，主要销往西北和口外。此外，来自张家口的合盛全、德盛玉等商号的捐款显示，聊城也是恰克图茶路上的重要转运站之一。

从乾隆至道光年间，山陕商人在聊城的经营规模增长迅速。乾隆初年其经营总额只有数十万两，嘉庆年间增至一百数十万两；道光年间即便以 1‰的抽厘率从低折算，山陕商人的年经营额也达 210 万两，与乾隆初年相比翻了两番。嘉道年间是山陕商人实力最强的时期，汇聚聊城的山陕商号至少有三四百家，最多有八九百家。其中，年经营额超过万两的大商号有四五十家，公信凤、万盛成等商号的年经营额达七八万两，福兴和号更高达十

---

① 以 4‰的抽利率折算，8 年平均，这三家商号的年经营额分别为 4200 余两、2300 余两、2000 余两。

② 李华编：《明清以来北京工商会馆碑刻选编》，北京：文物出版社，1980 年，第 5 页。

③ 天津锅店街山西会馆道光九年《初建山西会馆碑记》，见许檀编：《清代河南、山东等省商人会馆碑刻资料选辑》，第 399 页。

数万两。

清代在聊城经商者除山陕商人外，还有江西、江苏、浙江等省商人，共建有山陕、江西、苏州、武林等八大会馆。其中以山陕商人实力最强，《聊城县志》记言“殷商大贾，晋省人为最多”①；碑文亦称“东郡商贾云集，西商十居七八”②。若以山陕商人数量及其经营额占全城的70%计算，嘉道年间汇聚聊城的各地商人至少有五六百家，最多可达一千二三百家。全城合计，嘉庆年间聊城的商业规模已达200万两；道光年间以1‰的抽厘率从低折算为300万两，若以0.3‰的抽厘率折算则高达1000万两。

（执行编辑：王　路）

① 宣统《聊城县志》卷1《风俗》，国家图书馆藏清宣统二年刻本，第30页。

② 许檀编：《清代河南、山东等省商人会馆碑刻资料选辑》，第325页。

从民间文献看晚清的两淮盐政史*

——以程桓生家族文献为中心

王振忠**

摘要：在中国经济史上，徽州盐商自15世纪起便已崭露头角。其后，随着盐政制度的数度变革，其实力盛衰递嬗。19世纪中叶的盐政改革以及此后的太平天国运动，固然使徽州盐商在总体上趋于衰落，但晚清时期徽州盐商的活动，以及政商关系等问题，迄今仍未得到清晰的揭示。有鉴于此，本文利用新发现的徽州文书（书信、账册等资料），对晚清盐政史做一新的探讨。本文聚焦于两淮盐运使程桓生家族的盐业经营，以及该家族与晚清盐政制度设计者、两江总督曾国藩的密切关系，探讨徽州盐商对于19世纪中后期盐政制度的影响。指出：晚清时期在两淮盐政中极为活跃的程桓生等人，与清代前期的徽州盐务总商家族有着千丝万缕的联系，他们在19世纪中后期对于两淮盐政的重要影响仍然不容忽视，这一点，与太平天国运动之后徽商基本上退出两淮盐务的通常认识大相径庭。笔者认为，面对19世纪中叶的重大变局，曾国藩为了筹措稳定而充足的军饷，需要尽快恢复淮盐市场，在这种背景下，重建淮盐管理体制以及招商认运，对于包括徽商在内的盐商巨贾之倚赖便在所难免，这也正是晚清盐政制度中“寓纲于票”核心思想形成的原因所在。与18世纪的盛清时期不同，太平天国运动之后，具有商人家世背景者直接出任盐政官员似成常态，权力与资本紧密勾结的现象更为肆无忌惮。此一事实，也从一个侧面反映了明代以来中国政商关系的新变化。

关键词：徽州盐商；程希辕；程桓生；曾国藩；盐政史

明代以来，中国的盐政制度经历了多次的变化。明初开始为了对付漠北的蒙古残余势

* 本文系国家社会科学基金重大项目“明清以来徽州会馆文献整理与研究”（项目编号：14ZDB034）阶段性成果。

** 王振忠，复旦大学历史地理研究中心教授。

力，政府在北方边地先后设置了“九边”，与此相配套，推行“开中法”，以解决沿边的军需供给。当时，各地商人输粟支边，将粮食运往北方边地，作为回报，这些商人可以获得盐引，借以前往相关盐场支取所值引盐，并运往指定地区销售。在这种背景下，不少商人为免飞挽之苦，相继在北方边地招民屯垦，就近纳粮上仓。因地利之便及黄土高原得天独厚的窖藏条件，早期的两淮盐商多为山西、陕西一带的粮食商人。“开中法”实施了一百余年，及至成化以后发生了重要的变化。特别是在弘治年间，运司纳银制度确立，赴边开中之法破坏，扬州成了两淮盐务的中枢，大批盐商麇聚淮扬。万历四十五年（1617），为了挽救日益严重的财政危机，两淮盐法道袁世振创行“纲法”，由政府特许的商人世袭承包盐引，这是明代盐政制度上的又一次重大变化，其影响极为深远。

入清以后，沿袭了晚明商专卖的纲盐制度，将食盐专卖权托付给了政府特许的商人。盛清时期，康熙和乾隆皇帝都先后六度南巡，盐商捐输、报效频仍，这对于两淮盐政产生了重要的影响。乾隆中叶前后，首总—大总商—小总商—散商，成为两淮盐商新的组织形态。其中的“首总”，皆是与皇帝、官僚关系最为密切的大总商。[①]在纲盐制度下，盐商凭执“根窝”，世袭引岸专利，其腐朽性日益加深。道光年间，陶澍、陆建瀛等先后在淮北和淮南实施改革，改纲为票。但随后的咸同兵燹，则打乱了这一改革的进程，也使东南地区的财政遭遇到了新的变局。

同治初年，时当太平军尚未完全覆灭，两江总督曾国藩便开始反复构思和探索新的管理体制。其时，如何招商认运，尽快恢复淮盐市场，保证课额进而确保军饷的收入，成了刻不容缓的重中之重。及至太平天国运动结束，无论是盐政制度还是盐商结构皆出现了新的变化，此种变化，其影响一直延续至民国时期。

揆诸史实，从清初至太平天国运动爆发，前后历时二百余年；而自太平天国运动结束迄至清朝灭亡，为时不到半个世纪。倘若将有清一代的盐政史视作一部大书，那么，对于盛清时代的探究一向是浓墨重彩的，该时期徽州盐商之长袖善舞、夸奢斗富，一向为世人所瞩目。[②]相形之下，太平天国运动之后的盐政史，则似乎是学界急于匆忙翻过的寥寥数页，语焉不详之处颇多。近人陈去病在《五石脂》中曾指出：

> 徽郡商业，盐、茶、木、质铺四者为大宗。茶叶六县皆产，木则婺源为盛，质铺几遍郡国，而盐商咸萃于淮、浙。自陶澍改盐纲，而盐商一败涂地……

---

① 参见王振忠：《明清徽商与淮扬社会变迁》，北京：生活·读书·新知三联书店，2014年。

② 有关这方面的探讨，代表性的成果如：［日］佐伯富：《运商的没落和盐政的弊坏》，原文为氏著《清代鹽政の研究》（《東洋史研究丛刊》之二，京都，東洋史研究会，1956年）之第六章，译文载刘淼辑译，古籍整理办公室编：《徽州社会经济史研究译文集》，合肥：黄山书社，1988年；何炳棣：The Salt Merchants of Yang-Chou: A Study of Commercial Capitalism in Eighteenth-Century China, *Harvard Journal of Asiatic Studies*, 1954, 17(1-2)；何炳棣、巫仁恕：《扬州盐商：十八世纪中国商业资本的研究》，《中国社会经济史研究》1999年第2期。

陶澍变革以及此后的咸同兵燹，固然使得徽州盐商在总体上趋于衰落，但晚清时期两淮盐业中的徽商活动、官商关系等问题，仍未得到清晰的揭示。迄今为止，我们对该时期盐政制度变迁的基本轨迹并不陌生，但与盛清时期相比，似乎再也看不到作为个体的盐商或徽商家族生动、细致的活动，这当然是受限于此前史料所见不足的原因。所幸的是，随着近年来民间文献的大批发现，徽商与晚清盐政的相关问题，显然有了进一步深入探讨的可能。

一、徽州盐商程希辕的商业活动

数年前，笔者在皖南收集到一批晚清歙县盐商方氏的家族文书，其中有一封程希辕写给方性存的信函：

性存世大兄大人如晤：九月廿八日寄上一信，并原帖二纸，茶厘捐票一百二十四两二钱一纸，未蒙示覆，谅已投到，念念！十月初八日发稚家叔信，托代致谢远惠湘莲，谅邀清听。弟自初十日往金陵大营粮台，一路察看食岸情形，廿日到南京大胜关小住三日。二小孙在台平顺，趋公无误，甚慰惬衷！回来风逆，迟至月初五日抵省，欣悉二十五日苏州克复，江北、怀远克复，现闻苗匪被官兵杀死，大快人心！升平有日，可望远怀想。大小儿到豫章，知驾等候，自可把晤一切。现楚皖新章刊册二本，附呈台览，自悉弟盐务熟手，趁时动手，颇有大利。照新章只得一分半利，其余盐每引可余乙（一）担，又得三两五钱。本大则办湖广，本小可办中路，大约以千金可得利六七百，能有三五千金，易于为力。弟处已有两处相好下去赶办，弟荐有人，可以着人下去附办，各种便捷大好之机，为此专照，望见信想法措资，即来安庆面商办理，祈斟酌！先付信可也。合和小行秋来颇顺利，未知泰和宝行如何？尚望示知。稚家叔代寄家用，迟至二个月后送到（七月家用，九月到），未免不得应用，想乏便之故耳，望致稚家叔想法，赶妥便预为觅寄为要。稚家婶、骏舍弟想已到饶，一路自必平顺，望致发信报慰，恕不另信。弟看湾沚可以立业，现已与金陵大营粮台诸位合办一官盐店，其中大有生机，如见信惠然一切，再为面谈可也。专此奉达，并候迩安，不尽。

世愚弟程希辕顿首，十一月初七日。

令叔弟侄均此候安。

同事诸君同候。

舍外孙杨云生承爱提携，近来体质可好些否？学习可上规矩否？甚为挂念，望付知。[①]

---

① 以下所引文书，凡未注明出处者均系私人收藏。

上揭信函书写于“青云阁”八行朱丝栏信笺上，楮墨规整，字迹雅丽，反映出这位徽州盐商具有极好的文字素养。苏州于1863年12月被清军和常胜军联合攻陷，所谓苗匪，亦即苗沛霖。苗氏于1863年12月6日被杀，这些事件，在信中都于“月初五日抵省”后一一叙及，故该信应作于同治二年十一月初七（1863年12月17日），发信地点是安徽省城安庆。

信中的“食岸”，是指淮南食盐引岸，有内河、外江之分，根据盐法志的记载，主要包括安徽省的宁国府、和州含山县、滁州全椒县，以及江苏省江宁府，扬州府江都、甘泉、宝应三县，高邮一州和通州泰兴县等。信中提及的“大胜关”，在今南京市西南，因地处长江之滨，自古为江防要地。[①]信中的“饶”是指江西饶州，而湾沚则在今安徽省芜湖县。此前，清军曾组建江南、江北大营，其中，江南大营的饷需系由江西调拨接济，总粮台则设在皖南的太平府。

收信人为方性存，与程希辕关系莫逆，程希辕的外孙即托付给他照看，两家似有亲戚关系。据同时收集到的佚名无题文书抄本：“方宗仁字性存，号静山。生于嘉庆己卯年又四月十六日子时，殁于同治乙丑年闰五月十八日子时。”则方性存的生卒年为1819—1865年。此外，另一份文书抄件有：

> 代理江南徽州府歙县为造送事。今将分发试用教谕方宗仁年岁、籍贯开造清册，呈送查核施行，须至册者。
>
> 计开：
>
> 分发试用教谕方宗仁，现年四十五岁，系安徽徽州府歙县土著民籍，由廪生于咸丰十一年十二月十三日在徽郡捐输，请奖局捐贡，报捐训导，双月选用，递捐教谕，双月选用，单月即用，不论双单月即用，并请分发试用，共银八百四十壹两，奉给实收，袛领在案。兹援照向章呈请考验，注册委用，并无假冒、顶替、隐匿、犯案、改名、朦捐情事，理合造报。
>
> 三代：
>
> 曾祖父统镜；
>
> 曾祖母潘氏、陆氏，均殁；
>
> 祖父绪进；
>
> 祖母吴氏、王氏，均殁；
>
> 父承谦，存，年六十九岁；

---

① 《曾国藩日记》“同治二年正月初六日”条曾记载：“早饭后，由大胜关至沅弟雨花台营盘，凡行三十里。”见（清）曾国藩：《曾国藩日记》中册，北京：宗教文化出版社，1999年，第153页。

母周氏，殁；
许氏，存，年四十九岁。
同治元年六月日代理歙县知县李嘉遇。
道光壬寅李宗师科入府学第六名。
庚戌李宗师岁试壹等第三名补廪。

可见，方性存为廪生出身，于咸丰十一年（1861）以841两的代价捐得教谕一职。[①]稍后他即启程赴任。对此，另一份文书则记录：

具禀家属方升
禀为呈报丁忧，并缴公文，叩请转详事。窃家主试用教谕方宗仁，现年肆拾伍岁，系安徽徽州府歙县人，由廪生在徽郡筹防局报捐贡生，加捐教谕，分发试用。于本年　月　日在
台前请文，赴省考验，当经由府加结到道，由道验看后给文赴省。行抵建德地方，接到老家主州同衔附监生方承谦在祁病重家信，家主星夜赶回，随于本年十月二十六日老家主病故，家主系属亲子，例应丁忧，不计闰扣，至同治四年正月二十六日二十七个月服满，理合备县供结呈报，并将所领道宪公文、印结、试卷等件一并呈缴，伏乞
大老爷鉴核转详，实为恩便。
计呈：
亲供一纸，切结一结。

其后的亲供中，也开有方性存之三代，只是在其父的名字之下，另有："州同衔，附监生，本年十月二十六日病殁。"从相关资料来看，方氏为盐商世家[②]，方性存在饶州置有

① 方性存的文书中，有一信封上书："内帐并外封典照一张，部、监两张/方性存先生收/来人酌给/面钱三百六十，郡城寄。"

② 在同一批文书中，有一封信曰："礼堂仁兄大人阁下：本月初一日，由余绍记处转寄第七号一函，未识曾投到否？初四日午后，接到十九日所发之信，捧诵之下，惊悉性存伯遽作古人，弟不禁凄然泪下，太息咨嗟，何彼苍不相吉人，降此鞠凶乃尔！近日吾兄襄助尔翁料理一切，自必一时难以就道。现今湘、鄂二岸，各先开两档，共五十六票。目下两岸甫运二十票，其余未运之卅六票，兼之楚西残纲，若待移扬后再运，而新河口尚未圆工，又不知迟延何日，是以各运商赴运辕禀请，俟两档在泰坝过清之后，再由新河改运，尚未沐批。本号之盐，不日可抵泰坝，如运司批准，即行开运。买盐之课，弟恐吾兄一时难以抽身，已向罗训翁面商缓期。蒙伊慨允水脚、杂用之费，弟已安排，请秋纲预缴厘金之课仍然存寓，以候开纲。管见如是，未识尊意若何？如运司不准所请，必得俟新河竣工，方能出运。我号之引总在头档，大约七月抄（杪）八月初上可以开江，本拟着自三、晓江二兄先移扬州，今且稍缓数日，一俟公事定局，再为迁移。楚局委员业已撤委，统归西局张公兼办，尔翁谊笃埙篪，自必格外伤感。吾兄可以不时劝慰，稍解愁烦。余事如恒，容当续达。草此，恭请暑安，并候诸同人安好！愚弟叶熙炜顿首。自三、晓江二兄统此致候。"按：方性存殁于同治四年（1865）闰五月十八日子时，故该信应作于同治四年闰五月十九日以后，信中反映了方性存之子方礼堂继续从事两淮盐业的情形。

寓所[①]，并在江西省城南昌内塘塍上吉祥巷对面开有“乾裕盐号”[②]。

至于寄信人程希辕，自称“盐务熟手”，显然是名徽州盐商。关于此人的生平，光绪《重修安徽通志》卷251记载：“程希辕字颖芝，歙县人。封职二品，捐赈平粜，全活难民，焚借券数千金。兵燹后，施棺施地，检埋尸骼无算。葺宗祠，恤孤寡，表扬节义。”对此，民国《歙县志》卷9亦有类似的表述，只是更为明确地指出，程希辕系歙县槐塘人。综合上述传记的内容，其中都只提到程希辕在歙县当地的活动，似乎此人只是徽州歙县乡间的一位“土豪”而已。而在实际上，程希辕的活动范围极广，亦有相当重要的人脉。

从前述这封信来看，这位程希辕与金陵大营的关系极为密切。其时，他有“二小孙”在粮台办事（这在《曾国藩日记》中可以找到印证，详下）。

在信中，程希辕看到太平军逐渐被剿灭之后淮盐运销的巨大商机，他从十月初十前往“金陵大营粮台，一路察看食岸情形”。当时，楚皖新章刚刚发布不久，他便与数人合伙经营淮盐。另外，他还与金陵大营粮台诸位，合伙在湾沚开办了一爿官盐店。

关于该信撰写前后长江下游沿岸的形势，两淮盐运司郭嵩焘在《试办西盐章程详》中曾指出：

> 江路现虽通行，沿江水陆各营棋布星罗，防范周密，运盐商贩皆系经纪营生，未免各有戒心。应请分别咨札沿江水陆各营及沿途关卡，凡遇大营饷盐到时，应护送者一体护送，应查验者即时查验，毋任羁留。[③]

咸同兵燹期间，清廷财政捉襟见肘，户部令统兵大臣自行筹措军费。为此，曾国藩奏请自运食盐行销各地，以所获应交户部之盐课，充抵应拨该军之饷，故称为“饷盐”。上揭郭嵩焘《试办西盐章程详》颁发于同治二年（1863）八月，其时，对于一般的商人而言，正值兵荒马乱的年代。在这种形势下，只有与湘军等军事势力利益攸关的那些商人，才能更好地化险为夷，游刃有余。而程希辕，显然便具备这种独特的优势。

信中的“稚家叔”，也就是程稚孚，曾于同治二年为饶州的一份租批做过中人。信中提到的“合和小行”，从自谦的口气上看，显然系程家所有。根据《清实录》的记载，此“合和”盐行由程希辕本人开设于安徽省城安庆。而信中的“泰和宝行”，系一种尊称，反映出其开设者似乎是收信人方性存（详下）。不过，从各种史料来看，泰和行与程希辕也有着相

① 方性存的文书中有一租批：“立租批吴盛如，今租到方性存表伯名下饶寓内左边大小房间四步，右边厨房一间，并前后堂前各半通用。凭中三面议定，每月计租金九八典钱二千五百文正（整），其租金按月交付，不得短少，恐（空）口无凭，立此租批存照。同治二年七月日立租批吴盛如（押），经中程稚孚（押），代书黄均载（押）。”

② 关于这一点，现存有泰州豫隆祥叶美辉所寄信函原件。

③ （清）庞际云：《淮南盐法纪略》卷3《招商督销》，同治十二年正月淮南书局刊，页23上。

当密切的关系。[1]关于这一点，另一份文书这样写道：

具互保结族程肇祥五行方文若
邻唐永顺郑成美
裕德祥今于
江义兴
陈丰采
与互保结事。保得程立泰实系徽州府歙县二十二都六图人，为人诚实。今伊自愿捐银壹千两，请领上则程泰和盐行部帖，在于饶州府东关外开设盐行，堪以充牙纳税，所具互保结是实。
同治贰年贰月日具互保结……

该文书标注的年份为同治二年（1863）二月，当时，太平军渐显颓势，但尚未完全覆灭，即使是在长江下游仍时有激战。也就在这种战时环境中，程泰和盐行即已申领行帖，于饶州府治开张。查徽州都图文书，文中的“歙县二十二都六图”即槐塘，可见“程立泰”应即程希辕的家人或族人，结合《清实录》的记载，“程立泰”之的名应是程朴生[2]，而他正是程希辕的儿子。关于“程立泰”，另一份文书写道：

具禀程立泰，禀为遵章捐输，新设盐行，恳请示谕盐客、盐店投行买卖事。窃立泰歙县人，以程泰和招牌，在饶州府（治下）东关外开设盐行，业经仿照吴镇繁、盛地方章程，呈缴库平纹银乙（一）千两，请领部帖在案。伏查饶郡盐斤，前未奉定章程，均系杂货、鱼、米等行任意代客买卖，头绪既纷，稽查不易，其中隐漏情弊，有碍捐厘实多。现在立泰既经遵章设有专行，嗣后盐斤出入，自应一律归盐行交易，他行店不得仍踵前弊，其卖零盐各铺，亦应由行发售，毋得勾买私贩。如此正本清源，则饶地每年每月计共销数若干，一一皆可实核，隐漏之弊亦可自除，于厘务似多裨益。第事属创始，诚恐地方未及周知，理合具禀申明，吁乞宪大老爷俯鉴下忱，恩赏给示晓谕，并恳严禁杂货、鱼、米等行不得仍前侵越，以广招徕而裕厘饷，实为公便，顶感上禀。

---

① 方性存文书中的《癸亥、甲子、乙丑、丙寅月总》，记录了同治二年六月以后的盐行账目，其中出现有“该颖翁”、“存颖翁”或“该颖记”的字样，应当即与程颖芝有关，说明二者有着财务上的关系。

② 《清实录》第47册《穆宗实录》（三）卷115，“同治三年九月辛亥”条记载，当时，有人揭发江西督销盐引委员、广西候补道程桓生“把持盐务，藉督销之势，使其父程颖芝于安徽省城开设合和盐行，其弟江西候补知县程朴生，于饶州开设泰和盐行。名为督销盐引，实则利归于己，以官、民并准试办之引地，几为一人独办之引地。……恳请饬查严办”（北京：中华书局，1987年，第553页）。

同治二年（1863）以后，曾国藩在江西吴城及南昌设立官局，经理挂号、挨轮、提价、售盐、收课、发课、分利、解饷等事。而未设官局之前，则听商自便。[①]因此，除了上述两地之外，其他的地方一开始也是听商自便，自由销售。上述文书，就是由“程立泰”上禀的，请求官府确认盐店销售淮盐的垄断特权。

此外，这批文书中还有一份“正月廿九日泰和、公顺盐行上禀饶州分局”的抄件：

> 为出卡盐斤恳定章程事。窃行等遵奉宪章，在饶捐帖，开设盐行，首重疏引便民，现奉督盐宪新定淮纲，委员驻省，设局销引，各府水贩领买，即给水程护送，逢卡免厘，验票放行，并无留难片刻，具见督盐宪恤商便民之至意。第西省督盐局给发水程，有每张十引、廿引不等，至少亦有五引。盐舟到饶，水贩与行等叙定价目，即将水程赴局挂号，遵完坐贾二分厘金，然后过秤起盐。每逢买客至卅担者，即给水程票五引一张，赴卡照验放行。若买客仅买数担，则无一引之水程给护，即给行票一张，以别在行所买，并非私购。似此通融，既便民而又疏引。今有胡姓，在泰和盐行买去淮盐五百九十余斤，开有行票清单，至尧山卡要加完盐厘，每担三百文，是与督盐宪定例未符。若谓盐与票不能相离，则五引之票，不能护一引之盐，其中窒碍实多。且进卡盐与票既经验明，而出卡无私，可知所有由饶出卡盐斤，如何划一章程，伏乞宪大老爷明示，行等以便遵守，并免胡姓在卡滞候，恩公两便。

该书未曾标明具体的年份，但从内容上看，应当作于前一文书之后。从中可见，此时，程泰和等盐行已垄断了饶州一带淮盐的销售，一般水贩必须从该盐行购买淮盐。故此，同治三年）九月，有人向朝廷揭发程家倚仗权势“把持盐务，借督销之势……于饶州开设泰和盐行，名为督销盐引，实则利归于己，以官、民并准试办之引地，几为一人独办之引地”[②]，虽然后来据称查无实据[③]，但从新发现的这批民间文书来看，显然并非空穴来风[④]。

---

① （清）郭嵩焘：《试办西盐章程详》，载（清）庞际云：《淮南盐法纪略》卷3《招商督销》，同治十二年正月淮南书局刊，页19下、20下。

② 《清实录》第47册《穆宗实录》（三）卷115，“同治三年九月辛亥”条，第553页。

③ 关于这一点，《清实录》第47册《穆宗实录》（三）卷115，“同治三年九月辛亥”条记载：“寻奏：遵查程桓生被参各款，均无其事。自设局以来，领运踊跃，每月接济饷银七八万两，不无裨益，报闻。”

④ 同治四年（1865）正月二十日，曾国藩在《复丁松亭侍御》一信中指出：“许主事长怡于敝处亦有世谊，前经委办江西粮台文案，每月薪水四十金，亦不甚薄。乃干预本籍地方事件，妄动文移。渠身在江西，行文原籍徽州府则用照会，行文歙县则用札饬，皆毫不干己之事。弟恶其谬妄，撤去粮台差事。渠颇怨望，扬言到京必请御史参奏，不知在尊处如何措辞，乃迁怒于其乡人程桓生，诬枉多款。”可见，向朝廷揭发程桓生在饶州假公济私情形，应出自与曾国藩交恶的幕僚许长怡之手。许长怡为歙县人，故他对程桓生一家的盐业经营了如指掌。见（清）曾国藩著，殷绍基、汤效纯、喻几凡整理：《曾国藩全集·书信》（一），长沙：岳麓书社，1990年，第4912-4913页。

二、程希辕、程桓生父子与曾国藩的交往

虽然方氏文书透露出的信息颇为有限，但以目前所见的资料来看，程希辕是两淮的徽州盐商，在安徽省城安庆开有合和盐店，其子程朴生则早在同治二年（1863）二月就在饶州捐有行帖，与方性存等人合作开设程泰和盐行，垄断了当地的淮盐销售。而程氏家族之所以在太平军尚未覆灭之前便能在两淮盐业中先声夺人，与程希辕的家世及官商背景有关。具体说来，这主要和程希辕、程桓生父子与曾国藩的交往密切相关。

（一）作为入幕之宾的程希辕

程希辕与曾国藩有着相当密切的交往。光绪《重修安徽通志》的编纂者何绍基，在其《东洲草堂诗钞》卷 26 中，有《金陵杂述四十绝句》[①]，主要是歌颂曾国藩的为人，其中有一首这样写道：

相公怀抱海天宽，节院论文静不寒。
席帽联翩群彦集，一时旧雨接新欢。

诗注曰：“涤侯连次招饮，坐客莫子偲、程颖芝、汪梅邨、李申夫、欧阳小岑、李梅生诸君，皆吾旧交也。”曾国藩，号涤生，故有“涤侯”之称。莫子偲，即莫友芝，汪梅村，即汪士铎，李申夫，即李榕，欧阳小岑，即曾国藩之至交欧阳兆熊，李梅生为李宏轶，而程颖芝也就是程希辕。上述这些人有不少都是曾国藩的幕僚，从中亦可见程希辕与曾国藩的关系。

关于程希辕与曾国藩的关系，在曾国藩的日记中也有描述。曾国藩在咸丰十一年十一月初八（1861 年 12 月 9 日）至同治三年十二月初四（1865 年 1 月 1 日）的日记中，共有数十处记载了与程颖芝祖孙三代下围棋之事：

……
（同治元年正月初九）与程颖芝围棋一局，又观程与柯竹泉围棋。
（廿九日）午正程颖芝来，与围棋（一）局。
（四月初五日）又与程颖芝围棋一局。
（七月十七日）与程朴生围棋一局。

---

① 同治六年（1867）刻本。另，网上拍卖品见有《金陵杂述三十二绝句》。

（十八日）旋与程石洲围棋一局。

（十九日）与程朴生石洲围棋一局。

（八月初七日）与程石洲围棋一局。

（初十日）旋与程石洲围棋一局。

（廿六日）早饭后清理文件。旋与程朴生围棋一局。

（廿八日）早饭后清理文件，写挽幛字二幅，与程朴生围棋一局。

（闰八月初七日）早饭后见客三次，旋与柯竹泉围棋一局，又观渠与程世兄一局。尚斋之子，名锦和也。

（十一月廿九日）夜核批札各稿。旋与程尚斋围棋一局，又观程与柯一局。

（十九日）与程四世兄围棋三局，尚斋之子也。

（廿二日）与程世兄围棋三局。

（同治二年正月十五日）与程尚斋围棋一局，柯竹泉围棋一局。

（四月廿六日）早饭后清理文件，见客一次，写沅弟信一封。与屠晋卿围棋一局、程太翁围棋一局。

（廿九日）早饭后写沅弟信一件，专人送谕旨前去。旋见客十余次，皆因沅弟开府道喜者。与程太翁围棋二局……

（五月初八日）早饭后清理文件。旋见客二次，与程太翁、刘开生各围棋一局，又观渠二人一局，见客二次，温《诗经·六月》篇。

（初九日）又与程石洲围棋二局。

（十七日）程颖芝太翁来，与之围棋三局。

（廿七日）与程颖芝围棋二局，又观程与小岑一局。

（闰五月初十日）午刻，程颖芝来，围棋二局。

（十七日）与程颖芝围棋三局，又观小岑与程二局。

（十九日）午刻阅东坡题跋，与程希辕围棋二局，又观程与小岑二局。

（六月初四日）与小岑围棋一局、程颖芝围棋一局。

（初十日）与程颖芝围棋一局，又观程与小岑一局。

（廿日）程颖芝来，围棋二局。又观渠与小岑一局。

（廿一日）刘开生来，与之围棋一局，又观刘与程颖芝二局，为时颇久，散时已午初矣。甚矣，棋之废日力荒正务也！

（廿九日）程颖芝来，围棋二局，又观程与小岑一局。……天热不可耐，又围棋一局，小睡片刻。

（七月初五日）与小岑、程颖芝各围棋一局，又观程与刘开生一局，已午刻矣。

（八月廿一日）程颖芝、莫子偲来畅谈。

（九月初十）黄南坡来久谈。观其与程颖芝围棋二局，已午初矣。

（十二十四日）旋程颖芝来，与之围棋二局，又观刘开生与程二局，已午正矣。

（廿八日）约黄南坡、程颖芝来围棋，因留便饭。余未动手，见黄与程对二局，又刘开生与黄、程各一局，申正散去。

……

日记中的"太翁"，即程希辕（颖芝），而程桓生（尚斋）和程朴生（石洲）为程希辕的两个儿子。另外，还有"程世兄"（锦和）则是程桓生之子。他们祖孙三代，都是曾国藩的弈棋对手。同治七年（1868），程希辕逝世，曾国藩书有"挽程封翁颖芝"挽联一副，其中提及："更无遗憾，看儿孙中外服官，频叨九重芝诰；频触悲怀，忆畴昔晨昏聚处，相对一局楸枰。"上联盛赞程氏家族人才辈出，而下联则是对昔日交往的追忆。因旧时多以楸木制造棋盘，故称棋盘为"楸枰"，下联状摹的便是当年二人对局的场景。另外，在曾国藩的书信中，有一封《复程颖芝》的信函，其中写道：

颖芝尊兄大人阁下：顷接惠书，猥以晋位端揆，远劳笺贺，并贻朱墨二种，多而且精，几案增华，感谢曷任！即审动履绥愉，潭祺懋集，引詹吉霭，企颂无涯。

国藩疆圻久领，建树毫无，乃于多难之秋，更窃非常之秩，抚躬内省，惭悚奚如！

尚斋器识闳深，婉而不阿，明而能浑，两载鹾纲，大有裨补。适逢瓜代，来晤金陵。鄂省督销需人，仍拟借重一往，虽雅意坚辞，而熟视无以相易也。文孙英年拔萃，今岁闱卷极佳。虽霜蹄之暂蹶，终风翮之高骞。廷试不远，行将定价燕台，扶摇直上。诸孙亦兰玉森森，联翩鹊起，德门余庆，正未有艾。附寄拙书联幅，藉资补壁，聊以当会晤时手谈为欢耳。复问台安，诸惟雅鉴，不具。

通家弟曾国藩顿首。①

此封写给程希辕的书信作于同治六年十一月初四日，其中提及程氏送给曾国藩的朱墨二种。在明清时期，歙县、休宁等地是著名的徽墨产地，制墨名家辈出（如"胡开文""曹素功"等皆蜚声远近），有的徽墨价格不菲，每两与白银一两等值。因此，不少人都在当地定制专款的徽墨，借以馈送官员、文人，这在当时是一种既贵重而又雅致的礼品。当代著名的徽墨鉴藏家周绍良先生，曾提及自己收藏的一方曾国藩之"求阙斋"朱墨：该墨长方小挺，正面隶书"求阙斋"三字，背面楷书"同治六年八月制"，俱阴识填金，一侧则有楷书阳识的"徽州胡开文造"数字。从时间上看，该墨很有可能就是由程希辕

① （清）曾国藩著，殷绍基、汤效纯、喻几凡整理：《曾国藩全集·书信》，（一）第6463页。

所送。[①]

另外，上揭信中仍念念不忘两人见面时的"手谈为欢"。其中提到的"尚斋"，即程希辕之子程桓生。该信不但赞誉了程桓生的"器识阂深"，肯定了他在两淮盐运司任内的贡献，而且也对程桓生之子的学业寄予厚望。

综前所述，无论是日记还是书信，皆可见程希辕与曾国藩的密切关系。同治三年（1864）九月，有人揭发程希辕之子程桓生在江西督销盐引委员任内假公济私时提及，程希辕"在枞阳开栈之日，护勇号褂，私用'钦差大臣'字样，尤属妄诞！"[②]枞阳地处安庆府城东北，系程希辕"合和"盐行行销淮盐范围内的重要市镇。根据《清实录》的描述，盐栈开张时竟有护勇保驾，其间扯出的"钦差大臣"旗号，显然用的就是曾国藩的招牌。可见，程希辕在其盐业经营中，充分利用了他与曾国藩的这层关系。

（二）曾国藩重整淮纲与程桓生之盐务生涯

据黎庶昌所撰《曾国藩年谱（附事略、荣哀录）》，早在同治二年三月，曾国藩就开始为两淮盐运布局[③]：

（三月）郭嵩焘授两淮运司。

（四月十二日）又具折奏江、楚各省本淮盐引地，被邻私侵占日久，非一蹴所能规复，察核现在情形，暂难改办官运。……派委知府杜文澜（字小舫）办官运淮盐，行销于楚岸。

（八月二十七日）自江面梗阻以来，湖南、北借川盐粤盐，江西借食浙盐，两淮引地皆失。至是江面肃清，公乃咨谋于谙悉盐务之委员杜文澜等，议复旧日引地，先行试办官运淮盐，行销于江西一岸，核定西岸票盐章程，招商领运。

（九月十九日）拟将漕运、盐引二大政变通办理。附片奏请将道员黄冕留于苏、皖，经理漕政、盐务。……维时黄冕至安庆见公，禀请于皖省设立米盐互市一局，招

---

① 周绍良：《蓄墨小言·曾国藩硃墨》，北京：燕山出版社，1999年，第626-627页。按：周氏引南京图书馆藏《清代名人手札录》中曾国藩覆程桓生信一件："尚斋年兄阁下：夏至得惠书，并承雅贶朱墨食物，至以为感。……国藩顿首。五月二十七夜。"对此，他推断该信应作于同治七年（1868），并认为信中所提到的"朱墨"，可能即他手头的"曾国藩硃墨"。按：上述的推断有误。今查《曾国藩全集·书信》（一）（第1426页），此函实作于咸丰十年（1860）。故"曾国藩硃墨"，究竟为何人所送无从确知。不过，这说明程氏父子都曾向曾国藩馈赠来自家乡的朱墨。

② 《清实录》第47册《穆宗实录》（三）卷115，"同治三年九月辛亥"条，第553页。

③ 曾国藩对两淮盐务的关注由来已久，推测作于道光三十年（1850）的《与刘良驹》信中，曾国藩就具列了《盐法节略》的弊病，对其时的票盐改制提出自己的诸多看法。咸丰三年（1853）九月初十日《与徐有壬》、九月初十日《与周子佩》二信，亦提及粤盐行楚的问题（见清·曾国藩著，殷绍基、汤效纯、喻几凡整理：《曾国藩全集·书信》（一），第68-71、211-212、214-215页）。

湖南米商运米至皖，由皖设法运至上海，以达于天津；招两淮盐商运盐至皖，与楚中米商交易而退。是为盐、漕二政变通之法，既而不果行。

（十月十五日）公核定楚岸皖岸票盐章程，刊发委员，招商办运。[①]

可见，早在太平军尚未完全覆灭前，曾国藩就计划招募两淮盐商，从事盐、粮贸易。也就在此前后，程希辕之子程朴生即已申领行帖，于饶州府治开张“程泰和”盐行。

另据《曾国藩日记》，同治二年（1863）八月初一，“杜小舫上淮南盐务十二弊，甚为详晰”[②]。八月二十七日条附记中记录有：“刊刻试运西盐章程。”此后，他一再核改：

（九月初二日）二更三点后又改盐务章程。三更始睡，不能成寐，目又红矣。

（初三日）傍夕将盐务章程续核一过。夜围棋一局。旋将盐章核毕。

（初六日）核批札稿，傍夕至幕府一谈。夜核定盐务新章，三更后核改批札稿，三点后颇疲倦矣。

（廿四日）巳刻，莫子偲来久谈，阅黄南坡所禀米盐互市之议。

（十月初七日）幕中新请一友，专管盐务，名陈方坦，号□□，本日来署，因往一畅谈。

（初十日）核皖、楚盐章。

（十二日）傍夕至幕府一谈。夜核皖岸盐务新章，二更三点毕。

（十五日）傍夕至幕府一谈。夜核中路安徽票盐章程、楚岸章程。二更四点睡，四更始成寐。

（十八日）将皖岸、楚岸盐章核定发刻。

（二十二日）核新刻淮盐运楚章程。

（二十三日）核楚岸章程毕。

（二十五日）将楚岸盐票及税单、水程各刻式细校一过。

（十二月十四日）旋程颖芝来，与之围棋二局，又观刘开生与程二局，已午正矣。

与程希辕相似，积极参与筹划淮盐运销的杜小舫、黄南坡（冕）等人，皆是曾国藩弈棋的对手。而在此前后，程希辕也正在曾国藩幕府之中[③]，其子程桓生更是直接参与了

① （清）黎庶昌撰，梅季标点：《曾国藩年谱（附事略、荣哀录）》，长沙：岳麓书社，1986年，第170-171、176-178页。

② （清）曾国藩：《曾国藩日记》，第218页。

③ 《曾国藩日记》“同治二年九月初十”条：“黄南坡来久谈。观其与程颖芝围棋二局，已午初矣。”（第232页）九月廿九日，“旋请客便饭，黄南坡、程颖芝、杜小舫、刘开生，皆善弈者。观黄南（坡）与程一局、刘与程一局。……又观程与黄围棋一局”。

淮盐运销体制的具体运作。同治二年（1863）八月二十三日，曾国藩在《复郭嵩焘》信中指出：

……江西督销局已派程尚斋，泰州总局已派张富年，湖北督销局拟派杜文澜。阁下经手各详，均已批发照准，大概规模略定。旬日以内，南坡翁到此，议定收回湖北繁、盛各口岸，或加税邻私，二者商妥，即行具奏。[①]

此处提及的程桓生与杜文澜、黄冕等人，皆是曾国藩幕府中对于盐务最为熟悉的人才。其中，江西一岸又是曾国藩最先办理也是其时最为重要的盐务引岸。

关于程桓生，民国《歙县志》卷6《人物志·宦绩》记载：

程桓生字尚斋，希辕子。道光己酉拔贡，署桂平县，旋去职，从李武愍、曾文正公军，累擢至道员。同治癸亥，文正治淮盐，创立鄂、湘、西、皖岸四督销局，檄桓生总办西岸。桓生于吴城建仓区，分岸以时运之，僻远皆得盐。丙寅，调署两淮运使，修万福桥，口清水潭大工。明年总办鄂岸督销局，凡分局、总卡、子店之属，皆亲往规度。如在西岸时，而于争回五府一州引界之岸，江督左文襄公加引之案，皆排万难定议。光绪甲申，再署两淮运使，丁酉卒于扬州。[②]

“同治癸亥”为同治二年（1863），“丙寅”为同治五年（1866）。“光绪甲申”为光绪十年（1884），而“丁酉”则为光绪二十三年（1897）。可见，从曾国藩重建两淮盐政制度伊始，程桓生就负责江西口岸的淮盐督销，并曾于同治五年和光绪十年，先后两度出任两淮盐运使。

有关程桓生的生平事迹，民国《歙县志》的记载显然过于简单。而笔者收藏的《皇清诰授资政大夫、晋封荣禄大夫、例封文林郎、翰林院编修、二品顶戴、前署两淮盐运使、广西补用道加三级、显考尚斋府君行述》刊本（以下简称《行述》刊本）则有更为详细的记载：

府君姓程氏，讳桓生，字尚斋，号（豊弟）周，世居徽州府歙县西乡之槐塘村。自始迁祖元谭公以降，世有隐德，五十六传至府君。曾祖觐光公，讳名炜，以继子贵，诰赠如阶，覃恩晋赠荣禄大夫。妣氏郑，覃恩晋封一品夫人。本生曾祖琪树公，讳名

---

① （清）曾国藩著，殷绍基、汤效纯、喻几凡整理：《曾国藩全集·书信》（一），第3990页。

② 《中国地方志集成·安徽府县志专辑》第51册，南京：江苏古籍出版社，上海：上海书店，成都：巴蜀书社，1998年，第252页。

璨，以子贵，诰赠如阶，覃恩晋赠荣禄大夫。妣氏鲍，覃恩晋封一品夫人。祖典书公，讳训寿，国子生，捐职布政司理问加四级，恩旨赏赐貂皮、克食，武陟河工报效，议叙知府，覃恩晋赠荣禄大夫。妣氏鲍，覃恩晋封一品夫人。考颖芝公，讳希辕，国子生，武陟河工报效，议叙州同知，覃恩晋封资政大夫，晋赠荣禄大夫。妣氏郑，覃恩晋封一品夫人。颖芝公天性抗爽，与人交无城府，有时面折人过，而好善不倦。赭寇乱后，邑中义举多由倡率，佥称善人。子二，府君其长也，诞于扬城康山邻之徐姓宅。

此段文字交代了程桓生的家世，从中可见，歙县槐塘程氏祖辈中有数位是以捐输、河工报效得以议叙。槐塘程氏的姻娅之戚鲍氏、郑氏，应是歙县西乡的棠樾鲍氏和郑村郑氏，这些人所属的家族，皆是明清时期两淮盐商中的总商家族，其中的棠樾鲍氏，乾隆中叶前后更产生过权势显赫的“首总”。程桓生出生于扬州南河下的康山一带（这一带在盛清时期为徽商巨子的麇集之地），这显然与程希辕及其先辈的盐务贸易密切相关。抄本《先府君行述》[①]：“明清之交，徽人业盐者萃于淮扬，吾邑岑山程氏尤盛，午桥（梦星）、鱼门（晋芳）两先生之族是也。乾隆中，程氏衰而江村江氏、桂林洪氏、棠樾鲍氏相继起。琪树公、尚书公两世婚于鲍氏，故吾家亦世其业，僦居扬州之康山。”琪树公、尚书公为程桓生的曾祖父和祖父。可见，程桓生一家世业淮盐，这与程希辕自称“盐务熟手”亦相吻合。接着，《行述》刊本描述了程桓生的教育背景及其早年经历：

幼而凝重，三岁随先大母郑太夫人返歙，六岁能诗，城东七十老人胡先生（长庚）奇之，并和韵以勖其成。自乾嘉以来，歙邑业鹾、业典，素称丰厚，吾家亦资以懋迁，境稍裕。先伯祖雅扶公（奂轮）始习儒，游庠时，里人多目笑之，府君遂益自奋勉，先大父期望尤殷。会安化文毅陶公（澍）淮鹾改章，向之席丰履厚者顿形中落，吾家食指本繁，亦遂苦饘粥难给矣。府君年十有三，负笈从师。时婺邑程先生（烈光）、当涂夏先生（炘）先后为西溪汪氏聘请，设帐于外王父墓地之茆坦村，以外家戚谊，因就学焉。嗣族再叔祖可山公焜由扬返里，复执贽，及门受业，学问日进，文誉播一邑。道光戊戌，督学清苑王公（植）拔入郡庠。当是时也，一编坐对，家无儋石储。先妣汪夫人脱簪珥以佐之，舍砚田无以谋菽水，遂馆于棠樾鲍氏，训迪之暇，摩厉益奋，旋食廪饩。

根据此处的描述，程氏世代业盐，程希辕之兄程奂轮是程家首位弃贾习儒者，后来成为著名的篆刻家，著有《槐滨印存》等。道光年间的陶澍变革，曾使槐塘程氏一度中落。

① 此件为扬州大学黄诚老师提供，特此致谢！

程桓生先后师事婺源程烈光、当涂夏炘、歙县程可山等人，后授馆于歙县棠樾鲍氏。其后，则因学而优则仕，逐渐步入宦途：

> 道光己酉科，督学顺德文恪罗公（惇衍）许为国士，选拔贡，入成均，庚戌朝考一等三名，钦点知县，签分广西，署理浔州府桂平县事。以拿获广东巨匪何名科、梁十八一案，保奏赏加同知衔，遇缺尽先补用。嗣是身在行间，续以军功，保升直隶州知州，赏戴蓝翎，荐保知府、道员，仍留原省补用，赏给正四品封典。同治三年攻克金陵，赏换花翎，并加按察使衔。在署运司任内，清水潭大工，赏加二品顶戴。晋捐出力，赏给从一品封典。豫赈、皖赈、甘饷叠奉谕旨，交部从优议叙，得加级者三、纪录者五。

程桓生由拔贡经科举考试，“受知于湘乡曾文正公国藩，列一等”[①]，钦点为广西桂平知县，此后逐渐升职。到太平天国运动结束以后，他已加至按察使衔，此后，主要是负责两淮盐运署的工作，其间，与曾国藩的渊源颇深：

> ……（咸丰）四年，随固始武愍李公（孟群）管带水勇，赴湖广剿办岳、常一带贼匪。湘乡文正曾公（国藩）本朝考受知师，知府君能胜艰巨，奏准留营。府君入参帷幄，出佐军旅，共事者罔不推心置腹，互相引重。嗣文正曾公奉讳交卸营务，武愍李公时驻扎桐庐防剿，约往共商军事，因就抚军满洲福公（济）戎幕，甫及年余，皖局糜烂，事不可为。会文正曾公墨经复出，视师江右，府君与今爵相合肥李公（鸿章）先后由皖至大营，遂复参营务。数年中，回剿武汉，攻克英、霍，击退小池驿援贼，克复太湖县城诸役，府君实左右襄赞，屡邀迁擢。其运策参谋，见诸大师檄牍者，可考而知，不待缕叙也。

关于程桓生的戎马生涯，抄本《先府君行述》还指出：“盖自辛亥而后，出入兵间者十二三年，数濒于危。”“辛亥”也就是咸丰元年（1851），其间，他与曾国藩过从甚密，是曾氏幕府中的重要成员。现存的《曾国藩日记》始于道光十九年（1839），涉及太平天国运动史事的部分，则始于咸丰八年。其中，时常可见曾国藩与程桓生的交往，以咸丰十年为例：

> （三月）十七日，早出，巡视营墙。饭后清理文件。旋与尚斋围棋二局……
>
> 廿日，早出，巡视营墙。饭后清理文件。与尚斋围棋一局……

① 抄本《先府君行述》。

廿一日，早出，巡视营墙。饭后清理文件。巳正与尚斋围棋一局……

廿三日，早出，巡视营墙。饭后清理文件。与尚斋围棋一局……

廿五日，早出，巡视营墙。饭后清理文件。旋与尚斋围棋一局……

廿七日，早出，巡视营墙。饭后清理文件。旋与尚斋围棋一局……

三十日，早出，巡视营墙。饭后清理文件。旋与尚斋围棋一局……

（闰三月）初五日，黎明，出巡视营墙。饭后清理文件。旋与尚斋围棋一局。……

可见，尽管军务倥偬，但曾国藩还是经常与程桓生下围棋。除了下围棋之外，程桓生还作为曾国藩重要的幕僚赞襄军务，经常与之长谈，为后者出谋划策。在《曾国藩全集·书信》中，收录有不少曾国藩与程桓生讨论盐务的书信，兹举数例稍做说明：

尚斋年兄阁下：

接初六日手书，具悉一切。

比维安抵章垣，经始局务，乘此盐未到岸之时赶办就绪，庶几以逸待劳，有条不紊。前请邻盐加厘告示，初以盐未上行，骤禁邻私，市间或难周转，拟俟盐船过皖再发。乃上月二十四业将告示发去，而下游开江之盐犹未知行抵何处，转瞬菜市将过。今年运销未必能多。以来书所计，通年销数不过五六万引，欲其增至十万，亦恐难副所望。新章第五条，给商本息银两多算四分，自应将总数改符散数，此间即令梓人更正。其已发之本，由尊处刻一小戳，用印泥改戳其旁可也。

……再，淮盐未到，而加税邻私之告示业已张贴，各卡员无所适从，纷纷具禀请示。拟即批令加抽，不知无甚窒碍否？

水程执照，应请尊处即行拟式刊刻，一面送皖查核。厘务虽非阁下经理，而一闻商民怨言，即请随时见示。去其太甚，则稍慰舆情矣。顺问尚斋年兄近祺。[①]

上述这封信作于同治二年（1863）十月十四日。当时，湘军军事行动颇为顺利，接连收复石埭、太平、旌德、高淳等城隘，皖南似可肃清，淮盐运销逐渐推行。稍后的十月二十四日，曾国藩又有《加程桓生片》：

……楚岸章程、中路安徽章程皆已发刻，即日寄至尊处阅核。西岸章程究尚有不妥之处否？牙厘章程有甚不便民者否？如有所闻，望随时函示。仆于理财一道，实不得要领也。再问尚斋仁弟台安！[②]

① （清）曾国藩著，殷绍基、汤效纯、喻几凡整理：《曾国藩全集·书信》（一），第4081页。

② （清）曾国藩著，殷绍基、汤效纯、喻几凡整理：《曾国藩全集·书信》（一），第4108页。

在当时，安徽称为“中路”。前引程希辕致方性存信函中，“本小可办中路”，指的便是安徽的淮盐运销。另外，十二月十七日，曾国藩另有《加程桓生片》：

……盐务新章，赞者颇多。然国藩于鹾政究系外行，如有差误，祈详告我。再问尚斋仁弟台安。[1]

显然，在盐政规章的制定过程中，曾国藩对盐商世家出身的程桓生颇为倚重。关于这方面的情况，在光绪《两淮盐法志》中有更多的例子。

对于程桓生的盐务生涯，刊本《行述》有专门的记载：

同治二年，文正曾公檄办江西督销淮盐局务。时曾公虽履江督任，尚在安徽军次，江路渐通，已有淮盐运贩，沿江设卡抽厘以饷军。府君适当开创之初，虽遵奉曾公章程办理，然颇形掣肘。旋奉公谕云：凡办一事，必有许多艰难波折，如盐务缉私尚未动手，而建昌已有殴毙委员之案，将来棘手之处，恐尚不少，吾辈总以诚心求之，虚心处之，心诚则志专而气足，千磨百折，而不改其常度，终有顺理成章之一日。心虚则不动客气，不挟私见，终为人所共亮。阁下秉质和平，自可虚心，徐入委蛇，以求其有，当更望于诚心二字，加之磨练（炼），则室无不通矣。

上述提及的“公谕”，亦见于曾国藩书信。同治二年（1863），中法混合之常捷军及中英混合之常安军自宁波攻占绍兴，湘军占领兰溪等地。英弁戈登接统常胜军，同李鸿章部淮军攻占常熟福山、太仓、昆山等。曾国荃部攻下雨花台等处，天京围急，洪秀全急召李秀成回援。石达开自云南入川西，为清军所俘，五月被杀。戈登同淮军占吴江，逼苏州。李鸿章部、左宗棠部先后占江阴、富阳、无锡等地。太平军已显全面颓势，淮盐销售开始复苏。据抄本《先府君行述》：

同治癸亥，文正公益治淮盐，仰其入以佐军兴，创立鄂、湘、西、皖岸四督销局，而檄府君之江西。嗣是二十余年，专治盐事，凡署两淮盐运使者再，总西岸者四年，总鄂岸者十八年。

“癸亥”也就是同治二年，可见，也正是在此时，程希辕兴高采烈地写信给方性存，希望后者与他一起前来做淮盐的生意。太平天国运动以后，曾国藩改定票章，聚散为整，规定凡行鄂、湘、赣三岸者，必须以五百引起票；行盐皖岸的，须以一百二十引起票。并

---

① （清）曾国藩著，殷绍基、汤效纯、喻几凡整理：《曾国藩全集·书信》（一），第4230页。

在各岸设立督销局，制订了“保价”“整轮”等方针，也就是盐价不准随意涨落，也不准争先销卖。于是承办票运者，尽属大贾；小本商贩，无力领运，票法精神逐渐消失。新章开办以来，淮南运商、场商“获利较厚”。同治五年（1866），李鸿章因筹备军糈，又将票法参以纲法，勒令原有票商报效、捐款，以此作为票本，方准其继续递运。作为世业，不再另招新商，称为“循环转运”，从此，票商专利，同于引商；票捐增重，倍于窝本。稍后，马新贻又将此一政策在淮北推广，从此，先前的票盐良法遂被根本推翻。两淮盐运“虽名为票盐，实与引商无异，一经认运，世世得擅其利”[①]。光绪六年（1880），当时户部奏称，鄂、湘各岸每淮票一张转相售卖，初始价值仅银五六千两，“迄今每票售银至万余两，即仅租运一年，亦值租价千金……且据为子孙之世业，获利奚啻倍蓰”[②]。由此，纲法实际上以新的形式死灰复燃，盐商借此起家而囊丰箧盈者亦不乏其人。

正是在这样的背景下，盐商世家出身的程桓生两次出任两淮盐运使，“总西岸者四年，总鄂岸者十八年”[③]，先后担任盐务官员长达二十余年。据抄本《先府君行述》记载：

> 大抵道光以前两淮盐法更咸丰乱，半多不可用，行盐诸省，江西毗闽、粤，多闽、粤盐，川盐之借销者，且及鄂省之半，而通、泰诸盐场不被兵，不患不产，患不销。主者持就亭发贩之策，顾反散走供私，贩且资贼。上游则苦道梗，或淡食。比淮、扬下私贩稍稍戢，而镇江以上犹交兵，商人惮险不敢运，于是场商苦壅滞，亭户苦无所偿交困，课益绌。文正公既创制四岸，期以促销者利运，以多运者纾场灶，交相灌输，首尾并举，迄于清末，垂四十年从事者惟谨，而与时弛张，相为终始，惟府君最久且独多。

这段话说的是同治二年后曾国藩对两淮盐政的重新整顿，从中可见，程桓生此过程中曾起到极大的作用。[④]

---

① 光绪《两淮盐法志》卷149《捐输门·捐收票本》。

② 光绪《两淮盐法志》卷149《捐输门·捐收票本》。

③ 抄本《先府君行述》（民国十年八月程庆余）：“丙寅江督合肥李文忠公（鸿章）、甲申江督湘乡曾忠襄公（国荃），两次檄署运使，皆破格奏荐，时论以为宜，称虽不得者无异词也。……丁亥八月，自运使退休，侨居扬州，不复出。”“丙寅”为同治五年（1866），“甲申”为光绪十年（1884），“丁亥”为光绪十三年（1887）。

④ 抄本《先府君行述》亦对程桓生的淮盐官员生涯做了进一步的描述：“府君之始至江西也，淮盐亦甫行运，然不时至，至亦濒江越湖，至吴城而止矣。吴城有盐行六家，皆不自运盐，第居间上下其直以为利，甚至百金而取二，内地水贩尤病之。府君则立总局于南昌，分局于吴城，使商盐经过，得留其三，而其七必输之省，就定价发贩，一主于局，盐行不得预，限其取于水贩者，毋得过三百分之一，销以大畅，虽僻远皆得盐价无踊，商民翕悦。在鄂岸则引地益广，治益密，分局、总卡、子店之属，多亲往相度建置，其劳若创焉。……又以先世尝业盐，知其利病，故治盐事尤务恤场灶，使厚其力，多制良盐。在鄂岸时，常致书淮运使，亟讲求重淋提尖之法，欲以敌邻盐，畅岸销，减缉私，而于争回五府一州引界之案，江督湘阴左文襄公（宗棠）加引之案，虽排万难得定议，犹以为非本计也。自曾文正公后，江、鄂督抚更十数人，类尝共艰难，志事雅相得，遂以从容进退，得行其志。在曾公幕久，所交皆当世材，其后多显达至大官，书问论事不绝。”这一段文字提及，因程桓生出自盐商世家，故而对于淮盐运输有着切身的体会，所提出的各种方案，往往多能切中问题的要害。

另外，程桓生担任两淮盐运使伊始，他的父兄和亲朋好友就与淮盐运销有着千丝万缕的联系，这不仅见诸前揭的书信，而且在其他的文献中亦可得到印证，因此，官商勾结的嫌疑也为他人所诟病。对此，刊本《行述》指出：

> 复以同邑某姓有饶郡开设盐行之事，言者以风闻入告，府君求引退，又奉曾公谕云：阁下持躬整饬，无人不知，而办理局务，缕析条分，丝丝入扣，鄙人实深倚赖，无妄之灾，不久当可昭雪。此间固无接替之人，且亦未可遽动，转涉可疑，仍祈照常办事，静候公论，勿稍介意。旋经抚军侯官文肃沈公（葆桢）委干员密查，明晰覆奏，与程无涉，事始解。

揆诸实际，所谓同邑某姓，可能指的也就是前揭程希辕信函中的收信人方性存。[①]由于“程泰和”盐行之行帖系由程恒生之弟程朴生所捐，故而当时有人弹劾程桓生是官商一体，不适合担任两淮盐运使。不过，曾国藩却极力担保他过关。后来，朝廷决定由沈葆桢派人督查此事，但事情最终却不了了之。结果，程桓生官照做，在此后一年，他虽然离开了江西督销局，却又被任命为两淮盐运使，官是越做越大，而家里人的盐业也照样经营。根据1921年程氏后人撰著的《先府君行述》记载：“先大父素营商，乱后业复，晚犹四出，躬治其事以为乐。殁时，里中惟田数十亩。府君奔丧归，推商业以与三叔父，曰：若优为之，吾取瘠田焉可矣。”[②]《先府君行述》出自程桓生第六子程庆余之手，故行述中的“先大父”，指的就是程希辕，而“府君”则是指程桓生。从中可见，程希辕在太平天国运动之前即从事两淮盐业，其人老死后，程桓生让其弟程朴生[③]继承父业，一官一商，相得益彰。

其实，类似于此的现象，在太平天国运动之后并不少见。另一位祖籍徽州的两淮盐运使方濬颐，也与歙县北乡许村的商人世代合作经营扬州盐业，所获不赀。[④]

---

① 由前揭程希辕的书信来看，其时方性存为“程泰和”盐行的开设者，但从《清实录》的记载来看，及至同治三年（1864），泰和行系由程希辕之子程朴生所开。按：方性存与程朴生在泰和行中的角色并不完全清楚，推测两人或系合伙人，或前后在行中的股权有所变化。

② 这里需要指出的是，今查程氏后人编写的“谱系表”，槐塘程氏58世程希辕名下，仅见有桓生、朴生二子，那么，《先府君行述》中何以有“推商业以与三叔父”的记载？今据刊本《行述》：“待三叔父孔怀谊笃，而诰诫不少宽，老年手足友爱，若孩提。堂兄锦文，三叔父出，为府君胞侄，现知广东德庆州事……先二叔父伯岐公（梁生）、先四叔父义仲公（集生），与府君为共祖兄弟……”今查程氏“谱系表”，程梁生、程集生为程奂轮（雅扶）之子，而程奂轮则为程希辕的兄弟。据此可知，在“共祖兄弟”的排行惯例中，所谓三叔父，应为程桓生之弟程朴生。

③ 据光绪《抚州府志》卷38《职官志》、民国《歙县志》卷5《选举志》等方志的记载，程朴生曾在江西吉水、龙泉、乐安、分宜等县为官。对此，《清德宗景皇帝实录》卷135曾载：“江西吉水县知县程朴生才具尚可，声名平常。”另外，民国《续纂泰州志》卷28《人物·流寓》：“程朴生字石洲，歙两淮运使桓生弟，官江西州县，解组后寓泰。”太平军兴之后，泰州成为两淮盐运的重要枢纽。同治二年（1863）八月，曾在泰州设立招商公所。程朴生辞官后寓居泰州，与当地文人诗酒唱和，显然与他的淮盐经营有关。

④ 参见王振忠撰：《历史学导言》，见许骥：《徽州传统村落社会——许村》，上海：复旦大学出版社，2013年，第3-4页。

三、余　论

明代以来，徽州盐商在中国东南各地极为活跃。对此，绩溪人胡适先生在自叙家世时曾指出：

> 近几百年来的食盐贸易差不多都是徽州人垄断了。食盐是每一个人不可缺少的日食必需品，贸易量是很大的。徽州商人既然垄断了食盐的贸易，所以徽州盐商一直是不讨人喜欢的，甚至是一般人憎恶的对象。你一定听过许多讽刺“徽州盐商”的故事罢！所以我特地举出盐商来说明徽州人在商界所扮演的角色……

在东南一带，徽州盐商在两淮和两浙的活动最为引人瞩目，尤其是清代扬州等地的盐商，更为世人所津津乐道。

在明清盐政制度的数度变化过程中，徽商的实力呈日益增长之势。在明初的开中制度下，虽然以秦、晋商人居多，但也有徽商从事开中制度下的粮、盐贸易。[①]及至运司纳银制度确立，与扬州地理上更为近便的徽州盐商更是崭露头角，其实力不仅与秦、晋商贾骈肩称雄，而且还逐渐超过了山西和陕西盐商，成为两淮盐商之中坚力量。此后，随着纲盐制度的确立，徽商的实力更是大为增强。及至清代乾隆盐务全盛时期，在扬州的徽州和山西盐商有一百数十家，“蓄资以七、八千万计”[②]。其中，尤其是徽商的财力更是如日中天。对此，徽州乡土史家许承尧在民国《歙县志》中指出：

> 邑中商业，以盐、典、茶、木为最著。在昔盐业尤兴盛焉，两淮八总商，邑人恒占其四，各姓代兴。如江村之江，丰溪、澄塘之吴，潭渡之黄，岑山之程，稠墅、潜口之汪，傅溪之徐，郑村之郑，唐模之许，雄村之曹，上丰之宋，棠樾之鲍，蓝田之叶皆是也。彼时盐业集中淮扬，全国金融几可操纵，致富较易，故多以此起家，席丰履厚，闾里相望。[③]

另据新近发现的徽州文书抄本《杂辑》记载：

---

① 民国《歙县志》主编、歙县唐模人许承尧的《江南乡试硃卷》（徽城黄古香堂殿一写刊）中提到其“七世祖奇泰，明初输粟佐边赈济，钦赐冠带，建坊旌门。尚义，载郡邑志”；“九世祖昂，纳粟义官”。这说明，早在明初，就有部分徽商从事开中制度下的粮、盐交易。

② （清）汪喜孙：《从政录》卷2《姚司马德政图叙》，见（清）汪中、汪喜孙：《江都汪氏丛书》。

③ 民国《歙县志》卷1《舆地志·风土》。

> 吾徽六邑山多田少，人民大半皆出外经商。吾歙邑有清两淮盐商为我独揽，棠樾鲍氏家资多至三千余万，外此八大商皆拥厚资，不下千万。①

这里的“八大商”，也就是指两淮八大盐务总商。清代前期，在两淮的八大盐务总商中，徽州府歙县人通常总占到四名左右，各姓前仆后继。根据《杂辑》之披露，歙县棠樾鲍氏家族的资本规模高达三千余万，其他的盐务总商，资本也多达千万。由此看来，棠樾鲍氏应当是乾嘉时期中国最为富有的商人。程桓生出身于盐商世家，其家族经营两淮盐业可以上溯至16世纪中叶的明代。及至清代前期，曾祖程名璨、祖父程训寿，两世皆娶棠樾鲍氏为妻，是扬州盐务“首总”鲍志道、鲍漱芳父子的内兄弟。②另外，八大盐务总商中的岑山渡程氏，始迁自歙县槐塘，而槐塘也正是程希辕、程桓生的桑梓故里。这些，都说明程桓生家族与盛清时期的盐务总商有着千丝万缕的联系。

事实上，盛清时期的两淮八大盐务总商，也并不是所有的家族都在太平天国运动之后完全衰落。例如，其中的歙县上丰宋氏盐商，从其迄今保留下来的大批文书来看，在晚清时期仍然相当活跃。与槐塘程氏家族相似，虽然在嘉庆、道光年间该家族一度中衰，但他们同样是在太平天国运动尚未结束时就已开始重操旧业，从而在太平天国运动之后的两淮盐业中占据重要的一席之地。③

盐商、典商、木商号称“闭关时代三大商”，从现有的资料来看，咸同兵燹之后，至少盐业和木业规章制度的重新确立，与徽商的影响密切相关。关于曾国藩与太平天国运动以后木业规章制度之确立，笔者在此前的研究中已有涉及——从新发现的《西河木业纂要》抄本可见，徽州木商有着重要的影响。④同样，迄至今日，徽州当地仍留存有不少盐商家族的珍贵文书。⑤这些资料，对于清代盐政史的研究具有重要的学术价值，对于晚清盐政

① 《杂辑》是有关歙县茶商方氏家族的珍稀文献，此条见“新安大好山水”。

② 参见：唐海宏：《南社成员程善之家世、生平考述》，《皖西学院学报》2012年第3期。

③ 关于这批文书的概况，参见王振忠：《徽州文书的再发现：民间文献与传统中国研究》的简要介绍，载王振忠：《千山夕阳：王振忠论明清社会与文化》，桂林：广西师范大学出版社，2009年，第35-70页。该家族文书中有一册《便登》抄本，为同治五年（1866）宋氏盐商的运盐日记，其中缕述了自己在江西的活动，提及：“闻程尚斋于前月二十后，自西省动身往扬附［赴］运司任。”该段史料，指的便是程桓生由江西督销局转任两淮盐运司一事。看来，上丰宋氏盐商对于盐务官僚程桓生的动向极为关注。至于宋氏盐商与槐塘程氏的关系（这涉及同治初年类似于程希辕与方性存那样的歙县盐商呼朋引类外出经营的现象），则有待于进一步的考察。

④ 徽州文书抄本《西河木业纂要》一书，收录有同治三年（1864）五月婺源木商李坦向两江总督曾国藩递交的数份禀文。对此，曾国藩曾两度批示，并正式公布了《江苏木厘新章四则》。由此可见，婺源木商对于太平天国运动以后木业规章的重新修订与确立，有着重要的影响。关于这一点，请参见王振忠：《太平天国前后徽商在江西的木业经营——新发现的〈西河木业纂要〉抄本研究》，载中国地理学会历史地理专业委员会《历史地理》编辑委员会编：《历史地理》第28辑，上海：上海人民出版社，2013年。

⑤ 由笔者主编的《徽州民间珍稀文献集成》（三十卷，将由复旦大学出版社出版）中，亦收录有多种珍贵的徽州盐商家族文书。

史的诸多环节，则更有填补空白的意义。从程希辕与曾国藩的交往，以及他在咸同兵燹后期从事盐业经营的活动，再从程桓生在同光年间长期主持两淮盐政，皆可看出徽商对于晚清两淮盐务的直接或间接影响。

揆情度理，面对 19 世纪中叶的重大变局，曾国藩为了筹措稳定而充足的军饷，需要尽快恢复淮盐市场，在这种背景下，重建淮盐管理体制以及招商认运，对于徽州盐商的倚赖亦在所难免，这也正是晚清盐政制度中“寓纲于票”核心思想形成的原因所在。

最后，应当强调的一点是，对明清时期制度史的研究，除了详究细探各类规章制度之外，对于活跃其间的各色人物之关注更不可或缺。唯有如此，方能较为全面地考察制度的变迁与社会关系之嬗变。从程希辕、程朴生以及与之相关的一些徽州盐商（如方性存）之生平事迹来看，这些人都具有一定的文化素养，甚至颇有“儒商”的风度。从中可见，晚清时期，徽商对两淮盐政的影响仍然相当重要，这一点，与太平天国运动之后徽商基本上退出两淮盐务的通常认识大相径庭。不过，清代前期与后期的情况仍然有着重要的区别——与晚清相比，盛清时期的盐商一方面督促子弟经由科举考试步入宦途，从而自立为官商；另一方面则更是通过各种方式与官员交结，通过捐输、报效等效忠皇室，从而获得垄断特权。及至太平天国运动之后，具有商人家世背景者直接出任鹾务官员似成常态，权力与资本勾肩搭背的现象更为肆无忌惮。此一事实，从一个侧面反映了明代以来中国政商关系的新变化。

（执行编辑：江伟涛）

清代盐政的市场化倾向

——兼论数据史料的文本解读

黄国信*

摘要：将清代文献中大量人口、盐引、盐课等原始数字视为文本加以解读，可以发现清代各盐区的盐引分配，基本上与本盐区的市场容量吻合，这说明，清代各盐区的盐引分配具有一定的市场导向性。清王朝的各盐区盐课派定额符合普通老百姓的负担水平，显示出其在特定意义上的行政合理性，文献中经常出现的"茹淡"现象，需要另行解释。本文主要得益于对数字史料的"文本解读"方法，即不对数字进行分析、批判再加以估算，而是将数字史料当作文本，回归历史场景，直接依原始数据去理解当时行为者的决策。

关键词：盐政；清代；市场导向；数字史料；文本解读

一、问题的提出

大数据时代的到来，历史学的计量研究再次得到学术界重视，学者们不断搜寻与使用历史时期的数据史料。但是，历史时期留下的数据史料常常令我们无所适从，因为其与网络时代电脑服务器中自然产生的大数据有明显差异，其最典型之处在于，历史文献中的数字记载一般不具有序列性，也不具备时间上的连续性。在使用这些数字时，很难直接用会计学或统计学方法进行处理。为了达到统计分析的目的，史学界对于历史时期大量数字的一般使用方法是：参照相关历史文献，分析、判断这些数字的真伪，进而对其进行评估、

---

* 黄国信，中山大学历史系教授。

挑选和纠正，再做出自己的估算，最后使用新的估算数字做成序列数据，并进行统计分析。德怀特·珀金斯（Dwight H. Perkins）的《中国农业的发展（1368—1968年）》就是这种数据处理方式的代表作之一。[①]这一数据使用方式，本文称为“辨数据真伪”。它需要建立在作者良好的历史感和逻辑性的基础之上，否则很容易使估算出来的数据脱离历史逻辑。毕竟对数据的估算，本质上就是创造史料。哪怕有统计学的一系列方法可据以利用，一旦对相关问题缺乏良好的历史感，估算出来的数据，即创造出来的史料，就会成为研究者的主观臆想。约瑟夫·熊彼特（Joseph A. Schumpeter）曾在讨论经济分析方法时深刻指出：“如果一个人不掌握历史事实，不具备适当的历史感或所谓历史经验，他就不可能指望理解任何时代（包括当前）的经济现象。”[②]这一点对数据史料的使用，同样非常适合。葛剑雄、曹树基对杨子慧《中国历代人口统计资料研究》进行严厉批评，所针对的主要问题之一，正是作者缺乏历史感，以致“广义逆向预测法”“仿真人口模型”等办法都无法正确复原数据。[③]李伯重进一步指出，即使不是估算出来的数据，而是史料中记载的数据，如果取证不当，也会制造出不符合历史实际的“虚像”。宋代江南农业亩产量研究中，从有关史料中选取一二种据信是最重要者（或称最典型、最有代表性）的数据以概括全面的“选精法”，以及将与某现象有关的各种史料尽量搜寻出来，加以取舍，从中挑选出若干最重要（或最典型、最有代表性）的集中到一起，合成一个全面性的证据，然后以此为根据，勾画出这个历史现象全貌的“集萃法”，都是造成历史虚像的重要原因。[④]陈争平等同样认为史料中的数据很多是作者的估计，并指出：“对社会经济史统计工作而言，所谓‘历史方法’，即是详细考察经济史数据产生的机制，只有在此基础上，才能正确判断历史数据的可靠性和有效性，才能对历史数据进行正确的统计学处理，才能将统计数据与经济理论结合做出科学的推断”，“对数据产生机制的探究是经济史研究的基础。”[⑤]显然，数据史料使用中的这一风险，早已引起学术界的注意。

何炳棣、梁方仲等前辈学者对中国历史文献中的数据史料保持了充分警惕，他们利用数字史料的重点，不在于通过零星数据来估算并做成序列数据，而是对历史时期留下的数字进行分析，考辨其真实含义，进而总结其作为史料的实际意义。本文将这种数据史料使用方式，称为“求数字意义”。何炳棣对中国历史上人口和土地数字进行研究时，采用的就

① Dwight H. Perkins，*Agricultural Development in China, 1368-1968*, Chicago: Aldine Publishing Co., 1969；另可参见［美］德·希·珀金斯：《中国农业的发展（1368—1968年）》，宋海文等译，上海：上海译文出版社，1984年。

② ［美］约瑟夫·熊彼特：《经济分析史》第1卷，朱泱、孙鸿敞、李宏，等译，北京：商务印书馆，1991年，第29页。

③ 葛剑雄、曹树基：《是学术创新，还是低水平的资料编纂？——评杨子慧主编〈中国历代人口统计资料研究〉》，《历史研究》1998年第1期。

④ 李伯重：《“选精”、“集粹”与“宋代江南农业革命”——对传统经济史研究方法的检讨》，《中国社会科学》2000年第1期。

⑤ 陈争平、常旭：《梁方仲对经济史统计工作的贡献——兼评经济史研究中的统计方法与计量经济学方法》，《清华大学学报（哲学社会科学版）》2011年第2期，

是这种方法，并最终形成《明初以降人口及其相关问题：1368—1953》[①]《中国古今土地数字的考释和评价》[②]等著作。在明清人口史的研究中，何炳棣通过对大量地方志数据史料的分析，发现以往认为是成年男子的“丁”，明代已演化为纳税单位。“丁”的意义，完全不能理解为人丁数。以丁为基础、1丁合5口的人口估算办法，也就失去了史实和学理基础。这一结论改变了中国人口史研究的一大误区，也对明清户口赋役制度和基层社会的研究产生了深远影响，彰显了数据史料解读中，从辨数字真伪到求数字意义方法论转变的重大意义。[③]

梁方仲积数十年之功，编成的《中国历代户口、田赋、田地统计》[④]是求数字意义的另一经典中国经济史研究巨著。该统计著作收集了从西汉到清末的原始数据，加上少量平均数和升降趋势的计算表，分正编、附编和别编三部分，共编成215个表格。其中的大部分表格都是原始数据表，少部分是经过计算的平均数、对比数和升降趋势统计表，并无任何估算数据。众多表格都附有“编者注”“说明”一类解说和论述性文字，用以说明数据的“可靠性的程度，所反映的历史实际，及其所包含的种种意义……以至历代户口地籍、税册之编制制度等事项”[⑤]，且设置“别编”来阐释各朝代的政治经济制度。学术界总结其统计方法“力图在通解历代制度演变的基础上去解读数字资料”，并举其对“唐天宝八年各色米粮总数”的数据加总与原书“合计”不符的说明，以及于洪武、弘治两朝田地总数记载接近一半的差异的分析，来证明其研究方法的显著特点。[⑥]然而，编制200多张统计表本身并非梁先生最终的研究目的，这从书中凡例能够看出一些端倪，如“表示升降趋势、分区比重及各种平均数指标，也可以作为分析当时当地某种特定状况的推论根据：如册报户口减少与农民逃亡，人口密度与经济发展诸关系”，“在制订各种统计指标时，本拟多提供些关于阶级关系的参考资料，如本书所做的主客户、官民田、正口与奴婢、课户与不课户对比诸指标，似亦可能有助于这一问题的探索”[⑦]，都表明梁方仲先生希望通过这些数据探讨各种经济甚至政治、社会关系，立意高远。

受何炳棣、梁方仲二位先生研究的启发，笔者在清代盐政的研究中，也试图采用统计

① 何炳棣：《明初以降人口及其相关问题：1368—1953》，葛剑雄译，北京：生活·读书·新知三联书店，2000年。

② 何炳棣：《中国古今土地数字的考释和评价》，北京：中国社会科学出版社，1988年。

③ 当然，需要说明的是，在人口问题上，何炳棣还是在考辨数字性质的基础上，努力估计了明清以来几个时间点上的人口大概数量，这是具有历史感的数据估计，学术界认同程度较高。

④ 梁方仲编著：《中国历代户口、田赋、田地统计》，上海：上海人民出版社，1980年。

⑤ 梁方仲编著：《中国历代户口、田赋、田地统计》，第19页。

⑥ 具体讨论梁方仲统计方法论的文章，参见陈争平、常旭：《梁方仲对经济史统计工作的贡献——兼评经济史研究中的统计方法与计量经济学方法》，《清华大学学报（哲学社会科学版）》2011年第2期；刘志伟、陈春声：《梁方仲先生的中国社会经济史研究》，《中山大学学报（社会科学版）》2008年第6期；陈支平：《中国古代官方统计数字的价值——兼评〈中国历代户口、田地、田赋统计〉》，《中国经济史研究》1989年第1期等。

⑦ 梁方仲：《中国历代户口、田赋、田地统计》，第18页。

原始数据的方法展开分析。众所周知，清代盐政的原始数据众多，但和户口、田赋、田地统计数据一样，数字的实际意义与其表面意义不同之处亦多。那么，利用这些数据展开统计而不是估算当然并非难事，但在统计后进行分析，以及分析的目标是什么，就非常具有挑战性。笔者认为，从梁方仲、何炳棣二位先生“求数字意义”的方法出发，盐政数据能反映的数量关系虽然众多[①]，但最根本的还是清代盐政的内在运行机制问题。这是因为，不管是否真实反映了历史时期对应的计量事实，哪怕只是一些因循抄袭的数字[②]，盐政数字仍是当时官府（或其他机构）做相关决策所须参考和不得不面对的数据。这就意味着，我们可以不去判断这批数字的真伪，不去对这些数字进行估算，而是将这些数据当作文本加以使用，即回归到历史场景中，理解这些数字的意义，并在此基础上，分析这些数据各变量间的结构关系，进而理解当时官方的盐务决策和盐政运行机制。基于这样的理解，笔者认为，从性质上看，清代盐政的盐引分配数和盐课额征数，都是盐政制度安排的理想目标，但在实际市场运作过程中，这些理想目标数据并非都能够实现。[③]那么，依据这些数据分析的变量间结构关系，就是清王朝盐政制度安排的内在理性（或内在逻辑）。不能否认，这一理性在实际市场运作中发挥了作用，但由于各种复杂原因，依据其安排的数量指标并不一定能完全实现。

二、清代盐政的“迷思”

清代盐政的数量指标，到底可以用来分析哪些变量间的结构关系，进而研究清代盐政制度安排的哪些内在理性或者说内在逻辑？笔者认为，这个问题正好可以帮助解答学术界对清代盐政的“迷思”。关于清代盐政，学术界有两种表达最为典型：一为“盐糊涂”，一为盐财政。“盐糊涂”是民国时期景学钤等人对中国盐史研究的一个总结，具体包括两层含义：一方面指的是盐法制度纷繁复杂，并未被学术界理清弄明；另一方面指盐政的运作机制难以明了。盐财政指的是清代盐政的核心在于国家税入，而不是民众生活。无论是清代士大夫承袭历代士人提出的富于价值判断的看法，还是后来学术界对其所做的诸多分析，

---

① 具体包括当时的人口、课征、生产、配给食盐销售额等数据，其中不少是不完全成体系的、支离破碎的数字。

② 当然，对因循抄袭的数字，我们要做的是解读当时的官员和书吏为何要作这些抄袭。黄仁宇依据明代一批包括了因循抄袭数据的数字系统，提出了明代中国缺乏数字管理的重大命题，参见［美］黄仁宇：《十六世纪明代中国之财政与税收》，阿风、许文继、倪玉萍，等译，北京：生活•读书•新知三联书店，2001 年。

③ 众多实证研究已经指出，清代的盐引分配和盐课征收，在康熙后期、雍正初期以及嘉庆道光年间，都没有很好地实现清王朝的额定目标。参见黄国信：《区与界：清代湘粤赣界邻地区食盐专卖研究》，北京：生活•读书•新知三联书店，2006 年，第 179-180、205、211 页。

都对清代盐政的这一核心诟病居多。这些诟病集中于清代盐政的所谓专卖制度，以及由此而来的分区行盐所导致的盐区边界纠纷不断。学术界据此认为清代盐区划分是“不合理”的。那么，清代盐政尤其是盐区划分为什么会不合理？清代盐政为什么会如此糊涂？这两个问题，至今仍未在学术界得到全面解决，特别是盐政制度安排中的市场因素与行政考量之间的矛盾，不仅今天尚未求得深刻认识，就连清代盐政制度安排的制定与执行人，也常被弄得很糊涂。

乾隆元年（1736）八月，大学士朱轼曾上条奏，全面讨论清代盐法问题，其在分析市场原则与行政运作之矛盾时称：

> 各省不皆产盐，所以必借商人行运。但即以江南之镇江等府而论，与淮扬相去甚近，而向例必食浙盐。浙江路远，商运需费，盐价自贵，而淮盐就近可得，价亦甚贱，舍贱买贵，人情所难。近日丹徒县贩私抢闹一案，所谓私盐者，盖即淮扬之官盐，因其非浙商所卖之盐，即谓之私耳。夫淮浙虽有不同，以国家视之，食盐无非赤子，完课总归正供，此疆彼界，有何区别？徒以商引销积之不均，致使小民法网之不免。自应令该督抚会同盐臣斟酌变通，如镇江等府竟改行淮盐，其余各省似此者甚多。如河南上蔡等县，本有河东之盐，而必销淮引；湖广巴东等县，逼近四川之界，而必食淮盐。有一省而各府所食之盐地方不同者，有一府而各州县所食之盐地方不同者，俱应就盐地之远近，逐一查明，尽为改易。则一变通间，于国家既毫无所损，而民之受福不少矣。①

在朱轼看来，清廷推行的食盐分区分销制度严重背离了市场原则，民众在食盐消费方面，只能“舍近求远”“舍贱求贵”，如镇江食两浙盐区食盐即是如此。此外，全国许多地区，如河南上蔡、湖北巴东，以及朱轼没有提到的江西建昌，湖南衡州、永州，安徽亳州等地，都出现上述局面。事实上，食盐分区分销制度旨在确保盐产地所产食盐数量大体稳定，销售有固定范围，从而使朝廷通过食盐产运销诸环节所收取的盐课得到保证。然而，人为划定的食盐销售区常常与食盐在市场上流通的实际状况不相吻合。因此，朱轼建议：“应就盐地之远近，逐一查明，尽为改易。”他认为，只要经过变通，就可以实现“双赢”，即“于国家既毫无所损，而民之受福不少”。然而，盐务处理起来并非如此简单。清代有不少官员都希望效法唐代刘晏盐法“一税之后，不问所之”的规定，由官府收买所有盐产，课税之后转售盐商，让盐商自由运销，以解决盐法中的这类问题。然而，这一方案始终未被朝廷所采纳，甚至连盐区的部分重划也不可能。朱轼的上述建议同样很快被封疆大吏、

---

① 《乾隆元年大学士朱轼奏陈盐法变通事宜事》，中国第一历史档案馆藏，宫中朱批奏折，档号：04—0481—040。中国第一历史档案馆所藏档案的编号规则为“全宗—卷号—件号”，本件档案为全宗 04，即宫中档，本档案是为宫中档的第 0481 卷中的第 040 号档案。下同。

盐务官员和户部分别否决并最终全面否定。①

实际上，不仅一般的清朝官员无法处理这个看似简单得不能再简单的食盐贸易问题，就是皇帝也无法依据市场规律来处理盐务问题。乾隆五十六年（1791）四月，乾隆皇帝在这个问题上深为困惑："从前定例时，何以不就近分地行销……商人等行销纳课，若向有赔累拮据之处，因何不早思变计？以情理揆之，其故殊不可解。"②令乾隆皇帝"殊不可解"的是市场原则为何不能在食盐贸易中得到贯彻。也就是说，从前实行的"定例"为什么不按照地理距离的远近来组织食盐销售，从而让食盐价格在同一空间范围内能够一致？为什么盐商不设法改变这种"定例"？

笔者发现，遵循梁方仲、何炳棣二位先生开创的数字史料利用办法，从清代盐政留下的大量数据入手，运用文本解读方式，在历史语境中理解这些数字的意义，进而利用这些数字，可以据以分析的核心问题之一，正是清代盐政制度安排的两个变量——内在理性与市场之间的结构关系。通过这一分析，应该有可能在很大程度上解答朱轼和乾隆皇帝的问题，破解清代盐政的一个"迷思"。

三、清代盐政运作中的几组数据分析

清代盐政留下了大量数据，分析各盐区人口数与盐引数，可以判断清代的盐引额度分配与人口分布的关系，从而为我们判断其盐引分配是否参考了市场因素提供思路。众所周知，清代文献关于"丁额"的记载，更多的是赋税的额定数量，而不是人口数。③而州县官员征收赋税的白册，以及其他可能的人口统计资料，现在已经极难找到。那么，清代的实际人口数就成为一个谜。为了统计方便，学术界往往根据何炳棣等的经典研究，判定某一年份的人口数比较可靠，然后再参照战争、灾荒、疫病等因素，用人口增长率的一般指标，对某个时期的人口数进行估算。显而易见，这样的估算必然会有相当大的出入，学术界已有的估算也反映出这一事实。不同学者对清代同一年份估算出来的人口，常常有数以千万甚至数以亿计的出入。本文不会对这些既有数字进行批判和重新估算，而是回到这些数字被制造出来的历史场景中去理解其含义。根据何炳棣的研究，乾隆四十一年以前的人丁数不大具备人口数字的性质，故本文暂时不分析乾隆四十一年以前的人口和盐引数字。

① 参见《乾隆二年六月十三日张廷玉等题为遵旨议奏事》，中国第一历史档案馆藏，户科题本，档号：02—167—12 952—1；《乾隆二年七月廿四日甘肃巡抚德沛题为遵旨议奏事》，中国第一历史档案馆藏，户科题本，档号：02—167—12 952—17 等。上述档案号表示该档案馆所藏档案中第 2 全宗内，目录号为 167 的第 112-952 卷第 1、17 份档案。下同。

② 中国第一历史档案馆编：《乾隆朝上谕档》第 16 册，北京：档案出版社，1991 年，第 264 页。

③ 参见何炳棣：《明初以降人口及其相关问题：1368—1953》，葛剑雄译，第 41 页。

基于此，本文的分析主要从乾隆后期开始。但是，从乾隆四十一年（1776）开始进行分析，常常遇到的一个挑战是，清朝的盐政制度安排很大程度上源自于对明中后期盐政制度安排的修改与调适。因此，要讨论这一制度安排的内在理性与逻辑，常会被认为必须从明中后期开始展开分析。笔者认为，这需要从两个方面思考：第一，乾隆四十一年以前，并无可据以利用的人口数字，史料上的人丁数或丁口数，均非人口数据，要求从明中后期开始分析数据，在技术上已经无法实现（除非研究者自己估算出来一批人口数）；第二，即使存在明中后期的人口原始数据，可据以分析明中后期盐政制度的决策机制，也不妨碍以乾隆四十一年以后数据分析清代盐政制度安排所得出来的结论，发生学意义的研究在此问题上，并非必需。

何炳棣等人的经典研究证明，乾隆四十一年至道光三十年（1850）的官方人丁数较为接近人口数。乾隆四十一年的变化，源于当时乾隆皇帝对于全国人口数的重视。实际上，康熙末年规定“滋生人丁，永不加赋”以来，人口登记与赋税之间的关系弱化。但是，5年编审1次人丁的做法仍在，不过，地方官常常照抄旧表，以致人口数仍无实际意义。乾隆四十年，乾隆皇帝对于不能掌握事实上的人口数非常恼火，下令要各地动用保甲系统清查人口。从此，清代的人口数在一段时期内，成为朝廷相关决策的重要依据。[①]那么，乾隆四十一年以后的人口与盐引的关系，大概应该可以反映清代盐政制度安排的内在逻辑和决策机制（表1）。

表1 乾隆后期丁口数、盐引数关系表

盐区	人口（口）	盐引（引）	重量（斤）	人均额盐（斤/口）
两淮	64 377 918	1 685 492	337 098 400	5.24
两浙	31 207 075	805 396.5	295 983 030	9.48
长芦	41 048 761	缺		
河东	21 818 489	666 900	160 056 000	7.334
山东	30 651 060	500 000	22 285 875	0.73
两广	25 572 151	814 510	211 500 000	8.27
福建	1 485 720	946 485		
四川	7 933 936	158 995		

资料来源：本文所采用的数据全部都是原始数据，主要来自清代官方文献，包括清盐法志、各盐区各版本盐法志、清会典、清一统志、各地方志，以及中国第一历史档案馆、台北故宫博物院所藏清代档案，还有极少量清代财政与盐务官员所撰文集。笔者只对数据进行了简单的加减计算，并将这些原始数据做成相应表格，有近400个A4页面，限于篇幅，本文无法收入，有兴趣者可来函索取。本文其余表格资料来源与此表相同，故不再专门标注

按照阮元《两广盐法志》卷19中的说法，人的食盐量一般是“每日口食不过三钱”[②]，

① 参见何炳棣：《明初以降人口及其相关问题：1368—1953》，葛剑雄译，第55-59页。

② （清）阮元：《两广盐法志》卷19，道光十六年刻本，第11b页。

不过这是在议论食盐加价、力图辩明加价对民食影响甚微时所做的估计，故此估计偏低。明代行户口盐时，规定大口岁食 12 斤、小口 6 斤，平均为 9 斤。《元史》则称每人日食盐 4 钱 1 分 8 厘，全年人均食盐 9 斤 6 两。当然，元明清时期的 1 斤跟今天的市斤并不等重，合今市秤 1.1936 斤，9 斤 6 两为 11.45 斤。不过，这个差别不影响本文的分析。根据这一基本判断，表 1 显示的人均食盐分配额比较正常。当然，山东的数据显然有误差，可能存在传抄讹误，需要进一步核实（不是估算）。表 1 显示的官方统计人口数，可以被理解为清政府进行经济决策时所参考的国家资源数据。无论朝廷在分配盐引时已经参考了这一数据，还是分配盐引时尚未有该数据，只是参考了各地存在的其他人口统计，都反映出一个共同现象：从乾隆后期开始，清王朝分配给各盐区的人均盐额数，是一个符合作为自然人食盐消费水平的数量，并且是一个略为保守的数量。按照上文介绍，一般来说，明清时期人均年消费食盐应该在 9 斤左右。但是，除了山东奇低的数字和两浙偏高的数字[①]需要进一步研究外，其他各盐区的数字均相当正常，并且略有保守。显然，决策者有意无意考虑到市场上一定会有私盐流通。私盐流通与官盐相配合，最后共同满足市场上的食盐需求。表 1 显示出清代盐政运作过程中的盐引分配，事实上参考了官方所获得的人口数据所表达的市场容量，在某种意义上，可以说是遵循了市场原则。清代各盐区的盐引分配可以被认为是与该盐区的市场容量相吻合的。同时，各盐区的人均盐额又存在明显差异，这表明盐引分配并非全国均一，各盐区有其特性。以盐区为基础制定的盐额分配所导致的人均盐额差异，必然会使各盐区间食盐销售业绩不同。这说明，盐引并非完全根据市场原则在全国范围内统一分配，各盐区间存在明显差异，这显然是非市场化倾向的表现。总之，笔者的基本结论是：乾隆四十一年（1776）以后，清代盐引额度的分配是一种官方主导、存在着一定非市场化倾向、主要以市场容量为依据的食盐分销体系。需要说明的是，表 1 中两淮、两浙、山东和两广等盐区均为乾隆四十八年的数据，河东盐区则为乾隆五十六年的数据，所有数据并未统一到一个年份。这是因为历史文献没有留下系统数据，因此，研究者都只能做类似选择。不过，对于宏观考察清代盐引分配来看，虽然将数据统一到同一年份是最佳方案，但只要考察到相近年份的具体数据，也并不妨碍研究目的。

嘉庆、道光朝的统计数据也显示出近似的人均额定食盐结构，参见表 2 和表 3。

表 2　嘉庆年间人口数、盐引数关系表

盐区	人口（口）	盐引（引）	重量（斤）	人均额盐（斤/口）
两淮	102 878 748	1 685 492	613 519 088	5.96
两浙	52 565 777	805 396.5	295 983 030	5.63
长芦	38 803 879	966 046	289 813 800	7.47

① 两浙数字虽然偏高，仍然在本文结论支持范围内。

续表

盐区	人口（口）	盐引（引）	重量（斤）	人均额盐（斤/口）
河东	36 854 598	缺		
山东	缺	缺		
两广	36 819 522	814 510	301 915 347.5	8.2
福建	18 340 717	946 485		
四川[1]	28 195 949	165 250	259 457 640	9.2

注：刘翠溶（Ts'ui-jung Liu）曾对嘉庆五年（1800）各盐区的盐引量和盐斤数作过统计，参见 Ts'ui-jung Liu, Features of Imperfect Competition of the Ming-Ch'ing Salt Market, in Yung-san Lee and Ts'ui-jung Liu, eds., *China's Market Economy in Transition*, Taipei: The Institute of Economics, "Academia Sinica", 1990, pp. 299-300。除四川外，本表的数据与刘翠溶文中表 7 数据一致。至于四川数据，本表与刘翠溶文中表 7 差异的原因在于：本表使用的是嘉庆十七年而非嘉庆五年的盐引数；刘翠溶文中表 7 未计算四川盐每引均有的 30%加耗

表 2 显示的人均额盐结构跟乾隆后期已经一致，唯一的区别在于两浙数据更趋合理，各盐区间的人均额盐趋于均衡。

表 3 道光年间人口数、盐引数关系表

盐区	人口（口）	盐引（引）	重量（斤）	人均额盐（斤/口）
两淮	缺	南引 1 395 510 道 北票 296 982 道	676 996 800	
两浙	缺	311 012	412 362 752	
长芦	36 562 167	1 026 046	307 813 800	8.42
河东	缺	缺	缺	
山东	缺	缺	缺	
两广	39 076 056	814 510	328 239 872	8.40
福建	缺	932 485	缺	
四川[1]	35 868 000	167 394	263 550 560	7.35

注：前揭刘翠溶文中表 7 亦对道光二十一年（1841）各盐区盐引量和盐斤数有过统计。除四川外，本表已经据以计算的数据与其相同，惟刘翠溶文中表 7 中的四川引数为 506 828，与本表四川引数差异较大，但经核查，其注释中已经标出的数据则与本表一致。参见 Ts'ui-jung Liu, Features of Imperfect Competition of the Ming-Ch'ing Salt Market, inYung-san Lee and Ts'ui-jung Liu, eds., *China's Market Economy in Transition*, Taipei: The Institute of Economics, "Academia Sinica", 1990, pp. 299-300

与乾隆后期和嘉庆年间的统计数据一样，道光年间各盐区的盐引分配也可以被认为是符合市场容量的。这个时期，除了两广的人均盐额有更加符合市场规则的下降外，其他盐区的人均盐额有所上升，各盐区间的盐额分配更加趋于均衡。这种情况似乎反映出清代的盐引分配更加符合市场容量的要求。可惜这一趋势，暂时未找到相关描述性记载加以印证。另外一个值得我们注意的趋势是，此时期各盐区的人均盐额数量略有上升。这可能与道光年间白银大量外流，朝廷需要增加财政收入有关。①

① Ts'ui-jung Liu, Features of Imperfect Competition of the Ming-Ch'ing Salt Market, in Yung-san Lee and Ts'ui-jung Liu, eds., *China's Market Economy in Transition,* Taipei: The Institute of Economics, "Academia Sinica", 1990, pp. 306.

由于在引岸销售的食盐需要由相应的盐场供应，所以在考虑盐引额度的分配时，我们还必须注意相应盐场的生产情况。清代档案的确有不少以产定销增加盐引的记录，乾隆十五年（1750）户部尚书蒋溥的题本就反映了这样的事实。蒋溥称：

> 据驿传盐茶道齐格详称，犍为、彭水、荣昌、绵州等四州县灶民杨一贵等一十九名开淘盐井一十四眼，共设煎锅二十四口……岁共产盐五十七万三千六百二十斤，应配增水引八十六张……陆引一百七十二张……俱请于乾隆十四年为始，纳课征税，领引配盐，定地行销。[①]

这个以产定销的例子说明清代官员在指定、调整盐引销售配额时，既考虑了销售区的市场容量，也考虑到产区的生产能力。

根据以上数据分析，结合以产定销的描述性讨论，我们可以得出如下结论：清代盐政制度安排中的盐引分配，大体上是根据销售区的市场容量来安排的，同时也关照到了销售区所对应的生产区的生产情况。这样的安排体现出清代盐政相当重要的一个特点——盐额分配并非主要以行政考虑为导向，市场容量才是清代盐额分配的主要出发点。非常有意思的是，清代各地方官员讨论盐引分配时，大部分人都不大直接对本地应该分配多少盐额做出计算，而是将其交给户部山东清吏司或相关的盐务部门去处理。在处理盐额分配时，地方官提供的主要是“保甲烟户”数，而不是直接给出盐引数。[②]总之，清代盐额分配程序虽然复杂，但这一制度安排主要是依据市场容量来处理的，可以说是具有一定程度的市场导向性。

清廷在分配各盐区额定销售盐引时，主要遵从了市场容量。那么，建立在盐引销售基础上的盐课征收，是否也同样存在市场导向性？接下来，笔者将对此做出统计分析，所使用的数据与上文一样，都是官方原始数据，并非笔者估算的结果。需要说明的是，清代盐课征收环节和程序极为复杂，有场课、灶课、引课、正盐、余盐、课归地丁等诸多名色[③]，

---

① 《乾隆十五年二月八日户部尚书蒋溥等题为犍为四州县请增水陆引事》，中国第一历史档案馆藏，户科题本，档号：02—172—14437—11。

② 雍正九年（1731），奉旨开辟湖南西部永顺等地的湖南辰永靖道王柔在完成军事上新开苗疆的任务后，也曾上题为《请设盐引以便商民事》的奏折，规划当地盐务，完全依据市场上的人口来派定盐额。不过，王柔只是提供了当地的人丁烟户数，参见台北故宫博物院故宫文献编辑委员会编：《宫中档雍正朝奏折》第28辑，台北：台北故宫博物院，1979年，第43-44页。而乾隆三年鹤峰改土归流后，应行川盐的引额数也是湖广总督、两淮盐政等封疆大吏以及盐务高官才能决定的。参见《乾隆三年二月十一日户部尚书海望等为湖北新开地方盐务事》（原档缺摘由，此摘由为笔者所加），中国第一历史档案馆藏，户科题本，档号：02—168—13034—12。

③ 相关研究参见陈锋：《清代盐政与盐税》，武汉：武汉大学出版社，2013年；何炳棣：《扬州盐商：十八世纪中国商业资本的研究》，《中国社会经济史研究》1999年第2期；汪士信：《乾隆时期徽商在两淮盐业经营中应得、实得利润流向试析》，《中国经济史研究》1989年第3期；汪崇筼编著：《明清徽商经营淮盐考略》，成都：巴蜀书社，2008年。

在不影响研究结论的前提下，本文无意对此进行充分辨析。本文目的是从宏观上对盐课征收的导向性做出判断，因此主要的研究对象就不包括场课、灶课，而是运销环节征收的盐课，或者勉强以引课来统称。引课并非直接课于老百姓，而是课于盐商，但是盐商缴纳盐课的资金来自在引岸销盐的利润，盐课的最终负担者仍然是引岸的百姓。所以笔者有必要讨论盐课与盐价、物价的关系，考察其与老百姓承受能力的关系。为讨论方便，笔者继续从乾隆四十一年（1776）以后开始（表4）。

表4 乾隆后期各盐区派定的盐课额与人口数之关系表

盐区	人口（口）	盐课数（两）	人均盐课（两/口）
两淮	64 377 918	1 685 492	0.026 181
两浙	1 805 993	缺	缺
长芦	41 048 761	缺	缺
河东	21 818 489	518 110	缺
山东	30 651 060	170 279.737	0.005 555
两广	25 572 151	617 232	0.024 137
福建	1 485 720	302 676.48	0.203 723
四川	7 933 936	177 300	0.022 347

注：山东盐课数为正课额不含杂课，使得人均数额偏低

如前所述，乾隆后期特别是乾隆四十一年以后，官方人口数开始回归到正常人口数的意义上来，表4反映的就是盐课与各盐区人口之间的关系。我们看到，各盐区人均盐课负担以山东最低，不到0.01两；福建最高，约为0.20两。即乾隆后期每个人在消费食盐时，需要为政府提供不少于1分、不高于2钱白银的盐课。笔者继续通过与一系列相关数据的比较来加以说明。

第一类数据是食盐在终端市场的售价（表5）。

表5 清代食盐终端市场盐价举例表

时间	地点	盐价（每斤）	资料来源
雍正二年	武昌府	淮盐二分	《雍正二年四月二十一日工科给事中蔡任奏为楚盐之定价未遵豫省之征收不一敬陈末议仰祈圣裁事》，中国第一历史档案馆藏，档号：4—0439—005
雍正十一年	夔州府	川盐四五厘	《雍正十一年九月十六日湖广总督迈柱奏为遵旨议奏事》，中国第一历史档案馆藏，军机处录副，档号：03—0021—004
雍正十三年	上蔡、项城	芦盐十六文	《雍正十三年四月二十六日河东总督王世俊奏折》，中国第一历史档案馆编：《雍正朝汉文朱批奏折汇编》第28册，南京：江苏古籍出版社，1986年，第132页
雍正十三年	上蔡、项城	淮盐二十文	《雍正十三年四月二十六日河东总督王世俊奏折》，中国第一历史档案馆编：《雍正朝汉文朱批奏折汇编》第28册，南京：江苏古籍出版社，1986年，第132页

续表

时间	地点	盐价（每斤）	资料来源
乾隆元年	建始县	川盐六七分	《四川盐法志》卷 8，《续修四库全书》本，第 159 页
乾隆元年	永州府	粤盐不过一分	《乾隆元年五月初六日湖南巡抚钟保奏为请旨事》，中国第一历史档案馆藏，档号：4—0441—027
乾隆元年	道州	淮盐三分	《乾隆元年六月二十一日署理两淮盐政尹会一奏为遵旨议奏事》，中国第一历史档案馆藏，档号：4—0441—037
乾隆元年	宁都州	粤盐制钱九文	《乾隆元年六月初九日江西巡抚俞兆岳奏为钦奉上谕事》，中国第一历史档案馆藏，档号：4—0441—033
乾隆五十六年	建昌府	闽盐制钱二十八文	《乾隆五十六年六月初二日和珅等奏为遵旨议奏事》，中国第一历史档案馆藏，档号：4—0476—008
道光二年	武昌府	淮盐制钱四十八文	《道光二年七月十四日湖广阔步陈若霖奏为遵旨查明楚岸销盐情形自上年散轮后甚为畅旺无须照旧封轮据实具奏仰祈圣鉴事》，中国第一历史档案馆藏，档号：4—0501—009
道光二年	衡州府	淮盐制钱五六十文	《道光二年七月十四日湖广阔步陈若霖奏为遵旨查明楚岸销盐情形自上年散轮后甚为畅旺无须照旧封轮据实具奏仰祈圣鉴事》，中国第一历史档案馆藏，档号：4—0501—009
道光十四年	江西湖广各州县	六十至七十文	《道光十四年三月初十日湖广总督讷尔经额湖北巡抚尹济源奏为查明汉高发卖淮盐较之例价有减无增恭折覆奏仰祈圣鉴事》，中国第一历史档案馆藏，档号：4—0511—019

表 5 是大海捞针般地在官方档案中找到的部分终端市场盐价数据。由于嘉道以后，物价上涨很快，加上计价方式往往从以白银计价变为以铜钱计价，因此笔者主要参考乾隆年间的几个数据。从这些数据看，结合银钱比价，各地盐价高不过六七分，低不到 1 分。按照老百姓每年人均食盐 9 斤来计算，那么，每人每年购买食盐的支出大概低不过 9 分，高不过 6 钱 3 分。照此，虽然福建数字有些奇特，但乾隆后期各盐区 1 分到 2 钱的人均盐课负担，相对于老百姓的食盐消费支出，并不能说是一个很大的数字。

第二类数据是清代的粮价（表 6）。

表 6　康熙、雍正年间广东粮价举例表

时间	价格（两）	奏报者
康熙四十六年八月	0.8	范时崇
康熙五十三年十月	高要县上白米 0.8，中白米 0.7，红米 0.58	赵弘灿
康熙五十九年六月	广州、惠州、潮州、肇庆 0.75—0.76； 南雄、韶州、高州、雷州、廉州、琼州 0.5—0.7	杨琳
雍正四年十一月	省城 1.5	石礼哈

资料来源：据陈春声：《市场机制与社会变迁：十八世纪广东米价分析》附录二（北京：中国人民大学出版社，2010 年，第 217-221 页）相关数据整理。该书有数十万笔从清代官方档案摘录下来的粮价数据，本表为从中抽取的几个典型数字

从康熙、雍正年间的粮价来看，因地域关系，广东每石粮食需要 5 钱到 1 两 5 钱。就

是说，如果以最高粮价与最低盐课来比较，那么，当时广东人均负担的盐课，在广东省城只能购买到0.02石粮食，不到2斤粮食。如果以最低粮价与广东人均盐课来比较，则当时人均负担的盐课，在雷州半岛可以购买到0.05石粮食，也就是5斤左右。就算是福建得出奇高的盐课额，在广东省城也只能买到大概13斤粮食。这种情况同样表明，盐课负担对于老百姓来说，并不是一项有很大压力的税负。这也从一个侧面验证了清王朝财政收入中，占最大份额的仍然是田赋的结论。当然，需要说明的是，清代盐政除了盐课之外，盐商还在经营食盐贸易时，实际承担诸如捐输、报效、规礼，甚至皇帝“发商生息”等额外费用的支出。这些支出在寓税于价的制度体系之下，最终的承担者，仍然是食盐消费者，但它与本文的分析角度并不一致，姑且不论。

由以上分析可知，民众的盐课负担并不重，因此根据人均盐课负担来讨论清代盐课额的设定是否遵循市场原则也就不具有特别大的意义了。那么，人均盐课负担的分析对本研究有何意义？笔者认为，其意义在于考察清代盐区的划分是否具有行政意义上的合理性。在盐课征收问题上讨论行政合理性，涉及的人和事同样非常复杂，并非本文所能囊括。因此，这里所谓的行政合理性，指且仅指在行政操作层面，这样的课额是否在老百姓可以承受的范围内？这样的课额对于各个盐区来说是否公平？关于第一个问题，从乾隆后期的统计数据来看，盐课额的设定是具有行政意义上的合理性的。关于第二个问题，公平性仍存缺陷，如山东盐区的人均盐课负担就是两广盐区的4.6倍。尽管对老百姓来说，这两个额度都不存在负担过重的问题。不过，笔者相信清代的盐课征发主要以盐引数为直接依据，官员很可能从未基于人均负担角度考虑过这一问题。简言之，对清代官员而言，这或许不是一个问题。但笔者还是有兴趣了解这一公平性问题是否在此后有所缓解（表7）。

表7 嘉庆年间各盐区派定的盐课额与人口数关系表

盐区	人口（口）	盐课（两）	人均盐课（两/口）
两淮	102 878 748	1 685 492	0.016 383
两浙	1 805 993	311 012.463	0.172 211
长芦	38 803 879	681 313.400	0.017 558
河东	36 854 598	缺	
山东	缺	缺	
两广	36 819 522	306 026	0.008 312
福建	18 340 717	301 657.440	0.016 447
四川	28 195 949	165 250	0.005 861

从表7来看，除去表4缺额的两浙地区在本表数据过高外，各盐区的人均盐课负担均有下降，虽然不一定变得更为合理，但对地方州县和地方百姓来说，应该都不是一个太大的负担。因而，除了特定的地区外，老百姓大概在日常生活中，不会因为盐课而发生什么

问题。有关道光年间的情况，由于所缺数据太多，故不足以进行分析。

至此，笔者发现，从人均盐课负担角度来分析清代盐政，所讨论的不是盐课是否依据市场能够容纳食盐的数量（即市场容量）来征收的问题，寓税于价的盐课额度对当时的普通老百姓来说，绝对不是一个会有太明显感觉的赋税。当然，这里讨论的不是盐价，盐价高低有时可能会影响到老百姓的体验与感觉，但暗含于盐价中的盐税，却是非常轻的。较轻的赋税额度使朝廷根本不需要从最终税源方面去考虑，盐课征收主要考虑的是盐商的利益、盐商的承受能力、官员与盐商的关系以及食盐的销售状况等内容。这些问题不在本文的分析范围之中，故暂不涉及。归根结底，笔者讨论的是清代盐政制度安排中盐课的征收是否具有行政合理性。如前所述，虽然盐区之间的税负不一定具有真正的公平性，但对各盐区来说，人均负担额均不足为道。所以，这个所谓的公平合理性，基本上是为了研究的需要而构建出来的。更重要的是，从老百姓感觉不到盐课负担的角度来考虑，在并且仅仅在这一意义上，它明显具有行政合理性。总而言之，清代盐政制度安排主要以市场容量为基础来展开，同时又在特定意义上具有行政合理性。

四、讨　论

关于清代盐政，无论是清代士大夫承袭历代士人的观点提出的富于价值判断的看法，还是后来学术界对其所做的诸多分析，总体来说，都是诟病居多。这些诟病集中于清代盐政实行了所谓专卖制度，其核心在于国家税入，而不是民众生活。进入具体问题，又对“盐糊涂”现象颇为不满，判定清代分区行盐、盐区边界纷争不断，是盐区制度“不合理”，等等。但是，对清代盐政真正内在的运作机制，并没有进行由表及里、具有足够深度的研究与分析。本文尝试从大量清代官方原始数据入手，分析清代盐政中的市场原则与行政运作机制之关系，以试图解答这一难题。

研究结果显示，乾隆四十一年（1776）开始，与我们从文献表面看到的大量批评相反，清代各盐区的盐引分配，基本上符合本盐区官方人口数据所显示的市场容量，说明清代各盐区的盐引分配具有一定程度上的市场导向性。而且，清代各盐区的盐产比例与各盐区的人口分布也是成比例的。这进一步说明，清代盐区划分与盐销额分配，是清王朝主导下的基于本区人口分布和食盐产量、事实上具有一定经济理性的行为，虽然这种制度安排并不一定存在宏观自觉的经济理性。大量研究早已说明，传统市场上的经济理性行为，很多时候并非行动者事先已具备系统的经济理性思考。清代的盐区划分与盐销额分配，大体就是属于这类具有一定自发性的经济理性行为。

当然，我们也必须明确，在强调清代盐引分配具有市场导向性的时候，不能否认清代盐政的垄断性与商专卖本质。在清代盐政与市场关系的问题上，前人已有诸多研究，徐泓的《明代后期的盐政改革与商专卖制度的建立》[①]、陈锋的《清代盐政与盐税》[②]都对此提出了论见，而刘翠溶的“不完全竞争市场”理论则论述更为集中。通过研究明清余盐、官盐市场及税收升降、要求开放食盐自由贸易的言论，她指出：明清的官盐贸易属于不完全竞争市场。其不完全性主要体现在：第一，政府设定盐区，并限制盐区间竞争；第二，盐商由政府募集而来，有准入和退出条件，纲法实施后世袭；第三，盐引或盐票是食盐买卖的合法且有价凭证，盐价大部分由官方制定而非市场决定；第四，政府严禁私盐，并用各种方法来应对私盐以维持官盐市场。这充分说明了清代盐政的垄断性和专卖性不容忽视。不过，她同时指出，在这样的不完全竞争条件下，一直到19世纪初，官盐在与私盐的竞争中，市场份额不断扩大，盐税上升，盐价随着整体市场价格波动，表明清政府食盐专卖体系下的盐价，虽然主要由政府设定，但仍然跟市场存在着密不可分的联系。[③]刘翠溶的理论侧重展现清代盐政的垄断特征，但实际上也支持了本文的基本结论——清代盐政虽然具有不完全竞争的特征，但在某些具体问题上具有市场导向性。

墨子刻（Thomas A. Metzger）则从商业组织能力的角度，分析了清代的食盐专卖与市场的关系。他强调，清代两淮食盐产销既非西方学者所认为的政府可以压倒一切，也非行政僵化、官员缺乏专业水准并且腐败而管理混乱，而是通过一整套执行、监督、咨询、协调的官员体系，在生产、运输、销售、征课等领域都展现出复杂的系统，并且大部分时候取得了有效结果，显示出清政府的商业组织管理能力。[④]墨氏的研究，提示我们在重视清代盐政的垄断专卖属性的时候，不能简单地认为其是官方绝对垄断并且效能低下的。也就是说，清王朝的盐政制度安排，许多时候保证了官盐贸易的有效和盐课征收的成功。本文进而说明，这一有效与成功，虽然可以说是基于清政府的商业组织与管理水平，但更根本的，还是建基于清代盐政制度安排中，盐引分配具有市场导向性，盐课征收符合老百姓负担水平。这正好从一个侧面说明了“延至清代，王朝国家的财政政策，尤其盐务政策，无论是有意为之，还是无意识的决定，都在越来越集权化的外壳下，显示出更多的对市场导向的尊重，国家运作越来越依赖于市场的支持，国家专卖越来越建立在市场基础之上。国家在许多领域和环节上，对

---

① 徐泓：《明代后期的盐政改革与商专卖制度的建立》，《台湾大学历史学系学报》1977年第4期。

② 陈锋：《清代盐政与盐税》，郑州：中州古籍出版社，1988年。

③ Ts’ui-jung Liu, Features of Imperfect Competition of the Ming-Ch’ing Salt Market, in Yung-san Lee and Ts’ui-jung Liu, eds., *China’s Market Economy in Transition*, Taipei: The Institute of Economics, “Academia Sinica”, 1990, pp. 259-327.

④ T.A. Metzger, The Organizational Capabilities of the Ch’ing State in the Field of Commerce: the Liang-huai Salt Monopoly, 1740-1840. in W. E. Willmott, ed., *Economic Organization in Chinese Society*. Stanford, California: Stanford University Press, 1972, p. 9-46.

交换行为的控制弱化，市场得以繁荣和扩大”[①]，国家财政与市场的关系日益密切。

需要说明的是，我们对“与民争利”（实质上是“与商争利”）的清代盐政垄断性专卖有太多根深蒂固的印象，对于清王朝的垄断专卖盐政制度居然具有市场倾向性的结论常常难于接受。但是，事实上，只要我们从逻辑上作一番推论，这一结论应该就不难理解。这个基本逻辑是，清王朝食盐专卖，最终还是通过商人将盐“卖”往市场，而不是直接派到烟户百姓家中。[②]如果完全超越人们的消费能力，盐商所领到的盐引额度就是不切实际的额度，其食盐无法全部售出，盐课无法全部完纳，食盐专卖制度也就无法真正运转。因此，清王朝的盐政制度安排具有内在的市场倾向性，反而才是一个合理结果。当然，我们也注意到，乾隆后期以至于直到嘉庆时期，在各盐区的盐引分配与本盐区的市场容量相吻合的前提下，各盐区之间人均盐引分配额却存在一定差异。虽然这种差异进入道光朝趋于消失，各盐区间的盐额分配趋于更加均衡，但还是反映出，在某种程度上，盐引并非完全根据市场情况进行全国一致的分配，即存在一定的非市场化倾向。然而，由于各盐区的盐引分配都与本盐区的市场容量吻合，这一差异在实际的食盐运销运作过程中并不重要。概而言之，它并非产生盐区间纠纷与冲突的原因。

导致朱轼和乾隆帝都无法理解的清代盐区之间纠纷的内在原因，主要有二：一是清政府出于财政税收的考虑，轻易不许更改盐区边界；二是实际盐政运行中，盐务官员和地方官员出于考成的需要，需要尽量在边界问题上争取利益。实际上，清代盐区之间的边界纠纷，主要发生在两淮盐区与相邻盐区之间。正如清人所指出的，两淮盐区在清代具有最为广阔的空间，也有份额第一的盐课额。其产地与盐销区边界地区的运输距离相对其他盐区为远，虽然其盐引分配符合市场容量，但在边界地区，其盐价偏高，无法与相邻盐区竞争。结果，边界地区常常有邻区食盐大规模侵入，从而导致盐区间的大量纠纷。朱轼和乾隆都曾希望以“一税之后、任其所之”的办法，取消盐区划分来解决盐区纠纷，但最后均因“若舍此久定之界，听其就便行销……则邻盐进一步又进一步，淮盐退一步又退一步，淮地日少，每年百万正杂钱粮凭何办纳”[③]的诘问而作罢，其结果自然是纠纷无法终止。这一点说明清代盐政的主要目的，正如众多史料所说，的确在于税收。另外，在清朝行政效率较高的时期，盐法考成对盐务官员和地方官员具有威慑力，为维护自身利益，官员们也常常就盐区边界问题展开纷争，或设法改变盐区边界、划入食盐通融销售的湖广地区以规避考成，或力图固守

① 黄国信：《盐法变革、商业繁荣与国家和市场的新型关系研究——基于明代财政体系演变的考察》，刘正刚、黄国信主编：《海屋集——黄启臣教授八十华诞暨治史六十年纪念文集》，广州：广东人民出版社，2017 年，第 323 页。

② 清初个别地方个别时候，有食盐官运官销，地方官为完成任务，直接将盐派给小民的故事发生，但并非主流。参见黄国信：《周学思叩阍与清初衡州府盐区“改粤入淮”——清代湘粤赣界邻地区食盐专卖研究之三》，《盐业史研究》2004 年第 4 期。

③ 《乾隆五十六年五月初五日两淮盐政全德奏为遵旨先行查奏事》，中国第一历史档案馆藏，宫中朱批奏折，档号：04—0476—002。

边界以保证稳定的食盐销售量。当然，在某种意义上，盐区边界纠纷是观察清代盐政运作的最佳切入点之一，对其展开详细讨论，并非本文篇幅所能容纳，容笔者另文专论。

在各盐区盐课额的派定问题上，笔者分析了各盐区派定的人均盐课额，但笔者相信，清王朝的盐务决策部门并没有进行过这样的分析。其结果说明，乾隆后期清王朝各盐区的盐课派定额在特定意义上具有行政合理性，即符合普通百姓的负担水平，一般的老百姓决不会因为食盐专卖引起的盐课而觉得负担变重，文献中经常出现的“茹淡”现象，需要另行解释。当然，值得注意的是，清王朝派定的人均盐课额，对于各盐区来说也存在差异，所幸不至于引起此盐区的课额过重，而彼盐区课额太轻。这说明，课额派定在各盐区间的公平性上仍然存在一定问题。

另外，古人和今人常常诟病清代的食盐专卖制度，关键之一在于专卖目的是控制——控制税入、控制百姓。本文的分析却说明，清代食盐专卖制度的主要目的之一的确在于税收，但是此项税赋并没有过于加重老百姓的负担，人均课额分配完全符合市场容量。如果考虑到清代官方人口统计永远比实际人口数要少的话，这一人均盐课额的分配就更加不存在苛重的问题。其实，即使不对食盐实行专卖，作为普通商品，仍然需要征收商税——当然相对是要轻一些的商税。需要关注的是，如果按吴承明估计，清代食盐专卖制度在鸦片战争之前为朝廷提供了排名第三、占据清王朝全部收入15%强、年收入500万两以上的可观财政收入的同时①，仍然维护了运作机制中较强的市场导向性和行政合理性。这一问题显然值得我们重新思考。

本文遵循梁方仲、何炳棣提倡的研究方法，践行传统数字史料使用的另外一种可能性——“文本解读法”。本文的个案研究提示，以文本解读方式理解历史时期官方统计数据是一个值得提倡的方法。本文没有采用参照相关历史文献，分析、判断盐政数字的真伪，进而对这些数字进行评估，再加以纠正，做出自己的估算，最后使用新的估算数字进行统计分析的数字使用方法。笔者认为，利用大量官方原始数据，找准其所能反映的各变量间的结构关系展开分析，会是很有意义的分析理路。在分析清代盐政制度安排的内在逻辑时，本文利用了有关盐课、盐引、人丁或人口等大量数字，分析盐政制度安排中的内在理性与市场容量之间以及课征额与负担度之间的结构关系。笔者认为，清代的官府不得不面对这批盐政数字，并且需要以其为依据，来处理相关政务和做出相关决策。我们不必对这些数字进行新的估算，而是需要回归到历史场景中，理解这些数据的意义，直接使用这些数据去理解当时官方的决策原则及其运作机制。笔者认为，如果以这一方式重新审视历史时期丰富的官方统计数据，并且找准其所能反映的各种变量间的结构关系，就一定可以产生很多新的发现。

（执行编辑：王一娜）

① 参见吴承明：《中国资本主义与国内市场》，北京：中国社会科学出版社，1985年，第252页。

经商有道:《交易须知》所见晋商的职业观

王日根*

摘要: 道光八年(1828)一本未署名的《交易须知》在序言中说:“一买一卖为交易,交易者,懋迁有无也。”中国传统社会地区间的差异注定了懋迁有无的必要性,交易的繁荣一定意义上也可看作社会经济兴盛的标志之一。对王朝统治者而言,需要制定交易规范,以使其有效地发挥积极作用,防止其对社会秩序的冲击与震荡。对参与交易者而言,实现公平是基本的追求。《交易须知》就是交易者为交易总结出的若干法则与技巧,体现了交易者自我的职业认同以及集体意识的逐渐形成。

关键词: 交易;公平;商人形象

晋商是明代中叶逐渐崛起的一支商帮,他们的行迹跨越大江南北,长城内外。晋商这个标识往往在晋人涉商之后便被定义。于是先入行的商人们常常须给予后入行的新商人或口头或书面的指导与规诫。《交易须知》便是较全面的一种。

《交易须知》最先强调的是:“凡做生意俱要立合同、账目,为永远之据;至于出入借贷必须立发帖、借约;远处兑使银两必有会票;出外兑发货物,陆路必立车脚之契,水路务立船契;买卖米粟必立批帖为妥;以及银色杂粮之类与夫水陆二路各处斗斛平头,俱要打听明白。若夫往来书札,虽非商贾之急务,亦不可不知其大略。每见人当幼年初学之时,读书不多,凡遇合同账目等项,往往书写不清,此须少年自不留心,而亦当事者之不示以准绳之故。予非多读者,然自经营以来,凡遇明公即细心请教,故将平生所闻于老成先辈者,草写此本,虽足以取有识者之笑,而未必非初学者之一助云尔。”[①]这段文字里,包含

* 王日根,厦门大学历史系教授。

① 山西省晋商文化基金会编:《交易须知》,北京:中华书局,太原:三晋出版社,2013年,第4页。

了强烈的契约精神、经商者须有一定的文化知识储备意识，是晋商树立诚信经营、文化商人形象的典型表现。

一、经商者有自己的职业素质要求

经商者应该了解各种合同、契约的样式与订立，包括对田地与房屋的买卖与典当、账簿的种类与设置、银色的判断、各处天平与斗斛的大小、粮食与油料质量的鉴别与贸易、水路贩运应注意的事项等。中国古代虽然没有马上出现职业教育的学校，但职业教育却往往贯彻在实践中，《交易须知》卷一叫《生意中立合同式》，卷二叫《做生意立账俗论》，卷三叫《立账式》，卷四叫《万全账式》，卷五叫《生意中应用文约车船脚契发帖报单共计二十篇》，卷六叫《买卖机关客商规略》，卷七叫《银色指明》，卷八叫《看银俗论》，卷九叫《俗论天平大小》，卷十叫《杂粮统论》，卷十一叫《船脚总论》，卷十二叫《斗斛管子俗论》，卷十三叫《御河各路马头镇店里数斗斛》，卷十四叫《滏阳河各路马头镇店里数斗斛》，卷十五叫《各处斗斛大小》，卷十六叫《初学算盘开破因乘归除要法》，卷十七叫《俗论大小斗相合之法》，卷十八叫《使京钱关东小钱宣化府三三钱俗法（内载栓钱图式）》，卷十九叫《零使关东小钱数目》，卷二十叫《论北京城内使京钱合关东小钱法》，卷二十一叫《宣化府三三钱合京钱法》，卷二十二叫《讲解北京城内兑换钱银法》，卷二十三叫《写书札规各论》，卷二十四叫《一切往来杂项书札式（内载按十二个月佳话内赘闰月佳话）》，卷二十五叫《春夏秋冬四季来往书信式》，卷二十六叫《写书信各月佳句（后载杂项书信式用各月佳句下笔之法）》，卷二十七叫《候尊长疾病书信式（后载候暂别候久别候不遇候不识面候初识面）》，卷二十八叫《问候教自巳（己）先生书信式》，卷二十九叫《与教自巳（己）手艺师傅俗写书信式》，卷三十叫《与和尚道士俗写书信式》，卷三十一叫《一切贺喜事书信式（内载贺元旦贺开账迁居贺生子生女生孙入泮元旦贺舅父一概书信式）》，卷三十二叫《慰病书信式（内载慰人父母病慰丧妻丧妾一切书信式）》，卷三十三叫《俗言与少年学者写书信之法》，卷三十四叫《家信类》，卷三十五叫《一切俗写家书式（后载与姐姐姑娘嫂嫂弟妻夫妻一概书信式）》，卷三十六叫《俗言妇女写书法（后载与本家尊长俗写书信法问候堂兄托本家叔与儿子寻学业地方书式）》，卷三十七叫《一切与至亲来往杂项书信式（后载与少年学者指明抬头格式又与至亲长幼俗写书信式）》，卷三十八叫《与至亲长一辈妇道俗写信式》，卷三十九叫《杂项文约式（共十七篇内载伏写约之论）》，卷四十叫《论一字二体三体》，卷四十一叫《互用聊且字（聊且是省笔小写，互用是二字多用）》，卷四十二叫《借用字》，卷四十三叫《二字相似（后载三字相似四字相似五字相似查字汇及康熙字典歌诀初学少年记认字俗论)》，卷四十四叫《写帖俗法（后载图式)》，卷四十五叫《设席拜贺俗论（后载上下左右拜贺图设席方桌图)》，卷四十六叫《安席俗论》，卷四十七叫《挂贴字画俗说（后载图式)》，卷四十八叫《人事俗语论》，卷四十九叫《俗言称呼问答》，卷五十叫《杂项药方》，堪称经商者的百科全书。

经商者必须掌握基本的珠算技能，如乘除法运算、大小斗相合之法、京钱与关东等地方钱币的比价与兑换以及各种书信的书写样式与书写方法等；必须掌握语言文字、请柬宴客、字画挂摆、杂项药方等基本知识。在语言文字方面，开列了一些多体字、互用字、借用字、相似字等，还讲述了《康熙字典》的使用方法。这表明，经商必须具备基本的识字能力，才能够应付基本文书的撰写和阅读。

经商者必须遵守职业禁约，包括铺中不许赌博；铺中不许请会随会；每人力二分，一年许支钱若干，不许过额长支；东伙买粮放账，各出字号，不许借铺中字号；东伙不许在柜上出息借贷，亦不许浮挪暂借；人力伙计回家来往，每股柜上送盘费车脚银若干；东家非开分利钱之日，不许支使分文。

经商者需要善于撰写借钱文约、买（卖）田文约、典地文约、租地文约、买（卖）房文约、典房文约、包盖房人工文约等，所有这些都需要用准确的文字表达来说清交易的本义，避免引起不必要的纠纷。

二、经商者必须具备处理日常羁旅生活的能力

经商者需要接待各方客人，因而对于宴客如何排座，不但有详细的文字说明，而且还画出了具体的图形。一桌如何排，两桌、三桌乃至多桌如何排，都给你说得、画得清清楚楚。字画条幅如何挂摆，两屏乃至于多屏如何挂摆，亦都给你说得、画得明明白白。具体细致到无以复加的状态。

珠算是经商者必须直面的技巧，“狮子滚绣球”法堪称形象、生动，便于掌握和运用。

为了给初学写信者提供便利，书中列出了各月佳句，如正月凤历春回，二月莺花富贵，三月桃花飞红，四月五风麦熟，五月云峰耸秀……这些对初学者来说应该都是大有帮助的。

该书将日常生活中的问题用歌诀进行条理化处理，让人便于掌握和理解。在白银流通中，大小、成色、形制各不相同，银色如何鉴别，经常令人难以把握。但是该书有《断银歌》和《辨银歌》。

《康熙字典》如何用？歌诀是：“一二子中三丑寅，四卯辰巳五午寻。六在未申七在酉，八九戌部余亥寻。倘若部中查不见，补遗备考内重寻。若还难的部头者，笔画之数总记清。

头本检字细查看，得了部头再查明。读者不妨一试，看看这首歌诀到底灵不灵。”

《交易须知》卷四介绍了若干一字两体的事例、一字三体的事例、互用字的事例、借用字的事例，有时会有二字相似、三字相似、四字相似乃至五字相似的情况，需要注意分辨。[①]

经商者时常需要举行宴会，宴会上的座位安排、礼仪讲究也需要一本基本的常识，《交易须知》也提供了这方面的相关知识，有的用图示的办法，给人直观、形象的认识，便于商人在实际中应用。

经商者于厅堂内挂一些字画，其实也需要有一些基本的知识和讲究，《交易须知》同样给予若干基本的提示。[②]

订立各种契据是经商者经常遇到的事，《交易须知》列举了大量的范本，教导经商者这方面的格式、内容和注意事项，如出赁房约式、会票式、立买粮批帖式、卖粮批帖式、借帖式、行店内代客雇车契式、本客自雇车帖式、新开粮店报单式、行店内代客雇船契式、本客自雇船契式、辞生意文约式、押本文约式、出佃生意文约式、出当铺文约式、执照式、交约式等，明白了这不同契据的套路，新入行者就能省去若干探索性的工作，避免走若干弯路。

羁旅在外的商人经常需要以信件的方式与同行、家人、政府部门建立联系，同行有新的店铺开张，需要发去贺书；有货物寄送，需要发去发货书；向朋友了解何物可发，可发去咨询书。“未知某处某项生理如何，或有别样，祈探听确实赐音示知，以便束装而前来，倘得脚跟落地，则兄之恩大矣。”[③]若干商机就是通过这样的途径，实现了零交易成本或微薄的交易成本核算。有时鼓励性的书信能激发一个闯劲不足的人展足外出经商，譬如，“相时而动，大丈夫之经济也。兄台抱不世之才，必须大展经纶，以斯振乾立坤，岂可以郁郁终老哉，既有远游之志，何妨爰秣舟车，倘蒙不弃，得以聚首一堂，凡事分劳指教，受益多矣。弟恐积棘，不堪栖凤，故未敢专函恭请，如果不嫌清淡，谨当虚左以待，肃启奉覆，翘企光临”。对于不合适的选择，则可能在书信中加以委婉的拒绝，“弟命途多舛，徒事奔波，终年累月，无一体暇。虽负虚名，何曾囊积。每思束装言旋，静养性天，乃久羁繁冗，递难清结，故未能从心耳。兄奇伟素著，闾阎尽堪大展，何必去父母之邦，而为风霜客耶。且近来此地锱铢计利，长途劳苦，愚窃以为不可”[④]。文字典雅工整，显示了商人们扎实的文字基本功。

商人们还试图依据季节不同在信里有不同的表达。譬如，春季写上“春风摇曳，化日

① 山西省晋商文化基金会编：《交易须知》，第311-336页。
② 山西省晋商文化基金会编：《交易须知》，第355-360页。
③ 山西省晋商文化基金会编：《交易须知》，第155页。
④ 山西省晋商文化基金会编：《交易须知》，第159页。

舒长，一年好景，无逾于此。缅想老兄台新禧骈集，与时俱庆，可无蔡卜也”[①]。夏季的表达则为：“赫曦司令，赤帝经天，际此柳岸熏风，晴霞换彩。”[②]秋季则写道：“金风涤暑，玉露横秋。”冬季则写：“朔风凛冽，厚气严凝。”[③]这也于无形中增加了雅致。

经济人之间往往少表现出人情味，但《交易须知》中却告诉人们在书信中加以适当的情感表达，可以缓解相互间可能出现的紧张与不协调。譬如，《讨银宽限日期书》中讲道：“济急之施，没齿难忘。帑金之挪，思同高厚。本拟旦夕间即可奉璧，奈乎困乏穷逼，未得从心。不谓转瞬如许之久，固非负信，亦乖情理，愧甚愧甚。乃蒙檄催，更增羞愧。伏异见原始终全情，容倏某时揭措奉上，断不敢复延以重失信之罪。肃启恳限，不胜涑慄之至，颛此奉覆。”[④]这样动情的解释，便易于缓解对方的情绪，或能达到让对方宽限的目的。

商场中债务问题经常困扰彼此，有时讨债还需要动用第三方的力量，往来书信中的表达技巧也显得特别重要。范文中有《求借米粟书》这样表述：“兄台之素志也，弟刻下有在陈之危，釜甑有生尘之叹。伏异吾兄挪借某粮几石，以应目前之急，免老幼枵腹之悲，德莫大焉。容俟某时运纳盛仓央，不敢延滞，以负厚情也。”[⑤]这是委婉拒绝的语气，但并不是直来直去地僵硬地拒绝。当表示同意时，往往表达得也让对方不觉得丢面子。“谨效廪人之贡，少尽推仓之诚，为是拮措拨某粮若干石，以充厨甑之炊，以应急遽之援。”[⑥]

在实际生活中，物品的互借也是经常会遇到的。为此需要写个书信，范文这样表达：“人生世上，百凡最难满用，而家居器物犹难全备，顷因某事必需某物，四处请假十八难，得知老兄台素有此物，必不见吝，乃专人走恳祈即拨借一用，自宜珍重，不敢损失，事竣即当赍赵，伏惟俯从至祷至祷。”[⑦]有时也确实会遇到原有此物，后来确实坏了的情况，此时便无法应允。

有时还会遇到要辞工的情况，书信的委婉表达也很重要。“忆兄数年来竭力深心，诸事叨光，弟等感激无既，岂忍分隔，一方面致悬悬想念乎？奈小铺生意微小，无云雾之天，焉能藏龙震动。伏祈兄台鉴谅宽恕，另择胜地，无庸还辙。况兄才品优长，智勇兼备，富贵之图，咫尺可望。”[⑧]给足了被辞者面子。

① 山西省晋商文化基金会编：《交易须知》，第166页。
② 山西省晋商文化基金会编：《交易须知》，第167页。
③ 山西省晋商文化基金会编：《交易须知》，第168页。
④ 山西省晋商文化基金会编：《交易须知》，第177页。
⑤ 山西省晋商文化基金会编：《交易须知》，第180页。
⑥ 山西省晋商文化基金会编：《交易须知》，第181页。
⑦ 山西省晋商文化基金会编：《交易须知》，第183页。
⑧ 山西省晋商文化基金会编：《交易须知》，第186页。

经商者的子弟往往需要找老师，给老师的信得写得有点儿水平，“小儿得依兄台左右，弟心甚慰，但此子性尚未定，恐其举动弗尊正道，某极力教训万物，以出门之故，生姑息之念，使伊无所畏惧也。承情之处，面谢不一，为此奉托”[①]。

经商者之间通信时还会表达相互的思念和倾慕，往往亦是好词用尽。譬如，“一别几载，如失手足，况云天高谊，令人尤不可忘，忽接手教，如在左右，一时欢幸，难以言喻”[②]。

经商者的事业扩大往往以新建店铺、新购地块等形式表现出来，朋友之间往往要以书信等方式表达祝贺之意。家里添丁了，亦通过书信表达祝贺。

家信是书信的最基本类型。主要内容包含家里情况、在外经商情况的介绍，传达对长辈、幼辈的关爱，对病人的慰劳，对夫或妻的思念。要准确表达出情感，书面语的积累与运用显得特别重要。

父亲对在外经商的儿子交代：“出门人总要小心谨慎，不可妄自尊大，交结匪类，衣服器物，不必过于华丽，尤须不时检点，待人务必和气，如此做法，不为省却许多烦恼，亦有无穷受用。”[③]其他的内容往往包括家人身体健康、子女学业优良、长成者则面对婚姻大事等，骨肉间由书信相互关照，这是外出经商者注重亲情的表现。

儿子在外写给在家父母的信写到的内容大体有：给父母寄上了衣服、食品或钱款，希望父母在家生活安适，颐养天年。[④]

父亲在外经商给在家的儿子写信内容一般有：讲述自己在外一切安好，希望儿子在家一要小心门户，二要对亲戚朋友谦恭友爱，对生活较为艰难的，适当给予资助。尽管自己并不一定很富裕，但仍尽力给予骨肉以适当的帮助。对于子弟，不可打骂，对于三姑六婆，尽量不要让他们进门，自己读书一定要认真，“不可以做生意为指望，衣服干净便是，不可学长随衙役派头。你妹妹并间姑，着你母亲好好教训，做女儿的好了，娘家精淡，一不贤慧，便有无穷辱没，不可不知。前后我的书，要照着行，不可置之高阁，捎去银四十两查收，亲友问替我问候”[⑤]。这其中包含了商人对子女的殷切希望，即做一个读书人和一个有涵养的女子，期求在社会上有好的名声。

儿子给在外的父亲去信则告知家里的各种情形，有时内容涉及老人去世，不争气的族人赌博、酗酒乃至打官司、蹲监牢需使费等内容，有时也有自己读书中得功名等喜讯。[⑥]在这篇范文之后，还注释说明晚辈给长辈写信的基本规则：“此张抬头格式，系按大理，隔一字写之，乃寻常俗写，遇与自己尊长，或同辈写书，长一辈抬二字，长两辈抬三字，兄长

① 山西省晋商文化基金会编：《交易须知》，第186页。
② 山西省晋商文化基金会编：《交易须知》，第192页。
③ 山西省晋商文化基金会编：《交易须知》，第223页。
④ 山西省晋商文化基金会编：《交易须知》，第224页。
⑤ 山西省晋商文化基金会编：《交易须知》，第226页。
⑥ 山西省晋商文化基金会编：《交易须知》，第228页。

抬一字，与亲戚晚辈或当家晚辈写书，抬一字可也，自己亲弟子侄，不用抬头，平写可也。”[①]这些规教对商人乃至商人的家人都特别实用，也成为社会教育的一个重要方面。

父亲对在外经商的儿子还会交代：“书算乃是生意人之根本，偷闲务必勤学，无事莫要入火房，背下不可说人之是非，闻闲言而远避，柜上一应活计，自必勤心苦做，不可扯拉别人。年一年二的兄弟，先来者以长尊敬，后到者亦要恭敬。长者为兄，少者为弟，不可放肆张狂，少年者一时失口骂你，亦不可还言，凡事只以忍辱为先。常言不受苦中苦，难得人上人。若遵父书训，日后不至于忍受饥饿，再者酒不可饮，街上办事，急去速回，花柳之间，断不可闻，至嘱至嘱。”[②]显然，正派的经商者往往对自我有很严厉的约束，他们注重修炼自己的德行，需要克制自己的世俗欲望，需要全心投入正当的事业。有的母亲也能写信规劝在外经商的儿子“好好学习，听诸爷台教训。凡事小心，不可妄自尊大，穿衣须要减省，不可费大，酒不可多饮，吃物不可过馋”[③]。

有一篇伯父给在外侄子的书信范文写道：“你祖母秋夏间俱获康泰，家中亦皆平安。我于今科赖祖宗培植，乡试中式第七名，幸吾家累世清贫，诸事都从省便，过年会试，家中无人料理，你须早些回家。今年粮食可以不籴，诸物亦不甚贵，渐有起色矣。你某弟天分亦不甚愚鲁，可以读书，只是外边风俗不好，每一出门，见异思迁，令人不免忧虑，总之家中人少。若你父亲并你诸叔在时，何至照应不来，至此令人失声矣。你四妹年已十六，题媒者甚多，你婶母妇人见识，必欲许与富家，我并不是说富家不好，但佐近膏粱子弟，俱系放荡成性，且不知书，绝不见衣食有余，而极肯读书者，数年间的富足，如何贪得。我意中已有一二人，外面甚可敬，将来物色他的诗文，看看选一个，等你回来定夺。你岳母之服，务必要持，我们再补守礼，便无可以见祖宗矣。不可因俗人之谈论，废此一服也。”[④]接到伯父家信的侄儿马上给了回信，这样写道：“知侄祖母身体康泰，伯父中式，不胜欣慰。侄已定于某月某日起身回家。今先捎去银五十两，衣箱二个，咸腊一包，到日验收。所有一切事宜，统俟面禀，请伯母大人、婶母大人金安！”[⑤]这两篇范文体现了商人家庭一样以守礼遵道自律，而坚守崇文重德的高雅德性，应该说这是对传统优秀文化的尊重，也必将对其立身处世产生积极的影响。

接下来的一篇叔父在外寄给侄儿的信中也体现了商人们的宽广胸怀。叔父说：“家中年景，虽甚平常，较之从前，此善于彼，可将乡里粮食，尽运入城，佃户拖欠，酌追三分之一，必不能上，也自罢了。总之连年歉收，他们糊口尚不足，如何能还籽课，过于搜求，

① 山西省晋商文化基金会编：《交易须知》，第228页。
② 山西省晋商文化基金会编：《交易须知》，第245页。
③ 山西省晋商文化基金会编：《交易须知》，第246页。
④ 山西省晋商文化基金会编：《交易须知》，第230页。
⑤ 山西省晋商文化基金会编：《交易须知》，第231页。

不为目下支持不来，将来便不肯用命。咱们地土，所赖何人，敢将此辈困饿乎？某人读书，你要着实教他，不可因你婶母姑息，便生嫌疑。我房中所使两个丫头，好弄口舌，作速打发出去，人家不和，全由于此，再不容留也。捎去银物照单收明。”[①]侄儿回复说自己已完全按照叔父的意思做了处理与安排。这两篇范文体现了商人并不纯然就是经济动物，他们能换位思考，体谅到佃户遭遇自然灾害后自身需要休养生息的实际情况，并认识到佃户资源是今后生产获得恢复的重要前提，必须加以保护。这些认识对于建立和谐的主佃关系势必具有积极意义。

在外的年轻丈夫最思念的往往是在家的妻子，丈夫写给妻子的信往往包含这样的内容：一路平安，诸事顺遂。同时还会交代妻子代丈夫完成各项义务，譬如，“南院四叔粮食须按月早差人送去，凡四叔、四婶衣服，但该添补，且不可等着开口。三位姑母并弟妹们，时常送些吃食，第一要账目清白，捎去布四匹，烟三十包，查收”[②]。妻子回书说道遵丈夫之意处理了各项事务。这也表明商人能严格执行传统观念中应承担的家庭义务。

有一篇“兄与弟妻”的书信范文这样写道：“自我弟与你大嫂去世以来，家中全凭你一人照管。老母年高在堂，好好侍顺，度日须要勤俭，麟哥在外，诸事甚好，不必结计。广玉读书，必须好好管教，不可避嫌。常言犹子比儿。麟哥今以十六岁了，明年回去，欲与完婚。今捎去布四匹，棉花十斤，先将被褥做就，又捎去银二十两，以备今冬费用。”[③]《交易须知》涉及各种家庭、各种特殊情况，提供了各种表达方式和技巧，不能不说是交易人日常的百科全书。

其他像兄弟分关文约式、遗嘱分书式、卖田地文约式等《交易须知》中也提供了基本的样本。譬如，兄弟分关文约式的格式是：“先考某号府君不幸早逝，某姓名等兄弟三人，上赖母亲某氏孺人抚育成人，次第婚荷天地祖宗之祐，饱暖康宁，以至今日。所虑者子侄众多，勤惰不一，恐日后消长难料，苦乐不均，为此遍请诸亲族长、邻友，眼同老母公议，将所有祖父所遗并续置产业，均匀三分平分，兄弟三人，各得一分，内除某处某铺号借银若干两，以为老母送终之用。自分之日，每月轮流供膳老母，不致奉养有缺，以取罪戾。兄弟各宜和睦，努力成家，光前裕后，不坠先人之续，实家门之庆幸也。今将应分产业开具于后，兄弟几人，各执分关文约一纸，永远存照。右分关一纸付长房某名收执，今将分到产业资材开后。”[④]由此我们看出，商人家庭的分关文书与一般家庭的分关文约当没有区别。

---

① 山西省晋商文化基金会编：《交易须知》，第 232 页。
② 山西省晋商文化基金会编：《交易须知》，第 240 页。
③ 山西省晋商文化基金会编：《交易须知》，第 256 页。
④ 山西省晋商文化基金会编：《交易须知》，第 285 页。

三、经商者遭遇疾病乃至生命威胁的应对办法

《交易须知》可谓从事商业和商务活动的“百宝囊”，是晋商经商和其做人、做事的一套教材和读本。它不仅讲述了许多商业知识，而且还讲述了不少中华传统文化，应该说，这些对当代商家都有许多可供借鉴之处。

《交易须知》卷五十介绍了诸多杂项药方。因为“为商之人出外居于他乡，一时受风寒微病”，必须有及时的应对之策。有一种“清瘟解毒汤，此方治受风寒，肚内积食，瘟疫热症，十日以内服之即愈，打动腹内食积起来时，多忌口食，喝小米汤，三五日后吃干饱子小米干饭亦可，今将药材开后：羌活（二钱）、防风（二钱）、白芷（二钱）、川芎（二钱）、滑石（二钱）、石膏（二钱）、黄芩（二钱）、熟军（二钱）、栀子（三钱）、赤芍（三钱）、大生地（三钱）、元参（三钱）、花粉（三钱）、甘草（四分），引用姜三片，枣二枚（去核）、葱白三寸，水四中，煎一中服，如熬第二遍，水三中，煎一中可也。男女受风寒瘟疫熟病五日前后服之即愈，染病一二日服之甚好，如受孕妇人服此药，去花粉熟军，如肚腹硬者去熟军加生军三钱可也，如软者去生军加熟军，如年少壮人用三钱生军，打不动食疾，多加生军一二钱可也，人得风寒瘟热之病，先服此药一剂，管保不能睡倒身子，如不愈，打不动肚内积聚食，再服一剂，内加一二钱生军无碍”[①]。

有一种“洗眼方”，配药为“胆矾（一钱）、白矾（一钱）、乌梅（一个）、青盐（一钱）、铜绿（一钱）、花椒（一钱）、新针一个”，用滚水冲起，放一夜洗之即好，不论远年近日火眼等症。多可洗的。[②]

还有像嘴巴生疮赤烂肿痛、唇燥破裂等症可用“绿袍散”，其构成是“黄柏（五钱）、薄荷（一钱）、儿茶（五分）、月石（一钱）、青黛（三钱）”，用法就是直接涂搽，效果就会很好。[③]

《交易须知》中的杂项药方对治疗腹内湾住水食、胯身体肿胖、牛皮癣、受风起白癜紫癜、癣癞、胃口疼、无名肿毒、片血、烂眼边发痒、黄水疮、腹内积聚米食面食、痘疮、铁针入肉，均有特别的办法。譬如，铁针吞到喉咙，须用蛤蟆血吞服，促呕吐以带出铁针。[④]误吞铜钱以后，可以多吃荸荠以化之。[⑤]遇到竹木刺进肉内，可以用蝼蛄捣烂涂抹，“少时即去，如刺已出，而仍作痛者，再以蝼蛄涂之即愈”[⑥]。

---

① 山西省晋商文化基金会编：《交易须知》，第 372 页。
② 山西省晋商文化基金会编：《交易须知》，第 372 页。
③ 山西省晋商文化基金会编：《交易须知》，第 373 页。
④ 山西省晋商文化基金会编：《交易须知》，第 382 页。
⑤ 山西省晋商文化基金会编：《交易须知》，第 382 页。
⑥ 山西省晋商文化基金会编：《交易须知》，第 383 页。

治疗疟疾有一种神效方，即“苹果仁、槟榔、常山、乌梅各三钱，引用姜三片，水三中，煎一中服，临疟子来时以前服之神效”①。

譬如，遇到脖项生癣，可以“用白麻一绺，用手揉之，将黑皮揉净，将鲜处用麻擦破，候血干住，血片吊之自愈，如吊了血片还发痒者，再用麻擦破，此如三五次自愈”②。

如“凡蛟虫咬伤起疙瘩发痒者，不可手挖，用白矾唾津擦之即愈”③。

这些实践中总结出来的方剂具有很强的针对性，切实有效，方便商人采纳。

总之，《交易须知》分四卷分别介绍了经商者从经商本身的基本技能到经商者需要注意的各种生活细节，再到经商者需要具备的应付日常生活的本领及经商者在异地遭遇疾病时的应对之策等，都有相关的指导与规诫。

此前的研究多将商人看成是传统社会秩序的破坏者和革命性力量，验诸《交易须知》，笔者觉得并非如此，《交易须知》中的若干细节指导包含了强烈的普及传统文化知识、传统礼仪的愿望，商人们也迫切需要提高文化素养，迫切需要表达对长辈的尊敬、孝道，对晚辈的慈爱与抚育，乃至夫妻间的爱情。《交易须知》可以说是商人逐渐成长为一个自觉的社会阶层后对自我整体形象塑造的体现，反映了商人们是传统优良文化传承的积极因素，正因为他们逐渐摆脱了世人所认为的“商人必奸”的偏见，逐渐树立起商人是有建树也有担当的群体的形象，这当是中国社会逐渐走向进步的一个重要表征。

（执行编辑：王一娜）

① 山西省晋商文化基金会编：《交易须知》，第398页。

② 山西省晋商文化基金会编：《交易须知》，第398-399页。

③ 山西省晋商文化基金会编：《交易须知》，第399页。

盛清吴中社会生活的图景

——清人笔记龚炜《巢林笔谈》的社会史资料价值

常建华*

摘要：本文依据龚炜《巢林笔谈》探讨清朝统治稳定后士人的政治态度与日常生活，兼论笔记的生活史资料价值。吴中士人龚炜生活在清康熙后期到乾隆中叶，他对清朝统治高度认同。从龚炜的个人生活史了解他的政治立场、人生经历、生活态度、家庭生活及家族关系，看到他的性情爱好、文化品位、治学情况，特别是绝意科举的人生转折。一个鲜活的士人呈现在我们的面前。这是利用其他资料很难做到的。书中描述的社会风俗、生活样态，只有放在吴中特定地城、放在作者生命史中才能把握。即使是传统时代，人们的生活也难有世外桃源，特别是士人生活与政治的关系更为密切。文章借助笔记呈现了盛清吴中社会与龚炜的士人生活史，使我们从基层社会看到了清朝国家统治的成功与士人的政治观念。

关键词：盛清；吴中；日常生活；龚炜；《巢林笔谈》

笔记作为文献种类之一，特点鲜明，早为学者重视，多有言其资料价值者。清代笔记存世甚多，可提供多方面的历史资料，冯尔康教授将其概括为社会生产与经济资料，典章制度资料，政事及吏治资料，人物传记资料，物质、文化生活与社会风气资料五项。[①]如果我们从地域的角度看笔记，有不少笔记记载作者生活地方的见闻及自己的人生，反映该地社会具有地域社会史的资料价值，清代昆山人龚炜撰《巢林笔谈》就是一种这样的笔记。笔者曾依据龚炜《巢林笔谈》的记载，论述了清康熙后期到乾隆中叶这一时期龚炜的个人

* 常建华，南开大学中国社会史研究中心主任、历史学院教授。

① 冯尔康：《清史史料学》，台北：商务印书馆，1993 年，第 362-368 页。

生命史[①]，此文则探讨有关笔记的地域社会史资料价值。

龚炜《巢林笔谈》，有今人钱炳寰点校乾隆三十年（1765）刊《巢林笔谈》六卷、乾隆三十四年梓《续编》二卷本，由中华书局1981年列入“清代史料笔记丛刊”出版。钱炳寰先生在点校本“前言”中介绍了经他考证得出的作者与该书情况。据此可知：炜字巢林，自称巢林散人，晚号际熙老民，江苏昆山人。生于康熙四十三年（1704），至乾隆三十四年六十六岁时，犹在世。曾祖号西圃，仕于明。父号蓼村，进士出身，分校江右。母葛氏颇知诗书，诸姑姊妹皆通文义。妻王氏，为娄东望族。至作者时家道已由富裕而中落。炜喜经史，工诗文，善丝竹，兼习武艺。其诗文颇为师友赞赏。复因疾病时作，不得已而绝意仕途。龚炜的其他著述尚有《屑金集》若干卷、《虫灾志》《续虫灾志》各一卷、《湖山记游》一卷、《阮途志历》二卷、《翰薮探奇》数卷，可能均已遗佚。《巢林笔谈》编排按时间为序，起康熙末年，讫乾隆二十八年左右。所记内容相当广泛，既记社会民情，风俗掌故，天灾人祸，官吏贪诈，又有读书心得，戚友交往。

由于《巢林笔谈》具有较高的史料价值，也受到其他学者的重视，谢国桢先生曾专门介绍该书，认为：“此书记清初史实及吴中掌故，及山水园林之胜，也说到自己的身世，由富厚而中落，晚年因丧偶而枯寂的情况，颇流露出本阶级没落的气氛，文字写得也还生动。”[②]来新夏先生也对该书作了提要。[③]谢国桢先生点出的“吴中掌故”与龚炜“自己的身世”，笔者认为是书中的主要内容，具有重要的社会史资料价值，随着学术的发展，我们也可以从新的角度认识书中的记载。

下面，笔者就从多方面的吴中社会情形来认识《巢林笔谈》的价值。

一、吴中社会

昆山县地当吴中，隶属苏州府。这里是清代经济最为发达的地区，社会安定，文化繁荣，对全国都有一定的影响力。《巢林笔谈》记载的康熙后期到乾隆中叶，正是清朝的康乾盛世，龚炜笔下揭示了苏州地区社会生活的景象。

科举社会风习。吴中是清代科举最盛地区，所出进士、状元数量领先全国，这里也形成了科举社会的风习。龚炜笔下记载了多方面有关科举的内容，首先是吴中科举状况，如苏郡状元甚多：

---

① 关于《巢林笔谈》所反映的龚炜士人生活，参见拙文《盛清江南士人生活的写照——清人笔记龚炜〈巢林笔谈〉的生活史资料价值》，《中国社会历史评论》第11卷，天津：天津古籍出版社，2010年。

② 谢国桢：《明清笔记谈丛》，上海：上海古籍出版社，1981年，第73页。

③ 来新夏：《清人笔记随录》，北京：中华书局，2005年，第193-197页。

我郡旧属七县一州，国朝状元，自顺治戊戌常熟孙承恩，至今乾隆丙戌吴县张书勋，已十有六人。前人谓状元是苏州土宜，信然。张状元与我昆孙解元登标，同为都宪雷公癸酉拔贡；元和顾声雷、吴县陈嘉琰，皆癸酉进学，四人同登会榜，雷公所拔士中者多矣，今科尤盛云。顾与陈又同举庚辰乡试，顾乡、会并魁。(《巢林笔谈续编》卷下，第236页）

“状元是苏州土宜”的谚语，充分说明了当地科举之盛。昆山也可谓地灵人杰，龚炜骄傲地写道：

顺治己亥廷试，我邑徐立斋状元、叶文敏探花二公，皆着清望，为名臣。可谓地灵人杰。(《巢林笔谈》卷二，第40页）

昆山出了这位徐状元，印证了明代昆山人的一个梦想：

明弘治十一年，顾文康大魁，尝梦人谓曰：“汝后昆山状元姓陆。”至本朝顺治己亥，徐公立斋榜姓始验。(《巢林笔谈》卷三，第59页）

比较来说昆山比不上太仓的科举兴盛，“昆太科第荣枯”条说：

昆新乡榜，自丁卯至今连恩科四脱矣，而荐卷往往倍于他邑，亦可怪也。太仓辛酉七人，已四成进士，一会元，一会魁，一探花，皆选入词林。今五魁内一、二、四皆在太仓之镇洋，南北共隽九人。三十里之隔，荣枯至此。(《巢林笔谈》卷五，第135页）

龚炜认为昆山科第不盛的原因盛极而衰加上“士贫难为工”：

我邑风俗颇醇，但愿士多自好，便是于皇舆增长气色。科名稀少，要亦地运所驱。斗大昆城，状元六见，盛极而衰，即是剥而必复，正未可量。最可虑者，赤紧占住一贫字，贫则难为工矣。(《巢林笔谈》卷五，第135页）

龚炜进一步描绘了太仓的科名极盛情况：“近来科名之盛，莫盛于太属，三鼎甲、解会元齐备，而两科中状元迭出，地亦灵矣哉。”[1]龚炜总结“科第以人重”：

---

① 龚炜：《巢林笔谈》卷六“太属科名极盛”条，北京：中华书局，1981年，第169页。又，本文引整条笔记注释随文注出；引部分笔记内容则页下注释。

昆山六状元，多以名位显，惟沈修撰坤，名位不昌，今亦无有知之者。盖科第以人重，人不必以科第重也。(《巢林笔谈》卷五，第 136 页)

科举之盛也体现在一些家族上。龚炜的诸内侄“十余年间，小试连进五人，乡闱一正两副，皆恂恂不染浮习，充此何可涯量”①。其他家族如王奉常子孙科举也很可观：

王奉常公九子，发者五分。自崇祯乙卯至今乾隆壬午，甲榜八人，乙榜十五人，副榜五人，而芝麇先生后居其大半。康熙丙子科，中丞公兄弟同登，先生惊忧不已，若过分者。然天道亏盈而益谦，宜其久而未艾也。(《巢林笔谈》卷六，第 164 页)

最可观的是苏州彭氏，“我吴老彭”条说：

我吴彭氏，兄弟鼎甲，祖孙会、状，世所罕觏。今大司马官位又远过其祖，诸公子并登科第，入词林，溯其本源，老彭固贤大夫也。(《巢林笔谈》卷六，第 172 页)

如是，吴中出现了不少科举家族，吴中可以说是一个科举社会。

在崇尚科举的风气下，人们重视日常的考试成绩，“岁科考绩领案最多者”记载：

名士所争，尤在岁科考绩，所知领案最多者，太仓唐吏部东江九次，我邑刘司训湘洲六次，长洲沈宗伯归愚七次，宝山朱贡士觐宸八次。吏部与宗伯皆晚遇，吏部寿过九十，宗伯今将百岁，未艾也，其孙方应童子试，推恩钦赐举人。(《巢林笔谈续编》卷下，第 233 页)

太仓唐氏、长洲沈氏科举后继有人，也是科举家族。

另外，崇尚科举对民众心理产生影响。②吴中人考试前往往到庙中祈求神灵的保佑，龚炜家族就是如此，他的姐姐为龚炜的之子昭儿院试求签：

前岁，予姊为昭儿院试，求签于土山庙，签云：“王路宜迁改，前途事业新。故园花渐发，先折一枝春。”昭儿本名福基，以昆山分入府学，皆迁改也。故园二字，切求签之人，春字切时令，渐字先字，并为今岁龠侄兆矣。卜公签，灵应如此。(《巢林笔

① 龚炜：《巢林笔谈》卷六“诸内侄连进五人”条，第 169 页。

② 王德昭先生指出：功名的得失高下难测，于是中与不中，便一切委之于命运。种种迷信的风气由此而生，可概括为命相、风水、感应和因果报应等四类。王先生举出大量清人笔记说明这四类风气，但并未引用《巢林笔谈》一书。请参见王德昭：《清代科举制研究》五《科举制下的民风与士习》，北京：中华书局，1984 年，第 146-155 页。

谈》卷五，第 137 页）

龚炜的高祖应岁试到关帝庙求过签：

高王父应岁试，祈签于帝君庙，有前三三与后三三之句，不得其解。案发，乃一等第六；而高叔祖非占公，亦遂以第六名入泮。(《巢林笔谈》卷二，第 35 页）

龚炜认为上述求签很灵验。

一旦科举成功，人们往往认为这是神仙保佑或德行因果所致。尊师种德的事例有：

二李先生之封翁陶庵公，宦族之极贫者，为其子延师，必丰其修脯，督课甚严。康熙乙未科会试，兄弟同登，长会元，次传胪，时号天池双凤。会元仕终侍讲，传胪仕终洗马。近来我邑朱杏占，待先生亦忠敬，三子皆能文，两科已连隽其二。种德之家，定获美报，尊师亦其大端也。(《巢林笔谈》卷六，第 165-166 页）

结尾处是龚炜的总结，代表了那个时代人们普遍的认识。神仙保佑的有“梦魁得魁”的事例：

练川王修撰未遇时，祈梦于京师吕祖庙，梦神导至一处，无门可出。神曰：“吾为汝特辟一门。”门辟，突遇一青面神如世所画魁星者，觉而异之。后以癸巳岁恩科竟得大魁。(《巢林笔谈》卷一，第 11 页）

梦兆的故事还有：

康熙壬子科，邑人有梦徐王夏中式者，下注妻顾氏。而王夏之妻实姓顾。或以语徐，徐自喜必得。及发榜，则南闱中者，为徐世濂、王缉基、夏干御，分应三姓；北闱则中顾洪善，字达夫，并妻字亦映带，梦亦巧矣哉。(《巢林笔谈》卷二，第 39 页）

中第者出仕也祈梦，龚炜的外舅就是：

外舅王律庵先生歌鹿鸣时，祈梦于吕祖庙，引入一库中，按匮封识皆州县名。详之者俱谓他日必任藩宪。后宰丰城，以委盘库，卒于南昌邸舍。(《巢林笔谈》卷四，第 95 页）

还有“闱中神助”的故事：

有一生以麟经应试，题落“赵武”二字，忽见一朱袍博带者俨立于前，生惊问为谁？自称：“我晋大夫赵武是也。”其人恍悟，为添注，遂得隽。又有在闱中梦欧文忠与语：“汝写我《醉翁亭记》，必售也。”觉而详之，殊不解。已得题，锐意冥搜，竟日不成局法，忽忆梦中语，遂袭记中句调，得魁其经。（《巢林笔谈》卷二，第37页）

面相也被看作决定科举的成败，有薄相者好梦成真，变形使者改变了他的命运：

宜兴周启隽立五，其始颧削颐逼，面槁色，盖薄相也。年逾三十，犹困小试。一夜，偶宿南城外，梦一雉冠绛衣者，易其头，去其庞，顿改旧观。又梦一白须老人，命一金甲神剖周腹；涤其脏腑，而复纳之，祝曰：“清虚似镜。”自是文思日进，寻登第入词林。尝见笠翁着《奈何天》有变形使者，戏文耳；世竟有符此者，大奇。（《巢林笔谈》卷四，第86页）

李渔的戏文《奈何天》创作了变形使者，龚炜认为上述梦境证实了其存在。神的启示故事还有，“邵嗣宗中会元”条记载：

太仓有乡民入城，问学中有邵嗣宗其人乎，且状元及第矣。问何以知之？曰神告之。是岁，邵下第；今壬申恩科，邵中会元。神言自不谬，彼民不知，误会作状耳。（《巢林笔谈》卷五，第130页）

看来龚炜是一个有神论者。

此外，龚炜也记载了一些现实生活中的科举情形。他回忆了其父以身作则遵守场规的慎重态度，认为“谨慎非迂”：

先君诸事谨慎，于场事尤小心，考具必亲检点，犹恐有戏之者遗以片纸，必搜括再三，然后入。去岁在金陵与友辈谈及怀挟者，为述先人谨慎状，众颇笑之。寻闻北闱以此获罪者甚多，须信过慎之非迂。（《巢林笔谈》卷四，第86页）

还记载了其父监考的事情，“张文杜卷”条说：

先君分校江右，得张君文杜卷，荐之主司；及阅二场卷，失一判，业已甄拔，主司不忍弃置，遂录之。夫一字错误，外帘犹必帖出，累累数行，阅几人而不及检，场

中洵有神乎？张登进士，任蒙阴令。(《巢林笔谈》卷四，第 95 页)

该条指出了考官的严谨态度。考场也有混乱的情形，“戊午南闱”条记载：

锁院按牌点名，不得越次。戊午南闱，乍点官籍，次已大乱，诸生堕冠遗履，考具狼藉，甚则颠仆践踏，以致哗声雷动，监临因有士习之奏；其实不过因送考者夹挤耳。辛酉，添栅阑之，遂无此患。(《巢林笔谈续编》卷上，第 177-178 页)

龚炜记载了如此多有关科举的事情，一方面是作者的重视；另一方面也是吴中科举社会现实的反映。

身份出现混淆。吴中出科举人才，士大夫众多，也可以说是一个绅士的社会。吴中绅士为了维护崇高的社会地位，重视等级关系，强调身份间的区别。龚炜的笔下，看不起胥隶之人，“士隶往来”条记载：

邑有一跛隶，家甚裕，尝邀一乡宦赏菊，士林犹作诗讽之。迩来胥势益张，宦族日贫，屈节相往来者比比矣。盖始见则怪，久习不异，非独其人恬之，即旁观亦以为固然矣。方奉常云：“士大夫固不可以富贵骄其乡里，亦不得以名器混于市井。”市井且不可，况胥隶乎！(《巢林笔谈》卷三，第 82 页)

不与胥隶交往是士大夫清高的表现。

保持主仆关系也是龚炜强调的。他指出：

贾子云：履虽鲜，不加于枕；冠虽敝，不以苴履。名分严，国法重焉。而我邑之狼仆叛奴，无惮日甚，其故何也？一在主之不振，一在官之不明。处尾大之势，而无欲以持之，令即不行于仆，顾名而犹有虑焉；一利其资，则予取予求，受其笼络矣。此冠之所以苴履也。遇告主之案，而按律以治之，法先严于未审，闻风而知所惧焉；一居为货，则抗讦抗辨，惟所颠倒矣。此履之所以加枕也。嗟乎，冠苴履，义已荡然，履加枕，祸可胜道哉！(《巢林笔谈》卷四，第 94 页)

看来当时“狼仆叛奴”出现于昆山，冲击着传统的名分秩序，龚炜对此忧心忡忡。他举出“朱氏奴”的事例：

朱氏有世奴资饶跋扈，幸前令公明，讼决数年矣。今岁奴子捐监，主复鸣官，奴不服，贿翻前案。传闻有大绅从中转嘱，不知谓谁？吾愿在籍诸公益加慎焉！(《巢林

笔谈》卷五，第 130 页）

朱氏世奴因资饶而为子捐监，主人告官，世奴不服，贿翻前案。龚炜提醒乡绅警惕此类事情的发生。他同情“不嫁人奴”的当地女子：

邑有一女子，既受聘矣，以夫家系人奴，誓不嫁，将娶之夕，截发投尼庵。夫家既失婚费，力诎于再娶，夫之父遂以愤死。今年秋，梦女而吓之曰：“我将厉汝。”女惊觉，犹意梦为尔耳，不足异也。是日向午，果有大蛇蠚其股，女负痛狂走，蛇亦昂首尾之，若待其毙然。一尼以耜斫其头，头落，犹蜿蜿不止，火之亦不（字：爇下加四点）。噫，怨毒之于人，甚矣哉！我不知其出家果不过耻为人奴否？何其舅之痛恨若斯也？岂前世已有夙愆，又加以今生之负聘，遂固结而不解欤？（《巢林笔谈》卷四，第 109 页）

不仅胥隶、奴仆不遵名分，优伶也不受本分，出现“优伶乘轩”的现象：

肩舆之作，古人有以人代畜之感，然卿大夫居乡，位望既尊，固当崇以体统。不谓僭滥之极，至优伶之贱，竟有乘轩赴演者。(《巢林笔谈》卷四，第 104 页）

优人还使用士人称谓“相公”，他说：相公二字，宰辅之称，以之称士人，岂以士人读书谈道，有可以为相之具，不妨过为期许吗？近来郡中至以相公称优人，是吴人取笑天下。[①]身为士人的龚炜对将优伶比拟士大夫耿耿于怀。

实际上士人的生活处境并不佳，龚炜认为比起农、工、商，士人“舌耕笔畦更苦”，他说：

国有四民：农、工、贾皆自食其力，士则取给于三者，得食较逸。然舌耕笔畦，裋褐不完，往往视三者为更苦。(《巢林笔谈》卷四，第 88 页）

士气还往往受到地方官的压抑，龚炜抨击虐士行为：

江阴令治漕虐士，教官阿令治之。时学宪雷公闻之大怒，即亲诣明伦堂开读

① 龚炜：《巢林笔谈》卷五“优人称相公”条，第 116 页。男女的身份秩序也有所松动，女性看戏观灯龛赛会出现撤帘下帷现象：“内室之施帘帷尚矣，移之厅事看戏，移之户前看张灯赛会，久已成俗，然犹不失障蔽之义。近闻吴趋有并此撤之者。”龚炜：《巢林笔谈续编》卷下，北京：中华书局：1981 年，第 211 页。人们还以族望相附：“近时同姓往来，即非其族，亦称宗不书姓。”龚炜：《巢林笔谈续编》卷上，第 186-187 页。

《学政全书》，申饬教官。令惶悚谢罪。制台鄂公廉知令不法，奏夺其职，江南人士交口颂公。闻梦公交代亦极称是举，士气为之益奋。(《巢林笔谈》卷五，第136页）

龚炜对于绅士贤与不贤者爱憎分明，他表彰贤绅：

我吴故多贤绅，而娄东光禄卿沈公清正，尤不可及。公自词林出守大郡至方伯，外任十余年内升，家无余储。致政后，屡主讲席，一以敦行励多士，一时士多自好；而州中诸缙绅亦因此养望者多。可贵哉，名贤之化也！(《巢林笔谈》卷六，第144页）

他认为贤绅榜样影响风尚的作用是很大的。还赞扬纯儒：

葛孺初先生在吴郡，饮一士夫家，席间有女妓行酒，每至前，正襟危坐，如对大宾，不知其为妓也。史称许散愁为纯儒，先生殆过之。(《巢林笔谈》卷三，第61-62页）

他批评绅士攀附富人的行为，他说：

庆贺吊之施于年亲世契，礼也。匪其俦类，瞰富者而仆仆往拜，国人皆贱之，有寿狗、喜虫、丧鬼之目，始于无藉子，浸假而至绅士，猥极矣！然昔之富人，犹厚礼以招绅士，而引以为荣；今之绅士，或轻身以希微利，而反以取厌。呜呼，尚忍言哉！(《巢林笔谈续编》卷下，第231页）

在龚炜看来，绅士为富人祝寿、贺喜、吊丧，落得寿狗、喜虫、丧鬼名目，是希图微利，自取其辱，“国人皆贱之”。

尽管龚炜以传统观念看不惯吴中等级名分混淆的社会现实，但通过他的笔触，还是描绘出了一幅江南社会生活的图景，这是一块身份秩序出现松动的土地。[①]

---

① 男女的身份秩序也有所松动，女性看戏观灯龛赛会出现撤帘下帷现象：“内室之施帘帷尚矣，移之厅事看戏，移之户前看张灯赛会，久已成俗，然犹不失障蔽之义。近闻吴趋有并此撤之者。”龚炜：《巢林笔谈续编》卷下，第211页。人们还以族望相附：“近时同姓往来，即非其族，亦称宗不书姓。”龚炜：《巢林笔谈续编》卷上，第186-187页。

二、吴中风尚

清初的战争造成吴中经济衰退，加上当地士大夫受到政治上的打压，吴中出现过萧条。但是康熙后期江南经济全面恢复，一派繁荣，社会风气也发生了变化。

社会风尚奢靡。龚炜记载了“吴俗奢靡日甚”的情形。他说：

吴俗奢靡为天下最，日甚一日而不知反，安望家给人足乎？予少时，见士人仅仅穿裘，今则里巷妇孺皆裘矣；大红线顶十得一二，今则十八九矣；家无担石之储，耻穿布素矣；团龙立龙之饰，泥金剪金之衣，编户僭之矣。饮馔，则席费千钱而不为丰，长夜流湎而不知醉矣。物愈贵，力愈艰，增华者愈无厌心，其何以堪？我家故贫，一丝一粟皆先曾祖勤苦所贻，先君每念前劳，自奉极薄，释褐时，始有真青皮套，留以贻后人如新也。先夫人挫针治纟+解，没后几无裳衣之设，思之有余痛焉。今薄产无几，不节若，则嗟若，何如《贲》之六五犹得终吉乎？（《巢林笔谈》卷五，第113-114页）

龚炜叙述了康熙后期“少时”到乾隆中叶当今服饰、饮食消费的变化，指出“吴俗奢靡为天下最”。他还痛心疾首这种“暴殄日甚”的风气：

天之生财，未尝靳之，而亦未尝不惜；受之以节，斯益耳。吴俗奢靡为天下最，暴殄日甚而不知返。譬如人授物于人，见其郑重爱护则喜，否则施者倦矣。天心宁有异乎？（《巢林笔谈》卷五，第141页）

龚炜的说法不只是他个人的感受而已，还有具体的资料可以说明，他举出顺治三年（1646）席费：

清河与太原联姻，两家皆贵而赡，其记顺治三年婚费：会亲端席十六色，付庖银五钱七分。盖其时兑钱一千，只须（需）银四钱一分耳。而猪羊鸡鸭甚贱，准以今之钱价，斤不过一二分有奇，他物称是，席之所以易办也。今士大家窘况者多，较前宦相去悬绝，而物价又四五倍于前，勉措而不知节，乌得不日贫？（《巢林笔谈》卷六，第148页）

不仅饮食，服饰的快速变化使老者不能适应，姑娘衣饰则依据市场变化。“叶寿承至老冠服一式”条记载：

吴市日骛新异，趋时者竭蹶勉应，此伤财大蠹也。我邑叶太翁寿承，自少至老，冠服一式。一日，易冠郡肆，索旧制高边者，市人都笑曰："久不见此式矣。"因令其另制。使士夫尽尔，创新者自止。(《巢林笔谈》卷六，第 149 页)

由于市场变化，老年人叶寿承想换一顶旧式样的新帽子，因市场上"久不见此式"，为市人所笑。看不惯社会风气变化的龚炜认为士大夫应当向叶寿承学习，则可以抑制服饰的变化。他还为了防止家中姑娘赶时髦，特作家训《闺饰篇》，告诫家人："闺中衣饰，尤不可为市门转移。"[①]其实，受社会风气的影响，龚炜家族也难彻底避免，如他的亲戚祝寿连旬：

癸亥秋八月初二日，为继外姑陆夫人五十设悦之辰，孝廉君述裕预修绮彩灯屏之饰，工糜数月。至是，盛供帐，设宴乐，为夫人舞班进祝。于时州大夫及缙绅士，相继称觞，欢宴连旬，工歌不绝，诚盛举也，且尽孝道也。虽然，物力维艰，若稍从俭约，未必非夫人意。(《巢林笔谈》卷三，第 64 页)

陆夫人五十寿辰，花费数月制造"绮彩灯屏之饰"，祝寿"欢宴连旬"，其费用可想而知，破费不少。

在龚炜看来，社会风尚不好，还表现在赌风日甚上：

赌博之风，莫甚于今日。闾巷小人无论已；衣冠之族，以之破产失业，其甚至于丧身者，指不胜屈。近有诸生犯赌一案，教官坐赃落职，以下褫革拟罪者数人，似亦可以少惩矣。而沉溺游场者，卒无悛心。愚谓聋虫尚可通以意气，人为物灵，冥顽一至此耶！且盗贼，饥寒迫之也，此更何所迫欤？数年前，陇西有仆马遵者，身受赌害，抽刀断一指自誓，于时观者失色，尽谓其能痛改矣；乃左创未愈，而右执叶子如初。(《巢林笔谈》卷四，第 107-108 页)

衣冠之族也加入到赌博的行列，为之破产失业。

婚姻、丧葬的习尚。婚姻方面，论财风气严重，"礼书竟同文券"条指出：

将以继祖宗之嗣，合二姓之好，婚姻之典，不綦重乎！门楣求其称，婿妇惟其贤，财帛抑末矣。吴俗风气日下，男计奁资，女索聘财，甚有写定草帖，然后缔姻者，于是礼书竟同文券，亵甚矣！且一重利。则良贱不及计，配偶不及择，不亦羞族党而坏

① 龚炜：《巢林笔谈》卷六"作《闺饰篇》"条，第 149 页。

礼节乎？（《巢林笔谈》卷三，第 56 页）

将奁资、聘财写定草帖，然后缔姻，婚姻沦落到明码标价的地步，龚炜哀叹吴俗风气日下。然而他则坚持“婚嫁不计聘奁”的观点：

> 予素持婚嫁不计聘奁之论。一夜，与朱仲升谈次，渠述一旧主家，起家湖商，妇孀而子夭，其季女所从受书者，奁资可得数千金，欲为予子作伐；予时被酒，应之。明旦酒醒，不觉怃然，即诣仲升，仲升已归，急写书辞之。会步东书来，遂定平原姻事。后仲升至，极重予不违素论。（《巢林笔谈》卷五，第 122 页）

事实上，像他这样传统的人是少数，难以改变风尚。无论怎样，资财在婚配中居于重要地位，有一个“同夕误娶”故事也可证明：

> 嘉民有同夕迎娶者，从人醉，争道，撇轿于路旁，哄急灯灭，仓皇误舁。既成礼，人众辞去，彼此不知也。翌日，两家探信，相视漠然，乃大惊。鸣县，县尹以婚已成，虽误因之；便杖责轿役而解之。已，按其人物奁资，亦两不相下云。（《巢林笔谈》卷三，第 60 页）

这起新婚抬错轿子的事件，因“婚已成”被县官判为维持现状，实际上也应婚姻当事人“人物奁资”即人才与婚资不相上下而被各方面所认可。

同姓不婚的古老信条也发生了动摇，出现“同姓嫁娶”现象：

> 朱韫斯误娶同姓，欲去其妇，名流多劝止之；欲取证于古之娶同姓而无伤者，一时莫之应。吴志伊独曰：“王沈与王基联姻，刘畴与刘嘏为婚，缘非同原也。”前辈博洽如此。（《巢林笔谈》卷二，第 54 页）

“名流”认为娶同姓为婚无妨。

当时江南也出现了“闹房”婚俗，被龚炜认为是“嫁娶恶习”。他说：

> 《汉书·地理志》载燕俗嫁娶之夕，男女无别。今江浙间有𨳬亲之俗，亦何以异此。又闻山左州郡有所谓讨喜者，秽亵益复不堪。士大夫生圣人之世，处礼义之乡，有此恶习而不知革，亦可怪矣！（《巢林笔谈续编》卷下，第 232 页）

“𨳬亲”“讨喜”这些闹房习俗被龚炜深恶痛绝，他希望士大夫革除这些恶习。

吴中还有收养女子卖出为妾的习尚，养家谓之“瘦马家”，介绍之人被称之为“白蚂蚁”：

郡人有收取妇女，涂饰卖人作婢妾者，谓之瘦马家，盖以娇养得名。居间谓之白蚂蚁，言其无缝不栖也。此辈相为表里，于是买妾者辄往拣择，中意则昂其价，否则犒以零星，谓之看钱。遂有浮浪者，但办看钱，故作拣择，以恣调趣。而瘦马家往往驱使蚂蚁百端诳驱，呈样者以丑易美，隐年者指妇作女，甚有鼓乐送至舟中，喜嫔诡言新人害羞，且莫相接，而又以遗忘箱笼为辞，登岸脱去。受诳者方施施自得，揭巾谛视，乃一冠带泥神；回顾从人多散，急往其家理论，邻舍皆云昨宵暂赁，不知所往。欲鸣官，又无指名，吞声忍气而已。刁俗幻变如此。（《巢林笔谈》卷四，第96页）

此俗实际上反映出吴地女子受人欢迎和婚姻市场上买卖妾的频繁。

丧葬方面。风俗不古，丧家对于吊丧者以地位取人，如：

槎溪一富宦治丧，绅士毕集，有一老者自远来唁，寒素若儒生。既入门，莫有迎者，徘徊厅事，众宾佯不见；及视其柬，乃一八座乡宦也。乃大惊，争先媚承，有拥挤不前者，卒卒自咎眼钝。

风俗薄恶，莫甚于今治丧家，而邻邑中太仓尤甚。吊者有贵贱，孝子不得贵贱其人。当道之所以异于众宾者，有受治之义也。余则非亲即友，同一拜其父母，何分轩轾？彼则乡宦至，匍匐出谢；否则，齿德虽尊，弗动也。孝子如此，何怪接宾者之谄人慢人乎？娄士有诋昆俗卑贫薄陋者，予谓太之富，诚足骄昆，若卑薄陋，则何地不然！因举此以证之。（《巢林笔谈》卷二，第46页）

邻邑太仓的上述风气，恐怕习俗“卑贫薄陋”的昆山也不能免。还有其他“治丧中之非礼”风俗：

今人治丧，大书祇领二拜及更衣等字，愚以为皆非礼也。夫礼：自卑尊人。岂有示人更衣而拜，且以概之尊且贵者乎？即上香献爵，亦无自设唱赞之体。（《巢林笔谈》卷三，第66页）

士大夫并非都非礼治丧，也有依古礼行事，极尽孝道之能事的，如：

娄东顾行人之执亲丧也，衰麻不去身，膏粱不沾口，读礼家祠，终制如一日。予表兄葛绵祖之丧，其子五载亦蔬食三年。五载，顾之甥也（五载，榜名寅）。（《巢林笔谈》卷五，第129页）

这样依制守孝、三年素食的事例，可谓古风犹存。

赛会之风盛行。吴地巫风、淫祀的传统深厚，表现为盛行赛会。龚炜刻画了赛会奇观：

吴俗信巫祝，崇鬼神。每当报赛之期，必极巡游之盛：整齐执事，对对成行；装束官弁，翩翩连骑。金鼓管弦之迭奏，响遏行云；旌旗幢盖之飞扬，辉生皎日。执戈扬盾，还存大傩之风；走狗臂鹰，或寓田猎之意。集金珠以饰阁，结绮彩而为亭。执香者拜稽于途，带枷者匍匐于道。虽或因俗而各异，莫不穷侈而极观。偶至槎溪，适逢胜会，创新奇于台阁，采故典于诗章。金华山上，现出富贵神仙；柳市南头，变作繁华世界。陶彭泽之黄花满径，都属宝株；裴晋公之绿野开筵，尽倾珠箧。分两社以争胜，致一国之若狂。队仗之鲜华，乃其余事；宝珠之点缀，实是奇观。(《巢林笔谈》卷二，第 34-35 页)

赛会以社为单位组织，有巡游之举，其中有驱傩作法、戴枷赎罪和抬阁表演，甚为热闹。迎神赛会过分铺张，龚炜认为是“以神为戏”：

鬼神可敬不可亵，世俗则以亵为敬焉。往时见神庙有参谒迎送之仪，以为失事神之体，今更有摄篆入帘之事矣。设柜收钱，神庙旧规，今更有舁神联会者矣。赛会只有旗牌等官，今更设中军。里中有兴者，整顿仪仗，顶带彩服，先期公坐，扬扬自得，直是以神为戏耳。(《巢林笔谈》卷三，第 69 页)

赛会中尤属祭祀泰山神诞赛会让龚炜记忆深刻：

三月二十八日，俗称岱诞，各乡之神朝于岱庙。庙有数处，石牌，介昆山、常熟间，赛会尤盛。届期水陆毕集，加以鼓桦游拳，飞艎竞渡，玉箫金管，蜚逸响于清波；翠袖红妆，流采葩于涟漪。洵贡俗之所不废，亦有兴者所乐观也。王父晚岁，颇赖丝竹陶写，尝于是日延客奏技，倾动知音。予时尚幼，游兴正狂，今当其时，况味迥殊，追惟往事，何可复几！(《巢林笔谈》卷四，第 93 页)

不过幼时与今日的兴趣发生了变化，趣味已经今非昔比了。有时龚炜还会梦到赛会的情形，如一次梦到绿袍神：

我昆清和里社为最盛。望前后三日，乡城之神都赴山王庙，舁神者飞步竞前，谓之朝山王。今春梦至其处，喧阗如其时；众拥一绿袍神至，美少，炜如也，见予俯躬作迎状。觉而异之，令奴周视各庙，见一庙有绿袍少年神，如梦所遇。因以瓣香，附

一绝云："云山渺渺隔青城，梦里惊疑绛节迎。岂是朝回金阙后，为传绿字又分明。"（《巢林笔谈续编》卷上，第190页）

迎神赛会表达人们的信仰，既是文化活动，也是举办庙会从事经济活动的机会，吴中赛会风俗表现了当地的特色。

三、灾疫下的吴中

富庶的吴中地区也受灾疫的侵扰，它给人民的生活带来困扰，社会对灾疫做出各种应对，龚炜笔下描绘了灾疫下的吴中生活。

雍正十年（壬子，1732）江南沿海发生风灾，继之瘟疫发作，流民至昆，民间施赈，而官僚疾赈：

> 雍正十年秋，大风拔木，沿海居民，漂没无算。荒民之流于昆者，或聚于书院门外，枕藉而死者十八九，臭腐之气，蒸为疾疫。我乡好义之士，稍稍赈施，辄拂长官意。其意以为：即死，亦与官无累；得食，则久羁我土。呜呼，此其为父母斯民者欤！赖天子仁圣，屡诏兴发，沟瘠重苏，民间一糕一饼之施，并邀旌异。我不知向之禁民勿施者，亦复讹然汗下否也？（《巢林笔谈》卷一，第20页）

官员的嘴脸与民间的好义形成鲜明对照，跃然纸上。

乾隆十二年（丁卯，1747），飓风成灾，龚炜记载了闻见的各种事情：

> 七月十四日晚，飓风大作，庭树怒号，窗户如裂，夜更数起。昆治障墙，百余年来从未倾圮，至是塌尽。沿海漂没，甚于壬子。当事大开仓实，船粟往哺，而民情刁恶，反傲天灾凌官长，镇洋冷侯几被侵，崇川亦屡哄，及抚宪至乃止。疏闻，上为恻然，以崇川被灾最，悉蠲其赋；余命相国高公同督抚两台，以灾之轻重议蠲，勿拘常格。于是灾黎并沐更生之德矣。
>
> 远族有侨居茜泾者云，水大至，老幼互絙，同乘一富者之屋，三日不得举火。被灾前，无夜不闻哀号迁徙之声，此其兆也。
>
> 刘河有一人乘茅屋，吹至海中，见一大艘，灯光荧荧，中有一袍带者，俨坐如大官，作检簿状，顾此人不在数中，急放回。其人如醉梦，顺流得达隍曲。
>
> 一闽贾橐千金生理，尽散于灾民，豪举也。（《巢林笔谈》卷四，第109-120页）

这次风灾吹倒了障风墙，百年不遇，超过了雍正十年（1732）那次。面对灾害，官府开仓赈济，蠲免钱粮，民间还发生了逼官和哄抢现象。贫者居于富者之屋，有灾民漂流如醉梦，有福建商人散尽千金救恤灾民。

乾隆二十年（乙亥，1755）岁朝遇春，立春遇雨，不知何占？龚炜有些担心。接着春来日冰雪坚凝，遇到春寒。[①]灾难还在后面，秋老虎作怪，发生虫灾：

> 交白露节，蒸水如沸，稻根易腐，腐则虫生，理有固然，然不意若此之甚也。月初入郡，闻府三县间有虫灾，而我邑禾苗芃芃，谓西成可望。中秋，虫亦冥冥起，不数日，蔓延无既，向之所谓芃芃者，一望尽赤。积贫之邑，罹此奇灾，伊谁堪之！(《巢林笔谈》卷五，第 140 页）

结果“岁大饥，民无所恃”[②]。米石价至银五两以外，比起顺治四年（1647）大饥米石价四两，顺治大水米石价四两二钱又贵了不少。[③]年末，龚炜写作《虫灾志》，记载下这次罕见的灾害。[④]这年除夕，龚炜灾年的心情沉重，描绘下一幅灾景图：“星回节改，正蚕凫纷集之时；岁饥民贫，增鸠鹄可怜之色。等粟米于珠玉，驾藜藿于膏粱。田以养民，今则视田若浼；典以质物，兹则有典空开。檀榆之雕刻精良，只充薪价；卷轴之缥缃璀璨，不值纸钱。雨粟侈谈，点金无术。士人尽西华东郭，兼索米之奚？乞儿遍北里南邻，更填沟之不少。索逋者不敢复权子母，总属空还；荷担者无以给其妻孥，几寻短见。”[⑤]盛世下的灾荒图，一幅不和谐的景象。

虫灾过后是瘟疫：

> 疫气缠联，触之即病，病即死，死亡无算。衣冠中得祸最惨者，无如周鲲庄，一家七口俱毙，存一孱弱子，甥继，非其出也。(《巢林笔谈》卷六，第 145 页）

人们在门首贴符咒驱邪避疫。[⑥]身染疫病者惧怕死亡，常做有关阴间的噩梦，死后噩梦故事被宣扬，将死亡视为因果报应：

> 有市牙赵某者，病疫，为鬼卒摄至冥司。一绯衣者坐堂皇上，先有二人参差伏阶下，视之，则素熟诸生诸某，后则其子也。绯衣者拍案大怒，数其刀笔构讼，喝卒以

① 龚炜：《巢林笔谈》卷五“立春遇雨”条、“春寒”条，第 131 页。
② 龚炜：《巢林笔谈》卷五“岁饥筮占”条，第 141 页。
③ 龚炜：《巢林笔谈》卷六“灾年米价”条，第 145 页。
④ 龚炜：《巢林笔谈》卷五“缀《虫灾志》”条，第 143 页。
⑤ 龚炜：《巢林笔谈续编》卷上“乙亥除夜”条，第 195 页。
⑥ 龚炜：《巢林笔谈续编》卷上“乙亥除夜”条，第 196 页。

戈春之，肠出于腹，其子为乞哀，曰：“尔助恶，亦无生理，差几日耳。”次及赵，卒亦摔而殴之，伤其目及臂。赵惺，眚一目，不觉臂忽短。即侦诸消息，日前已腹痛死，越数日其子亦毙。（《巢林笔谈》卷六，第145页）

诸生刀笔构讼、市牙助恶都被报应致死，还殃及子辈。对于刀笔健讼的惩处甚至严于骨肉相残者：

诸生吴师圣，病七日不惺，一绿衣吏导之去，殿庑如城隍庙，俾写册籍。写几日，手腕欲脱，询其旁，曰：“他日当来莅事，今且听归。”吴惺，一一可记忆，语予曰：“冥中定罪，莫严于刀笔，而骨肉相残者即次之。吾后当为冥官，大约判官录事类耳。”（《巢林笔谈》卷六，第146页）

这些梦故事会使龚炜对阴间的存在深信不疑，另一个记载可证明此点：

有孙某者，病中恍惚见周鲲庄父子在冥中，衣冠如平生，壹似有所事者。（《巢林笔谈》卷六，第146页）

龚炜将别人亲口告诉的经历作为真实的事实记载下来。[①]

四年后，虫灾再次袭击了吴中。龚炜记载说：“乙亥虫灾，百年未有，今才四年耳，虫又啮禾，亩收不过一二斗烂米。了粮不足，数口嗷嗷，方忧莫措，而劣户奸胥，又将以蠲缓之皇恩为买卖计矣，奈之何哉？”[②]灾疫侵袭之下，贫民饥寒交迫，胥吏劣户又将侵吞赈济钱粮，百姓何以生存。官员赈灾有坏也有好，形成对照：

弭灾平憾，皇仁已极靡加，而我新阳独在糊涂账里，吃昏闷苦，何也？盖县主某，悉以其事委之三吏，三吏用事，而新政不可复问矣。予作伤鹿城诗，有“广收金粟治田园，回头笑指街前骨”句，书其实也。昆邑许侯较慈惠，而太翁又能道之以善，故治荒迥别，吏亦视新阳未减。（《巢林笔谈》卷六，第147页）

龚炜抨击了新阳官员贪墨不管人民死活，赞扬了昆山治荒得力。然而灾荒造成“田荒地白”，民生何堪：

---

① 这场瘟疫遍及江南，地方志中的《祥异志》多有简略记载，而《巢林笔谈》则提供了具体而生动的细节。有关这次瘟疫可参考余新忠：《大疫探论：以乾隆丙子江南大疫为例》，《江海学刊》2005年第4期。

② 龚炜：《巢林笔谈》卷六“岁尽境恶”条，第155-156页。

荒札相仍，人稀力尽，虽曰“力田不如逢年”，年岂能为不艺者熟乎？起视四野，田荒地白者多矣，如何如何！(《巢林笔谈》卷六，第 147 页）

在靠天吃饭的条件下，虫之为祸，结果惨烈。龚炜完成《续虫灾志》一卷，择其耳目所经的可骇真实情景，记录下来。[①]

乾隆蠲免钱粮划定主佃比例，佃户有拒绝交租现象，乾隆中期吴中地方官强调“荒年业主仍收租”：

乾隆二十四年，今相国陈公抚吴，严谕各属粮从租办，勿令顽佃藉荒全吞（时又虫灾，较二十年稍轻），致业户赔粮，各业因得稍取粮资。二十六年亦如之（时遭水灾）。不然，佃且引二十年例不起租矣。君子所以贵平其政也。(《巢林笔谈续篇》卷下，第 238 页）

看来救荒中出现的主佃关系日趋复杂化。[②]

四、结语：笔记的社会史资料价值

《巢林笔谈自序》中说：该书略其琐屑无谓之处，其间颂圣称先，道人著书风俗，或蠡测经史，辩诬证误，亦间有近道者，即该书主要内容有四项。

《巢林笔谈》中颂圣称先、蠡测经史（包括著书）、辩诬证误的不少内容同作者的经历有关，可以从个人生活史的角度考察。剩下的风俗一项其实是《巢林笔谈》也是笔记的主要内容。笔记随笔记录闻见的风土民情，内容有关习俗与信仰，记载具体详细者类似民俗志。笔者借助《巢林笔谈》了解到 18 世纪前 60 多年的社会状况、风俗习尚、灾疫下的生活，作者的这些描述多是从民俗入手的。因此，记载闻见的笔记具有社会史的资料价值。

身为士人的龚炜，生活在基层社会，他的活动基本上在家乡吴中进行。因此《巢林笔谈》记载的事情多具有地域性，也只有将这些事放在吴中地域场合才能深入理解。书中描述的社会风俗、生活样态，典型反映了吴中的历史与现实。实际上，在农业社会里，人们的生活圈有限，一般闻见类笔记也具有如同《巢林笔谈》一样的地域性。所谓笔记的社会史资料价值，应强调其体现地域社会史的特性。

---

① 龚炜：《巢林笔谈》卷六“《续虫灾志》”条，第 147 页。

② 参见常建华：《乾隆朝蠲免钱粮问题试探》，《南开史学》1984 年第 2 期，收入氏著《清代的国家与社会研究》，北京：人民出版社，2006 年，第 130-135 页。

通过《巢林笔谈》的记载，我们认识到吴中社会科举发达，流行科举文化，是一个绅士数量庞大的世家望族众多的社会。盛清吴中社会出现身份混淆的现象，士大夫则试图维护传统的社会等级秩序。盛清吴中繁华，奢靡之风日盛，衣食消费的扩大导致风气的变化与物价的上涨。灾疫也不断袭击吴中这一盛世下的土地，政府的赈济比较得力，社会下层的生活仍然有些艰难。吴中社会孕育了科举民俗信仰，命相、风水、感应、因果报应的风气是社会文化氛围下形成的，放在特定的地域社会，会对这些文化现象有更深入的理解。吴俗好奢尚祀以及灾疫下民间的应对信仰民俗，也应放在特定地域场合来理解。

（执行编辑：周　鑫）

中国南方的海盗行为及影子经济（1780—1810）

安乐博*

摘要：海盗行为是18世纪末19世纪初的南中国海一个十分大的问题，沿海地区以渔民、水手为代表的边缘人群均或直接或间接地参与其中。本文分析这些海盗及其追随者在促进影子经济或者说非正式经济的形成与发展中所扮演的角色。与正当的贸易活动一样，海盗的非法经济行为也可以促进新港口与新市场的发展，因为需要为海盗与走私者的交易提供交易场所，以及需要为海盗及其船只提供日常服务，在南中国海沿岸一带数不清的黑市如雨后春笋般冒出。海盗及其合作者成为影子经济的先锋，在原贸易体系难以企及到的地方，创造了新的机会，促进新商业场所的开发。通过低价出售他们劫掠到的货物，在扩大销售网络的同时，使货物流通到一个更广大的地区。由于众多的人以此为生，海盗行为成为一种自给自足的经济体系，更成为现代早期华南海洋世界的一个显著而重要的特征。

关键词：海盗行为；影子经济；华南；1780—1810

在中国南方有一种非法的经济行为，清人袁永纶称这种经济行为是“稀疏财帛”。①采取这种经济行为的个体或集团，通常并不具备政府的权力，但他们认为自己与政府一样，有向人求值取财的权利。这种经济活动不在合法贸易的体制之内，采取这种非法经济手段的人，却将自己的行为合法化。他们袭击商船，抢劫财货或掳人勒赎；他们的行动目的，不在摧毁贸易，而是从中取得他们所认为的“合法”利益。他们的行为虽是建筑在以“劫掠”为基础的非法经济行为（political economy），但其行为及因之而衍生的贸易管道，却形成正常经济体系交易市场之外，极其重要的“影子经济”（shadow economy）体系。这个地下交易系统为海盗提供销售赃物管道、食物补给、武器弹药等。海盗则需要安全可靠的

---

* 安乐博，广州大学十三行研究中心特聘教授，译者张兰馨系澳门大学心理学系教授。

① 袁永纶：《靖海氛纪》（广州，1830年），第10页（在《田野与文献》第6期，2007年1月15日）。

港口停泊，来清理修补船只、休养生息、打探消息。这种互倚互存的供需关系，促成许多荒芜的沿海城镇和无人岛屿如雨后春笋般纷纷崛起，形成人气旺盛、买卖频繁的黑市交易中心。这种透过层层供需关系所建立的非法交易系统，吸引了帮派弟兄、走私小贩、渔夫、农民、商人、地方乡绅及官吏士卒等形形色色的人前来；他们以直接或间接的方式参与这种非法的经济贸易活动。这种在中国南方无所不在的非法经济行为，在近代中国发展的初期，扮演着一个调整中央与地方资源分配及平衡城乡发展的重要角色。

近年来有许多学者对这种非正式的“影子经济”极为关注，强调它在整体经济体系中的重要性。他们的论点是，若要充分了解整个经济行为，必须了解在正常合法经济之外，未被规范的非法经济行为（准经济行为）或影子经济行为。“影子经济”是一种有组织有系统的经济行为。它创造了成千上万的就业机会。这些就业机会从非法的走私贩毒、色情赌博、沿街兜售，到合法交易中台面下未报的交易等。根据研究，在许多现代国家社会中，影子经济虽然难以计数，但是它在“实际”经济行为中，占据着极其重要的地位。根据台湾省经济学家的研究，这种非正式的影子经济，近年来占台湾省全民所得的 50%。[①]同时也因为影子经济的非法性，它与有组织的暴力犯罪密不可分。[②]

大多数研究影子经济的学者着重于当代，很少人研究中国过去的地下非法经济活动。但是影子经济所包含的范围很广，在这里，笔者想专注于影子经济中“非法海盗行为的经济影响”。透过对海盗行为的研究，可以让我们更加明了近代中国初期海上活动的社会经济状况和权力结构。为达到这个目的，笔者透过同样的档案文献——有关海盗及其行为危害经济体系的资料文献——来阐述，只不过笔者从不同的角度切入来检视海盗行为对经济所带来的影响。事实上，笔者从中发现海盗及其行为对整体经济的架构和发展，有其比较积极正面的效果和影响。当然这个角度的论点，并不是要否定海盗行为对合法贸易行为所带来的负面影响，而是企图以一个全新的角度来探讨一个存在已久的现象：非法影子经济行为对地方所带来的经济影响。[③]本文所要探讨的时期和地区，主要侧重于近代初期（1780—1810）在南中国海一带，特别是广东沿海一带，因为海盗的非法活动而助长的地方经济（影子经济）。

---

① Jane Winn, “Not by Rule of Law: Mediating State-society Relations in Taiwan through the Underground Economy,” in Murray Rubinstein, ed., *The Other Taiwan: 1945 to the Present* (Armonk, NY: M.E. Sharpe, 1994)，p.183.

② 有关影子经济及非法经济的研究，见上注及 Philippe Bourgois, *In Search of Respect: Selling Crack in El Barrio* (Cambridge: Cambridge University Press, 2002).

③ 有关海盗所造成的负面影响，见 J. L. Anderson, “Piracy in the Eastern Seas, 1750-1830” , in David J. Starkey, E. S. van Eyck van Heslinga, and J. A. de Moor, eds., *Pirates and Privateers: New Perspectives on the War on Trade in the Eighteenth and Nineteenth Centuries* (Exeter: University of Exeter Press, 1997), p. 87-105.

一、海盗及其活动背景

1780—1810年，南中国地区处于一个极其混乱又互相矛盾的局面。人口急剧膨胀刺激了经济上的重大变革，而经济变革又创造了难以置信的财富。不幸的是，这些巨大的财富，并未得到合理公允的分配。由于社会资源（财富）分配工具的失当，为某些人创造了绝佳的机会，却也为某些人带来了生活和工作的不稳，甚或失业，或逐工作、赚钱机会而居等，造成社会动荡不安。社会的动荡使得当时的越南及中国的华中和华南地区发生一连串的民间动乱事件，如越南西山兄弟事件（1771—1802），台湾林爽文事件（1786—1788），四川、湖北、贵州等地的苗族事件（1795），华中地区的白莲教事件（1795—1804），广东地区的天地会事件（1802—1803）等。这段时期的中国南方，则遭受到罕见的大洪水、台风、蝗虫、干旱、地震等自然灾害。这些天灾连年肆虐，使人民流离失所、饥荒遍野。①

海盗就在这样天灾人祸、社会不安的背景下产生。在这段时间，南中国海的海面上，海盗横行荼毒沿海地区。长达一纪之久的平静海面终于被打破。这个时期，大型海盗活动的兴起，源于1780年越南西山阮氏兄弟（阮文岳、阮文侣、阮文惠）的反叛。阮氏兄弟集团为了扩大势力、攫取利益，就以授予官衔职位的方式与中国海盗合作，开启南中国海地区另一波大规模海盗活动的重现。未几，台湾发生林爽文事件，许多被清廷镇压的反叛分子，逃到福建、广东地区，与当地的海盗势力结合，肆虐沿海地区。这些活跃在南中国海域的不同势力，在短短的20年间，啸聚了超过七万多人。这个数字还不包括那些生活在陆地上帮助他们的人。1802—1810年，中国浙江到越南沿海一带被数股大型海盗组织控制。浙江、福建、台湾附近海域，蔡牵和朱濆的势力最大。广东和越南附近海域，前有乌石二、东海霸、郑一等，后有郑一嫂和张保。这些大型的海盗非法活动自1810年后就瓦解，但是小型的海盗活动仍在这地区持续。②

要了解海盗活动，必须与当时的经济活动结合起来才有可能。清政府于1684年废除海禁后，海上贸易蓬勃发展，一日千里。广州除了有兴盛的洋人贸易外，还有由中国人所掌控的海外贸易及各沿海省份的本地贸易。鸦片战争前的100年，南中国海的海运贸易一直为中国商人所把持，这段时间沿海一带的港口重新开放，新兴港口也不断增加。这些港口绝大多数都是小型港口，它们以沿岸贸易为主，辅以间接参与的海外贸易。可观的财富随着船只运送而来。对那些生活在贫困中，又没有机会以合法的方式出人头地的人而言，这不仅是机会，更是诱惑。于是这个时期，不但是一个繁荣富庶的时期，也是一个贫穷不安

---

① 见 Robert Antony, *Like Froth Floating on the Sea: The World of Pirates and Seafarers in Late Imperial South China*, Institute of East Asian Studies, China Monograph Series 56 (Berkeley: University of California Press, 2003), p. 38 及 p. 40 表三.

② 有关清中叶华南海盗的研究，见 Robert Antony, *Like Froth Floating on the Sea.*

与盗匪猖獗的时期。[①]

二、海盗巢穴和啸聚港口

非法的影子经济与合法正规的经济行为并行而不悖。海盗不仅在人烟稀少、难以抵达的岛屿建有巢穴，在通商大邑附近的岛屿或海湾，他们也建立有根据地以方便活动。我们可以从许多当时所绘制的中国的和西洋的地图上看到标示出的一些闻名的海盗经常出没的地方。有些地方甚至直接标示“海盗”的名称，有些名称则有危险不祥的意味；像是在贸易频繁的珠江口，有群小岛就被直接标示为“海盗之岛”（Ladrones）[②]，今日则被称为万山群岛。清廷也在重要地方张贴告示，警告商旅避开一些有名的海盗啸聚地区。然而在当时，绝大多数的海盗巢穴并未被发现，在地图上也没有标明或指示。海盗通常将船和一般的渔船停泊在一起，使人无法察觉。这些海湾港口有些是合法的，有些则是未被政府承认的。

海盗的藏身洞窟遍布沿海地区及附近岛屿，这些地点不但是安全藏身的地点、秘密交易的处所，也是他们固定停泊的地方。海盗海上打劫后，就会回到这些根据地休养生息、修补船只以及贩卖战利品。他们在选择栖息地时，会以能提供他们安全藏身、清洗修补船只及躲避风暴的港湾为主。在珠江口就有数个小岛（可能是万山群岛），海盗会将船只停泊在岸边以清洗或修补船底。[③]被海盗挑选的地点，必须有充分的淡水和可供燃烧的柴火。海盗钟情于一些荒僻的岛屿，通常这些岛屿距离他们可以出售赃物的市集很近，也离海上航道不远。

海盗的停泊之处，有些是临时的，有些则是固定的。他们会将家人安置于这些固定的地点，而且建立市集以方便交易。在雷州半岛东边的东海和硇州（xiong zhou）等岛屿上，就有海盗所建的房舍，以供他们居住和做生意。1805 年清廷记载，有农民挑粮自 300 里外来此做买卖，因为这里的卖价比市价还高。在雷州西边的涠州，则有大约 500 名海盗及其家属居住于此，另有约 150 名非法居民。这些非法居民居住在此的原因，是这个岛屿有充分的水源，方便他们在此种植稻米、蔬菜和养殖猪禽，然后再将收成卖给海盗。商人也固

---

① 见 Robert Antony, Like Froth Floating on the Sea: The World of Pirates and Seafarers in Late Imperial South China, *Institute of East Asian Studies*, *China Monograph Series 56* (Berkeley: University of California Press, 2003), p. 38 及 p. 40 表三.

② Ladrones 源自葡萄牙文，意为盗贼或海盗。

③ John Turner, *Captivity and Sufferings of John Turner*, First Officer of the Ship John Jay of Bombay, among the Ladrones or Pirates, in the Coast of China, Showing the Manners and Customs of the Natives -Their Mode of Warfare, Treatment of Prisoners, and Discipline, with the Difference between the Pirate and the Chinese, in the Year 1807 (New York: Published by G. & R. Waite, Booksellers, 1814), p. 18.

定到这里来和海盗进行贸易。这些地点虽然都非常偏僻，但是都在海上航道的附近。[①]

海盗的根据地，不但分散在东海、硇州、涠州等偏僻岛屿，也散落在澳门、广州、潮州、香港的“烂头岛”（今大屿山岛）等当时的商业贸易中心。几个世纪以来，这些地区都是经济发达、人口繁茂的中心，海盗、走私者和渔民的天堂。1743 年（乾隆八年），海盗郑连昌在香港鲤鱼门建了天后宫（保护渔民的神祇），并在山后建立了一个要寨。郑连昌和他的同党，在这具有优越战略地位的根据地发号施令，并控制着附近整个地区（图 1）。半个世纪后，郑一、张保和其他海盗也同样盘踞在此。沿着海岸线往东，则是海岸线崎岖险阻的惠州大鹏湾（Mirs Bay）和大亚湾（Bias Bay）一带。15 世纪至 20 世纪初，这附近一直是著名的海盗巢穴。根据史料，沿岸某处（详细地点不详）有一座三婆庙，这位神祇以保护海盗著称，张保特别尊崇她。于是，这座庙宇前的无名海湾也成为海盗经常停泊之处。[②]

图 1　郑连昌建鲤鱼门天后宫的碑刻（1743 年）

① 袁永纶：《靖海氛纪》，第 10、16 页；那彦成撰：《那文毅公奏议》卷 12，第 90-92 页；《宫中档乾隆朝奏折》（以下简称《宫中档》）（11082）嘉庆十三年闰五月二十五日，台北故宫博物院。

② John Turner, *Captivity and Sufferings of John Turner*, p. 7、18；《香山县志》卷 8，1827 年，第 56 页；袁永纶：《靖海氛纪》，第 16 页。

南澳在广东省东边，靠近货物集散的贸易中心——潮州。文献记载，始自唐代，它就已是海盗的啸聚之处。在清代，朱濆和其他海盗则以潮州外海的另一个名为放鸡山的岛屿为根据地。放鸡山是一个靠近喧嚣繁忙的港口澄海和樟林的小岛。这座岛上有座远近驰名的天后宫，许多在水上讨生活的人，无论商贾、水手或海盗，都会来此膜拜。而每年当来自南洋的季风吹起，更会带回许多满载货物的船只，停泊在岛上进行贸易。[①]

海盗以这些地方为据点，在“合法开放”（sanctioned）及“尚未开放”（unsanctioned）的港湾进行黑市贸易（图 2）。“合法开放”的港口是指政府允许停泊并开放的港口。这些港口通常设有海关和军营，或者最起码也设有一个“佐杂”驻守在此。它们有如澳门、广州和潮州这样的大贸易中心，也有许多像芷寮（芷了）、甲子、江门、澄海和樟林等较小的港口。为贸易方便，这些港口通常坐落于河海交汇之处，靠着向内地城镇航行的内陆河流，他们可以将船只带来的货物转运到内陆，所以这些港口兼有本地内陆、沿海、海外几种贸易。[②]

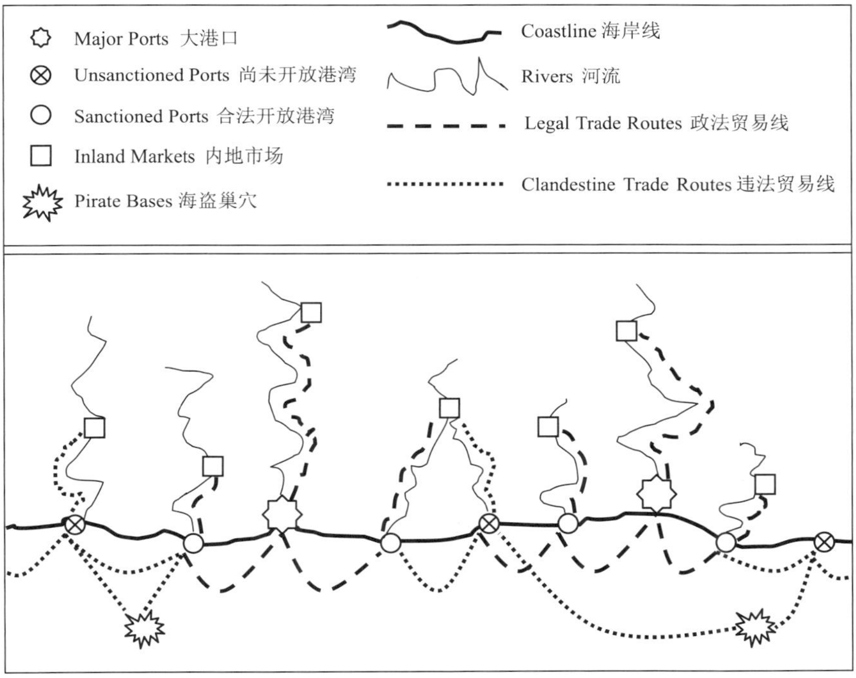

图 2　合法开放和尚未开放的港湾进行黑市贸易（示意图）

韩江三角洲口的樟林是当地的主要商业中心。它不但与潮州、广州、厦门、台湾、山东等地有直接的贸易联系，更与日本和东南亚等海外地区有直接的贸易关系。樟林在 18 世纪的后几十年达到巅峰，那时的樟林有数以百计的店铺栈房，数所会馆，一所海关税务司

① 卢坤、邓廷桢主编：《广东海防汇览》卷 1，石家庄：河北人民出版社，2009 年，第 1-8 页。

② 见 Robert Antony, *Like Froth Floating on the Sea*, p. 61-63.

署和数座军营。1790 年左右，樟林海关税务司一年的税收大约是广东全省一年收入的五分之一。当地有一座于 1787 年落成的天后宫，是由当地商铺及海商集资建造。[①]在本文后面章节，会另文讨论樟林与影子经济的密切关系。

表 1 广东合法开放港湾、尚未开放港湾与海盗巢穴（1780—1810）

地处	合法开放港湾	尚未开放港湾	海盗巢穴
广东的西处	吴川 电白 芷了 安浦	江坪（Giang Binh） 三合窝 漳山	涠洲 东海 硇洲
广东的中处	澳门 广州 镇口 江门 山尾	卓家村 九澳 烂头岛（大屿山） 长州 澳头	万山（Ladrones） 氹仔 路环 横琴 烂头岛（大屿山） 长州 鲤鱼门 大鹏湾（Mirs Bay） 大亚湾（Bias Bay）
广东的东处	甲子 潮州 澄海 樟林	马宫 白沙湖	南澳 放鸡山

“尚未开放”的港口则是未被官方允许正式开放的港口。它们应商机而生，属于违法港口。为何会有这些非法港口呢？18 世纪，清政府因需开放了许多通商口岸，但是商业需求远远超过实际开放的贸易商港。于是，数不清的在当时未在开放之列的港口，就如雨后春笋般地分散在整个东南沿海地区。这些港口集中在海盗和走私活动活跃的地区和邻近海域。虽然这一类港口绝大多数都未被记载，但偶尔我们也会在官方文献或其他文献中，寻到蛛丝马迹。在这些地方，海盗可以成群结队、公开大方地做生意。从资料中已知较著名、尚未开放的港口和村庄有江坪、三和窝、漳山、卓家村、澳头、白沙湖和马公等（表 1）。[②]

当时这些非法贸易的港口和村庄中，最著名的就是江坪，它是个极具战略地位的沿海小镇，1780—1802 年，它是一个兴盛蓬勃的、走私不法和海盗活动的天堂。1802 年后，阮福映在平定越南西山叛乱时，其被夷为平地。

江坪面海，坐落在一条河口，后有巍峨大山，无法向内陆航行，土地贫瘠、无以为作。

① 见叶显恩主编：《广东航运史（古代部分）》，北京：人民交通出版社，1989 年，第 160、244-225 页；张伟湘、薛昌青编：《广东古代海港》，广州：广东人民出版社，2006 年，第 63-69 页。

② 《宫中档》卷 14，乾隆二十一年六月十七日，台北：台北故宫博物院出版社，1986 年，第 644 页；沈峻纂修：《吴川县志》卷 4，乾隆五十五年刊本，第 91-92 页。

它因环境自然而然发展成为一个卓富盛名的非法交易市场（图 3）。[1]18 世纪末，这个生气蓬勃的小镇拥有数百家店铺，住了二千人左右的中国人和越南人。除此还有一群为数不少流浪到此的贫民（多数是越南人），他们在河湾入海的外海沙洲上自行搭起简陋茅棚居住。这里的人以黑市交易为生，他们协助来此贸易的船只销售货物，也为住在附近岛屿以海上不法劫掠为生的海盗采买补给。不但越南人会来江坪做生意，许多中国商人也不辞辛苦，远从广东、广西、福建等地跋涉来此做生意。[2]

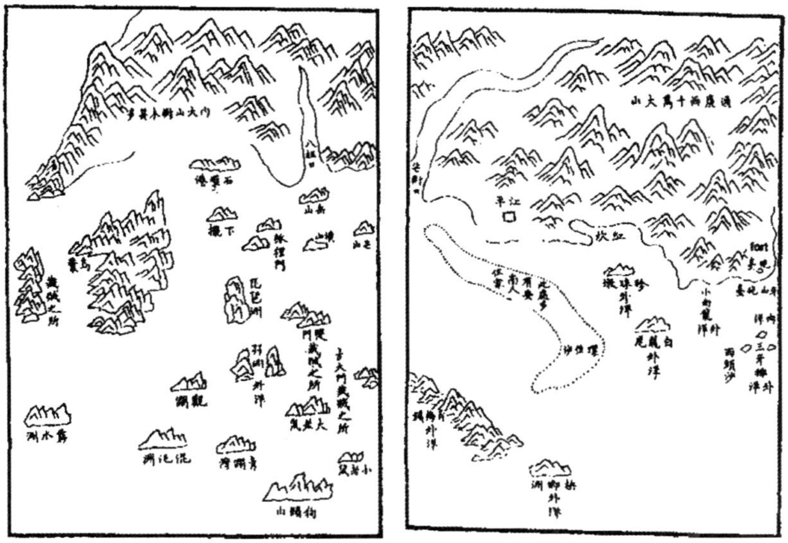

图 3　江坪

当时的南中国海面上充斥了各式各样的海上非法活动。江坪在这个影子经济蓬勃发展的时期，成为合法与非法的海上贸易的枢纽。在它的黄金时期，它是黑市交易的中心、海盗的根据地及友善亲切的贸易港口。人们北从浙江、福建、台湾、广东、海南等地区，南从越南中部沿海地区的岘港（Da Nang）、会安（Hoi An）、西贡（Saigon）及其以南等地，来此贸易。[3]

另一个与海盗和黑市贸易息息相关的岛屿是氹仔。它在澳门半岛的南边，坐落在往珠江三角洲和广州之间的繁忙水道上。直到 18 世纪末，氹仔还只是一个默默无闻的小岛。它是由三个退潮后彼此沙滩相连的小沙洲所组成，岛上只有几户农户和渔村。1847 年葡萄牙人在此建立要塞以前，这里没有任何官吏驻守。此地最早建立的村落是“卓家村”，建于 17 世纪末，它位于两个相连的小沙洲间的隐秘港湾内。后来村人在此建了一座两两相连、

① 豊冈康史：《清代中期の海贼问题と对安南政策》，《史学雜志》第 115 编第 4 号（2006），第 50-51 页。
② 《宫中档》（2368），嘉庆二年四月二十四日；卢坤、邓廷桢主编：《广东海防汇览》卷 26，第 1-2 页。
③ 《宫中档》（1372），嘉庆元年十一月一日；《宫中档》（2845），嘉庆二年七月六日；《宫中档》（3459），嘉庆二年十二月一日；《宫中档》（4602）嘉庆四年五月二十九日。

祀奉天后和关帝的庙宇。天后主海上航行安全，关帝则以忠义精神为各行各业，包括行商及帮会分子所尊崇。从村人祀奉的神祇来看，这个岛上当时农耕、渔业、商业应已兴起。19 世纪初期，店铺开始出现在氹仔的卓家村和附近的其他村庄。至此，这个小岛已经成为海盗和走私的贸易据点。离卓家村不远，现址为菩提禅院的地点，就是当时供船只停泊的港湾。由于优越的地理位置，氹仔成为盘踞在邻近岛屿海盗的非法贸易中心，也是澳门和广州的商人间的转运中心。①

澳门半岛本身也是一个著名的海盗走私重镇。自明朝允许葡萄牙人在此居留，直到今日，它一直是中国东南沿海一带重要的贸易通商口岸之一，无论是地理位置或政治地位都与江坪相似。它的行政管辖权极为模糊，既属中国，又属葡萄牙。葡萄牙人到来不久，当地居住的外国居民就成立了一个政府组织“议事会”（Senado da Camara）来管理当地事宜及规范贸易行为。但在 1680 年左右，清廷也为澳门专设一个海关税务司署。60 年后，清廷又在葡萄牙人管治区之外的澳门半岛上，设立行政机构。在靠近前山的地区设立同知，在望厦设立县丞。这两个行政机构的目的是监督正在萌芽的对外贸易以及严防海盗与走私。然而，无论是派驻在澳门的葡萄牙官员，或是派驻在澳门的中国官吏，都没有多大权力。对葡萄牙人而言，澳门的管辖权是“远在印度果阿的亲王”；对中国人而言，是在广州的省政府。自有政府管辖以来，澳门行政之颟顸腐败，即为人所诟病。而中国和葡萄牙政府所设立的双重行政管辖，更是当地行政的梦魇。②

澳门曾被称为“远东的罪恶之城”。自澳门开埠以来，它就以啸聚声名狼藉的投机分子著称，它是亡命天涯不法之徒的天堂。双重行政管辖权留下许多模糊地带，所以澳门有别处所没有的自由，一如非洲的好望角和南美牙买加的罗亚尔港。澳门坐落于海运的主要航线上，是船只停留补给的主要定点之一。③它也是海陆两地合法及非法交易的中心，一位住在澳门的居民在 1800 年写道：“它是浪子和被逐之人的天堂”，内港繁嚣的市集街道上，充斥着醉鬼打架闹事的声音，到处是赌馆茶室。重叠的行政管辖令它成为三不管地带，成为海盗交易、不法聚会、吸收新人的最佳地点。④毋庸置疑，这也是海盗张保盘踞在此，据以操控非法交易的原因。张保在澳门、广州和其他几个沿海城镇，都建有收取赎金、保护费等收入的据点，他也利用这些据点来采买食物，补给武器弹药及其他生活所需。在这些据点里，有专人管账（抄写员和簿记员）负责记载交易。当时就有一位名为周飞熊的医生，

① John Turner, *Captivity and Sufferings of John Turner*, p.7. 注：作者的田野调查时间为 2008—2010 年。

② 印光任、张汝霖：《澳门记略校注》，澳门：澳门文化司署，1992 年，第 78-80、165 页; Jonathan Porter, *Macau: The Imaginary City* (Boulder: Westview, 1996), p.77、80.

③ 见 Kerry Ward, "'Tavern of the Seas'?: The Cape of Good Hope as an Overseas Crossroads during the Seventeenth and Eighteenth Centuries," in Jerry Bentley, et al., *Seascapes: Maritime Histories, Littoral Cultures, and Transoceanic Exchanges* (Honolulu: University of Hawai'i Press, 2007).

④ Oriental and India Office Records, British Library, London, G/1/19, fols. 209-11.

不但替张保收取赎金和保护费，还做中介，代张保周旋于外国商人之间。这些非法经济组织，就像运行在正规合法经济体制内的另一个经济体系。[1]

韩江流域也是一个交易辐辏中心，许多海盗和走私者都来这里进行合法的或非法的交易。柘林港口是一个位于韩江流域历史悠久的港口，它向来与黑市交易有关。18 世纪后期，城内几个商人率先与海盗直接交易。他们从海盗那里购入赃物，同时兼卖粮食、武器给他们。这些买入的赃物多运到一些邻近靠海城镇（如澄海、樟林）和上游河域城镇的市集上出售。[2]林五和林怦这两个当地商人，就常与在潮州一带的海盗和帮会兄弟勾结。林五相当富有，拥有数艘船只。他在潮州府捐了个功名。为保护他的船只，他代海盗（如朱濆、郑劳动等）收取保护费，贩卖海盗船只需用的物品。如林五向商人陈广生收取每艘船 200—500 银圆的保护费。林怦在樟林有间商铺和几条船，来往于中国、越南、暹罗之间贸易。1803 年，他牵涉进谋杀案件后，就与当地海盗来往。他以每 100 袋 520 银圆的价格，向盘踞在福建的海盗购入胡椒，再转手以高价卖出。后来，他又帮忙贩售 5 台大炮给其他的海盗集团。这两笔买卖都为他带来厚利。[3]

澳门、广州、澄海和樟林这些贸易集散地，本就是通都大邑，一向较为包容外来人，无论其是否为罪犯，只要有利可图，皆来者不拒。他们多不问所欲购买货物的来源，甚至连当地官吏也不管这些非法交易，只要商家以买卖方式取得，与这些赃物没有直接关系就可以了。所以商人会到江坪和其他未开放的港口购入价格便宜的货物。[4]然后，他们再将这些货物运到其他城镇或合法开放的港口，当成合法商品来出售。Goncal Lopez Nadal 认为，“从商业活动的观念而言，这些非法经济活动与一般合法经济活动没有什么不同，很难区隔”[5]。澳门、广州、潮州和樟林等地的合法经济活动，无可避免地与江坪、三和窝、大屿山、卓家村等地的非法经济活动发生紧密关联。合法贸易或是非法贸易的界限非常模糊。

三、海盗型的经济行为

“海盗行为”基本上是一种商业体制，它牵涉的是“买”与“卖”的经济行为。大多数

① 《朱批奏折》（农民运动类，1058），嘉庆十年十一月二十二日（北京：中国第一历史档案馆藏）；John Turner, *Captivity and Sufferings of John Turner*, p. 32; *Chinese Repository (1834)*，卷 3，第 82-83 页。

② 《刑科题本》（盗案类，128），嘉庆十二年五月九日（北京：中国第一历史档案馆藏）。

③ 《朱批奏折》（农民运动类，1133），嘉庆十年六月二十六日；那彦成撰：《那文毅公奏议》，卷 12，第 15 页。

④ 《宫中档》（1047），嘉庆元年八月十九日；《宫中档》（2010），嘉庆二年二月十四日；《宫中档》（2845），嘉庆二年七月六日。

⑤ Gonçal López Nadal, “Corsairing as a Commercial System: The Edges of Legitimate Trade,” in C. R. Pennell, ed., *Bandits at Sea: A Pirates Reader*（New York: New York University Press，2001）,p.127.

从事海盗行为的人是为了赚钱。在这个行业中，货物的来源与一般商业行为甚至于走私者的货物来源不同，它们来自于“抢劫掠夺”。海盗的收入则来自出售战利品。除了食物、武器和其他日常生活所需外，海盗多在一般的市场上公开出售赃物，或以以物易物的方式换取所需。他们的战利品很少有金或银等贵重物品，多半是铜钱或日常用品。下面是一份1782年海盗劫掠后的战利品清单：63吊铜钱，共600铜钱；3000个干槟榔；2箱镀金的纸元宝；一口铁锅；一个盛饭饭桶；15斗米；7斤烟草（生）；2斤新鲜槟榔；2个擦手手巾；3把纸扇；20只毛笔；一把镰刀；4捆布；一只钱包；一把伞。[①]海盗在抢到这些东西后就退到漳山，漳山是个未对外开放贸易的港口。而他们先将抢来的铜钱给分了，再将抢来的赃物分批带到当地市场上出售。一般而言，小型伺机而动的海盗集团，通常在抢到财物后，会立即坐地分赃。大型的海盗集团，则会先将抢来的财货集中保管。他们保管赃物的地方，有时在船上，有时在陆地上的巢穴。之后，他们再将卖掉赃物而得的钱均分。[②]

海盗绝大多数所赚到的钱并不是从贩卖赃物而来，而是从收取保护费和赎金而来。表2列出海盗各项收入的比例，以方便了解赎金收入对海盗收入的重要性。海盗集团也向渔船和商船收取行船保护费，通常船主会半年或一年一次向海盗组织“打单”取得“照票”。照票的价值，根据船只的大小及所载货物的价值而定。到1805年，因为海盗在海面上的强大势力，连广东政府所独占的官盐市场也要向海盗集团交付行船保护费，每100袋盐50元。西方商人也无例外，他们也要向海盗集团缴交保护规费，以免行船时船只被攻击。除了水面上的行船保护费外，海盗集团也向陆地上的商人和店家收取港口规费，海盗习称为“澳规”。[③]对商人、店家和渔民而言，这些海盗所强行征收的费用是某种形式的“保险”规费。对海盗而言，这种强行征收的费用是笔预期的固定收入，能保证他们收入的稳定。

表2 海盗收取的赎金（1796—1809）

年	被受害者	赎金
1796	船及其货物	130银元
1797	三位旅游者	$107至30,000文
1800	船及其货物	350银元
1806	John Tumer	$6000与一些货物
1806	海关员	2000两
1809	Richard Glasspoole	$7000与一些货物
1809	1,140村民	15,000两
1809	250妇女	个人$600至￥6000

① 《刑科题本》（盗案类，102），嘉庆十一年十月二十八日。

② 袁永纶：《靖海氛纪》，第10页；Robert Antony, *Like Froth Floating on the Sea*, p.111-112.

③ 那彦成撰：《那文毅公奏议》卷11，第42页；那彦成撰：《那文毅公奏议》卷12，第31-32页。《宫中档》（6575），嘉庆六年十一月一日；《宫中档》（13513）嘉庆十四年三月五日；《宫中档》（15187）嘉庆十四年八月二十三日。

当海盗集团不断扩充时，供给他们武器和日常所需的管道和销售赃物的网络也益形扩大。1805—1809 年是海盗活动最强盛的时期，这个因海盗的经济行为而产生的供需网络在中国东南沿海一带已绵延了有一千多英里。海盗透过他们在电白、东海、硇州及新安的联络人，买进米、酒、桐油、木头等物资；从香山、海康、海南和吴川等地，买入武器弹药和铁。[①]海盗甚至有事先安排好碰面的地点和讯号。如潮州沿海一带，海盗会燃放大炮以通知当地的村民和渔民他们意欲买卖。[②]对住在中国东南沿海一带的人而言，这样的经济活动是他们主要的谋生方法和日常生活的一部分。

清廷虽然严禁非法交易并不断稽查窝藏海盗及买卖赃物的人，黑市非法交易在东南沿海一带却依然猖獗。因为海盗将劫掠来的赃物以低于市价的价格卖出，又以高于市场的价格买入需用之物。这种交易方式使当地人趋之若鹜。我们可以从下面几个例子看出。1809 年，一位男子在惠州以若干钱向海盗买了烟草，其后他在白沙湖港以 700 文的价格将这些烟草卖给郑阿汎；郑阿汎在赤坑（一个内陆城镇）又将这些烟草以 1140 文卖了。[③]1805 年，一位叫曾亚四的渔民借了 8 银圆向陈亚三买了一头猪，又在盐田的市集上买了 4 大坛酒和 1.5 石的米。之后他将这些东西以 11 银圆的价格卖给一名叫黄亚四的海盗。不久，曾亚四和他的一个叫李云连的朋友在惠州府归善县的淡水墟以 30 银圆买了 10 石米和其他什物，他们又将这些东西以 44 银圆的价格转卖给了黄亚四。[④]根据档案资料，连镇守南澳的士兵也有将他们的武器以 10 倍的价格卖给海盗的纪录。[⑤]

海盗集团也有自行订立的规矩，以保护自己的利益。1805 年，七个在广东地区最有势力的海盗头子，包括郑一、乌石二、东海霸等共同协定不准任何海盗集团抢劫及绑架协助海盗活动的商人和村民。另一条规定则是保障有缴行船保护费的船只行船安全。两年后，郑一嫂和张保也颁行了类似的规定。显然，海盗严格遵守他们自订的规章。如买了通行证的船只，若被抢劫，这个负责保护的海盗集团不但会将失物找回，还会额外付给失主 500 银圆以弥补他的损失。因为海盗集团愿意付出高价购买所需的物品，又能信守买卖协定，所以他们的物资补给始终源源不绝。[⑥]

地下影子经济，若在政府的规范之外，自我的约束就有必要。如前文所述，海盗集团有一套极为复杂的所谓收取保护费的方式，他们也有一套严谨的规矩要遵守，以保护他们所进行的交易。他们特别依靠地缘或血缘关系等非正统商业活动的运作方式来进行交易。

---

① Dian Murray, "Piracy and China's Maritime Transition, 1750-1850", in Wang Gungwu and Ng Chin-keong, eds., *Maritime China in Transition, 1750-1850* (Wiesbaden, Germany: Harrassowitz Verlag, 2004),p. 53.

② 《十朝圣训》（嘉庆朝）卷 38，台北：文海出版社，1965 年，第 1 页。

③ 《刑科题本》（盗案类，189），嘉庆十六年五月二十一日。

④ 《朱批奏折》（农民运动类，1133），嘉庆十年九月五日。

⑤ 胜田弘子：《清代海の寇乱”》，《史论》第 19 集，1967 年，第 40 页。

⑥ 《朱批奏折》（农民运动类，1058），嘉庆十年十一月二十二日；John Turner, *Captivity and Sufferings of John Turner*, p. 32、37.

海盗头子们特别喜欢用自己的亲人或同乡当副手或联络人。乌石二让他的大哥乌石大、堂弟乌石三和其他几个来自海康的同乡在他的集团中担任重要职务。[①]郑七则委以他的侄子张连科重任，负责报告雷州港湾商船进出的动向。张连科每报告一则消息，郑七就付给他10银圆。[②]另一个加强关系的重要方式是海盗头子们将重要副手认作“义子”，如张保是郑一的义子。另一个例子，郑七在1795年绑架了一位十二岁的男孩何送，郑七认他为义子并留在身边。几年后，郑七送他一个掳来的女人做妻子，还送给他7000两让他回家开店，以帮郑的海盗集团建立贸易管道。后来又让何送领导三艘船只。[③]除此之外，海盗之间也与帮会分子一样，喜欢用“结拜（盟）”的方式来加强彼此间的关系。

四、黑市交易

到18世纪末，中国南方海域的对外贸易发展已臻完备。繁复的贸易网络有效地联结沿海港岸和内陆城镇，形成一个相辅相成的物资流通系统。如澳门、广州和潮州这一类的贸易中心，每一个中心都与无数的沿海港口和上游河域的城镇市集连接，形成一个贸易网络交互贸易。这些贸易来往的港湾或城镇，有些已对外开放，有些则尚未开放对外贸易。范岱克（Paul A. Van Dyke）认为，整个珠江三角洲流域就是一个大型的贸易网络系统。这个珠江流域系统中以澳门和广州为中心，包括三种贸易系统：针对西方国家的西方贸易、中国东南沿海的沿海贸易和以东南亚一带为主的东南亚贸易。[④]在韩江流域则以潮州为中心，形成了另一个大型的海上贸易网络。这一个贸易网络系统包括韩江流域的内陆和沿海城镇，以及东南亚和日本等地区。[⑤]重要的是，在这些广大的贸易网络系统中，无论是海盗、走私或帮会等组织的非法贸易活动，都被完全纳入它的经济贸易体系运作中而成为整体经济活动的一部分。

18世纪中叶，因为正规合法的贸易方式非常严苛烦琐，走私违禁活动在沿海地区相当猖獗。许多船只商家宁愿在未设置关税司署的口岸卸货以免在官方留下记录。这些走私违禁活动牵涉极广，不但有衙门官吏、营兵卒勇等官方人员，更有中国人、外国人、地方帮派、三合会、海盗等参与其中。根据铃木中正（Suzuki Chusei）的研究，这个时期的走私

---

① 《朱批奏折》（农民运动类，1121），嘉庆十五年七月十二日。

② 《宫中档》（6793），嘉庆六年十一月二十八日。

③ 《宫中档》（5050），嘉庆七年五月十二日。

④ Paul Van Dyke, *The Canton Trade: Life and Enterprise on the China Coast, 1700-1845* (Hong Kong: Hong Kong University Press，2005), p.143.

⑤ 见叶显恩主编：《广东航运史（古代部分）》，第186-187、213-214页。

违禁活动的猖獗，更加恶化了海盗在南中国海域的海上不法抢劫掳掠行为。[①]非法贸易网络被海盗和走私集团操纵控制并充分利用。罗亚三就是一个鲜明的例子，他是个中国商人，世居越南。1796 年夏天，他在中越边境的江坪从事获利丰厚的走私活动。他将禁运的稻米贩售给中国商人，又将药品、布匹和其他必需品卖给叛乱的西山兄弟组织。后来在某次航行中，他的船货被海盗劫掠。为了弥补损失，他打劫了两艘沿着海岸线行驶的船只。[②]从罗亚三的例子，我们可以轻易看出走私、海盗（打劫）、商人身份之间界限的模糊，以及一个人是多么容易同时兼具这三种身份。

鸦片及盐也极具市场价值。1780—1790 年，澳门南边的横琴岛的 Lark 海湾是西方商人存放鸦片的主要地方，船只会将鸦片运送来此地等待转运。在海关税吏、帮办和其他不法之徒的通力合作下，鸦片又会走私运送到内陆或其他口岸。[③]1794 年，在惠州的官员报告中提到，一个叫阿三的当地混混涉及多起未结案件，他与海盗勾结，将鸦片从横琴岛运到大鹏湾上不知名的港湾（大鹏湾在当时一直是个海盗巢穴）。[④]再往东去的大亚湾数则百年来都是个著名的走私者的天堂和海盗啸聚的地方。19 世纪初，三点会掌控了当地的市集和城镇，并介入频繁的私盐买卖和其他的非法交易。他们的运作方式是由海盗先将货物运到未开放的港口（如澳头），再由三点会的弟兄将这些货物转运到淡水（前节曾亚四例子中已提）。淡水是东江及其支流的所有货物集散地。[⑤]

同时期另一个著名的案例是一名叫李崇玉的商人。他来自甲子，甲子是陆丰府附近一个熙攘繁忙的港口，有数百家商铺和一所关税司署。李崇玉捐了个监生，与当地官员和衙役关系密切，也与著名的海盗头子如林亚发、朱濆、乌石二等交好。李崇玉的交游广阔，上至衙门官吏，下至不法之徒，都有往来。约在 1804 年，李崇玉帮助流氓史乘连组织帮会。李崇玉在甲子开了个米铺，用米铺做据点进行非法买卖。他还经营妓院和赌场。李崇玉的不法勾当在 1805 年为人所知，他立刻向当局投诚换取原谅。从这个例子我们可以看出，帮会运作是所有不法勾当如走私、赌博、妓院和强行收取规费的最好工具，也是海盗在陆地上销赃的最佳帮手。[⑥]

---

① 铃木中正：《*黎朝后期の清との关系（1682-1804 年）*》，收入山本达達编：《ベトナム中国关系史：曲氏の抬头から清仏戦争まで》，東京：山川出版社，1975 年，第 436、456-459 页。

② 《宫中档》（1643），嘉庆元年十二月七日；《宫中档》（2010），嘉庆二年二月十四日。

③ Paul Van Dyke, *The Canton Trade*, p.126.

④ 《刑科题本》（盗案类，84），嘉庆元年九月二十三日。

⑤ 《录副奏折》（2684），嘉庆八年元月三日，北京：中国第一历史档案馆藏。

⑥ 上谕档方本，嘉庆十一年元月二十七日，嘉庆十一年八月十八日（台北故宫博物院）；那彦成撰：《那文毅公奏议》卷 14，第 1、17-25，36 页；《惠州府志》卷 18，1881 年，第 17-18 页；Robert Antony, *Like Froth Floating on the Sea*, p.136-137.

五、结 论

海盗猖獗时，地下非法交易就繁荣，为沿海居民提供成千上万的就业机会。虽然海盗行为会影响正当合法的贸易机会和利润，但它对当代经济也发挥了一定的不容忽视的作用。正当的贸易活动可以促进新兴口岸的开发；海盗的非法经济行为同样地也可以促进新兴口岸的开发。在南中国海沿岸一带数不清的港口和地下交易市场，因为买卖赃物和提供海盗所需而欣欣向荣。地下交易如影随形般地附在合法交易下。海盗和走私行为扮演着将财货重新分配的角色，将财货分配到正常贸易体系所忽略或不及的地区。这种行为，使货物流通到一个更广大的地区，提供工作机会给更多的人民。这种机制扩大了整个贸易体系，使贩夫走卒、市井小民这些在社会下层、本来摈除在机会之外的人，得以“分到”经济贸易所带来的好处。

非法交易是海盗行为的延续，它更延续了不法劫掠的行为。一旦海盗以低廉的价格出售劫掠来的物品，商人们就趋之若鹜地抢购便宜物品。人们对价廉物品的需求，助长了以非法手段取得货物的行为。这种因果循环使非法交易日益蓬勃。而黑市交易，更证明了合法正常交易市场的缺陷和弱点。

数以万计的海盗需要食物、衣服、布匹、消遣、娱乐，他们的船只则需要定期清理修缮和物资补给等，而他们又愿意以高于市场的价格来取得他们所需的服务和物资，这使他们成为最好的顾客。虽然我们无法真正计量黑市交易的金额进出，然而从海盗之所需来看，一定有为数可观的财货注入地方市场，来换取他们日常生活之所需。于是海盗以这种影子贸易的方式将资金注入了地方。从供需交易、求取生活所需的角度来看，海盗只是个赚取生活所需的人而已。至于与海盗进行交易的人，也与海盗一般，是一般的平民和贩夫走卒。他们或透过一般公开市场，或透过非法交易管道与海盗进行交易；与海盗交易是他们的主要谋生方式。透过这种交易方式所赚来的利润，占他们总收入的绝大部分。海盗行为和影子经济行为，让大量的金钱和货物进出市场，这些财货的进出都不在政府控制之列，也不在正常交易体系之内。海盗不仅在人迹罕至的荒岛建立根据地，他们更在通都大邑如澳门、广州和潮州等地建立他们的联络据点。他们据此设立“收取规费”的机构以收取保护费和赎金。他们也定期孝敬包庇他们的府道官员、衙门差吏、营兵卒勇。这种强迫性保护费的收取，是海盗最直接又最有效行使霸权的方式。海盗行为与影子经济行为，影响数以百万计的货物和金钱进出。在1780—1820年的东南沿海一带，无论是靠田吃饭或是靠海为生的人，都直接或间接地依赖着这种经济体系来谋生。这种特殊的经济环境背景，使海盗行为与影子经济行为，成为一种自给自足的经济体系，更成为现代初期南中国海一带的一个特殊现象。

事实上，海盗组织是一个以海洋活动为中心的社会团体，海盗组织的存在独立于中央及地方政府的权力管辖范围之外。在中国东南沿海一带，这个以海洋及其活动为中心的地区，从海盗巢穴在地缘上与政治经济中心的接近性来看，可以清楚地看出海盗组织及其行为影响已渗透整个中国南方的经济及政治体系。

附　记

安乐博教授是韦庆远老师第一位美国学生，从 1985 年在北京中国人民大学师从韦老师起，与韦师时相往还，终生亦师亦友。韦庆远老师教导：治史者应以史料为重。以史料为骨，才能旁征博引、才能言之有物、才能触类旁通、才能发人之所未见。安乐博教授秉承师训，教导学生，史料查询，列为首要。

（执行编辑：杨　芹）

西于史事初探：龙母之“龙”与相关史事及其手印溯源说

马楚坚*

摘要：广东西江有龙母祀庙，历来不少人随意用新概念作宣道，一会儿引用传说，一会儿称传说骗人，或自圆其说，或作宣传性文字，甚至连《龙母庙志》都未知披阅，即创作成文，于是龙母史迹的真相，自是越来越迷朦。笔者访谒龙母，又访广西、灵渠诸地，汇合龙蛇意象传统蕴义而追溯“龙母”说源，龙母豢养非己出之“龙子”，广西灵渠以下至西江一带崇龙与图腾关系做推说，并因应考古出土“西于”国之古物，推证龙母为该国之后主，种姓“于”。以为崇“龙”母系社会之“王”曰“龙母”，西于祖源“峒中岩”。秦始皇进兵岭南，“西于”国王率土众与之抗争。秦兵败于广西，三年兵不解甲弛弩。秦开辟灵渠，连贯长江湘水与珠江漓水以通粮道，再发兵而胜。“西于”骆越人四散于岭南，秦于之战至是结果，而龙母之名遂为世播其抗秦捍民而不朽，衍化为历代增补传说中，升华为西江保护神。至若神像手印有“施愿印”与“触地印”。此当后世借用佛教造型和思想而于建庙造像时所造印相，崇信者所祷，请龙母如佛随顺众生之所欲而惠施资与愿，及为降魔灵佑度厄也。由此可知龙母之利济众生，有佛陀加慈思想在。

关键词：龙母；图腾；西于；骆越；母系社会；峒中岩；秦于之役；屠睢；史禄；灵渠；任嚣；施愿印；触地印

* 马楚坚，香港大学教授。

一、引　言

世界神话或区域风俗传说中，越古越奇幻，有半神半人、半人半蛇、人首蛇身之想象图纹与故事。中国远古时期即有以“龙”为主题，发展出不少以自然界动物与幻想神物结合拓展太古失于文字的神人、神仙、创世洪业者以溯其源，此种于虚幻中之“龙”与现实中自然动物的“蛇”结合之灵性神物图像及其衍生神话，都是在有文字后之典籍中所罕少载笔，致后世无法探索得其详尽史实真相。例如，一对出现于“汉画像砖”（图1）、“帛书”之伏羲女娲交配图（图2）[①]及交配衍化二龙图（图3），或于《山海经》传说女娲之“人头蛇身”图（图4）与共工氏“人面、蛇身、朱发”说[②]。

---

① 按：“伏羲女娲”图，有些图录更于人首蛇身，两尾相交图之下另图二神龙，以标示其相交后蜿蜒化为二神龙。例如，刘志远、余德章、刘文杰：《四川汉代画像砖与汉代社会》，北京：文物出版社，1983年，第139页，图108彭县出土“伏羲女娲”画像砖。龚廷万、龚玉、戴嘉陵编著：《巴蜀汉代画像集》，北京：文物出版社，1998年，图361。按：两尾相交图，见龚廷万、龚玉、戴嘉陵编著：《巴蜀汉代画像集》，图358，郫县石棺石刻，“伏羲女娲”图；图359，江安一号石棺木刻，“伏羲女娲”图；图360，新津崖墓石函石刻，“伏羲女娲”图。按：伏羲女娲之擎日月神像、执乐器神像、执规矩神像，或两人蛇身相对，尾分开；或两人手提一神物而各自尾与神物腿交缠；或单独人首蛇身者皆不录。见龚廷万、龚玉、戴嘉陵编著：《巴蜀汉代画像集》，图351，重庆江北区盘溪无铭阙石刻，“女娲捧月”图；图352，合川石室墓石刻，“伏羲擎日”图；图353，中江天平梁子崖石刻，“伏羲擎日”图；图354，成都市效，“伏羲女娲”图；图355，成都市效，“伏羲女娲”图；图356，重庆江北区盘溪汉墓石刻，“伏羲女娲”图；图357，简阳鬼头山石棺石刻，“伏羲女娲”图等。参见闻一多：《伏羲考》，收入《神话与诗》，香港：龙门书局，1970年；中国画像石全集编委会编：《中国画像全集·四川汉画像石》，郑州：河南美术出版社，2000年，图100、图180、图136；朱锡禄编著：《武氏祠汉画像石》，济南：山东美术出版社，1986年，图1；徐州博物馆：《徐州汉画像石》，南京：江苏美术出版社，1985年，图233；周到、王晓：《汉画——河南汉代画像研究》，郑州：中州古籍出版社，1996年，第78页；王建中、闪修山：《南阳汉代画像石三图释证》，南阳汉代画像石学术讨论会办公室编：《汉代画像石研究》，北京：文物出版社，1987 年；山东省博物馆：《山东汉画像石选集》，济南：齐鲁书社，1982年，图3；王建中、闪修山：《南阳两汉画像石》，北京：文物出版社，1990年，图171；赵成甫主编：《南阳汉代画像砖》，北京：文物出版社，1990年，图166。吕品：《河南南阳汉画像石中的动物形象》，《考古与文物》1980年第4期，第104-107页；信立祥：《汉代画像石综合研究》，北京：文物出版社，2000年，第277-279页；高书林：《淮北汉画像石》，天津：天津人民美术出版社，2002年，第171页；南阳汉代画像石编辑委员会编：《南阳汉代画像石》，北京：文物出版社，1985年，图24，图325；韩玉祥：《南阳汉代画像石墓》，郑州：河南美术出版社，1998年，第49页；高文、王锦生：《中国巴蜀汉代画像砖大全》，澳门：国际港澳出版社，2002年，图191、图202、图203。

② （晋）郭璞著，（清）郝懿行笺疏：《山海经笺疏》卷16《大荒西经》“共工国山”条夹注、“女娲”条夹注，台北：台湾中华书局，1969年，第1页。

图 1 东汉伏羲女娲砖像，郫县石棺石刻，录自《巴蜀汉代画像集》

图 2 唐代伏羲女娲帛画，新疆吐鲁番出土，录自《巴蜀汉代画像集》

图 3 伏羲女娲交配衍化二龙图，彭县（今彭州市）出土，录自《巴蜀汉代画像集》

图 4 《山海经》女娲图，录自《古本山海经图说》

图 5 《山海经》轩辕国人像，录自《古本山海经图说》

此等图像，似古人将其由自然动物之“蛇”结合超自然动物之“龙”，转化过渡而形成其半人半动物之龙蛇意象，杂交形象。上则以表二人创世以造人类，为司生育之生命神。或复化蛇人首，以示其由此而化育衍众之一性能变化。又传说中统治黄河流域中部之轩辕黄帝所生所居之国，其国人之图像亦为一“人面蛇身，尾交首上”（图 5）[①]。《列子》亦笔载“庖牺氏、女娲氏、神农氏、夏后氏，蛇身人面”[②]，此种龙蛇互化之意象，儒家视之龙德，“神能之至也”[③]。故于中国思想中龙蛇意象所向，无不视其为吉祥之灵物，于是中华五十六个民族[④]中或各氏族不少为之与“龙”“蛇”此幻想灵物结上开创化育之因缘，而有其“龙”“蛇”之图腾崇拜[⑤]，祈求以“既能云变，有能蛇变，有能鱼变、飞鸟昆虫，为所欲化”，“神能之至”的“龙”[⑥]，赖其神化超能变化之力以庇荫自己及其子孙、族裔于不可测之大自然中之生命、财富等，亦从而衍生不一祈求仪式、祭祀及崇拜意象造型与神话之拓展。

由上可知，龙与蛇在崇拜过程中以存身化育及其神力所为人重视所然，惟龙之原型如何？古今皆有所论，各有所见，然就考古出土于辽宁阜新查海兴隆洼文化遗址红褐石块堆塑之“龙”[⑦]，长 20 米弱，身宽 2 米，昂首张口，曲身弓背，尾部若隐若现，势若腾飞。此为我国现知最早，距今 8000 年之“龙”；遗址尚发现两“龙纹”陶片，皆浮雕塑出，体同蛇形，一为蜷曲之尾，一为盘旋之体，体上有鳞纹饰。河南濮阳市西水坡遗址则有“蚌壳龙”（图 6）凡三组：甲组，于 45 号墓主两侧，以蚌壳铺摆塑龙虎图像。龙在右侧，全长 1.78 米，高 0.67 米。昂首张口，弯颈弓背，长尾舞爪，作行走状。乙组，于甲组南 20 米浅穴处，摆塑龙，头南背北；丙组，于乙组南，摆塑一龙，头东背北，昂首长颈，背骑一人，人双手一前一后，作驾策状。[⑧]湖北黄梅县白湖乡张城村焦墩遗址亦发现红烧土上有以河卵石摆塑之“龙”，龙呈侧面状，蛇形，全长 4.46 米，头朝西向，尾上卷向东，龙头似牛作冠形，昂首张口，长舌吐出上卷头部，头上有一角，腹下两足似爪，背有鳍。造型威武，距今约 6000 年。其他尚有 8000 年前之辽宁葫芦岛市杨家洼新石器时代遗址出土之米黄黏土所塑二龙；内蒙古清水河岔口遗址，发现 6000 年

---

① （晋）郭璞著，（清）郝懿行笺疏：《山海经笺疏》卷 7《海外西经》，第 3 页：“轩辕之国，在此穷山之际，其不为者八百岁。在女子国北。人面蛇身，尾交首上。”

② （战国）列御寇：《列子》，卷二《黄帝篇》，《景印文渊阁四库全书》第 1055 册，台北：商务印书馆，1986 年，第 22 页。

③ 邓球柏：《帛书周易校释》“二三子问曰：《易》屡称于龙，龙之德何如?孔子曰：龙大矣……”条，长沙：湖南人民出版社，2002 年，第 439 页 。

④ 章群：《中国文化史》上册，香港：教育出版社，1978 年，第 98-105 页，“表四”《中国各民族分布表》。

⑤ 何星亮：《中国龙文化的特征及其发展阶段》，中华炎黄文化研究会编：《龙文化与民族精神》，上海：上海人民出版社，2000 年，第 129-163 页；何星亮：《苍龙腾空》，北京：社会科学文献出版社，1998 年，第 51-54、90-97、198-235 页。

⑥ 邓球柏：《帛书周易校释》，第 439 页。

⑦ 孙守道：《论辽河流域的原始文明与龙的起源》，《文物》1984 年第 6 期，第 15-16 页；杜振明等：《辽宁发现龙形堆石》，《新华每日电讯》，1994 年 10 月 23 日；辛岩：《查海遗址发掘再获重大成果》，《中国文物报》，1995 年第 19 期，第 1 页。

⑧ 濮阳西水坡遗址考古队：《1988 年河南濮阳西水坡遗址发掘简报》，《考古》1989 年第 12 期，第 1058-1066 页；濮阳市文物管理委员会孙德萱、丁清贤、赵连生等：《河南濮阳西水坡遗址发掘简报》，《文物》1988 年第 3 期，第 3 页。

前黄土夯筑之两条巨型鱼龙图等，略之不赘。[①]此等均为现时中国所见 6000 年、8000 年前之最早形象。

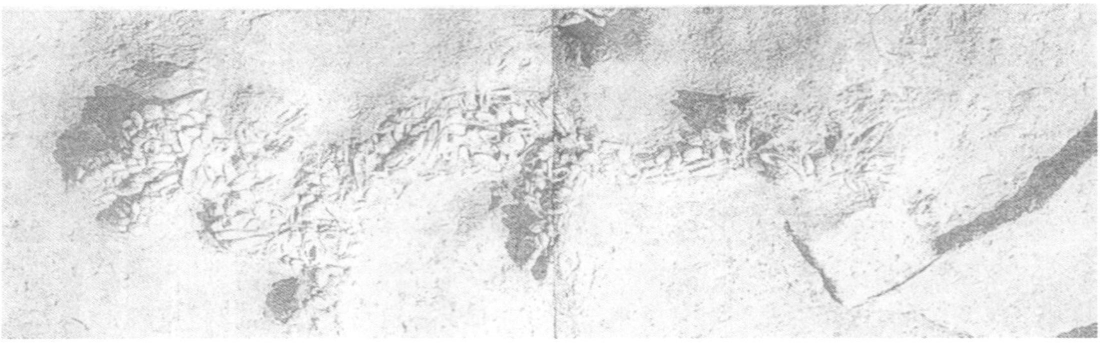

图 6 河南濮阳出土贝壳堆塑“龙”

殆后甲骨文中象形文字亦有出现“龙”（图 7）、“它”、“蛇”字，与商代始形成先抽象后蛇形龙纹雕刻于青铜器、礼器、玉器之纹饰，龙象形有“爪”“角”“鬃毛”“鬣毛”等造型，“蛇”“它”则无，但龙蛇互化为一体，古今学者或从文字学，或从考古历史学观，或从人类风俗学、神话学、社会学、文化学角度各抒己见，若许慎、段玉裁、高树藩于“蛇”（图 8）[②]、“它”（图 9）[③]，高树藩、叶玉森、林义光、罗振玉诠“龙”字（图 10）[④]，孙守道[⑤]、贾鸿恩[⑥]等于 5000 年前之“玉龙”，那志良于“玉器”[⑦]，尤仁德[⑧]、容庚[⑨]、马承源[⑩]、袁德星[⑪] 于玉器、铜器“纹饰”，陈仲玉于“图案”[⑫]，张光

① 中国考古学会编：《中国考古学年鉴》，北京：文物出版社，1995 年，第 228 页；何星亮：《苍龙腾空》，第 67 页。

② （汉）许慎：《说文解字》，北京：中华书局，1963 年，第 285 页，“蛇”字；高树藩：《正中形音义综合大字典》，台北：正中书局，1971 年，第 1547 页，“蛇”字。

③ （汉）许慎：《说文解字》，第 285 页，“它”字；（清）段玉裁注：《说文解字注》篇十三下，文十三，上海：上海古籍出版社，1988 年，第 8-9 页（总第 678 页），“它”字；高树藩：《正中形音义综合大字典》，第 1547 页，“它”字。

④ （清）段玉裁注：《说文解字注》篇十一下，文一百三，第 31 页，总第 582 页，“龙”字；高树藩：《正中形音义综合大字典》，第 2244-2245 页，“龙”字。

⑤ 孙守道：《三星他拉红山文化玉龙考》，《文物》1984 年第 6 期，第 10 页。

⑥ 贾鸿恩：《内蒙古又发现一件新石器时代玉龙》，《中国文物报》1988 年 4 月 8 日。

⑦ 那志良：《玉器上的龙》，“故宫丛刊甲种”《龙在故宫》，台北：台北故宫博物院，1978 年，第 53-66 页。

⑧ 尤仁德：《商代玉雕龙纹的造型与纹饰研究》，《文物》1981 年第 8 期，第 58 页。

⑨ 容庚：《殷周青铜器通论》“殷代和周初的纹饰以雷纹和饕餮纹居主要地位”条，北京：文物出版社，1984 年，第 19 页。

⑩ 马承源：《商周青铜器纹饰》“因为龙是幻想中的动物”条，北京：文物出版社，1984 年，第 4 页；马承源：《商周青铜器纹饰》“龙蛇同类”条，第 7 页 ；马承源：《商周青铜器纹饰》“商周青铜器蛇纹图案”条，第 4-5 页。

⑪ 袁德星：《双龙纹簋的装饰及其相关的问题》，《故宫季刊》第十二卷第一期，1977 年，第 60 页；袁德星：《史前至商周造型艺术中的龙》，“故宫丛刊甲种”《龙在故宫》，第 27-52 页。

⑫ 陈仲玉：《殷代骨器中的龙形图案之分析》，《“中央研究院”历史语言研究所集刊》第四十一本第三分册“这些蛇纹没有角”条，1969 年，第 463 页。

宾于“书写演变”[①]，刘渊临[②]、刘敦愿[③]于“神话”，萧兵于“圣俗”[④]，刘志雄、杨静荣于“文化”[⑤]，谭旦冏于“肥遗”[⑥]等文皆有论及，其胜义可供考。

图 7 甲骨文字中“龙”字

① 张光宾：《龙字书写演变与龙字书法之发展》，“故宫丛刊甲种”《龙在故宫》，第 67-81 页。

② 刘渊临：《甲骨文中的“虫虫”字与后世神话中的伏羲女娲》，《“中央研究院”历史语言研究所集刊》第四十一本第三分册“它甲骨文字形”条，1969 年，第 600 页；刘渊临：《甲骨文中的“虫虫”字与后世神话中的伏羲女娲》，《“中央研究院”历史语言研究所集刊》第四十一本第三分册“蛇甲骨文字形”条，第 595-604 页，图 5。

③ 刘敦愿：《马王堆西汉帛画中的若干神话问题》“龙的角是蛇的神化因素的标志”条，《文史哲》1978 年第 4 期，第 63-71 页，甲骨文，金文中的龙字，在殷周时期 。

④ 萧兵：《委维或交蛇：圣俗“合法性”的凭证》，《民族艺术》2002 年第 4 期，第 48-58 页。

⑤ 刘志雄、杨静荣：《龙与中国文化》“‘混合式组合’或‘化合式变形’的‘创造手法’”条，北京：人民出版社，1992 年，第 68-88 页 。

⑥ 谭旦冏：《“肥遗”和“龙凤配”》，《东吴大学艺术史集刊》第六卷“龙蛇图像纠缠不清，因为一是个神化的图腾，一是取象于生物”条，1976 年，第 12 页。

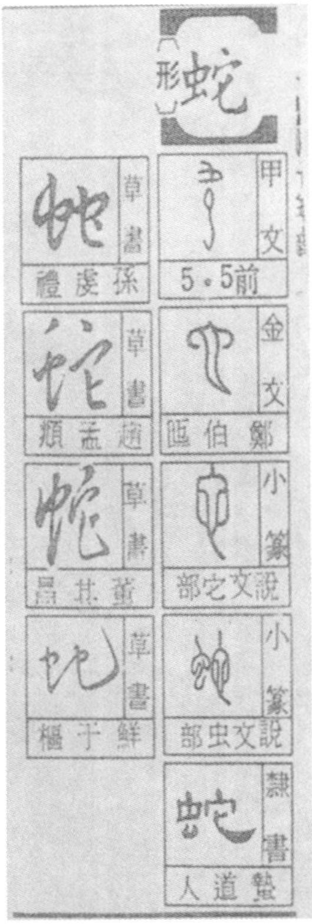

图 8 “蛇”字形衍变况，录自《正中形音义综合大字典》

图 9 “它”字形衍变况，录自《正中形音义综合大字典》

图 10 “龙”字形衍变况，录自《正中形音义综合大字典》

此等“龙”于某一氏族或部落，或某一区域皆作“龙”崇拜，惟是图腾性质或是崇奉为“神”则不一。就所知，中国 4000 多年前于黄河与长江流域，江淮及渭河流域均盛行“龙”图腾崇拜；复就上述辽宁、内蒙古、河南、湖北原始“龙”之发现，反映“龙”崇拜更早于 5000 年、7000 年、8000 年前已盛行于全国各氏族、各部落、各地域，惟“龙”之造型及演变，故事内容之发展皆有不同，崇拜形式、习俗亦不一；且以雌性造型的“龙”作崇拜、崇奉者似甚少，所知仅有“龙女”传说，但其故事主脉乃来自“龙女成佛”①、“龙女献珠”②、“宝物自

① （后秦）鸠摩罗什译《妙法莲华经》卷 4《提婆达多品第十二》云：“昔婆竭罗龙王女，年始八岁，有一宝珠，价值三千大千世界，持以上佛，佛即受之。忽然之间，变成男子，具菩萨行，即往南方无垢世界，坐宝莲华，成等正觉。”（《中华大藏经》第 15 册，北京：中华书局，1984 年，第 554-555 页）参见（西晋）竺法护译：《佛说须摩提菩萨经》，《中华大藏经》第 9 册，第 792-795 页；（西晋）竺法护译：《海龙王经》卷 3《女宝锦受决品第十四》，《中华大藏经》第 20 册，第 802-803 页；（后秦）竺佛念译：《菩萨处胎经》卷 7《八贤圣斋品第二十八》，《中华大藏经》第 22 册，第 853-854 页；（唐）湛然述：《法华玄义释签》卷五上，《中华大藏经》第 93 册，第 326-336 页。

② （后秦）鸠摩罗什译《妙法莲华经》卷 4《提婆达多品第十二》云：“又龙女谓智积菩萨与尊者舍利弗言：我献宝珠，世尊纳受，是事疾不？答曰：甚疾。龙女言：以汝神力观我成佛，复速于此。”

多”[①]、“龙女报恩”[②]、“龙女凡人婚配”[③]和“龙女索夫”[④]等佛典，亦即源出印度，中国文人即因其传入而利用印度龙思潮发展为自成龙文化之一系统，《太平广记》将其精品粹选不少，若《震泽洞》[⑤]、《李靖》[⑥]、《柳毅》[⑦]、《俱名国》[⑧]、《凌波女》[⑨]、《刘贯词》[⑩]、《许汉阳》[⑪]和《柳子华》[⑫]等篇是。而其中《柳毅》传尤为粹品之典型范作，舞台上亦将之引发为“柳毅传书”的名剧，是印度佛典所蕴佛教思想元素对中国传奇有其深远影响之关系。然则，以广东西江流域为核心崇拜枢纽之“龙母”亦与龙女有关？或佛教中某些思想元素对西江龙母崇拜思想，对后来开拓崇拜故事叙述于明、隐中之影响有关？

考诸印度佛教中故事，从无“龙母”一项，仅有龙王妃见诸《诸说不同记》卷十，唯其尊称作“水天后”（梵名 Varunani），虽然龙树《大智度论》所载涉及“龙”最多，余则

① （三国吴）康僧会译《旧杂譬喻经》卷上第 21 则云：“昔龙王女出游，为牧牛者所缚捶。国王出行界，见女便解之便使去。龙王问女：‘何因啼泣？’女言：‘国王枉捶我。’龙王曰：‘此王常仁慈，何横捶人？’龙王冥作一蛇，于床下听王。王语夫人：‘我行见小女儿为牧牛人所捶，我解使去。’龙王明日人现，来与王相见，语王：‘王有大恩，在我许女昨行为人所捶，得王往解之。我是龙王也，在卿所欲得。’王言：‘宝物自多，愿晓百畜兽所语耳。’龙王言：‘当斋七日，七日讫，来语，慎勿令人知也。’”（《中华大藏经》第 51 册，第 859 页）

② （东晋）佛陀跋陀罗、法显译《摩诃僧祇律》卷 32 云：“南方国土有邑名大林，时有商人驱八牛到北方俱哆国。复有一商人，共在泽中牧牛。时离车捕龙食之，捕得一龙女。龙女受布萨法，无害心，能使人穿鼻牵行。商人见之形相端正，即起慈心，问离车言：‘汝牵此欲作何等？’答言：‘我欲杀啖。’商人言：‘勿杀，我与汝一牛，贸取放之，令去。’捕者不肯，乃至八牛……即自逐，看其向到池边。龙变为人，语商人言：‘天施我命，我欲报恩，可共入宫，当报天恩。’商人答言：‘不能，汝等龙牲性卒暴，瞋恚无常，或能杀我。’答言：‘不尔，前人系我，我力能杀彼，但以受布萨法故，都无杀心，何况天今施我寿命，而当加害？’……（商人）便言：‘我欲还归。’龙女即与八饼金，语言：‘此是龙金，足汝父母眷属终身用不尽。’语言：‘汝合眼。’即以神变持着本国。”（《中华大藏经》第 37 册，第 260 页）参见（梁）僧旻、宝唱编：《经律异相》卷 43《商人驱牛以赎龙女得金奉亲十》，《中华大藏经》第 53 册，第 256 页。

③ （唐）玄奘：《大唐西域记》卷 3“蓝勃卢山龙池及乌仗那国王统传说”云：“释种虚游，远适异国，迷不知路，假寐树荫。池龙少女游览水滨，忽见释种，恐不得当也，变为人形，即而摩拊。……释种乃誓心曰：‘凡我所有福德之力，令此龙女举体成人。’福力所感，龙遂改形，既得人身，深自庆悦。……龙王心欣人趣，情重圣族，遂从女请。乃出池而谢。释种曰：‘不遗非类，降尊就卑，愿临我室，敢供洒扫。’释种受龙王之请，遂即其居。于是龙宫之中，亲迎备礼，燕尔乐会，肆极欢娱。”（《中华大藏经》第 60 册，第 638-639 页）

④ （唐）玄奘：《大唐西域记》卷 12“瞿萨旦那国·龙女索夫”云：“城东南百余里有大河，西北流，国人利之，以用溉田。其后断流，王深怪异。……王因回驾，祠祭河龙。忽有一女凌波而至曰：‘我夫早丧，主命无从。所以河水绝流，农人失利。王于国内选一贵臣，配我为夫，水流如昔。’……龙遂目悦国之大臣。王既回驾……大臣越席跪而对曰：‘久已虚薄，谬当重任。常思报国，未遇其时。今而预选，敢塞深责。苟利万姓，何吝一臣？……’王允所求，功成不日。其臣又请早入龙宫。于是举国僚庶，鼓乐饮饯。其臣乃衣素服，乘白马，与王辞诀，敬谢国人。驱马入河，履水不溺，济乎中流，麾鞭画水，水为中开，自兹没矣……河水遂流，至今利用。”（《中华大藏经》第 60 册，第 749 页）

⑤ （宋）李昉等：《太平广记》卷 418《震泽洞》，《类书会编》第 17 册，台北：艺文印书馆，1970 年，第 3-5 页。

⑥ （宋）李昉等：《太平广记》卷 418《李靖》，第 6-8 页。

⑦ （宋）李昉等：《太平广记》卷 419《柳毅》，第 1-8 页。

⑧ （宋）李昉等：《太平广记》卷 420《俱名国》，第 1-2 页。

⑨ （宋）李昉等：《太平广记》卷 420《凌波女》，第 4 页。

⑩ （宋）李昉等：《太平广记》卷 421《刘贯词》，第 1-3 页。

⑪ （宋）李昉等：《太平广记》卷 422《许汉阳》，第 1-3 页。

⑫ （宋）李昉等：《太平广记》卷 424《柳子华》，第 2 页。

《妙法莲花经》之记“八龙王”，《华严经》之言“十龙王”，均无及龙王有母，名为之“龙母”者，龙女、龙子有母名为“龙母”者的记载，是则此“龙母”当为本国之独有，据神话学名家袁珂先生谓“龙母”确是如此，并以其“传说故事，对后代有着比较普遍的代表性质的”，并明确指出事系于“秦始皇时代”；而神话传说地点则在广东德庆为确。[①]由此可寻踪“龙母”即为西江流域之独有者，欧清煜先生对此龙母神话论之颇多，尤以《古坛圣迹——悦城龙母祖庙》之编著[②]，为所见个中代表作，然就史学言，其于龙母出身之“西于”、图腾等问题似有所略，复于龙母信仰中于佛教亦阙笔涉，适今征文，乃将所思粗见提出，聊作预流龙母文化学术发展肇步抛砖引玉。

二 、“龙母”之“龙”溯源说

龙母传说、崇拜虽肇始自秦汉，然迄今犹不知其为何许人也。其生平既不见于正史，亦不详于古方志，却为历代敕封，使之由人衍化为女神，列入正祀之席，成为历代标举粤西之芳躅，百代母仪龙德之模范，孝通济世安民之高踪（图 11）。然其出身何氏族？何名姓？何以称之“龙母”？其“龙”之源何在？尝与西江民俗学家欧清煜先生交流多次，均不得其意，今借此书出，以祈高贤解笔者疑窦焉！

图 11 悦城龙母像，录自古坛圣迹—悦城龙母祖庙

① 袁珂：《中国神话传说》下册“秦始皇时代”条，北京：中国民间文艺出版社，1984 年，第 707 页；袁珂：《中国神话传说》下册“龙母的传说是这样的”条，第 708-709 页。

② 欧清煜：《古坛圣迹——悦城龙母祖庙》，广东：德庆县旅游发展局、悦城龙母祖庙，2012 年。

（一）女豢养非己出“龙子”曰“龙母”说

唐儒白居易（772—846）于《白氏六帖事类集》尝有笔及“龙母”云：

> 浦溪口，有龙母养龙，列（裂）断其尾，因呼其溪为龙窟（掘），人时见之，则土境大丰而利涉之。①

白居易直言引自晋人顾微《广州记》，是则龙母之说于晋代已大为盛行，故有顾氏记之其书。由此书始标出西江“龙母”之“龙”有异于传统龙蛇意象或造型的龙文化发展之辙，而衍为以超自然之“掘尾龙”与自然人类中女性结合为豢龙之母，故曰“龙母”，并由在公在野儒士文人、道教信士笔下将故事累积拓增，使此“龙母”虽属常人，却因豢龙而绘塑“神之”②，“又神乎其神也”③。使之升华为“神”之另类图像，并衍化为另类崇拜传说故事。龙母传奇之演变，可参考欧清煜《古坛圣迹》卷一之二及肇庆阳光网《龙母传奇的文化考察》。至若程溪以外之各地各有其异同，传其所传，道其所道者，留待好者自我考察，不赘。

至若故事中“龙子”之数，由一，衍至五；龙母作战之地、被俘之地，与是否名曰龙母陂、龙母河有关等之问题，则于此提出，以待后俊跟进寻踪索实。龙子之“掘尾龙”之名，后演为水上船之名，德庆尝出土一件东汉陶船，足为佐证其来有自，其名非伪，然则此为广东故有之名，或因掘地龙之孝，或护“西于”抗秦侮之功，泽被保“西于”“骆越”所属民人及抗外侮致牺牲而为后世所仰而以此纪念于不朽，并造陶船以表众心，亦值得后之跟进探索之。至若“掘地龙”是否后世神话故事之演播而来或叠积而成文学上之说，则亦有待考索。

（二）崇龙与图腾之推说

“龙”之造型、每族自有其独特思维，西于“龙母”一族图腾之造型若何？笔者以为从“西于”故地出土之“西于”遗物或相关的文物，当可窥其确。多年前访欧清煜先生，氏出示德庆大辽村旁东汉墓一号墓之“铜案”照片④，予即告早于《考古》⑤已见，并推定其龙纹饰为“西于所习用之‘龙’的造型”（图 12），当为龙母一系后人承传之氏族崇拜物——

① （唐）白居易：《白氏六帖事类集》卷 2，北京：文物出版社，1957 年，第 69-70 页。

② （清）徐文犀：《龙母神灵感记》，（清）黄应奎等纂：《悦城龙母志》卷 1“记序”，光绪十三年东裕堂刻本，第 37-39 页。

③ （清）周鄱阳：《重修悦城水口龙母祖庙大殿暨公所志序》，《悦城龙母志》卷 1，第 48-50 页。

④ 欧清煜：《古坛圣迹》，第 9 页。

⑤ 德庆县地方志编纂委员会：《德庆县志》，广州：广东人民出版社，1996 年，第 641 页；欧清煜：《古坛圣迹》，第 8-9 页。

图腾。此“铜案”（图 13）案面四周阴刻六组纹饰，其中天地位为对称之“龙”，两侧为对称之“凤”，四角则当为“蛙”；中心则为“鱼”，鱼两旁右“龙”、左“凤”。窃主张此图纹饰都为西于国所属内多元氏族之崇拜图腾。以往“红专家”视“蛙”为虫——龙虱，视中心鱼尾（右侧）所刻为“凤”，而为此“案命名‘龙凤鱼虫铜案’”，欧氏随专家命名而收入其著。[①]楚坚则以为应据刻型为蛙之抽象，正名为“龙凤鱼蛙铜案”。“凤”当为“鸟图腾”之美称。

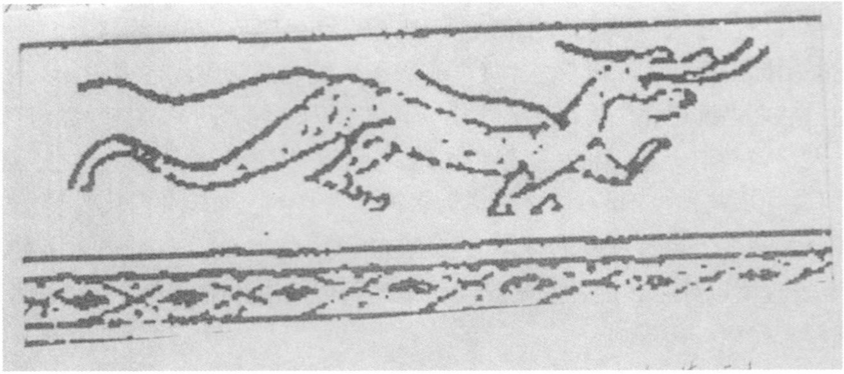

图 12　西于所习用的“龙”造型，录自《古坛圣迹》

图 13　龙凤鱼蛙铜案，录自《古坛圣迹》

① 徐恒彬：《广东德庆大辽山发现东汉文物》，《考古》1981 年第 4 期，第 372-375 页。

“西于”之定名，非出臆断，乃上述汉墓中出土“铜洗”铭文隶书刻作“元初五年七月中，‘西于’造，谢着胨”，“铜壶”铭文隶书刻作“元初五年七月中，‘西于’李文山治、谢着有”[①]而知。“西于”之名，亦见合浦县望牛岭汉墓出土“铜鐎壶”铭文[②]，及《秦汉金文录》所录“交阯（趾）釜”（图14）[③]铭文，可资相稽。从此等铭文，可作“西于”历史地位之确征，据《汉书·地理志》载“自交趾至会稽七八千里，百越杂处，各有种姓”[④]。其东南沿海之越人，史称东越或东瓯；岭南地域之越人，称为西越或西瓯。按：“越”，即“于”，东、西乃方向定位文字，“于”即为“百越”之一支的“种姓”，即“西于”部落、氏族、国的种姓、国姓，“于”，即“越”，或“吁”，在越人为自称词[⑤]，是可作佐证。又从而亦可推见任嚣、赵陀为秦作第二次南征，虽挥戈所向，终全控广西及广东西江流域，然从《汉书》有“（赵）佗因此以兵威财物赂遗闽越、西瓯（西于）、骆，役属焉”[⑥]之笔，则知任、赵之作战新方略乃兵财兼施，才能役属“西于”、骆越，而化其强态之局势，反映任、赵于当时非实质上全控“西于”区域，此亦其等屡俘龙母上京，欲以为质以柔系“西于”人众及作献俘之所然。

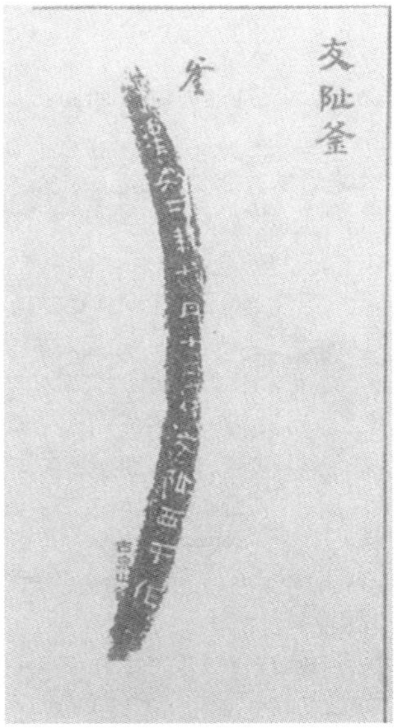

图14 西于交阯（趾）釜，录自《广东先秦考古集》

① 徐恒彬：《广东德庆大辽山发现东汉文物》，《考古》1981年第4期，第372-375页。

② 黄启善：《合浦县风门岭、望牛岭汉墓》，《中国考古学年鉴》，北京：文物出版社，1986年，第191页。按：1985年6月，风门岭五号西汉晚期同坟异穴夫妻合葬墓出土一件铜鐎壶，其肩铭文有“西于”二字。

③ 容庚编：《秦汉金文录》卷4，《“中央研究院”历史语言研究所专刊之五》，1931年，第314页，《交阯（趾）釜》之铭文“汉安二年十月十三日交阯（趾）‘西于’作。”

④ （汉）班固著，（唐）颜师古注：《汉书》卷28下《地理志·下》，北京：中华书局，1962年，第1669页。

⑤ 李富强、白耀天：《壮族社会生活史》，南宁：广西人民出版社，2013年，第702页。

⑥ （汉）班固著，（唐）颜师古注：《汉书》卷95《南粤王列传》，第3848页。

岭南越族支系繁众，各部越人之社会经济发展殊异，且互不统属，非可以一法统辖，“西于”部众势大力强，任、赵先后不敢若屠睢之强以军管，故既采赂赠财物，后又扶“西于君”之裔为王，借以分治怀柔，此亦龙母逝后又有“西于国”之复兴，并容许“西于”越众重建“西于”国、自立其“王”存于交趾①，并可以与后为武帝时瓯骆左将黄同所“斩西于王”②之役属南越国的“西于国”一系同存。而骆越亦散于交州，俗误以骆作雒。③

黄同为“西于王”部属，汉武帝元鼎六年（公元前111）平南越国，黄同斩“西于王”以众降汉；南越桂林监居翁又劝谕其他“瓯骆”三十余万口降汉。④自此“西于”国遂正式丧失于历史上，仅存其名作地名而已，若马援于后汉之请立“西于县”于交趾郡⑤，可知两汉有“西于县”之置。德庆德城镇周边在昔亦作“西于”乡，后音转作“西和乡”⑥者是，或此乡，昔当为西于政治中心或后庭故。

西于国所辖氏族众多，越属又有山越、水越之分⑦，所崇拜圣物各殊，而国君亦允各自崇拜而互重，此从德庆出土“铜案”图案纹饰可推见西于国组成之多元氏族不外崇龙、崇鸟、崇鱼、崇蛙五大图腾氏系。

---

① （北魏）郦道元著，陈桥驿校证：《水经注校证》卷37《叶榆河》：“过交趾泠县北，分为五水，络交趾郡中，至南界，复合为三水，东入海。《尚书大传》曰：尧南抚交趾于《禹贡》荆州之南垂。幽荒之外，故越也。《周礼》，南八蛮，雕题、交趾，有不粒食者焉。《春秋》不见于传，不通于华夏，在海岛，人民鸟语。秦始皇开越岭南，立苍梧、南海、交趾、象郡。汉武帝元鼎二年，始并百越，启七郡。于是乃置交趾刺史，以督领之，初治广信，所以独不称州。时又建朔方，明已始开北垂。遂辟交趾于南，为子孙基址也。鷟泠县，汉武帝元鼎六年开，都尉治。《交州外域记》曰：越王令二使者典主交趾、九真二郡民，后汉遣伏波将军路博德讨越王，路将军到合浦，越王令二使者，赍牛百头，酒千钟，及二郡民户口簿，诣路将军，乃拜二使者为交趾、九真太守，诸雒将主民如故。交趾郡及州本治于此也。州名为交州。后朱載雒将子名诗，索鷟泠雒将女名征侧为妻，侧为人有胆勇，将诗起贼，攻破州郡，服诸雒将皆属征侧为王，治鷟泠县，复交趾、九真二郡民二岁调赋。”（北京：中华书局，2013年，第821-822页）

② （汉）司马迁撰，（宋）裴骃集解，（唐）司马贞索隐，（唐）张守节正义：《史记》卷20《建元以来侯者年表》：“下鄜（候左将黄同，元封元年），以故瓯骆左将斩西于王功侯。”（北京：中华书局，1959年，第1052页）（汉）班固著，（唐）颜师古注：《汉书》卷17《景武昭宣元成功臣表》（第657页）：“下鄜侯左将黄同，以故瓯骆左将斩西于王功侯，七百户。”又（汉）班固著，（唐）颜师古注：《汉书》卷95《西南夷两粤朝鲜传》（第3863页）云：“故瓯骆将左黄同斩西于王，封为下鄜侯。”

③ （清）沈钦韩等撰：《汉书疏证》卷35《西南夷两粤朝鲜传》：“西瓯：《淮南·人间训》有‘西呕君译吁宋’，此《闽粤传》‘斩西于王’，即其国。郭璞云‘闽粤，即西瓯’，非也。《后汉书·马援传》注‘西于县故城在今交州龙编县东’。《方舆纪要》：‘越王城，在北江府西南东岸县。’《一统志》作又安府东岸县二府，俱有东岸县，未知孰是。一名螺城，以其屈曲如螺也。《一统志》：‘雒王宫，在交州府三带州。雒乃骆之误耳。’”（上海：上海古籍出版社，2006年，第9页）

④ （汉）司马迁撰，（宋）裴骃集解，（唐）司马贞索隐，（唐）张守节正义：《史记》卷113《南越尉陀列传》“谕瓯骆属汉”条夹注，第2977页。

⑤ （宋）范晔撰，（唐）李贤等注：《后汉书》卷24《马援传》：“峤南悉平。援奏言：西于县户有三万二千（西于县属交趾郡，故城在今交州龙编县东也），远界去庭千余里，请分为封溪、望海二县。许之。”（北京：中华书局，1959年，第839-840页）

⑥ 欧清煜：《古坛圣迹》“解放初”条，第9页。

⑦ 曾昭璇等：《西瓯国与海上丝绸之路》，广东省封开县封开文学艺术联合会编：《广信文化论文集》，2007年，第160-183页。

图腾[①]（Totem）即为族徽。母系社会，无婚姻制度，女子有孕，初民相信乃女子与图腾接触而延维其等，即氏族每一成员皆属此肇祖图腾直接转世，因以此图腾为此氏族之肇祖，亦为该氏族之姓[②]，或崇拜之圣物，此亦古文献称各氏族“各有种姓”之义[③]，笔及“越”种，皆谓剪发、断发、椎发文身，或以象龙子，若刘向《说苑·奉使》，《汉书·地理志·下》颜师古注，《淮南子·原道训》高诱注，屈大均《广东新语·鳞语》，言及“黎”，则有周岁文身礼俗，若顾阶《海槎余录》，陆次云《峒溪纤志》是。是推知其欲使将龙蛇意象中之圣物作为标志氏族族徽及己类同游而延维、委蛇。近世民族学家罗香林教授《百越源流与文化·古代越文化考》直揭出“古代越族之文身，殆为一种以龙蛇一类水族为图腾之遗俗，盖太古名图腾社会，其所属民人，于成年时必举行一种永远信于图腾之荣誉仪式，而文身殆其仪式之一”。并引《淮南子·原道训》“九嶷之南，陆事寡而水事众”句旨以指出“西呕”（西于）之崇龙及圣俗之行。[④]汉儒许慎《说文解字·虫部》“蛮”字释义曰“南蛮，蛇种”。“西于”亦“南蛮”之属，当为“蛇种”，究之其所崇龙之“龙”，即是龙蛇意象，亦即闻一多先生所谓“龙的基调是蛇”者。[⑤]此种基调，亦即实以虚构超灵性之“龙”与现实大自然之“蛇”结为一超然灵性之图腾造型，说见“引言”。齐恒公有“委蛇、延维”、庆忌之遇[⑥]，即反映古人崇拜心理所向。此于《吴越春秋·阖闾内传》载吴国立蛇门以“示越属于吴”[⑦]，于同书《勾践阴谋外传》[⑧]及《越绝书》[⑨]均有雕赠吴王“状类龙蛇”者，亦为权位、氏族、国家象征之例证，当然亦有“拟兽化”图生存于大自然中，故又有尚蛇之习俗而表其图腾崇拜之心理在。

---

① 按：图腾，乃出自北美印第安奥吉布韦人（Ojibway）之语，1791年，该族有浪格（J. Long）当任英国人及美国人翻译，发表其于北美的游记，此名始为欧美而寰宇所知（见李宗侗《中国古代社会史》第一章）。

② 李宗侗：《中国古代社会史》，台北：台湾中华文化出版事业委员会，1954年，第1-42页。

③ （汉）班固著，（唐）颜师古注：《汉书》卷28下《地理志·下》“少康之庶子云封于会稽”条，颜师古注曰：“自交趾至会稽七八千里，百越杂处，各有种姓，不得尽云少康之后也。”（第1669页）

④ 罗香林：《百越源流与文化》，台北：台湾编译馆中华丛书编审委员会，1978年，第129-130页；罗香林：《百越源流与文化》，台北：台湾编译馆中华丛书编审委员会，第70-72页。

⑤ 闻一多：《神话与诗》，第26-27页。

⑥ （晋）郭象注，（唐）成玄英疏，（唐）陆德明释文，（清）郭庆藩集释：《庄子集释》卷7上《外篇达生第十九》“齐桓公田于泽”条（北京：中华书局，1961年，第650-654页）；（晋）郭璞著，（清）郝懿行笺疏：《山海经笺疏》卷18《海内经》“有人曰苗民。……名延维，人主得而飨食之，伯天下”注（成都：巴蜀书社，1985年，第513页）。

⑦ （汉）赵煜：《吴越春秋》卷2《阖闾内传第四》：“欲东并大越，越在东南，故立蛇门以制敌国。……越在巳地，其位蛇也，故南大门上有木蛇，北向首内，示越属于吴也。”（《景印文渊阁四库全书》第463册，台北：商务印书馆，1986年，第13页）

⑧ （汉）赵煜：《吴越春秋》卷5《勾践阴谋外传第九》：“越王乃使木工千余人，入山伐木。一年，师无所幸。……一夜，天生神木一双，大二十围，长五十寻，阳为文梓，阴为楩楠。巧工施校，制以规绳，雕治圆转，刻削磨砻，分以丹青，错画文章，婴以白璧，镂以黄金，状类龙蛇，文彩生光。乃使大夫种献之于吴王。”（第56页）

⑨ （汉）袁康：《越绝书》卷12《内经九术》：“于是作为策楯，婴以白璧，镂以黄金，类龙蛇而行者。乃使大夫种献之于吴。”（《景印文渊阁四库全书》第463册，台北：商务印书馆，1986年，第116页）

广西产蛇特繁，则水越之“西于”人以蛇为“龙”之意象或非无根，《汉书·地理志》所谓“蛟龙”①，即蛇龙意象而不讳，广西民族古今习呼蛇为“龙”，壮语作 ngwz，音近水界之神“图额”之壮语的 ngieg。②壮族有“宇宙三界观”说，称天地原一体，后因大气旋转，将一体衍为三黄蛋爆发，一变天空——上界，由雷公掌管；一变人界，由布洛陀管；一变水界，由水神图额主管。③雷公，即当时母系氏开始之鸟部之领袖。后以兄弟子孙部落衍生，而化为雷、鸟、蛟龙（鳄）、虎四部，进以人口繁旺而将天地开分为十二国，即十二氏族，各以图腾为名，有鸟、蛟龙、水牛、马蜂、蛙、羊、鱼、虎、竹、潭、黄牛、蛇。随人口繁殖，部分向外开拓天地，或与老氏族结盟形成新部落，而旧部落于兼并战争中互相消长，于是有所谓蛟变、鱼变蛟之史迹。④蛇，又呼作龙蛇，意象已蕴其中，从《壮族麽经布洛陀影印译注》插图视之，其图中所塑像为“龙形鱼尾”身游于水浪上（图 15），以此推之，图额与蛇图腾部落当有其渊如在，或结于各部兼并战争中的联盟者，因此蛇国亦为众视作水神，而加以崇拜，以显其龙蛇意象。壮族于今尚广流传“蛇祖”“蛇郎”等图腾神话，若马山县“蛇娶美女”，博白县、陆川县、北流“蛇郎”，容县“蛇王精”，桂林“花花蛇和三姑娘”，防城“拉提和蟒蛇”及左江“三月三，龙拜山”⑤等故事皆在反映龙蛇、蛇人意象。又将三月初三作为蛇图腾之祭祀日，称作“龙蛇节”，可见崇蛇拜龙之遗俗，即反映广西古有崇拜龙蛇意象之足迹，却惟自汉以来无实物之迹发现可供征信。

图 15 水神图额像，录自《壮族神话集成》

图 16 西于浮雕盘蛇之牺尊，录自《壮族历史文化的考古学研究》

① （汉）班固著，（唐）颜师古注：《汉书》卷 28 下《地理志·下》“文身断发以避蛟龙之害”（第 1669 页）。

② 黄桂秋：《壮族社会民间信仰研究》，北京：中国社会科学出版社，2010 年，第 432 页。

③ 张声震主编：《壮族麽经布洛陀影印译注》第 2 卷《麽叭科仪》，南宁：广西民族出版社，2004 年，第 354-348 页。

④ 张声震主编：《壮族麽经布洛陀影印译注》第 1 卷《麽请布洛沱》，第 1-3、225-310 页；张声震主编：《壮族通史》上册，北京：民族出版社，1997 年，第 122-131 页；梁庭望主编：《壮族原生型民间宗教调查研究》，北京：宗教文化出版社，2009 年，第 88-126 页；丘振声：《壮族图腾考》，南宁：广西人民出版社，1996 年，第 21-359 页；李富强、白耀天：《壮族社会生活史》，第 1078-1091 页。

⑤ 丘振声：《壮族图腾考》，第 279-280 页。

1990年，广西贺县龙中岩洞发现一件铜牺尊，张颌露齿，双目圆睁，双角若长颈鹿竖立，角呈柱形，内侧各分出一支角，长鼻梁，宽平吻，鼻梁与鼻孔以卷云纹，涡纹勾出，形体粗壮，背部置开椭圆形穴，上有盖，盖面浮雕盘蛇，蛇身饰三道鳞纹，居中蛇首高昂为盖钮，臂部为一攀附抬头，单角下弯，凹圆眼，张大吻，尾弯曲，身饰葵叶形凹鳞纹的小夔龙（图 16）[①]，此为本土越式铸造之祭祀礼器，此种礼器只有贵族才可拥有，而贺县又为西于方国领域之属，是此墓当为西于王室者流，所用牺器，既以“蛇”作主饰，则蛇当为西于图腾之反映，蛇并与小龙相辉其龙蛇意象所然。换言之，蛇即是龙，龙即是蛇，说见“引言”。亦有作“蛇”型，又有“蛇”与“蛙”同刻于一铜器上。1997年11月广西恭城县加会公社秧家大队南出土一件春秋时代青铜尊[②]，其肩、腹皆以云纹为地，分别浮雕蛇蛙纹各一道，每道各有四组图案纹饰，每组皆由二蛇一蛙组成。蛇身粗短，尾呈蜷曲状，分列蛙之两侧，蛇头向上而相对，其中两组相对之蛇头作状顶向蛙头部，另两组蛇头顶向蛙之胸肋，蛙作四肢伸展之匍卜跳跃状；腹部四组图饰又略有变化，将主体图仍然为二蛇一蛙，蛇姿势与肩部类同，蛇身变粗大而蜷曲，蛇头高昂将身体变小之“蛙”顶离地面，蛇身空隙中尚现有一只突眼长吻、体粗尾细、身披坚甲之四足“鳄鱼”。其图案顺序第一组，雕 “鳄鱼”头向左，尾尖对准小蛙，于其后足及右侧之大蛇间尚游动一条小蛇；第二组有一大蛇口担起小蛙，于其左侧亦有一游动蛇；第三组，刻“鳄鱼”长吻紧咬着一小蛙；第四组，雕一只作向前跳跃之大蛙昂首望着为蛇担离地之小蛙（图 17）。

图 17　龙蛙图，录自中国国家博物馆、广西壮族自治区博物馆编著：《瓯骆遗粹：广西百越文化文物精品集》，北京：中国社会科学出版社，2006 年

① 贺县博物馆：《广西贺县龙中岩洞墓清理简报》，《考古》1993 年第 4 期，第 324-329 页；郑超雄、覃芳：《壮族历史文化的考古学研究》“1990 年”条，北京：民族出版社，2006 年，第 321 页。

② 广西壮族自治区博物馆：《广西恭城县出土的青铜器》，《考古》1973 年第 1 期，第 30-34 页。

就地望考察，图 16 和图 17 中的铜器皆出土于“西于”领域内及贵族墓葬中，则足以证明“西于”图腾是龙蛇，尤以祭礼牺尊所浮雕之昂首盘蛇及尊臂的小龙的所现为一锤定音之征信。除此之外，元龙坡 316 号墓出土一件玉雕艺术品，通体磨光，外形不规范，器体中间有长尖尾之椭圆镂空，若蛇之蜷曲；郑超雄氏主此“与蛇图腾崇拜有关”，是此又一实物。复全苏勉岭与元龙坡 147 号墓出土之“铜卣”上有蛇纹饰，此亦实物之征[①]；而元龙坡墓群出土之“铜针”，若以用作图腾文身之物视之，亦未尝不可作另一角度之佐证参考。若然将此种种与当地民间母系社会神话传说之“特掘”、“地掘”、“特屈”、“特吉”、“短尾龙”、“秃尾龙”、“独龙”和“龙母”故事联系观之[②]，则龙母为此龙蛇意象之母系领袖已不言而跃现。

又南越国赵氏建国，传承汉文化“龙”为天子思想，故国王玺印，必以蟠龙作印纽以代表身份，若“文帝行玺”金印[③]；其他用品不少皆刻上浮雕龙之造型，至若为其统治“役属”者，虽允此等边缘小方国西瓯、骆、裸国亦称王[④]，但却将其中“大越首领”西瓯（于）国的图腾雕刻铸造于其“羽饰彩纹漆木屏风”（图 18）的鎏金铜托座中，如蛇托座位于屏风两侧底部，以三条蛇组成支托，正面一条，背面两条，相互绞缠，蛇首回旋于中部，蛇身缚有向外飘扬之云纹带饰，蛇尾弯垂着地，形成三支点，以保持屏之平衡，其上为一套筒，筒若“之”字形，以作套入屏风之柱、枋；越人操蛇托座，上部为两个扁长方套筒组成活页，可作 90 度展开，为“屏风”右翼障之下转角构件，下半部为越人力士，身穿右衽褐衣，短裤，跣足，两眼圆瞪，眼珠外突，鼻短而高，体矮胖，膀圆肩宽突胸，口衔一双头蛇，双手各操一蛇，双足跪坐各夹一蛇，五蛇相互绞缠，向左右延伸，外接下垂之透雕云纹，形成多处着地支点；又有蟠龙托座一对，分别为“屏风”两边屏障前端，承垫着展开之翼障，使之不坠晃，半蹲于托座上之“龙”，昂首曲体盘尾，四足踩踏于双蛇构成之支座上，蛇头向后，蛇身分别向两旁外旋，两蛇各卷缠一双青蛙，蛙张口暴目，双肢前伸，作力图挣脱状，而另一蛙蹲伏于龙口，蛙身向前伸前两腿攫于龙口缘，神态安详，龙头上

① 覃圣敏：《西瓯骆越新考》，中国百越民族史研究会、广西壮族自治区文物局、广西文物考古研究所编：《百越研究（第 1 辑）——中国百越民族史研究会第十三届年会论文集》，南宁：广西科技出版社，2007 年，第 11 页。

② 覃圣敏：《西瓯骆越新考》；农冠品编注：《壮族神话集成·独龙扫墓》，南宁：广西民族出版社，2007 年，第 229 页；农冠品编注：《壮族神话集成·龙母传说》，第 229-230 页；农冠品编注：《壮族神话集成·娅仆与特倔》，第 231-232 页；农冠品编注：《壮族神话集成·特屈扫墓记》，第 232 页；农冠品编注：《壮族神话集成·特屈的故事》，第 232-233 页；农冠品编注：《壮族神话集成·特掘的故事》，第 233 页；农冠品编注：《壮族神话集成·秃尾龙（特屈）的故事》，第 234-235 页；农冠品编注：《壮族神话集成·特掘的传说》，第 235-236 页；农冠品编注：《壮族神话集成·秃尾龙》，第 237-238 页；农冠品编注：《壮族神话集成·神龙的传说》，第 238 页；农冠品编注：《壮族神话集成·短尾龙的传说》，第 239-240 页；农冠品编注：《壮族神话集成·特吉扫墓》，第 240-242 页。

③ 广州文物管理委员会等编：《西汉南越王墓》下册，北京：文物出版社，1991 年，彩版二（D79）“文帝行玺”；黄永川、巴东等编：《西汉南越王墓文物特展图录》，台北：台湾历史博物馆，1998 年，第 72-73 页，“文帝行玺金印”。

④ （汉）司马迁撰，（宋）裴骃集解，（唐）司马贞索隐，（唐）张守节正义：《史记》卷 113《南越尉陀列传》，第 2970 页。

有一管状插座，以插雉羽装饰之用。此三组托座，以为前二座，当为“役属”于南越之反映，后者以龙踩蛇，当为统治降伏 “西于”，并着以西于攻打以蛙为图腾之骆越，以揭“瓯骆相攻”[①]与邻毗摩擦致发生之争斗，终使骆越不得不依附南越始得安详。

图 18 南越王“羽饰彩纹漆木屏风”，录自日本京都文化博物馆编：《中国・南越王の至宝——前汉时代广州の王朝文化》，每日新闻社，1996 年

蛇、蛙图解读，有以反映蛇蛙图腾之两氏族不和、相争恶斗之状说；有以性交合欢说；有以崇蛇之渔猎时代过渡崇蛙之农业时代转折期说，学者蒋廷瑜[②]、卢敏飞[③]、黄达武[④]，各有卓见，惟楚坚则以为龙蛙二族反映其共事于“西于”国之交好状，及龙救蛙于鳄鱼来突击之足迹。

① （汉）司马迁撰，（宋）裴骃集解，（唐）司马贞索隐，（唐）张守节正义：《史记》卷 113《南越尉陀列传》，第 2977 页。

② 蒋廷瑜：《铜鼓艺术研究》，南宁：广西人民出版社，1988 年，第 84 页。

③ 卢敏飞：《生殖崇拜的原始宗教仪式》，《广西民族研究》1991 年第 1 期，第 112-119 页。

④ 黄达武：《壮族古代蛇图腾崇拜初探》，《广西民族研究》1991 年第 1 期，第 91、108-111 页。

蛙，为骆越人，即今壮族先民，百越系西南宗支之图腾[①]，西于与骆越为邻毗，且结盟为“于骆”以抗秦侮，则其自来相好之交，与相救以鳄鱼为图腾之某氏族的突击，当是有其之迹在。壮族骆越诸部的先民骆越人崇拜青蛙，推为神，故有祭蛙神之摩崖壁画留传于左江流域之凭祥、龙州、宁明、崇左、扶绥、大新诸县183处287个画组，画中人像、兽像、物像等多于0.6—1.5米，人像皆双脚丁蹲叉开，呈八字形，双手向上平举，与人头呈山字形，于是正身人像之蛙形特征姿势呈现、逼真，尤以花山崖壁画处为圣地。[②]并将之刻于所习用之铜鼓上，进而立体雕像作饰铸于鼓面四周[③]，有单蛙、有叠蛙，有四只、六只不等[④]，有以此等蛙饰铜鼓者，中国两广云贵，越南北部，泰国、缅甸东北，都为主要分布区，然最典型之青蛙塑像铜鼓以广西境内为最。[⑤]此从广西浔江、郁江、邕江、左江流域，广东西部之云浮、高州等地出土铜鼓可相印证。“蛙”为壮族之图腾崇拜者，尊曰雷王之子，古代《蚂蜗歌》即为颂崇蛙而作之歌，迄今每年尚有“蛙婆节”[⑥]。举行于大年初一至正月三日，凡三年举行“祭蛙神”，每村树“图腾柱”（壮语Dongzgauj）以示举，请周邻来参加正月初一祭礼。[⑦]至若其来源、经过、效应，覃彩銮氏有详载。在十二国之分，有鳄鱼图腾，一作“蛟部图腾”；其崇拜自春秋战国时期即存在于广西梧州、藤县、岑溪及广东肇庆、封开诸地区，有山祭、水祭之祀。据史诗《布洛陀》所载，蛟部后为农耕之水牛部所兼并。[⑧]

---

① 覃剑萍：《壮族蛙婆节初探》，唐正柱主编：《红水河文化研究》，南宁：广西人民出版社，2001年，第686-693页；蓝鸿恩：《蛟龙、鸟、雷神，青蛙》，农冠品编注：《壮族神话集成》，第741-754页；罗教杰：《壮族龙神故事探源》，农冠品编注：《壮族神话集成》，第754-760页；丘振声：《布洛陀与图腾崇拜》，农冠品编注：《壮族神话集成》，第760-767页；蓝鸿恩：《壮族青蛙神话》，农冠品编注：《壮族神话集成》，第767-770页；丘振声：《壮族蛙图腾神话》，农冠品编注：《壮族神话集成》，第771-781页；梁庭望：《花山崖壁画——祭祀蛙神的圣地》，农冠品编注：《壮族神话集成》，第785-789页；潘其旭：《花山崖壁画——图腾入社仪式的艺术再现和演化》，农冠品编注：《壮族神话集成》，第790-800页；梁庭望：《花山之谜——壮族守护神的虔诚赞歌》，农冠品编注：《壮族神话集成》，第800-805页；梁庭望：《壮族蛙神艺术及文化内涵》，农冠品编注：《壮族神话集成》，第805-811页。

② 梁庭望主编：《壮族原生型民间宗教调查研究》“青蛙图腾绘饰除了铸在铜鼓上以外”条，第97页；覃圣敏等编：《广西左江流域崖壁画考察与研究》，南宁：广西民族出版社，1987年，第158-162页。

③ 洪声：《广西古代铜鼓研究》，《考古学报》1974年第1期，第45-90页；王克荣、蒋廷瑜：《广西西林县普驮铜鼓墓葬》，《文物》1978年第9期，第43-51页；汪宁生：《试论中国古代铜鼓》，《考古学报》1978年第2期，第159-190页；李伟卿：《中国南方铜鼓的分类和断代》，《考古》1979年第3期，第66-78页；黄增庆：《广西出土铜鼓初探》，《考古》1964年第11期，第578-588页；中国古代铜鼓研究会编：《中国古代铜鼓》，北京：文物出版社，1988年，第1-240页。

④ 蒋廷瑜：《铜鼓艺术研究》，第81页。

⑤ 蒋廷瑜：《铜鼓艺术研究》，第82页。

⑥ 《蚂 歌》，广西僮族自治区科学工作委员会、僮族文学史编辑室编：《僮族民间歌谣资料》第二集，1959年，第3-4页；《壮族百科辞典》编纂委员会编：《壮族百科辞典·风俗类·蛙婆节》，南宁：广西人民出版社，1993年，第356页；《壮族百科辞典》编纂委员会编：《壮族百科辞典·宗教类·祭蛙神》，第335页；欧阳若修等编：《壮族文学史》，南宁：广西人民出版社，1986年，第78-84页。

⑦ 覃彩銮：《壮族蚂蜗节》，北京：北京科学技术出版社，2013年。

⑧ 梁庭望主编：《壮族原生型民间宗教调查研究》，第93-96页；梁庭望主编：《壮族原生型民间宗教调查研究》，第108-109页；李富强、白耀天：《壮族社会生活史》，第1084-1085页；丘振声：《壮族图腾考》，第288-299页；张声振主编：《壮族通史》上册“蛟部，即是以鳄鱼为图腾之集团”条，第125页 。

除外，复有越人最古老的鸟部图腾，以耕种为主，其所种田，种骆田，一作雒田，即鸟田，后因人口繁衍，鸟图腾分化为雷图腾、鸟图腾、蛟龙图腾、虎图腾四部，进而分为十二国，鸟仍作鸟图腾部，居其首，后又分化鸡图腾，凤图腾，为西于、骆越中重要之氏族，于铜鼓上所塑鸟、羽人皆为此系所制用，另有多种故事、歌诗、文身记载。[①]

十二国之分，有鱼图腾，鱼部主要近水上捕鱼为主，于铜鼓铸造上，亦有鱼纹，是其部所分布亦广。世有刘三姐逝后骑鱼成仙之传说，隆林各族有正月初一见人见动物皆尊称“巴”（鱼）之习俗，龙腾龙脊十三寨及部分侗族地臣，有视三条鲤鱼共一头图案为“神物”，有 “一脚踩三鲤”之风俗。此鱼部，后为蛟部所兼并。[②]

此蛙、蛇、鸟（凤）、鱼、鳄图腾之浅释，或可为前自“铜案”以来各相关实物中之图案稍做佐证。

出身非龙图腾之裔，很多时于一般崇拜笔下、刀刻下很自然龙蛇互用，若《悦城龙母庙志》清人新安程鸣所书《孝通庙旧志》[③]记龙母逝后，时有“二大蛇常在庙中，三蛇常在墓侧……号五龙庙”，而于他处则称“龙”，此为一例。《悦城龙母庙志》所收清按察使卢崇兴《悦城龙母庙碑记》[④]记龙母逝后，为其“立庙，于墓右，而五龙易为五蛇之形”，亦是其例。又《悦城龙母庙志》所收《岭表录异》谓龙母拾得“五卵”，不数日，忽见五小蛇（破）壳“一班四青”，又一例。是直笔则“蛇”，意象于崇拜又变为“龙”。由此数者可推知龙母之所谓豢养之真龙，实亦为意象所构，然却反映龙母及龙子实渊如于母系社会，其氏族族徽为“龙”，即崇龙图腾之遗。意象之构型，随世移文化艺术开展，蛇型有衍作“掘尾龙”，有形同“铜案”中所刻图饰型，后于汉代玉器之纹饰所衍尤为美化，形类中原，却蕴地方色彩。然而亦有用“蛇”作饰于铜器上。1985 年广西武鸣县马头乡元龙坡 147 号墓所出一件铜卣上即有龙蛇纹饰，可见此地亦为龙母一系之属地。又据熊昭明等文章，2005 年以前，除龙首回卷玉佩外，尚有“冲牙”之龙首回卷三件，龙首玉拐等[⑤]，其龙或与崇龙之西于思维有渊源。惟历来在广西灵渠以南至广东西江各流域附近所出土文物，若艺术品、石器、陶器、铜器繁多，非当地当职专业者，难以一一经目，而已发表者亦非一一有缘始可得与西于国腾龙蛇意象相关者，但相信会有缘臻之时，再行跟进，至若鱼、凤一鸟、鳄鱼之究亦然。又西于图腾在“龙”，故与龙类相关之夔纹陶器等文物当较多使用，《广西出土文物》《瓯骆选粹》《鼓声悠远》《瓯骆印象》诸书收有粹品，志者可跟进于后。

---

① 丘振声：《壮族图腾考》，第 201-270 页；梁庭望主编：《壮族原生型民间宗教调查研究》，第 90-92 页；梁庭望主编：《壮族原生型民间宗教调查研究》，第 104-107 页；梁庭望主编：《壮族原生型民间宗教调查研究》，第 120-126 页。

② 张声振：主编《壮族通史》上册“鱼部”条，第 126 页 ；梁庭望主编：《壮族原生型民间宗教调查研究》，第 120-122 页。

③ （清）程鸣：《孝通庙旧志》，《悦城龙母庙志》卷 1，第 9-13 页。

④ （清）卢崇兴：《悦城龙母庙碑记》，《悦城龙母庙志》卷 1，第 25-27 页。

⑤ 熊昭明、谢日万：《广西出土的先秦两汉玉器》，广西文物考古研究所编著：《广西考古文集》第三辑，北京：文物出版社，2007 年，第 541-551 页。

（三）崇“龙”母系社会之“王”曰“龙母”说

《古坛圣迹》一书卷一之一，亦笔涉崇龙、瓯骆古国，断定悦城为龙母故乡，唯以印刷期限，致尚有可申述者，兹举一二。

瓯骆古国，以历史考察言，应作“西于”“骆”两方国观，惟联盟抵抗外侮，始称“于骆”。于，又作“呕”“瓯”。罗香林教授之研究，提出“瓯越之瓯，亦似为于越之‘于’所转称，盖瓯读 ou，于则读 u，求之于古，本同部也”①。瓯又同字异写，作“呕”“沤”“欧”，或称“瓯越”。刘师培先生则释名；“盖瓯从区声。区，为踦岖藏匿之所。从区之字，均有曲义，故凡山林险阻之地，均谓之瓯。南方多山，故饶林木古谓之瓯，因名其人为瓯人。”②此其国名之意义。其名称《史记》称其先秦已形露方国之势而“称王”③，《汉书》亦直书西瓯，“南面称王”④。骆，一作“雒”“路”⑤，《吕氏春秋》作“越骆”，高诱注：“国名”⑥，由是可知其为两方国。

就“西于”文化圈内出土文物铭文有刻“西于”，若西江流域德庆大辽山墓⑦及合浦县墓⑧与交趾金釜⑨，以此征之，“西于”，不论写“呕”等，但其地其国应正字作“西于”，故本文通篇用此，不用读音同之其他字。

纵观文献与出土文物遍布次第“西于”国具体分布方位，当分布于肇庆、德庆以西之西江中游与广西灵渠以南的桂江流域、浔江流域。⑩骆人方位则分布于左江、右江流域及贵州西南部与越南北部红河三角洲一带。⑪

（四）西于祖源“峒中岩”及其繁衍岭南岭北之概说

“西于”立国与历史，史籍阙如，然就两广、湘南原始人遗址，下延相关于文献、考古者，或可揭其大概。

---

① 罗香林：《百越源流与文化》，第 70-72 页。

② 刘师培：《释沤国》，《刘申叔先生遗书》，《左盦集》（三）卷五，宁武南氏校印，1934 年，第 49 页。

③ （汉）司马迁撰，（宋）裴骃集解，（唐）司马贞索隐，（唐）张守节正义：《史记》卷 113《南越尉陀列传》，第 2970 页。

④ （汉）班固著，（唐）颜师古注：《汉书》卷 95《南粤王列传》，第 3851 页。

⑤ （清）朱佑曾：《逸周书集训校释》卷 7“路人大竹”条，王云五主编：《万有文库》，上海：商务印书馆，1937 年，第 121 页。

⑥ （秦）吕不韦等：《吕氏春秋》卷 14《孝行览》二《本味篇》“和之美者：阳朴之姜，招摇之桂，越骆之菌”条，《景印文渊阁四库全书》第 848 册，台北：商务印书馆，1986 年，第 374 页。

⑦ 广东省博物馆、德庆文化局：《广东德庆发现战国墓》，广东省博物馆编：《广东省博物馆建馆三十周年纪念：广东文物资料选辑》第一辑，1989 年，第 249-251 页；德庆县地方志编纂委员会：《德庆县志》，第 641-643 页；参见徐恒彬：《广东德庆大辽山发现东汉文物》，《考古》1981 年第 4 期，第 372-375 页。

⑧ 黄启善：《合浦县风门岭、望牛岭汉墓》，中国考古学会编：《中国考古学年鉴》，北京：文物出版社，1986 年，第 191 页。按：在五号西汉墓发现一铜鐎壶，其肩部刻有“西于”铭文。

⑨ 容庚编：《秦汉金文录》卷 4《交趾釜》，錾刻铭文拓本，第 314 页，“汉安二年十月十三日交趾西于作”。

⑩ 罗香林：《百越源流与文化》，第 70-72 页；蒋廷瑜：《桂岭考古论文集》，北京：科学出版社，2009 年，第 69-88、142-152 页。按：蒋先生据文献及通过广西银山岭战国墓与同期广东德庆落雁山、肇庆北岭松山、四会高地园、怀集拦马山、广宁铜鼓岗、广宁南门垌、罗定背夫山、岑溪花果山、高州仙坑村、广宁宠岗嘴等墓群发现材料之考研，互稽归纳出西瓯分布地所在及其文化。

⑪ 罗香林：《百越源流与文化》，第 72-77 页；蒋廷瑜：《西瓯骆越青铜文化比较研究》，第 69-74、78-86 页。

罗香林教授于20世纪抗日战争前据有限文献史料推出西瓯（西于）居于柳江东南，下至今苍梧封川，东界不过桂江。[①]移旌讲学香港后，力主尚须亟搜国内出土发现，或可互稽突破，就今眼及，“西于”应分布于柳江前后，换言之，西瓯可能分布于南越之西，灵渠之南的柳江、桂江、西江流域。西呕，为一古人类演化而来之土著氏族、母系社会及图腾信仰者。[②]

如是观，先秦之“西于”历史文化，可因考古与发现而予验证，予从而关注至今[③]，遂知其族群可溯源逾10万年前生活于广西、广东之古人类、太古土著居民。在“西于”文化圈内，就广西[④]、广东[⑤]考古与出土发现之丰富，与学者精研心得，得窥广西，由7万年前之柳江人经荔浦人[⑥]，逾2万年前之白莲洞人而大龙潭人等化石人类而迄桂林万年地书的甑皮岩人、鲤鱼嘴人[⑦]；广东则封开14万年前峒中岩化石人类[⑧]——晚

① 罗香林：《百越源流与文化》，第69-72页。

② 按：此书原作《中夏系统之百越》（重庆：独立出版社，1943年，顾颉刚序），为先师年青时代力作，先生移席香港后，原拟广搜国内外出土文物论著与之互稽，删削增订为“《中国民族史研究》之一册”，然以讲学涉及，索需者众，不得已仅就该书稍做重订，章节体依旧不改，交台北编译馆出版以供时需。尝于课堂谓据现眼及零星出土之文论，将来重修西瓯未尝不可推作西瓯分布地自南越之西，灵渠之南而过桂江，迄西江中游。西呕为一古人类演化而来之土著氏族，其历史演化中自有其母系社会之自然过渡及图腾崇拜之精神状态在，凡此均须密切关注相关考古与新发现而征实焉。

③ 楚坚承教后，尝多年关注，搜相关资料外，亦尝与江梓荣、江裕英先生两度往柳梧、封开作实地考察及赴博物馆观摩考古出土文物，并获各文化部门、博物馆赐赠相关介绍书籍与纪念论文集。尝拟《西瓯祖源在封开》《西瓯方国史初探》二稿以作黄伟宗教授召开于2006年11月“广信文化论坛”与2011年8月“封开：广府首府论坛”大会之“敲门砖”，却以工作、身体、交通之故而中止，今以所述需要及时限所遁，乃将此二稿中相关类题摘入适用者。

④ 文物编辑委员会编：《文物考古工作三十年——1949—1979》，北京：文物出版社，1979年，第339-348页；蓝日勇：《回顾与前瞻——写在广西考古七十年之际》，广西壮族自治区文物工作队编：《广西考古文集（第二辑）——纪念广西考古七十周年专集》，北京：科学出版社，2005年，第1-8页；韦江：《广西先秦考古述评》，广西壮族自治区文物工作队编：《广西考古文集（第二辑）——纪念广西考古七十周年专集》，第48-59页；容小宁编：《超越·崛起：广西文物考古发掘研究十大精品》，南宁：广西人民出版社，2007年，第1-34页；韦江：《广西考古六十年概述》，广西文物考古研究所编著：《广西考古文集》第四辑，北京：科学出版社，2010年，第307-330页；广西文物考古研究所、南宁市博物馆编：《广西先秦岩洞葬》，北京：科学出版社，2007年。

⑤ 朱非素：《岭外求真——朱非素考古论集》，北京：科学出版社，2015年，第7-13页；朱非素：《岭外求真——朱非素考古论集》，第15-27页；杨式挺、邱立诚、冯孟钦，等：《广东先秦考古》，广州：广东人民出版社，2015年，第31-47页。

⑥ 容小宁编：《超越·崛起：广西文物考古发掘研究十大精品》，第53-70页。

⑦ 容小宁编：《超越·崛起：广西文物考古发掘研究十大精品》，第71-88页；中国社会科学院考古研究所、广西壮族自治区文物工作队、桂林甑皮岩遗址博物馆，等编：《桂林甑皮岩》，北京：文物出版社，2003年；漆招进：《谈桂林甑皮岩洞穴遗址与华南早期新石器文化的几个问题》，封开县博物馆等编：《纪念黄岩洞遗址发现三十周年论文集》，广州：广东旅游出版社，1991年，第80-85页；刘文、张镇洪：《广西柳州大龙潭、鲤鱼嘴石器时代贝丘遗址动物群的研究》，封开县博物馆等编：《纪念黄岩洞遗址发现三十周年论文集》，第87-96页；蒋远金：《鲤鱼嘴遗址研究》，广西博物馆编：《广西博物馆文集》第三辑，南宁：广西人民出版社，2006年，第96-101页；蒋远金：《白莲洞文化与东南亚地区旧石器时代过渡阶段文化的比较研究》，广西博物馆编：《广西考古文集》第二辑，南宁：广西人民出版社，2005年，第447-455页；叶亮：《白莲洞遗址动物群的生态环境探讨》，广西博物馆编：《广西博物馆文集》第五辑，南宁：广西人民出版社，2008年，第56-59页。

⑧ 宋方义等：《广东封开峒中岩动物群和人牙化石研究》，封开县博物馆等编：《纪念黄岩洞遗址发现三十周年论文集》，第28-40页；张镇洪：《“封开人”——迄今岭南地区最早的人类化石》，广东省封开县文学艺术界联合会编：《广信文化论文集》，梧州：蝶山人民印刷厂，2007年，第134-135页；杨式挺、邱立诚、冯孟钦，等：《广东先秦考古》，第78-79页；肇庆市政协文史资料编辑委员会编：《肇庆文史》第22辑，2009年，第21页；欧荣生主编：《广东省肇庆市不可移动文物名录》，广州：世界图书出版广东有限公司，2013年，第30页。

期智人，经5万年前罗沙岩[①]，逾12000年前之黄岩洞人[②]而白石岩[③]、塘角嘴[④]、猛头山、利羊墩[⑤]、罗髻岩[⑥]、杏花河墓葬[⑦]、德庆三洲岩[⑧]、鼎湖蚬壳洲遗址[⑨]、高要茅岗[⑩]等，繁衍遍存本区域内众多族裔及众多之旧新石器时代文化[⑪]、青铜

① 肇庆市政协文史资料编辑委员会编：《肇庆文史》第22辑，第22-23页；杨式挺、邱立诚、冯孟钦，等：《广东先秦考古》，第79页。

② 宋方义等：《广东封开黄岩洞遗址综述》，封开县博物馆等编：《纪念黄岩洞遗址发现三十周年论文集》，第1-12页；肇庆市政协文史资料编辑委员会编：《肇庆文史》第22辑，第30-31页；杨式挺、邱立诚、冯孟钦，等：《广东先秦考古》，第122-125页。

③ 邱立诚等：《广东封开白石岩人骨形态特征》，封开县博物馆等编：《纪念黄岩洞遗址发现三十周年论文集》，第293-297页；肇庆市政协文史资料编辑委员会编：《肇庆文史》第22辑，第29页。

④ 肇庆市政协文史资料编辑委员会编：《肇庆文史》第22辑，第63页。

⑤ 肇庆市政协文史资料编辑委员会编：《肇庆文史》第22辑，第81页；杨式挺等：《广东封开县利羊墩战国西汉墓的发掘与主要收获》，广东省封开县文学艺术界联合会编：《广信文化论文集》，第240-250页；杨式挺等：《封开利羊墩古墓葬群发掘简报》，广东省封开县文学艺术界联合会编：《广信文化论文集》，第316-340页。

⑥ 杨式挺、邱立诚、冯孟钦，等：《广东先秦考古》，第131页；肇庆市政协文史资料编辑委员会编：《肇庆文史》第22辑，第25-27页。

⑦ 吴海贵等：《简谈封开杏花乌骚岭新石器时代墓葬》，封开县博物馆等编：《纪念黄岩洞遗址发现三十周年论文集》，第156-159页；杨式挺等：《广东封开杏花河两岸古遗址调查与试掘》，广东省封开县文学艺术界联合会编：《广信文化论文集》，第280-315页。

⑧ 欧清煜：《古坛圣迹》"距悦城十五公里有三洲岩"条，第6页；欧清煜：《三洲岩诗文全录·前言》，北京：中国文联出版社，1999年，第4-5页。

⑨ 肇庆市政协文史资料编辑委员会编：《肇庆文史》第22辑，第16-17页。

⑩ 肇庆市政协文史资料编辑委员会编：《肇庆文史》第22辑，第18-19页。

⑪ 乔晓勤等：《华南史前文化若干问题的思考》，封开县博物馆等编：《纪念黄岩洞遗址发现三十周年论文集》，第65-79页；唐春松：《两广地区的旧石器时代晚期文化》，封开县博物馆等编：《纪念黄岩洞遗址发现三十周年论文集》，第112-114页；邱立诚：《粤地考古求索——邱立诚论文选集》，北京：科学出版社，2008年，第3-13、14-26、169-177、178-188、189-199、200-221页；杨清平：《略论广西地区旧石器时代向新石器时代过渡的有关问题》，广西文物考古研究所编著：《广西考古文集》第三辑，第412-419页；彭长林等：《试论广西新石器时代文化》，广西文物考古研究所编著：《广西考古文集》第三辑，第420-443页；赵善德：《西江流域新石器文化遗存分析》，封开县博物馆等编：《纪念黄岩洞遗址发现三十周年论文集》，第160-171页；陈鸿波：《试论西江中游新石器的经济类型和演变》，广西文物考古研究所编著：《广西考古文集》第四辑，第331-347页；李大伟等：《试论广西新石器时代打制石器》，广西文物考古研究所编著：《广西考古文集》第四辑，第348-365页；罗德振：《西江流域中下游地区的新石器时代文化遗存》，封开县博物馆等编：《纪念黄岩洞遗址发现三十周年论文集》，第178-180页；彭书琳、蒋廷瑜：《论广西的有肩石器》，封开县博物馆等编：《纪念黄岩洞遗址发现三十周年论文集》，第181-197页；广西壮族自治区文物工作队：《广西南部地区的新石器时代晚期文化遗存》，《文物》1978年第9期，第14-24页；彭书琳、蒋廷瑜：《论广西的有肩石器》，封开县博物馆等编：《纪念黄岩洞遗址发现三十周年论文集》，第181-197页；凡明：《广东省文管会发现新石器时代遗址八处并在清理古墓葬中获得完整古瓷器一批》，广东省博物馆建馆编：《广东省博物馆建馆三十周年纪念·广东文物考古资料选辑》第一辑，1989年，第1-2页；莫稚：《一九五七年广东省文物古迹调查简记》，《广东文物考古资料选辑》第一辑，第5页；莫稚：《广东考古调查发掘的新收获》，《广东文物考古资料选辑》第一辑，第6-8页；杨式挺：《五年来广东文物工作的重要发现》，《广东文物考古资料选辑》第一辑，第9-15页；朱非素：《我省文物调查中的新发现》，《广东文物考古资料选辑》第一辑，第16-17、15页；莫稚：《深圳市考古重要发现》，《广东文物考古资料选辑》第一辑，第18-21页；邱立诚：《三十年来广东发现的第四纪哺乳动物化石地点》，《广东文物考古资料选辑》第一辑，第26-27页；宋方义、邱立诚等：《广东封开、怀集岩溶洞穴调查简报》，《广东文物考古资料选辑》第一辑，第29-31页；邱立诚等：《广东封开发现的人类牙齿化石》，《广东文物考古资料选辑》第一辑，第32-33页；邱立诚等：《广东阳春独石仔新石器时代洞穴遗址发掘》，《广东文物考古资料选辑》第一辑，第34-37页；邱立诚等：《广东封开黄岩洞洞穴遗址》，《广东文物考古资料选辑》第一辑，第38-40页；莫稚：《广东清远县潖江河支流新石器时代遗址调查发掘简报》，《广东文物考古资料选辑》第一辑，第50-52页；邱立诚等：《粤西发现的大石铲》，《考古》1983年第9期，第838页；杨式挺、邱立诚、冯孟钦，等：《广东先秦考古》，第70-621页；香港历史博物馆编制：《岭南印记——粤港澳考古成果展》，香港：百乐门印刷公司，2014年。

文化[①]。而峒中岩化石为我国岭南迄今发现最早之古人类牙齿化石，晚期智人继而黄岩洞化石之发现，而广西则柳江人之发现，促发柳江、西江流域现代人多地区起源说，及中国人类连续演化之新证据，而峒中岩人既为两广之古人类，又其体质与华南人、西江广东人、柳江等广西壮人接近，是则当亦为“西于”人祖源之地，柳江人、黄岩洞等各遗址则为两广、“西于”人母系氏族之摇篮，各个遗址皆有其年代，除封开、柳江智人化石外，旧新中石器有其传承切换时期足迹在，于出土中以新石器时晚期分布于峰林石山之中为多，所发掘文物，以生产工具之磨制石器为主，另有梯形穿孔石斧、石锛、条状石凿、柳叶形及三棱形石镞；陶器则以绳纹、几何印纹为主；器形有釜、罐等。此为“西于”早期文化，亦为“西于”方国建国之文化基础。

商代或其前，“西于”已与中原有所封贸关系[②]，此从《逸周书·王会解·伊尹朝献》可征，其地位居南方各方国之首，非比寻常。亦即其利用桂江、西江与湘桂走廊之交通优势，借此海上丝绸之路[③]而与中原促成封贡关系，于是中原文化因而引入。例如，广西兴安所发现商代兽面纹青铜卣器，底部有铭文“天父乙”，灌阳发现西周铜钟、铜戈[④]，由此既可作“西于”立国于商周之前之夏，且互稽《逸周书》可征其于当时有封贡之史实在。迨

---

① 蒋廷瑜：《西瓯骆越青铜文化比较研究》，《桂岭考古论文集》，第69-86页；陈大远：《简谈罗定先秦文化遗存及西江流域青铜文化的有关问题》，封开县博物馆等编：《纪念黄岩洞遗址发现三十周年论文集》，第267-270页；邱立诚：《广东青铜器时代文化类型初探》，封开县博物馆等编：《纪念黄岩洞遗址发现三十周年论文集》，第271-282页；周大鸣：《从刮刀的分布与流传看广东青铜文化的源流》，封开县博物馆等编：《纪念黄岩洞遗址发现三十周年论文集》，第283-292页；徐恒彬：《华南考古论集》，北京：科学出版社，2001年，第88-95页；徐恒彬：《华南考古论集》，第96-116页；杨式挺、邱立诚、冯孟钦等：《广东先秦考古》，第657-668、737-842页。

② （晋）孔晁注：《逸周书》卷7《王会解第五十九》附《伊尹朝献》“汤问诸侯来献”条，上海：商务印书馆，1936年，第1页。

③ 曾昭璇等：《西瓯国与海上丝绸之路》，广东省封开县封开文学艺术联合会编：《广信文化论文集》，第160-183页。

④ 广西壮族自治区文物工作队：《广西出土的青铜器》，《文物》1978年第10期，第93-96页；广西壮族自治区文物工作队：《近年来广西出土的先秦青铜器》，《考古》1984年第9期，第798-806页；广西壮族自治区博物馆：《广西恭城县出土的青铜器》，《考古》1973年第1期，第30-34、41页；广东省博物馆、珠海市图书馆：《珠海拱北新石器与青铜器遗址的调查与试掘》，《考古》1985年第8期，第686-689页；杨豪：《介绍广东近年发现的几件青铜器》，《考古》1961年第11期；广东省文物管理委员会：《广东清远发现周代青铜器》，《广东文物考古资料选辑》第一辑，第221-224页；广东省文物管理委员会：《广东清远的东周墓》，《广东文物考古资料选辑》第一辑，第225-229页；朱非素：《马坝石峡遗址出土的青铜器》，《广东文物考古资料选辑》第一辑，第230-231页；邱立诚等：《广东深圳大梅沙发现青铜兵器》，《广东文物考古资料选辑》第一辑，第229、234-235页；邱立诚等：《广东博罗出土一组青铜编钟》，《广东文物考古资料选辑》第一辑，第236-237页；广东省博物馆、德庆县文化局：《广东德庆发现战国墓》，《广东文物考古资料选辑》第一辑，第249-251页；广东省博物馆、肇庆文物局：《广东肇庆市北岭松山古墓发掘简报》，《广东文物考古资料选辑》第一辑，第252-260页；广东省博物馆：《广东四会鸟旦山战国墓》，《广东文物考古资料选辑》第一辑，第261-266页；广东省博物馆：《广东广宁铜鼓岗战国墓》，《广东文物考古资料选辑》第一辑，第268-275页；广东省博物馆：《广东罗定出土一批战国青铜器》，《广东文物考古资料选辑》第一辑，第267、276-280页；何纪生：《广东发现的几座东周墓葬》，《广东文物考古资料选辑》第一辑，第281-286页；广东省博物馆、罗定市文化局：《广东罗定背夫山战国墓》，《广东文物考古资料选辑》第一辑，第286、287-295页；区家发：《粤港考古与发现》，香港：香港三联书店，2004年，第3-22页；区家发：《粤港考古与发现》，第23-34页；香港历史博物馆编制：《岭南印记——粤港澳考古成果展》，第100-159、162-182页。

周室东迁日衰，楚国南渐，楚悼王以吴起为相，帅师“南平百越”[①]，先后灭西周封国[②]，于是南方受逼，使诸方国亦不得不附服于楚，因是周南下之道，遂由楚取替[③]，于是“西于”封贡关系固因势而更，楚文化亦由其南界自小而扩大。“西于”因此文化范畴中遂中原有之、楚有之，本域有之，致演化为自铸青铜器。[④]自此凭新封贡关系、交通之利而拥有中原青铜文化之制器、楚文化制之器物[⑤]，而使“西于”由小方国而发展为壮大方国之本，单以墓存“五鼎”，可为佐证。此等态势，或从岑溪花果山[⑥]、平乐银山岭等墓葬之发掘与发现可窥其于春秋战国时期之活跃与强盛及其墓葬所反映文化之大者。

其墓葬形制，反映出丧礼孝道之旨带有融汇中原文化、楚国文化，却又溢散地方特色于随葬品之造型及纹饰中。此等墓葬于广西乐平、灵川、贺州、岑溪、容县、平南、桂平、象州，广东广宁、四会、肇庆、德庆、罗定诸地均有发现，是其国文化圈所致，以之分布之地与“西于”方国分布圈互稽，又有所征焉。而墓中出土有铜柱形器，如清远县马头岗中有四件，分作两对放置。肇庆北岭松山脚战国墓出土亦有四柱，经蒋廷瑜先生之推考，此为墓中棺木架之柱头饰。[⑦]吾人细视，可见柱正面柱头有一“王”字铭文，由此“王”字，可推知“西于”领袖于春秋战国时已有“南面称王”之实，此等墓有“王”字铜柱作架棺柱头饰，以为墓中人当为“王”之至亲者。至若战国时期之末至秦称始皇帝时的西于“王”，则为“译吁宋”，西于虽称“王”，但社会形态则尚行母系社会，举国皆兵之发展即其一例证。

（五）“秦于之役”及其新解读与推考初探的增补

秦王嬴政（公元前 259—前 210，在位：公元前 246—前 210）自亲政（公元前 237）后，承六世余烈，筹展侵灭六国，统一天下于二十六年（公元前 221），然南方之百越、北方之匈奴尚未在统一圈内，故产新猷，命蒙恬驻防北地郡，以作守势之戒备；对百越则取

---

① （汉）司马迁撰，（宋）裴骃集解，（唐）司马贞索隐，（唐）张守节正义：《史记》卷 65《吴起列传》“楚悼王素闻起贤，至则相楚”条，第 2168 页。

② 何浩：《楚灭国研究》，武汉：武汉出版社，1989 年，第 269-304 页，并参见其《附录》。

③ 蒋廷瑜：《楚国的南界和楚文化对岭南的影响》，《桂岭考古论文集》，第 153-164 页。

④ 广西壮族自治区博物馆：《广西恭城县出土的青铜器》，《考古》1973 年第 1 期，第 30-34、41 页；广西壮族自治区文物工作队：《近年来广西出土的先秦青铜器》，《考古》1984 年第 9 期，第 798-806 页。按：出土铜器三十三件。又荔浦、陆川亦各出土春秋窖藏青铜罍各一件。

⑤ 广西壮族自治区文物工作队：《岑溪花果山战国墓清理简报》，广西文物考古研究所编著：《广西考古文集》第一辑，北京：文物出版社，2004 年，第 213-227 页。

⑥ 广西壮族自治区文物工作队：《平乐银山岭战国墓》，《考古学报》1978 年第 2 期，第 211-258 页，图版 1-12；广西壮族自治区文物工作队：《平乐银山岭汉墓》，《考古学报》1978 年第 4 期，第 467-495 页，图版 1-8；蒋廷瑜：《从银山岭战墓看西瓯》，《桂岭考古论文集》，第 142-152 页。按：战国墓 110 座，汉墓 45 座。受中原交融凡置腰坑者 87 座；铜铁合制器 11 件；铁器 181 件；玉石器 115 件；铜器 377 件；陶器 360 件等。墓葬随葬铜器者 43 座，以反映其为武士，余墓无剑而多随葬铁生产工具者，当属生产务农者；剑与生产工具兼有，反映其属双重身份。

⑦ 蒋廷瑜：《铜柱形器用途推考》，《桂岭考古论文集》，第 101-107 页。

攻势，集中五十万雄师，分五道南进，欲一战而定两越。

1. “秦于之役”的典文

秦发兵与“西于”战争之始末，《史记》《汉书》于此役所载语焉不详，《资治通鉴》虽有进军，建郡、遣戍之笔[①]，却全系于三十三年，且亦简略，然纵览典籍，以西汉刘安《淮南子》所载最详[②]，云：

> （秦始皇）利越之犀角、象齿、翡翠、珠玑。乃使尉屠睢发卒五十万为五军：一军塞镡城之岭（今越城岭）；一军守九嶷之塞（萌诸岭）；一军处番禺之都；一军守南野之界（今大庾岭）；一军结余干之水（今属江西）。三年不解甲弛弩。使监禄无以转饷；又以卒凿渠而通粮道，以与越人战。杀西呕君译吁宋，而越人皆入丛薄中，与禽兽处，莫肯为秦虏。相置桀骏以为将，而夜攻秦人，大破之，杀尉屠睢，伏尸流血数十万。乃发适戍以备之（注：西呕：赵人译吁，宋臣呕；君，名也）。

2. 典文新解读与推考初探的增补

刘安（公元前 179—前 122），武帝时集宾客方术之士数千人，编成《淮南子》，距此战役之年距约百年，于资料之所闻、所搜、所考察当有所得，故其编有可补《史记》《汉书》之阙，然其着墨亦颇精简，今特将所知予以解读，并作增补简讹疏漏、次序颠倒、史实与传说间之痕迹的推考初探，凡增补者均于典文用字间以“[ ]”符号标出，其下另行附予推考之初见。

1）攻“西于”之旨：一海内之政，欲肆威海外，贪利西于犀角、象牙、翡翠、珠玑等特产

秦王政一统六国，即改曰“始皇帝”，其远图亦拓至海外的匈奴、百越之“西于”等，故有汉人严安：“及至秦王，蚕食天下，并吞战国，称号曰皇帝，主政海内之政。”“欲肆振威海外”，乃“使尉屠睢将楼船之士攻百越”[③]之词。《汉书》亦笔载其词[④]，稽诸《史记·秦始皇本纪》：“略取陆梁地，为桂林、象郡、南海”[⑤]三郡可征。

“于”，为“越”之本字，战国时则衍作“雩”，刻于《中山王鼎》铭文，述及春秋五霸吴人并“雩（越），雩人……五年复吴”的“越”“吴”相并之史事。[⑥]后人又强以“越”

---

① （宋）司马光：《资治通鉴》第 1 册卷 7 第 33 条，北京：中华书局，1963 年，第 242-243 页。

② （宋）刘安撰：《淮南子》卷 18《人间训》“秦皇挟录图……又利越之犀角”条，台北：商务印书馆，1965 年影印，上海商务印书馆缩印影钞北宋本列《四部丛刊初编子部》，第 15 页。

③ （汉）司马迁：《史记》（缩印百衲本）卷 111《平津侯主父偃列传》“严安上书曰”条，第 10 页。

④ （汉）班固：《汉书》卷 64 下，《严安吾丘主父徐严终王贾传》“严安者”条，北京：商务印书馆，1958 年影印，上海涵芬楼影印常熟瞿氏铁琴铜剑楼藏北宋景佑刊本为《缩印百衲本》，第 2 页。

⑤ （汉）班固：《史记》卷 6《秦始皇本纪》“二十五年大兴兵……三十三年……以适遣戍”条，第 9-22 页。

⑥ 商承祚：《中山王鼎·壶铭文刍议》第七辑，北京：中华书局，1982 年，第 43-70 页。

字缀连于“于”之后为一词，若《竹书纪年》成王二十四年“于越来宾”[①]，《逸周书·王会》“於（于）越”[②]，《春秋》定公五年（公元前505）“於（于）越入吴”[③]是。而“西”“东”又有定方向位置之作用，是则合前出土“西于”之名，始皇所进攻方国，即为百越处于中国之西的“西于”国，而非汉江中游之越（于）人，亦非处于中国之东的东于闽越，故述及此，非明言“西于”不可。

2）发兵年代：二十六年（公元前221）

屠睢（？—公元前214）帅师进攻岭南，《史记》《汉书》《淮南》皆阙明载，因而史学界有不同之推考，若清人仇池石于《羊城古钞》[④]、梁廷枏于《南越五主传》[⑤]、今人吕名中于《秦瓯战争的始年问题》[⑥]主二十五年（公元前222）；明黄佐[⑦]、郭棐、陈大科[⑧]于《广东通志》，陆鏊、陈烜奎[⑨]于《肇庆府志》，民初李宾旸[⑩]于《兴安县志》主二十六年，法国人鄂卢梭（L. Aurouseau）[⑪] 于《秦代初平南越考》亦以“好像”“应在”同意在此年代；今人余天炽[⑫] 于《秦统一百越战争始年诸说考订》，何清谷[⑬] 于《试论秦对岭南的统一与开发》，覃圣敏[⑭] 于《西瓯骆越新考》，余天炽、覃圣敏等[⑮] 于《古南越国史》中主二十八年；清人

---

① （清）孙之騄：《考订竹书》卷8“二十四年，‘于越’来宾”条，清雍正间刻本，第19页。

② （晋）孔晁注：《逸周书》卷7《王会解第五十九》，《景印文渊阁四库全书》第370册“姑‘於越’纳”条，台北：商务印书馆，1986年影印台北故宫博物院藏本，第8页。

③ （晋）杜预注，（唐）孔颖达疏：《左传正义》卷55，台北：广文书局，1972年影印本，经，定公五年夏，第424页下，“於（于）越入吴”。

④ （清）仇池石辑：《羊城古钞》卷4《沿革》“秦”代条，香港：据嘉庆十一年大赉堂藏板影印，香港：潘小磐等印，第2-3页。

⑤ （清）梁廷枏：《南越五主传》卷1《先主传》“秦始皇二十五年”条，广州：广东人民出版社，1982年杨作群校点本，第3页。

⑥ 吕名中：《秦瓯战争的始年问题》，《学术论坛》1983年第5期，第76-77页。

⑦ （明）黄佐等：《广东通志》卷3《事纪》第26年条，嘉靖四十年刻本，日本公文馆藏；香港：大东图书公司，1977年据港大藏日本国立公文书馆缩微胶卷复印本，第5页。

⑧ （明）郭棐、陈大科：《广东通志》卷2《潘省志·事纪》“二十六年”条，明万历二十九年刻本，日本内阁文库藏，第3页。

⑨ （明）陆鏊、陈烜奎：《肇庆府志》卷1《郡事纪》“秦始皇二十六年”条，明崇祯六至十三年刻本，日本国会图书馆藏，北京：北京图书馆，2003年影印，第3页。

⑩ 李宾旸：《兴安县志》卷2，台北：成文出版社，1967年影印本，第1页；兴安县地方志编辑委员会编：《兴安县志·大事记》“秦始皇二十六年”条，南宁：广西人民出版社，2002年，第5页。按：（清）张连昭：《兴安县志》，第八册十八卷，道光十四年蓝格钞本，则全无及秦，仅于《宦绩》笔及［任］禄另及灵渠而已。

⑪ ［法］鄂卢梭撰：《秦代初平南越考》，冯承钧译，上海：商务印书馆，1934年，第44页。

⑫ 余天炽：《秦统一百越战争始年诸说考订》，南宁：广西人民出版社，1985年，第303-311页。

⑬ 何清谷：《试论秦对岭南的统一与开发》，《人文杂志》1986年第1期，第77-83页。

⑭ 覃圣敏：《西瓯骆越新考》，中国百越民族史研究会、广西壮族自治区文物局、广西文物考古研究所编：《百越研究（第1辑）——中国百越民族史研究会第十三届年会论文集》，第1-19页。

⑮ 余天炽、覃圣敏、蓝日勇，等：《古南越国史》，南宁：广西人民出版社，1988年，第7页。

邓淳[①]于《岭南丛述》，越南人陶维英[②]于《越南古代史》，今人周宗贤[③]于《论秦瓯战争》，张荣芳、黄淼章[④]于《南越国史》中主二十九年。

上述各说不一，窃以为当于始皇二十六年为是。考《史记·南越尉陀传》[⑤]“秦并天下，略取扬越，置桂林、南海、象郡，以谪徙民，与越杂处十三岁”。句中“十三岁”，稽诸《史记集解》引“徐广曰：‘秦并天下，至二世元年（公元前209）’”，刚好虚岁十三年。“并天下八岁乃平越地，至二世元年，六年耳。”此中“并天下八岁乃平越地”及秦人始“与越杂处”者，即为始皇二十六年起，至三十三年置三郡时之年数相同，据此，可推考定二十六年为发兵始年。此其一。

二十八年秦始皇东巡，登诸城琅邪台，有刻石纪功之举，其辞云：

> 六合之内，皇帝之土。西涉流沙，南尽北户；东有东海，北有大厦，人迹所至，无不臣者。[⑥]

稽诸《史记·本纪》载其一统六国后之疆域所示，有“地东至海暨朝鲜，西至临洮、羌中，南至北响户，北据河为塞，并阴山至辽”句[⑦]，知二者均为纪其当时之四至疆域，唯二者用词前后有异，就“南至北响户”句言，何以二十六年之“南至”之界，演至二十八年，则变为“南尽”，是显示南疆方位于此数年间发生变化。是则“北响户”位于何处？私以为此当示于岭南区域之初，核检蒙恬之于北方，全作守势以保国防灵活调度及军饷专一专用于南攻岭南之拉锯战场中，同时方便中央解决供应岭南交通崎岖不便远运军饷问题，不得不另筹策而开辟人工运河及执行需时的践行，故有将“南至北响户”，因应运河——灵渠之辟，而将补给解决前线，及战事因此产新新局势之取向，致有改辞作“南尽北户”之字眼，直抒其欲控制战场及数年来亦因战守而将“疆界”随实际之军事控制防守有所拓展、深入，若南征五军之先守后挺进之实而有改变之史迹现。故以为《人间训》中“三年不解甲弛弩”者，即以二十八年上溯，则二十六刚好恰为发军始年之数。

有学者以为此“北向户”应作逾五岭而直迄越南境内，即秦后置之“象郡”、汉置之“日南郡”，主发兵始年在二十八年，唯以为时地距逾千里，沿途山地丛林，行军与运饷焉能一年间于“西于”、骆越人偷袭突击于沿途中而顺利抵达？于骆越人之偷袭突袭与秦军因致行军慢，故二十八年作为发兵始年，不取，此其二。而采防守多于拓展之史实，《史记·主父

① （清）邓淳：《岭南丛述》卷58《靖氛上·武周开粤》“二十九年”条，道光十五年刻本，第1页。
② ［越］陶维英：《越南古代史》，刘统文、子钺译，北京：科学出版社，1957年，第116页。
③ 周宗贤：《论秦瓯战争》，《学术论坛》1982年第4期，第81-83页。
④ 张荣芳、黄淼章：《秦平岭南战争的始年问题》，《南越国史》，广州：广东人民出版社，1995年，第18-24页。
⑤ （汉）司马迁：《史记》（缩印百衲本）卷113《南越尉陀传》“时已并天下”条，第1页。
⑥ （清）李文藻等：《诸城县志》卷14《金石考上》《秦始皇帝琅邪台刻石》，乾隆二十九年刻本，第1-3页。
⑦ （汉）司马迁：《史记》（缩印百衲本）卷6《秦始皇本纪》“地”条，第13页。

偃传》[①]及《汉书》严安、严助传[②]均有涉笔，并可作《人间训》所述典文之佐征。

郭沫若主编的《中国史稿地图集》[③]首标“北向户”位于九嶷山东北之湘南粤北交界处（图十五）。北向户，此一历史名词，素属难释，今既知此位置，则可互考《史记·王翦传》载王翦于秦王政二十四年（公元前 223）统六十万军破楚，擒楚王负刍，略定荆地，降越君置会稽郡。随即“因南征百越之君”从而揭出王氏预流“南征”，已由平楚于南岭，随后受主帅屠睢之召，于筹备楼船妥当后，一同在二十六年逾岭南征。是秦人、楚人之北向徙移的户籍称为“北向户”，此乃随军推前及谪戍、谪徙政策推动之必然预计，而为始皇预先言之于石刻之辞，而将南疆方位随心想而推前，以其非已成史实之者，故不取二十八年为始年，此其三。

3）出兵数额：使尉屠睢发卒五十万

按：发兵人数及南征之事，越人之偷袭突袭与秦军之因“西于”对抗致行军慢，《史记》《汉书》皆阙载。此五十万大军，当为王翦征长江以南、五岭以北之越人及灭楚“六十万军”[④]之转交，惟屠睢之“发卒”南征，必为秦始皇命王翦灭楚，“因南征百越之君”[⑤]之同时决策之一，盖备粮、蓄造楼船，在需时而潜行之。“尉”，秦武官职，当为此次统军元帅之最高官职。屠睢，生平失考。

4）具体部署：军分五路，向南推进

第一路防守镡城之岭（今湖南、广西之交的越城岭），第二路防守九嶷山（今湖南宁远县南）以待突进击西于；第三路越骑田岭，沿武水，北江而攻取番禺（今广州）；第四路守南野，越大庾岭，沿连江、北江分兵接济第三路，汇军取番禺；第五路集结于余干之水（今江西余干县），控制鄱阳湖余干水，防御闽越内犯，随机取福州。[⑥]

按：据诸家考订，镡岭，即蜿蜒于湖南与广西东北交界之境，南进可沿湘桂走廊而达西于；九嶷山，西南可越庞都岭入桂，沿贺江而南可抵西于，据此可知作战布置之方略，五路各有取向之的，但必以推进某交通要塞作先守、休息蓄锐、备粮、侦察前向交通及敌情，然后觅机五路配合推进，“以与越人战”。于是屠睢觅机而合一路、二路突击“西于”、骆越而图取广西；三路、四路则合一以图取广州，而控制广东；第五路则以防御闽越为先

---

① （汉）司马迁：《史记》（缩印百衲本）卷 112《平津侯主父列传》“又使尉陀、屠睢将楼船之士南攻百越”条，第 10 页。

② （汉）班固：《汉书》（缩印百衲本）卷 64 上《严朱吾丘主父徐严终王贾传第三十四上·严助传》“臣闻长老言”条，第 6 页；（汉）班固：《汉书》（缩印百衲本）卷 64 下《严朱吾丘主父徐严终王贾传第三十四上·严安传》“又使尉屠睢将楼船之士攻越”条，第 2-3 页。

③ 郭沫若主编：《中国史稿地图集》上册，上海：地图出版社，1979 年，第 23-24 页。

④ （汉）司马迁：《史记》（缩印百衲本）卷 73《王翦传》，第 8-9 页。

⑤ （汉）司马迁：《史记》（缩印百衲本）卷 73《王翦传》，第 9 页。

⑥ 岑仲勉：《评〈秦代初平南越考〉》，《中外史地考证》，北京：中华书局，1962 年，第 48-57 页；［法］鄂卢梭：《秦代初平南越考》，冯承钧译，第 36 页；张荣芳、黄淼章：《南越国史》，南宁：广西人民出版社，1995 年，第 25-27 页；周宗贤：《论秦瓯战争》，《学术论坛》1982 年第 4 期。

而后取福州，以控全闽。三路自湖南长沙宜章南水经九嶷，越岭突进，四路由大庾岭突进，两军借顺连江、北江而达珠江三角洲，遂神速克服“山川绵邈，环拱千里”的都会番禺而拥有“地介于岭，海间，北负雄、韶，足以临吴、楚；东肩湖、惠，可以控制瓯、闽；西固高、廉，扼交，邕之噤吭；南环琼岛，控制黎夷之门户”①的广东，而为置“南海郡”。第五路则于江西余干，经信江东下，过鹰潭挺进武夷山，顺闽江直入“封疆不可凭，山溪不足持”之福州，拥有“僻处海隅，褊浅迫隘”，虽有“山川间阻不足特”②之福建，败闽越王无诸之军，建置“闽中郡”。然而一路、二路之入广西，却为西于、骆越之联盟利用山水之险要所抗御，致为南征辟开“秦于之役”的长锯战场，而将秦原订南征作战方略有所破更焉。

5）作战年距

秦军自萌渚岭入广西，虽以承并六国凌历军威而推进，获不少河谷平川之战略要地，然广西地势山多地少，土旷人稀，土著氏族复杂，但多因母系社会而分流归于“西于”、骆越两大方国中，今既遭屠睢所统二十万大军之如天降猛攻强取，于是两大国联盟曰“于骆”（一作“瓯骆”），以“西于”君为大越首领统一调领各氏族利用地理形势作个别顽强抗侮，致秦军不时受不意之攻击，此种突击，致使秦军“三年不解甲弛弩”，日夜均在备战严戒防守中，且粮运补给不足，致军威日销，形同被围困于兴安一带；就考古墓葬所存之青铜剑战之利器，可窥西于武力非弱，因此西于兵力不少于秦二十万之众的对抗，三年时距，战争遂一锯数载。数载，指二十六年（公元前 221）至二十九年灵渠落成，粮运补及与增援雄兵至，重振秦士气时之前。

6）粮运专使

任禄以奏荐为秦始皇命屠睢为都尉以统五十万南下之同时，另委任“监禄”专责转运军粮及补给专使。惟中原至广西并无水道相通，仅能赖陆运，然沿途皆山路，崎岖颇甚，难以行车，运输艰难，致秦军时因粮运、补给不足，益以“于骆”之抗拒突击而旷日持久、食尽令军气日销，无法挺进“西于”族聚居之漓水流域及其以南之领域与骆越之领域。

“史禄”，《史记》、《汉书》和方志均阙其姓氏、生平，今考明人欧大任《百越先贤志》有云：

> 史禄，其先越人，赘婿咸阳。禄仕秦，以史监郡。时始皇帝伐百越，使尉屠睢发卒五十万，为五万，遣禄转饷。③

① （清）顾祖禹撰，贺次君、施和金点校：《读史方舆纪要》第 9 册卷 100《广东》“广东之地介于岭、海间”条，北京：中华书局，2005 年，第 4590 页。

② （清）顾祖禹撰，贺次君、施和金点校：《读史方舆纪要》第 9 册卷 95《福建一》“福建僻处海隅”条，第 4363 页；卷 96《福建二》“府西阻重山”条，第 4380 页。

③ （明）欧大任：《百越先贤志》卷 1《史禄传》，王云五主编：《四库全书珍本十集》，台北：商务印书馆，1983 年影印台北故宫博物院《景印文渊阁四库全书》本，第 12 页。

明林富、黄佐《广西通志》有云：

史禄，以御史监郡，始皇帝伐百粤，［遣］禄转饷。[①]

又《广西图经》有云：

乃使尉屠统五军、监禄凿渠以通粮道。（注：……秦制，以御史监郡，故［曰］监禄，一曰史禄。）[②]

据上，均不得其“姓”。再考诸潮州《揭氏族谱·揭氏姓原源流纪》有云：

任嚣公，盱江人，为秦边四尉，子禄，奏监转饷禄，孙焕食爵豫章，曾孙定……于武帝时为护驾将军……因南粤相吕嘉叛……绘南粤舆图与土地上奏天子……加封安道侯，世令揭阳，以邑为姓，赐姓名揭猛。[③]

以此互稽，史禄，姓任名禄，盱江任嚣之子，其先为越人，以奏荐御史监郡，专责转饷南征军需，世简曰史禄、监禄，久而失其姓。禄亦为大将任嚣之子、揭氏原姓祖，揭阳令安道侯任定（揭猛之祖父），由此可互稽其姓氏渊源。

7）粮运新策

二十八年（公元前219），命任禄以卒五万在兴安东南开史凿越城岭与都庞岭之间为灵渠，以连贯长江湘水与珠江漓水，北通京师，南入于海，全长逾60里（36.5千米），竣工于三十三年，而始通粮道，以与越人战，重辟新态势。

后勤运输困难，粮草军需不能源源不绝，不无影响战防，致秦军旷日持久，促使军势陷于孤立无援乏食困境，令战争态势演成三年持久不前之局，秦廷与任禄屡为此商讨解决之方，欲扭转战阵态势，任禄议以修人工运河以连湘水、漓水，终经庙堂议准，受命进行。于是，在始皇二十八年，任禄率五万卒凿修灵渠于广西兴安。时为南征百越之第三年，与《淮南子》所载“三年不解甲弛弩，使监禄无以转饷，又以卒凿渠而通粮道，以与越人战”之载相符。法国史家鄂卢梭亦有意同凿渠于二十八年之推论。[④]该渠之开凿，支分湘水，割开始安峤（即越城峤）与都庞岭（海阳山）两支分水岭的山脚，即自海阳山导水源，以湘

---

① （明）林富、黄佐：《广西通志》卷241《宦绩录一·史禄传》，嘉靖刻蓝印本（北京图书馆藏），第2页。

② （明）林富、黄佐：《广西通志》卷1《广西图经》“秦始皇利粤之犀、象、珠玑……监禄……”条夹注，第2页。

③ 《揭氏族谱》（内页作《揭氏家乘·揭氏姓原源流考》），民国癸未三十二年重镌本，第1-2页。

④ ［法］鄂卢梭：《秦代初平南越考》，冯承钧译，第70页。

水北入于楚而融江，连接漓水[①]，全长36.5千米。包括有水铧嘴，大小天平、石堤、秦堤、南渠（33千米），北渠（36.5千米）诸部分。灵渠之功用，宋人李师中云：

按：广西、湖南，旧阻岭弗接。秦史禄导海阳山水，逆为石矶以激水，分岭而下，会湘、桂二水合一。北通京师，南入于海。厥功费究，石亘数十里不绝。[②]

唐鱼孟威[③]、明孔镛[④]、清陈凤楼[⑤]均有碑记言及；任禄修渠，《太平寰宇记》[⑥]也有记其经纬；相关材料的诗、文，则今人唐兆民氏有《灵渠文献粹编》[⑦]，皆可供参考焉。是灵渠工程之开凿，遂自此将长江与珠江流域相连贯通，令运饷、军需补给源源不绝，支持部队、增戍人员均可由此速至而扭转乾坤。故址在兴安（图18）。

8）持久战情

凿渠间，秦与以“西于”为首之“于骆”越人战，大胜，杀大越首领西于君，其军，由宗族少君“媪”统众撤退入深山林丛，弗肯为秦虏。自是秦不可得攻，留军屯守空地，旷日持久，粮食绝乏，士卒劳倦，“于骆”重组军力，推相置“桀骏”龙子以为将，而推“媪”继为西于君、大越首领。于是改变作战策略，不时于日、夜突击屡胜。三十二年（公元前215）夜攻秦，大破之，杀尉屠睢，大捷而赋归。秦经持久战以来，受“于骆”游击突袭而伏尸流血，逾五十里。因此其三路亦因而渐裹足观望不前。

按：于修建灵渠工程间，秦军与以“西于”为首之越人尝对阵多回，激烈作战中，“[败伤] 西呕君译吁宋”及其军，然“于骆”越众皆受指挥迅速自河谷，平地散入峰林石山之中与禽兽处，不肯降为秦虏，并众相推选出国中各多元族酋有勇猛富谋之“桀骏以为将”以辅新继位少君龙母，率众坚持抗侮到底，运用其众专精于攀山越岭与驾驶舟船之技于峰林石山、河谷纵横于熟悉地理环境中，配合熟悉之天气变化观察而做出不时袭击秦军驻地于日、夜，如是遂由对阵速战衍为持久拉锯作战态势，而主动之势遂移在“西于”，秦则变主动为驻守被动之势。《史记》亦有笔及云：“使监禄凿渠运粮是入越。越人遁逃，旷日持久，粮食绝乏，越人击之，秦兵大败。”[⑧]《汉书》也有载及，云：“臣闻……又使监禄凿渠通道。越人逃入深山林丛，不可得攻，留军屯守空地，旷日引久，士卒劳倦，越出击之，

---

① （清）张连昭：《兴安县志》第七册，《宦绩·秦·史禄传》，第1页；（清）张连昭：《兴安县志》第二册，卷2《水利·灵渠》；唐兆民：《灵渠述略》，《灵渠文献粹编》“附编之一”，北京：中华书局，1982年，第283-304页。

② （宋）李师中：《重修灵渠记》，兴安县地方志编辑委员会编：《兴安县志》，第708页。

③ （唐）鱼孟威：《桂州重修灵渠记》，第707-708页。

④ （明）孔镛：《重修灵渠记》，第708-709页。

⑤ （清）陈凤楼：《重修兴安陡河碑记》，第709-710页。

⑥ （宋）乐史：《太平寰宇记》卷162《兴安县·秦凿渠》，北京：中华书局，2007年，第3103-3104页。

⑦ 唐兆民编：《灵渠文献粹编》，第334页。

⑧ （汉）司马迁：《史记》（缩印百衲本）卷112《平津侯主父列传》“又使”条，第10页。

秦兵大破。”[①]

由此可互稽有其实，是则史实当在始皇三十二年（公元前 215）之某夜间出动之大突击，秦帅屠睢亦为所击杀，秦兵亦失于防守，益欠食、久倦，亦大败伏尸不少，流血遍地。秦军数年来前后被突击而伏尸流血，逾［五十里］。

“西呕君译吁宋”，此为一音译词，“西呕”，即“西于”之音转；君，则为君王，王、国王之意，为近音译字；“译吁宋”“宋”越语义为“大”字，“译吁宋”，越语义为“大越首领”[②]。窃以为此“君”即为“龙母”之母。“桀骏”，以为此当为五部龙子，时“龙母”当为此国新国王，百越之尊，世译作“译吁宋大越首领”，实族姓“于”，名“媪”[③]者。就越人举国皆兵，又于战败时挺身代被杀之母而出，率众“皆入丛薄中，与禽兽处，莫肯为秦虏”句，“相置桀骏以为将”句视之，原始社会末期以母系社会之形态为之反映而现，益世有以“母”为崇龙宗族中人，则议推其当以龙蛇意象为延维之君长，故新“君”又曰为“龙母”，所属各部五酋则于“君”为“将”，于圣俗则为龙母之子，故曰“龙子”。

屠睢与“译吁宋”初战中，将译吁宋之老龙母击毙，然新君为谁？诸典阙言，惟从他籍间接文字，或可推补。若黄培芳《悦城龙母庙志序》云：“始皇遣使聘母，母不欲往，龙子‘辄引’使舟还故处，卒不往。”[④]

若张英等《御定渊鉴类函》云：

> 使以玄珪之礼聘媪，媪恋土，不以为乐，至始兴江，去端溪千余里，龙[辄引]船还，不逾夕至本所，如此［数四］，使者惧而卒止，不能召媪。[⑤]

若陈烜奎等《肇庆府志》[⑥]载：“召媪，媪行中流，‘挟’舟而还。”

若程鸣所书《孝通庙旧志》载：

> 始皇三十六年，遣中使赍黄金、白璧聘母，欲内于宫。母固辞，使者［强逼］就道，旬曰舟之始安郡，及夕，龙引母舟还于程水。使者疑之，复［督］舟再去，龙复引归，凡“数四”，乃知龙子之所为，具以闻，始皇乃止。[⑦]

---

① （汉）班固：《汉书》（缩印百衲本）卷 64 上《严助传》“臣闻长老言”条，第 6 页。

② 李日富、白耀天：《壮族社会生活史》下卷，第 701-702 页。

③ 按：“媪”名，始见晋人《越南志》，后世明、清之“一统志”，唐人刘恂《岭表录异》、宋人乐史《太平寰宇记》、明人黄佐《广东通志》、明人陈烜奎《肇兴府志》、清人屈大均《广东新语》、明清《德庆州志》等于母名皆作“媪”，以为所据虽出耳闻相传，但单字名之唤较易，当所记“媪”名，非全凭空中楼阁，姑且从之，并以龙母四次被强行下舟，推母当为“译吁宋西于君”之继承人。

④ 《悦城龙母庙志・卷首》，清光绪十三年刊本。

⑤ （清）张英、王士颠等奉敕撰：《御定渊鉴类函》卷 347《鳞介部・龙二》，《景印文渊阁四库全书》第 993 册，台北：台湾商务印书馆，1986 年影印本，第 11-12 页。

⑥ （明）陆鏊、陈烜奎等：《肇庆府志》卷 25《杂志》，崇祯十三年刻本，第 13-14 页。

⑦ （清）程鸣：《孝通庙旧志》卷 1《悦城龙母庙志》，第 8-13 页。

若张维《永济行宫记》载：

遣使尽礼致聘，将纳夫人于宫。夫人不乐，使者“敦迫”上道，数旬至始安郡。一夕，龙引所乘船还程水。使者复还，龙复引归，凡“数次”。①

若卢崇兴《悦城龙母庙碑记》载：

始皇三十六年春，遣使载黄金、白璧聘之。“强”而就道。舟至始安郡，龙引母舟还悦城。使者复“督”舟行，龙复引归悦城程溪“数四”，遂罢聘。②

若徐文犀《龙母神灵感记》载：

聘之，“强”至中途，五龙负舟而返。③

若岑清晖《谒悦城龙母庙记》载：

遣使召母，母不可，使者“迫”之，龙挽母舟，使不得行，始皇乃止。④

若周鄱阳《重修悦城水口龙母祖庙大殿暨公所志序》载：

具金币遣使就聘，欲内于宫。母辞。使“迫”就道，至始安，龙引舟复返程故里。如是者“数四”，始皇遂罢聘。会母……⑤

就上所载探颐之，既下聘，召航经始安（今兴安），即“灵渠”赴秦京入内宫，何以使者要用“迫”“强”“督”“强逼”龙就船上道凡“四”次之，四次都为血龙负舟“引”回，或曰“辄引”，于情于理均不合世之礼节；或行至中流，母“挟”舟以还。

从中所透消息，龙母受聘，上船就道，应属烟幕或后世夸张造假美谈而已，以为“数四”，当为赵陀、任嚣于三十六年（公元前211）春帅师讨平“西于”至悦城最后的四次战役，四次龙母皆兵败遭俘，而被使者“强逼”下船上道，欲以献俘于始皇，但每次船驶至灵渠前的始兴江面中流，即为五龙率部截击抢救，引舟返回故里西于后庭。按：古礼，献

① （宋）张维：《永济行宫》（同上揭书）卷1，第14-15页。
② （明）卢崇兴：《悦城龙母庙碑记》（同上揭书）卷1，第19-22页。
③ （清）徐文犀：《龙母神灵感记》（同上揭书）卷1，第37-39页。
④ （清）岑清晖：《谒悦城龙母庙记》（同上揭书）卷1，第41-42页。
⑤ （清）周鄱阳：《重修悦城水口龙母祖庙大殿暨公所志序》（同上揭书）卷1，第48-50页。

浮乃战败敌国，擒其敌首一国王，以献于战国之首一始皇，皇以之告于大庙，已灭所俘之国，并其地入己疆域中。由此可推龙母，即崇龙的“西于”君主，亦即为屠睢所杀“译吁宋西于君”之女，也就是新的接继龙母的大越首领西于君或姑作“少君”称之亦可。再就年龄视之，其衔接易代接位亦符其时。至若始皇罢聘，不再诏往京，此当龙母会病逝于第四次返回不久，即三十七年，敌首既会逝，西于国也绝嗣，是则已无再行第五次强逼上京之意义存在，故“遂罢聘”。三十七年之“死”，当因战“伤”发而英逝。

屠睢死年，有作渠竣之年的三十三年，私以为当在三十二年为符合史辙，明人黄佐[1]、郭棐[2]《广东通志・事纪》则皆载云：三十二年，秦师及粤人战，秦师败绩，粤人杀其将屠睢。

以此可作佐证。至若伏尸数五十万，当非实数，“五十万”之“万”字，当为“里”字之误。郭棐与陈大科，则主“伏死流血数十里”[3]。再说屠统在粤西之军实共二十万而已，即使全毙，亦此数而已，何来“五十万”之言，故以为当如曰“五十里”为合乎史实与情理。

（六）最后战迹之推说

屠睢惨败被杀，始皇大怒，遣任嚣、赵佗统军增援以定岭南态势，遂建置南海、桂林、象三郡于屡败“于骆”越人后，龙母当于被攻略中，尝四次被俘而遭使者强逼上船就道赴京以献俘，然四次至兴安灵渠前即为龙子抢救返回程溪于始皇三十六年间，明年战伤病发而英逝，于骆越人因而四散于岭南，秦于之战与西于国祚亦至此结束，而龙母之名遂为世播其不朽而衍化于历代增补传说中，神而神之，升华为西江保护神。

屠睢惨败身亡，一路、二路秦军主力几丧尽，始皇闻之大怒，适灵渠工竣，乃于三十三年大发兵，命任嚣为南海都尉兼统帅，赵佗为龙川令兼副帅，督率楼船之士，速赴桂增援，以定“于骆”及戍赴布防要塞。考诸黄佐《广东通志・任嚣传》有及此云：

> 始皇帝既统一海内……用屠睢为尉以治南海郡，统五军讨不服。粤人遁入丛薄，而阴置雄桀将，夜攻睢，杀之。始皇帝闻之大怒，乃大发兵，拜（任）嚣南海都尉，往定扬粤之陆梁者。[4]

又《通志・赵佗传》云：“秦命任嚣及佗略定扬越，拜陀为龙川令。”[5]又《广东通志・事纪》载：“三十三年，遣任嚣、赵陀击南越，平之。置之三郡，以任嚣为南海都尉，赵陀为

---

① （明）黄佐：《广东通志》卷3《事纪一》第32，第6页。

② （明）郭棐、陈大科：《广东通志》卷2《藩省志・事纪一》“三十二年”条，第4页。按：郭棐：《粤大记》卷2《事纪类》无用若干年被杀字眼。明清《广西通志》亦略之。

③ （明）郭棐、陈大科：《广东通志》卷2《藩省志・事纪一》“三十二年”条夹注，第4页。

④ （明）黄佐：《广东通志》卷44《任嚣传》，第1-2页。

⑤ （明）黄佐：《广东通志》卷44《赵佗傅》，第2页。

龙川令，以谪徙民戍五岭。”[①]

郭棐、陈大科《广东通志》，任嚣、赵陀两“传”“事纪”同，由此相稽，遣令任嚣、赵陀增援，确有其事。又得灵渠通用，飞刍挽粟，转运粮草及一切需补给，大利军心士气，戍防有谪徙诸徒，全军遂得抽调灵活，外展无不勇往直前，及配合其他三路挺进克取所的，置南海、桂林、象三郡。新气象与新作战方略，遂扭转态势为主动，于是陆梁地域之“于骆”越人遂于力量相悬之异，演为被动，受进攻而各役失利，而为秦军挥戈南下而力攻，“西于”、骆越在龙母率众与御皆失利，不得不退遁。三十六年（公元前 211）中龙母尝四次于失败中被俘，为秦使逼就道往灵渠而赴京师，殆船至始安（今广西兴安县），均为龙子抢救回悦城，会殁于三十七年，此当战“伤”病发所然。自是广西始安而桂州、柳州而至西江之域均为秦有，于是越人潜伏四散，或由今广西西南撤入红河三角洲，于今越南之北创立“于骆国”及建“古螺城”，后亦为秦所破。

按：龙母于任嚣、赵陀时期之抗侮活动，志书皆阙，遑论史典子籍，然《龙母庙志》中“序”“记”及中古时代之笔记所引传说故事，不无消息透露。若周鄱阳“序”云：

> 龙母之名大显，始皇闻之，具金币遣使就聘，欲内于宫。母辞，使迫就道，至始安，龙引舟复返程溪故里，如是者数四，始遑遂罢聘。会母没。[②]

又程起周《悦城龙母庙碑记》载：

> 始皇三十六年，春，遣使载黄金、白璧聘之。强就道，舟至始安郡，龙引母舟还悦域。使者复督舟行，龙复引归悦城程溪，数四，遂罢聘……越明年，以疾终。[③]

又程鸣所书《孝通庙旧志》载：

> 始皇三十六年，春，遣中使赍黄金、白璧，聘母，欲内于宫，母固辞，使者强逼就道，旬日舟之始安郡，及夕龙引舟还于程水。使者疑之，后督舟再去，龙复引归，凡数四，乃知龙子之为，具以闻，始皇乃止。[④]

又《太平寰宇记》[⑤]载：

---

① （明）黄佐：《广东通志》，卷 3《事纪一》“三十四年”条，第 6 页。

② （清）周鄱阳：《重修悦城水口龙母祖庙大殿暨公所志序》，《悦城龙母祖庙志》卷上，光绪十三年东裕堂刊本，第 47-50 页。

③ （清）程起周：《悦城龙母庙碑记》，第 25-28 页。

④ （清）程鸣：《孝通庙旧志》，第 8-12 页。

⑤ （宋）乐史：《太平寰宇记》卷 164《岭南道八·康州·端溪县》“程溪水，在都城县东百步，亦名零溪水”条，引《晋人语》，《景印文渊阁四库全书》第 70 册，台北：商务印书馆，1986 年，第 4-5 页。

秦始皇闻之，曰：此龙子也，朕德之所致。诏使者以元珪之礼聘媪。媪恋土，不以为乐。至始安江，去端溪千余里，龙辄引船还，不踰夕至本所，如此数四，使者惧而止，卒不能召媪，媪殒，痊（瘗）于江阴。龙子常为大波至墓侧，萦浪转沙以成坟。……龙母媪墓：县说（悦）城乡东。

又《御定渊鉴类函》载：

昔有媪氏媪者，端溪人也，常居涧中捕鱼，以资日给。忽于水侧遇一卵，其大如斗，乃将归，置器中，经十日许，有一物如守宫，长尺余，穿卵而出，因任其去留。稍长二尺，便能入水捕鱼，日得十余头，稍长二尺许，得鱼渐多，常游波中，萦回媪侧。媪后治鱼，误断其尾，遂逡巡而去。数年乃还，媪见其辉色光炳耀，谓曰："龙子，今复来也。"因盘旋游戏，亲驯如初。秦始皇闻之，曰："此龙子也，朕德之所致。"乃使者以玄珪之礼聘媪。媪恋土，不以为乐。至始安江，去端溪千余里，龙辄引船还，不逾夕至本所。如此数四，使者惧而卒止，不能召媪。媪殒，瘗于江阴，龙子常为大波至墓侧，萦浪转沙以成坟。人谓之掘尾龙，今人谓船为龙掘尾，即此也。[①]

按：龙母四次为秦使者强逼就道上船，龙子屡为争引船回悦城，所为何？虽世传美语称帝为下聘请其入宫，但皆为龙子引回。窃以为强逼就道上船，实为战败俘虏乘船上京献俘；"数四"即曾四次被俘，而非礼聘；再说龙母生于"楚怀王辛未五月八日"（公元前230）至始皇三十六年（公元前211），虽已是一位女英雄，而"秦于之役"后不久，刚统一岭南，人心未定，始秦何暇聘之可能，此当传说造说所铺张，不可作美女之述，当作她为继承被杀"译吁宋"之新君因兵败四次遭俘，被强逼而就道，且时间及其活动地域都与历史脉搏接近，故推为被俘。龙子之"引"之争，即为抢救其主母凡四次，惟后世传说染奇夸张为下"聘"美谈而已。

三、龙母手印溯源说

龙母弘道，使用何种手印，示施惠利济民生，学术界、祖庙及行宫当道、官野长老，皆从无言及。楚坚乘龙母"沐浴更衣"习俗节前，恳请某女士代请允拍摄龙母双手以供研

① （清）张英、王士祺等奉敕撰：《御定渊鉴类函》卷437《鳞介部·龙一》"增·南越志"条，《景印文渊阁四库全书》第993册，台北：台湾商务印书馆，1986年影印本，第11-12页。

探之用。来自于儒家伦理宋明礼释中，恐涉于亵，龙母双手从来密藏于其大长袖之内，除沐浴更衣之专责女士外，从无人见其双手，遑论其他人探究其手印或手势安放。今有缘得见其手印相（图 19）。

图 19 悦城龙母祖庙龙母手印图（笔者摄）

（一）施愿印

龙母坐像双手各有手势，其姿态一如佛像的“印相”，也称“手印”，或“印契”。观其“右手”竟仰掌，舒开五指而向外下垂，流注如意宝，呈甘露水之相。考此印相，于《大毗卢遮那成佛神变加持经》有载，云：

> 复次以智慧手下垂，作施愿形，颂曰：如是与愿印，世依之所说。适才结此者，诸佛满其愿。[1]

施愿形，又作“与愿手”，于《诸佛境界摄真实经》卷中《金刚界大道场品》《金刚顶瑜伽中略出念诵经》卷 3 亦有笔涉，在佛教曰结“施愿印”，梵语 Varada Mudra，《大日经疏》卷 13 谓，作此印时，以如来之力故，一切佛满其所愿，皆得成就。简而言之，作此印，寓意佛以大慈之心愿，使众生祈求之愿都能得到实愿，故随顺众生之所欲，所祷，由佛菩

① （唐）天竺三藏善无畏共沙门一行译：《大毗卢遮那成佛神变加持经》，《中华大藏经》第 23 册卷 4《密印品第九》，北京：中华书局，1984 年影印《金藏广胜寺》本，第 605 页；（唐）天竺三藏善无畏共沙门一行译：《大毗卢遮那成佛神变加持经》卷四，台北：普力宏文基金会，2004 年影印日本宫内省图书寮藏宋丽本，第 273 页。

提惠施资具之印相。又作“与愿印”“满愿印”。金刚界宝生如来与胎藏宝幢如来均结此印。一般结此印时，左手作拳，执衣角，安于脐上。又或与施无畏印往往配合使用，释迦牟尼即常用此无畏印与施愿印相于坐、立像同时展现（图 20）。

图 20 释尊左手结与愿印，录自郑安芬：《佛教文物选萃 1》，台北：震旦文教基金会，2003 年，第 54-55 页

按：手印梵文作 Muara，除上引述之名外，又作“契印”“密印”“印”，专指修法际，双手与手指所结之各种姿势。佛菩萨与释尊之手印，象征其特殊之愿力与因缘，一若国王之印玺，为权力、敕令之揭示。因此修行者在修行时，或修成正果受崇拜时，其结相同印相，即产生特殊之身体力量及意念力量，此与佛菩萨与释尊修证之本位力量之身心状况为相应，而有助于修行者内气之发放及意念作用的成功。[①]若吾人观佛菩萨、释尊等图像、塑像，从手印可一目了然其住世过程中所结印契彼此相同，惟各种所结印相之异，则各显示其特别之愿力、因缘及特别之悟境，乃至其成道、说法之特别状况。是“印”可专指一种思想原则，或指事物法则，故修行成佛后所示于图像、塑像上之“印”，即欲以其佛慈之愿力给予众生祈求者，故龙母之“施愿印”，即寓意若佛以大慈之心愿，使众生祈求之愿皆得

① 洛桑杰嘉措：《图解大手印》，西安：陕西师范大学出版社，2007 年，第 9 页；洛桑杰嘉措：《图解大手印》，第 84 页。

实愿，此亦《悦城龙母庙志》大书特书千古以来，四民来庙祷告，“有求皆应”，出庙均获“趋吉避凶，民以奠安”之笔[①]，不知凡几，可为佐证。

“施愿印”可用右手或左手作结有见于坐像、站立像不等；佛菩萨、本尊、阿弥陀佛、不动佛、药师佛、观音、五髻文殊、绿度母、白度母等，今则据悦城龙母庙龙母坐像，可为世加上遗失“龙母”之名。此种手印造型，可参见《北朝石刻艺术》[②]、《佛雕之美：北朝佛教石雕艺术》[③]、《菩提妙相》[④]、《天国的灵光：佛像》[⑤]、《中国美术史图像手册・雕塑卷》[⑥]、《藏传佛教造像》[⑦]、《佛像》[⑧]、《法相尊严：佛像艺术图解》[⑨]、

---

① （清）黄培芳：《悦城龙母庙志・序》。

② 张鸿修编：《北朝石刻艺术》，西安：陕西人民出版社，1993 年，《白描》“佛龛”，第 20-21 页。

③ 黄永川等编：《佛雕之美：北朝佛教石雕艺术》，台北：台湾历史博物馆，1997 年，“2.立像”，第 18 页；“5.倚坐像”“3.三尊像”“5.七尊像”，第 19 页；“3.与愿印”，第 20 页；“3.高浮雕”，第 21 页；“供养菩萨像”，第 81-82 页；“佛坐像”，第 83 页；“定光佛三尊像”，第 90-91 页；“三尊像碑”，第 92-93 页；“三尊像碑”，第 100-101 页；“七尊像”，第 104-105 页；“佛立像”，第 128-129 页；“佛立像”，第 130-133 页；“菩萨立像”，第 144-145 页；“佛立像”，第 154-155 页；“弥勒佛倚坐像”，第 156-157 页；“佛生七尊像”，第 158-159 页；“佛五尊立像”，第 160-163 页；“五尊像碑”，第 165-168 页；“七尊像碑”，第 174-175 页；“四面龙口像”，第 184-185 页；“造像碑”，第 216-217 页；“造像碑”，第 221-222 页；“四面像碑”，第 231-235 页；“四面千佛像柱”，第 237 页；“塔座”，第 242-243 页。

④ 夏景春编：《菩提妙相：三缘堂藏佛图集》，沈阳：辽宁人民出版社，2001 年，“世尊”，第 35 页；夏景春编：《菩提妙相：三缘堂藏佛图集》“一佛二菩萨”，第 10 页。

⑤ 王景荃：《天国的灵光：佛像》，上海：上海文艺出版社，2001 年，第 94、99、101、109、110、111、128 页。

⑥ 孙振华编著：《中国美术史图像手册・雕塑卷》，杭州：中国美术学院出版社，2003 年，“376.释迦坐像龛”，第 110 页；“378.兴国寺佛像”，第 111 页；“379.石佛坐像”；“414.阿弥陀佛”，第 120 页；“541.坐佛像”，第 153 页；“542.坐佛像”；“546.坐佛像”，第 155 页；“547.倚坐佛”；“884.观音菩萨坐像”，第 250 页。

⑦ 王家鹏主编：《藏传佛教造像》，上海：上海科学技术出版社，2003 年，“释迦牟尼佛坐像”，第 5 页；“佛坐像”，第 6 页；“佛坐像”，第 9 页；“佛坐像”，第 10 页；“佛坐像”，第 12 页；“佛坐像”，第 13 页；“佛坐像”，第 14 页；“佛坐像”，第 15 页；“观音菩萨坐像”，第 34 页；“观音菩萨坐像”，第 35 页；“观音菩萨坐像”，第 36 页；“观音菩萨坐像”，第 40 页；“绿度母坐像”，第 42 页；“布圣救度佛母坐像”，第 43 页；“绿度母坐像”，第 46 页；“同侍从白度母坐像”，第 47 页；“白度母坐像”，第 50 页；“毗湿奴神立像”，第 53 页；“金刚菩萨立像”，第 55 页；“观音菩萨坐像”，第 61 页；“宝生佛坐像”，第 72 页；“观音菩萨立像”，第 78 页；“观音菩萨立像”，第 80 页；“绿度母坐像”，第 83 页；“绿度母立像”，第 84 页；“般若佛母立像”，第 95 页；“观音菩萨立像”，第 98 页；“释迦牟尼佛坐像”，第 107 页；“阿弥陀佛立像”，第 109 页；“文殊菩萨坐像”，第 119 页；“绿度母坐像”，第 117 页；“观音菩萨坐像”，第 130 页；“绿度母坐像”，第 140 页；“绿度母坐像”，第 141 页；“宝生佛坐像”，第 155 页；“白度母坐像”，第 167 页；“文殊菩萨坐像”，第 200 页；“绿度母坐像”，第 217 页；“宝生佛坐像”，第 227 页；“观音菩萨坐像”，第 232 页；“白度母坐像”，第 242 页；“绿度母立像”，第 257 页；“白度母坐像”，第 258 页；“观音菩萨立像”，第 269 页。

⑧ 李静杰、田军主编：《佛像》，北京：紫禁城出版社，2007 年，“二佛并坐像”，第 30-31 页；“佛像”，第 59 页；“任氏造佛像”，第 69 页；“修德寺佛像”，第 70-71 页；“菩萨像”，第 81 页；“菩萨像”，第 88-89 页；“弥勒菩萨像”，第 107 页；“普贤菩萨像”，第 151 页。

⑨ 吉美桑珠编：《法相尊严：佛像艺术图解》，香港：港澳发展公司，2008 年，“白度母像”，第 44 页；“绿度母像”，第 45 页；“白度母像”，第 51 页。

《法身万化：佛像艺术图解》①、《图解大手印·藏传佛教掌见手印》②、《菩提妙相：三缘堂藏佛图集》③、《佛家造像·五髻文殊》④、《佛像艺术造型》⑤、《图解大手印·藏传佛教掌见手印》⑥和《佛教文物选粹》⑦等。

（二）触地印

龙母左手似敛作拳置于膝上作触地印。膝为地大之意，在深秘表本心有大菩提坚固不动之义。触地则表惊发本有之心，用此印契能令诸魔鬼神、一切烦恼悉皆不动，尤能令来娆乱修行之魔退散。《大唐西域记》于此为之大书特书云：

> 昔如来之将证佛果，天魔来娆，地神告至，其一先出助佛降魔。如来告曰："汝勿忧怖，吾以忍力降彼必矣。"魔王曰："谁为明证？"如来乃垂手指地言："此有证。"是时第二地神踊出作证。第二地神出，证明释尊之福业胜德，天魔为之退散，遂使其于菩提树下顺利开悟成道。⑧

故此手印故此手印又称作"破魔印""降魔印""触地契""证成印""证诚印""惊发地神印""能摧伏印""能灭毗那夜迦诸恶鬼神印"，梵语作 Bhumisparsa Mudra。密教现图金刚界曼荼罗之阿閦如来、胎藏界曼荼罗北方之天鼓雷音如来等皆以此为印相。《大日经疏》卷 4《密印品第九》、《大日经疏》卷 16、《金刚顶瑜伽中略出念诵经》卷 3、《诸佛境界摄真实经》卷中《金刚界大道场品》皆有所载。佛造像亦有所见不敛拳，而"左拳安于脐，右羽（手指）可作垂触地"⑨。此二手印皆为释尊与禪定印、施无畏印、说法印常用之印相，故又有"释迦五印"之名。

---

① 吉美桑珠编：《法身万化：佛像艺术图解》，香港：港澳发展公司，2008 年，图 26，"铜鎏金绿度母像"；图 49，"铜绿度母像"；图 56，"铜绿度母像"；图 76，"铜鎏金绿度母像"；图 117，"铜鎏金绿度母像"；图 119，"铜鎏金释迦牟尼佛像"；图 120，"铜鎏金绿度母像"；图 123，"铜鎏金绿度母像"。

② 李鼎霞编：《佛教造像手印·密教印图集》，北京：燕山出版社，1991 年，"与愿印"，第 216、252 页；"满愿印"，第 227 页；"施愿印"，第 225、305 页；"施愿印"，第 236、377 页。

③ 黄永川等编：《佛雕之美：北朝佛教石雕艺术·北朝佛教石雕艺术概述》；黄永川等编：《佛雕之美：北朝佛教石雕艺术·佛教造像图解》，第 20 页；黄永川等编：《佛雕之美：北朝佛教石雕艺术·印相种类》，第 2、3 页。

④ 吴振良编：《佛家造像·五髻文殊》，天津：天津人民出版社，2004 年，"与愿印"，第 94 页；吴振良编：《佛家造像·千手千眼观音》，"与愿印"，第 62 页。

⑤ 徐华铛编：《佛像艺术造型》，上海：上海文化出版社，2005 年，"3 施无畏印""4 施愿印"，第 13 页。

⑥ 洛桑杰嘉措：《图解大手印·藏传佛教掌见手印》，"2 与愿印"，第 85 页。

⑦ 郑安芬、杭侃：《佛教文物选粹》，台北：震旦艺术博物馆，2003 年。

⑧ 三藏法师玄奘奉诏译，大摠持寺沙门辩机撰：《大唐西域记》，《中华大藏经》卷 8"有一沙门"条，第 60 册，北京：中华书局，1984 年影印金藏广胜寺丽藏本，第 696 页。

⑨ （唐）不空：《金刚顶莲花部心念诵仪轨》，《中华大藏经》第 60 册，第 696 页。

“触地印”，以用右手下垂，手掌向上，五指并伸触地，或一指触地，或覆于膝上，有见于金属鍱铸像、石雕像、木雕像、泥塑像、陶瓷像、夹紵漆像不等，主要见于释迦牟尼佛坐像外，散见不动佛坐像、弥勒佛坐像、贤德佛坐像、善业泥压坐佛像，及窟寺供养人之造佛坐像等，今由本文可增一龙母像。

此种手印造型，可参见《佛雕之美：北朝佛教石雕艺术・印相种类》[①]《菩提妙相：三缘堂藏佛图集》[②]《藏传佛教造像》[③]《佛像》[④]《法相尊严——佛像艺术图解》[⑤]《佛教造像手印・密教印图集》[⑥]《佛像艺造型》[⑦]《图解大手印》[⑧]。

考佛教与佛之造像皆源于印度，在贵霜王朝（Kusana Dynasty，约公元 1—2 世纪）时代有大乘佛教兴起，成为传承释迦牟尼（Sakyamuni）嫡系，君主为之力为配合延续而倡研究、传道以资弘扬。先是释尊入灭，弟子以其教义学说，未曾撰著为经典，乃为招众以回忆、背诵、合诵校对释尊一生之戒律教法用作结集经四次大结集，因各种分歧，义理见解差异而形成分裂与独立发展，于上座部与大众部分裂，大家发展为“大乘”教派，上座为大众称作“小乘”。大众本释尊传道说法，以教法促修之旨而不墨守教义形式化，开拓“菩萨”人物，以作慈悲智慧兼备理想之塑造，借以延伸释尊佛旨，且开十方、三世之诸佛观，以灵活弘道。于此派及传承弟子之汇整，与贵霜朝等历世君王之提倡，遂得弘扬至境外。当时分别处于西北部的犍陀罗（Gandhàra，今巴基斯坦西北，阿富汗东部），与印度中部恒河中上游流域之秣菟罗两大艺术中心，即专为此作经典及艺术发展等，迄 4 世纪、5 世纪演为笈多王朝（Gupta Dynasty），艺术中心移为秣菟罗及南方之鹿野苑，此时亦为印度政经及佛教艺术之黄金时代。

演至东汉明帝，史籍正笔书佛教正式传华，历经东汉、三国、两晋十六国之基础，译经事功及佛教艺术有突跃发展。惟造像与手印艺术之东传，非直接传入，乃透经周边佛教

① 黄永川等编：《佛雕之美：北朝佛教石雕艺术・印相种类》，“4、触地印”，第 20 页。

② 夏景春编：《菩提妙相：三缘堂藏佛图集》，“释迦牟尼佛”，第 11 页。

③ 王家鹏主编：《藏传佛教造像》，“释迦牟尼佛坐像”，第 39 页；“释迦牟尼佛坐像”，第 44 页；“不动佛坐像”，第 68 页；“不动佛坐像”，第 69 页；“不动佛坐像”，第 71 页；“不动佛坐像”，第 76 页；“释迦牟尼佛坐像”，第 142 页；“释迦牟尼佛坐像”，第 143 页；“弥勒佛坐像”，第 144 页；“释迦牟尼佛坐像”，第 145 页；“不动佛坐像”，第 154 页；“不动佛坐像”，第 158 页；“释迦牟尼佛坐像”，第 159 页；“释迦牟尼佛坐像”，第 160-161 页；“释迦牟尼佛坐像”，第 162 页；“释迦牟尼佛龛像”，第 163 页；“贤德佛龛像”，第 165 页；“释迦牟尼佛坐像”，第 221 页；“释迦牟尼佛坐像”，第 223 页；“释迦牟尼佛坐像”，第 231 页。

④ 李静杰、田军主编：《佛像》，“善业泥压佛像”，第 52-53 页；“佛像”，第 56 页；“姫名合家造佛像”，第 124 页；“王就都等造佛像”，第 126-127 页；“张才等造佛像”，第 128 页。

⑤ 吉美桑珠编：《法相尊严——佛像艺术图解》，“释迦牟尼佛像”，第 45 页。

⑥ 李鼎霞编：《佛教造像手印・密教印图集》，“291、触地之印”，第 223 页；“295、触地印” “296、触地印”，第 224 页。

⑦ 徐华铛编：《佛像艺术造型》，“降魔印”，第 13 页；“2.降魔印”，第 14 页。

⑧ 洛桑杰嘉措：《图解大手印》，“6. 触地印”，第 85 页。

地区，逐步传递入华[①]，大抵陆路经中亚、西域而入，称“北传佛教”；由印度循海道航经东南亚之南洋群岛，若爪哇、苏门答腊、越南等海道而抵中国广州、桂林，江南，而传入中国，称“南传佛教”。陆道又作丝绸之路，海路，往抵广州者又称“交广道”，法国汉学家保罗·伯希和（Paul Pelliot，1878—1945），对此有《交广、印度两道考》之著，冯承钧先生为之中译收入《汉译世界名著甲编》，可供参考。而造像之传，当以“北传佛教”路线之传而渐形成以今山西大同云冈，自北魏至唐；今太原天龙山，自北齐至唐；今河南洛阳龙门山，自北魏至唐；今河北磁县南响堂山，自隋至唐；今甘肃敦煌鸣沙山莫高窟，自唐武后至玄宗时所凿佛像尤为世所常言，而为造像之芳标。然则“南传佛教”路线若何？所知仅唐代桂林摩崖佛像为主，唯其造像艺术与爪哇等地造像手法与经“北传”路线所传入为不同系统。[②]

“南传佛教”于何时传入西江德庆悦城？今虽难以详考，然汉末牟融所撰《牟子理惑论》，约成于三国吴黄龙二年（230）[③]，为中国人首部佛教著作，其著述所参考佛教经典当在黄龙二年之前已大量采备不可，而牟子为苍梧郡广信县（今广东封开县）人[④]，由此及察乎汉末与三国之际之交通，“南传佛教”路线当于汉末吴之际已航经广信，而悦城在广信之下，同处西江流域，则同年月而传入，唯无实物可确证触地印、施与印已于同时传入，然考之桂林唐代调露元年（679）十二月八日所造阿閦佛，“左手按膝”似作“触地印”，又据罗香林教授研究，称其形制、作风与印度菩提伽野大觉寺大佛像与南洋爪哇佛楼（Borobudur，爪人称作“婆罗浮图”，一作婆罗浮屠，今印度尼西亚共和国葛厨府）大佛像相近。[⑤]大觉塔（一作大觉寺或大庙，即释尊行道处之建筑物中之伟大佛塔，四方形，高一百六十英尺，塔大层凡九，小层不计数，下层为庙）。而大觉佛像“巍然跏趺于崇高宝座上，右手按膝，而中指下着座盘，左手仰置趺足上，作托物形”[⑥]。按此种手势，即“触地印”“施愿印”，凭此固可证印、爪、桂之“佛教造像，实同一源流”[⑦]，而“示其直接泛海传播之关系”[⑧]，可由此可证“南传”最早可能在黄龙二年（230）前，最迟当在调露元年（679）前。

---

① 黄永川编：《佛雕之美：北朝佛教石雕艺术·北朝佛教石雕艺术概述》，第 10-20 页。

② 罗香林：《唐代桂林之摩崖佛像》，香港：中国学社，1958 年，第 2 页。

③ （后汉）牟融：《牟子理惑论》，（梁）释僧佑：《弘明集》卷 1，《中华大藏经》第 62 册，北京：中华书局，1995 年影印金藏广胜寺本，第 708-720 页。

④ 李护暖：《牟子传略》，《牟子传略·理惑论译注》，封开县文学艺术界联合会编印，1986 年，第 1-3 页；胡适：《论牟子理惑论：寄周叔迦先生》，欧阳哲生编：《胡适文集》第 5 册，《胡适文存》四集，卷 2，北京：北京大学出版社，1998 年，第 123-125 页。

⑤ 罗香林：《唐代桂林之摩崖佛像》，第 4 页。

⑥ 罗香林：《唐代桂林之摩崖佛像》，第 50 页。

⑦ 罗香林：《唐代桂林之摩崖佛像》，第 50 页。

⑧ 罗香林：《唐代桂林之摩崖佛像》，第 48 页。

除外，唐僧玄奘大师等入印取经尝抵此谒大觉寺，记有“左手敛，右手垂”之大佛造像，并特书此“触地之印”以示世[①]，又将古印度圣地菩提伽耶摩诃菩提寺（Bodhgaya，即菩提伽耶大觉寺）手印、佛像介绍入中国，时人称其造像摹本作“瑞像”“圣像”[②]而流播各地，于是释尊“触地印”“与愿印”等单体坐像[③]遂传播于各地，尤盛见于唐代都城长安之光宅寺七宝台浮雕石佛群[④]、四川成都飞天阁[⑤]、广元千佛崖[⑥]、邛崃石笋[⑦]、巴中石窟[⑧]、龙门石窟东山区、敦煌石窟、云冈石窟、贵州等之造像。建造最早可溯至北魏、北齐、北周至武周统治时代。据《中国石窟·巩县石窟寺》[⑨]、《西藏艺术·雕刻卷》[⑩]、《法相之美》[⑪]、《龙门石窟》[⑫]、《龙门流散雕像集》[⑬]、《雕塑别藏》[⑭]、《中国文化佛像专辑》[⑮]、《青州北朝佛教造像》[⑯]、《青州龙兴寺佛教造像窖藏》[⑰]、《佛雕之美：北朝佛教石雕艺术》[⑱]、《妙藏心传》[⑲]、《鉴宝》[⑳]、《石窟艺术》[㉑]、

---

① 同上揭《大唐西域记》卷8《摩揭陀国上》，第695页中-696页上；谭云山：《印度周游记》第五节《穷恒河考佛迹》，新亚细亚学会出版，1900年。

② L. Brubaker, "Introduction: The Sacrecl Image", in R.Ousterhout , L. Brubaker, eds., *The Sacred Image East and West,* Urdana: University of IIlinois Press, 1995, pp. 1-24、 pp. 204-220.

③ 敦煌文物研究所编：《中国石窟·敦煌莫高窟》第1册，北京：文物出版社，1981-1987年，图33、图162、图254及图428窟壁画摹造菩提伽圣佛像原型，尤重表现触地式手印之单体坐佛。

④ 颜娟英：《唐长安七宝台石刻佛像》，《艺术学》，1987年，第5-90页。

⑤ 中国石窟雕塑全集编辑委员会编：《中国石窟雕塑全集》第8册，重庆：重庆出版社，1999年，图157。

⑥ 罗世平：《广元千佛崖菩提瑞像考》，《故宫学术期刊》1992年第9卷第2期，第117-138页；丁明夷：《四川石窟概论》，《宿白先生八秩华诞纪念文集》编辑委员会编：《宿白先生八秩华诞纪念文集》，北京：文物出版社，2002年，第455-473页。

⑦ 雷玉华、程崇勋：《巴中石窟》，成都：巴蜀书社，2003年，第156-157页。

⑧ 雷玉华：《巴中石窟研究》，北京：民族出版社，2011年，图135。

⑨ 河南省文物研究所编：《中国石窟·巩县石窟寺》，北京：文物出版社，1982年。

⑩ 西藏自治区文学艺术界联合会编：《西藏艺术·雕刻卷》，上海：上海人民美术出版社，1991年。

⑪ 黄文昆编：《法相之美》，台北：艺术图书公司，1993年。

⑫ 龙门文物保管所等编：《龙门石窟》第1、2卷，北京：文物出版社，1991年。

⑬ 龙门石窟研究所编：《龙门流散雕像集》，上海：上海人民出版社，1993年。

⑭ 李慧霞等编：《雕塑别藏》，台北：台北故宫博物院，1997年。

⑮ 王诚伦编：《中国文化佛像专辑》第一辑，台北：圣像出版社，2001年。

⑯ 青州市博物馆等编：《青州北朝佛教造像》，北京：北京出版社，2002年。

⑰ 夏名采：《青州龙兴寺佛教造像窖藏》，北京：生活·读书·新知三联书店，2004年。

⑱ 黄永川编：《佛雕之美：北朝佛教石雕艺术》，台北：台湾历史博物馆，1997年。

⑲ 弋思明编：《妙藏心传》，台北：台湾历史博物馆，2003年；皇罗宗勇：《广元石窟艺术》，成都：四川美术出版社，2005年。

⑳ 牛福忠编著：《鉴宝》，哈尔滨：黑龙江美术出版社，2005年。

㉑ 王其钧、谢燕：《石窟艺术》，北京：中国旅游出版社，2006年。

《山西古代彩塑》[①]、《观音与中国佛像巡礼》[②]、《汉唐佛教造像艺术史》[③]、《藏传佛教造像》[④]、《汉藏交融》[⑤]、《广元石刻精品集》[⑥]、《唐代宗教造型艺术》[⑦]、《武周时期的佛教造型》[⑧]、《中印佛教造像源流与传播》[⑨]、《早期佛像研究》[⑩]、《佛国墨影》[⑪]、《云冈石窟》[⑫]、《中国石窟：敦煌莫高窟》[⑬]、《石雕》[⑭]等所见“触地印”“施与印”之佛像无数，单以唐代计，触地印即逾四十。而罗教授所发现摩崖亦属此时期。是早期中国佛教发展受此两路多源头传入，而有不同之发展。南方广州、广西之受影响，我国史学家罗香林教授对此有《唐代广州光孝寺与中印交通之关系》[⑮]，又以抗日战争时发现摩崖唐代造像，撰为《唐代桂林之摩崖佛像》[⑯]，以昭示学术界，“南传佛教”有其特殊意义与地位。

如是说，龙母手印造型，溯源之，则来自佛教，是则崇信龙母有所祷，龙母既作印相，则必若佛随顺众生之所欲而惠施资与愿，及为降魔灵佑度厄，是由此可知龙母之利济众生，有佛陀加慈思想在。其传入，当沿“南传佛教”海道源头传播入西江悦城于汉末三国吴之先，而继以唐中央推动之“三教讲论”运动，促使调和思想与会三归一，以泽被社群、国族，流风所及，而臻龙母所在地，承政策之行，庙亦寖成汇通三教之新局而溢其调和之余惠馈于世人。[⑰]

综上所述，传至德庆时间当在汉末三国吴黄龙二年（230）前，迟则在高宗调露元年（679）前，亦武后前后间，则佛教普度众生之思亦为祖庙当事人等及信士所接受，并将某种手印象征佛法为内核之法身佛思维，也转移至龙母身上，于是龙母以“西于”领袖之保护大众致成仁，为四民纪念于永远之思，至此又将之加强神格化，成为信士所需赖之外力拯救保护之大神。故有历次祖庙重修、重建时，于“神像”也予重修时予以加造大家心想之两大手印，以象征众生祈愿及为降魔保平安之取向。

---

① 柴泽俊等编：《山西古代彩塑》，北京：文物出版社，2008年。
② 马元浩编：《观音与中国佛像巡礼》，上海：上海古籍出版社，2008年。
③ 费泳：《汉唐佛教造像艺术史》，武汉：湖北美术出版社，2009年。
④ 罗文华编：《藏传佛教造像》，北京：紫禁城出版社，2009年。
⑤ 王家鹏主编：《汉藏交融》，北京：中华书局，2009年；［瑞］乌尔里希·冯·施罗德：《西藏寺庙珍藏佛教造像108尊》，罗文华译，北京：文化艺术出版社，2010年。
⑥ 王振会编：《广元石刻精品集》，上海：上海人民美术出版社，2011年。
⑦ 岳钰：《唐代宗教造型艺术》，西安：陕西出版社，2013年。
⑧ 杨效俊：《武周时期的佛教造型》，北京：文物出版社，2013年。
⑨ 张同标：《中印佛教造像源流与传播》，南京：东南大学出版社，2013年。
⑩ 何志国：《早期佛像研究》，上海：华东师范大学出版社，2013年。
⑪ 孙英民等编：《佛国墨影》，郑州：大象出版社，2014年。
⑫ 向安全编：《云冈石窟》（第1—7卷），北京：科学出版社，2014年。
⑬ 敦煌文物研究所编：《中国石窟：敦煌莫高窟》五卷，北京：文物出版社，1982—1984年。
⑭ 李裕群编：《石雕》，北京：文物出版社，2016年；马元浩撰摄：《中国古代雕塑观音》，杭州：浙江摄影出版社，2014年。
⑮ 罗香林：《唐代广州光孝寺与中印交通之关系》，香港：中国学社，1960年。
⑯ 罗香林：《唐代桂林之摩崖佛像》，香港：中国学社，1958年。
⑰ 罗香林：《唐三教讲论考》，《唐代文化史》，台北：商务印书馆，1955年，第159-176页。

四、结　语

西江龙母媪以伤发英逝于始皇三十七年（公元前210），自汉高祖十二年（公元前195）封程溪夫人，加赐御葬以降迄今，西江龙母文化渐与儒、道结合，后官家历有赐封，并委官增修其不知始建于何时之“庙”，或赐额“永济”“孝通”。制归道教系统之“道纲”管理，每年委官祭祀等的公开扶持，及道纲固以道教宗教文化做宣传，于是龙母文化之宗教氛围日益炽扬，自悦城而西江而溢于广西，江西等地，并吸引东南亚等地人士莅悦瞻仰，进而与本域崇拜者汇集，使此氛围日益弥漫，于是龙母故事、神话亦为信士、乡儒文人自创，或杂糅而成，甚至为母创造出生地、养父等传奇，与日俱盛，迄清末民初未息，更有现代人亦加入争籍贯以宣传旅游之招徕，因而龙母传说、神话亦达最高峰。因是神而神之，历久而忘乎其本源，洗尽其本来历史，竟至其名姓皆佚，以为可惜。兹不揣浅陋，拟从历史角度予以求真辟谬，以冀揭其幽光于初探中。所谓初探，以龙母史料论据不足，惟鸠搜难以进展，乃暂用为先行卒之资源的探讨，以肇好学深思及搜藏有方之士，踵武接续研讨以作详明之阐发，当亦为言学术历史发展者所乐许。

触于“龙母”之“龙”，乃萌研求其源，乃略予疏证，而作“溯源说”，因应所思所搜资料，而探索于《女豢养非己出“龙子”曰“龙母”说》、《崇龙与图腾之推说》、《崇“龙”母系社会之“王”曰“龙母”说》、《西于祖源“峒中岩”及其繁衍岭南岭北之概说》、《“秦于之役”及其新解读与推考初探的增补》和《最后战迹之推说》中；又以为笔者所发现龙母像有佛教印相，而辟《龙母手印溯源说》以研求其本来及意义；至若“秦于之役”，以为可作个案旁研“西于”方国历史不无有可抉发隐微而其重构光彩者，乃分作“秦于之役”的典文及典文新解读与推考初探的增补。典文新解读与推考初探的增补中因应典文细分“攻‘西于’之旨：一海内之政，欲肆威海外，贪利西于犀角、象牙、翡翠、珠玑等特产”“发兵年代：二十六年（公元前221）”“出兵数额使尉屠睢发卒五十万”“具体部署：军分五路，向南推进”“作战年距”“粮运专使”“粮运新策”“持久战情”八部分以概括秦朝与西于战争之史实，以补史阙。

由上述推考初探、疏证可知，龙母出身于“西于”方国，“西于”种族，种族“于”姓，名“媪”。于，即越也。于，为崇龙蛇为图腾之族，一如越之夫差一系，亦同中原传统龙蛇意象之龙文化发展同辙，但龙母之呼，因俗以其豢养非己出“龙子”的传说而曰龙母，实其族崇龙，且为其族首领，因为母系社会末期之大越首领，即“王”，故有“龙母”之称；“龙子”，实为其部将之“桀”者。西于祖源当出于西江封开十四万年前“峒中岩”与广西七万年前柳江人的古人类（晚期智人），繁衍之后。西于具体分布于广东肇庆、德庆以西之西江中游与广西灵渠以南之桂江、浔江流域。其族国自夏商以降已与中原有封贡关系，并引入中原文化、礼器、铜钟、铜戈，演为引入技术融化扩为自铸越色又溢中原特色之青铜器。从其封贡及制器而知“西于”当立国于商前的夏代；及至战国楚兴，附楚，成为拥有“五鼎”之大方国。

秦于之役，仅以精简文字载于汉刘安《淮南子》，《史记》《汉书》阙载，是此文为典文，因精简，需作疏证始得辟谬而揭史实，因而引录全文，给予标点，以疏证互稽所得而为典文增补之。遂得秦出兵于始皇二十六年（公元前 221）之实，统帅为屠睢，领兵五十万，分五路南下，屠率二十万入广西即为西于联盟骆越所抵抗，虽杀于骆大越首领西于君，越人却力推少君于媪为龙母之继，选五桀将（龙子）为辅，改变军略，使秦军自此被困守三年，迄三十二年屠睢反为于骆所攻杀，及大败其军。时秦以监禄运饷，因陆路崎岖，难以运粮补给，乃于二十八年凿灵渠，完成于三十三年，始能改运饷于水路，方便补给与增派任嚣、赵陀领大军循渠入广西支持，始改变态势，大败于骆，建立三郡。西于少君龙母亦自三十三年春，节节败北，退回悦城，沿途于最后四次战役都以兵败被擒，诏遣使强逼下船上道入京，但四次都为“龙子”抢救于入灵渠前的江面，挟舟而还悦城，明年春伤发英逝，遂为世神而神之，崇拜为西江保护神。开辟灵渠之监禄，亦为考证为任嚣之子，姓“任”，以补史阙。殆汉武灭赵，赵陀所立龙母死后之西于君若干世亦被杀，西于之众为挟降或招降，至此“西于”亡于历史，或此批若女真之“熟女直”的熟西于，是否亦如后世“熟女真”而融化入中原而绝迹于其故国方域，待考。

龙母坐像发现有触地印、施与印，以为此乃自印度经“南传佛教”之海道在汉末三国吴太祖黄龙二年（230）至唐高宗调露（679—680）、武周（690—705）时所传入西江，使龙母文化添增三教合一之发展新局。

各节中，因不能一一搜得原始文献以资研究，然今以次之的资料及所见推论出拙见，固不一足作定论，但亦不少足为补缺史实真相之的，然以资料罕见，未能一一搜得，致欠深入探颐，或其余各相关事迹未得一一考求，惟待之他日缘至搜得再考。今则姑作初探成果，用为分享与关注于此之同志，或可肇其跟进再掘文献而拓研探求出新境之取向，则但开风气之怀，当可乐其乐，此予预流此大会之衷。而于龙母史实不从传说，但取古今文献、考古资料研讨互稽于征信之开风气，亦可为弘龙文化肇一蹊径，以待后俊迈进，共相勉励步武同扬龙文化于学术大道上，则幸甚！

（执行编辑：罗燚英、王　潞）

《粤境酧恩》与清代广东地方神祇

游子安*

摘要：光绪十六年（1890）康宁堂刊《粤境酧恩》一书是了解广东道教，特别是先天道，以及民间信仰的第一手材料。本文介绍《粤境酧恩》一书内容，对照其神诞表之记载，并选取该书所载的赤松黄大仙及三田和合樟柳榆祖师二例，进而从新的角度论述清代时期广东的地方神祇相关问题。

关键词：《粤境酧恩》；赤松黄大仙；三田和合樟柳榆祖师；清代广东；地方神祇；神诞表

近年笔者有兴趣地搜集粤港庙宇道堂神诞表一类文献，并予对照探研，以助对民间信仰的了解。一些采风问俗者，也有人通过访问而整理神诞表，早在20世纪20年代，刘万章认为："老婆婆口述的，比较（历书——引者）起来，为研究民俗者，真正材料。"[①]郭立诚也收集多种神诞表，尝撰《神明生日说分明》一文，将香港通书与台湾民历作对比研究，把广东与台湾地区神祇列表加以比较。[②]

神诞表可了解个别道堂的历史，如香港早期创建的从善堂，刊印《三期普度列圣宝诞汇编》。此堂由来是五位宝安县籍同乡，来香港后为贺祝神诞组成联谊会，1896年成立，奉玉皇大帝为主神。这一部小册子也记载了其历史和善业：十二月初二夕为"从善正全堂首创纪念"，"每年例定由十月初一日至初八日止倡建寒衣胜会"。[③]又如香港道德会善庆洞的《先天大道善庆天宫颁布贺诞斋期表》，于六月初六为"龙庆佛堂成立纪念辰"，十二月初十为"龙庆佛堂扩张纪念日"，六月廿四贺"三田樟柳榆师寿"（有关三田樟柳榆师，见

---

* 游子安，珠海学院香港历史文化研究中心教授。

① 刘万章：《广州神诞表》，收录于周康燮主编：《广东风俗缀录》，香港：崇文书店，1972年，第96-98页。

② 郭立诚：《神明生日说分明》，载《中国人的鬼神观》，台北：台视文化，1992年，第159-174页。

③ 《三期普度列圣宝诞汇编》，光绪二十六年撰序，1946年重刊，第26、30页。此书30多页，64开本。

下文），可见此堂源自清远藏霞洞及锦霞洞一脉。现兴盛于新加坡、马来西亚、泰国的德教，强调多教合一，崇奉世界五宗教教义，1959 年在香港成立的紫香阁，其神佛诞期表，较特别是贺“创阁纪念日 屈原祖师诞辰”，五月初五为“屈大夫飞升，亦紫香阁创阁纪念日”。[①]有关 20 世纪中叶以前道堂刊印的“列圣宝诞”，还有《善门日用》附“圣诞日期”[②]等。而《广东地方神祇》一书，则分述吕相、观音、北帝、城隍、康公、天后和关帝。[③]本文首先简介《粤境酧恩》一书内容，然后选取闻名遐迩的赤松黄大仙及为人“淡忘”的“三田和合樟柳榆祖师”二例，再加说明。

一、《粤境酧恩》一书简介

光绪十六年（1890）康宁堂刊《粤境酧恩》一书，未见著录，广东省立中山图书馆及美国斯坦福大学有藏。[④]笔者得自香港先天道道堂，是先天道对境内有感神恩庇佑表文体例用书。该书是了解广东道教，特别是先天道，以及民间信仰的第一手材料。书内提及的地方神祇及其香火，有盛于清朝至民初，也有仍盛于当代者。内容记载广东地区祀奉诸神表文，如龙母娘娘、洪圣大王、张王爷、谭公、郑安期仙、三界圣爷、黄初平仙、金花夫人[⑤]、曹主娘娘、车元帅等具地域特色的神明“贺诞通用表”。以三界圣爷为例，容肇祖认为“三界神，大约是从广西而到广东”，东莞、佛山皆有三界庙，“疑三界即‘得道三界’为神仙的通称”。[⑥]唐晓涛认为，“三界神是明清时期西江中游地区最普遍的神明，广西的浔州府（辖

① 游子安：《香港德教团体的历史与发展：以紫靖、紫和二阁为中心》，游子安、卜永坚主编：《问俗观风：香港及华南历史与文化》，香港：华南研究会，2009 年，第 105-106 页。

② 《善门日用》，光绪十六年琴庵撰序、罗浮山朝元洞藏版，广州守经堂 1933 年印行，香港中文大学图书馆藏 1933 年刊本，第 98-104 页。

③ 韩伯泉、陈三株：《广东地方神祇》，香港：中华书局，1992 年。

④ 《粤境酧恩》，光绪十六年康宁堂刊本，广东省立中山图书馆藏，见骆伟主编：《广东文献综录》，广州：中山大学出版社，2000 年，第 8 页。同一刊本，据光绪十六年沐恩康宁堂刊本影印，美国斯坦福大学藏，见 James Hayes Collection, The East Asia Library, Stanford University, https://searchworks.stanford.edu/view/10281011（收录日期：2018 年 5 月 23 日）。

⑤ （清）屈大均：《广东新语》（上）卷六《神语・金华夫人》，北京：中华书局，1985 年，第 215 页“广州多有金华夫人祠。夫人字金华，少为女巫不嫁，善能调媚鬼神。其后溺死湖中，数日不坏，有异香，即有一黄沉女像容貌绝类夫人者浮出，人以为水仙，取祠之，因名其地曰仙湖。祈子往往有验，妇女有谣云，祈子金华，多得白花，三年两朵，离离成果”。

⑥ 袁崇焕捐资重修三界庙，并撰《重修三界庙疏文》，详参容肇祖：《三界神考》，载周康燮主编：《广东风俗缀录》，第 284-287 页。三界圣爷又称“游天得道三界圣爷”，华南地区民居的神台、神牌也不乏见，与观音、真武、天后、关帝、洪圣并祀，实例见刘志伟：《满天神佛：华南的神祇与俗世社会》，载香港城市大学中国文化中心编：《岭南历史与社会》，香港：香港城市大学出版社，2003 年，第 111 页。（清）屈大均：《广东新语》（上）卷六《神语・二司》载：“广有三界神者，人有争斗，多向三界神乞蛇以决曲直”，第 218 页。

今桂平市、贵港市和平南县）和梧州府地区是三界庙分布最为集中的地域。……道光十九年（1839）佛山碑刻和光绪年间贵县知县裘彬撰文引用的冯氏族谱都明确记载三界的生日，正好为四月八日佛祖的诞辰……三界神的形象，由‘巫’入‘道’，又有佛教的影子。”[①]《粤境酧恩》一书，三界圣爷与“泰开造化牛王圣爷”于四月初八同表。诞期其中孙真人、鲁班、华光诸神，具备行业保护神的性质，从《粤境酧恩》此书，笔者想指出的是，对天地亲师[②]的感恩，不应随岁月流逝而淡化。

附录：《粤境酧恩》书影及目录（笔者藏）

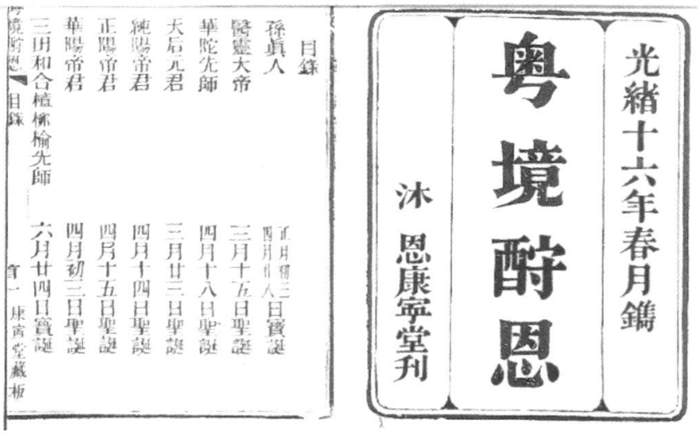

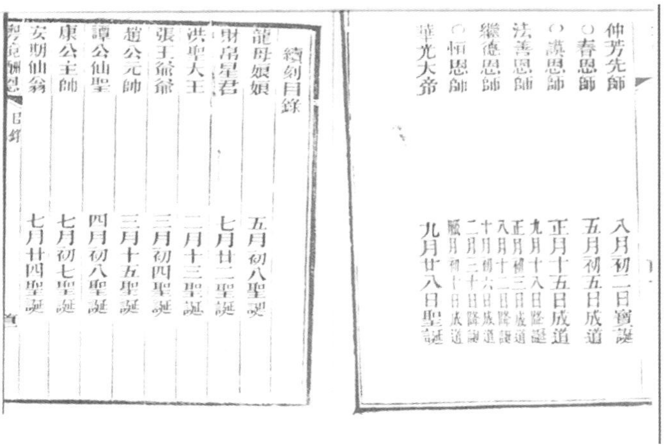

① 唐晓涛：《三界神形象的演变与明清西江中游地域社会的转型》，《历史人类学学刊》第 6 卷，第 1-2 期合刊，2008 年，第 67-109 页。

② 明朝后期以来，“天地君亲师”崇奉在民间广为流行，更成为全国的祭祀对象。可参考王春瑜：《说“天地君亲师”》，载《当代著名学者自选集·王春瑜卷：古今集》，兰州：兰州大学出版社，2003 年，第 331-334 页；徐梓：《“天地君亲师”源流考》，《北京师范大学学报（人文社会科学版）》2006 年第 2 期，第 99-106 页。

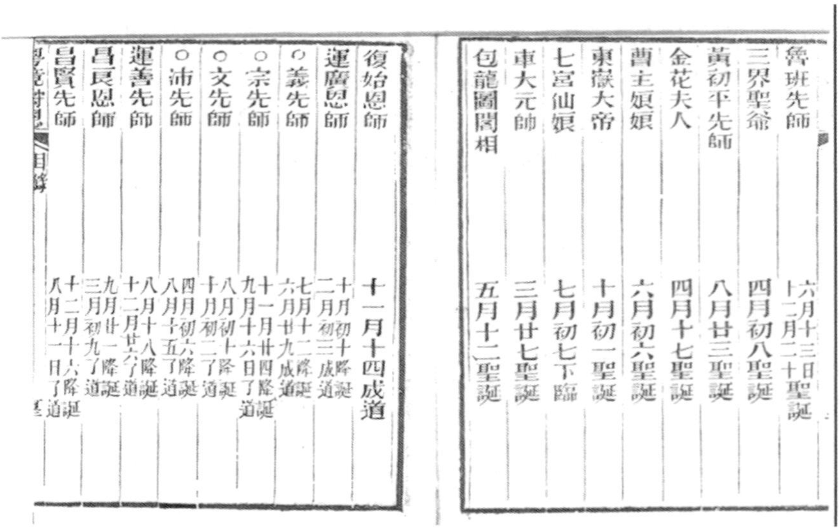

魯班先師 六月十三日 十二月二十聖誕
三界聖爺 四月初八聖誕
黃初平先師 八月廿三聖誕
金花夫人 四月十七聖誕
曹主娘娘 六月初六聖誕
東嶽大帝 十月初一聖誕
七宮仙娘 七月初七下臨
車大元帥 三月廿七聖誕
包龍圖閻相 五月十二聖誕

復始恩師 十一月十四成道
運廣恩師 十月初十降誕 二月初三成道
○義先師 七月十二降誕 六月廿九成道
○宗先師 十一月廿四降誕 九月十六日了道
○文先師 八月初十降誕 十月初二了道
○沛先師 四月初六降誕 八月十五了道
運善先師 八月十八降誕 十二月廿六了道
昌長恩師 九月廿一降誕 三月初九了道
昌賢先師 十二月十六降誕 八月十一日了道

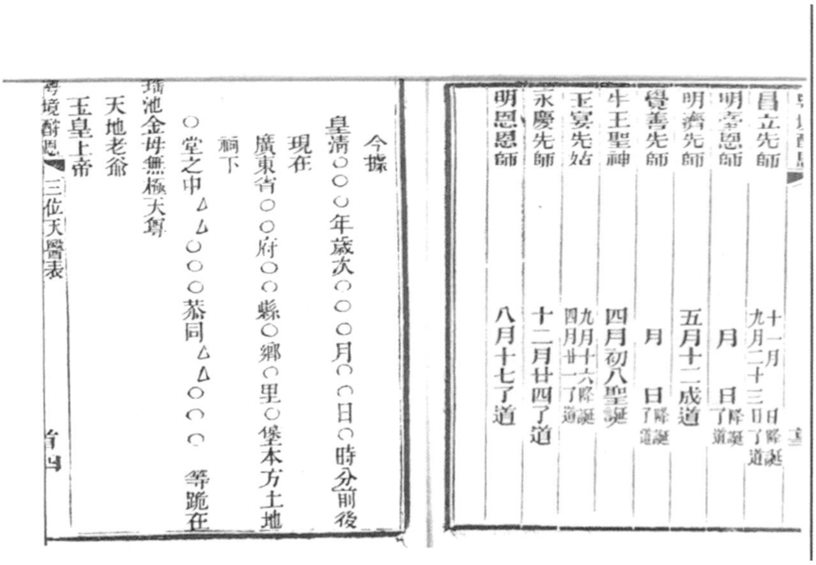

昌立先師 十一月 日降誕 九月二十三日了道
明臺恩師 月 日降誕 了道
明齊先師 五月十二成道
疊善先師 月 日降誕 了道
牛王聖神 四月初八聖誕
玉宴先姑 九月十六降誕 四月廿一了道
永慶先師 十二月廿四了道
明恩恩師 八月十七了道

今據
皇清○○○年歲次○○○月○○日○時分前後
現在
廣東省○○府○○縣○鄉○里○堡本方土地
祠下
○堂之中△△○○○恭同△△○○○ 等跪在
瑤池金母無極天尊
天地老爺
玉皇上帝

粵境酧恩 三位天醫表

《粤境酧恩》内容梗概，从以下“目录”“续刻目录”可见一斑。

目　录

正阳帝君……………………四月十五日圣诞

华阳帝君……………………四月初三日圣诞

三田和合樟柳榆先师……………………六月廿四日宝诞

仲芳先师……………………八月初二日宝诞

〇春恩师……………………五月初五日成道

〇谟恩师……………………正月十五日成道

法善恩师[①]……………………九月十八日降诞　正月初三日成道

继德恩师……………………八月十二日降诞　十月初六日成道

〇恒恩师……………………二月三十日降诞　腊月初十日成道

华光大帝……………………九月廿八日圣诞

续刻目录

龙母娘娘……………………五月初八圣诞

财帛星君……………………七月廿二圣诞

洪圣大王……………………二月十三圣诞

张王爷爷……………………三月初四圣诞

赵公元帅……………………三月十五圣诞

谭公仙圣……………………四月初八圣诞

康公主帅……………………七月初七圣诞

安期仙翁……………………七月廿四圣诞

鲁班先师……………………六月十三日　十二月二十圣诞

三界圣爷……………………四月初八圣诞

黄初平先师……………………八月廿三圣诞

金花夫人……………………四月十七圣诞

曹主娘娘……………………六月初六圣诞

东岳大帝……………………十月初一圣诞

七宫仙娘……………………七月初七下临

车大元帅……………………三月廿七圣诞

包龙图阁相……………………五月十二圣诞

复始恩师[②]……………………十一月十四日成道

---

① 同治二年（1863），林法善于清远隅峡山伯公坑创办藏霞洞，为广东之洞祖。

② 咸丰年间先天道由湖北传入广东，湖北祖师陈复始入粤阐道，度化清远宿儒林法善，集资兴建藏霞洞，再经朱广霞扩建，奠定日后之基础，成了先天道岭南道脉发源地。

运广恩师……………………………………………………十月初十降诞　二月初三成道
（以下先天道“先师”，中略）
牛王圣神………………………………………………………………………四月初八圣诞
玉宴先姑……………………………………………………九月十六降诞　四月廿一了道
永庆先师……………………………………………………………………十二月廿四了道
明恩恩师………………………………………………………………………八月十七了道

贺诞通用表并不像“通胜”（即历书）、《玉匣记》般按时序排列，而是分类“组合式”编排。如“两霞先师表”，“两霞”指清远藏霞洞及锦霞洞，由于陈复始与林法善师徒的努力，遂启岭南之道脉，其中藏霞洞与锦霞洞的创立尤为关键，“北藏南锦，性命双修”，可说是香港先天道堂的脉源①；孚佑帝君、正阳帝君、华阳帝君并列“三阳帝君表”；康公、赵公、车公三位元帅“同用表”。若与三十多年后刘万章所写“广州神诞表”对照，刘万章排列：正月初三孙正真人、三月初四张王爷、四月初八三界、四月十七金花、七月廿四郑仙诸神贺诞用表，皆见载于《粤境酧恩》一书。②《粤境酧恩》将孙思邈、医灵大帝、华佗并列“三位天医表”，医药行业神，较常见的是扁鹊、华佗、孙思邈、神农大帝。药王、药仙崇祀，南北各异。北方崇祀扁鹊为药王，广东则崇拜孙思邈为药王。③如广州五仙观东斋的门额上，石匾题“药王殿”，“乾隆五十四年六月吉旦立”，仇池石辑《羊城古钞》提及，雍正元年（1723），提督冯毅重修五仙观，有碑记云，内有玉皇阁、五仙祠、三元殿、老君堂、慈悲堂、真武殿、文昌阁、洪圣殿、金花庙、孙圣殿、关帝殿等十几座殿宇，其中孙圣殿即“药王殿”。以广州中成药行业组织为例，成药业会所与熟药业（配药剂）会所分别称“杏存堂”和“大昌堂”，“广州的药王诞在旧社会是很热闹的，大北百灵路（现解放北路西边一条横街）有药王庙，每逢诞期，香火很盛。来求签方的人，大多是穷苦人家，疾病缠绵，久患痼疾，屡医不愈，希望求得仙方的”。④又如英德城西麻寨山南麓建有古西祠（图1），庙内供奉曹主娘娘。

---

① 曾道洸：《藏霞古洞源流纪略》，《大道》第2期，香港先天道会，1957年，第32-34页。

② 刘万章：《广州神诞表》，周康燮主编：《广东风俗缀录》，第96-98页。

③ 仇池石辑：《羊城古钞》卷三《寺观》，据嘉庆十一年大赉堂藏板影印，香港：潘小磐等印，1981年，第45页。

④ 陆顺天：《广州制药业》，中国民主建国会广州市委员会、广州市工商业联合会、广州市政协文史资料委员会合编：《广州工商经济史料》（《广州文史资料》第36辑），广州：广东人民出版社，1986年，第112-113页。

图1　英德古西祠“功垂捍御”牌坊，建于同治十年（笔者摄）

曹主娘娘“神威凛凛”“保民保赤”，“显灵”以助平定地方动乱：

曹主娘娘表　　　　六月初六日圣诞
恭祝
英洲麻寨曹主娘娘　圣寿无疆佳期窃维
娘娘神威凛凛气盖
灵霄赤胆忠心护持正气保民保赤壮志雄豪凡属生民均沾
大德△等遇道修因得免苦恼场中总荷
慈光垂荫
法力圆通救困扶危
圣娘恩德如天无以酬报兹值未月朔六之吉
圣寿无疆佳期　以下接写金花夫人表尾①

曹主娘娘是粤北英德地区一位重要的地方女神，谭伟伦撰文指出，地方官员借助曹主

① 《粤境酧恩》，光绪十六年（1890）康宁堂刊本，第36页。

娘娘等地方神明以团结乡民，对抗地方动乱，曹主娘娘也因而备受尊崇及加封[①]，咸丰十年（1860），广东总督劳崇光题请敕赐封号为“显济夫人”。披览《粤境酧恩》，还有助解开粤港道教史一些疑团，如广东黄大仙诞、三田祖师信仰及其由来等问题。

二、《粤境酧恩》所载赤松黄大仙信仰

赤松黄大仙原名黄初平，赤松子是其仙号，大仙名号全称“运元威显普济劝善拯世赤松黄大仙师”。清末以前，黄大仙信仰主要集中在江浙地区。[②]从江浙地区到广东地区，黄大仙的信仰也不是一成不变地传承下来。个中转变，包括二仙并祀转为独尊，以及浙粤地区诞期不一。正如吴丽珍指出，黄初平与兄初起自晋代到宋朝所建二皇君祠、二仙井等，是二仙并祀，清末广东地区信众则只尊奉黄初平。[③]据《惊迷梦》所示[④]，香港黄大仙在祠及其信仰即源自番禺大岭菩山村的深柳堂，由家族乩坛于1899年发展成“普济坛”。[⑤]及后，普济坛的道侣曾一度在广州花埭建黄仙祠，1913年春天为广东警察厅没收，终成废祠。[⑥]另外，在广州花埭黄仙祠初创期间，有道侣将黄大仙的信仰向南海地区移播，在稔冈建立普庆坛。早在1915年，仙师乩示梁仁菴道长此地不宜久留，“向南速走”，于是奉仙师宝像南下香港。经过多年奠定基础，香港黄大仙祠香火鼎盛，成为最具本土特色的宗教民俗。而香港黄大仙道侣，主要来自西樵稔冈普庆坛及广州普济坛。近年著述指出珠江文化有特重的海洋性，黄大仙是粤港传到东南亚，以及美国和加拿大，且有广泛影响的民俗神。《中国南海民俗风情文化辨（岭南沿海篇）》一书提及此地区民间信仰，分列潮汕地区的妈祖信仰、龙母信仰、粤港两地的黄大仙信仰、北帝信仰等项。[⑦]今天黄大仙信仰随弟子与善信传扬，无远弗届，远在欧美、澳洲、华人地区都有供奉。如20世纪70年代从潮州移民香港、1996年移居澳洲悉尼的陈氏，1999年在当地发起修建黄大仙祠。元清阁弟子在悉尼则建黄大仙

---

① 谭伟伦：《英德的地方历史与神明》，载游子安、卜永坚主编：《问俗观风：香港及华南历史与文化》，第81页；谭伟伦：《申遗背后的曹主娘娘信俗研究》，《民俗曲艺》第174期，台北：财团法人施合郑民俗文化基金会出版，2011年，第259-304页。有关曹主娘娘专书研究，可参考黄韧：《神境中的过客：从曹主信仰象征的变迁看岭南客家文化的形成与传承》，北京：中国社会科学出版社，2015年；林超富：《北江女神曹主娘娘》，广州：广东人民出版社，2009年。

② 有关清末以前黄大仙信仰，参黄兆汉：《黄大仙考》，《道教研究论文集》，香港：香港中文大学，1988年。

③ 吴丽珍：《香港黄大仙信仰》，香港：香港三联书店，1997年，第42-43页。

④ 《惊迷梦》乃诸仙佛在坛内所示训语，普济坛自1897年黄大仙初降，至1899年花埭黄仙祠告成，1924年香港赤松仙馆重刻，1991年普宜坛据1924年广州汝文堂刻本重印。

⑤ 有说花埭黄仙祠始建于同治年间，此乃传说，欠充分资料引证，如李伟云主编：《广州宗教志》，广州：广东人民出版社，1996年，第104页。

⑥ 《青衣红泪记》，见潘达微编辑：《天荒》，1917年印本，第84页。

⑦ 蒋明智：《中国南海民俗风情文化辨（岭南沿海篇）》，广州：广东经济出版社，2013年，第229-241页。

缘清宫，创庙于2003年。又如新加坡青松观供奉赤松黄大仙，是侯宝垣道长奉道祖、吕祖、邱祖外，还请来香港地道的神祇来供奉。又如巴黎的法国潮州会馆，近年增奉赤松黄大仙及提供黄大仙灵签予信众问事。[①]

宋朝道士倪守约撰有《金华赤松山志》，记述黄初平生于晋成帝咸和三年（328）农历八月十三日。据说黄大仙是浙江金华兰溪黄湓人，得道于金华山。[②]现今以金华为“仙乡”，有称金华赤松宫为“祖庭”，每年农历八月十三日到赤松宫祭拜黄大仙。[③]然而清代广东善信以农历八月廿三日为黄大仙诞，在八月二十日至二十六日诵经、演戏，此后约定俗成，一直以来文献无征。据说，八月廿三日这日子是从黄大仙画像启示的，“像中的左手大拇指及食指起，作‘八’字形，代表八月。其余三只手指屈起，连同竖起的拇指及食指代表二十三日”[④]，实《粤境酧恩》一书足以佐证：“黄初平先师八月廿三日圣诞。”[⑤]该书刊后七年，供奉大仙乩坛于广东大岭菩山村的深柳堂成立。《粤境酧恩》载：

谭公仙圣　　四月初八圣诞
安期仙翁　　七月廿四日圣诞　三位同表
初平仙翁　　八月廿三日圣诞
恭祝

汉代黄初平仙翁[⑥]敕封襄济谭大仙　广州善士郑仙翁　圣寿无疆佳期窃维

仙翁道德圆通赞理阴阳舍身救度群黎历尽万苦千辛得证仙果受人间之钦羡护国庇民辅佐

皇猷功德无量〇等遇道修因总荷

仙泽垂荫历劫流浪东土全仗

大德提携

谭　黄　郑仙圣恩德如天莫名可罄[⑦]

《粤境酧恩》将黄初平仙翁与谭公仙圣、郑安期仙“同表”。从《粤境酧恩》一书得知，

① 游子安：《狮子山下谱传奇：香港地区黄大仙信仰》，萧国健、游子安主编：《炉峰古今——香港历史文化讲座2012》，香港：珠海学院香港历史文化研究中心出版，2013年，第114、921页。

② 见万历《金华府志》卷二十二《仙释》；正德、万历《兰溪县志》。

③ 黄信阳：《在首届黄大仙文化研讨会上的讲话》，载浙江省金华市民族宗教事务局编印：《2003年金华·国际黄大仙文化研讨会论文集》，2003年，第2页。

④ 吴丽珍：《香港黄大仙信仰》，第22页。

⑤ 《粤境酧恩》目录页第2、28-29页。

⑥ 文献记载黄初平生于晋朝，汉代此说不知根据。

⑦ 《粤境酧恩》，第28页下-29页上。

一些神祇为何受民众奉祀，即有感神恩而酬谢的因由，上述引文，三位“仙翁”，“道德圆通，赞理阴阳，舍身救度群黎，历尽万苦千辛，得证仙果，受人间之钦羡，护国庇民，辅佐皇猷，功德无量”。谭黄郑三位“仙翁”并列，是饶有意味的编排。谭公是司雨、治疫、保境安民之神，受惠州客家人，及岭南地区渔民所供奉，于咸丰年间敕封襄济，惠州、澳门、香港等地皆有庙祀。[①]嘉庆年间广州建有“郑仙翁祠”，位于白云山，民国时期广州市工务局改为白云公园。[②]《蒲涧安期仙祠碑记》载，嘉庆十七年（1812）道人江瀛涛“来羊城，游白云山菖蒲涧，与余辈购碧虚观寄地，筑云泉山馆，复割山馆北余地，与瀛涛创建安期仙祠”[③]。

赤松黄大仙既是清末以来广东普遍崇奉的神祇，除了啬色园外，还见祀于筲箕湾谭公庙，1905 年建，右殿供奉关帝及黄大仙。[④]清末港澳地区，黄大仙与其他神祇合祀的还有澳门黄曹二仙祠，建于 1905 年，神帐题“敕封道菓黄曹二大仙师”，二楼门联“石叱三生无俗骨，文成七步有仙才”，新会周灿奎撰于乙巳年（1905），点出二仙“叱石成羊”和“七步成诗”的看家本领。[⑤]鲜为人知者，广东黄大仙信仰也传播至上海，1935 年慈航仙观募建，后迁于英租界宁波路顾家弄，与中国济生会同址，1958 年观闭不存。据《五羊清韵》粤曲集的一则广告：

> 本观供奉之黄大仙圣像，原系广东花埭最灵应之尊神，由陈竹峰先生迎护来申……捌月廿三日黄大仙圣诞□建九日罗天大醮，为各界祈福消灾……[⑥]

值得注意的是，上海慈航仙观于八月廿三日贺诞，是跟随广东的传统而约定俗成的。

三、《粤境酧恩》所载被人“淡忘”的三田祖师信仰

《粤境酧恩》记载，樟柳榆三田祖师与“仲芳先师”，并列“两霞先师表”，六月廿四日

---

① “谭公道者，归善人也。居九龙山修行，不记岁月。……今府城水门外、县城白鹤峰皆有庙。咸丰六年敕封襄济”，见光绪《惠州府志》卷四十四《人物・仙释》，上海：上海书店出版社，2003 年，第 15 页。谭公祠庙分布岭南各地，有称惠州九龙峰的一所为谭公祖庙，道光年间重修。澳门谭仙圣庙，始建于同治元年（1862 年），庙内存有“仙术活人”等匾额。

② 李伟云主编：《广州宗教志》，广州：广东人民出版社，1996 年，第 105 页。

③ （清）黄培芳撰：《蒲涧安期仙祠碑记》（嘉庆十八年），见冼剑民、陈鸿钧编：《广州碑刻集》，广州：广东高等教育出版社，2006 年，第 274-275 页。

④ 谭公庙何时开始供奉黄大仙，已不可考，据老人口述，始自 20 世纪上半叶。

⑤ 2005 年 7 月 16 日笔者往澳门考察搜集资料所得，黄、曹两位大仙合祠，位于三巴门福庆街，内奉黄初平与曹植。

⑥ 《五羊清韵》，1938 年编印，第 81 页，这份资料由卜永坚兄提供，谨此致谢。

庆祝三田祖师宝诞。

图2 清远供奉樟柳榆三田祖师的藏霞洞（2002年，笔者摄）

咸丰年间，先天道湖北祖师陈复始入粤阐道，度化清远宿儒林法善，并于同治二年（1863）集资兴建藏霞洞，成了先天道在岭南道脉的发源地（图 2）。[①]藏霞洞的主神，《清远县志》清楚地记曰："藏霞仙观供奉三田和合诸仙像。"[②]何谓"三田和合诸仙"？《道脉总源流》云："其洞奉祀唐朝大仙、樟柳榆三田祖师。"[③]藏霞洞最早建筑物是同治二年的三仙殿，也是洞的主殿，及后建设玉帝楼、灶神庙、古佛圣真殿等殿宇。[④]1929 年了因山人

---

① 参见曾道洸：《藏霞古洞源流纪略》，《大道》第 2 期，第 34 页；陈月桂：《名山洞府话藏霞》，《清远文史资料》1987 年第 6 期，第 25-26 页。

② 《清远县志》卷十七《寺观》，1935 年序刊，第 56 页。

③ （清）田邵邨主编：《道脉总源流》，香港：桃源洞，1982 年重印，第 17 页。

④ 详参梅福槐撰：《创建清远禺峡山藏霞洞记》，（宣统三年）见朱汝珍编辑，廖明良参订：《藏霞集》卷一，1915 年刊本，藏霞洞藏板，第 54-55 页；《清远县志》卷十七《寺观》第 56 页；清远市地方志编纂办公室编：《清远县志》，1995 年，第 853-854 页。

（黄梓林）游藏霞洞，详列洞内诸仙圣佛：

三田祖师殿左旁，中安观音菩萨，左安文殊菩萨……众妙门内有灶君庙，灶君庙楼上有通明殿，安奉玉皇大天尊。……再上尽处，有古佛圣真殿横额，中奉弥勒古佛，左奉老祖道君，右奉孔子圣人，藉明三教归一之旨。①

并叙其道脉源流说："林仙翁（林法善）奉祀唐朝大仙樟柳榆三祖师。"

三田和合樟柳榆先师　　　六月廿四日宝诞
仲芳先师　　　　　　　八月初二日宝诞　同表
恭祝
三田和合樟柳榆先师　仲芳先师　　　　圣寿无疆窃维
先师○佛前领命飞鸾显化护佑善良暗助收圆默扶正教唤转原人归佛域度回善鬼出迷津 后学弟子
　　仰沐
鸿恩　男　等历刦流浪苦海深蒙
仁慈超拔今生遇道修因全赖
圣泽垂荫
先师恩德甚厚莫名可罄……②

香港先天道道堂供奉多位神祇，若供奉樟柳榆三田祖师者，几可确定是藏霞一脉，如藏霞精舍、万佛堂、桃源洞、尚志堂、永胜堂、紫竹林等 14 所道堂，皆源自清远藏霞洞。③但今天奉祀三田祖师的香港先天道道堂，如万佛堂及藏霞精舍等道堂，只供奉"三田和合樟柳榆祖师"神牌。至于三田祖师的塑像，今天仅见于山下围曾大屋旁的灵谷园（又名叙贤精舍）。园内保存庚申年（1920）对联，曾办灵谷园幼儿园。神龛上题"勖扶正法"，联曰："大道无私真福德，护持有法降祯祥"，"大道无私真福德"一联点出三田祖师为土地神的特质。战后灵谷园改奉三宝，后来因兴建乙明邨，迁至大埔泮涌村。④

据苏棪明先生说，樟柳榆树神，是藏霞洞的开山始祖，也是广州市、番禺、花县等地流行的土地神。⑤2005 年，笔者往番禺大岭村陈氏大宗祠、两塘公祠考察，门厅皆见"三

① 了因山人：《游览日记》（1932 年序）《藏霞洞》，香港：黄立德堂，20 世纪 30 年代印，页天三。黄梓林（1872—1962），道号了因，南海县官窑镇人，20 世纪 20 年代参与创建抱道堂与香港道德会福庆堂。

② 《粤境酎恩》，第 5 页。

③ 详见游子安主编：《道风百年：香港道教与道观》，香港：利文出版社、蓬瀛仙馆道教文化数据库，2002 年，第 20-22 页。

④ 灵谷园现是清修之所，并不开放，它成了香港仅有供奉三田祖师塑像的道场。

⑤ 苏棪明先生于 2002 年 10 月 25 日接受访问，时年 84 岁，苏先生自幼在藏霞洞长大，曾任乩首，及后移居香港。

田和合樟柳榆仙”神位，与门官土地福德、财帛星君诸位神祇并列。据商承祚于 20 世纪 20 年代见闻，步入广州市人家，门之右边供“门官神”，中间悬一板，或五行三行不等，不论是五行或三行，皆刻有“三田和合樟柳榆仙”神位。[①]番禺大岭村陈氏大宗祠、两塘公祠，门厅皆见“三田和合樟柳榆仙”神位，与门官土地福德、财帛星君诸位神祇并列。不知何故，同一地区，大岭村文明街陈氏民居神位则书“三田和合樟柳二仙”，却不是“三仙”。樟柳二仙独立成庙，见于佛山等地。民国年间编纂的《佛山忠义乡志》，记载有二仙庙，“在山紫铺和合街，乾隆甲寅修。二仙者，俗传樟柳二神也，祷祀亦验”[②]。早在 1928 年，容肇祖笔下广州河南的金花庙，庙内后殿神像前所刻神位，也是“三田和合樟柳二仙”。[③]

藏霞洞的始创及岭南先天道道脉的开展，来自樟柳榆三位大仙于同治年间的降乩指示。前引《粤境酧恩》贺诞文提及三田祖师“佛前领命，飞鸾显化……默扶正教”，《藏霞集》明确记述此洞创办缘由，“叨三田祖师乩示，始创藏霞仙观，以作道统开基之地”。[④]藏霞洞始创，可从清远城远安堂药材铺设坛开乩及士子卜问功名说起。《藏霞本源集》记述咸丰二年（1852）科名大举，时有刘、杨、廖诸君“以卜榜花为乐”，乃于清远城置一铺，“名曰远安堂，铺面卖药材，内进则设坛开乩”。红兵之乱后，咸丰十年又大开科举，禺峡位于北江中下游，北江河有船可南下清城、广州，北上至韶关、南雄，是广州士子北上考取功名的要道。卜问功名时，三田祖师临坛乩示：“（咸丰二年）唐朝杭州三田祖师，偶经此地临坛察视。……宜先立一神位，用朱纸书‘三田和合樟柳榆祖师’九字”，同治二年书“‘三田和合樟柳榆师’八字，安奉正中宫”。[⑤]但藏霞洞现由飞来峡风景名胜区管理，没作考究，三仙殿重建后，改为供奉吕祖、王重阳及邱长春，吕祖神像前供奉三田祖师像，以致产生诸如藏霞洞主神是吕祖或三仙是吕祖、王重阳及邱长春的误解。

四、后话：《粤境酧恩》在海外道堂沿用

2008 年 12 月 20—25 日，笔者于越南胡志明市、河内，参访 20 世纪 20—40 年代建立的先天道道堂。越南流通的通用表文，包括光绪十六年（1890）泰源堂重刊《庆祝表文》与康宁堂刊《粤境酧恩》及光绪二十七年刊《应用呈奏》，是先天道脉道堂贺诞上表用书。《粤境酧恩》一书普遍见于胡志明市永安堂、敬圣堂、安庆堂地母庙等堂，越南与粤港道脉

① 商承祚撰：《广州市人家的神》，载周康燮主编：《广东风俗缀录》，第 93 页。
② 汪宗准、冼宝干：《佛山忠义乡志》卷八《祠祀》二，民国十二年刊本。
③ 容肇祖：《广州河南的金花庙》，周康燮主编：《广东风俗缀录》，第 128 页。
④ 朱汝珍编辑、廖明良参订：《藏霞集》卷一，第 58 页。
⑤ 《藏霞本源集》（1945 年序），第 1-3、7、35、38 页。

相承，于此可见一斑。《粤境酧恩》刊于一百多年前，记载广东道教与民间信仰的内容，弥足珍贵，很值得撰文记上一笔。现今人们以为生活资源唾手可得，却不予珍惜。其实，不论是对神祇、对天地大自然、对亲师，常怀感恩之心，还是必需的。

附 记

韦庆远老师是令人敬佩的学者，还记得2004年拙著《善与人同——明清以来的慈善与教化》写成，不揣冒昧请老师为撰序，老师序言对晚辈之策励，至今铭感，及后承蒙老师收进《明清史续析》一书。笔者与韦老师在港多次结缘：1984年老师来香港中文大学讲学，笔者在历史系念本科往听演讲；1994年、2000年先后在香港科技大学授课、香港城市大学任客座教授，笔者多次聆听受益。老师宅心仁厚、治学扎实，足为后学楷模，笔者借此文章，致以深挚的敬意和怀念。

（执行编辑：吴婉惠）

民间信仰与祀典制度：清代台湾的水仙尊王崇拜

郑振满*

摘要：在清代台湾的海神崇拜中，水仙尊王与天后（妈祖）始终同时并存，相得益彰。一般认为，天后作为国家的祀典神，其传播过程具有较为明显的官方色彩，而水仙尊王作为闽南的地方神，与民间的航海活动密切相关。本文通过考察清代台湾水仙尊王崇拜的由来、水仙尊王与台南郊商的关系及水仙尊王与天后崇拜的统合过程，探讨民间信仰与国家祀典制度的互动关系。

关键词：民间信仰；祀典制度；清代；台湾；水仙尊王；天后（妈祖）

一、前　　言

在清代台湾的海神崇拜中，水仙尊王与天后（妈祖）始终同时并存，相得益彰。一般认为，天后作为国家的祀典神，其传播过程具有较为明显的官方色彩，而水仙尊王作为闽南的地方神，与民间的航海活动密切相关。本文试图通过考察清代台湾水仙尊王崇拜的由来、水仙尊王与台南郊商的关系及水仙尊王与天后崇拜的统合过程，探讨民间信仰与国家祀典制度的互动关系。

关于清代台湾的水仙尊王崇拜，前人已有相当丰富的研究成果。例如，余光弘、翁安雄、王见川等研究了澎湖妈宫的水仙宫[①]，林天人、蔡相辉、黄阿有等研究了嘉义笨南港的

---

* 郑振满，厦门大学历史系教授。

① 余光弘：《妈宫的寺庙》，台北："中央研究院"民族学研究所，1998 年；翁安雄：《台湾海洋信仰中的水仙王：以澎湖妈宫的水仙宫为例》，《史汇》2000 年第 4 期；王见川、黄有兴、王文良：《澎湖妈宫水仙宫志》，澎湖：澎湖妈宫水仙宫庙，2006 年。

水仙宫[①]，朱锋、陈惠龄等研究了台湾南部的水仙宫[②]，伍启铭、陈俊宏等研究了台湾北部沿海的水仙尊王信仰[③]。此外，林衡道、仇德哉、刘昌博、姜义镇、范胜雄、李泰瀚等考察了水仙尊王信仰的由来及其属性[④]，卓克华等探讨了水仙尊王信仰与郊商组织及商业发展的关系[⑤]。

前人的相关研究成果表明，清代台湾的水仙尊王崇拜主要集中于西部沿海地区，与从事航海活动的郊商、船户、水师等社会群体密切相关。那么，在清代大力推崇海神天后的历史环境中，为什么水仙尊王崇拜在台湾沿海地区特别盛行？清代台湾水仙尊王崇拜的社会基础与象征意义是什么？清代台湾水仙尊王崇拜与天后崇拜如何共存与互动？这些就是本文试图探讨的主要问题。

二、水仙尊王崇拜的由来

前人论及水仙尊王崇拜的由来，大多注重“五水仙”的具体名号，试图从大禹、列奡、伍员、屈原、鲁班、项羽、李白、王勃等历史人物的生平事迹，解释他们成为“水仙”的历史因缘。而实际上这些名号都来自于历代知识精英的穿凿附会，与民间的水仙尊王崇拜并无内在联系。在田野调查中可以发现，闽台民间奉祀水仙尊王的庙宇和仪式，往往只有一尊神像或一个神位，这应该就是水仙尊王崇拜的原初形态。因此，考察水仙尊王崇拜的由来，应该回到民间的信仰习俗与仪式传统，而不能拘泥于“五水仙”之类的具体名号。

清代台湾最早的水仙宫，可能是在台南的入海口安平镇。康熙三十七年（1698）刊行的《台湾府志》记载：“水仙宫，在凤山县安平镇。”[⑥]不过，当时在台南府城可能也有水仙宫，只是规模较小，尚未进入府志编者的视野。康熙五十九年（1720）编纂的《台湾县志》

---

① 林天人：《嘉义笨南港水仙宫修护计划》，嘉义：大佳出版社，1989 年；蔡相辉：《清代北港的闽台贸易》，《空大人文学版》2001 年第 10 期；黄阿有：《笨港·郊商·水仙宫》，刊于《第六届嘉义研究学术研讨会论文集》，2010 年。

② 朱锋：《台南的水仙宫》，刊于《台湾宗教》，台北：众文图书股份有限公司，1995 年；陈惠龄：《南台湾水仙宫探究》，《成大宗教与文化学报》2004 年第 3 期。

③ 伍启铭、陈俊宏：《台湾北部海岸水仙尊王信仰实调》，刊于郑志明编：《文化台湾》第一卷，台北：大道文化事业有限公司，1996 年。

④ 林衡道：《台湾地区神明的由来》，南投：台湾省文献会，1979 年；仇德哉：《台湾庙神传》，作者印行，1979 年；刘昌博：《台湾搜神记》，台北：黎明文化事业股份有限公司，1981 年；姜义镇：《台湾的乡土神明》，台北：台原出版社，1995 年；范胜雄：《府城的寺庙信仰》，台南：台南市政府，1995 年；李泰瀚：《清代台湾水仙尊王信仰之探讨》，《民俗曲艺》2004 年第 143 期。

⑤ 卓克华：《清代台湾的商战集团》，台北：台原出版社，1990 年；另参见蔡相辉、黄阿有等前揭文。

⑥ 高拱乾：《台湾府志》卷九《外志·寺观·附宫庙》，《台湾文献丛刊》第 65 种，台北：台湾银行经济研究室，1960 年，第 220 页。

记载："水仙宫，开辟后乡人同建，卑隘浅狭。康熙五十七年，敛金改建，雕花缕木，华丽甲于诸庙。"[①]在此把府城水仙宫的历史追溯到"开辟后"，不知是指明郑时期，还是指清朝领台初期，但无疑在康熙中期已经存在了，至康熙末年只是"改建"而已。然而，自康熙以后的各种地方文献，一般都把府城水仙宫的创建年代认定为康熙末年，从而忽略了早期水仙尊王崇拜的传播过程。

现存关于台湾早期水仙尊王崇拜的历史文献，主要是郁永河的《裨海纪游》与《海上纪略》。郁永河原是浙江仁和县的生员，于康熙年间"入闽为幕"，康熙三十六年（1697）受命渡台采制硫黄。在台湾期间，郁永河逐日记述了此行的所见所闻，故亦称《采硫日记》。《海上纪略》是其晚年对海洋知识的总结，大约也是成书于康熙中期。在这两部著作中，郁永河对台海地区的水仙尊王崇拜都做了详细的记述，为后人留下了珍贵的资料。此后的各种地方文献，虽然辗转引用了郁永河的相关记述，但似乎并未提供更多的信息。因此，为了追寻水仙尊王崇拜的来龙去脉，应该仔细解读郁永河留下的资料。

在《裨海纪游》中，郁永河记述了水仙尊王救助海难的故事。康熙三十六年农历四月初，郁永河率众从台南到淡水采硫，因友人告知海道艰险，而改为从陆路乘车前往。其部属王云森等贪图便利，直接从海路乘船前往淡水，结果沿途历经艰险，九死一生。据王氏事后告知：

> 自初三日登舟，泊鹿耳门，候南风不得。十八日，有微风，遂行。行一日，舵与帆不洽，斜入黑水者再，船首自俯，欲入水底，而巨浪又夹之。舟人大恐，向马祖求庇，苦无港可泊，终夜彷徨。十九日，犹如昨，午后南风大至，行甚驶，喜谓天助。顷之，风厉甚，因舵劣，不任使，强持之，舵牙折者三。风中蝴蝶千百，绕船飞舞，舟人以为不祥。申刻，风稍缓，有黑色小鸟数百集船上，驱之不去，舟人咸谓大凶，焚楮镪祝之，又不去，至以手抚之，终不去，反呷呷向人，若相告语者。少间，风益甚，舟欲沉，向马祖卜筊，求船安不许，求免死得吉，自弃舟中物三之一。至二更，遥见小港，众喜幸生，以沙浅不能入，姑就港口下碇。舟人困顿，各就寝。五鼓失碇，船无系，复出大洋，浪击舵折，鹢首又裂，知不可为，舟师告曰："唯有划水仙，求登岸免死耳！"划水仙者，众口齐作钲鼓声，人各挟一匕箸，虚作棹船势，如午日竞渡状。凡洋中危急，不得近岸，则为之。船果近岸，浪拍即碎，王君与舟人皆入水，幸善泅，得不溺，乘浪势推拥登岸。顾视原舟，惟断板折木，相击白浪中耳。[①]

① 陈文达：《台湾县志·杂记志》九《寺庙》，《台湾文献丛刊》第103种，台北：台湾银行经济研究室，1961年，第211页。不知何故，此书记载水仙宫"在镇北坊"，而其他文献皆记为"西定坊"，是否前后行政区划不一？待考。

① 郁永河：《裨海纪游》卷中，《台湾文献丛刊》第44种，台北：台湾银行经济研究室，1959年，第21页。

这一故事得自于郁永河的亲身见闻，具体生动，可信度较高。其中值得注意的内容有三：一是当时台湾西部沿海的航海条件不佳，随时都有遭遇海难的可能；二是当时的航海者既崇拜妈祖，也崇拜水仙尊王；三是在海上求助水仙尊王的主要仪式是“划水仙”，其特征是模仿端午节的龙舟竞渡。

在《海上纪略》一书中，郁永河对“水仙王”作了专门的评述。他自述最初听部属讲“划水仙”的故事，并不相信，认为实属偶然，“岂有徒手虚棹而能抗海浪、逆飓风者乎”？但后来又得知其他类似的故事，不得不信。他列举了两个相关例证：

> 顾君敷公曰：“有是哉！曩居台湾，仕伪郑，从澎湖归，中流舟裂，业已半沈。众谋共划水仙，舟复浮出，直入鹿耳门，有红毛覆舟在焉，竟度舟底。久之，有小舟来救，众已获拯，此舟乃沈。抑若有人暗中持之者，宁非鬼神之力乎？”迨八月初六日，有陈君一舶自省中来，半渡遭风，有舟底已裂，水入艎中，鹢首欲俯，而舵又中折，辗转巨浪中，死亡之势，不可顷刻待。有言划水仙者，徒手一拨，沈者忽浮，破浪穿风，疾飞如矢，顷刻抵南嵌之白沙墩。众皆登岸，得饭一盂，稽颡沙岸，神未尝不歆也。陈君谓当时虽十帆并张，不足喻其疾，鬼神之灵，亦奇已哉！①

由于陆续得知“划水仙”的灵验故事，郁永河对“水仙王”开始深信不疑。他在《海上记略》中把水仙王视为与妈祖并列的海神，并对这一海神信仰的由来做出了自己的解释：

> 水仙王者，洋中之神，莫详姓氏。或曰：帝禹、伍相、三闾大夫，又逸其二。帝禹平成水土，功在万世，伍相浮鸱夷，屈子怀石自沉，宜为水神，灵爽不泯。划水仙者，洋中危急不得近岸之所为也。海船在大洋中，不啻太虚一尘，渺无涯际，惟藉樯舵坚实，绳碇完固，庶几乘波御风，乃有依赖。每遇飓风忽至，骇浪如山，舵折樯倾，绳断底裂，技力不得施，智巧无所用。斯时唯有叩天求神，崩角稽首，以祈默宥而已，爰有水仙拯救之异。②

郁永河认为，水仙王崇拜的主要对象是大禹、伍子胥和屈原，他们作为“水神”是当之无愧的，因而也是具有灵力的。对于当时的航海者来说，遇到海难无法自救，也只有依赖于神力的救助。至于这些“水神”何以演变为“洋中之神”，郁永河并未深究。不过，郁永河明确指出“划水仙”类似于龙舟竞渡，这就为追寻水仙尊王崇拜的演变过程提供了重要的线索。

---

① 郁永河：《海上纪略》“水仙王”，见《裨海纪游》，《台湾文献丛刊》第44种，第60页。

② 郁永河：《海上纪略》“水仙王”，见《裨海纪游》，第60页。

在福建沿海地区，水仙尊王崇拜通常都与龙舟竞渡密切相关，尤其是在九龙江流域的漳州、厦门等地。近年编纂的《八闽董氏汇谱》，在述及漳州地区的端午节习俗时记云："往时，漳州城在五月初五要祭祀'水仙尊王'，至今城内仍有水仙王庙。现在石码一带仍于是日在江边摆水仙尊王神案，挂水仙尊王旗，赛龙舟，祀水仙王。"①这种以祭拜水仙尊王为中心的仪式传统，主要流行于九龙江下游的渔民小区。据《八闽董氏汇谱》记载：

> 九龙江下游的渔民多崇拜水仙王。农历十月初十为水仙尊王生日，江上的渔民会聚起来举行庆典。是日，各"帮头"的长老选几条新船，以绳索串成一排，用舱板搭成一座神台，神台上摆满祭品，所有的渔船上的神像都抬到神台上会聚，胸前抱大红鲤鱼的水仙王居于首位。众长老请来的和尚、道士和乐师到船上打醮。各渔船在水仙尊王神像前抽签，分配来年各个鱼汛期该船应占的网位。抽完神签后，雇来的戏班在江岸上通宵演出。②

除了端午节的龙舟竞渡和十月初十的水仙尊王诞辰庆典，九龙江下游还有农历七月"放水灯"的习俗，也与水仙尊王崇拜密切相关。例如，每年农历七月初十，在漳州东新桥南岸的白鹭洲，都要搭台供奉"水仙王"和三盏特大的"水灯王"，附近四乡的百姓也要送来各自的小水灯。当晚十点左右，"人们虔诚地把载有鲜花、银元及水果等贡品的水灯王投放江中，紧接着大大小小的莲花水灯尾随着水灯王顺流而下"。据说，这种放水灯仪式的意义是为了"敬奉水仙王，祈求平安，来年风调雨顺"。不过，《八闽董氏汇谱》的编者认为这是九龙江沿岸特有的普度仪式，其意义"象征将野鬼孤魂载离人间"。由于这种放水灯仪式中的主灯是"用各色彩纸做成的一两尺长的纸船"，在船上还要放置蜡烛、小油灯和少量钱物，似乎与闽台沿海地区的送王船仪式也有某些相通之处。③

综观上述民俗数据，也许可以大胆推测：在九龙江下游地区，水仙尊王崇拜最初起源于水上居民超度亡灵的仪式，此后逐渐与端午节的龙舟竞渡仪式相结合，演变为以祭拜屈原等英灵为中心的"水神"崇拜。至于这一转变过程的起始年代，目前还缺乏较为明确的文献证据，但大致可以从福建沿海端午节习俗的流变着手考察。在九龙江西溪颜厝镇马州村一带，自古流行一则当地龙舟旗由来的传说。据说，九龙江流域的龙舟旗，一般都是五色旗或蜈蚣旗，而马州村的龙舟旗却是"黑地白月旗"，与琉球古画中的龙舟旗十分相似，因而也称"琉球古旗"。这种龙舟旗的由来，可以追溯至明英宗正统年间（1436—1449）。当时本地有个进士潘荣，在朝廷任职吏科给事中，曾受命为琉球册封使，后来著有《中山

① 《八闽陇西董氏汇谱》编纂领导小组编纂：《八闽董氏汇谱》卷四十五《民俗》，第二章"端午习俗"，2009年，第12页。下引此书同此，不具注。

② 《八闽陇西董氏汇谱》编纂领导小组编纂：《八闽董氏汇谱》卷四十五《民俗》，第二章"船家习俗"，第10页。

③ 《八闽陇西董氏汇谱》编纂领导小组编纂：《八闽董氏汇谱》卷四十五《民俗》，第二章"普度"，第12页。

八景记》，是现存最早的琉球册封使实录。他在归国后的庆功宴上，告知英宗其少时在家乡观赏龙舟赛，不慎落水，为水仙尊王所救，所以英宗就把琉球贡船上的十二面“黑地白月旗”赐给潘荣，作为马州水仙尊王庙的龙舟旗。[①]这一传说的历史意义并不在于水仙尊王的灵异和马州龙舟旗特有的尊荣，而是在于当地的龙舟竞渡习俗因外来因素而改变。我们甚至可以猜测，潘荣在完成册封琉球中山王的使命之后，把外地龙舟竞渡的某些仪式带回了家乡，并赋予了本地原有的水神崇拜以全新的象征意义。

以厦门湾为出海口的九龙江流域，在明代一度是私人海上贸易最为活跃的地区。自从隆庆元年（1567）有限开放海禁之后，地处九龙江下游的月港成为当时唯一合法的民间对外贸易口岸，当地的大量沿海居民以航海为生，甚至移民海外，成为东亚地区华侨的先驱。在此过程中，九龙江流域的水仙尊王崇拜也开始向海外传播，原来的内河水神逐渐演变为海神。在九龙江的入海口厦门岛上，早在明代就建立了水仙宫，至清初已成为厦门港的重要地理标志。成书于康熙年间江日昇的《台湾外记》，在记述郑氏史事时曾多次提到厦门水仙宫。例如，崇祯元年（1628）六月，俞咨皋与郑芝龙战于厦门，“咨皋亦不登岸，即停船水仙宫前”[②]；顺治七年（1650）八月，郑成功自潮阳回师攻取郑联占据的厦门，施琅献计以部分战舰假扮商船，“直入寄碇厦门港水仙宫前”[③]；康熙六年（1667）十月，郑经部将江胜与潮州海盗邱辉联手攻略厦门，“战未几合，忽邱辉大队就水仙宫登岸，突出围击”[④]。康熙三十六年，郁永河从福州经厦门到台湾采硫途中，在厦门的登陆地点也是在水仙宫码头。[⑤]由此可见，当时水仙宫一带是厦门最重要的战略要地和对外通商口岸。

据道光《厦门志》记载，清代厦门共有两座水仙宫，一是地处厦门港的水仙宫，“在望高石下，明建，祀大禹、伍大夫、屈大夫、西楚霸王、鲁公输子，闽俗称‘水神’”[⑥]；二是内水仙宫，“在菜妈街后，背城面海。端节龙舟，必先至此，演剧鼓棹，名曰‘请水’”[⑦]。所谓“请水”，亦即迎请水仙尊王的仪式。由于内水仙宫一带主要为渔民和船户的聚居之地，因而延续了较为传统的龙舟竞渡习俗和“请水”仪式。至于厦门港水仙宫，历来是航海商人的聚会场所，至今仍保存清代地方官禁止骚扰此庙的碑记。[⑧]尽管目前已无从查考此庙的创建年代，但无疑是在明代开放海禁之后。道光《厦门志》引莫凤翔的《水仙宫

① 林晓晖：《飘扬在龙舟上的琉球古旗》，《漳州广播电视报》2010 年 8 月 12 日。

② 江日昇：《台湾外记》卷一，天启辛酉年至崇祯己卯年，《台湾文献丛刊》第 60 种，台北：台湾银行经济研究室，1960 年，第 30 页。

③ 江日昇：《台湾外记》卷三，顺治丁亥年至顺治癸巳年，第 111 页。

④ 江日昇：《台湾外记》卷三，康熙癸卯年至康熙甲寅年，第 238 页。

⑤ 郁永河：《裨海纪游》卷上，第 4 页。

⑥ 周凯：《厦门志》卷二《分域略・祠庙》，《台湾文献丛刊》第 95 种，台北：台湾银行经济研究室，1961 年，第 64 页。

⑦ 周凯：《厦门志》卷二《分域略・祠庙》，第 65 页。

⑧ 乾隆二十八年《水仙宫示禁碑》，参见郑振满、丁荷生编纂：《福建宗教碑铭汇编・泉州府分册》（下），福州：福建人民出版社，2003 年，第 1077-1078 页；道光十三年《水仙宫碑记》，参见郑振满、丁荷生编纂：《福建宗教碑铭汇编・泉州府分册》（下），第 1166-1167 页。

碑》记云："田少海多，民以海为田。自通洋弛禁，夷夏梯航，云屯雾集。鱼盐蜃甲之利，上裕课而下裕民。"①由于《厦门志》的编者是在记述民俗时引用这一碑记，可见厦门港水仙宫已被视为航海事业的象征。清人陈迈伦题咏《水仙宫》的诗句，集中反映了水仙尊王崇拜在地方社会中的突出地位：

鹭门禹庙落成初，胜景层开接太虚。
斜磴人来悬壁上，危亭极目大荒余。
近城烟雨千家市，绕岸风樯百货居。
泽国久无烽火警，一声长啸海天舒。②

应当指出，在明清之际的海事活动中，有不少专用名词都打下了水仙尊王崇拜的烙印。例如，在闽台两地的地方文献中，关于海上气候都有十月初十和十一月十四日为"水仙暴"的记载。如果"是日无风，主多鱼"③。明清之际较大的海船，一般都在侧翼设有"水仙门"，以便船上舢板出入。④江日昇在《台湾外记》中，述及黄蘗寺高僧隐元东渡台湾，将至港口时，"风浪大作，群鱼千万，船众咸恐栗，共请于元。元曰：'毋虑！'令侍者出纸笔，书'免朝'二字，于水仙门外焚之，顷而风息鱼散"⑤。此事发生于康熙二十二年（1683），可见清初的福建海船已有"水仙门"。更为有趣的是，漳州地区最为有名的花卉是"水仙花"，于清代传入台湾之后，曾有不少文人墨客吟诗题咏。《凤山县采访册》曾采录清人的咏《水仙花》诗句："疑与梅花同配食，水仙王庙最相应。"其注云："台人虔祀水仙王。"⑥这就说明，"水仙花"在台湾的传播过程，也是与水仙尊王崇拜密切相关的。

三、水仙尊王与台南郊商

在乾隆四十九年（1784）以前，台南和厦门是两岸对渡的唯一合法口岸，台南的海运商人控制了全台湾的经济命脉。由于台南的海运商人主要来自于厦门，因而水仙尊王也随之来到台湾。乾隆至嘉庆年间，台南的海运商人组成了三郊组织，其总部设在府城水仙宫，

① 周凯：《厦门志》卷十五《风俗记》，第640页。
② 周凯：《厦门志》卷九《艺文略•诗》，第358页。
③ 李元春：《台湾志略》卷一《地志》，《台湾文献丛刊》第18种，台北：台湾银行经济研究室，1958年，第23页。
④ 朱景英：《海东札记》卷二《记洋澳》，《台湾文献丛刊》第19种，台北：台湾银行经济研究室，1958年，第15页。
⑤ 江日昇：《台湾外记》卷九，康熙辛酉年至康熙癸亥年，第405-406页。
⑥ 卢德嘉：《凤山县采访册》癸部《艺文（二）诗词》，《台湾文献丛刊》第73种，台北：台湾银行经济研究室，1960年，第456页。

水仙尊王也因之成为郊商的认同标志与文化象征。因此，清代台湾水仙尊王崇拜的传播过程，与台南郊商组织的发展密切相关。

前已述及，早在康熙中期，台南府城已有水仙宫，但规模不大，“卑隘浅狭”。康熙末年，由“漳泉诸商人”集资重建，乾隆六年（1741）再次重修。[①]康熙六十一年（1722）的首任巡台御史黄叔璥，在《台海使槎录》中记云：“水仙宫，并祀禹王、伍员、屈原、项羽，兼列奡，谓其能荡舟也（一作鲁般）。庙中亭脊，雕镂人物、花草，备极精巧，皆潮州工匠为之。”[②]该书还记述了当地的端午习俗：“自初五至初七，好事者于海口浅处用钱或布为标，杉板渔船争相夺取，胜者鸣锣为得采，土人亦号为‘斗龙舟’。”[③]这种“斗龙舟”的习俗，无疑与水仙尊王崇拜密切相关。康熙三十七年刊行的《台湾府志》，对此有如下解释：“所在竞渡，虽云吊屈，亦以辟邪。无贵贱，咸买舟出游，中流箫鼓，歌舞凌波。游人置船头，挂以锦绮，捷者夺标而去。”[④]此外，当时台南还有击“龙船鼓”的习俗，可能也是导源于龙舟竞渡。据《台海使槎录》记载：“三月尽、四月朔望、五月初一至初五日，各寺庙及海岸各船鸣锣击鼓，名曰‘龙船鼓’，谓主一年旺相。”[⑤]

台南市南区碑林现存乾隆六年的水仙宫庙产碑记，其中载明共有店铺若干，岁供“五王寿诞各八金有半、佛祖寿诞各四金、迎送有十金、岁给住持僧斋俸等项半百有奇”[⑥]。此碑原无题额，《台湾南部碑文集成》收录时加题为《三益堂碑记》。实际上，当时台南尚无“三益堂”，其立碑者为水仙尊王的四十二名“弟子”，也就是当时主持修庙的海运商人。乾隆十七年刊行的《重修台湾县志》记载：“水仙庙，在西定坊港口。……康熙五十四年，泉漳诸商人建，壮丽工巧，甲于群庙。乾隆六年重修。有大小店凡若干间（碑记立于西偏之觉津亭），年收租银，以奉香灯。”[⑦]这里明确指出台南水仙庙是由“泉漳诸商人”创建的，但当时似乎并无相关的郊商组织。与此同时，此书也记述了“划水仙”的传说：“今海舶或遭狂飓，危不可保，时有划水仙一法，灵感不可思议。其法：在船诸人，各披发蹲舷间，执食箸作拨棹势，假口为钲鼓声，如五日竞渡状。虽樯倾柁折，亦可破浪穿风，疾飞倚岸，屡有征验；非甚危急，不敢轻试云。”[⑧]

---

① 王必昌：《重修台湾县志》卷六《祠宇志》，《台湾文献丛刊》第113种，台北：台湾银行经济研究室，1961年，第178页；连横：《台湾通史》卷二十二《宗教志》，《台湾文献丛刊》第128种，台北：台湾银行经济研究室，1962年，第583页。

② 黄叔璥：《台海使槎录》卷二《赤嵌笔谈·祠庙》，《台湾文献丛刊》第4种，台北：台湾银行经济研究室，1957年，第44页。

③ 黄叔璥：《台海使槎录》卷二《赤嵌笔谈·习俗》，第41页。

④ 高拱乾：《台湾府志》卷七《风土志·汉人风俗》，第185页。

⑤ 黄叔璥：《台海使槎录》卷二《赤嵌笔谈·习俗》，第41页。

⑥ 此碑现存台南市南区碑林，碑文收录于黄典权：《台湾南部碑文集成》甲，“记（上）”，《台湾文献丛刊》第218种，台北：台湾银行经济研究室，1965年，第29页。

⑦ 王必昌：《重修台湾县志》卷六《祠宇志》，第178页。

⑧ 王必昌：《重修台湾县志》卷六《祠宇志》，第178页。

台南水仙宫与郊商的关系，最早见于乾隆三十年（1765）的《水仙宫清界勒石记》。此碑刻有时任台湾知府、署理台湾道兼提督学政蒋允焄撰写的碑文和立碑者的跋文，对于了解当时台南的水仙尊王崇拜与官方的立场都颇有帮助，兹略做分述。蒋允焄的碑文记云：

水仙之祀，不知所昉，祠官阙焉，独滨海间渔庄、蟹舍、番航、贾舶崇奉之。然其说杳幻，假借附会，殆如《骚》所称“东君”、“河伯”、“湘夫人”流亚欤？郡西定坊，康熙五十四年建庙，志称“壮丽工巧，甲他祠宇”。盖有其举之，莫敢废矣。庙前旧有小港，通潮汐，涤邪秽，居民便之，亦神所藉以栖讬。岁久污塞，市场杂沓，交相逼处，遂侵官道。非所以奉神，即非所以奠民。甲申岁，予谕左右居民撤除之：自祠前达小港右房舍，左撤十二间，右撤七间。计袤共一十二丈，广共三丈，气局轩敞，庙貌庄严。继自今，父老子弟操盂酒豚蹄走祠下者，可无时怨时恫之虞矣。即勒诸石，侑之以歌曰：

神所栖兮元冥宫，侣阳侯兮友任公。风飒飒兮雨潇潇，骖文鱼兮渡洪潮。吹箫兮系鼓，灵巫酌酒兮醉代神语。蛟龙远避兮鼋鼍回，浪不使淜滂兮风不使喧与豗。神降福兮祝告虔，祐利济兮年复年！[①]

在蒋允焄的碑文中，既表达了官方的见解，又体现了现实的态度。他指出，其一，水仙尊王来历不明，并非国家的祀典神；其二，他认为水仙尊王是沿海渔民和船户特有的神明，有关的神话传说都是虚无缥缈，“假借附会”，完全不可靠的；其三，他认为这种非正统的民间庙宇还是应该保护的，理由是“有其举之，莫敢废矣”；其四，为了保护水仙宫的外部环境，他运用行政权力，下令拆除了庙前通往港道两侧的店铺；其五，他此举的真正目的是使水仙宫的仪式活动可以顺利举行，确保水仙尊王的信徒们“可无时怨时恫之虞矣”。由此看来，当时水仙宫与周边居民的关系已日益恶化，矛盾纠纷时有发生。最后，为了表达对水仙宫仪式活动的重视，蒋允焄还专门创作了“侑神歌”，期望水仙尊王“祐利济兮年复年”。仔细解读这一碑文，不仅有助于揭示清代台湾水仙尊王崇拜的历史环境，也有助于反思学术界关于民间信仰与祀典制度的不同见解。

在蒋允焄的碑文之后，立碑者又为之撰写了长篇的跋文，“既志公德，以崇神庥”。其略云：

神以庇人，人以祀神，神人所亲，惟德惟馨。缘水仙宫历年多，施泽久；庙稍荒，而神像剥。癸未冬，北郊列号起而绘藻妆饰之，计费金六百大员，视旧有加矣。然宫

① 此碑现存台南水仙宫，碑文收录于黄典权：《台湾南部碑文集成》甲，“记（上）”，《水仙宫清界碑记》，第68-69页；另见于何培夫主编：《台湾地区现存碑碣图志·台南市（下编）》，台北：台湾图书馆台北分馆编印，1992年，第451-452页。

前庭址遽为市场凌侵，而利涉通津几变桑田！周道尽力之功，谁其尸之？我恩宪大老爷蒋，莅政之暇，肃命清故址，除荒秽。历岁填积，一朝焕然。非公之至德及人，孰能拔其本而浚其源哉！[①]

这篇跋文的重点在于说明，乾隆二十八年（1763），由北郊所属的商号集资重修了水仙宫，但对宫前被侵占的地界却无可奈何，因而只能仰仗官府下令清界。此碑的立碑者为"北郊商民苏万利等"、"董事吕宝善、林大钦、李殿辅、林起珍、李朝玑、陈行忠、侯锡璠"、"住持僧克宣"和"徐宁盛、新泉源、黄骏发、泉裕、德盛、徐德顺、泉德、黄六吉"等八家商号。[②]由此看来，当时水仙宫已有相应的管理机构和住持僧人，但并非隶属"三郊"组织。问题在于：为何当时是由"北郊"出面主持水仙宫的重修和清界工程，而未见其他的郊商组织？这可能表明，台南水仙宫最初主要是北郊的庙宇，此后其影响日益扩大，逐渐演变为台南郊商共有的庙宇。

清代台南的郊商组织，经历了从各自分立到联合办公的演变过程。日据初期编纂的《台湾私法》一书，对台南三郊的由来有如下说明：

郊者，商会之名也。曰"三郊"，则台南之大西门城外北郊、南郊、港郊之总名目也。郑氏来台，漳、泉之民人附岛寄居，盖以此为营商之始。康熙二十二年入清版图，商业日兴，人数来集。雍正三年，入台交易，以苏万利、金永顺、李胜兴为始。配运于上海、宁波、天津、烟台、牛庄等处之货物者，曰"北郊"，郊中有二十余号营商，群推苏万利为北郊大商。配运于金厦两岛、漳泉二州、香港、汕头、南澳等处之货物者，曰"南郊"，郊中有三十余号营商，群推金永顺为南郊大商。熟悉于台湾各港之采籴者，曰"港郊"，如东港、旗后、五条港、基隆、盐水港、朴仔脚、沪尾配运之地。港郊中有五十余号营商，共推李胜兴为港郊大商。由是商业日兴，积久成例，遂成为三郊巨号。凡台湾诸义举，皆以苏万利、金永顺、李胜兴为董事，而诸商从之。[③]

上文主要介绍了早期台南三郊的起源及经营范围，但其中仍有不少疑点。其一，入台交易之前，苏、金、李是否已是郊商？其二，苏、金、李是否于雍正三年（1725）同时入台？其三，苏、金、李三董事何时开始联合办公？此外，在清代台湾的地方文献中，"李胜兴"一般为糖郊之号，而台南三郊也依次为北郊、南郊、糖郊。该书以李为"港郊"之首，又述及"北郊以糖业为商""港郊采籴台湾各港之货物，以备内地之配运"。由此可见，该书对

① 据原碑校录。

② 据原碑校录。

③ 临时台湾旧惯调查会：《台湾私法商事编》第一章"商事总论"，《台湾文献丛刊》第91种，台北：台湾银行经济研究室，1961年，第11页。

“三郊”由来的概述，似乎是以后来的变化作为原初的状态的，混淆了三郊原有的发展历程。同样的道理，应该也可以用于解释上述疑点。

从乾隆至嘉庆年间，台南三郊在地方事务中虽然时有合作，但实际上还是各自为政。乾隆五十一年（1786），为了平定林爽文之乱，台南三郊组成“公号”，共同集资“募招义民”，事后获得嘉奖，“户部挂名，赏给军功”。然而，至嘉庆十二年（1807），“三郊公号仅存苏万利、金永顺、李胜兴之公戳记，各郊各管”[①]。由于当时三郊董事陈启良、郭拔萃、洪秀文三人出为义民之首，协助官府平定了蔡牵之乱，因而“三郊之名著于台湾”。以此为契机，“三郊集诸商公议，捐金为公款，置买房屋收租，以济各郊宴会诸费”。借助于这些公共财产和仪式活动，使三郊组织实现了实质性的联合。此后，“又议定出入港之货物，预设捐金抽厘。每糖一篓，捐金一尖；每货一捆，捐金一尖。年征捐金有四五千元，归掌印董事收管，预备接济地方公事”。这种对出入境货物征收捐款的做法，表明三郊已经具有公认的权威。清道光七年（1827），“开三益堂于水仙宫边室，俗曰‘三郊议事公所’”[②]。在水仙宫设立“三益堂”作为“三郊议事公所”，不仅表明三郊组成了常设的权力机构，而且表明台南的所有郊商组织都已经归入水仙尊王的麾下。

从道光至同治年间，为台南三郊的黄金时期，“三郊为各商之长，三益堂所判公议，诸商无敢忤违”。在三益堂内部，“设立大签三枝，为各郊行轮流值东办事之执掌，俗曰‘值签’”。这些“值签”都是实力雄厚的大商号，道光二年共有六家，同治六年（1867）共有十三家，光绪五年（1879）共有二十多家。每逢轮值之际，这些大商号代表三郊主持日常事务，行使公共权力，“然非有干济材，则不敢当此签”。其职责范围，包括“事上”与“接下”。所谓“事上”，是指为地方政府服务，“如防海、平匪、派义民、助军需，以及地方官责承诸公事”。所谓“接下”，是指为当地民众服务，“如赈恤、修筑、捐金、义举，以及各郊行调处诸商事”。此外，“凡郊中公款出入收发，归其节制；立稿行文，归其主裁；账目银项，归其管理；收金收税，管事用人，归其执权”[③]。不过，这一时期的三郊内部事务，仍然是由各郊“炉主”自行管理。如云：“各郊公款，归炉主掌管。如遇过炉，公款移交新炉主收管”；“轮值炉主，各号挨次值东一年”。[④]这就是说，除了“三益堂”之外，各郊内部另有“炉主”制度，由所属商号轮流担任炉主，各自管理本郊公共事务。

值得注意的是，在组成“三益堂”之后，台南水仙宫的仪式传统也发生了变化。据三郊规定，各郊的“轮值炉主”必须共同操办当年的仪式活动，“如佛生日宴会、鹿耳门普度、牌仔普度及宴会、开港诸件公费，由三郊款内支销”。[⑤]这里的所谓“佛生日宴会”，应该即

① 临时台湾旧惯调查会：《台湾私法商事编》第一章“商事总论”，第11页。
② 临时台湾旧惯调查会：《台湾私法商事编》第一章“商事总论”，第11页。
③ 临时台湾旧惯调查会：《台湾私法商事编》第一章“商事总论”，第11-16页。
④ 临时台湾旧惯调查会：《台湾私法商事编》第一章“商事总论”，第16页。
⑤ 临时台湾旧惯调查会：《台湾私法商事编》第一章“商事总论”，第17页。

是原来的水仙尊王诞辰庆典，而“鹿耳门普度”、“仔普度”及“开港”等仪式，可能都是水仙宫新增加的年度仪式。如“鹿耳门普度”是在道光十一年（1831）大水淹没鹿耳门之后，三郊商人为了超度亡灵，“每年是日设水陆道场于水仙宫，以济幽魂，佛家谓之‘普度’。故台南有‘鹿耳门寄普’一语，即言其事，亦以喻无业者之依人糊口也”[①]。据说，台南水仙宫至今仍然保持这一仪式传统，每年中元节都要举行普度仪式。实际上，中元普度主要是来自于泉州湾地区的仪式传统，而水仙尊王崇拜主要是来自于厦门湾地区的仪式传统。因此，在台南水仙宫举行中元普度仪式，自然是为了促成不同移民群体之间的相互融合，这大约也是清代台湾移民社会的普遍现象。

清代后期，台南水仙宫曾经举行一种特殊的仪式，就是为地方长官供奉“长生禄位”。咸丰年间担任台湾道的吴大廷在自撰年谱中记载，咸丰七年（1857）二月二十日，“台郡郊商迎余长生禄位，借奉于水仙宫，演戏庆祝。又以余去在即，有涕下者。次日，赴安平祭江神，归过水仙宫，正各商供余长生禄位于殿中而演戏于庙外。鄙人视之，不觉涕下矣。……又次日，满城绅衿士子以余长生禄位、衣冠奉迎游城，并以鼓乐随之；本署书役亦供长生禄位于公廨”[②]。尽管这一仪式活动可能只是特例，却反映了当时台南三郊与地方政府的密切关系。此外，晚清台南五条港的龙舟竞渡，照例也是由水仙宫主持的。连横在《雅言》中记述：

> 端午竞渡，其来已久。五十年前，台南商业尚盛，三郊之外，又有洋行。先期制锦标，附彩物，装诗意，导以鼓吹，游行市上。至时各驾龙舟，集于五条港口，鸣金为号，击桨如飞，以夺锦标为胜。观者杂沓，数日始罢。诚可谓海国之水嬉，而升平之乐事也！而今亡矣。[③]

连横的笔记大约撰写于20世纪30年代初期[④]，他追述的50年前应该是在光绪初年，当时正是台南三郊由盛入衰的转折时期。根据这一数据，可以想象当年台南端午节的盛况：早在五条港龙舟竞渡之前，商人们就要忙于准备奖品，装扮故事，聘请乐队，然后一起到水仙宫请出神像，巡游西门外商业区的大街小巷。到龙舟竞渡之日，五条港一带人山人海，彩旗飞舞，锣鼓喧天，远近商民都已卷入连日狂欢之中。这种年复一年的端午节仪式，已经使水仙尊王崇拜成为当地特有的民俗活动。

光绪十六年（1890），台南知府吴本杰下令禁止三郊派征捐款，致使三郊组织失去了经

① 连横：《雅言》卷五一，《台湾文献丛刊》第166种，台北：台湾银行经济研究室，1963年，第23页。

② 吴大廷：《小酉腴山馆主人自著年谱》卷一，《台湾文献丛刊》第297种，台北：台湾银行经济研究室，1971年，第49页。

③ 连横：《雅言》卷二四二，第104页。

④ 连横：《雅言》弁言，第1页。

常性的经费来源，“凡接济公事，多有不足之虞，则临时捐金按点摊出”。因此，台南三郊的影响力大为下降，“三郊公戳及大签寄存三益堂，而各商无敢承接者，以难于办公也”[①]。不过，每年由水仙宫主办的各种仪式活动，似乎依旧脍炙人口，令人难以忘怀。光绪二十年（1894）参与编纂《台湾通志》的台南才子许南英，在《台湾竹枝词》中记云：“佛头港里斗龙舟，挤拥行人到岸头。曾记昔年逢骤雨，仓皇红粉跌中流”；“盂兰大会最闻名，鸡鸭豚鱼饭菜羹。一棒锣声初入耳，有人奋勇上孤棚”；“本来国宝自流通，每到年终妙手空；海外无台堪避债，大家看剧水仙宫”。[②]这里的所谓年终避债到水仙宫看戏，是指农历十二月底的三郊“尾牙”酬神仪式。至日据初期，三郊组织改组为“三郊同业组合”，彻底退出了台南的公共事务领域，但仍然保留水仙宫作为同行议事场所。据日据初期的《约章》规定：“凡会议一年一次，定以五月水仙王祝寿，逢便设筵同会，所费用照份均分。”[③]在这里，水仙宫仍然是维系三郊同业组织的物质基础和精神支柱，水仙尊王崇拜的仪式传统也因而得到了沿袭。

在清代台湾的各大港口市镇中，除了台南府城和安平镇，在嘉义的笨港、淡水的艋甲、新竹的竹堑和澎湖的妈宫澳，都先后创建了水仙宫。这些水仙宫的修建过程，无不与当地的海运商人密切相关，反映了清代台湾郊商的发展轨迹。地处澎湖妈宫渡口的水仙宫，据说最初为澎湖水师右营游击薛奎于康熙三十五年（1696）所建[④]，嗣于乾隆十五年（1750），乾隆四十五年道光元年(1821)、光绪二年(1876)多次重修。[⑤]在此过程中，不仅历任水师将领大力倡导，来自各地的海运商人也积极参与。清代澎湖“台厦郊”的首事，同时也是水仙宫的炉主。据同治至光绪初年编纂的《澎湖厅志》记载：

> 街中商贾，整船贩运者，谓之“台厦郊”。设有公所，逐年垆主轮值，以支应公事。遇有帐（账）条争论，必齐赴公所，请值年垆主及郊中之老成晓事者，评断曲直，亦省事之大端也。[⑥]

地处今嘉义县新港乡南港街的水仙宫，原在笨港街，始建于乾隆四十五年[⑦]，于嘉庆初年毁于大水，至嘉庆十九年（1814）重建于笨港之南隅。道光三十年（1850），由“笨港三郊”

① 临时台湾旧惯调查会：《台湾私法商事编》第一章“商事总论”，第 11 页。

② 许南英：《窥园留草》卷一《丙戌三十二首・台湾竹枝词》，《台湾文献丛刊》第 147 种，台北：台湾银行经济研究室，1962 年，第 10 页。

③ 临时台湾旧惯调查会：《台湾私法商事编》第一章“商事总论”，第 35 页。

④ 陈文达：《台湾县志・杂记志》九《寺庙》，第 216 页。

⑤ 蒋镛：《澎湖续编》卷上《地理纪・庙祀》，《台湾文献丛刊》第 115 种，台北：台湾银行经济研究室，1961 年，第 6-7 页。

⑥ 林豪：《澎湖厅志》卷九《风俗》，《台湾文献丛刊》第 164 种，台北：台湾银行经济研究室，1963 年，第 306 页。

⑦ 佚名：《嘉义管内采访册》《打猫西堡・祠宇》，《台湾文献丛刊》第 58 种，台北：台湾银行经济研究室，1959 年，第 4 页。

发起重修，“增建一后殿，以奉祀关圣帝君”。据现存的《重修水仙宫碑记》，主持此次重修的董事为“泉州郊金合顺、厦门郊金正顺、龙江郊金晋顺”，参与捐款的有附近地区的许多郊商。例如：“笨南北港糖郊捐银壹佰肆拾元”；“台郡三郊苏万利、金永顺、李胜兴捐银壹佰元”；“盐水港五郊、糖郊拾式元，水郊捌元，港郊肆元”；“澎湖郊金顺利捐银肆拾元”；嘉义城“糖郊捌拾元”“油郊金和兴捐银壹拾元”“敢郊陶源号捐银柒元”“杉郊奕兴号捐银伍元”；新南港街“敢郊捐银三拾伍元”。此外，还有“各澳宝舟”计“壹佰贰拾号，共捐银柒佰肆拾柒元”。[①]考察这些捐款者的空间分布，有助于揭示当时台南海运商人的活动范围与商业网络。

地处淡水艋甲街的水仙宫，可能是台湾北部地区最早的水仙宫。据说此庙创建于乾隆初年，为“郊商公建，祀夏王”，道光二十年再次重修。在新竹县的竹堑堡，原有一座由郊商创建的长和宫，“前殿崇祀天上圣母，而后盖则崇祀水仙尊王”。同治二年（1863），“公议将老抽分东畔店地重新起建，以为水仙王殿，其规模较为宏敞可观”。所谓“老抽分”，应是原来参与创建长和宫的郊商，而此次参与创建水仙宫的郊商则为“新抽分”。据说，在此次建庙过程中，“爰询诸老抽分绅士，咸乐献其地；谋及新抽分绅士，则乐供其费”。[②]此后，长和宫和水仙宫都属于竹堑的同一郊商组织，拥有共同的庙产，“各郊户共祀水仙王，建立炉主，按年轮流办理商务”[③]。

自乾隆四十九年（1784）以降，由于陆续开放了鹿仔港、八里岔、五条港、乌石港等两岸对渡口岸，台湾各地的海运贸易蓬勃发展，形成了许多新的郊商组织。这一时期的台南郊商，可能也逐步改变了经营方式，与各地郊商建立了新的合作关系。例如，在晚清台北三郊的发展过程中，原来的台南北郊金万利发挥了积极的推动作用。据《台湾私法》记载：“前出首创始大稻埕者，系林右藻也。……嗣各大商议设一社，为之厦郊，名金同顺，置炉主、董事，并定生理规条，禀明官长，存案为凭。蒙举右藻以为金同顺郊长，办事极其公正。后因艋舺泉郊金晋顺、北郊金万利等，闻见右藻为大稻埕郊长，妥洽众望，深得人心，远近咸仰，遂相重议，将泉、厦、北三郊合立一社，名为金泉顺。公同签举林右藻为三郊总长，凡事务皆归于总长裁决，毫无私曲。”[④]令人困惑的是，台北三郊似乎并未创建水仙宫，也并未奉祀水仙尊王。这也许说明，清代台湾的海运商人并非普遍信奉水仙尊王，因而水仙宫也只是出现于台南郊商可以操控的地区。

---

① 何培夫主编：《台湾地区现存碑碣图志·嘉义县市篇》，台北：台湾图书馆台北分馆编印，1994年，第52-57页。

② 陈培桂：《淡水厅志》卷六《志五·典礼志》，台北：台湾银行经济研究室，1963年，第153页。

③ 台湾银行经济研究室编：《新竹县志初稿》卷三《典礼志·祠祀》，台北：台湾银行经济研究室，1959年，第110页；台湾银行经济研究室编：《新竹县志初稿》卷五《考一·风俗》，第177页。

④ 临时台湾旧惯调查会：《台湾私法商事编》第一章“商事总论”，第28-29页。

四、水仙尊王与天后崇拜

在清代台海地区的海神崇拜中，水仙尊王和天后（妈祖）崇拜始终同时并存。一般认为，天后作为国家的祀典神，在海神崇拜中具有至高无上的地位。然而，对于海峡两岸的渔民、船户、商人乃至于水师官兵而言，水仙尊王的地位可能并不亚于天后。清代早期，台南的水仙宫和天后宫分属于不同的人群，各有不同的象征意义和仪式传统。到了清代后期，由于官商关系日益密切，水仙宫与天后宫的社会属性趋于模糊化，其仪式传统也逐渐趋于统合。

清王朝对海神妈祖的大力推崇，始自于收复台湾的军事行动。早在康熙十九年（1680），闽浙总督姚启圣等“因荡平海岛，神灵显应，奏准敕封”。康熙诏曰：“神威有赫，显号宜加。特封为‘护国庇民、妙灵昭应、宏仁普济天妃’，载诸祀典。”康熙二十二年统一台湾之后，又因靖海侯施琅奏请，“特遣礼部致祭，并敕建神祠于其原籍，勒文纪功。随又加封‘天后’”。雍正四年（1726），由于巡台御史禅济布奏闻天后在平定朱一贵之乱中显灵，“御赐‘神昭海表’之额”。雍正十一年，“准总督郝玉麟、巡抚赵国麟奏，赐‘锡福安澜’匾额于福州南台神祠，并令有江海各省一体葺祠致祭”。[①]从乾隆至嘉庆年间，又多次为台海之役加封天后，至嘉庆五年（1800）加封为“护国庇民、妙灵昭应、宏仁普济、福佑群生、诚感咸孚、显神赞顺、垂慈笃祜天后之神”[②]。在上述历史背景下，清代台湾的各级地方官和军队将领都对天后特别尊崇，所到之处都要创建“祀典”天后宫。

清代台湾所有建官设治的城镇，几乎都有官方创建的天后宫。在台南府城，先后创建了四座官方的“祀典”天后宫。其中年代最早的为西定坊大天后宫，原为明郑时期的宁靖王府，于康熙二十三年由靖海侯施琅改建为天后庙。[③]其次为西定坊巡道衙门中的天后庙，于雍正三年由巡道吴昌祚创建，至乾隆十年（1745）巡道庄年重修。[④]其三为镇北坊台湾县衙左侧的天后庙，于乾隆十五年由知县鲁鼎梅倡建。[⑤]其四为城西五条港的海安宫，于乾隆五十三年（1788）由“钦差大臣嘉勇公福康安偕众官公建，郡守杨廷理成其事”，庙中有御书匾额“佑济昭灵”。[⑥]此外，在府城附近有鹿耳门天后庙，于康熙五十八年由“文武各官捐建”[⑦]；镇北坊的军工厂天后宫，原来也是由官方创建，于乾隆四十二年由台湾知府、署

① 王必昌：《重修台湾县志》卷六《祠宇志》，第 171-172 页。

② 《钦定大清会典事例》卷四百四十五，转引自《清会典台湾事例》事例（二）礼部（下），《台湾文献丛刊》第 226 种，台北：台湾银行经济研究室，1966 年，第 102 页。

③ 王必昌：《重修台湾县志》卷六《祠宇志》，第 170 页。

④ 王必昌：《重修台湾县志》卷三《建置志》，第 91 页。

⑤ 王必昌：《重修台湾县志》卷三《建置志》，第 91 页。

⑥ 王必昌：《重修台湾县志》卷二《政志・坛庙》，第 65-66 页。

⑦ 王必昌：《重修台湾县志》卷六《祠宇志》，第 172 页。

理台湾道蒋元枢主持重修。[①]在澎湖和安平镇，清代也有官方的天后庙，但可能不是由官方创建的，而是由原来的妈祖庙改建而成的。如澎湖妈宫的天后庙，据说始建于明万历年间，施琅攻取澎湖后曾入庙拜谒，“见神像面有汗，衣袍俱湿，知为神助。事闻，特遣礼部郎中雅虎致祭，祭文镌额悬于堂”[②]。雍正十二年（1734），由澎湖通判周于仁“请于上宪，与关帝庙春秋祭祀”，正式成为官方的祀典庙。[③]安平镇的天后宫，据说始建于南明永历二十二年，即康熙七年（1668），入清后成为安平协镇的祀典庙。[④]不过，据光绪年间的台南知府唐赞衮记述，安平天后宫原为道光年间台湾道姚莹设立的“红毛城”炮台，“嗣改建天后宫”。[⑤]另据连横在《雅言》中记述：“安平天后宫为荷兰教堂之址，归清以来改建庙宇。”[⑥]由此看来，安平镇崇拜天后的祀典庙可能经历多次变迁。

官方祀典庙的基本特征，主要是每年的例行仪式活动必须由地方官主持，而且通常由官方指定专人负责庙宇管理。在清代的祀典制度中，天后庙属于“群祀”之列，而在台湾的官方祀典中，却视天后庙为“中祀”，必须“祭以太牢”。[⑦]依照惯例，台南大天后宫的祀典必须由巡台御史主持，“祭前二日，榜列与祭各官暨执事诸生姓名”，主祭官必须“亲署其名”，以示慎重。祭拜之日，“镇道文武等官，悉按品级，照例分文左武右行礼”。[⑧]除了举办春秋两祭、诞辰庆典及新官拜谒等仪式之外，祀典天后宫还曾经作为地方官的教化场所。如康熙年间担任台湾知府的高拱乾，不仅勤于政事，“复于月朔望，集文武吏士于天后宫，宣扬圣谕，命耆老以乡语解说，兵民敬听，渐知有等威、贵贱、尊卑、长幼之别”[⑨]。当时祀典天后宫已有固定庙产，由诸罗知县季麒光“置园二十一甲”，每年收租“以供香灯”，聘请住持僧人负责日常管理。[⑩]

在官方的祀典庙中，为了维持祀典的严肃性，还需要各种附属设施。乾隆三十年（1765），台湾知府蒋允焄在武庙、龙神庙、天后宫等祀典庙都增设了“官厅”，他在《增建天后宫官厅碑记》中记曰：

① 黄典权：《台湾南部碑文集成》甲“记（中）”《鼎建台澎军工厂碑记》，第103页。
② 周元文：《重修台湾府志》卷七《典礼·祠祀》，《台湾文献丛刊》第66种，台北：台湾银行经济研究室，1960年，第266-267页。
③ 杜臻：《澎湖台湾纪略》，《澎湖志略·宫庙》，《台湾文献丛刊》第104种，台北：台湾银行经济研究室，1961年，第34页。
④ 参见林勇：《台湾城怀古集》，台南：兴文斋书局印行，1960年，第30-33页；安平开台天后宫编印：《安平开台天后宫志》，2007年，第18-34页。
⑤ 唐赞衮：《台阳见闻录》卷下《庙宇（城池附）·红毛城》，《台湾文献丛刊》第30种，台北：台湾银行经济研究室，1958年，第133页。
⑥ 连横：《雅言》，第54页。
⑦ 佚名：《安平县杂记》，“官民四季祭祀典礼”，《台湾文献丛刊》第52种，台北：台湾银行经济研究室，1959年，第18页。
⑧ 王必昌：《重修台湾县志》卷七《礼仪志》，第212页。
⑨ 高拱乾：《台湾府志》“跋·李跋”，第297页。
⑩ 王必昌：《重修台湾县志》卷六《祠宇志》，第172页。

古者庙制，前殿、后寝，门堂夹室，祊在中门右，省牲、展馔、涤溉在中门左。……西定坊祠建置本旧，长官初至，行展谒礼，庙貌亦崇。所不如祭（制？）者，门外夹室耳。爰拓神祠右偏市民廛若干座，更建置之。计需番镪一千一百有奇，凡两阅月竣事。[①]

这种"官厅"又称"更衣亭"，是专门为参加仪式的文武官员提供方便的。现存天后宫佛祖厅左壁的《重修天后宫增建更衣亭碑记》，对此举的意义做了更具体的说明。据说，在此之前，"每当大礼举行，班联候集，坐立阶除，蹴踖无余地"。由于参加仪式的官员来自各地，虽然有司已经提前通知，"而戴星披月，税驾停骖，曾不得从容静穆之地，凛洁斋以相见"。在增设"官厅"之后，"地虽窄而气象宽也，近市嚣而到此心肃也"。从碑文之后的题名看，参与此事的不仅有文武官员，还有许多当地的"绅衿"，甚至也有"董事"十人，可能这一祀典庙当时已向民间开放。[②]不过，就其仪式活动与象征意义而言，仍然具有明显的官方色彩。

由于官方的祀典庙主要用于各级官员的仪式活动，普通民众很难涉足其间，因而在祀典庙之外又有许多民间庙宇。据嘉庆十二年（1807）编纂的《续修台湾县志》记载，当时台南府城附近有不少民间的妈祖庙，"如镇北坊水仔尾，俗呼小妈祖宫，则始初庙祀也，郡守蒋允焄、蒋元枢皆尝修焉。又宁南坊上横街庙，名曰温陵祖庙，泉人建。又西门外镇北坊有妈祖楼，其街以楼得名。又海边砻米街船厂、砖仔桥及武定里洲仔尾、新昌里濑北场，皆有庙。他如澎湖各澳，有不胜载者"[③]。这些民间创建的妈祖庙，可能年代要早于官方的祀典庙。如镇北坊的水仔尾小妈祖宫，据说为"开辟后乡人同建"[④]。更为重要的是，似乎早期来台南的泉州人主要奉祀天后，而漳州人则主要奉祀水仙。这是与大陆原乡传统密切相关的问题，还有待于继续深入探讨。

清代台湾的各级地方官，对民间的天后宫颇为宽容，乐观其成，而对水仙宫则不以为然，颇有微词。前已述及，蒋允焄在乾隆三十年（1765）的碑文中明确指出，水仙尊王来历不明，不在祀典之列，所有神话故事都是"假借附会"的。类似的说法，在清代台湾的地方文献中相当常见。乾隆十年编纂的《重修台湾府志》，在论及水仙尊王时说："水仙宫祀五像，莫详姓氏。或曰大禹、伍员、屈平，又其二为项羽、鲁班。更有易鲁班为奡者，更属不经。"作者认为可以采用另一种说法，以唐代诗人王勃和李白替代项羽和鲁班，因为二者

---

① 余文仪：《续修台湾府志》卷二十二"艺文（三）"，《增建天后宫官厅碑记》，台北：台湾银行经济研究室，1962年，第818页。

② 黄典权：《台湾南部碑文集成》甲"记（上）"《重修天后宫增建更衣亭碑记》，第64-65页。

③ 谢金銮、郑兼才：《续修台湾县志》卷二《政志·坛庙》，《台湾文献丛刊》第140种，台北：台湾银行经济研究室，1962年，第65页。

④ 陈文达：《台湾县志·杂记志》九《寺庙》，第210页。

都是溺水而亡，“没而为神，理为近之”。[①]此后的各种地方志，大多辗转引用了这一说法，有些后起的水仙宫遂以王勃、李白为水仙尊王。光绪年间参与编修《台湾通志》的金陵才子蒋师辙，在《台游日记》中指出，“闽人好鬼，多涉不经”，而台湾各地的水仙宫除了共同奉祀“大禹、伍员、屈原”之外，“或易班为奡，又或易项羽为王勃、班为李白”，随意而为，“不类已甚，尤奇”。[②]民国年间客居台北的晋江人苏镜潭，在《东宁百咏》中讥刺：“西定坊前水一涯，游人争拜水仙祠；古今祀典歧讹甚，冷笑人间杜十姨！”[③]为了纠正这种混乱状态，连横在《台湾通史》中提出了新的替代方案：

> 按：禹平水土，功在万世，伍相浮江，屈子投汨，人以为忠，祀之可也。项籍、鲁班，何足当此？王勃、李白，亦有不宜。余意苟欲实之，不如改祀伯益及冥。夫禹之治水也，益烈山泽，其功相若，冥勤其官而水死，殷人祀之，皆有合于“五祀”者也。[④]

连横发此议论，大概是想为水仙尊王正名，其依据是《礼记》中的《祭法》。其实，在清人的诗文集中，“水仙”经常被比作海寇。例如，嘉庆年间（1796—1820）的浙江巡抚阮元，在哭祭李长庚的诗中写道：“谁遣孙恩剩一船，非公追不到南天”；“雅之若与牢之合，早见台澎缚水仙”。[⑤]同一时期的金门乡绅林豪，在悼念邱良功的诗中也写道：“公帅水犀军，鏖战黑海浪；谁与歼水仙，后来反居上。”[⑥]而在林豪的《澎湖吊古歌》中，更是直接把“卢循”视为“水仙”：“海水群飞浪拍天，黑沟鲸首几吞船；已同建业夸天堑，不数卢循号水仙。”[⑦]晚晴台湾大文豪洪弃生在《游淡水记》中，也有类似的说法：“所患孙恩海寇，来当水仙；兴霸江防，暴同山越耳。”[⑧]由于“水仙”在文人笔下经常被赋予负面的意义，因而为水仙尊王正名似乎很有必要。

在海峡两岸的民间信仰中，水仙尊王与天后崇拜可能有所差异，但历来都是并行不悖，相得益彰。乾隆年间编纂的《天妃显圣录》述及，明永乐十八年（1420），浙江定海卫水军为

---

① 周元文：《重修台湾府志》卷十九《杂记・寺庙附考》，第 549 页。

② 蒋师辙：《台游日记》卷三，光绪十八年六月，《台湾文献丛刊》第 6 种，台北：台湾银行经济研究室，1957 年，第 80 页。

③ 吴幅员：《台湾诗钞》卷十七《苏镜潭・东宁百咏》，《台湾文献丛刊》第 280 种，台北：台湾银行经济研究室，1970 年，第 332 页。

④ 连横：《台湾通史》卷二十二《宗教志》，第 583 页。

⑤ 吴幅员：《台湾诗钞》卷四《阮元》，第 61 页。

⑥ 吴幅员：《台湾诗钞》卷五《林豪・金门耆旧诗》，第 88 页。

⑦ 吴幅员：《台湾诗钞》卷五《林豪・澎湖吊古歌》，第 125 页。

⑧ 洪弃生：《寄鹤斋选集・文选・骈文・游淡水记》，《台湾文献丛刊》第 304 种，台北：台湾银行经济研究室，1972 年，第 126 页。

倭寇所困，“我师樵汲道绝，兵士困甚，同叩祷天妃，拜请水仙”，遂大获全胜。[①]这一数据虽然是讲述天妃显灵“助战破蛮”的故事，但也表明当时水师官兵同时信奉天妃和水仙。从上引郁永河《裨海纪游》也可以看出，每当船户在海上遇险时，都会同时祈求妈祖和水仙尊王的救助。《重修台湾县志》记载：“舟人虔事天后，设妈祖杖以驱水怪。海船危急时，有划水仙一法。”[②]这就是说，天后和水仙尊王都是船民信奉的海神，而在海难救助中各有不同的妙用，因而也是不可相互替代的。在海峡两岸的主要对渡港口，一般都会同时建立天后宫和水仙宫，其原因即在于此。

清代前期，由于官方祀典制度的制约和地方官对水仙尊王的偏见，台湾各地的水仙宫和天后宫始终处于分立的状态，在客观上形成了分庭抗礼的局面。清代后期，由于商人势力的不断扩大和地方政府的财政危机，各地的祀典天后宫逐渐为郊商所控制，水仙尊王也随之进入了官方的祀典庙，促成了官方祀典与民间仪式传统的结合。如台南大天后宫，于嘉庆二十三年（1818）毁于大火之后，由台南三郊主持重修。据现存的道光十年（1830）《重兴大天后宫碑记》，此次重建工程的“总事”为三郊金万利、金永顺、李胜兴，而各级文武官员虽然也都捐资助建，但重建资金大多来自于郊商，仅三郊就捐献了“一万伍仟余员”[③]。此后，郊商又先后于咸丰六年（1856）、同治四年（1865）、同治八年多次发起重修大天后宫。在此过程中，郊商逐渐获得了大天后宫的主导权，甚至控制了其周边环境。咸丰八年的《天后宫铸钟缘起碑记》宣称：“我郡之大天后宫，故官民商贾祈报之所也。”为了铸造新钟，“敬告诸艘，宏发虔心，便能集腋”。而此次铸钟的“总董事”，也仍然是台南三郊。[④]光绪十一年（1885），三郊与当地蔡姓争夺地界，台湾知县沈受谦为之立碑示禁：

> 钦加同知衔、调补台湾府台湾县正堂、加三级、纪录四次沈，为出示严禁事。案据三郊苏万利、金永顺、李胜兴等佥称：“利等桴海经商，崇奉天上圣母，以期慈航普济。近因蔡盐擅就宫口右畔，结茅私税；禀蒙押撤，盐已知悔敛迹。复有蔡老秘效尤，仍占庙庭右边，私筑草寮。禀请押撤示禁”等情。据此，除批示并饬押撤外，合行示禁。为此，示仰该处附近军民人等知悉：自示之后，毋许在天后宫庙庭占筑草寮；倘敢仍蹈故辙，定即拘案究办，决不宽贷！各宜凛（禀）遵，毋违！特示。[⑤]

从上述碑文可以看出，当时三郊已经把大天后宫视为己物，而地方官对此也完全认同。

① 佚名：《天妃显圣录》，“助战破蛮”，《台湾文献丛刊》第77种，台北：台湾银行经济研究室，1960年，第37页。

② 王必昌：《重修台湾县志》卷二《山水志·海防同知孙元衡诗》，第81页。

③ 此碑现存台南大天后宫，碑文收录于何培夫主编：《台湾地区现存碑碣图志·台南市》（上编），台北：台湾图书馆台北分馆编印，1992年，第223页。

④ 此碑现存台南大天后宫，碑文收录于何培夫主编：《台湾地区现存碑碣图志·台南市》（上编），第227-228页。

⑤ 黄典权：《台湾南部碑文集成》乙“示谕”，《天后宫禁筑草寮碑记》，第515页。

在这里，官方的祀典庙显然已经转化为民间庙宇。更为重要的是，在郊商控制大天后宫之后，其象征意义和仪式传统也发生了变化。在大天后宫正殿的左右两侧，目前分别安放水仙尊王和四海龙王的神像，这显然是由郊商在重修过程中增设的。至于这些神像是何时增设的，暂时尚无文献证据。不过，大天后宫现存三座咸丰六年（1856）的铁制香炉，上面分别铸有“水仙尊王”、“四海龙王”和“三官大帝”的名号，可见最迟是从咸丰年间开始，水仙尊王已经进入了大天后宫，与天后、龙王、三官大帝等共享香火。

清代台湾各地的祀典天后宫，晚清时期陆续转化为民间庙宇，即使是新建的祀典庙一般也是官民合建，或是由民间捐建。其中最为典型的，是创建于乾隆五十三年（1788）的鹿港天后宫。此庙为福康安平定林爽文之乱后，奏请朝廷下拨专款创建的。然而，自创建之初，经费就严重不足，只好求助于民间捐助。福康安在《建天后宫碑记》中说：“费金一万五千八百圆；蒙赐帑金一万一千圆余，未敷之数四千八百圆，悉归总董事林振嵩输诚勉力，自行经理。”而在建庙过程中，“德明额受将军委任，经营匪懈，其一切工程皆与文武各官及绅耆、董事人等同襄厥事”。[①]这就是说，鹿港天后宫从一开始就是官民合建的，而且还专门为此组成了董事会。这一祀典庙建成之后，由鹿港理蕃同知负责奉祀，但却无稳定经费来源，只能由地方官自己设法解决。乾隆五十五年（1790）到任的鹿港同知，在《天后宫田产碑记》中说：“第庙貌虽崇，而庙中一切器具缺而未备，且寺僧香火之费、斋供之需，尚悬而有待也。”为此，当地官员“遂与游府粤东麦公捐俸为首倡，而一时商民履斯土者踊跃乐输，因将醵金置备水田”。[②]嘉庆年间平定蔡牵之乱后，地方官试图重修此庙，而经费却无着落，遂与“前董事职员林文濬”商议，出让周边的地皮起建店铺，“即以压地、给凭之数，合之泉、厦商船户所乐输者，既已量入为出焉”。[③]到了道光年间重修之际，地方官除了“首捐倡”之外，其“总理公务”完全委诸当地绅商。从道光十四年（1834）的《重修天后宫碑记》可以看出，此次重修的经费主要来自于鹿港的郊商和船户，兹摘引如下：

> 福建金门总镇府窦捐银二十员、艋舺参府前鹿游府温捐银一百员、前任台湾府王捐银五十员、鹿港海防分府陈捐银一百员、鹿港副总府刘捐银一百员、前鹿港海防分府王捐银五十员、升鹿港分府彰化县李捐银五十员、厅署职员王秉仁捐银五十员、北路协镇府叶捐银二十员、泉郊金长顺捐银一百六十员、厦郊金振顺捐银六十大员、金瑞胜船捐银四十大员、泉厦郊行保合捐银三十员、林日茂捐银二十五大员、厅署林仕元捐银二十员、文口书施明坊捐银二十员、布郊金振万捐银一十五员、糖郊金永兴捐银一十大员、染郊金合顺捐银一十大员、绰敢郊金长兴捐银一十大员、监生纪廷禧捐

① 原碑已失，碑文收录于《彰化县志·艺文志》，转引自刘枝万《台湾中部碑文集成》甲，《台湾文献丛刊》第151种，台北：台湾银行经济研究室，1963年，第8页。

② 刘枝万：《台湾中部碑文集成》甲“记”，《天后宫田产碑记》，第11-12页。

③ 刘枝万：《台湾中部碑文集成》甲“记”，《重修天后宫碑记》，第14-16页。

银一十大员、文口书施明番捐银十员、武口书喜捐银十大员、彰仓书倪景文捐银十员、油郊金洪福捐银八大员、南郊金进益捐银五大员、口馆施叠世捐银四大员；泉厦大小商渔船户计捐银一千零九十六员，诸船牌各载登匾上。总收捐题洋银二千零九十三员。[①]

上述碑记的撰文者为“台湾噶玛兰通判署鹿港海防同知陈盛韶”，而立碑者为“总理工务职员王景福暨董事施锡杯、施迎禧”。[②]这就表明，当地绅商在重修过程中已经占据了主导地位，而各级官方的“倡捐”只具有象征性意义。由于当时参与修建鹿港天后宫的民众主要是当地的郊商和船户，因而在庙中奉祀水仙尊王也是题中应有之义。目前台湾西部沿海的各大天后宫，大多都在端午节举办龙舟竞渡活动，这无疑都是导源于晚清官方祀典庙的转变。换言之，由于官方祀典庙转化为民间庙宇，促成了水仙尊王与天后崇拜的有机结合。

五、结　语

考察清代台湾的水仙尊王崇拜，有助于反思近年来关于神明“标准化”问题的争论。1985 年，美国人类学家华琛发表了研究香港新界地区天后崇拜的论文，提出了神明“标准化”的问题。他认为，中国文化之所以可以维持大一统，就是因为地方精英善于利用国家的祀典制度，用“标准化”的神明改造民间的信仰和仪式传统，因而造就了民众对国家的认同和地方文化的内在统一性。[③]2007 年，美国的《近代中国》杂志专门为此发表了一组论文[④]，从不同的角度与华琛对话。这些论文的共同看法是，由于悠久的地方传统和民间在神明信仰中的自主性，神明的“标准化”实际上是不可能的，因此全中国的文化也不是统一的，而是多元的。最近，科大卫和刘志伟在《历史人类学学刊》发表长文，对这些批评

---

① 刘枝万：《台湾中部碑文集成》甲“记”，《重修天后宫碑记》，第 43-44 页。

② 刘枝万：《台湾中部碑文集成》甲“记”，《重修天后宫碑记》，第 44 页。

③ J. L. Watson, “Standardizing the Gods: The Promotion of Tien Hou (Empress of Heaven) along the South China Coast,960-1960”, in David Johnson, Andrew Nathan and Evelyn Rawskil, eds. *Popular Culture in Late Imperial China*, Berkeley: University of California Press,1985, pp. 292-324.

④ D. S. Sutton, “Ritual Cultural Standardization, and Orthopraxy in China: Reconsidering James L. Watsons’s ideas”, *Modern China*,2007,33(3): 3-158; D. S. Sutton, “Death Rites and Chinese Culture: Standardization and Variation in Ming and Qing Times,” *Modern China*, 2007,33(1):125-153; K. Pomeranz, “Orthopraxy, Orthodoxy, and the Goddess(es) of Taishan,” *Modern China*, 2007,33(1): 22-46; M.Szonyi, “Making Claims about Standardization and Orthopraxy in Late Imperial China: Rituals and Cults in the Fuzhou Region in Light of Watson’s Theories,” *Modern China*, 2007,33(1): 47-71; P.K. Katz, “Orthopraxy and Heteropraxy beyond the State: Standardizing Ritual in Chinese Society,” *Modern China*, 2007,33(1): 72-90.

华琛的作者提出反批评。[①]他们认为，强调地方文化的多元性并无新意，反而把华琛的命题引向倒退，因为神明“标准化”的真正意义在于建构国家认同，而只要接受了国家祀典神的象征符号就是认同于国家权威。为了强调对国家认同问题的重视，他们用神明的“正统化”替代“标准化”的概念。2007 年《近代中国》专号的组织者苏堂栋，已经对此做出了响应，相关对话还在持续之中。[②]

笔者认为，上述学术争议的核心问题，其一，在于如何理解民间信仰与祀典制度的互动关系。就清代台湾的海神崇拜而言，国家的祀典制度具有垄断性和排他性，实际上限制了民间的仪式活动。因此，当时台南虽然有各种祀典天后宫，民间还要创建自己的天后宫和水仙宫。其二，国家的祀典神一般具有特殊的象征意义，很难完全取代民间原有的地方神，因而民间既信奉天后，也信奉水仙尊王。其三，清代台湾的地方官似乎对民间的信仰和仪式相当宽容，即使认为水仙尊王不够正统，甚至具有异端的色彩，仍可保护相关庙宇及仪式活动，并未对此觉得为难。其四，清代台湾郊商借助于自己的经济实力，陆续接管了各地的祀典天后宫，这既可以说是对国家正统的认同，也可以视为对祀典制度的挑战。其五，水仙尊王与妈祖崇拜的仪式传统，在清代台湾由彼此分立而趋于统合，这应当视为官方与民间的相互合作与妥协，或者说是双方“理性选择”的结果。总之，清代台湾水仙尊王与天后崇拜的演变，确实反映了文化统合的过程，但推动这一过程的历史动因，不仅是由于神明的“标准化”或“正统化”，而是蕴含更为深刻的文化逻辑和社会机制。为了有效解释中国文化统一性的建构过程，必须深入考察民间信仰及仪式传统的来龙去脉，而不能只停留于概念的论辩。

（执行编辑：罗燚英）

---

① 科大卫、刘志伟：《“标准化”还是“正统化”？——从民间信仰与礼仪看中国文化的大一统》，《历史人类学学刊》第六卷第一、第二期合刊，2008 年，第 1-22 页。

② 苏堂栋：《明清时期的文化一体性、差异性与国家——对标准化与正统实践的讨论与延伸》，《历史人类学学刊》第七卷第二期，2009 年，第 139-163 页。

海南兄弟公信仰及其在东南亚传播

李庆新*

摘要：海南岛生活着各色各样倚海为生的涉海人群。明清时期，航海人通过祭祀孤魂、海厉等形式，表达对海洋的敬畏，后来混杂入佛教、道教普度“无祀鬼神”的盂兰之会，受明清侠义小说影响，摄入越南遇难琼商显灵神化为传说，祭“山水二类五牲孤魂”与“一百零八兄弟公”崇拜合流演化成有别于陆地社会的兄弟公信仰，在海南本岛、南海诸岛涉海人群流行，并建立起众多的兄弟庙、孤魂庙。随着海南人远走海外他乡，兄弟公信仰传播到东南亚，成为具有国际色彩的海洋信仰，在中国东南沿海与东南亚海洋信仰、海域交流史上占有一席地位。

海南本岛兄弟公信仰崇尚人群主体上是渔民，部分涉海商众在信仰功能上以渔为重，兼顾渔商，具有航海保护功能、闯荡海洋神性，也带有草莽英雄的本色，可以定位为地方海神。海外琼侨社群聚居异域他乡，农工商贸，崇拜家乡的神灵，更多是从维护乡谊、逐利谋生、求发展、保平安等方面体现诉求，扮演地方保护神的角色，因而褪去了航海保护神的功能和侠义英雄色彩，更多情况下属于兼具海洋性的陆地神灵。较之关帝、观音、天后、水尾圣娘等拥有人多势众优势的华族大神信仰，东南亚国家的兄弟公崇拜毕竟属于海南人的小众信仰。在琼侨社群信仰中，多数情况下也只能忝列上述大神之后座，担当配角。论其影响及传播空间，自然亦略为逊色。

关键词：海南；东南亚；祭祀孤魂；兄弟公（昭应公）崇拜；海神信仰

海南兄弟公信仰是海南渔民商众的海洋信仰，起源于明代，随着海南人向海外播迁，也流传到东南亚地区，兄弟公（昭应公）信仰已经成为有一定国际色彩的海南人拥有的民间海神信仰。20 世纪 20 年代，广东省民政厅曾派员参与西沙群岛的调查，取得了一些“砖

* 李庆新，广东省社会科学院广东海洋史研究中心、南京大学中国南海研究协同创新中心研究员。

瓦盖成的”小庙的资料，作为西沙为中国固有领土归属的证据，但没有具体涉及兄弟公信仰遗迹。[①]20 世纪 70 年代初，广东省博物馆、海南行政区文化局在西沙群岛进行两次文物调查，发现各处岛屿都有古庙遗存，包括兄弟公庙、孤魂庙，始有学者对这些小庙做了专门的介绍。[②]1974 年文物出版社出版广东省博物馆编的《西沙文物——中国南海诸岛之一西沙群岛文物调查》，简要介绍了渔民在西沙群岛建筑的珊瑚石小庙，所附 5 幅小庙照片十分珍贵。[③]20 世纪 90 年代以后，韩振华、李金明先生在探讨西沙、南沙群岛娘娘庙和珊瑚石小庙，涉及兄弟公庙及孤魂庙。[④]法国学者克劳婷·苏尔梦（Claudine Salmon）教授多年从事东南亚华人历史研究，对海南本岛及东南亚海南人的民间信仰包括兄弟公信仰作了较广泛的考察，对兄弟公信仰起源提出了独到的见解。[⑤]近年，海南学者郑庆杨先生对兄弟公崇拜的仪式等进行了细致的搜集和整理，为兄弟公信仰研究提供了有价值的民俗资料。[⑥]

在海南，兄弟公主要流传于渔民群体及部分商众，其中在文昌、琼海渔民中最为集中，属非官方的民间信仰，主要靠民间习俗与口头相传，其小众信仰、草根属性及神秘色彩，欲明其流变，了解其信仰内涵乃至宗教文化意蕴，殊属不易。本文参考零散的文献记载、考古发现实物及前人采集的田野资料，从源流上梳理兄弟公信仰之流变，考察其在越南等东南亚琼侨社群中的传播，为海南民间信仰研究提供特殊的海神信仰个案。

一、海南民间信仰的驳杂多样性

海南为中国第二大岛屿，孤悬海外，历史上开发比较滞后，远离中央王朝政治中心，王朝统治经常处于鞭长莫及状态。岛内汉、黎、苗等民族杂居，社会经济发展形态各异，区域发展甚不平衡，总体上较大陆地区滞后，长期被视为“化外之地”。又因其处在南海交

① 韩振华、李金明：《西、南沙群岛的娘娘庙和珊瑚石小庙》，《南洋问题》1990 年第 4 期，收入海南省文化历史研究会主编：《韩振华选集》，北京：长征出版社，2008 年，第 290-301 页。

② 何纪生：《谈西沙群岛古庙遗址》，《文物》1976 年第 9 期。

③ 广东省博物馆编：《西沙文物——中国南海诸岛之一西沙群岛文物调查》，北京：文物出版社，1974 年，第 7-9、25-26 页，图版拾肆、拾伍。

④ 韩振华、李金明：《西、南沙群岛的娘娘庙和珊瑚石小庙》，《南洋问题》1990 年第 4 期，收入海南省文化历史研究会主编：《韩振华选集》，2008 年。

⑤ C. Salmon , M. Sidharta, The Hainanese of Bali: A Little Known Community, *ARCHIPEL*,60, Paris, 2000, pp. 87-124（［法］克劳婷·苏尔梦、米拉·希拉达尔塔：《巴厘岛的海南人》，杜琨、任余红译，刊于周伟民主编：《琼粤地方文献国际学术研讨会论文集》，海口：海南出版社，2002 年，第 12-41 页）； C.Sailon, Les Hainanais en Asie du Sud-Est: De la navigation à l'implantation(fin XVIIe-fin XIXes.)（《东南亚的海南人：从航海到定居（17 世纪末到 19 世纪末）》），C. Salmon, R. P. Hainan: Da la Chine à PAsie du Sud-Est Von China nach Sudostasion, Harrassowitz Verlag . Wiesbaden, 2001, pp.197-253.

⑥ 郑庆杨：《海南海洋信仰》，天涯社区“海南文苑”，2007 年 5 月 29 日。

通要冲，东西方海上交往必经之区，时有异域商众流入聚居，外来人口流动性大，因而又成为民族融合与文化交汇之区。海南各民族拥有各自的宗教信仰与风俗习惯，宗教文化、民间信俗也具有多元色彩，在道教、佛教、伊斯兰教外大行其道。

海南不少神灵崇拜具有岛域的海洋属性及涉外特性，且起源甚早。唐大和中，国子博士房千里谪官岭南端州、高州。既北归，“编山川物产之奇，人民风俗之异”，为《投荒杂录》。[①]该书记载，振州大豪陈武振与海南五洲招讨使韦公干关系密切，韦“以兄事武振”；陈武振以所谓“得牟法”咒术，劫掠海上过往贾船而致富：

> 唐振州民陈武振者，家累万金，为海中大豪，犀象玳瑁仓库数百。先是，西域贾漂舶溺者因而有焉。海中人善咒术，俗谓“得牟法”。凡贾船经海路，与海中五郡绝远，不幸风漂失路入振州境内，振民即登山披发以咒诅，起风扬波，舶不能去，必漂于所咒之地而止。武振由是而富。[②]

所谓登山作法咒诅，“起风扬波，舶不能去，必漂于所咒之地而止”，显然故弄玄虚，大概利用人们对海洋的无知、对大自然的敬畏与对神灵的崇拜，假咒术之名，行海中劫掠之实，海中大豪陈武振实海中一大盗耳。

宋代中外海上贸易鼎盛，沿海民众漂洋过海，经商谋生，不少从事海洋渔猎或水上作业，见诸文献记载的海洋信仰活动增多，海南琼州、昌化军、吉阳军、万安军等海滨出现了祭祀伏波将军、狮子神、都纲等海神的庙宇。赵汝适《诸蕃志》谓：

> 琼州在黎母山之东北，郡治即古崖州。……海口有两伏波庙，路博得、马援祠也，过海者必祷于是，得杯珓之吉而后敢济。
>
> 昌化在黎母山之西北，即古儋州也。……城西五十里，一石峰在海洲巨浸之间，形类狮子，俗呼狮子神，实贞利侯庙，商舶祈风于是。
>
> 万安军在黎母山之东南。……城东有舶主都纲庙，人敬信，祷卜立应。舶舟往来，祭而后行。[③]

伏波将军庙祭祀两伏波将军，起源甚古，是指东汉光武帝时平定岭南的汉军统帅马援与路博德。建武十六年（40），交趾郡雒将之女徵则、徵贰聚众造反，攻取郡县，九真、日南、合浦等郡群起响应。十七年，光武帝拜虎贲中郎将马援为伏波将军，段志为楼船将军，发长沙、桂阳、零陵、苍梧四郡兵万余人南平交趾。十九年春，全歼徵则、徵贰，马援乘

---

① （元）马端临撰：《文献通考》卷二百五，杭州：浙江古籍出版社，1988年。

② （宋）李昉等：《太平广记》卷二百八十六《幻术三·陈武振》，《景印文渊阁四库全书》，台北：商务印书馆，1986年。

③ （宋）赵汝适，杨博文校释：《诸蕃志》卷下《海南》，北京：中华书局，1996年，第216-219页。

胜击九真，立铜柱而还，岭海肃清。马援每取一县一郡，即废止苛政，完善城郭，兴修水利，抚境安民，两广地区及越南多有建祠祀之者。

值得注意的是万安军城东的都纲庙。所谓“都纲”，原为魏晋主管佛教事宜的僧官，梵语“大经堂”之音译，唐始有“都纲”之名，是由政府任命，统领全国寺院僧尼以维持教法的官职，地位显赫，权利重要。而此处“都纲”，则指宋元时期负责各类商业活动之商人首领。宋人朱彧《萍州可谈》谓：“甲令：海船大者数百人，小者百余人，以巨商为纲首、副纲首、杂事，市舶司给朱记……”[①]1963 年，广东曲江县南华寺发现木雕罗汉像，通高 545 厘米，垂足趺坐，正首，两手抚双膝，实心座，正面刻铭文：“广州纲首陈德安，收赎尊者奉为先妣梁十五娘早生天界，丁亥二月日题。”这里的“纲首”是当时海船商人首领，有中国人，也有外国人担任。[②]《元典章》记载：于上先行开写贩去物货，各各名件，斤重若干，仰“纲首”某人亲行填写。所以万安军都纲庙祭祀的神主当为从事贸易的舶主。

都纲舶主神通广大，“能御灾捍患”，官民视为保护神。明洪武三年（1370）官府上奏朝廷，请封为“新泽海港之神”，其庙曰“昭应庙”，又名番神庙。正德《琼台志》记载：

> 在州东北三十五里会通都新泽港，其神原有庙祀，名舶主。国朝洪武三年取勘祀典神祇，州同知乌速达其能御灾捍患，请敕封“新泽海港之神”，入祀典。[③]

乾隆《琼州府志》中《建置志》亦谓万州昭应庙在城东北三十五里，“神名舶主”，明洪武三年赐封“新泽海港之神”。[④]可见明清时期万州昭应庙名声甚盛。舶主不仅是有威望的纲首，而且是外国客商，所以称为番神，后来演变为海港之神。《古今图书集成》“昭应庙”条还记载：“祀忌猪肉，往来船只必祀之，名曰番神庙。”说明此番神当为伊斯兰教徒，盖穆斯林忌食猪肉也。

古代常有占人因风飘、战争等原因居留海南。宋元时期中南半岛上交趾、占城、真腊诸国经常发生战争，占城人受到交趾、真腊夹击，占人逃往马来西亚、印尼和中国海南岛，在海南者被安置在琼山县海口浦（今海口市），立营籍为“南蕃兵”，置“番民所”。宋末有占城降人被安置在白沙为兵，以首领麻林为总管，降四品印信世袭，令俱为疍。到明代，

---

① （宋）朱彧撰，李伟国点校：《萍州可谈》卷二，北京：中华书局，2007 年，第 133 页。

② 广东省文物管理委员会、广东省博物馆等编：《南海丝绸之路文物图集》，广州：广东科技出版社，1991 年，第 68 页。

③ （明）唐胄纂：《琼台志》卷二十六《坛庙》，《广东历代地方志集成·琼州府部四》，广州：广东岭南美术出版社，2010 年，第 324 页。

④ （清）萧应植修，陈景埙纂：《琼州府志》卷二下《建置志·坛庙》“万州”条，乾隆三十九年刻本，《广东历代地方志集成·琼州府部四》，2010 年，第 178 页。

这批占人后裔仍为白沙水军“南番兵”，设官管领。[①]海南占城人多姓蒲、方，保持原有宗教信仰与习俗，不吃猪肉，每村建有“佛堂”（即礼拜堂），行斋戒，从事渔猎，捕鱼办课。[②]崖州南“大疍村”有石三娘庙，“海边疍番每年于夏间致祭，成化丁酉判官赖宣重建”[③]。这位“石三娘”，显然也是番神，与崖州“疍番”特殊人群有关。

中国民间信仰的神灵多来源于自然，也有来源于本地的人物，还有由外国人演变而来的“番神”。广州南海神庙内有一大神“达奚司空”，宋代封为“助利侯”，为南海神左辅右弼的六员神灵“六侯”之一。古老相传为南朝时天竺波罗国人，航海至广州，到南海神庙拜谒南海王，立化于庙内。南宋绍兴五年莆田人方渐所撰《六侯之记》谓：

> 达奚司空，庆历中阮遵有记云：普通菩提达摩内南天竺国与二弟航海而至，达奚乃季弟也。经过庙，款谒王，王留共治，达奚立化庙门之东。元丰秋苦雨，太守曾布祈雨于祠下，默有祷于神。一夕感梦，告以所复，逾月被命，了然不差。因而命工修饰祠像，以答灵贶。今封助利侯。[④]

达奚司空被封为助利侯，成为南海神崇拜的组成部分。清人檀萃指出，达奚司空立像在南海神庙中门之左，“黑离面白眼，跂而前望，若有所招呼。司空外蕃波罗人，随贾舶来泊黄木湾，携波罗子植于庙，回望舶已举帆去且望且泣，立化于此。庙人因其身加衣裳而像之”[⑤]。后人在南海神庙内立神像祭拜，而且在神庙种波罗树，南海神庙亦称“波罗庙”，后来的南海神诞也成为“波罗诞”，神庙前一带江面称“波罗江”。明人苏应机、韩雍、今沼、憨山、汤显祖、清人王士祯等均有诗赞颂达奚司空。[⑥]可见这个由外国人演变而来的神灵影响之大。

宋代万安军都纲庙崇奉伊斯兰教的外国舶商首领（“舶主”）被奉为神灵，属于“外来神仙”，影响越来越大，到明代改称昭应庙、番神庙，神主从民间神转变为官方神，其社会功能与地位都提高了。

海南岛社会经济生活具有明显的海洋性，出现将外国客商奉为保护神的现象，其信仰海洋性与开放性兼而有之。此外，海南岛民间信仰还具有多样性特点。史书记载，本岛各

① （清）牛天宿修、朱子虚纂：《琼州府志》卷五《兵防志》，康熙十五年刻本，《广东历代地方志集成·琼州府部八》，第 132 页。

② 李庆新：《琼州海峡区域涉海人群及其海洋信仰——兼谈海峡历史研究的一些问题》，刊于 A. S. Straits: Functions and History (c. 500 to 1700), Journal of Asian History 46.2, Harraassowitz Verlag, 2012.

③ （明）唐胄纂：《琼台志》卷二十六《坛庙》，《广东历代地方志集成·琼州府部一》，第 326 页。

④ 该碑今存南海神庙内，见冼剑民、陈鸿钧编：《广州碑刻集》，广州：广东高等教育出版社，2006 年，第 322-323 页。碑文亦载戴肇辰修、史澄、李光廷纂：《广州府志》卷一百一《金石略》，同治刊本。

⑤ （清）檀萃著、杨伟群校点：《楚廷稗珠录》卷三《粤囊下》“南海神庙”条，广州：广东人民出版社，1982 年，第 109 页。

⑥ 黄淼章、闫晓青：《南海神庙与波罗诞》，广州：暨南大学出版社，2011 年，第 66-67 页。

种神灵名目繁多，数不胜数，海洋神灵占有很重要地位，包括土地公、海龙王、海神娘娘、天后（妈祖）、水尾圣娘（又称南天夫人）、冼太夫人、木头公、兄弟公（又称一百零八兄弟公、昭应公）、峻灵王等，有些为本地产生，有些为外地传入，均具有海洋神灵的神性，兄弟公崇拜则是海里成长、土生土长的本岛海洋神灵。

二、祭孤魂与兄弟公信仰：起源及流变

兄弟公崇拜包括孤魂、兄弟公两位主神，一般认为起源于本土，最早出现在明代，这是基于海南本岛和南海诸岛考古发现及民间传说资料，但是不见古代地方文献记载。

20 世纪 50 年代末以后，有些文化工作者前往西沙群岛一带采风考察，留意到民间关于兄弟公、孤魂庙来历的传说，也留下一些有关的直观文字，有一定参考价值。一篇名为《西沙群岛上“兄弟公”小庙的来历》的文章说：

> 在西沙群岛上，我们到处可以看到那些用珊瑚石砌成的小庙，当然这些小庙是很小的，而且工艺也很粗糙，看起来倒是很像一个直立起来的大抽屉。提起小庙，它倒有一段来历。据渔民们说：在明朝的时候，我国住在海南岛上的渔民经常到这里来捕鱼。有一次，有一百零八个渔民兄弟在这里碰到了大风，他们统统遇难了。后来渔民们为了纪念这些渔民兄弟，他们就在这里建立起了许多名叫“兄弟公”的小庙。他们一面纪念自己遇难的渔民兄弟，同时也祈求海神保佑他们一路平安。直到现在，每当渔民来到这儿捕鱼的时候，他们总是要带一些供鸡、供酒来祭祀。①

到了 20 世纪 70 年代，广东省考古工作者曾经两次到西沙群岛作水下文物调查，从专业角度考究兄弟公信仰。参与其事的广东博物馆何纪生先生认为兄弟公崇拜在明代已经出现。在西沙群岛，兄弟公庙一般经过多次重修，其建筑材料多用珊瑚，受海风雨水侵蚀，质地虽然一样，但色泽不一样，可以辨析出不同时期的建筑，可以看出西沙群岛的兄弟公庙有些建筑从明代到现代的更迭与补充，在明代已经建造，以后不断增建、重修。而神庙供奉的佛像及其他器物，有的属于明清和民国时期。不久，广东省博物馆编的《西沙文物——中国南海诸岛之一西沙群岛文物调查》一书，对兄弟公信仰来历、最早出现时间

---

① 牧野：《西沙风光》，《解放日报》1956 年 10 月 20 日，收入韩振华主编：《我国南海诸岛史料汇编》上册，北京：东方出版社，1988 年，第 116 页。

等问题做出如下论断：

> 关于庙的年代，我们从庙的建筑、各种佛像供器、周围环境等方面进行综合考察，有的是明代建造的，大多数则是清代所建。庙用当地的珊瑚石建筑，从保留的现状看，年代已很久远，且经过多次的修理、加砌，绝不是近几十年间建造的。庙里的瓷器时代相距甚大，明代、清代和近代的都有，说明经过一再更换补充。北岛的两块清光绪二十八年石碑和永兴岛一九二一年都是在庙的近旁发现的。庙是岛上的重要标志，是渔民经常活动的地方，因此，把碑埋在庙旁。这也说明了庙的建筑年代已很久远。①

在考察西沙群岛时，何先生留意观察渔民对兄弟公的传说与孤魂庙、兄弟庙的来历，对理解、研究兄弟公信仰起源有重要的参考价值：

> 至于“孤魂庙”或“兄弟孤魂庙”的来历，渔民中流传着一段古老传说：远在明朝的时候，海南岛有一百零八位渔民兄弟（“兄弟”是渔民间亲切的称呼）到西沙群岛捕鱼生产，遇到海上的贼船，被杀害了，后来又有渔民去西沙群岛，中途忽遭狂风巨浪，十分危急，渔民就祈求那被害的一百零八位渔民兄弟显灵保佑，遇救后，渔民就在永兴岛立庙祭祀。又说，往昔去西沙群岛和南沙群岛的渔民甚多，渔船分散停泊在各处岛边，对“兄弟公”的祭祀照例要再最先登岸的岛上举行，因而在其他岛上也先后建立庙。这种建庙的风气后来又遍及到南沙群岛和文昌县、琼海县的沿海港湾，现在这些地方也都留存着不少孤魂庙的遗迹。②

这里的“一百零八兄弟公”，是“因遭风暴遇难的”的南海渔民。在南海诸岛，海南渔民世代在西沙群岛、南沙群岛作业，渔民到达这些海岛后都要到庙里去祈求保佑平安与生产丰收。这种诞生于西沙群岛海域的保护神，后来传播到海南岛上，成为海南民间信仰的重要神灵。考古资料与民间传说相互参证，可以确认兄弟公崇拜不会迟于明代（图 1、图 2、图 3）。③

---

① 广东省博物馆编：《西沙文物——中国南海诸岛之一西沙群岛文物调查》，第 9 页。

② 何纪生：《谈西沙群岛古庙遗址》，《文物》1976 年第 9 期。

③ 何纪生：《谈西沙群岛古庙遗址》，《文物》1976 年第 9 期。

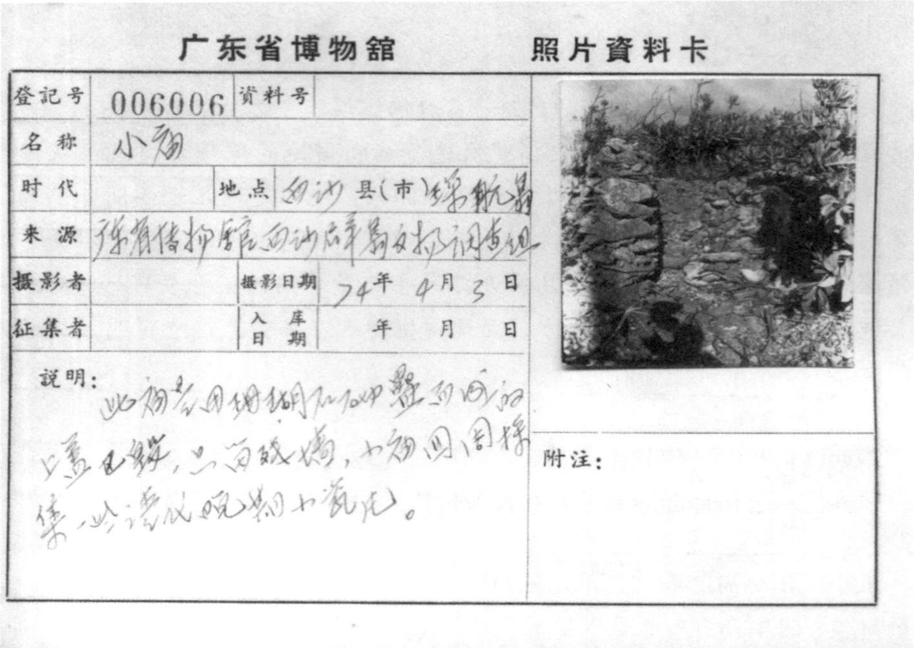

广东省博物舘　　照片資料卡

登記号	006006	资料号	
名称	小庙		
时代		地点	西沙县(市)琛航岛
来源	广东省博物馆西沙群岛文物调查组		
摄影者		摄影日期	74年4月3日
征集者		入库日期	年　月　日

說明：[illegible]

附注：

图 1　1974 年广东省博物馆西沙群岛文物调查记录，琛航岛珊瑚石小庙（现存于广东省博物馆）

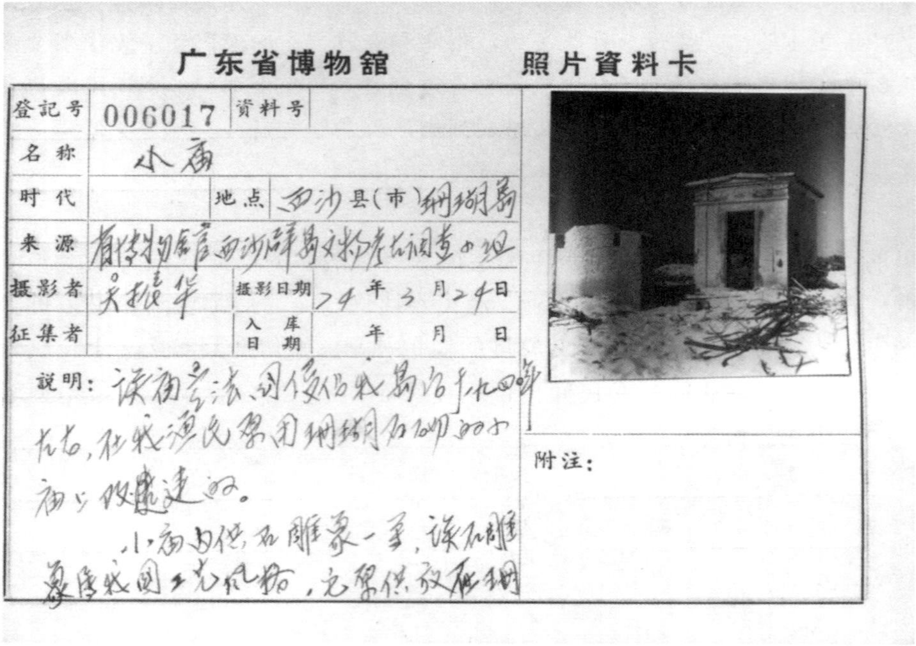

广东省博物舘　　照片資料卡

登記号	006017	资料号	
名称	小庙		
时代		地点	西沙县(市)珊瑚岛
来源	省博物馆西沙群岛文物考古调查小组		
摄影者	[illegible]	摄影日期	74年3月24日
征集者		入库日期	年　月　日

說明：[illegible]

附注：

图 2　1974 年广东省博物馆西沙群岛文物调查记录，珊瑚岛小庙（现存于广东省博物馆）

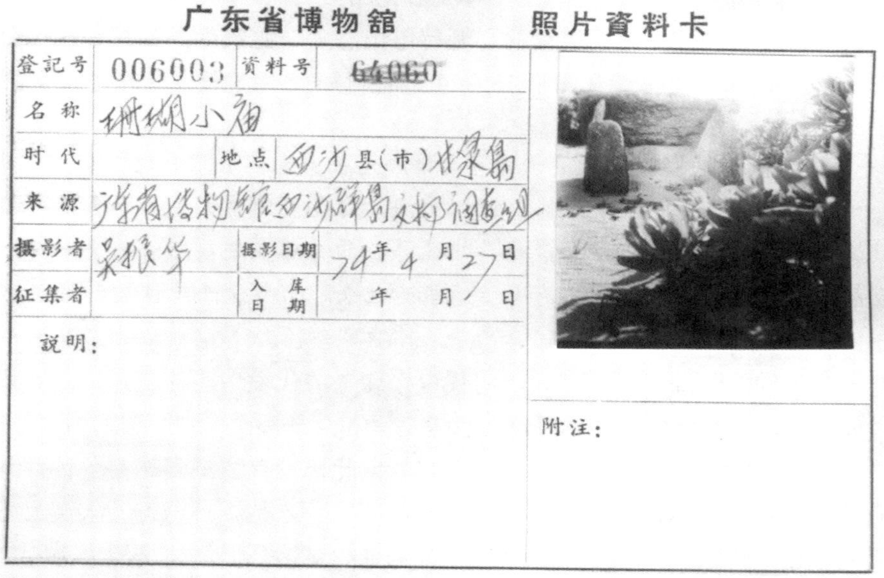

广东省博物舘 照片資料卡

登記号	006003	資料号	64060
名称	珊瑚小庙		
时代		地点	西沙县（市）甘泉岛
来源	广东省博物馆西沙群岛文物调查组		
摄影者	吴振华	摄影日期	74年4月27日
征集者		入库日期	年 月 日

說明：

附注：

图3 1974年广东省博物馆西沙群岛文物调查记录，甘泉岛珊瑚石小庙（现存于广东省博物馆）

另有一些论者则主张兄弟公崇拜出现在晚清。持此论者中有些认为其起源于海南本岛，有些认为其起源于南洋琼籍商旅，还有些认为其起源于越南。这些看法流传甚广，均脱胎于咸丰元年（1851）海南商人在越南遇害事件，琼商遇难后被神化，成为救危导航的航海保护神。20世纪20年代初编修的《文昌县志》即持此说：

> 昭应祠，在县北铺前市，圯。同治年间林凤栖同众建。咸丰元年夏，清澜商船由安南顺化返琼，商民买棹附之。六月十日泊广义孟早港，次晨解缆，值越巡舰员弁觑载丰厚，猝将一百零八人先行割耳，后捆沈渊以邀功利，焚艚献艏。越王将议奖，心忽荡，是夜，王梦见华服多人，喊冤稽首，始悉员弁渔货诬良。适有持赃入告，乃严鞫得情，敕奸贪官弁诛陵示众，从兹英灵烈气，往来巨涛，骇浪之中，或飓风黑夜，扶桅操舵，或汹洑沧波，引绳觉路，舟人有求则应，履险如夷，时人比之灵胥，非溢谀也。①

同治年间，铺前已经建立起昭应庙，可见以遇难琼商为神主原型的兄弟公崇拜，19世纪60年代已经在海南出现。不过，有一问题该县志没有说明清楚：兄弟公崇拜究竟是海南本地渔民所为？还是越南琼侨所为，再传带到海南本岛？这里牵涉到兄弟公信仰起源于海

① 李钟岳修，林带英纂：《文昌县志》卷三《建置志》，民国九年刻本，《广东历代地方志集成·琼州府部》，2010年。

南本岛还是海外（越南）的问题，有待进一步研究澄清。

法国著名学者苏尔梦教授对兄弟公的起源持谨慎态度。她认为，如果说兄弟公起源于17世纪的海南的话，那么“可能开始于1851年牺牲者在一次海南遇难之后”，她认为：

> “一百零八兄弟公”实际上是一群海南籍海商在安南完成生意返回中国途中，在顺化洋面被贪婪的越南海岸巡警杀害，沉尸大海。这些受害者的灵魂升天后，便担负起保护航海者安全的职责。在海南，最早奉祀兄弟公的神庙在铺前(1864)港和清澜(1868)港建立起来，这两个港口在南海有大量的航运往来。后来这两座神庙都被毁坏了。①

关于兄弟公信仰的起源，可归结为“明代说”和“清代说”两种观点，两者均有合理性和可取之处，而且并不矛盾，但是都存在思考盲区和欠缺周全。“明代说”有相关考古资料可资证明，民间资料加以印证，各界流行亦广。但此说没有注意到兄弟公信仰其实包括祭孤魂与兄弟公崇拜——不管是崇拜遇难渔民兄弟英灵，还是崇拜遇害商人英灵——两种形态，祭孤魂与兄弟公崇拜两者合流才造就流传至今的兄弟公信仰。从源流上看，兄弟公信仰的两个主神，其一孤魂的原型是海上死难渔民或商旅，并非兄弟公的原型——遇难海南渔民或遇难清澜商人，兄弟公为晚近后出；另一个主神兄弟公，其实存在两个不同的原型——死于海难的渔民兄弟和越南遇害的清澜海商。在祭孤魂、兄弟公崇拜发展中，这两种神灵崇拜最终融混为一体，造就出“二神复合”的海洋信仰，这点需要明确。另外不能不注意，祭孤魂产生并流行于久远的海南渔民社会，而兄弟公崇拜则出现在晚近的琼侨商业社会，两种不同人群所崇拜的神灵的主体功能及其神性均有差别，不宜混淆。

“晚清说”有其真实的历史背景，中外文献亦有记载，问题在于同样没有注意兄弟公信仰存在两个神主、两个形态之区分，忽略了以遇害商人为神主原型的兄弟公信仰出现之前，海南渔民早有祭祀孤魂的信仰形态，而海南渔民社会更多地将遇难的渔民兄弟当作兄弟公信仰的神主。祭孤魂、兄弟公崇拜两种神灵崇拜出现时间有先后，崇拜的人群更有较大差别。晚近两者合流之后才形成共祀孤魂与兄弟公的现象。

在笔者看来，兄弟公信仰是在“万物有灵”意识作用下、以祖先崇拜形式建构出来的民间海洋信仰，在源流上其实并非单一神灵，而是两种以上神灵崇拜先后出现，最终合流而成的复合型海神信仰；这种发展也不是单纯的线性发展，在海洋陆地不同人群中存在差异，诸多变化，需要做进一步分析研究。

（一）祭孤魂海厉与兄弟公崇拜：两个源头及其合流

现代海南流行的兄弟公信仰有两位神主：一为“英灵显赫一百零八兄弟”，或称“昭应

① C. Salmon, M.Sidharta, The Hainanese of Bali: A Little Known Community, *ARCHIPEL*,60, Paris, 2000, p.101.

英烈壹佰零捌兄弟公”，或曰“显灵壹佰零捌兄弟”，简称兄弟公或昭应公；一为“山水二类五牲孤魂”，或作“山水二类五姓孤魂”，简称孤魂。或者两者分主次：前者为主神，后者为从祀。所以兄弟公庙中的主神排列通常是兄弟公牌位居左，孤魂牌位在右（图4）。

图4　海南临高县新盈镇“英烈庙”内“昭应英烈壹百有八公神位”（右）“灵感显应山水孤魂众等神位”（左）（2008年，笔者摄）

海南渔民传说：“108兄弟中有72个孤魂和36个兄弟，72个孤魂是我们渔民先辈在西、南沙下海作业过程中先后死去的，36个兄弟则是同在船上因遭风暴遇难的。”[①]这里蕴藏的概念，孤魂指去世先人的灵魂，兄弟是遇难弟兄的魂魄，在辈分上是有区别的。

民间还有如此说法：因为过去常有遇难漂流的人畜动物尸体，漂泊至海边，渔民以慈悲之怀，将那些尸骨收葬，并在兄弟庙内设“山水二类五牲孤魂之神位”，收容这些海上漂泊的孤魂。[②]由此而言，兄弟公信仰还蕴涵海南渔民对陆地海洋死去的所有动物的怜悯与慈爱，万物有灵，万物皆得敬畏。

历史地看，祭孤魂与兄弟公崇拜，前者起源更早，发祥地不在陆地而在海洋，主要是在西沙群岛海域。该海域既是古代中国渔民世代捕鱼为生的地方，也是海商番客常到之处，地处南海交通的要冲。七洲洋一带海况复杂，是海难频发区域，被视为畏途，古来即产生许多鬼怪传说与恐怖故事，航海人视为畏途海域。《岛夷志略》所谓“上有七州，下有昆仑，针迷舵失”[③]。

① 韩振华主编：《我国南海诸岛史料汇编》下册，第416-417页。

② 郑庆杨：《海南海洋信仰》，天涯社区“海南文苑”，2007年5月29日。

③ （元）汪大渊原著，苏继庼校释：《岛夷志略校释》“昆仑条”，北京：中华书局，1981年，第218页。

《梦粱录》则谓“去怕七洲，回怕昆仑”[①]。明代文献仍记载：“上有七州，下有昆仑，人船莫存。”[②]明人黄衷《海语》记载：

> 万里石塘，在乌潴、独潴二洋之东，阴风晦景，不类人世，其产多砗磲，其鸟多鬼车，九首者、四三首者，漫散海际，悲号之音，咼刮闻数里，虽愚夫悍卒，靡不惨颜沾襟者，舵师脱小失势，误落石汊，数百躯皆鬼录矣。[③]

韩振华先生等认为，万里石塘是指今西沙群岛、中沙群岛一带，乌潴为今广东台山市上川岛以东一带海面，独潴指今海南万宁海中独猪山一带洋面。[④]万里石塘海面环境恶劣，海中生物也是古灵精怪，骇人听闻，海洋环境“不类人世”。渔民船户航海至此，必祭祀海神，安抚鬼魂，求得平安。明人王鏊《震泽纪闻》记载，正统七年（1442），吴惠随同出使占城，回国还至七洲洋，遇大风，舟船几覆；正使给事中舒某“泣不知所为，惠为文，以祭祝融与天妃之神，俄而开霁”，赖南海神与天妃的保佑，使团顺利回国。有些记载把这次大风归因于“鬼神出没”之故。[⑤]

嘉靖《广东通志》引顾岕《海槎余录》关于七洲洋记载：鬼哭滩一带海域“极怪异。舟至则没头、只手、独足、短秃鬼百十，争互为群，来赶舟人，以米饭频频投之即止，未闻有害人者”[⑥]。面对“鬼哭滩”的神怪，航经该处的船民投以米饭，鬼怪即不伤人，这里体现了人们敬畏神灵、向海上孤魂奉献牺牲、获得海洋神灵宽宥的宗教行为与文化意义，可以看出祭孤魂鬼怪信俗的早期发端。

用饭团投祭海神，海南民间另有一传说。说是在南海航行，天气恶劣时，桅顶有一颗星，这时就要用饭团投入海中，以报平安。传说这颗星是女神的化身，据说古时有个女人要去南洋，但自古出海有规矩，行船不能带女人，若船上载了女人会运气不好，船会翻沉。经不起女人的苦苦哀求，船上总簿心慈，把她带到船上关在箱里，并送饭给她吃；一次送饭时被船主发现，就把那个女人推下海里，女人死后化为神，专门给人指点吉凶，于是，每当天气不好时，桅顶就有一颗星。[⑦]这一传说与上述鬼哭滩祭鬼神故事有所不同，传说出自渔民之口，但反映的却是海商社会之实情。它蕴含两方面的海洋信仰信息与航海文化内容：一是航海人崇拜的女神原型是一个不幸被海商社会传统规矩扼杀的女性，其鬼魂与“鬼哭滩”中的鬼神无异。航海人采取“投饭团”仪式表达敬神心意，讨好神灵，赋予神性，

---

① 《梦粱录》“江海船舰”条。

② （明）费信著，冯承钧校注：《星槎胜揽校注·前集》“昆仑山”条，北京：中华书局，1954 年，第 8-9 页。

③ （明）黄衷：《海语》卷下《畏途》。

④ 韩振华主编：《我国南海诸岛史料汇编》上册，第 58 页。

⑤ 韩振华：《七洲洋考》，收入《南海诸岛史地考证论集》，北京：中华书局，1981 年，第 43-44 页。

⑥ （明）黄佐：（嘉靖）《广东通志》卷七十《外志》，香港：大东图书公司印行，第 1906 页。

⑦ 《渔民王安庆的口述材料》，1977 年 6 月 28 日，韩振华主编：《我国南海诸岛史料汇编》下册，第 418 页。

女鬼变身为航海保护神；女神施以回报，指导航程，指点吉凶。这一造神模式与祭孤魂（及后来之兄弟公信仰）如出一辙。二是反映了中国古代航海某些经验与技术实况。北宋文献《萍洲可谈》《宣和奉使高丽图经》记录了海上航行舟师通过观察日月星辰，判断天气的变化，航程的方向，“以观明晦”“以揆南北”，中国航海家用指南针的事实，这是航海史上的重大进步。[①]这一传说中，女鬼变成女神，也是海上航行的导航之星，折射出“神仙世界”中蕴涵人类的航海智慧和技术文化。航海人创造了航海技术文化，也创造了航海女神。

万历年间，张燮的《东西洋考》把往来南海七洲洋一带海域的祭孤魂活动称为“祭海厉”：俗传七洲洋“古是七州，沈而成海。舶过，用牲粥祭海厉，不测为祟”[②]。原藏于英国牛津大学鲍德林图书馆（Bodleian Library）的《两种海道针经》（《顺风相送》与《指南正法》）记录了16—18世纪中国江、浙、闽、粤、台等沿海地区与东西洋海上航路情况。《顺风相送》记载：“七洲洋：一百二十托水。往回三牲酒澧粥祭孤。贪东鸟多，贪西鱼多。”[③]而另一部航海针经《指南正法》也记载，从福建大担航船到暹罗，经过南澳、乌猪洋面，“用单坤十三更取七洲洋，祭献。用坤未七更取独猪。……丙午五更取灵山佛，放彩船”[④]。“祭献”是航海人在航经七洲洋海域必须举行的祭祀活动。“放彩船”是航海人航行至越南中南部海域祭海神的一种方式。

明清时期中国与琉球海道往返必经东海黑水沟。黑水沟号称“分水洋”，为中外之界，舟人过此，常投牲致祭，并焚纸船。康熙二十二年（1683）六月，汪楫奉命出使琉球，从福建南台登船，谕祭海神，海行过赤屿，“薄暮过郊（或作沟），风涛大作，投生猪羊各一，泼五斗米粥，焚纸船，鸣钲击鼓，诸军皆甲露刃，俯舷作御敌状，久之始息。问郊之义何取？曰中外之界也”[⑤]。乾隆二十一年（1756），册封使周煌曾作《海中即事诗》四首，其四注曰：“舟过黑水沟，投牲以祭，相传中外分界也。”[⑥]

显而易见，与东海黑水沟、南海乌猪洋、交趾洋海域一样，七洲洋“鬼哭滩”一带海域是海南渔民、海商祭祀海厉/海神的重要区域，也是古代东亚海洋信仰的重要祭祀空间。韩振华先生认为：

> 由于对七洲洋上的风浪巨大，以及对贪东会误入万里石塘的危险没有正确认识，才产生了七洲洋上的一些鬼魂神怪的神话，并迷信这些冤魂之所以凭海底都是因为七

① 李庆新：《海上丝绸之路》（修订本），合肥：黄山书社，2016年，第134页。
② （明）张燮著，谢方点校：《东西洋考》卷九《舟师考》，北京：中华书局，1981年，第173页。
③ 向达校注：《两种海道针经·顺风相送》，北京：中华书局，1982年，第33页。
④ 向达校注：《两种海道针经·顺风相送》，第171-172页。
⑤ （清）汪楫：《使琉球杂录》卷五《神异》，《中国华东文献丛书》第八辑《妈祖文献》第五卷，北京：学苑出版社，2010年，第200-235页。
⑥ （清）周煌：《海山存稿》卷十一，《四库未收书辑刊》九辑二十九册，北京：北京出版社，1998年，第738页。

> 洲洋陆沉，方使其然。为了使七洲洋的冤魂不来作祟，舟人迷信祭献于七洲洋，就可消灾弥难，于是船过七洲洋，就要对七洲洋陆沉的那些冤魂，来个“祭孤魂”。[①]

在这里，韩先生原意不在讨论渔民与航海人的信仰活动，甚至视为“迷信”，但无意间却道出了海南祭孤魂信俗的早期形态。

古代祭祀有官方与民间两大系统。官府治民事神，对冥冥之中“无祀鬼神”的祭祀在《礼记》已有记载，早有定例。《清会典》记载，顺治初年定直省祭厉坛之制。官府建厉坛群祀鬼神。每岁以清明日、七月十五日、十月朔日，凡三祭。祭品用羊三二，米三石，香烛酒纸随用。祭祀时先请城隍神为之主，乃召无祀鬼神祀之，有司行一跪三叩礼。[②]在官府规范和示范作用下，民间祭厉也有可循之规制。按明洪武礼制，“每里一百户，立坛一所，祭无祀鬼神，祭日皆行傩礼。”[③]光绪《崖州志》收录了一篇祭厉坛的《告城隍庙文》：

> 钦奉皇帝圣旨：普天之下，率土之上，无不有人，无不有鬼。人鬼之道，幽明虽殊，其理则一。今国家治民事鬼，已有定例，尚念冥冥之中无祀鬼神，昔有生民，未知何故而没。其间有遭兵刃而横伤者，有死于水火盗贼者，有被人强夺妻妾而忿死者，有被人掠取财物而逼死者，有误遭刑罚而屈死者，有天灾流行而疫死者，有为猛虎毒虫所害者，有饥寒交迫而死者，有因战斗而殒身者，有因危急而自缢者，有因墙屋倾颓而压死者，有死后而无子孙者。此等鬼神，或终于前代，或没于近世；或兵戈扰攘，流移他乡；或人烟断绝，旧缺其祭祀。姓名泯没于一时，祀典无闻而不载。此等孤魂，死无所依，精魂未散，结为阴灵。或依草附木，或为妖作怪，悲号于星月之下，呻吟于风雨之中，凡遇人间令节，魂杳杳无以归，意悬悬而望祭。兴言及此，怜其惨凄。故敕天下有司，依期致祭。命本处城隍，以主此祭。镇按坛场，鉴察诸神等类。其中有为良善，误遭刑祸，死于无辜者，神当达于所司，使之生还中国，永享太平之福。如素有凶顽，身逃刑宪，虽获善终，亦出侥幸者，神当达于所司，屏诸四夷。善恶昭报，神必无私。除钦奉外，合就牒移城隍狱神，吊出狱幽，以飨祀典，久远遵行。[④]

这篇祭文体现了古人顺应天命、尊天敬地、为天下生灵万物祈福的精神，建立厉坛，群祀鬼神，请神享祀，终极目的是达到贯通幽明，在人神之间建立良好的和谐关系，永葆江山，共享太平。

---

① 韩振华：《七洲洋考》，收入《南海诸岛史地考证论集》，第 44 页。

② 光绪朝《清会典事例》（第六册）卷四四四《礼部·群祀》，北京：中华书局影印本，1991 年，第 26 页。

③ （清）屈大均：《广东新语》（上）卷六《神语·祭厉》，北京：中华书局，1985 年，第 216 页。

④ 张嶲、邢定纶、赵以谦纂修，郭沫若点校：《崖州志》卷八《经政志·祀典》，民国三年广州美成印务局铅印本，广州：广东人民出版社，1983 年，第 159-160 页。

上述祭孤魂信俗在海南显然不属官方系统而属民间信俗系统，它是后来成为兄弟公信仰体系中另一主神崇拜——祭孤魂——的渊源，民间传说的死于海难的渔民兄弟，或者是越南被冤杀的海南商人，被神化后附加到这一民间信仰，当作主神崇拜。祭孤魂、兄弟公崇拜两者合流，最终形成流传至今的复合型海洋信仰体系。

印度尼西亚巴厘岛丹戎昭应庙内，一块光绪十四年（1888）《昭应祠》牌匾，开始就说："尝思盂兰之会，自古已彰，昭应之祠于今为烈……"[①]"盂兰之会"是民间每年农历七月十五日为普度孤魂野鬼而举行的节庆仪式，又称"中元节"，俗称"鬼节"、"施孤"、亡人节、七月半。显然，巴厘岛海南人的兄弟公信仰是海南商人在越南遇害事件之后出现的，将祭拜兄弟公视为与盂兰会联系起来很自然合理——事实上兄弟公崇拜与祭拜孤魂野鬼本无二致，出于相同的祭神理念，属于相同的信仰活动，说明祭鬼魂信俗、盂兰会比祭拜兄弟公出现得更早。琼海潭门镇孟子园、南截坡、西陆园三村的"盂兰昭应庙"，将盂兰会与昭应公合为一庙，也出自同一理由。博鳌金湾南边有一间兄弟公庙，庙正门匾额就称"盂兰庙"，供奉"海洋一佰零八兄弟之神位""盂兰盛会诸佛菩萨之神位"。[②]身处异国巴厘岛的海南人更多从传统视角、从盂兰会信俗本位去供奉来自故乡的兄弟公神灵，给我们考察兄弟公信仰的源流及其在海外的变化提供一另类视角，再次诠释了祭孤魂、盂兰会、兄弟公崇拜内在性质与理路是一样的，但出现时间有先后，不同形态的祭祀最后走在一起，形成当下及后世民众的信仰状态（图 5）。

图 5　琼海潭门镇孟子园、南截坡、西陆园三村"盂兰昭应庙"正门匾额（2016 年 11 月 19 日，笔者摄）

① C.Salmon, M. Sidharta, The Hainanese of Bali: A Little Known Community, *ARCHIPEL*,60, Paris, 2000, p. 121.

② 此条资料为中国南海博物馆张佩岚馆长提供，2018 年 8 月 7 日，特此致谢。

（二）兄弟公主神与越南琼侨被冤杀事件

民间信俗成长于基层社会，地方社会既是民间信仰倔强成长的"天然沃土"，也蕴含不断改造信仰本身的内在力量。祭孤魂、兄弟公信俗成长于大陆之外王法不到的海洋社会，海洋社会内在的力量表现出更强大的自主性，在造神运动中按照自身理念、自己诉求建构信仰体系，呈现出异于陆地的驳杂多样的信仰异象。兄弟公信仰随着信仰人群的变迁，从渔民到商众，从本岛到海外，信仰体系与时俱进，以应不同的社会需求。

在兄弟公信仰历程中，最值得关注的是崇拜主神的更替。清末在越南被冤杀的海南商人被神化，并成功在与孤魂合流中取得主神地位，进入海内外海南人的信仰体系。由于资料缺乏，目前尚有不少说不清，道不明的问题，不能断定这种变化究竟是在海南本岛发生？还是在海外（如越南）琼侨社会发生，进而传播到海南，以及何时完成转换？但是可以清晰认定的是，1851 年越南巡海官兵杀害海南商人事件对近世兄弟公信仰影响巨大。

查阅越南史料，阮朝嗣德四年，即清咸丰元年（1851）越南中部海域确实发生一起巡海官兵杀害琼州商人事件，《大南实录》记载：

> （嗣德四年六月）鹏博巡哨掌卫范赤、郎中尊室茗奏言：于南义洋分，遇匪船三艘，射中一艘，沉没一艘，往东走窜一艘，为大炮轰击，匪伙伤毙者多不能对射，率弁兵前来，尽杀约七八十人。拿此船驶抵占屿澳停碇，以在行弁兵得力请赏。帝疑之，命兵部臣勘覆，既而选锋队长陈文侑等首言：本月十八日官船泊施耐汛，有异样船三艘在青屿洋分，赤等追驶，开射该船，并无对射，唯有往东远走耳。追近该船，一艘才放射，便收帆就官船，至三十三人呈船牌，有称原寓承天铺，与尊室茗惯识者，而茗以为奸商，应拿斩。赤应之，遂令杨衢［水师率队］等将船内尽杀［七十六丁］，投弃于海。部臣以范赤等妄杀冒功，奏请准交法司查究，及案议以茗首谋，改从母姓，为邓茗，与同谋之范赤各同凌迟，其妻子亦照案分插，杨衢问斩，陈文侑能先首发案情，免议。从之。①

由这段史料可知，这一案件中有 76 人遇害，领有"船牌"（即贸易许可证），属于合法生理的商人，但遭到越南巡海官兵的冤杀，阮廷最终查明真相，惩处凶犯，冤情得到昭雪。案情与海南民间传说大体一样，只是罹难人数有出入，悲剧的主角最终被神化为航海保护神。

16 世纪中叶兴起的国际贸易城市会安，是华侨聚居的地方，琼籍侨民在陈富街建起了堂皇的琼府会馆，内有一牌匾"昭应公事略"谓：

---

① 《大南实录正编第四纪》卷六，嗣德四年，庆应义塾大学语学研究所，昭和三十六年，第 5824-5825 页。

昭应公者，琼侨百八罹难义士也。清咸丰元年一八五一年六月中旬，商舶“猛头号”于顺京启航作归，行间为风故，避广义孟早港，廿一晨得晴再程。旋遇巡者，因涎其丰载，寻衅勒索，船人义愤力拒，乃纵而踪之于远海，乘势尽捆生沉，罹难者百有八人，诚暴行也。事后分赃毁舟，诬捏报功，越廷以暗昧疑，密侦根由，卒获赃证，拘凶鞠讯，直供谋财害命不讳，案白，乃诛祸抚难，足慰冤魂矣。①

昭应公就是兄弟公，神话故事脱胎于《大南实录》记载的真实历史。“一百零八”罹难者后来多次显灵，救助遭遇海难者，海南乡亲感激恩德，便建祠纪念他们。会馆正殿名“昭应殿”，光绪初年建，供奉主神“敕封义烈昭应百八英灵”，附祀“山水二类五牲孤魂”诸神。

在藩切，海南帮众在光绪二年（1876）创建了“昭应祠”，主祀照应公。二十五年，帮众在祠堂基础上建立起海南会馆（琼府会馆）。据深圳大学张卫东、刘丽川等教授2015年实地调研，该会馆至今保存阮朝维新帝于七年（1913）十月八日颁发的一件“敕命之宝”，敕文如下：

敕平顺省咸顺府琼州帮奉事招灵祠清人一百八人灵位之神，捻着灵应，向来未有预封肆。今丕承耿命，缅念神庥，著封为翊保中兴灵扶之神，准依旧奉事，神其相佑，保我黎民。钦哉！

此件“敕书”可以说明，兄弟公虽然在越南海南人中受到崇拜，但维新七年才得到阮朝正式承认和敕封。维新帝阮福晃与其父成泰帝一样，不满法国人统治，曾经策划起义，但都没有成功。据介绍，维新七年（1913），阮福晃敕封“清人一百八人灵位之神”为“翊保中兴灵扶之神”，意在笼络华人，支持其反对法国人。起义失败后维新帝被法国人流放至西印度洋海岛殖民地留尼汪（Reunion）。②

由上可见，清末遇害琼商成为兄弟公神主的原型，进而底定了主神地位，改变了兄弟公信仰结构，影响深远，体现了近代海南信仰人群的变化、经济结构的变迁，原来以渔民社会为主的信仰基础，扩展到商业社会。而随着兄弟公受到越南朝廷敕封，地位进一步上升，影响也更加广泛。神随人变，神随人迁，伴随着海南人向海外迁移，兄弟公（昭应公）信仰圈从海南本岛扩大到东南亚，乃至更广阔的琼侨社区。

---

① 《昭应公事迹简介》，笔者抄录，越南会安琼府会馆，2004年。

② 张卫东：《越南藩切华人的关帝崇拜》、刘丽川：《越南藩切华人四大帮会馆考察》，两文分别载于张禹东、庄国土主编：《华侨华人文献学刊》第五辑，北京：社会科学文献出版社，2017年，第198-217、218-236页。

（三）兄弟公信仰与《水浒传》《三国演义》英雄故事

中国传统民间信仰的成长或多或少受历史大环境，特别是大众流行文化的影响。一百零八兄弟公以“英烈”“义士”形象出现在世人面前，得到渔民兄弟及其他商众的共同认可，不能不令人想起《水浒传》梁山泊英雄好汉、《三国演义》刘关张桃园结义等经典传奇故事，并将之联系在一起。在中国传统社会，人们在精神上寻求超自然的力量——神灵相助，特异的自然万物、宗教人物、历史人物往往被有选择地赋予神性，塑造成具有神通、能保护自己的神灵。明清时期说唱文学、杂剧演义在社会上广为流行，故事脍炙人口，故事中的主角家喻户晓，对民间信仰影响很大，因而诸如《封神演义》《三国演义》《水浒传》等说部一些已被神化或具有美德的主人公，被奉为神通广大的神灵，或保佑一方的地方神灵，受到民众顶礼膜拜，例如著名的关公、齐天大圣（孙悟空）、哪吒等。英雄崇拜成为民间信仰重要来源和组成部分。下面以哪吒信仰为例，略加申述。

哪吒（梵语 Nata）是古印度秘传佛教四大天王之一毗沙门天王第三太子。唐代北天竺传入的密宗经典记载，哪吒勇健善战，能护持佛法，守护国王国界，轸灭歼敌，降服恶魔。宋元时期，毗沙门及哪吒形象由于佛经故事的演变，道教传说的渗透，以及《三教源流搜神大全》《封神演义》《西游记》等说部、杂剧演史的渲染附会，发生显著变化，深入民心。民众出于崇拜英雄、抗拒外侮等观念，将已谥为道教神祇的唐将李靖，与驰名北方的释教毗沙门王化合，塑造出融汇佛道的毗沙门王天王李靖，哪吒变为托塔天王李靖的三太子，成为民间信仰中妇孺皆知的三头六臂（或三头八臂）、手持宝塔、脚踏风火轮、神通广大、勇不可当、降魔服怪的神将。直到清末民初，京师的平民文艺家将刘秉忠规划大都城传说、明清流行的哪吒与龙王父子搏斗故事、明初开国功臣神机军师刘基传说相混合，创造了“刘伯温制造八臂哪吒城”的神怪故事，在现代北京民俗传统中仍然占有一席地位。而哪吒经《三教源流》《封神演义》的演绎，增强了他在佛教典籍中神灵威勇、护法降魔的童神形象，成为民间信仰中广受崇拜的保护神，不少地方兴建庙宇祭祀供奉。据介绍，乾隆初年，北京永定门陶然亭内已经建起崇祀哪吒的祖庙。另外，还有河南西峡县丁河镇哪吒祖庙，南阳邓州凤凰镇陈塘关与四川宜宾翠屏山哪吒行宫。台湾、香港、澳门地区也流行哪吒崇拜，台湾岛以太子宫为名的哪吒庙超过三百间。流行于上述各地的哪吒崇拜，堪称佛教典籍中人物、文学作品中主角被神化，进入民间信仰体系而广受崇拜的典型。[①]

海南一百零八兄弟公的造神运动应该受到《水浒传》《三国演义》绿林好汉故事的启示，不管是渔民口传的被海盗杀害的 108 位渔民兄弟，还是在越南经商遭到冤杀的海南商人，俨然都是梁山 108 条好汉的化身，焕发着救助贫弱、主持正义的英雄气概。两个“108”绝

① 参见陈学霖：《澳门哪吒庙的历史渊源与社会文化意义》，载郝雨凡、吴志良、林广志主编：《澳门学引论》（下册），北京：社会科学文献出版社，2012 年，第 417-452 页。

非偶然巧合，这种气魄只有行侠仗义的梁山好汉、闯荡江洋的海南渔民才具有。地方志记载，琼海博鳌三江孟兰庙，庙内设有“海洋结义一百零八兄弟神位”，显然又是《三国演义》桃园结义故事的忠义精神在海洋社会的重塑与演绎。可以认为，梁山好汉、三国英雄的忠肝义胆、忠烈义勇等侠义精神被灌注进兄弟公信仰的内核，塑造出有求必应、神通广大的海上侠客的航海保护神。

大自然的造化，季风吹拂下流淌的海洋把南海海域及其水上主人与东南亚连为一体，活动期间的涉海人群建立割不断的传统联系，不断组建变换着流动的、开放的、边界模糊的水上疆域。16 世纪以后，受大航海时代激荡，东亚海域海洋武装势力风起云涌，东西方武装商船与商人势力纵横海上，互相竞逐，海盗活动猖獗，抢劫风行，航海贸迁是高利润、高风险的生意。南海成为国际性海洋势力活动的舞台。作为东南沿海和南海贸易的重要力量，海南的涉海人群深深参与了大航海时代南海经济开发与海洋贸易。乱世出英雄，亦盗亦商，亦渔亦盗，抑或有之。一百零八兄弟公体现了那个海洋竞逐时代的精神，既是海南渔民海商的代表，也是海南人闯荡江湖、开发南海、开拓海外世界的海国民性的化身。

三、海南本岛及南海诸岛的兄弟庙（孤魂庙）

“有人住的地方就有庙。”兄弟公受到海南涉海人群的崇奉，各地建立起不少兄弟公庙作为祭祀场所，尤其在海南岛东部的琼海、文昌沿海渔村。兄弟公庙或称昭应庙、英烈庙、孤魂庙，没有划一名称。在西沙群岛发现的珊瑚石小庙也一样，“供有佛像的就叫娘娘庙，其他则成为公庙、石庙、土地庙等”[①]。兄弟公庙崇拜采用祖先崇拜形式，在神座竖立木制神主牌，与一般庙宇设崇拜偶像不同。

（一）海南本岛

海南本岛比较有名的兄弟公庙有文昌县铺前清澜港昭应庙，建于同治年间。民国九年（1920）刊刻、李钟岳修、林带英纂《文昌县志》卷三《建置志》记述了清澜港商人在越南被杀害的情况，遇害商人成为兄弟公的原型。

琼海市潭门镇孟子园、南截坡、西陆园三村“孟兰昭应庙”规模不小，是海南本岛始建较早的兄弟公庙，至迟在光绪十八年（1892）已经存在。庙正对南海，门额题“孟兰昭应庙”，门两边有对联：“五岳潭温开福祉，三江浪平广财源。”庙内供奉“英灵显赫一百零八兄弟”“山水二类男女五姓孤魂”两神主牌，神牌两旁有对联：“英灵日照九江浪，显

① 广东省博物馆编：《西沙文物——中国南海诸岛之一西沙群岛文物调查》，第 9 页。

赫月映千秋濯。”神台前方横梁上悬挂 1990 年村民捐“海不扬波”木质牌匾。神台正上方贴“风调雨顺”二龙戏珠彩绘瓷画，右上方悬挂“英灵显赫”牌匾。神台左后墙有两方“万世流芳”碑，分别为光绪十八年、三十年立，记录村民捐款修庙之芳名（图 6）。

图 6 琼海潭门镇孟子园、南截坡、西陆园三村“孟兰昭应庙”及庙内神主牌、“万世流芳”碑（2016 年 11 月 19 日，笔者摄）

值得注意的是，该庙右侧墙壁有一方用瓷砖烧制，记述 1990 年海外华侨与本村村民捐资重修本庙的芳名，叙述本庙创始及重修原因，择要摘录如下：

本庙乃三村先祖始建于清初，光绪三十年毁于风灾，是年三村先贤集资重建。一九七三年因强台风刮倒，海外侨胞迫切要求将之再建，已做纪念，并造福后代，为此海外侨胞成立了再建孟兰昭应庙筹委会，三村也相应成立了建庙理事会，广大侨胞慷慨解囊，鼎力支持，热心赞助，三村众兄弟也齐心协力，集腋成裘，既建庙又建校，共襄善举……[①]

此庙是否建于清初？或者说清初就已经建起孟兰庙，后改名昭应庙？有待考证，但光绪三十年（1904）毁于风灾及重修则应是可信的，庙内该年“万世流芳”碑可以印证。1973年该庙又遭受强台风毁坏。1990年在村民及旅居马来西亚、新加坡侨胞及香港同胞的支持下再次重修，形成现在的规模。

潭门镇文教村兄弟公庙坐落在文教村东边，始建年代不详。现庙为当代建筑，距海约50米。庙的两根柱子，雕饰盘龙。正面墙漆成朱红，屋顶为黄琉璃瓦。庙门正对南海，门额题“文教兄弟庙”大字，两旁有繁体对联：“文通人和神恩泽，教顺地灵渔业丰。”正中神台摆放神主牌两座，右为“显灵壹佰零捌兄弟之神主”，左为“山水二类五牲孤魂之神位”。神主牌上方为一幅麒麟彩绘壁画，两旁对联：“兄弟联吟镜海清，孤魂作颂恩波静。”

在海南岛西部沿海，渔民也信仰兄弟公，但庙宇不及东部沿海乡村密集。2003年，笔者前往海南西北部临高县新盈镇安全村调研，该村濒海，有九天庙、武圣庙、神山庙和英烈庙。九天庙祀九天大圣，神山庙祀神山爷爷、广德明王，英烈庙，即兄弟公庙，祀兄弟公和孤魂。英烈庙与神山庙并排，右英烈左神山，面向大海。英烈庙始建年代不详，现庙是新修的，神台两神主牌，右“昭应英烈一百有八公神位”，左“灵感显应山水孤魂众等神位”。神台前贴有“万古英灵”“福庇万方”红纸条幅。门楣、门柱亦贴一副对联：“千秋宝诞。昭应千秋扶海利，英烈宝诞庇鱼商。”说明渔民、商众崇拜兄弟公，主要祈求发财致富，渔获丰收（图7）。

图7 海南临高县新盈镇“英烈庙”（2008年，笔者摄）

① 2016年11月19日笔者记录。

（二）西沙群岛

1974 年 3—5 月和 1975 年 3—5 月，广东省博物馆与海南区文化局在西沙群岛进行考古调查，在甘泉岛发现一处唐宋时期居住遗址。该遗址堆积厚度 35—90 厘米，出土文物有陶瓷器、铁器（工具）、铜器（饰件）、吃剩的鸟骨、螺壳和碳粒灰烬等。遗址位于岛上内倾斜坡地上，不易受海风正面吹袭，也不是潮湿低洼地，是为长期生活而选择的居住地，说明早在 8 世纪，中国渔民已经在岛上生活居住了。[①]

海南渔民前往南海诸岛捕鱼，并在岛上居住，建庙供奉各种神灵。清中叶刘世馨辑《粤屑》“崖岛”条记载：

> 蔡士阳，钦州士人也。读书不成，弃而为贾。地濒海，买舟出洋，营鱼盐之利。一日，偕十九人同舟，至三娘湾，遇大风吹出大洋，巨浪滔天。任其飘泊，一昼夜抵一岛，舟近崖，冲激将覆，众急登岸逃生，回望原舟，片版不存，众遂入岛周览，冀有居民，为栖息之所，乃四顾绝无人迹，唯一小庙，中立神像，神前有珓杯一对，亦不知其何神，其中器皿镬灶皆备，甚讶之，不解其故。众想与枕藉其中，拾干叶作席，形携有火镰引火各物，群拾干柴燃火，不令绝，但无由得食。见其地产小薯大如指，若天冬然，煨而食之。庙前有鸡成群，捕之不得，祷于神而掷珓若胜，捕得数只，以此度日。遥望大海，茫茫木日无片叶，仰天长叹，艰苦备尝，死者已十余人，自分为异域之鬼。居八十余日，忽一夜，闻岛边人声嘈杂，若有舟泊此者，蔡等不能行，拊膺大哭，冀其援拯。舟中人闻之，并见火光，亦大惊异，入岛探问，见存者六人，病莫能兴，泣诉情由，咸哀怜之。转扣舟何自来？乃知此地近崖州，名蓬岛。每年七月，舟人乘风来此，取鲍鱼、带子各海味，秋末则回，余月虚无人焉。其食具留于庙，以为来时之用，鸡亦彼放生者云。于是客人扶归舟中，先与糜粥调养，三日后渐与之饭，半月始能行，至九月载以俱还。由崖州渡海，一路乞食回里，家中以其死久矣，一旦忽归，喜从天降。其子在学署读书，士阳至署详言之，如听世外事，此《山海经》所不载者也。[②]

这段海国奇谈式的历史记录，不仅详细反映了南海北岸民众航海贸迁遇到海难的惊险境况，而且具体叙述了崖州人前往“蓬岛”进行季节性捕鱼与短暂居留的情况。海难发生在海南崖州附近的“蓬岛”海域，从岛屿有渔民居留、放养家禽、崖州渔民夏去秋还等情

---

① 中国国家博物馆水下考古研究中心、海南省文物保护管理办公室编著：《西沙水下考古（1998—1999）》，北京：科学出版社，2006 年，第 5-6 页。

② （清）刘世馨辑：《粤屑》卷五，《广州大典》第 49 辑《子部杂家类》第 394 册，广州：广州出版社，2015 年，第 355 页。

况看，最大可能是指西沙群岛。岛上神庙供奉的神灵并非粤西地区钦州、琼州流行的、人们熟知的关公、观音、三婆（天后），或者伏波将军，蔡士阳“亦不知其何神”，应该是海南人崇拜的本地神灵。

1928年，广东省政府组织人力对西沙群岛进行联合调查，获得一些群岛上渔民留存的兄弟公、孤魂崇拜遗迹。调查报告指出，西沙群岛之林岛即永兴岛，“原有海南渔人所建之孤魂庙一所，高阔约六尺，其年代不可考”[①]。而方新《西沙群岛调查记》一文记载：

（西沙群岛）来此谋生者，多属琼东、乐会、文昌人。俱以捕鱼为业，尤以捕取海龟为大宗。每年均自三月始来，六月即行回来……各岛无居民，故鲜建筑。惟岛中往往有神庙一间，称为孤魂庙，大小不一，最大不过六七尺，小或三四尺，仍用砖瓦造成，系属迷信神权而设。是虽无可记载，然可见各岛之属我国固有领土，沿海之疍民之所践食者……[②]

沈鹏飞编的《调查西沙群岛报告书》（1928）、郑资约编的《南海诸岛地理志略》（1947）亦有类似记载，后者还称：“永兴岛外各岛，似无日人建筑，故孤魂庙尚有峙然者。”[③]1933年9月1日《广东琼东草塘港渔民申诉法占珊瑚岛九岛书》说：

珊瑚九岛在西沙群岛之东南，吾琼文昌县渔民因生活所迫，于清道光初年到其地从事渔业。嗣有各县多数渔民移居其地，建立房屋与“兄弟公庙”多所；但因规模小，构造不精，年代久远，多数倾圮。[④]

西沙群岛第一大岛永兴岛的兄弟公、孤魂庙的记录最多，抄录如下：

西沙群岛……人民概为我海南岛文昌、琼东县一带渔民，以潭门港为最多。但西沙岛都无女性，此辈渔民，因风候关系，多春去夏归，秋去必逾冬始归，渔民常于沿岸搭棚居住，或在“孤魂庙”内。[⑤]

---

① 《1928年广东省政府调查西沙群岛报告书撮要》，韩振华主编：《我国南海诸岛史料汇编》上册，第201页。

② 该文刊《中央政治会议广州分会月报》1928年第10卷第13期，收于韩振华主编：《我国南海诸岛史料汇编》上册，第203-204页。另外，沈鹏飞编：《调查西沙群岛报告书》（1928年6月）也有类似记载，应该是引用了方文（《调查西沙群岛报告书》第30、37页），收于韩振华主编：《我国南海诸岛史料汇编》上册，第251页。

③ 沈鹏飞编：《调查西沙群岛报告书》，1928年，第30、37页；郑资约编：《南海诸岛地理志略》，北京：商务印书馆，1947年，第76页。以上两书分别收于韩振华主编：《我国南海诸岛史料汇编》上册，第251-252页。

④ 许道龄：《法占海南九岛问题》，《禹贡》半月刊1937年第7卷第1、2、3期合期，第270页，转引自韩振华主编：《我国南海诸岛史料汇编》上册，第168页。

⑤ 黄仲榆：《要认识我们的国土》，广州《东南日报》1947年7月9日，收于韩振华主编：《我国南海诸岛史料汇编》上册，第253页。

西沙群岛……渔民习惯，一到林岛，必先祭一百零八兄弟孤魂（该庙犹存），门侧有对联上书："兄弟感灵应，孤魂得恩深"，此俗由来已久，惜无史可稽。①

此辈渔民习惯，一到林岛之初，必先往祭一百零八兄弟孤魂庙。该庙至今犹存，建筑式样，略如我国乡间普通所见的土地庙无异，庙门上有横额匾书"海不扬波"四字。门侧有对联上书："兄弟感灵应，孤魂得恩深"字样。该庙的建筑，及题额、门联等，已证明林岛远年之前，向为我国渔民捕鱼定居之所。②

（1947 年 4 月）在林岛发现有孤魂庙，悬有民国十五年及廿六年等年份我国符姓渔民所立之中文匾额。查海南文昌、琼东、乐会等县渔民，每年必前往该岛作业，而符姓者即为文昌县人，足证我国渔民与西沙群岛关系之密切。③

林岛因岛上林木深密得名，渔民又名之猫岛、猫注。传说明末海南东部一史姓船主，泊船于永兴岛，深夜梦见一百零八兄弟公的先祖告诉他，有一艘朝廷的船，载有大量珍宝，沉没在永兴岛东南方的礁盘上。船主醒来，在甲板上向天烧香，洒酒许愿：假若打捞到金银珠宝，一定在永兴岛修造一间像样的兄弟庙！次日，船主果然找到沉船，打捞到不少金银珠宝。船主发了大财，感恩神谕，第二年运来建筑材料，在永兴岛的南边建起一座石木瓦结构的兄弟庙。庙中设两座神位，一座是一百零八兄弟神位，另一座是山水二类五牲孤魂神位。后来，神庙被台风毁坏，海南东部渔民在原址重修兄弟庙，并在庙间题有一副对联："兄弟感灵应，孤魂得恩深。"横批："海不扬波。"④

有记载说，西沙群岛海洋资源十分丰富，永兴岛上树林茂密，海鸟铺天盖地，渔民称为"鸟岛"。因此，兄弟公庙门两旁便题有对联曰："人得其意春风和气鸟逢林，春亦有情南海喜逢鱼弄月。"20 世纪 50 年代末，有记者前往永兴岛采访，发现有中国渔民兴建的两座小庙，南面的叫"孤魂庙"，取"孤魂渺渺"之意。⑤

据调查，西沙群岛各处岛屿，几乎每个岛都有古庙遗存。在赵述岛、南岛、北岛、永兴岛、和五岛、琛航岛、广金岛、珊瑚岛和甘泉岛，发现中国渔民建造的小庙 14 座（表 1）。

① 原子：《西沙群岛》，广州《越华报》1947 年 6 月 14 日，收于韩振华主编：《我国南海诸岛史料汇编》上册，第 253 页。

② 吴福自：《西沙群岛的真面目》，香港《星岛日报》1947 年 1 月 27 日，收于韩振华主编：《我国南海诸岛史料汇编》上册，第 253 页。

③ 台湾《"中央"日报》1974 年 3 月 25 日，收于韩振华主编：《我国南海诸岛史料汇编》上册，第 252-253 页。

④ 何纪生：《谈西沙群岛古庙遗址》，《文物》1976 年第 9 期。

⑤ 贾化民：《西沙群岛归来》，香港《大公报》1957 年 3 月 31 日，收于韩振华主编：《我国南海诸岛史料汇编》上册，第 115 页。

表 1 西沙群岛珊瑚石小庙登记表[①]

位置	数量/座	方向	结构	附属文物
珊瑚岛西南角，距海边约 30 米	1	面向西南	1938 年前，原有我渔民用珊瑚礁石垒砌的小庙一座，里面供石雕女像一件。庙在 1938 年前后被拆毁	庙内原供石雕女像，灰色麻石雕成，通高 1.57 米，六角柱左高 19 厘米。女像长衣宽袖，双手拱置胸前，托三脚炉一件。石像脚部粘有珊瑚和蚝壳
甘泉岛北面，岛边沙丘向外的斜坡上	2	面向东北	两庙南北并列，右侧一座已塌毁，左侧一间用四块大珊瑚石板搭成，高 0.5 米，深 0.8 米	无
琛航岛东南角，距海水约 50 米	1	面向南	用珊瑚石垒砌成单间小屋，顶已毁，只留三面残墙，墙有用灰砂砌的残迹，残高 1.3 米，长 1.7 米，宽 1.2 米，周围散落一些板瓦和筒瓦	庙门前有一些清代青花碎瓷片，可能是庙内的供器
琛航岛西北角，距海水约 30 米	1		用珊瑚石垒砌，今年 3 月，因建房屋拆毁	庙内供一件明代龙泉窑的观音像，脸手露胎，双手捧净瓶，渔民俗称“三脚婆”。一对近代的青花瓶，画青花山水
广金岛西部，距海水约 50 米	2	面向西	两庙南北并列，用大块的珊瑚石板盖成，高约 0.5 米	南侧庙内有一件清代道光年间景德镇民窑产的青花双狮戏球小碗，一件铁筒作香炉；北侧庙内有一对近代黄釉的陶烛台
永兴岛西部气象站前	1		用珊瑚石垒砌，俗称“孤魂庙”，最近拆毁	
赵述岛西部，灯塔旁，距海水约 20 米	1	面向南	用珊瑚石垒砌，已塌，墙上留有灰砂砌的残迹	青花盆 2 只，清代道光时期德化窑产品，宽平沿，深腹，沿下画青花变形四字纹和花卉图案，釉厚处有深色的迸裂纹。木制神牌两个，字迹漫漶，不能辨认
和五岛东北角，距海水约 30 米	1	面向西	用珊瑚石砌成四方形围墙，里面用 3 块大珊瑚石板盖成神龛，围墙外另砌曲尺形护墙，墙残高 0.9—1.6 米，长 3 米，宽 2.4—4.2 米	龛内有近代酱釉陶三足香炉一件
和五岛东北角，距海水约 30 米	1		用珊瑚石垒砌，1973 年因建房屋拆毁	
甘泉岛东南角，距海水约 20 米	1	面向墙	红砖灰砂砌墙，顶已毁。1928 年琼海市渔民苏德柳、黄家秀、邓开志、邓学相、庄论仁等五人建筑	

考古研究人员对琼海市潭门、长坡渔民进行采访，西沙群岛的珊瑚岛（俗名“老粗”）在 1937 年用珊瑚石建起一座小庙，庙里安放一尊“石塑女像”。百年前，渔民在琛航岛（俗名“三脚”）东南部用珊瑚石堆砌一间小庙，安放一尊瓷制女佛像，渔民俗称“三脚婆”。80 多年前，在北岛东南部，也盖起一座瓦顶小庙。在太平岛（俗称“黄山马”）西北部，渔民建起“伏波庙”。[②]

① 广东省博物馆编：《西沙文物——中国南海诸岛之一西沙群岛文物调查》，第 25-26 页。

② 韩振华主编：《我国南海诸岛史料汇编》下册，第 440-441 页。

岭南地区民间信仰普遍存在佛、道、民间诸神混杂、多神同祀的现象。西沙群岛兄弟公庙也是多神混杂，兄弟公、孤魂牌位，兄弟公与土地神、龙王公、观音娘娘、天后娘娘及其他神灵被安置在一起。

兄弟公庙虽然简陋，规模甚小，但渔民世代恭谨供奉，小庙留下一些有价值的神像、供器、瓷器等遗物，《西沙文物——中国南海诸岛之一西沙群岛文物调查》记载：

> 在西沙群岛的珊瑚石小庙里，有些还留有佛像和供器。北岛小庙有两件残破的青花碗和两个木制神主牌。青花碗当作香炉，是清代道光年间福建德化窑产品；神主牌由于日晒雨淋，文字模糊无法辨认。和五岛东北角小庙有一件近代酱釉陶胎两耳三足香炉。广金岛小庙有一件清代道光年间福建德化窑的双狮戏球青花小碗，一对近代黄釉陶胎烛台和一件当香炉用的小铁筒。琛航岛西北角的小庙里有一件明代龙泉窑的观音像和一对近代青花瓶。观音像手脸露胎，双手抱净瓶。无疑，这些佛像和供器都是渔民带来的。①

北岛小庙的两件木制神主牌，无疑是兄弟公与孤魂，说明西沙海岛上兄弟崇拜的主神与海南本岛一样，都使用木神主牌，而不是摆放神像。

考古工作者对这些小庙的建筑结构作了勘察。这些古庙大多建在西沙群岛岛屿边缘地方，庙门向海。古庙除了甘泉岛南面一座是砖墙外，其他都是就地取材，以海上的珊瑚石建造，结构简单。主要有两种形式：

> 一种是只用几块大珊瑚石板搭成，长度不及一米，高仅 0.5 米，都是两座并列，如甘泉岛北面和广金岛的小庙就是这样。另一种稍大些，用珊瑚石垒砌成长方形的单间房屋，长宽多在二米左右，高也只有一米多，庙门敞开，没有窗户和板门。屋顶由于全崩塌了，原貌不明，只在琛航岛东南角小庙里见到一些板瓦和筒瓦。这座小庙和北岛东南角小庙的墙壁还加用了会砂浆。和五岛东北角的小庙建筑稍微复杂些，在长方形珊瑚石围墙里有几块大珊瑚石板盖成的小神龛，和甘泉岛、广金岛的石板小庙一样。另外，在正门外还加砌一到曲尺形的护墙。②

考古人员还采访琼海市潭门港渔民，得知和五岛（渔民俗称猫兴）亦有一兄弟公庙，系 1924 年渔民麦发生所盖，面积约 10 平方米。该庙有一对联：“前向双帆孤魂庙，庙后一

---

① 广东省博物馆编：《西沙文物——中国南海诸岛之一西沙群岛文物调查》，第 8-9 页。

② 广东省博物馆编：《西沙文物——中国南海诸岛之一西沙群岛文物调查》，第 8 页；何纪生：《谈西沙群岛古庙遗址》，《文物》1976 年第 9 期。

井兄弟安”，则为20世纪30年代潭门港渔民莫经琳所题。[①]这些对研究兄弟公崇拜的都是很有价值的资料。

（三）南沙群岛

前往南沙群岛打鱼捕捞的渔民，必须带足米盐，到达岛上后择地以草木搭房，冬季住岛，过年后返回，于是兄弟公神灵也被带到岛上，盖庙祭神，以保佑渔民的海上活动。最先上岛盖庙的渔民受人尊敬，捉海龟、捡贝壳等都享有优先权，庙是他们最先上岛的标志和纪念。[②]1977年文昌县埔前公社七峰大队渔民蒙全周讲述道：

> 在南沙，有人住的地方就有庙，住岛的人，随手盖起，并写上神名。祖辈相传遇难的“一百零八个兄弟公”，我出去南沙时就有了，这些庙内往往有一只木牌神位，没有写上具体名字，传说敬奉祭祀他们，你要到那里捕鱼作业，神就会保佑你平安。[③]

文昌县东郊渔民也回忆，在南沙群岛，“凡有人住的地方都有庙，铁峙、红草、黄山马、奈罗、罗孔、第三、鸟子峙等岛，都有我们渔民祖先建造的珊瑚庙。渔民到南沙后都要到庙里去祈求保佑平安和生产丰收”[④]。

（四）东沙群岛

清末，兄弟公信仰也出现在东沙群岛，建庙人是广州府香山县渔民。1928年，陈天赐先生编纂的《东沙岛成案汇编》，收录了68岁的香山船户梁盛诉述其在东沙岛捕鱼活动的情况。同治八年（1869），28岁的他开始在“同安祥号”大渔船当雇工，前往东沙岛捕鱼。光绪二十四年（1898）以后换了新东主，合伙购买大渔船“广安祥”号，每年往东沙岛三次。第一次抵达东沙岛，见岛上“有大王庙一间，系旧的，小的于二十二年，签银两千元左右修好。又倡建兄弟所一间，即祠堂，用银五百元。至二十九年，新东及各伴，又再签银七百余两重修”[⑤]。这里的“兄弟所”实即兄弟庙，其供奉神灵用木制牌位，如同岭南地区供奉祖先牌位、供后人瞻仰祭拜的祠堂一样，故曰“祠堂”。也许这是兄弟公信仰向南海周边地区传播的最北地方。

---

① 《渔民王安庆的口述材料》，1977年6月28日，收于韩振华主编：《我国南海诸岛史料汇编》下册，第416页。

② 广东省博物馆编：《西沙文物——中国南海诸岛之一西沙群岛文物调查》，第8页。

③ 韩振华主编：《我国南海诸岛史料汇编》下册，第407页。

④ 韩振华主编：《我国南海诸岛史料汇编》下册，第404页。

⑤ 陈天赐：《西沙岛、东沙岛成案汇编·东沙岛成案汇编》，香港：商务印书馆，1928年，第65-66页。

1923年3月，广东省建设厅农林局派东沙岛海产管理处主任梁权等前往东沙岛调查。报告显示，宣统三年（1911）九龙税务司曾在东沙海域测量航路，参与测量的华人工役等对岛上的庙宇进行修葺。“该岛原有古庙两所，一为该岛中人已略为粗修，一为本巡工司所带去之工役华人等，见其颓败不堪，略予修葺，俾得有所崇拜，以冀神灵默为保佑。”[①]这里的两间古庙，一为大王庙，另一当为兄弟公庙。

西沙、南沙乃至东沙群岛上的兄弟公庙、娘娘庙、土地庙等庙宇，是南海岛屿的重要标志，也是岛民精神活动的中心，体现了渔民对兄弟公等神灵的笃敬之情。它是这片海域的主人。

四、海南渔民的兄弟公祭祀仪式

在中国传统社会，人们潜意识的精神活动，或多或少带有人类初民所具有的“万物有灵”意识。万物皆有灵魂，而万物之灵有善恶之分。倚海为生的民众同样存在这种意识，海上神仙、海鱼之神、人类海难者的魂魄等都是海洋神灵的意象化符号，因此民众对大海充满敬畏与恐惧。有学者通过对流传于闽台地区的祭祀瘟神及厉鬼、孤魂的“王爷信仰”的调查研究，发现渔民社会将古代海洋社会巫术手段复杂化、精致化、理论化，形成“请王送王”仪式，其实是人类与海洋的“互惠模式”。[②]而通过禳文化的请水迎王、迁船绕境、送王游天河等祭奠民俗来镇瘟压煞，祈求安康。这些信仰活动具有凝聚地方文化之价值，由“信仰圈”而“庆典网络”而“文化网络”，对地方传统文化承传有积极意义。[③]

古人扬帆航海，启航前必具香火，备祭品，行祈风祭神之礼仪，或置神像于船上，时时祈请，求神灵保佑。20世纪50年代末，向达先生整理出版原藏于英国牛津大学鲍德林图书馆的《顺风相送》和《指南正法》（抄本），记录了16世纪前后到清初中国东南沿海民众航海针经，合称《两种海道针经》。其中《顺风相送》所录《地罗经下针神文》，为航海祭神的祭文，所请之神有历代御指南祖师、轩辕黄帝、周公圣人、前代神通阴阳先师、青鸦白鹤先师、杨救贫仙师、王子乔圣仙师、李淳风先师、陈转先师、郭璞先师、历代过洋知山知沙知浅深知礁知屿精通海道寻山认澳望斗牵星古往今来前后流派祖师、祖本罗经二十四向位尊神大将军、向子午卯酉寅申己亥辰戌丑未乾坤艮巽庚壬丙乙辛丁癸二十四位尊

---

① 陈天赐：《西沙岛、东沙岛成案汇编·东沙岛成案汇编》，第194-195页。

② 蓝达居：《厦港渔民社会王爷信仰的调查》，李向玉、郑炜明、胡助鹏主编：《中国渔民信俗研究与保护学术研讨会论文集》，澳门理工学院出版，2013年，第117-137页。

③ 黄文车：《王爷信仰与文化网络建构：以台湾屏东南州迎王平安祭典为例》，李向玉、郑炜明、胡助鹏主编：《中国渔民信俗研究与保护学术研讨会论文集》，第138-157页。

神大将军、定针童子、转针童郎、水盏神者、换水神君、下针力士、走针神兵、罗经坐向守护尊神、建橹班师父、部下先师神兵将使、一炉灵神、本船奉七记香火有感明神敕封护国庇民妙灵昭应明著天妃、暨二位侯王茅竹水仙师、五位尊王杨奋将军、最后舍人、白水都公、林使总管、千里眼顺风耳部下神兵、直波喝浪一炉神兵、海洋屿澳山神土地里社正神，以及今日下降天神纠察使者、虚空过往神仙、当年太岁尊神、某地方守土之神。[①]

海南渔民崇信的山水二类五牲孤魂，与作为兄弟公原型的死于海难、海盗杀害，或在越南遇害的清澜商人，其实都是命丧海上的冤魂野鬼。人们给这些鬼魂盖间小庙，树立牌位，岁时祭祀，表敬神怀念之心意。在出海渔猎的时候，举行各种祭祀海神仪式，奉献牺牲，祈求神灵保佑，达致人神相通、人与海洋的和谐。

（一）做福与洗咸[②]

琼海潭门港的渔民在出海之前，必祭祀兄弟公，称为“做福”。初冬，当新的捕捞季节即将来临，各船主便开始忙碌备汛。在备足柴米油盐以及淡水等生活和生产必需品之后，船主特请“半仙”（道士）挑选一个黄道吉日举行祈福仪式。

渔民出海“做福”吉日来临之夜，船主将买来的肥猪屠宰作为供奉兄弟公的祭品，并在兄弟庙和即将出航的船只上举行。“做福”时，以煮熟的全猪或猪头尾、饭团和烈酒供祭兄弟公，请道士施法祈祷。船主通过“做福”向兄弟公许愿。祷告内容大约为：某某村某某船主的某某渔船即将出海远航到某某海域，恳望兄弟公保佑其一帆风顺，往返平安。为了表示诚意，船主会送牌匾给兄弟庙，多为“心诚求之”“有求必应”“心诚则灵”“波澜不惊”“海不扬波”“慈云常护”之类，镶于镜框，挂于庙内。

道士在兄弟公庙做完法事后，吹着牛角号，敲着铜锣，登上渔船继续施法，驱赶渔船上妖魔鬼怪。事毕，如果是单桅的帆船，便将红纸黑字的“一帆风顺”贴到桅杆上。如果是三桅的大帆船，便在帆船中间的主桅杆贴上“主将帅八面威风”（渔民为图吉利称帆船主桅杆为“主将帅”）；在靠近船头的桅杆贴上“先锋将军威风凛凛”（渔民称船头桅杆为“先锋将军”）；在船尾的桅杆贴上“殿后将军顺风相送”（渔民称船尾桅杆为“殿后将军”）；在船头贴上“昂首渺浪日行千里”；在船尾贴上“船尾顺风万里行”；在舵杆上贴上“大吉大利”。此外，在渔船一些重要的地方也贴一些保护符等。“做福”之后，一旦正气东北风的季风吹来，船只马上启程远航。

20 世纪 50 年代以前，开往西沙群岛的潭门渔船，到永兴岛兄弟庙后，把煮熟的整头肥猪抬到庙中，供奉兄弟公，习惯称为“烧香割红”。如果开赴南沙，按惯例至少要带两头

---

① 向达校注：《两种海道针经》，北京：中华书局，2000 年，第 23 页。

② 关于海南潭门渔民兄弟公祭祀“做福”“洗咸”仪式，参考郑庆杨：《海南海洋信仰》（天涯社区“海南文苑”，2007 年 5 月 29 日）。

大肥猪和数只公鸡；渔船路过西沙时，需杀一只公鸡，祭拜兄弟公；渔船到达南沙双子群礁时，屠宰一头肥猪并烧香洒酒祭祀兄弟公。另一头猪待到春节屠宰，在岛上过大年，祭祀兄弟公。渔船一直作业到次年，才返航回家。

渔船归航后，一般一两天内就举行“洗咸”仪式，感恩兄弟公保佑平安，且丰收归来。“洗咸”在白天进行，屠宰一头肥猪，给兄弟庙当祭品，烧香、献酒、焚烧冥币后放鞭炮。“洗咸”完毕，待初冬新的捕捞季节来临，再举行“做福”，扬帆出海。

（二）近海祭祀

潭门渔民在浅海捕捞，也有祭拜兄弟公的习俗。凡是当天出海当天返航的渔民，如果捕鱼丰收，渔民都会立即祭拜，感恩兄弟公。船主派人先带一些大鱼回家祭祀，花费全由船主负责。船主派人煮干饭，捏成饭团，约几大箩筐，还将大鱼煮熟几大锅，然后拿大鱼和饭团到兄弟庙供奉，烧香、洒酒、焚烧冥币，最后燃放鞭炮。祭拜完毕，全村男女老幼，包括过路的人，都可随意吃用。

（三）其他祭祀

如前所述，航海人在茫茫大海航行，经过危险海域，一般会在船上进行祭海，祈求海神保佑，确保往返安全。1977 年文昌县龙楼 91 岁的老渔民符永杏回忆道：

> 出海经常会遭到风险，有一次，从清澜开船往南沙，途中遇大风，船上的东西都翻了，我们央求“一百零八兄弟公”保佑，在海上漂流了七天七夜，最后飘到了越南的白马，幸好人都活着。[①]

有些祭祀活动则在岛屿上，前面所述南海诸岛上的各种小庙，都是渔民祭祀的场所。文昌县埔前公社七峰大队渔民蒙全周回忆：他十六七岁（1901）时，就跟着父亲出海捕鱼，去过西沙、南沙群岛。当渔船到达南沙奈罗岛后，“就杀猪拜佛，使大家高高兴兴，当时迷信，若不拜佛的话，就不平安，下海会被鲨鱼咬”[②]。所谓“拜佛”，实则拜神，在渔民那里，神佛不分，佛也是神。

“旧社会出海遇险时，就念此诗祈保平安。”20 世纪 70 年代，琼海潭门港 75 岁渔民彭正楷叙述旧时渔民前往西沙群岛捕鱼的情况，渔民流传一首颂神诗：

---

① 韩振华主编：《我国南海诸岛史料汇编》下册，第 411 页。

② 韩振华主编：《我国南海诸岛史料汇编》下册，第 404 页。

策赐山峰布斗，明芝兴德显神。顺赞天后圣母元君，左千里眼神将，右顺风耳守海将军。掌仓库天仙大王，猫注娘娘马伏波爷爷。一百零八兄弟公，男女五姓孤魂。[①]

此颂神诗说明渔民崇拜的神灵名目繁多，除兄弟公、孤魂外，还有伏波将军、观音、天后等。

需要特别指出，出海祭祀神灵为渔民社会之常态，但是各地民情习俗同中有异，信仰不一，祭祀的神灵自然也有所不同，这点在研究中不可不知，需要保持清醒认识。笔者新近在潭门港的调研显示，在潭门港，每条出海渔船驾驶舱均设有祭拜神灵的牌位，船上插着红旗、黑旗，其中三角彩旗上书写神名，就是该船供奉的神灵。有些外地渔船供奉的神灵既非兄弟公，亦非天后，而是南海神洪圣王、伏波将军、华光大帝，以及祖先。如一艘来自儋州的渔船，神位在驾驶舱后壁，以红纸书写“神光普照”，以镜框固定在神台上。供奉神灵有 5 位，包括“左把簿”敕赐洪圣广利大王、敕赐妙惠皇后夫人、敕赐金鼎三侣相公，“右判官”敕赐鲁班。另两艘渔船船主均为儋州人，供奉堂主，船上彩旗墨书“永清堂，雷霆英烈感应马大元帅，一帆风顺，船头旺相”。“永清堂”为船主祖先，马大元帅为伏波将军（图 8、图 9）。

图 8　琼海市潭门港“琼琼海渔 01215”号渔船出海前祭祀祖先“永清堂堂主”，船主儋州人（2016 年 11 月 19 日，笔者摄）

① 韩振华主编：《我国南海诸岛史料汇编》下册，第 415 页。

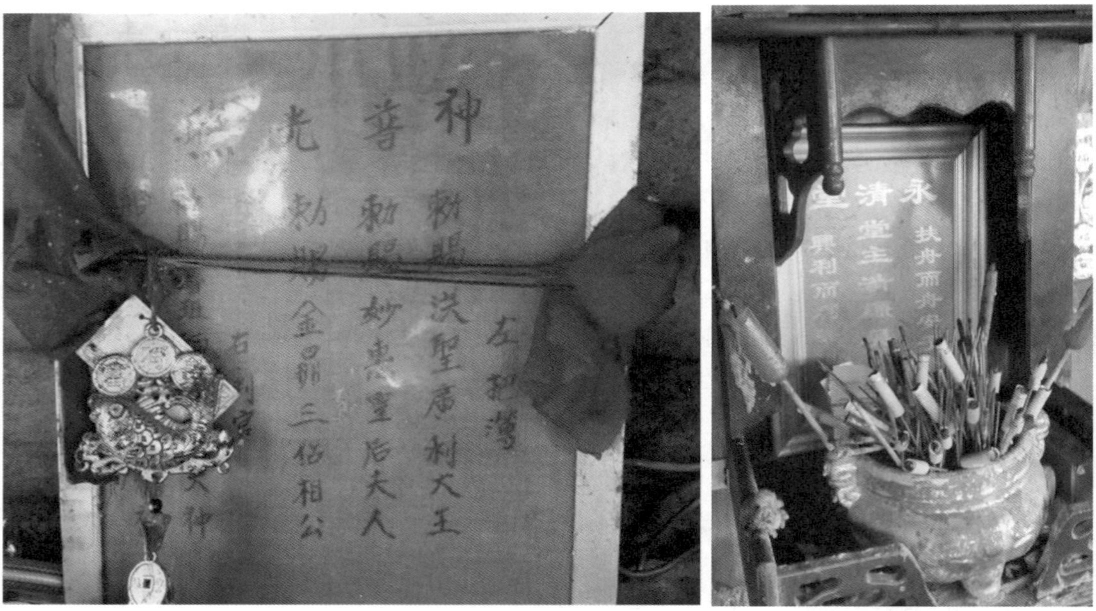

图 9　琼海市潭门港　“琼临渔 20224”号渔船上的神牌，奉祀洪圣广利大王等（左）；“琼琼海渔 01215”号、“琼儋州 17045”号渔船上的神牌，船主为同宗兄弟，儋州人，奉祀祖先“永清堂堂主”（右）（2016 年 11 月 19 日，笔者摄）

（四）《更路簿》的宗教信仰意义

渔民出海必备《更路簿》。20 世纪 50 年代末，向达先生指出，长年在海上生活的船民，编制一些简单而实用的海道针经，记录海上航程的方向、远近、风候、海流、潮汐、航海水道、沙线、沉礁、泥底、海底、深浅等等内容，例如《两种海道针经》甲《顺风相送》和乙《指南正法》以及《针谱》（《日本一鉴》）、《罗经针簿》（《指南正法》）等。[①]新近由周伟民、唐玲玲教授编著的《南海天书——海南渔民〈更路簿〉文化诠释》，收录了 20 多种《更路簿》《更路图》[②]，也属于同类的航海指南。由海峡两岸 20 余位专家学者合力整理出版、洋洋 180 余万字的《中国历代海路针经》（上、下册），更收录清代以来有关针路簿、水路簿、更路簿等文献、民间记录等近 60 种。[③]一般认为，这是渔民航海知识、智慧、经验与技术的结晶，具有民间渔业生产与航海科技史的意义。

上文提到，《顺风相送》记录下《地罗经下针神文》，为航海祭祀各路神灵祭文。可见

① 向达校注：《两种海道针经》，北京：中华书局，1961 年，第 3 页。

② 周伟民、唐玲玲教授编著：《南海天书——海南渔民〈更路簿〉文化诠释》，北京：昆仑出版社，2015 年。

③ 陈佳荣、朱鉴秋主编：《中国历代海路针经》（上、下册），广州：广东科技出版社，2016 年。

在16世纪前后到清初中国东南沿海民众航海活动中，祭神是出海前必做的第一件功课，成为航海活动不可或缺的内容，所以航海针经不仅仅是古人航海技术的结晶，在涉海人群的航海活动与意识形态里，还包含航海人的宗教意识与信仰情怀。

海南渔民遗留下来的《更路簿》《水路簿》之类民间文献，亦当如是观。20世纪70年代文昌县埔前公社七峰大队渔民蒙全周的回忆有一番独特的解释：

> 当时去西、南沙一带捕鱼，就有《更路簿》，详记各岛、屿、礁、滩的航程。传说文昌县林伍市北山村有一位老渔民会跳神，其神名“红嘴”，当时神被认为是高尚的，船开到哪里？都由他吩咐。跳神的说几更？船到什么地方？何地何名？都由他说。以后记为《更路簿》，这样一代一代传下来，有的传十几代。①

由此可见，具有通灵神功的“跳神者”接受“神意”启示，根据“神谕”加以符号化，变成航海人行舟致远的指南，具有神秘色彩，《更路簿》之类的航海针路的宗教意义不宜忽视。时下《更路簿》研究方兴未艾，应该采取多元思维，进行深层次的挖掘思考，始能揭示海南涉海人群具有神秘色彩的行为方式和深层次的内心世界。

五、兄弟公信仰在东南亚琼侨社会流传

法国学者克劳婷·苏尔梦教授说，在越南、马来西亚和泰国等国的沿海地区，海南人聚居的社区，都建有兄弟公的庙宇或分坛。②有海南人的地方，就有兄弟公的神迹，兄弟公崇拜在东南亚华人信仰中占有一席地位。

越南会安是16世纪兴起的国际港埠，种群杂居，中国广东（广府）、琼府、潮州、嘉应（客家）、福建侨民各置会馆，作为联络乡谊、救济贫病的自治机构。琼府会馆是海南商民建设的会馆，位于陈富街（Than Phu Street），正门题匾“琼府会馆”，会馆正殿名昭应殿，供奉“敕封义烈昭应百八英灵神位”。昭应殿内供奉“创建本会馆先贤神位12人”③（图10、图11、图12）。

---

① 韩振华主编：《我国南海诸岛史料汇编》下册，第407页。

② W. Franke, Pornpan Juntaronanont, with the assistance of Hu Chün-Yin and Toe Lee Kheng, Chinese Epigraphic Materials in Thailand, Taipei, Xinwenfeng, 1998, pp. 65-76.

③ 李庆新：《17—19世纪会安的华人、唐帮会馆与华风》，《华人研究国际学报》创刊号，新加坡南洋理工大学主办，2009年。

图 10 越南会安琼府会馆（2016 年，笔者摄）

图 11 越南会安琼府会馆“昭应殿”（2016 年，笔者摄）

图 12　越南会安琼府会馆大门灯笼（左），昭应殿“敕封义烈昭应百八英灵神位”（右）
（2004 年、2016 年笔者摄）

会安琼府会馆崇拜的主神是昭应公，供奉在会馆正殿的中央，神牌上刻：“敕封义烈昭应百八英灵神位”，显示越南官方正神的尊荣，所谓“以义烈之灵，享殊典，固应尔也”。会馆内立光绪二十年（1894）仲夏吉旦“敕封义烈”朱漆牌匾。右墙壁上挂光绪壬寅年立《琼府会馆碑记》，记录了光绪初年琼府商人吴廷昌、陈星辉等创建“兄弟庙”的历程，展示了“义烈兄弟”在海南商民心目中的崇高地位。

越南南部藩切昭应祠建于光绪二年，是全越最早创建的昭应祠之一。后来建基其上的海南会馆，属于馆祠合一结构。会馆主殿以昭应祠居中，正中神案供奉“清昭应英烈壹百有八人之神位”，前面尚有一“敕封翼保中兴灵扶昭应英烈壹百有八公之神位”。神案上方及左右，皆为海南子弟所献牌匾、横幅、长幡、楹联等；大殿左右配一鼓一钟，进门左右设门官福德正神位。[①]显然，海南会馆与昭应祠以昭应公为祭祀主神，并无其他陪祀神，体现了越南海南人兄弟公信仰的早期形态。

阮朝都城顺化也有一间琼府会馆，20 世纪 50 年代会馆资料记载，清咸丰元年夏，琼州黑头商船一号，从清澜港驶往越南顺化通商。途遭越南巡海官兵谋财杀害，并污蔑船员为海盗，将之割耳报功。“当越王正拟赏奖之际，倏然心动手摇，笔落于地，头眩体倦，神昏座中。”因此，“嗣德王乃令刑部密究其事……于是，杀人夺财之冤案得以大白，罪者判

① 刘丽川：《越南藩切华人四大帮会馆考察》，张禹东、庄国土主编：《华侨华人文献学刊》第五辑，第 218-236 页。

处极刑。”后来，一百零八个冤魂变成海神，扶弱救危显圣海上。琼侨便把蒙冤罹难的先辈尊称为昭应公，并建昭应庙、设昭应殿以祭祀纪念。[①]

值得注意的是，会安琼府会馆、藩切海南会馆等早期昭应祠有选择地传承故乡的信俗，对兄弟公（昭应公）信仰主神结构重新配置，舍去孤魂崇拜，昭应公（兄弟公）成为单一的也是唯一的主神。这是越南海南人昭应公（兄弟公）信仰的共同现象。另外，越南除了会安、藩切等少数地区的海南会馆早期昭应祠外，其他地区的海南会馆昭应祠并没有将昭应公（兄弟公）当作唯一主神来崇拜，包括华人最众的胡志明市海南会馆，而更多作为同祀神或陪祀神，众多神灵摆放一起崇拜。胡志明市琼府会馆（海南会馆）一名天后庙，崇拜主神为天后，神殿高大居中，昭应公神牌侧置为同祀。湄公河下游三角洲重要城市、17世纪中叶华人开拓的美湫大埔，海南人建立起琼府会馆，祭祀主神关帝，观音、天后同祀，兄弟公（“昭应义烈百八英灵之神位”）与财神（“都天至富财帛星君之神位”）华人崇拜摆放在正殿大堂右侧不显眼的地方。海南昭应公（兄弟公）与华人崇拜的其他神灵在同一片信仰空间里混杂共存，互相包容，这也是华人信仰多神崇拜的共同现象（图13）。

图13 越南胡志明市琼府会馆“清昭应英烈壹百有八兄弟神位”（左），美湫市琼府会馆“昭应义烈百八英灵之神位”（右）（2016年，笔者摄）

① 郑庆杨：《海南海洋信仰》，天涯社区“海南文苑”，2007年5月29日。

在东南亚其他国家，海南人的兄弟公信仰也只崇拜一位主神，没有祭祀孤魂。印度尼西亚巴厘岛丹戎有一间海南人建的昭应庙（图 14）。据克劳婷・苏尔梦教授考察，丹戎港在 19 世纪 80 年代存在一个海南人社群，五六十年代，他们重修昭应公庙。当时捐款修庙的人士共 283 人，其中海南人 256 人，福建人 17 人，广东人 10 人（包括嘉应、广州、增城和高州）。[①]庙内祭祀主神为一百零八兄弟和水尾圣娘，此外还有天后。

图 14 印度尼西亚巴厘岛丹戎昭应庙

资料来源：C. Salmon , M. Sidharta, The Hainanese of Bali: A Little Known Community, *ARCHIPEL*,60, Paris, 2000

一块光绪十四年（1888）立碑铭记载了该庙的重修及捐献情况（图 15）：

尝思盂兰之会，自古已彰，昭应之祠于今为烈。助碧海以安澜,无往不利；同华夷而血食，无处不灵。乃此丹戎之地，凡我唐人登舟来贸易，交相叠如蚁聚。今唐人等邀众捐金以建庙，还期聚蚊以成雷。从此庙貌维新，安神灵以受以侑。自今香烟勿替，保唐人而而康。河清海晏，利美财丰，长年被泽，四季沾恩，皆于此举权舆焉。[②]

① C. Salmon, M. Sidharta, The Hainanese of Bali: A Little Known Community, *ARCHIPEL*,60, Paris, 2000, p.100.

② C. Salmon, M. Sidharta, The Hainanese of Bali: A Little Known Community, *ARCHIPEL*,60, Paris, 2000, p.121.

图 15 印度尼西亚巴厘岛丹戎昭应庙重修捐献碑铭（光绪十四年）

资料来源：C.Salmon, M. Sidharta, The Hainanese of Bali: A Little Known Community, *ARCHIPEL*,60, Paris, 2000

庙内还保留多块信众捐献的木质牌匾，最早一块为光绪五年（1879），上面刻着“恩深保赤”，是献给天后的，文昌人云崇浩和他同姓乡人捐赠。另一块上刻“保合太平”，光绪十二年捐献给兄弟公（Ya Ti Kong）。光绪十三年捐献给兄弟公的“英扬海阁”匾额，捐献者共 35 人，其中 20 人出现在一块石碑上，克劳婷・苏尔梦教授怀疑他们是以兄弟公为保护神的秘密社会成员。[①]

在马来西亚的海南会馆中，兄弟公更多作为同祀，主神是其他神灵。槟城、北海、威省等 14 座海南会馆，有 9 座主祀天后（妈祖），2 座以水尾圣娘为主神，兄弟公（昭应公）均为同祀神。有 3 座海南会馆以天后为主神，兄弟公没列入（表 2）。[②]

表 2　马来西亚海南人信奉的主要神灵

会馆	始建年份	主祀神	同祀神
槟城海南会馆	1866	天后圣母	昭应公、财神、土地神、佛祖、关帝、水尾圣娘
北海琼州会馆	1906	水尾圣娘	天后娘娘、观音大士、昭应兄弟
威省海南会馆	1947	妈祖圣娘	水尾圣娘、一百零八兄弟公、祖先神位
安顺海南会馆	1895	天后圣母	创馆人（李其仁、苏志东、云逢创）神位、一百零八兄弟、冼太夫人、水尾圣娘、关圣帝君、土地爷
太平海南会馆	1881	天后元君 水尾圣娘	祖先神位、一百零八兄弟、忠顺侯、王全、土地财神
雪隆海南会馆	1889	天后圣母	观音菩萨、水尾圣娘、千里眼、顺风耳
巴生海南会馆	1894	天后圣母	水尾圣娘、千里眼、顺风耳、一百零八兄弟、山水二性男女五性孤魂神位、福德正神
淡边海南会馆	1951	天后娘娘	一百零八兄弟、水尾圣娘、华光大帝
马六甲海南会馆	1869	天后圣母	李府王爷、华光大帝
柔佛新山陈厝港海南会馆	1880	天后圣母	千里眼、顺风耳、大伯公、侯王爷、水尾圣娘、一百零八兄弟、山水二性男女五性孤魂神位、天后圣君神位、五方土龙神
苔株巴辖海南会馆	1958	天后圣母	冼太夫人、水尾圣娘、福德正神

泰国曼谷琼籍华人信奉水尾圣娘为多，三清水尾圣娘庙、二百信水尾圣娘庙均主奉水尾圣娘；昭应庙只有一间，奉祀昭应一百零八位兄弟公。新加坡琼州会馆奉祀天后圣母、水尾圣娘、昭应一百零八兄弟。[③]显然，在泰国、新加坡海南人中，兄弟公也多以同祀神角色出现。

---

① C. Salmon, M. Sidharta, The Hainanese of Bali: A Little Known Community, *ARCHIPEL*,60, Paris, 2000, pp.100-102；［法］克劳婷・苏尔梦、米拉・希拉达尔塔：《巴厘岛的海南人》，杜琨、任余红译，刊周伟民主编：《琼粤地方文献国际学术研讨会论文集》，第 29 页。

② 李雄之：《马来西亚天后宫与妈祖信仰功能的转变》，中国侨联编：《第三届湄洲妈祖・海峡论坛》（论文集），北京：中国华侨出版社，2007 年，第 16-29 页。

③ 简瑛欣：《方言群内聚与超越：砂劳越古晋华人民间信仰初探》，台湾政治大学博士学位论文，2014 年。

六、余论：兄弟公信仰的海洋性质、国际色彩及影响限度

清初屈大均说："粤人事海神甚谨，以郡邑多濒于海。"①不少地方文献都记载：

> 粤俗尚巫鬼，十家之里，必有淫祠庙观。每有事，辄求珓求签，以卜休咎，信之唯谨。寻常有病，则以酒食置竹箕上，当门巷而祭，曰设鬼，亦曰抛撒。师巫咒水书符，刻无暇晷，甚至遇一顽石，辄指为灵神，乞呵护者日不绝，至奏乐娱神，烧爆酬神，观者骈阗塞路，亦可粲也。②
>
> 粤俗最喜迎神赛会。凡神诞，举国若狂，台阁故事，争奇斗巧。富家竞出珠玉珍宝，装饰幼童，置之彩亭。高二丈许，陆离炫目。祀神则供大爆。其制高数尺，围如之，环以小爆数十，皆用彩缯缠裹。四人舁之。每燃，轰然齐鸣，大爆后发。烟焰涨天，声闻数里。五色纸随风飞舞如蝶，观者欢然一笑，以为赏心乐事。历数夜而后已。③

"粤俗尚鬼"，粤地多神，各色海神崇拜不计其数，构成大大小小的海神信仰圈，成为岭南海洋社会文化的基础。各地每逢节庆，迎神赛会，确实是沿海乡村社会全民参与的赏心乐事，当然也是粤地最具特色、具有顽强生命力的民间信俗。

海南特殊的海岛地理环境与生态条件，渔民特殊的社会结构与生存方式，是兄弟公信仰产生与成长的"温床"。茫茫海洋是古代王法不到的地方，也是倚海为生人群赖于存活繁衍之所在。海南岛生活着各色各样的涉海人群，以渔猎为主业的渔民，煮海为盐的盐民，还有纵横海上、行踪不定、从事抢掠的海盗，以及从占城等海外迁来、后来归化、从事渔猎的"番疍"，他们是海洋的真正主人。明清时期渔民商众通过祭祀孤魂海厉，表达对海洋的复杂矛盾心态和社会心理。海南人"下南洋"蔚然成风，成为华侨之大帮。不难理解，世代倚海为生的涉海人群，早期以祭祀孤魂、海厉的原始形式，后来混杂入佛教、道教普度"无祀鬼神"的盂兰之会，复受明清侠义小说影响，摄入越南遇难琼商显灵神化的传说，终于制造出保护本岛乡人的海神。

海南兄弟公信仰圈有别于陆地社会，后来传播到东南亚地区，其信仰人群不断扩大。但是，这种海洋信仰，却没有向北方流传到隔海相望的广东大陆，近在咫尺、民情习俗皆甚相类的雷州半岛不见踪影，说明这一信仰是海南独有的地方信仰，海南人对这一海神情有独钟。

---

① （清）屈大均：《广东新语》（上）卷六《神语·海神》，第204页。

② 何福海、郑守昌修、林国赓总纂：《新宁县志》《舆地略下》，光绪十九年刻本，民国十年香港蛰庐重印，第166页。

③ （清）张渠撰，程明校点：《粤东见闻录》卷上《好巫》，广州：广东高等教育出版社，1990年，第50页。

相反，随着海南人远走海外他乡，兄弟公信仰流传到东南亚地区，成为具有国际色彩的海洋信仰，在东亚海域交流与海洋文化史上占有一席地位。1990 年，琼海潭门镇孟子园、南截坡、西陆园三村重修本村孟兰昭应庙，得到三村村民和海外华侨的支持，各自成立筹委会和理事会主持其事，列名的有“南洋再建孟兰昭应庙筹委会成员”、“马来西亚华侨捐款芳名”、“新加坡华侨捐款芳名”、“香港同胞捐款芳名”与“三村乡亲捐款芳名”，说明直到当代，昭应公（兄弟公）信仰在旅外侨胞中仍有影响。

兄弟公及其崇拜场所不仅是海南本岛渔民商众精神上的守护神，而且某种程度上还充当了海外琼侨社群凝聚的力量、维护秩序的纽带和社区活动的中心。海南人在东南亚地区落地生根，兄弟公信仰吸收了一些海外民间信俗因素，成为所在国家或地区民族（华族）文化的组成部分。

海外崇拜人群、社会基础、自然环境的更变，使得兄弟公信仰功能及社会功效也有所改变，出现一些有别于海南原乡的内容。在越南等国琼侨社会，兄弟公（昭应公）被供奉在会馆高堂神殿上，享尽人间香火，非南海岛屿上渔民供奉、在局促珊瑚小庙里风吹日晒雨淋的兄弟公所能比。另外，海南与南海诸岛普遍存在的孤魂崇拜已经被割弃，代之以其他神灵（如财神）。在多数国家的琼侨社会，兄弟公（昭应公）甚至被请下主神位置，通常作为其他神灵的同祀角色。他乡非故乡，可以体味到同一族群的信仰在不同国度、不同人群中流传所展现出来的价值取向和地区差异。

海南本岛兄弟公信仰崇尚人群主体上是渔民，部分涉海商众，在信仰功能上以渔为重，兼顾渔商，具有航海保护功能、闯荡海洋神性，也带有草莽英雄的本色，可以定位为地方海神。海外琼侨社群聚居异域他乡，农工商贸，崇拜家乡的神灵，更多是从维护乡谊、逐利谋生、求发展、保平安等方面体现诉求，扮演地方保护神的角色，因而多少褪去了航海保护神的功能和侠义英雄色彩，更多情况下属于兼具海洋性的陆地神灵。

较之观音、关帝、天后、水尾圣娘等拥有人多势众优势的华族大神信仰，东南亚国家的兄弟公毕竟属于海南人的小众信仰。在琼侨社群信仰中，多数情况下只能忝列上述大神之同祀，担当配角。论其影响及传播空间，自然亦略为逊色。

（执行编辑：罗燚英）

从江河到海洋

——广东古代经济发展的路向

黄启臣*

摘要：从西汉至唐，西江上游的广信地区是“初开粤地”，而且逐步走向兴盛，显示了广东古代经济由西向东南发展路向的第一个辉煌时代。唐开元四年（716）大庾岭道开通后，广东的经济重心也从汉唐的广信地区移到粤北的韶州，粤东的梅州、潮州和珠江三角洲的广州了，初步形成了广东客家、福佬和广府三大民系的主要人群。明清时期，是广东经济发展的一个重要历史时期。在此期间，广州府经济一跃而上，摆脱了落后状态，跻身于全国先进地区的行列，在经济作物的种植上还超江南五府。而在经济繁荣的基础上也出现广东的创新局面。

关键词：广东；古代；海洋经济

纵观中国古代经济发展的路向，其经历了西部黄河经济到东南部海洋经济的发展历程。广东古代经济的发展也有相似之处，从西江上游的广信地区（这里的广信泛指今梧州、封开至肇庆一带）首先开发，然后逐步向东南地区移动，最后向沿海地区发展，形成广府等沿海地区海洋经济的繁荣，使全广东经济跻身全国先进行列，直至今天，广东的 GDP 仍居全国首位。

---

* 黄启臣，中山大学历史系教授、广东省人民政府文史研究馆馆员、广东文史学会副会长、广州大学广州十三行研究中心顾问。

一、汉唐广信地区经济的开发

秦始皇统一中国和汉武帝平定南越后，设立十三刺史部，岭南称交趾刺史部，治所在广信（今封开、梧州一带），专门负责纠核岭南九郡。于是广信地区得以首先开发。

（一）汉代至南朝经济的开发

汉代广信地区经济开放和发展的重要标志是人口的增加。据史料记载，西汉时苍梧郡有“户二万四千三百七十七，口十四万六千一百六十”；东汉时增至“户十一万一千三百九十五，口四十六万六千九百七十五”。而此时，南海郡的人口仅为九万四千二百五十八。[①]可见，苍梧郡的人口列于岭南诸郡之首。人口的增加，使农业生产获得充足的劳动力，为广信地区农业生产的发展创造了先决条件。

汉代广信地区的水稻和园艺种植获得了一定程度的发展。在广西梧州地区发掘出土的汉代各种农具、粮食等遗物、遗址就是佐证，如贺州市莲塘发现的东汉墓地中的两把铁犁[②]，经考证是由中原经贺江传入“封中”（西江支流贺江流域一带）的。由于铁制农具用于耕作，广信地区的粮食不断增加，仓库储存不少粮食。汉代苍梧县出土的汉墓中发现的立柱式铸铜粮仓模型，保存有残留的若干稻谷化石，就是很好的说明。[③]东汉时刘熙的《释名》卷四中提到名为“苍梧酒”的米酒，说明粮食已用以蒸酒，显示了广信是一个重要的产粮区。稻作获得相当程度的发展，广信一带地方的方言中有很多以“那”字为起首的地名，也是标志之一。例如，高要市的“那落”、新兴县的“那康”等，就是越语水田之意，一直保留至今。与此同时，广信地区的园艺业也发展起来了，梧州市鹤头山东汉墓出土的铜盘中盛装柑橙类的果核化石[④]，就是例证。又汉代苍梧有个被誉为巨孝的人叫丁密，他“非已耕种菜果不食”，“非家织布不衣”。[⑤]可见，汉代广信一带的经济作物已有一定程度的发展。到了西晋时期（266—316），稽含在其所著《南方草木状》一书中，就记载“苍梧多荔枝，生山中，人家亦种之”[⑥]。当时能将荔枝从山中野生引种到家园，应该说是园艺的一大进步。

在古代，水稻和园艺种植是经济发展的基础。以此为基础，广信地区手工业生产发展起来了。梧州富民坊出土的西汉烧窑遗址，旺步东汉墓地的铜碗，工艺精湛，碗底刻有“章

---

① 班固：《汉书》卷二十八下《地理志·第八下》“苍梧郡”“南海郡”，北京：中华书局，2007年。

② 蒋廷瑜：《广西汉代农业考古概述》，《农业考古》1981年第2期。

③ 梧州博物馆：《广西梧州市近年来出土的一批汉代文物》，《文物》1977年第2期。

④ 李乃贤：《广西梧州市鹤头山东汉墓》，《文物资料丛刊》第4辑，北京：文物出版社，1981年，第135页。

⑤ 阮元修，陈昌齐等纂：（道光）《广东通志》卷303，《续修四库全书》本，上海：上海古籍出版社，2002年。

⑥ 稽含：《南方草木状》卷下《果类》，广州：广东科技出版社，2009年。

和三年正月十日钱千二百”[①]的字样。云浮市出土的汉代铜鼓，经过测定其含锡量为12.7%，含铅量为10.9%，属铜、锡、铅三元合金，其含锡量比春秋末年《周礼·考工记》所记载的“六分其金而锡居一”的铸鼎略低一些，但技术也是不差了。罗定出土的战国铜鼎与中原的青铜有渊源关系，其铸造方法就是中国传统青铜工艺在广信的具体运用。1980年，德庆县出土的一件陶船模型，长45厘米，高20厘米，分为头舱、船楼、舵楼，还有操舵状俑人，说明当年广信地区的造船技术和工艺是有一定水平的。[②]汉代广信地区的货币也有所发展，从封开县江口镇蛇冲口出土的五铢钱、货泉铜钱、铁刀、银指环等货币文物可以得到说明。

汉代“封中”的封水（贺江）在今封开县江口镇处注入西江，成为东、西、北交通的枢纽，史称：“货之所贸，诚临封之奥区，并广于咽吭也。”[③]封水和漓江分别在今封开县城的江口镇及其西北23千米的梧州注入西江。封开至梧州一带地方是汉代有名的广信县，是当时岭南北交通枢纽。由此溯水而上，经桂林接通灵渠与湘江相接后与长江沟通；溯西行，可往广西左江而至越南；而西行不远，从今藤县溯北流江至北流市，过鬼（桂）门关再顺南流江而下至合浦，复由海道或接陆路至徐闻出海；向东可至番禺出海。可以说，广信地区是汉代岭南与中原交往的枢纽。封开县发现杏花村的河床有一处100多米长、1米多厚的西汉层，正是汉代“封中”交通发达的遗迹。

吴至西晋时期，苍梧等郡的俚人，皆为耕种所需要而酷爱牛犊及水牛，不惜“以子易之”[④]，表明此时已经普遍使用牛耕。

到了南朝，广信地区已普遍使用牛耕和铁农具了，农业技术也发展到一个新水平。1980年，梧州南朝墓葬出土的陶质耙模型，显示了犁田而后耙田的精耕农业技术已在广信地区出现。经济作物的种植也显露端倪，肇庆产茶的记载就是有力的说明，史称：“西（西）平县出皋卢（过罗）敬之利。茗叶大而涩，南人以为饮。”[⑤]

（二）隋唐农业、手工业等生产的进步

隋唐时期（581—907），广信地区的经济发展上了新台阶，其重要标志是人口密度上升。据大业五年（609）统计，时广信地区人口密度大于中部、东部，其中又以信安郡、永熙郡为最，每平方千米达到2.03户，居十二郡的第一位。到了唐代，信安、永熙、苍梧郡的人口密度（此时行政建制改为端州、封州、康州、泷州、新州等州）每平方千米为2.13户，低于韶州（每平方千米为4.7户），而屈居第二，但仍比广州、潮州高。又由于韶州面积大

① 罗振德、陈朗月：《梧州出土文物概述》，《广西文物》1990年第2期。
② 杨式挺等：《广东封开羊墩墓葬群发掘简报》，《南方文化》1995年第3期。
③ 康熙《封川县志》卷20《艺文》。
④ 李昉等：《太平御览》卷785《南州异物志》，北京：中华书局，1960年。
⑤ 李昉等：《太平御览》卷867引，北京：中华书局，1960年。

于端州、康州、封州、泷州、新州等州，因此实际上广信地区的人口密度比韶州高。

由于广信地区人口多，使农业生产获得充足的劳动力资源，从而促进隋唐时期农业生产的发展。首先表现在耕作技术上，元和元年（806）《龙城录》记述了一个高要农民耕地的方法：

> 深耕概植，时运时耔，却牛马之践履，去螟螣之戕害。勤以朝夕，滋之粪土，而有秋之利。盖富有年矣。①

这说明广信地区的农民在农业生产中已掌握深耕细作、合理密植、耘田除草、培土施肥、防治病虫害等一整套耕作技术了。与此同时，新州、泷州的农民还创造了一种利用养鱼除草肥田的新耕作方法，史称：

> 拣荒平处，以锄锹开为町畦，伺春雨，丘中积水，即先买鲩鱼散于田内，一二年后，鱼儿长大，食草根并尽，既为熟田，又收渔利，及种稻，且无稗草。②

这是一种独特的耕作方法，时人称为“乃齐民之术”。可以说，这是开珠江三角洲地区于宋、元、明、清时期的“果基鱼塘”和“桑基鱼塘”多种经营农业生产技术的先河，显示了广信地区稻作文明的先进水平。

此时，广信地区种植经济作物的多种经营农业也发展起来了，其中尤以种植柑橘著称，并掌握了一整套柑橘保鲜的技术。一般是果农在秋冬柑橘将熟时，用布覆盖，至次年春夏，使其果皮仍保持青色，味道则有甜中带酸，更为可口。武后时（690—705）被贬为泷州参军的宋之问曾目睹这种保鲜柑橘的技术说：“林暗交枫叶，国香覆橘花。”③果农还十分注意改良柑橘的品种，如新州果农经常引种端州高要市的优良柑橘种植，使柑橘“形味俱变”，“其苞大于升者”，“皮薄如洞庭之橘，余柑之所弗及”，故名之曰“变柑”。④新州果农这种改良种植柑橘的技术，是我国果树品种改良的首创，也是最早的记载，在中国果树栽培学上是有相当高的学术价值。

隋唐时期，在稻作农业的带动下，广信地区的手工业生产也相应发展了。矿冶业方面，以淘金著称，史曰：

---

① 柳宗元：《龙城录》，北京：中华书局。

② 刘恂：《岭表录异》卷上，广州：广东人民出版社，1983 年。

③ 宋之问：《过蛮词》，《全唐诗》卷 52。

④ 段公路：《北户录》卷 3。

> 江溪间皆产金，侧近居人以木箕淘金为业。[①]

唐后期诗人许浑亦赋诗记述："洞丁多斮石，蛮女半淘金"[②]，生动地描绘了广信地区人民淘金的热潮。开发银矿也实属不少，计有十七州产银矿，而康州、泷州、端州、封州、新州五州所产银矿，占全广东产银州的30%左右。同时，陶瓷业已相当发展，在广东28处窑地中，广信地区有9处，占32.14%。其他如封川的蕉布、各州县编织的鱼笼等手工业也颇有名气。

更值得秉书的是端州、康州的制砚特种工艺手工业的发展。其中又以高要的"端砚"而闻名全国。端砚产地于羚羊峡斧柯山端溪水一带及七星岩至鼎湖一线的山岭中。其开采始于唐武德之世。[③]至唐后期形成了"洞丁多斮石"的采石制砚热，从而成为端州最有名的制砚基地，并且积累一整套彩石制砚的工艺生产经验和生产技艺。从资料上看，端砚从采石到制砚，工序繁复，费工又费时。在唐前期，端砚的制作讲究实用价值，形状多如箕形，时人称为"袖手砚"。中后期的端砚制作注重实用与艺术相结合，即既实用又美观。在砚体雕刻各种各样的仿古纹饰，风格古朴华贵。端砚石质坚硬细滑，颜色多样，具有绚丽多彩的天然花纹，外观格外雍容华贵，甚得时人称道：

> 唐人最重端溪石，每得一佳后，必梳而为数板，用精铁为周郭，青州（今山东青州市）人作此至有名家者。[④]

唐人初时用砚以山东青州砚为时尚，后有"端砚"，则青州砚相形见绌，连青州人也以端溪石作砚了。足见"端砚"为后起之秀，一时名声大噪，极受世人珍重，正如李肇所云：

> 内邱白瓷瓯，端溪紫石砚；天下无贵贱通用之。[⑤]

其他如唐代著名诗人杜甫、刘禹锡、李贺、陆龟蒙、李山甫、皮日休、李咸用等均有诗赞颂端砚者，说明端砚这种工艺手工业已长足发展和著称于世了。

隋唐时期，广信地区的交通发达又是其经济发展的一个标志。其时，从广州出发沿西江而上，经端州、康州、封州到达梧州，然后溯桂江、贺江而上，路经富（今广西昭平县）、昭（今广西平乐县）等州直到桂州（桂林），再涉漓水至灵渠经湖南的永（今湖南永州市）、衡（今湖南衡阳市）入湘江，与长江流域沟通，再溯汉水而上，可

---

① 刘恂：《岭表录异》卷上。
② 许浑：《岁暮自广江至新兴往复中题峡山诗》，《全唐诗》卷537。
③ 计楠：《石隐砚谈》，《美术丛书》三集第7辑，上海：神州国光社，1936年。
④ 何远：《春渚纪闻》卷9，《唐宋史料笔记丛刊》，北京：中华书局，1983年。
⑤ 李肇：《唐国史补》卷下，上海：上海古籍出版社，1979年。

达首都长安，全程5040千米。亦可在邓州分叉，越过鲁阳关（今河南鲁山县西南）、汝州（今河南临汝县）可达洛阳，全线长5085千米。敬宗宝历元年（825）、懿宗咸通九年（868）两次大规模疏浚灵渠，使渠道畅通，“虽百斛大舸，一夫可涉”[①]。可见，此时广信地区所处的西江流域仍是岭南漕运、商路的主要通道，对广东经济的发展起着重要的作用。

同时，西江水路还有一条泷州线，从广州出发，沿西江而上至康州，南折入建水（今罗定江）过泷州、窦州下茂名水（今茂名鉴江），可直到粤西的高、雷、廉等地。

再次，从广州出发沿西江而上至封开、梧州后，溯浔江而上，至邕江而上邕管、客管和安南等地，向西延伸可到南诏、剑南、黔中。贞观十三年（639），渝州（今重庆市）人侯弘仁就是“自牂牁（今贵州黄平西北）开道，经西赵，出邕州，以通交、桂”[②]，此路与“安南通天竺道”相连，可达天竺（今印度）、东南亚诸国，成为一条国际性边贸交通线。在唐代，交通主要依靠河流水路的情况下，广信地区所处的西江水系更显出其在发展广东经济的重要作用。

正因为如此，当时广东东南地区与广信地区以及北方的商业贸易也有赖西江沟通。致使西江沿途的高要（肇庆）、新州、封州、梧州均成为商业繁盛之地。广州地区的盐产及手工业品以及阿拉伯人的洋货，均沿西江源源不断而西、而北，运至全国各地。北方、西部的土特产品也经西江源源东运到广州出口，使广州成为唐代中国对外贸易的第一大港口，也是世界东方最大的贸易港口之一。

随着上述农业、手工业、交通运输业的发展，广信地区的货币经济也相当发达了。当时广东地区的货币是铜钱和银。根据敦煌出土的《天宝间地志残卷》记载，广东各州公廨本钱数量，其计量单位用贯（钱）和两（银）。其中在广东境内的二十三州中以贯作为计量单位者是广州、韶州、循州三州；而以两计量的是广信的端州、封州、康州、泷州等州。说明广信地区货币在商品交换中的价值已超过广州、韶州、循州。更值得注意的是，当时广州等的通货主要是铜钱，而端州、封州等州则因这里盛产银矿而普遍使用银币为通货。银属贵金属之一，银币作为货币在广信地区比广州率先通用，实是开中国后世银本位货币之先河。这又从另一侧面反映唐代广信地区经济发展的较高水平。

以上历史事实说明，从西汉至唐（公元前202—公元907）1109年，西江上游的广信地区是“初开粤地”[③]，而且逐步走向兴盛，显示了广东古代经济由西向东南发展路向的第一个辉煌时代。

---

① 鱼孟威：《桂州重修灵渠记》，《全唐文》卷408。

② 司马光：《资治通鉴》卷195《唐纪十一》，北京：中华书局，2011年。

③ 转引自司徒尚纪：《泛珠三角与珠江》，香港：中国评论学术出版社，2005年，第158页。

二 、宋元时期韶州、潮州、广州经济的崛起

宋元时期是中国经济由中原向东南地区发展的全盛时期。随着北宋国都东迁至汴京（今开封），南宋又移都至临安（今杭州），整个中国的经济重心南移了。加上北方少数民族建立辽、金政权，且不断向南方进攻，使得中原和江南人口大量向南移动，于是南方人口逐渐超过汉、唐、魏晋南北朝时期。

而自从唐开元四年（716）曲江张九龄奉命凿通了大庾岭道后，此道已取代了由西江入粤的广信通道。所谓“今天子之都大梁，浮江淮而得大庾，故浈水最便”;“故之峤南虽三道，下浈水者十七八焉”。[①]地当此道要冲的南雄州便成了中原官民南下广东的中转站。这么一来，广东的经济重心也从汉唐的广信地区移到粤北的韶州，粤东的梅州、潮州和珠江三角洲的广州了，初步形成了广东客家、福佬和广府三大民系的主要人群。

（一）韶州、潮州、广州人口增加

据统计，北宋韶州人口密度已达到每平方千米 5.5 户、潮州 4.5 户、广州 4.8 户、连州 5.4 户，而广信地区的端州只有 3.4 户。到了元代，韶州的人口密度每平方千米为 21.6 人；潮州 27 人，广州 36.6 人，而肇庆路只有 7.7 人。[②]由此可见，到了宋元时代，北江、珠江、韩江地区的人口密度远远超过西江的广信地区了。

（二）农业土地利用成效显著

人类的文明或基础在于利用自然资源。宋元时期，韶州、潮州、广州地区的人们对广东地理环境的认识有了较大的提高，尤其是在掌握沿海低地和冲积三角洲平原的特点与规律之后，开始了以围垦为中心的土地利用，创造了空前的物质文明，成为广东由落后走向经济发达的滥觞。元祐年间（1086—1094），潮州知州王涤主持开凿、疏浚三利溪，自海阳县城引韩江水，经潮阳、揭阳入海，全长四十六里。这项工程使韩江分流，既减轻了沿江堤岸的压力，又能灌溉田地，冲淡咸潮，便利航运，一起三得，因而称为三利溪。南宋绍兴年间（1131—1162），除了堵塞韩江旧堤缺口保护土地之外，又增筑州城东厢堤和江东堤；宝祐年间（1253—1258）又对旧堤补筑，耗工三万，历时一年，筑成新堤高一丈二尺，有石矶杀水势和涵沟排水，免除水患。[③]

---

① 余靖：《望京楼记》；《浈水馆记》。

② 梁方仲：《中国历代户口、田地、田赋统计》，上海：上海人民出版社，1980 年，第 460-462 页。

③ 解缙等：《永乐大典·潮州府》，北京：北京图书馆出版社，2004 年。

珠江三角洲的围垦成效更高。表现在荒丘、沙坦的垦种和堤围的兴筑上。据统计，宋代共筑堤围二十八条，长六万六千零二十四丈，护田二百四十三万二千二百亩，主要集中在西、北江下游和东莞石龙以上地区，其中有南海区的罗格围，佛山的存院围，东莞市的东江堤、咸潮堤，香山县的小榄围等。使得九江“自宋代度宗朝始渐有田庐”；“是时沿水而居……兴筑基堤，袤长十余里，堤内沙洲数百顷遂成沃壤”。[①]元代，珠江三角洲修筑堤围十一处，内计堤围三十四条，长五万零五百二十六丈，护田面积二千三百三十二顷。[②]这四百年堤围的修筑，为明清珠江三角洲经济繁荣打下了良好的基础。

（三）水稻生产的进步和某些商品性农产品的出现

宋元时，在韩江三角洲和珠江三角洲地区已有双季稻的种植了，宋人郑熊说：“春播夏熟者，早稻也；夏种秋熟者，晚稻也。”[③]潮州“其熟于夏五、六月者曰早禾，冬十月曰晚禾”[④]。双季稻种植面积的增加与当时引进占城稻有密切关系，史料记载，真宗时（997—1022），曾用珍宝物去安南换得占城稻种七十石，在皇宫及福建试种成功，然后推广。占城稻耐旱，可二熟，“穗长而无芒，粒差小，不择地而生”[⑤]，很适宜丘陵地区种植。对于后世水稻品种的改良起了很好的作用。

与此同时，广东也开始种植小麦，在广东农业史上具有特殊的意义。苏轼在博罗就看见“夹道皆美田，麦叶甚茂”的情况；到了南宋，小麦价涨至每斛一万二千钱，说明小麦已成为人们的必需粮食之一。

宋元时期，广东经济作物的种植已露头角，专门为出卖而种植的甘蔗、水果、槟榔、棉花及其制品闻名遐迩。宋初，广州每年都有奇花异木几千株运往首都汴京出卖给达官贵人享用。

（四）手工业生产兴起

宋代广东制瓷业已进入兴旺时期，计潮州、梅州、韶州、广州等地共发现宋代窑址达八十多处，估计年生产陶瓷器可达到一亿三千万件，比唐代增加二十二倍多。[⑥]其中，潮州笔架山窑居陶瓷生产之冠；广州西村窑是制作名瓷的大窑，所产日用瓷器有碗、碟、壶、盒、杯、盂、盘、罐、瓶、炉等品种，而且出口国外。至于采矿业，宋代以韶州为最发

---

① 冯栻宗纂:《九江儒林乡志》，清光绪九年（1883）刊本。

② 宣统《岭南冼氏宗谱》；佛山地区革命委员会《珠江三角洲农业志》编写组编：《珠江三角洲农业志（初稿）》第2册《珠江三角洲堤围和围垦发展史》，1976年。

③ 郑熊：《番禺杂记》。

④ 《永乐大典·潮州府》引宋《三阳志》。

⑤ 脱脱等：《宋史·食货志》，北京：中华书局，1985年。

⑥ 古运泉：《广东唐宋陶瓷生产发展原因初探》，《广东唐宋窑址出土陶瓷》，香港大学冯平山博物馆，1985年。

达，仁宗时（1022—1063），“（韶州）杂产五金，四方之人弃农持兵器，慕利而至者不下十万”①。据考古发现，仅曲江县就有十几座圆形冶铁炉场。②据统计，元丰元年（1078），广东的铁产量达到五万三千斤，政和六年（1116）增至二百八十九万斤，增长五十多倍。③其他银、铜矿的开采冶炼也有所发展。

（五）内外商业贸易发达和城镇兴起

宋元时期，以北江、东江和珠江内河航线和海外航线而发展起来的内外商业贸易有长足的发展。潮州“舶通欧吴及诸蕃……以故殷甲邻郡”④，英州“内楫所通……富家乐商贩”⑤，连州“人物富庶，商贾阜通”⑥。于是商税不断增长，如嘉祐元年至四年（1056—1059），韶州商税从四千六百六十二贯上升至二万五千三百零三贯。潮州从一万零七百九十九贯增至八万零二百八十八贯；英州从八千二百零四贯上升至四万三千三百零四贯，广州从二万七千零二十二贯上升至六万八千七百零三贯。⑦

对外贸易更发达，宋代广州是中国对外贸易的第一大港，其进口香药一项为三十四万八千六百七十三斤，占明州、杭州、广州三州市舶司所收购香药三十五万四千四百四十九斤的98%。⑧元代广州港虽然屈居第二位，但对外贸易仍然发展，大德年间（1297—1307），与广州建立贸易关系的国家和地区达到一百一十四个，占元代全国“涉及国家和地区二百二十余个”⑨的52%。

内外商业的发展促进城镇的兴起和建设。首先是宋代将广州城扩建二十多次，建成中、东、西三城。庆历四年（1044）筑中城（子城），城周五里；熙宁三年（1070）筑东城，城周四里；熙宁四年筑西城，城周十三里；熙宁四年又筑东西两厢南临珠江的翼城，形成丁字形的城市布局。市区繁荣超于唐代，西城番坊番汉杂居几万余家。元末广州城更为繁华了，正如孙蕡在《广州歌》诗云：“广南富庶天下闻，四时风气长如春。……闽姬越女颜如花，蛮歌野语声咿哑。苛峨大舶映云日，贾客千家万户室。春风列屋艳神仙，夜月满江闻管弦。良辰吉日天气好，翡翠明珠照烟岛。”⑩

与此同时，各路的城镇也发展起来。宁宗时（1194—1224）广东旧有圩场达到一百零

---

① 余靖：《韶州新置永通监记》，载曾枣庄、刘琳主编：《全宋文》卷568，第27册。
② 《广东发现古代冶铁遗址》，《光明日报》1962年3月30日。
③ 徐松：《宋会要辑稿·食货》，北京：中华书局，1957年；《宋史·食货志》，北京：中华书局，1977年。
④ 《永乐大典·潮州府》。
⑤ 王象之：《舆地纪胜》，北京：中华书局，1992年。
⑥ 王象之：《舆地纪胜》，北京：中华书局，1992年。
⑦ 蒋组缘、方志钦主编：《简明广东史》，广州：广东人民出版社，1987年，第175页。
⑧ 梁廷柟：《粤海关志》卷3《前代事实二》，广州：广东人民出版社，2014年；毕仲衍：《中书备对》。
⑨ 汪大渊原著，苏继庼校释：《岛夷志略校释》，北京：中华书局，1981年，第2页。
⑩ 光绪《广州府志》卷15《风俗》。

一个，非常方便民间贸易往来，而且各州县也纷纷修建州城和县城。其中，潮州城图代表了城镇布局的基本格局和风貌，人口也不少。元代已在潮州设立录事司进行管理[①]，韶州也于至元二十二年（1285）设立录事司。

三、明清广州府经济的繁荣

明清时期，是广东经济发展的一个重要历史时期。在此期间，广州府经济一跃而上，摆脱了落后状态，跻身于全国先进地区的行列，在经济作物的种植上还超江南五府，而在经济繁荣的基础上也出现广东的创新局面。

（一）人口大增

明清时期，随着经济的繁荣，广东人口空前增加。据嘉庆二十五年（1820）统计，全省人口达到 21 558 239 人，其中广州府人口为 5 878 501 人，占全省总人口的 27%，广州府人口密度为每平方千米 306.84 人，潮州府为 155.45 人，韶州府为 64.2 人，连州府为 49.84 人。[②]但全省耕地仅有 34 300 709 亩，人均耕地不到 1.6 亩，广州府不到 1.5 亩。清末，全省人口增至 28 000 000，人均耕地不足 1.3 亩。人多田少，使人们只好向商品性农业、手工业、商业等发展。

（二）商品性农业的普遍发展

明清时期，广东以种植经济作物的商品性农业生产的发展势头越来越猛，特别是珠江三角洲更是以一马当先的态势走在全省的前列。其最典型的生产方式是“基塘”生产。桑基养蚕，一地几用，是珠江三角洲土地利用的一种立体经营模式。

早在东汉建安年间（196—220），这里的人民就开始种桑养蚕了，但发展不快。明初，蚕丝才首次在市场上买卖，数量达 4100 多斤，这标志着养蚕生产正式成为商品性生产。嘉靖至万历年间（1522—1620），顺德、南海、番禺等县的基塘养鱼和种桑养蚕相结合的专门化生产已跃居当地农业的首位或第二位。万历九年（1581），珠江三角洲各县课税的鱼塘已达到 159 828 亩，按“三基七塘”（三是蚕基，七是鱼塘）的习俗推算，则桑田约占 68 497 亩，说明当时广东种桑面积是相当大了。到明朝末年，一个“弃田筑坝，废稻树桑”的高潮出现了。当时，在南海县周围百多里的地方，有居民数十万人，田地一千数百余顷，都

① 《潮州三阳志辑稿》，广州：中山大学出版社，1989 年，第 12 页。

② 梁方仲：《中国历代户口、田地、田赋统计》，第 458-461 页。

是种植桑树，以饲春蚕。特别是九江乡，已经出现了门前屋后、院墙内外到处种桑养蚕的景象。而家庭妇女则以养蚕纺丝织布为主要的生产活动。到了道光年间（1821—1850），这里竟成了境内没有稻田，粮食完全仰籴于外的专门种桑的生产基地。顺德县的大良、陈村一带也达到了一半农民种桑养蚕的程度。这说明嘉靖以降，珠江三角洲的蚕桑业已经是为价值而经营的商品性生产。

明清时期的养鱼业也有了较大的发展。当时，饲养鳙、鲢、鲩、鲮四大家鱼种已经日益普及了。但明初的养鱼业，仍然是以自给性生产为主，它在农业中处于次要的地位。洪武十年（1377），在南海、番禺、东莞、顺德、新会、香山等县的田赋中，仍按田、地、塘的顺序来排列征收。其中番禺、东莞两县则没有单独开列鱼塘的项目，而且把田和塘合并起来征收。新会、香山两县鱼塘的面积还不算大，商品化程度还不很高。但到明中叶以后，养鱼则进入商品性生产时期。如万历九年民田民塘在田赋征收中，除了番禺、香山两县的民塘税额和该县的上则民田税额相等外，其余五县的民塘税额比民田税额多 30.5%—40%。这就从一个侧面说明鱼塘生产收效比稻田高。随着商品性养鱼的发展，鱼塘的面积也大为增加了。洪武十年，南海县的鱼塘面积仅有 323 亩，其他各县均无鱼塘面积记载。但到万历九年，珠江三角洲各县有税鱼塘的面积已达到 159 898 亩，其中南海县有 48 326 亩，顺德县 40 084 亩，番禺县 10 702 亩，新会县 6588 亩，三水县 10 250 亩，香山县 711 亩，新安县 2698 亩，东莞县 32 659 亩。而南海县的鱼塘面积竟约相当于今天鱼塘面积 10 700 亩的 50%。番禺、新安两县的鱼塘接近现有的鱼塘面积。三水县则超过今天现有的鱼塘面积。可见，万历年间（1573—1620），除顺德县之外，其他各县的养鱼业基本上达到今天的水平了。到了清朝，更形成了以南海县九江乡为中心的基塘式养鱼区。乾嘉以后，九江乡民多改业桑鱼。道光年间（1821—1850），九江乡已经是一个大规模的“桑基鱼塘”生产区域了。从此，西江一带鱼花（鱼苗）生产的销售权益，完全为九江乡所专有，出现了专事捕捞养殖“鱼花”的专业户。九江的鱼花运销省内各地和广西、湖南、江西和福建等地。民俗曰：“九江沽客，鱼种为先，左手数鱼，右手收钱。”粤西的电白、高州也利用坑塘和浅海发展养鱼业，特别是高州的低坑村已发展成为商品鱼苗的专业村，利用鱼塘生产鱼苗，批发给吴川的“梅菉客”，然后转运到钦州、廉州、琼州等地销售。顺治年间（1644—1661），电白县已经成为“鱼佃为生”的地区，并享有盛誉。

其他经济作物如甘蔗、水果、香料、蔬菜、棉花、烟叶等种植也十分普遍，数量相当大，并出现了专门从事某种经济作物的专业户，如“鱼花户”“种香户”“素馨户”“荔枝户”，等等。说明这些专业户不再是依靠传统农业来维持家计，而是“衣香食果”“依食于茶”或“以花作衣”了。

由于经济作物的大量种植，不少农户将肥沃稻田改种经济作物，结果粮食作物的种植面积不断减少，如东莞、番禺、增城等县的蔗田几与稻田等，甚至有弃稻田而种果树者。

这种情况加上城镇人口的增加，使广东从嘉靖以后，出现缺粮的局面。在这种情况下，粮食又变成商品而卷入了市场，出现了大批米商从广西、湖南等地贩米到广东销售的现象。这样一来，全方位农业商品化的发展，既引起农产品的互相交换，也引起农产品和手工业品的互相交换，从而促进了广东对外贸易的发展（详后）。

（三）手工业长足发展

明清时期，广东的手工业也在宋元的基础上有了新的发展。明朝初期，广东的官营盐业、铁业、造船业等得到恢复和发展。而在“山泽之利，民取之勿问”的宽松政策下，广东民营冶铁等手工业也得以发展。明中叶，官营手工业逐渐衰落，民营手工业勃兴，冶铁业、制陶业、制糖业、制盐业、纺织业等出现一派兴旺的景象。到清代前期，广东手工业生产规模又在扩大，产量不断提高，行业分工更细致，呈现出新的局面。此时，除上述明代手工业继续发展外，造纸业、烟草业发展势头很猛；新会制葵业在全国更是一枝独秀，产品雄居国内外。许多手工业形成了广东的特色，如广州的象牙雕刻、玉雕、广绣、红木家具、自鸣钟；潮州的金木雕刻；高州的角雕；阳江的漆器等，成为蜚声中外的名优产品。总而言之，明清时期广东的手工业其门类之多，花色品种之齐全，技术之精湛，都是空前的，从而成为全国手工业发达的地区之一。现将明清时期广东主要手工业发展分布列表如下，再略做阐述，可知一斑（表 1）。

表 1　明清时期广东主要手工业分布列表

行业	分布地区名称
冶铁业	佛山、罗定、高要、肇庆、怀集、西宁（今郁南）、东安（今云浮）、新兴、阳江、阳春、化州、高州、雷州、连平、清远、韶州、英德、南雄、曲江、河源、翁源、连山、乐昌、阳山、归善（今惠阳）、大埔、程乡（今梅县）、镇平（今蕉岭）、长乐（今五华）、丰顺、兴宁、平远、长宁（今新丰）、龙门、花县、从化、增城、番禺、广州
有色金属矿业	金矿：封川、开建、韶州、鹤山 银矿：博罗、韶州、丰顺、大埔、长乐、海阳 铜矿：嘉应州、连山、连州、西宁、鹤山、博罗、韶州、阳山、英德、曲江、河源、阳春、阳江、海阳 锡矿：永安、河源、兴宁、长乐、归善、博罗、大埔、丰顺、揭阳、普宁、潮阳、海阳 铅矿：连山、连州、海阳、博罗、阳山、韶州、香山、大埔、镇平、丰顺、嘉应州 煤矿：镇平、兴宁、阳山、连州、河源、博罗、归善、仁化、曲江、龙门、三水、番禺、南海、从化、花县、阳春
制盐业	廉州、钦州、崖州、琼州、徐闻、遂溪、海康、吴川、电白、香山、归善、新会、新宁（今台山）、新安（今宝安）、东莞、阳江、陆丰、澄海、海丰、惠来、潮阳、南澳、饶平
纺织业	丝业：广州、佛山、文昌、程乡、潮州、东莞、香山、新会、南海、顺德 棉织业：广州、南海、佛山、三水、兴宁

续表

行业	分布地区名称
麻织业	海阳、澄海、潮阳、新安、增城、顺德、琼州、连平、拱北、东莞、揭阳、吴川、鹤山、潮州、平远、高要、四会、新会、新兴、高州、韶州、增城、乐会（今琼海）、临高、澄迈、琼山、龙江、阳春、博罗、雷州
制糖业	新会、顺德、增城、南海、东莞、广州、番禺、钦州、合浦、徐闻、海安、雷州、琼州、英德、阳山、肇庆、罗定、澄海、惠州、潮阳、海阳、普宁、潮州、揭阳
造船业	澄海、潮阳、海阳、揭阳、潮州、琼州、连州、嘉应州、广宁、封川、怀集、乐昌、南雄、韶州、电白、肇庆、罗定、阳江、龙川、高州、香山、顺德、从化、南海、番禺、新会、东莞、广州
制茶业	长乐、新安、韶州、琼州、肇庆、潮阳、潮安、乐昌、河源、博罗、南海、鹤山、英德、增城、东莞、广州
造纸业	封川、东莞、顺德、广州、长乐、兴宁、潮州、高州、连平、四会、南雄、龙门、英德、清远、从化
制烟业	鹤山、南雄、新会、嘉应州
制香业	鹤山、南雄、新会、嘉应州
染料业	兴宁、澄海、大浦、揭阳、潮安、潮州、韶州、佛山
制葵业	新会、香山
制锡业	肇庆、东莞、潮州、佛山、广州
编织业	嘉应州、肇庆、潮州、琼州、高明、东莞、广宁

资料来源：据冼剑民：《明清广东手工业的发展》（未刊稿），特致谢

由表 1 可见，明清时期广东已是手工业发达的地区。特别是冶铁业、铸铁业，更是以产量多、质量优著称于世，时人公认“盖天下产铁之区，莫良于粤；而冶铁之工，莫良于佛山”[①]。据统计，明代广东铁矿产地已有 28 个县，占全国总数 245 个的 11%，仅次于福建，而名列全国第二位。[②]清朝，铁矿产地增至 40 个县，冶炉 150 多处。明嘉靖十年（1531），全省生铁产量已达到 13 816 吨。[③]雍正年间（1723—1735），增至 27 000 吨。[④]

明清时期，广东的陶瓷业、丝织业、棉织业、制糖业、造船业、造纸业、酿酒业、果品加工业、织席业、葵扇业、制香业、剪纸业、木屐业、象牙雕刻业等手工业，也获得了普遍的发展。如此发展的手工业生产，并以数量多、质量好著称，明代中叶，“粤缎之质密而匀，其色鲜华，光辉滑泽”，“金陵苏杭皆不及”。[⑤]到了乾隆年间（1736—1795），已是“广纱甲天下，缎次之”。清朝，佛山的丝织行已发展到 18 行。清末，佛山大机房有 20 多家，

① 张心泰：《粤游小志》卷 4。

② 黄启臣：《十四—十七世纪中国钢铁生产史》，郑州：中州古籍出版社，1989 年，第 5 页。

③ 黄启臣：《十四—十七世纪中国钢铁生产史》，第 16 页。

④ 据伍长华等：《道光两广盐法志》卷 35 的资料计算。

⑤ 黄佐：《嘉靖广州府志・物产》。

工人 2000 多人。[①]这些手工业生产为国内外市场提供充足的货源，世人均称之为“广货”。

（四）广州成为贸易全球化的中心市场

明清时期，朝廷基本上是实行“时禁时开”的对外贸易政策，严格管制对外贸易。但是，明清政府对广东则实行开放海外贸易的特殊政策。嘉靖元年（1522），由于宁波发生“争贡之役”，明令撤销浙江、福建二市舶司，独存广东市舶司对外贸易；乾隆二十二年（1757），由于发生“洪任辉事件”，清廷于十一月宣布撤销闽、浙、江三海关，仅留粤海关对外贸易，规定：番商“将来只许在广东收泊交易”[②]，因此，自嘉靖元年到道光二十年（1522—1840）的 318 年，广东始终是开放对外贸易的，从而使省会广州成为当时贸易全球化的中心市场，和全国合法对外贸易的第一大港，开辟了至全球各国的航线：

（1）广州—澳门—果阿—里斯本欧洲航线。这是葡萄牙人于 1553 年进入和租居澳门后开辟的航线，全长一万一千八百九十海里。

（2）广州—澳门—长崎航线。这是葡萄牙人进入澳门后开辟的东方航线。

（3）广州—澳门—望加锡—帝汶航线。这是广州与东南亚国家的古航线，明清时期进一步发展。

（4）广州—澳门—马尼拉—中南美洲航线。这是万历三年（1575）开辟的新航线，终点到达墨西哥的阿卡普尔科（Acapulco）和秘鲁的利马（Lima）港口。

（5）广州—澳门—纽约航线。这是 1784 年纽约一群商人购买一艘定名为“中国皇后”号（The Empress of China）的帆船驶到广州黄埔港而开辟的航线，标志着中美直接贸易的开始。

（6）广州—澳门—俄罗斯航线。这是 1805 是 11 月沙皇组织以克鲁任斯泰伦率领的“希望”号和“涅瓦”号两船到达澳门，1806 年 1 月进入广州贸易而开通的中俄航线。

（7）广州—澳门—温哥华航线。1788 年，英国船长詹米·米尔斯（Jame Meares）来广州贸易，回船经澳门出海，到达温哥华岛的努特卡湾（Nootka sound）而开辟的航线。

（8）广州—澳门—大洋洲航线。1819 年，英国商人詹姆士·孖地臣在广州购买中国茶叶，装满在一艘名为“哈斯丁侯爵”船，从广州经澳门开往新南威尔士的杰克逊港（Port Jackson），从而开通广州至大洋洲的贸易航线。

因此，全世界各国商人到中国贸易，都汇集到广州。1798 年（嘉庆三年），瑞典人龙思泰（Anders Liungstedt），就记述外国商人来广州做生意的实况：

> 广州的位置和中国的政策，加上其他各种原因，使这座城市成为数额很大的国内外贸易舞台……中国与西方各国之间的全部贸易，都以此地为中心。中国各地的产品，

---

① 汪宗准、冼宝干：民国《佛山忠义乡志》卷 6《实业》，民国十二年刊本。

② 《清高宗实录》第 550，乾隆二十二年十一月戊戌。

在这里都可以找到……东京、交趾支那、柬埔寨、暹罗、马六甲或马来半岛、东方群岛、印度各港口、欧洲各国、南北美洲各国和太平洋诸岛等地的商品，都被运到这里。[①]

据不完全统计，从康熙二十年至乾隆二十二年（1681—1757）的七十七年间，到广州贸易的欧美各国商船有 31 艘[②]；乾隆二十三年至道光十八年（1758—1838）有 5107 艘，平均每年为 63 艘。

与此同时，中国各地和广东省各地的商人也云集到广州进行进出口贸易，名曰“走广”。[③]1629 年（崇祯二年），荷兰驻台湾第三任长官讷茨（Nuyts）在给其国王的一份报告中也记述：

中国人把货物从全国各地运到……广州市集上的货品的数量如此之大，以致葡萄牙人没有足够的资金购买……[④]

龙思泰于 1798 年来到广州也看到中国内地商人云集广州经商的情形：

中国各地的产品，在这里（广州）都可以找到；来自全国各省的商人和代理人，在这里做着兴旺的、有利可图的生意。[⑤]

明清政府为了发展集中于广州的对外贸易，除了设置广东市舶司和粤海关进行管理外，还“官设牙行，与民贸易”[⑥]，以致后来发展成为专门从事对外贸易的商业团体“三十六行”和“十三行”，同外国商人直接贸易。在当时外国商人不熟悉中国情况、不懂汉语及不了解中国政府管理外贸制度的情况下，此种商业团体的设置，成为外商与中国商人进行贸易的中介者，使生意做得更活更好。所以，当时外国商人普遍感到在广州做生意比在世界其他地方更方便、更好做。正如英国议会于 1830 年对广州贸易的英国商人进行调查后得出结论：

外国商人对于这整个广州制度（它在实践中经过种种修正）是怎样看待呢？1830 年英国下议院关于对华贸易的极为重要的审查委员会会议中，几乎所有出席的证人都承认，在广州做生意比在世界上任何地方都更加方便和容易。[⑦]

这么一来，16 世纪中叶至 19 世纪初叶，世界各个国家和地区的商人络绎不绝前来广州做生意，使广州成为贸易全球化的中心市场，呈现出一片繁荣的景象，正如时人赋诗称颂云：

① ［瑞］龙思泰：《早期澳门史》，吴义雄、郭德焱、沈正邦译，章文钦校注，北京：东方出版社，1997 年，第 301 页。
② 黄启臣：《清代前期海外贸易的发展》，《历史研究》1996 年第 4 期。
③ 郑若曾：《筹海图编》卷 12，北京：中华书局，2007 年。
④ 《福建巡抚常赉奏折》，《文献丛辑》第 176 辑。
⑤ ［瑞］龙思泰：《早期澳门史》，吴义雄、郭德焱、沈正邦译，章文钦校注，第 301 页。
⑥ 王圻：《续文献通考》卷 31，北京：现代出版社，1991 年。
⑦ ［英］格林堡：《鸦片战争前中英通商史》，康成译，北京：商务印书馆，1964 年，第 55 页。

广州城郭天下雄，岛夷鳞次居其中。
香珠银钱堆满市，火布羽缎哆哪绒。
碧眼蕃官占楼住，红毛鬼子经年寓。
濠畔街连西角楼，洋货如山纷杂处。
洋船争出是官商，十字门开向二洋。
五丝八丝广缎好，银钱堆满十三行。[①]

（五）货币经济增长

明清时期，随着广东内外商业贸易的发展，货币金融业也获得迅速的发展。

我国自从唐末五代开始，贵金属白银正式进入流通领域，到了宋元时期处于正式货币的前夜。明中叶以后，开始正式成为流通的主要货币，而且首先在广东地区流通。这种情况，表现在由于广东商人经营以丝、瓷、茶等为主要出口商品的外贸一直处于出超地位，而西方国家“向广州输入的主要是银元，货物不过是辅助性质而已”[②]。所以白银大量流入广东，为广东以至全国使用白银为主要流通货币打下深厚的基础。据经济史专家梁方仲教授统计，自万历元年至崇祯十七年（1573—1644）的七十一年间，各国因购买从广东输出的中国商品而流入广东和中国的银元至少超过一亿元以上。[③]到了清朝，输入广东的白银更多，据全汉昇教授统计，从康熙三十九年至道光十年（1700—1830）的一百三十年间，外国输入广东的白银达到四亿元左右。[④]又自咸丰四年至宣统三年（1854—1911），仅从南美洲墨西哥等国家输入广东的白银达到四至五亿元。[⑤]光绪元年至二十九年（1875—1903），英属殖民地输入广东的白银达一亿五千三百三十六万一千五百九十四枚，安南输入白银五千五百万枚。[⑥]外国白银的大量流入广东，使白银成为主要货币在广东的城乡中广泛流通使用，史称：

> 省会及佛山镇五方杂处，贸易皆以洋钱，遂流行全省……至于民间行使，必须先将纹银兑换洋钱，再将洋钱兑换制钱使用。[⑦]

这就标志着中国货币经济进入新的阶段。到了鸦片战争前夕，鉴于白银外流，激发了有识之士改革中国货币的决心。道光十三年（1833）左右，林则徐等奏请鼓铸银币，并在朝廷引起激烈的争论。两广总督张之洞目击“广东通省皆用外洋银币……以致利为外洋，漏仓无

① 印光任、张汝霖：《澳门记略》上卷《官守篇》；（清）屈大均：《广东新语》（上），北京：中华书局，1985年，第427页。
② 转引自杨端六：《清代货币金融史稿》，武汉：武汉大学出版社，2007年，第260页。
③ 梁方仲：《梁方仲经济史论文集》，北京：中华书局，1989年，第179页。
④ 金汉昇：《中国经济史论丛》第2册，香港：新亚研究所，1972年，第504页。
⑤ 魏建猷：《中国近代货币史》，黄山：黄山书社，1981年，第104-106页。
⑥ 魏建猷：《中国近代货币史》，第104-106页。
⑦ 台北故宫博物院编：《清代外交史料（嘉庆朝）》，台北：成文出版社，1968年。

底”[①]的情况，于是上疏清廷，先在广东自铸银元，并于光绪十二年（1886）十一二月，两次致电驻英国大臣刘瑞芬，请他在英国选购铸银机器。次年二月，清廷钦准张之洞的奏请：

博采众议，惟用机器制造，则钱精而费不矩。尚经致电出使英、德各国大臣考究机器，价值及造之法。[②]

最后由刘瑞芬在英国选定购买英国喜敦厂（Ralph Heaton Birmingham，England）的铸币机器，张之洞出面向广东商人借款银四十五万两，于光绪十二年，“择地于广州大东门外黄华塘（约今广东省委党校处）建筑厂基。翌年三月七日兴工，十五年二月落成，定名为广东钱局，并雇用四名工程师专司其事。七月六日开炉铸造”[③]。

（六）城镇经济勃兴

随着广东内外商业贸易的发展，具有城市规模的广州、佛山等城市，已发展成为商业繁荣、商贾云集和人口集中的中心城市。特别是广州市已是“百货之肆，五都之市”，人口发展很快。据不完全统计，洪武十三年（1380），广州已拥有人口 7.5 万人，嘉靖四十一年（1562）增至 30 万人；清朝宣统二年（1910），增至 407 596 人。[④]为此，广州市进行两次较大的扩建。第一次约在洪武十三年，把宋朝的三城连接起来，将城区向西北、东北面扩展。嘉靖四十二年，进行第二次扩建，将外城区向西南扩张，以适应由于商业贸易而发展起来而原不在城内的濠畔街一带繁荣的商业区的需要。到了清朝初年，又增建外城东西两侧翼城，延伸到珠江边，显然也是适应商人在珠江来往贸易的需要。因为，清朝康熙二十三年（1684），实行开海贸易政策特别是乾隆二十二年（1757）实行广州一口贸易政策后，广州已发展成为贸易全球化的中心市场，其繁荣景象并不亚于英国的伦敦，连英国人也为之惊叹。正如 1769 年英国人威廉·希克感叹说：

珠江上船舶运行忙碌的情景，就像伦敦桥下的泰晤士河。不同的是，河面的帆船形式不一，还有大帆船。在外国人眼里，再也没有比排列在珠江上长达几里的帆船更为壮观的了。[⑤]

至于闻名全国的四大镇之一的佛山镇，也已发展成为一个“四方商贾萃于斯”，“各省商贾屯贮货物，往来买卖之所”[⑥]的中心城市，“绅衿商贾，林林总总”[⑦]。城市人口和城市

---

① 《张文襄公全集》（奏稿）卷 14《试铸银元片》《购办机顺试制银折》，北京：中国书店，1990 年。
② 中国泉币学社：《泉币》1944 年第 20 期。
③ 中国泉币学社：《泉币》1944 年第 20 期。
④ 中国对外友协广州分会编：《广州》，1959 年；陈代光：《广州城市发展史》，广州：暨南大学出版社，1996 年，第 174 页。
⑤ 转引自朱培初：《明清陶瓷和世界文化的交流》，北京：轻工业出版社，1984 年，第 13 页。
⑥ 《佛镇义仓总录》卷 1。
⑦ 吴荣光：道光《佛山忠义乡志》卷 12《金石下》。

规模日益增加和扩大。明朝景泰年间（1450—1457），佛山已经是“民庐栉比，屋瓦鳞次，几万余家”的商埠。到了乾隆年间（1736—1795），佛山城周长达三十四里，分为二十五铺（区），有大小街道二百三十四条，商店数千家。随着城市经济的繁荣，人口也迅速增加了。乾隆年间，佛山“鳞次而居者三万余家”[①]。至清末民初，佛山的户口已达到5.2万户，人口34万。[②]整个佛山的城市繁荣与广州相比，有过之而无不及，史称：

> 佛山镇离广州四十里，天下商贾皆集焉。烟火万家，百货骈集，会城百不及一也。[③]

与此同时，广东全省的圩镇也迅速兴起和发展起来了。据统计，明嘉靖年间（1522—1566），全广东的圩市有439个[④]，其中广州府136个、惠州府39个，潮州府41个、肇庆府49个、廉州府19个、雷州府7个、琼州府66个、韶州府等82个。这里面又以珠江三角洲各县（指狭义三角洲的番禺、南海、顺德、香山、新会、三水、东莞、增城、宝安等县）的圩市为最多。永乐年间（1403—1424），珠江三角各县的圩市只有33个，嘉靖三十七年（1558）增至95个；万历三十年（1602）增至136个[⑤]，占全省圩市总数的36%。其中又以顺德、南海、东莞、新会四县为最多。明末，顺德县有圩市36个，东莞县有29个，南海和新会县各有35个。[⑥]清朝全省的圩市更是成倍地增加。据统计，康熙年间（1662—1722），全省圩市达到1079个，雍正年间（1723—1735）增至1141个[⑦]，如南海县有圩市54个、新会县54个、顺德县36个、高明县29个、台山县22个、宝安县31个、高要县23个、三水县20个、增城县26个、香山县12个、博罗县24个、恩平县28个、惠阳县23个、开平县15个、四会县11个、花县8个、清远县7个、从化县13个、东莞县49个、揭阳县8个、吴川县17个、钦州县19个、灵山县29个、平远县8个、连平县13个。[⑧]清中叶以后，各个县的圩市增加更快。如南海县的圩市增加到158个[⑨]，番禺县增至110[⑩]，东莞县增至83个[⑪]，新会县增至70个[⑫]，顺德县增至

---

① 毛维锜等：乾隆《佛山忠义乡志》卷3《乡事》。
② 汪宗准、冼宝干：民国《佛山忠义乡志》卷1，民国十二年刊本。
③ 吴震方：《岭南杂记》，上海：商务印书馆，1936年。
④ 据黄佐《嘉靖广东通志》卷20的数字统计。
⑤ 佛山地区革委会编印：《珠江三角洲农业志》（一），1976年，第97页。
⑥ 佛山地区革委会编印：《珠江三角洲农业志》（一），第97页。
⑦ 根据鲁曾煜等：《雍正广东通志》卷14《坊都》的数字统计。
⑧ 根据鲁曾煜等：《雍正广东通志》卷14《坊都》的数字统计。
⑨ 邓士宪等：《道光南海县志》卷3《圩市》。
⑩ 史澄等：《同治番禺县志》卷6《圩市》。
⑪ 彭其杰：《嘉庆东莞具》卷8《坊都》。
⑫ 林星章：《道光新会县志》卷4《圩市》。

62个[①]、高要县增至39个[②]、阳春县增至35个[③]、阳江县增至64个[④]、灵山县增至55个[⑤]、澄迈县增至66个[⑥]。

历史是一面镜子，从明清以广州府经济发达繁荣从而带动广东经济跃身全国先进行列的事实后，今天以珠江三角洲为龙头的广东GDP名列全国前位，不是偶然的，乃是明以来经济发展的必然。

（执行编辑：江伟涛）

---

① 郭汝诚：《咸丰顺备县》卷5《圩市》。
② 何元等：《道光高要县志》卷6《圩市》。
③ 刘彬华：《道光阳江县志》卷3《圩市》。
④ 区启科等：《道光阳江县志》卷3《圩市》。
⑤ 梁灵：《嘉庆灵山县志》卷4《圩市》；李光先：《嘉庆澄迈县志》卷2《都市》。
⑥ 梁灵：《嘉庆灵山县志》卷4《圩市》；李光先：《嘉庆澄迈县志》卷2《都市》。

宋元广州城的商业与早期广东商人*

吴建新**

摘要：本文考察广州城的商业和早期商人群体的情况，认为广州的宋元墟市多以草市的形式出现，正式的墟市是官为榷税的场镇或场墟，与草市有别。两者互相补充，活跃了广州城周边的商业，也说明宋元广州不仅是政治、文化中心，还是一个以农林、鱼盐产品贸易为依托的商业城市。广州的商税增加亦是以农林、鱼盐产品贸易的增加为前提的。通过考察宋元岭南、岭北商人的足迹，可以看到在艰难的商业环境中，早期的广东商人群体也在逐步形成中。

关键词：宋元；广州；商业；商人

最早提出宋代广东农业商品化趋向的是关履权[①]，但他没有详细说明交易场所、重要交易种类、早期商人足迹等方面。关于广州城在宋代的贸易地位，全汉昇也论之极详[②]，但他没有说到广州附近墟市与农业的关系。下文主要论述早期墟市大体数字及其交易条件，用广州城的商税说明它的商业地位，以及早期广东商人的情况。

一、墟市的出现

草市至少在南北朝时已经出现，降及唐代，其数量已相当可观。这是一种新的商品交

---

* 本文系2015年度《广州大典》与广州历史文化研究专项课题资助项目“宋元珠江三角洲的农业变革与广州城市发展”（项目编号：GZY02）的阶段性成果。

** 吴建新，华南农业大学历史系教授。

① 关履权：《宋代广东的历史趋向与农业商品化》，《广东社会科学》1991年第1期。

② 全汉昇：《宋代广州的国内外贸易》，《中国经济史研究（下册）》，台北：稻香出版社，1991年。

换场所，它与县以上治所设立的官市相对立，或在城外，或在交通要道的路口，或在河渡之所等。草市是由群众自发组织起来的市场，起初这种市场都是比较简陋的。唐代州县官市之外的交易场所，都是不合法的，也就是草市。[①]这给我们考察宋代岭南的墟市提供了一个视角。宋代苏轼寓惠州，有诗云："传呼草市来携客，洒扫渔矶共置樽。"[②]这种小型而聚散不常的买卖场所，粤语又称为"虚"。宋代文献记载岭南墟市："柳子厚《童区寄传》云：'之虚所卖之。'又诗云：'青箬裹盐归峒客，绿荷包饭趁虚人'，即此也。盖市之所在，有人则满，无人则虚。而岭南村市，满时少，虚时多，谓之为虚，不亦宜乎？"[③]"岭南村墟聚落，间日会集裨贩，谓之虚市。"[④]可见"虚"有固定的，也有不固定的。关于这类买卖场所的性质，全汉昇认为宋代墟市的规模一般很小，在墟市的买卖者大多是附近乡村的生产者，生产的物品不多，商品不足以适应长期开市做买卖的需要，所以墟市的买卖只好隔三数日或隔日才举行一次。[⑤]南宋时在深山交通较为便利、有"民旅"的地方，就已经有民间的"关津"，珠江三角洲交通有很多的水陆联运的地方，墟市会比山区多得多。理宗时，刘宰曾云："今夫十家之聚，必有米盐之市。"[⑥]在聚落遍布的广州附近农村，草市的数量应该是很多的。这类草市适合农家以米谷换取生活必需品的需要，苏轼贬惠州，有诗云："籴米买束薪，百物资之市"[⑦]，便是对这种草市的最好解释。南宋后期文献对广州农村的记载云："农以谷为命，'二月卖新丝，五月粜新谷'，所谓无盖藏者。"[⑧]表明岭南有杂粮，农民在有新谷或新丝收成时就已经出售，以便获得现金购买其他日用品，甚至肉食。宋后期广州官员劝民不要杀牛，"今劝诸墟市，细读昔人戒食牛肉文，改宰牛业可乎？"[⑨]其中提及"劝诸墟市"，证明乡村中墟市数量不少；墟市上有宰牛业，则墟市适应民间日用需要的行业还不少。另外，民间"无盖藏"，表明"广米"因为有利可图而被抢购，富有阶层收买农民的余粮多是在墟市。

官为榷税的场镇或场墟，与草市有别。南汉时的场墟是从唐代延续下来的，数量并延续到宋初。宋灭南汉之初，广州有猪、羊、鹅、鹿、鱼、果的贩卖，商旅甚多。[⑩]

① 周宝珠：《试论草市在宋代城市经济发展中的作用》，《史学月刊》1998年第2期。

② （宋）苏轼：《詹守携酒见过，用前韵作诗，聊复和之》，载（宋）苏轼著，（清）王文诰辑注：《苏轼诗集》卷39，北京：中华书局，1982年，第2083页。另苏轼寓惠诗还有《江涨用过韵》云："春江围草市，夜浪浮竹屋"，载（宋）苏轼著，（清）王文诰辑注：《苏轼诗集》卷39，第2119页。

③ （宋）吴处厚：《青箱杂记》卷3，上海古籍出版社编：《宋元笔记小说大观》第2册，上海：上海古籍出版社，2007年，第1651页。

④ （清）徐松辑：《宋会要辑稿·食货》17之13，北京：中华书局，1957年，第5090页。

⑤ 全汉昇：《宋代南方的虚市》，载《宋史研究集》第六辑，台北：台湾编译馆，1986年，第379页。

⑥ （宋）刘宰：《丁桥太霄观记》，载曾枣庄、刘琳主编：《全宋文》卷6846，第201册，上海：上海辞书出版社，2006年，第154页。

⑦ （宋） 苏轼：《籴米》，载（宋）苏轼著，（清）王文诰辑注：《苏轼诗集》卷38，第2254页。

⑧ （宋）方大琮：《广州乙巳劝农文》，载曾枣庄、刘琳主编：《全宋文》卷7366，第321册，第85-86页。

⑨ （宋）方大琮：《广州乙巳劝农文》，载曾枣庄、刘琳主编：《全宋文》卷7366，第321册，第85-86页。

⑩ （清）徐松辑：《宋会要辑稿·食货》17之10，第5088页。

可以从宋代文献中推知前朝岭南这类墟市的数量。南宋庆元五年（1199）八月十四日，广东转运司言："照得本司当来相度旧管墟市一百一处，减罢二十一处外，今存留八十处，即非近行创置，系是古来为额。"①墟市"八十处""古来为额"，这个数字至少可以上溯到唐代、南汉。增加的五十多处是在天禧元年（1017）到庆元五年的182年间所置。《元丰九域志》记载广东的市镇为40个②，可以说是不全面的。南宋绍兴年间官员大增墟市，又如孝宗乾道（1165—1173）中，韶州有虚三十九处。③后来朝廷言官奏此弊，开禧元年（1205），广南东路转运司奏仍旧例，广州、肇庆府、惠州墟税八十三场。④可见两宋时期，广东官为之收税的墟市数量大致在80—100处浮动，至于民间的官不榷税的草市则无法计算。学者高度评价草市与官设场镇市的互动关系，认为"草市不仅推动州县城镇的发展壮大，对都城也有着巨大贡献。""这种镇市不管是由军镇转变而来，或是草市升格而成的，基本上是草市的由小到大的结果，也可看成是草市的一次升华。南宋政府把大量人口安置在城外空闲地段，而城外草市也随之发展起来"。⑤

两宋时，对古有旧额的墟市，税额是固定的。宋太祖开宝年间，广南转运使王明就曾上言本地"猪、羊、鹅、鹿、鱼、果，并外场镇课利，岁收铜钱一千七十贯"⑥。如果是全广东的圩场课利，数量就很少了。到后来则逐渐增加。关于83处的墟税，明代文献有载："税课：宋元丰间，商税三万贯以下，广十四务，潮十务，万贯以下，康十六务，南雄州六务至八务。"⑦上述收商税的地方，只有48处，其他的30多处墟市，所收商税只有几千或者一千几百贯，故文献不载。可见宋代的墟市或者小型的买卖场所，交易量很小，数量也没有显著的增长。这固然有商品经济不发达的原因，宋代岭南地方官员滥设关卡，也对商品交换产生了不良的影响。

北宋至道三年（997）七月二十八日，上封者言："岭南村墟聚落间日会集裨贩，谓之虚市。请降条约令于城邑交易，冀增市算。"帝曰："徒扰民尔，可仍其旧"。⑧广东转运司将其纳入"照应见行常平条法存留"，这样83处墟市的税就固定下来了。南宋绍兴年间，岭南财政收入对国家日显重要，所设墟市远远超出83处，"关市之征日以蠲免，中兴列圣仁民之心何如哉！其间贪吏并缘，苛取百出（绍兴二十一年六月，臣僚言诸州额外征取，止资公库，无名妄用，乞令监司检察）。私立税场，算及缗钱、斗米、菜茹、束薪之属。（乾道四年，诏诸州县不得私置税场，邀阻客旅。嘉定五年四月，臣僚言广中无名场税在有之，

---

① （清）徐松辑：《宋会要辑稿·食货》18之21，第5118页。
② 转引自方志钦、蒋祖缘主编：《广东通史》（古代上册），广州：广东高等教育出版社，1996年，第761-762页。
③ （清）徐松辑：《宋会要辑稿·食货》23之2、4，18之23，第5175、5176、5119页。
④ （清）徐松辑：《宋会要辑稿·食货》18之23，第5119页。
⑤ 周宝珠：《试论草市在宋代城市经济发展中的作用》，《史学月刊》1998年第2期。
⑥ （清）徐松辑：《宋会要辑稿·食货》17 之 10，第 5088 页。
⑦ （万历）《广东通志》卷7《税课》，《稀见中国地方志汇刊》，北京：中国书店，1992年影印本，第189页下。
⑧ （清）徐松辑：《宋会要辑稿·食货》17之13，第5090页。

若循之涮头、梅之梅溪，皆深村山路，略通民旅，私立关津，缗钱、斗米、菜茹、束薪，并令输税）”①。“无名场税在在有之”表明滥设墟市收税是很常见的，如地方官豁免草市圩税，就是善政，如“栾温故，知韶州日……罢三溪盐场并草墟岁额”②。王必成嘉定十四年（1221）知翁源县，“治翁源先教化……立墟市，行保甲，通商弭盗”③。故草市、草市之兴废，榷征得以豁免实赖于能吏、廉吏的作为。

元代的墟市在宋代的基础上有所发展。虽大德《南海志》没有记载元代广州的墟市，但估计墟市数多于宋。元代岭南的墟市，在无战争和经济发展态势良好的情况下，官办的墟市和民间的墟市数量是增加的。元人诗云：“手捧槟榔染蛤灰，峒中妇女趁墟来。”④“趁墟”是典型的粤语，犹如北方话“赶集”。如开平县的李村墟，建设于元代的至正年。⑤又如香山县，元代有其墟市的记载：“虚市，食货贸易之地也。闻诸父老，元季钞法通行，各以方来，所聚成市。故得能都有黄涌虚，大字都有大涌虚。”⑥香山立县在南宋绍兴初，而且水路交通不便；那么，在交通条件更为成熟的番禺、南海、东莞这些大县，墟市则应更多，可见元代的币制改革对岭南商业一度有促进作用，官墟可能已经超过宋代的数量，无记载的民墟更无法计算。此外珠三角的水乡渡头人群聚集处，也有草市的一些功能。毕仲衍的《中书备对》中提及广南东路坊场河渡 3 处；广南西路坊场河渡 285 处。有人认为宋代坊场河渡是和草市是结合在一起的。⑦《中书备对》对广南东路、广南西路坊场河渡的记载肯定不可取，广西不可能大大超过广东，广东官榷税的场镇一般保留在 80—100 处，而且根据大德《南海志》的数字，广州的河渡也不少。⑧坊场河渡和草市是结合在一起的这个观点有启示作用。同明代的墟市对照，可以看到大德《南海志》记载的很多河渡其实具有商业的功能。

二、从商税看广州商业地位的提高

从商税总额可以看出广州城商业地位的变化程度。根据《元丰九域志》记载的广东的商税为 239 962 贯，广州为 60 879 贯，占广东全省商税总额的 25.37%，其中广东全省乡村

① （元）马端临：《文献通考》卷 14《征榷考一·征商关市》，北京：中华书局，1986 年，第 148 页。
② （明）郭棐著，黄国声、邓贵忠点校：《粤大记》卷 11《宦迹类》，广州：中山大学出版社，1998 年，第 300 页。
③ （宋）刘克庄：《韶州翁源县令从政王君墓志铭》，曾枣庄、刘琳主编：《全宋文》卷 6721，第 331 册，第 179 页。
④ （元）鲜于枢：《思明州五首》，载顾嗣立：《元诗选二集·丙集》，北京：中华书局，1987 年。
⑤ （民国）《开平县志》卷 12《墟市》，《中国地方志集成·广东府县志辑》，上海：上海书店出版社，2013 年，第 86 页。
⑥ （嘉靖）《香山县志》卷 2《民物志》，日本藏中国罕见地方志从刊本。
⑦ 周宝珠：《试论草市在宋代城市经济发展中的作用》，《史学月刊》1998 年第 2 期。
⑧ 引用《中书备对》对岭南的记载，要慎重。例如，熙宁年间的广南东西路的水利工程数，笔者已证其伪。

场镇税务为78个，税额57 722贯，占广州税额的94.81%。广州场镇商税额为10 258贯，占广东全省场镇税额的17.77%。山区场镇税额比广州场镇税额还多，其中英州为19 407贯，占广东全省场镇税额的33.62%，端州为8616贯，占14.93%，韶州7069贯，占12.25%，潮州为4388贯，占7.60%。表明北宋时岭南的经济重心还未转移到广州，但是英州、端州已经超过韶州，显示经济重心有从韶州向珠江三角洲转移的趋势。①岭南地区州平均商税额为9472贯，大大低于全国商税额的平均水平。乡村场税甚至高于州县，表明农村商品经济方兴未艾，正处于上升势头。②广州附近农村的势头最大，元丰九年（1086）广州商务税为6675贯，州县为8447贯，合计为15 122贯，超过场镇额，但是将广州属县税务纳入乡村税务，因为县税务其实是乡村物资流向县城才产生的，则县税务与场镇税合计为13 222贯，为广州城税额的1.98倍，占广州地区总税额的66.45%。根据《宋会要辑稿》中《中书备对》熙宁十年（1077）的资料，广州全州商税额为68 703.485贯，广州城商税额为37 308.229贯，广州城占广州全州商税额的54.3%。③乡村税额为31 395贯，乡村税额占的比例较元丰年稍下降，但熙宁十年（1077）乡村税额较元丰年增长2.37倍，仍处于强劲的发展趋势。南宋时期，广州地区商税较北宋时增长了79%，广州城商税额82 549贯，在全州商税额中占的比重上升至70%。但是乡村中的商税额有下降的趋势。南宋和北宋比较，广州城商税额增长，与乡村商税额的下降有关。④笔者则认为，南宋时广州城内的农渔产品和盐的市场活跃是乡村产品流向广州城的结果。按照对南宋广州地区附近乡村农业产品米谷等产品的考察，乡村商业是不可能衰退的。北宋初年，广州商税主要收取猪、羊、鹅、鱼、果等，税额为1070贯，此后仁宗时达到27 022贯，熙宁十年增至37 308.23贯。广州在广南东路的商税额中遥遥领先，显示出其为广南东路治所在地和政治、经济、文化中心的地位，从北宋时期就已经开始。⑤仁宗熙宁时珠江三角洲农业有更大的发展，反映在广州城商税的增长。南宋嘉定年间，广州商税的增长可能也有这个原因，广州附近乡村的米、谷等农产品在运输过程中没有收税，但在广州城内交易时收税了。

在广州城商税额贸易增长的分析中，章深强调了三点：首先是广州“市舶所入”的比重下降；其次是酒税征收制度在岭南实行，主要依据的是全国酒醋税收增长和大德《南海志》的酒课钞及醋课钞岁课；最后是槟榔贸易对商税的贡献，他认为广州即使中等收入的百姓，每天也要花掉100多文钱。⑥对于第一点，笔者没有异议。但是宋代岭南实行万户酒

---

① 《元丰九域志》和《宋会要辑稿》资料整理，参看吴水金、陈伟明：《北宋岭南商税征收述略》，《广东史志》2001年第4期。

② 吴水金、陈伟明：《北宋岭南商税征收述略》，《广东史志》2001年第4期。

③ 参看章深：《宋代广州商税大幅增长的原因》，《学术研究》2011年第10期。

④ 章深：《宋代广州商税大幅增长的原因》，《学术研究》2011年第10期。

⑤ 章深：《宋代广州商税大幅增长的原因》，《学术研究》2011年第10期。

⑥ 章深：《宋代广州商税大幅增长的原因》，《学术研究》2011年第10期。

制度，一般是不榷酒的，有时地方官会收点酒税，也只是乡豪向国家象征性地交税，就垄断了乡村的酒曲和酒类贸易，享有“榷酤之利”。[①]元代大德《南海志》中所载的酒醋岁钞只是元代的数字，而且只是向酒户和醋户征收的，不能作为宋代广州酒醋岁钞数字，而且不能算在广州的总税额内。章深提到槟榔贸易对商税的贡献，这只是其中的一个原因。但是，中小百姓消费的钱哪里来？还有盐和其他日用所需品还不是米谷、果木等农产品贸易得来的？所以宋代广州商税的增长，很大程度上是米、园艺产品等农林鱼以及盐等产品贸易的增长所致。对此笔者已经有详细的论述。[②]

元代，据说将“凡宋无名之赋一切蠲除之，广为极边，愈加优恤。惟种田纳地税，买卖纳商税（商税三十税一），鱼盐舶货之征，随土所有，自此之外秋毫不扰”[③]。《南海志》作者陈大震是宋末人，所言不虚，则元代社会安定的时期，商品经济应该是有所发展的。以下按照《南海志》所载商税列表如下（表1）。

表1 元代广州路商税情况表

项目	广州地区商税总数	在城商税务周岁办	东莞县务周岁办	新会县务周岁办	增城县务周岁办	香山县务周岁办	清远县务周岁办
税课钞	贰阡陆拾壹定肆拾伍两贰钱叁分陆厘	壹阡捌伯叁拾肆定壹拾贰两	捌拾定捌两捌分	陆拾玖定肆拾壹两捌钱贰分陆厘	叁拾肆定贰拾伍两捌钱伍分	贰拾玖定壹拾贰两捌分	壹拾肆定贰两陆钱
竹木课钞	钞叁拾柒定壹拾捌两	叁拾柒定壹拾捌两					

资料来源：《元大德南海志残本》卷六，广州：广东人民出版社，1991年

从表1看，尚缺乏番禺和南海两县的税额。可能是算在“在城商税务周岁办”的数字里了，广州仍为商业中心，竹木税只是在广州收，其他县均无此项税。各县税额以东莞最高，也只是80多定。元代商税之轻，诚如陈大震所言。

三、从事农产品贸易的岭南、岭北商人足迹

首先是外省人到广州经商的情况。广西人，淳熙年“多往南州兴贩，逐锥刀之利”[④]。

① 广东省社会科学院历史所：《岭南酒文化》，广州：世界图书出版社广东有限公司，2014年，第63页。

② 吴建新：《宋元广州城的农林鱼盐产品贸易》，广州市文化广电新闻出版局、广州市文物博物馆学会编：《广州文博》（拾），北京：文物出版社，2017年，第90-104页。

③ 广州市地方志编纂委员会办公室编：《元大德南海志残本（附辑佚）》卷6，广州：广东人民出版社，1991年，第9-10页。

④ （宋）张栻：《谕俗文（淳熙年）》，载曾枣庄、刘琳主编：《全宋文》卷5722，第255册，第27页。

南州，即广州无疑。广西商人运米、木板、香料到广州牟利，如《岭外代答》记载，瑶族、壮族山区多种植一种属于针叶林“沙木”，瑶壮民将其“劈作大板，背负以出，与省民博易。舟下广东，得息倍称”[①]。这里所指“省民”，即邕州、梧州等广西商业市镇的商人。《岭外代答》也记载陆运和海运桂树产品的广西商人踪迹。[②]明清韶州等地祭詹公庙，传说“詹氏为湖南人，元大德间兄弟商于此，死而有神，甚灵”[③]。湖南与韶州交界，湖南商人入粤经商，想必从唐宋始。江西与大庾岭入粤最方便，《独醒杂志》记载一个用蔗糖与蛋家交易珍珠的商人，就是“旧以舶舟浮海”而亏本的江西“庐陵商人彭氏子”。[④]与广东交界的江西，农民亦农亦商，秋收之后的农闲季节，就到广东东路、西路买牛，如史载“赣、吉之民，每遇农毕，即相约入南贩牛，谓之作冬”[⑤]。可见前往岭南贩牛的农人是不少，政府收的牛税自然也很多。至于东南各省商人到广州贸易的，在南宋时较为活跃。南宋化州“以典质为业者，十户而闽人居其九，闽人奋空拳过岭者，往往致富”[⑥]。泉州有市舶司，故福建商人到海南最多，他们深入黎族山区，“泉舶以酒、米、面粉、纱帽、漆器、瓷器等为货，岁杪或正月发舟，五六月间回舶；若载鲜槟榔搀先，则四月至”[⑦]。在闽南缺米的地方，“冬春间州家（无）不预为收籴广米之谋”[⑧]，则闽南缺粮的地方，冬春使节当地商人往广州买米是贸易常态。潘峙在淳熙年间任广南东路经略安抚使时，“广东地接郴、桂、汀、赣之境，四州之民岁一逾岭贸易”[⑨]，可见近广东的湖南、福建、江西等地居民在秋收后过大庾岭贸易。南宋后期，方大琮记载到广州贸易的商人情况，“自温、台、明、越来，大艚或以十余为艅（舟宗）”[⑩]，即来自江浙和福建的商船结成一个约十只船的船队来广州。刘克庄也记载福建泉州等地“地少人稠，民赖广米，客舟至则就粜”。驻军和当地商人争籴。[⑪]所指“客舟”，有可能是江浙商人，更有可能是近福建的广州、潮州商船。《夷坚志补》说建康巨商经营广州与建康间的贸易，云：“建康巨商杨二郎，本以牙侩起家。数贩南海，往来十有余年，累资千万。”上述都是大宗贸易的商人。也不能忽视从事季节性商业的小本经营。外省来粤经商者“黠者多”，除了买卖米谷和漆等物资，也从事违禁品的贸易，贩卖国家专

---

① （宋）周去非：《岭外代答》卷8《沙木》，丛书集成初编本，第84页。

② （宋）周去非：《岭外代答》卷8《桂》，第83页。

③ （明）袁庆祥：《游詹公庙记》，（康熙）《韶州府志》卷13，《北京图书馆古籍珍本丛刊》，北京：书目文献出版社，2002年，第1930页。

④ （宋）曾敏行：《独醒杂志》卷10，上海：上海古籍出版社，1986年，第98页。

⑤ （清）徐松辑：《宋会要辑稿·食货》18之26，第5120页。

⑥ （宋）王象之：《舆地纪胜》卷116《化州》，杭州：浙江古籍出版社，2012年。

⑦ （宋）赵汝适：《诸蕃志》卷下《海南》，收于《酉阳杂俎·岛夷志略·诸蕃志·海槎余录》，《台湾文献丛刊》影印本，第281页。

⑧ （宋）方大琮：《与刘潜夫书》，载曾枣庄、刘琳主编：《全宋文》卷7377，第321册，第261页。

⑨ （宋）朱熹：《直显谟阁潘公墓志铭》，载曾枣庄、刘琳主编：《全宋文》卷5685，第253册，第184页。

⑩ （宋）方大琮：《与郑金部书》，载曾枣庄、刘琳主编：《全宋文》卷7379，第321册，第321-322页。

⑪ （宋）刘克庄：《宝学颜尚书神道碑》，载曾枣庄、刘琳主编：《全宋文》卷1676，第331册，第87页。

卖的茶或盐，成为茶寇或盐寇，或者私贩香料和珍珠。

广州商人在沿海贸易中也非常活跃，北宋时，知密州范愕言："辖下板桥镇隶高密县，正居大海之滨，其人烟市井交易繁伙，商贾所聚，东则二广、福建、淮、浙之人，西则京东、河北三路之众，络绎往来。……而富姓奶居积俟时，以邀倍称之利。欲乞于本州置市舶司，于板桥镇置抽解务，笼贾人专利之权，以归之公上。"[①]这是北宋的记载，二广商人当以广州商人为主，贸易量之大，以致地方官要在密州请求设市舶司收税。南宋时，《诸蕃志》举出海南特产二十三种之多，"其货多出于黎峒。省民以盐、铁、鱼、米转博，与商贾贸易"[②]。"省民"，即广州商人居多。宋代岭南商人也有经营海外贸易的，全汉昇认为，"可是事实上广州同时又有好些华商赴海外或内地贸易，因此广州的贸易是主动的，大部分利润仍在我国商人之手"[③]。《续资治通鉴长编》亦载"广州多蕃汉大商"[④]。绍兴八年（1138），丹阳苏文罐为福州长乐令，获海寇二十六人。先是广州估客及部官纲者凡二十有八人，共僦一舟。文中提及广州市舶司有"广州估客"，是为市舶司服务的中介商。宋元时广州番舶众多，也带来资金，"广人举债总一倍，约舶过回偿。住蕃虽十年不返，息亦不增"[⑤]。这有利广州商人的资本流通。洪迈的《夷坚丙志》中说，广州估客由海道贩货往沿海各地，这里的"广州估客"，是包括岭南和东南各省来广州贸易的商人，他们出入广州，应该是通过中介商进入广州市场的。广州已经出现一些专门从事园艺产品贸易的商人，用"预买"的方式介入水果生产的环节，以期获得较高的利润。东坡被贬谪到惠州时，诗云："荔子几时熟，花头今已繁。探春先拣树，买夏欲论园。"[⑥]说的就是商人按照荔枝花生长的状况预先订购荔枝。粤商进行"买园论夏"的现象可能已经出现，说明商业性活动中的新因素已经产生。潮州的行商也见于记载，如嘉定年，潮州"征商额重，君（知潮州林某）裁之，而行旅愿出于涂"[⑦]。

亦农亦商的山区农民也有趋利的，粤北在北宋前期，"韶被山带海，杂产五金，四方之人，弃农亩，持兵器，慕利而至者，不下十万"[⑧]。余靖还记载广州"俗杂五方"，"高资厚产，逐利不休"。[⑨]"逐利不休"这句话说明了广州商人的活跃程度。北宋时在海南岛，儋耳进士黎子云言："富者逐什一益富。"[⑩]即使偏僻的连州，"男耕稼、商贾"[⑪]。广州与琼

---

① （宋）李焘撰：《续资治通鉴长编》卷341，元丰六年十一月戊午，北京：中华书局，1979年，第8199页。

② （宋）赵汝适：《诸蕃志》卷下《海南》，收于《酉阳杂俎·岛夷志略·诸蕃志·海槎余录》，第281页。

③ 全汉昇：《宋代广州的国内外贸易》，《中国经济史研究（下册）》。

④ （宋）李焘撰：《续资治通鉴长编》卷94，天禧三年九月乙卯，第2166页。

⑤ （宋）朱彧：《萍洲可谈》卷2，上海古籍出版社编：《宋元笔记小说大观》第2册，第2310页。

⑥ （宋）苏轼：《新年五首（其五）》，载（宋）苏轼著，（清）王文诰辑注：《苏轼诗集》卷38，第2076页。

⑦ （宋）刘宰：《故知潮州侍左林郎中墓志铭》，载曾枣庄、刘琳主编：《全宋文》卷6846，第201册，第277页。

⑧ （宋）余靖：《韶州新置永通监记》，载曾枣庄、刘琳主编：《全宋文》卷568，第27册，第43页。

⑨ （宋）余靖：《广州南海县罗汉院记（康定二年）》，载曾枣庄、刘琳主编：《全宋文》卷570，第27册，第69页。

⑩ （宋）苏轼：《东坡志林》卷2《唐村老人言》，北京：中华书局，1981年，第27页。

⑪ 《湟川志》，马蓉等点校：《永乐大典方志辑佚》，北京：中华书局，2004年，第2597页。

州的商人将岛上的槟榔、椰子、香料等运到广州牟利，苏过认为“濒海州县，所以鸠民置吏者，恃商人耳。商人轻风涛之虞，涉万里不测之险，而岁岁必集者，贪倍蓰之息耳”，他认为，如果商人不来海南，“关市之征岁入不足，一困也。兵吏廪竭，无所从出，二困也。衣食不足，饥寒从之，三困也”。[①]北宋时岭南以广州人的商业精神与商业进取行为为最，史载：“番禺为巨镇。至于士人之名者独少。水陆之道四达，而蕃商海舶之所凑也；群象珠玉，异香灵药，珍丽瑰怪之物之所聚也。四方之人杂居于市井，轻身射利，出没波涛之间，冒不测之险，死且无悔。彼既殖货浩博，而其效且速，好义之心不能胜于欲利，岂其势之使然欤？”[②]

但宋代岭南本地的商人处于比较困难的商业境地，南宋时为甚。绍兴二十九年（1159），朱倬提到海上商人，“一者海贾，顷因市道交争，互相杀戮。二者私商，阑出为人所告，官有司见行收捕”[③]。嘉泰三年（1203），张泽上书奏言：“广州八邑，例不均税。每遇大礼年份，于产钱上科敷赏钱。唯清远一县官既收税，故得免科。近年复创行科率，每产一文钱科二十七文，满贯科二十贯，号田根钱，差摧锋军追纳，所过鸡犬一空。又县原有曰石梯、石津，在两山间，田土狭隘，人户耕凿，方成聚落。转运司忽置二场，召乡豪买朴，自置土典栏头，初无客旅，但将人户所收谷米麻豆一一征取。乞下本路提举司访罢去，以惠远民。”[④]苛政之下，商旅敛迹！

又仕岭南之官，以下价向商民收买物资而致富，阻塞了商业流通，如嘉定五年（1212）二月十九日，臣僚言：“今之任于广者，凡有出产皆贱价收之，而归舟满载。南方地广民稀，民无盖藏，所藉土产以为卒岁之备。今为官吏强买，商旅为之惮行。”[⑤]理宗端平二年（1235），王迈上《馆职策》言：“广东诸郡，商贾贸易多有用楮，官民出入乃不流通。广之科敛最为民害，纳丁赎罪，率索见缗。仕于其邦，去天既远，瘠民肥己，满载而归。”[⑥]官之“楮币”没有商业信用，科敛更为商人之害。建炎年间，“英州贾人”郑良，贪官没“其资以巨万计”。[⑦]有记载说“岭南井邑萧条，贾无厚利”[⑧]。就是阻碍岭南商业发展的因素存在，使商人获利的空间被挤压了。

广州商人仍在此艰难环境下生存而获取利润。也有能吏以措施保护商人的利益，如南宋黄洧为转运判官，以“市人困于官估丐夺之扰，公（黄）为移书一路，罢官估，除市籍，

---

① （宋）苏过：《论海南黎事书》，载曾枣庄、刘琳主编：《全宋文》卷3101，第144册，第155页。

② （宋）章楶：《广州府移学记》，载曾枣庄、刘琳主编：《全宋文》卷1569，第72册，第157-159页。

③ （宋）李心传：《建炎以来系年要录》卷181，绍兴二十九年正月庚辰，北京：中华书局，1956年，第2999页。

④ （宋）张泽：《乞罢去广州清远县田根钱等奏（嘉泰三年）》，载曾枣庄、刘琳主编：《全宋文》卷6761，第297册，第10页。

⑤ （清）徐松辑：《宋会要辑稿・刑法》2之136，第6563页。

⑥ （宋）王迈：《臞轩集》卷1《乙未馆职策》，《宋集珍本丛刊》第79册，北京：线装书局，2004年，第121页。

⑦ （宋）李心传：《建炎以来系年要录》卷12，建炎二年正月丁亥，第264页。

⑧ （宋）李心传：《建炎以来系年要录》卷146，绍兴十二年七月乙卯，第2337页。

百贾得职，物价为平”[①]。又淳熙年潘畤为广东经略安抚使，“有梁氏兄弟者，招纳亡命，前后杀人无数，而掠其资以致富。交通州县，吏不敢诘，民患苦之，号为‘四彪’”，潘派兵尽捕杀之，“盗望风破胆”[②]，净化了商业环境。可见能吏可以采取措施稳定商业秩序，有利商人群体的成长。在珠江三角洲，农民生产的米谷、果木、甘蔗等商品需要寻找销路，故在此地宋代时形成的富人阶层就是亦农亦商的群体。珠三角是米粮的产地，不少本地富人兼农并从事米粮贸易的。宋代香山刘氏的曾祖耀溪公，“农贾交作，积数十年而富甲一庄”[③]。就是这类阶层的代表，“农”表示生产，“贾”就是逐“什一之利”，包括根据丰歉之年对米价的涨落买贱卖贵，当然还有其他土特产的交易，米的交易量在珠三角这个产粮区是很大的。香山是潮田最多的地方，产米多，也是重要的盐产地，刘氏占有大量田地，嫁给刘氏的罗氏女就曾捐田建陂，刘氏耀溪公可能就将自产或邻乡产的粮食、盐等运到广州获利。香山小榄梁氏先祖在宋代“世为商业”，其后代梁弼臣，在元末“营麻布业于乡土”。[④]经营的应该还有米，因为小榄是大沙田稻米的集散地。但是从海路运输商人成分看，岭南商人比起福建和江浙商人还是没显得那么冒险，资本可能也比后者少。[⑤]南宋后期刘克庄记载“潮民殷实”[⑥]，“殷实者”估计也是以经营潮米和番货的商人为主。

元代虽然是蒙古人主政，但社会上对士、农、工、商有了平等的区分，“士以明其仁义，农以赡其衣食，工以制其器用，商以通其货贿；此四民者，皆天之所设以相资焉者”[⑦]。《王祯农书》曾被元代统治者传发全国，这一观点传播广泛。珠三角富民经商的个案多于宋代。元代末期东莞人翟怡民，“督诸子贸易，给朝暮”[⑧]。元明之际东莞人古隆兴“素以资甲于乡”，常“贷人粟”，人持债券偿还时，“焚其券”。[⑨]“焚其券”或只是墓志铭作者的谀辞，但这个记载让我们看到当时乡间存在米粮的存贷关系，富人存粮很多，他们会在粮价低时买入市场上小数量的米粮，到积蓄数量大且米价高时就运到广州的米市贸易，及其在饥荒年或农民粮食不足时贷出米粮以牟利。

宋元广州周边农村墟市中，还买卖番货牟利。市舶司将不上供的物资散卖民间，故南海人多逐什一之利。哲宗绍圣二年（1095），章楶到任后，对广州文化人寥落发出感叹，认为原因之一是海外贸易的暴利使人重利轻义，“四方之人杂居于市井，轻身射利，

① （宋）朱熹：《转运判官黄公墓碣铭》，载曾枣庄、刘琳主编：《全宋文》卷5683，第253册，第152页。
② （宋）朱熹：《直显谟阁潘公墓志铭》，载曾枣庄、刘琳主编：《全宋文》卷5685，第253册，第184页。
③ （清）刘爔芬：《刘氏东支谱（香山）》之《曾祖耀溪公传》，光绪八年抄本。
④ 梁卓勋编：《大榄梁氏族谱（香山）》卷3《四房世系》，中山县：聚文印务局，1925年。
⑤ 见农业与广州城市关系一节的论述。
⑥ （宋）刘克庄：《刘赣州墓志铭》，载曾枣庄、刘琳主编：《全宋文》卷7628，第331册，第290页。
⑦ （元）王祯撰，缪启愉译注：《东鲁王氏农书译注 • 农桑通诀集之三》，上海：上海古籍出版社，1994年，第462页。
⑧ （明）陈琏：《怡堂翟公墓表》，《琴轩集》卷29，东莞桥头村民委员会影印本，2000年，第1798-1800页。
⑨ （明）陈琏：《处士古隆兴墓表》，《琴轩集》卷29，第1836-1837页。

出没波涛之间，冒不测之险，死且无悔。彼既殖货浩博，而其效且速，好义之心不能胜于欲利”[①]。明代广州城及其附近农村，“家虽无十金之资，而用度自足，负担者苟持一钱出市，可以得饱，盖操利易而物价平故也”[②]。与绍圣二年章楶所述何其相似。《岭外代答》载“富商以下价籴之，而舳舻衔尾，运之番禺，以罔市利”[③]。在广西做官的林光朝在奏章中述及广西的广东小盐商，回程即购大米回广州，赚取双途的利润。[④]《岭外代答》所述的“富商”与林光朝所说的“小客”，分别代表资本较大的商人和西江上小资本的疍家商船，他们将广盐运到江西，然后换回米谷在广州出售，这些大额和小额贸易累积起来就是很大的贸易量。广州及其附近农村的富有阶层、小民热衷经商，以致地方官将平民热衷商业当作一种阻碍农业发展的风俗。南宋后期方大琮的《劝农文》力主革除追求商业利益的风气而务农立本。较大资本的商人和小本经营的小商人（多为农民）成为广州商业经营的主体，一起促进了宋元时期广州商业的繁荣。虽然有显著特征的广东商帮尚未形成，但已经有一个非常活跃的商人群体，广州地区海内外交通发达，商品极其丰富，给经商提供了优异条件，“盖水陆之道四达，番商海舶之所凑也。群象珠玉，珍丽瑰怪之物之所聚也”[⑤]。明初孙蕡的《广州歌》中所述广州贸易的盛况是元后期的事。[⑥]这说明，宋元时期广州海内外贸易，造就了早期广州人敢于商业冒险而善于谋利的商人群体，是明清广东商帮的滥觞。但是岭南风俗“虽巨室父子亦异居焉……习俗之积久”[⑦]，这妨碍了资本的集中，对商业经营行为也有很大的负面影响，亦反映宋元岭南商人群体形成过程中的特点。

四、结　语

宋元广州的墟市还处在早期发展的阶段，这与宋元岭南开发的情况是一致的。虽然汉代岭南已经出现岭北农业传播的迹象，但是从汉唐的情况看，除了广州和沿着珠江及其支流的地方有所开发外，绝大部分地区存在山地的刀耕火种和低地平地或山间盆地的火耕水

---

① （宋）章楶：《广州府移学记》，载曾枣庄、刘琳主编：《全宋文》卷1569，第72册，第157-159页。

② （嘉靖）《广东通志》卷20《风俗》，《稀见中国地方志汇刊》，北京：中国书店，1992年影印本，第499页。

③ （宋）周去非：《岭外代答》卷4《常平》，第47页。

④ （宋）林光朝：《广南两路盐事利害状》，载曾枣庄、刘琳主编：《全宋文》卷4651，第210册，第2页。

⑤ （宋）章楶：《广州府移学记》，载曾枣庄、刘琳主编：《全宋文》卷1569，第72册，第157-159页。

⑥ 孙蕡的《广州歌》末句云：“回首久游歌舞地，西风斜日淡黄昏”，则诗歌作于明初，所述之事在元代后期。孙蕡是元末明初时人，《广州歌》见梁守中点校：《南园前五先生诗·南园后五先生诗》，广州：中山大学出版社，1990年，第48-49页。

⑦ （宋）章楶：《广州府移学记》，载曾枣庄、刘琳主编：《全宋文》卷1569，第72册，第157页。

耨，农业聚落是随土壤的贫瘠肥沃程度而迁徙不定。因此，墟市和聚落的稳定与否很有关系。到了宋元时期，在聚落众多和肥沃土地的地方，粗放的农业方式逐步被精耕细作农业方式所取代[①]，墟市就有了立足的基础。围绕着广州城，出现了一大片农工贸结合的农业聚落，供应广州城粮食和其他农产品[②]，广州城的商税增加，同时广东的早期商人群体也在逐步形成的过程中。

（执行编辑：杨　芹）

① 吴建新：《宋元珠江三角洲的农业社会变迁》，《古今农业》2016 年第 1 期。

② 吴建新：《宋元广州城的农产品与鱼盐产品贸易》，《广州文博》2017 年第 1 期。

明嘉靖《广东通志》考略

林子雄*

摘要： 嘉靖《广东通志》是黄佐志学的集大成之作。编者黄佐将各地所编或者所提供的府、州、县志资料汇编起来，使其成为一部发扬优秀学术传统，可以用作启发民智的文献典籍。本文从编纂的历史背景、参与的纂修人员、采用的编纂体例和成就贡献四个方面对黄佐的《广东通志》进行探讨，认为黄佐的《广东通志》是完备之志、史家之志、艺文之志。

关键词： 黄佐；《广东通志》；嘉靖；历史背景；纂修人员；编撰体例；成就贡献

中国有“通志”之称大抵始于明景泰七年（1456）的《寰宇通志》，而将省志命名为通志，最早始于明成化年间（1465—1487）①，在其后的一段时间里，通志如何编，或者说如何编得最好，是方志学者需要探索的问题。黄佐（1490—1566），字才伯，号泰泉居士，广东香山（今中山市）人，明正德十六年（1521）进士，历任翰林院编修、广西提学佥事、南京国子监祭酒等。黄佐在明嘉靖三十六年至四十年（1557—1561）编纂《广东通志》（以下简称《黄志》），其撰自序说：“吾广十郡，各自有志，今合而通之者何居？盖备一方文献以牖民彝而迪我圣明之率典也。”②用今天的话说，黄佐打算将各地所编或者所提供的府、州、县志资料汇编起来，让它成为一部发扬优秀学术传统，可以用作教育启发民智的文献典籍。后人对《黄志》给予高度的评价，清阮元《广东通志・序》曰：“惟黄志为泰泉弟子所分撰者，体裁渊雅，靡有存本。”③现代学者也说：“嘉靖《广东通志》可说是黄佐志学的集大成之作，也是最能体现黄佐方志学思想和成就的杰作。”④本文拟从历史背景、纂修人

* 林子雄，广东省方志馆馆长、研究馆员。

① 谢晖：《方志中通志名称使用小考》，《广东史志》2001 年第 1 期，第 72-73 页。

② （明）黄佐撰：（嘉靖）《广东通志》，广东省地方史志办公室，1997 年誊印本，第 7 页。

③ （清）阮元修，（清）陈昌齐等纂：（道光）《广东通志》，上海：上海古籍出版社，1990 年影印本，第 1 页。

④ 林璜：《略论明代黄佐的方志学成就》，《历史教学》2013 年第 6 期，第 25-26 页。

员、编纂体例和成就贡献四个方面对《黄志》作一初步的探讨。

一、历 史 背 景

明嘉靖三十六年（1557）正月，两广总督谈恺以尽管此前有戴璟的《广东通志初稿》（以下简称《戴志》）但以《戴志》质量粗疏为由，提议重修。[①]在同一年上任的两广总督王钫再提修通志一事，为何两广总督更迭如此频密，此涉及当时社会形势及两广实情。16 世纪，明朝的统治出现不稳，先是明嘉靖二年（1523），朝廷因皇位继承发生“大礼议”的政治风波，时因两年前正德身后无嗣，嘉靖以“兄终弟及”身份继承了皇位，授意诸大臣追认其生父为太上皇。此议遭到以礼部尚书毛澄为代表的一批大臣的反对，朝廷百官在北京城左顺门外跪谏。事后嘉靖残酷镇压上疏官员，跪谏的 231 位官员中受杖者 180 余人，杖死者 18 人，最后有 142 人下狱，有 11 人远谪边疆。经此之后，表面上是加强了皇帝的权威，但也促成了嘉靖刚愎自用的作风，其后嘉靖日渐腐化，迷信方士，政治风气日益颓废。在朝廷，不少人因迎合皇帝而升职，官员看到奉迎带来的好处，从此谄媚阿上风气盛行，政治风气日益败坏。

明嘉靖十五年至十七年，朝议征伐自负国富兵强、不断骚扰两广边境的安南，其中在“大礼议”风波后被委以重任的官员意图以边功求荣耀，力主出兵安南。虽然此事以明嘉靖十九年安南政权因恐惧由兵部尚书毛伯温及两广总督蔡经等人率领的 12 万大军“弹压”投降而告终，但此时的明朝边防废弛严重，北方蒙古势力占据河套地区，对北边的骚扰规模越来越大，次数亦频，导致朝廷军费开支大增。南方的军备力量逐渐衰弱，卫所士兵不堪忍受军官欺压和恶劣生活条件，大批逃亡。

在军备人员不足的情况下，明嘉靖年间南方各地出现大规模的动乱，江西、福建一带的李文彪、徐碧溪等人骚乱，朝廷委谈恺等为钦差提督平之。据《广东通志》记载，时谈恺以都察院右副都御史身份“巡抚南赣汀漳时，赣贼李文彪、海寇徐碧溪等驿骚浙、楚、闽、广间，滨海城邑多陷没者。恺乃开布诚信，招降文彪，而疏上机宜六事，以制碧溪。未几，碧溪复寇潮，恺授策海道汪副使率两指挥邀击之，会飓作，我师乘之，碧溪溺死，俘斩无算，虔州以安。捷上，有白金、文绮之赐，进兵部右侍郎兼右佥都御史，移镇两广。两广山箐险密，蛮寇盘踞已久，明年突发岭西，联络新会溪洞，四出焚掠，杀千户黎元。恺划策分兵追剿，一鼓而歼其渠，率捕斩五千五百有奇，是役也，兵仅三万。时甫四旬而

---

① 关于谈恺下令编纂《广东通志》的时间，见明嘉靖《翁源县志》，是书卷末有翁滤县学正牒云：“嘉靖三十六年正月内奉本县故碟，遵奉钦差两都御史谈明文纂修本省通志，转行本学具查。”见李默编著：《广东方志要录》，广东省地方志编纂委员会办公室，1987 年，第 234 页。

荡平诸巢，略定五县”[1]。王钫也是一剿匪能手，他在任两广总督之前，即嘉靖三十五年（1556）以提督侍郎身份在广东清远、英德、乐昌等地征讨瑶乱亦获成功。

谈恺以剿灭江西李文彪及海盗徐碧溪之功擢官来粤，随即投入两广捕剿之役。由此可知，谈恺来广东的时候，正值社会动荡不稳，两广官员为镇压民乱疲于奔波，尽管他们提出编纂通志，却顾此失彼。此外谈恺、王钫平乱成功的事迹说明他们对军事行动了如指掌，但编纂通志或非其所长。加上当时两广总督府设在梧州，广州仅为行台，所以谈恺、王钫均将通志之事交由属下的官员办理。

二、纂修人员

现代图书馆员在对古籍地方志书进行编目时，一般可根据此名单将编纂人员分为“纂”与“修”，合起来便是“纂修”。所谓“纂”，即搜集材料编书，这是指实际参与编写志书的人员所做的工作。“修”的意义比较多，在这里取整治之义，如修复、修治。在多数情况下，地方志的纂者是当地名望较高的学者，而修者则是主持编纂地方志的官员，在一些志书中，又称之为总裁，如清道光《广东通志》，书前有“重修广东通志职名”，排在“总裁”第一位的是两广总督阮元；排在“总纂”第一位的则是曾任浙江温处道、时已致仕的陈昌齐。故编辑清道光《广东通志》的著者项时可著录为：清阮元等修，清陈昌齐等纂。《黄志》书前未设“职名表”，当年参与编纂者，除了黄佐之外，还有哪些人？他们在编纂过程中发挥了什么作用？值得进一步考察。

现今所见之《黄志》前面有两篇序言，即分别由雷礼、黄佐撰写的《广东通志·序》（后文简称《雷序》《黄序》）。《雷序》云：“广东古百粤地，在唐虞时暨声教，顾丘索，埏埸莫稽。至成周以降，稍稍见载籍，然上下数千余年，治乱离合之迹递禅无常，与夫政治得失、民心向背、人物盛衰，犁然区分，不裒次成编，非所以昭世鉴也。先是督抚谈君恺病旧志芜舛，惕然有感曰：‘扬粤负岭带海，累然小堪舆，使文献无征可乎！’谋之巡察徐君仲楫，议叶，敦请宫詹黄君佐纂修，各因代至，未观厥成。会乌程潘君季驯继巡其地，至则叹曰：‘是岂可耶！’复与督抚王钫、郑君絅前后甲议，殚心博采，日与黄君厘正。黄君昔为史官，素称直笔，乃取旧志，芟秽正讹，补其缺漏，为图经、为事纪、为表、为志、为列传、为外志，凡七十卷。首本事原，末复随事，发明凿凿，可底于行。志成，蔡君结代巡，复重校之……抚按诸君，表正于上，藩司刘君廷诰、冯君觐、刘君悫、袁君应枢、冯君皋谟，臬司熊君逵、张君子弘、贺君镂、郑君维城、宋君大武、王君学、李君伸、皇

① （清）阮元修，（清）陈昌齐等纂：（道光）《广东通志》，第4238页。

甫君涣、王君学颜并相其成。”[①]按此所言先后将参修官员列出，他们是谈恺、徐仲楫、潘季驯、王钫、郑絅、蔡结、刘廷诰、冯觐、刘悫、袁应枢、冯皋谟，熊逵、张子弘、贺镂、郑维城、宋大武、王学、李伸、皇甫涣、王学颜。

《黄序》也提及参修官员，黄佐说：“嘉靖乙未，侍御四明戴公璟乃纂通志，成于仓促，命曰初稿，意将有待云。丁巳，少司马谈督府昆陵谈公恺览而少之，檄我藩司聘予，俾重加搜辑。予病，谢不能也。代以奉化王公钫，礼请益敦，会侍御姑苏徐公仲楫至，枉顾衡门，稽首再拜以请予。业已纳还聘币，力谢固辞，公请愈虔，至于再三，而币复重拜，不获终辞，乃于仲冬开局于贡院。左辖新建魏公良贵，大参莆田张公英、新建吴公桂芳主谳臬阃，诸公陪位焉。时少参钱塘陈公善、温陵田公杨，职守在外，实与闻之……而侍御归安潘公季驯尤惓惓注意，遂锲诸梓，仍檄学谕陈君其箴、刘君裁、康君日章次第校雠。会潘公以交代去，左辖姑苏杨公伊志、大参豫章徐公南金皆以迁去，而右辖丰城雷公贺、大参万安刘公悫，少参盱江袁公应枢、海盐冯公皋谟佥以校完，遂贮诸库，以俟代巡侍御汉阳蔡公结、左辖福清翁公世经偕至，而后颁行焉。”[②]除《雷序》的谈恺、徐仲楫、潘季驯等人，《黄序》还提到了魏良贵、张英、吴桂芳、陈善、田杨、杨伊志、徐南金、雷贺、袁应枢、蔡结、翁世经等。当时的参修官员情况可见表 1。

表 1 参修（嘉靖）《广东通志》的官员情况表

姓名	籍贯	出身	职位	从事
谈恺	江苏无锡	进士	两广总督	首倡纂修《广东通志》
徐仲楫	直隶长洲	进士	广东巡抚	登门请黄佐出任主纂
潘季驯	浙江乌程	进士	广东巡抚	与黄佐研究编纂事，负责出版
王钫	浙江奉化	进士	两广总督	继谈恺之后倡修《广东通志》
郑絅	福建莆田	进士	右副都御史	与潘季驯王钫商议修志
蔡结	湖广汉阳	进士	广东巡抚	在任官员，审阅全稿
刘廷诰	浙江慈溪	进士	广东按察使	在任官员，协助编纂
冯觐	山东宁海	进士	广东按察使	在任官员，协助编纂
刘悫	江西万安	进士	广东参政	在任官员，协助编纂
袁应枢	江西分宜	进士	广东参议	在任官员，协助编纂
冯皋谟	浙江海盐	进士	广东按察副使	在任官员，协助编纂
熊逵	江西清江	进士	广东按察使	在任官员，协助编纂
张子弘	江西庐陵	进士	广东按察副使	在任官员，协助编纂
贺镂	江西永新	进士	广东按察副使	在任官员，协助编纂

① （明）黄佐撰：（嘉靖）《广东通志》，第 1-5 页。
② （明）黄佐撰：（嘉靖）《广东通志》，第 8-11 页。

续表

姓名	籍贯	出身	职位	从事
郑维城	江南祁门	进士	广东按察副使	在任官员，协助编纂
宋大武	浙江余姚	进士	广东按察副使	在任官员，协助编纂
王学	广西朝阳	进士	广东按察司佥事	在任官员，协助编纂
李伸	江西南昌	进士	广东按察司佥事	在任官员，协助编纂
皇甫涣	江西吴江	进士	广东按察司佥事	在任官员，协助编纂
王学颜	湖广湘潭	进士	广东按察司佥事	在任官员，协助编纂
雷礼	江西丰城	进士	工部尚书	巡视广东，撰写序言
魏良贵	江西新建	进士	广东布政使	在任官员，协助编纂
张英	福建莆田	进士	广东提刑按察使	在任官员，协助编纂
吴桂芳	江西新建	进士	广东提刑按察使	在任官员，协助编纂
陈善	浙江钱塘	进士	广东参议	在任官员，协助编纂
田杨	福建泉州	进士	广东参议	在任官员，协助编纂
杨伊志	江南吴县	进士	广东布政使	在任官员，协助编纂
徐南金	江西丰城	进士	广东参政	在任官员，协助编纂
雷贺	江西丰城	进士	广东参政	在任官员，协助编纂
翁世经	福建福清	进士	广东布政使	在任官员，协助编纂
陶大有	浙江绍兴	进士	广州知府	在任官员，协助编纂
顾起经	江苏无锡	进士	广东盐课副提举	负责编纂艺文志的碑刻文字

从表1可知，自嘉靖三十六年（1557）至四十年（1561），有32位不同级别的官员参与了此事，他们分别担任工部尚书、两广总督、巡按御史和广东参政、参议、提举及广州知府等职，其中有为《黄志》写序的工部尚书雷礼；有倡修通志的两广总督谈恺；有受两广总督王钫委托前往劝说黄佐“出山”的御史徐仲楫；有巡抚广东的御史潘季驯，为编好通志，他找两广总督王钫和右副都御史郑絅商议，且与黄佐商讨厘正，并出版付印；有审阅全稿的御史蔡结，有参与校对及“表正于上”的广东布政使魏良贵、杨伊志、翁世经，有提刑按察使吴桂芳、张英，有广东按察使刘廷诰、冯觐、熊逵，广东按察副使冯皋谟、张子弘、贺镂、郑维城、宋大武，广东按察司佥事王学、李伸、皇甫涣、王学颜，广东参政徐南金、雷贺、刘悫，广东参议陈善、袁应枢、田杨，广州知府陶大有及广东盐课副提举顾起经。上述官员多是从事倡修、审校等，唯顾起经的事务比较特殊。顾起经（1515—1569），字长济，号九霞，别号罗浮外史，江苏无锡人，编撰有《尚书左证》《诗解颐》《檀弓别疏》等，早期曾协助黄佐修《广西通志》。嘉靖三十六年（1557），顾起经以监生充任广东盐课副提举，兼署市舶司。适逢通志开始编纂，黄佐为编纂《碑刻》一卷，搜集到不

少碑刻文字，但在参与的学者中一时找不到能够鉴别碑刻的。黄佐为此心不甘，他说："焉有综贯百家能裁揃菁华者乎？"广东布政使魏良宗向黄佐推荐了顾起经，黄佐"乃召顾君以监誉至局，删节分注，已于事而竣"。[①]

纂者，也称为编者。《黄序》曰："前期有司咨耆旧，索经籍，至是告备。而所征乡贡进士陈绍文、黎民表、梁绍曾及予中子在素皆集。……然州县续志，积至百余，方博求往古，以补事之钜而略者，不遑及也。郡檄复征，庠生多辞不至。惟曾元曾、黄万春、陈冕、欧大任、林乔、黎民怀、梁有兆、而予长子在中与焉。人各分汇帙不逾三，凡四阅月而竣事。予每夕归病于惫则令少子在宏厘次之……而侍御归安潘公季驯尤惓惓注意，遂锲诸梓，仍檄学谕陈君其箴、刘君裁、康君日章次第校雠。"[②]

在这里，黄佐提到了从各州县征集回来的方志资料"积至百余"，这是"嘉靖三十六年春，督府谈恺纂修《广东通志》，檄郡邑送缴志书"[③]的结果，黄佐还说了当时的一种情况，即尽管官府反复招募修志人员，但县学生不响应，无奈之下，黄佐只能让自己的学生和三个儿子帮忙。《黄序》提及的编者是陈绍文、黎民表、梁绍曾、黄在素、曾元曾、黄万春、陈冕、欧大任、林乔、黎民怀、梁有兆、黄在中、黄在宏、陈其箴、刘裁、康日章，其简历见表2。

表2 （嘉靖）《广东通志》的编者情况表

姓名	别字	籍贯	出身	身份	从事
黄佐	泰泉	广东香山	进士	退休官员	总纂
陈绍文	公载	广东南海	举人	黄佐学生，通判	编纂
黎民表	维敬	广东从化	举人	黄佐学生，员外郎	编纂
梁绍曾		广东顺德	举人	梁储曾孙	编纂
黄在素	幼璋	广东香山	举人	黄佐次子，通判	编纂
曾元曾		广东番禺	生员	本地学者	编纂
陈冕	子文	广东顺德	生员	本地学者	编纂
欧大任	桢伯	广东顺德	生员	黄佐学生	编纂
林乔		广东惠安	生员	翁源教谕	编纂
黎民怀	惟仁	广东从化	举人	民怀弟，黄佐学生	编纂
黄在中		广东香山		黄佐长子	编纂
黄在宏		广东香山		黄佐三子	编纂

① （明）黄佐撰：（嘉靖）《广东通志》，第8-11页。
② （明）黄佐撰：（嘉靖）《广东通志》，第8-10页。
③ 李默编著：《广东方志要录》，第130页。

续表

姓名	别字	籍贯	出身	身份	从事
刘裁		安徽太和	生员	南海教谕	校雠
康日章		浙江镇海	生员	新会教谕	校雠
梁有兆	履历不详				校雠
陈其箴	履历不详				校雠

以上共 16 人，其中有 3 个是黄佐的儿子，4 个黄佐的学生、6 个本地生员。梁绍曾是大学士梁储的曾孙，黄佐与梁储有交往，正德十二年（1517），黄佐上京参加会试落第，梁储曾留他在京城居住。另外有 4 人为外地学者，其中陈其箴、刘裁、康日章是巡抚潘季驯推荐的，潘季驯在评语中说刘裁“虽然家境贫寒，但不卑不亢，志向高远，前途无量”。而康日章则“端庄好学，少年即以才学有名，入仕之后仍苦学不辍，他日发展不可限量”。[①]

三、编纂体例

体例对于地方志的编纂至关重要，而黄佐在这方面经验丰富。早在明嘉靖九年（1530），黄佐担任广西佥事，并主持编纂《广西通志》时，即亲订凡例。嘉靖二十六年（1547），黄佐编纂《香山县志》时，“主要是为补旧志之不足，负责的工作也主要是裁定和撰写论赞，所费心力不如《广州府志》《广西通志》以及后来的《广东通志》，但这部县志依然是明代县志中少见的内容严谨、体例规整的佳志”[②]。嘉靖三十六年（1557）冬，黄佐等人在原西竺寺故址的广州贡院开设了通志局，作为总纂，黄佐一开始便将精力放在体例的制定上。按照编纂《广西通志》的经验，黄佐将《广东通志》分为图经 2 卷、事记 5 卷、表 5 卷、志 31 卷、列传 20 卷、外志 7 卷，并在书前的《广东通志凡例》解释自己编纂计划的作用和意义。

1. 遵循古训

黄佐自小接受儒家传统教育，每事言行他都强调要严格按照儒家道德规范去做，编纂志书也不例外。明正德四年（1509），黄佐开始尝试编写《广州人物传》，他在是书凡例中说，凡符合儒家道德传统的建立功勋、著述文章的广东先贤，无论他们生前知名度有几高，都要为他们立传。40 多年后，黄佐在编纂《广东通志》时亦处处体现对儒家传统的遵从。

① 参考马雪芹：《大河安澜——潘季驯传》，杭州：浙江人民出版社，2005 年，第 55 页。

② 林璜：《略论明代黄佐的方志学成就》，《历史教学》2013 年第 6 期，第 25 页。

他说："通志犹列国之史，孟子曰：'诸侯之宝三，土地、人民、政事。'程子曰：'治天下以正风俗，得贤才为本。'此修志之在要也。"[①]黄佐引用孟子和程颢的话，说明修志的作用和目的是宣传儒家传统道德观念，从而达到正风俗和治天下的目的。根据这一宗旨，黄佐在编制类目时多参照古典文献的做法和标准，如他解释为何志前要设《图经》2 卷，这是遵循"《周官》'图以诏地事、志以诏古事'之制也"[②]。

2. 参照典籍

在编纂凡例时，黄佐充分阅读参考古籍经典的做法，在借鉴各种方法的同时说明该法源自何处。如历代职官，这是一项涉及成千上万人名、籍贯、任职时间等的记载，如何表述，颇费心机。黄佐说："职官选举，繁而难纪，故皆为表。表，明也。表著之则易明，法《史记》也。"[③]又如《舆地志》，黄佐说："舆地志，首山川，每郡邑注名山大川以为望者，法《禹贡》也。"[④]又如《列传》黄佐说："列传先名宦，次流寓，次人物，次列女，皆书其已没者，法《一统志》也。"[⑤]一统志，即成书于天顺五年（1461）的《大明一统志》。

3. 关于《戴志》

黄佐在凡例中以"旧志""旧通志"称呼《戴志》，他既有延续《戴志》的做法，也说明修订《戴志》的一些做法。在凡例的职官志，黄佐指出《戴志》地名之失，如《戴志》在廉州府的职官记载始自东汉，但黄佐明确指出，唐代以前的廉州在燕，即当时的真定府藁城县，而广东的廉州在唐以前称为合浦。又如《戴志》称为万州的地方唐以前在四川，即当时的夔州府万县，而广东的万州唐以前称为万安州。在《艺文志》，黄佐指出《戴志》只设"杂著"来收录诗歌文章，他是按照正史的做法设"艺文志"，按经、史、子、集安排书目，而"金石碑刻亦择其有关系者详载之"。在《礼乐志》，黄佐说《戴志》"鹿鸣鸿宴歌诗原无律吕，今悉补入"。[⑥]

四、成就贡献

粤人在编纂地方志事业上有成就与贡献者，黄佐应是较杰出的一位，这种成就和贡献也体现在《黄志》之中。由于《黄志》的编纂出版无论从时间、人力、物力，抑或是编纂

---

① （明）黄佐撰：（嘉靖）《广东通志》，第 20 页。
② （明）黄佐撰：（嘉靖）《广东通志》，第 20 页。
③ （明）黄佐撰：（嘉靖）《广东通志》，第 20 页。
④ （明）黄佐撰：（嘉靖）《广东通志》，第 20 页。
⑤ （明）黄佐撰：（嘉靖）《广东通志》，第 20 页。
⑥ （明）黄佐撰：（嘉靖）《广东通志》，第 20 页。

者的学问经验都是相对充足和优秀的，故其成就或贡献也较大。

1. *完备之志*

《黄志》作为首部完备的通志，在广东通志编纂事业上起着重要和主导的作用。《黄志》的完备最突出的表现是史料宏富，特别是在与《戴志》比较上，如《戴志》的“政纪”纪事简略，《黄志》纪事从周武王十三年至明正德十六年，颇为详细。又如《戴志》户口、田赋仅记嘉靖十一年之数，《黄志》则从夏禹至嘉靖三十一年。为此，在《黄志》之后不足50年再修《广东通志》的著名学者郭棐说：“迄我皇明，德化醇洽，肆于嘉隆，文治宣昭，于是泰泉黄氏者出，铿锵炳蔚，大艳厥词，极意搜罗，爰成通志。探古悬其藻鉴，撖辞缀其菁华，洵宏博之鸿裁，而裨乘之骏艺也。”[①]给予黄佐很高的评价。

所谓完备，即史料确实珍贵，其内容和作用或者在当时并不明显，但在许多年后的今天，却显得十分重要。1999年澳门回归，由中华人民共和国文化部、国务院港澳事务办公室、国家文物局等多家单位联合主办的《澳门回归祖国大型展览》先后在北京、澳门两地举行，展览中有广东省立中山图书馆藏《黄志》一册，这是因为《黄志》卷66有关于“佛朗机国”（葡萄牙）的内容：“佛郎机国在爪哇南，古无可考，不通中国。正德十二年，驾大舶卒至广州澳口，铳声如雷以进贡，请封为名。”[②]据考证，这是中国文献关于葡萄牙在中国沿海活动的最早记录，故将其列入展出的90件国家级文物之中，《黄志》在关键时刻发挥了作用。

2. *史家之志*

后人称黄佐为思想家、教育家、史学家，但他的著作史学最多，即《广州人物传》24卷（1509）、《翰林记》20卷（1523）、《广州志》（1527）、《广西通志》（1530）、《香山县志》（1546），此外黄佐的史学著作还有《广东图经》、《罗浮山志》、《革除遗事》6卷、《通历》36卷、《姆训》1卷。时至嘉靖三十六年（1557），黄佐编纂《广东通志》时，他已经67岁，其志史方法娴熟，秉笔直书。如宋代南海人张镇孙，其《宋史》《元史》等书均说元兵攻打岭南时，张镇孙以广州城投降敌人。面对这些所谓正史对张镇孙的评价，黄佐坚持实事求是的态度，力排众议，为张镇孙辩白，《黄志》卷58有《张镇孙传》，称张镇孙是被捕死于庾山道中，文天祥有挽词吊唁，且有陈仲微、董师谦记载此事，说明张镇孙是殉国就义，并非投降元兵的。时至明末，钱士升的《南宋书》不但采用黄佐在《张镇孙传》的说法，还认为张镇孙之死是名垂千古的壮烈之举。故雷礼称黄佐“昔为史官，素称直笔”，近世广东学者曾昭璇也称《黄志》为“史家之志”[③]。

---

① （明）郭棐著，黄国声、邓贵忠点校：《粤大记》，广州：中山大学出版社，1998年，第1页。

② （明）黄佐：（嘉靖）《广东通志》，第1716-1717页。

③ 曾昭璇：《明清〈广东通志〉之比较及对我省新修地方志的意见》，《广东史志》2001年第3期，第74-76页。

3. 艺文之志

比较黄佐编纂过的几部志书，《黄志》卷 42—43《艺文志》引人注目，这是因为此前黄佐编纂的《广西通志》无设置《艺文志》，而是将艺文的内容编入了《外志》，放在了全书的最后。《香山县志》虽有《艺文》，内容分为文、辞、赋、诗，但却无金石（碑刻），亦不全面。

黄佐说："夫艺文也者，发心之蕴而载道之舆也。《易》曰：'观乎天文，以察时变；观乎人文，以化成天下。'是以大统元气则日月星辰丽而错之以成，象人抱至德则诗书礼乐矢而比之成章，显仁足以兼济，藏用足以独善，其道一而已矣。"①黄佐把"艺文"视作抒发心灵与宣传道德的工具，其位置之重要是不可替代的。

虽然黄佐编纂《艺文志》在广东全省方志中并非最早，但其编例是优秀的，黄佐说"爰仿刘歆总括群篇，撮其指要，辨其讹谬，分录其目为四类，间附以序纪阙，大都梓有见存者必详书。而金石之文，则别为卷云"②。他编纂《艺文志》时上承刘歆的《七略》，下循四部分类法，其《艺文志》分上、下两卷，卷上按经、史、子、集四类记录广东文献的书名、卷数、作者、存佚及序文情况，不少图书还刊载序言全文，保存了大量文献书目的同时，甚至还注明版本（刻书者），为后人研究刻书（出版史）提供了一手资料。卷下为碑刻，收入《汉桂阳太守周府君碑》至《潘季驯定安令鄢先生清潭碑》共 40 篇广东历代碑文，保存了大量的地方文献。黄佐《艺文志》论曰："艺文固浩繁也。〈书〉曰：'学于古训乃有获。'〈易〉曰：'多识前言往行以畜其德。'然则资其义理以迪德性之知，稽彼篆刻以征传闻之信，夫是志安可少哉！"③黄氏重视编纂《艺文志》的做法为后人学习仿效，如清阮元的《广东通志》设置《艺文略》《金石略》即是。

（执行编辑：吴婉惠）

① （明）黄佐撰：（嘉靖）《广东通志》，第 1036 页。
② （明）黄佐撰：（嘉靖）《广东通志》，第 1080 页。
③ （明）黄佐撰：（嘉靖）《广东通志》，第 1080 页。

明将陈璘与罗定兵变

何孝荣*

摘要：陈璘是明朝后期著名将领、抗倭英雄。万历十一年（1583）二月、闰二月，罗定先后发生两起较大规模的兵变。明清史志对此兵变的记载，或言兵士骄纵而惧严约以倡变，或言由时任分守东山地方副总兵陈璘个人贪克、奴役兵士而激变，失于错误或偏颇。通过研读时任两广总督郭应聘的两份奏疏等稀见史料，可以发现两次兵变是由陈璘及其他军官贪污克扣兵士粮饷、奴役凌辱兵士共同激成的，后一起兵变一定程度上由前一起兵变触发，因此陈璘对两次兵变应负主要责任。兵变爆发后，陈璘迅速领兵平定，但其贪残激变也影响了他的仕途和军事生涯。

关键词：明代；陈璘；罗定；兵变

陈璘（1532—1607）是明朝后期著名将领、抗倭英雄。他一生驰骋疆场，战功卓著，先后平定两广匪患，置县东安，稳定当地社会；统领水师抗倭援朝，在露梁海战中大败日军；平定播州起义，改变了西南地区社会政治格局，维护了明王朝的国家统一和安定。其中，万历十一年（1583）陈璘担任分守东山地方副总兵期间，罗定发生了两起较大规模的兵变，皆与其有很大关系。然明清史志对此兵变多记载简略，对陈璘的责任也记载迥别，且多失实。本文利用时任两广总督郭应聘的两份奏疏等稀见史料，试图揭示陈璘与这两次兵变的关系，推进对陈璘及明史的研究。

---

* 何孝荣，南开大学历史学院教授。

一

明朝自正统以来，政治越发黑暗腐朽，土地兼并剧烈，卫所制度废弛，阶级矛盾、民族矛盾日益尖锐激化。至嘉靖时，“纷纭多故，将疲于边，贼讧于内”，“府藏告匮，百余年富庶治平之业，因以渐替”[①]，明王朝统治遭遇严重危机。在远离明朝统治中心的广东，官吏贪残、民众纷起之势更甚。嘉靖后期担任巡按广东御史的潘季驯就指出：“岭表去京师绝远，比来牧民者视为利薮，屠剥万状，而小民仰九重在霄汉之上，愁苦之声无路自达，故相聚为盗”[②]；“入境之初，即值寇警，潮阳、海丰、惠来等处倭寇充斥，南雄、和平、程乡等处山贼纵横，闾阎哀苦之声，州县烽火之报，无日无闻。臣目击其变，食不下咽，寝不安枕。虽尝督行司道卫府州县等官严加剿捕，而将不足恃，兵不可用，徒尔支吾，终难宁谧”[③]。

陈璘，字朝玉，号龙崖，广东翁源县人。[④]祖籍福建，六世祖迁来翁源龙田，以农为业。其父本琳，生四子，长子尧，次子福，均在乡务农。[⑤]璘为第三子，生于嘉靖中期。面对鼎沸的局势，陈璘不愿像父兄一样，每天在山沟里过着面朝黄土背朝天的农耕庸碌贫苦生活，而是以治国平天下为己任，希望走出垄田，一展抱负，做出更大的事业。他“少倜傥，有大志，不事家人产”，“膂力绝伦，好任侠，结交多贤豪，相与谈剑术，讲韬略，尽得其秘”。[⑥]他没有走读书以应科举而出仕的道路，而是利用自身强健体魄，练武习兵法，造就出一副智勇双全的名将坯模，只待时机而成就。

嘉靖四十一年（1562）二月，提督两广侍郎张臬调集兵马，征讨活动于广东、福建、江西三省的张琏（或作张涟）起事势力。张琏本是广东饶平人，先因命案而加入当地起事队伍，后势力独大，“纵掠汀、漳、延、建及江西之宁都、连城、瑞金等处，攻陷云霄、镇海卫、南靖等城，三省骚动”。张臬奏请“调集狼兵十万，与福建、江西会兵进剿”。[⑦]同时，张臬下令，“募骁勇谙兵法者，爵万户”。陈璘抓住机遇，“献策军门，凿凿中款”，张臬“奇

---

① 《明史》卷18《世宗本纪赞》，北京：中华书局，1972年，第250-251页。

② 潘季驯：《潘司空奏疏》卷1《上广东均平里甲议》，《景印文渊阁四库全书》本；《明世宗实录》卷492，嘉靖四十年正月庚寅。

③ 潘季驯：《潘司空奏疏》卷1《慎选民牧疏》。

④ 喻政：《陈太保传》，见（同治）《韶州府志》卷34《列传・人物》，清同治刊本。按：（雍正）《广东通志》卷41《名宦志・陈璘传》（《景印文渊阁四库全书》本）、（乾隆）《贵州通志》卷19《秩官・名宦・陈璘传》（《景印文渊阁四库全书》本）、《明史》卷247《陈璘传》等均称陈璘“字朝爵”，似误。我们知道，《陈太保传》肯定是明末人喻政应陈璘后人请求而撰，传主名号之类应该不会有错。再查《汉语大词典》，“璘”意为“玉的光彩”。则陈璘字似以“朝玉”为是。

⑤ 《龙田陈氏家谱》，转引自严兴文：《陈璘将军早期事迹考述》，《韶关大学学报》1995年第1期。

⑥ 喻政：《陈太保传》。

⑦ 《明世宗实录》卷506，嘉靖四十一年二月己卯。

之，即署把总，领兵事”，参与了剿灭张琏势力。与此同时，广东程乡有林朝曦、林朝敬等起事，“势张甚”。陈璘“单骑往寨中，谕以朝廷威信”，“诸党皆解散，遂计擒朝曦、朝敬，磔于市”。[①]于是，“潮寇悉平”[②]。

在粤北，则有南韶李富、卓文昌等起事，“披猖四出，流劫乱源、翁源、曲江等处”[③]。他们执分巡冯佥事索赎，“军门错愕，计无所出”。陈璘“愿以身代质”，驰入敌营，说服其释放了冯佥事，又以计逃脱，“因得贼中虚实，率兵直捣其窠，擒李富，复诛贼党周兴为内应，伏兵乌石洞，并擒卓文昌”。[④]

在陈璘的家乡翁源，嘉靖四十二年（1563）十月，有凌珠、官祖政等“作乱”。陈璘计斩凌珠，连败官祖政等，前后五捷。祖政“势蹙”，又与河源、英德等处起事势力勾结，“连营列栅，势震南韶”。陈璘以计图之，经过多次战斗，“二源贼悉平”，陈璘“就年授韶州所指挥佥事”[⑤]。

隆庆元年（1567）二月，陈璘奉命守英德。他又多次领兵，平定当地民众起事者。隆庆二年四月，朝廷勘定“嘉靖四十三年以来广东官兵剿英德等处山贼”功罪，陈璘升“职一级”。[⑥]隆庆四年，陈璘超擢柘林守备，团练潮州陆兵。《明史》称其“从讨英德贼有功，进广东守备”[⑦]。

万历初，陈璘又率军讨平高要、揭阳等地起义军，“屡进署都指挥佥事，佥书广东都司”[⑧]。潮州又有林凤、朱良宝等，自隆庆后期起事，“各盘踞山谷，聚众数千人，据膏腴之田以自固”[⑨]。至此，提督两广右都御史殷正茂奉命“刻期征剿，务在必诛”[⑩]。但是，朱良宝筑城于“潮洋淤坎”之中，“人不容足”，且“长于火攻，所发无虚，当者往往辟易”。万历二年（1574）三月，陈璘“扼腕，诣军门陈状，愿得三千人平之”，殷正茂“壮其志，以百金为公寿，一切机宜，毫不中制”。[⑪]同时，殷正茂上疏，反映“潮贼朱良宝据险为巢，人效死斗，必须重悬赏格，令就近自募死士，方可必克”，都指挥陈璘、吏目王道“踊跃请先，忠义迈众。成功之日，将陈璘升参将；王道虽系文职，改升守备”，得到神宗“诏可”。[⑫]陈璘“乃筑望高楼于山上，高六丈有奇，以觇贼，令兵人持束刍生、燥各一，

---

① 喻政：《陈太保传》。

② 《明世宗实录》卷514，嘉靖四十一年十月庚辰。

③ 《明世宗实录》卷520，嘉靖四十二年四月癸亥。

④ 喻政：《陈太保传》。

⑤ 喻政：《陈太保传》。

⑥ 《明穆宗实录》卷19，隆庆二年四月庚子。

⑦ 《明史》卷247《陈璘传》，第6404页。

⑧ 《明史》卷247《陈璘传》，第6404页。

⑨ 《明神宗实录》卷3，隆庆六年七月壬子。

⑩ 《明神宗实录》卷13，万历元年五月癸巳。

⑪ 喻政：《陈太保传》。

⑫ 《明神宗实录》卷23，万历二年三月庚子。

生者填堑，燥者燃火，又自制燕尾铁牌，以蔽矢石，佯就贼城西南，与战，贼来御，密令锐兵掩其东北，所持燥刍并石榴根神机等箭一时并发。贼顾东北救火，公率诸兵从西南入，朱良宝妻子俱焚死，各贼溃乱，公乘胜追之，手斩二百余人，诸贼俱降”①。战后，万历三年（1575）四月，陈璘由广东都司佥书署都指挥佥事升为广东肇庆游击将军。②

可以说，在明朝后期“寇盗”纷起的局势下，陈璘找到了用武之地。他智勇双全，屡立战功，因此军职不断升擢，逐渐成为一名著名的军事将领。

二

为了加强对粤西的控制，万历四年（1576）二月，两广总督凌云翼上疏，表示“岭西徭浪渊薮，地方旷远，非一参将所能备御。又士兵每遇倭警，冲锋陷敌，不若浙江”，提议“以高肇韶广参将分为二，一专守高州，一专守肇庆韶广，而另选游击，专练兵”。疏入，神宗“命陈璘守高州，陈典守肇庆韶广。而练兵事务，调松潘游击张延廪补之”。③这样，陈璘“徙高州参将”④。

粤西罗旁地区（今罗定、郁南、信宜、云浮一带）苗、瑶杂居，当地土司割据，不听朝廷号令，互相攻伐争斗不止，流浪迁徙来的汉人所谓“浪贼”（起义军）⑤也不断起事。明廷及凌云翼用陈璘守高州，就是以其镇压起事及割据反抗势力。凌云翼“将大征罗旁，先下令雕剿”⑥。所谓“雕剿”，是和“大征”相对的，即派遣精锐部队突袭，“倏入，歼其魁”⑦，歼灭起义军首领，打乱其指挥系统，以消灭敌人。但是，起先“两粤唯大征得叙功，雕剿不叙，故诸将不乐雕剿”。也就是说，此前对“雕剿”不计功劳。至此，殷正茂下令，“雕剿得论功”，于是“诸军争奋”。⑧陈璘积极执行“雕剿”战术，“所破凡九十巢”。其后，殷正茂主持“分十道大征”，陈璘“从信宜入，会诸军，覆灭之”⑨；“大征罗旁，公独当信宜一哨，悬崖履险，躬冒矢石，先后俘获三千余人，他哨少与埒者”⑩。

---

① 喻政：《陈太保传》。

② 《明神宗实录》卷37，万历三年四月乙亥。

③ 《明神宗实录》卷47，万历四年二月癸酉。

④ 《明史》卷247《陈璘传》，第6404页。

⑤ （雍正）《广西通志》卷92《诸蛮》云：“浪，本邻省亡命者，来自粤东曰阳山人，自湖南曰麻山人，自交夷曰隆人，均谓之浪。受抚则为浪民，否则逃入大泽为群盗，谓之浪贼。状类‘瑶’，而犷悍甚于‘僮’。”

⑥ 喻政：《陈太保传》。

⑦ 《明史》卷287《茅坤传》，第7374页。

⑧ 《明史》卷212《张元勋传》，第5626页。

⑨ 《明史》卷247《陈璘传》，第6404页。

⑩ 喻政：《陈太保传》。

罗旁平定后，明朝在其地实行改土归流。万历五年（1577）五月，设置罗定州，领东安（今云浮）、西宁（今郁南）二县。[①]陈璘迁副总兵，“署东安参将事”[②]。对此，陈璘记载说：“地方既平，督抚大臣爰上善后之策，当宁以为然，于是分东、西为两山，二山各以参将一员分守之。山以东置东安县，山以西置西宁县，以泷水县适中，升为罗定州治，隶以二邑，而控之宪臣。协守之中路守备，环之南乡、富霖、函口、封门四守御千户所，大小相维，军民杂居。二山自是屹然巨镇矣。善后建邑之初，听民迁徙，筑城助功，授田与世业。璘于时即以高州改补东山，加副总衔。”[③]

为了稳定罗定民众信心，更好地镇守新区，凌云翼动员陈璘将家迁入东安。他对陈璘说：“东山，尔辖地也，东山草创，民未安辑，尔既有成劳，且捐资募兵，以充戍守。若能授田立家，新附之民，永有固志矣。”陈璘响应号召，“于是毅然承之，披荆剪棘”，落户东安，“筑室分田，以世兹土”[④]。《陈璘传》也称：“两山既平，创建一州二县，总督凌（云翼）以为山林方启，宜畀公（陈璘）世守，以镇压之，遂奏公改为东山，升副总兵官，仍管参将事”，“公既入山，百凡经略善后，招集流亡，屯守城垣，公署营堡，桥梁道路，躬率畚锸，为将士先，披荆棘，辟草莱，抚处‘瑶僮’，无不畏威怀德者。于是，疆里贴井，落成聚矣”。[⑤]陈璘对罗定、东安建设与镇守颇有功劳。

三

万历十一年（1583），罗定先后发生两起较大规模的兵变，“二次兵变，一在二月二十日，一在闰二月初十日”[⑥]，皆与陈璘有很大关系。但是明清史志对兵变的记载颇为简略，对陈璘的责任的记载更是迥然有别，且颇多失实之处。这主要分为两种类型。

第一类，陈璘传记及地方志皆言军士骄纵惧严约而反抗，即兵变之起非陈璘责任。

明末，喻政撰有《陈太保传》。喻政，贵州铜仁府人，字漳澜。万历十四年进士。“自部郎出守福州府，清修自励，爱民如子，称治才第一。”后乞养归里，“谦和坦易，乡人化之”。[⑦]《陈太保传》是现今所见最早也是唯一的陈璘明代传记文献。关于万历十一年罗定兵变，该文记载说：“癸未二月，戍守浙兵日久骄恣，公以法绳之，有悍卒黄玉等百余人叛

---

① 《明史》卷45《地理志六·广东》，第1136页。

② 喻政：《陈太保传》。

③ 陈璘：《罗旁善后功迹碑记》，见（雍正）《广东通志》卷60《艺文志二》。

④ 陈璘：《罗旁善后功迹碑记》。

⑤ 喻政：《陈太保传》。

⑥ 郭应聘：《郭襄靖公遗集》卷7《哨兵倡变，追究酿乱将领疏》，明万历刻本。

⑦ （乾隆）《贵州通志》卷38《人物·乡贤·喻政传》。

去，将合广西‘瑶’为乱。”[①]从这里显然看不出兵变之起有陈璘的责任，反而是陈璘严格带兵，军士骄纵而惧严约，发动了起义。

雍正《广东通志》对此记载类似，但更为简略：陈璘在东安“招流亡，抚‘瑶僮’，戢戍兵之骄者，民甚安之”[②]。道光《广东通志》引《明史·神宗本纪》万历十一年四月“广东罗定兵变”条，又引《罗定州志》加以进一步解释：“黄玉，东山叛卒也，惮总兵陈璘法严，约同营百余叛去，谋通相思胡峒抚贼诸魁，纠残剽掠”云云[③]。可见，《罗定州志》、雍正《广东通志》、道光《广东通志》等地方志皆言军士骄纵而惧严约，因此发动兵变。

第二类，其他官私史书记载此事者，皆言陈璘贪污克扣、奴役士兵导致兵变。现在所能见到的记载此事最早的史书，当属《万历武功录》。《万历武功录》十四卷，作者瞿九思，是一部记载万历时期内地和边疆军事征伐武功的纪传体史书，编成于万历四十年（1612）八月以前。[④]其关于这次兵变的记载是：

> 东山者，东安县也。万历丁丑，罗旁既平定，上幸用廷臣议，议以东山为东安，建参将一人。于时，陈璘以副总戎秩，到官管事。居五六年，癸未，东山建关王庙、长春寺，璘调营兵三百人，令出金钱二百两，诸营兵皆大怒，曰：既罢力以作之，奈何复竭囊以奉之乎？是时，春正月，天大风雨，寒甚，诸营兵佐橐鼓稍缓，璘辄榜掠之，诸营兵益积怨，深怒于璘，欲反，顾未有路耳。顷后营队兵由白眉峒至，右营队兵自南山至，并转木东门，饮酒醉，与商民争权，略米菜。而哨官刘一鸾谯让之，营兵黄玉遂执鸾，朴柣几死。于是，玉畏鸾死，遂反。先是，璘侵猎饩禀，诸营兵不得禀食县官三月矣。乃于长春墟鸣金鼓，张旗志，立玉为大总，遂杀我兵潘受锅，二衅旗鼓。东安令陈公大闭门走城上，抚谕之，竟不从。由此诸营兵三百人，引队兵五十人与俱。所过富禄、渣峒、替陂、托峒、鹿架、涌石、狗头、坪峒大寨，杀八人，卤男妇一十七人，烧营房七所，直走富霖所止壁。[⑤]

《明神宗实录》载：

> （万历十一年四月戊辰），巡按广东御史罗应鹤题分守东山副总兵管参将事。陈璘扣减兵饷三个月，又调兵三百名抬木，起盖庙寺，众兵怨恨激变，劫掠四五州县之间。

---

① 喻政：《陈太保传》。

② （雍正）《广东通志》卷41《名宦志·陈璘传》。

③ （道光）《广东通志》卷188《前事略八》，清道光二年刻本。

④ 《明史》卷134《艺文志二》（清钞本）：“万历四十年八月，神宗圣诞，九思以原授翰林院待招进是书，及《圣诞五帙乐章》二十五篇。”

⑤ 瞿九思：《万历武功录》卷3《罗定东山叛兵列传》，明万历刻本。

> 罗定兵备佥事侯万爵、东安知县陈公大玩寇遗患，并宜加惩。上谓陈璘虐军致变，革了职，戴罪管事，立功自赎。侯应爵降一级调用，陈公大罚俸半年。流劫叛兵，著郭应聘作速相机处置，毋得玩寇贻患。①

也就是说，陈璘“扣减兵饷三个月，又调兵三百名抬木，起盖庙寺，众兵怨恨激变”。其记载兵变起因与《万历武功录》基本相同。据此，兵变责任全在陈璘。

清初成书的《国榷》记载万历十一年四月乙亥，“广东副总兵陈璘免，以腹饷致富，营兵大噪”②，即陈璘贪污克扣，导致兵变。

清朝官修《明史》对此事的记载是：

> 时东安初定，(陈)璘大兴土木，营寺庙，役部卒，且勒其出资。卒咸怒，因事倡乱，掠州县。③

这一记载，也与《万历武功录》《明神宗实录》《国榷》基本一致。

以上《万历武功录》《明神宗实录》《国榷》《明史》是关于万历十一年（1583）罗定兵变记载的几种主要史书，它们也是当时最权威、最重要、流行最广的史书，实际代表了当时史学界的主流看法，即陈璘贪污克扣、奴役士兵导致了罗定兵变。

四

那么，万历十一年罗定兵变的导因，真是上文归纳的两类说法之一吗？或者说，明清时期官私史书对万历十一年罗定兵变的导因记载正确吗？通过研读两份时任两广总督郭应聘对此事的奏疏，笔者认为，第一类说法不正确，第二类说法不全面。实际上，罗定兵变是以陈璘为首包括其他军官共同贪污克扣、奴役军士导致的。

郭应聘，字君宾，莆田人。嘉靖二十九年（1550）进士。历任广东参政、广西布政使、广西巡抚等职，镇压、平服两广汉、瑶民起事、反抗，颇有成绩。万历十一年正月，升为右都御史兼兵部右侍郎总督两广。官至南京兵部尚书。④今存其文集《郭襄靖公遗集》，明万历刻本，《续修四库全书》、“中国基本古籍库”收录。万历十一年罗定兵变就爆发于郭应

---

① 《明神宗实录》卷136，万历十一年四月戊辰。

② 谈迁：《国榷》卷72，万历十一年四月乙亥，北京：中华书局，1958年。

③ 《明史》卷247《陈璘传》，第6405页。

④ 《明史》卷221《郭应聘传》，第5815页。

聘担任两广总督期间，在不易为人所见的《郭襄靖公遗集》卷七中收录了当时郭应聘给明神宗所上《哨兵倡变，追究酿乱将领疏》《抚剿叛兵捷音疏》两份奏疏，完整地反映了罗定兵变发生的原因、过程、平服情况，为我们论定这次兵变及陈璘的责任提供了第一手资料。

在《哨兵倡变，追究酿乱将领疏》中，郭应聘提到，他于万历十一年三月初三日到任交接，驻扎于苍梧，查到此前二月二十四日东安县申文，“据带管巡捕罗苛、巡检司巡检韦皛报称，本年二月二十日申时，有东山营兵出于长春寺墟，因酒乘机将墟上菜米布货等物抢去。时各铺客慌忙奔散叫唤，有哨官刘一鸾前去禁制，被各兵殴打，扬言激变，口称本管抽扣钱粮，不得给用等情，报县，转报前来”，“又据罗定兵备道佥事侯应爵呈同前事”。这两份文书，“俱该前任督臣陈瑞批行究处”。[①]

可见，据最初东安县、罗定兵备道报告，二月二十日下午申时（十五时至十七时之间），东山营兵借酒在长春寺墟集上抢掠菜米布货，扰乱市场秩序，哨官刘一鸾前往制止，被各兵殴打，众军士声称遭到军官“抽扣钱粮，不得给用等情”，因此“激变”。

郭应聘到任后，“三月初四日，据整饬岭西兵巡道广东布政使司右参政兼按察司佥事徐汝翼补揭前项兵变情由，内开先准东山副总兵陈璘手本，报称本山后、右二营，队兵约有百余，二月二十日，竖旗激变，钞掠居民，当即督兵，二十三日，敌杀叛徒六十四颗，召回三十二名缘由报道。随行东安县知县陈公大细访根因，据报副总兵陈璘旧年十二月内，将鱼米发与各兵领食，候各兵领粮米，每斗扣银五分，鱼每斤扣银一分二厘，又将银放与各兵，每两利银二钱。又有后营把总刘宗汉，今年正月内，假与各兵借银，每兵二钱，托病回卫不还。右营把总陈铭，每兵每月扣银二分，以为薪水。二月，本副总又轮拨右、后二营兵，扯运木植，至九星岩，起盖庙宇，以把总陈铭、哨官陈相、潘麒凤督工，在于教场，各相搬戏饮酒，并邀哨官陈朝贵、黄朝魁等，费过银两，俱就每兵名下扣银八分，代还酒席。间有不遵，多般凌轹。且用二拖木，正值风雨，又刻期完工，枵腹供役，饥寒怨恨。遂有右营哨官陈朝贵管下兵黄玉为首，二月二十日，在长春墟倡众激变。前营附近哨官刘一鸾闻知，前至禁制，被各兵狠打，昏迷倒地，即鸣锣竖旗，一百余人，拥至本县城外。知县陈公大上城抚谕，不从，即密会副总兵陈璘，是夜，亲督官兵蹑踪，追抚各徒，经过围村，捉去男妇一十七口，内赎回五口，追回一十二口，登时杀死七口，杀伤续死一口，宰食牛五只、猪十三只，掳掠财物，多寡难计。沿途烧毁兵营七处，仍杀死塘报一名”[②]。

即三月初四日，郭应聘接到徐汝翼关于这次兵变的进一步报告，其中说到先准东山副总兵陈璘报告，称东山兵士百余人于二月二十日兵变，钞掠居民，自己带兵镇压云云。徐汝翼随即行文东安县知县陈公大，查访原因。据陈公大报告：①副总兵陈璘上年十二月，

① 郭应聘：《郭襄靖公遗集》卷7《哨兵倡变，追究酿乱将领疏》。

② 郭应聘：《郭襄靖公遗集》卷7《哨兵倡变，追究酿乱将领疏》。

在给兵士发放粮饷时，贪污克扣，粮米每斗扣银五分，鱼每斤扣银一分二厘；②陈璘又利用兵士粮饷不足匮乏之机，大放高利贷，每两利银二钱，利率达到二成；③后营把总刘宗汉，于万历十一年（1583）正月强借兵士银钱，每兵二钱，托病回卫不还；④右营把总陈铭，每兵每月扣银二分，以为薪水；⑤陈璘役使营兵运木至九星岩，起盖庙宇，负责督工的把总陈铭、哨官陈相、潘麒凤等人，邀约哨官陈朝贵、黄朝魁等，在教场演戏喝酒，耗费银两，强摊到兵士名下，每名扣银八分。间有不遵，多般凌铄。⑥役使兵士运木修建寺庙，正值风雨，又克期完工，兵士们枵腹供役，饥寒怨恨。可见，陈璘及其下属诸军官贪污克扣、奴役兵士，导致兵变，“右营哨官陈朝贵管下兵黄玉为首，二月二十日，在长春墟倡众激变。前营附近哨官刘一鸾闻知，前至禁制，被各兵狠打，昏迷倒地，即鸣锣竖旗，一百余人，拥至本县城外”。这是第一次兵变，爆发于东安县东山营。

徐汝翼继续报告，“又准分守西山游击叶欢手本，据该山前营哨官冯明报称，闰二月初十日，有浪贼二百余徒，潜越中路地方，土名掘峒马贵山聚众。当有中路左营把总王朝相管下哨官李昌下哨长钟苍、队长张龙、朱达乘马二匹，带兵一小哨，随伙叛走。上山时，有哨长钟苍即夜脱回，报知守备欧洋，即差塘报卢有忠前去哨探，当被叛兵拿去，割耳放回。各徒仍札马贵地方未去。本月二十日，又据该山前营把总陈邦武揭报前项叛徒一起，置有黄伞及五方旗鼓。十七日，自掘峒起，过中路白石营，各兵知觉，奔上山冈，远数三百六十余徒。十八日，过潭仆墟。十九日，至李村，掳去马六匹，俱不伤虏人口。越至广西交界，土名何岭去讫。该路守备不即扑灭，且隐匿不报等因。各报到道。该本道会同罗定道，复委西宁县知县吴道远，会同东安县知县陈公大复查，开报前情无异。仍委肇庆府推官唐民敏亲至该地方，就近并查另报”[①]。

即据罗定、西宁、西山营官员报告，闰二月初十日，西宁县有所谓“浪贼”（起义军）二百余人，潜越西山营中路掘峒马贵山，聚众起事。西山营中路左营把总王朝相管下哨官李昌下哨长钟苍、队长张龙、朱达乘马二匹，带兵一小哨，随其“叛”走。上山时，哨长钟苍即夜脱回，报知守备欧洋。十七日，起事队伍自掘峒起，过中路白石营，营兵又从而上山，人数超过三百六十余。后进发至广西交界何岭。这是第二次兵变，爆发于西宁县西山营。

三月初六日，镇守广东总兵官黄应甲分析了罗定兵变的原因：“东山营兵之叛，良由日被朘削，困于饥寒，苦于工作，故攘臂一呼，望风响应。……迨至流入中路，守备欧洋之兵辄与合伙同叛，亦非无故而致。据亲兵陈五、钟四探听回称，守备欧洋差塘报卢有忠前去哨探，当被叛兵拿去割耳放回，云欧守备每月将我钱粮克减肥己，不顾各兵之苦等因。”[②]可见，西山营兵变，也是因为守备欧洋每月贪污克扣兵士粮饷。

综上所述，万历十一年（1583）罗定二次兵变，是陈璘及其他军官贪污克扣兵士粮饷、

① 郭应聘：《郭襄靖公遗集》卷7《哨兵倡变，追究酿乱将领疏》。

② 郭应聘：《郭襄靖公遗集》卷7《哨兵倡变，追究酿乱将领疏》。

奴役凌辱兵士共同激成的，而非明清史志所言兵士骄纵而惧严约，或者陈璘个人贪克、奴役兵士造成的。正如郭应聘在奏疏中总结的："分守东山地方副总兵管参将事署都指挥佥事陈璘给鱼米而扣饷银，不顾师徒之枵腹，兴土木而疲兵力，自致部曲之离心，患波及于无辜，变实成于有激。守备中路地方以都指挥体统行事指挥使欧泮平时克剥，既丛怨于众心，临事支吾，致贻殃于邻壤，深属庸懦无益。戎行后营把总刘宗汉，假借兵银，托病负约。右营把总陈铭、哨官陈相、潘麒凤，督工滥费，扣饷抵还。"[①]所有这些，导致了万历十一年罗定兵变。

五

下面，笔者将分析万历十一年罗定两次兵变的关系，进一步揭示陈璘在其中的责任。

关于第一起兵变，郭应聘在平定兵变后所上《抚剿叛兵捷音疏》中说，"据岭西兵巡道右参政徐汝翼、罗定兵备道佥事侯应爵、接管佥事郑人逵会呈，查得各叛兵二月二十日乘机倡变者，先二百五十余人，自长春墟起，至富禄、渣洞、替陂、托峒、坪岗、大寨，沿路各村，捉去男妇一十七口，赎回五口，追回给领一十二名，杀死八名口，杀虏猪牛衣物不等，烧毁营房七处，杀死塘报一名潘顺。二十二晚，至富霖所城外屯扎。陈副总兵次早黎明，带兵追杀，查实斩获黄玉等一百余名，召回陈恩等四十余名。尚有诸大用、丘如鸿、陈汝清等一百余名逃散"[②]。可见，第一次兵变，陈璘、陈公大最初报告参加者百余人，二十三日黎明陈璘斩杀六十四人，召回三十二人（详见前文）；兵变平定后，郭应聘报告，参加兵变者二百五十余人，二十三日陈璘斩杀其首领黄玉等一百余名，召回陈恩等四十余名，诸大用、丘如鸿、陈汝清等一百余名逃散。

第二起兵变，郭应聘在《抚剿叛兵捷音疏》中报告也与《哨兵倡变，追究酿乱将领疏》略有不同。据《抚剿叛兵捷音疏》，有东山革退哨长陈东（陈仰泉）、毛胜（毛甲头），"向在富霖、替陂居住"。又有诸魁（诸前峰）、诸君用（诸双桥）、何亮（何少峰），"先亦各充东山哨队长，陆续革退"，与熟识素厚张乾（诸少崖）、萧德、罗应元（诸应元）、罗亚长（诸亚长）父子，"各投在屯种把总张槐所辖龙埇相思胡峒朦村等处耕住"。第一起兵变被陈璘镇压后，逃散的诸大用等人，"因见彼处穷崖绝谷，便于为盗，易于隐藏，遂凑同毛胜、陈东等，陆续投附诸魁、张槐等，以佃耕为名，因而造谋出劫"。罗应元、张乾"原俱系岭东抚民，曾在广西陆川往来，各得知陆川城外北街富户颇多，可以劫财"，约诸魁等，"即纠各峒耕佃陈一茂等八十余人，以一茂为贼甲长，又纠铁峒'瑶'甲麦亚长，同弟麦亚贤，

① 郭应聘：《郭襄靖公遗集》卷7《哨兵倡变，追究酿乱将领疏》。

② 郭应聘：《郭襄靖公遗集》卷7《抚剿叛兵捷音疏》。

带领‘瑶’人四十余名，众见诸魁等各平昔枭雄，推为头领。诸魁以大总称，伪号飞龙，诸君用以二总称，伪号飞虎，诸大用以亚总称，张乾以三总称，丘如鸿原充书记，以书总称，素性贪残，又号为老虎，罗应元以哨总称，毛胜以甲总称，陈东以队总称，萧德以协总称”，“于闰二月十二日，因相思胡峒由文子山起程，张槐资以酒米，赠以旗帜，仍令家人亚婆仔跟同前去，续至黄拏围，有韦远即韦文远纠贼韦朝纲等二十八名，至平窦木栏围，有抚贼苏亚冯男苏连塘，又纠党篱头蚜等六十余人”，至中路掘峒，有守备欧泮管下哨守队长张龙、杨达，因见钱粮克减，遂倡同哨兵邓聪等一十九人，叛投诸魁等，合伙同行。[①]

即第一起兵变被陈璘镇压后，逃散的兵士诸大用等，勾连东山退伍的底层军官诸魁等，聚集汉、瑶民等，于闰二月十二日（而非前疏报告的闰二月初十日）起事，经过相思胡峒、文子山、黄拏围、平窦木栏围，沿途不断有人加入，至西山营中路掘峒，中路左营哨长钟苍、队长张龙等带兵一十九人加入，致成第二起兵变。因此，第二起兵变一定程度上也是第一起兵变引起的。人称第一起兵变后，陈璘“弥缝不报，又不设法召回余党，率致祸延他邑”，“迨至流入中路，守备欧泮之兵辄与合伙同叛，亦非无故而致”。第二起兵变起义军流劫广西陆川，“据报各贼俱系东山叛兵，纠集各党，流来劫掳”[②]。“诸大用等一百余人，竟逋逃入贼巢，纠合抚‘瑶’革兵，及守备使欧泮所部叛兵，并鼠窜粤西，屯陆川，劫北街，杀五十余人，虏一百三十三人。”[③]从这个意义上说，陈璘对两次兵变的爆发又有更大的责任。

六

简单谈谈陈璘平定兵变及兵变对陈璘的影响。

第一起兵变爆发后，陈璘连夜追击起义军。他推测起义军将逃经富霖，“（二月二十三日）天当曙，先取间道至富霖，令居民尽杀雄鸡，击柝者毋报五鼓。俄叛者至，闻鸡未鸣，漏方四下，稍憩以待曙。公以驰至，一歼无遗”[④]。这一战当然并没有将起义军“一歼无遗”，而是有诸大用等一百余名“逃散”，进而纠合西山营兵，于闰二月十二日爆发第二次兵变，以致流劫广西陆川等地。

明神宗接到兵变奏疏后，命两广总督郭应聘“作速相机处置，毋得玩寇贻患”[⑤]。郭应聘查实情况，迅速组织平叛。陈璘是罗定最高级别武官，也是主要的平叛者。他“督发官

---

① 郭应聘：《郭襄靖公遗集》卷7《抚剿叛兵捷音疏》。

② 郭应聘：《郭襄靖公遗集》卷7《哨兵倡变，追究酿乱将领疏》。

③ 瞿九思：《万历武功录》卷3《罗定东山叛兵列传》。

④ 喻政：《陈太保传》。

⑤ 《明神宗实录》卷136，万历十一年四月戊辰。

兵”进剿，先后擒获诸大用、丘如鸿、毛胜等，斩诸君用。诸魁、何亮等起义军被包围，陈璘差百户陈铭等前往宣谕，诸魁假意接受招安，并留陈铭等在营，“移巢宁水地方，阳招阴叛”。[①]陈铭“阴行反间”，先使起义军杀何亮。诸魁复谋出劫，陈璘探知，“一面发兵掩击，一面密通陈铭内应”。届时，官兵里应外合，攻占起义军巢穴。诸魁夺路而逃，陈璘“购以重赏”，下令“有能计缚出献者，准免其死”。最终，诸魁被同伙缚献给陈璘。其余起义军首领及余部，也先后为陈璘及其他官军镇压，罗定兵变基本平定。[②]

本来，罗定兵变爆发后，巡按广东御史罗应鹤迅速向朝廷报告，陈璘贪克兵饷、奴役士兵激变。明神宗表示：“陈璘虐军致变，革了职，戴罪管事，立功自赎。”[③]兵变平定后，郭应聘上《抚剿叛兵捷音疏》，汇报兵变起因、平定过程及各官功罪，其中对陈璘的说法是：“分守广东东山副总兵管参将事署都指挥佥事今革职充为事官陈璘，挺身独任，欲救过于东隅，冒险先登，几甘心于白刃”，“著抚擒之绩”；“陈璘致变有因，论功难泯，应候勘报，俟该部议处”。[④]至万历十二年（1584）三月，兵部覆郭应聘等“查勘原任山东副总兵陈璘兵变情繇”，神宗“以其先定罗旁功，及今擒斩叛兵，准赎罪免赃，复原职”。[⑤]九月，陈璘调“提督狼山等处地方副总兵”[⑥]。

陈璘虽然得到复职，但其贪残激变也给朝廷留下了很深印象，这影响了他的仕途和军事生涯。不久，陈璘遭弹劾罢官。《陈太保传》称：“时总督大司徒王特荐于朝，方拟大用，会有忌公（陈璘）者，流言于粤抚按，追论公旧事。公闻知，遂浩然而归。”[⑦]但其反映的并不全是实情。万历十九年闰三月，四川抚按官李尚思等“会荐将才”，建议升用陈璘等人。朝廷下令，除陈璘与另一位将领“参革”外，其余几位将领均得“附记将籍升用”[⑧]。七月，兵部覆巡抚陕西都御史叶梦熊“荐举将领等官”，称“陈璘奉旨不许推用”，其他将领均可推用。神宗“从之”。[⑨]因此，《明史》称：“（陈）璘有谋略，善将兵，然所至贪黩，复被劾褫官。废久之，朝士多惜其才，不敢荐。”[⑩]直到万历二十年，日本侵略朝鲜，明朝派兵前往援助，才重新起用陈璘，成就出一位抗倭英雄。

（执行编辑：杨　芹）

---

① 郭应聘：《郭襄靖公遗集》卷7《抚剿叛兵捷音疏》。
② 郭应聘：《郭襄靖公遗集》卷7《抚剿叛兵捷音疏》。
③ 《明神宗实录》卷136，万历十一年四月戊辰。
④ 郭应聘：《郭襄靖公遗集》卷7《抚剿叛兵捷音疏》。
⑤ 《明神宗实录》卷147，万历十二年三月甲辰。
⑥ 《明神宗实录》卷153，万历十二年九月己卯。
⑦ 喻政：《陈太保传》。
⑧ 《明神宗实录》卷234，万历十九年闰三月辛未。
⑨ 《明神宗实录》卷238，万历十九年七月丙寅。
⑩ 《明史》卷247《陈璘传》，第6405页。

屈大均的女性观：基于其家庭生活考察*

刘正刚**

摘要：明清之交，岭南士大夫领袖人物屈大均不仅投身社会活动，而且还在家庭中扮演儿子、丈夫、父亲等多种角色，在其留下的大量诗文中记录了他与家庭女性成员和谐相处的关系，他对母尽孝、对妻妾尽情、对儿女尽爱的面相，处处体现着与家中女性成员的亲密互动关系，显示了岭南士大夫男女平等的观念，此与儒家“男尊女卑”观有些许不同。

关键词：屈大均；家庭；女性；情感

康熙三十五年（1696）五月十六日，67 岁的屈大均终于走完了人生旅程。据族谱记载，他在临终之际，有一个微小的细节颇引人关注，“临终时，斥诸妇人退去，曰：君子不死于妇人之手”。然后对长子明洪说：“曾子云：吾得正而死焉，斯正矣。”命明洪将枕头扶正，“问正否三。曰正。遂闭目而逝”。①这一富有戏剧性的诀别仪式，容易让后人产生屈大均轻蔑女性的想法。其实不然。从今人整理出版的《屈大均全集》中可以看出，与他生活在同一家庭中的女性至少超过 10 位，由此决定了他在家庭中处于儿子、丈夫、父亲等多种角色。学术界对屈大均的研究取得了相当丰富的成果，但从家庭史的视角，观察他对女性的态度，尚无人论及。本文试图以屈大均自己书写的有关与女性生活的片段，考察明清广东士大夫对女性的态度，由此揭示广东士大夫的女性观与儒家倡导的“男尊女卑”之不同。

---

* 本文为国家社会科学基金项目“明清地域社会变迁中的广东乡村妇女研究”（项目编号：08BZS012）阶段成果。

** 刘正刚，暨南大学中国文化史籍研究所教授。

① 欧初、王贵忱主编：《屈大均全集·附录一》，北京：人民文学出版社，1996 年，第 1994-1995 页。

一、对长寿母亲的尽孝

康熙三十二年（1693）四月初八日，屈大均母亲黄氏90岁寿终正寝，时大均已是花甲老人。据屈大均在《先考澹足公处士四松阡表》说，黄氏与丈夫屈宜遇在崇祯三年（1630）生下长子屈大均，时黄氏27岁，丈夫33岁。屈宜遇祖籍番禺，年幼时家多难，被寄养于南海县邵氏家中。因此之故，屈大均初名邵龙，还有两个弟弟大城、大威及两妹。[①]

屈宜遇读过书，因屡试不中，遂改业医，屈大均在《翁山文外》卷7《先考澹足公处士四松阡表》中说父亲"治诸生业不售，以多病遂精医理，为人诊治，不责其谢"。但他酷爱读书，"有暇，辄饮酒鼓琴，读医书，与经史百家相间"，并养成购书藏书的习惯，"家贫，每得金，必以购书"，并告诉大均说："吾家可无田，不可无书。汝能多读书，是则厥父播，厥子耘耔，而有秋可期矣。"屈大均就成长在这样的书香环境中，年幼时常读书于母侧，"每夜就母黄纺绩灯下，读书三十页，晨起父前背诵，不遗一字"。[②]屈大均成人后，恰逢明清王朝交替，顺治二年（1645），16岁的大均被驻跸于肇庆的南明王朝补为"南海县学生员"[③]，跻身于士人行列。他成功后的首个行动就是在父亲带领下回到祖籍番禺沙亭拜谒祖庙，认祖归宗，恢复"屈"姓。次年，清军攻陷广州，父亲要求儿子不仕清廷，"昔之时，不仕无义。今之时，龙荒之有，神夏之亡，有甚于春秋之世者，仕则无义。洁其身，所以存大伦也，小子勉之"[④]。屈大均一生均遵奉父亲的这一教导。

除了父亲的教导，屈大均还受到业师陈邦彦的影响。顺治三年，陈邦彦在高明起兵抗清，屈大均与家族仲兄士煌加入义兵，陈邦彦被捕就义后，更坚定了他不仕清廷的信念，"师仇益恨，坚志不仕"[⑤]。顺治五年李成栋反正，归附南明桂王，抗清形势好转，屈大均根据父亲的要求，赴肇庆谒南明桂王，"上《中兴六大典书》，以大学士王公化澄荐引，将得服官中秘"。但因父亲病重又返家，可见在忠孝难两全的情况下，他选择在父亲病榻前恪尽人子的本分。顺治六年十一月，屈大均52岁的父亲病逝。母亲黄氏46岁守寡。

父亲去世后，屈大均在清军节节获胜以及南明小朝廷争吵不休的情况下，走上了与当时一部分士大夫相同的生活方式——逃禅归隐。[⑥]在他出家为僧的时期，家中年近半百的寡母，成为两弟、两妹的主心骨。实际上，屈大均并没有真心皈佛，而是游走各地，结交遗民志士。但他内心对母亲却存有愧疚感，50岁后，他曾作《髻人说》说："家贫母老，菽

① 邬庆时：《屈大均年谱》，广州：广东人民出版社，2006年，第11页。
② 宣统《番禺县续志》卷18《人物》。
③ 欧初、王贵忱主编：《屈大均全集·翁山文外》卷7《仲兄铁井先生墓表》，第142-144页。
④ 欧初、王贵忱主编：《屈大均全集·翁山文外》卷7《先考澹足公处士四松阡表》，第137-138页。
⑤ 欧初、王贵忱主编：《屈大均全集·翁山文外》卷14《死事先生师赠兵部尚书陈岩野先生哀辞》，第229页。
⑥ 陈垣：《明季滇黔佛教考》卷5《遗民之逃禅》，北京：中华书局，1962年，第200-262页。

水无资，不可以久处山谷之中，与鹿麋为伍，既已来归子舍，又不可以僧而侍亲。”可见，他还俗的其中一个原因就是为了侍奉母亲。

屈大均 30 岁弃佛复儒，他曾说：“予二十有二而学禅，既又学玄。年三十而始知其非，乃尽弃之，复从事于吾儒。”[①]但他仍游历不断，母亲成为他在外出游历中最牵挂的对象，他曾作《留别羊城诸子》云：“我亲已白发，我行犹转蓬。”[②]康熙元年（1662），他从北方南归沙亭，时母亲已 60 岁。他在《北游初归奉家慈还居沙亭作》中记述远游时对母亲的牵挂以及归家后母子团聚的欢乐，“苏耽成道返，阿母大欢娱。……三迁忧老母，九死愧先臣。……只因恋慈母，不忍住深山”。苏耽是传说中的仙人，年少丧父，孝顺母亲，后弃母登仙。屈大均以苏耽自喻，觉得自己比苏耽孝顺，苏耽登仙不返，自己虽“出家”，但为了尽孝母亲又返家。

黄氏对儿子屈大均的婚姻十分关心，在儿子归儒后，她四处张罗，为儿子聘娶仙岭刘氏，但没有想到的却是刘氏为不落家女（见下文述）。康熙四年春，36 岁的屈大均再次离家游历，途径金陵，于次年在陕西游历时，经李因笃等做媒，与明季大将王壮猷遗孤女王华姜结成伉俪。但他内心仍牵挂母亲，他在婚后所作《赠内》诗云：“白首堪偕隐，青山不用名。依人愁雁塞，将母忆羊城。”他虽有爱妻在旁，却无时无刻不牵挂远在南粤的年迈母亲，他在返粤前给友人作《将从雁代返岭南留别程周量》中云：“流落真无计，依人古所难。自怜因老母，不敢谢长安。”[③]可见，心中一直牵挂着母亲，可能是他婚后两年毅然携妻女从陕西返回广东番禺的原因之一。

康熙十二年，清廷议撤三藩，引起“三藩之乱”爆发，屈大均寄希望于此次行动能恢复明朝统治，时已 44 岁的他离粤到湖南从军，次年春，从军于楚，与吴三桂言兵事，以广西按察司副司监督安远大将军孙延龄军于桂林。[④]直到康熙十五年二月，他才卸去军职，回到家中。他在军旅之中，写下了不少诗作，母亲成为其中的中心之一，如《从军行》云：“我亲疾痛余，颐养少甘毳。”[⑤]《野宿荔浦作》云：“故乡怜有母，辛苦忆军中。”[⑥]《自五屯所至永安州舟中作》云：“乡山归不得，母子梦相亲。”[⑦]《梅市别祁四丈季超》云：“昔我别慈亲，王事劳孤征。风雪历四载，谋深竟难成。”[⑧]他对母亲的挂念于此可见。

康熙二十年，52 岁的屈大均从南京游历归来，此后再未离家出行，时已 78 岁的母亲仍身体健朗，他在家中与母亲尽享天伦之乐，《堂上行》云：“堂上老人七十九，绝似麻姑

① 欧初、王贵忱主编：《屈大均全集·翁山文外》卷 5《归儒说》，第 123 页。
② 欧初、王贵忱主编：《屈大均全集·翁山诗外》卷 2《留别羊城诸子》，第 74 页。
③ 欧初、王贵忱主编：《屈大均全集·翁山诗外》卷 5《将从雁代返岭南留别程周量》，第 254 页。
④ 欧初、王贵忱主编：《屈大均全集·翁山文外》卷 7《伯兄白园先生墓表》，第 139-142 页。
⑤ 欧初、王贵忱主编：《屈大均全集·翁山诗外》卷 2《从军行》，第 95 页。
⑥ 欧初、王贵忱主编：《屈大均全集·翁山诗外》卷 6《野宿荔浦作》，第 356 页。
⑦ 欧初、王贵忱主编：《屈大均全集·翁山诗外》卷 6《自五屯所至永安州舟中作》，第 357 页。
⑧ 欧初、王贵忱主编：《屈大均全集·翁山诗外》卷 2《梅市别祁四丈季超》，第 66 页。

能饮酒。白发垂垂亦至腰，梳头辄命梁鸾妇。”[①]屈大均对母亲长寿甚是欣慰。在母亲 80 岁后，常于母亲生日赋诗，如《乙丑腊月十三日恭遇慈大人八十二岁生日喜赋》《丁卯腊月十三日恭逢家慈大人八十有四寿日喜赋五章》《乙巳腊月十三日家慈大人八十有六生日恭赋》《庚午腊月丙寅举第五子阿需值慈大人八十有七生日喜赋》。即便是自己生日也会述及母亲，如《五十五岁生日有作》云：“皇天眷老亲，八十一年人。孺慕今方始，儿啼日以新。”又《甲子初春赋得今岁花前五十五》中说：“堂上八旬母，承欢未觉贫。”61 岁生日时还祝愿母亲长寿，“六十婴孩九十亲，殷勤阿母与长春”[②]。屈大均在诗作中多次以老莱子作喻，并在《老莱子传》中云：

> 吾于古之隐君子，最好慕老莱，以吾有老母在焉。母年八十有七，吾亦六旬而加一也。尝作婴儿以自娱，以娱吾母。吾母不知其子之年已六旬而加一也，以为尚在襁褓，未离乎怀抱之间也……嗟夫，古仁人之事其亲也如天，以其亲为天而已，亦以天事之。[③]

老莱子的典故出自西汉刘向的《列女传》，年七十仍作婴儿状、穿五彩衣以悦双亲。后人以“老莱娱亲”比喻对老人孝顺。屈大均对老莱事亲的推崇，反映了他对儒家孝道观的认同。屈母 90 岁离世，64 岁的屈大均悲痛欲绝，多次表达奉养母亲太迟的遗憾，《癸酉秋怀》中说：“白头思殉母，黄口忍捐儿。……白冠依太古，衰绖忍离身。苦忆惟慈爱，劳心是棘人。时时闻叹息，点点湿衣巾。……心随春草死，泪向竹枝垂。往日多行役，空伤孝养迟。……老始为人子，身归父母迟。”[④]《哀述》中云：“已恨全归晚，还伤反哺迟。……新为无母子，六十始婴啼。哭向天边断，魂随地下迷。”[⑤]

屈大均对母亲尽孝，也影响了其妻妾的言行。华姜在代州与屈大均结为连理，“居代久矣，华姜念姑老在天南，力请于其亲，而与屈子归觐番禺”。康熙七年八月，华姜抵番禺，“事姑以孝闻”[⑥]，与婆婆相处得很温馨，“斯时也，吾母喜华姜之能来，舍西北高爽之居，而就东南暑湿，亟称之曰：孝哉妇，孝哉妇！既受家政，与仲娣婉婉听从，事无大小必以请。虽秦、粤语音间未尽通，然先意承志，辄能得吾母之欢心。吾母膳羞，亦丰亦洁”[⑦]。王氏虽言语不通，也能“先意承志”，中间少不了大均的传声翻译，母子、夫妻、婆媳和睦相处，一目了然。华姜死后，屈母又为儿子娶东莞黎氏，婆媳关系也融洽，大均在《继室

---

① 欧初、王贵忱主编：《屈大均全集·翁山诗外》卷 3《堂上行》，第 152 页。
② 欧初、王贵忱主编：《屈大均全集·翁山诗外》卷 11《庚午季秋六十有一生日作》，第 1000 页。
③ 欧初、王贵忱主编：《屈大均全集·翁山文外》卷 3《老莱子传》，第 104 页。
④ 欧初、王贵忱主编：《屈大均全集·翁山诗外》卷 9《癸酉秋怀》，第 793-795 页。
⑤ 欧初、王贵忱主编：《屈大均全集·翁山诗外》卷 9《哀述》，第 791-792 页。
⑥《独漉堂文集》卷 10《王氏华姜墓志铭》，《清代诗文集汇编》第 125 册，上海：上海古籍出版社，2010 年，第 606-607 页。
⑦ 欧初、王贵忱主编：《屈大均全集·翁山文外》卷 3《继室王氏孺人行略》，第 114-116 页。

黎氏孺人行略》中说：

一日，有以孺人来言者，吾母亲往视之，见其容止静庄，应对有度，左图书而右针纩，手作口吟，晨夕不辍，以为有古贤媛风，心甚悦之，数数遣媒以求。……未几，予母得风瘫之疾，手足拘挛，不能自运，孺人日执碗箸饭姑，为姑盥栉，著衣裳，抚摩抑搔，无须臾而离床下。虽甚病羸，未尝分其劳于叔娣也。当残腊天寒，鸡未二鸣而起，取糜粥鸡子以啖姑，诸妾媵辈方熟寐，未之知也。……予母尝谓：孺人恭俭温柔，盖多得诗人之教，然亦其天性所致云。①

可见，黎氏是屈母亲自过问聘娶的媳妇，过门后对婆婆尽心侍奉。“三藩之乱”时，丈夫投军，黎氏携婆婆及全家逃难，途中把最好的饭羹留给婆婆，自己却以齑盐下饭。当然，屈母受传统延续香火的影响，对生育男婴的媳妇更为偏爱，尤其是大均侧室陈氏生子明德后，大均用“予母甚爱陈”加以表达。而屈大均对母亲的尽孝，也是屈母长寿的原因之一，屈大均的好友，同为岭南三大家之一的陈恭尹在一次为屈母贺寿的序中说：

屈子好为万里之游，出必数年而归，归或不逾时而出。其母黄太夫人，恒依仲季以居，东西迁徙，予每就所寓问太夫人安否，而为道屈子游踪所至。然窃瞻太夫人颜色怡然，无念子之感。予心异之。往岁，屈子奉太夫人客金陵，既归，予入揖，太夫人双鬓皤然，而体貌加壮，为之大喜相慰。屈子既还乡新汀，开九歌草堂以居。……（太夫人）中岁寡居，识鉴宏远，志尚高洁，不愿其子有不义之食。屈子虽名重天下，著书满家，然无忌草檄之志，三十年落落未就，比以太夫人年高，恋晨昏定省，不复远出。②

陈恭尹的“序”将屈大均与母亲的关系明晰地勾画出来，从中可以看出屈大均对母亲的孝行，也可看出屈母对儿子出游的豁达。屈母曾随儿子客居金陵，对儿子继承父亲的遗志有所理解。后来随着母亲的年迈，以及复明的无望，大均始终与母亲生活在一起，对母始终尽心尽孝，初心不改。

二、对众多妻妾的尽情

儒家奉行的夫妻关系是夫为妻纲，不赞成甚至反对夫妻间的恩爱与亲昵，主张夫妇相

① 欧初、王贵忱主编：《屈大均全集·翁山文外》卷3《继室黎氏孺人行略》，第116-119页。

② 《独漉堂文集》卷4《寿屈母黄太夫人序》，《清代诗文集汇编》第125册，第580页。

敬如宾，和而有礼，而非过用其爱。夫妻间不仅在别人面前表示亲昵不合适，就是私下表示对对方的关心或牵挂，也会让人感到有失颜面。①然而，屈大均对妻妾们的言行显然与这一规范相悖，他在诗文中对妻妾们有较细腻的情感描述，显示其与妻妾关系十分和谐。在传统社会允许男性一妻多妾的环境下，屈大均一生拥有 9 个妻妾。他身为人夫，没有拘泥于儒家礼教，对每一位与之生活过的妻妾都保持了良好的关系。兹据《翁山文外》中的相关记载，罗列成下表，以示明了，见表 1。

表 1 屈大均妻妾情况一览表

妻妾姓名	籍贯	结婚年龄		卒年及时间	
		妻妾	屈大均	妻妾	屈大均
刘氏	仙岭	不详	30 多岁	不详	不详
王氏华姜	陕榆林	21 岁	37 岁	25 岁（康熙九年正月）	41 岁
黎氏绿眉	东莞	26 岁	42 岁	31 岁（康熙十五年六月）	47 岁
梁氏文姑	南海	17 岁	40 岁	34 岁（康熙二十五年闰四月）	57 岁
陈氏西姨（随华姜入粤）	陕代州	25 岁	41 岁	34 岁（康熙二十五年闰四月）	50 岁
刘氏武姑	昭平	21 岁	46 岁	41 岁（康熙三十四年四月）	66 岁
丘氏辟寒	不详	不详	不详	不详（康熙二十八年）	已卒
陆氏墨西	高要	不详	59 岁		已故
石氏香东	东莞	不详	59 岁		已故

从表 1 可知，屈大均一生妻妾 9 位。刘氏为不落家，据说，屈大均回乡“还俗后，其母为其娶仙岭刘氏。刘氏因先生曾为和尚，且年过三十，为姐妹所非笑，遂不落家。先生诗文，对于各妻妾，皆详言之。但不提及刘氏，盖以此云”。明清时期，珠三角地区流行不落家婚俗，新婚夫妇婚后三朝，新娘回母家，每逢佳节回夫家一日或两日，经两三年后，始行长住谓之落家；若两三年后仍不肯长住，且不肯暂住，则谓之不落家。②因此，真正与屈大均一起生活的妻妾为 8 位。

屈大均本人以诗文著称，其对女性才情也颇为看重，在他的众多妻妾中，王华姜与黎绿眉堪称才女。他在《翁山文外》卷 3《继室王氏孺人行略》和《继室黎氏孺人行略》两文中毫不掩饰自己对两位妻子诗才的欣赏，“华姜性好文，方学五言诗、真书，未就。聪明善记，《离骚》《玉台新咏》《述昏》《赠内》诸诗，一一能举其辞。刺绣巧绝，兼能走马射生、秋千、蹴鞠、围棋诸戏”。黎氏“幼知书，能做五七言诗，以教里中诸女士”，并有诗卷《道香楼集》传世。两位妻子与屈大均志趣相投，尤与华姜感情最笃，其父都督壮猷

① 张国刚：《中国家庭史》第四卷，广州：广东人民出版社，2007 年，第 300-301 页。
② 邬庆时：《屈大均年谱》，第 88 页。

于崇祯时在关中剿贼殉国，华姜被侯家收养。康熙五年（1666），37 岁的大均在陕西交游时，与 21 岁的华姜结为连理。他在《继室王氏孺人行略》描述彼此结识时说：

（华姜）姿容端丽，性复幽闲贞静。……丙午，予有事华山，赋《西岳诗》百韵，李子（李因笃）见而惊叹，以书告赵及副使陈公上年，皆使使来迎。将至代，李子先入为蹇修，副使纳币。赵喜曰：吾有报侯公矣。予固辞：母在天南，娶而不告，于礼不可。赵留之幕府，疾遣骑士告侯。……使至，侯公问状，则以《西岳诗》对。华姜闻之，曰：是隐君子耶，无愧吾先将军矣。于是华姜自固原启行，入萧关，出潼谷，逾于黄河，登顿霍太山之坂，凡三千里而至代。既嫔。……今予更字华夫，而以华姜字子矣。

尽管有媒妁之约，屈大均却以未告母推辞。但华姜闻《西岳诗》后不远千里至代，与屈大均相会，说明她对大均的诗作是灵犀相通的。屈大均在感动之余，因华姜而“更字华夫”。婚后，屈大均作《述婚》及《携姬游华山》表达对爱妻的关爱之情。两年后，在女儿阿雁出生 47 日时，屈大均决定携妻女归粤，据《屈翁山遗闻》称，此次返粤尚有抗清之意，因为大均夫妇返粤路线值得玩味，康熙七年九月，携女自雁门出，历云中、上谷、渝军都官至京，又从济宁南下至秦淮而休，直至次年八月到达番禺，暗含有沿途联络抗清义士的意图。

24 岁的王华姜抵粤后，克服了语言、水土、风俗上的障碍，与屈母相处融洽，这也是对屈大均孝亲的一种支持。华姜与屈家人相处也较和睦，屈大均以写实性的诗句表述说：“我有第五妹，与姜日娱嬉，梳姜堕马髻，服姜月华衣。”①然而，好景不长，华姜在 25 岁时因小产中风而亡。屈大均对爱妻离世悲痛不已，陈恭尹就在《王氏华姜墓志铭》中曰：“屈子与其母哭之，过时而悲。”屈大均还写下大量诗文以抒内心之哀痛，如《哀内子王华姜》十三首、《以荔枝荐华姜文》、《辛亥人日祭王华姜文》等。后来，他还将这些诗作集中在一起，在《哀华姜诗百首跋》云：“呜呼，吾之哀汝也！为五言古诗十三章，七言绝句一百章。自古悼亡之诗，虽潘岳、江淹、元稹，未有如此之多也！”他在为陈恭尹妻湛氏撰写诗序中再次表达对妻子的感情：

予尝为诗哭华姜，世之词人见之，鲜不流涕，而元孝亦以其哭哭华姜也，为诗八百余言，仿焦仲卿体，几于长篇之圣。予所不能言者，元孝代予言之，非元孝之善哭恭人，不能代予言之，然非华姜之可哀如恭人，亦不能使元孝代予言之善也。予无以报之，亦以其哭哭恭人，为诗五百余言。元孝之多，予之寡，辞虽不及，情或过之。

---

① 欧初、王贵忱主编：《屈大均全集·翁山诗外》卷1《哀内子华姜》，第22页。

盖元孝达人，能以名理自胜，而予之哭华姜，声有止而哀无终，贻世所讥，卒于无可奈何。[①]

他反复述说诗作“如此之多”以及“哀无终”的话语，体现了他对爱妻剪不断的情愫。屈大均还表示在自己百年后，将与华姜同穴的心愿，在《葬华姜文》中说：“是墓也，虚其右以待予之同穴焉。予学道廿有余年，即使仙成，终不肯乘鸾鹤而上升也，将尸解以与姜合葬于是。”死同穴是儒家倡导夫妻感情至深的最后归宿。华姜离世二十年后，屈大均仍写诗哀悼：“忆共兰舟故里还，蛾眉画出是秦山。……宝镜消沉二十年，画图空想旧婵娟。”[②]

屈大均的好友也相继写诗悼念华姜，陈子升有《为屈翁山悼妻华姜王氏》、陈恭尹有《王华姜哀辞》、从兄士煌有《王孺人传》、从弟士熺有《悼嫂氏王夫人》等。华姜死后次年即康熙十年（1671）二月，屈大均“编所为悼亡诗文及海内人士四十余人所为《哀华姜》古今体诗及序、传、疏、诔、墓志铭之属为《悼俪集》，刻成，焚告华姜。告之曰：呜呼，《悼俪》一书，自古以来无之，有之今自予始，皆海内之贤人才士所为哀文之汝辞者也”[③]。海内士人哀悼华姜之死，内中或许有抗清的隐情，据《屈翁山遗闻》云：“华姜实一女将才，西姨亦善走马射生。其嫁先生，实李天生等布置之于南方，以为起义时之主力。《华岳百韵》不过借之以掩饰时人之耳目而已。竟志以殁，故先生哀伤特甚。”可见，屈大均及其友人对华姜的悼亡越出了一般儿女私情，而将家国、儿女之情合二为一。屈大均因华姜生长于秦，“遣使持华姜所遗衣笄，往华阴，属友人王伯佐为石函一具，瘗之于明星、玉女之峰，而乞山史王君书其碣曰：有明处士屈华夫先生之配王华姜孺人衣笄冢”[④]。他强调“有明处士”恰恰显示其遗民的身份。

王华姜死后，42岁的屈大均奉母命迎娶黎绿眉为继室。黎氏久仰大均与华姜之名，屈大均在《翁山文外》卷3《继室黎氏孺人行略》说：黎氏“幼知书，能作五七言诗，以教里中诸女士。先是，予丧华姜，有悼亡诗数十章，为莞中人传诵，孺人见而悲之，以为情文兼至也”。远在东莞的黎氏通过世人传诵的悼华姜诗认识了屈大均，也说明黎氏是知书之人。黎氏才情兼备是赢得屈大均爱慕的重要因素，两人婚后常以诗唱和。“（黎氏）得与予为夫妇者，仅及五载，而五载之中，朝暮相见，又仅得二十有三月。”在23个月相处中，黎氏为屈家生下一儿一女，由此也可见夫妻情深。黎氏与屈大均结婚正是“三藩之乱”时期，在这段艰难的岁月中，她因丈夫抗清而独立挑起家庭的重担，并在劳累与惊惧中离世。屈大均所作《继室黎氏孺人行略》对此有详细记载，“孺人体素虚羸，先是癸丑产一子，未期而又有身。……甲寅春，予从军于楚，既行而孺人产一女，又患痁疟，左右乳儿及女，

① 欧初、王贵忱主编：《屈大均全集·翁山文外》卷2《哀陈恭人诗序》，第73-74页。
② 欧初、王贵忱主编：《屈大均全集·翁山文外》卷16《胥江口过玉镜台感赋》，第1341页。
③ 欧初、王贵忱主编：《屈大均全集·翁山文外》卷13《焚悼俪集文》，第220-221页。
④ 欧初、王贵忱主编：《屈大均全集·翁山文外》卷8《华姜衣笄冢志铭》，第150-151页。

乳益少，儿瘦而黄。……敌人侦知予上书言兵，恶之，将遣兵潜捕家口。孺人仓卒扶姑，昏夜一舟，茫然不知所适。……方是时，予建义始安，为某大将军监督汉土官兵进取。敌人闻之，又将不利于予家。孺人提挈十口，奔走不宁。……孺人复趣佛山。……乱兵腾踏而至，孺人亦惊悸无人色，而病自此笃矣”。不久女儿病殇，她也悲痛不起而逝。其诗作名曰《道香楼集》。

屈大均所有妻妾中，除刘氏外，王华姜、黎绿眉以继室角色陪伴丈夫，另外 6 人属妾。纳妾之多，也许是他晚年面对盛清到来而做出的无奈选择。但屈大均对妻妾的感情投入较为专一，为她们留下了各种纪念性的文字，《亡媵陈氏墓志铭》《亡妾梁氏圹志铭》《赠刘氏武姑》《赠梁氏文姑》《赠墨西》《赠香东》《夜作有怀二姑》《怀二配》《清明扫二配墓》《锦缠道·示小姬辟寒》等即是明证。继室王氏与黎氏所生子女早殇，最后留在他身边的 8 个子女都是各妾所出，诸妾不仅要操持家务，同样也要教育子女。屈大均在诗作中记录了与姬妾嬉戏，以及为她们生日写诗，如《姬人墨西氏生日赋以赠之》《戏示墨西》《生日示姬人》等。如赠墨西生日诗云：“儿童教育频相讬，莫为清贫捐孝慈。”①《弄雏轩作》说：“左有香东右墨西，鸳鸯对对锦毛齐。白头乌母将乌子，百岁欢娱在玉闺。”在《小除后二夕与姬人香者儿明洪饮寓楼上有赋》中说：“稚妾为香史，娇儿作酒官。半酣歌一曲，婉娈有余欢。”这样的欢娱在其早期甚至在与华姜相处中都很少见。他对妾的离世也表达了哀悼之情，在《悼梁氏文姑》中说：“色似餐桃好，情于割肉多。悔予长搁管，未暇画双蛾。”他还将已去世的两妻两妾画像合为一幅带在身边，并作《四一画像赋》云：

> 四者何？谓先室王氏华姜、黎氏绿眉、梁氏文姑、刘氏武姑也。一者何？合四人而为一画像也。予将远游，不能多携画像，合四人为一而画之，盖在神而不在形，神无二则，形亦无二也。置之巾箱，出入展视，得四人之神于形之外，神以吾情而在，情以斯画而在也。存则吾与朝夕，没则以之殉葬焉。②

屈大均对四位已故妻妾的感情之深，于此可见一斑。从中也可以看出，他对妻妾的深情，不彰自显，而且一视同仁。他在《屈门四硕人墓志铭》中则明确表示她们的身份为“室”“配”。所谓四硕人墓是屈大均 66 岁时率 6 个儿子为他们生母安葬。他撰写的墓志铭说：

> 四硕人者，屈子翁山大均之室也。一曰王氏，字华姜，榆林人……葬于涌口石坑山。……一曰黎氏，字绿眉，东莞人……葬于王之左。一曰梁氏，字文姑，南海人……葬于黎之左。一曰刘氏，字武姑，昭平人……葬于王之右。是为大均之四配，皆孝淑

① 欧初、王贵忱主编：《屈大均全集·翁山诗外》卷 12《姬人墨西氏生日赋以赠之》，第 1029 页。

② 欧初、王贵忱主编：《屈大均全集·翁山文外》卷 16《四一画像赋·有序》，第 257-259 页。

慈惠有妇德者也。……乙亥之岁，五月十七吉旦，屈大均抆泪撰书，时年六十有六。孝子屈明洪、明泳、明治、明渲、明漍、明潚泣血立石。

屈大均特别关注这四位妻妾，应该说感情的因素是首位，如王华姜的中心地位可视为他的原配，但也不能忽视香火传递的因素，其他三位妻妾皆为屈家生育子女，且多存活。从表1各妻妾来归时间判断，他所有妻妾都是屈母尚在世时纳娶，屈母90岁仙逝，与家中媳妇们尽心照料不无关系。反观屈大均的态度，他与各妻妾关系都很好，或许也与妻妾孝养母亲尽心尽力有关，因为一个孝子不可能对不孝之妇有什么好感。如此看来，在与妻妾的相处中，母亲依然是他们夫妻和睦相处的必要一环。

三、对儿女一视同仁的爱

屈大均尽管很晚才进入婚姻，但他一生妻妾成群，在享受夫妻之乐时，也为屈家带来了众多的子嗣。一个39岁才初为人父的中年男性，在第一个孩子阿雁出世后，其喜悦之情难以言表，这一点可从他对阿雁夭折后的反映看出，“吾今者年四十有二矣，孑然一身，终不敢望天之俾我已有子也，得一女以为幸矣”[①]。然而，苍天有眼，在随后不久，他的妻妾给他生育了众多的子女，不仅给他这位父亲带来了慰藉，也给他年迈的母亲带来了无穷的乐趣。儒家强调“父为子纲”，讲究父亲对儿女的绝对权威，所谓严父慈母是也。那么中年之后才子女成群的屈大均如何对待儿女，是颇令人感兴趣的话题。兹将屈大均儿女情况，罗列成表2。

表2 屈大均儿女情况一览表

姓名	出生时间	父年龄	母亲	备注
（女）阿雁	康熙七年	39岁	王氏华姜	康熙十年患痢殇，4岁
（子）明道（阿桂）	康熙十二年	44岁	黎氏绿眉	康熙二十年以痢疾殇，9岁
（女）黎氏产女	康熙十三年	45岁	黎氏绿眉	康熙十五年殁
（子）明德（阿遂）	康熙十五年	47岁	陈氏西姨	康熙十八年死于舟中，4岁
（子）明洪	康熙十七年	49岁	梁氏文姞	明洪、明洙同生于二月
（女）明洙	康熙十七年	49岁	刘氏武姞	长女，适东莞麻涌莫绪
（女）明泾（阿京）	康熙十九年	51岁	刘氏武姞	次女，生于南京，适东莞蔡家

① 欧初、王贵忱主编：《屈大均全集·翁山文外》卷14《哭稚女阿雁文》，第222页。

续表

姓名	出生时间	父年龄	母亲	备注
（子）明泳（阿泰）	康熙二十一年	53 岁	刘氏武姑	番禺县生员
（子）明治	康熙二十二年	54 岁	梁氏文姑	廪生
（女）阿端	康熙二十三年	55 岁	刘氏武姑	康熙二十八年患痢殇，6 岁
（女）阿说	康熙二十四年	56 岁	丘氏辟寒	康熙二十五年正月殇，惊风死
（子）明渲（阿豫）	康熙二十六年	58 岁	刘氏武姑	大均死后为天津佟氏收养改姓佟
（子）明满（阿需）	康熙二十九年	61 岁	陆氏墨西	
（子）明潚	康熙三十二年	64 岁	陆氏墨西	颖悟通医术，世其家学

由表 2 可见，大均一生与妻妾共生育 14 个子女，其中 6 男 2 女被抚养成人，尚有 2 子 4 女夭折。大均对这些孩子的感情付出是一样的，他在诗文中对 6 个逝去的子女相当悲痛，多次写诗哀悼，如《哭亡儿明道》《哭稚女雁》《哭稚女阿雁文》《殇女说哀辞》《幼女阿端圹志铭》等，并为早夭之子明道、明德，女阿雁、阿说建四殇冢。明德因死于客居金陵途中的长江舟中而葬于外地，大均招其魂安葬。阿端死于大均建四殇冢后，被葬在四殇冢旁。只是对黎氏所生女鲜见于诗中。他撰写的《四殇冢志铭》说：

> 四殇者何？屈子翁山氏之儿之女也。儿曰明道，予妻东莞黎氏绿眉所出。黎亡之五年，而明道年九岁，以痢而死，时为辛酉之五月。曰明德阿遂，予媵代州陈氏西姨所出。陈亡之一月，而阿遂年四岁，以食积痞而死，时为己未之九月。女曰阿雁，予妻榆林王氏华姜所出，生于代之雁门关……王亡之一年，而阿雁年四岁，亦以食积痞而死，时为辛亥之六月。曰阿说，予妾南海丘氏辟寒所出，生仅一月余十有九日，以惊风而死，时为丙寅之正月。

阿雁是大均的第一个孩子，虽是女儿，但“膝下方娇小，非男亦胜无”[①]。大均尽管对阿雁不是男孩有些失望，但面对自己的亲生骨肉，其疼爱之情仍溢于言表，女儿“初生一月即南征，历尽龙沙紫塞城。九月霜花凝绣褓，苦寒不断有啼声”。由此可见，他在出征途中对阿雁的牵挂。阿雁给大均母亲带来了很多欢乐，“我怜堂上有慈姑，老凤啾啾喜弄雏。得此左思娇女子，堪令白发日欢娱”。在《别稚女》文中说：“晨昏娱祖母，莫使笑声希。”作为孝子的大均，乐见母亲享受天伦之乐。华姜离世使大均哀痛无比，华姜死后第二年阿雁也夭折，对于大均来说，这不仅是第一个孩子的去世，也彻底切断了其与华姜的联系以

① 欧初、王贵忱主编：《屈大均全集·翁山诗外》卷 6《别稚女》，第 368 页。

及对明朝的故国之思，母女二人相继离世对大均的打击之大，正如他自己在《哭稚女阿雁文》中所言：

> 呜呼，痛哉！至是而华姜真死矣。予自华姜之死，不见华姜，见雁如见华姜焉。……天之丧吾华姜也，以为华姜乃文士之妻也。然天知华姜为文士之妻，独不知华姜为忠臣之女，孝子之妹耶？杀文士之妻也可，而杀忠臣之女、孝子之妹，则不可。天之丧吾雁也，以为雁乃文士之女也。然天知雁为文士之女，独不知雁为忠臣之外孙、孝子之甥耶？杀文士之女也可，而杀忠臣之外孙、孝子之甥，则不可。

阿雁早殇，时隔多年依然是他心中抹不去的伤痛，他曾在《秋夕作》中说："愁人不忍闻鸿雁，念是当年娇女名（予有亡女生于雁门，名阿雁）。"而对另外两个女儿的夭折，他也同样悲痛不已，如《殇女说哀辞》就表达对爱女阿说夭折的哀痛。在《幼女阿端圹志铭》[①]中则表达了阿端患痢夭折，因自己没有及时送上良药的痛苦心情。除了对黎氏所生女儿甚少记载外，屈大均对早逝的三个女儿都写有长篇的圹志铭或哀辞，并收录于《翁山文外》中。

香港学者熊秉真指出，在幼童时期，男孩和女孩其实接受的教育是相同的，并没有多少性别上的差距。相反有可能小女儿在童年时期可能会获得比男孩更多的关爱。[②]屈大均对两个早殇的儿子明道及明德主要是写诗哀悼，与他为亡女所写大篇哀辞有所不同。明德之母陈氏于康熙十八年（1679）七月死于与丈夫游历途中的汉阳，九月，4 岁的明德在金陵亦殇，母子二人相继而逝，屈大均写五言律诗《哀殇》以抒悲痛："母魄藏梅子，儿魂在上河。荆吴千里隔，风雨两秋过。"母子二人坟墓相隔千里，屈大均也是"归舟多涕泪，总为两坟悲"[③]。明德死后两年，即康熙二十年五月，长子明道 9 岁以痢而死，且已识字，屈大均写长篇五言律诗《哭亡儿明道》曰：

> 万里频随父，难虞自幼龄。新归作吴语，初读喜葩经。笔札能多取，弦歌解细听。……汝母知书甚，埋香已六年。……《道香》诗卷在，谁与守遗篇？……书声犹在耳，课读未从容。……既然非我子，不若未成人。造物元相戏，空花岂是春！

明道母黎氏著有《道香》诗作。大均在此不仅伤儿之殁，也憾儿之才，并为无人继黎氏诗卷而惋惜。大均中年得子又不幸屡有子女夭折，给他带来沉重打击，他在悼阿雁诗文

① 欧初、王贵忱主编：《屈大均全集·翁山文外》卷 8《幼女阿端圹志铭》，第 153 页。

② 熊秉真于 2010 年 3 月 26 日在中山大学作《记得当时年纪小——再访近世中国的性别与童年》学术报告时反复强调了这一观点。

③ 欧初、王贵忱主编：《屈大均全集·翁山诗外》卷 8《哀殇》，第 547-548 页。

中说：“去年月比今年好，娇女如花在襁褓。……前年月比今年明，内子新归自镐京。……稚子争园秦弄玉，慈姑似见许飞琼。今年月色如冰冻，独坐帘前抱哀痛。……黄泉母子应相见，见此月明泪如霰。”①类似这样哀悼亡儿亡女的伤感诗衬托了一位父亲的丧子之痛。他在《垂老》诗中对没有给子女童年带来快乐也内疚不已：“上忧忧老亲，下忧忧稚子。稚子始匍匐，其一六龄耳。长者及九龄，已赴黄泉矣。次者葬秦淮，下殇以疮痏。两女亦婴孩，饥寒殊未已。呱呱满膝前，无钱致饼饵。我生拙经营，甘贫已三纪。采薇成不仁，洁身累妻子。”②从这些诗文中可以看出，屈大均对儿女的爱一视同仁。

大均对活着的儿女教育十分重视，彰显了父亲对子女的期望。在儿子明德、明道相继逝后，明洪成为实际上的长子，出生在大均 49 岁时。明洪出生不久，51 岁的大均息游在家，与母亲、妻妾、儿女们相伴，对子女教育投入了相当多精力，他在《儿明洪生日示之》中云：“九龄犹失学，汝懒岂吾儿？名父难为子，贫家未得师。诗书虽不好，纸笔亦同嬉。弟妹多欢笑，须令祖母知。角髻双垂小，桃花戴亦宜。犹令作娇女，未敢说佳儿。九岁蒙难发，三经读已迟。图书吾畎亩，望汝更耘耔。”在明洪成人后，他仍没有放弃对儿子读书的监督，在《长儿明洪十八岁生日口占示之》中云：“年今二九非初学，及早成章慰乃翁。志学已多三岁矣，成童又过二年来。文章莫与而翁似，一代聪明要自开。……劬劳总赖诗书报，仁孝休令奉养违。”他督促明洪上进学习，要求儿子超越自己，开“一代聪明”。他对其他儿子要求同样严格，如《豫儿》（明渲小名）云：“四岁犹为小，当予六十时。能言须得早，识字不妨迟。”劝勉儿辈不要虚度光阴，“失学多因懒，非关未得师”。他以屈原后裔自居，希望能诗礼传家。他本人著述颇丰，当然也希望儿辈能传承自己的衣钵。屈大均对儿女教育一视同仁，要求女儿也涉猎书籍，在《示女明洣》中言：“小本家传《女四书》，可能笺注若华如。平生列女吾多传，要汝聪明记有余。班姬女诫马伦分，春汲还乡学少君。”他对女儿教育多从女教入手，明显与儿子不一样。但这一要求又符合儒家礼教的框架。他在 66 岁时作《字八子说》，详细叙述在世八个子女的出生时间、字号，并说：“予日望之，其各有以慰我也哉。”③由此可看出他对子女们寄予了厚望。

他作为人父也享受了儿女承欢膝下的喜悦，《翁山诗外》卷 7《儿喜》云：“儿喜何为者？姨娘送酒来。频呼香线女，尽洗白椰杯。六子歌声发，双鬟舞袖开。”又《小儿小女》云：“角髻青丝双绕膝，平阳衣绿伯禽红。”《儿小》云：“儿小方垂髫，能争掌上梨。双双初学语，恰似乳莺啼。”《示洪儿》云：“我自为慈母，儿应得所天。”他能细致观察儿女日常嬉戏打闹的场景并写诗记录，足见他慈母般的胸怀。他希望子女能时刻相伴左右，《生女》云“无令悲远嫁，骨肉日相望”，对女儿出嫁离开感伤不已。他对母亲与子女的互动甚是喜

① 欧初、王贵忱主编：《屈大均全集・翁山诗外》卷 3《辛亥中秋夕作》，第 120-121 页。

② 欧初、王贵忱主编：《屈大均全集・翁山诗外》卷 2《垂老》，第 73 页。

③ 欧初、王贵忱主编：《屈大均全集・翁山文钞》卷 7《字八子说》，第 390-391 页。

悦，《示洪儿》说：“绝无而父德，徒有阿婆慈。”又在《哭亡儿明道》中说：“四岁嗟无恃，全凭祖母慈。”黄氏对明道呵护有加，但对其教育毫不放松，《大儿》中云：“祖母书频教，先公道未传。”母亲的含饴弄孙，对屈大均也是一种欣慰。

综观全文，屈大均的青少年在社会巨变中度过，20 岁又遭父亡，遂出家云游四方。30 岁归儒，但仍时常离家游历，直到 50 岁后才留守家中，与母亲、妻妾及子女一起生活，在家中扮演了儿子、丈夫、父亲的角色，与他一起生活过的女性达 15 位之多，家庭角色的多样化赋予了他多样的感情生活，既有孝子的涵养与体贴，也有丈夫的柔情与浪漫，更有父亲的关爱与期望。据不完全统计，在《屈大均全集》中收录的 200 多篇有关其家庭成员诗文中，涉及母亲 74 篇，妻妾 79 篇（其中王华姜占 36 篇），儿女 62 篇。需要说明的是，这些数字只是大概，因为在他的不少诗文往往将母亲、妻妾和子女混在一起。从这些数字中可看出，无论是对尊长的母亲还是对伴侣中的妻妾抑或对晚辈的子女，都倾注了一个男性对女性的无限关爱，他与家中女性相处融洽，既重生也重死，对生者倾情关爱，对逝者无限伤感。他与家中女性成员的亲密互动，体现了明清之际岭南士大夫在“夫为妻纲”“男尊女卑”的教化中有所变通的面相。当然，这一表象可能与该区域流行“妇女强男子弱”的传统不无关系。①

（执行编辑：王　璐）

① 刘正刚：《明清地域社会变迁中的广东乡村妇女研究》，北京：社会科学文献出版社，2016 年，第 28-50 页。

试论梁廷枏的宗教观

郭秀文*

摘要：梁廷枏是鸦片战争时期主张开眼看世界的知识分子。就其宗教观来说，一方面，他从基督教本身有缺陷和儒学的强大生命力这两个方面，断定基督教难入中国；另一方面，他虽然批评基督教，但并不主张禁止传教，这是因为他认为基督教有可取之处，另外从佛教传入中国的历史看，基督教将与佛教一样不可能取代中国文化。他的宽容态度与岭南特定的历史文化有关。他的宗教观在当时的思想界是独特的，值得我们认真探讨。

关键词：梁廷枏；基督教；儒学；佛教；宽容

梁廷枏（1796—1861），字章冉，广东顺德人，道光副贡生，先后历任澄海县教谕、广州越华、越秀书院院监、学海堂学长、广东海防书局总纂、粤海关志局总纂等职。他大力支持林则徐领导的禁烟运动和抗击英国侵略者活动，积极参加 1849 年广州人民反对英国侵略者进入广州城的斗争，是一位坚定的爱国主义者。他不仅是广东的著名学者，而且和魏源、徐继畬一样，是鸦片战争时期主张开眼看世界的先进知识分子。在介绍西方资本主义文明时，他也注意到基督教，并且做了详细评述。对于梁廷枏的宗教观，赵立人、李志刚写过专门的论文予以研究，赵春晨、熊月之、王金锋、陈恩维等人在相关的著作里进行过讨论[①]，取得不少成果，但一些问题仍然未能得到解决，比如对基督教难入中国的原因、梁

---

* 郭秀文，学术研究杂志社研究员。

① 赵立人：《梁廷枏及其〈耶稣教难入中国说〉》，见《岭峤春秋——岭南文化论集》（二），北京：中国社会科学出版社，1995 年；李志刚：《对梁廷枏〈耶稣教难入中国说〉一文的试析》，见氏著《基督教与近代中国人物》，南宁：广西师范大学出版社，2012 年；赵春晨：《梁廷枏的〈耶稣教难入中国说〉》，见赵春晨、雷雨田、何大进：《基督教与近代岭南文化》，上海：上海人民出版社，2002 年；熊月之：《梁廷枏：春江水暖鸭先知》，见氏著《西学东渐与晚清社会》，上海：上海人民出版社，1994 年；王金锋：《卓然不群的西教观》，见氏著《梁廷枏思想变迁研究》，广州：广东人民出版社，2013 年；陈恩维：《睁眼看世界》，见氏著《梁廷枏评传》，北京：人民出版社，2007 年。

廷枏宽容基督教的缘由挖掘不够，对梁廷枏宽容基督教的评价有分歧，等等，因此仍有重新探讨的必要。

一、《耶稣教难入中国说》写作背景

梁廷枏的《海国四说》共有四部分，他的宗教观主要体现在第一部分《耶稣教难入中国说》中，后面的《合省国说》《兰仑偶说》《粤道贡国说》也有涉及。以往很多论者仅仅局限于《耶稣教难入中国说》一文，其实是不全面的。

《耶稣教难入中国说》写于道光二十四年（1844）十一月，《海国四说》刊刻于道光丙午年正月，这是基督教传教活动转折的一个重要节点。其特点是由地下走向公开，规模逐渐扩大。

由于礼仪之争，康熙从支持耶稣会士到反对天主教。1723 年，雍正登基后，开启了长达百年的教禁，传教士被逐回澳门，教堂被充公，天主教经过一段时间的辉煌后归于沉寂，从此在中国传教转入地下状态。尽管如此，天主教在华的传教并未完全中止，没有撤走的传教士仍然秘密传教，教徒的数量还有不少，在岭南的情况尤为如此："根据雍正十年六月广东巡抚鄂弥达的奏折可知，当时仅广州城就有男女天主教堂各 8 处，男天主教徒约万人，女天主教徒 2000 余人。"①到了 19 世纪初，新教传教士陆续来华。1807 年，英国人马礼逊（1782—1834）到达广州，从事传教译经工作。1813 年，英国人米怜（1785—1822）被伦敦会派到中国协助马礼逊工作。1830 年，美国人裨治文（1801—1861）到达广州，1832 年创办英文月刊《中国丛报》（*The Chinese Repository*）。1833 年德国人郭实腊（1803—1851）在广州出版《东西洋考每月统记传》。1833 年美国人卫三畏到广州。这些人在一口通商口岸广州或翻译圣经，或办刊物（新闻纸），或开西医院，传教活动虽然艰难，但还是有所推进。梁廷枏从传教文字中接触到基督教，因此他说："年来泰西所月行之新闻纸，译出传入内地，固半属劝人持教邀福。近复有习读中土书者，自刻其所得《圣书》中要旨，诠绎而序行之，遣人于粤东会城市集之地，按户遣送。其自序称：'幼学师训于真经奥义，颇觉通晓，深悉《圣书》，情理真确，知中国人向未得闻。是以不远数万里重洋至此，学中国语言文辞，意在传道。奈例禁严，不能入内地，兹择《圣书》最要数款刻之'云云。"②

鸦片战争后，1842 年中英《南京条约》签订，广州、福州、厦门、宁波、上海五处作

① 赵春晨、雷雨田、何大进：《基督教与近代岭南文化》，第 14-15 页。

② （清）梁廷枏著，骆译、刘骁校点：《海国四说》，北京：中华书局，1993 年，第 7-8 页。

为通商口岸实行开放，条约中虽然没有提到允许传教的问题，但这五个通商口岸却为西方传教士在华长期居住、从事传教提供了便利。1844 年，中美《望厦条约》和中法《黄埔条约》规定了外国人可以在五口建造教堂。1844 年道光发出敕令，凡有学习天主教并不滋事行非者，准予免罪，意味着自康熙、雍正以来长达百年之久的教禁由此解除。1846 年，道光又发出敕令，把天主堂旧址还给传教士。自此，基督教传教活动进入公开时期，大批传教士络绎来华。

对于五口通商后我国社会的变化梁廷枏深有感触，他说："五口通商之后，固专于牟利，亦乐于行教。信教之心愈笃，斯传教之意愈殷。传欲其广，信欲其速，于是动以语言，劝以文字，诱以祸福。凡可以耸人闻听者，将无乎不至。"[①]外国人到中国，主要是经商和传教。在传教士的极力推动下，入教人数快速增长，这便引起国人的不安，"议者极其事之所底，有虑其中于风俗人心而无如何，相与喟然太息者矣"[②]。对于传教，是支持或反对，还是采取宽容态度，这是当时摆在每一个关心国家前途命运的中国人面前的一个重大问题，反对者不乏其人，连熟悉夷务的魏源、姚莹也不例外，魏源把天主教传教士挖人眼睛以供炼银煎药的传闻还写入《海国图志》中，而且言之凿凿，似乎真有其事，姚莹则把天主教斥为邪教。梁廷枏经过思考分析，提出了自己的意见。这就是他写作《耶稣教难入中国说》的缘起。

梁廷枏写作《耶稣教难入中国说》一文，参考了大量的文献，据李志刚统计，里面直接引证的著作、刊物有 50 多种。[③]从梁廷枏的文章还可以看出，他对基督教的钻研是很深入的，在分析其教义、教规时，对不同的人名、不同的说法都详加考证，辨其异同。例如，在叙述耶稣被钉十字架后，他写道："时自午至申，大地昏暗，（一云时月东行，掩蔽日光。一云太阳如夜，地震石破。此据马可所传《福音》）。殿堂帐帷，无故自裂。有富人（一云达官）私信耶稣者，亦名约色弗（一云其徒尼略得、若瑟二人葬之），求其尸裹以布，与尔马利亚葬之。"[④]在这里，耶稣被钉十字架时的自然景象有三种说法，是谁埋葬耶稣也有两种说法，梁廷枏均一一指出，说明他阅读了多种基督教书籍并做了详细的考证。冼玉清对该书评价很高，她说："余读是书后，深服梁氏对耶稣教历史之深入透彻、了如指掌，其论列《新旧约》之教，尤非一切翻译圣经者所能达出。论耶稣教文字之最佳之书，当推此矣。"[⑤]《耶稣教难入中国说》是岭南人研究基督教的第一本著作，在岭南思想史上占有重要的一席之地。

---

① （清）梁廷枏著，骆译、刘骁校点：《海国四说·序》，第 2 页。

② （清）梁廷枏著，骆译、刘骁校点：《海国四说·序》，第 2 页。

③ 李志刚：《对梁廷枏〈耶稣教难入中国说〉一文的试析》，见氏著《基督教与近代中国人物》，第 31-32 页。

④ （清）梁廷枏著，骆译、刘骁校点：《海国四说》，第 29 页。

⑤ 佛山大学佛山文史研究室、广东省文史馆编：《冼玉清文集》，广州：中山大学出版社，1995 年，第 51 页。

二、耶稣教难入中国的原因

梁廷枏在悉心研究基督教教义的基础上，得出耶稣教难以进入中国这一结论。在他看来，原因有以下两个。

（一）耶稣教本身有缺陷

梁廷枏对基督教的教义、主张做了概要性的评述，但他诘难的焦点主要集中在耶稣身上，这是近代士大夫反基督教的一个共同点。

耶稣的神迹不足为奇。为了显示耶稣拥有非凡的能力，《新约》记载耶稣创造过很多神迹，比如使水变成酒、医病、使人复活、在海面上行走、使风暴、海浪平静等，梁廷枏说："就令变水为酒，叱风遏浪，一切皆实有之，要不过师巫一时戏幻之术，正佛氏之所谓下乘者，中土如叶法善、冷谦辈皆所优为。即死去旋活，当亦与尸解无异，其人殆不可胜计。"[①]他认为耶稣的这些神迹即使实有其事，也只不过跟巫师的戏法、道家的道术没什么两样，不值得炫耀。

耶稣的神性可疑。梁廷枏说："自来知命者不立岩墙，故明哲为保身之要。耶稣以一介编氓，处父母之邦，日以行法耸动于人国，招时所忌，不得其死。使其先能知几，当不至是。"[②]他认为耶稣只是一个平民，假如他先知先觉，那怎么会"不得其死"呢，可见其不是一个"知命者"。梁廷枏还说："且伊古以来，论盛德大业，至五帝三王止矣。颂扬五帝三王之德业，纵极其推崇，亦至称曰'开天'、曰'继天'、曰'则天'、'配天'止矣。……今耶稣明明与人同生死，乃既名以天主之尊……其称名亦甚矣！"[③]天在中国是至高无上的，即使是颂扬五帝三王的伟业，只能说开天、继天、则天、配天而已，耶稣与常人无异，有生有死，竟然称"天主"，实在过分。

复活审判之说不可信。梁廷枏认为复活审判之说是基督教所独有的，因而提出来专门讨论。他首先叙述基督教复活审判的大旨："以为人死灵魂终不消灭，凡善者之所以善，皆圣神风为之感化，而后得生其灵心守教而升天堂，以永享其福；其恶者不能信从，止慕虚华，卒受无量苦。……其审判之目有二：曰小审判，曰大审判。小审，止于人死时天主审其善恶，定其灵魂之赏罚。至大审判，则于普天下人复活之日，集而公谳之。……于是已死之骨骸，无论腐坏散失之不同者，至此施以全能，悉令其与未散之灵魂相为附合，一一复存，譬如农夫播种，先朽腐而后萌芽。……而耶稣乃各按其善恶而审判之。……其恶者

① （清）梁廷枏著，骆驿、刘骁校点：《海国四说》，第3页。
② （清）梁廷枏著，骆驿、刘骁校点：《海国四说》，第3页。
③ （清）梁廷枏著，骆驿、刘骁校点：《海国四说·序》，第3页。

即入地狱，同受永祸。而善者……从此不畏寒热，不倦亦不饿，在火不烧，在水不溺，永无死法，但善与善同快处于两大之中。”[①]这段对复活审判的说明，即使从今天的观点看来，仍然是准确的，那就是，审判分两种，一是小审判，二是大审判。最后大审判时，所有已死的人都复活，上帝根据各人的善恶进行最后审判，善者进天堂，恶者入地狱。在论及复活审判的目的时，梁廷枏指出基督教“虑人疑笃守教而乏近报，势必久而思去也，于是设为复活审判之说，先以茫无定期者使之预为其地，益固其心，则虽迟久而不足以绝入教者之望矣”[②]。也就是说基督教怕信徒由于在短期内没有报应而放弃信仰，因此设一个遥遥无期的复活审判之说来拉拢信徒，其实是骗人的。对复活审判之说，梁廷枏认为有三点不可解，第一，人埋葬以后，骨头就化为尘土，有的销毁于水火猛兽，一切荡然无存，“死人不可起，白骨不可肉”是常理，但基督教认为复活时间到来时，“又取死后已化之骨骸，至此各赐以灵神，使相与永存不坏”。[③]死人复活，不合常理。第二，根据基督教的说法，至善归天堂，至恶归地狱，其余则并存世间，那么，“人类至此无死无生，听此数千万亿不鬼不仙之灵魂，充塞天壤，无论造而不化异彼苍消息盈虚之常，且宇宙内亦安得有如许广大幅员，载此开辟至今如恒河沙之众？将使齐其贵贱亲疏于一致乎？抑此中复为之区别其等次乎？岂日日群居聚处，安于无所事事，得逍遥翱翔于空虚寥廓之表乎？抑既各与以神通，复责以职守乎？”[④]也就是说审判后不是至善、至恶的灵魂是如此之众，天地间哪里有地方容纳呢？即使可以容纳，那么其伦理秩序又如何呢？梁廷枏认为基督教不能回答。第三，自古至今，全世界的人不计其数，没审判之前，这些灵魂安置在哪里呢？另外，大审判时，灵魂如此繁多，问答起来哪有那么大的声音使他们能听明白呢？如他所说：“即以今论，中国生齿数千万，逆推至自有生人以来，更合以数大洲之死去见在者，断断乎不可以数计明矣。然则灵魂遍满寰区之内，必待审判而后登者。登而入者入也，今未登未入之前，自散诸浮阎世界矣，果将何地以处之耶？雷为天声，为响最巨，然震惊止百里耳。试问：分列左右候判之魂，当时加以问答，能使遍听而共喻耶？不敢知也。”[⑤]梁廷枏从日常经验的角度来质疑复活审判的合理性，具有朴素唯物主义的色彩。

伦理不合情理。基督教实行一夫一妻制，与中国传统的娶妾传嗣习惯严重冲突。梁廷枏认为：“又释氏绝去父子婚偶，使无为其徒者，则人道立绝，其说已立穷矣。今所传《十诫》中所言，孝父母止在能养，而必以不劝入教为不孝。又以一夫一妇居室，同于始生人类之男女，而以娶妾传嗣为犯天父之诫，故虽听绝嗣而不许人有妾媵，是又与释氏同为内

① （清）梁廷枏著，骆译、刘骁校点：《海国四说》，第35-37页。
② （清）梁廷枏著，骆译、刘骁校点：《海国四说》，第3-4页。
③ （清）梁廷枏著，骆译、刘骁校点：《海国四说》，第42页。
④ （清）梁廷枏著，骆译、刘骁校点：《海国四说》，第42页。
⑤ （清）梁廷枏著，骆译、刘骁校点：《海国四说》，第43页。

地难行之事矣。”[①]与其他士大夫一样，梁廷枏还抱有“不孝有三，无后为大”的观念。在传统中国人看来，为了延续香火，娶妾被允许而且受鼓励，佛教徒反对婚配，基督教反对娶妾，都是对人伦的挑战，故而梁廷枏断定它们难以行于中国。

（二）儒学有强大的生命力

在比较基督教与儒学时，梁廷枏表现出对儒学的高度文化自信。他作《耶稣教难入中国说》就是想说明“彼教必将为圣道所化”，这里的“圣道”就是儒学，儒学是他的核心思想，这一点大家没有异议，但梁廷枏的儒学思想究竟指的是什么，却没有人深究。在论佛教时，他说：“佛之为教也空，空则倘恍无凭，使人并其父母妻子而弃之，于人匪便，则其先已不安于心，非如中土尧、舜、禹、汤、文、武、周公、孔子之道之本乎人情，入人至深，确不可拔者比。”[②]又如在比较基督教、儒教时说：“夫以尧、舜、禹、汤、文、武、周公、孔子之道，治孝弟亲长之天下，视耶稣之所云人死而复活于将来之一旦者，其虚实相去何如？”[③]以前儒家攻击佛教，绝大多数说它无君、无父，如韩愈说：“今其法曰‘必弃而君臣，去而父子，禁而相生养之道’。以求其所谓‘清净’‘寂灭’者。”[④]又说：“夫佛本夷狄之人……口不言先王之法言，身不服先王之法服，不知君臣之义，父子之情。”[⑤]梁廷枏强调的是“父母妻子”“本乎人情”，已经不强调君臣之义、等级制度，可见他的儒学观已与传统不同，侧重点已转向家庭伦理。为什么出现这种变化呢？联系他同时期所做的《合省国说》《兰仑偶说》赞同西方的民主制度，就不难理解了。在《合省国说》《兰仑偶说》中，梁廷枏对西方的政治、经济、科技、宗教均有详细的介绍。在政治方面，介绍了以英国为代表的议会制度和以美国为代表的总统制，这是近代西方政治体制的主要类型。关于英国议会，他这样描述：“其会同议国事署曰巴里满。凡王新立，先集官民于署，议其可否。大事则王与官民同入署议。会议必三年为期，非录用大臣及刑杀职官，虽兵事亦必下署议准乃行。”[⑥]这种议会制度与中国封建专制制度是对立的。关于美国政治，梁廷枏认为法律至上：“彼自立国以来，凡一国之赏罚、禁令，咸于民定其议，而后择人以守之。未有统领，先有国法。法也者，民心之公也。”[⑦]他介绍总统及选举方法时说：“通国设一统领，又设一副统领为之佐，使总理各省之事，周四年则别举以代之，是为一次。（正、副同）其为众所

---

① （清）梁廷枏著，骆译、刘骁校点：《海国四说》，第 43 页。
② （清）梁廷枏著，骆译、刘骁校点：《海国四说》，第 5 页。
③ （清）梁廷枏著，骆译、刘骁校点：《海国四说》，第 5 页。
④ 童第德选注：《韩愈文选》，北京：人民文学出版社，1980 年，第 218 页。
⑤ 童第德选注：《韩愈文选》，第 173 页。
⑥ （清）梁廷枏著，骆译、刘骁校点：《海国四说》，第 136 页。
⑦ （清）梁廷枏著，骆译、刘骁校点：《海国四说》，第 50 页。

悦服，不欲别议者，得再留四年。虽贤，不能逾八年两次以外。”[①]也就是说总统选举，四年一届，最多不能超过两届，即使像华盛顿那样伟大的总统也不例外：“华盛顿已于统领四年例满后再终一次矣。当时，虽戴之者众，格于成例，不得已乃择阿丹士继之。”[②]总统也要遵守大家的意愿：“凡事无大小缓急，必集议而后行。议必按例，否则虽统领不自专。故凡统领初受事，辄誓于众曰：‘我必循例，自正其身，而后尽力民事’云。故例外一毫不敢稍存私见，亦不敢以己意自创一事。盖稍涉偏私，则举国必不服，而议事官先不会议，即议亦断不可行也。”[③]可见，总统不像皇帝，凡事可以一人专断。对于美国这样的总统制，梁廷枏不乏赞美之词：“夫是以创一开辟未有之局，而俨然无恙以迄于今也。”[④]难怪这种说法引起当时一贯持有“君治于上，民治于下”观念的国人的震动：“是论出，人颇韪之。”[⑤]由于接受西方文化，梁廷枏的儒学思想也出现了新的变化。

我们也应注意到，梁廷枏的儒学观念是有发展变化的，青年时期，他在撰写四部杂剧（即《昙花梦》《圆香梦》《江梅梦》《断缘梦》）及曲学专论《曲话》时，还是大力主张戏曲应该宣扬忠孝节义的，如在评论夏纶的剧作时说：“惺斋作曲，皆意主惩劝，常举忠、孝、节、义，各撰一种。……洵有功世道之文哉。”[⑥]这种以“忠、孝、节、义”作为儒家思想主体的观念跟传统的知识分子是一样的，只有他开眼看世界，汲取西学知识后，其儒学观念才有了调整。当然，他调整后的儒学观念，仍然保留着一些君臣思想，只不过是少一些罢了。

在观念上，梁廷枏认为儒学更实、更有人情，他说：“中土尧、舜、禹、汤、文、武、周公、孔子之道之本乎人情……孔子之道，治孝弟亲长之天下，视耶稣之所云人死而复活于将来之一旦者，其虚实相去何如？”[⑦]在儒家的博大精深、源远流长与深入人心上，基督教也无法比拟：“唐虞三代以来，周公、孔子之道，灿然如日月丽天，江河行地。历代诸儒，衍其支流，相与讲明而切究者，简册班班可考。凡政治之本，拜献之资，胥出于是焉。其入人也，方且洽肌肤沦骨髓甚深且久，斯即有背道不远者，日参其侧，终不能摇而夺之，易而移之，况毫厘千里者哉？”[⑧]基督教欲取代儒教是不可能的。在祭祀制度上，中国不是一神崇拜，而是多神教。对于对人类做出贡献的自然和个人都有祭祀，天生地成，覆载同功，故而皇帝在冬至祭天于园邱，夏至祭地于方泽。此外，“助襄盛化，发育万有，岂无日星、风云、雷雨、山川、岳渎之灵，森列昭布于两间。有是神斯有是礼，故王者朝日夕月，

① （清）梁廷枏著，骆译、刘骁校点：《海国四说》，第72页。
② （清）梁廷枏著，骆译、刘骁校点：《海国四说》，第80页。
③ （清）梁廷枏著，骆译、刘骁校点：《海国四说》，第77页。
④ （清）梁廷枏著，骆译、刘骁校点：《海国四说》，第51页。
⑤ 王锺翰点校：《清史列传》卷七十三，北京：中华书局，1987年，第6049页。
⑥ 转引自王金锋：《岭南睁眼看世界的先驱：梁廷枏》，广州：广东人民出版社，2007年，第16页。
⑦ （清）梁廷枏著，骆译、刘骁校点：《海国四说》，第5页。
⑧ （清）梁廷枏著，骆译、刘骁校点：《海国四说》，第46页。

及风云、雷雨、五岳、四海、四渎各举其祀，皆神祇也。前代帝王师相，凡开物成务，及有大功德于民者，则祀之；能为一方御灾捍患，显然可据者，则祀之；忠于国家，捐躯效死者，则祀之”[①]。人死后，子孙祭祀，“其有无祀而求食者，枉死而精气不息者，皆可以为厉，国家于是设坛以祭而安之”[②]。这样，祭祀的对象、功能是多样的，这样的安排梁廷枏认为比基督教的个人救赎更为伟大，即他所说的“非一人一事，私祷献媚，而祈其福庇者可同年而语矣”[③]。基督教要求只能拜独一真神耶和华，不可再拜别神别物，得到救赎的是个体。而在儒家孝道观念中，对于亡故的父母、祖先的孝敬，是以立牌位、供祭品等仪式体现出来的，这与基督教教义有冲突。敬孔遇到同样的问题。因此祭祖敬孔一直是基督教和儒教争论的一个焦点。梁廷枏显然是站在儒家一边的。

从历史来看，梁廷枏认为凡是儒家衰微时，基督教才会乘虚而入。在明代，“自明纲失驭，而后利玛窦、龙华民、艾儒略诸人，相率踵至，粗习中土文字，加以儒流为之润饰，宫中亦毁所奉佛像而偏崇之，南都则倾信者以数万计。盖礼教刑政失于上，奇邪破僻兴于下”[④]。明代儒学衰微，所以天主教才大量传入中国。而在清朝，“皇朝正学昌明，风俗醇厚。乾隆间，闽、粤之相传习者，偶有一二无业游民，利其资用，实则阳奉而阴违之。自是之后，已绝根株”[⑤]。儒学繁荣发展，信教的人就越来越少，以至于几乎绝迹。以前由于交通不畅，所以妨碍了西方人归顺儒学，所谓“夫周孔之道洋施，本速于传邮。特前此西海之外，舟车阻之，俟其从容向化，势已缓矣”[⑥]。展望未来，他认为中西文化交流的不断扩大，基督教将很快被儒学同化，“他日者，设能尽得圣君、贤臣、孝子、悌弟、义夫、节妇之见于记载者，有以次第讲习，牖其愚蒙，引其向往，将所谓思悔转弃者，直旦暮闲事”[⑦]。梁廷枏对以儒学为主体的中国文化是高度自信的。这里还涉及一个传播的问题，本来基督教从唐代就已经传入中国，特别是明末清初耶稣会士规模更大，但为何传教士也没有被儒学同化呢？梁廷枏认为主要是因为没有有造诣的儒家学者为传教士传授中国文化，来华的传教士信奉基督教，“无他载籍以启牖其识见。及其偶一涉猎中国之书，则又未有时贤为之指授，未得其纲领，乃反处处举诗书中所载事天者以为之证，故入主出奴，牢不可破，其端固有自来也”[⑧]。中国知识分子没有传授中国文化是传教士不归化的主要原因。

---

① （清）梁廷枏著，骆译、刘骁校点：《海国四说》，第44页。
② （清）梁廷枏著，骆译、刘骁校点：《海国四说》，第44页。
③ （清）梁廷枏著，骆译、刘骁校点：《海国四说》，第44页。
④ （清）梁廷枏著，骆译、刘骁校点：《海国四说》，第4页。
⑤ （清）梁廷枏著，骆译、刘骁校点：《海国四说》，第4页。
⑥ （清）梁廷枏著，骆译、刘骁校点：《海国四说·序》，第3页。
⑦ （清）梁廷枏著，骆译、刘骁校点：《海国四说·序》，第3页。
⑧ （清）梁廷枏著，骆译、刘骁校点：《海国四说》，第37页。

三、听其自存一教的缘由

梁廷枏虽然批判基督教，但他认为它只是自求厥福，不为民害，因此主张听其自存一教，并不赞同禁止传教，其原因有三个。

（一）基督教有可取之处

从教义上看，基督教主要是劝人为善。梁廷枏说："耶稣之教，则但就日用所行之有益无害于人者为善，而尤以礼拜为尊崇。"[①]又曰："殷殷举以劝人之意，亦出于视人如己之一念真诚。"[②]还说："其谆谆劝人者，固谓传之广远，方足感耶稣之心，而救之赦之，然究亦同出爱人如己之一心。"[③]总的来看，梁廷枏认为，基督教的出发点还是好的，并不像有的士大夫所说的是"异端"。以基督教与佛教相比较，"佛之为教也空，空则惝恍无凭，使人并其父母妻子而弃之，于人匪便，则其先已不安于心……耶稣之徒，举人人日戴之天，劝人尊而事之，其为事较实，从其教者，问心亦较安。而审判复活之说，又与世俗乐生畏死、免祸求福之心适有以相入，而且为期无定，一时难露其隙，事匪难行，而死有余望。于是因利乘便，去如转环矣"[④]。与佛教的空相比，他认为基督教比较实，更容易实行，跟人的普遍心理更相通，因此流行起来并不足怪。拿基督教与儒学相比较，他认为两者有相通之处。梁廷枏说基督教的"福善祸淫之说"，"即儒家作善降祥，不善降殃之理，亦即后儒天堂无则已，有则君子登；地狱无则已，有则小人入之意"[⑤]。他在《合省国说》里论基督教的宗旨时还说道："大旨以存公去私，远佞除猛，救难惩争，禁盗为训。……用意似窃中国经训之余绪，惟缘起未免不经耳。"[⑥]为什么梁廷枏觉得基督教与儒学有相似之处呢？除了这两者确实存在相通之处外，传教士的大力宣传也有影响。明清之际耶稣会士进入中国，掀起基督教来华第三次高潮。利玛窦在传教过程中采取适应和认同中国文化的策略，主张将天主教义跟孔孟之道对接，比如宣称"吾国天主即经言上帝"，意思是中国经书里讲的"上帝"就是西方人所崇奉的"天主"。另外，他还把基督教的"爱"与孔子的"仁"做比较，将儒学的"三纲五常"与基督教信仰的伦理观点相比附，这样利玛窦被中国士大夫尊称为"西儒"。他的这一传教策略获得很大成功，影响十分广泛。到鸦片战争前夕，西方传教士创办的中文刊物中，比如《察世俗每月统记传》（1815 年在马六甲创刊）、《东西洋考每月

---

① （清）梁廷枏著，骆译、刘骁校点：《海国四说》，第 41 页。
② （清）梁廷枏著，骆译、刘骁校点：《海国四说》，第 48 页。
③ （清）梁廷枏著，骆译、刘骁校点：《海国四说》，第 37 页。
④ （清）梁廷枏著，骆译、刘骁校点：《海国四说》，第 5 页。
⑤ （清）梁廷枏著，骆译、刘骁校点：《海国四说》，第 41 页。
⑥ （清）梁廷枏著，骆译、刘骁校点：《海国四说》，第 87-88 页。

统记传》(1833 年在广州创刊),附会、赞美儒家文化仍然是主要倾向。梁廷枏是否看过《察世俗每月统记传》有待考证,而《东西洋考每月统记传》在他的《海国四说》里有数处提及和引用,显然他是阅读过的。《东西洋考每月统记传》大力推崇儒家文化,对于佛教、伊斯兰教则持批判态度。①耶稣会士和新教传教士的宣传,可能强化了基督教与儒家文化相近的印象。此外,梁廷枏是一个坚定的爱国主义者,对于耶稣会士和新教传教士是一分为二的,他不反对真心传教者,对于利用传教之名侵害我国主权的人则予以谴责。他说:"泰西人类多智巧之士,愈智愈坚守其说(指基督教学说),以为己身他时再活之根源。"②说西方人多才智,只不过固执坚持信奉基督教。在谈到明清时期意大利耶稣会士时,他说:"其国人东来者,大都聪明特达之士,意专行教,不求禄利。其所著书,多华人所未道,故一时好异者咸尚之。"③对传教士的聪明才智、献身精神表示赞赏和嘉许。在《夷氛闻记》中,他对马礼逊父子这类传教士为英国侵略出谋划策的丑陋行径则给予揭露和批判。

(二)从佛教传入中国的历史中得到启示

在世界三大宗教基督教、伊斯兰教、佛教中,佛教传入中国最早,规模最大,影响也最为深远。因而如何处理外来宗教与中国的政治、经济、文化的关系,佛教传入中国的历史是非常值得借鉴的。佛教从汉代开始传入中国,与儒家、道家文化冲突并融合。中国不管是通都大邑,还是穷乡僻壤,佛教的信徒比比皆是,西方人按照自己信教的思维,以为中国人都皈依佛教了,梁廷枏认为其实不然。他对佛教与中国的关系有自己的看法。首先他认为佛教无害,"信之不能利人,听之亦不能损人"。信徒虽然众多,分布广泛,政府不支持也不禁止,如果犯法,则由官府惩治,佛教还在可控制的范围之内,所谓"殊不知佛门蔓延至今,其徒众之繁,已难屈指,合之适成天下一大养济院。齐无父子、无家室之众,散置于禅房绀宇,俾与蚩蚩之氓,并生并育,不耕而食,不织而衣,听其自为祝祷,不责效亦不禁止,及其犯法,则官惩之,编其所居,隶诸保甲,与凡民等"。假如加以禁止,可能带来不良后果,即"设一旦痛加禁绝,亦安能取此数千万人,强移于亩村落,而保其必帖然就安乎?"④再进一步看,中国信奉佛教的多是普通百姓,而精英阶层士大夫呢?"中国士大夫,间有晚年遁入禅悦,归宗清净。譬诸膏粱饱餍之后,偶思疏水;又譬诸色伎杂进,豪华已极,则必转嗜夫古董书画,养性情而消清画,其势然也。要亦假其机锋,游戏笔墨为文字禅。甚或借其明心见性之旨,以启灵明,以除烦恼已耳。一切如舍宅入寺,设食斋僧,则前代少有,今更弗尚。至于净发披缁,焚香烧顶之事,虽在唐代译经兴教之世,犹断乎无之。有一于此,则当代儒

① 郭秀文:《〈东西洋考每月统记传〉的宣传策略》,《华南师范大学学报(社会科学版)》2006 年第 4 期。
② (清)梁廷枏著,骆译、刘骁校点:《海国四说》,第 37 页。
③ (清)梁廷枏著,骆译、刘骁校点:《海国四说》,第 224 页。
④ (清)梁廷枏著,骆译、刘骁校点:《海国四说》,第 45 页。

流群起而相为指摘，不齿于缙绅士林中。”[①]也就是说，中国士大夫只有少数人在晚年信佛，不过只是作为偶尔调剂而已。那种完全遁入空门的人是很少的，即使在唐代佛教鼎盛时期也如此。如果有人一心归佛，则将被士大夫所耻笑。从历代对佛教的因势利导，不加禁绝，和士大夫信佛极其有限这两点看，梁廷枏觉得禁止基督教也是不必要的。无独有偶，比梁廷枏出生更晚的另一位岭南人梁启超对基督教传入中国有这样的判断：“且耶教之入我国数百年矣，而上流人士从之者稀，其力之必不足以易我国明矣，而畏之如虎，何为者也？”[②]在他们看来，中国精英阶层没有被外来宗教同化，中华文明就会立于不败之地。从中国佛教史来看，虽然存在“三武一宗”的教难，对佛教给予重大打击，但总的来说，历朝对佛教采取的主要还是宽容、保护的政策。佛教在中国流行传播的过程中，由于受到中国传统文化的深刻影响，它的很多思想逐步地中国化，隋唐时期达到顶峰，禅宗的出现是其标志。在此之后，禅宗几乎成为中国佛教的代名词。禅宗是吸取包括儒、道思想的基础上发展起来的佛教流派，具有明显的中国色彩。从佛教传入中国的历史来看，中国文化并没有被佛教所同化，这一点是显而易见的。梁廷枏从佛教传入中国的历史去思考基督教传教的问题无疑是有远见卓识的。

（三）与岭南特定的历史文化有关

岭南接受基督教的历史比较悠久。在基督教传入中国的第三次高潮中，岭南是起点及重要的中心。明代末叶，天主教的耶稣会、方济各会、多明我会传入中国。由于特殊的地理位置及历史条件，澳门成为远东最早的传教中心。耶稣会士罗明坚、利玛窦在广东肇庆创立了中国内地的首座教堂——仙花寺，并在这里开始探索在中国内地的传教方式。禁教期间，澳门不但成为本地教徒和内地教徒的进教之地，而且还成为接引潜入内地的传教士并为之提供避难所的地方。当时，广东还有不少人偷偷跑去澳门入教，1746 年张汝霖在《清封唐人寺奏记》中说：“其唐人进教者约有两种……一系各县每年一次赴澳进教……缘澳门三巴寺下建有天主堂，名为进教寺，专为进教之所……附近南、番、东、顺、新、香各县赴拜者接踵而至，间有外省之人，惟顺德紫泥人为最多。”[③]值得注意的是，到澳门入教的是外省人少，广东人多，而其中顺德人最多，梁廷枏恰好就是顺德人。19 世纪初，新教最早传入的地方也是广东。由此可知，从明末清初到鸦片战争时期，基督教传入广东的时间比其他各省要早，这为梁廷枏了解基督教提供了有利条件。

岭南人对异质文化更宽容。由于独特的地理位置，岭南长期以来是中西文化交流频繁的区域，造就了岭南人的开放心态，对异质文化有很强的接受能力。但就基督教而言，在梁廷枏之前，岭南知识界对它持宽容态度是主流。在明末清初，虽然岭南知识界对天主教

---

① （清）梁廷枏著，骆译、刘骁校点：《海国四说》，第 45-46 页。

② 夏晓虹编：《梁启超文选》（上），北京：中国广播电视出版社，1992 年，第 469 页。

③ 赵春晨、雷雨田、何大进：《基督教与近代岭南文化》，第 15 页。

了解不多，并且时加讥讽，但并不憎恨和排拒，“他们没有附和明末沈灌淹、清初杨光先等人先后掀起的两次反教风潮，对天主教的态度比较宽容”[①]。那禁教时期如何呢？有论者认为：“清廷从雍正初年起，颁布禁教令，一直到鸦片战争结束前，120年间禁止基督教（包括天主教和嘉庆年间开始来华的新教）在中国活动。在此时期，岭南儒生对基督教普遍持严厉的拒斥态度。”[②]笔者认为，这一观点值得商榷。该书把张汝霖、张甄陶、单子廉三人作为例子进行分析。其实张汝霖是安徽人，反教激烈时他任香山知县，兼署澳门同知，张甄陶是福建人，乾隆年间任香山知县，反教的态度更为激烈。这两个人并非岭南人，而且他们反教主要是执行清政府的禁教命令，因此不足以作岭南知识界的代表。单子廉是广东增城人，为诸生，笔者认为他更能代表岭南士人的态度。他虽然也斥基督教荒诞，但认为基督教传入广东乃区区小事，不必过分紧张。他的长诗《耶苏》（即耶稣）曰：“外国有蛮经，其名曰耶稣。流传入百粤，饰智兼惊愚。……时有忧世人，闻之愈唏嘘。谓此荒诞教，邪风乱吾儒。我为粤民计，此事犹区区。远人苟未服，无此岂安居。远人苟已服，有此等越巫。安边固在大，毋曰吾言迂。”[③]单子廉对基督教传教是极其冷静的，丝毫没有惊慌失措。在梁廷枏之后的岭南知识界，我们不必提基督教信徒，比如容闳、何启、孙中山等，就是在非基督徒的知识分子中，像朱执信那样激烈反教的人很少，大多数还是持宽容态度的。比如生在教案迭起时期的郑观应（1842—1921）劝人不要反洋教，而要用儒教包容基督教，他说：“我孔孟之道，精微广大，如回、佛、老诸家，亦在包容之列，何必龂龂争辩，独拒教乎？……吾人幸勿动相轻藐，妄肆诋諆，反为外人讥笑其量之不广，致无端肇事，转贻君国之忧，则尤当鉴戒者也。”[④]而梁启超也说过类似的话：“吾中国汪汪若千顷之波，佛教纳之，回教纳之，乃至张道陵、袁了凡之教亦纳之，而岂其有靳于一耶稣？”[⑤]由此可见，允许基督教传教在岭南知识界是由来已久的，且成为主流思想，梁廷枏是传承启后的一位关键人物，他对此后的岭南知识界产生了较大的影响。

总之，在鸦片战争之后，国门被迫打开之初，梁廷枏已经敏锐地意识到基督教传入中国将成为困扰国人的重大问题。他不像传统儒家卫道士那样，闭目塞听，而是开眼看世界，潜心研究西方的政治、宗教、文化。他对基督教的研究达到了同时代人所达不到的高度，对当时国人了解基督教起到积极作用，可谓是开风气之先。他虽然批评基督教，认为它难入中国，但并不将之视为异端，而是采取“听其自存一教”的态度，体现了岭南人的开放宽容精神。梁廷枏的宗教观在思想史上理应占有重要的一席之地。

（执行编辑：罗燚英）

---

① 赵春晨、雷雨田、何大进：《基督教与近代岭南文化》，第195页。

② 赵春晨、雷雨田、何大进：《基督教与近代岭南文化》，第200页。

③ 赵春晨、雷雨田、何大进：《基督教与近代岭南文化》，第204页。

④（清）郑观应著，辛俊玲评注：《盛世危言》，北京：华夏出版社，2002年，第156-157页。

⑤ 夏晓虹编：《梁启超文选》（上），第469页。

明清华南海岛的经营与开发

——以北部湾涠洲岛为例

陈贤波*

摘要：明清时期华南海岛开发中，权力和利益的纠葛错综复杂，显示了国家政权扩张与沿海地方社会之间长期调适过程的实态。涠洲岛所在的北部湾海域自古盛产珍珠，民间以采珠和渔捞为业。明代先后在涠洲岛和沿海添设采珠内监衙门、游击将军和守海水寨，竭力垄断珠池，打击民众非法私采，涠洲岛及其周边海域成为明政府与“珠盗”周旋角力的舞台。清代以后，涠洲岛上偷渡私垦活动屡禁不止；同时多股“洋盗”在粤西和安南之间出没，冲击海防秩序，使官府的海岛经营策略长期处于封禁和开放的两难境地。至清末，法国传教士协助大批广东客民移居岛上，迫使清政府放弃封禁政策，涠洲岛稍具规模的聚落街庄得以逐渐形成，国家行政架构最终在岛上稳固起来。基于这个漫长的历史过程，促成涠洲岛上本土信仰与外来宗教、渔民村庄与客家聚落混融共处的独特历史遗存和社会文化构成。

关键词：涠洲岛；海防；采珠业；客家；天主教

华南地区近海岛屿星罗棋布，除台湾岛和海南岛两大海岛外，有居民小海岛数以十计，其经营和开发经历了漫长的历史过程。①特别是明代以后沿海社会经济形势急剧变化②，近海岛屿在渔业生产和海防战略上尤其具有重要意义。大量研究表明，一方面，随着大批沿海居民以不同形式移居近海岛屿，海岛的开发由传统单一的开发模式开始向以渔业、农业、

---

* 陈贤波，华南师范大学历史系教授。

① 据统计，中国沿海地区面积在500平方米的海岛有1000多个，其中广东759个，有居民海岛占44个，参见杨文鹤主编：《中国海岛》，北京：海洋出版社，2000年，第220-221页。

② 有关明代以后海洋社会经济发展趋势，可见杨国桢：《明清海洋社会经济发展的基本趋势》，载氏著《瀛海方程——中国海洋发展理论和历史文化》，北京：海洋出版社，2008年，第129-141页。

海上走私贸易等为主的多样并举的开发模式转变①；另一方面，在明清时期逐步建立的海防体系中，近海岛屿既发挥“御海洋”的前哨作用，也是“海寇”觊觎大陆的踏板。“山海盗贼”相互接引，对沿海地方社会稳定造成长期困扰。②明政府曾在浙闽粤沿海岛屿添设水寨游兵，哨守海上，但由于种种原因而退守海岸。③清初为防范民众接济海上反清武装，一度厉行“迁海”，弃守近海岛屿。但地方民众偷渡私垦和出海捕捞活动始终无法禁绝。④兼之清代中后期水师巡海会哨制度逐渐废弛，不少海岛再次成为“洋盗”“贼船”滋生的温床。⑤

在以往的研究中，海防思想与制度、海上贸易活动、海盗、海商集团以及海外移民等方面已有许多引人瞩目的成果。相关论述的侧重点和研究方式各有不同，但较少有立足于整体的区域社会史视角，深入考察上述多元社会因素的相互作用对近海岛屿开发进程的影响的专题研究。不少文化地理学者都注意到，海岛既有其地域小单元的相对独立性，也因商品、人群和文化流动与大陆之间保持着千丝万缕的联系。把这种“海岛型文化”的空间特质还原为一个商品、人群和文化流动的时间历程，需要进行多层面细致的个案考察和区

① 李德元：《明清时期海岛开发模式研究》，《中国边疆史地研究》2005年第1期；张彬村：《十六世纪舟山群岛的走私贸易》，《中国海洋发展史论文集》第一辑，台北：“中央研究院”中山人文社会科学研究所，1984年，第71-95页。

② 海岛是海防体系的第一道防线。明人所谓“御海洋”，指以近海岛屿为中心，据险伺敌，御之于海。参见郑若曾撰，李致忠点校：《筹海图编》卷12上《经略三・御海洋》，北京：中华书局，2007年，第764-772页。有关明清海防体系建立过程最扼要的介绍之一，可见杨金森、范中义：《中国海防史》，北京：海洋出版社，2005年。

③ 黄中青：《明代海防的水寨与游兵——浙闽粤沿海岛屿防卫的建置与解体》，宜兰：学书奖助基金，2001年；萧国健：《明代粤东海防中路之南头寨》，载《明清史研究论文集》，香港：珠海书院中国文学历史研究所学会，1984年，第39-51页；王日根：《明代海防建设与倭寇、海贼的炽盛》，《中国海洋大学学报（社会科学版）》2004年第4期；陈春声：《明代前期潮州海防及其历史影响》，《中山大学学报（社会科学版）》2007年第2、3期；李庆新：《明代屯门地区海防与贸易》，《广东社会科学》2007年第6期。

④ 有关清初“迁海”，可见谢国桢《清初东南沿海迁界考》《清初东南沿海迁界补考》，见氏著《明清之际党社运动考》附录二、三，北京：中华书局，1982年，第237-270页；顾诚：《清初的迁海》，《北京师范大学学报（哲学社会科学版）》1983年第3期；马楚坚：《有关清初迁海的问题——以广东为例》，《明清边政与治乱》，天津：天津人民出版社，1994年，第257-277页；韦庆远：《有关清初禁海和迁界的若干问题》，见氏著《澳门史论稿》，广州：广东人民出版社，2005年，第1-47页；陈春声：《从倭乱到迁海——明末清初潮州地方动乱与乡村社会变迁》，《明清论丛》第2辑，北京：紫禁城出版社，2000年，第73-106页；黄挺：《清初迁海事件中的潮州宗族》，《社会科学》2007年第3期。

⑤ 有关清代海防思想制度的基本情况，可见王宏斌：《清代前期海防：思想与制度》，北京：社会科学文献出版社，2002年；王宏斌：《晚清海防：思想与制度研究》，北京：商务印书馆，2005年；李其霖：《清代前期沿海的水师与战船》，南投：台湾暨南国际大学历史研究所，博士学位论文，2009年。至于海盗在沿海岛屿的活动，则可见［美］穆黛安：《华南海盗（1790—1810）》，刘平译，北京：中国社会科学出版社，1997年；叶志如：《乾嘉年间广东海上武装概述——兼评麦有金等七帮的〈公立约单〉》，《历史档案》1989年第2期；刘平：《乾嘉之交广东海盗与西山政权的关系》，《江海学刊》1997年第6期；刘平：《清中叶广东海盗问题初探》，《清史研究》1998年第1期；曾小全：《清代嘉庆时期的海盗与广东沿海社会》，《史林》2004年第2期；曾小全：《清代前期的海防体系与广东海盗》，《社会科学》2006年第8期；陈启汉：《清中叶粤海海烽烟》，载澳门大学社会科学及人文学院中文系中国文化研究中心编：《明清广东海运与海防》，澳门：澳门大学，2008年，第301-320页；J. A. Robert, Like Froth Floating on the Sea: The World of Pirates and Seafarers in Late Imperial South China Sea. China Research Monograph, Institute of East Asia Studies, Berkeley; University of California, 2003.

域比较研究。[①]有的学者独辟蹊径，通过对神庙系统所表达的社区内部结构和村际关系，去重构广东东部一个多族群定居的岛屿形成和发展的过程。但囿于文献缺略，讨论只侧重于神庙和仪式蕴含的文化整合的意义。[②]

在前人研究的基础上，本文试以北部湾的涠洲岛为例，就文献所见和实地调查所得，重点探讨其从一个荒岛、贼穴演变为军事重镇，进而形成聚落街庄，最终纳入国家行政体系的社会变迁过程，力求从中把握小海岛的开发与明清国家政权向沿海地方社会扩张的宏观历史脉络之间的复杂互动。[③]疏失之处，尚祈方家指正。

一、“石室”、“采珠人”与涠洲岛早期开发

涠洲岛位于北海市南面浅海，离岸 21 海里，东南与雷州半岛和海南岛相望，全岛面积约 24.98 平方千米，是北部湾最大的岛屿。距离涠洲东南 9 海里有斜阳岛，面积约 1.89 平方千米。1994 年，由两岛组建的涠洲镇划归北海市海城区政府管辖，现辖 2 个居委会、9 个村（居）委会，总人口约 1.59 万人，耕地面积 14 440 亩左右。[④]涠洲岛和斜阳岛是北部湾内一对姊妹火山岛。根据近十多年来地质学家对涠洲岛地貌发育历史和形成过程的研究，我们可知，晚更新世末期涠洲岛南湾火山和斜阳岛斜阳村火山射气岩浆喷发，形成典型的低平火山口和巨基浪堆积几乎覆盖全岛，在长期海蚀作用下塑造了两岛以火山地貌为主的现代景观。[⑤]明代方志以奇闻逸事描述涠洲“古名大蓬莱，上有温泉黑泥可以浣衣，令白如雪”[⑥]，显然与岛上的火山地质有关。但也正因为山石嶙峋，薪樵无从取材，直到清初在地方政府眼中仍是不宜人居的海岛。[⑦]

---

① 在文化地理学领域，一般以相对于“大陆型文化”而言的“海岛型文化”来描述海岛的文化特质。相关研究概况的整理，可见彭静、朱竑：《海岛文化研究的进展及展望》，《人文地理》2006 年第 2 期。

② 刘志伟：《大洲岛的神庙与社区关系》，载郑振满、陈春声主编：《民间信仰与社会空间》，福州：福建人民出版社，2003 年，第 415-437 页。

③ 本文在运思构想过程中受到欧阳泰（Tonio Andrade）《“福尔摩沙”如何成为台湾府？》（郑维中译，台北：远流出版事业股份有限公司，2007 年）一书以及贺喜对明代前期海南里甲制度推行和地方社会转变的研究（贺喜：《编户齐民与身份认同——明前期海南里甲制度的推行与地方社会之转变》，《中国社会科学》2006 年第 6 期）的启发。但上述研究对象台湾岛和海南岛的地域和内部差异性较大，经营开发的历史过程要远比本文探讨的小海岛复杂得多。为便于探讨，他们无不集中于某一个特定的短时段。

④ 北海市地方志编纂委员会编：《北海市志》，南宁：广西人民出版社，2002 年，第 105 页。

⑤ 参见刘传章：《涠洲岛南湾火山口地貌及地质特征》，《广西地质》1986 年第 1 期；樊祺诚、孙谦、龙安明等：《北部湾涠洲岛及斜阳岛火山地质与喷发历史研究》，《岩石学报》2006 年第 6 期。

⑥ 崇祯《廉州府志》卷 14《外纪志·遗事》，《广东历代方志集成廉州府部》，广州：岭南美术出版社，2009 年影印本，第 259 页。

⑦ 乾隆《廉州府志》卷 2《疆域》，《广东历代方志集成廉州府部》，第 26 页。

目前所知最早明确记载涠洲岛的传世文献，当推晋人刘欣期的《交州记》一书，有言：

> 合浦八十里有涠洲，周迴百里。①
>
> 合浦涠洲有石室。其里一石如鼓形。见榴木杖倚着石壁。采珠人常致祭焉。②

与涠洲岛隔海相望的北海地区和雷州半岛，汉晋时期属合浦郡管辖。③《交州记》所谓“采珠人”，在明清文献中一般称为“疍”人，特指采珠的渔民群体，如嘉靖《广东通志》引《杂记》曰：“珠池居海中，‘疍’人没而得蚌剖珠”④；有时也泛指当地百姓，如屈大均的《广东新语》有言：“产合浦之地者，多称珠人。”⑤上引《交州记》的意义不在于指出涠洲古地名“涠洲”，重要的是表明当时岛上已经出现了以采珠渔民为主体的固定祭祀场所。由于涠洲岛与合浦之间的北部湾海域盛产珍珠，至迟在刘欣期所处的汉晋时期，采珠已经成为当地百姓日常生活和商贸活动的重要组成部分。《后汉书·循吏传》载汉顺帝时期（126—144）孟尝担任合浦太守时，“郡不产谷实，而海出珠宝，与交趾比境，常通商贩，贸籴粮食”⑥。又如《晋书》载陶璜自交州上表曰：“合浦郡土地硗确，无有田农，百姓唯以采珠为业，商贾去来，以珠贸米。”⑦不仅百姓以采珠为业，地方政府也参与采珠进贡。据《三国志·孙权传》有“黄武七年（228）……改合浦为珠官郡”等记载，张荣芳等学者推测当地必定很早就设立过“珠官”等官方性质的采珠机构。⑧一直到元代，珍珠都是该地区最主要的贡品之一。只不过在明代官领采办以前，历代官方采珠或采或罢，并无专官定制。⑨我们不难推知，由于官私采珠业兴盛，早在汉晋时期这座离岸八十里的海岛即便尚未形成聚落，至少也是出海采珠的渔民经常性避风栖止的场所。

《交州记》描述采珠渔民经常祭拜鼓形石头的“石室”，很可能就是今天涠洲岛上最重要的民间祭祀中心——三婆（妈祖）庙的前身。在当地乡民传说和庙史记录中，早期的三婆庙只是海湾岩壁下一处天然洞穴，直到宋代才在洞外搭建茅草房，几经修葺慢慢建立庙

---

① 刘欣期：《交州记》卷2，《丛书集成新编》第97册，台北：新文丰出版公司，1985年，第476页。

② 刘欣期：《交州记》卷2，《丛书集成新编》第97册，第477页。

③ 汉武帝平定南越后，岭南地区设置九郡。其中合浦郡治徐闻，辖5县，主要包括今广东西南部地域。参见方志钦、蒋祖缘主编：《广东通史》（古代上册），广州：广东人民出版社，1996年，第233页。

④ 嘉靖《广东通志》卷25《民物志六·珠池》，香港：大东图书公司，1977年影印本，第648页。

⑤ 屈大均：《广东新语》卷15《货语·珠》，北京：中华书局，1985年，第411-416页。

⑥《后汉书·循吏传》，北京：中华书局，1965年，第2473页。

⑦《晋书》卷57《陶璜传》，北京：中华书局，1974年，第1561页。

⑧ 张荣芳、周永卫：《汉代徐闻与海上交通》，《中山大学学报（社会科学版）》2002年第3期。

⑨ 明人郭棐曾据史志比较清楚地梳理出从汉晋到明中期历代在合浦诏采珍珠的情况，可见官方采珠活动之梗概，参见（明）郭棐著，黄国声、邓贵忠点校：《粤大记》卷29《政事类·珠池》，广州：中山大学出版社，1998，第852-856页。

宇。由拜祭石头、树木或露天神坛到立神像、建庙宇，是华南地方神明崇拜的普遍现象。① 笔者 2010 年实地探访三婆庙时，依然可见庙宇后的岩洞摆放供桌和香炉，只不过岩壁已被砌上了水泥墙，以防岩层风化剥落。有意思的是，尽管三婆庙如今悬挂“天后宫”匾额，不再祭拜鼓形石头，供奉妈祖神像，乡民们也声称“三婆”就是“涠洲妈祖”。但由岛上有关三婆庙的传说故事推断，妈祖神像的安放和拜祭历史可能要晚近得多：

> 元朝忽必烈皇帝下旨派京都巡官到沿海一带巡查，来到荒凉的涠洲岛时，士兵上岸找淡水，发现港湾处有一间茅草房。取足淡水后，巡官见四处无人就放火烧了这间茅草房。但士兵起锚返航的时候用尽力气也无法把锚拉起来。巡官再派士兵下去看个究竟。士兵上来报告说：“有一位姑娘压住锚。”这姑娘就是今天的妈祖娘。当时巡官心想这是神仙也，双足跪下说：“请求神明在上，不怪小人之过，我把你茅草房放火烧了，敬请神明大发慈悲，放我回朝，向皇上汇报，再来此地建间庙宇给你。”回朝后巡官马上向皇上汇报此事。皇上即派巡官准备好材料运到涠洲岛，同时雕刻妈祖神像。②

上述传说作为岛上信众认可的“历史”被写入《三婆庙五次建筑简况》，张贴在庙宇外墙供人参观。官兵取淡水处则由乡民搭建起一座亭台，奉为“圣水井”。这个故事具有明显的神话色彩，但至少说明一点：在乡民看来，早期简陋的“三婆庙”里并无妈祖神像供奉，所以才不幸被误认为是无人居住的茅草房被烧毁。正因如此，通过“妈祖娘”显灵而立像建庙，这个故事从一侧面也强调了庙宇早在元代就得到朝廷认可，具有官方色彩的文化正统性。

没有其他旁证表明上述传说中的“元朝巡官”参与了三婆庙的修建。但万历《雷州府志·古迹志》追述元至元三十一年（1294）岛上一度设有“涠洲巡检司”。③按元制，巡检司设巡军弓手，其数多寡不同，“职巡逻，专捕获”④。可知至迟在元代，涠洲岛上已有军政设施无疑。但囿于文献记载，对于这个涠洲巡检司的实际情形也不得而知。

总之，涠洲岛周边海域的采珠和渔捞作业由来已久。在明代以前，渔民在海岛港湾候泊栖止，逐渐由原本天然的岩洞发展出固定的祭祀点，进而慢慢搭建了茅草房，并且很可能由于元代巡检司一类官方机构设立而出现了更加持久性的庙宇建筑。随着明代官府竭力

---

① 这方面的例子很多。华琛（James Watson，詹姆斯·沃森）就曾描述香港厦村的天后庙前身就是供奉一块据说从海上打捞起来的石头。这块石头被村民当作神的象征安放在海湾的神龛中。参见［美］詹姆斯·沃森：《神的标准化：在中国南方沿海地区对崇拜天后的鼓励（960—1960 年）》，载［美］韦思谛编：《中国大众宗教》，陈仲丹译，南京：江苏人民出版社，2006 年，第 57-92 页。科大卫（David Faure）、郑振满也描述过华南其他地区类似的情况，参见科大卫：《皇帝与祖先——华南的国家与宗族》，卜永坚译，南京：江苏人民出版社，2009 年，第 72 页；郑振满：《明清里社组织的演变》，载郑振满、陈春声主编：《民间信仰与社会空间》，第 335-353 页。

② 《三婆庙五次建筑简况》。由笔者 2010 年 1 月在涠洲岛三婆庙实地调查所得。

③ 万历《雷州府志》卷 21《古迹志》，《日本藏罕见中国地方志丛刊》，北京：书目文献出版社，1986 年影印本，第 456 页。

④ 《元史》卷 101《兵四·弓手》，北京：中华书局，1976 年，第 2594 页。

垄断涠洲岛周边海域的各个珠池，数百年来地方民众采珠为业的合法性被彻底颠覆，涠洲才逐渐成为官府与“珠盗”周旋角力的舞台。

二、珠池、内官与涠洲游击

明代方志谓“海产珠，方内惟雷廉为然”①。当时涠洲岛海域有珠池八处，切近广东雷州、廉州二府，其中“廉州之池七，曰青莺、曰杨梅、曰乌坭、曰白沙、曰平江、曰断望、曰海渚沙，雷州之池一，曰乐民”②。一般认为，洪武二十九年（1396）始诏采珠，未有专官采办，至正统年间命内官二员分镇雷廉珠池，并倚池建厂，专守防盗。③不过检阅地方文献，洪武三十五年（建文四年，1402）已有“差内官于广东布政司起取‘疍’户采珠，‘疍’户给予口粮”的记载。④嘉靖《广东通志初稿》卷10《公署·廉州府》又载：

> 珠池公馆，洪武永乐间设于珠场巡检司之右。景泰间寇发，改迁府治前。⑤

上引珠场巡检司位于廉州府东南六十里白沙海岸，切近白沙珠池，又称“守池巡司”。⑥明代广东内官公署有“衙门”“公馆”等名号。⑦由此可知，明初已设有专门看守池采珠的内官衙门“珠池公馆”，一直延续至景泰年间（1450—1457）才因寇乱搬迁。宣德三年（1428），内官杨得荣“奉命来守珠池”，又在该地临近海岸处兴土木，祭海神，陆续营建天妃庙和宁海寺⑧，内监采珠衙门已渐具城池规模，在明清方志中一般称之为“白龙厂”、“白龙墩”或

---

① 万历《雷州府志》卷4《地理志二·珠海》，《日本藏罕见中国地方志丛刊》，第191页。

② 嘉靖《广东通志初稿》卷30《珠池》，《北京图书馆古籍珍本丛刊》第28册，北京：书目文献出版社，1998年影印本，第510页。

③ 杜婉言：《明代宦官与广东经济》，《中国社会经济史研究》1992年第2期。

④ 嘉靖《广东通志》卷25《民物志六·珠池》，第649页。原文作“洪武三十五年”，应是永乐靖难称帝后明代文献的刻意写法。笔者补注为“建文四年”。

⑤ 嘉靖《广东通志初稿》卷10《公署·廉州府》，《北京图书馆古籍珍本丛刊》第28册，第206页。

⑥ 万历《广东通志》卷53《郡县志四十·廉州府·珠池》，《四库全书存目丛书》史部，第198册，济南：齐鲁书社，1997年影印本，第375页。

⑦ 王川：《市舶太监与南海贸易——明代广东市舶太监研究》，香港：天马图书有限公司，2001年，第75页。

⑧ 北海市白龙珍珠城遗址碑亭现存有宣德年间《宁海寺碑》和《天妃庙记》等碑文，描述了内臣杨得荣营建天妃庙和祭拜海神活动。《宁海寺碑》残碑中有“钦差内臣宣德戊申年奉命来守珠池□诚心万于□年十二月戊寅日工宁海寺海神”等语。《天妃庙记》至今保存较好，曰：“钦差内臣杨得荣立天妃庙碑 天妃，闽中湄州山人也，少即神慧。海上有舟楫得济，人民获安。故海边人各立供奉祀之。宣德三年，余领命来守珠池，就于海岸起立新庙一所，宝地风平浪静，海道肃清，仍祈境内生乐业，共享太平。乃使工刻石。工于宣德四年冬十二月戊寅日。立，六年冬十二月己酉日也。宣德辛亥六年冬至后四日立。”有关这些碑文的整理，参见邓兰：《白龙珍珠城古碑考》，《广西社会科学》2003年第3期。

“白龙城”。[①]康熙二十三年（1684）钦差大臣杜臻巡视广东，曾于二月来到荒废的白龙厂遗址。据他所述，该地乃“明时采珠内监所驻，有城，四门。内官署及巡道署废址犹存于城之东隅”[②]。

与廉州一样，雷州府在正统时也一度倚池建太监厂。[③]但由于成化弘治以后乐民池产珠日少，加之正德年间太监赵兰激变雷民，御史陈实奏革雷州守池太监，此后官方采珠遂以廉州各池为中心。如嘉靖年间提督两广军务右侍郎林富所言，雷廉二府“俱产珍珠，设有内官二员分地看守。成化弘治年间乐民珠池所产日少，正德年间官因裁革，惟廉珠池一向存留守”[④]。因而由上述白龙厂内监采珠衙门统辖的珠场巡检司及廉州沿海水寨，长期构成拱卫珠池的主要武力。对此，崇祯《廉州府志·经武志》有扼要叙述：

> 白龙墩，府南七十里，前内监采珠衙门。居八寨之中。珠场巡司衙门、东西八寨俱属管。[⑤]

所谓“东西八寨”，指位于白龙厂东面永安千户所属地的乌兔寨、凌禄寨、英罗寨、萧村寨、井村寨、对达寨、丰城寨、黄泥寨，以及西面的川江寨、陇村寨、调埠寨、白沙寨、武刀寨、龙潭寨、古里寨和西场寨，加上珠池巡司衙门所在的珠场寨，“由西而东而北，凡十七处，分军巡哨，以防盗取之患”[⑥]，额设守兵一百四十四名[⑦]。值得注意的是，其中英罗寨至对达寨“俱近海，有箔，只宜迁近不可插远”，自川江寨以北“俱近珠池，不可插箔”。[⑧]“插箔”又称“塞箔”，是广东沿海渔民常用的一种捕捞方式。[⑨]可见当时珠池附近海域也成为限制民众捕捞作业的禁区。

明代遣派内官从事采造活动，致使“大珰小监纵横绎骚，吸髓饮血，以供进奉，大

---

① 有关“白龙厂”的得名由来，史籍无考。查屈大均《广东新语》卷 15《货语·珠》（北京：中华书局，1997 年，第 411 页）记载合浦海中有上述珠池七所，同时又称七所珠池之外“而白龙池尤大”，可知地方传说中尚有所谓古白龙池存在。白龙厂的得名可能由此而来。此处存疑待考。

② 杜臻：《粤闽巡视纪略》卷 1，《近代中国史料丛刊续编》第 971 册，台北：文海出版社，1976 年，第 27 页。

③ 万历《雷州府志》卷 4《地理志二·珠海》，《日本藏罕见中国地方志丛刊》，第 191 页。万历《雷州府志》卷 8《建置志·公署》（《日本藏罕见中国地方志丛刊》，第 241 页）又有“太监厂，县西一百五十里乐民所北城外，万历二十七年因采珠故建，今圮”等语，后者应是临时的建置。

④ 林富：《乞罢看守珠池内官疏》，载崇祯《廉州府志》卷 11《奏议志》，《广东历代方志集成廉州府部》，第 171-172 页；万历《雷州府志》卷 4《地理志二·珠海》，《日本藏罕见中国地方志丛刊》，第 191 页。

⑤ 崇祯《廉州府志》卷 6《经武志·墩台》，《广东历代方志集成廉州府部》，第 89 页。

⑥ 崇祯《廉州府志》卷 6《经武志·墩台》，《广东历代方志集成廉州府部》，第 93-94 页。

⑦ 万历《广东通志》卷 53《郡县志四十·廉州府·珠池》，《四库全书存目丛书》史部，第 198 册，第 375 页。

⑧ 崇祯《廉州府志》卷 6《经武志·墩台》，《广东历代方志集成廉州府部》，第 93-94 页。

⑨ 屈大均《广东新语》卷 22《鳞语·渔具》（第 562 页）有言：“箔亦网之类也。每一箔，其崇五尺，广丈。渔者尝合五十箔而为一，其长五十丈。虞其过大，则箔口为鱼房二重以藏鱼。岁三月，大禾巳时，鱼始上田。渔人以箔依田塍。一方依水。潮至则张而大，潮退则卷而小，是为塞箔。”有关插箔的情况，承中山大学杨培娜博士见告，谨此致谢。

率入公帑者不及什一，而天下萧然，生灵涂炭”[①]，是最为后人诟病的虐政之一[②]。广东采珠内监也不例外。明中期采珠进奉愈演愈烈，雷廉一带“传闻采取，民各惊疑，多至逃遁”[③]，“珠官一至，百姓远徙，近海百里绝无烟火”[④]。提督两广军务右侍郎林富深谙粤中情形，于嘉靖八年（1529）八月奏请停采珍珠：

> 迩者诏下广东采珠。臣闻祖宗时率数十年而一采，未有隔两年一采如今日者也。……自天顺年间采后，至弘治十二年方采，珠已成老，故得之颇多。至正德九年又采，珠亦半老，故得之稍多。至嘉靖五年又采，珠尚嫩小，故得之甚少。今去前采仅二年，珠尚未生，恐少亦不可得矣。五年之役，病死溺死者五十余人，而得珠仅八千八十余两。说者谓以人命易珠。今兹之役，恐虽易以人命，珠亦不可得矣。

林富历数采珠之弊，但“疏入报，如前旨：采办进用，无得迟误”[⑤]。采珠既然势在必行，林富退而求其次，不久又上疏乞罢看守珠池内官，谓：“珠池约计十余年一采，而看守太监一年所费不下千金，十年动以万计。割万金之费，守二池之珠于十年之后，其所得珠几何”，况且看守太监“倚势为奸，专权生事，宪职不得禁诘，诸司不得干预。非惟费供役之烦，抑且滋攘窃之弊”。因此他认为珠池太监“不必专设”，守珠事宜可改由海北道兵备官带管。[⑥]林富的提议得到朝中臣僚声援，在嘉靖十年（1531）得以施行，时称“两郡安辑”[⑦]。可惜好景不长，万历年间内官奉诏采珠又甚嚣尘上。[⑧]

究其实，珠监专权生事固然激化民怨，更深层的症结还在于官府的珠池垄断政策与数百年来沿海民众采珠为业的生计之间的抵牾，由此引发了以私采、盗采活动为中心的长期地方动乱。不仅雷廉官民“上下通同侵盗，其禁愈严，其弊愈出”[⑨]，安南濒海居民也“潜

---

① 《明史》卷305《宦官二》，北京：中华书局，1974年，第7806页。

② 有关明代太监虐政，参见王春瑜、杜婉言：《明代宦官与经济史料初探》，北京：中国社会科学出版社，1986年；谭启浩：《明代广东的珠池市舶太监》，《海交史研究》1988年第1期。

③ （明）郭棐著，黄国声、邓贵忠点校：《粤大记》卷29《政事类·珠池》，第855页。

④ 《李爷德政碑》，该碑现存于北海市白龙珍珠城遗址碑亭。碑文转引自邓兰：《白龙珍珠城古碑考》，《广西社会科学》2003年第5期。

⑤ 《明世宗实录》卷104“嘉靖八年八月乙丑”条。

⑥ 林富：《乞罢看守珠池内官疏》，载崇祯《廉州府志》卷11《奏议志》，《广东历代方志集成廉州府部》，第171-172页。明代设雷廉兵备一员，驻扎廉州，整饬雷廉二地兵备兼理分巡海北道。明佥事张士纯《海北道题名记》有言：“合浦之杨梅、青莺等池产珠，往设内官一员监之，穷搜横敛，民其鱼矣。都御史林公富恻然念焉。疏奏珠采有时，岁费不资，不若并责于兵道稍便。制曰俞。乃始颁敕以兵备兼珠池。乃诏还内臣。省诸徭力以苏民困。是岁，嘉靖十年也。”载崇祯《廉州府志》卷12《艺文志》，《广东历代方志集成廉州府部》，第183-184页。

⑦ 万历《雷州府志》卷4《地理志二·珠海》，《日本藏罕见中国地方志丛刊》，第191页。杜臻在《闽粤巡视纪略》卷1中提及林富的建言，也有“（林富）疏上，大司马李承勋力持之，又得永嘉张文忠公为之主，内臣遂撤”等语。

⑧ 详参王川：《市舶太监与南海贸易——明代广东市舶太监研究》，香港：天马图书有限公司，2001年。

⑨ 林富：《乞罢采珠疏》，载崇祯《廉州府志》卷11《奏议志》，《广东历代方志集成廉州府部》，第169页。

与钦廉贾客交通，盗汆珠池”[①]。在这种背景下，临近珠池的涠洲岛成为“珠盗”据点也就不难理解了。

从洪武三年（1370）始，涠洲岛由雷州府遂溪县西八都蚕村的涠洲巡检司管辖[②]，额设巡检一员，徭编弓兵三十名[③]。明初天下要冲处皆设巡检司，缉查奸细，说明官府很早就把涠洲纳入巡防体系。然而涠洲巡检司毕竟设在雷州半岛上，以岛屿为信地，随后雷州府裁汰弓兵，每司仅存八名供巡检使令，甚至“巡检客居郡县城，兵随之，信地空虚”，缉查地方之责成为虚文，到万历年间已革除。[④]

可能是地方官出于“移民殖边”的考虑，万历六年（1578）曾“移雷州民耕住其地”[⑤]。当日移民涠洲岛的情形不详，但“珠贼为患”的局面并未因此好转：

> 万历十三四年，新、顺、东莞等县奸徒聚至三四百艘，倚涠州一岛，屹恃中流为窟，几成变故，驱逐乃散。[⑥]

东莞、顺德、新会等县船只大批聚集涠洲岛不足为奇。官府早前就曾因他们“往来买卖，熟知海利”，大量雇佣东莞等地船只采珠。[⑦]但他们频频越禁私采也让官府极为困扰。万历末年刊行的《海防纂要》就直言，东莞等县“皆盗贼渊薮也。每藏集凶徒，肆行抢掠。珠禁驰则驾大船以盗珠，珠禁严则驾小艇以行劫。交通捕快，接济番舶，蠹害最甚”[⑧]。

让官府始料不及的是，耕住涠洲的居民非但没能发挥珠池守护作用，反而倒戈接济“珠盗”，最后只得设法又将他们徙入内地。万历《雷州府志》收录《检讨邓宗龄记》载：

> 天妃于海神最灵。诸渡者必走谒祠问吉凶。或中流难起，则舟人匍匐叩神，望赤光荧薄帆樯则神来也，舟人无恐矣。以故濒海在在置祠。而涠洲孤岛立起海中，沃壤而邻于珠池。亡命啸聚辄操大艇阑入剽窃，则居民载酒牛酏糈饷之。神恶其弗率也，时见梦于居民曰：“若不捕奸而歹于佐奸，罪浮于奸。若不悛，大师且至。吾不能为若庇矣。”涠洲民惴惴大恐。而监司王公民顺、参军陈公居仁廉，得其状，谓全粤何赖于撮土而令之延□以种祸，宜罢之。便乃以事白制府吴公文华，请尽罢涠洲税而徙其民

---

① 《明英宗实录》卷317“天顺四年七月乙丑”条。

② 万历《雷州府志》卷8《建置志·公署》，《日本藏罕见中国地方志丛刊》，第241页。

③ 应槚、凌云翼、刘尧诲等修：《苍梧总督军门志》卷8，北京：全国缩微图书复印中心，1991年影印本，第109页。

④ 万历《雷州府志》卷12《兵防志一·军制》，《日本藏罕见中国地方志丛刊》，第335页。万历《明会典》卷139《兵部二十二·关津二》（第719页）有言：“雷州府旧有遂溪县涠洲、徐闻县遇贤各巡检司，俱革。”

⑤ 崇祯《廉州府志》卷6《经武志·涠洲游击》，《广东历代方志集成廉州府部》，第91页。

⑥ 万历《雷州府志》卷13《兵防志二·武镇》，《日本藏罕见中国地方志丛刊》，第354页。

⑦ 林富：《乞罢采珠疏》，载崇祯《廉州府志》卷11《奏议志》，《广东历代方志集成廉州府部》，第166页。

⑧ 王在晋：《海防纂要》卷1《广东事宜·西路》，《四库禁毁书丛刊》史部，第17册，北京：北京出版社，2000年影印本，第474页。

于内地。吴公报可。遂遣材官具舳艫载之。材官以告神，神欣然从也。乃奉其像舆，父老子弟俱来，悉入郡祠中。①

这里的“郡祠”指雷州府城南亭坊的天妃庙，旧有行祠，从正统到嘉靖年间曾多次重修。②上述检讨邓宗龄这篇记文描述的是万历十五年天妃庙的一次重修。王民顺、陈居仁、吴文华等官员将涠洲天妃神像迁入郡祠的同时，也“尽罢涠洲税而徙其民于内地”。邓宗龄的说法充满神话色彩，值得注意之处在它显示了当时“亡命啸聚”盗采珠池而涠洲居民“载酒牛酏糈饷之”的社会背景。字里行间与其说记述了天妃显灵的“神迹”，毋宁是官僚士大夫借用神灵的口吻警告涠洲居民“歹于佐奸，罪浮于奸”的行为。民盗难分的海岛局势，由此可见一斑。

罢税和回迁涠洲居民不等于弃守。事实上，从万历初年始，涠洲一带海域就规定雷州府广海游击往来汛守。据黄中青对明中期广东水寨游兵的研究，一般做法是：寻找数个常为倭寇或海贼据以为巢穴，或者适宜停泊船只的小岛，在岛上设置游哨，每年汛期哨官督领战船驻扎于此。③有意思的是，往来汛守的海防安排很可能一开始就遭到官兵的抵制。清初巡视广东海防设施的钦差大臣杜臻曾了解到：

（涠洲）居民因珠盗充斥，尽徙内地。万历初移广海游击将战舰三十以戍之。十四年，有侯游击者惮其险远，请分所将战舰为二，自统其半驻永安，余使其属统之守滨溁。雷州府同知徐学周建议驳之曰：将，心也；卒，手足也。谓心与手足可异处乎！涠洲绝险，故不可撤备。滨溁密迩珠池，彼所求驻者，意在盗珠耳。议上，侯游击之请格不行。④

“侯游击”提议将驻扎地从岛上迁至廉州府海岸的永安千户所和滨溁两地，遭到雷州府同知徐学周否决而未果。事情发生在上述万历十三至十四年东莞等县船只大批聚集涠洲岛前后，不禁让人怀疑官兵们平日“惮其险远”，也疏于巡哨。而从地方官的言辞推测，他们很可能也暗地参与“盗珠”牟利。

万历十八年（1590），朝廷以“钦差镇守广东涠洲游击将军”专劄岛上⑤，取代了上述往来汛守的权宜做法，涠洲岛在区域海防格局中的地位进一步提升。崇祯八年（1635）游

① 邓宗龄：《检讨邓宗龄记》，万历《雷州府志》卷 11《秩祀志・天妃庙》，《日本藏罕见中国地方志丛刊》，第 313-314 页。

② 李璿：《郡人御史李璿记》，万历《雷州府志》卷 11《秩祀志・天妃庙》，《日本藏罕见中国地方志丛刊》，第 313 页。

③ 黄中青：《明代海防的水寨与游兵——浙闽粤沿海岛屿防卫的建置与解体》，第 138 页。

④ 杜臻：《粤闽巡视纪略》卷 1，《近代中国史料丛刊续编》第 971 册，第 34 页。括号文字为笔者所加。

⑤ 据《钦差镇守广东涠洲游击将军黄公去思碑》，万历二十九年立，现存于北海市白龙城遗址碑亭。碑文载北海市地方志编纂委员会编：《北海史稿汇纂》，北京：方志出版社，2006 年，第 566 页。

击张绍良撰《永安营题名碑记》对此有扼要回顾：

> 涠洲者，古之小蓬莱也。孤悬溟渤中，四望无际。斜阳岭屹峙于南。六珠池环互于北面东西，雷廉琼崖交趾如棋错而不可睥睨。神宗十八年始设游击将军驻扎于此，因改今名。是时游击为漳南陈公起元。其奉敕莅止也，披荆棘辟草莱，建城堡创衙宇，已乃招兵抚民，而涠洲遂成重镇焉。……战船六十只，官兵一千八百员名。雄视海天，鲸鲵灭迹。故朝廷无后顾之忧焉。后因涠洲峻石巉岩，泊舟匪便，二十七年适有开采之役，移驻涠洲游击于永安所。[①]

按明制，凡天下要害地方皆设官统兵镇戍，其总镇一方者曰镇守，“或挂将印，或不挂印，皆曰总兵，次曰副总兵，又次曰参将，又次曰游击将军。旧于公侯伯都督指挥等官内推充任”[②]。首任涠洲游击将军陈震（起元）即从漳州卫指挥调任。[③]由碑记可知，游击将军陈震在任上有营建城堡衙宇和招兵抚民之举。后来由于“泊舟匪便”和采珠之役才移驻廉州府岸上的永安所。一说游击府“万历十八年初建于涠洲，寻为风毁。二十年改迁永安所城内，即海防公署，而以涠洲为汛”[④]。不管如何，涠洲游击将军至迟在万历二十七年（1599）迁离涠洲岛，改驻永安所城，成为定制。

有关涠洲游击的兵力情况，上述《永安营题名碑记》载有战船 60 只，官兵 1800 名。查《明实录》万历三十八年六月兵部覆两广总督戴燿《征黎善后四议》，有“涠洲游击原设水兵一千四百名，专为防守珠池”等语。[⑤]万历《广东通志》（万历三十年刻本）则载涠洲游击各哨战船共 52 只，官兵杂役 1351 名。[⑥]略相当于一个千户所的兵力规模。[⑦]考虑到文献成书年代有别，兵额稍有出入，很可能是不同时期增裁记录的结果。

至于巡哨区域，万历《雷州府志》仅笼统地说“十八年始议设游击一员专劄涠州防汛，割海康东场角起至钦州龙门止皆属之”[⑧]。另据万历《广东通志》记载涠洲游击信地和兵力分布情形如下：

> 中军哨把总一员，战船九只，防守永安、对达、兼哨涠洲、对乐、乌坭、平江、

---

① 民国《合浦县志》卷 6《杂志》，《广东历代方志集成廉州府部》，第 669-670 页。

② 万历《明会典》卷 126《兵部九·镇戍一·将领上》，北京：中华书局，1989 年，第 648 页。

③ 崇祯《廉州府志》卷 6《经武志·涠洲游击》，《广东历代方志集成廉州府部》，第 91 页。

④ 万历《广东通志》卷 53《兵防·兵署》，《四库全书存目丛书》史部，第 198 册，第 369 页。

⑤ 《明神宗实录》卷 472“万历三十八年六月庚子”条。

⑥ 万历《广东通志》卷 53《兵防·兵额》，《四库全书存目丛书》史部，第 198 册，第 370 页。

⑦ 按明制，卫所额军具有定数，大概以 5600 名为一卫，1120 名为一千户所，112 名为一百户所。当然，由于明中后期兵制败坏，一般卫所都无法维持这个额数。有关明代卫所制度的基本情形，可参见于志嘉：《明代军户世袭制度》，台北：台湾学生书局，1987 年。

⑧ 万历《雷州府志》卷 13《兵防志二·武镇》，《日本藏罕见中国地方志丛刊》，第 354 页。

杨梅、青莺、断望等信地。

左部分总一员，前队哨官一员，战船十只，分劄东场、海康、乐民、博里、包金、调楼等信地；左队哨官一员，战船十只，分劄断洲、对达、英罗、嘴多、浪禄地等信地。

右部分总一员，右队哨官一员，战船八只，分劄龙门港、白沙、滨涖、竹林、武刀等信地。后队哨官一员，战船九只，分劄和融、榕根、大濂、谢家、川江等新地。

“疍”总一员，战船六只，防守钦州龙门港信地。①

由上可见，涠洲游击的巡哨范围涵括了东起雷州府海康县东场，西至廉州府钦州龙门港的环北部湾海域。按照这一海防体系，涠洲岛由中军哨把总巡哨，成了重要的军事前哨站。

涠洲游击设立初期发挥了防守珠池的震慑作用。万历十九年（1591）六月兵部为游击将军陈震等人首叙战功，奏称：“雷廉珠池自涠州设有专官，外寇远遁，内盗随擒。”②万历二十九年游击将军黄忠调任，当地官民为他立去思碑，其中也有“公既至，盗贼闻公威望，戢弓□弋者十之六七，公乃严檄之”等语。③不过，此后种种迹象显示，涠洲游击的作用和地方社会局势仍让人堪忧：万历三十五年冬，“交趾贼”突袭钦州，逼近廉州府城，涠洲游击张继科自永安驻地发兵，“次葛麻山不前，使贼去复来，如入无人之境”，时人痛斥其“罪不容于死矣，何以兵为”④；万历四十六年六月，涠州游击王熙“听勘以交夷入犯”被革任；⑤天启二年（1622）四月，涠州游击陈文炀被告发“赃私狼藉”革任⑥；崇祯三四年间，廉州濒海近地发现新珠池，“近海愚民、守海营官公然盗珠，樯橹相击”⑦。

概言之，明代以涠洲岛为中心的濒海社会动荡和海防设施演变，始终围绕官府的珠池禁防政策展开。然而防守官兵阳禁阴纵，从中牟利，“外寇”和“内盗”纵横交错，正所谓“官既厉禁，小民失业，往往去而为盗。……乃守益密而盗益多。官兵反藉以为市”⑧。官、民与盗三者之间身份界限模糊，竞相逐利，从一侧面反映了明代中后期华南沿海地区的社

① 万历《广东通志》卷53《兵防·兵额》，《四库全书存目丛书》史部，第198册，第370页。明代廉州采珠，多役用疍户，据杜臻《粤闽巡视纪略》卷1所言，“疍户……廉州采珠多用之，兹用为戌长，取其习知海事也”，因此在疍户聚集的龙门港地区也设有疍总一员常驻于此，统于涠洲游击。

② 《明神宗实录》卷237“万历十九年六月甲午”条。

③ 据《钦差镇守广东涠洲游击将军黄公去思碑》，万历二十九年立，现存于北海市白龙城遗址碑亭。碑文载北海市地方志编纂委员会编：《北海史稿汇纂》，第566页。

④ 崇祯《廉州府志》卷1《图经志》，《广东历代方志集成廉州府部》，第22页。

⑤ 《明神宗实录》卷571“万历四十六年六月壬戌”条。

⑥ 《明熹宗实录》卷21“天启二年四月戊子”条。

⑦ 崇祯《廉州府志》卷1《图经志》，《广东历代方志集成廉州府部》，第24页。

⑧ 杜臻：《粤闽巡视纪略》卷1，《近代中国史料丛刊续编》第971册，第31页。

会乱象。[①]

三、洋盗、水师与海岛封禁政策

明清交替之际，华南沿海普遍经历了长时间“不明不清”的激烈社会动荡。在北部湾地区，以“海寇”邓耀、杨二等为首的海上武装盘踞龙门诸岛，迂回粤西和安南之间，长期与官府抗衡。[②]出于杜绝濒海民众接济海上反清势力的目的，康熙元年（1662）诏迁海界，其中广东“自闽界分水关西抵防城，接于西粤，画界三千七百里”，廉州、雷州府等北部湾沿海地区也在“画界”的范围内，沿海遍立墩台排栅，禁民外出，“涠洲诸游汛皆弃而不守”。[③]

有关清初的“迁界”，前人已有许多出色研究。[④]这里要强调的是与“迁界”同时在地方社会进行的海防制度改革。康熙《廉州府志》有言：

> （廉州府）东南八十里地名珠场八寨，瞰视大海，旧设游击统兵防御。康熙元年迁界改为水师营，而珠场等处亦迁界外。自展界后，将旧设白龙城修复……自城而东约二百里即永安所，城池俱已修复，系高雷琼海道之咽喉，为合浦左腋，向设涠洲游击一员领兵驻守。康熙元年迁界，将涠洲官兵改入廉镇左营，珠场、陆营官兵改设乾体水师营，其沿海八寨及永安所城皆系水师营分拨官兵防守。[⑤]

换言之，“迁界”时曾将原涠洲游击官兵并入了廉州镇总兵衙门。据杜臻《粤闽巡视纪略》所载，当时廉州总兵领兵三千名，其中就包括“涠洲兵一千”[⑥]。与此同时，由珠场、陆营官兵改设乾体水师营，分兵防守沿海八寨和永安所城。水师营设游击一员、守备一员、千总二员、把总四员，领兵一千三百六十六名。[⑦]兵力大致与明代涠洲游击相当。

康熙二十三年（1684）全面复界后，钦差大臣杜臻与两广总督吴兴祚、广东巡抚李士桢

---

① 陈春声描述过明代中后期粤东乡村社会的军事化和社会转型，同样可见官、民和盗之间身份关系的复杂性，参见陈春声：《嘉靖“倭乱”与潮州地方文献编修之关系——以〈东里志〉的研究为中心》，《潮学研究》第5辑，汕头：汕头大学出版社，1996年，第65-85页；陈春声：《从倭乱到迁海——明末清初潮州地方动乱与乡村社会变迁》，《明清论丛》第2辑，第73-106页。

② 有关这些海盗集团的动向，可参李庆新：《十七世纪下半叶北部湾的中国海盗》，载氏著《濒海之地——南海贸易与中外关系史研究》，北京：中华书局，2010年。

③ 杜臻：《粤闽巡视纪略》卷1，《近代中国史料丛刊续编》第971册，第10页。

④ 参见前引谢国桢、顾诚、马楚坚、韦庆远、陈春声等学者的相关著述。

⑤ 康熙《廉州府志》卷6《武备志》，《广东历代方志集成廉州府部》，第446-447页。括号文字为笔者所加。

⑥ 杜臻：《粤闽巡视纪略》卷1，《近代中国史料丛刊续编》第971册，第11页。

⑦ 杜臻：《粤闽巡视纪略》卷1，《近代中国史料丛刊续编》第971册，第11页。

会堪沿海形势，裁廉州镇总兵衙门，将乾体水师移设龙门协水师，额设副总兵一员驻守龙门港，仅留千总一员守乾体营，拨守备一员、把总一员守永安城。[①]明末龙门地区仅设水寨驻守，有把总一员，大小兵船十六只。[②]自此之后，由龙门协督率水师官兵巡哨环北部湾洋面成为定制，真正实现了从明代涠洲游击水寨体系向清代龙门协水师的转变。有关清初龙门协之成立和水师制度变革，限于篇幅，笔者拟另文探讨。这里要指出的是，促成龙门取代涠洲成为北部湾区域海防中心的动力，除了龙门濒临安南，清初海盗跨境活动频繁的社会背景之外，也许更直接的因素在于清初彻底摒弃了前朝与民争利的珠池垄断政策，所谓“国朝从无设官，亦无诏采，边方赖以安宁”[③]，珠池近地的禁防自然不在官府首要考量之列了。

前面说过，“迁界”时涠洲诸游汛皆一度弃守。其后违禁出海采珠也时有发生。[④]值得一提的还有当时一批“涠洲民”也随之被徙入内地安插。杜臻就了解到，“涠洲在海中……周七十里，或曰百里，内有八村，人多田少，皆以贾海为生……迁界时地久虚，今不开”[⑤]。又据乾隆《廉州府志》载：“天妃庙……一在南城外。相传神像来自涠洲。国初徙涠洲民于内地，神像为居民奉之俱来。廉之商贾士庶饮食比祝，显灵特异于他庙。”[⑥]由此不难推知，明末清初涠洲岛上的民间垦殖又悄然兴起，不仅再次形成颇具规模的渔民村落群，妈祖崇拜也随之复兴起来。但在沿海复界后很长一段时间里，涠洲岛是否开放民众前往垦殖的问题长期悬而未决，地方官府对此十分谨慎。雍正九年（1731），雷州海康县民颜福初呈请开垦涠洲田地，官府以“事属难行”格而不行。乾隆七年（1742），广东巡抚王安国檄地方官吏实地勘察涠洲岛，查得岛内“村基八处，面面皆山……藉资灌溉可作水田者约二十三顷零，余旱田七十五顷零。山石巉岩，不产竹木器具，薪樵之属无所取材”，认为“洲形似蟹，船只收泊，风信不顺，难于进澳，设兵安塘，所费不赀”，再次搁置开垦之议。乾隆十八年，雷州知府周硕勋以涠洲“介在雷廉，漫无专辖，恐聚匪藏奸”，请饬水师相机控制，初步议定由龙门协每年定期赴涠洲岛亲查结报。[⑦]

然而，涠洲岛的民间偷渡私垦活动从未中止。相传民众在岛上开垦种植后就返回大陆，

---

① 康熙《廉州府志》卷6《武备志》，《广东历代方志集成廉州府部》，第442-444页；康熙《合浦县志》卷1《图经志》，《广东历代方志集成廉州府部》，第314页。

② 崇祯《廉州府志》卷6《经武志·涠洲陆营·龙门寨》，《广东历代方志集成廉州府部》，第92页。有的学者认为“龙门地区原不设水师”，但因广东西南海域一带辽阔，又与安南为界，至清初才有设兵弹压的需要，并不确切。参见李其霖：《清朝广东水师防务》，《港口·城市·贸易网络——2009海洋史学术研讨会论文》，台北：“中央研究院”人文社会科学研究中心，2009年，第6页。

③ 康熙《廉州府志》卷2《地里志·珠池》《广东历代方志集成廉州府部》，第329页。

④ 清初吴川人陈舜系所撰《乱离见闻录》就有言：“辛亥康熙九年七月九日，飓风飘廉州偷珠船。”参见岭南文库编辑委员会、广东中华民族文化促进会合编，李龙潜、杨宝霖、陈忠烈等点校：《明清广东稀见笔记七种·乱离见闻录》，广州：广东人民出版社，2010年，第41页。

⑤ 杜臻：《闽粤巡视纪略》卷1，《近代中国史料丛刊续编》第971册，第34页。

⑥ 乾隆《廉州府志》卷6《建置》，《广东历代方志集成廉州府部》，第82页。

⑦ 乾隆《廉州府志》卷2《疆域》，《广东历代方志集成廉州府部》，第26页。

待作物成熟后再去收割；倘遇到官兵巡查，往往贿赂了事。[1]乾隆五十四年，军机大臣等会议两广总督福康安奏捕盗章程及巡缉事宜，力求将涠洲等近海岛屿纳入清查严禁之列：

> 粤东雷廉二府交界海面之涠洲并迤东之斜阳地方，俱系孤岛荒地。无籍贫民每有前往搭寮居住者，不免与洋盗串通滋事。业饬地方官逐一递回原籍，草寮概行烧毁，勿使窝留。此外洲岛一律清查严禁。[2]

地方官员关注民众不断潜入涠洲居住，无非担心他们与“洋盗”串通滋事。但是不分良莠，概行禁绝可能适得其反。对此，乾隆五十五年（1790）上谕指出：

> 今沿海民人居住海岛，久已安居乐业。若遽饬令迁移，使滨海数十万生民失其故业，情殊可悯。且恐地方官办理不善，张皇滋扰，转致漂流为匪，亦非善策。所有各省海岛除例应封禁者久已遵行外，其余均著仍旧居住，免其驱逐。至零星散处人户僻处海隅，地方官未必能逐加查察，所云烧毁寮房，移徙人口，亦属有名无实。今各岛聚落较多者已免驱逐，此等零星小户皆系贫民，亦不忍独令向隅。而渔户出洋采捕，暂在海岛搭寮栖止，更不便概行禁绝，且人户既少，稽察无难，尤非烟户稠密之区易于藏奸者可比，自应听其居住，毋庸焚毁。所有沿海各省地方均著照旧办理。惟在各该督抚严饬沿海文武员弁实力稽察，编立保甲。如有盗匪混入及窝藏为匪者，一经查出即将该犯所居寮房概行烧毁，俾知儆惧。[3]

由上可见，地方官员忧心忡忡，表面上有防患于未然之心。但直到乾隆末年朝廷其实默许民众移住海岛，并不打算真正采取严厉的封禁政策。在朝廷看来，海岛和沿海社会稳定与否，关键在于地方文武官员是否实力稽查，遵行海防制度。实际上，前述福康安上疏巡缉事宜，还奏请酌拨守备千把等官兵三百名移驻涠洲岛上，试图扭转海岛无兵可守的局面。不料事情尚未落实，乾隆五十七年（1792）新署两广总督郭世勋就以“涠洲海岛四面大洋，飓风猛烈，如建盖兵房，难期经久，且礁石鳞列，战船亦难湾泊”为由，奏请“毋庸办理”，最后仍责成廉州府龙门协水师和雷州府海安协水师每月“会赴涠洲，更番游巡”。[4]郭世勋的说法有夸大其词之嫌。涠洲岛属南亚热带海岛海洋性气候，“惟盛夏南风大作，不可停舟，余时皆有湾泊”[5]，沿海渔船历来也大批栖止于此，何以“战船亦难湾泊”

---

① 陈辉东：《涠洲封禁碑考》，北海市地方志编纂委员会编：《北海史稿汇纂》，第 569-571 页。

② 《清高宗实录》卷 1336“乾隆五十四年八月癸亥”条。

③ （清）崑冈等修，（清）刘启端等纂：《钦定大清会典事例》卷 158《户部・户口》，《续修四库全书》史部，第 800 册，上海：上海古籍出版社，2002 年影印本，第 567 页。

④ 《清高宗实录》卷 1413“乾隆五十七年九月丁巳”条。

⑤ 道光《广东海防汇览》卷 4《地舆三・险要三》，《清代兵事典籍档册汇览》第 25 册，北京：学苑出版社影印本，2005 年，第 348 页。

呢？郭世勋所谓水师不便移驻岛上，恐与前朝官兵一样有“惮于险远”的难言之隐。[①]

已有不少学者探讨过乾嘉年间广东海盗猖獗的社会情势。究其原因，广东洋面辽阔的地理因素、越南西山叛乱的影响以及地方海防体系的破坏等，都是值得深究反省的因素。[②]嘉庆初年，广东督抚奏称“近年来营官以船身损坏，不便驾驶，地方官则以修费不赀，互相推诿，致终年停泊，日久徒归朽废”，水师营伍废弛和经费不敷问题已十分突出。[③]甚至有龙门协水师将领循例巡海，“侈陈鼓吹，随以爱姬”，印褫反被海盗所夺，巡洋缉盗渐成虚文。[④]在这种背景下，涠洲岛无兵驻守，又放任移民，不久就沦为海盗“上岸抢得男妇”后“泊船候赎”的主要据点[⑤]，“洋匪与岸匪相通，踞为贼巢”[⑥]。

嘉庆十五年（1810），两广总督百龄选命提督童镇陞、总兵黄飞鹏率舟师百余艘出海剿捕乌石大、乌石二等“海寇”，再次严饬涠洲居民徙入内地，岛上居室田亩尽毁。[⑦]海岛封禁政策终究浮出水面。今天我们仍可在涠洲岛上看到的“封禁碑”，正是在这次大规模剿寇后不久勒石的。碑文曰：

> 两广督部堂百（龄）示：照得涠洲、斜阳两岛孤悬大海，最易藏奸。本庙堂奏明永远封禁，不准来此居住。倘敢故违，定罪。
>
> 嘉庆十五年七月[⑧]

海岛封禁政策是嘉道年间广东海上防卫体系的一部分，可以视为“清剿”与“招抚”对策的补充。问题在于，对于涠洲岛上数百年来偷渡私垦活动禁而不止的情况，地方官不可能置若罔闻，封禁固然可收一时之效，终究难以持久。至道光十二、十三年（1832、1833），违禁偷渡上岛者仍时有发生。水师提督李增阶等巡查“涠洲禁山”，缉拿“盗船洋匪”，发现早前的封

---

① 涠洲岛洋面都是龙门协巡哨的重点区域，据道光《廉州府志》卷 14《经政五·海防·洋巡章程》（《广东历代方志集成廉州府部》，第 302-303 页）载，龙门协水师每年巡哨分上、下班，其中，按嘉庆十五年以前旧例，下班七月初一日起至十二月三十日止，由龙门协副将统巡，海安营守备随巡，在涠洲、乌雷、三口浪洋面会哨；按嘉庆十六年新例，则上班系龙门协副将统巡，左营都司右营守备分巡，于三月初十日左营守备在涠洲与海口协兵船会哨一次，五月初十日统带各船在白龙尾洋面自行会哨，下班系龙门营左营都司统巡，右营守备随巡，于八月初十日齐赴涠洲洋面与琼州镇会哨一次，十一月初十日在白龙尾自行会哨，责成钦州禀报。

② 参见前引穆黛安、刘平、曾小全、陈启汉等学者的相关著述。

③ 容安辑：《那文毅公（彦成）两广总督奏议》卷 10《修备水师》，《近代中国史料丛刊》第 203 册，台北：文海出版社，1976 年影印本，第 1255-1267 页。

④ 俞功懋：《碧城杂录·涠洲说》，载民国《合浦县志》卷 3《经政志二》，《广东历代方志集成廉州府部》，第 267 页。

⑤ 道光《广东海防汇览》卷 4《地舆三·险要三》，《清代兵事典籍档册汇览》第 25 册，第 350-351 页。

⑥ 道光《廉州府志》卷 14《经政五·海防·涠洲》，《广东历代方志集成廉州府部》，第 308 页。

⑦ 道光《廉州府志》卷 14《经政五·海防·涠洲》，《广东历代方志集成廉州府部》，第 308 页；道光《廉州府志》卷 21《事纪》，《广东历代方志集成廉州府部》， 第 532 页；

⑧ 该碑现位于涠洲岛三婆庙前，保存完好。括号中的文字由笔者补充。

禁石碑“日久漂熛”，奏请两广总督卢坤申明“照旧封禁”，再一次立碑示禁于涠洲南湾。①

不难想见，这一时期违禁上岛居住的民众要冒着与“盗匪”画上等号的危险，具有规模的聚落自然难以形成。与官府打击的盗匪活动不同的是，渔民数百年来就在涠洲岛海域捕捞作业。他们季节性地上岛避风候潮乃至搭建住所，又该如何在社会身份和文化认同上与“盗匪”区分开来呢？这或许可以从有关三婆庙的传说故事中窥见一斑。

前面提到“三婆”也称“涠洲妈祖”，是一个有着数百年历史、以渔民（采珠人、疍户）为祭祀主体的信仰传统。明中期至清初官府安插涠洲居民的重要策略之一，就是把具有象征意义的妈祖神像一并迁回内地。但由于岛上移民始终无法禁绝，在涠洲居民的解释里，三婆庙在清初经过“重修”之后一直存在下来。相传在康熙年间，皇上下旨派官员黄开广到沿海一带视察治安民情。他来到涠洲查看，认为三婆庙“向注不好，护贼不护民”。得到皇上批复后，黄开广备好材料运到岛上，重建了三婆庙。②传说中的黄开广不见载于清代官修实录和现存各类地方文献。但现在涠洲岛三婆庙内除了一尊三婆神像外，最引人瞩目的摆设正是“三婆庙始创人黄开广大人”的牌位和香案。人们通过追溯这类庙宇来历的故事，显示三婆庙经过官方的重建，也就被赋予了“护民”的象征意义。经此一变，三婆庙的信众也就不可能是“贼”或“盗”了。在官府与盗匪的激烈冲突中，这在文化心理层面为违禁上岛的民众找到了合法依据。正因为三婆庙“护民”不“护贼”，嘉庆时期“海寇”乌石大、乌石二之所以被官府成功清剿，据说也要归功于“三婆娘娘”显灵，为民化凶为吉：

> 相传乌石大、乌石二以涠洲岛的贼老洞为据点，后来移住斜阳岛。但由于斜阳岛路陡斜高攻不上去，清政府派官员到涠洲扫除贼匪，三番五次都没有办法攻上去。后来人们就宰猪杀羊祭祀三婆娘娘，请求三婆娘娘显神灵。清兵手执三婆的令旗令箭前往斜阳岛。登上岛就见乌石大、乌石二俩兄弟和贼匪们举枪投降了。清官问贼仔：“为什么我们一枪不发，你们就举枪投降了？”那贼仔就讲：“你们未来前，岛上站满了你们的清兵。”后来才知道“三婆娘娘”运用唱草成兵之术。所以他们兄弟二人只好举手投降。这都是三婆的灵应，为民化凶为吉，贼匪全部活捉。③

在一次实地调查中，负责看守三婆庙的老者还郑重其事告诉笔者，庙门正对着远处海

---

① 《清宣宗实录》卷 230“道光十三年正月庚寅”条。道光年间的封禁碑至今还在涠洲南湾大王宫旁，高 127 厘米，宽 61 厘米。碑文多有辨别不清之处。兹将可以辨认的内容抄录如下：“□军都尉卢□迎接□洋□系封禁无业游民有偷渡私为数□二处堵塞崖洞穴。责令地方文武随时搜查，出示勒石严禁。兹本部堂访查涠洲□偷渡□昨因□水师提督李□示，石碑日久漂熛，请再断示，照旧封禁。前来查认识二岛系久经□奏明封禁之地，断不容□数，除严饬地方文武巡洋舟师随时实力查拿究禁，合再出示，申明严禁，为此示谕，各为须守法纪□地不得违禁偷渡涠洲□斜阳，倘□之□复。”碑文引自陈辉东《涠洲封禁碑考》，北海市地方志编纂委员会编：《北海史稿汇纂》，第 569-571 页。

② 《三婆庙五次建筑简况》。由笔者 2010 年 1 月在涠洲岛三婆庙实地调查所得。

③ 《涠洲三婆奇迹》。由笔者 2010 年 1 月在涠洲岛三婆庙实地调查所得。

面上的斜阳岛，就是“三婆娘娘”看守住海岛不被海盗肆虐的缘故。可见类似的传说故事在岛上早已深入人心。

将三婆庙的传说故事置于前述历史背景之中，笔者并非强调它们比官修文献更接近“事实真相”，而是它们有助于理解在特定历史时期里，官、民与盗之间的紧张和矛盾如何在地方文化的层面上得以调适。从弃之化外、默许移住到全面封禁，清代前期官府运用种种政治军事手段不断审视海岛的开发，与此同时，地方民众其实也适时巧妙地通过改造三婆庙的象征意义，运用正统性的“国家话语”与之“协商”。由此也可见，国家观念在早期涠洲居民的身份认同上仍具有十分重要的意义。

四、客民、天主教与聚落发展

清末国家政治和地方局势风起云涌。随着同治初年法国传教士协助大批广东客民移住涠洲，涠洲岛的开发开始朝着官府始料未及的方向发展。

事情肇端于咸丰四年（1854）广东鹤山、恩平、开平和新宁等县爆发的大规模土客械斗。据刘平对械斗过程的研究，土客矛盾可以追溯到清初客民自粤东山地向中西部沿海地区迁徙，与土民发生冲突的历史背景，而导火线则是清末广东洪兵起义时官府依仗“客勇”讨贼，客民借机报复土民。至同治五、六年间（1866—1867），瑞麟、蒋益澧等地方督抚动用官兵剿抚大批聚集在新宁县曹冲（涌）、赤溪等地“客匪”，这场风波才暂告平息。[①]

值得注意的是，剿抚“客匪”期间，官府原本伺机选择高廉雷琼等府作为安插客民之所，却由于法国传教士赴营声称“‘客匪’中有奉教者千五百余人”而陡增变数。同治五年（1866）九月十七日，军机处呈报两广总督瑞麟奏言：

> 臣等正在筹办剿抚间，接据徐文秀、李邦达会禀，据法国教士文铎德赴营声称“客匪”中有奉教者千五百余人都是安分，请分别安置。意欲带令到省，又无川资，欲该副将等禁令将来勿犯该教民等语。臣等查客重中有奉教者一千五百余人，即或尽是守分之人，一经剿办，岂易分辨玉石。当饬该将等转令该教士查明确数造册，不准携带尺寸军械，分作数起，带领赴营，按名点验。该将派勇备文押送至恩平、新会两县暂住。一面飞速禀报，再由臣等筹资安置，不必带领来省，徒多纷扰。[②]

① 刘平：《被遗忘的战争——咸丰同治年间广东土客大械斗研究》，北京：商务印书馆，2003年。

② “中央研究院”近代史研究所编：《清季教务教案档（咸丰十年至同治五年）》第一辑（三），台北：“中央研究院”近代史研究所，1974年，第1303页。

瑞麟身为地方大员，自然了解此前咸丰八年（1858）《中法天津条约》有“凡奉教之人皆全获保佑身家”“凡中国人愿信崇天主教而循规蹈矩者毫无查禁，皆免惩治”等条文。[①]面对传教士文铎德以客民奉教为由要求官府保护安置的“棘手情形”，他一方面担心“中外交涉以来，每遇事机，动多掚轇轕。凡游手无业之徒一经入教，即恃为护身之符。洋人复不辨贤奸，悉力相助，稍拂其意，掠衅酿争，致贻口实”，一方面向朝廷保证“总当随时随事，委屈严防，既弗令外人从而生心，亦断不使奸民幸逃法网”。这种谨慎周延的对策得到朝廷上谕认可。[②]

由于客民身份的转变，安插客民的内政变成了关涉中法外交的事件。同年九月二十六日，总理衙门就此事专门致函法国公使伯洛内。这份函电义正词严，除了申明“该奉教人等皆系中国人民，自应由中国照例办理，本非该教士所能干预”，以及“中国办事只分良莠，不分习教与不习教”的立场外，也希望法国公使转饬传教士确查奉教客民身份：

> 此次教士声明“客匪”中习教人数，该督抚因其恳求之切，令其查明确数造册，不准携带尺寸军械，分起点验，派员妥为安置，并吁请大皇帝恩施允准，实属法外之仁。除由本衙门咨覆粤省督抚切饬地方官管束外，为此函达贵大臣，希即转饬教士确切查明，此“客匪”中之千五百人，果系夙常奉教，因不得已而溷迹于“客匪”之中，抑或夙未奉教，因该省官兵剿匪势急，遂假托奉教，以希冀幸免。惟经宽免之后，该教士自宜切为晓谕，此奉教诸人，迅速呈缴军器，早行投出，勉为善良，勿再溷于“客匪”之中，致官军无从辨识，势不能不玉石俱焚，想贵大臣深以为然也。[③]

为求妥善安置，广东地方官曾“传询教民一千五百余人”。据说他们“情愿散往钦州安插”。为此，两广总督瑞麟在十一月二十七日致函总理衙门称“即于九月二十六日，多给银米，雇备船只，点名护送前去”，而客民“均感朝廷法外恩施，欢欣就道，并不藉教士片言只字得以揽权市惠，或致他虞”。[④]由于总理衙门已经据瑞麟奏报“将就抚客民中之天主教人一千五百名备船送回钦州，并饬到境令该地方官每人给资本银四两一事”致函法国公使，后者在十二月二十八日照会总理衙门表示“感激之忱”。[⑤]

然而，这批客民并未于九月即启程赴钦州。直到该年十二月初十日，瑞麟又据地方官员禀报上奏：“教民一千五百余名已往石城投其教主，均各相安，实无麇聚一处或有意外之

① 汪毅、张承棨编：《咸丰条约》第六《中法天津条约》，《近代中国史料丛刊续编》第76册，台北：文海出版社，1976年，第353-354页。

② “中央研究院”近代史研究所编：《清季教务教案档（咸丰十年至同治五年）》第一辑（三），第1303页。

③ “中央研究院”近代史研究所编：《清季教务教案档（咸丰十年至同治五年）》第一辑（三），第1304-1305页。

④ “中央研究院”近代史研究所编：《清季教务教案档（咸丰十年至同治五年）》第一辑（三），第1306页。

⑤ “中央研究院”近代史研究所编：《清季教务教案档（咸丰十年至同治五年）》第一辑（三），第1310-1311页。

虞。”[①]换言之，前面官府所谓“点名护送前去”实属虚文。

客民与传教士会合的石城，位于高州府与雷州府交界，再稍往南进入遂溪县境，即可取道涠洲岛洋面前往钦州。不过正因官府并无护送前去，这些客民最终放弃前往钦州安插，于同治六年（1867）来到了涠洲岛。

据说当时文神父听闻涠洲岛能居住数千人的消息，即与客民族长江明兰、陈有荣等带领数十名教徒上岛了解，随后他正式带领一千多名客民到岛上居住，以贱价大量购买岛上土地，出租给教徒耕种。一说此次移住涠洲岛是在法国传教士错士神父的具体监督下进行的，他请准官府同意后，租用帆船从雷州来到涠洲，建立了一间小教堂，同样购买大量田地供教徒耕作。为了防备岛上居民及海盗向他们进攻，客民们在村庄筑起了围墙，后来甚至由神父协助运来一千多支三响钩枪自卫。[②]无论如何，大批客民到来和客民聚落的出现加速了涠洲岛开发。合浦士绅梁鸿勳撰成于光绪年间的《北海杂录》有言：

> 涠洲墩乃一小岛，周围约七十里，在北海之东南百余里。岛中居民多捕鱼为业。同治初年，广东巡抚蒋中丞将曹涌客民派送至此开耕，而居民始事农业。法国神父亦到传教，目染耳濡，习以成风。故居民八千余，而天主教民已不下一千矣。[③]

梁鸿勳注意到由于客民的到来，涠洲岛上生产结构从“捕鱼为业”到“始事农业”的转变，也看到了天主教在岛民中的传播影响。不过，梁鸿勳所谓客民由官府“派送至此开耕”却未必如实，很可能只是客民本身为了证明移住合法性的说法。光绪五年（1879），两广总督刘坤一在一份《封禁荒岛拟请安插客民片》中开篇就说：

> 嘉庆十五年间，洋盗乌石二盘踞劫掠，经前督臣百龄奏请永远封禁，毋许奸民偷越私垦。厥后地方辽阔，远隔重洋，疍户贫民仍不免私往耕种，商船渔艇亦间有停泊寄碇者。同治七年间法国领事又有教士在彼传教之请。虽经前督臣瑞麟婉辞推却，并饬地方官随时查禁驱逐而旋去复来，终难祛除净尽。现闻在彼居住者，教民与客民居其大半，土民亦复不少。若复援案驱禁，不唯有名无实，徒使若辈无地谋生，流而为匪，并恐外人以教民之故借为口实。是以数年以来听其居处，尚属相安无事。[④]

可见，直到光绪初年，对官府而言涠洲仍是一个“封禁荒岛”。据刘坤一追述，同治七

① “中央研究院”近代史研究所编：《清季教务教案档（咸丰十年至同治五年）》第一辑（三），第1308页。

② 北海市档案馆：《关于农村天主教徒工作调查报告》，庾裕良、陈仁华、吴国强编：《天主教、基督教在广西资料汇编》，南宁：广西民族出版社，1985年，第19-21页。

③ 梁鸿勳：《北海杂录·涠洲》，北海市地方志编纂委员会编：《北海史稿汇纂》，第18页。

④ 刘坤一：《刘忠诚公（坤一）遗集》卷14《奏疏·封禁荒岛拟请安插客民片》，《近代中国史料丛刊》第252册，台北：文海出版社，1976年影印本，第1981-1984页。

年（1868）传教士可能确曾通过法国领事向官府申请许可令而未果。换言之，同治初年客民越禁上岛，依然清晰可见嘉庆道光年间立石封禁的碑文。除了经常捕捞于此的渔民等早期居民，他们要面对更为困扰的群体是海盗武装。正因如此，上述有关客民村庄高筑围墙和拥有大量枪械的种种说法，至今仍是他们最重要的历史记忆之一。不管如何，朝廷谕准的封禁令在先，而客民越禁上岛在后，传教士等外国势力从中支持，左右为难的地方官还是选择默许移民的既定事实。刘坤一深谙个中利害关系，只得为前任官员辩护说，客民查禁驱逐后旋去复来，援引禁令又怕他们流而为匪。其苦心孤诣尽在不言中。

刘坤一在光绪五年（1879）再次讨论涠洲岛的处置问题，同样与安插客民有关，并非有意重翻旧案。前面说过，同治年间不少客民曾被安插到高廉雷琼等府县。不料光绪初年这批在琼州府儋州、临高等县安插的客民（“新客”）与当地久居客民（“旧客”）和土人再次发生冲突械斗。[①]其中就抚的客民三百余人即以涠洲岛“有亲可依，有地可耕，自愿迁往居住种作等情”禀请官府再次安插。为此，刘坤一奏言，“涠洲墩系久经封禁荒岛，并经奏明有案，固未便遽与开禁”，但是经过近十年的垦殖，“近来地渐肥沃，耕种固可望有收，即其余旷土平坡，杂粮亦可期栽种”，因此他认为“度势审时不得不权衡缓急，饬令妥为安插”。与此同时，刘坤一也严饬地方官吏随时察看岛上客民能否相安，不致日后滋生事端，并遣派官员前往勘察该岛地势，就应否开垦、奏请弛禁以及添设文武员弁、派兵驻守等通盘筹划，据实禀报[②]，不久就得到上谕批复许可[③]。如此一来，涠洲岛移民逐渐合法化，岛上的设官建制也正式被提上政治议程。

经过一番考量，在光绪二十年（1894）前后，涠洲岛划归廉州府合浦县管辖，并移驻县丞和永安司巡检[④]；光绪二十八年五月，两广总督陶模另设“涠洲墩司巡检”隶合浦县[⑤]，同时“龙门师船常派一艘驻泊，以资镇压”[⑥]，标志着涠洲岛全面开禁，真正纳入国家的行政管理体系。

清末涠洲岛开禁极大地推动了周边渔捞业的复兴，“每年九月至十二月，渔船到此捕鱼者约千艘，颇为热闹”[⑦]。更意味深长的影响还在于，伴随着客民的迁徙和涠洲开禁，包括教堂、钟楼、修道院、学堂和育婴堂等设施在内的天主教会建筑群陆续在岛上营建起来，

---

① 有关光绪年间海南儋州、临高等县土客械斗，可见刘平：《被遗忘的战争——咸丰同治年间广东土客大械斗研究》，第354-375页。

② 刘坤一：《刘忠诚公（坤一）遗集》卷14《奏疏·封禁荒岛拟请安插客民片》，《近代中国史料丛刊》第252册，第1981-1984页。

③ 《清德宗实录》卷95“光绪五年五月已亥”条。

④ 民国《合浦县志》卷1《舆地志》，《广东历代方志集成廉州府部》，第47页；民国《合浦县志》卷3《经政志二》，《广东历代方志集成廉州府部》，第268页。

⑤ 《清德宗实录》卷499“光绪二十八年五月辛酉”条。

⑥ 梁鸿勳：《北海杂录·涠洲》，北海市地方志编纂委员会编：《北海史稿汇纂》，第18页。

⑦ 梁鸿勳：《北海杂录·涠洲》，北海市地方志编纂委员会编：《北海史稿汇纂》，第18页。

其中就包括了我们至今仍可在客家人聚居的盛塘村看到的一座占地愈百平方米、高二十四米的哥特式教堂，以及城仔村规模较小的圣母堂。[①]由此发展出有别于先前以渔民为主体的三婆（妈祖）信仰的新的文化意识形态。光绪十年俞功懋任官合浦县时指出，岛上“近来村基重辟，寓客四五千人都入教也”，但相比之下大陆上的合浦北海口岸虽“居有洋人”，尚且处在“觊觎传教”之中。[②]正因如此，从整个沿北部湾区域来看，清末涠洲岛成为该地区最早的天主教基地，在以后很长一段时间里，岛上的天主教会还辖有钦州、防城、灵山、合浦和北海等两广地区的天主教堂，客观上“扮演了外来文化在进入大陆之前一个中转站的角色”[③]。

五、结　语

综上所述，明清时期涠洲岛的历史从不同侧面反映了华南海岛经营和开发过程中，官府与民众、内政与外交、国家制度与地方传统、本土信仰与外来宗教等多元因素的复杂纠葛。从中可见国家政权扩张的宏观历史过程对近海岛屿的影响尤为明显，主要表现在：

第一，在明代以前，渔民在涠洲岛海域的采珠和渔捞作业由来已久。地方政府采珠上贡，但从未垄断珠池。作为渔民出海采珠驻泊的海岛偶尔见诸记载，却并未真正进入国家视野。第二，明政府基于珠池禁防政策，先后添设采珠内监衙门、游击将军和守海水寨，竭力打击民众非法私采，涠洲岛成为官府与“珠盗”周旋角力的舞台。在这一过程中，涠洲岛开始成为广东海防体系的重要一环。但其时官与民争利，民与盗不分，愈演愈烈的沿海社会动荡根源于国家制度与地方传统之间的深刻矛盾。第三，清代前期珠池禁防政策被彻底摒弃。但从弃之化外、默许移住到全面封禁，官府在涠洲岛的经营策略上长期处在封禁与开放的两难。一方面岛上偷渡私垦活动屡禁不止；另一方面海防制度和设施无法切实维持，致使清代中期“洋盗”以海岛为据点频繁出没于粤西和安南之间。第四，清末官府迫于中外交涉形势，起初仅默许法国传教士协助大批客民移居岛上，进而务实采取弛禁政策，设官建制，移驻县丞和巡检。岛上稍具规模的聚落和农渔生产得以迅速发展。至此，涠洲岛才真正完成从“盗区”向政区的过渡。谭其骧先生曾指出：“县乃历代地方行政区划之基本单位。……一地方至于创建县治，大致即可以表示该地开发已臻成熟。”[④]相对于明

---

① 《涠洲天主教堂简史》。该碑文现存于盛塘村天主教堂，由笔者2010年1月实地调查所得。

② 俞功懋：《碧城杂著·涠洲说》，载民国《合浦县志》卷3《经政志二》，《广东历代方志集成廉州府部》，第267页。

③ 彭静、朱竑：《天主教在广西沿北部湾地区传播、扩散过程中的海岛效应和点轴模式》，《人文地理》2007年第4期。

④ 谭其骧：《浙江省历代行政区域——兼论浙江各地区的开发过程》，载氏著《长水集》，北京：人民出版社，1987年，第403-404页。

中后期至清初华南大陆地区普遍进行县一级的基层政区建制来说，涠洲岛的社会转型和开发程度要明显滞后得多。[①]究其原因，国家经营策略长期迂回反复，通盘筹划不足是关键制约因素之一。

与国家政权向地方社会扩张互为表里，另一个值得关注的微观历史过程，是涠洲岛上持续数百年的民间垦殖活动。在清末大批客民移住以前，早期涠洲住民以渔民、无业游民和所谓“海盗”群体为主，以采珠和渔捞为业。在海岛禁防政策的制约下，涠洲岛上难以形成稍有规模的聚落，更不可能培育出文人士大夫群体，因此没有像明清时期华南其他地区一样向宗族建设的方向发展。[②]这不等于说涠洲岛长期处在无序的社会状态。以设官建制的标准衡量，作为一个开发程度不高的海岛，我们从明清政府对三婆（妈祖）庙的多次迁建，以及三婆（妈祖）信仰所表达的百姓关于王朝国家的观念中，仍不难看到官方认可的正统性神明崇拜是地方社会借以判别“民”与“盗”的身份标签最重要的标准，民间信仰在早期海岛居民中具有身份认同和社会整合的独特作用。结合近年来研究者所揭示的华南大陆乡村地区民间信仰的内涵，以及粤东三山国王信仰在早期台湾移民社会形成中的作用[③]，涠洲岛的案例或可以视为中国地域文化内在一致性和延续性的一个新注脚。

至于清末天主教的传播，毋宁说是海岛开发过程中一个插曲。在当时土客械斗的背景下，成为“教民”是摆脱“客匪”身份的有效途径之一。正因如此，天主教在客民迁徙和聚落形成过程中因缘际会扮演了与三婆信仰类似的整合作用，促使岛上原本以三婆（妈祖）信仰为中心、以渔民为主体的本土文化结构又叠加了外来宗教和客民的因素。这同时也意味着，在清末相当长一段时间里，涠洲岛这个地域小单元里存在两种不同的文化正统性的竞争，分别对应两种不同社会生活背景的人群。就目前文献所见和笔者实地调查所得，两

---

① 明清时期华南许多地区都有类似的过程。从“盗区”到政区的转变，可以视为国家秩序在地方社会建立的主要标志之一。相关研究可参见唐立宗：《在“盗区”与“政区”之间——明代闽粤赣湘交界的秩序变动与地方行政演化》，台北：台湾大学出版委员会，2002 年；司徒尚纪：《明代广东政区的形成及其与区域开发的关系》，载氏著《岭南史地论集》，广州：广东省地图出版社，1994 年，第 249-250 页；程龙：《读〈广舆图·虔镇图〉兼论明中后期粤东新增县治的军事地理意义》，《历史地理》第 19 辑，上海：上海人民出版社，2003 年，第 343-349 页；乔素玲：《基层政区设置中的地方权力因素——基于广东花县建县过程的考察》，《中国历史地理论丛》2010 年第 1 期。

② 有关明清华南宗族建设的趋势，可见科大卫：《皇帝与祖先——华南的国家与宗族》，卜永坚译，南京：江苏人民出版社，2009 年；郑振满：《明清福建家族组织与社会变迁》，北京：中国人民大学出版社，2009 年；科大卫、刘志伟：《宗族与地方社会的国家认同——明清华南地区宗族发展的意识形态基础》，《历史研究》2000 年第 3 期。

③ 有关华南乡村民间信仰内涵的个案研究，可见刘志伟：《神明的正统性与地方化——关于珠江三角洲北帝崇拜的一个解释》，《中山大学史学集刊》第二集，广州：广东人民出版社，1994 年，第 107-125 页；刘志伟：《大族阴影下的民间神祭祀：沙湾的北帝崇拜》，《寺庙与民间文化》，台北：汉学研究中心，1995 年，第 707-722 页；陈春声：《信仰空间与社区历史的演变——以樟林神庙系统的研究为中心》，《清史研究》1999 年第 2 期；陈春声：《正统性、地方化与文化的创制——潮州民间神信仰的象征与历史意义》，《史学月刊》2001 年第 1 期；贺喜《亦神亦祖——广东雷州所见正统化下的礼仪重叠》，《新史学》（台北）2009 年第 20 卷第 4 期，第 115-168 页。至于三山国王信仰在台湾传播的情形，可见陈春声：《三山国王信仰与台湾移民社会》，《“中央研究院”民族学研究所集刊》第 80 期，1996 年，第 61-114 页。

者之间的调适在地方百姓生活中表现得和谐而平静，并未见近代以来知识分子描述中西文化冲突的那种紧张。[①]今天涠洲岛上本土信仰与外来宗教、渔民村庄与客家聚落混融共处的独特的历史遗存和社会文化结构，正是上述历史文化过程叠加互动的结果。

在明清社会经济史研究领域，基层社会的国家建构是研究者普遍关心的话题。有关华南海岛的经营和开发，每因史籍缺略而难得其详。涠洲岛的个案提供了一个难得的经验，帮助我们了解这一时期国家政权扩张与地方社会的调适在大陆之外近海岛屿上展开的实态。细心体会其中文化、历史与国家的互动，特别是注意国家制度与地方社会传统之间的辩证关系，或许对于未来中国海岛更为全面的保护开发有所裨益。

（执行编辑：徐素琴）

① 有关民国以后涠洲岛上天主教与三婆庙的命运，涉及近现代更为复杂的社会历史背景，需要开展更为深入的实地调查工作，仍有待后续研究。

清代前期英国东印度公司印行的两份中文“宣言”

冷　东、邢思琳*

摘要：在19世纪中英商贸及文化领域的交流、纠纷和交涉中，从马戛尔尼访华到洪任辉天津告状，英国一直努力昭示着自己的主见、号召与呈请，力图改善或者突破清代的商贸管理体制和文化隔阂。英国东印度公司广州商馆大班马治平联袂马礼逊完成的中英文《大英国人事略说》长文和精简版的《告白》，以大规模印行中文活字印刷品和在中国国内散发的方式，在中国朝野引起较大反响，甚至得到道光皇帝的御览，可以看作英国对中国最早政治宣言的雏形，并在其后的鸦片战争和《南京条约》中最终完成宣言的目的，成为研究中英关系的重要历史文献。

关键词：宣言；中文活字印刷；广州十三行；英国东印度公司

1983年夏天，尊师李询教授带领我们师兄弟三人赵毅、赵轶峰和我外出访学，在北京的中国人民大学拜访了韦庆远先生。韦先生和蔼亲切地询问我们的研究方向和进展，并给予了许多宝贵的指导意见。印象特别深刻的是韦先生委婉道来他在美国、英国、日本及中国台湾各地查阅、收集、考证历史档案的经过和体会，嘱咐我们一定要重视原始档案的利用，方能在学术研究上深化和提高。几十年来笔者一直遵行先生的教诲，但是苦于条件限制，没有多少收获。近年来方有更多机会出国并得以收集原始档案，略有收获后整理成文，以表对先生的怀念。

2017年5月，笔者在英国国家档案馆查阅关于广州商馆的中文史料，即编号FO/1048的档案，总数有1200余件，除一件是乾隆五十八年（1793）的文献，其他文献涵括时段均介于嘉庆七年（1802）至道光十五年（1835），凡此时段英国东印度公司与广东各级官府、粤海关、外洋行商人往来的谕令、禀文、信函、章程、名单、契约、债条等文件的正本、

* 冷东，广州大学十三行研究中心教授；邢思琳，广州大学十三行研究中心硕士研究生。

草稿、抄本、副本，林林总总，文献价值极高。在翻阅这批中文档案过程中，有两份中文活字印刷品非常醒目，和其他绝大部分手写体文献相比，它们显得格格不入，好像是两个时代的东西混到一起。但是细细考究以后，发现两份中文活字印刷品与 19 世纪中英关系相关的政治、经贸、信息传递、活字印刷技术变迁、东印度公司与马礼逊关系等研究领域均有重要关联[①]，笔者发掘出几点特别之处，粗浅体会请学界指正。

一、内容之特：英国东印度公司的对华“宣言”

第一份印刷品是《大英国人事略说》（图 1）[②]，中文译本共有 10 页，可以称得上一份小册子了。内容分为 14 段，共计 1800 余字，马治平撰写，马礼逊翻译，全文如下（标点为笔者所加）：

英吉利国人品国事略说

英国人原居之地距中华有七万里之远，即是其船往南转亚非里加州之大地方，遂来东北到粤必行这样远路。既英国人坐船快捷安然渡行泛此重大海洋，其敢为本事可见也。有时伊遇着狂风大作，但赖船主伙长等之善策梢（艄）人之胆行，未几何致破船之患。又且在洋面海贼国敌等，都不敢向攻也。

英国船所带进口的系远国之土产之制造各物，所带出口者系华夏之茶叶等货。如是华英两国商人发财裕国，且贫民有工夫做得饭食为良人度日，享此福矣。

英国与中华交易由来二百年之久，且今年陆续到粤进口插带英国旗之船有六十八十只之多，由此贸易岂非数十万人得有工夫做吗?

英国国朝之志意屡被人在东土妄称，及即有假言以英国总是多贪广开新地，但谎言莫大于此。盖英国之地方现在太多，宁可减少，不可增多也。除英国母地外，其在欧罗巴亦有贵地方，在北亚米利加其亦有好大地方，又在西忻度其有海岛盛多，在亚非里加极南角好望之甲为英国之属地，又于太平南洋有属英国许多发达下落之地方，终者在亚西亚州（洲）多有海岛且忻度斯垣古国各地方皆入英国版图矣。其最近中国

① 林瀚：《清代广州十三行在中西交流中的历史地位》，《广州大学学报（社会科学版）》2006 年第 8 期；冷东：《广州“十三行与清代中外关系”国际学术研讨会综述》，《广州大学学报（社会科学版）》2012 年第 5 期。

② 英国国家档案馆 FO 1048/31/42。Printed public announcement by Select Committee. The hong merchants have declined to present our petitions, the factories have been attacked and property destroyed, and intolerable new rules have been introduced. Unless grievances are redressed trade will soon be suspended. A wish to live in peace with Chinese does not imply readiness to submit to misgovernment.

属英国之下落地方为禅能埠、马地班埠、马拉加埠与先嘉波埠。夫英国朝廷既经有了这多大地方，何得复渴开新地乎？其所尚者，特为养护英民享平安纳福乐而已。但怀此意时，仍最忌恨被人之欺负，且必想报压治背义之仇也。

大清国大皇帝怀柔远人之至意，但近年屡次因吏宪不体行上旨，所以皇恩不及远客。且驻粤外国商人之贸易，因吏员之勒索，多被阻难。又且民商因被诬告以与英国人勾结为汉奸，则致罚银或拷打或冤狱毙命皆有之，但英国人特愿照例买卖公道贸易纳饷而已，何奸情之有哉？又且正饷外，洋商多被勒索银两，且有下吏暗中要贿赂陋规如是，内商与远商均被压害。盖皇上耳朵离粤省遥远，致事之应声亦不得听闻，因所陈弊端多在黑阴匿隅而作矣，不然何得上宏志大者依允下吏妄为乎？

又一层，或时揭贴街上有臭谕詈骂远客，谎言暗指以逆性之恶行，致惹贱民欺凌远客。且缘此起有滋生斗殴伤杀等敝，及终停止贸易阻害公干，但此患岂非衙门办理不善所致乎？[1]

英国水手虽外形似粗，内怀尚存仁温之心，但伊耐不得受人凌辱，所以民人非礼言行时致滋事，酿出命案。抵粤之英国各船上有严束水手人等之例，倘强害何人，不论民人与否必要治其罪，但既有衙吏放纵贱民任意欺凌远客，则船上严束水手未致尽免闹事也。照英国法律不分内外人色，其加害于外国人或于英民者，治其罪同为一例，皆准上衙自白其理，亦准给律师为助远客之意。

夫各国风俗大同小异，但虽其内有相异者，晓事达理之人，可能彼此相恕，则清英两国人何不友心和睦交易乎？英国帝君常令其众民，以不论往向通天下何处，务要力试与各国人守友睦之往来，惟总不可忘记英国之美名之贵体等意。或遇清国人到英国各地方，皆准之安往似英民一般，故无人敢欺之害之，而未蒙官吏伸其冤也。既然情由如此，何苦要惹彼此相敌乎？何不彼此力劝，自勉相争前进，看谁可出上头，为仁慈恩爱之行作矣，即如向来屡次遇清国难水手，在大洋中荒洲破船处，蒙英国水手争先向救，遂带回中华送到父母妻子等，倘非如此，该人无奈在彼海岛饿死。此等仁情是英国水手以为可荣过于上陈杀贼之功矣尚且世上有奸人妄指英国水手可为欺凌藐视岂不可恶哉？

清国人民为高明勤工与旺者，但普天下非独清人为如此。素有无智之人愚然教以所有之美好人物尽在中国，其余他国为贱陋无值，何也？但人有如是之教训，则何等徒虚小儿之见哉。倘该人经往至天下别国，则可见天心无私，乃恩慈公同赐于地球各方盛多美物。即英国一处，人民太平安居，亲体财物皆为法律所护，无人敢侵害。又英人所奉救世主耶稣之教，特谕训以于地神赐太平，且恩意向众生矣。英人经大进格

---

① 英国国家档案馆 FO 1048/32/8。Copy of a printed paper carried by the Lord Amherst at Ningpo. Read at Macao, for translation, July, 1832.

物技、艺文墨诗书之学可令人雅致，礼义圣善之德行也。英人于用兵时被人之畏，于息兵时被人之贵。所有各国内清国该修好者，英国为第一也。其年来之贸易为重大，其边界近乎昆连，即云南省发的一条河流英国一所地方而入大海。

清国商人多为公平勤功办事，且或时向远商有仁义大量之厚行。英国商人所以为贵者，系公道丰厚交易，即如英国公班衙派人驻粤贸易者，由来已久有名声矣，其主事人等所应承从未一次反口。

兹请大清国人民深想上陈之各条，不要经视这种才具品行之人，且奉官职者宜敬礼。大皇帝厚待礼接远人之至意，则果然将来在中华之英人与内地人民固为彼此友见和睦，各安本业享福矣。

华英两国之友特愿我人类众生皆可享真福者。用软且忽手此笔。

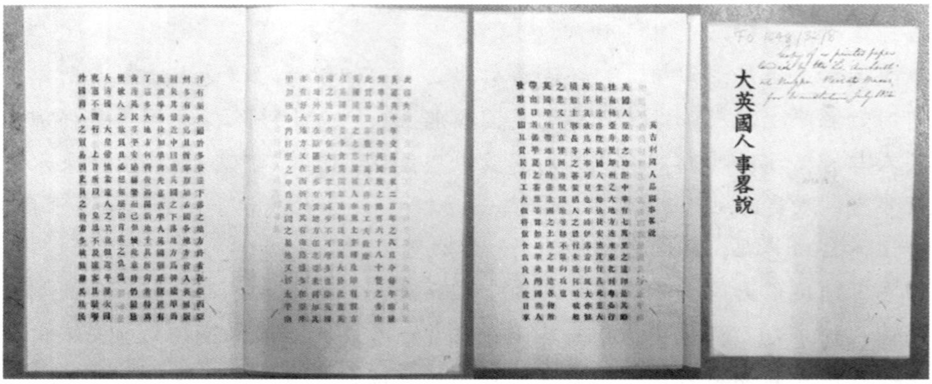
大英國人事畧說

（1）

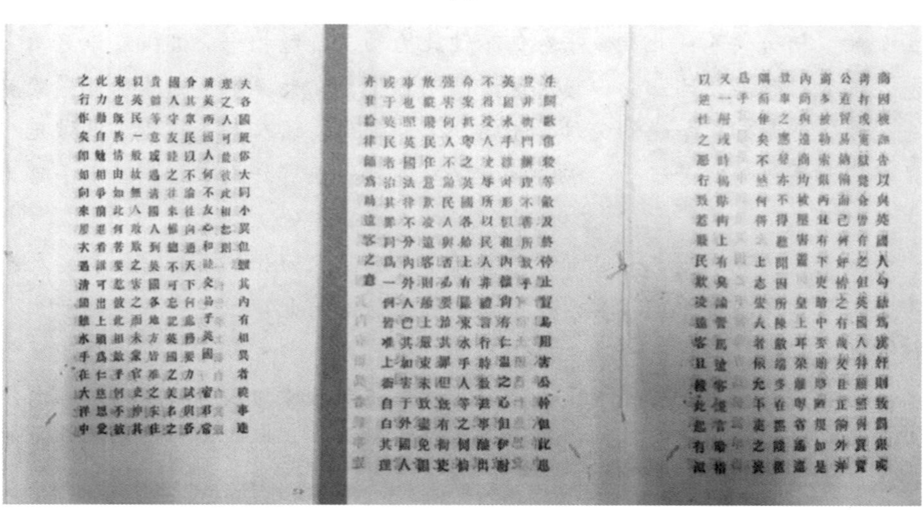

（2）

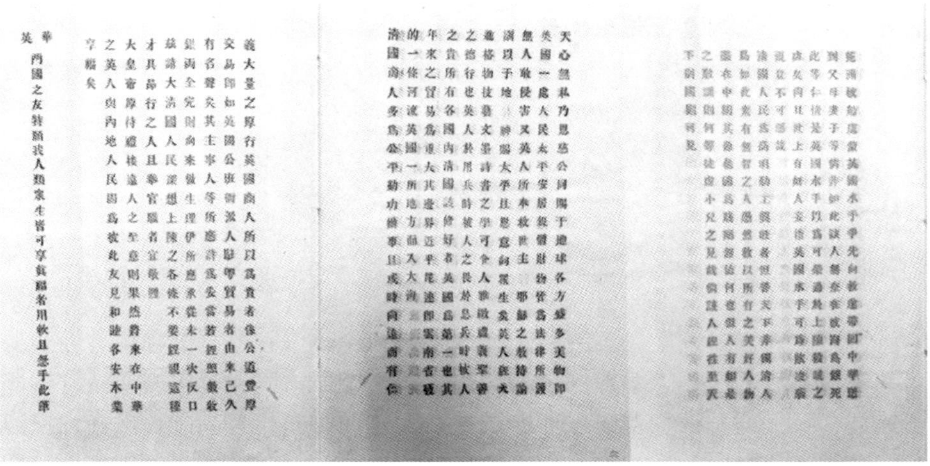

（3）

图 1　《大英国人事略说》印刷品

通观这份小册子的内容，主要有几层意思：首先阐明作为海洋国家的英国在航海方面取得的成绩，无论是狂风骇浪还是海盗敌国都不能阻挡，英国可以通行海洋而无所畏惧；其次阐明与中国贸易的内容和通商之利，每年来华商船的规模可以为两国提供数十万就业机会；再次驳斥英国意欲侵占中国土地的传言，宣示大英帝国属地之广，以展现其国家地位，表明英人来华志在经商，并无扩张领土野心，以说明其在华立场；最后列举英国商人在广州所受官民欺凌及中英纠纷皆缘当地官府恶意所致，以显示其另觅口岸之正当性，明陈英国法律不分本国、外国人，一视同仁；提醒天下以英国为中国最应亲善之对象，宜彼此平等友好。值得注意的是，文中已经隐约露出具有威胁、杀伐的口吻，宣称“最忌恨被人之欺负，且必想报压治背义之仇也”。

第二份印刷品标题是《告白》（图 2），也是马治平撰写，马礼逊翻译，但是时间要略晚于《大英国人事略说》，全文如下[①]：

> 英吉利国公班衙特派驻粤统理本国贸易主事马治平等告知：
>
> 以英等经禀书抚院督宪三位大人，但洋行商不肯代递，且广协亲手接该禀时亦监督，不肯转递。英等来中华特为贸易之意，特与中国人为相友，但在省城英国馆被人攻击，且物件被打坏；于我安静住澳门时，又在我公馆内有拿锁人，因说于英国人串结，又有设我总不能服的强约交易之新章程等事。缘此英等经谕知我本国属众国商，以倘未见申冤，则我英国与中华国所有之交易必早日皆然停止。我英吉利人对中华人

① 英国国家档案馆 FO 1048/32/8。Printed leaflet praising British seamen and merchants and Christianity, and accusing Chinese officials of frustrating the emperor's benevolent intentions towards foreigners. Endorsed in English as having been landed at Ningpo by the Lord Amherst.

除相友之心外并无别意，但虐政我断不肯服之。

十一年四月十八日

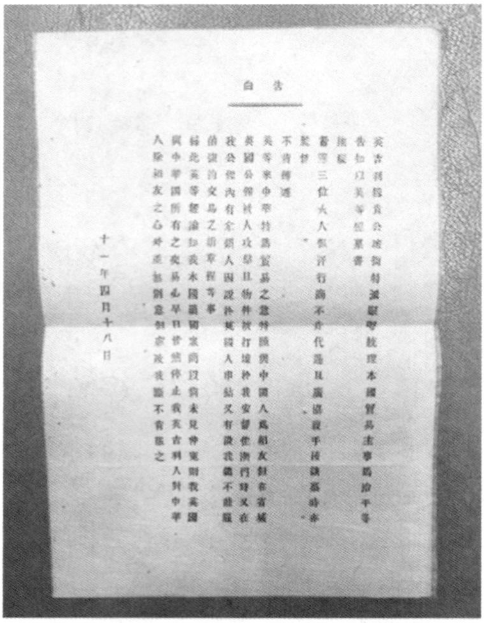
告白

十一年四月十八日

图 2 《告白》印刷品

这份《告白》的内容可以看作《大英国人事略说》的压缩版，只是把内容集中在抗议不合理的贸易制度和信息沟通制度、在广州和澳门的商馆受到骚扰等。但是语气强硬了很多，结尾甚至以中断贸易，反抗虐政威胁之。而这种威胁以往则为广东官方的杀手锏，威胁采取停止与英国贸易，即“封仓”的做法。因为风帆时代的英国商船必须依照季风的变化航行，7、8 月西南季风把船只带到中国开始交易；次年 1、2 月乘西北季风返航，否则将耽搁至第二年，蒙受重大损失。当分歧出现时，清朝政府官员只需简单地坐在后面，等着时间和金钱的压力制订出解决方案，因为他们很清楚，为了避免拖延到下一个交易季节，外国商人最后总会妥协。①充分反映了随着形势及双方力量的变化导致英国立场态度的转变。

这两份文献，成为关系 19 世纪初中英关系的重要历史文献，甚至有学者认为《大英国人事略说》是英国对中国最早的政治宣言。②《大英国人事略说》目前已有中国台湾学者李

① 范岱克、孙岳：《18 世纪广州的新航线与中国政府海上贸易的失控》，《全球史评论》，北京：中国社会科学出版社，2010 年。

② 参见郭廷以：《近代中国史》第 1 册，台北：商务印书馆，1971 年，第 618 页；A. Waley, *The Opium War Through Chinese Eyes*, London: 1958, pp. 225-228.

秀琴发表一篇名为《意识形态与翻译：以马礼逊〈大英国人事略说〉中译本为例》的论文[①]，内容非常丰富。该论文主体从翻译学的角度，分别在政治、经济与文化三个方面进行探讨，剖析在当时的时空背景下，译入语社会的主流意识形态和诗学，以及包括作者、译者、赞助者的各方意识形态，乃至文化万象（universe of discourse）对翻译行文的影响，进而印证勒菲弗尔的“翻译操纵论”的论点。而《大英国人事略说》反映的中英关系、文化交流与冲突、信息传递方式、活字印刷技术、东印度公司与马礼逊关系诸领域，皆有继续深入探讨的余地。至于马治平和马礼逊联手完成的《告白》，则尚无人利用和研究。

二、作者之特：“二马”的联袂之作

两份中文印刷文献作者的特殊之处，就是由当时著名的两个人物马治平和马礼逊联袂完成的。

《大英国人事略说》由英国东印度公司广州商馆大班马治平（Charles Majoribanks，1794—1833）于1831年以英文撰写（英文原名为*A Brief Account of the English Character*），是在英国东印度公司即将退出历史舞台的背景下撰写的。英国东印度公司对华贸易专利权自18世纪中叶开始，在印度和中国的贸易取得了一定进展。但至19世纪初期，一方面，来自英国散商，即自由商人的反对声浪日益高涨，认为中国这样一个广大市场不能长期为东印度公司独占；另一方面，在广州口岸，英国人与中国官府民众冲突摩擦渐多，清廷因此对外管理愈趋严厉。马治平在内外交迫下态度转趋强硬，打算停止对华贸易，在广州之外另辟贸易口岸，并请求英国驻印度总督班廷克（W. C. Bentinck，1774—1839）派遣舰队来华示威，以武力示威。马治平此举引起东印度伦敦总公司极度不满，认为已严重危及公司利益，英国国会于1830年选派委员审查，继而于1832年通过废止东印度公司对华专利权。[②]马治平于1832年1月离华，总计担任英国广州商馆大班一年有余。正是怀着去职前的愤懑心情，他在1831年撰写了这本阐释英国人性格与英国政策的小册子，力图改变长期遭中国扭曲的英国形象，并痛陈中英通商过程中英国商人所受到的种种不合理的待遇，以舒心中之懑。《大英国人事略说》英文原稿藏于1831年10月30日的东印度公司档案（EIC/R/10/9）中，该篇英文文稿后又以匿名方式刊于1832年7月18日出刊的《广东记录报》（*The Canton Register*）之上。[③]

《大英国人事略说》英文稿件只能在外国人中阅读，影响面很小。为了能在中国社会更广泛宣传，《大英国人事略说》英文原稿由著名的首位来华传教新教牧师马礼逊（Robert

① 李秀琴：《意识形态与翻译：以马礼逊〈大英国人事略说〉中译本为例》，《中国翻译史专辑》下，2012年。

② 参见郭廷以：《近代中国史》第2册，台北：商务印书馆，1971年，第1-4页。

③ 参见苏精：《马礼逊与中文印刷出版》，台北：台湾学生书局，2000年，第113-130页。

Morrison，1782—1834）翻译成中文。马礼逊在广州十三行商馆区生活了二十七年之久，广泛参加宗教、文化及社会的各项活动，对中国社会有深刻了解，特别是他能书写中文，能使用中国官话或广州方言交流，让人大为惊奇。此外与强硬“狡黠”的中国通小斯当东被清朝官员列入黑名单而警惕防范相比，马礼逊的温和礼貌则博得中方上下官员的好感①，使历次中英争端以有利于英国的结果而解决，展示了马礼逊外交方面的出众才能。直至1834年去世，马礼逊参与了历次中英冲突的谈判与交涉，充当解决事端的重要角色，并由英国东印度公司支付年薪2000英镑。对于英国商馆来讲，马礼逊已经成为正确翻译《大英国人事略说》的最佳人选。

马礼逊也较为出色地完成了翻译任务。根据李秀琴《意识形态与翻译：以马礼逊〈大英国人事略说〉中译本为例》一文的研究，马礼逊在文体、格式以及用语选择上采取了低姿态及中国化的策略，释放出向皇帝悲情诉求的讯息，其目的在博取中国朝野的认同，进而达到被善意接纳、平等对待，甚至同意多开通商口岸的目的。②

首先，在文体上，马礼逊采用的是文言。马礼逊认为中文有上、中、下三种文体风格，上等者如《四书》《五经》，其所采用的文言体，简洁又经典，最为中国知识分子所推崇。中等者则为浅白通顺的文言，即如《三国演义》所采用的文体，既具有经典著作的庄重与尊严，却没有经典著作过于简洁而失之难懂的缺点，同时也不像口语式的白话小说体那般粗俗。下等者则如口语式的轻松白话小说，最为士大夫所鄙薄。基于这样的理由，马礼逊采用了中庸层次以浅白文言翻译《大英国人事略说》，既容易为清朝朝野所接受，也反映了马礼逊深厚的文言根基。

其次，在编排印刷上，马礼逊采仿照中国传统木刻雕版印刷的线装书款式，以竖体排版，引用中国纪年，在小册封面的右上角印上“道光十二年壬辰孟春新镌”的字样，以营造亲和感觉。这种做法早在1812年马礼逊撰写《问答浅注耶稣教法》时即已采用。数年后马礼逊的助手米怜（William Milne，1785—1822），也在马礼逊的指导下，以这种方式编制《察世俗每月统记传》。此外，在格式方面，文中若提及大清国、大皇帝、皇恩、帝君、天心时，马礼逊皆会以空一格或换行抬头等形式呈现，以示尊敬。文体、格式以外，《大英国人事略说》中若干词汇则沿用当时清朝官方用语，如勤工、格物、怀柔远人等字眼。此外，相对于清朝以“大清”自称，马礼逊也仿照其风格，在文章标题部分，将English译成“大英国人”。涉及英国君主时，马礼逊不仅将其译成英国帝君，并仿造中国风格，在帝君前空上一格，以示尊敬，同时也暗示英皇的地位与大清皇帝一样崇高无比。文章最后一段马礼逊更是将译文“华英两国之友”中的华英二字，在译本中平行并列，借以表达两国地位的

① Mrs. Elizabeth Morrison compiled，*Memoirs of the Life and Labours of Robert Morrison*, D. D. vol. Ⅰ. London: Longman, Brown, Green, and Long-mans, 1839, p. 420.

② 李秀琴：《意识形态与翻译：以马礼逊〈大英国人事略说〉中译本为例》，《中国翻译史专辑》下，2012年。

平等，以及暗示清朝并非世界的中心，而英国也非其藩属。

当然距离信达雅的翻译标准，马礼逊尚未达到理想境地，阅读《大英国人事略说》虽然总体通顺易懂，但是还有许多拗口晦涩之处。除了马礼逊的汉学根基的缺陷，还有一些人为故意为之。根据李秀琴《意识形态与翻译：以马礼逊〈大英国人事略说〉中译本为例》的研究，如英文源语文本第 4 段文字：Foreigners trading to Canton have been heavily taxed and oppressed，and commerce has been greatly impeded by the exactions to which it has been exposed。马礼逊将其译成“且驻粤外国商人之贸易，因吏员之勒索，多被阻难”，明显遗漏“课以重税并遭压制”等文字。有关“课以重税并遭压制”等语，文中并无其他语句可供替代，故不可能为译者所省略，乃《大英国人事略说》一文中所欲传达之重要讯息，不应于翻译过程中遗漏，唯一可能者应为译者马礼逊的策略运用。因为按清朝粤海关收入，实为内务府主要经费来源，直接进入皇帝荷包，供皇帝花用。马礼逊显然不想因为抱怨海关税率太高而激怒大清皇帝，因此索性采取丢卒保车的策略，将“课以重税并遭压制”此句省略，借以把所有罪过（如索贿、欺压等）诿给下级官员，用以区别皇帝的仁慈宽大、品德高洁（如怀柔远人）。以此逻辑推演，外商在华贸易所遭阻难的种种委屈，实皆缘于“吏宪不体行上旨”，以至于“皇恩不及远客”，而皇上又“离粤省遥远，致事之应声亦不得听闻，因所陈弊端多在黑阴匿隅而做矣，不然何得上志宏大者依允下吏之妄为乎！”①

自雍正教案以后，清朝政府对外国宗教在中国传播非常戒备，英国东印度公司担心影响商贸往来，一直保持与教会的距离，不想让西方传教士过多涉及公司事务。而《大英国人事略说》促成了“二马”的珠联璧合，不仅稳固和发展了马礼逊的地位和影响，而且《大英国人事略说》也称得上 19 世纪英国中文文献的一篇佳作，确实在清代社会取得一定效果。小册子在厦门、福州、宁波等地散发。福州都司陈显生称赞此书印刷精美，读后获益良多。宁波知府也读过这本书。事后，阿美士德号商船的实际负责人胡夏米总结说：“《大英国人事略说》一书宣传效果极佳，内容具体，观念实用，陈述委婉。”②

三、印刷之特：宗教到政治的转化

中国是印刷术的故乡，印刷术由中国传播到世界各地，对文化的传承与发展起了巨大的促进作用。中国的雕版印刷大概起源于唐朝③，到了宋朝，毕昇又发明了泥活字印刷术，

---

① 李秀琴：《意识形态与翻译：以马礼逊〈大英国人事略说〉中译本为例》，《中国翻译史专辑》下，2012 年。

② 熊月之：《西学东渐与晚清社会》，上海：上海人民出版社，1994 年，第 86 页。

③ 曹之：《雕版印刷起源说略》，宋原放主编：《中国出版史料》古代部分第 1 卷，武汉：湖北教育出版社，2011 年，第 186－195 页。

此后陆续出现了用木活字和锡、铜、铅等活字印刷书籍，但直至明朝末年，活字印刷仍未能像雕版印刷那样在中华大地上流行起来[①]。15 世纪中期，德国人谷登堡成功地让活字印刷术产生了质的飞跃，他“从事金属活字的铸造和金属活字版印刷的研究获得成功，并用所制活字字模浇铸铅合金活字，排版印刷了《四十二行圣经》等书，还用压印原理制成木质印刷机械代替手工的印刷”[②]。从此，铅印技术在欧洲广为采用，促使欧洲的印刷技术远远地超越了同时期的中国。[③]但是 19 世纪前期，由英国东印度公司在中国境内使用中文活字印刷的宣传品，则尚属首见，除了政治和经贸的因素，《大英国人事略说》和《告白》，在中文活字印刷史的发展中也占有一席之地。

正如《大英国人事略说》和《告白》是由英国东印度公司和马礼逊联袂完成，印刷环节也是二者在澳门由马礼逊翻译并付梓的。1812 年 12 月，英国东印度公司为支持马礼逊出版《华英字典》，准备在澳门专门成立一个印刷所。马礼逊 1812 年给伦敦传教会的信中写道：“这个季度，（澳门东印度公司）委员会已向伦敦总公司董事会正式写了报告，申请从英国运来一部印刷机，派遣两名印刷工人到中国印刷这部字典——中文的部分由中国印刷工人负责。”[④]聘请了梁发等人为印刷工匠。1813 年，东印度公司伦敦总公司派遣出色的印刷工汤姆斯（Peter Perring Thoms）携带一套先进的印刷机、英文铅字字模和其他印刷用品来到澳门，澳门东印度公司印刷所成立了。

当时，汤姆斯等人面对的最大的困难是如何把中文文字与英文字母同时呈现在一页纸上。为解决这一难题，他们经过多方尝试，最后决定雕刻单独的中文金属字模，然后将中英文活字合排在同一版面上。汤姆斯在中国工人的帮助下，陆续雕刻了 9000 多个活字。1825 年，汤姆斯离开中国以后，其他工人仍继续雕刻中文活字，直至 1834 年初东印度公司印刷所解散为止，一共雕刻了 20 万个以上的活字。[⑤]“所有这些活字都是工匠们用铅块或锡块手工制作而成的，他们先把字写在金属块光滑的一端，然后用凿子雕琢出来。”[⑥]这是近代印刷术传入中国之始，澳门东印度公司印刷所成为“中国第一个以铅合金活字排中文书刊、

① 汉文有几万字，制一套活字很不容易，而且如此数量巨大的汉字字模给保管、排版等工序都带来了很大的困难，这是活字印刷术直至明朝末年仍未在中国成为主流的主要原因。从活字的制造方面来看，拉丁文等欧洲文字一共只有二十几个字母，铸造字模显然比中文轻松得多，活字印刷似乎天生就更适用于西文的印刷。参见宋原放主编：《中国出版史料》古代部分第 2 卷，第 53 页。

② 宋原放、李白坚：《中国出版史》，北京：中国书籍出版社，1991 年，第 180 页。

③ 侯月祥：《潘仕成与广州刻版印刷》，《广州研究》1984 年第 3 期。

④ E. A. Morrison, *Memoirs of the Life and Labours of Robert Morrison*，1839,1(1): 354.

⑤ 参见苏精：《马礼逊与中文印刷出版》，第 15、107 页；张秀民著，韩琦增订：《中国印刷史》，杭州：浙江古籍出版社，2006 年，第 445 页。

⑥ [美] 卫斐列：《卫三畏生平及书信——一位美国来华传教士的心路历程》，顾钧、江莉译，桂林：广西师范大学出版社，2004 年，第 154 页。Milne .W., *A Retrospect of the First Ten Years of the Protestant Mission to China*，第 238 页说是制造钢字模。

有现代概念的出版社”[①]。

活字铅印印刷品的最大意义就是可以大范围的分发、散布、张贴，从而获得信息传播的最佳效果。目前看到的澳门东印度公司印刷最早铅印的中文书籍是1815年在澳门出版的马礼逊的《华英字典》，其后又印刷出版了大量宗教和字典类印刷品。而《大英国人事略说》和《告白》无疑是印刷厂最早刊印的政治类印刷品，这是以往没有关注的问题。从中文活字印刷史的角度，尽管他们的印刷活动未能引发中国印刷业在短期内发生大的变革，但中文活字的研制主要是他们来完成的，他们在实际运用中解决了中文活字制造的问题，同时也发明了快捷的中文排版检字方法，为中文活字印刷解决了最基本、最关键的技术问题。毋庸置疑，他们是促进中西方印刷技术传播与交流的先驱。正是因为纸张与活字印刷的结合，带来了信息传递的活力和自由，打破了长期封闭的社会状态，跨越时间和空间的交流成为可能，为知识和思想的传播带来了革命性的变化，潜移默化地改变着历史的走向，对中国和世界的格局产生了深远的影响。

四、舆论之特：被动到主动的宣传攻势

广州成为清朝重要的通商口岸后，在中外商贸领域的交流、纠纷和交涉中，衍生出错综复杂的信息传递需求，成为清代官员极其重视的涉外管理。清廷颁布的《防范外夷规条》规定了严格的中外信息传递制度，其中第四条规定：“外夷雇人传递信息之积弊宜永除也。查粤东驿递向无马匹，遇有各衙门紧要公文，雇拔力能奔驰迅速之人，给以工资饭食赍递，名曰千里马……应请严谕行商、通事以及千里马、脚夫人等，嗣后概不得与外夷传递书信。”[②]外商在华贸易期间如需请求清朝地方政府解决，官府不同外商发生直接接触，行商作为中介，代清政府向外商传达命令、规定，代外商向清政府转递他们的书信、请求，“凡夷人具禀事件，应一概由洋商代为据情转禀，不必自具禀词”[③]。《粤海关志》详细记载了具禀程序：“必须赴总督衙门禀控者，应将禀词交总商或保商代递，不准夷人擅至城门口自投”，“若事属寻常，行商并未拦阻，不为代投，及不应具禀之事，该夷人辄行逞刁违抗，带领多人至城门递禀者，即将该夷商贸易暂停一月，不准买卖货物，以示惩儆其余”。[④]因一般贸易事务引起的纠纷，外商应到粤海关衙门投诉；一般交涉事务，应到澳门同知、香山县丞

① 叶再生：《概论马礼逊的中国语文字典，中国最早一家现代化出版社和中国近代出版史分期问题》，《出版史研究》第1辑，北京：中国书籍出版社，1993年，第15-23页。

② （清）梁廷枏总纂，袁钟仁校注：《粤海关志》卷28《夷商三》，广州：广东人民出版社，2002年，第547页。

③ 姚贤镐：《中国近代对外贸易史资料》，北京：中华书局，1962年，第230页。

④ （清）梁廷枏总纂，袁钟仁校注：《粤海关志》卷29《夷商四》，第561-562页。

等衙门投诉，按照一般程序审理。

现代信息技术出现之前的 19 世纪初期，信息传递方式是商业贸易中的关键因素。能否迅速了解行情的变化、市场的供应需要以及货价的涨落，从而迅速了解社会的供求并传递信息，关系到商业的成败和效益。信息传递的影响不局限在商业领域，它更对清代中外关系、政治军事、个人生活也产生重要的影响。英国方面对清朝政策非常不满，整个 19 世纪中英双方进行了争夺信息传递规则的长期较量。

从 19 世纪 20 年代后期开始，西方人首先在广州开展办报活动，通过报刊媒介的优势做好舆论上的准备。从 1827 年开始，广州先后出现了《广州记录报》《华人差报与广州钞报》《广州杂志》《中国丛报》《广州报》等 5 种英文报刊。在宗教方面的宣传则更加久远，马礼逊长期关注出版一种能将事实真理从广州传扬到各地的“公共媒介”（public vehicle），计划编印一份类似《东方基督徒目击者》的期刊，于是有了 1832 年 5 月问世的《中华丛论》月刊[①]，以及大量的宣传布道的宗教书籍和双语字典辅助材料。

但是，对于在中国社会更加实用的中文印刷品信息传递，英国方面则十分谨慎，主要源于清政府严厉的通商口岸管理决策。乾隆二十四年（1759），英国东印度公司命令对中文已有相当掌握能力的英商洪任辉（James Flint）违禁前往宁波贸易不遂，遂远赴天津告御状，呈控粤海关陋规，希望清廷能增辟宁波为通商口岸外，并痛陈粤海关积弊。由于事涉外夷，关系国体，乾隆起初似乎察纳其言，派钦差南下查案，但后来唯恐旁人起而效尤，也怕百姓与外人勾串，因此下令将洪任辉在澳门圈禁三年。事后由两广总督李侍尧奏准颁布《防范外夷规条》五款，如规定外商不得在省住冬，贸易结束后，必须随船回国，或到澳门居住；“夷人到粤，宜令寓居行商，管束稽查”等[②]，这对英国东印度公司是一个沉重打击。

此外，清朝由禁止在中国境内的宗教宣传，发展到禁止向外国人传授中文，甚至在 1759 年洪任辉事件中，以“教授夷人读书，代作控词”的罪名，处死为洋人讲授中文并写状词的中国人刘亚匾。洋人要想学习中文，就不得不在晚上，并将房间里的灯光遮蔽，以保护中国教师的安全。至于对外国人士在中国印刷和散布中文印刷品就更加警惕。鸦片战争前与中国的贸易对英国来说具有举足轻重的地位，维护英中贸易是英国政府的首要目标，英国东印度公司不想因此影响最重要的经贸往来。即使是澳门的西方宗教人士也不敢过分开展，如 1831 年裨治文在澳门开始印刷劝诫华人的中文书《赌博明论略讲》，还有梁发撰写的宗教布道小册[③]，但是都只尝试性地散发了很少数而已，因为唯恐触怒中国官府，会连累

① 关于《中华丛论》创刊的详细经过，参见苏精：《上帝的人马：十九世纪在华传教士的作为》，香港：基督教中国宗教文化研究社，2006 年，第 1-32 页。

② （清）梁廷枏总纂，袁忠仁校注：《粤海关志》卷 28《夷商三》，第 545-546 页。

③ Ibid., E. C. Bridgman's journal, 5 November 1831; ibid., E. C. Bridgman to R. Anderson, Canton, 17 January 1832. 伟烈亚力的 Memorials of Protestant Missionaries to the Chinese，第 16 页关于米怜的著作书目，《赌博明论略讲》一书缺漏了裨治文在广州刻印的版本。

到接受传教小册的民众[①]。

到了1832年，英国东印度公司一改以往只是依靠十三行商向粤海关及广东官府提交申诉甚至抗议禀文的被动姿态和方式，以大规模印行和散发中文宣传册子和《告白》的主动方式，开始了信息传递被动隐蔽到主动公开的转变。

马治平在离华前策划了一项北上探查的秘密任务，即派遣英国东印度公司广州商馆高级职员胡夏米（Huyh Hamilton Lindsay，1802—1881）探查福建、江浙一带沿海港口与英国通商的可能性，以及观察各地方政府及百姓对与外人通商的反应。1832年2月，胡夏米偕同普鲁士传教士郭实腊（Karl Friedrich August Gutzlaff，1803—1851）及水手、兵丁60名乘坐“阿美士德”号（The Lord Amherst）自澳门出发，经厦门、福州、宁波、上海一路向北行驶。“阿美士德”号除了载有羽纱、西洋布、棉纱等商品，还携带了大批译成中文的有关政治与宗教的宣传书册，而在众多宣传书册中，最重要的就是500册《大英国人事略说》，该书册成为英国对中国最早的政治宣言而沿途四处散发，还是取得了一定宣传效果，如“福州都司陈显生称赞此书印刷精美，读后获益良多。宁波知府也读过这本书。胡夏米事后总结说：《大英国人事略说》一书宣传效果极佳，内容具体，观念实用，陈述委婉”[②]。最重要的是得到道光皇帝的御览，使得清代最高统治者对当时的世界形势和中英关系有所了解。[③]

至于马治平撰写、马礼逊翻译的《告白》，更是19世纪初期英国东印度公司在中国境内发布的绝无仅有的中文告示。《大英国人事略说》内容丰富，但是长达十几页的小册子和繁复的文字只适合呈送于官员和士绅，并不适合大范围的公共宣传，而适合大范围公共宣传的手段莫过于可以在公共场合张贴以及散发的中文纸质告示了。

纸质公告一般是国家基层行政单位针对管辖地方社会特有事件，直接对社会民众宣示国家政策的信息传播窗口，“州县之患，莫患乎上下隔绝，而情意不通”[④]，告示传达政令、官民互动，事关“政通人和”与社会稳定的重要功能。

清代县衙纸质公告具有重要的文物价值和文献价值，已经引起学界广泛注意，总结性文章主要有吴佩林、李升涛的《近三十年来关于明清告示的整理与研究》[⑤]；个案性研究主要有王洪兵的《清代告示与乡村社会秩序的建构——以顺天府宝抵（坻）县为例》[⑥]，

---

① ABCFM / Unit 3 / ABC16. 3. 8, vol. 1, E. C. Bridgman to H. Hill, Canton, 10 November 1832; ibid., E. C. Bridgman to R. Anderson, Canton, 31 January, 13 March & 5 April 1833. 在最后一封信中，裨治文两次提到石印小册，一次说共印四种，另一次说是三种。

② 熊月之：《西学东渐与晚清社会》，第86页。

③ 参见苏精：《马礼逊与中文印刷出版》，第113-130页。

④ （清）徐栋辑：《牧令书辑要》卷1《治原》，《续修四库全书》史部第755册，上海：上海古籍出版社，2002年，第380页。

⑤ 吴佩林、李升涛：《近三十年来关于明清告示的整理与研究》，《西北师范大学学报（哲学社会科学版）》2014年3期。

⑥ 王洪兵：《清代告示与乡村社会秩序的建构——以顺天府宝抵（坻）县为例》，《中国社会历史评论》2010年第11卷。

唐仕春的《清朝基层社会法秩序的构建：会馆禀请与衙门给示》[①]，潘浩的《清代前期榜文告示初步研究》[②]，卞利的《明清徽州地方性行政法规文书初探》[③]。此外，雷荣广、姚乐野的《清代文书纲要》[④]，史媛媛的《清代前中期新闻传播史》[⑤]也涉及清代告示的类型、内容、传播等内容。清代县衙告示的文献资料整理也成果颇丰，如杨一凡、王旭的《古代榜文告示汇存》[⑥]，四川省档案馆的《清代四川巴县衙门档案汇编》（乾隆卷）[⑦]，四川大学历史系、四川省档案馆的《清代乾嘉道巴县档案选编》（上、下）[⑧]，等等。

由英国东印度公司在中国境内发布的中文《告白》，则绝无仅有。一页纸的告示发布方式与传播影响关系密切，更加适合交通便利和人烟稠密的发布场所，也适合沿途各地的张贴和散发，遵循以城市为中心，然后向四路城门、通衢集镇、四乡村落扩散的信息传递，产生强大的辐射作用，从而引起中外人士的普遍关注。[⑨]

《大英国人事略说》和《告白》两份中文印刷品的刊行，虽然是英国人在形象建构、委屈申诉、贸易拓展等方面的一次反击，成为英国与清朝长期斡旋宣传的一次颇具特色的活动，使中国朝野对英国人的看法有所影响[⑩]，但是这种影响仍然是局部的、轻微的，根本原因是清朝统治者出于防范反抗力量和海外势力相结合以颠覆封建政权的目的。这种政治上的考虑，又随国际形势的变化而强化。16 世纪以后，西方殖民者驾驶多桅的大帆船纷纷东来，伴随而来的就是征服、劫夺和殖民主义的猖獗。当中外两种不同社会制度从最初相遇的时刻，进一步巩固和发展多民族统一国家、抵御西方殖民主义，就成为不可避免的历史使命。中国历代“重农抑商”政策和自给自足的封建经济，以及对中华文化的自诩，则成为这种中央决策的经济和思想根源。

五、结　　语

“宣言”是国家、政府、团体或其领导人为说明自己的政治纲领、政治主张，或对重大

① 唐仕春：《清朝基层社会法秩序的构建：会馆禀请与衙门给示》，载中国社会科学院近代史研究所：《青年学术论坛》2007 年卷，北京：社会科学文献出版社，2009 年。

② 潘浩：《清代前期榜文告示初步研究》，武汉：武汉大学硕士学位论文，2011 年。

③ 卞利：《明清徽州地方性行政法规文书初探》，《安徽大学学报（哲学社会科学版）》2009 年第 3 期。

④ 雷荣广、姚乐野：《清代文书纲要》，成都：四川大学出版社，1990 年。

⑤ 史媛媛：《清代前中期新闻传播史》，福州：福建人民出版社，2008 年。

⑥ 杨一凡、王旭编：《古代榜文告示汇存》，北京：社会科学文献出版社，2006 年。

⑦ 四川省档案馆编：《清代四川巴县衙门档案汇编》（乾隆卷），北京：档案出版社，1991 年。

⑧ 四川大学历史系、四川省档案馆主编：《清代乾嘉道巴县档案选编》（上、下），成都：四川大学出版社，1989 年、1996 年。

⑨ 参见吴佩林、李升涛：《近三十年来关于明清告示的整理与研究》，《西北师范大学学报（哲学社会科学版）》2014 年第 3 期；王洪兵：《清代告示与乡村社会秩序的建构——以顺天府宝坻（坻）县为例》，《中国社会历史评论》2010 年第 11 卷。

⑩ 李秀琴：《意识形态与翻译：以马礼逊〈大英国人事略说〉中译本为例》，《中国翻译史专辑》下，2012 年。

的政治问题表明基本立场和态度而发表的文件。作为一种极为严肃的公布主张，没有任何的嬉戏，有的只是认知之后慎重思想情感的宣泄，态度鲜明公开地昭示自己的主见，充满着号召与呈请。

纵观 18 世纪以来的中英关系，英国方面一直努力突破清代外交商贸管理体制。从马戛尔尼访华到阿美士德使团的递交文书，到洪任辉天津御状及马治平的两份中文宣言，都是不同形式的宣言方式。

英国东印度公司对华贸易特权于 1833 年结束，当年 12 月 10 日，英国枢密院任命律劳卑为英国新设置的驻华商务监督，作为英国第一位正式驻华官员，律劳卑除了建立邮局拓展信息传递的渠道外，更长远的目的是实现英国政府与清朝官方建立直接联系的交涉制度，改变以十三行为中心的文书传递制度和文书形式，完善以广州为中心的海外邮政系统，为此与广东当局冲突对峙了一个多月。两广总督卢坤拒绝律劳卑的要求，下令停止与英国的贸易，撤退通事、买办、仆役，驱逐律劳卑离开广州。律劳卑被迫在 1834 年 9 月 14 日退回澳门，10 月 11 日心力交瘁的律劳卑在澳门病故。[①]这个事件被英国政府视为极大的耻辱，成为英国朝野鼓吹对华战争的催化剂。[②]

1836 年 12 月，义律开始担任英国驻华贸易总监，1838 年，道光皇帝任命林则徐为钦差大臣，到达广州开始了禁烟行动。义律则在英国广州商馆前升起英国国旗[③]，全身戎装，握剑在手，宣称在华英人的生命和财产处于极度危险之中，英国的"国家尊严"遭到蔑视，要求"所有口外英人船只前往香港，升起国旗，准备抵抗中国政府的任何攻击行动"[④]。

鸦片战争爆发后，侵华英军总司令伯麦（James John Gordon Bremer，1786—1850）派遣悬挂白旗的船只递交宣战宣言，希望与清朝政府开展谈判，并成为《南京条约》的基础。其中，清朝政府开放广州、厦门、福州、宁波、上海等五处为通商口岸（史称"五口通商"），准许英国派驻领事，准许英商及其家属自由居住。清政府向英国赔款 2100 万银圆，其中 600 万银圆赔偿被焚鸦片，1200 万银圆赔偿英国军费，300 万银圆偿还商人债务。废除清政府原有的公行自主贸易制度，准许英商与华商自由贸易。以口头协议决定中英民间"诉讼之事"，"英商归英国自理"；中国的司法主权开始受到侵害。这些条款，都可以在《大英国人事略说》中找到端倪，原本是英国人想借《大英国人事略说》这本小册子改变中国人对英国的观念，最后却通过战争实现了英国人的目标。

（执行编辑：杨　芹）

---

① British authorities in China, *The Chinese Repository*, Vol.3, 1834, November, No.7. British authorities in China, *The Chinese Repository*, Vol.3, 1834, December, No.8.

② 吴义雄：《鸦片战争前在华西人与对华战争舆论的形成》，《近代史研究》2009 年第 2 期。

③ Charles Elliot to Palmerston, January 2nd, 1839, FO17/30, p. 4.

④ *Public Notice to British Subjects*, The Canton Press, March 30th, 1839.

葡萄牙人入居澳门再探

陆晓敏*

摘要：通过对岗萨雷斯（Gregorio Gonzalez）信函的解读，我们可以肯定葡萄牙人入居澳门的时间应为1554年。此外，从当时朝廷大员的数份奏疏来看，至少在1564或1565年之前，明朝中央政府尚不知葡人已入居澳门，今人所谓明朝政府通过汪柏将葡人迁移到澳门半岛之说是不能成立的。

关键词：葡萄牙人；入居；澳门；史事考析

葡萄牙人入居澳门问题，中外史学界已讨论多年，共识逐渐增加，但离定论仍远。笔者曾在《索萨（Leonei de Sousa）信札与葡萄牙人入居澳门》一文中论及索萨、汪柏和议的内容，指出广东地方官员达成协议的时间应为1554年；索萨信中所披露的事实与郭棐《广东通志》中的记载有异；葡人的超商业行为和广东地方官员的枉法是葡萄牙人得以入居澳门的根本原因等问题。[①]最近，读到澳门《文化杂志》2002年夏季刊金国平、吴志良的《葡人入据澳门开埠历史渊源新探》（以下简称“渊源”）一文，对笔者上述观点不无否定或批评。本文拟略做回应，并就葡人入居澳门问题做进一步的探讨，希望诸同行继续不吝赐教。

一、关于葡人入居澳门对史料依据

笔者在《索萨（Leonei de Sousa）信札与葡萄牙人入居澳门》一文中，根据对索萨信函

＊　陆晓敏，广东省社会科学院历史与孙中山研究所研究员。

① 陆晓敏：《索萨（Leonei de Sousa）信札与葡萄牙人入居澳门》，《澳门日报》2000年2月27日。

的解读指出，葡人入粤的基本事实应该是：1554 年，索萨与汪柏“议和”，双方议定，葡国商船在交纳 20%的关税后，可前往广州及其他地方行商，议和未涉及澳门，更无汪柏允许葡人入居澳门之事。这同郭棐《广东通志》中“舶夷愿借地晾晒、海道副使汪柏循贿许之”[①]的记载明显有异且相互冲突。就史料的价值而言，索萨的信更原始、更直接，因而也更为可信。“渊源”对此有大段驳论：

> 在中葡议和与岗萨雷斯的时间为 1553 年这个考证面前，上述“相互冲突”便不复存在。诚然，“‘舶夷’未必就是葡萄牙人”，但亦不能将葡萄牙人排除在外。其实，“虽禁通佛郎机往来，其党类更附番舶至为交易”。葡人正是因为无“进贡的资格”，所以才“托言舟触风涛，缝裂水湿贡物，原暂借地晾晒”。林富疏开的“洋澳”“官澳”，仅供朝贡国船只停泊。汪柏是外放的京官，有靠山，“职夷市”，即便如此，因“有通夷通澳匿税下海诸禁，犯者治之甚严”，允许葡萄牙人入澳也需要名正言顺。
>
> 比勘中葡双方的文献，很难说哪方的更原始、更直接。[②]

上引驳论中，为郭棐《广东通志》嘉靖三十二年所做的辩解，似缺乏足够的说服力。例如，即便时间上可以统一，《广东通志》和索萨信函各自披露的事实仍难以调和。按《广东通志》，谈判的内容是“借地”问题，交涉系围绕澳门展开，双方的协定是“借地”协定，其实质应是葡商要求登陆澳门；而据索萨信函，双方只讨论了税率问题，和谈围绕贸易展开，双方的协定乃“贸易”协定。葡商未对任何一个特定的港口提出任何要求，索萨信函更只字未提澳门，谈判的结果是中方同意葡商在“更名”“纳税”的前提下可到广东沿海诸港自由贸易。两种史料不同处俨然分明，如何能说在 1553 年这个考证面前，“相互冲突”已不复存在。又如，据索萨的亲见亲历，当时“港口全都是严密关闭，重兵把守，不让我们去做生意，也不同意我们进入”[③]。对处境艰难的葡人而言，当务之急是如何同中国和解以取得贸易资格，而并非什么“借地”。“渊源”一文说，葡人正是因为无进贡的资格，所以才“托言”“借地”，似有不合常理之嫌。再如，在明人的著述中，提及沿海诸澳，通常都是相提并论，从未见有所谓“洋澳”和非“洋澳”、“官澳”和非“官澳”之划分，此可见黄佐的《广东通志》：

> 布政司案：查得递年暹罗国并该国管下甘蒲沰、六坤州与满剌加、顺塔、占城各国夷船，或湾泊新宁广海、望略，或新会奇潭、香山浪白、蚝（濠）镜、十字门，或

---

① 中国第一历史档案馆、澳门基金会、暨南大学古籍研究所合编：《明清时期澳门问题档案文献汇编》（五），北京：人民出版社，1999 年，第 186 页。

② 金国平、吴志良：《葡人入据澳门开埠历史渊源新探》，《文化杂志》2002 年第 43 期，第 50 页。

③ ［葡］罗理路编：《澳门寻根》，陈用仪译，澳门：澳门海事博物馆，1997 年，第 70 页。

> 东莞鸡栖、屯门、虎头门等处海澳，宁广泊不一。[①]

“渊源”说，“林富疏开的‘洋澳’‘官澳’仅供朝贡国船只停泊”，言下之意澳门不属“洋澳”“官澳”，故可接纳无朝贡资格的葡船，似缺乏有力的证据予以证明。

至于说索萨信函与郭棐《广东通志》何者更原始更直接，从史料学的角度看，答案其实清楚得很，并非“很难说定”。索萨之信写于1556年，所记来自索萨三年多来在中国的亲见亲历，属第一手资料无疑。更有同时代的其他史料与之直接或间接地相印证。1556年来过中国的葡萄牙多明我会教士克鲁斯（Gaspar da Cruz）的《中国概说》有载：

> 莱奥尼尔·德·苏萨船长出生于阿尔加维，婚于卡乌尔。在1554年与中国商定交纳关税，得到允许在中国港口通商贸易。[②]

另一耶稣会士路易斯·弗洛伊斯（Luis Froes）于1555年写道：

> 传教士努内斯·巴雷多于去年得知葡萄牙人已经被允许去广州，于是他去了那里。[③]

而郭棐的《广东通志》完成于1602年，距借地事件的发生已近半个世纪，当非亲历亲见，只能算是二手资料。与郭棐的《广东通志》同时或在其问世前，无论是在朝官员的奏疏，还是民间人士的著述，提及澳门起源的，不在少数。1564年时任广东监察御史的庞尚鹏曾有专疏向朝廷报告澳门问题，其中述及澳门开埠，只是笼统地说了一句“近数年来，始入濠镜澳筑室”[④]，既无确切年代，又无具体情节。与庞疏大体同时，时任两广总督的吴桂芳在其“议阻澳夷进贡疏”中也只是称“驯至近年，各国夷人据霸香山濠镜澳恭常都地方”[⑤]，情节明显含糊。庞尚鹏、吴桂芳二人均为广东重要官员，掌握着行政资源和话语霸权，距郭棐的《广东通志》所谓借地之时也只有十一二年，他们述澳门开埠尚且模糊，30多年后的郭棐“借地说”却如此具体，足以使人怀疑。“渊源”一文曾拿郑舜功的《日本一鉴》及克鲁斯的《中国概况》与索萨、岗萨雷斯的信函相比，认为郑舜功、克鲁斯之书“不具备第一手资料的原始性，因此在有歧说时，应以原始文件为准”[⑥]。但当笔者将郭棐的《广东通志》与索萨信函相比时，“渊源”却又说“比勘中葡双方的文献，很难说定哪方的更原

---

① 中国第一历史档案馆、澳门基金会、暨南大学古籍研究所合编：《明清时期澳门问题档案文献汇编》（五），第177页。
② 转引自万明：《中葡早期关系史》，北京：社会科学文献出版社，2001年，第82页。
③ 转引自万明：《中葡早期关系史》，第83页。
④ 中国第一历史档案馆、澳门基金会、暨南大学古籍研究所合编：《明清时期澳门问题档案文献汇编》（五），第280页。
⑤ 中国第一历史档案馆、澳门基金会、暨南大学古籍研究所合编：《明清时期澳门问题档案文献汇编》（五），第234页。
⑥ 金国平、吴志良：《葡人入据澳门开埠历史渊源新探》，《文化杂志》2002年第43期，第48页。

始、更直接”[①]，似有标准随意及前后矛盾之嫌。

二、关于中葡议和的时间

笔者在《索萨（Leonei de Sousa）信札与葡萄牙人入居澳门》一文中，已初步考证了中葡议和的年代应为1554年。在葡文文献中还有一封重要的信函，即戈里高力·岗萨雷斯信函。岗萨雷斯是一位“世俗神甫”，他在“开埠”之初即来澳门，并在此生活了12年，他后来写信给西班牙驻里斯本大使，回顾了这段经历。毫无疑问，岗萨雷斯信函是一份关于早期澳门情况的重要历史文献，但岗萨雷斯在信中既没有说明他入、离澳门的年份，也未署上写信的日期。近年来，多位学者如罗理路（Rui Loureiro）、文德泉（Manuel Teixeira）等对这几个时间段都有所推断，“渊源”对此也有“新考证”，认为：

> 中葡议和谈妥的年代当在1553年2月之前。岗萨雷斯来澳的时间为1553 年春夏，离开的时间为1564 年秋，共在此居留、传教12年。[②]

据笔者看，这一结论还有继续讨论的空间。详论如下：

第一，中葡和谈，更准确地说是广东地方当局与葡商或汪柏与索萨之间的谈判，并非发生于1553年。“渊源”引岗萨雷斯信中的一段话：“许多年来，中国与葡萄牙人大兴干戈，尽管如此，葡萄牙人从未停止过他们的对华贸易。此种状况一直持续至1553年，此时传来消息说华人愿同葡萄牙人修好，后来也真的握手言和。”并因此而断言中葡和谈发生于1553年。[③]其实，岗萨雷斯这段话颇为微妙，其中的关键是“后来也真的握手言和”中“后来”一词。既然中葡大兴干戈的状况一直延续至1553年，那么，所谓的“后来”就应该是相对于1553年而言，也即1553年之后。因此，按笔者的理解，这段话恰恰说明中葡议和是在1553年之后，也间接为1554年说提供依据。

第二，中葡和议更不可能在1553年2月之前“谈妥”。可以说明这一点的材料很多，如在谈判中，葡方要求减税一半，根据索萨信中所记，中方的回应是：“（海道）回答我说，他不能减税，因为这是皇帝的税，但他可以上奏皇帝，来年可得回音，当年就来不及了，因为到皇帝那里有三四个月的行程。”[④]从2月到年底共有10个月，两个“三四个月的行程”

---

① 金国平、吴志良：《葡人入据澳门开埠历史渊源新探》，《文化杂志》2002年第43期，第50页。

② 金国平、吴志良：《葡人入据澳门开埠历史渊源新探》，《文化杂志》2002年第43期，第48页。

③ 金国平、吴志良：《葡人入据澳门开埠历史渊源新探》，《文化杂志》2002年第43期，第48页。

④ ［葡］罗理路编：《澳门寻根》，陈用仪译，第71页。

尚有余，可知汪柏说此话时不应该是2月份，和议当然也就不可能在2月份缔结。一个更难以逾越的障碍是汪柏的任职时间。据阮元《广东通志》："汪柏，江西浮梁人，进士，（嘉靖）三十二年任按察副使，三十六年任按察使。"①这里的三十二年应该是汪柏获得任命的年份。此前汪柏在北京供职，任光禄寺丞。按照当时的交通条件，从北京到广东行程须两个月。汪柏即使在嘉靖三十二年正月初一也即1553年1月14日出发，2月份也难以到达广东，又如何谈得上在2月之前完成与索萨的和谈。

第三，岗萨雷斯不可能在1553年的春夏就来澳门。"渊源"说，1552年沙勿略（Francisco Xavier）客死三洲后，进入中国传教的计划暂时中断。中葡言和提供了传教士进入中国的大好时机，负责中国传教事务的马六甲主教会不失时机地派人来华。可以推测马六甲主教一得到消息便会马上派岗萨雷斯乘东南季风帆船东来，他抵达澳门的时间应在1553年六七月之前。②但事实并非如此。关于沙勿略来华传教，利玛窦（Mathew Ricci）说得很清楚，是经由葡印总督和果阿主教批准和派出的：

> 沙勿略抵达果阿后，把他的计划呈给印度总督阿尔丰索·纳罗尼亚（Alphonso Naronia）和果阿的主教吉阿瓦尼·阿尔布魁尔克（Jiovanni Albuquerque）……一个月之内，沙勿略的启程已一切准备就绪，他自然对前景非常高兴。文书和证书已从总督和主教那里领到，为进贡皇帝的礼物也已备妥。③

而岗萨雷斯似乎无此殊荣。沙勿略一心想进入广州与中国官方接触，有一个雄心勃勃的在华传教计划，岗萨雷斯则在华十多年，始终足未出澳门半岛，岗萨雷斯分明并不为继续因沙勿略之死而"暂时中断"的传教计划而来。罗理路认为岗萨雷斯来华是为了"向那人数众多的那些遥远地带活动的葡萄牙人提供宗教上的支持"④，比较可信。更重要的是，岗萨雷斯能否在1553年六七月之前到达澳门，关键不在于马六甲主教是否"不失时机"。当时的航海受季风制约，在澳门与南洋间往返，大体上，去时须乘每年冬天的东北季候风，来时则须依仗春夏时期的西南季候风。既然议和根本无法在二月份之前完成，那就无人能及时将议和的消息从中国带到马六甲，岗萨雷斯当然更不可能在四五月启程，并在春夏时节到达澳门。

第四，现有资料也无法证明岗萨雷斯在1564年离开澳门。"渊源"又称，岗萨雷斯的继任人是若昂·苏亚雷斯（Joan Soares）神甫。苏亚雷斯神甫于1564年秋季随葡王使团抵

---

① （清）阮元修，（清）陈昌齐等纂：《广东通志》卷十八《职官表十一》。
② 金国平、吴志良：《葡人入据澳门开埠历史渊源新探》，《文化杂志》2002年第43期，第48页。
③ ［意］利玛窦、［法］金尼阁：《利玛窦中国札记》上册，何高济、王遵仲、李申译，何兆武校，北京：中华书局，1983年，第128-129页。
④ ［葡］罗理路编：《澳门寻根》，陈用仪译，第139页。

达澳门，因此，由于季风的缘故，岗萨雷斯离开澳门的时间应为 1564 年秋。[①]笔者谓，首先，根据有关文献，若昂·苏亚雷斯当时的教职是“中国一带地区巡视员”和“教区法官”。[②]岗萨雷斯是否也担任过此职，迄今为止尚无证明。除了这封信，历史上没有他的任何资料。故罗理路表示对这位神父的情况“一概不详”。[③]既如此，我们凭何而言苏亚是岗萨的继任人。两人如无职务相承，那么苏亚雷斯于 1564 年秋天到达并不意味着岗萨雷斯也应即时离开。其次，苏亚雷斯并非于 1564 年随葡王使团到达澳门。理由有以下几点：①所谓葡王使团当是指吉尔·德·戈依斯（Gil de Goys）使团。据使团成员之一曼努埃尔·特谢拉（Manuel Teixeira）神甫 1563 年寄自澳门的信，使团在该年 4 月从果阿出发，大约 8 月份到达澳门。同行的除特谢拉外还有两位神父，若昂·苏亚雷斯并不在内。[④]②“渊源”认为苏亚雷斯随葡王使团抵达澳门，主要依据的是以下一段史料：“这位若昂一到达，路易斯·德·梅洛、迪奥戈·佩雷拉和吉尔·德·戈易斯就上前到教堂正门迎接他，他来时也有一大批人拥着，有他船上的人，也有居民点的人，同他一起来的，有基列尔梅·佩雷拉和中国一带地区巡视员神父若昂·苏亚雷斯教区法官。”[⑤]对这段史料的理解，“渊源”似有偏差。“这位若昂”指的是若昂·佩雷拉，一位领了葡印总督颁发的赴日商旅特许状经澳门前往日本的葡商。苏亚雷斯虽然是“同他一起来的”，但我们无法肯定苏氏是与他同船到达，也即是“他船上的人”，还是已在澳门，也即是“居民点的人”。因此，前引史料，显然不足为凭。③戈依斯使团成员特谢拉神父于 1565 年曾写信给他的欧洲同事，称他们在两年前到达澳门时“得到了这个港口的指挥和当时在该地居住的麻（满）剌加主教的教区法官同样亲切关怀的接待”。罗理路认为，“指挥是迪奥戈·佩雷拉，教区法官是若昂·苏亚雷斯”[⑥]，如果罗理路的说法可以成立，那么若昂·苏亚雷斯 1563 年 8 月前应已在澳门。最后，顺便说一下“渊源”认为，以岗萨雷斯离职的时间 1564 年往上推溯“十二年的时间”，正好是 1553 年，这似乎有违常规。以 1564 年为起点推溯十二年的时间，应为 1552 年，而非 1553 年。

“渊源”一方面认同 1553 年说，但同时又认为两说是可以调和的。它还特意引了戴裔煊先生有关两种年份的解释，并认为“比较合理”：

> 我们认为，索萨的信所说的各种情况是符合历史实际的。首先在时间方面与中国记载相合，索萨在 1552 年（即嘉靖三十一年）来中国，可是在业务上没有多大进展，

---

① 金国平、吴志良：《葡人入据澳门开埠历史渊源新探》，《文化杂志》2002 年第 43 期，第 48 页。
② ［葡］罗理路编：《澳门寻根》，陈用仪译，第 108 页。
③ ［葡］罗理路编：《澳门寻根》，陈用仪译，第 139 页。
④ ［葡］罗理路编：《澳门寻根》，陈用仪译，第 81 页。
⑤ ［葡］罗理路编：《澳门寻根》，陈用仪译，第 108 页。
⑥ ［葡］罗理路编：《澳门寻根》，陈用仪译，第 133、137 页。

则他和海道副使打起交道来是在第二年（即嘉靖三十二年，1553），这与郭棐《广东通志》所称趋濠镜澳的舶夷请求借地晾晒水湿贡物，得到海道副使汪柏允许的年代是一致的。其次，因为这件事要得到皇帝批准，预计需要三四个月的时间，至少要等到第二年（即嘉靖三十三年，1554）才得到朝廷的正式批复。这种说法和克鲁斯所说从1554年起中国人让他们缴纳税课，在诸港贸易，这两种说法固然一致，又和郑舜功《日本一鉴海市》条的记载称“岁甲寅，佛郎机夷船来泊广东海上，比有周鸾，号客纲。乃与番夷冒他国名，诳报海道，照例抽分。副使汪柏故许通市，而每以小舟诱引番夷，同装番货市于广东城下，亦尝入城贸易。”年代和事实都一致。《日本一鉴》的记载更可补索萨所述详细经过情形之不足。①

按照上述说法，索萨与汪柏“打起交道”是在1553年，他们所订立的协议在第二年，即1554年才得到皇帝的批准。克鲁斯和郑舜功的1554年之记载即据此而来。查索萨信函中有关“皇帝批准”之内容，罗理路译本为：

我们应付百分之二十，这是中国的惯例，是皇帝的特权和恩准。对这百分之二十，我只同意了百分之十，（海道）回答我说，他不能减低，因为这是皇帝的税，但他可以上奏皇帝，来年可得回音，当年就来不及了。②

此段文字并不难理解，汪柏所说的他要“上奏皇帝，来年可得回音”之事，指的是将现行百分之二十的税率减低一半，并非协议的内容。而索萨、汪柏协议，即允许葡商按现行税率缴税贸易，显然未上报朝廷。从索萨信中“大家都做了生意，赚了钱，很安全”③等字句可以看出此协议已经实行。因此，主张索萨、汪柏协议订立于1553年，要等到第二年朝廷批复后再实行的说法，与事实不符。戴裔煊先生文写于20世纪50年代，作者当时未能看到索萨信函全文，理解上出现偏差，自不应求。但在索萨信函已有多个中文译本问世的今天，仍然因袭错误的说法，那就完全不应该了。

三、关于朝廷对中葡议和的态度

笔者在《索萨（Leonei de Sousa）信札与葡萄牙人入居澳门》一文中，曾有“葡人的超

① 蔡鸿生主编：《澳门史与中西交通研究》，广州：广东高等教育出版社，1998年，第16页。
② ［葡］罗理路编：《澳门寻根》，陈用仪译，第71页。
③ ［葡］罗理路编：《澳门寻根》，陈用仪译，第71页。

商业行为和广东地方官员的枉法是葡萄牙人得以入据澳门的根本原因”这一结论。[①]“渊源”显然不同意此说，认为“以所谓‘超商业行为’为基础的霸占说也缺乏可靠依据，有悖于历史事实”，历史真相是，鉴于当时的形势，明朝政府“决定离间海盗，安抚葡人并通过海道汪柏将他们从孤悬海外的上川、浪白迁移到较易控制的澳门半岛”[②]。然而，在笔者所涉猎的史料里，未见有汪柏将其与葡商订立协议之事上报朝廷之记，甚至连葡人入住澳门之事，在最初的几年里，朝廷也并不知晓，更何谈通过汪柏“迁移”云云。

《明实录》曾载：

(嘉靖四十四年四月)癸未，有夷目哑喏唎归氏者，浮海求贡。初称满剌加国，已复易辞称蒲丽都家，两广镇巡官以闻，下礼部议：“南番国无所谓蒲丽都家者，或佛朗(郎)机诡托也。请下镇巡官详审，若或诡托，即为谢绝，或有汉人通诱者，以法治之。”[③]

早在正德十六年(1521)，葡萄牙人也即明朝所称的佛郎机人就曾经派使者入明要求进贡，即建立正常的贸易关系，但被明廷拒绝。《明实录》曾记当时礼部的态度：

佛朗(郎)机非朝贡之国，又侵夺邻封，犷悍违法，挟货通市，假以接济为名。且夷情叵测，屯驻日久，疑有窥伺。宜敕镇巡等官亟逐之，毋令入境。[④]

时隔60年，明廷对佛郎机的态度依然如故。毫无疑问，定居和求贡，定居的分量要重得多。如果明朝政府已知佛郎机人定居澳门，则不应该也不可能对他们的求贡继续拒绝，甚至对他们“通诱”的国人也要“以法治之”。合理的解释应该是，直到嘉靖四十四年也即1565年，明朝中央政府依然不知他们所深恶痛绝的佛郎机夷也即葡萄牙人，已进入濠镜澳定居达8年之久。

不但远在北京的朝廷不知，据笔者的初步研究，一些通常被认为是熟悉广东政情、民情，了解早期澳门问题或在广东任职的大员们，如庞尚鹏、吴桂芳等，从他们留在世上的一些文字资料看，至少在1564年或1565年之前，还都不知道这一点。庞尚鹏，广东南海人。嘉靖三十二年(1553)进士，曾出任广东监察御史。嘉靖四十三年，其上著名的“抚处濠镜澳夷疏”，被认为是有关澳门问题的第一份中文文献，价值自不待言。全疏虽介绍了澳门的地理、位置、通商的历史以及现状等，却并未说明疏中口口声声反复提及的“澳夷”究竟是什么人、来自何方，更未指认“澳夷”就是佛郎机。[⑤]

---

① 陆晓敏：《索萨(Leonei de Sousa)信札与葡萄牙人入居澳门》，《澳门日报》2000年2月27日。

② 金国平、吴志良：《葡人入据澳门开埠历史渊源新探》，《文化杂志》2002年第43期，第59页。

③ 《明实录·世宗实录》卷545。

④ 《明实录·世宗实录》卷4。

⑤ 中国第一历史档案馆、澳门基金会、暨南大学古籍研究所合编：《明清时期澳门问题档案文献汇编》(五)，第280页。

吴桂芳的“议阻澳夷进贡疏”同样如此，多处文字显示，此位曾任两广总督的大员也只知道已有“外夷”入居濠镜澳，但不知其正是“佛郎机”。试举数例：

其一，吴疏云：“恐系佛郎机国夷人，近年混冒满剌加名目，潜通互市。今又托名求贡，以为阻赖抽分之计。”[①]“佛郎机国夷人”近年来最大的问题当是定居澳门，吴疏在“近年潜通互市”后直接道出“今又托名求贡”，分明将定居澳门之事略去。是有意不提还是不知定居者为“佛郎机国夷人”，笔者判断，应为后者。

其二，吴疏云：“正德末年，佛郎机番夷亦以进贡为名来广，名虽求贡，实拥大帆船往来贸易，喜则人，怒则兽，官兵莫敢谁何，沿海被其荼毒。嘉靖初年，海道副使汪柏用计破之，其患始绝。今蒲丽都家，恐即佛郎机自隐之国名。”[②]既揭露了“蒲丽都家”可能就是“佛郎机”，说明吴氏没有包庇“佛郎机”的意图。那就应该进一步向朝廷揭发嘉靖三十四年佛郎机入居澳门，至今仍“据霸”濠镜澳的事实。但他却称自嘉靖初年汪柏“用计破之”后，佛郎机之“患”已绝。对此，除了用吴氏不知“据霸”濠镜澳的就是佛郎机来解释外，还有什么更合理的理由呢？

其三，吴疏云：“驯至近年，各国夷人据霸香山濠镜澳恭常都地方，私创茅屋营房，擅立礼拜番寺，或去或住，至长子孙。”[③]吴疏中，凡提到佛郎机，皆不提其“据霸”濠镜澳之事，唯一提及的这一处，却又含含糊糊地说是“各国夷人”所为。如果他确知是佛郎机“据霸”了濠镜，或至少是参与了“据霸”，岂不是有故意隐瞒和欺君之嫌吗？ 他何必这样做呢？因此，笔者认为，正因为吴氏不知道是谁“据霸”了濠镜澳，所以只能以“各国夷人”称之，如此而已。

其四，吴桂芳是反对朝廷接受佛郎机即葡萄牙人进贡的，其疏云：“许其贡，则彼呼朋引类，日增月益。番船抽分之法，必至尽格而不行，沿海侵陆之患，将遂溃决而莫制。其祸虽迟而实大。”[④]在吴桂芳看来，允许佛郎机进贡的后果是极为严重的。有学者提出吴氏在处理葡萄牙人进贡之事的态度不好理解，他既知葡萄牙人入居澳门已成为一个既成事实，那为什么又要拒绝葡人的进贡呢？ 其实，如果我们跳出“吴氏已知葡人入居澳门”这一框框，转换一下角度，问题并不难理解。如果吴氏不知入居澳门的是葡萄牙人，那他反对葡人进贡不就顺理成章了吗？

在澳门开埠的近10年后，为什么朝廷和一些被公认为最了解澳门的大员仍不知入居澳门的正是佛郎机即葡萄牙人？其中原因还有待于我们进一步研究。但有一点至少可以肯定，所谓明朝政府通过汪柏将葡人迁移到澳门半岛之说是不能成立的。

（执行编辑：罗焱英）

---

① 中国第一历史档案馆、澳门基金会、暨南大学古籍研究所合编：《明清时期澳门问题档案文献汇编》（五），第234页。
② 中国第一历史档案馆、澳门基金会、暨南大学古籍研究所合编：《明清时期澳门问题档案文献汇编》（五），第235页。
③ 中国第一历史档案馆、澳门基金会、暨南大学古籍研究所合编：《明清时期澳门问题档案文献汇编》（五），第234页。
④ 中国第一历史档案馆、澳门基金会、暨南大学古籍研究所合编：《明清时期澳门问题档案文献汇编》（五），第235页。

1584—1585：澳门—阿卡普尔科首航

金国平*

摘要：西班牙航海家弗朗西斯科·加利留下的 1584 年从澳门回新西班牙（Nueva España，今墨西哥）的航行日记记录了从澳门始发，利用太平洋北部黑潮，驶向美洲的全部航程。这说明，澳门是"泛太平洋丝银之路"上的"中国大帆船"（Nao de China）在中国境内的始发点。这条航线将中国的丝绸、瓷器、工艺品及亚洲的各种香料及其他货物等源源不断地输入美洲，然后部分主要商品再运往欧洲市场出售，换回的主要物品是美洲白银。它连接了三大洲：亚洲—美洲—欧洲，拉开了真正意义上的"全球化"的序幕。

关键词：弗朗西斯科·加利；澳门；新西班牙；中国大帆船；泛太平洋丝银之路；全球化

一、伊比利亚：从半岛到全球

1453 年，奥斯曼帝国攻陷君士坦丁堡，陆地丝绸之路遭阻，意大利人消极等待，企盼着地中海至东方传统"丝绸之路"重开，而扼守地中海出海口及濒临大西洋的两个伊比利亚半岛国家则拉开了一场旷古未有、规模浩荡的海外地理大发现的帷幕，新航路一一开辟，目标是寻找神话般的东方，尤其是马可·波罗笔下的 Catay（契丹）。葡萄牙人率先南进，开发非洲海岸。15 世纪、16 世纪相交之季，达·伽马（Vasco da Gama）船队绕过非洲之角——风暴角（今称好望角），抵达印度，开辟了驶往东方的新航路，后又占领了东西洋的交通要冲马六甲，找到香料群岛，挺进中国，在澳门立下了脚，进而东航日本。从好望角到日本这个广袤的地区被冠以"东印度国"（Estado da Índia）或"东印度"（Índias Orientais）之称。而

---

* 金国平，暨南大学澳门研究院研究员。

西班牙人则向西航行，试图探险一条从大西洋通往东方的海道。在西班牙王室的支持下，哥伦布于 1492 年 8 月 3 日，率领一支 120 人的远征队，分乘三艘船只离开地中海畔的帕洛斯・德・拉・福隆特拉（Palos de la Frontera）。[①]经过两个多月与未知大海的搏斗，于 10 月 12 日发现了巴哈马（Bahamas）群岛，并在此登陆。这个被世界遗忘了的大陆被命名为“新世界”（Nuevo Mundo）或“西印度”（Indias Occidentales）。但梦寐以求的香料群岛和中国还在寻找中。

1521 年，为西班牙王室服务的葡萄牙航海家麦哲伦（Fernão de Magalhães）和埃尔卡诺（Juan Sebastián Elcano）抵达今菲律宾群岛，并宣示了西班牙的主权，但未留下一兵一卒驻守。同年，埃尔南・科尔特斯（Hernán Cortés）从新西班牙之芝华塔内欧（Zihuatanejo）派出 3 艘船远征亚洲，但其中 2 艘遇海难沉没。第三艘虽说抵达目的地，但因未找到“回航”（Tornaviaje）[②]路线而不能返回出发点。1541 年，洛佩斯・德・维亚洛博斯（López de Villalobos）由新西班牙总督安东尼奥・德・门多萨（Antonio de Mendoza）派遣，探险一条抵达东方的新航线。1542 年，他率领 4 艘三桅帆船出征。次年，舰队抵达棉兰老岛（Mindanao），探查海岸并与当地土著建立了接触。然后又向东航行至莱特岛（Isla de Leite），并以菲利普亲王[③]的名字给这些岛屿命名为“菲律宾群岛”（Las Islas Filipinas）。后因饥饿与缺乏援军，探险队不得不撤退至葡萄牙人统治下的摩鹿加群岛（Molucas）。洛佩斯・德・维亚洛博斯于 1544 年逝世于安波那（Amboyna）岛。其余船员则返回新西班牙，向总督汇报了探险事，于是将菲律宾大都督府（Capitanía General de las Filipinas）[④]视为新西班牙总督区之部分。二十年后，新西班牙总督路易斯・德・贝拉斯科（Luis de Velasco）责令黎牙实比（Miguel López de Legazpi）出海进行一新远征。他于 1564 年 11 月 21 日从今哈利斯科（Halisco）州的纳维达（Puerto de Navidad）港启航。途中征服了关岛、萨维德拉岛（马绍尔群岛）和马里亚纳群岛，并于 1565 年 4 月 27 日抵达萨马（Samar）岛。[⑤]

二、航海巨人：贯通太平洋

（一）安德烈斯・德・乌达内塔（Andrés de Urdaneta，1498—1568）

安德烈斯・德・乌达内塔约于 1498 年出生于吉普斯夸省（Guipúzcoa）的维拉弗兰

① 西班牙安达卢西亚自治区韦尔瓦省的一个市镇。

② Enrique Cardenas de la Peña, Urdaneta y El tornaviaje, México：Sría. de Marina, 1965.

③ 后成为西班牙菲利普二世、葡萄牙菲利普一世。

④ Capitanía General 一般译为“都督辖区”、“都督府”、“军事管辖区”或“将军辖区”等，但未能表达出 General 的意思。中国史料中，有“大都督府”一名，且“大”正是 General 最佳对译，故采用之。

⑤ 位于菲律宾中部第三大岛，为米沙鄢群岛最东之岛屿。华人称“三描”。

卡·德·奥尔提西亚（Villafranca de Ordicia）。他是一名宗教人士、航海家及知名宇宙家。17 岁时，参加了第二次横渡太平洋的西班牙探险队。1527 年 1 月，抵达摩鹿加（香料）群岛的蒂多雷岛（Tidore）。后留在吉洛洛（Gilolo）岛上，从事船舶建造和修理。在阿尔瓦罗·德·萨维德拉·赛荣（Álvaro de Saavedra Cerón）的探险队的到来和卡洛斯五世（Carlos V）签订了《萨拉戈萨条约》（Tratado de Zaragoza，1529）后，他继续留在当地，接触了土著，学习了语言并获得了地理和导航方面的知识，为他以后的航海事业奠定了基础。1535 年，他通过马六甲和科钦，开始了返回西班牙的旅行。1536 年，抵达里斯本。在里斯本，他的个人笔记，书籍及其在太平洋地区逗留期间所积累下来的所有材料遭没收。不过，他还是向卡洛斯五世提交了一个详细叙述 1525—1535 年事情的报告。1538 年，他返回墨西哥，准备参加佩德罗·德·阿尔瓦拉多（Pedro de Alvarado）组织的远征。因组织者于 1541 年去世，计划流产。此后，他在新西班牙总督区担任过数个行政职务。1553 年，加入奥斯定会，并在初修院中任教。应菲利普二世的要求，他开始准备新的跨太平洋探险，编写了一个阿卡普尔科（Acapulco de Juárez）到西方诸岛（Islas de Poniente）[①]的航路（指南），指挥舰队的建设，雇用船员并建议他的一个熟人黎牙实比担任此次远征舰队的司令。由于各种原因的延误，舰队直到 1564 年 11 月 21 日才离开纳维达港。任务很明确：寻找一条从亚洲回美洲的返程航路。从 1521 年的麦哲伦环球航行起，便已知道美洲与菲律宾之间“来航”的海道。从阿卡普尔科到菲律宾的航程，包括在关岛（Guam）中途停留，一般要持续三个月左右的时间，总里程为 7300 海里。由阿隆索·德·阿雷利亚诺（Alonso de Arellano）指挥的圣卢卡斯（Saint Lucas）平底船于 1565 年 4 月 22 日，从菲律宾棉兰老岛开始了回航，并于 7 月 17 日抵达阿卡普尔科港，完成了第一次由西向东的横渡太平洋航行，但所积累的航海信息不够充分。第二次横渡由乌达内塔率领。他从宿务（Cebú）出发，穿越萨马和吕宋（Luzón）岛之间的圣贝纳迪诺（Estrecho de San Bernardino）海峡，驶向茫茫大海，向北行驶。约一个月后，来到台湾岛的对面，并于 8 月 3 日，抵达日本北部，取东行，利用黑潮。9 月 26 日，抵达加利福尼亚海岸，然后向南航行，最后于 10 月 18 日入阿卡普尔科港。共计耗时 130 天，航程近 1900 英里。1565 年，乌达内塔回到了西班牙。在桑卢卡尔·德·巴拉梅达（Sanlúcar de Barrameda）登陆后，前往马德里和巴亚多利（Valladolid），向菲利普二世汇报了他的发现结果、呈现地图、航行报告及航海书等。1567 年，他返回墨西哥，并于 1568 年 6 月 3 日在此与世长辞（图 1）。

1565 年进行的马尼拉至阿卡普尔科的航行具有决定性意义。安德烈斯·德·乌达内塔利用了东向“黑潮”，发现了太平洋“回航”，亦称“返回墨西哥航路”（Ruta de regreso a México），或称“乌达内塔航线”（Ruta de Urdaneta）。这个“回航”一般要持续 6—9 个月，

① 菲律宾群岛。

图 1 树立在维拉弗兰卡·德·奥尔提西亚的安德烈斯·德·乌达内塔纪念雕塑

总里程为 7800 海里。船只要从北纬 12 度开始，绕行至北纬 29.12 度，最北至北纬 39.5 度，利用“黑潮”从东向西航行。

这条横越太平洋，连接亚洲、美洲和欧洲的海路可被称为“泛太平洋丝银之路”。其主体航程是：马尼拉—阿卡普尔科。再从美洲延伸至欧洲。这条连接美洲和欧洲的航线被称为“西印度船队”（Flotas de Indias）。它穿越大西洋，连接了美洲的韦拉克鲁斯（Veracruz）、卡塔赫纳（Cartagena de Indias）、波托韦洛（Portobelo）及哈瓦那（La Habana）和西班牙的塞维利亚（Sevilla）、卡迪斯（Cádiz）。①在亚洲的出发地，以马尼拉为中心派生出三条支线：马尼拉—摩鹿加群岛的蒂多雷岛，马尼拉—福建及马尼拉—广州—澳门。

总之，蒂多雷岛、福建、广州—澳门—马尼拉—阿卡普尔科—欧洲这条航线是世界历史上最长的贸易路线之一，1565—1815 年，持续了整整 250 年。这条航线连接亚、美、欧三大洲，拉开了真正意义上的“全球化”的序幕。②之前的航海与经贸活动只能被称为“半球化”。

（二）弗朗西斯科·加利（Francisco Gali，1539—1591）

弗朗西斯科·加利为一西班牙水手和发现者。1582 年③，他受新西班牙总督的委托，在加利福尼亚海岸寻找一港口，用于供从菲律宾来的船只停靠。当时认为，加利福尼亚是中国的延伸。在此探索过程中，他成了第一个深入旧金山湾的欧洲领水员。这个航行志④被翻译为荷兰语（1596）、英语（1598）和法语（1610）。有书籍介绍说，上述航行志早于 1619

① 关于这个问题的主要论著，可见吴杰伟：《大帆船贸易与跨太平洋文化交流》，北京：昆仑出版社，2012 年；南开大学世界近现代史研究中心编：《世界近现代史研究》第十辑，北京：社会科学文献出版社，2013 年。

② 参见［西］多罗斯·弗尔克、费尔南多·齐亚尔西塔、卡门·于斯特等著，［西］卡洛斯·布拉索·布洛基协编：《全球化的起源：马尼拉大帆船》，戴娟译，上海：上海塞万提斯图书馆，2013 年。

③ M. John, *The Progress of America: From the Discovery by Columbus to the Year 1846*, vol I, London: Whittaker, 1847, p.534; Sir Clements R. Markham, *A life of John Davis, The navigator, 1550-1605: discoverer of Davis Straits*, London; Liverpool: G. Philip, 1889, p.104.

④ 最好的研究，可见 H. R. Wagner, *Spanish Voyages to the Northwest Coast in the Sixteenth Century*, Chapter VII: Juan de la Isla and Francisco Gali; in California Historical Society Quarterly, v.6, pp. 233-255.

年就有过刊本。[①]此外，墨西哥国家图书馆有一残本。[②]在此，笔者翻译介绍一个收藏于葡萄牙国家图书馆的1584年从澳门回新西班牙的航行志。

《葡萄牙人所在中国港口亚马港（Amaquao）至新西班牙航行志》

载于《若干重大事件回忆录》内

（Viagem que se fez de Amaquao porto da China onde estão os portugueses para a Nova Espanha in Memorial de Várias Cousas importantes）

我于（15）84年7月29日驶离亚马港（Amaquao）。出港，始向东南——东南微东航行，直至大星簪（lheu branco）。上述岛屿过后，向东南行150里格，绕过澎湖浅滩（os baixos dos pescadores）和人称琉球群岛起始点的“福尔摩挲岛”（principio dos lequios a q. chamão ilha ‘Fermosa’）。此系一漳州领水员（piloto chincheo）的建议及提供的情况。这些岛屿位于近22度处，水深30托。因在其纬度处未见诸岛屿，我以为已经驶过了它们。

过了“福尔摩挲岛”后，我向东北微东航行。沿着此航线，我走了200里格。漳州领水员告诉我说，岛屿星罗棋布，良港众多，居民如同菲律宾的米沙鄢人一般，黥脸文身，着本族服饰。岛上产金，驾小船去中国和日本，带去金色皮革[③]和金粉[④]。他了解这一情况，因为曾九次光顾那里。我相信他的话，因为迄今为止其说一切属实。最东及最北岛屿位于29度。

琉球岛（Ilhas dos Lequios）过后，便是日本诸岛，其周长为135里格，其最东部岛屿位于32度。这135里格，我一直取东北微东航行，直至通过。漳州领水员告诉我，他认为，航行700里格后，有4个跟我说过、相连一组的岛屿。这情况他知道，因为他在日本看到一些身材矮小、肩胛骨宽大、脸上嘴巴硕大之人。他们携带来出售的货物为金粉、棉布和咸鱼，如金枪鱼，并说他们来自日本以东地区的某些岛屿。根据得到的情报，我认为，他们来自位于某条航线的地方，我称其为阿尔梅尼康（译音：Armenicão），但又觉得此地人，距华人领水员告知的地方遥远。他还信誓旦旦地对我说，日本诸岛不乏良港，必需的给养品，当地应有尽有，且本地人明白事理。银矿规模巨大，盛产白银。沿着上述东北微东航线，在日本以东航行300里格处，我发现了

① Martín Fernández de Navarrete, *Biblioteca marítima española: obra póstuma*, Tomo I, Madrid: Impr. de la Viuda de Calero, 1851, p. 465.

② J. G.Wilson and J. Fiske, *Appleton's Cyclopædia of American Biography*, New York: D. Appleton and Co, 1888, p. 575. 题为“阿卡普尔科至菲律宾，由此前往亚马港及经日本海岸返回新西班牙之航行、发现及观察（Viaje, descubrimientos y observaciones de Acapulco a Filipinas y desde alli a Macao y por la costa de Nipón a la Nueva España）”作者尚未寻获。

③ 注：鹿皮。

④ 注：沙金。

一个北—西北走向、波涛汹涌海面，但风力平缓，不可能产生任何破坏力。持续前进，任何变化未出现。情况一直如此，航行了 700 里格，驶抵距新西班牙 200 里格处。这样的海面结束了，无任何迹象，因此，我明白了这是新西班牙大陆与小亚细亚及鞑靼之间的水道。

在上述 700 里格航程中，我发现了大量可供捕获的鲸鱼、金枪鱼、鲭鱼和狐鲣鱼。它们通常在这些水道和水流中产卵，繁衍后代。所以我认为是水道。

沿着这条航线，我来到了新西班牙海岸，望见了位于 37½度处的陆地。其地高耸，绿树成荫，无雪。在距大陆 4 里格处，见到大量用树根和树枝及芦苇制作的木筏，据此，我相信，在抵达阿卡普尔科港口之前，整个海岸上一定有多条河流和多个良港。

从此，我取东南—南—东南微东航行，一路顺风至圣卢卡斯角（Cabo de Santo Lucas）。它位于 22 度，在加利福尼亚入口，距门多西诺角（Cabo Mendocino）50 里格。

在这沿海航行的 500 里格路程中，岛屿星罗棋布。虽面积狭小，不乏良港。已知的有：位于 30¾度的圣奥古斯丁岛（Ilha de Santo Agostinho），位于 28½度的松柏岛（Ilha dos Cedros），位于 23 度的圣马尔提纽（Santo Martinho）诸岛和浅滩。上述地点有人居住。在我看来，地方不错，因为我看到夜晚有火光，白天有炊烟。

从卢卡斯角到加利福尼亚东南部的另一边，我向东南航行了 80 里格，来到了位于 19¾度的激流角（Cabo das Correntes）。在此航线上，在向北 1 里格处，我看到被称为三玛丽亚岛（Três Marias）的三个岛屿。均位于同一航线上，相距 4 里格。每个方圆 2.5 里格。在沿着加利福尼亚海岸的所有 80 里格航程中，我遇到了向东南流动的潮流。

从激流角起，我始取西南航线，行驶 130 里格至阿卡普尔科港，又挺进 20 里格至纳维达港，再继续前进 8 里格至圣地亚哥港（Porto de Santiago），再行使 6 里格至山岭滩（Praia de Colina）。整个海岸、海港均居住着和平居民（图 2）。①

这张藏于英国格林尼治博物馆的地图上②，在日本东南方向标出了一个名叫 De Gualle（加利）的岛屿，其东面一小岛上还标有“1584”字样。这说明是弗朗西斯科·加利 1584 年的澳门—阿卡普尔科的航行所经过的岛屿（图 3）。

---

① Biblioteca Nacional de Portugal, Códice 637, fls.140r-141v.

② National Maritime Museum (Greenwich), Sandwich Papers, https://web.viu.ca/black/amrc/index.htm? Research/Papers/LIQ.HTM&2.

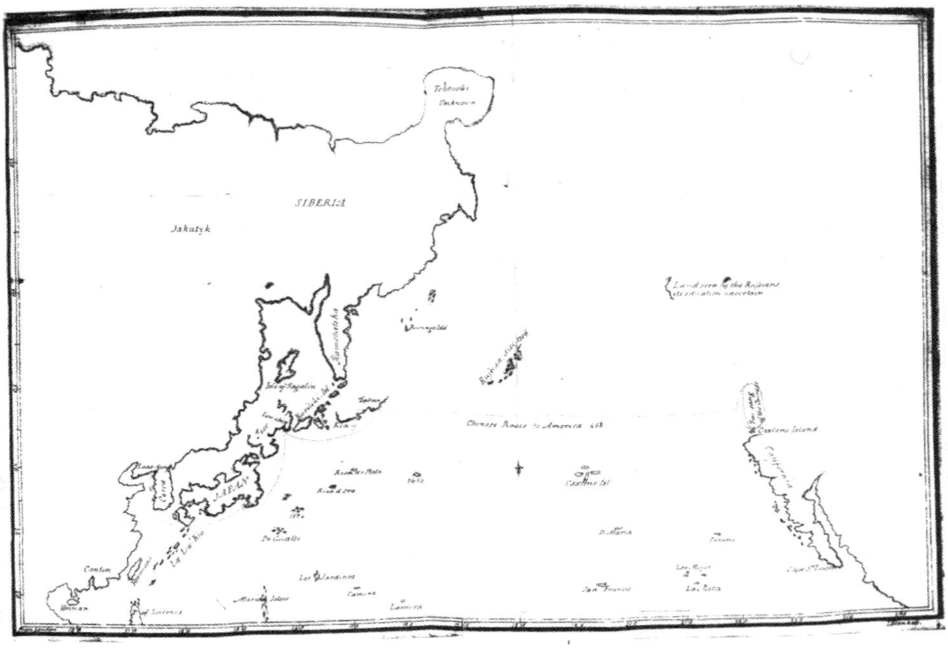

图 2　从澳门至阿卡普尔科“回航”之航线图（1584—1585）

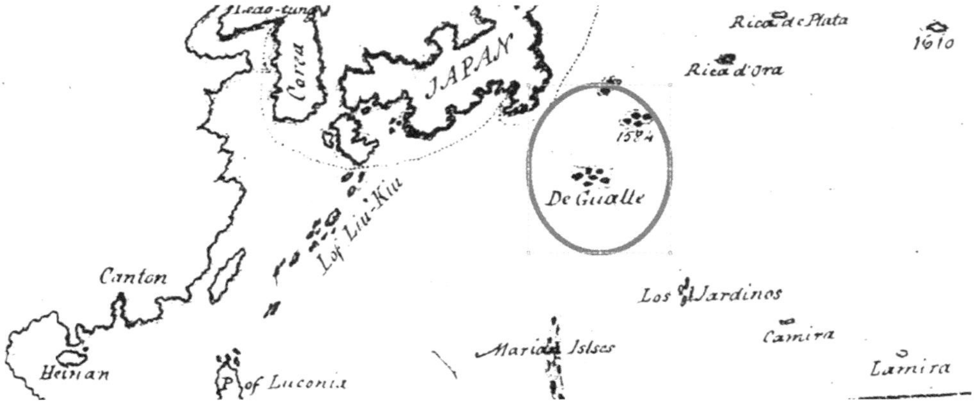

图 3　De Gualle（加利）岛图

需要指出的是，葡萄牙国家图书馆所藏的这个葡语版本，与 1596 年荷兰文版本有许多不同。[①]鉴于荷兰文本中夹杂着大量西班牙文词汇，可以判断，它所根据的是西班牙文本，

① 葡萄牙国家图书馆所藏这个文件的英语版本，可见 H. R. Wagner, *Spanish Voyages to the Northwest Coast in the Sixteenth Century*, Chapter VII: Juan de la Isla and Francisco Gali; in California Historical Society Quarterly, v. 6, pp. 241-243。葡语版本，与 1596 年荷兰文版的异同，可见前引文 pp. 254 上的注释 55-79。

但仍需深入研究的是葡萄牙文本译自西班牙文本，还是以荷兰文刊本为张本。

荷兰文版中，还有数个葡语版本所没有的细节，如对 Canga（松江布）[①]的涉及。实际上，“一些白色的棉织松江布（ende sommige witte Cangas[②] van Algodon）”[③]是指本色布。笔者曾这样评论说：“自明代起，棉布取代丝麻，成为最重要的衣被材料，松江成了全国棉纺织中心。随着海上丝绸之路的进一步开展，价廉物美的松江棉纺织品，与生丝、丝绸、瓷器等一道，不仅销售到日本、南洋，而且远销美洲和欧洲，数量巨大，换来了滚滚白银。总之，棉织品取代了丝织品和葛麻，成了庶民衣饰的主要原料和生活必需品，也成了外贸的主要货品之一。”[④]

笔者认为，还有深入地探究 Cangas 与 jeans 间关系的空间。在葡语和英语中，Cangas 与 nankeen 可以通用。[⑤]说不定，会有资料说明，它起源于美国从中国大量进口的 nankeen。对比看一下松江“毛蓝布”的遗存的色调与质地，和如今的牛仔布何等相似！

总之，牛仔布的起源是一个十分值得深入研究的课题。如果能得到具有决定性意义的史料证据，澄清松江布与牛仔布之间的关系，进而证实这个风靡全球、堪称美国“国粹”的牛仔布有中国“毛蓝布”的影响，那么它的历史将重写了。

继弗朗西斯科·加利 1584 年的澳门—阿卡普尔科的航行后，又有佩德罗·德·乌纳穆诺（Pedro de Unamuno）1587 年的广州—澳门—阿卡普尔科的航行。[⑥]

佩德罗·德·乌纳穆诺 1587 年的航行志记载：“首先，我约在（1587 年）7 月 12 日，星期天，中午离开了大横琴（Macarera）岛，向东南东方向航行了 12 里格，晚上 11 点左右，发现自己来到了南丫（Leme）岛。它是澳门（Macan）群岛的最后一个岛屿，整整位于 22½度。从南丫岛，我们开始向位于东微东南方向的巴布延（Babuyanes）

① 关于这个词的研究，见金国平：《葡萄牙语和西班牙语中关于“松江布”的记载及其吴语词源考》，《史林》2015 年第 1 期，第 52-60 页及金国平《〈澳门记略〉“耕架”词源考》，《澳门研究》2016 年第 2 期（总第 8 期），第 104-116 页。

② 注：Cangas 为 Canga 的复数。

③ Jan Huygen van Linschoten, Itinerario, voyage ofte schipvaert van Jan Huygen van Linschoten, naer Oost ofte Portugaels Indien，Amstelredam: Cornelis Claesz, 1596, p. 104.

④ 金国平：《葡萄牙语和西班牙语中关于“松江布”的记载及其吴语词源考》，《史林》2015 年第 1 期，第 60 页。

⑤ 金国平：《葡萄牙语和西班牙语中关于“松江布”的记载及其吴语词源考》，《史林》2015 年第 1 期，第 60 页。

⑥ 有关涉及可见 Jin Guo Ping & Wu Zhiliang, A certidão de nascimento do nome de Macau, in Revista de Cultura, No. 29（Janeiro 2009）, p. 49 及 Wu Zhiliang and Jin Guoping, The evolution of spellings of 'Macau' An examination of early Portuguese and Western archival materials, in Katrine K. Wong and C. X. George Wei, Macao - cultural interaction and literary representations, New York: Routledge, 2013, p. 6。原始文件见 Derrotero: Pedro de Unamuno, de Macao, Cantín a Acapulco, Archivo General de Indias, PATRONATO, 25, R. 32 和 Relación del viaje que hizo el capitán Pedro de Unamuno, fray Martín Ignacio de Loyola y otros franciscanos desde la Isla de Macarena, que está a una legua al sur de la ciudad de Macán（Macao） en la fragata “Nuestra Señora de Buena Esperanza” hasta el puerto de Acapulco en la Nueva España.（Copia）, 1587-1588, Archivo Museo Naval de Madrid, AMN 0145 Ms. 0190/002。英语译文可见 H. R. Wagner and Pedro de Unamuno, The Voyage of Pedro de Unamuno to California in 1587, in *California Historical Society Quarterly*, Vol. 2, No. 2（Jul.，1923）, pp. 140-160.

群岛[①]行驶……”[②]

由此可知，今香港也是“泛太平洋丝银之路”上的重要节点。从澳门—大横琴岛先到南丫岛，然后放洋至巴布延群岛，过台湾岛，经琉球抵日本，再向北进入太平洋北部黑潮，向美洲航行。

弗朗西斯科·加利 1584 年的航线则不同：从澳门始发，过南丫岛，至大星簪，到南澳穿越台湾海峡，抵澎湖，再从台湾岛，至琉球，转日本，再向北行，利用太平洋北部黑潮，驶向美洲。

这些档案说明，澳门是“泛太平洋丝银之路”在中国境内的始发点！

三、“马尼拉大帆船”（Galeón de Manila）与“中国大帆船”（Nao de China[③]）

中国学术界所熟悉的“马尼拉大帆船”，亦称“中国大帆船”或“阿卡普尔科大帆船”（Nao de Acapulco）（图 4）。[④]

其中，第一个名称在汉语学术界最为知名，第二个和第三个则鲜为人知。“中国大帆船”，对于我们来说，最有意义，因为它反映了一个历史事实。

第一个名称和第三个名称，从字面上来看，是指每年一次或两次穿越太平洋，在菲律宾的马尼拉和新西班牙的阿卡普尔科之间航行的西班牙船只。“这条一年一度的航路，在新西班牙，被称为马尼拉大帆船太平洋航路（Ruta del Pacífico del Galeón de Manila），在菲律宾，则被称为阿卡普尔科大帆船太平洋航路。至 1815 年，运行了 200 年。”[⑤]

---

① 菲律宾北部一群岛，北隔巴林塘海峡与巴丹群岛相望，南隔巴布延海峡与吕宋岛相望。该群岛由加拉延岛、甘米银岛、富加岛、巴布延岛和达卢皮里岛 5 个大岛和一些小岛组成，全面积 582.8 平方千米，人口不到 1 万人，行政隶属卡加延省。

② Derrotero: Pedro de Unamuno, de Macao, Cantín a Acapulco, Archivo General de Indias, PATRONATO, 25, R.32.

③ 葡萄牙语作“Nao da China（中国大帆船）”，一般指来自中国（澳门）到日本及东印度国贸易的船只，参见 Manuel de Lira; Teotónio de Bragança, Arcebispo de Évora, Iesus. Cartas que os padres e irmãos da Companhia de Iesus escreuerão dos reynos de Iapão & China aos da mesma Companhia da India & Europa, des do anno de 1549. atè o de 1580: Primeiro tomo, nellas se conta o principio, socesso, & bondade da Christandade daquellas partes, & varios costumes, & falsos ritos da gentilidade, Em Euora: Por Manoel de Lyra, Anno de M. D. XCVIII [1598] 1598, fol. 202r, Fernão Guerreiro, Relaçam annal das cousas que fezeram os padres da Companhia de Iesus nas partes da India Oriental, & em algu[m]as outras da conquista deste reyno no anno de 606. & 607, Lisboa: Crasbeeck, 1609, fol. 4r e LuísFrois；Josef Wicki, Historia de Japam, Lisboa: Biblioteca Nacional, 1976, Volume 1, p. 3.

④ E. Lee, The making of Asian America a history, New York, London, Toronto, Sydney, New Delhi: Simon & Schuster paperbacks , 2016, p. 19.

⑤ Diego García Castaño, Las rutas de los mercaderes y el alborear de la matemática, Sant Vicent Raspeig: Editorial Club Universitario, 2009, p. 86.

图 4 阿卡普尔科大帆船

“这 tornaviaje 或 tornavuelta 标志着 16 世纪贸易全球化的开始，后被称为‘马尼拉大帆船’、‘阿卡普尔科大帆船’或‘中国大帆船’。”[①]但著名的德国自然地理学家弗里德里希·威廉·海因里希·亚历山大·冯·洪堡却认为用得不恰当。“阿卡普尔科的商业活动只是局限于马尼拉大帆船（galeon de Manila），还被不恰当地称作中国大帆船（nao de China）……”[②]现代学者给出的名字更多：“这条航路上的大帆船通用的名字是：中国大帆船（nao de la China）、阿卡普尔科大帆船（galeón de Acapulco）、太平洋大帆船（galeón del Pacifico）和菲律宾大帆船（nao de Filipinas）。这些称谓可以作为同义词使用，指那些在 1565—1815 年进行在西班牙政府控制下的马尼拉—阿卡普尔科—马尼拉之间的贸易。”[③]“这种贸易是以 naos 进行的，此船亦称 Carracas，中世纪末期在欧洲制造。这是一个伊比利亚来源的词汇。葡萄牙语做 Nau 或 nave。在葡萄牙和西班牙地区，这是此类船只的名称，尽管在欧洲其他国家称之为 Carraca。无论是欧洲，还是亚洲的 naos 起源与设计均来自于

① Joveth Colina Pacaanas, LA ACTITUD DE LOS FILIPINOS HACIA EL ESPAÑOL, The University of Texas at San Antonio, 2009, Supervising Professor: Francisco Marcos-Marín, Ph.D, p.11.

② Alejandro de Humboldt, Ensayo político sobre el reino de la Nueva-España , T. 4, Paris: Rosa, 1822, p.93.

③ Ana Carolina Ibarra, La independencia en el sur de México, México, D.F.: Facultad de Filosofía y Letras, Instituto de Investigaciones Históricas, Dirección General de Asuntos del Personal Académico, Universidad Nacional Autónoma de México, 2004, p.167, nota 3.

罗马人的靠风力或船桨来推动的 galeras。”[①]但是两个名称使用最多：“16 世纪，在征服墨西哥和菲律宾后，西班牙扩张了它的全球控制，建立了一条从中国到菲律宾马尼拉港口的海路，然后到达墨西哥的阿卡普尔科。在这片领土，是在墨西哥这个地区使用中国大帆船或马尼拉大帆船这个术语。”[②]使用者出发的角度不同，而产生了指同一事物的不同称谓：“这些船只有数个名字：中国之船（nao de China），菲律宾之船或大帆船（nao o galeón de Filipinas），马尼拉之船或大帆船（nao o galeón de Manila），阿卡普尔科之船或大帆船（nao o galeón de Acapulco）及太平洋大帆船（galeón del Pacífico）。前三个名称是从墨西哥的角度来看船的地理来源。前四个是从亚洲的角度而言。前五个则是指 250 年间供连接菲律宾与墨西哥海岸船只航行的专用水域。”[③]

nao 和 galeón 是航海时代的代表船型。对此问题进行了比较深入探讨的是李德霞，但她的说法颇值得商榷。她说：“16 世纪 40 年代葡萄牙人偶至日本开始到 1618 年澳门——日本贸易中主要使用 Nao 或 Nau[④]这种船。Nao（或 Nau）这个词在英语中没有准确的对应词．其含意是大船（great ship[⑤]），这些 Naos 通常被英国人和荷兰人称作‘克拉克’船。葡萄牙人本身很少或根本就没用过伊比利亚语的对等词 carraca 来描述他们的 Naos。Nao 和马尼拉大帆船（galleon[⑥]，葡萄牙语为 galeao[⑦]）之间的区别很混乱，从广义上说，Nao 是一种大的商业船。横梁很宽，船尾与前甲板很高，配有轻型武装，而马尼拉大帆船则是一种战船。在各个方面都更轻便，驾驶起来更灵活。不过，这种区别并非一成不变，到 17 世纪上半叶，已很难将马尼拉大帆船与 Naos 严格区分了。（参阅 Fidalgos in the Far East．1550-1770，pp．12-13．）日本人称这些巨大的葡萄牙船为‘黑船’（Kurofune）。大概是根据其船体的颜色来命名。由于在 17 世纪的前 25 年里，这些笨重的庞然大物极易成为荷兰人攻击的对象，所以从 1618 年起，葡萄牙人便在中国澳门—日本贸易中停止使用克拉克船和马尼拉大帆船，改用沿海岸行驶的轻快的平底小船（galliot[⑧]，葡萄牙语为 galieta[⑨]）。（参阅 *The Great Ship from Amacon：Annals of Macao and the Old Japan*

---

① Leon Chang Shik, La percepcion de los espacios asiaticos en las letras Hispanoamericanas, Blooming, IN.: Author House LLC, 2014, p.126-127.

② Iden, p. 127.

③ Fernando Benítez; et al, El Galeón del Pacífico：Acapulco-Manila, 1565-1815, México: Gobierno Constitucional del Estado de Guerrero, 1992, p.9.

④ 引按：Nau 为 Nao 的现代书写形式。

⑤ 引按：Nao 的英语对应词是 ship。“Navío, Nave, Nao, a ship-Galeón, a galleon-Carráca, a carrack”参见 Hipólito San José Giral del Pino A new Spanish Grammar, Second edition, London, 1787, p. 246.

⑥ 引按：正确的书写形式为 galleón。

⑦ 引按：正确的书写形式为 galeão。

⑧ 引按：正确的书写形式为 galliota。

⑨ 引按：正确的书写形式为 galiota。

Trade．1555-1640，p. 14.)。”[①]

在此，为了更明确地阐述这个问题，笔者特地引用西方造船史专著的叙述：

> 对16世纪不同类型的远洋轮船进行分类并不容易。词语nao（源于希腊语naus，意为船），可以用来指所有种类的船。它们拥有船体（英语：hull，西班牙语：vaso，casco hueco，或buque），有的有甲板，有的则无。后来，nao（船）这个词开始用来指一种特定种类的船。……Nao可以定义为一种大帆船（a large sailing ship），既可用于装货，也可用于战争。……Nao为最佳货船，其设计意图是为了覆盖已知航线上的长距离货物运输。但它也可以运载大口径火炮。nao这个术语也可以用于统称大型帆船。……用作军舰或商船的盖伦帆船（西班牙语galeón，英语galleon）是真正的伊比利亚船只。至少从早期的横渡大西洋的航行开始，它就开始演变、发展。盖伦帆船诞生于16世纪初，它是富有创造力的伊比利亚半岛的造船商为了满足人们对更佳船只的需要，特别是用于战争以及用于西印度航路（Carrera de Indias）——往返于西班牙美洲的航线，而做出的回应。盖伦帆船可以定义为一种大型全帆装备的帆船，与nao相似，但它具有专为海上战争而设计的一些独特特征：船体型线更尖锐，船的横梁也稍长，栏杆更低，船头和船尾船楼也更矮。……西印度群岛（Spain's Indies）舰队所使用的典型的盖伦帆船是300吨及以上的全副武装的轮船。通常来说，nao这个词几乎应用于所有大型帆船，这些帆船穿越大西洋、大多数进行商业贸易。galleon这个词可以理解成专门为战争而设计的一类船。与通常所称的nao这种船相比，galleon的船舷工艺更精湛、可以运载更多火炮。galleon并不是一种全新设计的船只，同之前的船舶相比，也并不是完全不同。但它却是naos和克拉克帆船（carracks）演变与改良结果。它所起的作用是：一方面为西班牙控制海洋提供了一支海上舰队，另一方面构成了防御和保卫连接伊比利亚半岛和西印度群岛的舰队。[②]

我们看到，这个词，中国船舶界和史地界混合采用音译和意译两种形式。前者有“盖伦”“盖伦船”“盖伦帆船”“盖伦级帆船”等，后者有“大帆船”“多帆船”“大型帆船”“大型风帆军舰”等。

总结而论，Galeón与Nao究竟是普通名词，还是专有名词？笔者认为，两种属性兼有之。Galeón，初为专有名词，指一种特殊的船型，但考虑到航行于亚洲和美洲之间航线上的船舶不仅是Galeón，因此，它又成了一个普通名词，泛指舰船。出于这个原因，将Galeón

---

① 李德霞：《17世纪上半叶东亚海域的商业竞争》，昆明：云南美术出版社，2009年，第44页，注释⑥。

② I. Inkster, Angel Calvo, History of Technology Volume 30: European Technologies in Spanish History, London: Bloomsbury Academic, 2016, p. 82-84.

de Manila 译为“马尼拉大帆船”似有不妥。在此，Galeón 具有了普通名词的意义。这种词性的变化也发生在 Nao 的情况下，原先它是一个泛指船类的普通名词，但是后来“Nao 可以定义为一种大帆船（a large sailing ship），既可用于装货，也可用于战争”，因而，从一个普通名词变成了专有名词，尤指穿越太平洋，主要运载中国货物的军、货两用大帆船，因而产生了“中国大帆船”或“中国之船”的称谓。

中国学术界流行用“马尼拉大帆船”这一称谓是受舒尔茨于 1939 年出版的《马尼拉大帆船》（*William Lytle SCHURZ，The Manila Galleon, New York: E.P. Dutton & Co.,* 1939）一书的影响。殊不知，在当时的新西班牙，民间最常用的称法是“中国大帆船”，而不是“马尼拉大帆船”，所以现在有大量的书籍和论文[①]采用“中国大帆船”的名称。因此，笔者建议，今后中国学术界宜采用“中国大帆船”这一当时最流行和现在广为国际学术界所采用的名称。

根据笔者所掌握的资料，最早介绍“中国之船”的人恐怕是笔者的小学老师，后任新华社驻墨西哥记者的吴瑞根先生。[②]阿卡普尔科市还“把每年 11 月 17 日定为‘中国之船节’”[③]。不光这种连接亚洲和美洲的船被称为“中国之船”，而且“从墨西哥城南通向这

---

① Victor Bulmer-Thomas, John Coatsworth, Roberto Cortes-Conde, *The Cambridge Economic History of Latin America,* Volume 1, The Colonial Era and the short Nineteenth Century, Cambridge: Cambridge University Press, 2006, p. 404 and Erika Lee, The making of Asian America a history, New York, London, Toronto, Sydney, New Delhi: Simon & Schuster paperbacks, 2016, p. 19. 关于这个问题的研究，参见 Beatriz Palazuelos Rosenzweig, La nao de China: el galeón de Manila y el comercio maritimo en el siglo XVII, Mexico: Editorial Trillas, 2015, Bernardo Mendel, Relacion escrita por uno de los padres de la mission, Mariana, remitida á Mexico, desde la isla que llamavan antes de Goan, y aora se llama de San Juan, en la nao de China, que aportó á Acapulco por henero, de este año de 1674. y de Mexico se remite en el aviso que proximamente llegó á la baía de Cadiz, en que se refiere el martirio del venerable padre Diego Luis de Sanvitores , Sevilla: Por la viuda de Nicolâs Rodriguez, 1674, Claudia Burr; Rebeca Orozco, Lo que va y lo que viene: la nao de China, México, D. F. : Ediciones Tecolote, impr. 2006, Ensemble La Folia, La nao de China: música de la ruta española a Extremo Oriente = Music of the Spanish trade route to the Far East, Barcelona: Columna Música, [2011？], Fernando Benítez; Sergio González Rodríguez, La Nao de China, México: Aguilar Leon y Cal Editores, 1989, Francisco Santiago Cruz, La nao de China, México, D. F. : Editorial Jus, 1989, J. A. de la Fuente; Museo de Arte Oriental de Salamanca, Colección Pilar Coomonte y Nicolás Gless. ; et al, La plata de la nao de China: encuentro entre dos imperios, España y China: colección José Antonio de la Fuente, colección Pilar Coomonte y Nicolás Gless: del 20 de septiembre al 8 de diciembre de 2008, Museo de Arte Oriental de Salamanca, Torre de los Anaya, Salamanca: Fundación Salamanca Ciudad de Cultura [2008], Marina Alfonso Mola; Luis Gerardo Morales Moreno; Museo Franz Mayer（Mexico City, Mexico）; Museo Internacional del Barroco, Tornaviaje: la Nao de China y el barroco en Mexico 1565—1815, Mexico: Gobierno del Estado de Puebla, [2016], Miguel Angel Fernández, La Nao de China, Monterrey, México: Grupo Vitro, 1998, Salvador Bernabéu Albert, La Nao de China, 1565—1815: navegación, comercio e intercambios culturales, Sevilla: Universidad de Sevilla, 2013, Shirley Fish, The Manila-Acapulco galleons: the treasure ships of the Pacific: with an annotated list of the transpacific galleons, 1565—1815, Central Milton Keynes, UK: Author House, 2011 y Verónica Iglesias-Swanson; Carlos Vásquez; National Hispanic Cultural Center of New Mexico. , Nao de China: the Manila galleon trade, 1565—1815 ; an historical exhibit = Una exhibición histórica, Albuquerque, N. M. : National Hispanic Cultural Center, [2009].

② 吴瑞根：《海上丝绸之路与“中国之船”》，《拉丁美洲研究》1983 年第 1 期，第 43-45 页。

③ 青岛市史志办公室编：《青岛市志·外事志·侨务志》，北京：新华出版社，1995 年，第 104 页。

个太平洋港口的道路，被称为‘中国之路’；抵岸的‘马尼拉大帆船’则被美洲人亲切地称为‘中国之船’”。[①]

四、关于中西交流的记载

从安德烈斯·德·乌达内塔于1656年开通了“太平洋回航”之后，人员与物资交流成为可能，应该说人员交换早于物流。接着便出现了一个问题：新西班牙与中国的双向交流起于何时？当然，最早的中西接触发生于菲律宾，然后又通过它，连接了中国—新西班牙与西班牙本土。《美洲华侨华人史》比较简明扼要地对“泛太平洋贸易”的背景及发展进行了叙述：“16世纪后期形成的中国和美洲之间横跨太平洋的海上交通与贸易往来是当时在东方和西方开始展开的两个历史过程汇合的结果。在西方，西班牙殖民势力于15世纪末从西欧出发，横渡大西洋，到达美洲，再以美洲为基地，航渡太平洋到达了东方的菲律宾群岛。在东方，中国商品经济比较发达的东南沿海地区产生一批从事海外贸易的商人，他们自唐、宋以来已从福建，广东航海到南洋诸岛包括菲律宾群岛，并逐步开展对南洋地区包括菲岛的贸易。到16世纪后期，即我国明朝隆庆、万历年间，中国和西班牙这两支海上力量在菲律宾群岛相遇，从此打开了中国—菲律宾—墨西哥之间的太平洋贸易航路。原来在中国和菲律宾之间进行的传统贸易，经过西班牙人的中介转手，迅速扩大到了美洲。贸易的商品构成也改变为主要以中国丝绸交换墨西哥银圆，即所谓‘丝银贸易’。这一贸易的形成和发展，不仅标志着中国和美洲经济联系的开始，而且开了人民之间友好交往的先河。……这说明在明朝万历年间中国与美洲贸易开始后不久就有华人赴墨西哥。由于当时西班牙对拉丁美洲和菲律宾实行殖民统治，垄断了菲、墨之间的马尼拉帆船贸易，中国商船队只能到马尼拉等菲律宾港口，而不能横渡太平洋直达墨西哥西海岸的阿卡普尔科港。因此当时我国人民去美洲是从马尼拉乘西班牙帆船到墨西哥的。”[②]

到达新西班牙的终点站是阿卡普尔科。这个新大陆的地名，在清末时便有了汉译名“亚冀巴路高”。张荫桓撰《三洲日记》记载：“查墨国记载，明万历三年，即西历一千五百七十五年，曾通中国。岁有飘船数艘，贩运中国丝绸、瓷、漆等物，至太平洋之亚冀巴路高埠，分运西班牙各岛。其时墨隶西班牙，中国概名之为大西洋。”（图5）[③]

① 武斌：《中华文化在海外的传播》，沈阳：辽宁教育出版社，1993年，第214页。

② 李春晖、杨生茂：《美洲华侨华人史》，北京：东方出版社，1990年，第9页。

③（清）张荫桓撰：《三洲日记》，影印上海古籍出版社藏清光绪二十二年刻本，顾廷龙主编；《续修四库全书》编纂委员会编：《续修四库全书》史部第577册，上海：上海古籍出版社，1996年，第461页。

可嘉尚須據來函仍處若輩出獄尋仇余謂臨釋臨登
舟不能在金山復滋事回籍後則長吏執法足以懲之
矣即詳復蓮雲具報以便咨粵
二十五日戊申晴美總統頒示議院之諭英廷大爲嘉
美以減稅便商則英之貨易於美者益可獲利特美國
製造各公司頗深觖望南省之種煙製糖者亦然亦有
幸有不幸而已然美以庫藏充盈爲此盛舉亦自可嘉
中正酬應公會兩處夜雨竟夕奇寒過局代購茶葉綢
緞始寄到
三洲日記 卷五 士
二十六日己酉雨墨使又面請立約近日華人潛赴墨
境者領事窮於禁遏如能善爲保護未嘗不可與商查
墨國記載明萬歷三年即西歷一千五百七十五年曾
通中國歲有驅船數艘販運中國絲綢磁漆等物至太
平洋之亞冀巴路高埠分運西班牙各島其時墨隸西
班牙中國概名之曰大西洋我
朝乾隆五十年西班牙伐英而敗太平洋商船遂爲英
虜墨遂叛之刻乃自主
二十七日庚戌晴法前外部茹費禮不得舉總統而得

图 5　（清）张荫桓撰《三洲日记》

我们知道西班牙人早于 1521 年便“发现”了菲律宾，直到 1571 年才实行殖民统治。“西历一千五百七十五年，曾通中国。”此处的“通中国”不是“货通”，而是“人通”，即是指西班牙奥斯定会神父马力陈（Martín de Rada，1533—1578）①于 1575 年 6—10 月出使福建事。②

华人何时与新西班牙进行“货通”与“人通”呢？清末的《清季外交史料》卷九《中墨交涉序略》称：“我国人前往（墨西哥）者，盖始于明季，其时即有墨银输运来华，比其

① José Antonio Cervera, Dos grandes cosmógrafos españoles in las Filipinas: Andrés de Urdaneta y Martín de Rada en Estudios de historia das ciencias e das técnicas: VII Congreso de la Sociedad Española de Historia de las Ciencias y de las Técnicas, Pontevedra, 14-18 de setembro de 1999 Vol. 1, 2001, pags. 169-176, Manel Ollé, La Empresa de China. De la Armada Invencible al Galeón de Manila, Barcelona: El Acantilado, 2002. pp. 41 y 57 y Mª Isabel Ostolaza, Fray Martín de Rada, evangelizador, cosmógrafo y embajador en Chinain Huarte de San JuanGeografía y Historia nº 13, 2006, pp. 177-198 及汤开建：《明隆万之际粤东巨盗林凤事迹详考：以刘尧诲〈督抚疏议〉》中林凤史料为中心，《历史研究》2012 年第 6 期，第 43-56 页。

② Gaspar de San Agustín, （OSA）, Conquistas de las Islas Philipinas: la Temporal por las armas del Señor Phelipe Segundo; y la Espiritual por los Religiosos del Orden de San Augustin: Fundacion y Progressos de la Provincia del Santissimo Nombre de Jesus, Conquistas de las Islas Philipinas: la temporal, por las armas del Señor Don Phelipe segundo el prudente; y la espiritual, por los religiosos del orden de nuestro Padre San Augustin… /Escriviala el Padre Fray Gaspar de San Agustin…. - En Madrid: En la Imprenta de Manuel Ruiz de Murga, 1698, pp.313-323. 及［葡］伯来拉等：《南明行纪》，何高济译，北京：中国工人出版社，2000 年，第 246-258 页。

境内，掘得镌有汉字之古碣、古砖、古钱、古装及偶像等品，则知吾民族之往新大陆，远在哥伦布以前，惜竟湮没无闻，不能与定远博望相媲美也。”[①]“始于明季”未有说明具体的年份，但“墨银输运来华”一语提供了一些可以考察年代的依据。

至于“人通”，《中华大帝国史》称：

> 现今，海港的总督有时不顾海禁，只要有人给他送礼，他就秘密签发行牒，允许行贿者去国外和邻近的岛屿经商，如去菲律宾等地。在菲律宾，每年都开来很多载满贵重货物的中国商船，有的货物还转运到他们认为可以获得利益的西班牙和其他地方。但要想获得行牒，首先必须先允诺在一年以内必须返回。贪婪的欲望还把商人带到了墨西哥，1585 年（本书的马德里版 1586 年出版，意大利版于 1585 年出版——原注），中国商人带着他们的珍奇货物从墨西哥直奔西班牙和更远的其他王国。对中国法官而言，只要有人行贿，他们也签发行牒给外国人，允许外国人进港买卖各种商品，不过他们要首先接受严格的检查和盘问，并告知发给他们的是定期行牒，他们只许做生意，不许在城里滞留，不许窥探中国的秘密。行牒写在白板上，挂在船头，进港时值班水手见此肯定放行，准许他们进港进行贸易，他们也要向帝国缴纳关税，这样他们的船就不会被击沉。[②]

那他又是何人？前引《葡萄牙人所在中国港口亚马港（Amaquao）至新西班牙航行志》称：“此系一漳州领水员”（piloto chincheo）。此份文件的荷兰文本则给出了这个“漳州领水员”的具体名字——Santy van Chinchon（漳州的 Santy）（图 6）。[③]

翁佳音将该词音译为“三泰”。[④]在西班牙语中，ty 的音值等于 ti，不像英语发 tai 的音，因此，笔者建议按照 Santi 来音译，如“三弟”。根据荷兰学者的研究，此人不仅为航海技术人员，还皈依了天主教。“加利带着三名葡萄牙人，一名中国天主教徒（Chinese Christian），以及一些来自澳门的货物。对此，总督给予了免关税待遇。”[②]

---

① （清）王彦威纂辑，王亮编，李育民、刘利民、李传斌等点校整理：《清季外交史料》（10），长沙：湖南师范大学出版社，2015 年，第 5319 页。

② ［西］门多萨：《中华大帝国史》，孙家堃译，北京：北京联合出版公司，2013 年，第 55-56 页。

③ Jan Huygen van Linschoten, Itinerario, voyage ofte schipvaert van Jan Huygen van Linschoten, near Oost ofte Portugaels Indien, Amstelredam: Cornelis Claesz, 1596, p.104.

④ 翁佳音：《近代初期北部台湾的商业交易舆原住民》，黄富三、翁佳音合主编：《台湾商业传统论文集》，台北：“中央研究院”台湾史研究所筹备处，1999 年，第 53 页。

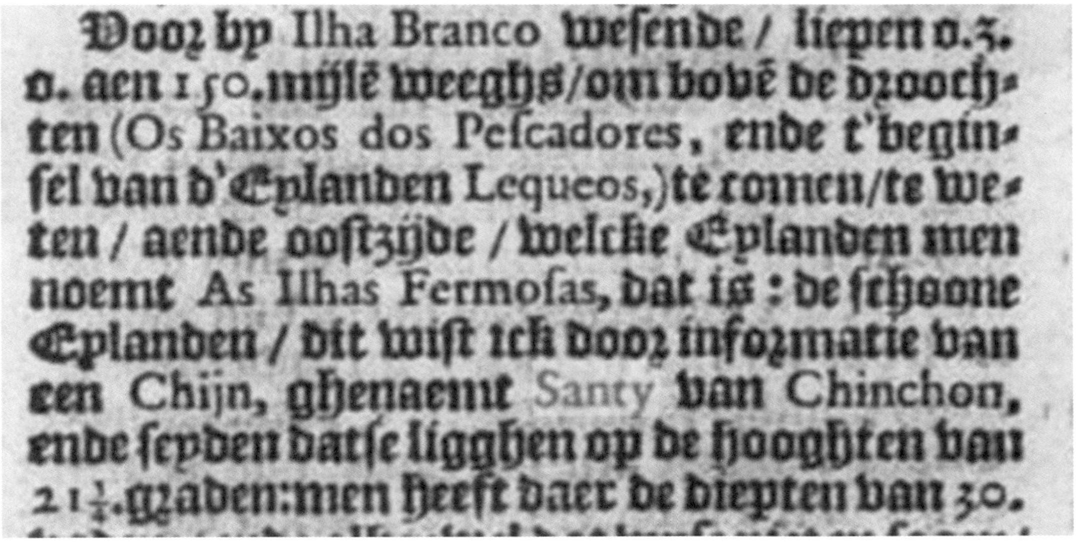
Door by Ilha Branco wesende / liepen o.z.
o. aen 150. mijlē weeghs/om bovē de drooch-
ten (Os Baixos dos Pescadores, ende t'begin-
sel van d'Eylanden Lequeos,) te comen/te we-
ten / aende oostzijde / welcke Eylanden men
noemt As Ilhas Fermosas, dat is : de schoone
Eylanden / dit wist ick door informatie van
een Chijn, ghenaemt Santy van Chinchon,
ende seyden datse ligghen op de hooghten van
21½. graden: men heeft daer de diepten van 30.

图 6　Jan Huygen van Linschoten, Itinerario, voyage of the schipraert van Linschoten, near Oost of te Portugaels, Indien

五、“菲律宾地图之母”显示的澳门—马尼拉航船

我们来叙述一张被称为“菲律宾地图之母”的地图。①《菲律宾诸岛水文及地理地图（Carta Hydrographica y Chorographica de las Yslas Filipinas）》②，由耶稣会神父韦拉尔（Pe. Pedro Murillo Velarde dla. Compa d. Ihs.）制作，他加禄人巴卡伊（Tagalo Nicolas de la Cruz Bagay）绘制，于 1734 年在马尼拉印刷。地图尺寸：外框 112 厘米×120 厘米，内框 108 厘米×71 厘米，比例尺约 1∶1 400 000。地图两侧有 8 幅版画，描绘了不同种族和民俗及 4 幅城市及岛屿地图。每幅约 17.5 厘米×23.5 厘米（图 7）。

① 有关研究，可见 Gabriel Marcel, La carte des Philippines du père Murillo Velarde, Paris: Imprimerie nationale, Ann Arbor, Michigan: University of Michigan Library 1898 and Domingo Abella, The service of both majesties, 1660-1760, Ateneo de Manila(Quezon City, Philippines); International Association of Historians of Asia, [Philippines]: [publisher not identified], [1964].

② 还出版了一种法文版：George Moritz LOWITZ；Pedro MURILLO VELARDE, Carte Hydrographique & Chorographique des Isles Philippines.(Dediée à Sa Majesté Catholique, par le Brigadier Don Ferdinand Valdes Tamon ... Gouverneur & Capitaine Général des dites Isles.) Dressée par le R. Pere Pierre Murillo Velarde, de la C. de Gieusu sur les Cartes. les Rélations et les Navigations les plus exactes à Manille 1734 ... Tirée de l'Original, et réduite en cette forme par George Maurice Lowitz, Profess, en Mathem. à Nuremberg l'an 1750 ...(L'Original est gravé par Nic olas de la Cruz de Bagay, Indien de Tagalos, à Manille l'an 1734), [Nuremberg]: Heritiers de Homann, 1760.

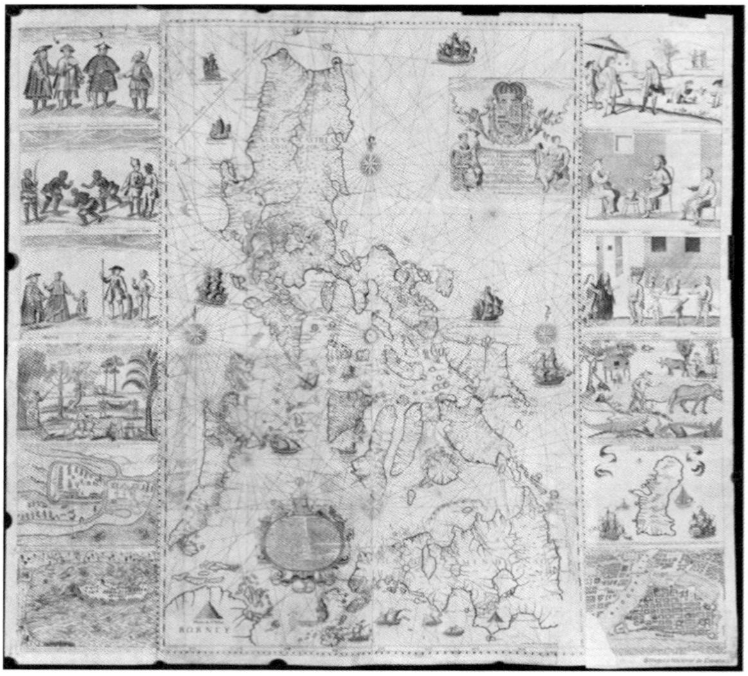

图 7 《菲律宾诸岛水文及地理地图》

中间为一幅详细的菲律宾地图。在此笔者只分析一些与船只和航线有关的图案（图 8、图 9、图 10）。

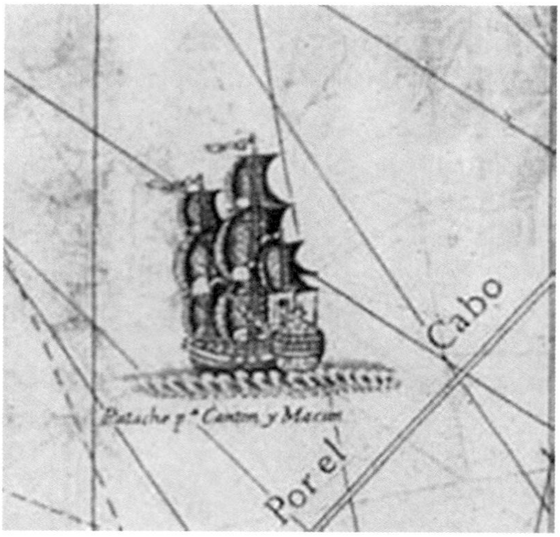

图 8 《菲律宾诸岛水文及地理地图》局部“Patacho p.ª Canton y Macan”（前往广州与澳门的平底船①）

① 李毓中主编译注：《台湾与西班牙关系史料汇编》（3），南投：台湾文献馆，2013 年，第 166 页。

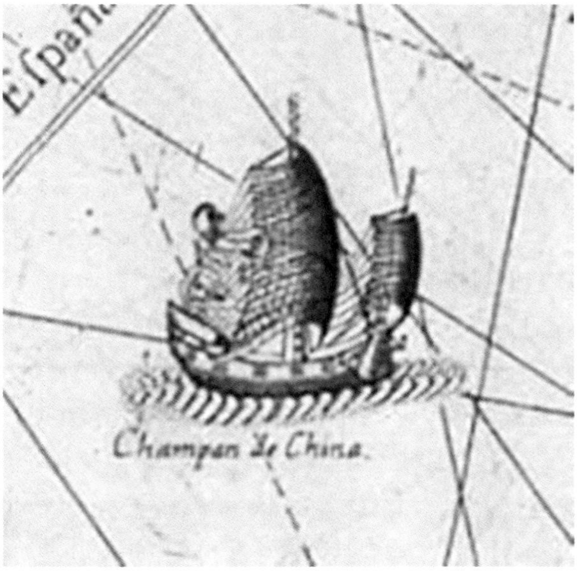

图 9 《菲律宾诸岛水文及地理地图》局部“Champan de China”（中国舢板）。

此图突出的特点之一是画出了马尼拉至阿卡普尔科航线的菲律宾航段（图 10）。

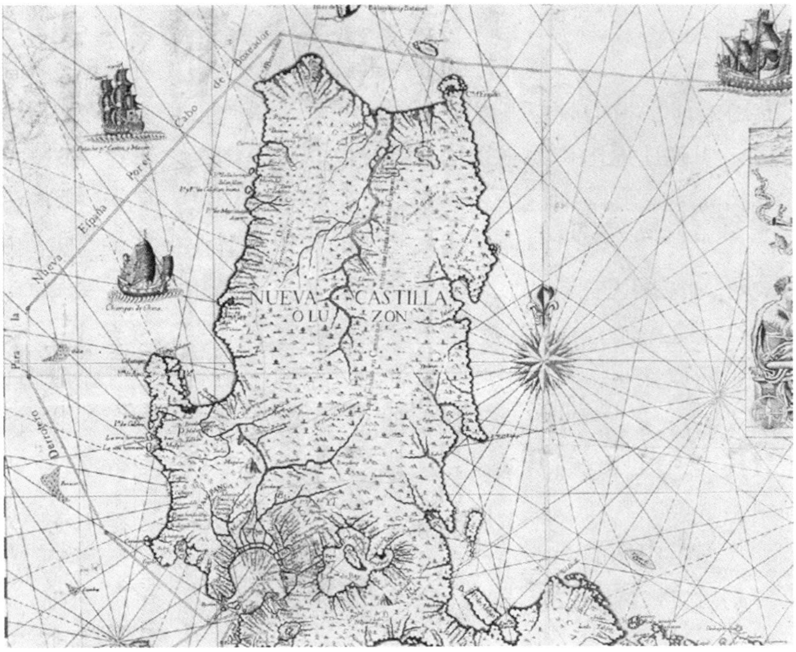

图 10 《菲律宾诸岛水文及地理地图》局部

六、结　论

“泛太平洋丝银之路”上“中国大帆船”有何种历史与现实意义呢？就历史意义而言，虽然这条航路的来航是西班牙人开通的，但“商业回航”则是西班牙航海家和中国领水员共同创造的。再则，若无中国货品的供应与商人的参与，根本无法维持。中国商人不仅以“赊货”的形式参与，而且进入了“融资”活动，因为所获得的白银并非全部流入了中国国内。“中国大帆船”不仅表明了它的来源地，还说明了其货物的属性。从此意义而言，泛太平洋丝银之路就是广义的中国丝绸之路。其实，中国北方连接中亚—中东—地中海的陆地丝绸之路也以同样的模式运作。通过“泛太平洋丝银之路”，中国的丝绸、瓷器、工艺品及亚洲的各种香料及其他货物等源源不断地输入美洲，然后部分主要商品再运往欧洲市场出售，换回的主要物品是美洲白银。这条航路，从1565年起被开通了，到1584年投入商业运营，标志着环太平洋航行时代的开端。自此，太平洋两岸开始了定期航行。“这不仅发现了一些鲜为人知的地方，更重要的是它大大超越了太平洋传统的航海范围，开创了真正意义上的太平洋航海时代，而航海路线的巨大变化又促进着贸易新格局的形成。”①这条航路一直运行至1815年，后因1821年的墨西哥独立而正式结束。现实意义在于：为中国目前积极倡导和推行的“一带一路”向太平洋和大西洋发展提供了无可辩驳的历史依据。历史表明，在美国立国之前，“中国大帆船”便通过今美国西海岸的旧金山抵达了墨西哥的阿卡普尔科港。以前未明确地提出跨太平洋的丝绸之路，不是因为它不曾存在过，而是因为提出“一带”的初衷是考虑到陆地丝绸之路带上的内陆亚洲国家，后加进了简称“一路”的海上丝绸之路。这西向“一路”与葡萄牙人开辟的好望角航线重叠，穿越太平洋—印度洋—大西洋，但未明确地提出东向的“一路”，即西班牙人运作和中国人参与的太平洋—大西洋航线也是海上丝绸之路的构成部分。这不可以理解为“二路”，而是“一路”的两段，这样“一路”具有了环球性质，从“半球化”进入“全球化”的阶段，才成为了全球意义上的丝绸之路，因此，笔者建议明确“一带一路”的内涵：即陆路“一带”；海路“一路”东西两段。毋庸置疑，中国具有向东重建、重走“一路”的充分历史依据。历史资料和历史事实允许我们做出这样的判断：在早期“全球化”进程中，明代中国是重要的参与者和推进者。不是被动，而是主动的介入，以丰富的货物和强大的私人资本推动了世界的经济一体化。中国将再次历史地成为太平洋—大西洋航线的重要出发点和目的地。

（执行编辑：王　潞）

---

① 艾周昌、李德清：《艾周昌李德清文选》，上海：上海辞书出版社，2012年，第95页。

华人入教与政治博弈

——乾隆年间澳门“唐人庙”事件解析

赵殿红*

摘要：清前期的禁教政策延伸到澳门并表现为封锁唐人庙事件，牵出中方对华人教徒身份和信教原因的调查。事件当中，代表中国政府的香山知县张汝霖、代表居澳葡人的议事会以及澳门教会等角色互相角力，反映出当时的澳门政治与宗教势力的力量对比和观念交锋。

关键词：禁教政策；澳门“唐人庙”；香山知县；澳门议事会；澳门教会

一

16世纪中叶，深受耶稣会影响的葡萄牙国王塞巴斯蒂安（Don Sebastian）不仅醉心于海外扩张，还极力鼓吹天主教传教事业。在他的推动下，1576年1月23日，教宗格雷戈利奥十三世（Gregório XIII）颁布敕书，成立“澳门葡萄牙教区”，辖区包括中国、日本、朝鲜和所有毗连岛屿，任命耶稣会士、尼赛亚主教、埃塞俄比亚宗主教唐•贝尔希奥•卡尔内罗•莱依佟（贾尼路：D. Belchior Carneiro Leitão）为署理主教。①但据文德泉（P. M. Teixeira）考证，贾尼路并未被正式任命为教区主教，教宗最先委任唐•狄奥戈•努内斯•弗格依拉（费神父：D. Diogo Nunes Figueira）为澳门教区首任主教，但费神父不肯接任，遂于1578年改任唐•莱奥纳多•德•萨（萨主教：D. Leonardo de Sá）。萨主教于1581年抵

---

* 赵殿红，澳门科技大学社会和文化研究所博士。

① ［葡］施白蒂：《澳门编年史（16—18世纪）》，小雨译，澳门：澳门基金会，1995年，第8页。

任，其时贾尼路已经辞职，并于 1583 年于澳门逝世。因此，贾尼路从 1568 年到达澳门，中间经历 1576 年澳门教区成立，再到 1581 年辞任，实际负责澳门教务 13 年，由此人们习惯称贾尼路为澳门教区第一任主教。①

澳门教区建立以后，耶稣会、方济各会、奥斯定会、多明我会等天主教修会陆续在澳门驻扎，以澳门为基地，向中国、日本等地输送传教人员和物资。由耶稣会创始人之一的方济各·沙勿略首创并经范礼安、罗明坚、利玛窦等人发展而来的中国传教“适应”策略，使不少传教士与明末清初的政权代表及地方士绅关系相善。因此，澳门开埠以后到康熙末年禁教前的百余年间，澳门天主教得到快速发展，是澳门天主教史上的黄金时代，此时的澳门至少已经有了 15 座重要的教堂②，包括专门作为华人进教场所的“唐人寺”③。

但在 17 世纪以前，葡萄牙人租居澳门初期，澳门华人加入天主教者数量极少。葡萄牙人冈萨雷斯（Gregorio Gonzalez）是第一位进入澳门传教并建立简陋教堂的传教士，根据他的书信报告，在 1557 年葡萄牙正式租居澳门之前，他曾使 75 位当地华人皈依天主教。④以后都是零星地入教，文献记载也很少见。到了明末，葡人居澳者越来越多，担任其通事（翻译）及随从的华人也随之增加，这些人多入其教，在 1635 年约有 5000 人之众。⑤

葡萄牙人抵达澳门之前，澳门望厦地区已有华人居住，大多是福建移民。澳门半岛的南部，也有一些华人居住。⑥澳门开埠以后，随着贸易的发展，华洋客商云集，“数千夷团聚澳，雄然巨镇”⑦。澳门很快成为商业重镇，“高栋飞甍，栉比相望，闽粤商人，趋之若鹜”⑧。因明代禁止私商贸易，由官商垄断与外商的交接，明末入澳的广东、福建私商、海盗、工匠、仆役、通事数量激增。万历二十九年（1601），到广东办理司法案件的王临亨对澳门的飞速发展感到惊讶，他估计澳门当时已经有了 10 万人口：“今聚澳中者可万家，已

① 林家骏：《澳门教区历史掌故文摘》，澳门：澳门主教公署，1982 年，第 5 页。

② 汤开建：《明清天主教史论稿初编——从澳门出发》，澳门：澳门大学，2012 年，第 15 页。

③ （清）申良翰、欧阳羽文纂修：（康熙）《香山县志》卷 10《澳彝》：“彝俗奉天主教尤谨，乐施予，以故建寺独多。有三巴寺、卖家私寺、大寺、飞来寺、发疯寺、风汛寺、板樟寺、龙松寺、医人寺、尼姑寺、望人寺、唐人寺、花王庙，而崇宏瑰丽，以三巴寺为最。”

④ 《葛列格里奥·龚萨雷斯神父给胡安·德·波尔哈的信》（约 1571 年），见［葡］罗理路编：《澳门寻根》，陈用仪译，澳门：澳门海事博物馆，1997 年，第 140 页，附录文献之 12。

⑤ ［葡］安东尼奥·博卡罗：《要塞图册》，范维信译，载《文化杂志》编：《16 和 17 世纪伊比利亚文学视野里的中国景观》，郑州：大象出版社，2003 年，第 217-219 页。［葡］曾德昭的《大中国志》（何高济译，上海：上海古籍出版社，1998 年）第 209-210 页亦载：“有许多中国基督徒，他们穿着和生活跟葡萄牙人的方式相同；还有中国的异教徒，服装和生活是按照他们本国的方式；城市的工匠都是这最后一类人，也有开店的和商人，等等，总数约五千或六千。”

⑥ 参见汤开建：《明代澳门地区华人居住地钩沉——兼论望厦村妈阁庙及永福古社之起源》，《澳门开埠初期史研究》，北京：中华书局，1999 年。

⑦ 叶权：《贤博集》附《岭南游记》，北京：中华书局，1987 年点校本。

⑧ 《明史·佛郎机传》卷 325《外国》6，北京：中华书局，1974 年点校本。

十余万众矣……”[①]明代经济贸易持续繁荣，华人人口不断增加，在澳门或澳门周边地区置产定居，华人开始显示出较强的社会活动和经济能力。[②]这一时期华人的自我组织和管理，以妈阁庙、观音堂（普济禅院前身）等华人寺庙为中心，形成神缘性组织，多数华人仍然持守中国传统信仰，但加入天主教的华人也不在少数。据考证，1644 年明清鼎革之际，澳门约有 2 万华人教徒。[③]

明代澳门华人入教原因，张汝霖在《请封唐人庙奏记》中做过分析：

> 其在澳进教者，久居澳地，集染已深，语言习尚渐化为夷。但其中亦有数等，或变服而入其教，或入教而不变服，或娶鬼女而长子孙，或藉资本而营贸易，或为工匠，或为兵役。又有来往夷人之家，但打鬼辫，亦欲自附于进教之列，以便与夷人交往者，此种倏往倏来，不能查其姓名。[④]

第一，变服而入其教，即穿葡式服装，过葡式生活，入葡籍并成为天主教徒。贾尼路主教初到澳门，对劝化华人十分热心，开办仁慈堂，向华人展示教会的慈善特性。但其对华人入教的要求是必须“葡萄牙化”：

> 唯当时传教之方法，凡欲进教保守者，须葡萄牙化，学习葡国语言，取葡国名姓，度葡国生活，故不啻进教即成为葡国人也。[⑤]

初期变服入教者，多系因生活所迫的下层民众，与澳门华商崛起后加入葡籍现象不可等同视之。因利益所驱，华人信教者是否将天主教教义作为其精神上的“信仰”值得怀疑。

第二，入教而不变服，即加入天主教，但仍保留中式服装，过中式生活。这实际上是耶稣会东方巡视员范礼安到达澳门之后，对“葡萄牙化”传教方法的改变。他有感于“葡萄牙化”阻碍了传教事业的发展，主张传教士掌握中国语言，了解中国风俗，学习中国经典。为了实践这种观点，他在澳门专为中国教徒设立会口及教堂。[⑥]其主张经罗明坚、利玛窦等人身体力行，逐渐规范化，最终形成适应中国礼仪的“利玛窦规矩”，传教工作从而在中国内地得以成功开展。这些华人教徒，在精神上对天主教的认同大大增加。

第三，娶“鬼女”而长子孙，即华夷通婚，生儿育女。华夷通婚不能简单地理解为华人与葡人之间的通婚，由于澳葡家庭的特殊构成以及对当地文化的适应，葡萄牙社群从一

---

① 王临亨：《粤剑编》卷 3《志外夷》，北京：中华书局，1987 年标点本。
② 参见林广志：《澳门之魂——晚清澳门华商与华人社会研究》，广州：广东人民出版社，2017 年。
③ 汤开建：《明清天主教史论稿初编——从澳门出发》，第 18 页。
④ 印光任、张汝霖著，赵春晨校注：《澳门记略校注》，澳门：澳门文化司署，1992 年，第 81 页。
⑤ 徐宗泽：《中国天主教传教史概论》，上海：土山湾印书馆，1938 年，第 169 页。
⑥ ［法］裴化行：《天主教十六世纪在华传教志》，萧濬华译，上海：商务印书馆，1936 年，第 194 页。

开始就是多元化的民族构成。首先，从葡人东来到鸦片战争以前，葡商带家眷到澳门者极少，多是在葡国已有家室而独自外出探险者，或是未婚者。他们在印度、日本、东南亚等地再娶当地女子后带到澳门，其遗孀及后代就是张汝霖所谓“鬼女”的主要成分。其次，葡人在澳门多娶中国女子为妻，或纳为妾，或招为奴。1584 年 9 月 28 日，菲律宾驻澳门代理商巴普蒂斯特·罗曼（Juan Baptista Román）谈到澳门情况：“这里葡萄牙人几乎都娶了中国女子为妻，不是显贵人家的女儿，而是女奴或是平民。”[①]这些女子加入葡人家庭，自然成为天主教徒。最后，以葡商为主的澳门夷人去世或出洋不归之后，某些华人觊觎其遗孀及后代之遗产，想方设法与其结婚，通婚者及其后代亦为天主教徒。

第四，借资本而营贸易。主要是“食利于澳门、附身于外夷”[②]的“走澳”商人，与外商联手进行走私贸易：

> 闽广亡命之徒，因之为利，遂乘以肆奸。有见夷人之粮米牲菜等物尽仰给于广州，则不特官澳运济，而私澳之贩米于夷者更多焉；有见广州之刀环硝磺铳弹等物尽中于夷用，则不特私买往贩，而投入夷人制造者更多焉；有拐掠城市之男妇人口卖夷以取资，每岁不知其数。而藏身于澳葡之市，划策于夷人之幕者更多焉。夷人忘我与市之恩，多方于抗衡以自固之术，我设官澳，以济彼饔飧，彼设小艇于澳门海口，护我私济之船入澳，其不容官兵盘诘若此。[③]

不仅走澳商人如此，澳门聚落商人也多为走私商的巢穴，内外勾结，坐商为名，走私为实。到了明末，内地华人进入澳门“私澳”的情况更加严重，规模更加巨大，动辄以万人计，正如崇祯三年（1630）五月礼科给事中卢兆龙所言：“闽之奸徒，聚食于澳，教诱生事者不下二三万人；粤之盗贼，亡命投倚为患者，不可数计。”[④]崇祯四年，胡平运奏疏亦称：“而大蠹则在闽商，其聚会于粤，以澳为利者，亦不下数万人。凡私货通夷，勾引作歹，皆此辈为之。”[⑤]

商人以外，还有“通事”和“揽头”。庞尚鹏云：“其通事多漳、泉、宁、绍及东莞、新会人为之，椎髻环耳，效番衣服声音。”[⑥]通事以沟通中外贸易为业，在宗教信仰、生活习俗上变得西化。他们是鸦片战争后澳门买办的前身，熟操夷语，连接华洋，交通中外，在中

---

① ［葡］巴普蒂斯特·罗曼：《中国风物志》，范维信译，载《文化杂志》编：《16 和 17 世纪伊比利亚文学视野里的中国景观》，第 127 页。

② 参见林广志：《澳门之魂——晚清澳门华商与华人社会研究》第 1 章。

③ （明）郭尚宾：《郭给谏疏稿》卷 1《防澳防黎疏》，岭南丛书本。

④ （清）汪楫：《崇祯长篇》卷 34 “崇祯三年五月”条，台北：“中央研究院”历史语言研究所，1967 年影印本。

⑤ （清）戴肇辰、苏佩训修，（清）史澄、李光廷纂：（光绪）《广州府志》卷 222《胡平运》，台北：成文出版社，1966 年。

⑥ （明）庞尚鹏：《百可亭摘稿》卷 1《抚处濠镜澳夷疏》，广东文献丛书本。

外贸易中起到重要的中介作用。据博卡罗称，当时担任通事的华人不在少数：“除了 850 户葡人家庭外，还有同样多的土著家庭，人数最多的是被称为口译者的华人基督徒。”[①]

揽头，即葡商代理人，是中葡贸易的“撮合者”。由于这些揽头大多来自福建，故文献多称之为“闽揽”。揽头作为中外贸易的接济者，“扬髻鼓吻，动辄以数万计”，其获利之巨，交通外夷之广，又非一般通事、商人可比。

第五，或为工匠，或为兵役。在澳葡人不愿从事层次较低的体力劳动，澳门的手工业几乎全由华人承担，包括锁匠、木匠、铜匠、银匠、裁缝、园艺等，其中以泥水、木匠、打石、搭棚之类人数最多，众多华人工匠靠房屋建造、商棚搭建及房屋维修等大量工作维持生计。与葡人接触较多的工匠，久之受其熏染入教者不少。

值得注意的是，还有一部分为葡人服兵役的华人，在他们自己看来，俨然已是葡国子民。1642 年，葡萄牙脱离西班牙而独立，澳门举行了盛大的庆祝活动，庆祝人群中有一支由华人教徒组成的军队，在葡萄牙军官指挥下举行了“阅兵式”，他们技艺出众，弹无虚发，“就是一只麻雀也逃不过他们的子弹”[②]。

但是这些改宗的华人教徒在澳门并没有得到作为葡国子民的公正待遇，他们经济上和政治上都仰仗澳门葡人，受其奴役和歧视，生活于华人和葡人的夹缝之中。以至于不得不向新登基的葡王若奥四世提交了一份抗议书，申诉自己的尴尬处境：

> 众所周知，我们放弃了中国的法律和政治，服从了葡萄牙法制，一如既往地为陛下的忠实仆人。从这座城市产生的那一天起，我们就成了这里的一个重要组成部分了。……随着葡萄牙人人数的增加，他们不仅要将我们排除出去，而且还在许多方面困扰我们，甚至还剥夺了我们养家劳动的自由，使我们陷入现在这样低下的地位。……在语言和态度上，他们对我们进行人身侮辱。更有甚者，他们还在异教徒的中国人中恶意中伤我们，对待那些中国异教徒的言辞和态度要比基督徒好得多。这对我们的改宗事业是很有影响的，而异教徒决不会放弃自己的做法，因为他们知道这样可以得到更多的自由和恩惠。[③]

因经济原因入教，却没有得到真正的回报。事实上，入教华人尤其是加入葡籍者，在澳门的政治、经济、社会、法律上的地位，并没有得到实际的改观。

---

① [葡] 博卡罗：《要塞图册》，范维信译，载《文化杂志》编：《16 和 17 世纪伊比利亚文学视野里的中国景观》，第 219 页。

② [美] 博克塞：《十六—十七世纪澳门的宗教和贸易中转港之作用》，黄鸿钊等译，载中外关系史学史、复旦大学历史系编：《中外关系史译丛》第五辑，上海：上海译文出版社，1991 年，第 91 页。

③ [美] 博克塞：《十六—十七世纪澳门的宗教和贸易中转港之作用》，黄鸿钊等译，载中外关系史学史、复旦大学历史系编：《中外关系史译丛》第五辑，第 91-92 页。

第六，来往夷人之家，自附于进教之列。出于政治、经济等因素的考虑，有些华人主动向葡人靠拢，寻求政治上的保护或商业上的便利。其中有商人、通事、揽头，也有因明清易代而失去政治方向和精神方向的在澳华人或从内地避难而来的华人。明朝灭亡，满族入主中华，从而产生了一大批深怀家国之痛的遗民，不少南粤遗民入澳，既为避祸，亦为避世。而澳葡在澳门的管治，为澳门提供了一种相对稳定的社会秩序。在此背景之下，不少华人趋附澳葡及加入天主教，也在情理之中。因此，明清易代之际，澳门华人教徒人数暴增。

入清以后，顺治五年（1648），粤中发生大饥荒，广州、澳门等地都有大量人口死亡。澳门的三巴寺，每天仍有耶稣会士向饥民散发救济物。①康熙元年至二十三年（1662—1684），清朝实行禁海、迁界政策，禁止中国商船出海贸易，澳门虽获得免迁许可，但葡人与中国内地的贸易亦受到严格限制，澳门经济陷入绝境，不少葡萄牙人离开澳门。②教会的经济来源亦受到严重影响。据有关史料，当时的澳门总人口锐减至 2 万人左右，而华人教徒仍保持在 18 000 人左右。③

康熙晚期，因“礼仪之争”等问题，清廷开始禁教，雍正时更将禁教令上升为法律乃至国策层面。清朝的禁教政策一直延续到鸦片战争以后才被迫解除，在此期间，除在京留用的具备数学、天文、绘画等技艺的西洋人外，传教士潜入内地传教或内地民人信教皆属非法。惟澳门一地成为全面禁教的缓冲地带，既是本地教徒的奉教之所，又成为内地教徒的进教之地，但受乾隆十一年（1746）福安教案波及而引发的封锁澳门“唐人庙”事件，说明澳门已无法在禁教政策下独善其身。

二

从范礼安开始，为了推行本土化的传教政策，即在澳门专为中国教徒设立“会口及教堂”，不要求入教者全盘“葡萄牙化”，得到澳门华人教徒的认同。④罗明坚继续推行这一策略，在耶稣会院后面的小山上筑了一间小屋作为教堂，聘请教师和翻译，给新入教的中国教徒讲解教理，使他们可以按照中国的样式过生活，免受澳葡当局和葡籍传教士的干涉。

① Manuel Teixeira, The Fourth Centenary of the Jesuits at Macao, Macao, 1964, p. 10.

② 汤开建：《清朝初年澳葡政权的走向及与中国政府的关系》，载李国章、赵昌平主编：《中华文史论丛》（总 69 辑，2002 年第 1 辑），上海：上海古籍出版社，2002 年。

③ 参见林家骏：《澳门教区历史掌故文摘》，第 9 页。

④ ［法］裴化行：《天主教十六世纪在华传教志》，萧濬华译，第 194 页。

很快劝化了20名新教徒。[①]这座小教堂即圣马丁经言学校，或称圣玛而定保守院。1582年，利玛窦到达澳门，罗明坚则要转赴肇庆，遂由利玛窦担任圣马丁经言学校负责人，并在此学习中国语言，当时学校里仍有若干中国青年住宿听道。这种传教策略受到葡籍教士抵制，曾扬言要把经言学校的中国青年全部赶走。[②]

可见，在“中国礼仪之争”以前，即使在耶稣会内部，也存在着传教的路线之争。作为意大利人的范礼安、罗明坚、利玛窦等人，没有葡籍传教士强烈的民族意识，倾向于尊重中国风俗和文化，受到一批中国教徒的追随，其入教的动机也更积极、纯正；而另一批受葡籍教士影响而入教的华人，其生活方式日益葡萄牙化，其入教的动机和原因则具有明显的功利化特征。

1602年，耶稣会士在大三巴脚下初建“荫庇之母小堂”，专为华人讲授福音。该堂后来“招致仇教者之忌，乘夜放火烧毁”[③]。考虑到上述两种传教策略的冲突，放火烧毁“荫庇之母小堂”者，可能是仇教者，也可能是“葡萄牙化”的中国教徒，背后甚至可能有反对范礼安等人传教路线的葡籍教士的影子。无论如何，崇祯七年（1634），又有耶稣会士班安德（André Palmeiro）建“荫庇之母堂”[④]，建堂的目的是“指导慕教者和让中国人信教”[⑤]。

对于该教堂的作用，张汝霖经过调查表示：

> 其各县每年一次赴澳进教者，缘澳门三巴寺下建有天主堂，名为进教寺，专为唐人进教之所，建于康熙十八年，五十八年重修阔大，系蕃僧倡首，而唐人醵金以建者。向系林先生住居其中，以行医为名，实为传教。每年清明前十日，各持斋四十九日，名曰封斋。至冬至日为礼拜之期，附近南、番、东、顺、新、香各县赴拜者接踵而至，间有外省之人，惟顺德县紫泥人为最多。礼拜之后，有即行返棹者，有流连二三日者。既经进教，其平时因事至澳，亦必入寺礼拜。一切进教之人，俱向林先生取经诵习。此种姓名，今已无可查开。前经印（光任）同知示禁查拿，来者渐少。职抵任，复经示禁，林姓旋即潜逃，该寺现系番兵央知古看守。[⑥]

其中提到“进教寺”建于康熙十八年（1679），但成书于康熙十二年的《香山县志》列出澳门13座教堂，其中有“唐人寺”之名，可见康熙十八年建寺之说有误。应是建于1602

① ［法］裴化行：《天主教十六世纪在华传教志》，萧濬华译，第188-190页；［意］利玛窦：《利玛窦书信集》上册，罗渔译，台北：光启出版社、辅仁大学出版社，1986年，第40-43页；［意］利玛窦、［法］金尼阁：《利玛窦中国札记》上册，何高济、王遵仲、李申译，何兆武校，北京：中华书局，1983年，第146页。

② ［意］利玛窦、［法］金尼阁：《利玛窦中国札记》上册，何高济、王遵仲、李申译，何兆武校，第146页。

③ 林家骏：《澳门教区历史掌故文摘》，第51页。

④ Manuel Teixeira, The Fourth Centenary of the Jesuits at Macao, Macao, 1964, p. 10.

⑤ ［葡］施白蒂：《澳门编年史（16—18世纪）》，小雨译，第42页。

⑥ 张汝霖：《请封唐人庙奏记》，载印光任、张汝霖著，赵春晨校注：《澳门记略校注》，第82页。

年，被烧毁后于1634年重建，又于康熙十八年、康熙五十八年重修扩建。乾隆《香山县志》载："番僧以天主教惑众，于三巴诸番寺外专立一庙，煽惑内地民人，名曰唐人庙，近如南顺，远至江楚，戒期麇集，男女翕从，君子病之，百年而无如何也。"①教堂葡文名为Igreja de Nossa Senhora do Amparo，译为"安巴罗圣母教堂"或"荫庇之母堂"；中文文献则称之为"进教寺"、"唐人寺"或"唐人庙"。"蕃僧倡首，而唐人醵金以建"说明华人教徒至少在某个阶段集资参与了教堂的修建。

"唐人庙"的用途，最先是因应澳门华人进教的需求，为应对葡籍教士僵硬的传教方法而设；在明末清初未加禁教之时，其进教来源，一是"适应"策略下入教的华人，二是内地因慕道而到澳门求教之人；在禁教之时，则为内地教徒赴澳门礼拜之所，又是内地华人赴澳门进教之地。

查封"唐人庙"是清朝禁教政策首次延伸到澳门的表现，其导火索是乾隆十一年（1746）爆发的福安教案。②教案由福安蔓延到福建全省，又扩展至全国范围。乾隆皇帝据福建巡抚周学健的建议，命大学士张廷玉、讷亲，侍郎傅恒等密议处置办法，并批准所拟上谕：

> 现在福建福宁府属有西洋人倡行天主教，招致男妇礼拜诵经，又以番银诱骗愚民，设立会长，创建教堂，种种不法，挟其左道，煽惑人心，甚为风俗之害。天主教久经严禁，福建如此，或有遣散各省，亦未可知。可传谕各省督抚等，密饬该地方官严加访缉，如有以天主教引诱男妇聚众诵经者，立即查拿，分别首恶，按法惩治。其西洋人，俱递解广东，勒限搭船回国，毋得容留滋事。③

全国掀起大规模的"打教"风潮，各地拆毁教堂，缉捕传教士和信教民众，严加审讯。通过各种供词，澳门与内地天主教传播的关系开始浮出水面。澳门是西方传教士进入中国内地最重要的通道，是天主教各修会赴内地传教的后勤供应站，是传教人员的培训基地，是传教士的疗养和休息之所，是禁教时期传教士的庇护所，同时也是内地民众尤其在禁教时期入教之地。④

在张汝霖等官员看来，"唐人庙"是内地民人赴澳进教的渊薮，封掉"唐人庙"，同时加强在澳华人的管理，拿究赴澳礼拜或进教民人，便能起到"塞源"的作用。

---

① （清）申良翰、暴煜、李卓揆纂修：（乾隆）《香山县志》卷4《列传、知县》。

② 关于"唐人庙"事件之脉络及其与福安教案的关系，可参见郭卫东的三篇文章：《乾隆年间澳门"唐人庙"事件述论》，载《中西文化研究》2003年第2期；《乾隆十一年福建教案述论》，载《福建论坛（人文社会科学版）》2004年第7期；《中国官府与西方教会：1746年福安教案再研究》，载《北大史学》2013年。另参见刘芳：《清乾隆年间查禁澳门唐人庙事件》，载《社会科学论坛》2010年第3期。

③ 《两广总督策楞等奏明查封澳门进教寺不许内地民人入教折》，载中国第一历史档案馆、澳门基金会、暨南大学古籍研究所合编：《明清时期澳门问题档案文献汇编》（一），北京：人民出版社，1999年，第225页。

④ 参见汤开建：《明清之际澳门与中国内地天主教传播之关系》，《明清天主教史论稿初编——从澳门出发》，第2563页。

朝廷的禁教令必须要执行，但澳门是海疆要地，民番杂处已逾二百多年，广东省级官员也不得不慎重为之，妥为策划。两广总督策楞、广东巡抚准泰等基本采纳了张汝霖的建议，转奏朝廷曰：

> 臣等与藩司纳敏再四筹酌，唯有先将进教寺饬令封锁，不许内地民人潜入澳门归教礼拜，并大张出示晓谕，务使远近愚民革面革心，不敢私习其教，并严饬文武官弁实力防范查拿，务除积习，并饬澳门夷目传谕通澳夷人，咸知天朝法纪森严，不敢再诱民人入教。其潜往澳门久经习教之人，容臣等随事随时渐为剔厘，并稍宽其既往，严杜其将来。①

对此奏议，乾隆皇帝的御批是“广东此事行之已久，亦无大关系，何必为急遽，反启外人之疑哉”。体现出皇帝区别对待的禁教态度：禁华民不禁夷人，对内地民人极严，对在澳华人稍宽；事涉外夷，宜缓不宜急，免启疑惧之心，激化事端。而且并无明指是否应该查封“唐人庙”，甚至从御批可以看出，乾隆皇帝似乎并没有急于封禁“唐人庙”的意思。

乾隆十二年（1747）二月二日（西历 3 月 12 日），张汝霖接到广东督抚两院批复：严拿澳门传教华人林氏父子；倘有奸民仍敢勾引内地民人入教者，立即严拿治罪；饬令地方官督令澳门夷目严加封锢看守唐人庙，不许擅开；其寺内原贮西洋经卷器物，着番人自行收回；所有从前入教愚民，嗣后务俱革面革心，恪遵法纪；从前进教已改番名、服番衣者，许令自首，改业出教，免其治罪；附近各县民人，敢有私再赴澳礼拜或于私家仍习天主教诱民惑众者，立将本人按律重治，保邻不举，一并坐罪。②

作为香山知县兼署澳门同知的张汝霖，遂与澳葡当局展开了一场拉锯式的交涉，因中外文献记载出入较大，其过程至今仍是扑朔迷离，但却能反映澳门当时的政治宗教生态和各方权力的博弈。

三

张汝霖赴澳推行对华人的禁教令，包括查禁“唐人庙”，是行使清政府对澳门无可争议的管治权。据中方文献记载，查禁“唐人庙”过程尚属顺利，基本达到了预期目的。张汝霖于乾隆十二年（1747）二月二日（西历 3 月 12 日）接到督抚命令后，先于二月初十日（3

---

① 《两广总督策楞等奏明查封澳门进教寺不许内地民人入教折》，载中国第一历史档案馆、澳门基金会、暨南大学古籍研究所合编：《明清时期澳门问题档案文献汇编》（一），第 226 页。

② （清）申良翰、暴煜、李卓揆纂修：（乾隆）《香山县志》卷 8《濠镜澳》。

月20日）委派香山司巡检顾麟、县丞顾嵩，会同商号领袖蔡泰观、蔡实观赴澳门交涉，负责对华交涉的澳门理事官等“欣然遵封，毫无难色”，两日之后却突然变卦，顾麟等人交涉未果，于24日离澳返回，并带回理事官回照一封，言辞含混，企图敷衍了事。张汝霖随即覆照严词驳斥，决定于二月二十日（3月30日）亲临澳门督办。后因3月30日正是“天主死而复苏之日”即复活节，经葡人请求，张汝霖决定宽限一日，自己则到莲峰庙暂居。4月1日，张汝霖亲临“唐人庙”，与澳葡官员共同见证了关闭过程：“将进教寺庙封锁，锢以铅铁，张宪示于门左。其神像、经卷、器具，先已撤去一空。”[①]

在张汝霖的记述中，葡人在关闭“唐人庙”时态度配合，诚惶诚恐：

> 该夷头人咸集，卑职复将皇恩宪德，谆切面谕，并责以不知感激、初奉中违之罪。诸夷怵惕唯谨，该商等因代为跪求，诸夷亦罗跪乞哀，甚有涕泣不能已者。[②]

当时的场景已无法确知，张汝霖的奏报既有公文格式化的性质，又有报喜不报忧的成分。当时澳葡方面直接与中国官府打交道的是议事会中的理事官，这里所说的“该夷头人咸集”，肯定包括了理事官，但其他人的身份难以认定。按照当时澳葡权力结构，主要包括议事会、澳门总督、教会、王室大法官等，那么其他的权力角色，在封锁“唐人庙”事件中有无登场呢？

澳门议事会主要代表在澳葡商的利益，自1583年成立以来，成为葡人在澳门的自治机构。议事会成员包括三名市议员、两名法官、一名检察官，另设一名会议书记，由三名市议员轮流担任议事会主席。祝淮《新修香山县志》卷4《海防·澳门》称议事会有“四大头人”，又称“四大头人如中国绅士”，四大头人即指三名市议员及一名检察官。张汝霖所说的“头人”，也有可能包括了议事会的“四大头人”。

检察官最初兼任澳门财政长官、海关总监、公共事务主管等职，同时代表议事会与中国官府打交道。葡文名称为Procurador，中文文献则称检察官为理事官。19世纪初，著名的澳门王室大法官眉额带历（Miguel de Arriaga Brum da Silveira）评价理事官称：“理事官在中华帝国县官的眼中不过是一下级官吏，县官及其下属（指县丞）可就本澳及其政府的一切问题向理事官发号施令。但它是与中国官衙接触的唯一机构。”[③]理事官为了澳门葡商的利益，与中国官府打交道的方式，以适应、顺从、贿赂为主，在各种明规则和暗规则中游走。1623年起，代表葡萄牙王室利益的澳门总督出现之后，总督与议事会之间的权力之争持续了200多年。鸦片战争前后，以世界政治形势的消长为背景，到1846年4月亚马留

① （清）申良翰、暴煜、李卓揆纂修：（乾隆）《香山县志》卷8《濠镜澳》。

② （清）申良翰、暴煜、李卓揆纂修：（乾隆）《香山县志》卷8《濠镜澳》。

③ José de Aquino Guimarães Fretas，Memoria Sobre Macáo，p. 31. 引用眉额带历在议事会所做的演讲。

任澳门总督时，基本结束了长达200多年的总督与议事会的权力之争，总督独揽了澳门的统治权，包括对居澳华人的统治权。

“唐人庙”事件时，亦是总督和议事会的权力之争日趋激烈之时，当时离葡萄牙女王玛丽亚一世颁布加强总督权力、削弱议事会权力的《王室制诰》仅有30多年，总督的权力和地位正处于不断上升的时期。但权争的激烈程度是因人而异的，当时的澳门总督是费礼喇（Cosme Damião Pinto Pereira），他是澳门第41任、第43任总督。第一次就任澳门总督的时间为1735年8月4日，离任时间为1738年。第二次任职时间为1743年8月25日，离任时间为1747年8月。从现有资料，看不到费礼喇与议事会直接冲突的事例，也不清楚他对“唐人庙”事件持何态度。但从他两次担任澳门总督，时间长达7年来看，他与议事会的关系相对融洽也未可知。而在封锁“唐人庙”事件后不到5个月，1747年8月30日，文东尼（António José Teles de Meneses）就任澳门总督。①文东尼明显对议事会强烈不满，1748年11月23日曾致函议事会，抗议后者对中国海关树立旗杆持容忍态度，并激愤地表示，不惜流血牺牲也要砍掉中国旗帜，而悬挂葡萄牙的国旗。②

在1844年3月2日澳门与帝汶、索洛合并为一省、政府独立于葡属印度之前，按照程序，澳门议事会的选举需要报果阿批准。而在1746年8月6日，果阿取消议事会最近的选举，任命公民代替当选者，要求司库依法管理公共收入。③从澳葡方面看，议事会当时面临葡萄牙王室、葡印总督、澳门总督三重压力的局面是显而易见的。

“唐人庙”事件中，除议事会尤其是理事官之外，澳门方面最重要的当事方是澳门教会。当时的澳门教区已成立170余年，是天主教远东传教的人力、财力和物资基地，亦是中国禁教时期的缓冲地带。外人奉教自不必论，澳门华人或内地入澳华人都可自由奉教。教会还以澳门为基地，在圣保禄学院、圣若瑟修院等机构培训华人司铎、传道员等本土神职人员。④

主教作为澳门教会领袖，被中国文人称为“法王”。屈大均《澳门》诗之四有“礼拜三巴寺，蕃官是法王”二句，在他看来，三巴法王比总督有更大的权威。⑤对澳门教区影响最大的主教是葡萄牙耶稣会士贾修利（D. João de Casal），他于1690年担任澳门主教，直到1735年去世，领导澳门教区45年之久，甚至曾就任澳门临时总督。⑥“唐人庙”事件时的澳门主教是方济各会士依拉里奥·德·圣·罗萨（Hilário de Santa Rosa），依拉里奥主教于

---

① ［葡］施白蒂：《澳门编年史（16—18世纪）》，小雨译，第135页。

② ［葡］施白蒂：《澳门编年史（16—18世纪）》，小雨译，第139页。

③ ［葡］施白蒂：《澳门编年史（16—18世纪）》，小雨译，第135页。

④ 参见汤开建：《明清之际澳门与中国内地天主教传播之关系》，《明清天主教史论稿初编——从澳门出发》，第25-63页；章文钦：《澳门与明清时代的中国天主教士》，《澳门与中华历史文化》，北京：中华书局，1996年。

⑤ （清）屈大均：《翁山诗外》卷9，清初刊本，第9页。

⑥ ［葡］施白蒂：《澳门编年史（16—18世纪）》，小雨译，第123页。

1739年2月11日由唐•若奥五世国王任命，并于1740年12月19日由教宗本笃十四世确认。[①]1742年3月6日，唐•若奥五世决定澳门主教高于总督及任何级别的官员；3月9日又致信赐予主教以军人荣誉，并要求在主教经过时百姓下跪，修道院鸣钟。[②]因此，当时的澳门主教拥有至高无上的地位。

可以肯定的是，正是依拉里奥主教等教会领袖对议事会施加压力，才使议事会理事官从最初的“欣然遵封，毫无难色”到“忽已中变”。张汝霖也认为理事官“盖为番僧所挟制，以为专涉灭教也”[③]。1748年1月，作为当事人的依拉里奥主教这样写道：

> 上帝竟然允许迫害延伸到这里，几位中国官员奉省督的命令亲自前来关闭为新基督教徒洗礼和布道的安巴罗圣母小教堂；毫无疑问，议事会成员们没有看到关闭的理由对宗教和信仰如何狠毒，竟然遵从了那种命令，我竭尽全力才阻止了中国官员那样做。[④]

从这段叙述中，既可以看出主教对议事会的强烈不满，又似乎说明“唐人庙”并未被关闭。当时居于澳门的法国耶稣会士尚若翰（Jean-Gasphrd Chanseaume）对1746—1747年教案及澳门唐人庙事件又有如下记述：

> 尽管澳门城被置于了葡萄牙统治之下，但它也未能完全免受这场风暴。在那里甚至出现发布禁止居住于该岛的中国人为欧洲人服务和前往教堂的禁令。当时甚至有人正要送达广州官吏们的一道命令，即不仅将在那里尚穿中式服装的所有中国人，甚至也包括许多祖籍中国而穿西装的人都遣返帝国内陆。如果所有这些命令都能生效，那么在澳门就只剩下很少一部分居民了。但人们却丝毫未注意这一点。官吏们经过将这些命令草签之后，由于害怕发动一场战争，却不想再试图去执行它们了。
>
> 接着又出现了另一道命令，这就是要关闭一座为慕道友们受洗的小教堂。官吏们声称，是中国人建造了这座小教堂。但却有人回答说，它是由葡萄牙人出资修造的，还向他们出示了其建造文书。尽管如此，香山县知县仍于1747年圣诞节[⑤]前夕赶到这里，声称此项命令来自该省的高层官吏。当他在小教堂附近的一幢房子中停留时，由三名主席和十二名参事组成的司铎会议团前去那里拜访他。但根据该官吏提出的要求，

---

① ［葡］施白蒂：《澳门编年史（16—18世纪）》，小雨译，第128页。

② ［葡］施白蒂：《澳门编年史（16—18世纪）》，小雨译，第130页。

③ （清）申良翰、暴煜、李卓揆纂修：（乾隆）《香山县志》卷8《濠镜澳》。

④ 依拉里奥主教在1748年1月13日写给莫达（Mota）红衣主教的信，见［葡］施白蒂：《澳门编年史（16—18世纪）》，小雨译，第137页。

⑤ 此处为误载或误译，应为复活节，而不是圣诞节。

> 人们应该当着他的面关闭教堂。司铎会议团回答说，我教不允许我们执行这样一道命令，该教堂并不属于中国人，而是属于葡萄牙人，正如人们已向您证明的那样。
>
> 但该官吏却始终坚持其要求，索求教堂钥匙以亲自关闭它。这把钥匙存放在圣保禄学院，掌握在形成了被称为日本教省的耶稣会士罗安当（Loppez）手中。该神父与澳门主教先生相配合，拒绝交出这把钥匙，并且抗议说他更愿意交出自己的头颅而不是钥匙。一种如此坚定的答复震惊了那名官吏，他只好仅满足于张贴一纸告示，其中提到禁止使用这座教堂。他此后扬长而去，可能是害怕爆发小民们的一场动乱。[①]

该信件的第一段，当指 1744 年 4 月，广东督抚在前山寨设立海防同知，随即将县丞迁入澳门望厦村，并就近专门稽查华人进教之事。[②]葡文资料则称，从 1744 年 4 月起，“一中国官员被任命为澳门的守官。他曾经企图入城，现在其附近驻扎。他及其他官员多次威胁我们说，我们必须受制于中国的王法”[③]。明清政府对澳门的管治，多规定而少执行，是一种政治常态，这段话再次印证了这一点。

信件第二段提到“由三名主席和十二名参事组成的司铎会议团”到张汝霖下榻的莲峰庙拜访，与张汝霖所说“该夷头人咸集”相呼应，里面应当包括了三名议事会议员、理事官及教会代表，可以肯定主教、总督不在其列。1696 年，贾修利主教设立澳门教区参议会（chapter），参议会又称红衣司铎团，由 5 名高级神职人员组成，即一名主席（会长），地位最高，掌管该机构；一名唱诗班领唱神父；一名首席司库；一名执事长及一名教育主管神父。司铎团主席年薪 280 两，另外四名高级神职人员年薪 240 两。红衣司铎团的创设，即是为了整顿教区神职人员的风纪，以达到稳定澳门教区的目的。[④]

从信件第三段可以看出，依拉里奥主教在反对关闭教堂中起到关键作用，指使耶稣会士罗安当拒绝交出钥匙。同样，该段文字也说明，“唐人庙”似乎并未被关闭，张汝霖只是将省抚告示“严禁愚民私习天主教以安民夷以肃法纪”张贴了事，与张汝霖向上级报告的记述差距较大。

葡萄牙商人和传教士几乎同时到达澳门，一为贸易，一为福音，在葡萄牙母国政教合一和远东“保教权”的背景下，二者是相互依存、相辅相成的关系。澳门议事会的成立，也与教会的积极推动有密切关系。总督制引入之后，教会通常担当着总督与议事会权争的居间调停角色。例如，1706 年 8 月戴冰玉（Diogo de Pinho Teixeira）就任澳门总督，为了

---

① 《尚若翰神父就中华帝国 1746 年爆发的全面教案而自澳门致圣夏欣特夫人的记述》，载［法］杜赫德编：《耶稣会士中国书简集》第四卷，朱静、耿昇译，郑州：大象出版社，2005 年，第 346 页。

② 《两广总督策楞等奏明查封澳门进教寺不许内地民人入教折》，载中国第一历史档案馆、澳门基金会、暨南大学古籍研究所合编：《明清时期澳门问题档案文献汇编》（一），第 225-227 页。

③ Manuel Teixeira, Macau e a Sua Diocese, Vol.3, p. 231.

④ ［瑞］龙思泰：《早期澳门史》，吴义雄等译，章文钦校注，北京：东方出版社，1997 年，第 177 页。

强化总督的权力，决心打击在他眼中“傲慢而独立不羁”的议事会。1710 年 5 月，在戴冰玉的军事逼迫之下，议事会成员不得不躲到圣保禄学院。戴冰玉遂召集全澳葡人举行议事会成员的重新选举，并威胁要用大炮轰平圣保禄教堂和学院。后经教会领袖和元老调停，戴冰玉下令撤走了包围圣保禄学院的士兵。但最后导致有两个议事会在澳门存在的状况：一个是总督支持的议事会，另一个则是被总督解散后躲在圣保禄学院的议事会。[①]

但随着澳门政治经济形势的变化和议事会自身问题的增多，以主教为代表的澳门教会对议事会的不满也在不断滋长。首先，17 世纪中期开始，澳门出现严重的政治经济危机，与日本、马尼拉、马六甲之间的贸易相继被禁止，康熙初年的禁海和迁界对澳门经济雪上加霜，雍正时期的额船制度在保证了澳门部分利益的同时，也极大地限制了贸易的发展，澳门陷入严重的贫困。1745 年，若泽・德・热苏斯・马利亚记载：“1735 至 1745 年，澳门因海难失去至少十一艘船。1745 年，澳门居民中有五千二百一十二位基督教徒、五千位中国异教徒，而一个世纪以前在这里有四万四千人。从王国来的葡人仅有九十位；男人和儿童共一千九百十一十人；妇女有三千三百零一人，仿佛是座女人城。船只仅有十二艘。”[②]其次，因为经济困境，澳门议事会负债累累，无暇顾及教会事务，无力承担仁慈堂、圣克拉拉修院等教会机构的费用，甚至常年拖欠主教的年薪。[③]再次，教会与议事会在贩卖人口等非法贸易上存在严重的分歧。最后，议事会自身不断出现腐败和贿赂等事件，令教会人士十分不满。依拉里奥主教表示，“由于一些人和另一些人轮流管理仁慈堂和该市的财产，相互隐瞒这种欺骗做法对他们都有益……这种利用不正当手段双方得利的恶习在这里根深蒂固，据说他们非如此便无法生活，却没有看到这种行为使城市衰败并加速其彻底崩溃”[④]。

早期议事会理事官在对华交往上的恭顺态度，一方面有利于自身商业利益；另一方面也有利于传教事业的开展，教会对此基本上采取认可的立场。但当禁教政策延伸到澳门，议事会仍然采取退让办法，加上上述原因，教会对议事会已是忍无可忍，从而对其施加压力，迫使其改变做法。

---

① ［瑞］龙思泰：《早期澳门史》，吴义雄等译，章文钦校注，第 64 页。

② ［葡］若泽・德・热苏斯・马利亚：《中国和日本的亚洲》，见［葡］施白蒂：《澳门编年史（16—18 世纪）》，小雨译，第 135 页。

③ 贾修利出任澳门主教后，由于澳门议事会的刁难，他每年仅能领到 600 两白银的薪金，但实际上主教的薪金应该是 2000 两。后来更有十多年的时间无法领到薪水。参见［瑞］龙思泰：《早期澳门史》，吴义雄等译，章文钦校注，第 177 页；罗光：《中国天主教历代分区沿革史》，载罗光主编：《天主教在华传教史集》，台北：光启出版社、征祥出版社，香港：香港真理学会，1967 年，第 302-303 页；吴志良、汤开建、金国平主编：《澳门编年史》第二卷，广州：广东人民出版社，2009 年。

④ ［葡］施白蒂：《澳门编年史（16—18 世纪）》，小雨译，第 137 页。

四

张汝霖在赴澳查封“唐人庙”的途中，写下《寄椗青洲饭罢抵澳》二首。之二云：“有田如舶以风耕，路问烟波什伯更。望断海山人不返，重来楼阁草无情。耶稣不怪生衰汉，玛窦何心纳故明。圣代即今殷未雨，百年淫蔓一时清。”（原注：“时奉敕查禁天主邪教，故落句云尔。”）[①]一方面讽刺耶稣降生于衰败的汉朝、利玛窦并无诚意效忠于已经倾覆的明朝；另一方面赞颂当今乾隆皇帝厉行禁教，英明洞察，未雨绸缪。在这一定程度上反映了禁教时期清朝各级官员对天主教的反对态度，也暴露了其对天主教认识的局限。在全国上下厉行禁教的形势下，各地并未“百年淫蔓一时清”，民人信教禁而不绝，传教士潜入内地事件屡有发生，华人神职人员逐渐兴起。朝廷一方面需要以澳门为渠道引入西洋技艺人才；另一方面又希望他们与宗教划清界限，何来此等两全之事！

同样，澳门“唐人庙”事件，无论是张汝霖口中的真封，还是教会人士所说的假封，都不能禁绝华人入教。乾隆十五年（1750），署香山县知事张甄陶写呈《制驭澳夷状》：

> 澳中旧有唐人庙一所，唐人奉教者皆入庙礼拜，凡香山、顺德、新会、东莞、南海、番禺嗜利之徒，多入其教。至乾隆九年，香山令张汝霖，始详请将庙封闭，大费心力，始克成事。此后各处奉教民人，始不敢至唐人庙礼拜，然闻尚有竟至三巴礼拜者。[②]

嘉庆十九年七月二十九日（1814 年 9 月 12 日）香山知县马德滋为严禁煽惑内地民人来澳习教事下澳门理事官谕，斥责澳门葡人向华人提供经书，招引入教：

> 因乾隆十二年有引诱内地民人习入教之事，于三巴寺下建立天主堂，名为进教寺，专为唐人进教之所，当经前县禀奉大宪，委员封闭禁止，永远不许私开出入在案。迄今又越六十余年，民夷尚觉相安。但近日访闻复有唐人私习天主教之事，或系在澳居民，或系附近各县民人，被一二棍徒引诱来澳，向尔等取诵经卷，持斋礼拜，殊属大干禁令。[③]

“唐人庙”之后，望德圣母堂又成为华人进教之所。尤其是太平天国起义爆发后，大量内地信众涌入澳门避难，聚集在望德堂周围，日后更发展成为著名的进教围。

与明中后期出现不少奉教官绅不同，清代华人入教，始终没有摆脱“因利入教”（后称

① 印光任、张汝霖著，赵春晨校注：《澳门记略校注·形势篇》。

② （清）张甄陶：《上广督论制驭澳夷状》，《清经世文编》卷 83《兵政十四·海防上》，第 2060 页。

③ 刘芳辑，章文钦校：《葡萄牙东波塔档案馆藏清代澳门中文档案汇编》，澳门：澳门基金会，1999 年，第 529 页。

“吃教”）的阴影，尤其是在禁教时期，传教士少接触士绅社会而多活动于乡野民间，士大夫中极少出现容教的人物。张甄陶的看法在官员当中很有代表性：

（天主教）惟以利啖人，从之日众。凡一贫民入教，每岁予以十余金。又读书识字之人入教，每岁辄数十金。又另择头人，暗相邀结，牢络分肥，为利尤厚。近年奉旨严禁，而贪昧者仍首鼠两端，非为服教归依，只以利心难割。①

瑞典人龙思泰对此也有观察，他认为若干中国人加入天主教，似乎主要是为了方便，而不是为了信仰。②澳门天主教会甚至成了附近流犯的庇护所：“广东陋习，每因事急，逃入澳门，归入天主邪教，地方官无从查拿。”③

“唐人庙”事件还促使清政府加强对澳门的管理。1749 年 9 月 8 日，两广总督、广东巡抚委张汝霖与香山县令暴煜详筹澳门善后事宜，张、暴条议《澳门约束章程》12 款上报督抚，获准颁行。条款中有禁止船艇载送华人进教拜庙，禁止澳夷擅兴土木、新建房屋和教堂，禁设教从教，不许招授华人、勾引入教等内容。④该章程本拟以中葡两种文字勒石街头，务使汉夷咸知凛遵，安分守法，以除积弊。⑤后由于澳门议事会向清政府请求，不要将碑文勒石街头，此项遂免。后同意在议事会石碑的葡文中删除有关宗教和不许引诱新人入教的条文；中文石碑也只立在望厦县丞衙署内。

这部章程是在过去颁布法令的基础上做了大量修改补充而制定的。过去许多没有涉及或者没有明确的，这次都以正式律令的形式确定下来，如对澳门华人、葡人与黑奴犯罪的审判权问题进行了严格的界定。又如将葡萄牙人居留地限制在界墙以内，这对加强对澳门的控制与管理有很大的积极意义。同时，它由于管理过于严密，也限制了澳门的发展。⑥

澳葡方面经过“唐人庙”事件的较量，后又不得不接受《澳门约束章程》的管理，对澳门政治、经济、教会的未来深感忧虑，议事会遂于 1749 年 12 月 31 日召集会议，决定派遣依拉里奥主教前往里斯本，派大法官佩雷拉·达·席尔瓦（Pereira da Silva）前往果阿报告情况，请求应对办法。他们的理由是：“我们天天提心吊胆，夜夜小心翼翼，唯恐天亮；中国官员用布告欺辱教会；阿罗尔纳男爵、印度总督忙于新的征战，无暇顾及澳门。”⑦

---

① （清）张甄陶：《论澳门形势状》，《清经世文编》卷 83《兵政十四·海防上》，第 2056 页。

② ［瑞］龙思泰：《早期澳门史》，吴义雄等译，章文钦校注，第 42 页。

③ 刘芳辑，章文钦校：《葡萄牙东波塔档案馆藏清代澳门中文档案汇编》，第 617 页。

④ 吴志良、汤开建、金国平主编：《澳门编年史》第二卷，第 964-965 页。

⑤ 张甄陶《论澳门形势状》称：“去岁丞、令通详禁约，勒碑澳地，条内有不许引诱华人入教一条，必不肯从，抗辩多时，后乃以番字碑立议事亭，汉字碑立县丞公署，草草了事。”

⑥ 汤开建：《明清士大夫与澳门》，澳门：澳门基金会，1998 年，第 232 页。

⑦ ［葡］施白蒂：《澳门编年史（16—18 世纪）》，小雨译，第 140 页。

1750年1月16日，依拉里奥主教乘一艘法国船出发前往里斯本，于7月28日到达，7月31日葡王唐·若奥五世去世，9月7日唐·若泽一世继承王位。主教给国王带去了澳门议事会的报告，禀报说：“任何过去受过的迫害——即使把所有的迫害加在一起——都无法与今天所处的境况相比。确实，现在我们心中所受伤害极深，因为这是对我们神圣的法律和对天主教义宣传的纯洁性的凌辱，皇帝竟然因为憎恨天主教而下令关闭本市的安巴罗圣母教堂。当时皇帝为乾隆。”议事会在1750年1月9日致依拉里奥主教的信中还请求王室解决下列几点：东京国王郑嬴通过耶稣会会员请求同澳门保持贸易；本市所欠债务；荷兰人的大胆妄为，把马六甲的停泊费提高了一倍，并且要求在巴达维亚抽税，甚至对没有卸下的布匹抽税；最后还请求王室准许澳门每年派遣一至二艘船去巴西。①

但这些请求并没有得到有力的支持，“里斯本海外委员会”只是给澳门议事会发来一份息事宁人的《意见书》，其中对中国政府的做法表示理解，一厢情愿地认为既然乾隆皇帝让画家郎世宁住在宫中，就表示他并不反对天主教。里斯本还应议事会的请求，派出使节巴锡科·桑巴奥（Pa-checo Sampaio）出使中国，但使节携带的文书并无任何交涉事项，只是向乾隆皇帝表示友好并希望取得相互谅解。②依当时中葡两国实力对比来说，葡萄牙国王的态度无疑是审慎的。

依拉里奥主教没有回到澳门，他辞去了主教职务，并于1752年获得批准，后于1764年3月30日在马弗拉修道院去世。

“唐人庙”事件发生于澳门天主教由盛而衰的转折点，并加速了其衰落的进程。首先，清政府通过移驻香山县丞、设澳门同知，观风整俗使焦祈年、广南韶连道薛韫、两广总督福康安等高官巡视澳门，颁布《澳门约束章程》等措施，加强了对澳门的管治。其次，当时澳门的经济严重衰败，无论是议事会，还是教会，都陷入绝对的贫困。依拉里奥被任命为澳门主教时，“主教座堂和其他教堂都极度贫困，教徒们对教规各行其是”③。再次，康雍乾时期，中葡两国实力悬殊，使得葡方不得不以恭顺和友好的办法来处理与中国贸易、宗教关系。最后，在接下来近一个世纪，耶稣会遭解散，澳门教区混乱不堪，澳门天主教传教事业陷入低谷。这种低谷持续到鸦片战争后才得以恢复。1845年马他（D. Jerónimo José da Mata）主教上任，以望德堂坊为新的华人信教地点，并发展为后来的进教围。

明末清初，澳门天主教出现过一个鼎盛时期，曾经占据澳门中外人士宗教生活的主导地位。澳门教堂林立，教士众多，澳门街头随处可见三巴寺的教士，僧人释迹删在《三巴寺》诗中感慨：“相逢十字街头客，尽是三巴寺里人。……年来吾道荒凉甚，翻羡侏离礼拜频。”陈垣评曰：“迹删见天主教礼拜之频，而深慨当时佛教之荒凉，亦欲借天主教以励佛

① ［葡］施白蒂：《澳门编年史（16—18世纪）》，小雨译，第141页。
② ［葡］施白蒂：《澳门编年史（16—18世纪）》，小雨译，第140-149页。
③ ［葡］施白蒂：《澳门编年史（16—18世纪）》，小雨译，第128页。

教也。”[①]但我们必须清醒地看到，澳门虽为“天主圣名之城”，但在整个天主教传华史上，它终究只是一个跳板，天主教始终未在华人社会中得到广泛而深入的传播，佛教、道教、民间宗教等不仅未受压制，反而在历史的进程中愈加生机蓬勃。澳门虽然具有多元文化共存的特点，但最终还是形成了一种“以本土文化为根基的多元文化格局”[②]。传统上华人信仰的功利化特点，既表现于天主教、基督新教信仰等“从外而内”的功利，亦表现于佛教、道教、民间宗教等“从内而外”的功利，儒家兼收并蓄的“中庸之道”是华人精神世界中的精髓，从而在澳门华人社会形成“满天神佛，一城信众”的宗教景观。

（执行编辑：徐素琴）

① 陈垣：《陈垣学术论文集》第一集，北京：中华书局，1980 年，第 208 页。

② 赵林：《澳门宗教文化的本土化特色》，载《文化杂志》总第 91 期，2014 年夏季刊。

清末粤澳民船贸易及其影响

徐素琴*

摘要：民船贸易具有进出口贸易性质是晚清广东对外贸易有别于其他省份的一个重要特点。民船贸易的兴衰过程，交织着民船与轮船、常关与海关的竞争和冲突，也折射出清末广州、香港、澳门以及北海、江门等口岸贸易此兴彼衰的兴替特点，对清末粤港澳经济贸易关系存在着不容忽视的影响。

关键词：清末；民船贸易；水界之争；中葡关系

1864年由赫德制订、总理衙门修订的《海关募用外国人帮办税务章程》的颁布，标志着中国近代海关外籍税务司制度的确立，也标志着近代中国海关制度的正式形成。①近代海关制度确立后，清政府的榷关系统遂分割成洋关和常关两部分：洋关由外籍税务司职掌，负责征收进出口贸易税；常关又称旧关，由海关监督直接控制，负责征收国内贸易税。由于在对外贸易中主要是轮船贸易，国内商人经营的民船贸易受到排挤，退出了对外贸易的行列，主要从事国内贸易，所以洋关主要是管理外国轮船贸易，征收洋税；而常关主要是管理民船贸易，征收常税。②这是鸦片战争后中国关税制度的基本特征之一。但是在广东，民船可以直接往来于香港、澳门及内地市场，这种民船贸易虽然归常关管理，却具有进出口贸易的性质，是清末广东对外贸易有别于其他省份的一个重要特点。民船贸易的兴衰过程，交织着民船与轮船、常关与海关的竞争和冲突，也折射出清末广州、香港、澳门以及北海、江门等口岸贸易此兴彼衰的兴替特点，对清末粤港澳经济贸易关系存在着不容忽视的影响。本文从区域范围、商品结构及对中葡关系的影响几个方面，对清末粤澳民船贸易

---

* 徐素琴，广东省社会科学院历史与孙中山研究所研究员。

① 陈诗启：《中国近代海关史（晚清部分）》，北京：人民出版社，1993年，第101页。

② 祁美琴：《晚清常关考述》，《清史研究》2002年第4期。

进行研究，希望能丰富我们对近代澳门历史的认识。

一、粤澳民船贸易的区域范围

粤澳民船贸易表现出显著的区域性。拱北关专为管理粤澳民船贸易而设，其管辖范围很明确，“窃查方今本口贸易，华船往来于粤西南海岸、西江部分河域及海南岛等地。其地包括十七县，分属广州府、肇庆府、雷州府、高州府、廉州府及琼州府”①。这十七个县所属的府从区域范围看，大致可分为两个，一个是珠江三角洲及西江部分流域，另一个是广东西海岸。拱北关有马骝洲和前山两个主要分关，前者管理粤西海岸与澳门的民船贸易，后者管理西江及珠江三角洲与澳门的民船贸易。

以广州为首的珠江三角洲自西江、北江下游的思贤滘、东江下游的石龙开始，区内多深水大河，水道纵横交错，自东而西分别由虎门、焦门、洪奇沥、横门、磨刀门、鸡啼门、虎跳门、崖门等八门汇入大海，港口极多，凡能航行深水河流的船只大都可以往来澳门进行贸易。以澳门、广州为两端，早在鸦片战争前就形成了一条内河航道：从澳门内港出发，经过磨刀洋，进入香山河，再经顺德大良，入紫坭，经陈村水道，由西炮台进入广州。全程约120英里②，需时3—4天，可行走100吨左右的木帆船。③其他市镇如新会、江门及三角洲外缘的新宁、开平等，都有便利的航道通往澳门。其时与澳门贸易的各港主要有广州、佛山、顺德、陈村、东莞、太平、香山、石岐、前山、牛门、新会、江门、新宁、赤溪、长沙、鹤山、肇庆，其中除东莞、太平外，其余皆在珠江三角洲的西部及西江支流沿岸。澳门的经济，通过民船贸易，与珠江三角洲西部地区及西江流域密切联系起来，并使澳门这一“商贾辐辏之区，其势易为密迩西江各埠所牵动”④。1897年，西江通商。这一年，拱北关税务司帛黎在撰写拱北口岸贸易报告时，对西江通商后澳门的贸易前景表现出极大的忧虑，“查西江口岸自本年五月初五日开办，其有妨于本口将来贸易者，可以预知，实为本年情形之一大关键。缘往来货物，向悉由华船搭运，今则改搭轮船，因而经过本关各华船生意势将冷淡。澳商多恐此项贸易改归省、港两处独擅其利，而本处市场未免相形见

---

① 《光绪十三年拱北口华洋贸易情形论略》，莫世祥、虞和平、陈奕平编译：《近代拱北海关报告汇编（1887—1946）》，澳门：澳门基金会，1998年，第125页。

② 1英里≈1.61千米。

③ 威廉·C. 亨特：《广州“番鬼”录（1825—1844）——缔约前“番鬼”在广州的情形》，冯树铁译，骆幼玲、章文钦校，广州：广东人民出版社，1993年，第60-63页。

④ 《光绪二十三年拱北口华洋贸易情形论略》，莫世祥、虞和平、陈奕平编译：《近代拱北海关报告汇编（1887—1946）》，第182页。

绌。……从此澳埠或致江河日下，未可知也”[①]。事实证明帛黎并非杞人忧天。次年，澳门棉纺织品进出口贸易即急剧下滑。[②]西江通商，改变了广州府、肇庆府与澳门民船贸易的传统线路，使粤澳民船贸易空间大为缩小，从而导致澳门贸易的衰落，澳门与珠江三角洲西部地区及西江流域民船贸易的重要性，于此可见一斑。

粤西海岸包括高州、廉州、雷州、琼州四府，史书多称为下四府。澳门半岛西南，对面山岛东南有大小两洲，统称为马骝洲。洲前水道，东接省城、香港来路，西当高州、廉州、雷州、琼州四府门户，为东来西往的水上交通要道。同治十年（1871），广东官府奉清廷之命在小马骝洲设常关征收鸦片正税，同治七年设置的厘厂也于此时移到小马骝洲。小马骝洲常关税厂设立之初，只对由澳门贩运鸦片到广东各处的民船征收鸦片税厘，贩运一般货物往来于粤澳之间的民船，仍需赴黄埔长洲关口纳税，给粤西海岸与澳门的民船贸易造成极大的不便。1876 年，两广总督刘坤一以黄埔长洲关口非“赴澳要路”，既无助于缉私，又不利守法商人开展贸易为由，奏请将长洲关口移设小马骝洲，就近征税，以加强对下四府与澳门民船贸易的管理。关口转移前，澳门已显示出成为粤西海岸进出口贸易重要中转港的趋势，“到澳门的进口货物如鸦片、丝绸等，是从澳门中转到西海岸和西江地区去的。出口的主要为苦力、茶叶和丝，大部分是从澳门周围农村走私到澳门的。而与西海岸地区的贸易是最为重要的，大量鸦片和外国丝从澳门用帆船运到电白、水东、海南和北海，再运回锡、东京丝、贵重药材、棕儿茶等，并从海南运回丝、牛和槟榔子等”[③]。关口转移后，“在商贩较为利便，而防闲私漏，亦昭周密，于税务商情两有裨益”[④]，其结果是“促使澳门成为粤西海岸贸易之汇集地”[⑤]。1876 年及 1877 年，琼州与北海相继开辟为通商口岸，轮船可直达该地，“致使西海岸贸易中的可观部分转往香港，澳门在西海岸贸易中的垄断地位受到沉重打击”[⑥]。即便如此，澳门与西海岸的民船贸易在 19 世纪末仍获得了较大的发展，澳门仍是西海岸土、洋各货的集散中心，“而迤西下四府沿海之区以及珠江下游河口等处土货往来仍循故辄（辙），类多经过本关各厂，是澳门终不失为华船懋迁之盛地”[⑦]。

---

① 《光绪二十三年拱北口华洋贸易情形论略》，莫世祥、虞和平、陈奕平编译：《近代拱北海关报告汇编（1887—1946）》，第 181 页。

② 《光绪二十四年拱北口华洋贸易情形论略》，莫世祥、虞和平、陈奕平编译：《近代拱北海关报告汇编（1887—1946）》，第 187 页。

③ 《1871—1872 年广州口岸贸易报告》，广州市地方志编纂委员会办公室、广州海关志编纂委员会编译：《近代广州口岸经济社会概况——粤海关报告汇集》，广州：暨南大学出版社，1995 年，第 82 页。

④ （清）王彦威纂辑，王亮编，王敬立校：《清季外交史料》卷 6，北京：书目文献出版社，1987 年，第 121 页。

⑤ 《1887 年至 1891 年拱北关贸易报告》，莫世祥、虞和平、陈奕平编译：《近代拱北海关报告汇编（1887—1946）》，第 3 页。

⑥ 《1887 年至 1891 年拱北关贸易报告》，莫世祥、虞和平、陈奕平编译：《近代拱北海关报告汇编（1887—1946）》，第 26 页。

⑦ 《光绪二十三年拱北口华洋贸易情形论略》，莫世祥、虞和平、陈奕平编译：《近代拱北海关报告汇编（1887—1946）》，第 182 页。

统计数字也显示出粤澳民船贸易具有明显的区域性，如光绪十三年（1887）拱北海关统计数字显示，“本年 4 月至 12 月，本口贸易货价总值银五百万两。分而析之，则每百两中，广州府有五十六两，肇庆府五两，雷州府十四两，高州府十一两，廉州府九两，琼州府五两”[①]。表 1 为 1888—1891 年澳门与广东各府民船贸易的进出口总值。

表 1 1888—1891 年澳门与广东各府民船贸易进出口总值（单位：关平银两）

年份	广州府及肇庆府北部	高州及肇庆府南部	雷州府	琼州府	廉州府	其余各地	总计
1888	5 693 457	1 381 578	817 659	214 415	384 876	16 990	8 508 975
1889	6 243 191	1 414 758	904 658	271 135	238 928	14 808	9 087 478
1890	7 582 097	1 484 797	829 020	204 856	248 714	10 175	10 359 659
1891	7 616 428	1 210 237	714 205	264 913	168 636	19 802	9 994 221

资料来源：《1887 年至 1891 年拱北关贸易报告》整理

从表 1 可见，澳门与广东的民船贸易基本上集中在珠江三角洲、西江流域、广东西南海岸，与其他地区的民船贸易微不足道。

二、粤澳民船贸易的商品结构

我们从进口洋货和出口土货两个方面来考察粤澳民船贸易的商品结构。

1. 进口洋货

民船从澳门输入内地的洋货主要有鸦片、棉纺织品、金属、米、煤油等。关于澳门鸦片贸易问题，国内外已有很多研究，本文从略。

棉纺织品包括棉布、绒布和棉纱。棉布种类繁多，主要有原洋布、白洋布、斜纹布、扣布、袈裟布、其他棉布。绒布主要包括英国羽纱、厚斜纹绒、哔叽、小呢、其他绒布。棉纱主要指印度棉纱和英国棉纱。棉纺织品是澳门进出口贸易的主要商品，“由澳门转运至内地销场之匹头生意颇为大宗”[②]，其流向以珠江三角洲为主，兼及下四府。“澳门洋布销售市场首推顺德陈村，其销售量约居澳门入华洋布七成半。”[③]“华船运入之洋纱、洋布则

① 《光绪十三年拱北口华洋贸易情形论略》，莫世祥、虞和平、陈奕平编译：《近代拱北海关报告汇编（1887—1946）》，第 125 页。

② 《光绪二十七年拱北口华洋贸易情形论略》，莫世祥、虞和平、陈奕平编译：《近代拱北海关报告汇编（1887—1946）》，第 212 页。

③ 《光绪十四年拱北口华洋贸易情形论略》，莫世祥、虞和平、陈奕平编译：《近代拱北海关报告汇编（1887—1946）》，第 128 页。

无甚变化……多运至广州府之陈村、肇庆府之阳江及高州。”[①]1892 年，拱北关进口的印度棉纱比 1891 年几乎减少一半。拱北关税务司柯尔乐这样分析其原因，“商人熟于趋避，购置货物往往改途。如棉纱一项，往年顺德县属之陈村、东莞县属之石龙、太平等埠，均由澳门购运，经过本口报纳税饷。本年忽尽改就广东省城，致本口此项货物减值银六十四万两”[②]。珠江三角洲的销路受阻，澳门的棉纱进口就锐减，两者之间的密切关系不言而喻。从发展过程来看，19 世纪末，民船从澳门输入内地的棉纺织品经历了一个明显的由盛到衰的转变（表 2）。

表 2　1888—1901 年澳门输入内地棉纺织品统计表

年份	棉布（匹）	绒布（匹）	棉纱（担）
1888	293 122	12 772	99 679
1889	274 725	13 525	106 462
1890	380 764	17 522	117 431
1891	281 661	15 073	104 668
1892	359 366	14 495	62 656
1893	295 086	14 226	34 896
1894	217 636	8 776	32 826
1895	269 914	10 701	37 060
1896	256 642	9 793	34 942
1897	245 377	8 116	31 511
1898	128 138	6 252	44 014
1899	93 021	5 188	40 432
1900	85 728	5 427	25 726
1901	71 979	5 123	26 517

资料来源：根据《1887 年至 1891 年拱北关贸易报告》及《1892 年至 1901 年拱北关贸易报告》整理

从表 2 可以看出，1888—1897 年十年间，棉布的进口虽有起伏，但除了 1894 年因广东发生严重旱灾，棉布进口只有 21 万匹左右外，其余虽升降不一，大体尚属平稳。绒布和棉纱也表现出同样的特点。1898 年始，棉布进口表现出连年下降的趋势，尤其是 1898 年比 1897 年，几乎锐减一半。到 1911 年，棉布进口只有 45 166 匹。其原因主要是西江于 1897 年通商后，轮船可直接航行西江，运费低廉运量大的轮船航运，“促使曾经是澳门货物销售

① 《光绪十八年拱北口华洋贸易情形论略》，莫世祥、虞和平、陈奕平编译：《近代拱北海关报告汇编（1887—1946）》，第 151 页。

地的江门、陈村及顺德等较大的销售中心，转而向香港和省城进货”[①]。粤澳民船棉纺织品贸易大受打击。

与进口棉织品逐年下降相反，民船载运的另一大宗进口货品金属却由于应用范围日渐扩大而呈现出连续增加的趋势。清末，金属已不仅用于制造业，而且应用到了日常用品方面，“在日常用品方面，金属正逐步取代竹木材料。门窗的栏栅插闩等目前几乎一律都是用铁做的，本地商店和住宅前面已普遍可以见到铁门和铁栏栅。拥挤在河面上的庞大的汽艇船队，当然对金属制品有着经常性的需求”[②]。在这种需求下，金属也日益成为粤澳民船贸易的大宗物品，“金属材料是热门货，但由于大部分是经帆船载运进口的，其贸易金额无法确定”[③]。不过，民船载运进口的金属在拱北海关历年贸易报告中则有着详尽的统计。

进口洋货中还有一类被称为“洋杂货”，包括煤油、火柴、生棉、纱线、米、谷、面粉、炼乳、染料等。其中以煤油和米为最大宗。

从 19 世纪 80 年代开始，煤油成为最重要的进口“洋货”之一。由于煤油价格低廉，使用方便，照明亮度好，因而很受欢迎，需求量日益增长。煤油曾是粤澳民船贸易的重要物品，从拱北开关后到 1893 年呈持续快速增长态势，1888 年为 54 451 加仑，次年就急增至 260 248 加仑，到 1893 年达 878 603 加仑。但是，从 1894 年始，在九龙关煤油进口仍持续快速增长的同时，粤澳民船的煤油贸易却渐趋停顿，其原因是澳门政府在 1894 年开始实行煤油专卖制，只允许包税商买卖煤油，“本合同所订承充限期之内，所有澳门、氹仔、过路湾及其属地售卖出入口火水生意，总归承充者一人发卖，或由承充人出牌照与别人发卖亦可”[④]。此事对澳门经济影响颇大，因为其时澳门金融业欠发达，以货易货仍是普遍的贸易方式，“如上文所论之无汇兑，各府县率皆装运土货来澳，与洋货互易相抵。其大宗土货，则以易洋药及洋棉纱，其小本营生者，每喜以火水油交易”[⑤]，而煤油包税商为了迅速致富加价销售，导致煤油“价值日昂”，各行业贸易商被迫改往香港进货，“使得华船的进出口货运量剧减，严重损害澳门的繁荣”[⑥]。1894 年 4 月 1 日煤油开始专营，该年专营之前的三个月仍有大量煤油装运，因而全年累计只微减至 751 977 加仑，但此后四年的年均量却减至不足 345 000 加仑，到 1901 年，民船从澳门入口的煤油只有 310 000 加仑，比 1893 年

① 《1892 年至 1901 年拱北关十年贸易报告》，莫世祥、虞和平、陈奕平编译：《近代拱北海关报告汇编（1887—1946）》，第 48 页。

② 《粤海关十年报告（1882—1891）》，广州市地方志编纂委员会办公室、广州海关志编纂委员会编译：《近代广州口岸经济社会概况——粤海关报告汇集》，第 856-857 页。

③ 《粤海关十年报告（1882—1891）》，广州市地方志编纂委员会办公室、广州海关志编纂委员会编译：《近代广州口岸经济社会概况——粤海关报告汇集》，第 909 页。

④ 汤开建、吴志良主编：《〈澳门宪报〉中文资料辑录——1850—1911》，澳门：澳门基金会，2002 年，第 226 页。

⑤ 《1892 至 1901 年拱北关十年贸易报告》，莫世祥、虞和平、陈奕平编译：《近代拱北海关报告汇编（1887—1946）》，第 67 页。

⑥ 《光绪二十年拱北口华洋贸易情形论略》，莫世祥、虞和平、陈奕平编译：《近代拱北海关报告汇编（1887—1946）》，第 169 页。

煤油专卖前减少了 568 603 加仑。

自清中叶始，广东便严重缺粮。每年均须进口大量大米。进口大米有两个来源，一是来自长江流域的本国米，还有就是来自暹罗、越南等国的外国米。一般来说，本国米由轮船运输经广州口岸进口，外国米则大量由民船载运，“米谷一项，查轮船由长江载运直抵粤省者，则报本关（广州关）入册。其安南等处之米，俱装渡船，悉报常关，不入本关之册”[①]。“省内有大量价格较便宜的安南、东京、西贡、海防的大米，它们是从港澳由民船运进的。”[②]进口的外国大米常常比本国米多。比如 1893 年，由轮船运输经广州口岸进口的本国米约为 150 万担，而由民船运载进口的暹罗、安南米约 500 万担。在各类进口洋货中，大米最受自然因素的影响，“洋米谷入口在一定程度上是粤省米谷收成及价格的风向标。每当收成差、价格高的时候，洋米谷入口便大量增加”[③]。比如，1893 年广东遭受水灾，结果这一年拱北口进口大米 216 000 担，比 1892 年增加 95 000 担，1894 年又比 1893 年增加 166 000 担，因为这一年广东遭遇了旱灾、风灾、瘟疫三大灾害的侵袭。

2. 出口土货

出口土货种类繁多，据拱北海关的统计，约有 126 种，包括丝、绸缎、茶、草席、席包、葵扇、象牙、漆器、瓷器、蜜饯、大黄、桂皮、糖、米、爆竹、烟叶、肉食、蛋品、鲜果、蔬菜等。由于澳门实施自由港政策，因此，与征收苛捐杂税的广州相比，澳门对经营出口业务的华商颇具吸引力。许多出口商品都先由民船运到澳门，然后用轮船运到香港销往欧洲和美国，或直接销往欧洲、美国。各种商品的出口量因年份不同而有变动，大体来说，居出口前列的商品主要是丝、茶、草席、糖、花生油、猪、烟叶、葵扇等。

丝类产品是民船出口货物中运量不大但价值甚高的商品。拱北设关前，从澳门出口的丝缺乏系统的统计。从零星的记载来看，1871 年，流入澳门的生丝为 5892 担，价值 235.68 万元，约为同年广州口岸出口生丝的五分之一，1872 年增至 8060 担，价值 322.4 万元，约为同年广州口岸出口生丝的四分之一。[④]虽然总量远不及广州，但显然已对广州的生丝出口形成了分流和竞争。粤海关税务司就曾抱怨澳门的生丝出口干扰了广州口岸的贸易。拱北关建立后，从统计数字来看，每年流入澳门的丝类产品数量虽有波动，但幅度不大，在 5500—6500 担。不过，丝类产品在出口商品中的排名则微有下降，从 1892 年的第一位降到 1901 年的

---

① 《光绪十五年广州口岸华洋贸易情形论略》，广州市地方志编纂委员会办公室、广州海关志编纂委员会编译：《近代广州口岸经济社会概况——粤海关报告汇集》，第 310 页。

② 《1877 年广州口岸贸易报告》，广州市地方志编纂委员会办公室、广州海关志编纂委员会编译：《近代广州口岸经济社会概况——粤海关报告汇集》，第 180 页。

③ 《1892 至 1901 年拱北关十年贸易报告》，莫世祥、虞和平、陈奕平编译：《近代拱北海关报告汇编（1887—1946）》，第 51 页。

④ 《1871—1872 年广州口岸贸易报告》，广州市地方志编纂委员会办公室、广州海关志编纂委员会编译：《近代广州口岸经济社会概况——粤海关报告汇集》，第 76 页。

第二位。[①]流入澳门的丝主要来自珠江三角洲，尤以顺德为多，“丝皆产自顺德。此地丝厂广布，多集中于西江左岸村落”[②]。

茶是粤澳民船出口贸易中另一大宗物品，并且像丝一样，澳门茶叶出口也对广州形成了分流和竞争，“到目前为止，表列茶叶出口数量和价值，绝不代表广东省的全部茶叶出口量。像丝一样，有许多理由可以相信，澳门是茶叶出口的一个强有力的竞争者”[③]。如1869年，从广州口岸出口的茶减少了8000担，这是因为有“比常年更多数量的茶叶经由本地民船运出”[④]。1871年，有14 551担茶从澳门用轮船运往香港，19 299担从澳门用远洋轮船直接运往欧洲，1872年，则分别增至24 972担和21 927担。拱北海关建立后，从统计数据来看，1888年从澳门出口的茶叶为46 930担，1901年降至20 789担，降幅达50%以上。其间虽有波动，但总体上处于下降趋势，这与光绪中叶以后，广东全省茶叶出口一直处于低迷状态的情况是一致的。从茶叶在出口商品中的排名也可看出澳门茶叶出口的衰微，1891年，茶叶仅次于丝排名第二，1901年，则降至第八。[⑤]澳门出口的茶叶以工夫茶最为出名，“澳门也有茶叶出口，其中部分是香茶，但大宗的是所谓新制工夫茶，以前输进时叫‘大山工夫茶’，是由一种长叶捻制而成的，主要产于大山和鹤山地区。以后模仿福州工夫茶制法，而名之为‘新制工夫茶’”[⑥]。由于工夫茶在澳门焙制和包装的质量均较广州好，自澳门出口经常能卖得好价，所以茶商愿意将广州及其附近地区的工夫茶用民船运到澳门出口，致使广州工夫茶出口年年减少。[⑦]流入澳门的茶叶主要来自西江流域，“茶叶产自新会河沿岸之新宁、海平及鹤山等地，未经加工则运澳门烘烤、包装，再出口外洋”[⑧]。“出产上茶最多之区，莫如长沙、新宁与鹤山三处；粗茶则产自附近本口之斗门。”[⑨]

另外几种大宗出口商品糖、草席、油、猪主要来自下四府，“糖、油、草席大多运自雷

---

① 《1892至1901年拱北关十年贸易报告》，莫世祥、虞和平、陈奕平编译：《近代拱北海关报告汇编（1887—1946）》，第53页。

② 《光绪十三年拱北口华洋贸易情形论略》，莫世祥、虞和平、陈奕平编译：《近代拱北海关报告汇编（1887—1946）》，第126页。

③ 《1871—1872年广州口岸贸易报告》，广州市地方志编纂委员会办公室、广州海关志编纂委员会编译：《近代广州口岸经济社会概况——粤海关报告汇集》，第79页。

④ 《1869年广州口岸贸易报告》，广州市地方志编纂委员会办公室、广州海关志编纂委员会编译：《近代广州口岸经济社会概况——粤海关报告汇集》，第61页。

⑤ 《1868年广州口岸贸易报告》，广州市地方志编纂委员会办公室、广州海关志编纂委员会编译：《近代广州口岸经济社会概况——粤海关报告汇集》，第53页。

⑥ 《1874年广州口岸贸易报告》，广州市地方志编纂委员会办公室、广州海关志编纂委员会编译：《近代广州口岸经济社会概况——粤海关报告汇集》，第96页。

⑦ 《1884年广州口岸贸易报告》，广州市地方志编纂委员会办公室、广州海关志编纂委员会编译：《近代广州口岸经济社会概况——粤海关报告汇集》，第286页。

⑧ 《光绪十三年拱北口华洋贸易情形论略》，莫世祥、虞和平、陈奕平编译：《近代拱北海关报告汇编（1887—1946）》，第126页。

⑨ 《光绪二十四年拱北口华洋贸易情形论略》，莫世祥、虞和平、陈奕平编译：《近代拱北海关报告汇编（1887—1946）》，第190页。

州、高州、钦州及海南岛。亦有不少葵扇、鸡蛋及生猪贸易”①。“赤糖悉从下四府阳江、暗铺等处源源而来。”②从统计数字来看，19 世纪末，来自下四府的主要出口土货，除花生油因减产、海外需求减少及煤油照明日益普遍等因素出口数量大为减少外，其他物品总体上处于增长趋势。比如生猪，1892 年出口 25 703 头，1901 年增至 30 935 头；赤糖 1892 年出口 91 659 担，1901 年增至 137 415 担。尤其是草席，从 1892 年到 1901 年十年间增长了几乎一倍，在出口商品中的排名也从第四一跃而居第一，“用来包装的草席（及茶、糖等），是西海岸地区的特产，如今列于重要出口货物的榜首。草席在雷州府编织，然后运至澳门，再转运到香港。本十年的第一年，此类货物居第四位，出口量近一千七百万件，值银三十万六千两；1901 年为二千五百五十万件，值银八十四万二千两”③。可惜好景不长，随着 1897 年西江通商、1899 年法国“租借”并开放广州湾、1904 年江门成为通商口岸，轮船运输对民船形成了强有力的竞争，草席、糖等土货纷纷舍弃由民船运输的传统方式，或改为由港澳往来广州湾的轮船装载，或先运至江门，再转载西江轮船出口，下四府民船对澳门的土货出口贸易便逐年衰落。比如草席，1901 年民船运至澳门的草席为 25 500 000 件，1907 年减至 1 989 155 件。再如民船运送的糖，亦由 1901 年的 137 415 担，减至 1907 年的 13 302 担。

从上面的论述可以看出，总体上来说，一方面，民船进出口贸易的商品结构与轮船进出口贸易的商品结构是一致的，是对轮船贸易的分流而不是补充，因此，民船贸易与轮船贸易是一种竞争关系；另一方面，由于民船贸易归常关管理和征税，民船贸易对轮船贸易的分流和竞争，无疑会影响粤海关的税源和税收。所以，海关和常关之间也存在着矛盾和冲突。粤海关贸易报告对此多有论述。有的税务司甚至认为，如果没有民船对轮船的竞争，广州口岸的进出口贸易在全国各通商口岸的排名会更为靠前，“作为洋货集散中心，在重要性方面，这个口岸（广州）在排名表中的位置应该接近第一名，而不是现在的第七名”④。最终，海关总税务司赫德于 1887 年借鸦片税厘并征之机，“将广东各通商口岸往来香港和澳门的民船贸易，从粤海关监督的掌握中抢过来，置于税务司的管辖之下”⑤。但民船贸易与轮船贸易的竞争，并未因民船的管理机构由常关易手海关而终止。1897 年西江开放通商，允许外国轮船航行，西江沿岸的三水、梧州、江门先后成为通商口岸，另外还有甘竹（今顺德区境内）、肇庆、罗定、封开等十六处开放为停泊口；1899 年法国强租广州湾，使下

---

① 《光绪十三年拱北口华洋贸易情形论略》，莫世祥、虞和平、陈奕平编译：《近代拱北海关报告汇编（1887—1946）》，第 126 页。

② 《光绪二十三年拱北口华洋贸易情形论略》，莫世祥、虞和平、陈奕平编译：《近代拱北海关报告汇编（1887—1946）》，第 183 页。

③ 《1892 至 1901 年拱北关十年贸易报告》，莫世祥、虞和平、陈奕平编译：《近代拱北海关报告汇编（1887—1946）》，第 53 页。

④ 《1877 年广州口岸贸易报告》，广州市地方志编纂委员会办公室、广州海关志编纂委员会编译：《近代广州口岸经济社会概况——粤海关报告汇集》，第 176 页。

⑤ 陈霞飞主编：《中国海关密档》第 4 卷，北京：中华书局，1995 年，第 518 页。

四府如入其囊中。日益深入粤澳民船贸易传统线路和空间的轮船，恃其优良的技术性能和海关税、子口半税的特权，对民船贸易形成了强势竞争，粤澳民船贸易失去了继续发展的历史条件，不可避免地走向了衰落。由于轮船主要由西方商人经营，民船由国内商人经营，所以粤澳民船贸易的衰落过程亦反映出西方列强对中国的经济侵略日益广泛和深入。

三、粤澳民船贸易对中葡关系的影响

民船贸易对澳门经济尤其是进出口贸易有着举足轻重的影响。西江流域及粤西南海岸与澳门的民船贸易渠道是否通畅，直接影响着澳门进出口贸易的盛衰，“对于现行商民及华船船运之明智处理，既可确保澳门商业稳定，亦能促其发展”[①]。民船贸易对澳门经济的重要作用，使其对同治、光绪年间的粤澳关系及中葡关系也产生了相当的影响。

首先，清政府加强对粤澳民船贸易的管理，引发了粤澳间一场长达二十年的缉私与反缉私的冲突，并直接导致了同治、光绪年间中葡关于澳门水界的纠纷。或者换句话说，粤澳间缉私与反缉私的冲突，交织着中葡关于澳门领水主权的冲突。

占有澳门周围中国领水是葡萄牙的既定政策。“在澳门领土的争论中，水域的确定问题自然与陆地问题相辅相成。水域对澳门商业的生存至关紧要。”[②]早在亚玛勒时期，葡萄牙人就显示出对中国领水的野心，“既然澳门半岛出让给了葡萄牙人，不言而喻，其周围的海域，至我们炮台大炮射程所至之处也出让给了葡萄牙人”[③]。亚玛勒通过强行停止中国政府向来澳门贸易的船只征收船钞和泊费以及关闭粤海关关部行台等手段，剥夺了中国政府对澳门四周水域的管辖权，从政治意义上完成了对澳门中国领水的占领。不过，亚玛勒还未来得及对澳门中国领水实施实际占有就被刺杀了。亚玛勒之后，葡萄牙政府准备与清政府修约，希望通过谈判订约，将其对澳门的非法占有合法化。为此目的，澳葡不能太过妄行，以免深化双方矛盾。而在中国这一方面，由于太平天国起义及第二次鸦片战争等内忧外患，清政府无暇顾及港、澳外围鸦片走私等非法活动。因此，道光、咸丰年间，中葡并未在澳门领水问题上发生直接冲突。

同治以后，一方面，清政府基本平息了太平天国运动在各地造成的影响，与西方列强的关系也进入了一个比较稳定的新时期；另一方面，由于澳葡当局对民船走私采取姑息放纵的态度，而澳门中国海关迁移黄埔长洲后，由于长洲不是往来澳门的必经之路，难以对

---

① 《光绪十四年拱北口华洋贸易情形论略》，莫世祥、虞和平、陈奕平编译：《近代拱北海关报告汇编（1887—1946）》，第127页。

② ［葡］萨安东：《葡萄牙在华外交政策（1841—1854）》，金国平译，澳门：澳门基金会，1997年，第100页。

③ ［葡］萨安东：《葡萄牙在华外交政策（1841—1854）》，金国平译，第100页。

往来粤澳间的民船贸易进行征税，该关形同虚设，清政府对澳门民船贸易的管理严重失控，走私贸易盛行。走私的货品既包括鸦片、茶叶、生丝、药材、米、糖、油等允许贩运的货物，同时也不乏苦力、盐、火药、军火等清廷明令禁止贩运的之物，严重影响了清廷关税和广东地方财政收入。为了遏制粤澳民船走私贸易，清政府采取果断的措施，在澳门外围设立关卡，对非法走私进行严厉打击。由于港口严重淤塞，澳门难以发展轮船交通，民船贸易对澳门商业乃至经济的重要性日益彰显。因此，清政府为了打击走私而在澳门周围水域采取的行动，立即使澳葡当局感受到了巨大的压力。他们指责粤海常关在澳门外围设卡缉私是封锁澳门，“查兹澳门及所属地方，现被缉私船四围盘查，似与封港何异”[①]。葡萄牙迫切需要明确澳门四周水域的权属，为澳门商业的生存和发展争取更大的空间。中葡澳门水界争端在缉私与反缉私的冲突中凸显出来。

同治八年（1869），两广总督瑞麟派员到澳门通知澳督，广东官府预备在澳门附近修建厘卡，向运送鸦片的民船征收厘金。澳督认为，广东官府的行为损害了澳门的权利并有违国际法准则，遂委派检察官庇礼喇到广州交涉，“在面见两广总督时，他指出不应忽略领海的存在——按照规定是离海岸 3 英里半径的范围，否则就会对主权造成严重伤害”[②]。这是澳葡当局第一次公开、明确地表示澳门拥有 3 英里领海。但此时中葡双方尚在交涉条约问题，因此澳葡当局并未采取直接干预的行动，厘卡很快就在前山、拱北湾建立起来了。

同治十年，清廷责令两广总督瑞麟、粤海关监督崇礼等在香港、澳门附近建立常关税厂，征收鸦片正税。设在澳门附近的税厂本打算与前设厘卡合并，即一个设在前山，另一个设在拱北湾。拱北湾是对面山岛东南岸的小海湾，与澳门半岛西南端共轭澳门内河出口，地理位置密迩澳门。因此，在拱北湾设厂遭到澳葡当局的强硬阻挠。澳门总督声称他不能答应在拱北湾设立税厂，但他无意反对在距离澳门不少于 3 英里的任何地点提供设立税厂的场所。澳门葡军亦进入备战状态。瑞麟则派遣由四艘巡船和四艘巡逻炮艇组成的舰队分别驻守在九岛、鸡颈、十字门、磨刀门等澳门出入口处，将澳门港围困起来。中葡之间爆发了第一次严重的海权冲突。最后，在粤海关税务司鲍拉的调停下，中葡各退一步，中国放弃在拱北设厂，澳葡则被迫同意粤海常关在小马骝洲设厂。

建于澳门附近海面的常关和厘卡，归粤海常关监督管辖，由监督和两广总督会同委派委员管理。这些关卡被葡人认为是“封锁”澳门，“实有逼害澳门生意”[③]，因此，对清政府加强粤澳民船贸易管理的举措，澳葡当局千方百计地予以反对和阻挠。其措施有二：一是直接阻挠粤海常关的缉私行动，如扣押缉私船艇、拘捕海关胥役和缉私武弁等；二是把

① 《澳门总督贾沙拉至两广总督张树声照会》，黄福庆主编：《澳门专档》（一），台北：“中央研究院”近代史研究所编印，1995 年，第 112 页。

② ［葡］徐萨斯：《历史上的澳门》，黄鸿钊、李保平译，澳门：澳门基金会，2000 年，第 105 页。

③ 《驻澳大西洋国总督贾为中国缉私应离西洋官员不见之处及离本澳沿海界限之外照会两广总督》，黄福庆主编：《澳门专档》（一），第 112 页。

缉私与反缉私的冲突演变为海权之争，如擅自划分水界、单方面颁布港口章程、派遣水师兵船在其划定的水域内四处游弋等。澳葡的如意算盘是，只要中国无法到其划定的水域内缉私，从此就可认定中国对该水域没有管辖权。具体来说，从同治十年（1871）中国在小马骝洲设关始，到光绪十三年（1887）所谓“封锁”澳门问题最终解决，中葡双方在马骝洲海面、澳门内港、十字门水域发生了严重的水界冲突。[①]清政府在这些冲突中采取了“就事论事，避开领水之争”“查照成案办理，以期中外相安”等软弱退让的对策，葡萄牙实际占有了上述水域的控制权和管辖权。[②]

总之，虽然清政府从未承认葡萄牙对澳门领水的侵占，但葡萄牙却通过采取阻挠缉私与侵占水界并进的手段，造成了对澳门周围水域实际占有的既成事实，使领水问题成为日后中葡勘界谈判的关键问题。葡萄牙在谈判中使用的论据，相当部分就是在这一时期制造的。

其次，民船贸易对光绪十二至十三年间的中葡里斯本谈判产生了直接的影响。

光绪十二年底，中葡里斯本谈判还没有正式开始，澳门总督罗沙就与清政府委派的谈判代表海关总税务司赫德拟定了一份《续订洋药专条》。该专条共二十款，其中有两款直接与粤澳民船贸易相关：一是要求同治十年设于澳门附近海面的常关税卡必须关闭，“督理中国洋药处之章程，一经开办，则澳门外左近地方新设之关厘各卡暨湾泊巡船查验进澳门之华船等项，俱须停撤，其照该章办理之时，不得再为在原处或别处设立前项专理澳门华船之分卡”；二是要求把粤澳民船贸易作为国内贸易而不是进出口贸易，“凡华船开往澳门或由澳门驶来，均照中国各该口之税则征收税饷，与各项不赴澳门等类船只一体办理，不得另有别项输纳暨一切较为受亏之事”。[③]在谈判过程中，关卡问题与澳门地位问题及对面山岛问题一起成为决定谈判成败的关键问题。中国坚决反对停闭澳外关卡。理由主要有两个：一是澳外关卡设与不设，是中国内部之事，应由中国自主决定，“澳外厘卡系中国防弊之法，澳门不应干预。或留或撤，俟洋药新章开办后，由中国查看情形，自行酌定。倘与中国有损，即难裁撤”[④]；二是澳外关卡管理的不只是鸦片贸易，不能因为澳门实行洋药税厘并征就将关卡撤掉，“澳外之卡，正为缉私，卡不止一处，所缉不止洋药一端，所抽亦不仅赴澳之货，关系各口税厘之大局，断难裁撤”[⑤]。葡萄牙方面，由于民船贸易是影响澳门经济的重要因素，而澳外关卡的设立，不仅在一定程度上抑制了澳门的走私，且由于清末关厂胥吏的腐败，合法贸易的商民也时常受到刁难、勒索，使他们视入澳为畏途，粤澳民船贸易

---

① 参见徐素琴：《中葡关于澳门水界之争——从1871年马骝洲设关到1887年立约》，林中泽主编：《华夏文明与西方世界》，香港：博士苑出版社，2003，第269-281页。

② 参见徐素琴：《“封锁”澳门问题与清季中葡关系》，《中山大学学报（社会科学版）》2005年第2期。

③ 中国近代经济史资料丛刊编辑委员会主编：《中国海关与中葡里斯本草约》，北京：中华书局，1983年，第11页。

④ 《总署致赫德澳门外厘卡俟洋药新章开办后再定电》，（清）王彦威纂辑，王亮编，王敬立校：《清季外交史料》卷68，第1235页。

⑤ 《粤督张之洞致总署澳外不能撤卡电》，（清）王彦威纂辑，王亮编，王敬立校：《清季外交史料》卷68，第1240页。

颇受影响,“澳门善商船只常常被关船拿私上省,因此澳门生意冷淡”。为此,光绪元年(1875)9月,澳督专门委派澳门船政官兼水师兵总赴穗面见兼署两广总督张兆栋,将澳门贸易所受影响一一陈述,恳请“设法体恤商情”[①]。澳外关卡被视为“严重损害澳门繁荣安定”[②],因此,葡萄牙把撤除关卡视为改善澳门商业环境的关键因素,坚决要求停闭澳外关卡,“如关卡不撤,则条约内虽然附有地位条款,仍不能改变澳门的局面”,“现在关卡照旧保留,从前可以使澳门比香港占便宜的民船国民待遇办法却收回去了,因此现在已没有足以满足或补偿澳门的东西了!”[③]在葡萄牙看来,含有保留澳外关卡条款的条约“对于葡萄牙有利,但对于澳门是并无所得反而是损失”[④]。而谈判的实际操控者赫德也是以民船贸易与澳门的繁荣为切入点,对葡方谈判大臣施加压力:或以澳外关卡由海关接管后可以促进澳门民船贸易诱使葡萄牙让步,“澳门与中国建立友好关系,就可以恢复繁荣。我列举条约能给澳门的好处,其中之一就是洋药税厘在澳门征收以后,民船就可以不再受澳门四周关卡的留难和苛扰”;或以采取彻底缉私措施使民船贸易完全撇开澳门来对抗葡萄牙的过分索求(葡萄牙提出租借对面山岛的一部分以换取保留关卡),“如果要坚持取消关卡,谈判必致破裂。中国可能用禁止各式中国船只往来澳门的简单方法作为一种缉私措施”。“澳门这个古老而驰名的葡萄牙……如与中国关系友好,就可以恢复繁荣,否则必将被中国的缉私办法所扼杀。”“凡中国所允准的,它也可以禁止;凡中国所能给的,它也可以收回。中国船只如果都不去澳门,澳门怎能继续生存。”[⑤]在赫德的软硬兼施下,葡萄牙不得不做出让步,同意不撤销澳门四周的关卡。

澳外关卡被葡萄牙当作与澳门地位条款同等重要的谈判条件,并成为影响里斯本谈判的关键因素之一,谈判几乎因此破裂,这连赫德都未曾预料到,“我原来预料关卡问题不致引起多大困难,可是后来证明它是决定全案的关键”[⑥]。而同治年间曾强烈反对在香港外围设立税卡的港英政府,在光绪十二年中英鸦片税厘并征谈判时,则明确表示关卡已不再是问题,“从前关卡所为,俱系香港不以为然之事,而近年来该卡并无扰累,所行所为与香港情事亦无掣肘,因此烟台条款所提之扰累情事一节,可作罢说,毋庸会议”[⑦]。这说明,粤港民船贸易的规模虽然远较粤澳民船贸易的规模为大,但民船贸易在澳门经济中所占的地位及其对澳门的影响则远比其在香港大。

(执行编辑:罗燚英)

---

① 《大西洋国澳门总督罗照会两广总督兼巡抚张兆栋》,黄福庆主编:《澳门专档》(一),第61页。
② 中国近代经济史资料丛刊编辑委员会主编:《中国海关与中葡里斯本草约》,第3页。
③ 中国近代经济史资料丛刊编辑委员会主编:《中国海关与中葡里斯本草约》,第59-60页。
④ 中国近代经济史资料丛刊编辑委员会主编:《中国海关与中葡里斯本草约》,第61页。
⑤ 中国近代经济史资料丛刊编辑委员会主编:《中国海关与中葡里斯本草约》,第35、41、58页。
⑥ 中国近代经济史资料丛刊编辑委员会主编:《中国海关与中葡里斯本草约》,第88页。
⑦ 中国近代经济史资料丛刊编辑委员会主编:《中国海关与中葡里斯本草约》,第5页。

光绪三十三年中葡澳门海界争端与晚清中国的“海权”认识*

周　鑫**

摘要：晚清中国的“海权”认识通常都认为是直接源自提出海权论的美国海军上校阿尔弗雷德·赛耶·马汉的名著《海权对历史的影响，1660—1783年》。但在光绪三十三年（1907），广东官员、绅商与知识界却从中葡澳门海界争端的切身实践中形成独特的海权观。本文即尝试通过深入光绪三十三年中葡澳门海界争端中的“胡兆兰饷渡”“湾仔渔船”两案，细致梳理广东地方官员、绅商与知识界同“海权”直接相关的说法与做法，揭示出他们对“海权”的认识随着澳门海界争端的展开而不断深入，一方面在抓住《国际法》中领海权的题中之义

---

* 本文系国家社会科学基金重大招标项目“环南海历史地理研究”子项目“南海交通地理研究——以海上丝绸之路为中心”的阶段性成果。在写作过程中得到中心李庆新研究员、徐素琴副研究员的热心指正，谨致谢忱。原文发表于2014年社会科学文献出版社出版的《海洋史研究》第6辑，收入本论文集有大幅修订。本修订稿一方面增补史料，在原文主要使用黄福庆主编《澳门专档》（二）中部分档案基础上，对照其所本的“中央研究院”近代史研究所藏的清外务部档案《澳门专档》册（馆藏号02-15-004-01），同时增加了原来没有注意到黄福庆主编《澳门专档》（一）中的部分档案及其所本的“中央研究院”近代史研究所藏的清总理各国事务衙门档案第22《澳门档》之002《澳门勘界》（馆藏号01-22-002-01）、同机构所藏的清外务部档案《葡官请撤饷渡及强迫湾仔渔船转泊澳门》册（馆藏号02-15-001-03）。清总理各国事务衙门档案第22《澳门档》系列之002《澳门勘界》宗所收部分系外务部与葡国公使阿梅达（D'Almeida Sanctos，Gabriel）就“湾仔渔船”事的相互照会，这些照会也收入清外务部档案第15《澳门档》系列《澳门专档》中。《澳门专档》虽与《葡官请撤饷渡及强迫湾仔渔船转泊澳门》档同属清外务部档案第15《澳门档》系列，但前者归属004《澳门档》宗，后者归属001《中葡澳门交涉》宗。二者各有侧重，正可互相参证。另外，从行文上除文字增补外，还增加了节标题。有关节标题的增加系中心江伟涛博士的提示，谨致谢忱。何志辉博士在2015年12月13日《羊城晚报》上发表的《嘉惠学林的壮举》一文中特别指出，广东教育出版社2015年出版的《葡萄牙外交部藏葡国驻广州总领事馆档案：清代全档》收录的档案可资补正拙文所论，“近代中葡交涉之澳门海界争端问题，档案第10册披露的不少档案，是现有档案（如《澳门专档》和《明清时期澳门问题档案文献汇编》等）不曾收录的，可资补正研究澳门海界争端与晚清中国‘海权’认识等问题”，特致谢意。

** 周鑫，广东省社会科学院历史与孙中山研究所、广东海洋史研究中心副研究员。

的同时，重点围绕“主权”去理解“海权”；另一方面则发展出综合运用“国势”、外交与“商务”的理念维护“海权”，由此构成晚清中国多样的“海权”认识光谱中耀眼的一环。

关键词：光绪三十三年；澳门海界争端；海权

“海权”通常被认为是创立海权论的美国海军上校阿尔弗雷德·赛耶·马汉（Alfred Thayer Mahan）在其1890年出版的名著《海权对历史的影响，1660—1783年》（*The Influence of Sea Power upon History，1660—1783*）中提出的核心概念。这一概念及其理论对当时德国、美国、英国、日本等国海洋战略产生了巨大影响。①20世纪初它传入中国，渐为晚清官员士绅所知。②与此同时，“领海”一词也被留学生介绍到国内，并与之前领海的中文表达“水界”及“海权”交互使用。③学者们已注意到在光绪三十四年（1908）至宣统元年（1909）澳门海界争端、东西沙岛维权中，以广东为代表的晚清官员、绅商与知识界的“海权”认识有突出表现。④但大多没有留意到，正是在更早的光绪三十三年中葡澳门海界争端中，广东官员、绅商与知识界的“海权”认识得以形成。⑤他们的“海权”认识主要来自光绪三十三年中葡澳门海界争端的切身实践，而非受马汉“海权”概念及其理论的直接影响。本文即尝试通过梳理光绪三十三年中葡澳门海界争端中广东地方官员、绅商与知识界同“海权”直接相关的说法与做法，以期深化理解晚清中国的“海权”认识。

一、“胡兆兰饷渡”与光绪三十三年澳门海界争端之发轫

光绪三十三年（1907）澳门海界争端主要围绕“胡兆兰饷渡”“湾仔渔船”两事展开。

① 可参见 Rolf Hobson, *Imperialism at Sea: Naval Strategic Thought, the Ideology of Sea Power, and the Tripitz Plan, 1875—1914*, Boston: Brill Academic Publishers, Inc., 2002；刘娟：《从陆权大国向海权大国的转变：试论美国海权战略的确立与强国地位的初步形成》，《武汉大学学报（人文科学版）》2010年第63卷第1期；胡杰：《海洋战略与不列颠帝国的兴衰》，北京：社会科学文献出版社，2012年，第176-180页。

② 可参见王宏斌：《晚清海防：思想与制度研究》，北京：商务印书馆，2005年，第242-247页；周益锋：《海权论的传入和晚清海权思想》，《唐都学刊》，2005年第21卷第4期；周益锋：《“海权论”东渐及其影响》，《史学月刊》，2006年第4期。相关研究综述，可参史春林：《1990年以来中国近代海权问题研究述评》，《史学月刊》，2009年第1期。

③ 可参见刘利民：《国际法的传播与晚清领海主权观念的嬗变》，《光明日报》2007年4月13日，第9版；刘利民：《十九世纪中国领海观念的传输与接受》，《烟台大学学报（哲学社会科学版）》，2009年第22卷第2期；刘利民：《20世纪初领海主权理论的传播及清政府的认识》，《中州学刊》2011年第3期。

④ 郭渊：《晚清政府的海权意识与对南海诸岛的主权维护》，《哈尔滨工业大学学报（社会科学版）》，2008年第10卷第1期；黄庆华：《中葡关系史（1513—1999）》中册，合肥：黄山书社，2006年，第880-931页；徐素琴：《晚清中葡澳门水界争端探微》，长沙：岳麓书社，2013年，第207-218页；周鑫：《宣统元年石印本〈广东舆地全图〉之〈广东全省经纬度图〉考——晚清南海地图研究之一》，李庆新主编：《海洋史研究》第5辑，北京：社会科学文献出版社，2013年。

⑤ 徐素琴研究员已经注意到光绪三十三年中葡海界争端对晚清中国“海权”认识形成的重要性，但未专门展开，可参徐素琴：《晚清中葡澳门水界争端探微》，第131-136、181-182页。

“胡兆兰饷渡”的直接起因是当年五月中旬左右在澳门至湾仔海面，澳门水兵“查获”澳门船政厅下挂号的胡兆兰商船悬挂中国官员发放的告示两张。五月十八日（6 月 28 日），澳门船政厅便以“中国官要往来澳门及湾仔已在澳门该厅挂号之船只需向中国官领牌，方准行驶往来等情”的报告将此事详报澳门总督高地乌（Perdro de Azevedo Coutinho）。高地乌判定，“此事实系属更改向章，盖向来澳门船只往来该处者，均未有需领中国船牌之事。况且澳门内河海面久已全归本国管辖，今中国官如此办法，是显违西（元）一千八百八十七年十二月初一日所立和约之第二款”。故此，二十二日（7 月 2 日），他照会葡萄牙驻广州总领事穆礼时（J. D. da Costa de Moraes），请求由其备文照会两广总督。照会中附有澳门船政厅的报告和两张告示的西文译本。[①]二十八日，穆礼时照会两广总督部堂：

为照会事。案准：澳门总督文开，并将澳门水师兵所查获经在澳门船政厅挂号商船胡兆兰船内悬挂之告示两张移送前来。本总领事特饬照抄备文，送请贵护部堂查核办理。本领事查：澳门至湾仔海面，久已实归本国管辖。数十年来，凡往来该两处船只，除在本澳船政厅领牌外，并无须他样牌照。所以现在各等商船之外来该两处者，皆无别牌，一向无异。按照万国海面公法，贵国官只可在贵国海面发给船牌与行驶贵国海面之船只。至本国与贵国所立合约第二款，载明“若非两国允肯，彼此守向章，不得有增减改变之事”等语。今贵国官如此办法，不独显违（笔者注：《澳门专档》漏书“违”字，《葡国穆领事照会以商船胡兆兰领有告示请撤销由》及《外交报》光绪三十三年七月二十五日第一百八十六期转载照会文皆有）和约，抑且侵损本国权限，是以本总领事不得不拒阻此事。恳请贵护部堂查照，迅即饬属将给之船牌撤销，并严谕该地方官以后勿得再行此等之事，庶几两国所立和约第二款所载“不得增减更改”一语不致违背。而贵护督部堂辑睦邦交之盛意，本领事亦良深感纫矣。为此照会，请烦查照施行。顺颂日祉，须至照会者。右照会两广总督部堂胡。[②]

二十九日，两广总督部堂收到照会。此照会大体都遵循澳门总督的意见。其基本主张

① 《外务部》，《葡人占界事》（光绪三十三年八月初七日），“中央研究院”近代史研究所档案馆藏，馆藏号 02-15-004-01-019；黄福庆主编：《澳门专档》（二）18“（光绪三十三年八月初七日）外部收护理两广总督胡湘林（原目误植为‘两广总督张人骏’）文·照录抄件·粘抄澳督来文照译”，台北：“中央研究院”近代史研究所，1992 年，第 21-22 页。因清外务部档案第 15《澳门档》系列之 04《澳门专档》宗之第 011《香山令在澳拿匪查明声复由》件有目无文，黄福庆主编《澳门专档》（二）中没有收录，故原件编号比黄福庆主编《澳门专档》（二）中的同件档案大一个数字。

② 《外务部》，《葡国穆领事照会以商船胡兆兰领有告示请撤销由》（光绪三十三年五月廿八日发，五月廿九日收），“中央研究院”近代史研究所档案馆藏，馆藏号 02-15-001-03-001；《外务部》，《葡人占界事》；黄福庆主编《澳门专档》（二）18“（光绪三十三年八月初七日）外部收护理两广总督胡湘林文·照录抄件·（光绪三十三年五月二十九日）西洋总领事来照会”，第 20-21 页。该电文部分整理件见张海鹏主编：《中葡关系史料集》下册“外务部致两广总督函”，成都：四川人民出版社，1999 年，第 1659 页。

是澳门至湾仔海面久归澳门管辖，往来澳门至湾仔的船只向来也只在澳门船政厅领牌，因此中国官员发给胡兆兰商船船牌，既违背“万国海面公法”，即国际法中的领海权，又违背光绪十三年十月十七日（1887 年 12 月 1 日）签订中葡《和好通商条约》第二款“若非两国允肯，彼此守向章，不得有增减改变之事”的约定。光绪十三年十月十七日签订中葡《和好通商条约》第二款原文实有：“其未经定界以前。一切事宜俱照依现时情形勿动。彼此均不得有增减改变之事。”[①]照会不知何故作如此更改。其所称的“贵护部堂”“贵护督部堂”“两广总督部堂胡”是指时任护理两广总督的胡湘林。胡湘林（1857—1925），字揆甫，江西新建人，光绪三年进士，二十九年九月三十日由广西布政使改任广东布政使。[②]三十三年四月十七日，两广总督周馥因潮州黄冈起义问责开缺，岑春煊被命重署两广总督。五月十九日，著胡湘林暂护两广总督。[③]但岑春煊一直以患病为由并未赴任。直至七月初四日，清廷同意岑开缺请求，另以张人骏接任两广总督。[④]张人骏大约在八月初九日到任。[⑤]故光绪三十三年五月十九日至八月初九日间，一直由胡湘林暂护两广总督。

穆礼时在给胡湘林的照会中粘抄了澳门总督高地乌照会的中文译本和两张告示的原文。从告示可知，被葡兵查获的胡兆兰系香山县土著农民，光绪三十二年七月左右经耆民邓其光等公举，承充新设的横水饷渡的渡夫，每日驾船往来湾仔上、中、下三沙的长埠头与澳门之间，接送船客货物。其承充饷渡先由七月廿七日香山县公示，后经十二月十四日两广总督周馥、十二月廿九日广东布政使胡湘林批复，至光绪三十三年正月十一日正式获得广州府知府颁发的照帖。两张告示一为光绪三十三年（1907）正月十一日的照帖，一为光绪三十二年七月廿七日的公示。[⑥]六月初五日（7 月 14 日），胡湘林照会葡领：

> 本护堂均已阅悉查抄来告示等件，系香山县华民请摆横水渡之案。香山县给示开摆，系照中国定例办理。唯该渡往来埠头是否均在澳门洋界之内，抑在华界，现已饬

① 1887 年 12 月 17 日中葡《和好通商条约》第二款全文，见王铁崖编：《中外旧约章汇编》第一册“1887-8-葡萄牙《和好通商条约》”，北京：生活·读书·新知三联书店，1982 年，第 523 页。

② 秦国经主编：《清代官员履历档案全编》第六卷，上海：华东师范大学出版社，1997 年，第 516 页下；《清实录》第五八册《德宗实录》卷五二一“光绪二十九年九月庚戌”条，北京：中华书局，1987 年，第 893 页；卞孝萱、唐文权编：《辛亥人物碑传集》卷十三《胡湘林墓志铭·陈三立》，北京：团结出版社，1991 年，第 688-689 页。

③ 《清实录》第五九册《德宗实录》卷五七二“光绪三十三年四月丁丑”条、卷五七四“光绪三十三年五月戊申”条，第 572-573、594 页；（清）周馥：《秋浦周尚书全集》卷十《年谱》“光绪三十三年”条，收入沈云龙主编：《近代中国史料丛刊》第一编第九辑，台北：文海出版社，1966 年，第 5762-5763 页。

④ 《清实录》第五九册《德宗实录》卷五七六“光绪三十三年七月癸巳”条，第 621 页。

⑤ 黄福庆主编：《澳门专档》（二）19“（光绪三十三年八月初九日）外务部发两广总督张人骏函”，第 46 页；该函整理件见张海鹏主编：《中葡关系史料集》下册“外务部致两广总督函”，第 1660 页。此电函题头为“光绪三十三年八月初九日发两广总督函”，而前一份“（光绪三十三年八月初七日）外部收两广总督张人骏文”则题为“光绪三十三年八月初七日收护理两广总督文”，故由此推定张人骏到任时间当在八月九日左右。

⑥ 《外务部》，《葡人占界事》；黄福庆主编：《澳门专档》（二）18“（光绪三十三年八月初七日）外部收护理两广总督胡湘林文·照录抄件·（光绪三十三年五月二十九日）西洋总领事来照会”，第 22-24 页。

地方官查明禀复，以凭酌办。[①]

同时函复葡领：

> 查核粘抄告示等件，系该县香山县给发渡夫胡兆兰承充横水饷渡之案。究竟该渡往来湾仔上、中、下三沙长埠头至澳门过对海等处，是否均在洋界，抑有华界埠头在内。其湾仔等处，从前有无华人赴县承充渡船之案。西洋领事所称往来该两处船只均由澳门船政厅领牌，是否属实。亟应详查明确，分别核办。[②]

胡湘林六月初五日的照会和复函虽然在一定程度上反驳了葡方提出的发放船牌之事，但遗有较严重的外交疏漏。第一，涉及国界的外交问题，他在地方官尚未查明禀复、仅查核葡领提供的告示的情况下就发出照会，显然不够谨慎。第二，更重要的是，他对刚接触到的澳门海界问题认识显然不够充分，甚至没有准备。因为自光绪十三年中葡《和好通商条约》中首次写入“澳门及其属地”后，葡萄牙就不断在“澳门属地”上大做文章并实质侵占澳门半岛及其周边岛屿水界。但清政府据《和好通商条约》始终坚持，“大西洋国永居、管理”的澳门“系指关闸以南至三巴门一带”，“不得援引公法，兼管水界”。[③]因此，如果稍有澳门海界的交涉知识的话，他应该不会在照会、复函中写出类似“该渡往来埠头是否均在澳门洋界之内，抑在华界”“究竟该渡往来湾仔上、中、下三沙长埠头至澳门过对海处，是否均在洋界，抑有华界埠头在内”之语。

同日，胡湘林札书香山县，“除照函复及行香山县、遵照克日查明禀复外，令就文行文藩司，即便转饬”，并行文广东藩司即布政使司。[④]六月初八日（7 月 17 日），香山知县钱保寿接到查明禀复的札文和转示的照会。十七日（7 月 26 日），他将查明结果上禀广东藩司：

> 奉此遵查：澳门地方本属租界，与湾仔三沙中隔一海。葡人本无管辖海面之权，自光绪年间葡人于海中自设水浮木号，由是中国船只需贴近拱北关湾仔一带方能来往，

① 《外务部》，《照复葡国穆领事来文已商船胡兆兰领有告示撤销由》；《外务部》，《葡人占界事》；黄福庆主编：《澳门专档》（二）18“（光绪三十三年八月初七日）外部收护理两广总督胡湘林文·照录抄件·（光绪三十三年六月初五日）复西洋总领事照会”，第 24 页。

② 《外务部》，《照复葡国穆领事来文已商船胡兆兰领有告示撤销由》；《外务部》，《葡人占界事》；黄福庆主编：《澳门专档》（二）18“（光绪三十三年八月初七日）外部收护理两广总督胡湘林文·照录抄件·（光绪三十三年六月初五日）复西洋总领事照会”，第 24 页。

③ （清）王彦威辑、王亮编，王敬立校：《清季外交史料》第四册《清光绪朝外交史料》卷七十一“粤督张之洞奏葡国永租广东澳门请审慎立约折（光绪十三年四月二十一日）”条，北京：书目文献出版社，1987 年，第 1289 页。有关中葡《和好通商条约》后中国政府对澳门界址的基本主张，可参黄庆华：《中葡关系史》中册，第 816-880 页；徐素琴：《晚清中葡澳门水界争端探微》，第 148-195 页。

④ 《外务部》，《照复葡国穆领事来文已商船胡兆兰领有告示撤销由》。

否则被其驱逐，是为葡人侵占海界之始。勘查湾仔一带濒临大海，轮船往来，极为利便。如果开辟商场，实足以振兴商业，是以久为葡人所觊觎。县属各绅士窥知其欲无厌，业已屡次呈请，与之清划界线，以免占夺。

兹西洋领事照会内称“澳门至湾仔海面久已实归本国管辖数十年”等语，视若固有殊可骇诧。湾仔为华界内地，按照公法，地主有管辖水界之权。而长埠头系该处各铺户捐资建筑，现在湾仔开办巡警，各绅民拟将埠开投以充警费。是胡兆兰饷渡来往各处多有华界埠头，自应在中国地方官请领照示，以凭查验。岂能以经由洋界，即不准该船赴地方官领照。且澳门来往各处华界饷渡向均中国地方官照示，不止胡兆兰一艘为然。而胡兆兰系于上年九月内承充，业已事阅半年，岂容凭空阻扰。领事来文以合约第二款载明“若非两国允肯，彼此守向章，不得有增减改变之事”，今葡国实不守向章，侵占海面，先图发制，实属有违和约。

理合禀恳宪台，迅赐严予驳复，饬行遵照向章办理，以符条约而敦睦谊。至该处界址久未划定，附近各岛屿已多被越占，现更以湾仔海面归彼国管辖数十年为言，其意已注于湾仔。（湾仔）系属内地，由此取径直达县城甚为便捷，若不及此时赶将界务清厘，则县城门户顿失，后患何可胜言。可否咨移外务部，查照与该国公使。①

此处大段赘引钱之禀文，是因为其对澳门海界问题的分析极为透彻。第一，揭露葡人侵占湾仔海面的政治与经济意图。第二，同样运用光绪十三年（1887）中葡《和好通商条约》和“公法”，即国际法，“以子之矛攻子之盾”，有力论证“澳门地方本属租界，葡人本无管辖海面之权”，“湾仔为华界内地，按照公法，地主有管辖水界之权”。第三，进一步以“向均中国地方官照示”的惯例和“业已事阅半年”的时效反驳。第四，注意到根本的问题是“该处界址久未划定”，建议“赶将界务清厘”“咨移外务部”。第五，用语上不再拘泥于传统公文和公法中的“洋界”“华界”“水界”，频繁采用葡萄牙照会中“海面”一语，并创造出“管辖海面之权”的新表达。而这所有的背后都表明，正是在与澳门的直接交涉过程中，像钱保寿这类地方官员能够迅速深入地习得“海权”知识，推进中国的“海权”认识。②

二十一日（7 月 30 日），胡湘林收到广东布政使司转饬过来的钱保寿详查后的禀文。他在禀文上批道：“据禀已悉湾仔地方系属华界，船户胡兆兰所承横水饷渡由华界埠头往来澳门，自应由中国官照章给发照示，未便准由外人干预。现已据情驳覆西洋领事矣。希广

① 《外务部》，《香山县禀查明来往湾仔等处饷渡并非澳门租界》（光绪三十三年六月十七日发，六日廿一日到），“中央研究院”近代史研究所档案馆藏，馆藏号 02-15-001-03-004；《外务部》，《葡人占界事》；黄福庆主编：《澳门专档》（二）18“（光绪三十三年八月初七日）外部收护理两广总督胡湘林文·照录抄件·（光绪三十三年六月二十一日到）香山县钱保寿禀”，第 26-27 页。

② 钱保寿，浙江人，光绪三十三年署香山知县，见厉式金主修，汪文炳等纂：《香山县志》卷八《职官表》“知县”条，《广东历代方志集成》影印民国十七年刊本，第 447 页。

东布政司转饬遵照。”[①]就在收到钱保寿禀文后的第三日即二十四日（8 月 2 日），胡湘林又接到葡领二十二日（7 月 31 日）发出的照会。非常有意思的是，葡领在这份照会中反对胡在六月初五日照会提出的“饬地方官查明”的建议：

本总领事均经阅悉查。此事自不必先行饬查，然后定夺。盖所饬查之属官，定不能如贵部堂之明白。两国所立者，和约故也。夫两国之和约最为重要，遇事当由大宪按照办理为妥。查：澳门湾仔往来各船只历年所全由本国澳门船政厅给牌，无一次到中国地方官衙门领牌。显然违犯一千八百八十七年中西所立和约之第二款载明“不得有增减更改”一语。[②]

显而易见，葡领从上次胡湘林的照会中已感觉到其尚不熟悉澳门界务。因此，企图在香山详细禀明情况之前，一方面，通过抬高其地位，“夫两国之和约最为重要，遇事当由大宪按照办理为妥”；另一方面又搬出“澳门湾仔往来各船只历年所全由本国澳门船政厅给牌，无一次到中国地方官衙门领牌”的惯例和“一千八百八十七年中西所立和约之第二款”的约文，让不明底里的胡湘林答应葡方的要求。但钱保寿的禀文已经给胡补了重要的一课。二十六日（8 月 4 日），他便完全摘录钱保寿禀文中的相关文字复照葡领：

现据香山县禀称，湾仔为华界内地，按照公法，地主有管辖水界之权。而长埠头系该处各铺户捐资建筑，现在湾仔开办巡警，各绅民拟将埠开投以充警费。是胡兆兰饷渡来往各处多有华界埠头，自应在中国地方官请领照示，以凭查验。岂能以经由洋界，即不准该船赴地方官领照。且澳门来往各处华界饷渡向均中国地方官照示，不止胡兆兰一艘为然。而胡兆兰系于上年九月内承充，业已事阅半年。西洋总领事忽谓“湾仔海面久已实归本国管辖数十年”等语，殊可骇诧……查湾仔系中国地界，胡兆兰所承横水饷渡由华界埠头往来澳门，自应照章由香山县给发照示，并无违背条约。贵总领事官所请注销县照之处，碍难照办。[③]

---

① 《外务部》，《香山县禀查明来往湾仔等处饷渡并非澳门租界》；《外务部》，《葡人占界事》；黄福庆主编：《澳门专档》（二）18“（光绪三十三年八月初七日）外部收护理两广总督胡湘林文・照录抄件・（光绪三十三年六月二十一日到）香山县钱保寿禀”，第 27 页。

② 《外务部》，《请收香山县所给将吴（原文作“吴”）兆兰商船牌是注销》（光绪三十三年六月廿二日发，六日廿四日到），“中央研究院”近代史研究所档案馆藏，馆藏号 02-15-001-03-005；《外务部》，《葡人占界事》；黄福庆主编：《澳门专档》（二）18“（光绪三十三年八月初七日）外部收护理两广总督胡湘林文・照录抄件・（光绪三十三年六月二十四日到）西洋总领事来照会”，第 27-28 页。

③ 《外务部》，《照复葡国穆领事以胡兆兰告示撤销事》（光绪三十三年六月廿六日发），“中央研究院”近代史研究所档案馆藏，馆藏号 02-15-001-03-007；《外务部》，《葡人占界事》；黄福庆主编：《澳门专档》（二）18“（光绪三十三年八月初七日）外部收护理两广总督胡湘林文・照录抄件・（光绪三十三年六月廿六日发）复西洋总领事照会”，第 28-29 页。

值得注意的是，胡湘林二十六日照会仍然使用传统的“水界”“洋界”的称呼，并没有采用禀文中的“海面”“海面之权”等新词，也没有直接援引禀文中已点明的“葡人本无管辖海面之权”。这恰能说明当时以胡湘林为首的两广督抚对澳门海界争端和“海权”等的认知仍处在粗浅起步的阶段。

二、“湾仔渔船”与光绪三十三年澳门海界争端之递进

六月二十一日布政使司转达钱保寿十七日上呈的禀文并不只此一份。另一份正是其据香山县丞以湾仔巡警局绅潘志光、胡耀云、金殿元、李桂珊的禀词为基础写成的公牒，向上汇报“湾仔渔船”一事：

> 敬禀者：现将卑职县丞牒称：据湾仔巡警局绅潘志光、胡耀云、金殿元、李桂珊等禀称：窃湾仔向与澳门洋界接连……不料本月十三日澳门葡兵过湾仔，竟迫大小渔船尽行湾澳，并用火船强将渔船拖回澳界，声称限十五日为期，如到期不遵，即将湾仔渔船尽充公等语。商民惶恐，各渔船均已被迫尽行湾入澳界。职等见葡人如此举动，实属有违向章，于商务大有干碍。查：湾仔银坑一带，久为葡人所垂涎，若不清厘界线，恐为所侵踞。迫得联禀仁宪，伏乞设法保护以安商业，地方无虞，合沙沾恩等情前来。据此，敝厅登即协同前山守府何驰往湾仔查勘，果见大小船只尽被葡兵驱迫湾入澳界……应如何办理之处，理合牒请察夺等由前来。查此事究系因何起衅，何以葡兵无端将渔船拖回澳界。惟称限十五日为期，究属何事。文内均未叙明。葡人现藉胡兆兰饷渡，正思侵越海权（笔者注：着重号为笔者所加，下同）。凭空驱迫渔船，难保非激其滋事，以遂其所欲……现经通禀大宪……一面由卑职驰往查勘。除俟勘查明确、另文禀报外，理合驰禀宪台查核。俯赐迅予照会该国领事，赶紧饬行葡兵，各守界址，不得擅自妄为，以期相安而符条约。[1]

六月十三日（7 月 22 日）发生的葡兵驱迫湾仔渔船入澳是否与葡方要求撤销胡兆兰饷

① 《外务部》，《香山县禀澳门葡兵将湾仔渔船迫湾澳界请照会诘问》（光绪三十三年六月十七日发，廿一日到），“中央研究院”近代史研究所档案馆藏，馆藏号 02-15-001-03-003；《外务部》，《葡人占界事》；黄福庆主编：《澳门专档》（二）18“（光绪三十三年八月初七日）外部收护理两广总督胡湘林文·照录抄件·（光绪三十三年六月二十一日到）香山县钱保寿禀”，第 29-30 页。

渡执照一事直接相关，不得而知。[①]但钱保寿将两份禀文同时上呈，或许有坐实之意。因此，他的用意当是以此为契机，使胡湘林更加注意澳门的界址问题，“俯赐迅予照会该国领事，赶紧饬行葡兵，各守界址，不得擅自妄为，以期相安而符条约”。“侵越海权”之语更是目前所见清政府官员较早将“海权”一词运用到澳门海界争端中。不过“海权”一词最初当非钱保寿等人的发明或有意为之，很可能如下文将引及的其第二份“湾仔渔船”禀文所明言的，只是转自六月十三日来湾仔驱迫渔船的葡兵的口语。它也没有引起胡湘林的重视，在给钱保寿的批复中未被提及。批语只说：

> 湾仔地方系属中国辖境，澳门葡兵何得擅行越界，迫令渔船改泊澳门，并用火船强托前往，实属违背约章。[②]

大约同时，香山县南屏乡绅士陈乃魁等亦向广东布政使司上呈了另一份“湾仔渔船”禀词，请其转达胡湘林：

> 南屏县绅士江苏试用道陈乃魁等禀：为主权不可失，疆界宜定明，以杜觊觎而免蚕食事。窃绅等世居南屏、北山两乡，与湾仔沙相距约八九里，与澳门相对峙，海面只二三里，向有渔渡各船停泊，历久无异。乃葡人忽于前六月十三、（十）四等日，用小火轮船将渔艇强拖入澳。查我国与葡人立约，不过将澳门永远借其居住，与割让之地大有不同。二十八年改立条约，声明“未划界以前，一切照现在情形办理，两国均不得稍有增减”，具有明文。湾仔沙向非属澳门，自有明证。至于海界，经前两广总督张之洞力驳有案，澳门只有租界，并无海界，缘海界四达不悖，防不胜防。乃后葡人于湾仔澳门海面之间，自设水浮水椿为界，今更废去，以图侵占一带海面……今又变计，先将海界占管，意图渐进，势必侵入内地。且两乡均属毗连海界……上顾国体，下为身家，迫得联名禀请台阶，伏企转详大宪，按照条约，执持公理，极力与争。并先饬湾仔沙巡警，将葡人告示揭存一张，以作证据，俾葡人知我能持公法，固守内权。[③]

此份禀词相当老练，非常纯熟地运用条约、公法、旧案、旧例等理据与“海界”“海面”

---

① 葡兵驱迫湾仔渔船入澳事，复见厉式金主修，汪文炳等纂：《香山县志》卷十六《纪事》，第 511 页。《澳门编年史》采录此条史料，但将时间误植为 8 月 2 日，见吴志良、汤开建、金国平主编：《澳门编年史·第四卷·清后期（1845—1911）》“光绪三十三年”条，广州：广东人民出版社，2009 年，第 2146 页。

② 《外务部》，《香山县禀澳门葡兵将湾仔渔船迫湾澳界请照会诘问》；《外务部》，《葡人占界事》；黄福庆主编：《澳门专档》（二）18“（光绪三十三年八月初七日）外部收护理两广总督胡湘林文·照录抄件·（光绪三十三年六月二十一日到）香山县钱保寿禀”，第 29-30 页。

③ 中国第一历史档案馆、澳门基金会、暨南大学古籍研究所合编：《明清时期澳门问题档案文献汇编》（六）《文献卷·清代部分续》第三编《奏议公牍类》“63·3 粤省绅士请粤督与葡人力争海权禀”，北京：人民出版社，1999 年，第 534-535 页。

之语全面阐述葡人侵占湾仔海界之违法背约。在此“海界”之争中，又将其上升至“主权不可失”“固守内权”，而非仅是先前的“地主管辖海面之权”。值得注意的是，陈乃魁等所用的“主权”一词很可能也是转自葡人。就在香山知县钱保寿“驰往前勘”之际，第一线负责“湾仔渔船”交涉事务的是前山同知蒋茂璧。早在六月十三、十四日湾仔渔船被驱之际，抱恙在身的蒋茂璧便请前山守备同香山县丞乘官轮到湾仔查勘。他同前山守备、香山县丞等商定，于十六日（7 月 25 日）致信葡澳华民政务厅，提出：

> 况官轮正近湾仔埠头，是否约章不准，殊不可解。至如该渔拖湾泊内，随船户择地行至，不能出强拘泊，致违旧章。惟查光绪二十八年增改条约内载“彼此俱止现时情形，不得有所增减、改变之事”等语。此次贵督饬拘该拖船等，究竟因何事故，其中原委未得详悉。用特据情布达台端，尚祈将各缘由详细示复，俾知底蕴。敝厅拟日间亲诣贵厅，面领教言。并请示定日期，以便趋候为荷。[①]

前山同知即广州海防军民同知，乾隆八年（1743）以雍正八年（1730）添设的管理澳门事务的香山县丞职分卑微，将肇庆府同知移驻香山县丞所在的前山寨，“专司海防，查验出口进口海船兼管在澳民蕃”；香山县丞移驻澳门望厦村，“专司稽查民蕃词讼，仍详报该同知办理”。[②]道光二十九年（1849），葡人滋事，香山县丞被逐出关闸，又移回前山城内。[③]可以说，前山同知及其所辖的香山县丞是处于中葡界务争端最前沿的广东地方官员。[④]但观览他们致澳门华民政务厅的信函，所犯的外交错漏颇多。第一，援引的光绪二十八年增改条约，当即光绪二十八年九月十四日（1902 年 10 月 15 日）中葡《增改条款》。可《增改条款》并无“彼此俱止现时情形，不得有所增减、改变之事”等语，倒是见诸前引 1887 年 12 月 17 日中葡《和好通商条约》，尽管《增改条款》第一款曰：“所有大西洋国与大清国于西历一千八百八十七年十二月初一日，即华历光绪十三年十月十七日，所立之通商和好条约仍照旧遵守弗替。”[⑤]第二，他们也缺乏坚定的澳门无水界的认知与立场，不然不会说“况官轮正近湾仔埠头，是否约章不准”。蒋茂璧，四川纳溪人，光绪十二年进士，三十二年上任前山同知。廖鹏飞，广西雒容人，监生，光绪三十二年署任香山县丞。[⑥]由此可见，

① 《外务部》,《查访葡人侵占情形并将舆图及函稿绘录呈核由》,“中央研究院”近代史研究所档案馆藏，馆藏号 02-15-001-03-009；黄福庆主编：《澳门专档》（二）18“（光绪三十三年八月初七日）外部收护理两广总督胡湘林文·照录抄件·（光绪三十三年七月初七日到）西洋总领事来照会·（光绪三十三年六月十六日）蒋茂璧来信抄白”，第 41-42 页。

② 印光任编纂：《澳门记略》上卷《官守篇》，国家图书馆出版社影印乾隆十六年刻本，第 88 页。

③ 厉式金主修，汪文炳等纂：《香山县志》卷六《海防》，第 434 页。

④ 有关前山同知在澳门交涉中的作用，可详参徐素琴：《晚清中葡澳门水界争端探微》，第 224-225 页；杜婉言：《论“澳门海防军民同知”》，《文化杂志》2003 年第 47 期。

⑤ 1902 年 10 月 15 日中葡《增改条款》全文，见王铁崖编：《中外旧约章汇编》第二册“1902-27-葡萄牙《增改条款》”，第 129-130 页。

⑥ 厉式金主修，汪文炳等纂：《香山县志》卷八《职官表》“同知”条，第 447 页。

蒋茂璧、廖鹏飞尽管肩负一线处理界务争端的重责，但都因到任时间不长，尚未熟悉相关的条约和“海界”知识。

蒋茂璧在信件末尾讲：“敝厅拟日间亲诣贵厅，面领教言。并请示定日期，以便趋候为荷。”最后与葡澳华民政务厅约定二十日（7月29日）在澳门见面。大约十九日，“驰往查勘”的钱保寿到达前山。蒋茂璧便同其商议，一道前往澳门拜会税务司与葡澳华民政务厅。

次日，他们到华民政务厅商谈。结果一开口就遭遇葡人的激烈反应。葡人一方面对信函中的“商人禀称：湾仔与澳门租界相连”中的“租界”二字极为不满，认为“条约已定，并非租界”，另一方面：

> 葡人执言，海面是其主权，不容外人干涉，强词自固。[①]

蒋茂璧等都未据理力争，而是“见其不可理喻，姑不与较辞”，“退后与钱令等商将查勘情形禀报。云：来前山时，业已据县丞牒知通禀在案，自应由钱令将往勘后情形再行上禀”。但钱保寿的往勘禀文直到二十七日（8月5日）方才递出。而此前的二十四日（8月2日），眼见钱保寿尚未将往勘的详细结果上禀，蒋茂璧觉得再等下去可能会招致胡湘林的不满，便先将湾仔巡警局绅潘志光、胡耀云、金殿元、李桂珊等人和澳长、大小渔船户的禀文稍加连缀向其敬禀：

> 卑职先经访闻湾仔所泊渔拖各船被葡人强迫入澳情事，当即饬查。旋据湾仔巡警局绅潘志光、胡耀云、金殿元、李桂珊等禀称：窃湾仔与澳门租界接连……查湾仔银坑一带，久为葡人所垂涎，若不清厘界线，恐为彼所占踞（据）。联乞设法维持。复据澳长、大小渔船户禀称：渔民生长于斯，以船为业，向在湾仔界内湾泊为合宜……迫得叩乞保护各等情到厅。据此，卑职正拟禀报间，适香山县钱令亲来该湾查勘情形，即据钱令面称，业已将葡人拘协渔船入澳情事先已通禀。是以卑职将各事调查清楚，再行会商禀办。因此禀报稍迟，理合声明。[②]

胡湘林很可能见到陈乃魁这份禀词，对其中的理据和“主权”一词颇为认同。故他二十六日（8月4日）回复葡领“湾仔渔船”一事的照会，虽然仍以钱保寿的禀词及自己的批词铺衍而成，但核心的部分却是遵照陈乃魁的禀词，不仅援引其主张的中葡条约声明作为最重要的理据，而且还使用了“主权”一词：

---

① 《外务部》，《查访葡人侵占情形并将舆图及函稿绘录呈核由》。

② 《外务部》，《葡官请撤饷渡及强迫湾仔渔船转泊澳门》，“中央研究院”近代史研究所档案馆藏，馆藏号02-15-001-03-008；《外务部》，《葡人占界事》；黄福庆主编：《澳门专档》（二）18“（光绪三十三年八月初七日）外部收护理两广总督胡湘林文·照录抄件·（光绪三十三年七月初二日到）前山同知蒋茂璧禀”，第33—34页。

为照会事。现据香山县禀称：据湾仔巡警局绅潘志光、胡耀云、金殿元、李桂珊等禀称：湾仔与澳门洋界相连等语。商民惶恐……乞速设法保护，以安商业等由前来。查中葡条约所载澳门疆界一款声明“俟两国派员妥为会订界址，再行特立专约。其未经定界以前一切事宜，俱照依现时情形勿动。彼此均不得有增减改变之事”等语，湾仔地方系属中国辖境，澳门葡兵何得擅行越界，迫令渔船改泊澳门，并用火船强托前往，实属违背约章，大碍中国主权。①

就在胡湘林就“湾仔渔船”一事照会葡领的次日，钱保寿向其上禀亲自“驰往前勘”“湾仔渔船”的报告。二十八日（8 月 6 日），报告送到胡手中：

当经前山何守备闻信，乘坐克虏兵轮前往查勘，泊在湾仔埠头，葡兵旋又到船，声称该处海权全归葡国，不能停泊过久。不得已将该轮湾入银坑地方，以避其锋……惟湾仔为县城门户，即海面亦中国轮舶常经之处，现在葡人已视海权若固有，不许在湾仔埠头湾泊船只，实属意存占越。②

钱保寿在报告中，直接言明“海权”之语皆来自葡人，“葡兵旋又到船，声称该处海权全归葡国”，“葡人已视海权若固有”。如此看来，无论是“海权”还是“主权”，都是香山县地方官员、绅商在与澳门当局的直接接触中不断熟悉并化为己用的。

七月初二日（8 月 10 日），同钱保寿一道参与查勘的前山同知蒋茂璧比其早一日在六月二十六日发出的禀文方才送达。③而有意思的是，蒋茂璧所描述的葡兵对话，仅有“不能停泊过久”，而无“该处海权全归葡国”。

就在胡湘林的注意力已经转向“湾仔渔船”一事之际，七月初七日（8 月 15 日）他接连收到葡领照会。第一份长篇论述“胡兆兰饷渡”一事，从《国际法》和交涉公文角度逐条批驳六月二十六日所复之照会，特别点明澳门拥有澳门至湾仔海面的领海权，且有据为凭为历任两广总督承认：

---

① 《外务部》，《葡国领事讯电澳督立将大小渔船放回并将越界葡兵滋事从严惩办由》（光绪三十三年六月廿六日发），“中央研究院”近代史研究所档案馆藏，馆藏号 02-15-001-03-006；《外务部》，《葡人占界事》；黄福庆主编：《澳门专档》（二）18“（光绪三十三年八月初七日）外部收护理两广总督胡湘林文·照录抄件·（光绪三十三年六月廿六日发）照会西洋总领事”，第 30-31 页。

② 《外务部》，《香山县禀遵将查勘葡人驱逐湾仔船只情形禀报察核》（光绪三十三年六月廿七日发），“中央研究院”近代史研究所档案馆藏，馆藏号 02-15-001-03-010；黄福庆主编：《澳门专档》（二）18“（光绪三十三年八月初七日）外部收护理两广总督胡湘林文·照录抄件·（光绪三十三年六月二十八日到）香山县钱保寿禀”，第 32 页。

③ 黄福庆主编：《澳门专档》（二）18“（光绪三十三年八月初七日）外部收护理两广总督胡湘林文·照录抄件·（光绪三十三年七月初二日到）前山同知蒋茂璧禀”，第 33-34 页。

澳门至湾仔之海面，系本西洋国领海权，历归本国管辖，情事真确，岂能强辩。除本国一向连年管辖到今无异外，另有贵省前总督与本国官往来公文为据。[①]

葡人所强调的当是下文征引七月初七日葡领照会中“系本西洋国领海权”，当即《国际法》意义上的“领海权”。而第二份则以澳门总督的复文回应“湾仔渔船”一事：

兹特将澳门总督复文抄送钧阅。计送闽(笔者注：似当作“葡”)澳督复文一件：……本总督均已阅悉查。我国与中国订立和约所载数百年本国管领内河之主权，照前执掌无异。今澳门船政厅饬令归本国管辖海面湾泊之船复改泊地方，中国官员不独照约无权干涉，即本国亦断不能任其干涉。本督查前六年中国拳乱时，澳官为防匪患乱入澳，乃由船政厅特饬各船移向平时湾泊处之西……光绪十三年两国立约之时，湾仔无船湾泊，真确无疑。而该约第二款载明“未定界以前一切事宜照依现时勿动，彼此均不得有增减改变之事”等语，是照约即不应有更变。澳官既有权领船只移向平时湾泊处之西湾泊，今即有权令船只泊回原处……各船户无不欢喜从命者，至于小轮拖回事诚有之，惟皆出于各船户所情愿请求拖带者。澳门内河系本国主权，毋庸多赘。[②]

葡人在此照会中仍以曲解的光绪十三年（1887）中葡《和好通商条约》第一款、第二款和前例为其张本，尚且不坠斯文。其拈出“领海权”“管领内河之主权”“本国主权”，更是直接挑战澳门租界的地位问题。不过，内中“各船户无不欢喜从命者，至于小轮拖回事诚有之，惟皆出于各船户所情愿请求拖带者”就多少有些显得无耻。七月十五日，胡湘林复照葡领，直切问题关键：

贵总领事七月初七日文……均已阅悉查。渔船、饷渡两事姑弗具论，只就湾仔地方本系中国内地应归中国管辖之情形切实辩明，则渔船、饷渡自不烦言而解。兹特为贵总领事官详晰言之。查澳门本为香山县辖境，从前葡人租寓澳门，自三巴门、水坑尾围墙起迤南至水边止，只有陆界，并无所谓水界。其澳门租界以外之内海外洋，均系香山县水师营汛，为中国独管……按照“现时情形勿动，彼此不得有增减改变之事”，此外内海外洋均为中国原有之地，应归中国独管自属，毫无疑义。既系中国独管，则贵国安得有管辖澳门以外水面之权……胡照澜饷渡在中国海面……中国疆土自有主

① 黄福庆主编：《澳门专档》（二）18“（光绪三十三年八月初七日）外部收护理两广总督胡湘林文·照录抄件·（光绪三十三年七月初七日到）西洋总领事来照会”，第35页。有关例举的往来公文证据的考释，可参徐素琴：《晚清中葡澳门水界争端探微》，第133-135页。

② 黄福庆主编：《澳门专档》（二）18“（光绪三十三年八月初七日）外部收护理两广总督胡湘林文·照录抄件·（光绪三十三年七月初七日到）西洋总领事来照会”，第38-40页。

权，从前所订条约及往来案据均属明晰。[①]

此照会有两点相当突出。第一，依据光绪十三年中葡《和好通商条约》第一款、第二款，全面论述清政府一直坚持的澳门“只有陆界，并无所谓水界”的基本立场。第二，已不再严格遵循“水界”的说法，而是在地方官员士绅的禀词和葡国照会的影响下不仅再次使用六月二十六日致葡领的照会中首次采用的“主权”一语，而且开始用到“海面”一词。至此，胡湘林感觉海界争端已告一段落，在当天便将全部往来照会咨呈外务部，“此两事迭与葡领往返驳辩，业经抄录全案，于七月望日咨呈”[②]。

七月二十八日，葡领继续照会胡湘林，称“渔船饷渡两事，澳官系按数十年来是有之权责而行”[③]，而“管理湾仔一事一千八百八十七年两国立约并未解决。现中国政府会订界址，亦可奏请本国君主派员商订。惟未有此举以前，彼此均无权解决”[④]。八月初一日，胡湘林致电外务部，“总之，界务不清，则图占愈肆。现在文牍辩驳，徒费口舌，毫无实际。应否奏派大员会订界址，以杜狡谋”[⑤]。次日给葡领的复照，亦在坚持中国独管海界的前提下表达相同的意见，“来文所称各节徒从一面之词，断断驳辩，殊于公事无益。此次渔船饷渡，确为中国内政，澳官无权干涉”[⑥]。

八月初六日，在与新任两广总督张人骏交接之际，胡湘林致电外务部：

光绪三十三年接广州口西洋总领事照会……续据香山县禀……查湾仔系县城门户，即海面亦中国轮船常经之处。现在葡人已视海权为固有，不许埠头湾泊船只，实属意存占用等情……兹于光绪三十三年七月初七日接西洋总领事两次来文，一言香山县民胡兆兰开摆饷渡事，一言湾仔地方湾泊渔船事，均属强词夺理，侵碍我国主权。

---

① 黄福庆主编：《澳门专档》（二）18“（光绪三十三年八月初七日）外部收护理两广总督胡湘林文·照录抄件·（光绪三十三年七月十五日发）复西洋领事官照会”，第42-45页。此照会原件影印件，见吴志良主编：《葡萄牙外交部藏葡国驻广州总领事馆档案》（清代部分·中文部分）第10册“卷宗二八三　湾仔渔船及胡兆兰饷渡”，广州：广东教育出版社，2009年，第110-125页。

② 黄福庆主编：《澳门专档》（二）17“（光绪三十三年八月初二日收）外部收护理两广总督胡湘林（原目误植为‘两广总督张人骏’）电”，第18页。

③ 吴志良主编：《葡萄牙外交部藏葡国驻广州总领事馆档案》（清代部分·中文部分）第10册“卷宗二八三　湾仔渔船及胡兆兰饷渡”，第127页。

④ 黄福庆主编：《澳门专档》（二）17“（光绪三十三年八月初二日）外部收护理两广总督胡湘林（原目误植为‘两广总督张人骏’）电”，第18页；厉式金主修，汪文炳等纂：《香山县志》卷六《海防》“勘界维持总会联呈张督员、高钦使意见书”条，第439页。

⑤ 黄福庆主编：《澳门专档》（二）17“（光绪三十三年八月初二日）外部收护理两广总督胡湘林（原目误植为‘两广总督张人骏’）电”，第18页。此电末尾署名“湘林　东”，据电文代码及初二日收到之时间，故此电发出时间当是初一日。

⑥ 吴志良主编：《葡萄牙外交部藏葡国驻广州总领事馆档案》（清代部分·中文部分）第10册“卷宗二八三　湾仔渔船及胡兆兰饷渡”，第126-130页。

本护督窃查，葡人税居澳门二百余年，界址迄未划定……

此次饷渡渔船两事，先后照会葡领，竟敢公然驳复。称引旧案，亦无证据。揆其窥伺之心，直欲以强硬手段遂其侵蚀，用意至为叵测。澳门本系租自中国，湾仔与澳门对峙，为中国专管地方，渔船向泊华界，葡官乃强拖威吓，逼逐移泊。何守备乘兵轮停泊中国海面，为中国权力所及之地，乃勒令迁避。胡兆兰饷渡，在华界开摆，经过澳门，请领华官照示，并无不合，乃竟照请撤销。种种无礼举动，实为蔑视中国主权。现在虽坚持驳拒，惟澳门界址一日不定，则葡人图占之谋一日不息。附近海面及大小各岛，尺寸皆我疆土，未便日久漠视，致贻无穷之患。①

胡湘林这篇电文全面回顾了他所经历并处理的此次澳门海界争端。他已经很清楚中方和葡方各自的优势，中方在援引约文和旧案上可能会理据充足，但葡人却一直以强硬手段实际侵占。事实也是如此。就在胡湘林同葡方相互照会、唇枪舌剑之际，葡方变本加厉，采取公然张贴告示、追缴中国船牌、转领葡照、继续拖船入澳、越界设置水炮、强占湾仔医院等手段以求实际占有。而在广东地方官员与香山绅商向两广总督、农工商局递交的抗议葡方继续侵占的禀词中，亦多采用“侵权”“侵我主权”“海界占管”“海界”“海面是其主权”“海权”等语。②此亦说明地方官员、绅商的“海权”认识在逐步加深。因此，在胡湘林看来，问题的关键是要划定界址，“惟澳门界址一日不定，则葡人图占之谋一日不息”。此份电文中“海面”“主权”已能自如运用，“海权”一词虽有出现，但只是直接摘自钱保寿六月二十六日的禀文，其较自然地运用还是要等到张人骏接任两广总督之后。

三、光绪三十三年澳门海界争端与晚清广东“海权”观之初成

张人骏是光绪三十四年（1908）至宣统元年（1909）澳门海界争端、东西沙岛维权的关键人物。因此，有必要对其此前的经历稍作追踪，以明光绪三十三年澳门海界争端对其“海权”认识之助益。张人骏（1846—1927），字千里，号安圃，晚号湛存居士，直隶丰润（今河北省唐山市丰润区）人。其五十岁以前的仕宦经历，据光绪二十一年履历单所载：

---

① 黄福庆主编：《澳门专档》（二）18“（光绪三十三年八月初七日）外部收护理两广总督胡湘林电”，第 19 页。该电整理件，见张海鹏主编：《中葡关系史料集》下册“外务部致两广总督函”，第 1659 页。

② 中国第一历史档案馆、澳门基金会、暨南大学古籍研究所合编：《明清时期澳门问题档案文献汇编》（六）《文献卷·清代部分续》第三编《奏议公牍类》“63·4 朱薛两委员禀”“63·5 前山同知蒋茂璧禀”“63·6 光绪三十三年香山恭、谷两都绅士因葡人侵越事上香山县禀词”，第 534-538 页；《振华五日大事记》第 50 期《本省大事》“湾仔交涉之延宕”条，光绪三十三年十二月十七日，第 43-44 页。

张人骏现年五十岁，系直隶丰润县人。由监生中式，同治三年甲子科顺天乡试举人，七年戊辰科进士，改翰林院庶吉士。十年，散馆授职编修。十二年九月，丁父忧。光绪元年十二月，服阕，赴京供职。二年，充国史馆协修。三年，奉旨记名，以御史用。八年壬午科，充四川乡试副考官。九年二月，补湖广道监察御史。三月，告假开缺。六月销假，补江南道监察御史。十二月，转掌广西道监察御史。十一年七月，俸满。以繁缺知府用。十一月，补授户部给事中。十二月，（笔者注：十一年履历单原有“遵海防例”四字），捐免历俸截取。十二年二月，（笔者注：十二年履历单原有“都察院保送”五字），奉旨记名，以繁缺道员用。三月，充会试同考官。九月（笔者注：十五年履历单原有“十六日”三字），丁母忧开缺。十四年十二月（笔者注：十五年履历单原有“十六日”三字），服阕。十五年七月，补兵科给事中。八月，经吏部签掣广西桂平梧盐法道。九月初二日，带领引见，奉旨补授广西桂平梧盐法道。十六年五月，到任。十七年九月，署理广西臬司。十八年二月，兼署藩司。四月，交卸藩篆。五月，经两广总督李瀚章保荐，奉旨交军机处存记。八月，回盐法道本任。九月，在顺直赈捐案内报捐花翎。十二月，经广西巡抚张联桂因前剿办上林等县斋匪案内保奏，奉旨赏加按察使衔。十九年正月，署理广西臬司。六月，回盐法道本任。二十年，署理广西臬司。十一月初六日，奉旨补授广东按察使。接到部文，当即具折谢恩请觐，奉旨著来见。交卸广西臬篆，起程北上，现在到京。[①]

从其履历单可见，张人骏科举正途入仕，京官外放广西，能力卓著，颇为当时两广总督李瀚章、广西巡抚张联桂赏识，故能以桂平梧盐法道署理广西布政使、广西按察使，由广西按察使补授广东按察使。光绪二十一年（1895）十二月，又自广东按察使改任广东布政使。[②]他上任后，“念形势之不可不共悉也”，于光绪二十三年石印出版《广东舆地全图》。[③]在此书的卷首序言中，张人骏对所念“不可不共悉”的广东形势有一番阐述：

粤东边海，为南洋首冲。西邻法越，近接港澳。蹈瑕抵隙，在在堪虞，慎固之，几间不容发。互市处所，城西而外，若潮州之汕头、廉州之北海、琼州之海口，沿边

---

① 秦国经主编：《清代官员履历档案全编》第五卷，第766页上。其光绪十一年、十二年、十五年履历单，分别见秦国经主编：《清代官员履历档案全编》第四卷，第281页下、第478页上；秦国经主编：《清代官员履历档案全编》第五卷，第91页上；秦国经主编：《清代官员履历档案全编》第二十七卷，第710页下、第712页上。张人骏广西桂平梧盐法道任上兼授广西按察使衔亦见《清德宗实录》，但时间系于光绪十八年十月，见《清实录》第五六册《德宗实录》卷三一七“光绪十八年十月辛巳”条。张人骏由广西桂平梧盐法道升任广东按察使，亦见《清实录》第五六册《德宗实录》卷三五三“光绪二十年十一月戊寅”条。

② 《清实录》第五六册《德宗实录》卷三八一“光绪二十一年十二月戊辰”条。

③ （清）张人骏编：《广东舆地全图》卷首《张人骏序》，第6页上。有关此图的内容及编纂过程，可参周鑫：《宣统元年石印本〈广东舆地全图〉之〈广东全省经纬度图〉考：晚清南海地图研究之一》，李庆新主编：《海洋史研究》第5辑，北京：社会科学文献出版社，2013年。

散布，敞我门庭。[①]

他对广东形势的判断立足“粤东边海，为南洋首冲”，注意的正是广东内外远近门户大开、列强环伺的严峻海防形势。这算得上是张人骏对广义的“海权”最初认识。光绪二十四年七月，张人骏调任山东布政使。[②]后历任漕运总督、山东巡抚、河南巡抚、广东巡抚、山西巡抚、河南巡抚。[③]晚清地方督抚拥有相当的对外交涉权力，包括监管海关与口岸通商、办理教案及订约换约、勘界、筹议设领事等，中日甲午战争后更形成“督抚外交”的局面。[④]张人骏任广东、河南巡抚时，整顿海关、开办矿务颇有声闻，由此积累了一定的外交经验。[⑤]光绪三十三年七月初四，他接任两广总督。[⑥]三十日，张人骏自上海赴任。[⑦]此前两任两广总督岑春煊和周馥在对外交涉上留下诸多问题。他在给儿子张允言的书信中直言：

> 西林（笔者注：即岑春煊）在粤，终年托病，不常见人。而一切见客及接待洋人，皆委之于员（笔者注：即洋务处洋务委员温宗尧）……西林之乱，尚胜于周（笔者注：即周馥）之糊涂。前日接见美领事，渠告人云，现在办事难，不如周时之容易，即此可见一斑……承二人之后，凡事颇难着手。[⑧]

八月初九日左右，张人骏到任两广总督。下车伊始，他便接到外务部要求查勘澳门海界的电函。电函主要以八月初二日、八月初七日收到的胡湘林电文为基础，向张人骏略述“胡兆兰饷渡”“湾仔渔船”两案大概与意见：

> 兹准胡护督电称前因，究竟十三年订约之际，该处是何情形，即希执事详加体察，

---

① （清）张人骏编：《广东舆地全图》卷首《张人骏序》，第6页上。有关此图的内容及编纂过程，可参周鑫：《宣统元年石印本〈广东舆地全图〉之〈广东全省经纬度图〉考：晚清南海地图研究之一》，李庆新主编：《海洋史研究》第5辑，北京：社会科学文献出版社，2013年。

② 《清实录》第五六册《德宗实录》卷四二四“光绪二十四年七月丙寅”条。

③ 《清实录》第五六册《德宗实录》卷四七四“光绪二十六年十月壬寅”条、卷四八七“光绪二十七年九月己丑”条、卷五四六“光绪三十一年六月己未”条、卷五五四“光绪三十二年正月癸巳”条；《清史稿》卷二〇〇《疆臣年表四・各省总督 河督漕督附》、卷二〇四《疆臣年表八・各省巡抚》，中华书局点校本，第7456—7458、7928—7933、7936-7940页。

④ 参见刘伟：《晚清督抚政治：中央与地方关系研究》，武汉：湖北教育出版社，2003年，第310-355页。

⑤ 《清实录》第五六册《德宗实录》卷五三六“光绪三十年十月丙辰”条、卷五四四“光绪三十一年四月乙巳”条；王彦威辑、王亮编，王敬立校：《清季外交史料》第四册《清光绪朝外交史料》卷二〇一“河南开封道致美领马墩商办鸡公山案请见覆照会”条，第3112-3113页；张守中编：《张人骏家书日记》，北京：中国文史出版社，1993年，第56、57、59、65、71、156页。

⑥ 《清实录》第五六册《德宗实录》卷五七六“光绪三十三年七月癸巳”条，第621页。

⑦ 《広東総督張人駿氏》，《朝日新聞》（東京）1907年9月9日，第2页。

⑧ 张守中编：《张人骏家书日记》，第106-107页。

遴派粤省熟习洋务司道大员，前往查看。如果拟勘之界，确有把握，即行达知本部照会葡使，转达葡政府派员会勘。[①]

外务部在给张人骏的电文中已言明，“兹准胡护督电称前因”。八月十一日，在尚未得到其回复前，便依照胡湘林的电文意见正式照会葡萄牙公使阿梅达。[②]十六日，收到葡国公使请撤饷渡照的照会。照会仍以光绪十三年中葡《和好通商条约》第二款为据，“据此查约章所载，既不得率行增减改变，是以仍照向章办理为要。相应照覆贵部查照，转饬两广总督饬属照约勿违。捋告示撤销后，其余一切再行商酌办理可也”[③]。

八月十九日，张人骏致电外务部，主要就葡兵逼逐湾仔渔船改泊澳门一事发表看法：

乃葡领不认违约，竟谓湾孜（笔者注：即湾仔）海面之权全属澳门，其强词夺理，有意侵占，已可概见。查公法领海之权，各有限制，断无全归一国之理。此次葡人越界强拖渔船，并谓海权全属葡国，实属蔑视邦交，无理取闹。若澳门界址不早划定，则葡人侵越之事，更恐日多，将来交涉尤为棘手。拟请大部迅商葡使，彼此各派妥员来粤勘明澳门界址，早为划定，以杜侵占。[④]

征引的电文前半部分，张人骏连用“海面之权”“领海之权”“海权”三词，表明他已经对“海权”这一词汇有所熟悉。这可能是他阅读与“胡兆兰饷渡”“湾仔渔船”两事有关的中葡文牍和查览“公法”的结果，却非源自对澳门海界争端的实践认知。因为无论是清政府的基本主张还是先前处理此事的胡湘林等广东地方官员的基本共识，都认为澳门无海界、海界为中国专有，张人骏“查公法领海之权，各有限制，断无全归一国之理”的说法显然并不符合此一共识，极有可能贻人口实。后半部分则主要提请外务部尽快同葡使商议，共同派员勘界画界。这一建议并无不当。可是如果联系此前外务部电文的要求，他显然没有依照要求“遴派粤省熟习洋务司道大员，前往查看”，遑论“如果拟勘之界，确有把握”。由此可见，刚接手澳门海界事务的张人骏尽管好学不倦，很开放地接受并使用“海面之权”“领海之权”“海权”的新词汇，但因尚未躬行体察实际的澳门海界问题，对其认识终究还是“纸上得来终觉浅”。

---

① 黄福庆主编：《澳门专档》（二）19“（光绪三十三年八月初九日）外部发两广总督张人骏电”，第 47 页。

② 黄福庆主编：《澳门专档》（二）20“（光绪三十三年八月十一日）外部发葡公使阿梅达照会”，第 47 页。此照会整理件，见张海鹏主编：《中葡关系史料集》下册，第 1661 页。

③ 黄福庆主编：《澳门专档》（二）21“（光绪三十三年八月十六日）外部收葡公使阿梅达照会”，第 48 页。此照会整理件，见张海鹏主编：《中葡关系史料集》下册，第 1661 页。

④ 黄福庆主编：《澳门专档》（二）22“（光绪三十三年八月二十日）外部收两广总督张人骏电”，第 49 页。此电整理件，见张海鹏主编：《中葡关系史料集》下册，第 1662 页。此电虽题为“八月二十日”，但电文末尾署为“骏。浩”，“浩”依照电文代码为十九日，故二十日当为外务部收到电文时间，而非张人骏发出电文时间。

外务部对这一电文似乎也并不满意。在收到电文的二十日当日，即照会葡使。照会主要回应十六日葡使的照会，而对张人骏电文中着重讨论的葡兵逼逐湾仔渔船改泊澳门一事，则直接言明："至湾仔渔船革令移泊一事，来照未经议复，仍希一并电知澳督，悉数放回。"[①]此后，中葡双方基本没有再就"胡兆兰饷渡""湾仔渔船"两案相互照会，光绪三十三年（1907）澳门海界争端至此告一段落。但此事对张人骏的海权认识仍继续发生影响。二十三日，外务部复电张人骏，依旧建议，"应先由粤派员前往查看，如果拟勘之界确有把握，再行照会葡使，派员会勘"[②]。这次他听从外务部的建议，派员先行查勘。九月初七日致电外务部：

> 查《中葡条约》虽有"未定界以前，俱照现时情形，彼此不得增减改变之事"等语，惟葡人屡违此约，迭思侵越，不一而足。界址一日不定，则葡人狡占日多。该处沿海岛屿均系香山县属境，驻兵有限，势难处处设防。葡人既于附近地方私设铁塔等物，即指为葡界之据。历年争辩有案可稽，窃谓现时划界，若能照原日界址勘定，固属甚善，即使葡人已占之处未能收回而界址已定，亦可永杜将来侵占之事。否则毫无限制，必致侵越日多，为患无已。现已由粤遴员前往，先行密查。可否仍恳钧部迅派熟悉粤情，谙练法文之员来粤。早定澳门界址，以杜后患。[③]

张人骏此电显现出其对澳门海界问题的认识已成熟一些，既遵循澳门无海界的基本立场，"该处沿海岛屿均系香山县属境"；但也知道必须立足实际，放弃部分权益，才能早日完成勘界，"即使葡人已占之处未能收回而界址已定"。其想法亦与外务部一致。次日，外务部即刻电告张人骏：

> 至该处界务，历年辖轇甚多，必应将现在情形详加体察，将来开议时方能确有把握。本部八月初九日函商遴派司道大员前往查看，正是此意。是以派员会勘一节，迄未向葡使提及。尊处拟调高参议到粤勘办，该员现因勘路前往汉口，即饬由汉赴粤，

① 黄福庆主编：《澳门专档》（二）23"（光绪三十三年八月二十日）外部发发葡公使阿梅达照会"，第50页。此电整理件，见张海鹏主编《中葡关系史料集》下册，第1662页。

② 黄福庆主编：《澳门专档》（二）25"（光绪三十三年九月初八日）外部收两广总督张人骏电"，第51页。此电节文见中国第一历史档案馆、澳门基金会、暨南大学古籍研究所合编：《明清时期澳门问题档案文献汇编》（四）《档案卷续》"1490 两广总督张人骏为请派熟悉粤情语练法文之员会勘澳门界务事致外务部电文"，第35页。

③ 黄福庆主编：《澳门专档》（二）25"（光绪三十三年九月初八日）外部收两广总督张人骏电"，第51页。此电节文见中国第一历史档案馆、澳门基金会、暨南大学古籍研究所合编：《明清时期澳门问题档案文献汇编》（四）《档案卷续》"1490 两广总督张人骏为请派熟悉粤情语练法文之员会勘澳门界务事致外务部电文"，第35页。

面与执事筹商一切，再行酌定办法。此时暂勿与葡领说明。[①]

外务部此电可谓言之谆谆，不仅给张人骏指明处理澳门界务的整体方向，“将现在情形详加体察，将来开议时方能确有把握”，而且道明具体的实施方案，“函商遴派司道大员前往查看”，“拟调高参议到粤勘办”，“面与执事筹商一切，再行酌定办法”；甚至还提醒他注意成事之密，“迄未向葡使提及”，“此时暂勿与葡领说明”。该电的确给予张人骏极大的鼓舞，在初八日收到电文的次日初九日，他即刻回电，“承派高参议来粤筹商，盖筹至佩。此事原未（笔者注：《明清时期澳门问题档案文献汇编》误作“来”）告知葡领，俟高到后，酌定办法，再陈钧核”[②]。高参议，即时任外务部右参议的高而谦。但他当时一直在武汉勘路，无法脱身。外务部与广东地方合勘澳门界之事也被迫搁置。

就在胡湘林、张人骏一边同外务部商议、一边同葡领交涉之际，广东知识界主持的地方报章亦跟踪报道。这些报纸的报道甚至一度引起胡湘林与葡领之间的相互照会。[③]而在诸多报纸中，尤以当年三月创刊的《振华五日大事记》关注最为持久。六月二十日出版的《振华五日大事记》第22期《本省大事》头条便直接以《葡人以澳门至湾仔为占有之海权耶》为题，刊布五月二十九日广东布政使衙门接到两广总督署转发的葡领照会，报道“胡兆兰饷渡”一事。[④]在葡领的照会原文及转载的新闻内容中皆未出现“海权”一语，《葡人以澳门至湾仔为占有之海权耶》标题中的“海权”显然出自编辑之手。而紧接此报道的是一则题为《廉州绅商请争路权》的新闻。因此，此处的“海权”极可能是编辑化用当时国人较熟知的“路权”一词而来。注重的亦当是其中的主权之义，而非领海权。七月十五日的第27期《振华五日大事记》又据两广总督批复前山同知蒋茂璧七月初二日禀文的批文，接续《葡人搀越湾仔海权事，叠志前报》，报道“湾仔渔船”一事。[⑤]八月初十日第32期的《振华五日大事记》则报道称，“两广胡护督初四日有折到京，奏请专派大员会同葡国大员，往

---

① 黄福庆主编：《澳门专档》（二）24“（光绪三十三年九月初八日）外部致两广总督张人骏电”，第53页。此电整理件，见张海鹏主编：《中葡关系史料集》下册，第1662页；中国第一历史档案馆、澳门基金会、暨南大学古籍研究所合编：《明清时期澳门问题档案文献汇编》（四）《档案卷续》“1489 外务部为派员勘办澳门界务事致两广总督张人骏电文”，第34页。此电末尾署名“人骏。阳”，依据“阳”字电文代码，当为初七日。黄庆华先生将此电文误解为清政府因中葡交涉葡商贩卖私盐而派员勘界，黄庆华：《中葡关系史》中册，第895-896页。

② 黄福庆主编：《澳门专档》（二）26“（光绪三十三年九月初九日）外部收两广总督张人骏电”，第52页。此电整理件，见中国第一历史档案馆、澳门基金会、暨南大学古籍研究所合编：《明清时期澳门问题档案文献汇编》（四）《档案卷续》“1491 两广总督张人骏为澳门勘界派高参议筹商未告知葡领事致外务部电文”，第35页。

③ 吴志良主编：《葡萄牙外交部藏葡国驻广州总领事馆档案》（清代部分・中文部分）第10册“卷宗二八三 关于香山查复湾仔地方”，第105-109页。

④《振华五日大事记》第22期《本省大事》“葡人以澳门至湾仔为占有之海权耶”条，光绪三十三年六月二十日，第42-43页。

⑤《振华五日大事记》第27期《本省大事》“谕饬渔船泊回湾仔华界”条，光绪三十三年七月十五日，第42-43页。

勘澳门租界”[①]。此后数月内《振华五日大事记》未有相关报道。

至十月中旬，西江缉捕权和英兵轮测量事起，引起两广地方士绅民众与知识界的强烈反应。[②]中葡澳门海界争端也被两广地方绅商与知识界再次关注。他们纷纷以学会、学堂、商会等新式团体名义致电外务部，电文皆有“英葡侵地占权”“英葡占地攘权”“英测归善，葡侵香山，华域领海，均存主权”等语，要求外务部坚拒。[③]“海权”观念由此更进一步推展。张人骏在西江缉捕权与英兵轮测量事上处置得当，更为他获得不少声望和处理外交事务的经验与信心。在写给儿子张允言的家信中，张人骏颇为自得地写道：

> 西江捕权一事，我惟持之镇静。民情亦尚信服。故英舰游弋月余，而地方未一滋事……今日船已全行出江矣。兵轮测量惠州海面，系周玉山所允。商民颇有疑惧。当即照会英领，令其退出。一面出示晓谕，现亦安静矣。前日香港总督专诚来见。昨日其妻又谒见汝母。优礼待之，尽欢而去。以后交涉，或可稍易。据云，此为前所未有之事。可见我在粤声名甚不坏矣。[④]

十一月初一日，他复电外务部询问的英兵轮测量之事：

> 兹据惠州府县电称：英轮已于二十五日出境，该处自出示后，民心遂安等语。谨电闻。葡界事，已嘱高参议到京面达。[⑤]

有关张人骏同高而谦商议澳门界务之细节，尚不清楚。但中央政府在澳门海界争端上的拖延颇令广东地方绅商和知识界不满。十二月十七日出版的第50期《振华五日大事记》，不仅直接用《湾仔交涉之延宕》为题对澳门海界争端展开后续报道，而且在报道后加上一大段评论的按语：

> 外交之有关主权者，当以迅速为妙。此次湾仔之谁属，与澳门强占之情形，屡经士绅详禀，粤督调查新旧案卷，当亦详明，可迳与葡督交涉矣。葡人虽狡，而无国势

① 《振华五日大事记》第32期《本省大事》“请勘澳门租界”条，光绪三十三年八月初十日，第35页。

② 相关研究可参李默：《1907年两广人民反对英帝国主义攫取西江缉捕权的斗争》，中国科学院广州哲学社会科学研究所历史研究室、广东省档案馆编：《广东历史资料》第2期，广州：广东人民出版社，1959年；覃寿伟：《从西江缉捕权的争夺看清末中外各社会力量的互动》，《江西社会科学》2006年第3期；何文平：《清末广东的盗匪问题与西江缉捕权风波》，《学术研究》2007年第4期。

③ 黄福庆主编：《澳门专档》（二）27“（光绪三十三年十月十九日）外部收两广方言学堂电”—35“（光绪三十三年十一月十三日）外部收广西铁路公所商会等电”，第52-56页。

④ 张守中编：《张人骏家书日记》，第111页。

⑤ 黄福庆主编：《澳门专档》（二）27“（光绪三十三年十一月初二日）外部收两广总督张人骏电”，第56页。电文末尾署名“人骏东”，故此电发出时间当为十一月初一日。

以为后盾，必无虑交涉之棘手，何以必须外部详查条约，往复延宕？更有不可解者，湾仔绅商以侵权占界有伤利权，具禀农工商局，原当即详督宪，亟争主权为是，乃亦以仰地方官查覆之官样文章延宕。苟查明非碍商务，而湾仔即可不争耶？[①]

以上按语中一再强调“主权”，也再次说明“主权”构成广东地方绅商与知识界最重要的“海权”认识。其重点当然是提醒清政府运用外交手段解决争端应迅速灵活。但更值得注意的是，论者不仅揭明外交背后的实质是“国势”，而且还注意到“海权”与“商务”“利权”之关系。广东地方绅商与知识界以“利权”争“海权”并非只是托诸空言，而是付诸行事。在“香山澳门海权迭经各界力争，仍无切实结果”的情形下，十二月中旬左右，香山县士绅吴应扬、陈德驹等决议将湾仔辟为商埠，“以期振兴商务，固我海权”。十二月二十二日第51期《振华五日大事记》即全文刊登他们在香港集会劝募开辟湾仔商埠的公启与条议。[②]这种综合运用“国势”、外交与“商务”维护“海权”的理念也成为晚清广东地方官员、绅商与知识界对“海权”更进一步的认识。

四、结　语

晚清广东官员、绅商与知识界的“海权”认识正是以光绪三十三年中葡海界争端为契机形成的。自光绪三十三年（1907）中葡海界争端出现后，“海权”一语不仅逐渐见诸广东地方官员、绅商的公文禀文中，而且腾诸地方报章舆论中。他们对“海权”的认识也随着澳门海界争端的展开而不断深入，一方面在抓住国际法中领海权的题中之义的同时，重点围绕“主权”去理解“海权”；另一方面则发展出综合运用“国势”、外交与“商务”的理念维护“海权”。从某种程度上而言，这一认识同马汉注重国家海上军事实力与商业实力的海权论颇有相近之处。其认识的深度不仅是晚清中央政府没有达到的，甚至还可能超过姚锡光等人直接从马汉海权论出发倡言建设海军的“海权”言论。因此，它构成晚清中国多样的“海权”认识光谱中耀眼的一环，并在随后光绪三十四年（1908）至宣统元年（1909）的中葡澳门海界争端、东西沙岛维权中迸发出令人瞩目的光彩。

（执行编辑：徐素琴）

① 《振华五日大事记》第50期《本省大事》“湾仔交涉之延宕”条，光绪三十三年十二月十七日，第44页。

② 《振华五日大事记》第51期《本省大事》“绅商整顿湾仔之可喜”条，光绪三十三年十二月二十二日，第33-34页。

韦庆远先生赠书目录*

一、古籍史料（包括民国以前古籍、档案汇编等）

作者	书名	出版社	年份	备注
（春秋）老子	（原注）道德经	广西民族出版社	1996	
（魏）曹操	曹操集	中华书局	1959	
（唐）长孙无忌等	唐律疏议	中华书局	1983	批注
（唐）李贺	李贺诗歌集注	上海人民出版社	1977	签名
（宋）岳珂	鄂国金佗稡编续编校注（上、下）	中华书局	1989	
（宋）周邦彦	清真集	中华书局	1981	批注
（元）陶宗仪	南村辍耕录	中华书局	1959	批注
（元）张三丰	张三丰全集	浙江古籍出版社	1990	
（明）陈邦瞻	元史纪事本末	中华书局	1979	
（明）陈洪谟、张瀚	治世余闻 继世纪闻 松窗梦语	中华书局	1985	
（明）陈履	悬榻斋集	广东教育出版社	2005	
（明）戴璟	广东通志初稿	广东省地方史志办公室	2003	
（明）邓士龙	国朝典故（上、中、下册）	北京大学出版社	1993	
（明）高岱	鸿猷录（一、二、三）	商务印书馆	1937	
（明）高拱	高拱论著四种	中华书局	1993	签名
（明）高拱	问辨录	中州古籍出版社	1998	签名
（明）高拱	高拱全集（下）	中州古籍出版社	2006	
（明）顾炎武	历代宅京记	中华书局	1984	
（明）顾炎武	顾亭林诗集汇注（下）	上海古籍出版社		
（明）顾炎武	顾亭林诗文集	中华书局	1983	
（明）顾炎武	顾亭林诗集汇注	上海古籍书店	1983	签名
（明）归庄	归庄集（上、下册）	中华书局	1962	

＊ 该目录由广东省社会科学院历史与孙中山研究所（海洋史研究中心）整理提供。

续表

作者	书名	出版社	年份	备注
（明）郭棐	粤大记（上、下册）	中山大学出版社	1998	
（明）何良俊	四友斋丛说摘抄（一、二、三）	商务印书馆	1937	
（明）何良俊	四友斋丛说	中华书局	1983	批注
（明）胡汝砺	嘉靖宁夏新志	宁夏人民出版社	1982	
（明）黄省曾	西洋朝贡典录	中华书局	1982	批注
（明）黄宗会等	缩斋文集、假庵杂著	上海古籍出版社	1983	批注
（明）蒋棻	明史纪事	江苏广陵古籍刻印社	1990	
（明）焦竑	玉堂丛语	中华书局	1981	批注
（明）瞿佑	剪灯新话	上海古籍出版社	1981	
（明）郎瑛	七修类稿（上、下册）	中华书局	1959	批注
（明）李乐	见闻杂记（全二册）	上海古籍出版社	1986	批注
（明）李诩	戒庵老人漫笔	中华书局	1982	批注
（明）李贽	焚书	中华书局	1961	
（明）李贽	藏书（全四册）	中华书局	1962	
（明）李贽	续藏书（下册）	中华书局	1962	批注、签名
（明）刘若愚、高士奇	明宫史、金鳌退食笔记	北京古籍出版社	1982	
（明）刘侗	帝京景物略	北京古籍出版社	1963	批注
（明）罗钦顺	困知记	中华书局	1990	批注
（明）蒲松龄	聊斋志异选	人民文学出版社	1981	
（明）戚继光	纪效新书（十四卷本）	中华书局	2001	
（明）戚继光	纪效新书（十八卷本）	中华书局	2001	
（明）戚继光	戚少保奏议	中华书局	2001	
（明）戚继光	练兵实纪	中华书局	2001	
（明）戚继光	戚继光文集：止止堂集	中华书局	2001	
（明）钱谦益	牧斋初学集（上、中、下册）	上海古籍出版社	1985	
（明）钱谦益	国初群雄事略	中华书局	1982	
（明）申时行等	明会典	中华书局	1989	
（明）沈榜	宛署杂记	北京出版社	1961	批注

续表

作者	书名	出版社	年份	备注
（明）沈德符	万历野获编（全三册）	中华书局	1959	批注
（明）沈炼	青霞集外三种	上海古籍出版社	1993	
（明）史可法	史可法集	上海古籍出版社	1984	
（明）释镇澄	清凉山志	中国书店	1989	签名
（明）宋懋澄	九籥集	中国社会科学出版社	1984	批注
（明）田艺蘅	留青日札（全三册）	上海古籍出版社	1985	批注
（明）王夫之	明诗评选	文化艺术出版社	1997	
（明）王夫之	读通鉴论（上、中、下册）	中华书局	1936	签名
（明）王夫之等	清诗话	上海古籍出版社	1978	
（明）王士性	广志绎	中华书局	1981	批注
（明）王世贞、魏连科	弇山堂别集（全四册）	中华书局	1985	批注
（明）文徵明	文徵明全集（上）	广益书局		
（明）吴历	吴渔山集笺注	中华书局	2007	批注
（明）吴廷翰	吴廷翰集	中华书局	1984	
（明）谢肇淛	五杂组	上海书店出版社	2001	批注
（明）叶春及	惠安政书	福建人民出版社	1987	
（明）叶梦珠	阅世编	上海古籍出版社	1981	
（明）叶盛	水东日记	中华书局	1980	批注
（明）叶子奇	草本子	中华书局	1983	
（明）叶子奇	草木子	中华书局	1959	
（明）阮大铖	阮大铖戏曲四种	黄山书社	1993	
（明）余继登	典故纪闻	中华书局	1981	批注
（明）张岱	陶庵梦忆、西湖梦寻	上海古籍出版社	1982	
（明）张居正	张太岳集	上海古籍出版社	1984	批注
（明）张廷玉	明史（一至十四）	中华书局	1974	
（明）赵士锦等	甲申纪事（外三种）	中华书局	1959	
（明）张家玉	张家玉集	广东高等教育出版社	1992	

续表

作者	书名	出版社	年份	备注
（明）朱国桢	皇明史概（上、中、下册）	江苏广陵古籍刻印社	1991	
（明）朱元璋	明太祖集	黄山书社	1989	
（明）兰陵笑笑生	金瓶梅词话（上、下册）	人民文学出版社	1992	批注
（明）郑晓	今言	中华书局	1984	批注
（清）曹雪芹、高鹗	红楼梦（一、二、三、四）	人民文学出版社	1973	批注
（清）查继佐	罪惟录（全四册）	浙江古籍出版社	1986	
（清）陈孚益	余生记略	上海古籍出版社	1983	
（清）陈康祺	郎潜纪闻二笔（上、下册）	中华书局	1984	
（清）陈夔龙	梦蕉亭杂记	上海古籍出版社	1983	批注
（清）陈梦雷	闲止书堂集钞	上海古籍出版社	1979	签名
（清）陈其元	庸闲斋笔记	大达图书供应社	1936	
（清）崇彝	道咸以来朝野杂记	北京古籍出版社	1982	
（清）鄂尔泰等	八旗通志（第一至八册）	东北师范大学出版社	1986	
（清）法式善	陶庐杂录	中华书局	1959	批注
（清）法式善	清秘述闻三种（全三册）	中华书局	1982	批注
（清）范端昂	粤中见闻	广东高等教育出版社	1988	批注
（清）方苞	方苞集（下）	上海古籍出版社	1983	批注、签名
（清）高凤翰	使滇日记·杂记（外一种）	上海古籍出版社	1983	
（清）龚炜	巢林笔谈（共两册）	中华书局	1981	批注
（清）龚自珍	龚定盦全集	国学整理社、世界书局	1935	
（清）谷应泰	明史纪事本末（一至四）	中华书局	1977	
（清）桂馥	札樸	中华书局	1992	
（清）何刚德	春明梦录、客座偶谈	上海古籍出版社	1983	批注
（清）何梦梅、翁山	大明正德游江南	华夏出版社	1995	
（清）黄景仁	两当轩集	上海古籍出版社	1983	签名

续表

作者	书名	出版社	年份	备注
（清）黄宗羲	黄宗羲南雷杂著真迹	浙江古籍出版社	1987	
（清）黄宗羲	明儒学案（上、下册）	中华书局	1985	
（清）悔堂老人	越中杂识	浙江人民出版社	1983	批注
（清）计六奇	明季北略（上、下册）	中华书局	1984	
（清）继昌	行素斋杂记	上海书店	1984	
（清）蒋良骐	东华录	中华书局	1980	签名
（清）柯悟迟	漏网喁鱼集（外一种）	中华书局	1985	批注
（清）孔尚任	孔尚任诗文集（全三册）	中华书局	1962	
（清）李伯元	南亭笔记	上海古籍出版社	1983	
（清）李慈铭	越缦堂读书记（上、下册）	中华书局	1963	
（清）李斗	扬州画舫录	江苏广陵古籍刻印社	1984	
（清）李光庭	乡言解颐	中华书局	1982	
（清）李清	三垣笔记	中华书局	1982	批注
（清）李延昰	南吴旧话录	上海古籍出版社	1985	批注
（清）梁章钜	归田琐记	中华书局	1981	批注
（清）梁章钜	浪迹丛谈、续谈、三谈	中华书局	1981	批注
（清）梁章钜	称谓录	岳麓书社	1991	签名
（清）梁章钜等	楹联丛话（附新话）	中华书局	1987	
（清）梁绍壬	两般秋雨盦随笔	上海古籍出版社	1982	
（清）鲁可藻	岭表纪年（外二种）	浙江古籍出版社	1985	
（清）廖燕	廖燕全集（上、下册）	上海古籍出版社	2005	批注
（清）林时对	荷牐丛谈	江苏广陵古籍刻印社	1990	
（清）刘禺生	世载堂杂忆	中华书局	1960	签名
（清）秋瑾	秋瑾集	上海古籍出版社	1979	
（清）陆以湉	冷庐杂识	中华书局	1984	批注
（清）罗天尺	五山志林	顺德县志办公室	1986	
（清）纳兰性德	纳兰词笺注	上海古籍出版社	1995	

续表

作者	书名	出版社	年份	备注
（清）马建忠	谪可齐记言	中华书局	1960	
（清）倪会鼎	倪元璐年谱	中华书局	1994	
（清）潘耒	救狂砭语	上海古籍出版社	1983	
（清）钱大昕	十驾斋养心录	上海书店	1983	
（清）钱以垲	岭海见闻	广东高等教育出版社	1992	
（清）钱泳	履园丛话（上）	中华书局	1979	批注、签名
（清）屈大均	广东新语（上、下册）	中华书局	1985	
（清）屈大均	广东文选	书目文献出版社	1998	
（清）丘逢甲	岭云海日楼诗钞	上海古籍出版社	1982	
（清）阮元	广东通志·前事略	广东人民出版社	1981	
（清）沈德滑	古诗源	中华书局	1963	
（清）沈德潜	清诗别裁集（全二册）	中华书局	1981	批注
（清）沈复	浮生六记	江西人民出版社	1980	
（清）沈涛	交翠轩笔记	上海古籍出版社	1985	批注
（清）沈家本	沈寄簃先生遗书（上、下册）	中国书店	1990	
（清）施琅、王铎全	靖海纪事	福建人民出版社	1983	
（清）施耐庵、罗贯中	水浒全传（上、中、下册）	上海人民出版社	1975	批注
（清）孙宝瑄	忘山庐日记（上）	上海古籍出版社	1983	
（清）孙承泽	天府广记（上、下册）	北京古籍出版社	1982	批注
（清）谈迁	北游录	中华书局	1960	
（清）檀萃	楚庭稗珠录	广东人民出版社	1982	
（清）汪啓淑	水曹清暇录	北京古籍出版社	1998	
（清）王夫之	楚辞通释	上海人民出版社	1975	签名
（清）王士禛	池北偶谈（上、下册）	中华书局	1982	批注
（清）王士禛	香祖笔记	上海古籍出版社	1982	批注
（清）王应奎	柳南随笔、续笔	中华书局	1983	批注
（清）王有光	吴下谚联	中华书局	1982	
（清）吴长元	宸垣识略	北京古籍出版社	1981	

续表

作者	书名	出版社	年份	备注
（清）吴振棫	养古斋丛录	浙江古籍出版社	1985	批注
（清）吴廷燮	明代督抚年表（上、下册）	中华书局	1982	
（清）夏燮	明通鉴（4、6、7、8册）	中华书局	1959	
（清）薛允升等	唐明律合编·宋刑统·庆元条注史类	中国书店出版	1990	批注
（清）英和	恩福堂笔记	上海古籍出版社	1985	
（清）英和	恩福堂笔记诗钞年谱	北京古籍出版社	1991	
（清）尤侗	尤西堂杂俎（上、下册）	大达图书供应社	1936	
（清）于敏中等	日下旧闻考（第一至八册）	北京古籍出版社	1983	签名
（清）余宾硕	金陵览古	上海古籍出版社	1983	
（清）俞樾	右台仙馆笔记	上海古籍出版社	1986	批注
（清）云间颠公	清代官场百怪录	浙江古籍出版社	1987	批注
（清）张纯修	史可法集	上海古籍出版社	1984	
（清）张集馨	道咸宦海见闻录	中华书局	1981	批注
（清）张庆昌	清诗铎（上、下册）	中华书局	1960	批注
（清）张庆长	黎岐纪闻	广东高等教育出版社	1992	
（清）赵翼、王树民	廿二史札记校证（全二册）	中华书局	1984	
（清）震钧	天尺偶闻	北京古籍出版社	1982	
（清）郑燮	郑板桥全集	中国书店	1985	
（清）江藩	国朝汉学师承记	中华书局	1983	
（清）周亮工	赖古堂集（上、下册）	上海古籍出版社	1979	
（清）朱鹤龄	愚庵小集（上、下册）	上海古籍出版社	1979	
（清）朱彭寿	旧典备征·安乐康平室随笔	中华书局	1982	
（清）朱彝尊、汪森	词综	中华书局	1975	
（清）朱彝尊	腾笑集	上海古籍出版社	1979	
（清）朱舜水	朱舜水集（上、下册）	中华书局	1981	
（清）印鸾章、李介入	明鉴	中国书店	1985	批注
（清）邢定纶、赵以谦	崖州志	广东人民出版社	1988	
（清）张荫桓	张荫桓戊戌日记手稿	尚志书社	1999	批注

续表

作者	书名	出版社	年份	备注
（清）赵祖铭	清代文献迈古录	台联国风出版社	1971	
（清）潘荣陛	帝京岁时纪胜	北京出版社	1961	
北京师范大学历史系	中国近代史资料选编（上册）	北京师范大学出版社	1975	
陈学文	湖州府城镇经济史料类纂	内部印行	1989	
陈义钟	海瑞集	中华书局	1962	批注
潮州会馆	潮州耆旧集（潮州文献丛刊之一）	香港潮州会馆印行	1977	
潮州会馆	东涯集（潮州文献丛刊之二）	香港潮州会馆印行	1978	
潮州会馆	井丹诗文集（潮州文献丛刊之三）	香港潮州会馆印行	1979	
潮州会馆	韩江闻见录（潮州文献丛刊之四）	香港潮州会馆印行	1980	
邓开颂、黄启臣	澳门港史资料汇编（1553—1986）（共两册）	广东人民出版社	1991	批注、签名
段光清	镜湖自撰年谱	中华书局	1960	批注
故宫博物院明清档案部、福建师范大学历史系	清季中外使领年表	中华书局	1985	签名
故宫博物院明清档案部	清末筹备立宪档案史料（上、下册）	中华书局	1979	批注
广东省立中山图书馆	曾国藩未刊书札	商务印书馆	2002	
广州市地方志编纂委员会办公室	元大德南海志残本	广东人民出版社	1991	
华广生	明清民歌时调集（上、下册）	上海古籍出版社	1987	批注
嘉兴市图书馆、浙江省社科院历史研究所、经济研究所	嘉兴府城镇经济史料类纂（共两册）	内部印行	1985	
李荣潮、陈祖贻	江宁县志	档案出版社	1989	签名赠本
辽宁大学历史系	《明实录》中的女真史料选编第一、二册	辽宁大学历史系	1983	
骆伟、骆廷	岭南古代方志辑佚	广东人民出版社	2002	
马以君	黎二樵诗集	顺德县志办公室印		
南雄县地方志编纂委员会	南雄县志	广东人民出版社	1991	
彭泽益	中国近代手工业史资料（1840—1949）	中华书局	1962	批注
钱实甫	清季重要职官年表	中华书局	1977	
钱实甫	清季新设职官年表	中华书局	1961	
沈善宏	黄宗羲全集（第一、二册）	浙江古籍出版社	1985	签名

续表

作者	书名	出版社	年份	备注
四川省档案馆	清代巴县档案汇编（乾隆卷）	档案出版社	1991	
苏州博物馆、江苏师范学院历史系、南京大学明清史研究室	明清苏州工商业碑刻集	江苏人民出版社	1981	批注
孙殿起	贩书偶记	中华书局	1962	
王忍之	顺德县志	方志出版社	1999	
王兆镛	微尚老人自订年谱	汪敬德堂印行		
况钟	况太守集	江苏人民出版社	1983	
夏完淳、王学曾	大哀赋注释	上海古籍出版社	1997	
谢国桢	明代社会经济史料选编（上、中册）	福建人民出版社	1980	批注
徐珂	清稗类钞选	书目文献出版社	1984	
许国英	清鉴易知录（上、下册）	北京古籍出版社	1987	
杨家骆	曝雪亭集（中、下册）	世界书局刊行	1964	
易心莹	道教三字经	上海古籍出版社	1997	
原台山县志编写组	台山县侨乡志		1985	
国宪起草委员会事务处	草宪便览（第五部）	内部刊物	1925	
赵令扬、陈璋、陈学霖、罗文	明实录中之东南亚史料（上册）	万有图书公司	1968	
赵令扬、陈璋	明实录中之东南亚史料（下册）	学津出版社	1976	
中国第一历史档案馆	清初内国史院满文档案译编	光明日报出版社	1989	批注
中国第一历史档案馆	锡伯族档案史料	辽宁民族出版社	1989	批注
中国科学院山东分院历史研究所	山东省志资料	山东人民出版社	1961	批注
中国历史地图集编辑组	中国历史地图集第八册	中华地图学社	1975	
中国社会科学院历史研究所	名公书判清明集（上、下册）	中华书局	1987	签名
“中央研究院”历史语言研究所	《明清史料》甲编第一至第十本	龙门书店	1969	第一至第四本有批注
李东阳	李东阳集（第一、二卷）	岳麓书社	1984	批注
缪荃孙	顺天府志	北京大学出版社	1983	

续表

作者	书名	出版社	年份	备注
	植氏族谱		1993	内部赠阅本
安海志修编小组	安海志	不详	1983	傅衣凌签名赠本
广东省哲学社会科学研究所历史研究室	朱执信集（上、下集）	中华书局	1979	
郑燮	郑板桥集	上海古籍出版社	1962	批注
吴玉章	吴玉章回忆录	中国青年出版社	1980	
“中央研究院”历史语言研究所	明清史料庚编（下册）	“中央研究院”历史语言研究所	1960	签名
	雍乾两朝镶红旗档	辽宁人民出版社	1987	批注
蔡志祥	华南研究文献丛刊（四）乾泰隆商业文书	华南研究出版社	2003	
陈翰笙	华工出国史料汇编第一辑（一）	中华书局	1984	
陈翰笙	华工出国史料汇编第一辑（二）	中华书局	1984	
陈翰笙	华工出国史料汇编第一辑（三）	中华书局	1984	
陈翰笙	华工出国史料汇编第一辑（四）	中华书局	1984	
陈翰笙	华工出国史料汇编第二、三、四辑	中华书局	1984	
陈翰笙	华工出国史料汇编第五、六、七辑	中华书局	1984	
陈翰笙	华工出国史料汇编第八、九、十辑	中华书局	1984	
陈旭麓等	辛亥革命前后（盛宣怀档案资料选辑之一）	上海人民出版社	1979	
陈振汉等	清实录经济史资料（农业编第一分册）	北京大学出版社	1989	签名
陈振汉等	清实录经济史资料（农业编第二分册）	北京大学出版社	1989	签名
陈振汉等	清实录经济史资料（农业编第三分册上）	北京大学出版社	1989	签名
陈振汉等	清实录经济史资料（农业编第三分册下）	北京大学出版社	1989	签名
东洋文库 清代史研究委员会	镶红旗档（乾隆朝 1）	东洋文库	昭和五十八年	批注
东洋文库清代史研究室	镶红旗档——雍正朝	东洋文库清代史研究室	昭和四十七年	批注
福建师范大学历史系	鸦片战争在闽台史料选编	福建人民出版社	1982	
故宫博物院明清档案部	李煦奏折	中华书局	1976	
故宫博物院明清档案部	关于江宁织造曾家档案史料	中华书局	1975	

续表

作者	书名	出版社	年份	备注
广东省档案馆、广州华侨志编委会、广州华侨研究会、广州师范学院	华侨与侨务史料选编（广东）（二）	广东人民出版社	1991	批注
广东省社会科学院历史研究所中国古代史研究室等	明清佛山碑刻文献经济资料	广东人民出版社	1987	
台北故宫博物院、故宫文献编辑委员会	年羹尧奏折专辑（上、中、下册）	台北故宫博物院刊行	1971	
何丙郁、赵令扬	明实录中之天文资料（下册）	香港大学中文系	1981	
洪焕椿	明清苏州农村经济资料	江苏古籍出版社	1988	
翦伯赞、郑天挺	中国通史参考资料（古代部分）第八册	中华书局	1979	
李华	明清以来北京工商会馆碑刻选编	文物出版社	1980	共两本
辽宁大学历史系	明代辽东残档选编	辽宁大学历史系	1979	
辽宁大学历史系	重译《满文老档》太祖朝	辽宁大学历史系	1979	
辽宁大学历史系	朝鲜《李朝实录》中的女真史料选编	辽宁大学历史系	1979	
辽宁省档案馆、辽宁省社会科学院历史所	明代辽东档案汇编（上、下册）	辽沈书社	1985	
辽宁省档案馆	辛亥革命在辽宁档案史料	辽宁省档案馆	1981	
辽宁省档案馆	盛京内务府粮庄档案汇编（上、下册）	辽沈书社	1993	
临时台湾土地调查局	宜兰厅管内埤圳调查书（上、下卷）	台湾日日新报社	明治三十八年	
林庆彰、贾顺先	杨慎研究资料汇编（上、下册）	“中央研究院”文哲研究所	1992	批注
刘厚生等	清雍正朝镶红旗档	东北师范大学出版社	1985	
刘如仲、苗学孟	台湾林爽文起义资料选编	福建人民出版社	1984	
鲁子健	清代四川财政史料（上）	四川省社会科学院出版社	1984	
罗香林	明清实录中之西藏史料	香港大学亚洲研究中心	1981	
骆承烈等	曲阜孔府档案史料选编（第一编上、下册）	齐鲁书社	1980	
骆承烈等	曲阜孔府档案史料选编（第二编全一册）	齐鲁书社	1980	

续表

作者	书名	出版社	年份	备注
骆承烈等	曲阜孔府档案史料选编（第三编第一、二、五、六册）	齐鲁书社	1980	
骆承烈等	曲阜孔府档案史料选编（第三编第十五册）	齐鲁书社	1981	
马木池	华南研究文献丛刊（二）北海贞泰号商业往来文书	华南研究出版社	2003	
马木池	华南研究文献丛刊（三）北海贞泰号1893—1935年结簿	华南研究出版社	2003	
南开大学历史系	清实录经济资料辑要	中华书局	1959	
商承祚、谭棣华	先秦货币文编	书目文献出版社	1983	签名
上海博物馆图书馆资料室	上海碑刻资料选辑	上海人民出版社	1980	
释镇澄	清涼山志（3册）	中国书店	1989	签名
水利水电科学研究院水利史研究室	清代海河滦河洪涝档案史料	中华书局	1981	
台湾银行经济研究室	台湾私法债权编（第一、二、三、四、五册）	台湾文献丛刊第一五〇种	1960	签名
四川大学历史系、四川省档案馆	清代乾嘉道巴县档案选编（上）	四川大学出版社	1989	签名
吴丰培	抚远大将军允禵奏稿	全国图书馆文献缩微复制中心	1981	批注
厦门大学台湾研究所等	康熙统一台湾档案史料选辑	福建人民出版社	1983	
厦门大学台湾研究所、中国第一历史档案馆编辑部	郑成功档案史料选辑	福建人民出版社	1985	批注
厦门大学台湾研究所	康熙统一台湾档案史料选辑	福建人民出版社	1983	签名
冼剑民、陈鸿均	广州碑刻集	广东高等教育出版社	2006	签名
冼剑民、谭棣华	广东土地契约文书	暨南大学出版社	2000	
徐泓	清代台湾自然灾害史料新编	福建人民出版社	2007	批注
扬州师范学院历史系	辛亥革命江苏地区史料	江苏人民出版社	1961	
张海鹏	明清徽商资料选编	黄山书社	1985	签名
张伟仁	明清档案（“中央研究院”历史语言研究所现存、清代内阁大库原藏）（第一、二册）	“中央研究院”历史语言研究所		
张小军、余理民	华南研究文献丛刊（五）福建杉洋村落碑铭	华南研究出版社	2003	

续表

作者	书名	出版社	年份	备注
张正明、科大卫、王勇红	明清山西碑刻资料选（续一）	山西人民出版社	2005	批注
张正明、科大卫	明清山西碑刻资料选	山西人民出版社	2005	签名
何丙郁、赵令扬	明实录中之天文资料（上、下册）	香港大学中文系	1986	签名
郑天挺	明清史资料	天津人民出版社	1980	
杨匏安	杨匏安文集	珠海出版社	2006	
	重修三槐堂江苏南通王氏宗谱		1999	
中国第一历史档案馆	康熙朝汉文硃批奏折汇编（全七册）	档案出版社	1985	
中国第一历史档案馆、澳门基金会、暨南大学古籍研究所	明清时期澳门问题档案文献汇编（全六册）	人民出版社	1999	
中国第一历史档案馆	中国第一历史档案馆馆藏朱批奏折财政类目录（第一至五册）	中国财政经济出版社	1992	
中国第一历史档案馆	清代档案史料丛编	中华书局	1980	批注
中国第一历史档案馆等	清代前期苗民起义档案史料（上、中、下册）	光明日报出版社	1987	
中国科学院近代史研究所近代史资料编辑组	徐树铮电稿	中华书局	1963	
中国科学院历史研究所第三所	云南贵州辛亥革命资料	科学出版社	1959	
中国科学院山东分院历史研究所	山东省志资料	山东人民出版社	1961	批注
中国科学院哲学研究所中国哲学史组	中国哲学史资料选辑（清代之部）	中华书局	1962	
中国人民大学历史系、中国第一历史档案馆	清代农民战争史资料选编（第一册上）	中国人民大学出版社	1984	
中国人民大学清史研究所、中国第一历史档案馆	天地会（三）	中国人民大学出版社	1982	
中国人民大学清史研究所、中国第一历史档案馆	天地会（四）	中国人民大学出版社	1983	
中国社会科学院近代史研究所中华民国史研究室、山东省曲阜文物管理委员会	孔府档案选编（上、下）	中华书局	1982	批注

续表

作者	书名	出版社	年份	备注
中国社会科学院历史研究所明史研究室	清代台湾农民起义史料选编	福建人民出版社	1983	批注
厦门大学历史系	郑成功研究论文选	福建人民出版社	1982	以下为补录
厦门大学台湾研究所	郑成功满文档案史料选译（清代台湾档案史料丛刊）	福建人民出版社	1987	
清史编委会	清代人物传稿（第一卷 上编）	中华书局	1984	
清史编委会	清代人物传稿（第一卷 下编）	中华书局	1984	
清史编委会	清代人物传稿（第二卷 上编）	中华书局	1986	
清史编委会	清代人物传稿（第二卷 下编）	中华书局	1985	
清史编委会	清代人物传稿（第三卷 上编）	中华书局	1986	
清史编委会	清代人物传稿（第三卷 下编）	中华书局	1987	
清史编委会	清代人物传稿（第四卷 上编）	中华书局	1987	
清史编委会	清代人物传稿（第四卷 下编）	中华书局	1988	
清史编委会	清代人物传稿（第五卷 上编）	中华书局	1988	
清史编委会	清代人物传稿（第六卷 上编）	中华书局	1991	
广东省文史研究馆	鸦片战争与林则徐史料选译	广东人民出版社	1986	
北京大学、北京师范大学中文系教师同学	陶渊明研究资料汇编	中华书局	1962	
小横香室主人	清朝野史大观（全五册）	上海书店	1981	批注

二、近人著述（包括民国以后著作、论文集等）

1. 大陆地区

作者	书名	出版社	年份	备注
《法律史论丛》编委	法律史论丛（二）	中国社会科学出版社	1982	
《河北文史资料》编辑部	近代中国帮会内幕（上、下卷）	群众出版社	1992	
《江淮论坛》编辑部	徽商研究论文集	安徽省人民出版社	1985	
《近代中国史稿》编写组	简明中国近代史知识手册	北京师范大学	1974	

续表

作者	书名	出版社	年份	备注
《蒙古民族通史》编委会	蒙古民族通史（第三卷）	内蒙古大学出版社	1991	
《庆祝杨向奎先生教研六十年论文集》编委会	庆祝杨向奎先生教研六十年论文集	河北教育出版社	1998	
《文史知识》编辑部	儒、佛、道与传统文化	中华书局	1990	批注
《中国古代办案百例》选注小组	中国古代办案百例	中国社会科学出版社	1980	
《中国明代文化研究》编委会、南京中山陵管理局	中国明代文化研究	中国文史出版社	2003	批注
阿英	晚清文学丛钞（小说四卷，上册）	中华书局	1961	
艾芜	南行记	作家出版社	1964	
艾芜	南行记续篇	人民文学出版社	1980	
巴荒	阳光与荒原的诱惑	东方出版中心	1997	
白寿彝	学步集	生活·读书·新知三联书店	1978	批注
白寿彝	清史论文集	辽宁人民出版社	1990	
百越民族史研究会	百越民族史论集	中国社会科学出版社	1982	
柏桦	明清州县官群体（共 3 册）	天津人民出版社	2003	签名
柏桦	中国古代刑罚政治观	人民出版社	2008	
柏铮	中国古代官制	北京大学出版社	1989	
鲍彦邦	明代漕运研究	暨南大学出版社	1996	签名
北京大学历史系简明世界史编写组	简明世界史（现代部分）	人民出版社	1975	
北京大学哲学系中国哲学史教研室	中国近代思想史论文集	上海人民出版社	1958	批注
北京师范大学附属实验中学语文教研组	古文观止选译注（下册）	北京师范大学附属实验中学	1980	
北京师范大学历史系	中国近代史资料选编（下）	中华书局	1976	签名
北京师范大学历史系中国近代史教研组	马克思恩格斯列宁斯大林毛主席论近代中国	北京师范大学	1973	试用本
北京师范大学马克思列宁主义理论教研室	人民的光荣（三）	北京师范大学	1978	

续表

作者	书名	出版社	年份	备注
北京师院学报编委会	线装书目录	内部刊物	1975	
北京史研究会	燕京春秋	北京出版社	1982	
北京市历史学会	吴晗纪念文集	北京出版社	1984	
北京市文联研究部	争鸣作品选编（第一、二辑）		1981	
北京市政协文史委	府园名址	北京出版社	2000	
北京市政协文史委	朝阳——法学摇篮	内部刊物	1991	
北京图书馆	西谛书目	文物出版社	1963	
北京燕山出版社	京华古迹寻踪	北京燕山出版社	1996	
蔡东藩	明史演义（上、下册）	上海文化出版社	1981	批注
蔡鸿生	仰望陈寅恪	中华书局	2004	签名
蔡鸿生	俄罗斯馆纪事	广东人民出版社	1994	签名
蔡鸿生	尼姑谭	中山大学出版社	1996	签名
蔡鸿生	清初岭南佛门事略	广东高等教育出版社	1997	签名、批注
蔡鸿生	广州与海洋文明丛书（全八册）	中山大学出版社	1997	批注
蔡鸿生	澳门史与中西交通研究	广东高等教育出版社	1999	批注
蔡美彪等	中国通史（第六册）	人民出版社	1979	
蔡少卿	中国近代会党史研究	中华书局	1987	签名
蔡少卿	再现过去：社会史的理论视野	浙江人民出版社	1988	签名
蔡仪	文学概论	人民文学出版社	1983	
曹喜琛	中国档案文献编纂史略	高等教育出版社	1999	
岑练英	明太祖教育政策研究	现代教育研究社	1992	签名
昌学汤	汉阳归元禅寺史话	华中师范大学出版社	1992	
常江、李理	清宫侍卫	辽宁大学出版社	1993	
常绍温、张其凡	陈乐素教授（九十）诞辰纪念文集	广东人民出版社	1992	
车文博	弗洛伊德文集（癔症研究）	河北人民出版社	2004	批注
陈宝良	中国的社与会	浙江人民出版社	1996	
陈宝良	中国流氓史	中国社会科学出版社	1993	签名
陈长文	明代科举文献研究	山东大学出版社	2008	

续表

作者	书名	出版社	年份	备注
陈鼓应	道家文化研究（第十二辑）	生活·读书·新知三联书店	1998	
陈登原	国史旧闻（第三分册）	中华书局	1980	
陈锋	清代军费研究	武汉大学出版社	1992	
陈锋	清代盐政与盐税	中州古籍出版社	1988	签名
陈鼓应等	明清史学思潮史（上、中、下）	齐鲁书社	1989	
陈国符	中国外丹黄白法考	上海古籍出版社	1997	
陈国强	郑成功与高山族	江西人民出版社	1982	
陈华新	中国历代宦官大观	海天出版社	1993	
陈继儒	小窗幽纪	陕西旅游出版社	2001	
陈捷先、成崇德、李纪祥	清史论集（上、下册）	人民出版社	2006	
陈克俭、林仁川	福建财政史	厦门大学出版社	1989	
陈茂同	中国历代选官制度	华东师范大学出版社	1994	
陈少悔	陈少悔诗词选（第三集）		2006	签名
陈诗启	中国近代海关史问题初探	中国展望出版社	1987	签名
陈书禄	江苏文化概观	南京师范大学出版社	1998	
陈田辑	明诗纪事（三）	上海古籍出版社		批注
陈梧桐、彭勇	明史十讲	上海古籍出版社	2007	
陈旭麓	辛亥革命	上海人民出版社	1955	批注
陈学文	明清时期杭嘉湖市镇史研究	群言出版社	1993	签名
陈寅恪	元白诗笺证稿	中华书局	1962	
陈垣	陈垣史源学杂文	人民出版社	1980	
陈垣	陈垣学术论文集（第一集）	中华书局	1980	批注
陈垣	陈垣学术论文集（第二集）	中华书局	1982	
陈在正、孔立、邓孔昭等	清代台湾史研究	厦门大学出版社	1986	批注
陈兆祦	三十国档案工作概况	档案出版社	1985	
陈兆祦	档案管理学	中国人民大学出版社	1962	

续表

作者	书名	出版社	年份	备注
陈支平	清代赋役制度演变新探	厦门大学出版社	1988	签名
陈支平	历史学的困惑	中华书局	2004	签名
陈支平、詹石窗	透视中国东南（上、下）	厦门大学出版社	2003	
陈支平等	第九届明史国际学术讨论会暨傅衣凌教授诞辰九十周年纪念论文集	厦门大学出版社	2003	
陈智超	陈垣史源学杂文	生活·读书·新知三联书店	2007	签名
程步奎	出土的愉悦	天地图书有限公司	2001	
程美宝	地域文化与国家认同：晚清以来“广东文化”观的形成	生活·读书·新知三联书店	2006	
程思远	李宗仁先生晚年	文史资料出版社	1980	
达力扎布	明代漠南蒙古历史研究	内蒙古文化出版社	1998	签名
戴逸	履霜集	中国人民大学出版社	1987	签名
戴裔煊	明代嘉隆间的倭寇海盗与中国资本主义的萌芽	中国社会科学出版社	1982	签名
党圣元、李继凯	中国古代的道士生活	商务印书馆国际有限公司	1997	
邓国屏	资治通鉴故事鉴赏	知识出版社	1991	
邓开颂、吴志良、陆晓敏	粤澳关系史	中国书店	1999	批注
邓开颂、谢后和	澳门历史与社会发展	珠海出版社	1999	内夹照片一张
邓开颂、余思伟	客家人在饶平	广东饶平客属海外联谊会	1993	签名
邓力群等	当代中国的档案事业	中国社会科学出版社	1987	
邓铁涛	中医近代史	广东高等教育出版社	1999	签名
邓拓	邓拓诗词选	人民文学出版社	1979	签名
邓拓	论中国历史的几个问题	生活·读书·新知三联书店	1979	签名、批注
邓之诚	中华二千年史（卷五上、下）	中华书局	1956	
邓之诚	清诗纪事初编（上、下册）	中华书局	1965	签名、批注
邓之诚	中华二千年史（卷一）	中华书局	1953	
邓之诚	中华二千年史（卷五中）	中华书局	1958	批注

续表

作者	书名	出版社	年份	备注
丁谷、傅弘	营销谋略——诸子百家推销术	北京师范大学出版社	1993	
东北师范大学历史系薛虹	历史教学法	东北师范大学教务处教材科	1955	
东方朔	刘宗周评传	南京大学出版社	1998	
杜继文	佛教史	中国社会科学出版社	1991	批注
杜维运	清代史学与史家	中华书局	1988	批注
段启明	西厢论稿	四川人民出版社	1982	
鄂容安	鄂尔泰年谱	中华书局	1993	
二月河	乾隆皇帝（秋声紫苑）	河南文艺出版社	1999	
二月河	乾隆皇帝（云暗风阙）	河南文艺出版社	1999	
法学教材编辑部《经济法学》编写组	经济法学	群众出版社	1984	
樊树志	万历传	人民出版社	1993	
樊树志	中国封建土地关系发展史	人民出版社	1988	签名
范金民	国计民生——明清社会经济研究	福建人民出版社	2008	签名
范金民	明清江南商业的发展	南京大学出版社	1998	签名
范金民、金文	江南丝绸史研究	农业出版社	1993	签名
范金民等	明清商事纠纷与商业诉讼	南京大学出版社	2007	签名
范文澜	中国通史简编（修订本）第一编	人民出版社	1949	
范文澜	中国通史（第二、四、五册）	人民出版社	1978	签名
范希会	书目答问补正	中华书局	1963	
方诗铭	中国历史纪年表	上海辞书出版社	1982	
方诗铭	中国历史纪年表	上海辞书出版社	1982	
方诗铭、方小芬	中国史历日和中西历日对照表	上海辞书出版社	1987	
冯尔康	《雍正朝起居注》《上谕内阁》《清世宗实录》资料之异同——兼论历史档案的史料价值	庆祝中国第一历史档案馆六十周年暨明清档案与历史研究学术讨论会论文	1985	
冯尔康	顾真斋文丛	中华书局	2003	签名
冯尔康等	中国宗族社会	浙江人民出版社	1994	签名、批注

续表

作者	书名	出版社	年份	备注
冯牧	沿着澜沧江的激流——我与云南	云南教育出版社	2000	
冯天瑜	明清文化史散论	华中工学院出版社	1984	批注
冯佐哲	清代政治与中外关系	中国社会科学出版社	1998	签名
佛山市博物馆	佛山市文物志	广东科技出版社	1991	
佛山市地方志编纂委员会办公室	佛山史话	中山大学出版社	1990	签名
佛山市地方志编纂委员会	佛山市志（上、下）	广东人民出版社	1994	
佛山市对外贸易局	佛山市对外贸易志	广东科技出版社	1988	
佛山市文化局	佛山市文化志	广东科技出版社	1991	
福建师范大学历史系华侨史资料编辑组	明清海外笔记选	海洋出版社	1983	
傅波	抚顺地区清前遗迹考察纪实	辽宁人民出版社	1994	
傅勤家	中国道教史	上海文化出版社	1989	
傅雷	傅译传记五种	生活·读书·新知三联书店	1996	
傅璇琮	学林漫录初集	中华书局	1980	
傅衣凌	明清封建土地所有制论纲	上海人民出版社	1992	签名
傅衣凌	明清时代商人及商业资本、明代江南市民经济试探	中华书局	2007	
傅衣凌	明清农村社会经济、明清社会经济变迁论	中华书局	2007	
傅衣凌	明清社会经济史论文集	中华书局	2007	
傅衣凌	明清封建土地所有制论纲	中华书局	2007	
傅衣凌	傅衣凌治史五十年文编	中华书局	2007	
傅衣凌	休休室治史文稿补编	中华书局	2007	
傅衣凌	明代江南市民经济试探会	上海人民出版社	1957	批注
傅衣凌、杨国桢	明清福建社会与乡村经济	厦门大学出版社	1987	
干戈	官经	北京燕山出版社	1993	
高放	中国政治体制改革的心声	重庆出版社	2006	签名
高寿仙	明代农业经济与农村社会	黄山书社	2006	
葛荃	立命与忠诚——士人政治精神的典型分析	浙江人民出版社	2000	签名

续表

作者	书名	出版社	年份	备注
葛兆光	道教与中国文化	上海人民出版社	1987	
古龙	多情剑客无情剑（上、中、下集）	海天出版社	1991	
谷霁光	史林漫拾	福建人民出版社	1982	
顾诚	明末农民战争史	中国社会科学出版社	1984	签名
顾颉刚	史林杂识初编	中华书局	1963	
广东省档案馆	广东澳门档案史料选编	中国档案出版社	1999	
广东省地方志办公室	方志学八讲	广东省地方志办公室	1988	
广东省立中山图书馆	广东省立中山图书馆馆藏名人手札选粹	商务印书馆	2002	
广东作协杂文创作委员会	岭南杂文选（续编）	广东高等教育出版社	1996	
广州历史文化名城研究会	广州十三行沧桑	广东省地图出版社	2001	签名
广州市地方志编纂委员会	广州食志	广州出版社	1999	
广州市荔湾区文化局、广州美术馆	海山仙馆名园拾萃	花城出版社	1999	
郭沫若	中国史稿（第一册）	人民出版社	1976	
郭沫若	中国史稿（第二册）	人民出版社	1976	签名、有批注
郭沫若	中国史稿（第三册）	人民出版社	1976	
郭沫若	中国史稿（第六册）	人民出版社	1987	签名、批注
郭培贵	明史选举志笺正	内蒙古大学出版社	1997	签名，内附郭信函一封
郭绍虞	中国文学批评史	新文艺出版社	1957	
郭绍虞	宋诗话考	中华书局	1979	签名
郭绍虞	中国文学批评史（上册）	商务印书馆	1934	
郭松义、定宜庄	清代民间婚书研究	人民出版社	2005	签名
郭秀文等	清代广州与西洋文明	汕头大学出版社	2006	签名
郭蕴静	清代经济史简编	河南人民出版社	1984	
郭蕴静	清代商业史	辽宁人民出版社	1994	签名、批注
郭蕴静	清代经济史简编	河南人民出版社	1984	

续表

作者	书名	出版社	年份	备注
国务院法制局	中国法制史参考书目简介	法律出版社	1957	
国务院古籍整理出版规划小组	古籍点校疑误汇录	国务院古籍整理出版规划小组编印	1985	
韩大成	明代城市研究	中国人民大学出版社	1991	
韩大成	明代社会经济初探	人民出版社	1986	签名、批注
韩钟文	人生成功的道路	职工教育出版社	1989	
何宝善	嘉靖皇帝朱厚熜	北京燕山出版社	1987	
何炳棣	读史阅世六十年	广西师范大学出版社	2005	
何炳松	浙东学派溯源	中华书局	1989	
何炽垣	咏陶轩诗文集	石湾区文学艺术界联合会、陶然诗书画研究会、佛山市民间文艺家协会、石湾诗社		
何尔健	按辽御珰疏稿	中州书画社	1982	
何龄修	五库斋清史丛稿	学苑出版社	2004	签名、批注
何孝荣	明代南京寺院研究	中国社会历史研究丛书	2000	批注
何阳	何阳的点子	北京大学出版社	1993	
何志毅	珠海历史名人：容国团	珠海出版社	2006	
和田清	中国史概说	商务印书馆	1964	
和钟华	以砚池命名的城——丽江古城寻踪	云南人民出版社	1999	
赫治清	天地会起源研究	社会科学文献出版社	1996	
黑龙江省档案馆	中国铁略（二）		1987	
洪芳洲研究会	洪芳洲研究论集	洪芳洲研究会	1998	签名、批注
洪焕椿	浙江方志考	浙江人民出版社	1983	签名
洪焕椿、罗仑	长江三角洲地区社会经济史研究	南京大学出版社	1989	
洪业	洪业论学集	中华书局	1981	
侯外庐	中国封建社会史论	人民出版社	1979	批注
侯外庐等	吕坤哲学选集	中华书局	1962	

续表

作者	书名	出版社	年份	备注
侯真平	黄道周纪年著述书画考（上、下）	厦门大学出版社	1994	签名
胡汉生	明朝帝王陵	北京燕山出版社	2001	批注
胡绳	帝国主义与中国政治	人民出版社	1952	
胡绳	枣下论丛（增订本）	人民出版社	1978	签名
胡绳	从鸦片战争到五四运动	人民出版社	1981	
胡守为	岭南古史	广东人民出版社	1999	签名
胡玉远	燕都说故	北京燕山出版社	1996	
胡玉远	京都胜迹	北京燕山出版社	1996	
湖南省魏源诗文注释组	魏源诗文选注	湖南人民出版社	1979	
湖南省哲学社会科学研究所	唐才常集	中华书局	1980	
湖南史学会	辛亥革命在湖南	湖南人民出版社	1984	签名
华南师范学院中文系《龚自珍的诗文》编写组	龚自珍的诗文	中华书局	1979	批注
华中师范学院历史系	英法资产阶级革命时期的复辟和反复辟斗争	人民出版社	1975	签名
怀效锋	嘉靖专制政治与法制	湖南教育出版社	1987	
黄涤明	黔贵文化	辽宁教育出版社	1998	
黄冕堂	明史管见	齐鲁书社	1985	
黄启臣	海上丝路与广东古港	中国评论学术出版社	2006	签名
黄启臣	黄启臣文集（二）——明清经济及中外关系	中国评论学术出版社	2007	签名
黄启臣	广东商帮	黄山书社	2007	
黄启臣、梁承邺	梁经国天宝行史迹	广东高等教育出版社	2003	签名
黄启臣、庞新平	明清广东商人	广东经济出版社	2001	签名
黄啓华、陈志明	论衡	论衡出版社	1994	
黄仁宇	地南天北叙古今	生活·读书·新知三联书店	2001	
黄仁宇	黄河青山（黄仁宇回忆录）	生活·读书·新知三联书店	2001	
黄守义	清代留学运动史	辽宁人民出版社	1985	

续表

作者	书名	出版社	年份	备注
黄淑娉、龚佩华	广东世仆制研究	广东高等教育出版社	2001	
黄云眉	明史考证（一）	中华书局	1979	
黄云眉	明史考证（二）	中华书局	1980	
黄云眉	明史考证（四）	中华书局	1984	
黄云眉	明史考证（八）	中华书局	1986	
黄宇和	两广总督叶名琛	中华书局	1984	
黄宗智	民事审判与民间调解：清代的表达与实践	中国社会科学出版社	1998	签名
嵇文甫	王船山史论选评	中华书局	1962	
嵇文甫	晚明思想史论	东方出版社	1996	批注
嵇文甫	王船山学术论丛	生活·读书·新知三联书店	1962	
吉林师大学报编辑部	中国古代史论文集	吉林师大学报编辑部	1979	
纪德君	中国历史小说的艺术流变	中国社会科学出版社	2002	批注
纪念陈垣校长诞生 110 周年筹委会	纪念陈垣校长诞生 110 周年学术论文集	北京师范大学出版社	1990	
季士家	明清史事论集	南京出版社	1993	
季羡林	病榻杂记	新世界出版社	2006	批注
暨南大学	陈垣教授诞生百一十周年纪念文集	暨南大学出版社	1994	
暨南大学历史系中国古代史教研室	中国古代史论文集（第一辑）	暨南大学历史系中国古代史教研室	1981	签名
暨南大学中国文化史籍研究所	历史文献与传统文化（第三集）	广东人民出版社	1994	
暨南大学中国文化史籍研究所	历史文献与传统文化（第四集）	广东人民出版社	1994	
翦伯赞	中外历史年表	中华书局	1962	
江淮论坛编辑部	徽商研究论文集	安徽人民出版社	1985	
江桥	康熙《御制清文鉴》研究	北京燕山出版社	2001	签名
江西师大历史系经济史研究室	江西经济史论丛（第一辑）		1987	
姜伯勤	石濂大汕与澳门禅史——清初岭南禅学史研究初编	学林出版社	1999	
姜德成	徐阶与嘉隆政治	天津古籍出版社	2002	签名

续表

作者	书名	出版社	年份	备注
姜公韬	明清史	长桥出版社	1979	批注
姜亮夫	历代人物年里碑传综表	中华书局	1965	批注
姜书阁	诗学广论	中国社会科学出版社	1982	
蒋孟引	第二次鸦片战争	生活·读书·新知三联书店	1965	
蒋星	海瑞	上海人民出版社	1979	
蒋祖怡、龚延明等	浙江十大文化名人	浙江人民出版社	1987	签名
焦雄	北京西郊宅园记	北京燕山出版社	1996	
解力夫	临危受命丘吉尔	世界知识出版社	1989	
金恒源	正本清源说雍正	浙江人民出版社	2005	签名
金家瑞	张煌言	上海人民出版社	1957	
金应熙	金应熙史学论文集（世界史卷）	广东人民出版社	2006	
金应熙	金应熙史学论文集（近代史卷）	广东人民出版社	2006	
金应熙	金应熙史学论文集（古代史卷）	广东人民出版社	2006	批注
金正耀	道教与炼丹术论	宗教文化出版社	2001	
金正耀	中国的道教	商务印书馆	1996	签名
经君健	清代社会的贱民等级	浙江人民出版社	1993	签名
鞠德源	日本国窃土源流·钓鱼列屿主权辨（上、下册）	首都师范大学出版社	2001	签名
瞿同祖	瞿同祖法学论著集	中国政法大学出版社	1998	
咳嗽、瀚海晴帆	山西	中国社会科学出版社	2004	
孔飞力	中华帝国晚期的叛乱及其敌人	中国社会科学出版社	1990	签名
孔经纬	东北经济史	四川人民出版社	1986	
昆明日报社	老昆明	云南人民出版社	1998	
来新夏	结网录	南开大学出版社	1984	
来新夏	清人笔记随录	中华书局	2005	批注
冷东	叶向高与明末政坛	汕头大学出版社	1996	
冷冻	东南亚海外潮人研究	中国华侨出版社	1999	
李定一	中华史纲	北京大学出版社	1997	批注

续表

作者	书名	出版社	年份	备注
李刚	劝善成仙—道教生命伦理	四川人民出版社	1994	
李根蟠、黄崇岳、卢勋	中国原始社会经济研究	中国社会科学出版社	1987	签名
李光璧	明朝史略	湖北人民出版社	1957	
李光璧	明清史论丛	湖北人民出版社	1957	
李金龙	皇城古道北京前门大街	解放军文艺出版社	2000	
李锦全	人文精神的承传与重建	广东人民出版社	1995	
李锦全	海瑞评传	南京大学出版社	1994	签名
李锦全	思空斋诗草——忧患意识、旷达人生的剪影	花城出版社	1999	
李凌	李凌集	中国社会科学出版社	2002	
李凌	他山之石可以攻玉——其它地区、国家反腐败的经验和教训	兰州大学出版社	2005	
李茂春	新编迪庆风物志	云南人民出版社	1999	
李鹏年、刘子扬、陈锵仪	清代六部成语词典	天津人民出版社	1990	签名
李鹏年等	清代中央国家机关概述	黑龙江人民出版社	1983	
李乔	文史拾荒——李乔随笔	东方出版中心	1997	签名
李庆新	海上丝绸之路	五洲传播出版社	2006	签名
李庆新	明代海外贸易制度	社会科学文献出版社	2007	签名
李群育	新编丽江风物志	云南人民出版社	1999	
李埏	中国封建经济史研究	云南人民出版社	1987	签名
李申	老子与道家	商务印书馆	1996	
李时岳	反洋教运动	生活·读书·新知三联书店	1962	签名
李时岳	张謇和立宪派	生活·读书·新知三联书店	1962	签名批注
李世愉	清代科举制度考辩	中央广播电视大学出版社	1999	
李文治、魏金玉、经君健	明清时代的农业资本主义萌芽问题	中国社会科学出版社	1983	
李小林	明史研究备览	天津教育出版社	1989	批注
李兴盛	边塞诗人吴兆骞	黑龙江人民出版社	1986	批注

续表

作者	书名	出版社	年份	备注
李学勤	中华姓氏谱	现代出版社 华艺出版社	2001	
李洵	明清史	人民出版社	1957	
李洵	下学集	中国社会科学出版社	1995	
李洵	明史食货志校注	中华书局	1982	签名
李棪	东林党籍考	人民出版社	1957	
李养正	道教概说	中华书局	1989	
李裕民	明史人名索引（全二册）	中华书局	1985	
李元庆	明代理学大师——薛瑄	山西高校联合出版社	1993	批注
李泽厚	中国近代思想史论	人民出版社	1986	
李中清、郭松义	清代皇族人口行为和社会环境	北京大学出版社	1994	
李仲伟、林子雄、倪俊明	广州文献书目提要	广东人民出版社	2000	签名
李宗桂	中国文化概论	中山大学出版社	1988	签名
李宗吾	厚黑学	求实出版社	1990	签名、批注
历史研究编辑部	关于历史人物评价等问题的讨论（第一辑）	生活·读书·新知三联书店	1965	
历史研究编辑部	明清人物论集	四川人民出版社	1982	
郦纯	太平天国官制军制探略	上海人民出版社	1958	
梁方仲	梁方仲经济史论文集	中华书局	1989	
梁方仲	梁方仲经济史论文集补编	中州古籍出版社	1984	
梁方仲	中国历代户口、田地、田赋统计	上海人民出版社	1980	签名、批注
梁方仲	梁方仲经济史论文集集遗	广东人民出版社	1990	签名、批注
梁家勉	徐光启年谱	上海古籍出版社	1981	
梁嘉彬	广东十三行考	广东人民出版社	1999	签名
梁淼泰	明清景德镇城市经济研究	江西人民出版社	1991	签名
梁希哲	梁希哲明清史论集	吉林人民出版社	2003	签名
梁希哲、孟昭信	明清政治制度述论	吉林大学出版社	1991	签名
梁志忠	清军入关与反腐倡廉	吉林省社会科学院历史研究所	1994	

续表

作者	书名	出版社	年份	备注
辽宁大学历史系	沈阳状启	内部编印	1983	
辽宁人民出版社	辽宁风物志	辽宁人民出版社	1985	签名
聊城师范学院历史系等	傅斯年	山东人民出版社	1991	
廖可斌	明代文学复古运动研究	上海古籍出版社	1994	
廖志豪	况钟与周忱	中华书局	1982	
林代昭	中国监察制度	中华书局	1988	
林庚、冯沅君	中国历代诗歌选（下编一、二）	人民文学出版社	1979	
林克光、王道成、孔祥吉	近代京华史迹	中国人民大学出版社	1985	
林庆元	福建近代经济史	福建教育出版社	2001	签名
林仁川	福建对外贸易与海关史	鹭江出版社	1991	签名
林天蔚	地方文献论集（上、下册）	南方出版社	2002	
林为楷	明代的江防体制：长江水域防卫的建构与备御	明史研究小组印行	2003	
林新奇	中国人事管理史	红旗出版社	1993	签名
林雅杰、陈伟武、亚兴	南越陶文录	天津人民美术出版社	2004	
林亚杰、朱万章	岭南书学研究论文集	广东人民出版社	2004	
林延清	明清史探究	中国文史出版社	2005	
林雨	林雨诗文集		无出版信息，有签名	
岭南与香山文化研究所	香山文化——历史投影与现实镜像	广东人民出版社	2006	
刘黎明	祠堂·灵牌·家谱	四川人民出版社	2003	签名
刘淼等	徽州社会经济史研究译文集	黄山书社	1987	叶显恩签名赠本
刘盼遂、郭预衡	中国历代散文选（下）	北京出版社	1980	
刘如仲、苗学孟著	清代台湾高山族社会生活	福建人民出版社	1991	
刘如仲、苗学孟	台湾林爽文起义资料选编	福建人民出版社	1984	批注
刘绍春、刘月桂	公共行政管理	人民日报出版社	1993	签名
刘圣宜	岭南近代文化论稿	中山大学出版社	2007	

续表

作者	书名	出版社	年份	备注
刘圣宜	岭南历史名人研究	中山大学出版社	2002	签名
刘石吉	明清时代江南市镇研究（共二册）	中国社会科学出版社	1987	签名
刘斯翰	史与诗	广东人民出版社	1997	签名
刘小萌	中国知青史	中国社会科学出版社	1996	签名赠本
刘小萌	胥吏	北京图书馆出版社	1998	签名
刘小萌	满族的社会与生活	北京图书馆出版社	1998	
刘勰	文心雕龙注（上）	人民文学出版社	1962	
刘心武	刘心武怪诞小说自选集	漓江出版社	1996	
刘永成	清代前期农业资本主义萌芽初探	福建人民出版社	1982	
刘聿鑫、凌丽华	戚继光年谱	山东大学出版社	1999	
刘再复	性格组合论	上海文艺出版社	1986	
刘泽华	中国政治思想史（隋唐宋元明清卷）	浙江人民出版社	1996	
刘镇发	“客家”——误会的历史、历史的误会	学术研究杂志社	2001	
刘正刚	闽粤客家人在四川	广西教育出版社	1997	
刘之昆	张居正传奇	武汉大学出版社	1994	
刘志琴	晚明史论——重新认识末世衰变	江西高校出版社	2004	签名
刘志琴	悠悠古今	广西人民出版社	1999	签名
刘志琴	张居正评传	南京大学出版社	2006	签名
刘仲宇	道教故事图说	上海书店出版社	2000	批注
刘重日	濒阳集	黄山书社	2003	签名
龙西斌、于学群	第八届明史国际学术研讨会论文集	湖南人民出版社	2001	
龙榆生	唐宋名家词选	上海古籍出版社	1981	
娄曾泉、颜章炮	明朝史话	北京出版社	1984	
卢洁峰	广州中山纪念堂钩沉	广东人民出版社	2003	共 2 册
陆玉林等	中国道家	宗教文化出版社	1996	
吕振羽	简明中国通史（上册）	人民出版社	1941	
吕振羽	简明中国通史（下册）	人民出版社	1959	
罗大华等	犯罪心理学	群众出版社	1986	批注

续表

作者	书名	出版社	年份	备注
罗尔纲	绿营兵志	中华书局	1984	
罗尔纲	湘军兵志	中华书局	1984	
罗根泽	中国文学批评史	古典文学出版社	1957	
罗仑、景甦	清代山东经营地主经济研究	齐鲁书社	1984	
罗仑	苏州地区社会经济史（明清卷）	南京大学出版社	1993	
罗之基	佤族社会历史与文化	中央民族大学出版社	1995	
罗志欢	岭南历史文献	广东人民出版社	2006	
马楚坚	明代家丁之特质	中国文学研究所学会	1986	
马楚坚	明清边政与治乱	天津人民出版社	1994	签名
马道宗	中国道教养生秘诀	宗教文化出版社	2002	
马以君	黄节诗集	中国人民大学出版社	1989	
麦若鹏	黄遵宪传	古典文学出版社	1957	
毛庆耆	岭南学术百家	广东人民出版社	2004	
茅海建	天朝的崩溃	生活·读书·新知三联书店	1995	签名
茅海建	近代的尺度	上海三联书店	1998	签名
孟森	明清史论著集刊（上、下册）	中华书局	1959	
孟森	明清史讲义（上、下）	中华书局	1981	
孟森	明清史论著集刊续编	中华书局	1986	批注
孟祥才	梁启超传	北京出版社	1980	
苗润田	中国儒学史明清卷	广东教育出版社	1998	
明代史研究委员会	千顷堂书目著者名索引	东洋文库	1996	
明清档案通览编委会	明清档案通览	中国档案出版社	2000	
明清广东省社会经济研究会	十四世纪以来广东社会经济的发展	广东高等教育出版社	1992	签名
墨浪子等	西湖佳话等三种	江苏古籍出版社	1993	批注
牟钟鉴、胡孚琛	道教通论——兼论道家学说	齐鲁书社	1991	
木丽春	丽江古城史话	民族出版社	1996	
南炳文	南明史	南开大学出版社	1992	签名
南炳文	辉煌、曲折与启示：20 世纪中国明史研究回顾	天津人民出版社	2001	签名

续表

作者	书名	出版社	年份	备注
南炳文	明清史蠡测	天津教育出版社	1996	签名
南怀瑾	道家、密宗与东方神秘学	复旦大学出版社	1997	
南怀瑾	历史的经验	复旦大学出版社	1992	
南京大学历史系明清史研究	中国资本主义萌芽问题论文集	江苏人民出版社	1983	
南京大学历史系明清史研究室	明清史研究文献目录	南京大学历史系	1980	
南开大学、北京大学历史系	郑天挺先生百年诞辰纪念文集	中华书局	2000	
南开大学历史系中国古代史组	中国古代史稿（下册）	南开大学	1973	签名
倪正茂等	中华法苑四千年	群众出版社	1987	签名
倪正茂	批判与重建：中国法律史研究反拨	法律出版社	2002	签名
聂世美选注	查慎行选集	上海古籍出版社	1998	批注
宁夏师范学院政史系	中国历史研究论文集政史系	宁夏师范学院	1962	内部读物
欧鹍渤	滇云文化	辽宁教育出版社	1998	
欧之德	世界瑰宝——丽江四方街	解放军文艺出版社	2000	
潘刚儿、黄启臣、陈国栋	潘同文（孚）行	华南理工大学出版社	2006	签名
潘菽	心理学简札（上、下册）	人民教育出版社	1984	签名批注
潘喆、唐世儒	获鹿县编审册初步研究	中国人民大学清史研究所	1983	批注
彭海铃	汪兆镛与近代粤澳文化	广东人民出版社	2004	签名
彭雨新、汤明檖	中国封建社会经济史	武汉大学出版社	1994	签名
漆侠	王安石变法	上海人民出版社	1959	
钱穆	中国近三百年学术史（上、下 册）	中华书局	1986	
钱穆	国史大纲（上、下）	商务印书馆	1940	
钱小云、吴泰昌	阿英散文选	百花文艺出版社	1981	签名
钱宗范等	简明历史手册	广西人民出版社	1985	
乔长路	中国人生哲学——先秦诸子的价值观念和处事美德	中国人民大学出版社	1990	签名
乔伟	唐律研究	山东人民出版社	1985	

续表

作者	书名	出版社	年份	备注
秦宝琦	中国地下社会	学苑出版社	1993	
秦国经	逊清皇室轶事	紫禁城出版社	1985	签名
秦佩珩	明清社会经济史论稿	中州古籍出版社	1984	
卿希泰、唐大潮	道教史	中国社会科学出版社	1994	
卿希泰、王志忠	道教常识问答	江苏古籍出版社	1996	
清代宫史研究会	清代宫史探微	紫禁城出版社	1991	
清代宫史研究会	清代宫史论丛	紫禁城出版社	2001	
邱进之	中国历代名道	吉林教育出版社	1997	
曲彦斌	中国典当史	上海文艺出版社	1993	
全国政协文史资料研究委员会	晚清宫廷生活见闻	文史资料出版社	1982	
阚勋吾	怎么使用历史工具书	辽宁人民出版社	1979	
本社编辑部	明清小说研究论文集	人民文学出版社	1959	
任继愈	中国道教史	上海人民出版社	1990	批注
荣孟源	历史笔记	中国社会科学出版社	1983	
荣孟源	中国近代史历表	中华书局	1953	
容尚谦	容闳与留美幼童研究·创办出洋局及官学生历史	珠海出版社	2006	
容肇祖	李贽年谱	生活·读书·新知三联书店	1957	批注
容志毅	中国炼丹术考略	上海三联书店	1998	
阮明道	西域地理图说注	延边大学出版社	1992	
三水县地方志编纂委员会办公室、三水县武装部《军事志》编写组	三水县军事志		1990	
桑兵	国学与汉学——近代中外学界交往录	浙江人民出版社	1999	批注
桑咸之、林翘翘	中国近代政治思想史	中国人民大学出版社	1986	
商衍鎏	清代科举考试述录	生活·读书·新知三联书店	1983	
商业部商业经济研究所《中国的酒类专卖》编写组	中国的酒类专卖	中国商业出版社	1982	

续表

作者	书名	出版社	年份	备注
上海师范大学中文系七三级	王安石诗文选读	人民出版社	1975	
上海文艺出版社	中国现代散文（下册）	上海文艺出版社	1982	
尚钺	尚钺史学论文集	人民出版社	1984	
尚钺	中国历史纲要	人民出版社	1954	签名、批注
沈起、陈敬璋	查继佐年谱·查慎行年谱	中华书局	1992	
沈政	法律心理学	北京大学出版社	1986	
施连方、施枫	老北京趣谈	中国旅游出版社	2001	
石绍勋、韦道昌	元明散曲选	山西人民出版社	1984	
史为乐	中华人民共和国政区沿革（1949—2002）	人民出版社	2006	签名
寿罗香林教授论文集编辑委员会	寿罗香林教授论文集	万有图书公司		
宋仁	梁启超政治法律思想研究	学苑出版社	1990	签名
苏钜亮	清侯权太平景象二十屏	文物出版社	2006	
苏曼殊	燕子龛诗笺注	四川人民出版社	1983	
苏双碧	浪中记事	中国社会科学出版社	2005	
苏双碧、王宏志	吴晗传	北京出版社	1984	
苏同炳	明代驿递制度	中华丛书编委委员会	1969	
孙殿起	琉璃厂小志	北京出版社	1962	
孙兢、李炳彦	纵横捭阖：伐谋与伐交	解放军出版社	1991	
孙立	明末清初诗论研究	广东高等教育出版社	1999	
孙文良、李治亭、邱莲梅	明清战争史略	辽宁人民出版社	1986	
台湾图书馆	明人传记资料索引	中华书局	1987	
谈大正、刘绍春	杀尽贪官	上海文化出版社	1991	
谭世宝	澳门历史文化探真	中华书局	2006	
汤纲、南炳文	明史（上、下册）	上海人民出版社	2003	批注、签名
汤纲、南炳文	明史（上册）	上海人民出版社	1985	
汤纲、南炳文	明史（下册）	上海人民出版社	2001	

续表

作者	书名	出版社	年份	备注
汤开建	澳门开埠初期史研究	中华书局	1999	签名
汤开建等	鸦片战争后澳门社会生活记实——近代报刊澳门资料选粹（共2册）	花城出版社	2001	签名
汤明檖	中国古代社会经济史	中州书画社	1982	
汤明檖	汤明檖文集	广东人民出版社	1997	
唐大潮	明清之际道教“三教合一”思想论	宗教文化出版社	2000	
唐浩明	张之洞（中、下册）	人民文学出版社	2001	
唐浩明	曾国藩第二部野焚	湖南文艺出版社	1991	批注
唐浩明	张之洞（上卷）	人民文学出版社	2001	
唐力行	商人与中国近世社会	浙江人民出版社	1993	签名
唐文基	明代赋役制度史	中国社会科学出版社	1991	批注
唐益年	清宫太监	辽宁大学出版社	1994	签名
堂圣元、李继凯	中国古代的道士生活	商务印书馆	1997	
陶菊隐	袁世凯演义	中华书局	1979	
田居俭、宋元强	中国资本主义萌芽	巴蜀书社	1987	签名
田培栋	明代社会经济史研究	北京燕山出版社	2001	签名、批注
田澍等	第十一届明史国际学术讨论会论文集	天津古籍出版社	2007	
童第德	韩愈文选	人民文学出版社	1980	
屠隆	娑罗馆清言	陕西旅游出版社	2001	
万国鼎	中国历史纪年表	中华书局	1978	
万揆一	昆明古城拾遗	云南教育出版社	2000	
王彬、崔国政	燕京风土录（上、下卷）	光明日报出版社	2000	
王春瑜、杜婉言	明代宦官与经济史料初探	中国社会科学出版社	1986	签名
王春瑜、杜婉言	刘瑾 魏忠贤	中华书局	1983	签名
王道成	科举史话	中华书局	1988	
王尔敏	晚清政治思想史论	广西师范大学出版社	2005	
王尔敏	中国近代思想史论	商务印书馆	1995	
王尔敏	晚清政治思想史论	商务印书馆	1995	签名
王方中	中国近代经济史稿（1840—1927）	北京出版社	1982	签名
王贵忱	王贵忱可居题跋书翰	岭南美术出版社	2003	签名
王贵忱	周叔弢先生书简	自编	1994	

续表

作者	书名	出版社	年份	备注
王贵忱	周一良先生书简	自编	2003	
王宏钧、刘如仲	准格尔的历史与人物	青海人民出版社	1984	
王剑	明代密疏研究	中国社会科学出版社	2005	签名
王健	中国明代思想史	人民出版社	1994	
王晋民	台港澳文学作品精选（诗歌散文卷）	广东高等教育出版社	1998	批注
王境轮	故宫宝卷	中国民族摄影艺术出版社	1999	
王力等	中国古代文化史讲座	中央广播电视大学出版社	1984	
王利器	李士桢李煦父子年谱	北京出版社	1983	
王笠耘	小说创作十戒	人民文学出版社	2001	批注
王其榘	明代内阁制度史	中华书局	1989	签名
王錡、于慎行	万国杂记	中华书局	1984	批注
王戎笙等	清代全史（第1—10卷）	方志出版社	2007	
王戎笙等	清代全史（第1—10卷）	辽宁人民出版社	1991	
王荣初	西湖楹联欣赏	浙江文艺出版社	1986	
王荣初、蔡一平	清代散文选注	上海古籍出版社	1980	签名
王叔武	云南古佚书钞	云南人民出版社	1996	
王树卿	清代宫史丛谈	紫禁城出版社	1996	
王树卿、李鹏年	清宫史事	紫禁城出版社	1986	
王思治	两汉社会性质问题及其他	生活·读书·新知三联书店	1980	
王思治	清史论稿	巴蜀书社	1987	签名
王文才	杨慎学谱	上海古籍出版社	1988	批注
王文成	宋代白银货币化研究	云南大学出版社	2001	
王亚南	中国官僚政治研究	中国社会科学出版社	1981	
王锳	诗词曲语辞例释	中华书局	1980	
王毓铨	莱芜集	中华书局	1983	
王远明	风起伶仃洋——香山人物谱	广东人民出版社	2006	

续表

作者	书名	出版社	年份	备注
王岳红	谱牒学论丛（第一辑）	山西古籍出版社	2006	
王跃文等	官人官事	哈尔滨出版社	2001	
王曾瑜	扬威南北	河南大学出版社	2005	
王曾瑜	忠贯天日	河南大学出版社	2004	
王曾瑜	关山怅望	河南大学出版社	2004	
王曾瑜	大江风云	河南大学出版社	2002	
王曾瑜	转战湖汉	河南大学出版社	2005	
王章涛	阮元传	黄山书社	1994	签名
王政尧	清代戏剧文化史论	北京大学出版社	2005	签名
王政尧	清史述得	辽宁民族出版社	2004	
王锺翰	清史续考	华世出版社	1993	签名
王锺翰	王锺翰学术论著自选集	中央民族大学出版社	1999	
王锺翰	清史杂考	人民出版社	1957	批注
王锺翰	清史新考	辽宁大学出版社	1990	
王锺翰	王锺翰学述	浙江人民出版社	1999	
王锺翰	王锺翰清史论集（第一、二、三、四册）	中华书局	2004	
韦明铧	扬州掌故	苏州大学出版社	2001	签名、批注
魏双凤	综观经济学（精华本）	广东高等教育出版社	1996	
魏宗禹	傅山评传	南京大学出版社	1995	
温功义	三案始末	重庆出版社	1984	签名
文史知识编辑部	学史入门	中华书局	1988	
吴晗	读史劄记	生活·读书·新知三联书店	1979	
吴伯娅	康雍乾三帝与西学东渐	宗教文化出版社	2002	
吴存存	明清社会性爱风气	人民文学出版社	2000	批注
吴东峰	开国将军轶事（续集）	解放军文艺出版社	2006	
吴丰培	豫师青海奏稿	青海人民出版社	1981	
吴光	黄老之学通论	浙江人民出版社	1985	签名
吴光西	陆陇其年谱	中华书局	1993	

续表

作者	书名	出版社	年份	备注
吴光	黄宗羲论（国际黄宗羲学术讨论会论文集）	浙江古籍出版社	1987	签名
吴海林、李延沛	中国历史人物生卒年表	黑龙江人民出版社	1981	
吴晗	朱元璋传	生活·读书·新知三联书店	1965	批注
吴晗	明史简述	中华书局	1980	
吴家诗	黄埔港史（古、近代部分）	人民交通出版社	1989	
吴量恺	崔述评传	南京大学出版社	2001	签名
吴仁安	明清江南望族与社会经济文化	上海人民出版社	2001	签名
吴天颖	中华文化集粹丛书（英烈篇）	中国青年出版社	1991	
吴天颖	井盐史探微	四川人民出版社	1992	签名
吴廷璆 冯尔康等	郑天挺纪念论文集	中华书局	1990	
吴绪、杨人楩	十八世纪末法国资产阶级革命	生活·读书·新知三联书店	1957	
吴艳红	明代充军研究	社会科学出版社	2003	
吴瀛	故宫尘梦录	紫禁城出版社	2005 年	
吴组缃等	历代小说选（第一册）	中国青年出版社	1982	
伍丹戈	明代土地制度和赋役制度的发展	福建人民出版社	1982	批注
夏成淳	明六十家小品文精品	上海社会科学院出版社	1995	批注
夏坚勇	湮没的辉煌	东方出版中心	1997	批注
厦门大学历史研究所、中国经济史研究室	中国经济史论文集	福建人民出版社	1981	
冼剑民	中国古代治国方略	暨南大学出版社	2000	
萧国亮	中国社会经济史研究：独特的食货之路	北京大学出版社	2005	
萧克非、仲冲、徐则浩	刘铭传在台湾	上海社会科学院出版社	1987	批注
萧一山	清代史	商务印书馆	1945	
肖维琪	文游台	高邮市文物管理委员会	1991	签名
肖一亭	珠海沙丘遗址研究	珠海出版社	2006	

续表

作者	书名	出版社	年份	备注
肖自力	陈济棠	广东人民出版社	2002	
谢本书	昆明史话	云南人民出版社	2001	
谢国桢	明末清初的学风	人民出版社	1982	
谢国桢	明清之际党社运动考	中华书局	1982	
谢国桢	南明史略	上海人民出版社	1957	
谢国桢	明代社会经济史料选编（下）	福建人民出版社	1981	批注
谢国桢	史料学概论	福建人民出版社	1985	
谢国桢	明清笔记谈丛	中华书局	1960	批注
谢国桢	江浙访书记	生活·读书·新知三联书店	1985	批注
谢国桢	增订晚明史籍考	上海古籍出版社	1981	批注
谢国祯	明代农民起义史料选编	福建人民出版社	1981	
谢鹏飞、叶显恩	大陆台商研究	广东经济出版社	2007	
谢正光	清初诗文与士人交游考	南京大学出版社	2001	
谢正光、佘汝丰	清初人选清初诗汇考	南京大学出版社	1998	批注
熊四智、杜莉	举箸醉杯思吾蜀	四川人民出版社	2001	
熊先觉	熊先觉法学文集	北京燕山出版社	2004	
徐禾、李光宇等	资本主义前的各社会经济形态	人民出版社	1982	
徐仁甫	广释词	四川人民出版社	1981	
徐望之	公牍通论	中国人民大学历史档案系	1958	内部参考
徐晓望	妈祖的子民：闽台海洋文化研究	学林出版社	1999	签名
徐晓望	福建通史（第一至五卷）	福建人民出版社	2006	签名
许伯明	吴文化概观	南京师范大学出版社	1997	
许地山	扶箕迷信的研究	商务印书馆	1999	
许同莘	公牍学史（附牍髓）	中国人民大学历史档案系	1958	共两本，内部参考
薛正昌	“前七子”领袖李梦阳全传	长春出版社	1999	
严家其	首脑论	上海人民出版社	1988	批注
严中平	中国近代经济史（1840—1894）下册	人民出版社	1989	

续表

作者	书名	出版社	年份	备注
严中平	清代云南铜政考	中华书局	1957	批注
阎崇年	中国历代都城宫苑	紫禁城出版社	1987	签名
阎崇年	满学研究（第三辑）	民族出版社	1996	
阎崇年	燕步集	北京燕山出版社	1989	签名
扬州市广陵区政协《广陵春秋》编委会	广陵春秋			
杨公骥	中国文学（第一分册）	吉林人民出版社	1957	签名
杨国桢	明清土地契约文书研究	人民出版社	1988	签名
杨国桢	瀛海方程——中国海洋发展理论和历史文化	海洋出版社	2008	
杨鸿烈	中国法律思想史	商务印书馆	1978	签名
杨锦棠	实用心理学	天津社会科学院出版社	1992	
杨米人等	清代北京竹枝词（十三种）	北京古籍出版社	1982	
杨清	简明心理学辞典	吉林人民出版社	1985	
杨诗浩 韩荣芳	国外出版中国近现代史书目（1949—1978）	上海人民出版社	1980	
杨树达	词诠	中华书局	1954	
杨天石	王阳明	中华书局	1972	批注
杨渭生	徐规教授从事教学科研工作五十周年纪念文集	杭州大学出版社	1995	
杨旸	明代辽东都司	中州古籍出版社	1988	批注
杨正泰	明代驿站考	上海古籍出版社	1994	
杨志刚	中国礼仪制度研究	华东师范大学出版社	2001	
姚念慈	满族八旗制国家初探	中央民族学院历史系	1991	
叶君远	吴伟业评传	首都师范大学出版社	1999	
叶显恩	明清徽州农村社会与佃仆制	安徽人民出版社	1983	批注、签名
叶显恩	徽州与粤海论稿	安徽大学出版社	2004	签名
叶依能	中国历代盛世农政史	东南大学出版社	1991	
叶志如、叶秀云	石室文集	国际炎黄文化出版社	2006	签名
仪征市市志编纂委员会	仪征市志	江苏科学技术出版社	1994	
易中天	品三国（上）	上海文艺出版社	2006	批注
尹恭弘	《金瓶梅》与晚明文化——《金瓶梅》作为“笑”书的文化考察	华文出版社	1997	批注

续表

作者	书名	出版社	年份	备注
尹恭弘	小品高潮与晚明文化：晚明小品七十三家评述	华文出版社	2001	
尤振中、尤以丁	明词纪事会评	黄山书社	1995	批注
游子安	善与人同—明清以来的慈善与教化	中华书局	2005	签名
于思伟	中外海上交通与华侨	暨南大学出版社	1991	
余华青、杨希义、刘文瑞	中国古代廉政制度史	西北大学出版社	1991	
余秋雨	文化苦旅	东方出版中心	1996	
宇剑	中国商战急	红旗出版社	1993	
喻松青	明清白莲教研究	四川人民出版社	1987	签名
袁庭栋	古人称谓漫谈	中华书局	1994	内附有柏桦致韦师信函一封
袁志鸿	道教神仙故事	大众文艺出版社	1998	
岳天雷	高拱实学实政论纲	吉林大学出版社	2006	
云南大学历史系	纪念李埏教授从事学术活动五十周年史学论文集	云南大学出版社	1992	
曾步贤、吕杏庐	李自成殉难通城资料选辑	通城县史志学会	1997	
曾宪义	新编中国法制史	山东人民出版社	1987	批注
张德信等	明太祖周围的群星	黄山书社	1989	批注
张德泽	清代国家机关考略	中国人民大学出版社	1981	批注
张法	中国文化与悲剧意识	中国人民大学出版社	1989	
张帆	元代宰相制度研究	北京大学出版社	1997	
张海鹏、张海瀛	中国十大商帮	黄山书社	1993	签名
张洪泽	道教斋醮科仪研究（共 2 册）	巴蜀书社	1999	
张金奎	明代卫所军户研究	线装书局	2007	
张立文	传统学引论——中国传统文化的多维反思	中国人民大学出版社	1989	批注
张脉贤	徽学研究论文集（一）	徽州社会科学编辑部	1994	
张铭远	中国人的人生曲线	中国人民大学出版社	1988	

续表

作者	书名	出版社	年份	备注
张岂之	顾炎武	中华书局	1982	
张钦	道教炼养心理学引论	巴蜀书社	1999	
张声震	壮族史	广东人民出版社	2002	
张顺江、胡又环、高国安、王力华	著名决策范例选评（中国古代部分）	中国环境科学出版社	1988	批注、签名
张舜徽	中国史论文集	湖北人民出版社	1956	
张舜徽	清人笔记条辨	中华书局	1986	
张廷玉	张廷玉年谱	中华书局	1992	
张伟国	关陇武将与周隋政权	中山大学出版社	1993	签名
张祥浩	王守仁评传	南京大学出版社	1997	
张小林	清代北京城区房契研究	中国社会科学出版社	2000	中夹出版社的来信
张新民、龚妮丽	法华经今译	中国社会科学出版社	1994	
张学智	明代哲学史	北京大学出版社	2000	
张研	清代族田与基层社会结构	中国人民大学出版社	1991	
张研、牛贯杰	19 世纪中期中国双重统治格局的演变	中国人民大学出版社	2002	签名
张泽洪	道教斋醮符咒仪式	巴蜀书社	1999	
张正明	晋商兴衰史	陕西古籍出版社	1995	
张正明	明清晋商及民风	人民出版社	2003	签名
张中行	张中行作品集（第一、二、三卷）	中国社会科学院出版社	1995	
章伯锋	清代各地将军都统大臣等年表	中华书局	1977	
章文钦	吴渔山及其华化天学	中华书局	2008	签名
章文钦	澳门历史文化	中华书局	1999	签名
章诒和	伶人往事——写给不看戏的人看	湖南文艺出版社	2006	批注
赵纯孝	京城旧事杂谈	群众出版社	1997	
赵景云、何贤锋	中国明代文学史	人民出版社	1994	
赵匡华	中国炼丹术	中华书局	1989	

续表

作者	书名	出版社	年份	备注
赵令志	清前期八旗土地制度研究	民族出版社	2001	签名
赵迺抟	披沙录（一）	北京大学出版社	1980	
赵世瑜	狂欢与日常——明清以来的庙会与民间社会	生活·读书·新知三联书店	2002	批注
赵世瑜	小历史与大历史：区域社会史的理念、方法与实践	生活·读书·新知三联书店	2006	签名
赵益	丘处机	江苏人民出版社	1999	
赵毅	明代六科论略	东北师范大学明清史研究所		批注
赵毅、林凤萍	第七届明史国际学术讨论会论文集	东北师范大学出版社	1999	
赵毅、刘晓东	晚明基层士人社会生活谫论	吉林人民出版社	2006	
赵永春	辽宋金元史论	吉林人民出版社	2004	
赵云鹏	兰台耕耘四十秋	辽宁古籍出版社	1994	
征鹏、杨胜能	新编西双版纳风物志	云南人民出版社	1999	
郑昌淦	明清农村商品经济	中国人民大学出版社	1989	签名
郑海麟	钓鱼岛列屿之历史与法理研究	中华书局	2007	签名
郑和声	近世中西史日对照表	中华书局	1981	
郑克晟	明代政争探源	天津古籍出版社	1988	有签名，并夹有此书书评剪报
郑培凯	高尚的快乐	百花文艺出版社	2002	
郑培凯、马家辉	文化超现代	商务印书馆	2000	
郑天挺	探微集	中华书局	1980	
郑天挺	及时学人谈丛	中华书局	2002	签名
郑学檬	五代十国史研究	上海人民出版社	1991	
郑振满	明清福建家族组织与社会变迁	湖南教育出版社	1992	签名
郑自明	中国历代的县政目录	仓颉印务有限公司	1938	
中共中央文献研究室、中央档案馆	毛泽东书信手迹选	文物出版社	1983	
中国档案学会	少数民族档案史料评述学术讨论会论文集	档案出版社	1988	
中国第一历史档案馆	明清档案与历史研究论文集（上、下）	新华出版社	2008	

续表

作者	书名	出版社	年份	备注
中国第一历史档案馆	中国第一档案馆馆藏档案概述	档案出版社	1985	
中国第一历史档案馆	明清档案与历史研究学术讨论会文件汇编	中国第一历史档案馆	2005	
中国第一历史档案馆	明清档案论文选编	档案出版社	1985	批注
中国第一历史档案馆	明清档案与历史研究：中国第一历史档案馆六十周年纪念论文集（全二册）	中华书局	1988	
中国第一历史档案馆	明清档案与历史研究论文选：1994.10—2004.10（上、下）	新华出版社	2005	批注
中国第一历史档案馆	明清档案与历史研究（下）	中华书局	1988	
中国法律史学会《法律史论丛》编委会	法律史论丛	中国社会科学出版社	1981	
中国近代史丛书编写组	辛亥革命	上海人民出版社	1972	
中国科学院北京天文台	中国地方志联合目录	中华书局	1985	
中国科学院广州哲学社会科学研究所	廖仲恺集	中华书局	1963	签名
中国科学院近代史研究所	帝国主义侵华史（第一卷）	人民出版社	1973	
中国科学院近代史研究所资料编译组	外国资产阶级是怎样看待中国历史的：资本主义国家反动学者研究中国近代历史的论著选译	商务印书馆	1962	
中国科学院历史研究所第一、二所 北京大学历史系	中国史学论文索引（上、下编）	科学出版社	1957	签名
中国科学院山东分院历史研究所	义和团运动六十周年纪念论文集	中华书局	1961	
中国科学院图书馆	馆藏《台湾文献丛刊》书目提要	中国科学院图书馆	1979	
中国科学院紫金山天文台	1901—2000 一百年日历表	科学出版社	1979	
中国历史研究社	三朝野记	上海书店	1982	
中国历史研究社	三湘从事录	上海书店	1982	
中国谱牒学研究会	谱牒学研究第二辑	文化艺术出版社	1991	批注
中国人民大学档案系	中国政治制度史（古代部分 上、下册）	非公开出版	1982	
中国人民大学档案系中国政治制度史教研室	中国政治制度史（下）近现代部分		1987	

续表

作者	书名	出版社	年份	备注
中国人民大学清史研究所	清史论文选集（第一辑）	中国人民大学出版社	1979	
中国人民大学清史研究所资料室	清代中西历表（1573—1840）	中国人民大学出版社	1980	
中国人民大学中国历史教研室	中国近代史参考资料	中国人民大学出版社	1955	批注
中国人民大学中国历史教研室	明清社会经济形态的研究	上海人民出版社	1957	签名、批注
中国人民国家与法的历史教研室	中国国家和法的历史参考资料	内部刊物	1956	
中国人民政治协商会议浙江省余姚市委员会文史资料研究委员会	王阳明诗集		1989	批注
中国儒学与法律文化研究会	儒学与法律文化	复旦大学出版社	1992	
中国社会科学院历史所	李自成结局研究	辽宁人民出版社	1998	签名
中国社会科学院历史研究所	中国史学论文索引第二编（上册）	中华书局	1979	
中国社会科学院历史研究所经济史研究组	中国古代社会经济史诸问题	福建人民出版社	1989	
中国社会科学院历史研究所明清史研究室	第九届国际清史研讨会论文集		2001	
中国社会科学院历史研究所明史研究室	明史研究论丛	黄山书社	2004	
中国社会科学院历史研究所清史研究室	清史资料（第一至四辑）	中华书局	1980、1981、1982、1983	批注
中国社会科学院情报研究室	外国研究中国第一辑	商务印书馆	1978	批注
中国社会科学院近代史研究所	范文澜历史论文选集	中国社会科学出版社	1979	批注
中国社会科学院历史所明史研究室	中国近八十年明史论著目录	江苏人民出版社	1981	

续表

作者	书名	出版社	年份	备注
中国社会科学院历史研究所、中国人民大学清史研究所	清代论文索引	中华书局	1984	签名
中国史学会	鸦片战争（一至六册）	上海人民出版社	1957	
中华书局编辑部	中华书局图书总目（1912—1949）	中华书局	1987	
中央档案馆	毛泽东手书古诗词选	文物出版社、档案出版社	1984	
中央档案馆	毛泽东题词墨迹选	人民美术出版社、档案出版社	1983	
中央民族学院语文系《曹操诗文选》注释小组	曹操诗文选	人民出版社	1975	
周伯棣	中国财政史	上海人民出版社	1981	
周谷城	周谷城史学论文选集	人民出版社	1983	
周光庆	神仙解读	广西民族出版社	1999	
周国平	悲剧的诞生	生活·读书·新知三联书店	1987	
周可真	顾炎武哲学思想研究	当代中国出版社	1999	
周绍泉、赵华富	国际徽学学术讨论会	安徽大学出版社	1997	签名
周雪恒	中国档案事业史	中国人民大学出版社	1994	批注
周一良、吴于廑	世界通史（近代部分下册）	人民出版社	1963	签名
周远廉	清朝开国史研究	辽宁人民出版社	1981	签名、批注
周远廉、谢肇华	清代租佃制研究	辽宁人民出版社	1986	
周月亮	王阳明大传	中华工商联合出版社	1999	
朱保炯、谢沛霖	明清进士题名碑录索引（上、中、下）	上海古籍出版社	1980	
朱东润	陆游传	上海古籍出版社	1960	
朱东润	张居正大传	湖北人民出版社	1957	批注
朱靖华	苏轼新评	中国文学出版社	1993	签名
朱靖华	苏轼新论	齐鲁书社	1983	签名
朱谦之	中国哲学对于欧洲的影响	福建人民出版社	1983	
朱日耀	中国古代政治思想史	吉林大学出版社	1988	签名
朱荣基	近代中国海关及其档案	海天出版社	1996	

续表

作者	书名	出版社	年份	备注
朱万章	广东传世书迹知见录	天津人民美术出版社	2004	
朱希祖	明季史料题跋	中华书局	1961	
朱一清	文史工具书及其使用法	中华书局	1979	
祝瑞开	宋明思想和中华文明	学林出版社	1995	批注
庄吉发	清代秘密会党史研究	文史哲出版社	1994	签名
自贡市盐业历史博物馆	四川井盐史论丛	四川省社会科学院出版社	1985	签名
左步青	清代皇帝传略	紫禁城出版社	1991	
左东岭	王学与中晚明士人心态	人民文学出版社	2000	
郑成功研究学会讨论会学术组	台湾郑成功研究论文集	福建人民出版社	1982	
本书编写组	明清人口婚姻家族史论—陈捷先、冯尔康教授古稀纪念论文集	天津古籍出版社	2002	
	道教大辞典（内部参考）	浙江古籍出版社	1990	
北京燕山出版社	旧京人物与风情	北京燕山出版社	1996	
	香山文化学术研讨会论文（一、二）	内部印刷	2006	
上海文艺出版社	中国现代散文（上、下册）	上海文艺出版社	1980	
	黎勤（马如瑛）纪念文集	内部印行		李凌签名赠本，共 2 册
马克思、恩格斯	马克思恩格斯论国家和法	法律出版社	1958	
中国近代史编写组	中国近代史	中华书局	1979	
	第十届清史国际研讨会暨第七届清宫史研讨会论文集		2003	
	庆祝中国第一历史档案馆建馆六十周年		1986	
	历史传统与现代化：“泛珠三角”与南海贸易学术研讨会（部分论文和论文提要）		2004	批注
	六祖慧能思想研究——“慧能与岭南文化”国际学术研讨会论文集	学术研究杂志社	1997	
	金应熙教授藏书捐赠纪念册	中山大学图书馆	2006	

续表

作者	书名	出版社	年份	备注
	郑观应诞辰一百六十周年学术研讨会会议手册		2002	
	中国档案文献辞典	中国人事出版社	1994	
（先秦）鬼谷子	纵横经——鬼谷子制人成事乱中取胜的方略	中国华侨出版社	2002	
	历史学家茶座（第一辑）	山东人民出版社	2005	
陈春声	学理与方法——蔡鸿生教授执教中山大学五十周年纪念文集	博士苑出版社	2007	签名
容闳与留美幼童研究会	容闳与留美幼童研究·容闳与科教兴国	珠海出版社	2006	
朱诚如	清史论集——庆贺王锺翰教授九十华诞	紫禁城出版社	2003	
韦庆远等	庆祝王锺翰先生八十寿辰学术论文集	辽宁大学出版社	1993	
	唐颜真卿书多宝塔碑	文物出版社	1986	
邓散木	散木书陶诗	上海书画出版社	1980	
广东省社会科学研究所历史研究室等	孙中山年谱	中华书局	1980	签名
	秦汉三国两晋南北朝史	东北师范大学函授教育处	1955	批注
北京大学 1955 级编委会	中国小说史稿	人民文学出版社	1973	签名
法学辞典编辑委员会	法学辞典（增订版）	上海辞书出版社	1989	
人民教育出版社语文编辑部	古代散文选（上、中册）	人民教育出版社	1980	签名
	辛亥革命五十周年纪念论文集		批注	
	“海上丝绸之路”广州发祥地研讨会论文汇编	广东省社会科学界联合会		批注

2. 港澳台地区

作者	书名	出版社	年份	备注
程祥徽	澳门文学研讨集——澳门文学的历史、现状与发展	澳门日报出版社	1998	
台湾中兴大学历史学系	第三届史学史国际研讨会论文集	台湾中兴大学历史学系	1991	
澳门大学中文学院	中国文化与澳门研究国际研讨会论文汇编	内部印行	1998	签名

续表

作者	书名	出版社	年份	备注
	中国近代文学与海外国际研讨会论文集	澳门近代文学学会	1999	批注、签名
食货月刊编委会	陶希圣先生八秩荣庆论文集	食货出版社	1979	签名本
台湾图书馆	满目琳琅：台湾“中央”图书馆善本特藏	台湾图书馆	1993	签名
	粤港澳三地档案学术研讨会论文集		2001	
石守谦	“福尔摩沙”：十七世纪的台湾、荷兰与东亚	台北故宫博物院	2003	
“中央研究院”历史语言研究所	陈寅恪先生论集	“中央研究院”历史语言研究所	1971	
	中西万年历两千年对照表	台湾文源书局有限公司	1983	
Tsang Hon Tong	屈大均之生平与思想	香港大学	1995	
比丘·明复	中国僧官制度研究	明文书局	1981	
蔡泰彬	明代漕河之整治与管理	台湾商务印书馆	1992	
曹永和	台湾早期历史研究	联经出版事业公司	1972	
陈大白	天明斋文集	澳门历史学会	1995	
陈国球	胡应麟讨论研究	华风书局有限公司	1986	签名
陈继春	钱纳利与澳门	澳门基金会	1995	
陈捷先	乾隆写真	远流出版事业股份有限公司	2002	签名
陈捷先	清代台湾方志研究	台湾学生书局	1996	
陈进传	宜兰传统汉人家族之研究	宜兰县立文化中心	1995	
陈进传	清代噶玛兰古碑之研究	左羊出版社	1992	
陈秋坤	清代台湾土著地权	“中央研究院”近代史研究所	1994	
陈万鼎	元明清剧曲史	精华印书馆	1966	签名
陈伟明	唐宋饮食文化发展史	台湾学生书局	1995	签名
陈文石	明清政治社会史论（上、下册）	台湾学生书局	1994	
陈学霖	明代人物与传说	中文大学出版社	1978	

续表

作者	书名	出版社	年份	备注
陈学霖	刘伯温与哪吒城——北京建城的传说	东大图书股份有限公司	1996	
陈耀南	魏源研究	乾惕书屋	1982	签名
陈翊林	张居正评传	台湾中华书局	1979	
陈哲三	台湾史论初集	大学图书供应社	1997	
戴玄之	中国秘密宗教与秘密会社（上、下册）	台湾商务印书馆	1990	批注
戴炎辉	唐律通论	台湾编译馆	1964	签名
邓聪、郑炜明	澳门黑沙	澳门基金会、中文大学出版社	1996	
邓骏捷	澳门华文文学研究资料目录初编	澳门基金会	1996	签名
邓开颂	澳门历史文化（1840—1949）	澳门历史学会	1995	
邓嗣禹	中国考试制度史	台湾学生书局刊行	1967	签名
丁楠	已凉天气	澳门华侨报出版社	1998	批注
东嘉生	台湾经济史概说	帕米尔书店	1985	签名
杜维运	中西古代史学比较	东大图书公司	1988	签名
杜维运	忧患与史学	东大图书股份有限公司	1993	签名
杜维运	赵翼传	时报出版公司	1983	
方豪	台湾早期史纲	台湾学生书局	1994	
冯明珠	文献与史学：恭贺陈捷先教授七十嵩寿论文集	远流出版事业股份有限公司	2002	
福格	听雨丛谈	龙门书店	1969	
傅宗懋	清代军机处组织及职掌之研究（1）	台湾政治大学政治研究所	1966	
傅宗懋	清代军机处组织及职掌之研究（2）	台湾政治大学政治研究所	1966	
傅宗懋	清代督抚制度	台湾政治大学	1963	
高阳	明朝的皇帝（上、中、下）	台湾学生书局	1977	批注
高智瑜、马爱德	栅栏——北京最古老的天主教墓地	澳门特别行政区政府文化局	1990	
葛洪泽	苏双碧访谈录——中国百年史学的回顾与前瞻	台海出版社	2005	
龚鹏程	晚明思潮	里仁书局	1994	签名
龚鹏程	佛光大学佛光缘	佛光人文社会学院	2003	
管林等	莲岛春秋	澳门近代文学学会	1948	

续表

作者	书名	出版社	年份	备注
吴智和	明清时代饮茶生活	博远出版有限公司	1990	签名
吴智和、赖福顺	战后台湾的历史学研究	“台湾科学委员会”	2004	
张哲郎	明代巡抚研究	文史哲出版社	1995	签名
台北故宫博物院故宫丛刊编辑委员会	故宫档案述要	台北故宫博物院	1983	
台湾师范大学历史系、历史研究所	中国边疆史学术研讨会论文集	台湾师范大学	1995	
台湾师范大学历史研究所	史耘	台湾师范大学历史研究所	1995	
台湾中兴大学历史系	中西史学史研讨会论文集	久洋出版社	1986	签名
台湾中兴大学历史系	第二届中西史学史研讨会论文集	久洋出版社	1987	
何丙郁、何冠彪	敦煌残卷占云气书研究	艺文印书馆印行	1985	签名
何冠彪	戴名世研究	香港中文系出版	1987	签名
何冠彪	明清人物与著述	香港教育图书公司	1996	签名
何冠彪	明末清初学术思想研究（全一册）	台湾学生书局	1991	
何冠彪	生与死：明季士大夫的抉择	联经出版事业公司	1997	
何冠彪	元明间中国境内蒙古人之农业概况	学津出版社	1977	签名
何汉威	京汉铁路初期史略	香港中文大学出版社	1979	签名
侯官黄	花随人圣安抚意	龙门书店	1965	
胡春惠	纪念抗日战争胜利五十周年	香港珠海书院亚洲研究中心	1996	
黄鸿钊	濠镜集	澳门历史文化研究会	2004	
黄进兴	优入圣域：权力、信仰与正当性	允晨文化实业股份有限公司		签名
黄坤尧等	镜海钩沉	澳门近代文化学会出版	1979	
黄启臣	澳门历史	澳门历史学会	1995	签名
黄启臣、郑炜明	澳门经济四百年	澳门基金会	1994	批注
黄秀政	台湾史研究（全一册）	台湾学生书局	1992	
黄兆汉	道教与文学	台湾学生书局	1994	彭海铃签名赠本

续表

作者	书名	出版社	年份	备注
黄兆汉	明代道士张三丰考	台湾学生书局	1988	
黄兆汉、郑炜明	香港与澳门之道教	加略山房有限公司	1993	批注
金国平、吴志良	过十字门	澳门成人教育学会出版	2004	
金国平、吴志良	镜海飘渺	澳门成人教育学会	2001	
金国平、吴志良	东西望洋	澳门成人教育学会	2002	批注
金门县文献委员会	朱熹与金门	金门县文献委员会	1969	
金门县文献委员会	郑成功与金门	金门县文献委员会	1969	批注、签名本
金门县文献委员会	鲁王与金门	金门县文献委员会	1971	
金庸	鹿鼎记（1—5）	宝文堂书店	1980	签名
近代中国历史档案研讨会论文集编辑委员会	近代中国历史档案研讨会论文集（共2册）	“国史馆”	1998	
康乐	从西郊到南郊——国家祭典与北魏政治	稻禾出版社	1995	批注
康乐、简惠美	信仰与社会	台北县立文化中心出版	1995	签名
赖福顺	乾隆重要战争之军需研究	台北故宫博物院	1984	
赖惠敏	但问旗民：清代的法律与社会	五南图书出版股份有限公司	2007	
黎东方	细说明朝	传记文学出版社	1981	签名
黎东方	细说清朝（下）	传记文学出版社	1987	
黎杰	明史	学津书店	1979	
黎杰	清史	（香港）海侨出版社	1994	
李定一	中国近代史	台湾中华书局	1974	签名
李焯然	明史散论	允晨文化实业股份有限公司	1987	签名
李俊	中国宰相制度	台湾商务印书馆	1980	
李玉梅	陈寅恪之史学	三联书店（香港）有限公司	1997	
历史:理论与批评杂志社	历史：理论与批评	人文书会（台北）	2003	签名
林启彦、黄文江	王韬与近代世界	香港教育图书公司	2000	
林燊禄	明辞释义辑录——《菽园杂记》《水东日记》《谷山笔尘》	稻香出版社	2003	

续表

作者	书名	出版社	年份	备注
林燊禄	明辞释义辑录——《万历野获编》	稻香出版社	2002	
林天蔚	方志学与地方史研究	南天书局	1977	
刘家驹	清朝初期的八旗圈地	台湾大学文学院	1964	
刘羡冰	双语精英与文化交流	澳门基金会	1995	
刘羡冰	刘羡冰系列之学史鉴史	澳门出版协会	2005	
刘羡冰	刘羡冰系列之说教议教	澳门出版协会	2005	
刘羡冰	刘羡冰系列之学艺游艺	澳门出版协会	2005	签名
刘羡冰	刘羡冰系列之猎影绘影	澳门出版协会	2005	签名
刘羡冰等	图片澳门今昔	三联书店（香港）有限公司	1999	
刘延陵	明清散文选	正中书局	1946	
刘枝万	台湾民间信仰论集	联经出版事业公司	1990	
柳诒徵	室名索引	共读楼辑本	1934	
陆宝千	清代思想史	广文书局	1978	签名
吕芳上	从学生运动到运动学生	“中央研究院”近代史研究所	1995	
吕士朋	北属时期的越南——中越关系史之一	华世出版社	1977	签名
吕士朋	明代史	台湾空中大学	2006	
罗炳绵、刘健明	明末清初华南地区历史人物功业研讨会论文集	香港中文大学历史学系	1993	签名
罗根泽	魏晋六朝文学批评史	商务印书馆印行	1943	
孟森	明代史	中华丛书编委委员会	1957	签名
缪国光	变态心理学纲要	商务印书馆	1968	批注
牟宗三	历史哲学	台湾学生书局	1988	
钱穆	史学评论	成文出版有限公司		
钱穆	宋明理学概述	台湾学生书局	1977	签名
钱穆	明代政治	台湾学生书局	1968	
钱宗颐	中国史学上之正统论	龙门书店	1979	签名本
邱婷	明华园——台湾戏剧世家	独家出版社	1995	

续表

作者	书名	出版社	年份	备注
邱炫煜	明帝国与南海诸藩国关系的演变	兰台出版社	1995	签名
邱仲麟	独裁良相——张居正	久大文化有限公司	1989	批注
全汉昇	中国经济史研究（上册）	新亚研究所	1976	
全汉昇	中国经济史论丛（第一辑）	新亚研究所	1972	
佘贻泽等	明代土司制度	台湾学生书局	1968	
施白蒂	澳门编年史	澳门基金会	1995	
施白蒂	澳门编年史（十九世纪）	澳门基金会	1998	
施白蒂	澳门编年史（二十世纪）（1900—1949）、（1950—1988）（共二册）	澳门基金会	1999	
施汉荣、邓开颂、丘杉	全球化大潮中的粤港澳经济区——历史、现状与前瞻	澳门环球文化传播有限公司	2004	批注
施敏雄	清代丝织工业的发展	中国学术著作奖助委员会	1968	
释圣严	明末佛教研究	东初出版社	1992	签名
苏同炳	刘璈传	台湾省文献委员会	1996	
苏同炳	明史偶笔	台湾商务印书馆	1995	
台湾开明书店	明代思想史	台湾开明书店	1962	
汤开建	明清士大夫与澳门	澳门基金会	1998	
汪宗衍	屈翁山先生年谱	于今书屋		
王崇武	明本纪校注、奉天靖难记注明靖难史事考证合集	台联国风出版社	1993	余英时签名
王崇武	明靖难史事考证稿	龙门书店	1969	
王德毅	台湾大学文学院典藏线装中国古籍总目及序跋汇编——经史篇	台湾大学文学院	1995	
王寿南	唐代政治史论集	台湾商务印书馆	1977	签名
王寿南	唐代宦官权势之研究	正中书局	1971	
王寿南、陈永逢	明代中央政治制度	台湾商务印书馆	1978	
王寿南、张哲郎主编	中国历史教学研讨会论文集	中国历史学会、台湾政治大学历史系	1992	

续表

作者	书名	出版社	年份	备注
王文达	澳门掌故	澳门教育出版社	2000	批注
王锡昌	明代国际关系	台湾学生书局	1968	
王云五	清代政治思想	台湾商务印书馆	1970	
韦伯著、康乐、简惠美译	支配社会学 I	远流出版事业股份有限公司	1993	
韦伯著、康乐、简惠美译	非正当性的支配——城市的类型学	远流出版事业股份有限公司	1993	
吴蕙芳	神人飨宴——丁亥年（2007）黄姓轮值主普鸡笼中元祭	基隆市黄姓宗亲会	2007	
吴志良	东西交汇看澳门	澳门基金会	1996	批注、上下编两本
吴志良	生存之道：论澳门政治制度与政治发展	澳门成人教育学会	1998	
吴智和	明史研究论丛（第一、二辑）	大力出版社印行	1982	
吴智和	明代的儒学教官	台湾学生书局	1991	签名
吴智和、赖福顺	战后台湾的历史学研究	“台湾科学委员会”	2004	签名
香港城市大学中国文化中心	明代政治与文化变迁	香港城市大学出版社	2006	签名、批注
香港城市大学中国文化中心	岭南历史与社会（共三册）	香港城市大学出版社	2003	
谢碧霞	水浒戏曲二十种研究	台湾大学出版委员会	1981	签名
谢觉民	台湾宝岛——地理学的研究	台湾中华学术院中国地学研究所	1970	
谢敏聪	北京的城垣与宫阙之再研究（1403—1911）	台湾学生书局	1994	批注
徐泓	清代两淮盐场的研究	嘉新水泥公司文化基金会	1972	
徐师中	历代官制兵制科举制常识	尔雅社	1977	批注
徐晓望、陈衍德	澳门妈祖文化研究	澳门基金会	1998	
杨端六	清代货币金融史稿	广角镜出版社	1977	
杨杰祥	《南明永历帝敕封李诒德诰命》及其考订	国际港澳出版社有限公司	2008	签名
杨联陞、全汉昇、刘广京	国史释论·上、下册（陶希圣先生九秩荣庆祝寿论文集）	食货出版社	1987	签名
杨树藩	元代中央政治制度	台湾商务印书馆	1999	签名

续表

作者	书名	出版社	年份	备注
杨雪峰	明代的审判制度	黎明文化事业公司	1978	
杨旸	明代东北史纲	台湾学生书局刊行	1993	批注
杨永安	明史管窥杂稿第一辑	香港先锋出版社	1979	余英时签名
杨永安	吴中四才子——祝允明之思想与史学	香港先锋出版社	1987	
叶汉明	主体的追寻——中国妇女史研究析论	香港教育图书公司	1999	批注
叶嘉莹	风景旧曾谙：叶嘉莹说诗谈词	香港城市大学出版社	2004	签名
叶泉宏	明代前期中韩国交之研究	台湾商务印书馆	1990	批注
叶显恩	珠江三角洲社会经济史研究	稻香出版社	2001	
宜兰县立文化中心	宜兰古文书第一辑	宜兰县立文化中心	1994	
于志嘉	明代军户世袭制度	台湾学生书局	1987	批注
余英时	中国知识阶层史论（古代篇）	联经出版事业公司	1991	
余英时	方以智晚节考	新亚研究所	1991	
余英时	论戴震与章学诚	龙门书店	1980	
郁愚	茶事春秋	世界文物出版社	1982	签名
翟兑之	人物风俗制度丛谈	龙门书店	1945	批注
张德昌	清季一个京官的生活	香港中文大学出版社	1970	签名
张惠珠	有关清史稿编印经过及各方意见汇编（第三编）	“国史馆”	1990	批注
张炎宪	中国海洋发展史论文集（第三辑）	“中央研究院”三民主义研究所	1988	
张玉法	清季的革命团体	“中央研究院”近代史研究所	1982	
张治安	明代监察制度研究	五南图书出版有限公司	2000	
章文钦	澳门与中华历史文化	澳门基金会	1995	批注
赵丰田	晚清五十年经济思想史（1861—1911）	龙门书店	1968	
赵令扬	关于历代正统问题之争论	学津出版社	1976	
赵令扬、冯锦荣	亚洲科技与文明	明报出版社有限公司	1995	
郑德华	历史追索与方法探求——香港历史文化考察之二	三联书店（香港）有限公司	1999	
郑德华、刘咏聪	香港地区明清史研究期刊论文索引（1980—1987年）	地平线出版社	1989	共2册
郑培凯	汤显祖与晚明文化	允晨文化实业有限公司	1995	
郑炜明、黄启臣	澳门宗教	澳门基金会		

续表

作者	书名	出版社	年份	备注
郑永昌	明末清初的银贵钱贱现象与相关政治经济思想	台湾师范大学历史研究所印行	1994	
郑志明	中国意识与宗教	学生书局	1976	
中国历史研讨会秘书处论文组	国史论集	文利书店	1986	签名、批注
“中央研究院”近代史研究所	近世家族与政治比较历史论文集（上、下册）	“中央研究院”近代史研究所	1992	签名
“中央研究院”历史语言研究所	“中央研究院”历史语言研究所普通本线装书目	“中央研究院”历史语言研究所	1970	签名
“中央研究院”历史语言研究所	“中央研究院”历史语言研究所善本书目	“中央研究院”历史语言研究所	1968	签名
“中央研究院”历史语言研究所出版品编辑委员会	中国近世社会文化史论文集	“中央研究院”历史语言研究所	1992	批注
周佳荣、刘咏聪	当代香港史学研究	三联书店（香港）有限公司	1994	签名
周佳荣、香港浸会大学	史学集刊（第一辑）	利文出版社	1999	
朱越利	道教问答	贯雅文化事业有限公司	1993	签名
庄吉发	清世宗与赋役制度的改革	台湾学生书局	1985	
庄吉发	清史拾遗	台湾学生书局	1992	
壮吉发	萨满信仰的历史考察	文史哲出版社	1996	
邹纪万	两汉土地问题研究	台湾大学出版委员会	1981	
左舜生	中国近代史四讲	友联出版社有限公司	1962	批注

三、国外著述（包括译著、原著等）

作者	书名	出版社	年份	备注
〔比〕乔治·西梅农	夜幕下的十字路口	浙江文艺出版社	1988	

续表

作者	书名	出版社	年份	备注
〔俄〕赫尔岑	往事与随想	上海译文出版社	1979	
〔俄〕普列汉诺夫	马克思主义经典作家论历史人物评价问题	人民出版社	1988	
〔俄〕雅可夫柴夫斯基	封建农奴制时期俄国的商人资本	科学出版社	1956	
〔法〕艾因哈德	查理大帝传	商务印书馆	1996	
〔法〕亨利·特罗亚	神秘沙皇——亚历山大一世	世界知识出版社	1984	
〔美〕安德鲁·马洛泽莫夫	俄国的远东政策	商务印书馆	1977	
〔美〕崔瑞德、牟复礼编	剑桥中国明代史	中国社会科学出版社	1992	
〔美〕大卫·斯坦纳	退缩的历史——论弗洛伊德及心理史学的破产	浙江人民出版社	1989	
〔美〕珀金斯	中国农业的发展	上海译文出版社	1984	
〔美〕费正清	剑桥中国晚清史（1800—1911）上卷	中国社会科学院出版社		
〔美〕亨特	旧中国杂记	广东人民出版社	1992	
〔美〕黄宗智	华北的小农经济与社会变迁	中华书局	1986	
〔美〕勒法吉原	容闳与留美幼童研究·中国留美幼童书信集	珠海出版社	2006	
〔美〕马士	东印度公司对华贸易编年史（5卷）	中山大学出版社	1991	
〔美〕施坚雅	中国封建社会晚期城市研究	吉林教育出版社	1991	
〔美〕司徒琳	南明史（一六四四—一六六二）	上海古籍出版社	1992	
〔美〕威廉·C. 亨特	广州“番鬼”录（1825—1844）——缔约前“番鬼”在广州的情形	广东人民出版社	1993	
〔美〕约翰罗尔斯	正义论	中国社会科学出版社	1988	
〔美〕詹姆斯·哈威·鲁滨孙	新史学	商务印书馆	1964	
〔日〕岸本美绪	清代物价史研究的现状	民国以来国史研究的回顾与展望研讨会论文集	1992	章文钦签名赠本
〔日〕滨岛敦俊	总管信仰——近世江南农村社会和民间信仰	研文出版	2001	
〔日〕池田温	中国古代籍帐研究	中华书局	1984	
〔日〕川胜守	明清江南农业经济史研究	东京大学出版会	1992	签名
〔日〕东亚研究所	异民族统治中国史	商务印书馆	1964	
〔日〕渡边欣雄	汉族的民俗宗教——社会人类学的研究	天津人民出版社	1998	
〔日〕鹤见尚弘	中国明清社会经济研究	学苑出版社	1989	

续表

作者	书名	出版社	年份	备注
〔日〕河内良弘	清朝治下の民族问题と国际关系	玄文社	1992	
〔日〕加藤繁	中国经济史考证（第三卷）	商务印书馆	1973	
〔日〕间宫林藏	东鞑纪行	商务印书馆	1974	
〔日〕井上清、铃木正四	日本近代史（上、下册）	商务印书馆	1972	
〔日〕铃木大拙	禅与生活	光明日报出版社	1988	
〔日〕陆奥宗光	蹇蹇录	商务印书馆	1963	
〔日〕明清史学会	明清史研究（第七辑）	明清史学会	1957	
〔日〕祢津正志	天皇裕仁和他的时代	世界知识出版社	1988	
〔日〕桑原骘藏	蒲寿庚考	中华书局	1954	
〔日〕内田智雄	释注中国历代刑法志	创文社	1964	批注
〔日〕内田智雄	续中国历代刑法志译注	创文社	1970	
〔日〕浅井纪	明清时代民间宗教结社的研究	研文出版	1990	
〔日〕森正夫	森正夫明清史论集（第一——三卷）	汲古书院	2006	
〔日〕山根幸夫	续中国研究に生きて	汲古书院	2001	
〔日〕神田信夫	满学五十年	刀水书房	1997	
〔日〕岩见宏	明代徭役制度の研究	同朋舍出版		
〔日〕佐藤文俊	明代王府の研究	研文出版（山本书店出版部）	1999	内部读物
〔德〕韦伯	宗教社会学	远流出版事业股份有限公司	1991	
〔瑞典〕龙思泰	早期澳门史	东方出版社	1997	
〔苏〕波尔什涅夫	封建主义政治经济学概要	生活·读书·新知三联书店	1958	
〔苏〕格·瓦·麦利霍夫	“满洲人”在东北	商务印书馆	1993	
〔意〕尼科洛·马基雅维里	君主论	商务印书馆	1993	
〔英〕弥尔顿	建设自由共和国的简易办法	商务印书馆	1964	
Albert Feuerwerker	Chinese social and economic history from the Song to 1900	Ann Arbor: Center for Chinese Studies, the University of Michigan	1982	批注
Elisabeth Köll	From Cotton Mill to Business Empire：The Emergence of Regional Enterprises in Modern China	Harvard University Press	2003	签名
MaLi	Pouvoir et philosophie chez Zhu Yuan Zhang:Pespotisme et légitimité	Editions YOU-FENG Libraire Editeur	1991	

续表

作者	书名	出版社	年份	备注
汉学研究中心资料组	汉学研究中心景照海外佚存古籍书目初编	汉学研究中心	1990	
	历代宝案研究（第2号）	冲绳县立图书馆	1991	
容庚	商周彝器通考（上册）	哈佛燕京学社	1941	批注
吴金成	明代社会经济史研究	汲古书院	1990	

四、期　　刊

刊名	年份	备注
学术研究（1995至2009年各期）		不定期，部分有批注
史学集刊（1985至2009年各期）		不定期，部分有批注
人大复印报刊资料明清史（1985至2001年各期）		不定期，部分有批注
人大复印报刊资料心理学（1990年第2期、1991年第2、5期）		
中国文化研究（第3期）	1999	
中国文化研究夏卷	1999	
中国文化研究（第1期）	2004	
中国文化研究（第2期）	2000	批注
中国文化研究（第4期）	2004	
明史研究论丛（第二辑）	1983	
明史资料丛刊（第二辑）	1982	
明史资料丛刊（第三辑）	1982	
明史资料丛刊（第五辑）	1982	
平准学刊第三辑（上、下册）	1986	下册有两本
文史杂志第四卷（合订本）	1969	共2册
文史资料选辑（第56至85辑）	1979年以来	签名，不全

续表

刊名	年份	备注
南开史学（第 1、2 期）	1982	
文史知识（1985 年至 2000 年各期）	1983 年以来	不定期，部分有批注
澳门杂志（第 1 期）	2001	
澳门杂志（第 2 期）	2002	
澳门杂志（第 12 期）	1999	
澳门杂志（第 15 期）	2000	
澳门杂志（第 17 期）	2000	
澳门杂志（第 19 期）	2000	
澳门杂志（第 30 期）	2002	
澳门研究（第 7 期）	1998	批注
澳门研究（第 10 期）	1999	批注
澳门研究（第 2 期）	2005	
澳门研究（第 25 期）		
历史研究（1987 至 1990 年各期）	1987	不定期，部分有批注
中国史研究动态（1989 至 2000 年各期）	1989	不定期，部分有批注
广东社会科学（1997 至 2006 年各期）		不定期，部分有批注
中国史研究（1980 至 2008 年各期）		不定期，部分有批注
中国社会经济史研究（1987 年第 2 期）	1987	签名
中国社会经济史研究季刊（1985 年第 3 期）	1985	
人大复印报刊资料经济史（1984 至 1991 年各期）		不定期，部分有批注
社会科学辑刊（1986 至 1993 年各期）	1986	不定期，部分有批注
清史论丛	1993	
清史论丛（第一辑）	1993	
清史论丛（第二辑）	1979	
清史论丛（第三辑）	1980	
清史论丛（第四辑）	1982	
清史论丛（第五辑）	1982	
清史论丛（第六辑）	1984	

续表

刊名	年份	备注
清史论丛（第七辑）	1985	批注
清史研究通讯（1985 至 1990 年各期）		不定期，部分有批注
明代研究通讯	1999	
明史研究通讯	1986	
明史研究论丛（第一、三、四、五、七辑）	1982—1985	批注
明代研究（第九期）	2006	批注
明代研究（第十期）	2007	
明史研究专刊（第十期）	1992	签名
明史研究专刊（第十一期）	1994	
明史研究专刊（第十四期）	2003	
历史档案（1984 至 2009 年各期）	1984	不定期，部分有批注
历史档案目录索引（1981—2004）	2004	
中国书法（1986 年第 2 期）	1986	
历史人类学学刊（第二卷第一期）	2004	批注
历史人类学学刊（第二卷第二期）	2004	
历史人类学学刊（第四卷第二期）	2006	批注
南京大学学报（第 4 期）	2006	
满族研究（第 4 期）	1989	
佛山档案（第 1 期）	1994	
佛光校刊（第一期）	1997	
新会侨刊（第 62 期）	2003	
新会侨刊（第 65 期）	2006	
新会侨刊（第 67 期）	2008	
中华文史论丛（第一、二、三辑）	1962	
古今（第一期至五十期）		合订本
台湾研究集刊（第 4 期）	1998	
燕京学报（新三期）	1997	
燕京学报（新四期）	1998	

续表

刊名	年份	备注
明清史集刊（第一卷、第二卷）	1985	
明清史辑刊（第四卷）	1999	
明史资料丛刊（第一辑）	1981	
九州学刊（第一卷至第六卷）	1987	不定期，部分有批注
中国古代史（复印报刊资料）第 3 期	1994	批注
中国古代史（复印报刊资料）第 3 期	1980	
文化杂志（第三十五期）	1998	
文化杂志（第四十、四十一期）	2000	
文化杂志（第四十二期）	2002	
文化杂志（第四十五期）	2002	赠品
文化杂志（第四十六期）	2003	赠品
Review of Culture International Edition 1	2002	赠品
文化杂志中文版（第 44 期）	2002	
中国近代史研究（第七集）	1992	有签名，并附有山本英史的来信
台湾政治大学历史学报	1992	
台湾大学文史哲学报（第三十八期）	1990	
暨大学报（第三卷第一期）	1999	
中山大学学报（哲学社会科学版，第 1 期）	1983	批注
道教学探索（创刊号）	1988	
道教学探索（第 2 号）	1989	
道教学探索（第 3 号）	1990	
道教学探索（第 4 号）	1991	有两本
道教学探索（第 5 号）	1991	有两本
道教学探索（第 6 号）	1992	有两本
道教学探索（第 7 号）	1993	
道教学探索（第 8 号）	1994	
道教学探索（第 9 号）	1995	
道教学探索（第 10 号）	1997	

续表

刊名	年份	备注
暨南史学（第一至三辑）	2000—2003	
读书（第 3 期）	1980	
粤海风（第 6 期）	2007	
粤海风（第 3、4、6 期）	2008	
粤海风（第 1、2 期）	2009	
清史研究集（第一辑）	1980	批注
清史研究集（第二辑）	1982	批注
清史研究集（第三辑）	1984	签名、批注
清史研究集（第四辑）	1986	批注
清史研究集（第五辑）	1986	批注
清史研究集（第六辑）	1988	批注
清代档案史料丛编（第 1 辑）	1978	批注
清代档案史料丛编（第 2 辑）	1978	批注
清代档案史料丛编（第 3 辑）	1979	
清代档案史料丛编（第 4 辑）	1979	批注
清代档案史料丛编（第 6 辑）	1980	
清代档案史料丛编（第 7 辑）	1981	批注
清代档案史料丛编（第 8 辑）	1982	批注
清代档案史料丛编（第 9 辑）	1983	批注，有两本
清代档案史料丛编（第 11 辑）	1984	
清代档案史料丛编（第 13 辑）	1990	批注，有两本
清代档案史料丛编（第 14 辑）	1990	批注，有两本
新亚学报（第一卷第一期）	1955	
新亚学报（第一卷第二期）	1956	
新亚学报（第二卷第一期）	1956	
新亚学报（第二卷第二期）	1957	
新亚学报（第三卷第一期）	1957	
新亚学报（第三卷第二期）	1958	

续表

刊名	年份	备注
新亚学报（第四卷第一期）	1959	
新亚学报（第四卷第二期）	1960	
新亚学报（第五卷第一期）	1960	
新亚学报（第五卷第二期）	1963	
新亚学报（第六卷第一期）	1964	
新亚学报（第六卷第二期）	1964	
新亚学报（第七卷第一期）	1965	
新亚学报（第七卷第二期）	1966	
新亚学报（第八卷第一期）	1967	
新亚学报（第八卷第二期）	1968	
新亚学报（第九卷第一期）	1969	批注
新亚学报（第九卷第二期）	1970	
新亚学报（第十卷第一期，上册）	1971	
新亚学报（第十卷第一期，下册）	1972	
新亚学报（第十一卷）	1976	
新亚学报（第十二卷）	1977	批注
新亚学报（第十三卷）	1979	
新亚学报（第十四卷）	1984	
新亚学报（第十五卷）	1986	
新亚学报（第十六卷，上）	1991	
二十一世纪（第 14 期）	1992	
二十一世纪（2008 年 12 月号）	2008	
明清徽州社会经济资料丛编（第二集）	1990	
历史月刊（第 2 至 114 期）		不定期，部分有批注
人大复印报刊资料历史学（第 11 期）	1994	批注
人大复印报刊资料历史学（第 7 期）	1995	批注
历史学（1995 年第 10 期）	1995	
厦门大学学报（哲学社会科学版）		

续表

刊名	年份	备注
上海师范学院学报（社会科学版，1983 年第 2 期）	1983	批注
明史研究专刊（第二期）	1979	签名
明史研究专刊（第四期）	1981	签名
明史研究专刊（第六期）	1983	批注
明史研究专刊（第八期）	1985	
明史研究专刊（第九期）	1989	签名
宜兰文献杂志（第 13 期）	1995	
宜兰文献杂志（第 19 期）	1996	
中国历史学会史学集刊（第二十七期）	1995	批注
责善半月刊（第一、二卷）		
食货（复刊第一卷第十一期）	1972	
食货（复刊第三卷第五期）	1973	
食货（复刊第五卷第二、六、七、八期）	1975	
食货（复刊第五卷第十一期、第六卷第一、二、三、六期）	1976	
食货（复刊第十一卷第十一、十二期）	1982	
思与言（第九卷第三、四期）	1971	
新史学（创刊号）	1990	批注
新史学（第一卷第二—四期）	1990	批注
新史学（第二卷第一—四期）	1991	批注
新史学（第三卷第一—二期）	1992	批注
中和月刊（第六卷合订本）	1968	
新华文摘（第 12 期）	1998	
中国文化（春季号）	1992	批注
澳门历史研究（第 4 期）	2005	批注
北京档案史料（第 4 期）	1987	批注
北京档案史料（第 4 期）	1989	
史原（第 4 期）	1973	
故宫英文（双月刊）		

续表

刊名	年份	备注
清史译文（第 10 期）	1985	
香山风物（第 2 期）	2007	
历史大观园（第 1 期）	1992	

五、论文、手稿等

作者	文稿	出处	年份	备注
韦庆远	《张居正与明中期政治》目录第一—六章（手稿，一册）			
韦庆远	《张居正与明中期政治》第七—十章（手稿，一册）			
韦庆远	《张居正与明中期政治》第十一、十二章（手稿，一册）			
韦庆远	《张居正与明代中后期政局》后记、年谱和引用文献和参考资料草稿			
韦庆远	综述规章嬗变，析论政事风云——《明代政治史》读后感（手稿）			
韦庆远	试写历史小说可能失败的探索（手稿）			
韦庆远	韦庆远教授演讲中葡关系（新闻稿）			
韦庆远	《明清史续析》后记（手稿）			
韦庆远	致《中国史研究》的信件（关于《洪武鱼鳞册考察》一文的审稿意见）			
韦庆远	试论李东阳			
韦庆远	晚清华工出洋与澳门的“苦力”贸易（手稿）			
韦庆远	嘉隆时期商业的兴衰（手稿）			
韦庆远	清初的禁海、迁界与澳门（手稿）			
韦庆远	有关清初禁海和迁界的若干问题（手稿）			
韦庆远	雍乾交替与治道同异（手稿）			
韦庆远	《明清史续析》前言、后记（手稿）			

续表

作者	文稿	出处	年份	备注
韦庆远	清代的内务府及其匠役（手稿）			
韦庆远	博览档卷求信实 评析雍正功力深——评介杨启樵著《揭开雍正皇帝隐秘的面纱》（手稿）			
韦庆远	域外澳门历史档案的瑰宝（手稿）			
韦庆远	有关清初禁海和迁界的若干问题（复印件，2份），朱诚如、王天有《明清论丛》第二辑			
韦庆远	晚清华工出洋与澳门的“苦力贸易”（复印件）			
韦庆远	晚清华工出洋与珠江三角洲社会（复印件，2份）			
韦庆远	青山遮不住——为吴志良、金国平著《东西望洋》写的序言（复印件）			
韦庆远	粤澳关系和有关档案——为广东省档案馆编《广东澳门档案史料选编》写的序言（手稿）			
韦庆远	有关澳门史资料系统整理公布的重大工程——对《明清时期澳门问题档案文献汇编》的评价			
韦庆远	清初的禁海、迁界与澳门（复印件）			
韦庆远	《澳门专档》的重要学术价值（复印件，2份）			
韦庆远	澳门通洋贸易与广州黄埔设港的关系（手稿）			
韦庆远	论康熙时期从禁海到开海的政策演变（复印件），《中国人民大学学报》1989年第3期			
韦庆远	《天崩·正德风云》（手稿）			
韦庆远	《澳门史论稿》的前言（2份） 目录 后记（手稿）			
韦庆远	读书笔记本			
韦庆远	澳门在清代康熙时期的特殊地位和作用（复印件，2份），《中国史研究》1992年第1期			
韦庆远	珍护文献垂风范 史档结合树楷模——试论陈垣教授对保存、整理和利用明清历史档案的贡献（手稿）			
韦庆远	韦庆远科研成果主要书目（手稿）			
〔韩〕金弘吉	明末四川皇木采办的变化	不详		

续表

作者	文稿	出处	年份	备注
（日）岸本美绪	清初上海的审判与调解——以《历年记》为例	近世家族与政治比较历史论文集（抽印本）	1992	
（日）滨岛敦俊	明代之判牍	第五届国际明史学术讨论会	1993	
（日）滨岛敦俊	嘉靖江南白莲教之考察	香港大学、江西社会科学院“国际明史研讨会”论文		
（日）松本隆晴	明代中期的北虏朝贡贸易	单篇论文		
（日）田口宏二朗	畿辅矿税初探	单篇论文		
（日）香坂昌纪	清代帝权确立之一个过程——有关雍正帝时期之权力斗争与财政改革	不详		
（日）佐藤文俊	明代宗室婚姻的性格	国际明史学术讨论会参加论文	1995	
（日）加藤直人	关于美国国会图书馆收藏的清代档案	明清档案与历史研究学术讨论会	2005	
	第四届国际明史学术讨论会论文提要	不详	1991	
不详	新澳门编年史	手稿	2008	
柏桦	明代州县政治体制研究（博士学位论文）			
柏桦	明清州县官群体探析（博士学位论文）			
柏桦、李春明	从清代知县出身看康雍乾时期地方吏治	中国人民大学档案学院论文油印本		
陈存恭	列强对中国军火的禁运（民国八年—十八年）	“中央研究院”近代史研究所	1983	签名
陈国儒	李贽的那七十六年（明嘉靖六年—万历三十年）	第十届明史国际学术讨论会论文	2004	
陈金陵	简论清代皇权与侍卫	中国一九八六年清史国际学术讨论会论文		
陈学霖	明太祖文字狱案考疑	“中央研究院”国际汉学会议论文集抽印本	1981	
陈垣	明末殉国者陈于阶传	辅仁学志第十卷第一、二合期抽印本	1941	
陈支平	清代福州郊区的乡村借贷	厦门大学历史研究所	1987.1	

续表

作者	文稿	出处	年份	备注
邓中绵	论清初的政治改革	单篇论文	1985	
定宜庄	清代八旗驻防制度研究	中央民族学院历史系	1990	博士学位论文
樊树志	十一至十六世纪江南农业经济的发展——传统经济结构突破的局部考察	中国封建经济结构讨论会论文抽印本，复旦大学历史系	1982	
范金民	太湖厅档案所见洞庭商人的活动			
冯锦荣	明末熊明遇《格致草》内容探析	《自然科学史研究》第16卷第4期抽印本，科学出版社	1997	签名
高国豪	清代漕运制度的废弛与改革研究	香港新亚研究所硕士学位论文	1992	签名
高致华	从明代宫廷祭祀看历坛祭的文化意义	单篇论文		
关嘉录、何溥滢	曹寅经管皇庄初探	中国一九八六年清史国际学术讨论会论文		
郭润涛	清代地方行政幕府研究	厦门大学博士学位论文	1991	
郭蕴静	清初“修养苍黎”的思想——兼论清初王朝的特点	明清史国际学术讨论会论文		
韩大成	关于明代高利贷资本的几个问题	中国人民大学历史系	1983.9	
何冠彪	康熙、乾隆二帝讹传辨正	《书目季刊》第三十九卷（第一期）	2005	抽印本
何冠彪	两篇清初《御制金太祖、世宗陵碑文》考释	《中国文化研究所学报》第四十四期	2004	抽印本
何冠彪	晚明不置起居注说驳弁	《明代史研究》第32号	2004	抽印本
何冠彪	宦官通称“太监”考	《汉学研究》第八卷第二期抽印本	1990	
何冠彪	流贼、清人残毁明陵传闻考辨	《“中央研究院”历史语言研究所集刊（抽印本）》	2005	
何冠彪	明初废置起居注问题评议（劳贞一先生百岁冥诞纪念论文集抽印本）	《简牍学报》第十九期	2006	
何冠彪、刘咏聪	罗香林出生日期考辨	《台湾大学历史学报》	2006	
何汉威	广东进士赌商刘学询（1855—1935）	《“中央研究院”历史语言研究所集刊》第73本第2分抽印本	2002	签名

续表

作者	文稿	出处	年份	备注
侯欣一	陕甘宁边区大众化司法制度研究	南开大学博士学位论文	2006	
胡根	晚清澳门博彩业研究（博士学位论文）		2005	
黄秀歆	论宣德至正统期间周忱对江南地区财赋之整理	香港大学	1993	签名
黄秀颜	明代的济农仓	刊《史薮》第三卷	1998	
黄秀颜	辽宁省档案馆藏《明太祖实录》稿部分抄本辨伪	载《中国文化研究所学报》1999 年第 8 期		批注
黄彰健	经今古文学问题新论	“中央研究院”历史语言研究所	1982	签名
黄彰健	戊戌变法史研究	“中央研究院”历史语言研究所	1970	
姜晓萍	明代的商业税收与税务管理	第五届中国明史国际学术讨论会论文	1993	
姜晓萍	试析明初的道教管理政策	第九届明史国际学术讨论会论文		
蒋祖缘	明中后期藩王的大土地占有——兼论王府占有的工商业和说课	不详		
经君健	关于清代奴婢制度的几个问题	不详	1983	签名
来新夏	清人笔记的史料价值	清史国际学术讨论会论文		
李光涛	明季流寇始末	“中央研究院”历史语言研究所	1965	
李国荣	清代科场夹带作弊防惩研究	第九届国际清史学术讨论会论文	2000	
李庆新	明代海洋贸易制度	南开大学博士研究生毕业论文	2004	
李庆新	明中后期广东商民在南洋的活动	第四届世界海外华人学术研讨会论文抽印本	2001	签名
李庆新	广州“交易会”及其制度改革（1567—1644）	庆祝陈捷先、冯尔康教授古稀之年论文	2002	
李庆新	17—18 世纪南海贸易与越南华人研究	复旦大学博士后研究报告	2007	签名
李孝悌	清末的下层社会启蒙运动（1901—1911）	“中央研究院”近代史研究所	1992	签名

续表

作者	文稿	出处	年份	备注
李新达	乾隆帝与《贰臣传》	中国一九八六年清史国际学术讨论会论文		
李洵	明武宗和他所代表的封建贵族阶级	第二届国际明清史学术研讨会论文	1991	
李治亭、谷凤洪	明清兴亡考辨——为清军入关350年而作	第七次全国清史会论文		
林丽月	击内抑或调和？——试论东林领袖的制宦策略	《台湾师范大学历史学报》第十四期抽印本	1986	
林丽月	晚明“崇奢”思想隅论	《台湾师范大学历史学报》（第十九期抽印本）	1991	
林乾	满族形成时期的二元文化特质与清的统一	第七次全国暨国际清史学术讨论会论文		
林文仁	派系分合与晚清政治（1885—1898）——以“帝后党争”为中心的探讨	台湾政治大学历史学系	2003	博士学位论文
林文仁	南北之争与晚清政局（1861—1884）——以军机处汉大臣为核心的探讨	台湾政治大学历史学系硕士学位论文	1997	
林新奇	乾隆朝督抚贪污案研究	中国人民大学硕士学位论文	1986	批注
林雨	诗歌七首	手稿	2008	
林雨	诗一首	手稿	2004	
林雨	四句诗选	不详		
刘翠溶	明清时期家族人口与社会经济变迁	“中央研究院”经济研究所	1992	
刘和惠	明代徽州佃仆制补论	单篇论文		
刘绍春	中国封建官僚制度刍论		1987	
刘绍春	乾嘉交替和嘉庆皇帝挽救“盛世”的努力	中国人民大学硕士学位论文		
刘小萌	关于八旗制度中的“旗下开户”问题	不详		
刘咏聪	岂惟女仪，志士之师：尹会一母李氏之生命历程	载《中国文化研究所学报》（第四十八期）	2008	
刘咏聪	伏生女传经说研究	劳贞一先生百岁冥诞纪念论文集抽印本，简牍学报第十九期	2006	

续表

作者	文稿	出处	年份	备注
刘铮云	“冲、繁、疲、难”：清代道府厅州县等级初探	《“中央研究院”历史语言研究所集刊》抽印本	1993	
卢经	乾隆朝贪婪督抚资财一瞥	第七次全国暨国际清史学术讨论会论文		
陆宝千	论晚清两广的天地会政权	“中央研究院”近代史研究所	1975	
吕宝强	丁日昌与自强运动	“中央研究院”近代史研究所	1972	
吕美良	明代茶市研究	不详		
马楚坚	明代丞相职权之演变	《文史学报》第十三期		
马骊	论朱元璋期间服饰在社会秩序及等级制度中的位置	单篇论文		
孟昭信	论清初顺治年间八旗奴仆的逃亡斗争	油印本吉林大学历史系中国古代史研究室	1978	批注
缪全吉	明清地方制度中道员功能的分析			
牛建强	明代中后期社会变迁研究——社会风尚理论拟构及运用	东北师范大学博士学位论文	1992	签名本，有批注
彭云鹤	试论清代的“摊丁入亩”制度	不详		
齐惠	明代致仕制度研究	南开大学博士学位论文	2006	
邱澎生	商人团体与社会变迁：清代苏州的会馆公所与商会	台湾大学历史学研究所博士学位论文	1995	
饶良伦	明末清初“西学东渐”评议	第二届中国明史国际学术讨论会论文		
石斌	论张居正改革中的用人之道	单篇论文	1985	
宋名晰	清律中的“坐赃致罪”罪——社交礼仪馈赠之刑事立法例	台湾政治大学法律学研究所硕士学位论文	1994	
苏均炜	大学士严嵩新论	手稿		批注
苏云峰	中国现代化的区域研究（湖北省，1860—1916）	“中央研究院”近代史研究所	1981	
孙琰	清初议政王大臣会议的发展趋势	参加第三次全国清史讨论会论文		
汪义正	倭寇史观的重新探讨	不详		

续表

作者	文稿	出处	年份	备注
王尔敏	广州对外通商港埠地区之演变（上、下）	《广州史志》1987年第2、3期抽印本		签名
王汎森	明代后期的造伪与思想争论——丰坊与《大学》石经	《新史学》第六卷第四期抽印本	1995	
王戎笙	顺治遗诏与清初权力斗争	第七次全国暨国际清史学术讨论会论文		
王松龄	清代奉饷制度述略	中国一九八六年清史国际学术讨论会论文		
王亚兴	明代官吏考核制度论略	明史国际学术讨论会论文（郑州）	1993	
王玉祥	宗室与明朝中、后期的财政危机	不详	1993	
王锺翰	清圣祖遗诏考辨	中国一九八六年清史国际学术讨论会论文		
王锺翰	试析康熙之农本思想	中央民族大学历史系	1985.1	
韦庆远	清代典当业的社会功能	《台湾政治大学历史学报》第十期抽印本	1993年	
魏秀梅	清代之回避制度	“中央研究院”近代史研究所	1992	批注
魏秀梅	清季职官表 附人物录（上、下）	“中央研究院”近代史研究所	1977	
吴蕙芳	民间日用类书的渊源与发展	台湾政治大学历史学报第十八期抽印本	2000	
吴蕙芳	万宝全书：明清时期的民间生活实录	台湾政治大学历史学系	2001	
吴蕙芳	“日用”与“类书”的结合——从《事林广记》到《万事不求人》	《辅仁历史学报》第十六期	2005	抽印本
吴蕙芳	日治时期台湾的杂字书	《海洋文化学刊》创刊号	2005	抽印本
吴蕙芳	识字入门——明清以来的杂字书	《兴大历史学报》第十六期	2005	抽印本
吴蕙芳	基隆中元祭的渊源与发展	台湾彰化师范大学通识教育中心	2006	
吴蕙芳	江户时期中国杂字书在日本的流传	辅仁大学历史学系	2008	
吴蕙芳	宗亲组织与基隆中元祭——以黄姓宗亲会为例	台湾“中央大学”历史研究所	2007	

续表

作者	文稿	出处	年份	备注
吴量恺	明代改革家张居正的意志、性格和思维方式	第二次中国明史国际学术讨论会论文	1987	
吴志良	论澳门政治制度与政治发展	不详		
吴志良、金国平	东西望洋	手稿		批注
肖立军	明代中后期的边兵	第七届明史国际学术讨论会论文		
徐泓	《明史纪事本末·开国规模》校读：兼论其史源运用与选材标准	不详	1995	
许敏	西方传教士对16世纪末至18世纪中中国婚姻的论述	单篇论文打印本		
严忠明	一个双核三社区模式的城市发展史——1557至1849年的澳门	暨南大学博士学位论文	2005	
杨洪波	清初满汉官僚矛盾与清政权的民族统治特征	第三次全国清史学术讨论会论文	1985	
游子安	善与人同——明清以来的慈善与教化	草稿	2004	批注
于志嘉	明武职选簿与卫所武官制的研究——记“中研院”历史语言研究所藏武职选簿残本兼评川越泰博的选簿研究	《“中央研究院”历史语言研究所集刊》第六十九本第一分	1998	
于志嘉	明代江西卫所的屯田	《“中央研究院”历史语言研究所集刊》第67本第3分抽印本	1996	签名
袁闾琨	论皇太极的文化改革	中国1986年清史国际学术讨论会论文抽印本	1986	签名
袁钟仁	海上丝绸之路各个时期中国主要港口比较研究	不详		
詹家豪	明代太学中的援例监生	第九届明史国际讨论会论文		
张杰、刘中平	腐败葬送江山——1644年清兵入关的历史反思	第七届中国暨国际清史学术会议论文		
张金奎	明代山西行都司卫所、军额、军饷考实	中国人民大学硕士学位论文		
张民服	从明清时期商品经济的发展看晋商的经营趋向	第五届中国明史国际学术讨论会论文		
张寿安	以礼代理——淩廷堪與清中叶儒学思想之转变	“中央研究院”近代史研究所	1994	张寿安签名本

续表

作者	文稿	出处	年份	备注
张羽新	试论乾隆	中国人民大学清史研究所第二次科学讨论会论文	1979.1	
张玉兴	明清易代之际忠贰现象探颐	不详		
张治安	明代宦官权势之发展及其与内阁之关系	单篇论文		批注
张治安	明代六科之研究	《台湾政治大学学报》第三十一期抽印本	1975	批注
张仲仁、李荣忠	历史的瑰珍——清代四川巴县档案	抽印本	1985	
章文钦	论吴渔山及其华化天学	中山大学博士学位论文	2006	
章文钦	清代前期广州中西贸易中的商欠问题（讨论稿）	清代的商品经济学术讨论会论文		
章文钦、管亚东	一组有关近代广州初期的照片	广州城市山水文化研讨会论文	2000	
赵殿红	清初耶稣会士在江南的传教活动	暨南大学博士学位论文	2006	
中国人民大学教务处	中国人民大学一九八一届研究生硕士学位论文摘要集	不详	1982	
中国社会科学院历史研究所	美国研究宋、元、明、清经济史的书刊目录选辑及其访华代表团成员简介	不详		
周远廉	略论清朝的皇族	中国1986年清史国际学术讨论会论文	1986	
周志斌	晚明商潮中的儒士	国际明史学术研讨会	1993	
朱鸿	明太祖与僧道——兼论太祖的宗教政策	《台湾师范大学历史学报》（第十八期抽印本）		
朱鸿	明成祖与永乐政治	台湾师范大学历史研究所	1988	
朱金甫、周文泉	论慈禧太后那拉氏之死及其与光绪帝之死的关系	庆祝中国第一历史档案馆六十周年暨明清档案与历史研究学术讨论会论文	1985	
邹爱莲	清史修纂工程与档案的整理利用	手稿	2003	

后　记

韦庆远先生是蜚声国际的历史学家，中国人民大学档案学院教授，在明清经济史、中国政治制度史、澳门史、档案学等众多领域有精深的造诣与卓著的建树。他曾兼任美国哈佛大学费正清东亚研究中心研究员，英国牛津大学东亚研究院客座教授、圣安东尼学院兼职院士；中国香港科技大学、城市大学客座教授，中国台湾“中央研究院”历史语言研究所、近代史所访问学者，广东省社会科学院历史所客座研究员。

韦先生是广东顺德人。家境富裕，自幼好读书，尤喜文史。及长，从澳门培英中学入广东省立法商学院。1946 年再以优异成绩考入北京大学文法学院。1948 年因参加爱国学生运动被北京大学勒令退学，转到朝阳大学法律系学习。中华人民共和国成立后，人民政府接管朝阳学院，建立中国政法大学，韦先生成为首届毕业生。1950 年，中国政法大学与华北大学、华北人民革命大学合并，成立中国人民大学，韦先生成为中国人民大学的年轻教员。此后，韦先生一直在人大从事历史、档案学教学研究，他勤勉工作，出版了《明代黄册制度》等著述，广受学界好评。后来，他还出版了《中国政治制度史》等著作。

与共和国同时代人一样，韦先生经历了人生旅程的诸多坎坷。“文化大革命”时被下放到江西余江县“五七干校”，每天的劳动就是打石，日复一日，磨炼了先生刻苦坚韧的心志。“凿石工”的经历让韦先生终生不忘，乃以“师凿”自勉，“做一个学术上的凿石工”，并将自己的书房取名“师凿书室”。这本纪念集取名《“师凿精神”忆记与传习》，亦源于此。

韦先生一生以教书育人、著书立说为志业，孜孜不倦，锲而不舍，成就斐然。他晚年退而不休，仍笔耕不已，迎来学术生涯中又一个丰收季节。《明清史新析》《隆庆皇帝大传》《张居正和明代中后期政局》《澳门史论稿》《新编中国政治制度史》《明清史续析》《正德风云：荡子皇帝朱厚照别传》等多部力作，都是他退休后完成的。

韦先生的家乡顺德，为珠三角濒海膏腴之地，既是鱼米之乡，又是文化之乡，晚清以降涌现出梁廷枏、李文田、岑仲勉、朱杰勤等一批学术巨匠，在岭南乃至全国学术史上有重要地位，学界有“顺德学派”之誉。韦先生奋发图强，励精治学，饮誉海内外，乃现代顺德籍学者之重要代表。

韦先生对家乡始终怀有深厚感情，与粤中学人早有交往。例如20世纪60年代，他就与中山大学历史系梁方仲先生及其门生多有交往，在学问上得梁先生指点。他曾说过，在明代社会经济史研究中得到大批前辈学者的教导，不过对他“鞭策最殷切，指导最具体的，是梁方仲教授”。1984年，韦先生与美国哈佛大学费正清研究中心主任孔飞力（Philip Alden Kuhn）教授一起，访问刚升格成立不久的广东省社科院，在历史所做了《朱元璋的吏治问题》的精彩演讲，当年聆听韦先生讲座的同事，至今记忆犹新。1993年，韦先生从中国人民大学光荣退休，回到广东故里，他与我所叶显恩、邓开颂诸先生为至交，所以成为我所的客座研究员。他关怀我所学科建设、青年学人成长，为我所发展倾注了大量心血，为明清史、经济史、港澳史、海洋史等学科发展做出重要贡献。他也关心广东明清史与经济史研究，在不同场合多次呼吁广东各高校、研究机构要加强合作、互相支持，把梁方仲等老一辈学者开创的明清史研究发扬光大，建设明清史、经济史学术重镇。

韦先生藏书甚多，晚年多次表示要将藏书赠送给本所，作为科研教学之用。2009年5月，韦先生不幸因病辞世，家人遵嘱将先生所藏古籍、近人著述、手稿、期刊杂志、图片资料等共2549种，悉数捐赠给本所。这些图书资料是韦先生一辈子的心血珍藏，随先生辗转北京、广州等多个地方，其中不少为国外及我国港澳台地区出版的学术专著，都是十分珍贵的专业书籍；有些书上写满韦先生的批注，有些有学者的签名题记，具有重要学术价值。韦先生晚年出版的重要著作《张居正和明代中后期政局》《正德风云：荡子皇帝朱厚照别传》等手稿以及其他笔记、卡片，煌煌巨帙，其积数尺，更是见证一代学术大家非凡学术生涯的珍贵实物。同年7月，我所专门开设了“韦庆远教授捐赠图书阅览室”，供所内外学人阅览使用，同时作为我所研究生教学研习基地。

2010年5月15日，广东省历史学会中国社会经济史专业委员会、中山大学历史系和本所联合举办了纪念韦庆远教授逝世一周年学术研讨会，来自北京、天津、上海、厦门、台湾、香港、澳门和广州本地的学者共100多人出席会议，包括郭松义、冯尔康、徐泓、叶显恩、周振鹤、邓开颂、科大卫、魏白蒂、刘羡冰、郑德华、安乐博、袁钟仁、柏桦、陈支平、陈春声、刘志伟、吴志良等韦先生的好友和学生；本院副院长王经伦先生出席会议；杨国桢、黄启臣等先生无法亲临会议，亦发来纪念文章。会议期间，我们与叶显恩、邓开颂先生、柏桦、陈春声、刘志伟学长等相约，要把这次会议的文章资料汇编出版，寄托我们对先生的深切缅怀与敬意。遗憾的是当时因为资料收集不全等原因，此项计划没能落实。

2018年是韦先生诞辰90周年。2017年12月，我们开始筹划启动未竟的计划，向学界发出通告，海内外师友响应十分热烈，纷纷寄来纪念文章或专题论文，连同2010年研讨会的文章资料，内容相当丰富，令我们深受鼓舞。历史所同人怀着对韦先生的怀念与崇敬心情，群策群力，近期终于将文稿编成文集，交与科学出版社付梓。

这次编辑出版纪念韦先生文集，得到学界特别是先生的家属、生前好友、后辈学生的大力支持。韦先生的老朋友陈捷先先生特地为本文集题写书名。韦先生的得意弟子柏桦教授搜集了大量资料，特地撰写了韦先生的长篇传记。叶显恩、陈春声、邓开颂先生等在文集内容与编务等方面给予悉心指导；本所王潞博士做了大量的文稿收集与编辑工作，全所同人与研究生赵俊丽、温芷莹、阮戈、张楚楠、张璐瑶、孙卓等帮忙编辑、文稿录入与校对，贡献良多。本纪念文集出版得到广东省“特支计划”宣传思想文化领军人才项目支持。科学出版社的李春伶和耿雪编辑为本文集编校出版费尽心力。在此一并致以衷心的感谢。

2001 年，在师凿书室，壮心不已的韦先生在一张纸条上工工整整地写下“信心，坚韧，勤奋，精品”八个字，然后将纸条压在祖辈传下的大方书桌的玻璃下，作为勉励自己的人生格言。我辈后学当谨记在心，以“师凿精神”相砥砺，勉励自己成为学术上称职的“凿石工”。

李庆新

2018 年 7 月 16 日

(K-3131.01)

责任编辑：耿　雪

封面设计：黄华斌

科学出版社互联网入口

历史分社：010-64005207　销售：010-64031535

E-mail:gengxue@mail.sciencep.com

销售分类建议：社科/历史

www.sciencep.com

ISBN 978-7-03-062792-6

9 787030 627926 >

定　价：450.00元